W0094746

btb

Aus Freude am Lesen

Inhaltsübersicht

Vorbemerkung 15

ERSTES BUCH: DIE EVANGELIEN UND IHR UMKREIS 17

1. Kapitel: Die Bestreitung der Geschichtlichkeit Jesu 19
2. Kapitel: Die Naherwartung des Endes – die große Täuschung der Urchristenheit 24
3. Kapitel: Die Entstehung des ältesten Evangeliums und seiner vermehrten und verbesserten Auflagen Matthäus und Lukas 38
4. Kapitel: Die Vergottung Jesu oder Wie verbesserten Matthäus und Lukas den älteren Markustext 46
5. Kapitel: Das Johannesevangelium 54
6. Kapitel: Weitere Steigerungen der Jesusgestalt 62
7. Kapitel: Wunder waren zur Zeit Jesu üblich 67
8. Kapitel: Alle Jesus zugeschriebenen Wunder wurden schon in vorchristlicher Zeit vollbracht 72
9. Kapitel: Buddha und Christus 76
10. Kapitel: Asklepios, Herakles, Dionysos – die heidnischen Vorbilder für den christlichen Gottessohn 81
11. Kapitel: Der Mithraskult und das Christentum 88
12. Kapitel: Der Herrscherkult und sein Einfluß auf das Neue Testament 96
13. Kapitel: Die Essener – Christentum vor Christus 103
14. Kapitel: Die Gnosis 109
15. Kapitel: Die Auferstehung 112
16. Kapitel: Der Weissagungsbeweis 130
17. Kapitel: Die Evangelien im Spiegel der Kritik 141
18. Kapitel: Jesus 153

EXKURS I: 1. Der zusammengestückelte Evangelientext 159
2. Wie kam es zum Kanon des Neuen Testaments? 162

ZWEITES BUCH: PAULUS 169

19. Kapitel: Die Urgemeinde 171
20. Kapitel: Das Wunder von Damaskus 177
21. Kapitel: Der Kampf des Paulus gegen die Apostel 181
22. Kapitel: Von Jesus zu Christus 190
23. Kapitel: Weitere Abweichungen des Paulus von der Lehre Jesu 205
24. Kapitel: Die paulinische Praxis 216

EXKURS II: Die altkirchliche Frauenfeindschaft und ihre Folgen 220

DRITTES BUCH: DER FRÜHKATHOLIZISMUS 233

I. Teil – Die Errichtung des hierarchischen Apparats 235

25. Kapitel: Die Rapidität der christlichen Expansion und ihre
Gründe 236
26. Kapitel: Warum Jesus keine Kirche gegründet haben kann 241
27. Kapitel: Die Entstehung der katholischen Rechtskirche –
wider den evangelischen Geist 246
28. Kapitel: Die Entstehung der kirchlichen Ämter 253
29. Kapitel: Das monarchische Bischofsamt und der weitere Ausbau der kirchlichen Hierarchie 261
30. Kapitel: Die Verweltlichung der Kirche 267
31. Kapitel: Die Anfänge des Papsttums 275

II. Teil – Der innere Ausbau der Kirche mit Hilfe der heidnischen
Mysterien und Philosophie 285

A. Der Einbruch der Mysterienreligionen 286

32. Kapitel: Zu keiner Zeit gab es einheitliche Glaubensvorstellungen im Christentum 286
33. Kapitel: Die Taufe oder »Die Heiden täuschen sich mit bloßem Wasser« 293
34. Kapitel: Das Abendmahl 305

8

35. Kapitel: Die Entstehung der katholischen Messe – Mixtur aus
jüdischen und heidnischen Elementen 313
36. Kapitel: Die Verwandtschaft von heidnischer und christlicher
Religion im Urteil der Kirchenväter 322

B. Der Einbruch der griechischen Philosophie 332

37. Kapitel: Der Umfang ihres Einflusses auf das antike
Christentum 332
38. Kapitel: Die gegensätzliche Stellung der Frühchristenheit zur
Philosophie 343

III. Teil – Die sogenannten Ketzer – Reaktionen gegen die Verweltlichung des Christentums 353

39. Kapitel: Markion 354
40. Kapitel: Der Montanismus 366
41. Kapitel: Das Mönchtum – eine fehlgeschlagene Reform 374

IV. Teil – Die Kirche der Märtyrer 379

42. Kapitel: Die Verfolgungen 380
43. Kapitel: Der Blutstrom der Kirche 390
44. Kapitel: Die christliche Heldensage 396

V. Teil – Die Kirche der Heiligen 401

45. Kapitel: Die Entstehung des Heiligenkultes 402
46. Kapitel: Die Gottesmutter 409

VIERTES BUCH: DIE SIEGENDE KIRCHE 425

I. Teil – Das Jahrhundert Konstantins und der trinitarische Streit 427

47. Kapitel: Konstantin – der erste Ritter Christi 428
48. Kapitel: Die Entstehung des Trinitätsproblems 435
49. Kapitel: Der Ausbruch des arianischen Streites 442
50. Kapitel: Das Konzil von Nicaea 448

51. Kapitel: Athanasius und das Ende des arianischen Streites 454
52. Kapitel: Julian der »Abtrünnige« 463

II. Teil – Die soziale Frage 467

53. Kapitel: Die soziale Richtung im Christentum 468
54. Kapitel: Die asoziale Richtung im Christentum 478
55. Kapitel: Die Kirche und die Sklaverei 497

III. Teil – Das Verhältnis zur Toleranz 503

1. Der Kampf gegen die Juden 504

56. Kapitel: Der Antijudaismus des antiken Christentums 504
57. Kapitel: Der Antijudaismus der Kirche im Mittelalter 515
58. Kapitel: Der Antijudaismus von der Reformation bis zu Hitler 521

2. Der Kampf gegen die Heiden 530

59. Kapitel: Die Vernichtung des Heidentums 530

3. Der Kampf gegen die »Ketzer« 537

60. Kapitel: Die Ketzerbekämpfung in der Antike 537
61. Kapitel: Einige Anmerkungen zur Inquisition 546
62. Kapitel: Der christliche Hexenwahn 552

4. Die Stellung zum Krieg 561

63. Kapitel: Der Pazifismus Jesu und die Ausflüchte der Kirche 561
64. Kapitel: Die Stellung der vorkonstantinischen Christenheit
          zum Staat 568
65. Kapitel: Das Verhalten der alten Kirche zu Krieg, Kriegs- 573
          dienst und Todesstrafe
66. Kapitel: Das Verhalten der Kirche zum Krieg in Mittelalter
          und Neuzeit 581
67. Kapitel: Die christlichen Kirchen und der Faschismus 595
68. Kapitel: Der Vatikan und der zweite Weltkrieg 627
69. Kapitel: Selbst wenn die Welt dabei zugrunde geht 662

Anhang: Goethe und das Christentum 678

Nachwort 682

Anmerkungen 683

Abkürzungen antiker Literatur 773

Benutzte Sekundärliteratur 776

»Was hat Christus die Welt gelehrt? : ›Schießt einander tot; hütet den Reichen die Geldsäcke; unterdrückt die Armen, nehmt ihnen das Leben in meinem Namen, wenn sie zu mächtig werden… Die Kirche soll Schätze sammeln aus dem Leid ihrer Kinder, sie soll Kanonen und Granaten segnen, Zwingburg um Zwingburg errichten, Ämter erjagen, Politik treiben, im Verderben schwelgen und meine Passion wie eine Geißel schwingen!‹« Emil Belzner

Vorbemerkung

Diese Kirchengeschichte, von einem Laien für Laien geschrieben, ist allgemeinverständlich und setzt nichts voraus als Interesse und Liebe zur historischen Wahrheit.

Das Buch enthält vorwiegend eine Darstellung der antiken Kirche, entwicklungsgeschichtlich die wichtigste und interessanteste christliche Epoche. Doch bietet es in vielen Zusammenhängen Vorausblicke auf Mittelalter und Neuzeit. Vor allem der letzte, die soziale Frage und das Problem der Toleranz behandelnde Teil führt den Leser von Jesus bis in den ersten und zweiten Weltkrieg, bis zu Franco, Mussolini, Hitler, Adenauer und Pius XII. Wer sich nicht für die mit Absicht ausführlich erörterten geschichtlichen Grundlagen des Christentums zu Beginn des Buches interessiert, sei angeregt, die aktuellsten Themen, die es beschließen, zuerst zu lesen. Wie überhaupt zahlreiche Kapitel für sich verständlich sind, etwa die über Buddha, Asklepios, Merakles, Dionysos, die Essener, den Coelibat, Maria, die Märtyrerzeit, die Entstehung des Heiligenkultes, die Inquisition, den Hexenwahn u. a.

Manche unwichtigen Details, die in den meisten Kirchengeschichten stehen, fehlen hier, dafür steht hier vieles und wesentliches, das andere derartige Werke entweder gar nicht oder nur kurz und verschleiert erwähnen. Mittelalter und Neuzeit werden bloß unter den entscheidenden ethischen Aspekten betrachtet gemäß dem Bibelwort: »An ihren Früchten sollt ihr sie erkennen!«

Das Buch fußt zum größten Teil auf den Ergebnissen der modernen historisch-kritischen christlichen Theologie. Von mir gebeten, haben darüber hinaus mehrere Fachgelehrte das Manuskript auf seine historische Exaktheit hin gelesen. Der Hauptteil wurde von einem der besten theologischen Kenner des antiken Christentums einer sorgfältigen Durchsicht unterzogen. Ein weiterer namhafter Theologe überprüfte die dem Mittelalter gewidmeten Kapitel, während die Abschnitte über den ersten Weltkrieg, den Faschismus und das Verhalten des Vatikans im zweiten Weltkrieg und in der Gegenwart von zwei bedeutenden Profanhistorikern als »außerordentlich wichtig und notwendig« befunden worden sind.

Ein dritter Theologe dagegen, ein bekannter Kirchengeschichtler, der nach seiner Lektüre des Manuskriptes schrieb, es habe ihn sehr gepackt, glaubte im letzten Teil Einseitigkeit und eine Gefahr für die Laien zu erkennen. »Wäre das Buch«, urteilte dieser Gelehrte, »nur für Bischöfe, Pfarrer und Theologen bestimmt, dann würde ich sagen: Ausgezeichnet!« Nun ging ich aber davon aus, daß gerade die Laien einmal in dieser Form erfahren sollen, was zumindest die Gelehrten unter den Klerikalen ja ohnehin längst wissen.

Ich danke allen, die mir die Niederschrift des Buches ermöglichten, und allen, die, um des Wahren und Guten willen, zu seiner Verbreitung beitragen. Möge es vielen Menschen die Klarheit bringen, die das Studium seiner Materie mir selbst gebracht hat.

Karlheinz Deschner

ERSTES BUCH

Die Evangelien und ihr Umkreis

»Die Laien dürfen die Bücher des Alten und Neuen Testaments nicht besitzen«. Bestimmung der Synode von Toulouse 1229 (can. 14).

»Endlich ist unter allen Ratschlägen, die wir zur Zeit geben können, der wichtigste, mit allen Kräften dahin zu streben, daß niemand auch das geringste aus dem Evangelium vorzüglich in der Volkssprache zu lesen erlaubt ist und werde…«. Aus einem kirchlichen Gutachten unter Papst Julius III. (1550–1555)[1].

»Diese Evangelien kann man nicht behutsam genug lesen« Friedrich Nietzsche[2].

1. KAPITEL

Die Bestreitung der Geschichtlichkeit Jesu

Am 6. Oktober 1808 raunte Napoleon dem alten Wieland ins Ohr, es sei noch die Frage, ob Christus überhaupt gelebt habe[3]. Das war damals kaum mehr als eine vage Vermutung, wenn auch vielleicht nicht nur ein geistreiches Aperçu, eine jener glänzenden Boutaden, in denen der Kaiser sich gelegentlich gefiel[4]. Denn Napoleon war mit dem Historiker Constantin François Volney befreundet, der neben seinem Zeitgenosssen Charles François Dupuis einer der beiden Vorläufer der Lehre von Jesu Ungeschichtlichkeit gewesen ist[5].

Auch hatten schon Jahrzehnte früher Voltaire und Holbach zwar nicht Jesu Existenz bestritten, doch die meisten Fakten seines Lebens für anfechtbar gehalten[6]. Friedrich d. Gr. sprach sogar von einer »Komödie« und zweifelte, ob es »einen Jesus Christus gibt«[7]. Und auch Lessing nannte die historische Grundlage des Christentums »mißlich«[8].

Der junge Goethe aber soll bei seiner Promotion in Straßburg die These vertreten haben, »nicht Jesus sei der Gründer unserer Religion gewesen, sondern einige weise Männer hätten sie unter seinem Namen verfaßt, und die christliche Religion sei nichts anderes als eine vernünftige politische Einrichtung«[9]. Auch in einem Brief an Herder vom Mai 1775 nennt Goethe »die ganze Lehre von Christo... ein Scheinding«. Am 4. September 1788 schreibt er Herder: »Das Märchen von Christus ist Ursache, daß die Welt noch 10000 Jahre stehen kann und niemand recht zu Verstande kommt, weil es ebensoviel Kraft des Wissens, des Verstandes, des Begriffes braucht, um es zu verteidigen, als es zu bestreiten.«

Doch auch bei Schelling, Hegel und vor allem Schopenhauer scheint das Programm der Gegner von Jesu Geschichtlichkeit vorgebildet[10].

Auf theologischer Seite hatte 1835/36 der siebenundzwanzigjährige David Friedrich Strauß, nach einem Wort Albert Schweitzers nicht der größte und tiefste unter den Theologen, aber der wahrhaftigste[11], in seinem ebenso gelehrten wie glänzend geschriebenen »Leben Jesu« die Geschichtlichkeit der Evangelien - nicht die Jesu – völlig preisgegeben. In der

19

zweiten Hälfte des 19. Jahrhunderts leugnete der Theologe Bruno Bauer zum erstenmal offen Jesu historische Existenz. Obwohl Bauer sie anfangs nicht bestritten hatte, erklärte er schließlich die Entstehung des Christentums aus einer im 2. Jahrhundert erfolgten Verschmelzung jüdischer, griechischer und römischer Religionsvorstellungen, und Jesus und Paulus für literarische Fiktionen[12]. Beide Professoren wurden von ihren Lehrstühlen entfernt. Strauß, den wahrhaftigsten aller Theologen, verfluchte man als prophezeiten Antichrist; Bauer, nach Walter Nigg einer der größten Theologen des 19. Jahrhunderts, starb 1882 in Rixdorf bei Berlin als Inhaber eines Grünkramladens.

Indes setzten einige holländische Forscher[13] den von Bauer eingeschlagenen Weg fort. Und Anfang des 20. Jahrhunderts haben zahlreiche Gelehrte Jesu Geschichtlichkeit bestritten und seine Erscheinung in das Reich der Sage verwiesen[14]. Der erste, der nach dem Theologen Bauer in Deutschland die Frage verneinend wieder aufgriff, war der Bremer Pastor Albert Kalthoff[15]. Der führende deutsche Vertreter dieser Richtung wurde der Karlsruher Philosoph Arthur Drews[16].

Die Verneiner der Historizität Jesu sehen in den Evangelien die Umformung eines Mythos in geschichtlichen Bericht, die spätere Personifizierung einer religiösen Idee. Sie nehmen nicht, wie die gesamte kritische Bibelwissenschaft der Gegenwart, einen geschichtlichen Jesus an, dessen Leben nachträglich in phantasievollen Wunderberichten und Legenden verklärt, dessen Gestalt allmählich vergottet worden ist. Vielmehr setzen sie einen mythischen Gott voraus, den die Verfasser der Evangelien gleichsam geschichtlich gemacht und vergegenwärtigt haben. Die Bestreiter eines historischen Jesus erblicken also in der biblischen Christusgestalt keinen vergöttlichten Menschen, sondern einen vermenschlichten Gott.

Als Beweis diente, neben kritischen Beobachtungen an den Evangelien, vor allem die Tatsache, daß Paulus, der älteste Zeuge, fast vollständig über Jesu Leben schweigt (S. 201). Paulus berichtet nur vom letzten Abendmahl[17], von der überdies äußerst unwahrscheinlichen Abstammung aus dem Hause David (S. 49), und schließlich, daß Jesus »der Erstgeborene unter vielen Brüdern« war[18].

Seit den zwanziger Jahren ist der Streit um die Geschichtlichkeit Jesu verstummt. Es gibt nur noch einen Gelehrten von Rang, der sie verneint, den in Bremen lebenden Theologen Hermann Raschke. Von Arthur Drews ausgehend hat Raschke, sowohl philosophisch wie philologisch glänzend geschult, das Thema selbständig weiterbearbeitet und seine Anschauungen in dem durch die Fülle seiner Sprachkombinationen frappierenden Buch »Das Christusmysterium« zusammengefaßt. Kein Geringerer als der Theologe Heiler nennt es ein äußerst scharfsinniges, bewun-

20

dernswerten linguistischen Spürsinn verratendes Werk und rühmt den Verfasser als einen wahrhaftigen und in seiner Art genialen Mann [19].

Aber Raschke ist heute ein Einsamer. Die These der radikalen Mythologisten fiel der Vergessenheit anheim. Ob für immer, bleibt abzuwarten. Selbst Albert Schweitzer hat sich zu der Möglichkeit der Frage nach Jesu Ungeschichtlichkeit bekannt[20]. Und erst 1960 erklärte der junge Theologe Friedrich Pzillas, »die fragwürdige Person des Jesus« sei legitimes Objekt der Geschichtswissenschaft nur in der Art, »wie es Adam, Zeus, Apollo u. a. sind«[21].

Mit der Forschung wird Jesu Existenz im folgenden jedoch vorausgesetzt. Zu beachten gilt vorerst aber:

Die außerchristlichen Quellen über Jesus kommen nicht in Betracht

> »Es fehlt an einem wirklich beweisenden Zeugnis aus der Profanliteratur«. Der Theologe Weiß[22].

Die zeitgenössische Geschichtsschreibung hat Jesus ignoriert. Das ganze außerchristliche 1. Jahrhundert schweigt über ihn. Zwar gingen die Lahmen, die Blinden sahen und die Toten erhielten das Leben zurück, doch die Historiker von Palästina, Griechenland und Rom nahmen davon keine Notiz[23].

Bezeugt wird Jesus bloß bei Tacitus (um 55–120). Er erwähnt einen »Christus, der unter Kaiser Tiberius durch den Landpfleger Pontius Pilatus getötet wurde«. Der größte Geschichtsschreiber Roms fährt fort: »Für den Augenblick war der verderbliche Aberglaube zurückgedrängt worden, doch brach er sich wieder Bahn, nicht nur in Judäa, dem Ausgangspunkt dieses Übels, sondern auch in der Hauptstadt, wo von überall her alles Scheußliche und Schandbare in Hülle und Fülle zusammenkommt und Anhang gewinnt«[24]. Selbst die Echtheit dieses Zeugnisses vorausgesetzt[25], ist es nahezu unbrauchbar. Tacitus' Bericht entstand um 117, neunzig Jahre nach Jesu Tod, basiert also nur auf den im 2. Jahrhundert umlaufenden Erzählungen und sagt von Jesus außerdem bloß, daß er unter Tiberius starb. Die Datierung unter Tiberius ist aber schon deshalb kein stichhaltiger Geschichtsbeweis, weil Plutarch den mythischen Tod des Pan-Attis auch unter Tiberius datiert hat[26].

Sueton (65–135) nennt Jesus überhaupt nicht[27]. Ebenso ignoriert ihn der 111 geschriebene Brief des jüngeren Plinius, der nur vom Christentum spricht[28].

Die Behauptung eines modernen Katholiken, der Inhalt der Evangelien werde teilweise durch nichtchristliche Schriftsteller wie Tacitus und Sueton noch im 1. Jahrhundert bestätigt[29], ist also eine ungeheure Übertreibung.

Noch verwunderlicher berührt das Schweigen der jüdischen Historiker.

Josephus Flavius, kurz nach Jesu Kreuzigung geboren, veröffentlichte um das Jahr 93 seine von der Weltschöpfung bis zu Nero führenden »Jüdischen Altertümer«, worin er alles festhielt, was nach seiner Meinung interessant war. Doch obwohl Josephus auch Johannes den Täufer, Herodes und Pilatus nennt und gerade aus dieser Zeit noch die geringsten Details des politischen und gesellschaftlichen Lebens berichtet, übergeht er Jesus völlig. Die Christen interpolierten deshalb im 3. Jahrhundert das sogenannte Testimonium Flavianum[30], in dem der Jude (!) »Josephus« nicht nur Jesu Wunder bezeugt, sondern sogar seine Auferstehung und die Erfüllung des Weissagungsbeweises. Demnach wäre Josephus Christ gewesen. Aber Kirchenschriftsteller Origenes, dessen Josephus-Text den Einschub offenbar noch nicht enthielt – auch die Kirchenväter Justin, Tertullian und Cyprian berufen sich noch nicht darauf – erklärte wiederholt von Josephus, daß er nicht an Christus glaube[31]. Die Stelle ist fast allgemein als Fälschung anerkannt. Selbst für einen katholischen Gelehrten besteht darüber »natürlich gar kein Zweifel«[32].

Ebensowenig wie Josephus erzählt der jüdische Geschichtsschreiber Justus von Tiberias von Jesus. Dies ist besonders merkwürdig, weil Justus nicht nur ein Zeitgenosse Jesu, sondern auch ein Landsmann von ihm war, der in Tiberias, nicht weit von Kapernaum wohnte, wo sich Jesus häufig aufhielt. Doch in seiner Chronik, die von Moses bis in die Jahre reicht, in denen das Johannesevangelium entstand, tritt kein Jesus auf. Allerdings sind von Justus nur Fragmente überliefert, so daß nicht feststeht, was er sonst geschrieben hat.

Aber auch der jüdische Gelehrte Philon von Alexandrien, von dem wir rund fünfzig Schriften besitzen, der ein großer Kenner der Bibel und jüdischer Sekten war und Jesus um etwa zwanzig Jahre überlebte, weiß von ihm nichts. Dabei berichtet Philon nicht nur über die Essener, sondern erwähnt sogar Pilatus[33]. Dagegen wird auch Paulus weder von Philon noch Josephus genannt.

Es spricht also manches dafür, daß Jesu Wirkung auf seine Umgebung geringer war als wir glauben. Anatole France drückt diese Vermutung in einer Erzählung aus, in der Pilatus drei Jahrzehnte nach Jesu Tod an ihn erinnert wird – sich aber nicht mehr an ihn erinnern kann[34].

Schon den antiken Christen erschien Jesu historische Bezeugung derart dürftig, daß sie ein Schreiben von ihm an den König Abgar Ukkama von Edessa (4 v.–50 n. Chr.)[35], einen Brief des Pilatus an Kaiser Tiberius[36]

22

und andere ähnliche Produktionen fälschten. Vielleicht aber wollte man mit solchen Schriften auch nur den legendären Unterbau der Evangelien erweitern, was allgemeine Übung in der Antike gewesen ist.

Jedenfalls beziehen wir unser Wissen über Jesus so gut wie ausschließlich aus dem Neuen Testament, dem wir uns damit zuwenden.

2. KAPITEL

Die Naherwartung des Endes –
die große Täuschung der Urchristenheit

>*Das Neue Testament bildet die einzige Quelle, die von Jesus Kunde gibt«. Der Theologe Guardini*[1].

Das Neue Testament (lat. testamentum, griech. diatheke, hebr. berith = Bund, Stiftung), dessen Zustandekommen uns an anderer Stelle beschäftigen wird, gilt als Heilige Schrift, als Wort Gottes. Dafür aber galten und gelten andere Bücher auch.

Heilige Schriften gang und gäbe

Heilige Schriften sind in der Religionsgeschichte nichts Ungewöhnliches. Alle höheren Religionen beanspruchen sie, was, da sich alle auf göttliche Offenbarung berufen und gegenseitig bekämpfen, auch gegen sie alle spricht.

Zumal sämtliche sogenannten Weltreligionen treten mit einem mehr oder minder radikalen Absolutheitsanspruch auf. Schon der Israelit hört von Jesaja: »Außer mir ist kein Gott«[2] Der Mahāyāna-Buddhist bekennt von Buddha: »Außer ihm ist mir kein Heilsgang sicher«[3]. Das Neue Testament fordert: »Jede Zunge bekenne, daß Jesus Christus der Herr ist«[4]. Und der Koran droht: »Wenn jemand eine andere Religion sucht als den Islam... wird er in der jenseitigen Existenz zu den Verlorenen gehören«[5].

Die gesamte Antike kannte Heilige Bücher.

In Ägypten reichten göttlich inspirierte Schriften bis in die ältesten Zeiten zurück[6]. Schon im 3. vorchristlichen Jahrtausend nannte man dort einen heiligen Text geradezu »Gottesworte« (mdw ntr)[7]. Eine Fülle sakraler Literatur brachte der Buddhismus hervor[8]. In großer Zahl gab es Heilige Schriften in den hellenistischen Mysterien. Man verwies auf diese Bücher, wie ein Beleg aus dem Jahre 92 *vor* Chr. bezeugt, mit der Formel »es steht geschrieben« oder »wie geschrieben steht«[9]. Im 1. vorchristlichen Jahr-

24

hundert bezeichnete man heilige Texte in der Dionysosreligion auch schlicht als »Schrift«, doch ist der Sprachgebrauch wahrscheinlich älter[10]. Der Isiskult war eine ausgesprochene Buchreligion und beanspruchte absolute göttliche Wahrheit[11]. Aber auch die Verfasser der Hermetica, einer Gruppe von achtzehn nach Hermas Trismegistos genannten Schriften, die im 1. und 2. Jahrhundert entstanden, doch auf ältere mündliche Tradition zurückgehen, betrachteten sich als Empfänger eines für die ganze Menschheit bestimmten Evangeliums. Dabei sind viele Parallelen zum Christentum bemerkenswert[12]. Die »Heiligkeit« einer Schrift hat somit wenig zu bedeuten.

Zum Wichtigsten im Neuen Testament gehören die Aufzeichnungen der Synoptiker, das heißt der drei ersten Evangelisten Markus, Matthäus und Lukas, denen wir in der Hauptsache unser Wissen über Jesus verdanken. Ihre Schriften wurden im Jahre 1774 von dem Jenaer Theologen Johann Jakob Griesbach synoptisch genannt wegen ihrer teilweisen Übereinstimmung, ihrer Zusammenschaubarkeit, Synopsis. Man kann sie gemeinsam überblicken. Griesbach hatte nämlich in seiner Synopse die parallelen Texte aus Matthäus, Markus und Lukas zum Vergleich nebeneinander gesetzt[13].

Wann diese Evangelien entstanden sind, läßt sich, da keine Originale vorliegen, nicht genau ermitteln. Auch die ungefähren Datierungen gewähren keine volle Sicherheit. Die Forschung pflegt Markus zwischen 70 und 80, Matthäus und Lukas zwischen 80 und 100 anzusetzen. Das Johannesevangelium wurde frühestens um 100, wahrscheinlich aber in den ersten Jahrzehnten des 2. Jahrhunderts verfaßt. Da Jesus, wie man annimmt, um das Jahr 30 starb, vergingen ein bis zwei Menschenalter, ehe man seine Lehre schwarz auf weiß beglaubigte. Warum aber zögerte man so lang damit?

Warum entstanden die Evangelien so spät?

> »Warum schrieb Christus nicht, wenn er die Evangelien wollte?« Friedrich Hebbel[14].

Dieser späte Beginn literarischer Produktion im Urchristentum hat zwei Gründe.

Der erste, weniger gewichtige Grund, hängt mit der soziologischen Struktur der ältesten Christengemeinden zusammen. Sie bestanden aus einfachen Leuten, »illiterati«, die gar nicht in der Lage gewesen wären, Bücher zu schreiben. Und als spätere christliche Generationen schrieben, war ihre Art, sich auszudrücken, zunächst nicht die beste. Insbesondere

25

das Neue Testament ist, von Teilen des Lukasevangeliums, der Apostelgeschichte und einigen Briefen, wie dem Hebräer-, Jakobus-, 1. und 2. Petrusbrief abgesehen, in einem Stil verfaßt, der mit dem göttlichen Charakter seines Inhalts seltsam kontrastiert.

Der zweite Grund für die späte Niederschrift der Evangelien aber kann kaum genug beachtet werden. Resultiert er doch aus dem zentralen Glauben der ältesten Christen, die nicht mit einer jahrhundertelangen Kirchengeschichte, sondern mit dem *unmittelbar* bevorstehenden Ende der Welt gerechnet hatten. Von Tag zu Tag erwarteten sie die Wiederkunft ihres gekreuzigten Herrn und die Errichtung des von ihm verheißenen Gottesreiches auf Erden.

Die heidnische Herkunft der urchristlichen Enderwartung

Die Erwartung des nahen Endes war nichts spezifisch Christliches. Vielmehr stimmte dieser Glaube in seinen Hauptzügen mit der spätjüdischen Eschatologie überein, mit der Lehre von den »Letzten Dingen« (Eschata), vom Ende der Welt und von ihrer Erneuerung. Die dem Teufel verfallene Weltordnung, der alte Äon ('olam ha-zae), sollte demnach plötzlich durch eine andere Weltzeit, den neuen Äon ('olam ha-ba'), abgelöst, die traurige Gegenwart durch eine kosmische Katastrophe aufgehoben werden und das Reich Gottes, der Äon der basileia theou, die malkut Jahve, auf der Erde beginnen, nicht geistig, sondern greifbar wirklich und bald.

Diese apokalyptische Eschatologie des Spätjudentums aber war nicht unbeeinflußt von anderen Religionen. Sie hatte uralte orientalische Mythen, vor allem viele iranische, doch auch babylonische und ägyptische Elemente in sich aufgenommen. Wie denn das Alte Testament, besonders aber die jüdische Apokalyptik (vom griech. apokalyptein = enthüllen), vom iranischen Dualismus geradezu abhängig ist. Indes handelt es sich bei den verschiedenen Enderwartungen nicht immer um das Weltende, sondern oft nur um den Anbruch einer neuen Weltperiode, was auch für einige der folgenden Beispiele gilt.

Im Iran, in Babylonien und Ägypten war die Vorstellung von einem göttlichen Herrscher und neuen Äon, einem kommenden Retter und einer seligen Endzeit bekannt[15]. Der iranische Erlöser und Weltheiland (saoschjant) wird geradezu als der »Gesandte par excellence« bezeichnet. Man sprach von seinem »Kommen« in die Welt[16]. Besonders in der Verkündigung Zarathustras (zw. 1000 und 600 v. Chr.) spielte die Lehre vom nahenden Gottesreich eine bedeutende Rolle. Allem Anschein nach hat Zarathustra die Verwirklichung des Reiches, wie Jesus, noch zu seinen Lebzeiten erwartet[17]. Und als diese Hoffnung trog, gaben sie seine Anhän-

26

ger dennoch nicht auf[18], was wiederum dem Verhalten der Jünger Jesu genau entspricht.

Die Ägypter wußten von einem kommenden Retter schon im 3. und 2. Jahrtausend. Anschaulich und mit in der Bibel wiederkehrenden Wendungen heißt es im Thronbesteigungslied auf Ramses IV.:

»Welch schöner Tag! Himmel und Erde freuen sich, (denn) du bist der große Herr von Ägypten.

Die geflohen waren, sind wieder zu ihren Städten gekommen, und die verborgen waren, sind wieder hervorgekommen.

Die da hungerten, sind gesättigt und fröhlich, und die da dursteten, sind trunken.

Die da nackt waren, sind in feines Linnen gekleidet, und die da schmutzig waren, haben weiße Kleider.

Die im Gefängnis waren, die sind freigelassen, und wer gebunden war, der ist voll Freude.

Die da stritten in diesem Land, die sind zu Friedlichen geworden. Große Nile sind aus ihren Höhlen gekommen, daß sie das Herz der andren erfrischen« [19].

Auch der assyrische König Assurbanipal (668–626 v. Chr.) wurde als der erwartete Heilbringer und Gottessohn gefeiert, mit dessen Regierung das neue Zeitalter beginne. »Die Kinder singen, die Frauen gebären leicht, die Kranken genesen, die Greise hüpfen, die Hungrigen werden gesättigt und die Nackten bekleidet.« Seine Priester jubeln: »Die Zeit ist erfüllt!«[20]

Solche Vorstellungen gingen als Messiasidee, deren nichtisraelitischer Ursprung längst erwiesen ist, ins Alte Testament ein, wo Jesaja den Heiland aus dem Stamm Davids erwartete[21]. Auch der von den Christen übernommene Glaube der Pharisäer an die Auferstehung der Toten war ja nicht jüdischen Ursprungs[22]. Er erscheint zuerst bei dem Propheten Hesekiel, der auch die fremden eschatologischen Anschauungen kennt und bezeichnenderweise während der babylonischen Gefangenschaft schrieb.

In den letzten vorchristlichen Jahrhunderten wird dann im Judentum der Glaube an das nahe Ende immer wieder bezeugt[23]. Die Propheten haben es stets für die eigene Generation oder doch für die unmittelbare Zukunft verkündet[24]. Die Essener prophezeiten die Weltkatastrophe, ganz ähnlich wie die Evangelien, für das lebende Geschlecht. Schon sie traten auf als »die letzte Generation« und wußten sich »am Ende der Tage«[25]. Auch die spätjüdischen Apokalypsen bekunden die Naherwartung des Endes, seine Schrecken und Verheißungen, seit dem 2. vorchristlichen Jahrhundert[26]. Die bedeutendsten, die Bücher Daniel (das wichtigste ca. 160 v. Chr. geschriebene, das ins Alte Testament einging), Henoch, Baruch, Esra, sind in der Zeit vor und nach dem Auftreten Jesu entstanden, sozusagen als Ausläufer der alttestamentlichen Prophetie.

27

Und auch Jesus steht in dieser Reihe, setzte im wesentlichen nur die spätjüdische Apokalyptik fort. Inhaltlich wie formal ist er vom Daniel-, mehr noch vom Henochbuch beeinflußt, einer voll altpersischer und griechischer Mythen steckenden Schrift, die sich bis heute in der abessinischen Bibel findet und auch im Neuen Testament zitiert wird[27]. Manche Worte Jesu könnten beinah als Zitate gelten[28].

Was aber predigte Jesus?

>»Die Verheißung, daß das Reich nun auch auf die Erde
>kommt, ist die gute Nachricht des Evangeliums«.
>Jakob Taubes[29].

Als einen der charakteristischsten Züge der Botschaft Jesu betrachteten die ersten Christen die Verheißung, daß das Reich Gottes nahe sei. Während das heute in der Kuppel des römischen Petersdomes in goldenen Riesenlettern prangende Wort »Kirche« in allen Evangelien bloß zweimal erscheint, steht der Begriff »Reich Gottes«, Jesu Lieblingsbegriff, bei Markus vierzehnmal, bei Lukas dreißigmal und bei Matthäus noch etwas öfter. Allerdings umschreibt ihn Matthäus als einziger neutestamentlicher Schriftsteller fast stets mit dem Ausdruck »Himmelreich«, den Jesus nicht gebraucht hat[30]. Matthäus war Judenchrist, und seine zeremonielle rabbinische Transkription hängt mit der Scheu des Spätjudentums zusammen, den Namen Gottes auszusprechen[31].

Die evangelischen Begriffe »Reich Gottes« und »Himmelreich« sind also gleichbedeutend. Es liegt in ihnen nur ein sprachlicher Unterschied vor, aber später hat man einen sachlichen daraus gemacht. Man erklärte Jesu »Reich Gottes« für identisch mit der Kirche und diese für die Erzieherin zum berühmten »Himmelreich«. »Jetzt schon«, schreibt Augustinus, »ist die Kirche das Reich Christi und das Himmelreich«[32].

Damit war der Sachverhalt genau verkehrt worden, war auf das Jenseits verschoben, was die ersten Christen im Diesseits erwartet hatten. Denn die ursprüngliche christliche Zukunftshoffnung rechnete mit einer nahen ungeheuren Katastrophe durch das Eingreifen Gottes vom Himmel her und einer völligen Verwandlung aller Dinge auf Erden, nicht zuletzt der Menschen selber. Aber an ein abstraktes Jenseits, einen transzendenten Seligkeitszustand, an die vita aeterna, um die heute die Christen beten – nicht ohne den inständigen Wunsch, daß sie noch lange auf sich warten lasse – hatte in der ältesten Zeit niemand gedacht.

Offenbar auch nicht Jesus. Zwar spekuliert er selbst nie näher über das von ihm gepredigte »Reich Gottes« und gibt seinen Hörern keine zusam-

28

menfassende Beschreibung davon. Gerade das aber legt den Schluß nahe, daß er im Grunde dieselben Vorstellungen wie das Volk vertreten hat, die spätjüdische Eschatologie, den baldigen Anbruch der Gottesherrschaft auf Erden, wenn dieser Glaube auch mit der Abstreifung des nationalistischen Elements bei ihm eine gewisse Reinigung erfuhr. Freilich war auch diese Tendenz im Judentum schon vorbereitet.

Zahlreiche nicht an das Dogma gebundene Theologen betonen, daß Jesus kein übernatürliches Paradies unter dem »Gottesreich« verstand, daß er dieses vielmehr *in die Welt* bringen wollte, daß er in seiner Seligpreisung der Armen nicht auf ein besseres Jenseits vertröstet, sondern die Erde als Erbe versprochen habe. *Sie* sollte verwandelt und neugeschaffen werden, nicht Gewalt und Schrecken sollten auf ihr herrschen, nicht Hunger und Durst, in Palästina die Frommen wohnen[33].

Diese Anschauung verdeutlicht das Neue Testament durch die Vision des Sehers, der das neue Jerusalem aus dem Himmel herabkommen sieht[34]. Doch auch in manchen, freilich nicht ganz sicher zu deutenden Worten Jesu schimmert sie noch durch: wenn er den Jüngern verheißt, sie werden auf zwölf Thronen sitzen und die zwölf Stämme Israels richten; wenn er ihnen verspricht: »Ihr sollt dereinst in meinem Reiche an meinem Tische essen und trinken«[35]. Auch lehrte Jesus beten: »Dein Reich komme, dein Wille geschehe wie im Himmel, also auch auf Erden«[36]. Und einmal sagt er: »Seit den Tagen Johannes des Täufers bis jetzt bricht das Himmelreich sich mit Gewalt Bahn, und die, welche Gewalt anwenden, reißen es an sich«[37]. Dieser allerdings besonders umstrittene Stürmerspruch bedeutet wohl, daß Jesus und die Seinen das Gottesreich wie Stürmer gewaltsam auf die Erde reißen[38].

Der Irrtum Jesu

> *»Jesu felsenfeste Überzeugung von dem baldigen Kommen des Gerichtes und der Vollendung wird heute von keinem ernsten und unbefangenen Forscher mehr bestritten«.*
> *Der Theologe Heiler*[39].

> *»Es bedarf keines Wortes, daß sich Jesus in der Erwartung des nahen Weltendes getäuscht hat«.*
> *Der Theologe Bultmann*[40].

Auch der synoptische Jesus aber hat sich als einen endzeitlichen Propheten empfunden. Auch er hat mit der baldigen irdischen Verwirklichung des Gottesreiches gerechnet und den alten apokalyptischen Alarm ge-

29

schlagen. Gerade in den ältesten Quellen wird dies deutlich. Denn wenn Jesus auch jedes eschatologische Schwärmen und jede *genaue* Voraussage des Weltendes vermied, so war er doch überzeugt daß die gegenwärtige Weltzeit abgelaufen sei und einige seiner Jünger »den Tod nicht schmekken werden, bis daß sie sehen das Reich Gottes kommen mit Macht«[41]! Daß sie mit der Mission in Israel nicht zu Ende sein würden, »bis der Menschensohn kommt«[42]! Daß sich das Strafgericht Gottes noch »an diesem Geschlecht« vollzöge[43]! »Wahrlich ich sage euch«, weissagt er, »dieses Geschlecht wird nicht vergehen, bis dies alles geschehen ist«[44].

Zwar mildern die ein halbes Jahrhundert später schreibenden Evangelisten Jesu Prophezeiungen des nahen Endes. Bereits bei Markus gibt es Ansätze dazu – charakteristisch hierfür ist das 13. Kapitel. Auch Matthäus bringt Korrekturen der Naherwartung Jesu im Sinne eines Aufschubs an[45]. Noch mehr stellt sich Lukas auf die Dauer der Kirche in der Welt ein, indem er Jesu Glauben an die Naherwartung durch den Glauben an eine von Gott geplante Heilsgeschichte mit aufeinanderfolgenden Vorperioden und Zwischenstufen ersetzt und so das Skandalon der ausgebliebenen Parusie beseitigt[46].

Aber die oben zitierten Aussagen sprechen für sich. Gestand doch kürzlich selbst ein Katholik, manches Wort Jesu lasse vermuten, er habe das Ende für unmittelbar bevorstehend gehalten[47]. In der Tat: wie die Propheten, die Essener, die jüdischen Apokalypsen und Johannes der Täufer scheint auch er seine Generation als die letzte betrachtet und mit ungeheurer Intensität das nahe Ende prophezeit zu haben.

Zum erstenmal wurde dies von dem Hamburger Orientalisten Hermann Samuel Reimarus († 1768) klar erkannt. Vorsichtshalber hatte Reimarus sein 1400 Seiten umfassendes Manuskript »Vom Zwecke Jesu und seiner Jünger« nie veröffentlicht. Erst nach dem Tode des Verfassers legte Lessing, trotz der Bedenken seiner Freunde Mendelssohn und Nicolai, Teile des bedeutenden Werkes in den Wolfenbütteler Fragmenten der Öffentlichkeit vor[48]. Später wurde Reimarus' Entdeckung wieder verdunkelt und vergessen, bis sie um die letzte Jahrhundertwende durch den Theologen Johannes Weiß entscheidend aufgezeigt und besonders durch Albert Schweitzer ausgebaut worden ist[49].

Das Entsetzen war groß, die Entrüstung gewaltig. Denn damit stand zweierlei fest: wie sehr Jesus mit dem Begriff der kommenden Gottesherrschaft, dem Zentrum seiner Lehre, an geläufige jüdische Vorstellungen anknüpfte[50]; und wie fundamental er sich geirrt hatte. Doch trotz des zunächst schroffen Widerspruchs der liberalen Theologen überzeugte die neue Erkenntnis, und sie wird heute als die kopernikanische Tat der modernen Theologie von ihren nicht dogmatisch gebundenen Repräsentanten fast allgemein vertreten[51].

30

Gewiß gibt es Sprüche und Gleichnisse Jesu, die das »Reich Gottes« als etwas bereits Vorhandenes, Innerliches anzudeuten scheinen, als eine schon existierende ethische oder in der Person Jesu gegenwärtige Größe[52]. Auch bekundet er manchmal eine geistigere Vorstellung davon, der allerdings oft sehr materielle, ganz dem Anschauungskreis seiner Zeitgenossen zugehörende Auffassungen gegenüberstehen. So, wenn er im Reich zu Tisch sitzen, wenn er darin mit seinen Anhängern essen und trinken, wenn er Ehrenplätze vergeben will oder von Leuten spricht, die einäugig und verstümmelt dort eingehen[53]. Eine spirituellere Vorstellung soll insbesondere das Wort bei Lukas 17, 20f. bezeugen. Doch hängt schon die Übersetzung von der Deutung des Übersetzenden ab. Luthers Übertragung »das Reich Gottes ist inwendig in euch« verwirft man jedenfalls meist, da Jesus zu Pharisäern redet, die das Gottesreich schwerlich in sich tragen.

Überhaupt beeinträchtigen diese wenigen und äußerst umstrittenen Stellen den eschatologischen Charakter seiner Botschaft kaum. Ungemein verstärkt wird er dagegen durch die nun völlig feststehende Tatsache, daß die gesamte Urchristenheit an die bald hereinbrechende Gottesherrschaft geglaubt und mit einer unmittelbar bevorstehenden Weltkatastrophe gerechnet hat. Ohne Stütze durch die Predigt Jesu aber wäre dies nicht leicht möglich gewesen[54].

Auch die ganze Urchristenheit hat sich getäuscht

»...da man das Wiederkommen des Herrn als demnächstig ansah, wie es nicht nur einzelne Stellen in den Briefen des hl. Paulus, der hll. Petrus und Jakobus und die Apokalypse, sondern auch die Literatur der apostolischen Väter und das urchristliche Leben bezeugen«.
Erzbischof Conrad Gröber[55].

»Die Jünger Jesu haben gewiß erwartet, daß mit seinem Tode das realfaktische Ende der Zeiten zusammenfallen würde. Daß dies nicht geschehen ist, bedeutet die fundamentale Enttäuschung der jesuanischen Messiasbewegung, jedoch nicht das Ende der Verzweiflung, Resignation oder Lächerlichkeit«. H. J. Schoeps[56].

»Sie haben sich in ihrer Erwartung getäuscht – das ist ohne Klausel einzuräumen«. Der Theologe Harnack[57].

31

Das Ausbleiben Jesu und das Weitergehen der Geschichte muß den christlichen Führern, besonders in der apostolischen und unmittelbar nachapostolischen Zeit, gewaltige Schwierigkeiten bereitet haben, wenn uns begreiflicherweise auch bloß spärliche Notizen hierzu überliefert worden sind[58]. Die Situation war um so kritischer, als die Parusieerwartung ein wesentlicher, vielleicht der entscheidende Bestandteil der christlichen Zukunftshoffnung gewesen ist. Jesu älteste Anhänger jedenfalls, darüber besteht kein Zweifel mehr, haben die Tage nach seinem Tod in einer fieberhaften Spannung verbracht und seine Rückkehr und das Ende der Welt in nächster Zukunft erwartet[59].

Aber noch bis weit ins 2. Jahrhundert hinein war die Annahme einer baldigen Wiederkunft Jesu allgemein. Alle urchristlichen Dokumente innerhalb und außerhalb des Neuen Testaments bestätigen dies.

»Die Zeit ist nahe«, prophezeit mehrmals die Apokalypse. »›Siehe, ich komme bald und mein Lohn mit mir, um einem jeden nach seinem Werk zu vergelten‹... Und der Geist und die Braut sagen: ›Komm!‹ und wer es hört, der sage: ›Komm!‹... Es spricht, der das bezeugt: ›Ja, ich komme bald!‹ ›Amen, komm, Herr Jesus!‹«[60]. Mit absoluter Sicherheit erklärt auch Ignatius, Bischof von Antiochien (gestorben zur Zeit Trajans 98–117): »Die letzten Zeiten sind da«[61]. Ganz ähnlich konstatiert der 1. Johannesbrief: »Ihr Kindlein, die letzte Stunde ist da, und wie ihr gehört habt, daß ein Widerchrist kommt, so sind jetzt schon Widerchristen in großer Anzahl aufgetreten; daran erkennen wir, daß die letzte Stunde da ist«[62]. »Haben wir acht in den letzten Tagen!« warnt der Barnabasbrief. »Nahe ist der Tag, an dem mit dem Bösen alles zugrunde gehen wird. Nahe ist der Herr und sein Lohn«[63]. »Das Ende aller Dinge steht nahe bevor«, verkündet der 1. Petrusbrief[64]. »Denn es währt nur noch eine kleine, ganz kurze Zeit, dann wird *der* kommen, der kommen soll, und nicht auf sich warten lassen«, verheißt mit der Schrift der Hebräerbrief und betont wiederholt, Jesus habe sein Evangelium »am Ende dieser Tage«, »am Ende der Weltzeiten« gelehrt[65]. Auch Petrus predigt in der Apostelgeschichte, das berühmte Pfingstwunder, die Geistausgießung, sei »in den letzten Tagen« geschehen[66]. »So harret denn standhaft aus, liebe Brüder, bis zur Ankunft des Herrn«, mahnt der Jakobusbrief. »Der Richter steht vor der Tür«[67]. In der Didache beten die Christen: »Es komme die Gnade und es vergehe diese Welt... Marana tha«[68]

Marana tha – »Komm, unser Herr«, war der Gebetsruf der ersten Christen. Sie wurden nicht müde, zum Himmel aufzuschauen, auf dessen Wolken sie Jesus leibhaftig erwarteten. In Pontus prophezeite ein Bischof den Anbruch des Weltgerichts binnen Jahresfrist, worauf seine Gemeinde Hab und Gut preisgab und in gebetsreichen Wochen das Ende erwartete. Die Verlegenheit des Bischofs mag nicht gering gewesen sein, hatte er seine Prophezeiung doch mit den Worten bekräftigt: ›Wenn es nicht geschehen wird, wie ich gesagt habe, so glaubt fortan auch der Schrift nicht, sondern tut ein jeder von euch wie er will.« In Syrien zog ein Bischof mit seiner Gemeinde einschließlich der Kinder dem schon nahenden Herrn in die Wüste entgegen, wo sie gerade noch vor dem Verhungern gerettet wurden – durch heidnische Polizei[69].

Warum kam Christus nicht? Warum blieb die so herrlich ausgemalte Zukunft aus? In vielen Dokumenten mahnt man die Gläubigen stets aufs neue zur Geduld, beschwichtigt man aufsteigenden Zweifel, Zwist, bekämpft Spott und enttäuschte Erwartungen[70]. Immer und immer wieder verspricht man: Das Ende ist ganz nahe, bald kommt der Herr! Goethe hat diesen Glauben im Fragment vom Ewigen Juden ironisiert:

>»Die Priester schrien weit und breit:
>Es ist, es kommt die letzte Zeit,
>Bekehr dich, sündiges Geschlecht.
>Der Jude sprach: mir ist's nicht bang,
>Ich hör vom jüngsten Tag so lang.«

Als die Krisis sich verschärfte, als immer mehr Zweifel auftauchten und die Unzufriedenheit der Christen stieg, als sie der kirchlichen Sprüche müde wurden und sagten: »Dies haben wir auch schon in den Tagen unsrer Väter gehört, und siehe, wir sind alt geworden, und nichts von all dem ist uns widerfahren«[71], oder: »Wo ist denn seine verheißene Wiederkunft? Seitdem die Väter entschlafen sind, bleibt ja alles doch so, wie es seit Beginn der Schöpfung gewesen ist«[72], da erklärte die entstehende katholische Kirche das Ausbleiben der Parusie durch das Psalmwort, mit dem sie bis heute die gläubige Menschheit tröstet, daß beim Herrn tausend Jahre wie *ein* Tag seien[73]. Man lehrte jetzt so gar, die ganze Zeit zwischen Erschaffung und Ende der Welt bedeute für Gott nur einen Tag, und was wie Säumigkeit aussehe, sei bloß Langmut des Herrn[74]. Das über den Apostel Johannes umlaufende Wort, er werde nicht sterben, sondern noch lebendig die Parusie erleben, entkräftete man nach seinem Tod mit der Erklärung, Jesus habe nicht gesagt, er sterbe nicht, sondern »*Wenn* es mein Wille ist, daß er bis zu meinem Kommen bleibt...«[75].

Neu war diese Methode nicht. Schon bei den in der Naherwartung des Endes lebenden Essenern begründete man damit dessen Verzögerung, daß »die Geheimnisse Gottes wunderbar sind«, »daß das letzte Ende sich hinzieht und daß noch ein Rest übrig ist zur Erfüllung all dessen, was die Propheten gesagt haben... Wenn sich's verzögert, warte darauf, denn gewiß kommt es und wird nicht ausbleiben«[76]. Und wie den Christen, macht man schon den Essenern das Ausbleibende verständlich durch den Hinweis auf fürchterliche Vorstufen, die erst eintreten müßten, die »Herrschaft Belials« oder die »Endzeit des Frevels«[77]. Die Rabbinen sprechen später vom »Wehen der Messiaszeit«. Je schlimmer es zugeht, um so näher rückt der köstliche Moment.

Um 150 mahnt Justin, der bedeutendste Apologet des 2. Jahrhunderts, die Juden: »Eine kurze Zeit habt ihr jetzt noch, um euch uns anzuschließen; nach der Wiederkunft Christi wird eure Reue und euer Weinen keinen Wert haben«[78]. Die Verzögerung des Unterganges ist auch nach Justin nur ein Ausdruck der Güte Gottes, der die Kirche erst noch wachsen lassen will, ehe er die Welt vernichtet[79]. Doch hat der Heilige eine weitere Erklärung für den Aufschub des Gerichts. Vielleicht, meint er, wären manche Menschen noch gar nicht geboren, die gerettet werden sollten[80]. Die absurdesten Argumente mußten eben den Christen die verzögerte Parusie plausibel machen, fielen doch viele schon vom Glauben an den (ausbleibenden) Herrn ab[81].

Aber noch um 200 heißt es im Kanon Muraton, einem wichtigen Dokument der christlichen Gemeinde von Rom, daß »wir ja am Ende der Zeiten stehen«[82]. Dasselbe verspricht etwa gleichzeitig Kirchenvater Tertullian. »Welches Schauspiel für uns ist demnächst die Wiederkunft des Herrn«, schreibt er. »Wir sind von Gott vor Erschaffung der Welt für das Ende der Zeiten bestimmt«[83]. Tertullian erzählt sogar, »daß in Judäa vierzig Tage hindurch in den Morgenstunden eine Stadt vom Himmel herabgehängt habe, ihr Mauerwerk verschwand mit dem Zunehmen des Tageslichtes und sonst war nirgendwo eine Stadt in der Nähe«[84]. Wie wörtlich hat also selbst dieser prominente Patristiker sich das auf die Erde herabkommende himmlische Jerusalem gedacht! Doch noch im 3. Jahrhundert vertritt Kirchenvater Cyprian mit aller Entschiedenheit die baldige Wiederkehr des Herrn[85].

Wie aus der Naherwartung die Fernerwartung wurde

Aber nun lehrt man freilich bereits, »für den Aufschub des Endes« zu beten, zugleich »auch für die Kaiser, für diejenigen, welche kaiserliche Ämter bekleiden und Machtvollkommenheit ausüben«[86]. Die Macht bewegte die Bischöfe damals schon, und da die auf den Wolken nicht kam, näherte man sich der in Rom. Auch wetteiferten die Christen, denen noch im frühen 2. Jahrhundert jede Vielgeschäftigkeit verboten war[87], bald mit den Heiden in der Beteiligung an Ackerbau, Handel, Schiffahrt und Handwerk[88] – und allmählich finden sie das Dasein ganz erträglich. Sie halten die Welt, der gegenüber sie vordem vollständige Entsagung, sogar Feindschaft und Haß gefordert[89], ihres Schöpfers für würdig, vergleichen sie

34

mit einem wohlbestellten Haus oder sehen sie, deren Ende längst vorausgesagt, noch im Bau begriffen[90]. Und schreckten die ältesten christlichen Generationen die Heiden mit dem wiederkehrenden Christus und dem nahen Gericht, drohte man ihnen um 200 zum erstenmal – mit der großen Menge der Christen[91].

Als gar die Kaiser den Katholizismus zur Staatsreligion erhoben, wurde die Erwartung des Gottesreiches auf Erden überflüssig. Den großkirchlichen Bischöfen ging es glänzend, und von Weltuntergang war keine Rede mehr. Im Gegenteil! Hatte man zwei Jahrhunderte lang den wiederkehrenden Jesus und das Ende ersehnt, rufen die Kirchenväter des 4. Jahrhunderts:»Möge dies niemals in unseren Tagen sich erfüllen! Denn schrecklich ist die Herabkunft des Herrn!«[92] Ja, Hofbischof Eusebius von Caesarea, der Vater der Kirchengeschichte, diskreditiert jetzt den um 150 als Märtyrer gestorbenen Bischof Papias, einen der »apostolischen Väter«, wegen seines intensiven eschatologischen Glaubens als einen ganz dummen Menschen[93].

Mit einem Wort: Alles blieb beim alten. Keine neue Ära, keine Umkehr aller Verhältnisse. Die Kriege, die Machtgier und die soziale Ungerechtigkeit florierten wie früher, nicht trotz der Kirche, sondern häufig durch sie, deren Existenz im übrigen das einzig Neue war.

Daß insbesondere der Katholizismus die eschatologische Naherwartung Jesu bestreitet[94], versteht sich von selbst. Wäre es doch zu Kirche und Papsttum gar nicht gekommen, hätte sich der Glaube der ersten christlichen Generationen erfüllt. Im Syllabus Lamentabili hat Pius X. im Jahre 1907 die fundamentale Erkenntnis der neutestamentlichen Forschung verworfen, und im folgenden sei gezeigt, wie die kirchliche Exegese schon des 3. und 4. Jahrhunderts eindeutige Bibelworte unterschlägt oder entstellt.

Da befiehlt Jesus seinen Aposteln:»Wenn man euch aber in der einen Stadt verfolgt, so flieht in eine andere; denn wahrlich ich sage euch: Ihr werdet mit den Städten Israels noch nicht zu Ende sein, bis der Menschensohn kommt«[95]. Nun zitieren die Kirchenväter in der Verfolgungszeit zwar die erste Hälfte dieses Ausspruchs, die Fluchterlaubnis, oft, meist übrigens, um diese Erlaubnis, die Jesus ja nur den Aposteln erteilt hatte, auch sich selbst zu erteilen. Niemals jedoch erwähnen sie die zweite Hälfte, in der Jesus den Aposteln noch zu ihren Lebzeiten seine Wiederkehr verheißt. Dieses ihnen offensichtlich peinliche und unverständliche Wort wird von Tertullian, Clemens, Origenes, Petrus von Alexandrien und Athanasius systematisch ignoriert; aber nicht nur in ihrer Exegese, sondern schon im Zitat[96]! Wenn Jesus seine Jünger infolge des nahen Endes rasch, ohne überflüssige Kleidung und ohne Proviant durch Israels Städte eilen heißt, so deutet man das verlegen um. Clemens von Alexan-

35

drien erkennt in dieser Wanderung die Himmelsreise der Seele, Euseb von Caesarea eine Anweisung zu einem bedürfnislosen philosophischen Leben[97]. Wo das Neue Testament von »letzten Zeiten« spricht, da behauptet man, es handle sich um das »Ende des Judenvolkes«[98]. Oder man will die Bezeichnung »letzte Zeiten« nicht chronologisch, sondern heilsgeschichtlich verstanden wissen. Und die urchristliche Erwartung des Herrn auf den Wolken des Himmels erklärt man für kindlich und lehrt, daß die zweite Ankunft Christi kein leiblich-sichtbarer Vorgang sei, sondern ein geistig-inneres Geschehen[99].

Die Kirchenväter nehmen aber auch Eingriffe an neutestamentlichen Texten vor. So wird die später fatale paulinische Prophezeiung der Naherwartung, »denn die Welt in ihrer jetzigen Gestalt geht dem Untergang entgegen«[100], von Tertullian, Rufinus, dem Bischof Hilarius Pictaviensis u. a. aus dem die Frist viel zu eng begrenzenden Präsens ins Futurum übertragen: sie *wird* dem Untergang entgegengehen (transibit)[101]. Im Zuge dieser Tendenz liegt es auch, daß man in der Kirche gelegentlich das Vaterunser fälschte, indem man die Bitte um das Kommen des Reiches – »Dein Reich komme« – ersetzte durch die Bitte um das Kommen des Geistes[102]. Augustinus hat dann wohl als erster in radikaler Umkehrung urchristlichen Glaubens die Kirche mit Jesu Reich Gottes identifiziert[103].

So allegorisierte, spiritualisierte und veränderte man allmählich den ältesten christlichen Glauben, der durch die Geschichte als Irrtum erwiesen worden war. Die Kirche leugnete strikt die urchristliche Naherwartung und setzte an ihre Stelle etwas, das man treffend »the ›Eternal Life‹ school« nannte[104], sich selbst und das Himmelreich.

Nur durch diese Transformation, die Auswechslung des Reich-Gottes-Gedankens durch den Kirchengedanken, den aufkommenden Sakramentalismus, wurde das Christentum gerettet und die Kirche stabilisiert, durch eine Fälschung, mag sie auch manchmal im besten Glauben begangen worden sein und sich scheinbar ganz organisch vollzogen haben. Die Erregung, mit der man der Wiederkunft Christi entgegengesehen, klang im Laufe der Zeit von allein ab. Der ursprüngliche Glaube verblaßte. Der tatsächliche Geschichtsverlauf hatte ihn ad absurdum geführt. Man erwartete Christus nicht mehr in Bälde, er war in den Sakramenten gegenwärtig und den Gläubigen wurde, was jetzt immer mehr an Bedeutung gewann, das individuelle Seelenheil, die Unsterblichkeit garantiert[105]. Anstelle des kommenden Retters trat der anwesende Erlöser, anstelle des ersehnten Endschauspiels ein Seelendrama. Statt einer Naherwartung lehrte man die Fernerwartung, denn völlig preisgegeben wurde die Enderwartung nie, da man damit zu offensichtlich gegen die ganze urchristliche Tradition verstoßen hätte. Man verschob einstweilen die Wiederkehr Christi auf unbestimmte Zeit.

36

Es dürfte deutlich geworden sein: Apostel und Urgemeinde, die täglich das Ende erwarteten, dachten nicht daran, von Jesus für die »Nachwelt« etwas aufzuzeichnen. Wer täglich mit dem Weltende rechnet, schreibt keine Bücher mehr[106]. Erst als die Jahre und Jahrzehnte vergingen, ohne daß der Herr erschien, kam es zu einer christlichen Literatur, enstanden die Evangelien.

3. KAPITEL

Die Entstehung des ältesten Evangeliums und seiner vermehrten und verbesserten Auflagen Matthäus und Lukas

»...an der Historie nicht interessiert«.
Der Theologe Dibelius[1].
»...weithin nur eine Anekdotensammlung«.
Der Theologe Werner[2].
»...nur mit äußerster Vorsicht benutzen«.
Der Theologe Goguel[3].

Wir verwenden die Namen Markus, Matthäus und Lukas als Verfasser der synoptischen Evangelien ohne Gewißheit, ob Markus mit dem Gefährten des Petrus, und Lukas mit dem Begleiter des Paulus identisch ist. Denn von keiner neutestamentlichen Schrift, ausgenommen die echten Paulusbriefe, kennt man mit Sicherheit den Verfasser.

Die Kirche gab diese Bücher als Werke von Uraposteln und Apostelschülern aus, was ihr Ansehen gerade begründet hat. Tatsächlich stammen sie samt und sonders von keinem Apostel. Auch der Zollbeamte Matthäus scheidet als Autor des sogenannten Matthäusevangeliums aus, da dieses nicht, wie die altkirchliche Überlieferung behauptet[4], hebräisch, sondern ursprünglich griechisch abgefaßt worden war, und außerdem auf keinen Augenzeugen zurückgehen kann. Das ist die Auffassung fast der gesamten nichtkatholischen Bibelwissenschaft. Die katholische Kirche dagegen schreibt dieses Evangelium dem Apostel Matthäus zu. Doch müssen selbst ihre Gelehrten konzedieren, daß niemand bekannt ist, der das angebliche aramäische Original gesehen hat; daß niemand bekannt ist, der es ins Griechische übertragen hat; und daß keinerlei Reste des aramäischen Textes in Handschriften oder Zitaten existieren[5].

Spätere christliche Generationen aber stellten alles mögliche unter apostolischen Deckschutz, um ihrem Schrifttum mehr Bedeutung zu verleihen. Das entsprach einem beliebten Literaturbrauch der Antike und ist wohl selten bewußte Fälschung gewesen, obschon hier darauf hingewiesen werden muß:

38

Betrug zur Ehre Gottes ist im Christentum erlaubt

>*»Der Christ, diese ultima ratio der Lüge, ist der Jude noch
einmal – dreimal selbst«. Friedrich Nietzsche[6]. »Die Fälschungen beginnen in neutestamentlicher Zeit und haben
nie aufgehört«. Der Theologe Carl Schneider[7].*

Nirgends gab es so viele Fälschungen wie im Bereich der Religion, und
den größten Umfang nehmen sie womöglich im Christentum ein, der
Kunst, wie Nietzsche sagt, heilig zu lügen[8]. Im Christentum war der
fromme Betrug, mit dem man Generationen und Zeiten täuscht, auch
nach dem Theologen Johann Gottfried Herder »bald keine Sünde mehr,
sondern zur Ehre Gottes und zum Heil der Seelen ein Verdienst«[9].

Die bedeutendsten Männer haben die christliche Wahrheit durch Lügen erhärtet. Selbst Paulus steht unter diesem Verdacht. Schreibt er doch:
»Wenn aber Gottes Wahrhaftigkeit infolge meines Lügens (!) um so stärker zu seiner Verherrlichung hervorgetreten ist, warum werde ich dann
noch als Sünder gerichtet?«[10]. Ja, er bekennt, daß es nur darauf ankomme,
Christus zu verkünden – »mit oder ohne Hintergedanken«[11]. Beansprucht
Paulus die Hintergedanken hier auch nicht für sich, beteuert er vielmehr
immer wieder die eigene Lauterkeit[12], stimmt doch manches in seinen
Briefen bedenklich[13]; wenn auch konservative Gelehrte das herkömmli-
che Bild des Apostels als eines Polemikers, der es mit der Wahrheit nicht
genau nehme, für falsch erklären, weil es »nicht anziehend« sei[14].

Viel energischer trat Kirchenlehrer Johannes Chrysostomos (= Gold-
mund), der Patron der Prediger, für die Notwendigkeit der Lüge zum
Zwecke des Seelenheils ein, wobei er sogar auf Beispiele des Alten und
Neuen Testaments hinwies[15].

Aber auch Origenes, einer der größten und edelsten Christen, behauptete mit aller Entschiedenheit, daß man Betrug und Lüge als »Heilmittel«
anwenden dürfe. Selbst Gott kann, laut Origenes, aus Liebe lügen[16].

Frommer Betrug war also, wie in der gesamten Antike, im Christentum
von Anfang an gestattet. Nicht nur den Aposteln Matthäus und Johannes
erkannte man zu Unrecht Evangelien zu, sondern man fälschte, um ja
durch die Autorität aller Apostel gedeckt zu sein, auch ein Evangelium
»nach den zwölf Aposteln«[17]. Allein von Petrus wollen ein Evangelium,
eine Apokalypse, das Kerygma und zwei Briefe im Neuen Testament herrühren, die jetzt sogar katholische Theologen dem Petrus absprechen.
Konzedieren sie beim 1. Brief nur, daß ihn Petrus nicht ohne fremde Hilfe
verfaßt haben könne, weil er gar nicht befähigt gewesen sei, ein so gutes
Griechisch zu schreiben[18], räumen sie die Fälschung beim 2. Petrusbrief
unumwunden ein. Sein Autor habe den Namen des Apostels »geborgt«,

um der Schrift, übrigens fast ein volles Jahrhundert nach Petri Tod entstanden, mehr Würde zu verleihen, was die literarischen Gepflogenheiten der Zeit gestattet hätten[19].

Diese Gepflogenheiten gestatteten aber auch, über andere neutestamentliche Briefe die Namen der Urapostel Jakobus und Johannes zu setzen, die ebenfalls nicht die Verfasser waren. Diese Gepflogenheiten gestatteten ferner, die Briefe an Timotheus und Titus als solche des Paulus zu erklären, der sie gleichfalls nicht geschrieben hat (S. 190). Auch die für das Urchristentum besonders wichtige »Didache« oder »Zwölfapostellehre«, deren Wiederentdeckung im Jahre 1883 internationales Aufsehen erregte, gibt sich als eine Lehre des Herrn durch die zwölf Apostel an die Heiden aus, obwohl sie, wie allgemein anerkannt wird, aus dem 2. Jahrhundert stammt. Die syrische Didascalia ist eine katholische Kirchenordnung des 3. Jahrhunderts und will dennoch von den Aposteln auf dem Apostelkonzil in Jerusalem erstellt worden sein.

Nur noch ein letztes Beispiel für die Gepflogenheiten der antiken Historiographie. Sie erlaubten es nämlich auch dem Schreiber der Apostelgeschichte, alle darin mitgeteilten Reden der Apostel frei zu erfinden. Nicht nur in der heute vorliegenden, vielfach verkürzten Form gehen diese Reden ohne jeden Zweifel auf das Konto des Verfassers, was schon aus ihrer Dauer von bloß etwa zwei Minuten erhellt. Auch nicht dem Gedankengange nach sind sie auf den Autor der Apostelgeschichte gekommen[20]. Vielmehr machte er von dem selbstverständlichen Privileg des antiken Geschichtsschreibers Gebrauch und legte seinen »Helden« passende Predigten in den Mund[21].

Schlagend beweist dies gleich die erste Rede, das Debüt des Petrus. Schenken wir der Bibel Glauben, dauerte seine Ansprache ungefähr eine Minute. Zudem erzählte er fast nur, was, nach seinen eigenen Worten, alle schon wußten: das schreckliche Ende des Judas. Dabei aber sagt Petrus, der Jude, zu Juden: »Dies ist allen Einwohnern Jerusalems bekannt geworden, so daß auch jener Acker in *ihrer* Sprache den Namen Hakeldamach, das heißt ›Blutacker‹, erhalten hat«[22]. Selbstverständlich kann Petrus nicht so gesprochen haben. Hier spricht vielmehr der Autor, der seine anderssprachigen Leser informiert.

Betont sei, daß diese fingierten Reden etwa ein Drittel der Apostelgeschichte ausmachen. Daß sie ihren theologisch entschieden bedeutendsten Stoff darstellen. Und schließlich: Von ihrem Verfasser, der, wie man allgemein annimmt, identisch mit dem Schreiber des Lukasevangeliums ist, stammt mehr als ein Viertel des Neuen Testaments.

40

Seitenblick auf das Alte Testament

Wie steht es mit der Authentie des Alten Testaments? Obwohl die Forschung längst erwiesen hat, daß beispielsweise der Pentateuch, die sogenannten fünf Bücher Mose, was schon Spinoza annahm, gar nicht von Moses sein *können*[23], hält die katholische Kirche an seiner Verfasserschaft fest. Aber die ältesten Bestandteile dieser Bücher, Abschnitte des Exodus, reichen nur bis ins 9. Jahrhundert, während Moses im 13. oder 14. vorchristlichen Jahrhundert gelebt hat, falls seine Gestalt, wie manche moderne Religionswissenschaftler meinen, nicht überhaupt unhistorisch ist[24]. Jedenfalls sind von ihm keinerlei authentische Zeugnisse überliefert, weshalb konservative Juden den Moses, der in der Bibel »in vielen Zeiten geworden ist«, für ebenso »rechtmäßig‹ erklären wie den, »der vor vielen Zeiten gewesen ist«[25].

Gegen die Abfassung des Pentateuch durch Moses sprechen schon Ortsnamen, die nachweislich in nachmosaischer Zeit entstanden sind[26]. Gegen die Abfassung durch nur einen Autor sprechen zahlreiche Widersprüche, wie die steigende Sintflutdauer von bald 40, bald 150 Tagen, ferner viele Dubletten, wie zwei Schöpfungsberichte, zweimal die Speiseverbote, zweimal ein Dekalog u. a. Die Entstehung des Dekalogs, der Zehn Gebote, die Gott dem Moses ausgehändigt haben soll, wird von der Forschung meist ein halbes Jahrtausend nach seiner mutmaßlichen Lebenszeit oder noch später angesetzt[27]. Große Teile des Pentateuch, nicht weniger als gegen 60 Kapitel des 2., 3, und 4. Buches, die angeblich von dem im 13. oder 14. vorchristlichen Jahrhundert lebenden Moses herrühren, sind sogar erst im 5. Jahrhundert von jüdischen Priestern produziert oder zusammengestellt worden[28]. Wie man ja auch aus dem 2. und 1. vorchristlichen Jahrhundert stammende Schriften David oder seinem Sohn Salomo zuschrieb, obwohl diese fast ein Jahrtausend früher, nämlich im 10. Jahrhundert, gelebt haben.

Was ging den Evangelien voraus?

Auch die Evangelien wurden sämtlich *anonym* überliefert. Erst später gab ihnen die Kirche Verfassernamen. Das älteste, vermutlich zwischen 70 und 80 vielleicht in Rom entstandene Evangelium[29] soll Johannes Markus, den Begleiter des Petrus, zum Urheber haben, was freilich zum erstenmal Papias von Hierapolis um 140 behauptet[30]. Bischof Papias erklärt aber auch, Markus habe Jesus nicht selbst gehört, sondern dessen Lehre nur aus der Erinnerung an die Erzählungen des Petrus geschrieben, und zwar offenbar erst nach Petri Tod[31].

41

Wer immer also der Verfasser dieses ältesten Evangeliums gewesen ist, ein Augenzeuge war es nicht. Damit aber stoßen wir auf das eminent bedeutsame Faktum, daß am Anfang der Überlieferung von Jesus nicht das geschriebene, sondern das gesprochene Wort steht; nicht das Evangelium, sondern eine jahrzehntelange mündliche Tradition; daß wir überhaupt keine unmittelbare Lehre Jesu besitzen, sondern bloß Berichte darüber. Nach allgemeiner Ansicht hat die älteste palästinensische Christenheit auch nicht ein Wort Jesu aufgezeichnet. Der geschichtliche Mensch, der »Christus nach dem Fleische«, wie auch Paulus bezeugt[32], interessierte sie kaum. Erwartete sie doch den wiederkehrenden Herrn.

Aber auch eine zusammenhängende mündliche Geschichte des Wirkens Jesu hat es in der ersten Zeit nicht gegeben. Die Weitergabe einer wortgetreuen *Gesamt*darstellung ist bei einer volkstümlichen mündlichen Tradition überhaupt ausgeschlossen, selbst bei Orientalen, die in der Überlieferung ungeschriebener Erzählungen zweifellos eine gewisse Perfektion bekunden. Zunächst waren vielmehr nach dem Tode Jesu nur Einzelstücke über ihn im Umlauf, kleine Einheiten, Gleichnisse, Sprüche und Spruchgruppen, isolierte knappe Geschichtchen, die man später aneinandergereiht, summiert, wie ein Mosaik zusammengesetzt hat. Das ist durch die moderne formgeschichtliche Evangelienkritik erwiesen und kann hier nicht im einzelnen aufgezeigt werden.

Auch die »Reden« in den Evangelien, die Bergpredigt, die Aussendungsrede u. a., wurden von Jesus so nie gehalten. Die Evangelisten haben sie aus älterem Spruchgut zusammengestellt oder – wie ein Theologe sagt, der das Wort Fälschung, obschon es formell zuträfe, vermeiden möchte – »selber erst aus allerhand Stückchen komponiert«[33]. Erblickt doch sogar ein katholischer Neutestamentler in Jesu Rede bei Matthäus nur »schriftstellerische Kompositionen«[34]. Von den Sprüchen der Bergpredigt beispielsweise weiß man weder, wem sie ursprünglich gegolten haben, noch bei welcher Gelegenheit sie ausgesprochen worden sind[35]. Erst Matthäus faßt sie so zusammen[36]. Von den 107 Versen aber, die bei ihm die »Bergpredigt« bilden, bringt Lukas, der von dieser ›Predigt‹ nichts ahnt, 27 Verse im 6. Kapitel, 12 Verse im 11. Kapitel, 14 Verse im 12. Kapitel, 3 Verse im 13. Kapitel, 1 Vers im 14. Kapitel, 3 Verse im 16. Kapitel, und 47 Verse fehlen bei ihm ganz[37]. Bei Markus und im Johannesevangelium findet sich die »Bergpredigt« überhaupt nicht.

Das den Evangelien zugrundeliegende Traditionsgut aber wurde in den Jahrzehnten zwischen Jesu Tod und der Niederschrift des ältesten Evangeliums nicht unverändert überliefert. Denn in diesem Zeitraum wuchs die Erinnerung an Jesus ganz naturgemäß ins Volkstümlich-Legendäre hinein[38]. Übertreibungen und erhöhter Wunderglanz konnten bei seiner Erscheinung gar nicht ausbleiben. Diese Tendenz wird in frühester Zeit

42

begonnen haben. Daß jede mündliche Überlieferung allgemeinen Entwicklungsgesetzen unterliegt, daß sie »Bewegung« und damit Wechsel, Variation bedeutet, daß die fortgesetzte Weitergabe einen Bericht verändert, ist unleugbar. Sie verändert ihn von einem Tag zum andern, und erst recht in mehreren Jahrzehnten. Sie wandelt ihn um durch das Temperament der Überliefernden, die in den seltensten Fällen eine rein passive Rolle dabei spielen. Das gilt besonders für die Menschen der damaligen wundergläubigen und religiös verzückten Zeit. Und es gilt noch mehr für die ersten Christen, die, aus den unteren und untersten Schichten stammend, völlig naiv und kritiklos gewesen sind[39].

Wie das Bild Jesu in den jüngeren Evangelien immer idealere Züge annahm (S. 46ff.), so wurde es schon vor Markus kollektiv gesteigert. Man paßte es, mit dem Theologen Leipoldt zu sprechen, »nicht selten den Bedürfnissen und Wünschen der Gemeinde« an[40], sagte sehr bald nach Jesu Tod, wie der Theologe Knopf erklärt, »alles erdenkliche Hohe von ihm aus... und ein Teil dieser Aussagen ist schon von denen gemacht worden, die Jesus gekannt und gesehen hatten«[41]. So wurde sein Bild, wie der Theologe Pfannmüller schreibt, »in unseren Evangelien bereits in wesentlichen Zügen verändert«[42], oder, wie der Theologe Hirsch formuliert, »ins Phantastische gesteigert«[43]. Die Evangelisten zeigen nicht Jesus, wie er gewesen ist, sondern, so führt auch der Theologe Jülicher aus, »wie die Gläubigen ihn brauchten«[44].

Die logische Folge dieses Prozesses war, daß bald durchaus uneinheitliche Erzählungen über Jesus von Predigern zu erbaulichen Zwecken verbreitet und später durch die Evangelisten zusammengetragen worden sind.

Wie arbeitete der älteste Evangelist?

Der erste, der eine Sammlung der ursprünglich isoliert kursierenden Geschichten über Jesus unternommen hat, scheint der Verfasser des Markusevangeliums gewesen zu sein. Ob er selbst schon ältere Erzählungszyklen, einen sogenannten Ur-Markus, vorfand, wie einige Forscher annehmen[45], ist sehr fraglich. Zumindest war Markus, oder wer immer sich hinter diesem Namen verbirgt, der erste unter den uns bekannten Evangelisten[46].

Seine Priorität stand allerdings nicht immer fest. Seit Augustinus[47] sah die Kirche im Markusevangelium nur einen Auszug aus dem vermeintlich älteren Matthäusevangelium. Diese falsche Meinung erhielt sich eineinhalb Jahrtausende. Dann wurde die Priorität des Markus und seine Benutzung durch Matthäus und Lukas erstmals im Jahre 1835 von dem Philolo-

43

gen Karl Lachmann behauptet[48], und drei Jahre später von dem Theologen Christian Gottlieb Wilke und dem Philosophen Christian Hermann Weiße unabhängig voneinander begründet[49].

Der eigentliche Prozeß der Literarisierung im Christentum beginnt also mit Markus. Sein Evangelium ist nicht in einem Zug niedergeschrieben, sondern aus den umlaufenden Erzählungen über Jesus zusammengestellt worden. Doch hat dieser Schriftsteller das Material nicht nur gesammelt und so, wie er es vorfand, notiert, sondern auch den ganzen Rahmen der evangelischen Geschichte selbst geschaffen. Denn man wußte natürlich meistens gar nicht, bei welcher Gelegenheit ein bestimmtes Herrenwort gefallen war. Das *Wann* interessierte begreiflicherweise am wenigsten. Doch stand auch das *Wo* oft nicht fest. So hat Markus den Stoff nach eigenem Ermessen gruppiert, geglättet und ergänzt, er hat die Lücken zwischen den Traditionselementen gestopft durch referierende Bemerkungen und erfundene Situationsschilderungen und damit den Anschein einer feststehenden Topographie und einer chronologisch fortlaufenden Erzählung erweckt. Vor allem aber wurde das tradierte Gut durch ihn in eine bestimmte Beleuchtung gerückt, und ebenso später durch Matthäus und Lukas, wobei es jeder Evangelist verschieden interpretierte. Bereits für Markus jedoch ist bemerkenswert, um mit einem der bedeutendsten modernen Bibelwissenschaftler, dem Theologen Martin Dibelius zu sprechen, das Fehlen »jeder Spur einer persönlichen Erinnerung«[50]. Die frühesten christlichen Berichte haben »keinerlei biographisches Material enthalten, das mit Recht diesen Namen verdient«[51].

Fragt man nun nach dem Verhältnis des Markusevangeliums zu den Evangelien des Matthäus und Lukas, stößt man auf die sogenannte

Zwei-Quellen-Theorie

Die von der Forschung fast eines ganzen Jahrhunderts erarbeitete Zwei-Quellen-Theorie ist heute – natürlich nicht auf katholischer Seite – so gut wie allgemein anerkannt und grundlegend. Nach dieser Theorie[52] war Markus die Quelle für Matthäus, dem die katholische Kirche den zeitlichen Vorrang gibt, und für Lukas. Das Matthäusevangelium, das 1068 Verse enthält, übernahm rund 620 Verse des aus 661 Versen[53] bestehenden Markusevangeliums. Das Lukasevangelium mit 1149 Versen bezog rund 350 Verse von Markus.

Aus der gemeinsamen Abhängigkeit des Matthäus und Lukas von Markus resultieren die Übereinstimmungen der drei Evangelien. Sie haben weithin dieselbe Reihenfolge der Ereignisse, und viele Sätze lauten fast gleich. Es handelt sich oft um eine bis in die geringsten Details reichende

44

Verwandtschaft. Daß diese indes nicht das Ergebnis göttlicher Inspiration ist, beweisen zahlreiche Abweichungen und schwerste sachliche Widersprüche. Um vorerst nur ein paar zu nennen: Die Kindheitsgeschichten bei Matthäus und Lukas sind unvereinbar. Der Wohnsitz der Familie Jesu ist bei Matthäus Bethlehem, bei Lukas Nazareth. Die von Matthäus erzählte Flucht nach Ägypten und der Besuch der Weisen aus dem Morgenland passen nicht zu dem Bericht des Lukas. Die Stammbäume Jesu widersprechen einander kraß; ebenso die besonders wichtigen Auferstehungslegenden. Und in den Erzählungen über sein öffentliches Wirken begegnen uns, wie selbst konservative Theologen zugeben, Differenzen auf Schritt und Tritt[54].

Matthäus und Lukas benutzten jedoch nicht nur das Werk des Markus, sondern auch eine Sammlung von Sprüchen Jesu. Von der Forschung als Qu (Quelle) bezeichnet, gilt diese Spruchsammlung als relativ zuverlässigste Nachricht über Jesu Lehre, existiert aber nicht mehr. Es ist bloß eine hypothetische Größe, die aus den bei Markus fehlenden gemeinsamen Stücken bei Matthäus und Lukas – rund 235 Verse – ungefähr erschlossen werden kann. Doch selbst diese so zuverlässige und leider nur vermutete, nach der Mehrzahl der Forscher noch vor dem ältesten Evangelium, etwa zwischen 60 und 70, abgefaßte Sammlung von Reden Jesu wurde laut Auskunft der kritischen Theologie nicht mit historischem Interesse betrieben[55]. Gelegentlich bestritt man sogar, daß es jemals eine solche schriftliche Quelle gegeben habe[56].

Endlich bieten Matthäus und Lukas noch jeweils ein Sondergut, Material also, das jeder für sich allein hat. Im Matthäusevangelium mit 1068 Versen beträgt dieses Sondergut rund 330 Verse, im Lukasevangelium mit 1149 Versen rund 550 Verse. Woher es stammt, entzieht sich der Kenntnis der Gelehrten. Es kann auf Überlieferung basieren, aber ebensogut a conto der Evangelisten gehen. Matthäus und Lukas können es selbst hinzugedichtet haben.

Das ist die von Generationen von Wissenschaftlern erarbeitete und fast allgemein anerkannte Lösung des höchst komplizierten synoptischen Problems. Auf das Verfolgen anderer Hypothesen, die sich nicht durchzusetzen vermochten, müssen wir verzichten.

Infolge der einwandfrei erwiesenen Abhängigkeit der jüngeren Evangelien, der, wie der Theologe Lietzmann sagt[57], vermehrten und verbesserten Auflagen, kann man jedenfalls genau feststellen, welche Veränderungen, welche Zusätze, Auslassungen, Übermalungen Matthäus und Lukas an dem älteren Markustext vorgenommen haben. Daß es bei diesen Korrekturen um ganz bestimmte Tendenzen und nicht etwa nur um Verbesserung des Stils und der Grammatik geht, womit Markus besonders zu kämpfen hatte, läßt sich leicht zeigen.

45

4. KAPITEL

Die Vergottung Jesu
oder
Wie verbesserten Matthäus und Lukas den älteren Markustext?

>»Wir haben gelernt, zwischen dem Gottessohn des Johan-
nesevangeliums und der synoptischen Theologie und dem
Menschen Jesus, dem messianischen Lehrer, Wundertäter
und Propheten, wie er in den älteren Überlieferungsschich-
ten gezeichnet wird, zu unterscheiden«.
Der Theologe Windisch.

Allzu vereinfachend wurde der aus dem Neuen Testament noch klar ab-
lesbare Vergottungsprozeß Jesu einmal so formuliert: Der älteste Evangelist schildert einen Menschen, die jüngeren Evangelisten Matthäus und
Lukas zeichnen an einzelnen Stellen eine Art Halbgott, das jüngste kanonische Evangelium und spätere apokryphe Evangelien einen Gott, der
bloß noch äußerlich als Mensch auftritt[1].

Das trifft die Entwicklung nur grob. Denn schon im ältesten Evangelium ist durch die mündliche Tradition und die Zutaten des Autors der
Abstand zu dem geschichtlichen Menschen geflissentlich vergrößert worden, erscheint Jesus nicht bloß als Prophet, sondern als der geheimnisvolle Gottessohn. Etwas Neues war dies freilich nicht. Es gab in der Antike viele, die als Gott und Gottessohn aufgetreten sind und auch dafür gegolten haben[2]. Im Alten Testament wurden Engel »Gottessöhne« genannt[3]; doch ist auch von geschichtlichen Persönlichkeiten wie Pythagoras, Platon, Augustus, Apollonios von Tyana u. a. der Titel »Sohn Gottes«
bezeugt[4].

Gegen all diese »Gottessöhne« stellen die Evangelisten nun eben ihren
»Sohn Gottes«, wobei Markus den Ausdruck aber noch selten benutzt.
Zweimal verwendet ihn eine Stimme vom Himmel, zweimal gebrauchen
ihn die bösen Geister[5]. Und schließlich steht er in einer überaus suspekten
Lesart im 1. Vers des Evangeliums sowie im Bekenntnis des Hauptmanns
am Kreuz: »Wahrlich, dieser Mensch ist Gottes Sohn gewesen«[6]; ein
Wort, dessen Echtheit kein kritischer Theologe vertritt. Zudem war die

46

Bekehrung des Henkers ein gebräuchliches literarisches Motiv, das auch in den jüdischen Märtyrer-Berichten Parallelen hat[7].

Von diesen sämtlich sehr zweifelhaften Bekundungen abgesehen aber wird Jesus bei Markus – hier noch elfmal Lehrer und dreimal Rabbi genannt – keinesfalls, wie im späteren Dogma, als präexistent und identisch mit Gott gedacht.

Jesus ist bei Markus weder allmächtig noch allwissend noch absolut gut

Jesus ist nicht allmächtig, denn Markus berichtet, daß Jesus in Nazareth »kein Wunder vollbringen konnte«. Gewiß fügt schon Markus beschönigend hinzu: »...außer daß er einige Kranke durch Handauflegen heilte«. Matthäus aber macht bereits daraus »nicht viele Wunder«[8].

Bei Markus ist Jesus auch nicht allwissend, denn vom Jüngsten Tag sagt er eindeutig, den genauen Zeitpunkt kenne niemand außer Gott, »auch der Sohn nicht«[9]. Dieses verräterische Wort überliefert auch Matthäus[10]. Es fehlt jedoch kaum zufällig schon in einer Reihe wichtiger Handschriften des Matthäusevangeliums[11]; und Lukas läßt es überhaupt aus. Kirchenvätern des 4. Jahrhunderts aber ist Jesu Nichtwissen so fatal, daß sie es, entgegen dem klaren Wortlaut der Bibel, einfach leugnen[12], als Fälschung betrachten[13] oder völlig verdrehen[14].

In diesem Zusammenhang sei noch erwähnt, daß Matthäus zahlreiche Fragen Jesu übergeht. Bei Markus fragt Jesus den Geist des Besessenen: »Wie heißt du?« Er fragt bei der Speisung der Fünftausend: »Wie viele Brote habt ihr?«, »Wie viele Körbe voll Brocken habt ihr aufgelesen?« Er fragt bei der Heilung eines Knaben: »Wie lange hat er dies Leiden schon?« Aber all diese und weitere Fragen werden von Matthäus systematisch unterdrückt[15].

Endlich ist Jesus bei Markus nicht absolut gut, denn einen Reichen, der ihn »gut« nennt, berichtigt er: »Was nennst du mich gut? Niemand ist gut als Gott allein«[16]. Jesus denkt also nicht daran, sich Gott gleichzusetzen. Der später schreibende Matthäus aber korrigiert Markus ungeschickt, doch im Sinne des entstehenden Dogmas und läßt Jesus sagen: ›Was fragst du mich über das Gute? Einer ist der Gute«[17].

Die zwei Väter Jesu

>*»Aus Davids Samen zwar und doch aus Heiligem Geiste«.*
>*Ignatius von Antiochien[18].*

Die meisten antiken Gottmenschen stammten entweder unmittelbar von einem Gott oder aus einem Königshaus, das seinen Ursprung auf einen Gott zurückführte[19].

Zu den traditionellen Merkmalen des jüdischen Messiasbildes gehörte die Abstammung von König David[20]. Deshalb lassen Matthäus und Lukas Jesus nicht in Nazareth, sondern in Bethlehem in Judäa geboren sein, denn dort hatte Davids Familie ihren Wohnsitz[21]. Ausdrücklich heißt es im Johannesevangelium: »Christus kommt doch nicht aus Galiläa! Hat nicht die Schrift gesagt, daß Christus aus dem Samen Davids und aus der Ortschaft Bethlehem, wo David gewohnt hat, kommen soll?«[22] Von solcher Akkommodation an die messianischen Erwartungen der Juden wußte Markus noch nichts; die jüngeren Evangelisten brachten sie hinzu.

Freilich vergaßen sie bei ihrer nachträglichen Konstruktion der Herkunft Jesu vom Hause Davids in zwei Stammbäumen *über Joseph* darauf, daß ja nicht Joseph, sondern der Heilige Geist Jesu Vater war. Daß Jesus gar keine Beziehung zum Hause David haben konnte! »Aus Davids Samen zwar und doch aus Heiligem Geiste«, philosophierte ratlos aber gläubig Bischof Ignatius im 2. Jahrhundert[23]. Es verhielt sich wahrscheinlich so: Man glaubte bereits an Jesus als Messias und damit an seine Abstammung von David, als der Glaube an die unbefleckte Empfängnis und an seine Gottessohnschaft aufkam. Nun war Jesus nach der älteren Überlieferung über Joseph der Sohn Davids, nach der jüngeren über Maria der Sohn des Heiligen Geistes.

Die Behauptung der katholischen Kirche, daß Maria eine Davididin sei und Lukas ihren Stammbaum gebe, widerspricht dem Text. Sie widerspricht aber auch dem Grundsatz, nicht die mütterliche Verwandtschaft aufzuzählen, denn nach jüdischer Rechtsanschauung war für die Abstammung nur die männliche Linie maßgebend[24]. Beide Stammbäume Jesu führen eindeutig zu Joseph, alle Harmonisierungsversuche scheitern[25]. Selbst ein Katholik, sonst um keine Ausrede verlegen, erklärt es, nach einigem verschleiernden Hin und Her, für ›unmöglich, eine Abstammung festzulegen, die die Mutter Jesu mit David verbände«[26].

Jesu Stammbäume bei Matthäus und Lukas – über ein Jahrtausend nur zwei Namen gemeinsam

Die beiden Genealogien, der bis Abraham reichende Stammbaum des Matthäus und der sogar bis Adam zurückgehende des Lukas, sind im übrigen völlig verschieden. Lukas rechnet von Abraham bis Jesus 56, Matthäus 42 Generationen. Bereits der Vater des Joseph, der Großvater Jesu, heißt bei Matthäus »Jakob«, bei Lukas »Eli«[27]. Und von Joseph bis David, immerhin ein Jahrtausend, haben die beiden Stammbäume Jesu zwei Namen gemeinsam!

Schon viele Christen der Antike hat dies arg verwirrt[28]. Manche suchten die Schwierigkeiten um die Wette zu beheben[29]. Andere, wie Gregor von Nazianz, verklärten sie gar im Gedicht. Wieder andere schreckten auch vor Fälschungen nicht zurück. In den ältesten Bibeln wurde gerade am Stammbaum Jesu viel korrigiert[30]. Für den Schreiber der wichtigen Handschrift D war die Unvereinbarkeit der beiden Genealogien so evident, daß er in das Lukasevangelium einfach den Stammbaum des Matthäusevangeliums eintrug[31].

Ein Katholik trifft die (auch sprachlich) erheiternde Feststellung: ›Die beiden Evangelisten haben sich gegenseitig nicht gelesen, und gerade ihre Stammbäume kennen sich gegenseitig nicht, sonst hätten sie nicht solche Differenzen in den Namen«[32]. Da aber einerseits die Stammbäume, nach unserem Gewährsmann, ein wichtiger Teil des Wortes Gottes sind[33], andererseits die Evangelisten, wie die Enzyklika Leos XIII. ›Providentissimus Deus« lehrt, ›mit unfehlbarer Wahrheit alles aussprechen, was Gott ihnen zu schreiben befahl, und zwar nur das, was er ihnen befahl«, so hat hier jemand geirrt.

Im ältesten Evangelium wird Jesus erst bei seiner Taufe zum Sohn Gottes adoptiert

Bezeichnend für die Steigerung des Jesusbildes ist es auch, daß Markus Jesu Gottessohnschaft *erst von seiner Taufe an* datiert. Bei Matthäus dagegen wird er bereits als göttliches Kind von einer Jungfrau geboren. Bei Lukas huldigt Johannes der Täufer Jesus schon im Mutterleib[34].

Die Forschung zählt Jesu Taufe durch Johannes meist zu den bestbezeugten Daten seines Lebens. Doch bestritt man sie auch[35], und zumindest sind die evangelischen Erzählungen darüber durch und durch legendär[36], wurde bereits der älteste Taufbericht fast ganz dem Alten Testament, besonders Jesaja entnommen[37]. Offensichtlich ist aber auch in dieser Geschichte, in der Gottes Geist in Gestalt einer Taube auf Jesus herab-

49

schwebt, eine Anlehnung an die antiken Berufungssagen, an die Königswahl durch einen Vogel, dessen Niedergehen den Erwählten kenntlich macht[38]. Zudem war bei Syrern und Phöniziern die Taube Symbol zeugerischer Gottheit, die alten jüdischen Theologen dachten sich Gottes Geist als Taube und gaben ihre Stimme im Hohenlied für die Stimme des Heiligen Geistes aus[39]. Schon vor dem synoptischen Jesus schwebten Tauben über den Häuptern ägyptischer Herrscher, und auch nach ihm sind bei solchen Anlässen Tauben erschienen[40].

Immerhin zeigt die markinische Legende noch ganz klar, daß Jesus seinen ältesten Anhängern nicht als Sohn Gottes oder Gott gegolten hat. Denn erst mit dem Herabkommen des göttlichen Geistes, das eben ist der Sinn der Geschichte, wird Jesus zum Sohn Gottes eingesetzt. Wäre er es schon gewesen, hätte sich der Geistempfang erübrigt. ›Und sogleich trieb der Geist ihn in die Wüste hinaus«[41], erzählt der Evangelist, und könnte gar nicht deutlicher ausdrücken, wie real und unmittelbar er sich den Zusammenhang von Geistempfang und beginnender pneumatischer Getriebenheit Jesu denkt: Erst zu Beginn seiner öffentlichen Tätigkeit wird Jesus im ältesten Evangelium zum Sohn Gottes adoptiert[42].

Genau verfolgen kann man nun, wie der Sinn seiner Taufe früh entstellt und das Christusbild bereits bei Matthäus gesteigert worden ist.

Unbefangen berichtet Markus noch von Jesu Taufe durch Johannes, worüber jedoch viele Christen sich damals den Kopf zerbrachen[43]. Nicht deshalb, weil beinah die ganze jüdische Intelligenz den Täufer für verrückt gehalten hat[44], sondern weil seine Taufe eine Bußtaufe zur Vergebung der Sünden war. Der Vollzug dieser Taufe an Jesus, der nach kirchlicher Lehre völlig sündenlos gewesen ist, was im Frühchristentum freilich noch oft angezweifelt oder bestritten wurde[45], setzt also bei ihm ein Sündenbewußtsein voraus.

Dieses Argument spielten die Juden offenbar bald gegen die Christen aus. So kam es schon bei Matthäus zu Rechtfertigungsversuchen. In die arglose Mitteilung des Markus flicht er einen Dialog ein, der zeigen soll, daß der Täufer durchaus über Jesu sündenloses Wesen Bescheid weiß. »Ich müßte von dir getauft werden, und du kommst zu mir?‹ Doch Jesus gab ihm die Antwort: ›Laß es für diesmal geschehen‹«[46] So gibt hier Johannes anscheinend wider Willen nach. Doch obwohl sich nun der Himmel öffnet, der Heilige Geist herabfliegt und eine Stimme Jesus als geliebten Sohn verkündet, hat Johannes, als er acht Kapitel später im Gefängnis sitzt, diese eindrucksvollen Vorgänge so vollständig vergessen, daß er durch seine Jünger bei Jesus anfragen läßt »Bist du es, der da kommen soll, oder sollen wir auf einen anderen warten?«[47].

Diese Unbelehrbarkeit des Täufers trotz Taube, Gottesruf und offenem Himmel war der alten Kirche erneut peinlich. Man erklärte, der Täufer

50

habe sich nur zum Schein erkundigt, damit seine Jünger den wahren Sachverhalt erführen. Oder er habe vor seinem Tode wissen wollen, ob er Jesus auch in der Unterwelt als den Kommenden verkünden dürfe[48].

Bei Lukas, der Johannes schon im Mutterleib vor dem gleichfalls noch ungeborenen Heiland hüpfen läßt[49], wird dann Jesu fatale Taufe in einem Nebensätzchen eben noch gestreift[50]. Und spätere Christen beschönigen sie immer mehr. So muß Jesus geradezu sagen: ›Was habe ich gesündigt, daß ich mich auf den Weg machen und von ihm sollte taufen lassen?‹[51] Oder man läßt die Anregung dazu von Jesu Familie ausgehen[52]. Der hl. Ignatius meinte gar, der Herr habe mit seiner Taufe das Wasser heiligen wollen, und noch tausend Jahre später pflichtete Thomas von Aquin dem Argument des Bischofs bei[53].

Das vierte und jüngste kanonische Evangelium aber übergeht Jesu Taufe ganz. Es singt statt dessen einen einzigen Hymnus auf ihn[54] und polemisiert versteckt gegen den Täufer, den die Kirche zum »Vorläufer« Jesu umgeformt hat, während er in Wirklichkeit sein Konkurrent gewesen ist.

Johannes der Täufer – nicht Vorläufer, sondern Konkurrent

Die Rivalität zwischen den Anhängern Jesu und des Täufers[55] spiegelt sich im Neuen Testament nur noch verhalten, versucht es sie doch zu vertuschen, indem es die messianische Predigt des Täufers auf Jesus bezieht[56]. Aber man erkennt noch, daß Täufergemeinde und Christengemeinde eigene Gebete und eigene Fastenbräuche hatten[57]. Der »Kleinste« im Himmelreich ist »größer« als Johannes. Er ist nicht würdig, Jesus den geringsten Dienst zu leisten. Seine Taufe wird der christlichen untergeordnet und ihm die Rolle des Messias abgesprochen[58].

Am meisten verrät das Vierte Evangelium. Wie verklärt schreitet Jesus durch diese Schrift, welch übernatürliches Licht ruht hier auf ihm! Doch der Träger dieses Lichtes war ursprünglich der Täufer[59]. Er wurde als Christus verehrt und mit anderen religiösen Ehrenprädikaten geschmückt[60]. Dagegen polemisiert der Evangelist, wenn er »richtigstellt«: »Er war nicht selbst das Licht, sondern Zeugnis sollte er von dem Licht ablegen. Das Licht, das wahre, das jeden Menschen erleuchtet, kam gerade in die Welt«[61]. Immer wieder läßt er den Täufer selbst seine Inferiorität gegenüber Jesus bekennen. Johannes ist weder der Messias, noch Elias, noch der Prophet. Er ist nicht würdig, Jesus die Schuhriemen zu binden. Dieser muß wachsen, er aber abnehmen[62]. Und obwohl aus dem ältesten Evangelium hervorgeht, daß auch der Täufer Wunder wirkte, behauptet der Vierte Evangelist, er habe »keinerlei Wunder getan«[63]. Völlig abgewertet wird er freilich nicht – was hätte sonst sein »Zeugnis« noch bedeu-

51

tet! Aber es ist doch bezeichnend, daß der Evangelist nicht die Behauptung wagt, Johannes sei mit seinen Jüngern ein Anhänger Jesu geworden, obwohl seine Erzählung einen solchen Ausgang nahelegt[64].

Die Täufersekte ging nicht in das Christentum über. Sie bestand, wie Apostelgeschichte[65] und Johannesevangelium zeigen, neben diesem fort und hielt Johannes für den Messias. In Ägypten, Kleinasien, Samarien, Syrien und Rom trieben seine Jünger eifrig Mission[66]. Selbst bis heute erhielten sich Nachfolger der Täufergemeinde in der am Euphrat lebenden Sekte der Mandäer[67].

Auch die Jünger werden von den später schreibenden Evangelisten idealisiert

>»Alle Mängel, die ihnen bei Markus noch anhaften, sind beseitigt«. Der Theologe Wagenmann[68].>

Es ist nur konsequent, daß der evangelische Idealisierungsprozeß, mit dem die Nachwelt die Gestalt »Christi« immer mehr reinigt und erhöht, auch die Apostel erfaßt.

Bereits Matthäus verschönt ihr Bild gegenüber Markus sacht doch systematisch, entweder durch Änderungen oder Streichungen. Heißt es bei Markus von den Jüngern, sie verstanden Jesus nicht, unterschlägt Matthäus dies, und zwar wiederholt[69]. Sagt Jesus bei Markus: »Versteht ihr immer noch nicht?«, schreibt Matthäus: »Nun verstanden sie«[70]. Läßt Markus die ehrgeizige Bitte der Zebedäussöhne, zur Rechten und Linken des Herrn sitzen zu dürfen, von diesen noch selbst stellen, entlastet Matthäus die beiden Apostel vom Vorwurf des Ehrgeizes dadurch, daß bei ihm ihre Mutter bittet[71]. Matthäus dreht Ungünstiges sogar einfach um. Tadelt Jesus bei Markus die Jünger: »Ihr versteht dieses Gleichnis nicht? Ja, wie wollt ihr da die Gleichnisse überhaupt verstehen?« preist er sie an der entsprechenden Stelle bei Matthäus: »Aber *eure* Augen sind selig, weil sie sehen, und *eure* Ohren, weil sie hören«[72].

Beim Dritten Evangelisten ist diese Verklärungstendenz noch ausgeprägter. So läßt Lukas die ehrgeizige Bitte der Zebedaiden, die schon bei Matthäus deren Mutter vorbringt, ganz fort. Ebenso streicht Lukas Jesu Scheltwort an Petrus: »Mir aus den Augen, Satan«[73]. Lukas verschweigt auch die Flucht der Jünger bei Jesu Gefangennahme[74]. Er zeichnet überhaupt ihr Verhalten in der Gethsemane-Szene günstiger. Sie schlafen nicht mehr aus Trägheit, sondern »vor Traurigkeit«[75]. Lobt sie Jesus doch bei ihm geradezu: ›Ihr aber seid es, die in meinen Anfechtungen bei mir ausgeharrt haben«[76].

52

Kein Zweifel, daß hier – analoge Stellen seien übergangen – überall idealisiert wird. Menschliche Schwächen paßten bald nicht mehr zu den Vorstellungen der Christen von den ersten Gefährten des Herrn. So beseitigte bereits Matthäus alle Schatten. Und je weiter man sich vom Zeitalter der Jünger entfernte, desto reiner erstrahlte ihr Bild. Sie wurden fast so vollkommen wie ihr Herr. Als selbst die Kunst sich mit ihnen beschäftigte, glaubten die Frommen wohl, die Apostel trugen schon zu Lebzeiten eine Gloriole ums Haupt.

Selbstverständlich korrigieren die jüngeren Evangelisten auch Ungenauigkeiten oder offensichtliche Fehler des Markus. Verspeist beispielsweise bei ihm David die Schaubrote »zur Zeit des Hohenpriesters Abjathar«, ignorieren dies Matthäus und Lukas, weil es zur Zeit des Hohenpriesters Ahimeledi geschah. Markus hatte Ahimelech mit seinem Sohn Abjathar verwechselt[77].

Das älteste Evangelium war also am wenigsten brauchbar für die Kirche. Es ist bezeichnend, daß es von den Kirchenvätern nur ganz selten kommentiert wurde und in vielen alten Evangelienhandschriften an letzter Stelle stand[78]. Noch heute gibt ja die Kirche dem Matthäusevangelium den Vorzug, gerade weil es eine vermehrte und verbesserte Auflage des Markus ist. Schreibt doch selbst ein katholischer Theologe, daß Matthäus und Lukas ›gewiß‹ die Absicht hatten, »etwas Besseres und Vollständigeres als Markus zu schaffen«[79] Aber verbessert denn der Heilige Geist sich selbst?

Wie nun gegenüber dem älteren Markus Matthäus und Lukas das Jesusbild steigern – ein Vorgang, der auch anhand der evangelischen Wunderüberlieferung noch aufgezeigt werden soll –, so erhöht wiederum ihnen gegenüber das Vierte Evangelium seinen Helden. Jesus wird hier fast völlig vergottet; ein ganz konsequenter Prozeß. Doch ehe wir ihn weiterverfolgen, müssen wir uns über das Johannesevangelium im allgemeinen unterrichten.

5. KAPITEL

Das Johannesevangelium

»... eine gänzlich ungeschichtliche Lehrschrift«.
Heinrich Ackermann[1].

Daß sich dieses Evangelium von den drei synoptischen Evangelien prinzipiell unterscheidet und ein ganz anderes Jesusbild entwirft, wurde schon im 2. Jahrhundert von den Alogern erkannt[2]. Daß es im Sinne einer bestimmten dogmatischen Idee ohne Rücksicht auf die geschichtliche Wirklichkeit gedichtet worden und rein allegorisch aufzufassen ist, haben im 19. Jahrhundert die Theologen David Friedrich Strauß und besonders Ferdinand Christian Baur glänzend erwiesen[3]. Es ist keine Quelle für die Predigt Jesu, wohl aber für das Christentum der nachapostolischen Zeit.

Das Johannesevangelium wurde nicht von dem Apostel Johannes verfaßt

»... das selbstverständliche Ergebnis unbefangener Forschung, über das kein Historiker von wissenschaftlichem Ehrgefühl hinwegkann – es macht einfach Pein, die apologetischen Winkelzüge dem klaren Tatbestand gegenüber zu verfolgen«. Der Theologe Hirsch[4].

Die gesamte kritische Bibelwissenschaft spricht seit über hundert Jahren im Anschluß an die schon 1820 erschienene scharfsinnige Schrift des Theologen Karl Theophil Bretschneider[5] und die Arbeiten von D. F. Strauß und F. C. Baur dem Apostel Johannes das Vierte Evangelium ab. Und ihre Reihen, wie man selbst auf katholischer Seite zugeben muß, haben in neuerer Zeit durch eine Anzahl sogar mehr konservativer Forscher noch Verstärkung erhalten[6].

Entstanden ist das Vierte Evangelium *frühestens* um das Jahr 100. Das

54

Martyrium des Apostels Johannes aber war schon Jahrzehnte vorher erfolgt. Er wurde gleichzeitig entweder mit seinem Bruder Jakobus[7] im Jahre 44 unter König Herodes Agrippa I. oder, was wahrscheinlicher ist[8], mit dem Herrenbruder Jakobus im Jahre 62 getötet[9].

Im Markusevangelium wird dieses Martyrium des nach kirchlicher Lehre im hohen Alter friedlich verschiedenen Apostels von Jesus selbst prophezeit, das heißt, Markus legt ihm die Prophezeiung nachträglich in den Mund. Als ihn Jakobus und Johannes bitten, in seiner Herrlichkeit zu seiner Rechten und Linken sitzen zu dürfen, fragt er sie: »Könnt ihr den Kelch trinken, den ich zu trinken habe, oder die Taufe erleiden, mit der ich getauft werde?«. Und als sie bejahen, prophezeit er (durch den Evangelisten etwa zwischen den Jahren 70 und 80!): »Den Kelch, den ich zu trinken habe, werdet ihr trinken, und mit der Taufe, mit der ich getauft werde, werdet ihr auch getauft werden«[10]. Der Kelch, von dem Jesus spricht, betrifft eindeutig sein Martyrium, und ebenso eindeutig das der *beiden* Apostel Jakobus und Johannes. Von dem Zebedaiden Jakobus ist auch sein Tod als Märtyrer bekannt, und sicher wußte Markus ebenfalls vom Martyrium des Johannes, sonst hätte er den Spruch, ein offensichtliches vaticinium ex eventu, Jesus nicht so verkünden lassen. Als Märtyrer nennen auch das syrische und ähnlich das armenische Martyrologium von 411 »Johannes und Jakobus, die Apostel in Jerusalem«[11].

Gegen die Autorschaft des Apostels Johannes spricht ferner folgendes: zum erstenmal behauptet sie Irenäus im ausgehenden 2. Jahrhundert[12]. Frühere Bezeugungen fehlen. Fast alle späteren gehen darauf zurück. Irenäus aber unterliefen dabei bedeutsame Fehler. So hat er den Apostel Johannes, der ihm zufolge bis ins höchste Alter in Ephesus weilte[13], mit dem um das Jahr 100 dort lebenden Presbyter Johannes von Ephesus verwechselt, vermutlich nicht zufällig[14]. Wie Bischof Papias bezeugt, hieß dieser Johannes, eine in Kleinasien offenbar hochangesehene Autorität, um 140 noch Presbyter, wenig später aber schon Apostel.

Bemerkenswert ist in diesem Zusammenhang, daß sich der Verfasser des 2. und 3. Johannesbriefes, die die Kirche, wie alle johanneischen Schriften, gleichfalls dem Apostel Johannes zuerkennt, jeweils am Eingang als »der Presbyter« bezeichnet[15]. Warum aber, wenn er der Apostel war? Warum sprach selbst Kirchenvater Hieronymus den 2. und 3. Johannesbrief dem Apostel ab?[16] Warum schrieb sogar Papst Damasui I. in einem 382 von ihm aufgestellten Verzeichnis der biblischen Bücher zwei der »Johannesbriefe« nicht dem Apostel Johannes zu, sondern einem ›anderen Johannes, dem Presbyter« (alterius Iohannis presbyteri)[17]?

Namensgleichheit hat die alte Kirche öfter zu vorteilhaften Verwechslungen oder Verschiebungen geführt. Ganz ähnlich ist beispielsweise, und zwar ebenfalls in Asien, aus dem mehrfach in der Apostelgeschichte

55

genannten »Evangelisten« Philippus am Ende des 2. Jahrhunderts der Apostel Philippus geworden[18]. Irenäus selbst hat auch Jakobus, den Bruder des Apostels Johannes, mit Jakobus, dem Bruder Jesu, vertauscht[19].

Gegen die Identität des Apostels Johannes mit dem Vierten Evangelisten spricht auch die Tatsache, daß der beste Kenner kleinasiatischer Kirchenverhältnisse, Bischof Ignatius, nichts davon weiß. Nirgends findet sich die leiseste Andeutung bei ihm. In einem Brief an die Epheser gedenkt Ignatius zwar ausdrücklich des Paulus[20], des ruhmvollen Gründers dieser Gemeinde, erwähnt aber mit keiner Silbe den Apostel Johannes, der angeblich so lang – fast bis in die Tage der Entstehung des ignatianischen Schreibens – erfolgreich und von allen verehrt dort gewirkt haben soll. Auch zeigen die Briefe des Ignatius nicht den geringsten Einfluß des Vierten Evangeliums, das dem Ketzerbekämpfer doch so glänzende Argumente hätte liefern können.

Schwere Bedenken gegen eine Abfassung dieses Evangeliums durch den Apostel Johannes erheben sich endlich aus dem Charakter der Schrift selbst. Sie wäre ganz anders ausgefallen, hätte der Zebedaide, der Jünger Jesu, sie geschrieben oder würde er auch nur ihr Gewährsmann gewesen sein. Denn der Geist des uns aus den Synoptikern bekannten Apostels hat mit dem des Evangelisten nichts zu tun.

Das Vierte Evangelium ist die judenfeindlichste Schrift des Neuen Testaments. Aber wie seltsam, wenn Johannes, der Judenmissionar, eine der »Säulen« der jerusalemischen Gemeinde, zu einem solchen Judenhasser geworden wäre. Und könnte er, der Judenchrist, die paulinische Theologie fortgesetzt haben, die dem Johannesevangelium zugrundeliegt, von der judenchristlichen Urgemeinde aber bekämpft worden ist? (S. 181 ff.) Und wie harmonisiert der synoptische Johannes, der »Donnersohn«[21], mit dem stillen, betont passiven Lieblingsjünger des Vierten Evangeliums? Und wie kommt es, daß dieses Evangelium zahlreiche Jesusjünger nennt, doch nie die bei den Synoptikern wiederholt im Vordergrund stehenden Zebedaiden Johannes und Jakobus?

Schließlich: Wäre der Apostel Johannes der Verfasser des Evangeliums, hätte er es im Alter von 100 bis 120 Jahren geschrieben, zwei bis drei Generationen nach Jesu Tod. Das aber ist bei der Wichtigkeit dessen, was er gewußt, völlig unglaubhaft. Wurden doch schon Jahrzehnte früher von anderen, die Jesus gar nicht mehr gekannt haben, Evangelien verfaßt. Worauf sollte Johannes so lange gewartet haben? Auf die Gedächtnisschwäche des hohen Alters, mit der man heute die Widersprüche zwischen Johannesevangelium und den Synoptikern entschuldigt[22]? Dabei übersieht oder verschweigt man, daß »Johannes« trotz dieser Gedächtnistrübung viel längere Jesus-Reden im Kopf behielt als sie! Daß göttliche Inspiration und Erinnerungsdefekte befremdlich kontrastieren! Daß

56

doch auch die Synoptiker einander häufig widersprechen, wenn auch die Differenzen zwischen dem Vierten Evangelisten, dem angeblichen Augenzeugen, und seinen Vorgängern besonders kraß und zahlreich sind. Vergewissern wir uns kurz.

Viele Aussagen des Vierten Evangelisten sind völlig unvereinbar mit den Synoptikern

Bei den Synoptikern beruft Jesus seine ersten Jünger *nach* der Verhaftung des Täufers, bei Johannes *vorher*[23]. Bei den Synoptikern beruft er sie in *Galiläa*, bei Johannes in *Judäa*. Bei den Synoptikern trifft er sie am See Genezareth beim Fischfang, bei Johannes als *Jünger von Johannes dem Täufer*[24]. Bei den Synoptikern erwählt Jesus zuerst Petrus und Andreas, bei Johannes zunächst einen Unbenannten und Andreas, dann Petrus[25].

Es steht im Vierten Evangelium nicht, wie manche harmonisieren möchten[26], erst eine zweite Begegnung mit Jesus habe zum endgültigen Anschluß der Jünger geführt. Denn daß sie ihm bei den Synoptikern *sofort* gehorchen, ergibt ja gerade die Pointe der Geschichte[27].

Laut Markus tritt Jesus *nach* der Gefangennahme des Täufers durch Herodes öffentlich auf. Im Johannesevangelium hat Jesus zeitweise gemeinsam mit dem Täufer gewirkt[28].

Ein so aufsehenerregender Vorgang wie die Tempelreinigung, die bei Matthäus und Lukas am ersten, bei Markus am zweiten Tag von Jesu Einzug in Jerusalem erfolgt jedenfalls bei allen Synoptikern *gegen Ende* seiner öffentlichen Tätigkeit, erfolgt bei Johannes *am Anfang* derselben[29] Im Gegensatz zu den Synoptikern läßt Johannes von seinem Christus auch Schafe und Ochsen aus dem Tempel treiben. Man verkaufte im Tempel aber gar kein Vieh, sondern nur Tauben[30]!

Jesu Salbung in Bethanien bildet bei Markus den Abschluß seines Wirkens in Jerusalem, bei Johannes geschieht sie schon vor Jesu Einzug in diese Stadt[31]. Seine messianische Würde verbirgt er bei Markus bis zum Verhör vor dem Hohenpriester, also bis in seine letzten Lebenstage, bei Johannes erscheint er im ersten Kapitel als Messias und verlangt auch, überall als solcher anerkannt zu werden[32].

Nicht einmal im Datum der Kreuzigung stimmt Johannes mit den Synoptikern überein. Bei diesen stirbt Jesus, nachdem er am Tag zuvor mit seinen Jüngern das Passahmahl gefeiert hat, am 15. Nisan. Im Johannesevangelium wird er schon vor Beginn des Passah am 14. Nisan gekreuzigt.

Jesu Auftreten umfaßt nach den Synoptikern, die alle nur *ein* Osterfest angeben, ein Jahr; ein Zeitraum, der zwar aus ihrer etwas unzuverlässigen Chronologie nicht mit Sicherheit erschlossen werden kann, doch höchstwahrscheinlich ist. Manche Theologen rechnen sogar mit einer Periode von wenigen Monaten[33]. Nach Johannes aber, bei dem sich zwei, ja, wahrscheinlich drei voneinander geschiedene Osterfeste finden[34], dauerte Jesu öffentliches Wirken mindestens zwei oder, wie schon Origenes und Hieronymus meinten, drei Jahre[35].

Origenes berichtet auch, daß angesichts der Widersprüche besonders zwischen synoptischer und johanneischer Überlieferung viele Christen die Evangelien für unwahr gehalten und den Glauben an sie aufgegeben haben[36]. Der große Kirchenautor mahnt demgegenüber, auch in dem allenfalls historisch Falschen nach der geistigen Wahrheit zu suchen und sich daran zu halten[37].

Das Johannesevangelium wurde durch Überarbeitung erst kirchenfähig gemacht

Im übrigen ist dieses, zu Beginn des 2. Jahrhunderts vermutlich in Asien oder Syrien entstandene Evangelium (ebenso wie der 1. Johannesbrief) einige Jahrzehnte später überarbeitet worden, weil die Kirche das Original verworfen hat. Wäre es in Kleinasien nicht zu bekannt und beliebt gewesen, hätte man es vielleicht ganz verschwinden lassen. So wurde die »ketzerische Schrift« gegen Mitte des 2. Jahrhunderts von einem Redaktor verkirchlicht. Da er nur Zusätze machte und Streichungen vermied, ging dies nicht ohne Widersprüche ab. Im alten Text figurieren die Juden als Teufelskinder, in der Überarbeitung kommt das Heil von ihnen[38]! Größere kirchliche Einschübe sind die Perikope von der Ehebrecherin[39] und das ganze 21. Kapitel[40]. Es ist am Schlußwort ohne weiteres zu ersehen, daß das Evangelium mit dem 20. Kapitel schloß.

Die kirchliche Überarbeitung bezweckte unter anderem, das Evangelium als Werk des Lieblingsjüngers Johannes erscheinen zu lassen. Wird dessen Name auch nicht genannt, ist doch, und zwar nicht ohne Klugheit, dafür gesorgt, daß er sich aufdrängt. Gewiß glaubten die kleinasiatischen Christen die Autorschaft des Apostels auch leichter, wenn sie seinen Namen aus dem Text enträtselten, als wenn er über dem Evangelium gestanden hätte[41].

In den »rechtgläubigen« Kreisen, wie schon angedeutet, erfreute sich das bald so beliebte Johannesevangelium zunächst keines guten Rufes. Die »Ketzer« Valentinus und Herakleon schätzten es vielmehr zuerst und erkannten es als Ausdruck eigener religiöser Überzeugung an[42]. Herakleon schrieb sogar den ersten Kommentar dazu. Aber auch die häretischen Montanisten scheinen es favorisiert zu haben. Dagegen zitiert es keiner der apostolischen Väter. Und gerade das *kirchliche* Rom stand ihm bis hart an die Grenze des 2. Jahrhunderts mit Skepsis, teilweise mit ausdrücklicher Ablehnung gegenüber[43]. Dann allerdings begann die Kirche, die älteren und darum in der Entwicklung zurückgebliebenen Synoptiker durch das Vierte Evangelium zu verdrängen oder umzudeuten[44]. War dieses doch noch viel ergiebiger für die großkirchlichen Zwecke, insofern mit seinem Christus – und damit knüpfen wir an das vorausgegangene Kapitel wieder an – der Vergottungsprozeß Jesu fast vollzogen ist.

»Johannes« und sein Heros

Der geschichtliche Jesus spielt in diesem bereits hochgradig theologisch und apologetisch bestimmten Evangelium kaum noch eine Rolle. Nach eigenem Zeugnis wurde es geschrieben zum Erweis der Göttlichkeit Christi[45].

Die synoptischen Berichte, die der Evangelist nach Bedarf benutzt, formt er häufig radikal um. Er verfährt damit, wie oft bemerkt, wie ein Dramatiker mit seinem Stoff[46]. Die galiläische Heimat Jesu, bei den Synoptikern der eigentliche Schauplatz seiner öffentlichen Tätigkeit, tritt hier ganz zurück. Jesus wirkt nun meist in Jerusalem, wohl eine apologetische Reaktion auf den Vorwurf der Juden, der aus dem Nest Nazareth stammende göttliche Messias habe zeitlebens vor armen dummen Leuten in der Provinz gepredigt, während sein Auftritt in Jerusalem nur kurz gewesen sei[47].

Worte des synoptischen Jesus oder Anklänge an sie sind im Vierten Evangelium selten; dabei stellen gerade die Reden den wichtigsten Stoff der Synoptiker dar. Auch bleibt manchmal völlig unklar, ob noch Jesus oder schon »Johannes« spricht, so unmerklich gehen Erzählung und Erklärung ineinander über[48]. Wie denn überhaupt der johanneische Christus nur scheinbar mit den Personen redet, die der Evangelist um ihn gruppiert. Sie verschwinden, nachdem sie der Technik und Dogmatik des Erzählers genügt haben, der bereits den christlichen Gemeinden des 2. Jahrhunderts predigt. Gut verdeutlicht dies Jesu »Gespräch« mit dem heilsbestrebten Nikodemus[49], den der Verfasser mit einer ganzen Reihe von später aufgekommenen Dogmen konfrontiert, die Nikodemus nie begriffen hätte, so wenig wie die übrigen Zeitgenossen Jesu. Es war auch nicht seine Sprache. Es war die des Evangelisten, der schon für Gebildete schrieb, mit blassen Allegorien und didaktischer Monotonie, und der gegen »Ketzer« kämpfte. Der historische Jesus würde mit solchen Reden keine Massen begeistert haben. Und seine Gegner hätten ihn nicht für gefährlich, sondern höchstens für verrückt gehalten.

Im Johannesevangelium werden die von der geschichtlichen Wirklich-

59

keit schon sehr entfernten synoptischen Jesustraditionen vollends mythisiert. Die Vorstellung vom »ewigen Leben« wird wichtiger als die vom »Reich Gottes«[50], die Messiasgestalt verdrängt den Gedanken vom messianischen Reich, die Erhabenheit des Verkündigers das Verkündigte. Spricht Jesus bei den Synoptikern verhältnismäßig selten von sich, stellt er sich hier ganz in den Mittelpunkt und macht seine Würde und Göttlichkeit zum fast ausschließlichen Objekt seiner Predigt. Schon im 3. Jahrhundert bemerkt Kirchenschriftsteller Origenes, daß Jesus bei den Synoptikern noch menschlicher erscheine[51].

Tatsächlich wird er bei »Johannes« nahezu vergottet. Im Gegensatz zu seinen Vorgängern fügt er auch die Behauptung von Jesu Präexistenz hinzu[52]. Er verkündet, er sei vor Abraham gewesen und der Glaube an seine Mittlerschaft die Voraussetzung für die Erlangung des Heils – »wer mich sieht, der sieht den Vater«[53]. Sämtliche religiöse Würdenamen der Zeit werden für Jesus beansprucht, so daß manche Prädikate schlecht zueinander passen, wie »König der Juden« und »Weltheiland«[54]. Der johanneische Christus ist Weltrichter und wird geradezu »Gott« genannt[55].

Man begann bereits, Jesu Gebet zu Gott, der er ja selbst sein sollte, seltsam zu empfinden. Flicht der Vierte Evangelist doch wiederholt und vielsagend ein, der Gebetsverkehr geschehe nur um der Umgebung Jesu willen[56]! Denn von dessen zwei Naturen wußte auch dieser informierteste Evangelist noch nichts. Immerhin prahlt sein Christus schon: »Wer unter euch kann mich einer Sünde zeihen?« Aber bei Markus sagte Jesus noch: »Was nennst du mich gut? Niemand ist gut als Gott allein«[57].

Der johanneische Christus ist zu seinem eigenen Herold geworden. Von Anfang an schreitet er als Lamm Gottes durch die Welt, allwissend und allmächtig, und ohne mit der Wimper zu zucken geht er in den Tod. Alles Menschliche wird sorgfältig vermieden. Der Gebetskampf mit den großen Seelenängsten des synoptischen Jesus in Gethsemane ist restlos verschwunden[58]. Und bei seiner Verhaftung verhält er sich hier am majestätischsten[59]. Es kommt sogar zu einem neuen Wunder. Er spricht nur ein Wort, und schon sinken die Häscher zu Boden[60].

Freilich stimmt auch da bereits in den älteren Evangelien manches nicht. Läßt beispielsweise Markus nur die von den Hohenpriestern und Ältesten abgesandten Häscher erscheinen, kommen bei Lukas jene auch gleich mit[61].

Was Jesu Tod betrifft, so stirbt er im Vierten Evangelium nicht mehr mit einem Verzweiflungsschrei wie bei Markus und Matthäus, sondern mit dem heroischen oder genauer herakleischen Wort: ›Es ist vollbracht«[62]. Denn damit verschied schon Herakles, eines der frappantesten Vorbilder für die biblische Christusgestalt (S. 82). Im apokryphen Petrusevangelium, im späteren 2. Jahrhundert entstanden, schweigt Jesus dann

60

schon, »wie wenn er keinen Schmerz empfände«[63]. Ein Kirchenvater des 4. Jahrhunderts, Gregor von Nyssa, behauptet sogar, um ja Jesu Göttlichkeit zu erweisen, daß seiner übernatürlichen Geburt ein übernatürliches Ende entspreche, daß »sein Tod fern von Leiden gewesen sei«[64].

Von Jahrzehnt zu Jahrzehnt wächst die Überlieferung von Jesus immer mehr ins Wunderbare hinein. Das älteste Evangelium, zwischen 70 und 80 entstanden, verbessern die zwischen 80 und 100 schreibenden Matthäus und Lukas[65]. Ihre Schriften werden wiederum durch den jüngeren Vierten Evangelisten weit überholt. Diesen Prozeß setzen die sogenannten apokryphen Evangelien noch fort, mit denen man genauso Mission getrieben und Christen gewonnen hat wie mit den sogenannten echten. Jedes Werk versucht, um mit dem Theologen Cullmann zu sprechen, »es ›besser zu machen‹ als die Vorgänger«[66]. Oder wie der Theologe Marxsen schreibt: »Die alte Sache... soll up to date gebracht werden«[67].

Der Prozeß der stetigen Steigerung des Jesusbildes ist aber auch an der evangelischen Wunderüberlieferung noch deutlich ablesbar, wie der erste Teil des folgenden Kapitels wenigstens kurz belegen soll.

6. KAPITEL

Weitere Steigerungen
der Jesusgestalt

Die evangelische Wundervermehrung

Bereits Matthäus hat die für ihn viel zu bescheidenen Markusaussagen fast durchgehend gesteigert. Schon beim ersten Auftreten Jesu läßt er zu ihm die Kranken nicht nur aus ganz Galiläa, sondern sogar aus Syrien bringen. Und wenn Markus von Jesus in Kapernaum berichtet: »Er heilte viele«, macht Matthäus daraus »Er heilte alle«[1]. Erzählt Markus ein anderes Mal, daß Jesus »viele heilte«, weiß Matthäus wiederum, daß »er alle heilte«[2].

Wunder wachsen in der Überlieferung. So ist charakteristisch für die vermehrte Auflage von Markus[3], daß dort, wo dieser nur *eine* Heilung nennt, Matthäus *zwei* Heilungen bezeugt. Heilt Jesus beim Auszug aus Jericho im Markusevangelium *einen* Blinden, heilt er im Matthäusevangelium beim Auszug aus Jericho *zwei* Blinde[4]. Auch Lukas berichtet hier nur *eine* Heilung[5]. Heilt Jesus bei Markus *einen* Besessenen und schickt seinen bösen Geist in die Schweineherde, heilt er bei Matthäus zwei Besessene und sendet deren Dämonen in die Schweine[6]. Auch Lukas kennt hier wiederum nur *eine* Heilung [7].

Andere Wunder freilich steigert auch Lukas ähnlich wie Matthäus[8]. Ja, während Markus und Matthäus nur von *einer* Totenerweckung wissen, der des Jairustöchterleins[9], bereichert Lukas das Buch der Bücher durch die des Jünglings zu Nain[10]. Es erregt zumindest Befremden, daß Markus und Matthäus diese zweite Totenerweckung einfach übergehen, während sie so viele kleinere Wunder erwähnen.

Läßt Markus bei der »Speisung der Viertausend« gegen »viertausend Menschen« essen, erhöht Matthäus das Wunder, indem er daraus »etwa viertausend *Männer*« macht und hinzufügt: »ungerechnet der Frauen und Kinder«. Somit wäre die Menge bei ihm ungefähr doppelt so groß gewesen[11]. Die gleiche Übertreibung gegenüber Markus bringt Matthäus bei der »Speisung der Fünftausend«[12], übrigens offensichtlich eine Dublette.

62

Heißt es im Markusevangelium nach der Erzählung von Jesu Tod nur: »Da zerriß der Vorhang des Tempels von oben bis unten in zwei Stücke«[13], weiß Matthäus bereits erheblich mehr, fährt er doch im Anschluß an die Mitteilung des Markus fort:»... die Erde erbebte, und die Felsen zersprangen, die Gräber taten sich auf, und viele Leiber der entschlafenen Heiligen wurden auferweckt, kamen nach seiner Auferstehung aus ihren Gräbern hervor, gingen in die heilige Stadt hinein und erschienen vielen«[14]. Davon wußte Markus nichts. Ebensowenig melden darüber die Geschichtsschreiber, denen diese Sensation doch kaum entgangen wäre[15].

Gelegentlich steigert Matthäus die Wunder des Markus auch durch rascheren Vollzug. Ein anschauliches Beispiel bietet die Verfluchung des Feigenbaumes. Bei Markus ist der Baum am nächsten Tag verdorrt, bei Matthäus »sofort«. Bei Markus erinnert sich Petrus deshalb erst am nächsten Morgen beim Passieren des Baumes wieder an den Vorfall, bei Matthäus diskutieren die Jünger sogleich nach der Verfluchung das sofort eingetretene Wunder. Im übrigen erfolgt die Verfluchung bei Markus *vor* der Tempelreinigung, bei Matthäus aber *am Tag danach*[16].

Endlich: wenn Markus überhaupt kein Wunder erzählt, fügt Matthäus sie in den von Markus übernommenen Text ein[17].

Gewiß ignorieren einmal auch Matthäus und Lukas zwei von Markus mitgeteilte Wunder, bekunden aber noch damit ihre Idealisierungstendenz. Bei den übergangenen Wundern, der Heilung des Taubstummen und des Blinden in Bethsaida[18], bringt nämlich Jesus Speichel auf die Zunge des Stummen und in die Augen des Blinden und legt seine Hände auf. Diese Methoden aber stimmten nicht mit der Vorstellung von der sofortigen Wirksamkeit seiner Worte überein. Außerdem waren es damals so oft angewandte und allbekannte Prozeduren, daß sie Jesus in den Augen der jüngeren Evangelisten diskreditierten. Indem sie diese Taten verschwiegen, eliminierten sie ihn aus dem Kreis der gewöhnlichen Goeten seiner Zeit. Auch die Rabbinen verwarfen solche Verfahren später[19]. Und aus dem gleichen Grund hat der Vierte Evangelist Jesu alltägliche Dämonenheilungen ganz unterschlagen, andere Wunder jedoch noch mehr übertrieben.

Dieses Fehlen der Teufelsaustreibungen im Johannesevangelium ist freilich um so merkwürdiger, als gerade der Zebedaide, also der echte Johannes, auf Jesu Exorzismen großes Gewicht gelegt hatte. Wäre er der Autor des Evangeliums, hätte er ihnen zweifellos ausführlich Raum gewährt[20]. Aber der Evangelist übergeht sie. Er führt überhaupt nur drei von den Synoptikern erzählte größere Wunder an, die er allerdings noch ein wenig steigert[21], und fügt dann vier weitere, von keinem seiner Vorgänger erwähnte, großartige Wundergeschichten hinzu.

63

Zunächst die Weinverwandlung auf der Hochzeit von Kana[22]. Es ist das Eröffnungswunder, ein »Luxuswunder« übrigens, und hat, wie ein katholischer Autor poesievoll schreibt, den würzigen Duft der Dinge der Natur[23]. Sechs- bis siebenhundert Liter wurden damals vom johanneischen Christus erzeugt, wie sich aus Jh. 2, 6 f. einwandfrei ergibt[24], wenn auch gläubige Exegeten das respektable Quantum manchmal reduzieren und das Wunder ganz unnötig verkleinern wollen.

Unter den johanneischen Sonderwundern folgt sodann am Teich Bethesda die Heilung des Mannes, der achtunddreißig Jahre krank war und zum Zeichen der Genesung sein Bett nahm und ging[25] – ebenso wie in einer heidnischen Wundergeschichte, die schon dreihundert Jahre früher eine Inschrift von Epidauros verkündet, der von der Schlange gebissene Midas nach seiner Rettung sein Bett trägt und gehen kann[26]. Darauf bietet uns der Evangelist die Heilung des blind *Geborenen*[27]. Und endlich, als Krönung des Ganzen, die Auferweckung des bereits verwesenden Lazarus – »er riecht schon«[28]. Es befremdet einigermaßen, daß alle drei älteren Evangelisten dieses in aller Öffentlichkeit gewirkte und besonders grandiose Wunder übergehen.

Auch die Steigerung der evangelischen Totenerweckungen sei noch registriert. Bei Markus rettet Jesus die Jairustochter, die soeben gestorben oder erst im Sterben begriffen war. Sagt Jesus doch: »Das Kind ist nicht tot, sondern schläft nur!«[29]. Der später schreibende Lukas erzählt die Erweckung des Jünglings zu Nain, von der alle anderen Evangelisten nichts wissen. Dieser Jüngling aber ist schon so lange tot, daß ihm Jesus erst beim Begräbnis begegnet[30]. Der Vierte Evangelist nun läßt den Lazarus, dessen wunderbare Errettung wiederum alle anderen Evangelien verschweigen, vier Tage im Grabe liegen und bereits riechen[31].

Das Johannesevangelium schafft Schauwunder. Alles vollzieht sich im großen Stil. Auf viele damals ziemlich alltäglichen Mirakel der Synoptiker wird verzichtet. Sind doch die Wunder hier geschrieben worden, »damit ihr glaubt« [32].

Die Fortsetzung der biblischen Wundersteigerungen in den sogenannten Apokryphen

In welch aufreizender Weise die Gestalt Jesu die mythenschaffende Phantasie der Christen beflügelte, zeigen fast noch deutlicher die vielen außerbiblischen Evangelien, Apostelgeschichten, Briefe und Offenbarungsbücher. Gewiß, sie hat die Kirche im 4. Jahrhundert bei ihrer Zusammenstellung des Neuen Testaments ausgeschieden und als spätere Legendenbildungen erklärt – was freilich weithin schon die »echten« Evangelien wa-

64

ren. Betreffen doch die »apokryphen« Übertreibungen bezeichnenderweise kaum je die in der Bibel berichtete Periode des öffentlichen Wirkens Jesu, die man offenbar attraktiv genug fand, sondern nur die seiner Taufe vorausgehende Zeit[33].

Zunächst jedenfalls haben die Apokryphen (von griech. apokrypto = verbergen) gar nicht als »apokryph« gegolten. Mit allen wurde missioniert, besonders in der orientalischen, aber auch in der abendländischen Kirche. Die berühmtesten Kirchenväter traten als Zeugen für die später verdammten Texte auf[34]. Die meisten alten Theologen hielten viele für apostolisch und völlig wahr, und einige wurden den neutestamentlichen Büchern zeitweise sogar vorgezogen. Auch sind zahlreiche christliche Schriften älter als manche Schriften des Neuen Testaments. Gar nicht zu reden davon, daß man Teile aus Apokryphen auch in antike neutestamentliche Codices schmuggelte, besonders in die Handschrift D.

Schließlich erkennt die Kirche selbst mit der ihr eigenen Willkür apokryphe Bücher an, nämlich im Alten Testament. Übernahm sie doch nicht das hebräische Alte Testament der palästinensischen Juden, sondern die von der frühen Christenheit gebrauchte Septuaginta, die griechische Übersetzung, und die Vulgata, die lateinische Übersetzung des Hieronymus. Diese Bibeln jedoch waren gegenüber dem ursprünglichen hebräischen Kanon durch die Aufnahme einer großen Zahl von Apokryphen (3. Esra, Judith, Jesus Sirach, Weisheit Salomons, Makkabäerbücher usw.) erweitert worden. Auf dem Konzil von Trient im Jahre 1546 aber wurden die meisten dieser Apokryphen, die übrigens Jesus, der oft das Alte Testament zitiert, niemals anführt, von der Kirche als kanonisch anerkannt. Anerkannt war nun auch endgültig der Text der griechischen Übersetzung des Alten Testaments, obwohl er mit dem des hebräischen *Originals* häufig gar nicht übereinstimmt.

Der Sage nach brachten 72 jüdische Übersetzer, von denen jeder für sich arbeitete, Wort für Wort dieselbe Übertragung zustande, ein Wunder, das alle Kirchenväter, einschließlich des Augustinus, ohne weiteres geglaubt haben[35]. Von der katholischen Kirche weicht allerdings die evangelische in der Anerkennung der alttestamentlichen Apokryphen ab. Sie übernahm das Alte Testament nach dem hebräischen Kanon und duldet in ihren Bibeln nur als Anhang einen Teil der Apokryphen.

Für eine historisch-kritische Betrachtung des Christentums ist es jedenfalls selbstverständlich, daß *alle* Quellen zu seiner Beurteilung herangezogen werden, nicht bloß die, die der Kirche mehr oder weniger gepaßt haben und von ihr »anerkannt« worden sind. Auch wird in den Apokryphen, selbst dort, wo Züge der Fortbildung oder Entartung vorliegen, wie der Theologe Edgar Hennecke schreibt, der Geist des Urchristentums noch lebhaft spürbar[36].

Da fliegen zum Beispiel in einem dem Apostel Thomas unterschobenen Evangelium, das die alte Kirche sogar überarbeitete, aus der Hand des fünfjährigen Jesus Sperlinge aus Lehm auf und davon. Einen bösen Spielgefährten läßt das göttliche Kind wie einen Baum verdorren, und Gestorbene erweckt es zum Leben[37]. Kirchenvater Epiphanius von Salamis, vom zweiten Konzil von Nicaea (787) mit dem Titel eines »Patriarchen der Orthodoxie« ausgezeichnet, hat diese Wunderberichte des Thomasevangeliums nicht nur bereitwillig geglaubt, sondern auch gegen »Ketzer« ausgespielt[38].

Den Apostel Johannes ließ man behaupten, Jesu grandiose Taten könnten »vielleicht überhaupt weder erzählt noch gehört werden«[39]. Geschahen doch selbst durch Waschwasser, Windeln und Schweiß des Jesusknaben Wunder[40]. Denn wie ein Kirchenvater des 4. Jahrhunderts vorzüglich formuliert: »Wenn die Berichte über Christus innerhalb der Grenzen der Natur bleiben würden, wo wäre dann das Göttliche?«[41]

Unangebracht ist die Eiferung moderner Katholiken über die »offensichtlichen Übertreibungen« und »ungeheuerlichen Taktfehler« der Apokryphen, die »Erfindungen niederen Ranges verraten«[42], eine Formulierung übrigens, die auch auf Erfindungen hohen Ranges schließen läßt. Manche neutestamentlichen Mirakelgeschichten sind jedoch nicht besser. Ist etwa der Unterschied so groß zwischen Wundern, die Windeln und Schweiß des Jesuskindes wirkten und solchen, die durch Schweißtücher und Schürzen des Paulus geschahen? *Diese* Wunder aber stehen in der Bibel[43]. Und warum sind Totenerweckungen in den Apokryphen Übertreibungen, dagegen nicht die Totenerweckungen im Neuen Testament?

Auch die Apostel leisten in den Apokryphen Kolossales. Da läßt Petrus seinem Widersacher Simon durch einen Säugling mit tiefer Mannesstimme die Leviten lesen. Ja, der Apostelfürst bringt einen Hund zum Sprechen. »Was befiehlst du mir zu tun, Knecht des unaussprechlichen lebendigen Gottes?« erkundigt sich der Hund, kaum nachdem ihn Petrus von der Kette gelöst hat. Doch, warum nicht! Läßt Gott im Alten Testament ja auch einen Esel reden[44]. Aber sogar ein Thunfisch, der schon geräuchert am Fenster hing, schwimmt auf Petri Geheiß wieder lebendig im Wasser. Kein Wunder, daß viele darauf den christlichen Glauben annahmen[45].

Alle Apokryphen, das sei mit einem theologischen Kenner derselben noch einmal betont, sind »ernst gemeint«, sind »Glaubenszeugnisse« gewesen[46]. Schon daraus ersieht man, daß damals einfach an alles geglaubt worden ist – selbst an wieder zum Leben erwachte geräucherte Thunfische.

66

7. KAPITEL

Wunder waren zur Zeit Jesu üblich

»Wunder erzähl' ich, das Wunder geschah«. Ovid[1].

Den supranaturalen Zug der Zeit kann man sich nicht bewußt genug machen. Das Wunderbare war nichts Außergewöhnliches. Es war normal, fast alltäglich; die Welt suchend, aufgeschreckt, erregt, voller Gier zu glauben. So schreibt der vielgereiste Pausanias von den Fremdenführern bei den Tempeln: »Die Exegeten wissen, daß sie nicht alles der Wahrheit gemäß sagen, sie sagen es aber doch, denn es ist nicht leicht, die Menge vom Gegenteil dessen zu überzeugen, was sie nun einmal glaubt«[2]. Und Lukian meint: »Die Touristen nämlich wollen die Wahrheit nicht einmal umsonst hören«[3].

Um die »Möglichkeit« des Wunders kümmerte man sich kaum. Vielmehr wird der blinde Glaube daran seine unumgängliche Voraussetzung gewesen sein. »Tochter, dein Glaube hat dich gesund gemacht«, sagt einmal im Bewußtsein dieses Zusammenhanges Jesus[4], der selbst wenig Wunder wirkte, wo er auf Unglauben stieß, da er dort kaum Wunder wirken konnte[5].

Das geschah freilich so gut wie nie. Alle Welt war von einem schrankenlosen Aber- und Offenbarungsglauben beherrscht. Geheimkulte, Magie und Mantik blühten. Bußstimmung, Dämonenwahn, Orakeldeuterei grassierten. An das Erscheinen von Göttern hat man allgemein geglaubt[6]. Von »Gott« besessene Weise, Seher, Heilsverkünder, Mystagogen, Thaumaturgen, Inspirierte zogen in allen Teilen des römischen Reiches umher. Sie predigten und taten Wunder. Sie waren alle, das charakterisiert sie geradezu, voll von Gottes Geist und Kraft [7].

Apollonios von Tyana

Eine der berühmtesten dieser Gestalten, ein Zeitgenosse Jesu und der Apostel, ist der neupythagoreische Philosoph Apollonios von Tyana. Um das Jahr 200 wurde sein Leben im Auftrag der Kaiserin Julia Domna von Philostratos aufgezeichnet, und diese bekannte Biographie bot so viele und frappierende Parallelen zu den Evangelien, daß man lange der Meinung war, es handle sich um ein bewußtes Gegenstück zum Jesusbild des Neuen Testaments. Indes kann davon, wie man allgemein zugibt, keine Rede sein[8].

Bereits bei seiner Geburt wird Apollonios von himmlischen Erscheinungen umschwebt. Als Knabe ist er im Tempel zu Hause und alle entsetzen sich über seine Weisheit. Später zieht er, von Jüngern begleitet, predigend durch Kleinasien, Syrien, Griechenland bis nach Rom. Infolge seiner Taten kommt er in den Ruf der Göttlichkeit und tritt auch selbst als Gott und Gottesgesandter auf[9]. Ethische Fragen stehen im Mittelpunkt seiner Reformbestrebung. Er bessert das Leben vieler Menschen. Er lehnt die blutigen Opfer ab[10]. Er treibt aus einem jungen Mann die bösen Geister aus und gewinnt in ihm einen Nachfolger[11]. Er weist in Rhodos einen reichen Jüngling auf die Wertlosigkeit des Reichtums hin[12]. Im Asklepiostempel in Agae durchschaut er einen schlechten Menschen, der reiche Opfer bringt. Er kennt sogar die Gedanken der Menschen[13]. Er stillt einen Sturm auf dem Meer, bewirkt das Aufhören eines Erdbebens, er heilt Lahme, Blinde, treibt Dämonen aus. In Rom erweckt er ein Mädchen, das eben begraben werden soll, zum Leben[14]. Den Gefährten kündigt er seine Gefangennahme und Verurteilung an[15]. Und nach seiner Auferstehung wird von seiner Himmelfahrt berichtet[16].

Auch Kaiser Vespasian sei hier genannt, der, wie Tacitus überliefert, vor vielen Zeugen einen Gelähmten heilte und einen Blinden sehend machte[17], wobei er ihm, wie Jesus in ähnlichen Fällen[18], ein Gemisch von Staub und Speichel auf die Lider strich. Denn dessen Verwendung als Heil- und Zaubermittel war alt und gerade bei Augenerkrankungen weit verbreitet[19]. Auch Sueton erzählt Wunder, die bei Geburt und Tod der römischen Kaiser geschahen[20]. Selbstverständlich liegt hier oft kein ursächlicher Zusammenhang, kein Abhängigkeits–, sondern nur ein Analogieverhältnis vor. Doch auch dies beweist, daß damals schlechthin jedes Wunder gewirkt und für möglich gehalten worden ist.

68

Selbst die Wunder der Gegner wurden allgemein geglaubt

»Man lebte denkend und glaubend in einer Wunderwelt, wie der Fisch im Wasser«. Der Theologe Trede[21].

Keiner der großen Thaumaturgen hat die Wunder seines Gegners geleugnet, keine Partei die der anderen. Selbst der Christenfeind Celsus bezweifelte die Wunder Jesu nicht, sondern meinte bloß, er habe sie »bei den Ägyptiern gelernt«[22]. Andererseits wurden die Wunder und Weissagungen an heidnischen Gnadenorten auch von den Kirchenvätern nicht bestritten. Sie schrieben sie nur dem Teufel zu[23]. Auf den Teufel freilich hatten schon die Juden *Jesu* Wunder zurückgeführt[24], sie also gleichfalls nicht geleugnet. Ebenso berichten die Evangelisten, daß auch die Pharisäer und Gegner Jesu Wunder tun[25]. Die ganze Welt glaubte an Wunder. Selbst die Angehörigen der oberen Klassen waren zum größten Teil so gläubig oder abergläubisch wie die Masse. »Ich halte nichts für unmöglich«. Diese Äußerung des Rhetors Apulejus ist charakteristisch für die damalige Zeit[26]. Bekannte doch selbst der kritische Celsus: »Wozu soll man aufzählen, wie viele Weissagungen in Orakelstätten teils von Propheten und Prophetinnen, teils von anderen Gottbegeisterten, Männern und Frauen, mit göttlicher Stimme ausgesprochen worden sind? Wie viele wundersame Dinge im Innern der Heiligtümer selbst vernommen wurden?... Einigen sind Götter leibhaftig erschienen«[27]. Aber auch Cicero beteuerte von Delphi, daß sein Orakel viele Jahrhunderte lang wahrhaftig gewesen sei[28]. Und mit gleicher Ehrerbietung spricht er von Eleusis[29].

Selbstverständlich haben diese Männer nicht alles geglaubt. So begegnet uns bei Celsus neben der Anerkennung zahlreicher Wunder, wobei er sich aber nur der geschichtlichen Überlieferung beugt, sogar eine Ablehnung solcher Ereignisse[30]. Auch Cicero hat die Möglichkeit des Wunders entschieden verneint, wollte jedoch derartigen Aberglauben beibehalten wissen – »für das gemeine Volk«[31]. Er dachte also darüber wie der berühmte griechische Geograph Strabon († 19 n. Chr.), der meinte: »Weiber und niederes Volk muß man durch Fabeln und Wundergeschichten zur Gottesfurcht bringen«[32].

Noch in der späteren Antike gab es, neben dem Heer der Frommen, Bigotten und Stupiden, Menschen, die sich dem Dunstkreis pseudoreligiöser Massenpsychose völlig entzogen, wie den großen syrischen Spötter Lukian, den Voltaire des 2. Jahrhunderts, den Kyniker Oinomaos, der das Orakelwesen grausam verhöhnte, oder den Kyniker Diogenes, der zu einem Bewunderer der Weihegeschenke in Samothrake sagte: »Weit mehr noch würden es sein, wenn auch alle, die nicht gerettet wurden, welche gestiftet hätten«[33].

Doch ist bemerkenswert, daß in christlicher Zeit die Skepsis immer mehr schwindet und die Gläubigkeit jeder Art wächst. Konnte die Kirche ja sogar die Lehre von der Auferstehung der Toten jahrhundertelang durch das Wiederaufleben des wunderbaren Vogels Phönix erhärten[34]! Im 3. Jahrhundert geht es mit der Kritik rapid zu Ende[35]. Im 4. Jahrhundert wird das Christentum Staatsreligion.

Wollte Jesus ein »Wundertäter« sein?

Nur in diesem Klima primitivsten Aberglaubens werden die evangelischen Mirakel verständlich. Mit seinen Heilungen und Naturwundern sollte Jesus den heidnischen Heilanden und Wundertätern überlegen sein[36]. Dennoch hat die damalige Welt in seinen Taten, nach Auskunft eines modernen Theologen, nicht mehr als Durchschnittsleistungen irgendeines Goeten gesehen[37].

Daß einigen evangelischen Wunderberichten historische Vorgänge zugrundeliegen können, soll nicht geleugnet werden. Das gilt vor allem für solche »Wunder«, die eventuell auf geistige Beeinflussung zurückgehen, besonders also für die Heilungen von Krankheiten psychogener Art, bei neurasthenischen, hysterischen oder schizophrenen Naturen.

Das Wesentliche der Lehre Jesu aber wird durch die Wunderhistörchen bloß verdeckt oder diskreditiert. Auch wollte er selbst kaum als ›Wundertäter‹ verstanden sein[38]. Er fürchtete wohl, daß man ihn mit Scharlatanen verwechseln und den Kern seiner Verkündigung verkennen könnte. Haben doch auch Buddha und Mohammed Zurückhaltung gegenüber dem Wunder geübt und insbesondere keinen Glauben dadurch wecken wollen[39]. Freilich gewinnen die Mirakel in ihren Gemeinschaften dann ebenfalls immer mehr an Bedeutung, wenn auch in christlichen Kreisen der Aber- oder Wunderglaube, wie der Theologe Harnack meint, besonders grenzenlos gewesen ist, so daß das Frühchristentum von Jesus, abgesehen vom Kreuzestod, fast nur Legenden geglaubt habe[40].

Aber glaubt denn die heutige Christenheit nicht noch genau dasselbe[41]? Baut sich denn nicht die ganze kirchliche Dogmatik auf lauter Wunder auf[42]? Hätte jedoch Jesus so Außergewöhnliches getan, warum hat dann das Volk ihm keinen Glauben geschenkt? Warum hat es ihn verfolgt und ans Kreuz geschlagen?

Die Theorie vom Messiasgeheimnis

Diese Frage, im 2. Jahrhundert auch von Celsus vorgebracht, wurde anscheinend von Skeptikern schon bald gestellt. Bereits das Markusevangelium antwortet darauf durch die Theorie vom Messiasgeheimnis, wonach Jesus seine wahre Würde bewußt verhüllt. Erst seine Auferstehung sollte sie allen offenbaren. So läßt Markus Jesus die Dämonen austreiben, gerade weil sie seine himmlische Herkunft früher als die Menschen erkennen und an diese verraten. ›So oft die unreinen Geister ihn erblickten, warfen sie sich vor ihm nieder und riefen laut: ›Du bist der Sohn Gottes!‹ Er gab ihnen dann allemal die strenge Weisung, sie sollten ihn nicht offenbar machen!«[43] Auch Jesu immer wiederkehrendes Gebot an die von ihm Geheilten, das Wunder nicht publik zu machen und sein Inkognito zu wahren, gehört hierher[44]. Und sogar die Jünger sollen, wie Julius Wellhausen schreibt, nichts merken und werden doch gelegentlich getadelt, weil sie nichts bemerkt haben[45].

Diese von Markus systematisch durchgeführte, aber auch bei den anderen Evangelisten begegnende Verhüllungstaktik widerspricht freilich der Tatsache, daß Jesus sich doch als der Gottgesandte offenbaren wollte! Wie unverkennbar die überall eingestreuten Schweigegebote eine Zutat des Evangelisten sind, mag die Legende von der Jairustochter verdeutlichen. Jesus erweckt das Mädchen vom Tode, aber – unter dem Siegel strenger Verschwiegenheit! Während alles außer sich vor Staunen ist, läßt Markus den Herrn »ernstlich« gebieten, »niemand solle etwas von dem Geschehenen erfahren«[46], eine Anordnung, die barer Unsinn oder Scharlatanerie gewesen wäre, denn der »Tod« des Mädchens war allgemein bekannt, die Vorbereitungen für das Begräbnis hatten begonnen, und vor dem Hause wartete die Menge. Unmöglich hätte man also die Heilung verbergen können. Es ist lediglich der Evangelist, der im Zug seiner apologetischen Theorie Jesus diese Worte in den Mund legt.

Übrigens gibt es bereits im Alten Testament zwei ganz ähnliche Totenerweckungen[47], wie denn überhaupt zahlreiche jüdische und freilich mehr noch heidnische Mirakel und Legenden bei der Ausgestaltung der neutestamentlichen Wundergeschichten Pate gestanden haben.

8. KAPITEL

Alle Jesus zugeschriebenen Wunder wurden schon in vorchristlicher Zeit vollbracht

>>Man übertrug allerlei im Volksmunde lebendige Geschichten von diesem und jenem Wundertäter auf Jesus und stattete mit geläufigen Wundermotiven schon vorhandene evangelische Erzählungen aus<<.
Der Theologe Bousset[1].
>>...judenchristliche Erzähler machten Jesus zum Helden von bekannten Propheten- oder Rabbinen-Legenden, heidenchristliche Novellisten gaben Geschichten von Göttern› Heilanden und Wundertätern umgeprägt auf den christlichen Heiland weiter<<. Der Theologe Dibelius[2].

Jede Religion hat die >>Wahrheit<< ihrer Lehren durch Wunder bewiesen, und in vielen Kulten kehren dieselben immer wieder: Krankenheilungen, Totenerweckungen, Speisevermehrungen, Wandel auf dem Wasser, Höllen- und Himmelfahrten zählen zu den Standardwundern gerade vieler sogenannten Hochreligionen[3]. Götter, Magier, Propheten und Thaumaturgen wurden in den griechisch-orientalischen Religionen lange vor Jesus damit ausgestattet, und in den Jahrzehnten nach seinem Tod hat man diese im Volke lebendigen Geschichten auch auf ihn übertragen und sein Bild immer mehr mit dem Goldglanz der Legende verklärt.

Die Forschung weiß längst, daß es in der antiken Literatur zahlreiche Gegenstücke zu den evangelischen Wundergeschichten gibt; daß diese sowohl im Inhalt wie in der Stilisierung mit den profanen Wundererzählungen weithin übereinstimmen; und daß schließlich auch der heidnische Ursprung der synoptischen Wunderlegenden überwiegend wahrscheinlich ist[4]. Später übertrug man übrigens manche von ihnen auf Mohammed, denn wie Jesus gegenüber den heidnischen Gottheiten konkurrenzfähig gemacht werden mußte, so Mohammed gegenüber Jesus.

Die meisten typischen Züge profaner Wunderberichte kehren in den Krankengeschichten des Neuen Testaments wieder.

Wie beispielsweise Jesus dem Jüngling von Nain bereits auf dem Weg zum Grab begegnet, so pflegten auch die heidnischen Wundertäter und Totenerwecker der Bahre zu begegnen[5]. Wie sie zunächst verlacht werden, was schon die Wunderheilungen von Epidauros bezeugen, so wird auch Jesus vor der Erweckung der Jairustochter von der Menge verlacht[6]. Auch das öfter erwähnte Erfassen der Hand des Kranken kommt genauso in den außerchristlichen Heilungsberichten vor[7]. Ebenfalls findet sich hier wie dort der nachdrückliche Hinweis auf die lange Dauer der Krankheit, die Schwere des Leidens, die vergebliche Mühe der Ärzte, den augenblicklichen Erfolg, das Staunen der Menschen und dergleichen Züge mehr[8].

Wunderbare Heilungen, insbesondere Dämonenbannungen, waren der Antike wohlvertraut. Bei Juden und Heiden gab es ein ausgebildetes Exorzistenwesen. Allerorten trieb man Dämonen aus, heilte man geistige Störungen, Tobsucht, Hysterie, Epilepsie. Die Erzählungen darüber gleichen sich oft und sind ganz schematisch. Auch die biblische Vorstellung vom »Sohn Gottes« als dem Beherrscher der Dämonen ist heidnisch. Wie die bösen Geister Jesus »Sohn Gottes« titulieren[9], so wurde schon in einer alten ägyptischen Heilungslegende der göttliche Helfer von dem Dämon im geheilten Kranken gleich erkannt und »großer Gott« genannt[10].

Nichts Außergewöhnliches waren damals selbst Jesu Wandel auf dem Wasser oder seine Stillung des Seesturms. Solche Vorkommnisse zählten zu den typischen Wundertaten jener Zeit[11]. Auch Asklepios und Sarapis sind ihren Gläubigen in Seenot erschienen und haben sie gerettet[12]. Eine besonders frappierende Parallele zu Jesu Wandel auf dem See gibt es bei Buddha (S. 78). Doch könnte diese Legende[13] auch nach alttestamentlichen Motiven und Vorbildern geschaffen worden sein. Etwa nach Hiob 9, 8: »der einherschreitet auf den Höhen des Meeres«, oder nach anderen Stellen, in denen Gottes Weg über das Wasser geht[14]. Auch Josua soll trockenen Fußes den Jordan durchschritten haben und ebenso Elias[15]. In welch umfassender Weise das Neue Testament vom Alten Testament befruchtet wurde, wie man aus diesem Motive entnahm und in jenes hineinspann, wird sich bei Behandlung des Weissagungsbeweises zeigen.

Auch auf die Legende von Jesu Stillung des Sturmes kann alttestamentliches Gut eingewirkt haben[16], besonders die Erzählung von der Seefahrt des Jona, deren Ähnlichkeit mit dem jesuanischen Wunder schon Hieronymus auffiel[17]. Doch gab es bei den Juden eine ganze Reihe wunderbarer Sturmbeschwörungen. So könnte auch folgende, in verschiedener Motivverwendung vorliegende Geschichte auf Jesus übertragen worden sein: »Es geschah betreffs eines heidnischen Schiffes... und es war in ihm ein jüdisches Kind. Da stand gegen sie auf ein großer Sturm im Meere... da sagten sie zu jenem Juden: Mein Sohn, steh auf,

73

rufe zu deinem Gott!... sofort stand das Kind auf... und schrie... und es schwieg das Meer«[18].

Aber selbst Totenerweckungen waren damals nicht ungewöhnlich[19]. Gab es doch sogar eigene Formeln dafür. In Babylonien, wo der Gedanke der Totenerweckung ungemein verbreitet gewesen ist, wurden viele Götter geradezu »Totenbeleber« genannt[20]. Auch im Neuen Testament wird ja das Totenerwecken als alltägliches Geschäft der Apostel hingestellt, nicht anders wie Krankenheilungen[21].

Später überflügelte die Kirche hierin alles, selbst Jesus. Allein die Mirakelbücher des bayerischen Gnadenortes Inchenhofen verzeichnen 173 Totenerweckungen, 173 Menschen, die »durch Anrueffung und Fürbitt deß grossen und heyligen Nothelffers Wolffgangi im Gebürg widerumb zum Leben kommen seind«[22]. Auch die Päpste machten dabei mit. Unter den mehr als hundert Wundern, die für den Heiligsprechungsprozeß der hl. Elisabeth im 13. Jahrhundert gesammelt, von dem Gericht der höchsten geistlichen Würdenträger am päpstlichen Hof in Perugia geprüft und vom Papst approbiert wurden, befinden sich neun Totenerweckungen[23]. Wo bleiben heute die Totenerweckungen in der katholischen Kirche?

Allbekannt waren in der Antike, bei Juden und Heiden, auch Geschichten von wunderbaren Speisungen[24]. Geradezu das Urmuster der evangelischen Speisungswunder[25] nennt der Theologe Walter Bauer die alttestamentliche Erzählung: »Es erschien ein Mann von Baal-Salisa und brachte dem Manne Gottes Erstlingsbrot, nämlich zwanzig Gerstenbrote und zerstoßene Körner in seinem Quersack. Da befahl er (Elisa): Gib den Leuten, daß sie essen! Sein Diener erwiderte: Wie kann ich das hundert Männern vorlegen? Er aber sprach: Gib den Leuten, daß sie essen! Denn so spricht Jahwe: Essen werden sie und noch übriglassen. Da legte er ihnen vor, und sie aßen und ließen noch übrig, wie Jahwe verheißen hatte«[26].

Viele Analogien zu Jesu Speisungswundern stehen in der heidnischen Literatur[27]. Auffallend ähnlich ist der alte Bericht der indischen wunderbaren Brotvermehrung: »Sariputra dachte bei sich selbst: Es ist Essenszeit. Was sollen wir diesen vielen Bodhisattva's zu essen geben? Vimalakirti las seine Gedanken und sprach:... warte einen Augenblick, und ich will euch ein fürstliches Mahl servieren. – Und Vimalakirti versetzte sie in einen tiefen Trancezustand, ließ seine Wundermacht wirken... Und Vimalakirti wandte sich zu Sariputra und den anderen Sravaka's und sprach: Brüder, greift zu, esset von der süßen, delikaten Speise des Herrn... Und ein Sravaka, der da war, dachte bei sich selbst: Wie soll diese kleine milde Gabe geteilt werden unter die vielen, so hier zugegen sind?... Und siehe, die ganze Versammlung aß davon und wurden alle satt; und es blieb dennoch, als ob niemand es berührt hätte«[28].

74

Im folgenden sollen nicht nur weitere heidnische Wunder mit biblischen Wundergeschichten, sondern auch die Wundertäter verglichen, also dem Christus der Bibel ältere Gottheiten konfrontiert werden, die entweder in manchen Zügen an ihn erinnern, wie Buddha, oder die geradezu für ihn das Vorbild abgegeben haben, wie Asklepios, Herakles und Dionysos.

9. KAPITEL

Buddha und Christus

>>Alles, was im Christentum Wahres ist, findet sich auch im
Brahmanismus und Buddhaismus<<.
Arthur Schopenhauer[1].

Die Verwandtschaft von Christentum und Buddhismus hat Schopenhauer zutreffend erkannt, wenn er sich auch täuschte etwa über die ganz
andere Auffassung vom Leid in beiden Religionen. Überhaupt kann das
Christentum des Neuen Testaments nicht ohne weiteres auf Buddha zurückgeführt und zu einem bloßen >>Abglanz indischen Urlichtes<< gemacht
werden. Analogie muß nicht auf Genealogie weisen. Manche Gemein-
samkeit läßt sich rein völkerpsychologisch verstehen, das heißt als Ausdruck einer ähnlichen Bewußtseinshaltung. Ein Austausch religiösen Gedankengutes aber hat stattgefunden. Indische Kaufleute, Gesandte und
Gelehrte kamen häufig in den Westen, ebenso Abendländer nach Indien.
Sogar von Jesus wurde ein Aufenthalt in Indien behauptet, allerdings
ohne Beweismöglichkeit. Gewisse Motive sind jedenfalls gewandert, zu
Entlehnungen ist es sicher gekommen, und ganz offenkundig ist ein gewisser Parallelismus der Entwicklung. Da sich dieses Kapitel, von Ausnahmen abgesehen, auf die Darstellung von Parallelen beschränkt,
braucht es zwischen frühen und späten buddhistischen Zügen nicht zu
unterscheiden.

Die Geschichte des Buddha (ca. 560–480 v. Chr.) kontrastiert gewiß
in vielem mit der Jesu. So ist Buddha nicht Zimmermanns–, sondern Kö-
nigssohn. Er wird nicht verfolgt, weder als Kind noch später. Er stirbt
nicht in jungen Jahren den Verbrechertod, sondern verscheidet als acht-
zigjähriger Greis. Ebenso gibt es bedeutsame Unterschiede in der Lehre.

Und doch bieten sein Leben und seine Verkündigung zum biblischen
Christusbild auch eine Fülle beachtenswerter Parallelen.

Buddha weilt vor seiner Herabkunft als Geistwesen unter den Gottheiten im Himmel[2]. Freiwillig begibt er sich auf die Erde zum Heil der Welt.

76

Wie der biblische Christus wird er auf wunderbare Weise geboren[3]. Engel verkünden ihn als Erlöser und verheißen seiner Mutter: »Alle Freude komme über dich, Königin Maya – jauchze und sei froh, denn dieses Kind, das du geboren hast, ist heilig!«[4]

Auch einen buddhistischen Simeon gibt es.

Der heilige und hochbetagte Asita prophezeit die Geburt des Buddha wie der greise und gottesfürchtige Simeon die des Messias. Durch Gott unterrichtet, kommt der dem Tode nahe Seher zu dem Neugeborenen, nimmt es in seine Arme und weissagt entzückt: »Dieser ist unvergleichlich, der hervorragendste von den Menschen... Den Gipfel der vollständigen Erleuchtung wird dieser Knabe erreichen; er, der sieht, was das Reinste ist, wird rollen lassen das Rad der Lehre, er, der Mitleid fühlt für das Heil vieler Menschen; seine Religion wird weit ausgebreitet werden«[5]. Auch Simeon nimmt das Kind in seine Arme und spricht: »Herr, nun entläßt du deinen Knecht, wie du ihm verheißen hast im Frieden; denn meine Augen haben dein Heil gesehen, das du vor den Augen aller Völker bereitet hast, ein Licht zur Erleuchtung der Heiden und der Verherrlichung deines Volkes Israel«[6]. Selbst zurückhaltende Forscher sind bei diesem Motiv von einer direkten Entlehnung aus dem Buddhismus überzeugt[7].

In der Schule kennt der Prinz bereits alle Schriftarten. Er macht eine kleine Reise, wird vermißt, und man findet ihn in tiefer Meditation. Die Analogien zum zwölfjährigen Jesusknaben im Tempel, der sich mit den Schriftgelehrten unterhält, während ihn die Eltern suchen, sind kaum zu verkennen.

Doch gibt es, parenthetisch bemerkt, in der antiken Literatur zahlreiche Seitenstücke zu der bekannten Bibellegende, beispielsweise die Erzählung von dem zwölfjährigen Enkel König Ramses' II., Si-Osire, von dem der sehr beschädigte ägyptische Text sagt: »Der Knabe wuchs heran und wurde kräftig. Er wurde zur [Schule] gesandt; [bald übertraf] er den Schreiber, dem er zum Unterricht anvertraut war... [Als nun der] Knabe Si-Osire zwölf Jahre alt geworden war, da war es so weit, daß ihm in Memphis kein [Schreiber oder Gelehrter gleichkam] im Lesen von Zauberbüchern«[8]. Auch Epikur begann mit zwölf Jahren das Studium der Philosophie[9], und Augustus hielt im gleichen Alter schon eine öffentliche Rede[10]. Der jüdische Historiker Josephus erzählt sogar, mit vierzehn Jahren ein solcher Kenner des Gesetzes gewesen zu sein, daß bedeutende Gelehrte aus Jerusalem ihn besucht und über das Gesetz befragt hätten[11]. Aber selbst das Alte Testament enthält eine erstaunliche Parallele[12].

Als etwa Dreißigjähriger, im gleichen Alter wie später der biblische Christus, beginnt Buddha seine Laufbahn. Während er fastet und sich kasteit, wird er, wie Jesus, nachdem dieser vierzig Tage und Nächte gefastet hatte[13], vom Bösen versucht. Auch von Zarathustra gibt es eine solche

77

Versuchungsgeschichte [14], und dann taucht das im Orient und weit darüber hinaus verbreitete Motiv bei christlichen Heiligen wieder auf.

Wie Jesus zieht Buddha in freiwilliger Armut mit seiner Jüngerschar umher, in Sprüchen, Bildern und Gleichnissen sich ihnen mitteilend. Wie der biblische Christus hat bereits Buddha zwölf Hauptjünger. Seine ersten Anhänger sind zwei Brüder, ebenso die ersten Anhänger Jesu[15]. Buddhas erste Gefährten sitzen bei ihrer Berufung unter einem Feigenbaum (ein Symbol des Buddhismus), und auch Jesus erblickt einen seiner ersten Apostel unter einem Feigenbaum[16] Buddha und der biblische Christus haben einen Lieblingsjünger und einen Verräter. Und auch Buddhas Verräter Devadatta, dessen Anschlag allerdings mißlingt, findet, wie Judas, ein klägliches Ende[17].

Mit derselben Schärfe, mit der Jesus die thoragläubigen Pharisäer bekämpft, kritisiert Buddha das veräußerlichte Gesetzesbrauchtum der vedagläubigen Brahmanen[18]. »Ersprossen aus gelehrter Zunft, spinnen Priester ihr Spruchwerk, und man sieht sie überall dort, wo Böses geschieht«[19]. Ähnlich sagt Jesus von den Pharisäern: »Sie binden schwere Lasten zusammen und legen sie den Menschen auf die Schultern, sie selbst aber wollen sie mit keinem Finger anrühren. Alle ihre Werke tun sie, daß sie von den Leuten gesehen werden«[20]. Wie Buddha die Heuchler unter den Brahmanen brandmarkt: »Dein Inneres ist ein wilder Wald, das Äußere aber glättest du«[21], so entlarvt Jesus die heuchlerischen Pharisäer: »Ihr gleicht frischgetünchten Gräbern, die von außen schön aussehen, im Innern aber voll von Totengebeinen und lauter Verwesung sind« [22]. Wie Buddha die blutigen Opfer der Brahmanen ablehnt[23], so verwirft Jesus das blutige Opfer der Juden. Und wie Buddha über rituelle Waschungen, über rein und unrein denkt, so urteilt analog Jesus[24].

Die nahe Verwandtschaft der sittlichen Lehren von Buddha und Jesus ist bekannt. Beide verbieten das Töten, Stehlen, Lügen und den unerlaubten Geschlechtsverkehr. Beide verlangen die Verehrung der Eltern. Beide preisen die Friedfertigen. Beide wollen das Böse mit Gutem überwinden, predigen Feindesliebe, lehren, nicht unnütze Schätze auf Erden zu sammeln, ziehen Barmherzigkeit dem Opfer vor. Die Parallelen sind zahlreich und manche Sprüche fast wörtlich gleich[25].

Buddha nennt sich »Menschensohn« wie Jesus und wird wie dieser bereits »Prophet«, »Meister« und »Herr« genannt[26]. Die Bezeichnungen Buddhas als »Auge der Welt« und »Licht ohnegleichen« entsprechen der Bezeichnung Christi als »Licht der Welt« und als »das wahrhaftige Licht«[27].

Buddhas Selbstbewußtsein ist kaum geringer als das des biblischen Christus. So sagt Buddha: »Ich kenne Gott und sein Reich und den Weg, der zu ihm führt. Ich kenne ihn so gut wie einer, der das brahmaloka

78

(Reich Gottes) betreten hat und darin geboren ist«[28]. Oder: »Nur die, die an mich glauben und mich liebhaben, sind dereinst des Paradieses gewiß. – Die an mich glauben, sind alle der Erlösung gewiß«[29]. Wie ähnlich ist die Verheißung des johanneischen Christus: »Wer mein Wort hört und dem glaubt, der mich gesandt hat, der hat das ewige Leben«. Oder: »Wer an mich glaubt, der wird leben«[30].

Buddha sagt zu seinen Jüngern: »Wer Ohren hat, zu hören, der glaube«. Wunder geschehen durch ihn, Kranke werden gesund, Blinde sehend, Taube hörend, Krüppel gerade. Er schreitet über den hochangeschwollenen Ganges wie Jesus über den See. Und wie Jesu Anhänger Wunder verrichten, so schon die Gläubigen Buddhas. Wie beispielsweise Petrus auf dem Wasser wandelt[31], so auch ein Jünger des Buddha. Wie Petrus zu sinken beginnt, als sein Glaube klein wird, so sank schon der Buddha-Jünger, als er aus seiner gläubigen Versenkung in Buddha erwachte. Und wie den Petrus der Herr rettet, so rettet den Buddha-Jünger der erneute gläubige Gedanke an den Meister. Daß hier das Neue Testament entlehnt hat, ist deshalb evident, weil die Vorstellung vom Wandel glaubensstarker Menschen auf dem Wasser den Juden völlig fremd, in Indien dagegen alt und weit verbreitet war[32].

Seine Wunder wollte Buddha so wenig wie Jesus die seinen als bloße Schaustellungen verstanden wissen. So sagt Buddha zu einem Yogi, der nach fünfundzwanzigjähriger Kasteiung trockenen Fußes einen Fluß überschreiten konnte: ›Hast du wirklich damit deine Zeit vergeudet, und du brauchtest doch dem Fährmann nur einen Heller zu geben, dann setzte er dich in seinem Kahn über‹[33]. Aber später spielt im Mahayana-Buddhismus das Wunder dieselbe dominierende Rolle wie in der christlichen Kirche oder im Islam. Die Masse läßt sich eben in jeder Religion mehr durch Zauber, Magie, äußere Garantien beeindrucken, als durch den geistigen Charakter, das Ethos. Sie will, daß *für* sie etwas geschieht, aber nicht *durch* sie.

Abschließend sei noch eine der erstaunlichsten indischen Parallelen zum Neuen Testament genannt, die zum »Scherflein der Witwe«[34].

In der buddhistischen Erzählung spenden Reiche bei einer religiösen Versammlung kostbare Gaben. Eine arme Witwe aber besitzt nur zwei Geldstücke. Es ist alles, was sie hat, doch opfert sie es mit Freuden. Der Oberpriester erkennt ihre gute Gesinnung und rühmt sie, ohne der Geschenke der anderen zu achten.

Die Parallele im Markusevangelium lautet: »Als er sich dann dem Opferkasten gegenüber hingesetzt hatte, sah er zu, wie das Volk Geld in den Kasten einwarf, und viele Reichen taten viel hinein. Da kam auch eine arme Witwe und legte zwei Scherflein hinein, die einen Pfennig ausmachen. Da rief er seine Jünger herbei und sagte zu ihnen: ›Wahrlich ich sage

79

euch: Diese arme Witwe hat mehr eingelegt als alle, die etwas in den Opferkasten getan haben. Denn jene haben alle von ihrem Überfluß eingelegt, sie aber hat aus ihrer Dürftigkeit heraus alles, was sie besaß, eingelegt, ihren ganzen Lebensunterhalt‹«[35].

Neben der Gleichheit des Grundgedankens ergeben sich folgende übereinstimmende Einzelzüge[36]: beide Male handelt es sich um eine Frau; beide Frauen sind arm; beide opfern in der Kirche; beide opfern zusammen mit Reichen; beide geben alles, was sie haben; beide besitzen zwei Münzen; beide werden von einem Beobachter gerühmt; beider Opfer wird höher gewertet als die Gaben der Wohlhabenden. Die Annahme eines Abhängigkeitsverhältnisses der Bibel ist auch dabei kaum zu vermeiden[37].

Die Analogien zwischen Buddhismus und Christentum setzen sich nach dem Tode ihrer Stifter fort[38]. Mythen und Legenden verklären ihre Gestalten. Buddha und Jesus werden bald vergöttlicht und über alle anderen Götter gestellt. Ein schrankenloser Wunderglaube macht sich breit. Hier wie dort gibt es starke Ansätze zum Kommunismus. Hier wie dort besteht zunächst keine organisierte Kirche, sondern nur eine Gemeinschaft von Gleichgesinnten. Den bald einsetzenden Lehrstreitigkeiten zwischen sthaviras und mahasamghikas, den rigorosen Konservativen und den vorwärtsdrängenden Kräften der buddhistischen Großgemeinden, entspricht der Kampf zwischen konservativen Judenchristen und fortschrittlichen Heidenchristen. In beiden Religionen kommt es zu einem Apostelkonzil, in Jerusalem und in Rajagriha. Und wie die buddhistischen Orthodoxen ihr Dogma auf dem Konzil zu Pataliputra (241 v. Chr.) festlegen, ca. 250 Jahre nach Buddhas Tod, so die christlichen Orthodoxen ihr Dogma auf dem Konzil von Nicaea (325), ca. 300 Jahre nach dem Tod Jesu.

Schon die schnelle Apotheose des Buddha macht Jesu relativ rasche Vergottung begreiflich. Doch waren Deifikationen, die Auftritte von Heilanden in- und außerhalb des Judentums, insbesondere aber vom Himmel kommende Göttersöhne der antiken Welt vertraut und selbstverständlich. Die Forschung kann sogar ziemlich genau erweisen, welche von ihnen das Vorbild für den christlichen Gottessohn geliefert haben, nämlich die großen hellenistischen Erlösergötter Asklepios, Herakles und Dionysos.

10. KAPITEL

Asklepios, Herakles, Dionysos –
die heidnischen Vorbilder für den
christlichen Gottessohn

*»Wenn man einen Mysterieneingeweihten heute ins Leben
zurückrufen könnte, so würde er uns bestätigen, daß er sich
bei der Heilandsgestalt Jesus von der Geburt bis zur Himmelfahrt Szene für Szene an die beiden Heilande Dionysos
und Herakles erinnert fühlt«. Der Theologe Raschke[1].*

1. Asklepios

Der Kult des Asklepios hatte früh Verbreitung gewonnen und seine Wunderheilungen in Epidauros, das schon im 5. vorchristlichen Jahrhundert
zu florieren begann, waren der ganzen Welt bekannt[2]. Man reiste dahin
wie heute nach Lourdes, nur nicht so schnell und bequem. Neben wunderbaren Befreiungen von Bandwürmern, Läusen, Kröpfen und dergleichen, erhielten hier Lahme ihr Bewegungsvermögen, Blinde ihr Augenlicht, Stumme ihre Sprache und sogar Glatzköpfe das Haar zurück[3].

Asklepios heilte jedoch nicht nur Gebrechen des Leibes, sondern auch
der Seele. Seit je Arzt und Heilgott, wurde er, wie später Jesus, zu einem
Retter, einem Helfer in allen Lebensnöten, einem Heiland überhaupt. In
riesigen Buchstaben prangte das Wort Soter (= Heiland) an seinen Weih-
altären[4], und bis tief in die christliche Zeit ist er die Zuflucht besonders
der Gebildeten geblieben[5]. Viele behaupteten, ihn leibhaftig gesehen zu
haben und Zeugen seiner Wohltaten gewesen zu sein[6].

Zahlreiche Wunder, die in der Bibel Jesus vollbringt, gehen auf Asklepios zurück. Wie nahe verwandt gerade die Wundertätigkeit der beiden
Gottheiten ist, zeigt in prägnanter Zusammenfassung der Forschungser-
gebnisse der Theologe Carl Schneider: »Wie Asklepios heilt Jesus mit seiner ausgestreckten oder aufgelegten Hand oder mit einem Finger, den er
in das kranke Körperglied steckt, oder auch durch andere Berührung mit
dem Kranken. Wie bei Asklepios sind Glaube und Heilung meist, doch

81

nicht immer, auf einander bezogen; gelegentlich wird auch ein Ungläubiger geheilt. Wie dort wird hier von den Geheilten Dank gefordert. Ein von Asklepios geheilter Blinder sieht wie ein von Jesus Geheilter zunächst nur Bäume. Geheilt werden von beiden: Gelähmte, Stumme, in der Ferne Erkrankte, Lahme. Ihre Bahren tragen die Kranken nach der Heilung bei beiden selbst davon. Beide machen keine sozialen Unterschiede, heilen jung und alt, arm und reich, Mann und Frau, Sklaven und Freie, Freunde und Feinde. Zu den Heilungen kommen Naturwunder: Asklepios, der ihm verwandte Sarapis und Jesus stillen Stürme. Asklepios hat sechs Tote aufgeweckt, wobei die Einzelheiten dieselben sind, wie bei den beiden Toten, die Jesus auferweckt: Viele Zeugen sind zugegen, Scheintod wird von Ungläubigen vermutet, den Erweckten wird Nahrung gegeben. So übernimmt Jesus auch die Titulatur des Asklepios: er ist ›Arzt‹ schlechthin, ›Herr‹ über die Krankheitsmächte, ›Heiland‹«[7].

2. Herakles und Christus

Fast jeder weiß von den alten Heraklessagen. Es gab aber auch ein philosophisches Heraklesbild und eine Heraklesreligion. Sie war zur Zeit Jesu in Syrien ebenso bekannt wie in Griechenland, in Rom und am Rhein.

Schon als Kind wurde Herakles, wie der biblische Christus, in der Wiege verfolgt. Und mit dem Wort »Es ist vollbracht«, das im Johannesevangelium wiederkehrt[8], starb er. Bei seinem Tode bebte die Erde, sie spaltete sich, und eine Finsternis trat ein, allerdings sehr bekannte Motivverwendungen beim Hingang eines Gottes, die etwa auch beim Tod Caesars begegnen[9]. Endlich schwebte schon Herakles, wie Romulus, Henoch u. a.[10] zum Himmel empor, so vom göttlichen Vater für alle Mühen belohnt. Ja, der unmittelbar an seinem Tode Schuldige erhängte sich, wie Judas, voll Reue und Entsetzen[11].

Die Verwandtschaft der Heraklesmythen mit der Christusgestalt wurde zwar oft bemerkt[12], ihre direkte Abhängigkeit von Herakles aber ist die Entdeckung des Philologen Friedrich Pfister[13]. Nur in einigen Hauptpunkten seien die von ihm bis in minutiöseste Details aufgezeigten Parallelen mitgeteilt.

Bei der Geburtsgeschichte ergeben sich folgende Übereinstimmungen. Wie Amphitryon, der menschliche Vater des Herakles, mit der jungfräulichen Alkmene in Mykenai wohnt, so wohnt Joseph, der menschliche Vater Jesu, mit der jungfräulichen Maria in Nazareth. Wie Amphitryon sich von Alkmene bis zur göttlichen Empfängnis fernhält, so hält sich Joseph von Maria fern. Wie Amphitryon mit Alkmene von Mykenai nach Theben wandert, so wandert Joseph mit Maria von Nazareth nach Bethlehem. Wie

82

Herakles nicht am Wohnsitz des Vaters, in Mykenai, geboren wird, sondern am Ziel der Wanderung, in Theben, so wird Jesus nicht am Wohnsitz des Joseph, in Nazareth, geboren, sondern am Ziel der Wanderung, in Bethlehem. Wie man Herakles trotzdem gelegentlich nach dem Wohnort des Vaters den Argiver nennt, so Jesus gelegentlich nach dem Wohnort des Joseph den Nazarener.

Zur Jugendgeschichte seien folgende Parallelen angeführt. Wie Hera von Zeus erfährt, daß der aus seinem Stamm Geborene König werde, worauf sie dem Kind nachstellt, so hört Herodes von den Magiern, daß eben ein König geboren sei, worauf er dem Kind nachstellt. Wie Herakles nun aus Angst von der Mutter ausgesetzt und wieder zurückgebracht wird, so wird Jesus aus Angst von den Eltern nach Ägypten geführt und wieder zurückgebracht. Wie Herakles vor Beginn seines öffentlichen Wirkens in die Einsamkeit geht, so auch Jesus. Wie Herakles dabei in Versuchung fällt, so Jesus. Wie man Herakles von einem hohen Berg das Reich des Königs und des Tyrannen zeigt so wird Jesus durch den Versucher auf einen hohen Berg geführt und sieht alle Königreiche der Welt. Wie Herakles die Versuchung überwindet, so überwindet sie Jesus.

Auch die Tätigkeit im Mannesalter ergibt verblüffende Gemeinsamkeiten. Wie Herakles dem Auftrag seines göttlichen Vaters gehorcht, so Jesus. Wie Herakles den Auftrag durch das Orakel bestätigt erhält, so Jesus durch den Mund des Propheten. Wie Herakles Vater und Mutter verläßt, so Jesus. Wie bei Herakles der Lebensweg ein Weg des Leidens ist, so auch bei Jesus. Wie Herakles auf dem Wasser wandelt, zum Himmel auffährt, wie er Heiland genannt wird und als Wohltäter der Menschheit gilt, so auch Jesus. Wie es Herakles' größte Tat war, den Tod zu überwinden, so war es auch die größte Tat Jesu.

Das philosophische Heraklesbild wurde noch im 5. vorchristlichen Jahrhundert geschaffen und durch Kyniker und Stoiker weiter idealisierend ausgestaltet. Schon um 500 v. Chr. weiß man, daß Herakles, der Gottessohn, als Mittler für die Menschen bittet[14]. Zur Zeit Jesu aber gibt es eine Heraklesreligion. Herakles liefert jetzt unter den sittlich hochstehenden Persönlichkeiten das erhabenste Vorbild[15]. Er ist zum Ideal des Weisen und Weltheiland geworden.

Besonders in den beiden Heraklesdramen des Seneca, dem Hercules Furens und dem Hercules Oetaeus, die das tradierte Heraklesbild wiedergeben, wird Herakles als der große Wohltäter, der Friedensbringer für die ganze Menschheit, vor allem aber als Weltheiland und wirklicher Gottessohn, als »Retter der Welt« gezeigt. Selbst den Unterirdischen bringt er Erlösung und besiegt die Dämonen. »Der schreckliche Tod ist gebrochen, des Todes Reich hast du besiegt«. Für seine Tat vom göttlichen Vater erhöht, befiehlt er diesem scheidend seinen Geist: »Nimm meinen Geist, ich

83

bitte dich, zu den Sternen auf... Siehe, mein Vater ruft mich und öffnet den Himmel. Ich komme, Vater, ich komme.« Im Lukasevangelium heißt es später: »Da rief Jesus mit lauter Stimme die Worte aus: ›Vater, in deine Hände befehle ich meinen Geist‹«[16].

Besonders frappierend sind die Übereinstimmungen zwischen der Heraklesreligion und dem Johannesevangelium, das als jüngstes kanonisches Evangelium am meisten heidnisches Gedankengut enthält, was sich auch im Zusammenhang mit Dionysos gleich zeigen wird.

In den drei älteren Evangelien fehlt der Lieblingsjünger unterm Kreuz; ebenso die Mutter Jesu. Schauen doch hier die Frauen »von ferne« zu. Im Lukasevangelium liest man sogar: »Alle (!) seine Bekannten aber standen von ferne«[17]. Im Widerspruch hierzu stehen im Johannesevangelium Jesu Mutter und der Lieblingsjünger beim Kreuz, wie bereits bei Herakles' Tod dessen Mutter und Lieblingsjünger Hyllos anwesend waren! Nicht genug. Die Stimme des erhöhten Herakles ruft: »...klage nicht, Mutter... ich gehe nunmehr in den Himmel ein«. Der auferstandene johanneische Christus spricht: »Frau, warum weinst du?... Ich fahre auf zu meinem Vater«[18]. Auch starb dieser johanneische Christus mit den gleichen Worten wie vor ihm Herakles: »Es ist vollbracht«[19]. Ebenso trug Herakles den Namen ›Logos‹ schon vor dem Heros des Vierten Evangeliums. Und hieß es in der Heraklesreligion: »Denn nicht um zu schaden oder zu strafen, sondern um zu retten ist der Logos da«, so entspricht dies dem Wort des Johannesevangeliums: ›Denn nicht hat Gott seinen Sohn in die Welt gesandt, um die Welt zu richten, sondern damit die Welt durch ihn gerettet werde«[20].

Schon hundertfünfunddreißig Jahre vor dem durch Pfister erbrachten wissenschaftlichen Nachweis der Abhängigkeit des evangelischen Jesusbildes von einer kynisch-stoischen Heraklesbiographie nannte Hölderlin in einer jener genialen Hymnen, die lange als Dokumentationen eines umnachteten Geistes galten, Christus »Herakles' Bruder«[21]. Wie Hölderlin auch den Zusammenhang von Dionysos- und Christusmythos bereits visionär erfaßt hat[22], übrigens ebenfalls Schelling und später auch Nietzsche[23].

3. Dionysos und Christus

Dionysos ist – man erinnere sich der Herkunft des biblischen Christus – der Sohn des Zeus und einer sterblichen Frau. Seine Mutter Semele war während ihrer Schwangerschaft ähnlich enthusiasmiert wie Maria im Lukasevangelium, und wie die Begeisterung der Semele sich auf andere übertrug, so auch die der Maria[24]. Dionysos war ein Freudenbringer, aber

84

auch ein leidender, sterbender und wieder von den Toten auferstehender Gott. In Delphi wurde sogar sein Grab gezeigt[25].

Die Religion des Dionysos hat wohl als erste in der Mittelmeerwelt Mission getrieben und in Griechenland schon vom 8. vorchristlichen Jahrhundert an Geltung erlangt[26]. In allen bedeutenden griechischen Städten standen ihre Heiligtümer. Auch in Rom zählte man bereits 186 v. Chr. siebentausend Anhänger des Dionysos[27]. Er wurde zum Lieblingsgott der antiken Welt. Von Asien bis Spanien hat man ihm in prunktvollen Festen und Prozessionen gehuldigt und den Gott in einem Getreidesieb herumgetragen. Freilich lagen auch schon andere Götter Jahrhunderte vor Christus in einem solch heiligen Korb (liknon), Zeus etwa und Hermes[28], die in der Krippe in Windeln liegend geschildert und dargestellt worden sind. Doch die Begeisterung für Dionysos war besonders gewaltig und erfaßte, im Unterschied zu anderen Mysterien, alle Kreise. Noch zu Beginn des 5. Jahrhunderts schrieb Nonnos von Panopolis eine ekstatische Dichtung in achtundvierzig Büchern zu Ehren dieses Gottes, das umfangreichste Epos der Antike. Und bald wurde der Name Dionysos so gewöhnlich, daß ihn, wie Wilamowitz sagt, Bischöfe ohne Anstand tragen[29].

Auch der Verfasser des Vierten Evangeliums ist von Dionysos beeindruckt worden.

Wie der johanneische Christus war schon Jahrhunderte früher Dionysos Arzt, Gottessohn in Menschengestalt, sterbender und auferstehender Gott, Gott des »Geistes«, der Weissagung[30]. Wie das Johannesevangelium kennt schon der Dionysoskult das »Reinigen«, das Verwandeln der Trauer in Freude[31].

Wie Christus im Johannesevangelium, so war bereits Dionysos eng mit dem Wein verbunden. Der Atolier Oineus soll von ihm die erste Weinrebe erhalten haben und zum Begründer des ätolischen Weinbaues geworden sein[32]. Einen der bekanntesten Titel des Dionysos, »der Weinstock«, überträgt das Johannesevangelium auf Christus, der hier »der wahre Weinstock« wird – in einer anderen christlichen Schrift des frühen 2. Jahrhunderts »der heilige Weinstock Davids«[33]. Auf einem verbreiteten antiken Terrakotta-Flachbild wächst das Dionysoskind geradezu aus einem Weinstock heraus[34]. Und noch im Mittelalter bildete man, wie eine eindrucksvolle Darstellung an der Kirchentür des Schlosses von Valere, Sitten (Schweiz), zeigt, Christus am Weinstock hängend ab[35].

Auch sonst sind die Einflüsse der Dionysoskunst groß. Nicht nur wird der Weinstock mit beiden Gottheiten in gleicher Weise verbunden, nicht nur liegt das Dionysoskind im heiligen Korb, wie das Christkind in der Krippe, sondern wie es einen bärtigen und bartlosen Dionysostyp gibt, so gibt es auch einen bärtigen und bartlosen Christus[36].

Auch das Wunder auf der Hochzeit in Kana, die Verwandlung von

Wasser in Wein, wurde, wie bereits Euripides (ca. 480–406 v. Chr.) bei der Darstellung der Dionysosmysterien in seinen Bakchen bezeugt, schon von Dionysos vollbracht und dann auf Jesus übertragen[37]. Das Dorf Kana, laut Johannesevangelium einer der Mittelpunkte des öffentlichen Auftretens Jesu in Galiläa, wird seltsamerweise in allen drei älteren Evangelien nicht einmal genannt.

Die Christenheit aber hat das Wunder von Kana oft wiederholt, vielfach sogar in größerem Maßstab. Begann doch schon im 2. und mehr noch im 3. Jahrhundert der bewußte Wunderschwindel, der Priesterbetrug, und zwar sowohl in einigen gnostischen Kreisen wie in der katholischen Kirche[38]. Noch Bischof Epiphanius von Salamis auf Cypern († 403) schreibt: »An vielen Orten geschieht dasselbe bis auf den heutigen Tag wegen des damals (in Kana) geschehenen Gotteszeichens, zum Zeugnis für die Ungläubigen; das bekunden an vielen Stellen Quellen und Flüsse, die sich (am Jahrestag der Hochzeit zu Kana) in Wein verwandeln«[39]. Als dieser Jahrestag galt in der altchristlichen Liturgie der 6. Januar. In der Nacht vom 5. auf 6. Januar aber hatte ein vielgefeiertes Dionysosfest begonnen[40]! Epiphanius bietet sogar zwei Beispiele und weist dabei auch auf eine Quelle im Martyrion der Hauptkirche von Gerasa hin. Nun aber fand man bei Ausgrabungen in Gerasa unter dem Martyrion einen Dionysostempel. Ganz offensichtlich setzten die christlichen Priester den frommen Betrug der dionysischen fort[41]. Ein Katholik kommentiert: »Genau zu derselben Zeit erinnert die christliche Kirche an das Wunder zu Kana (am zweiten Sonntag nach Epiphanias), vermutlich wieder in der Absicht, die wir schon anläßlich der Weihnachtsliturgie beobachtet haben, eine heidnische Tradition zu ›taufen‹«[42]. Das grenzt an Zynismus, ein Verdacht, der sich bei der Lektüre dieses Autors auch sonst erhebt.

Das Johannesevangelium bezieht ferner die Wendung für das Abendmahl: »Wer nicht mein Fleisch mit den Zähnen zerbeißt und mein Blut austrinkt«[43] aus dem Dionysoskult. Sie findet sich weder bei Paulus noch Jesus. Wohl aber tritt in der Dionysosreligion der Gott in den Leib seiner Verehrer ein[44]. Im Dionysosmythos zerfleischen die Titanen das göttliche Kind und verspeisen seine Glieder. Und im Taumel des Dionysoskultes zerrissen und aßen die Mänaden rohes Fleisch (Omophagia), um in einer sakramentalen Vereinigung mit dem Gott die Unsterblichkeit zu erlangen[45]. Das Sakrament hatte zwar durchaus eine Bedeutung für das Leben vor dem Tod, seine eigentliche Wirkung, die volle Vergottung, sollte es jedoch erst nach dem Tode offenbaren. Dieselben Vorstellungen traten bei der christlichen Kommunion wieder auf.

Noch ein letzter bemerkenswerter Berührungspunkt. Wie Prometheus am Kaukasus, Lykourgos, Marsyas, gehört auch Dionysos zu den gekreuzigten Göttern. Die Dionysosgemeinden haben, wie feststeht, schon *vor*

86

der christlichen Zeitrechnung, ihren Gott *über einem Altartisch mit Weingefäßen am Kreuz* verehrt. Nach dem Theologen Hermann Raschke ist die Kreuzigung Jesu sogar nur eine Entwicklungsform der Kreuzigung des Dionysos. Mag dies auch eine anfechtbare Vermutung sein, darf man doch mit Raschke resümieren: »Dionysos, der auf dem Esel reitet« – der Esel ist bei Dionysos das Tier des Friedens –, »Dionysos zu Schiff und als der Herr des Meeres, Dionysos und die trockenen Feigen, Dionysos und der Weinstock, die Verspottung und das Leiden des Dionysos, Dionysos, dessen Fleisch gegessen und dessen Blut getrunken wird, ja der bakchische Orpheus am Kreuze – es bedarf nur dieser flüchtigen Hinweise, um zu erkennen, daß der evangelische Mythenbestand von Dionysosmotiven durchsetzt ist«[46].

Kein Zweifel, das Schicksal des biblischen Christus wurde, neben einer umfassenden Ausspinnung und Verwertung alttestamentlicher »Weissagungen« (S. 130 ff.), vor allem nach dem Vorbild der leidenden, sterbenden und auferstehenden hellenistischen Erlösergötter Asklepios, Herakles und Dionysos geschaffen. Ohne diese und ähnliche Gestalten wäre niemals aus dem jüdischen Wanderpropheten der christliche Sohn Gottes geworden, der, wie jene, vom Himmel kommt, heilt, hilft, leidet, stirbt und am dritten Tag wieder aufersteht.

Dagegen läßt sich eine Abhängigkeit von Mithras, dem letzten Gott, dem wir uns vergleichsweise zuwenden, nicht ebenso sicher erweisen. Die unerhörte Ähnlichkeit der beiden Religionen in Mythos, Kult und Liturgie scheint mehr aus einer verwandten Geistesverfassung, ihrem gemeinsamen orientalischen Ursprung zu resultieren. War doch auch der Mithraskult eine synkretistische Religion, zwar iranischen Ursprungs, aber bereits durch allerlei Verwandlungen und Entwicklungen hindurchgegangen, mit fremden, besonders babylonischen und kleinasiatischen Lehren, Mythen und Riten durchsetzt. Zufall können die zahlreichen Parallelen jedenfalls nicht sein. Hängt jedoch eine Religion von der andern ab, womit man hier manchmal rechnen muß, dann ist es die christliche, weil der Kult des Mithras älter ist, ja, weit in vorchristliche Zeit zurückreicht und auch schon auf das Spätjudentum gewirkt hat[47].

87

11. KAPITEL

Der Mithraskult und das Christentum

Die Sonnenanbetung

> »Was am Sonnenmythos schön und erhaben war, hat das Christentum übernommen; Helios wurde Christus«.
> Der Theologe Carl Schneider[1].

Der Heliolatrie, der Verehrung der Sonne, auf die der Mithraskult zurückgeht, kommt in der Religionsgeschichte eine immense Bedeutung zu. Bereits die alten Perser beteten zu dem Gestirn. Und aus späterer Zeit, doch noch im Avesta, dem aus dem 6. oder 5. vorchristlichen Jahrhundert stammenden Heiligen Buch der Parsen, wird folgendes Gebet Zarathustras an die Sonne überliefert:

> »Die mächtige, die königliche verheißungtragende Sonnenäther-
> Aura,
> die gottgeschaffene verehren wir im Gebet,
> die übergehen wird auf den sieghaftesten der Heilande und die
> anderen,
> seine Apostel, die die Welt vorwärtsbringt,
> die sie überwinden läßt Alter und Tod, Verwesung und Fäulnis,
> die ihr verhilft zu ewigem Leben, zu ewigem Gedeihen, zu
> freiem Willen.
> Wenn die Toten wieder auferstehen,
> wenn der lebende Überwinder des Todes kommt
> und durch den Willen die Welt vorwärts gebracht wird«[2].

88

In Ägypten versuchte schon der Gemahl der schönen und gescheiten Nofretete, König Amenophis IV. (1375–1358), ein großer religiöser Reformator, die Verehrung der Sonne als des einzigen Gottes durchzusetzen. ›Du bist die Lebenszeit selbst«, betete der König zum Sonnengott[3]. Auch Moses hatte enge Beziehungen zur ägyptischen Sonnenreligion. Sein Eingottglaube war, wie Sigmund Freud in seinem Buch »Der Mann Moses und die monotheistische Religion« zeigt, identisch mit der Sonnenreligion Amenophis IV.[4]. Dem Sonnengott Babylons spricht eine vorbibliche Keilschrift-Hymne alle Eigenschaften zu, die dann in der Bibel Gegenstand der Lobpreisung Gottes bilden[5]. Offensichtlich denkt auch der Prophet Jesaja nicht an Jahve sondern an den Sonnengott, wenn er schreibt: »Denn siehe, Finsternis bedecket die Erde, und Dunkel die Völker; aber über dir geht der Herr auf, und seine Herrlichkeit erscheint in dir. Es wandeln die Völker in deinem Licht und die Könige im Glanz, der dir aufgegangen«[6].

Eine Reihe von Göttern, wie Jupiter, Apollo und Baal, trug Züge des Sonnengottes. Im römischen Reich wurde er zuerst durch Kaiser Heliogabalus (218–222), vor seiner Thronbesteigung selbst Priester dieser Gottheit, und später besonders durch Kaiser Aurelian (270–275), dessen Mutter Sonnenpriesterin war, als Hauptgott, als Summus Deus propagiert[7].

Aber auch viele Christen verehrten die Sonne. Im Jahre 354 oder 355 gestand Bischof Pegasios dem Prinzen Julian, daß er heimlich zu Helios bete. Noch im 5. Jahrhundert gab es gläubige Christen, die sich vor dem aufgehenden Gestirn verneigten und dabei sprachen: »Erbarme dich unser«[8]! Papst Leo I. mußte vor offenem Sonnenkult in der römischen Gemeinde geradezu warnen[9]. Und bald wurde Christus als der »alles Sehende«, der »Unbesiegte« und die »Sonne der Gerechtigkeit« verkündet, lauter Titel des Sonnengottes, wurde er der »wahre Helios«[10].

Noch im 17. Jahrhundert schreibt Kirchenlieddichter Paul Gerhardt: »Die Sonne, die mir lachet, ist mein Herr Jesu Christ, das, was euch singen machet, ist, was am Himmel ist«. Noch heute steht das Abbild der Sonne, das ewige Licht, in jüdischen, christlichen und islamischen Gotteshäusern, nachdem freilich lange zuvor das »Ewige Licht«, eine nie verlöschende Lampe, bei den Ägyptern und in den persischen Tempeln in Gebrauch gewesen und dann auch von den heidnischen Griechen und Römern übernommen worden war[11]. Noch heute wirkt im Christentum die Sonnenverehrung fort in den nach Osten gebauten Kirchen und Altären oder in der sehr häufigen Sonnenform der Geräte, die zur Aufbewahrung der Hostien dienen[12]. Sogar die Messe hat einen Nachklang der älteren Auffassung erhalten. Lautet doch die Antiphone vom 21. Dezember, dem Tag der Wintersonnenwende:

89

»O aufgehende Sonne,
Glanz des ewigen Lichtes
und Sonne der Gerechtigkeit,
komme und erleuchte die,
die im Dunkel sitzen
und im Schatten des Todes«[13].

Mithras

Mithras, der Gott des himmlischen Lichtes, ist eine Personifikation der Sonne. Seine aus Persien und Indien stammende Lehre war schon im 3. vorchristlichen Jahrhundert bis nach Ägypten gekommen. Etwa gleichzeitig mit der christlichen gelangte sie ins römische Reich und verbreitete sich, genau wie diese, mit kaum vorstellbarer Rapidität vor allem durch Soldaten, Händler und Sklaven bis nach Nordafrika, Spanien, Gallien, Germanien und Britannien. Der abendländische Ausgangspunkt der Mithrasreligion ist Zilizien gewesen, die Heimatprovinz des Paulus, wo der Mithrasglaube schon fast hundert Jahre vor Paulus eingedrungen war. Die Forschung stellte eine Reihe von Entsprechungen zwischen seiner Predigt und dem Mithraskult fest[14].

Mithras stieg vom Himmel herab, bei seiner Geburt sollen ihn Hirten angebetet und ihm die Erstlinge ihrer Herden und Früchte gebracht haben. Später fuhr er wieder zum Himmel auf, wurde durch den Sonnengott inthronisiert, das heißt Teilnehmer an seiner Allmacht, und schließlich Glied einer Trinität[15]. Man glaubte, daß er einst wiederkehren würde, um die Toten zu erwecken und zu richten[16].

Mithras war Mittler zwischen Himmel und Erde, Gott und dem Menschengeschlecht, Gottmensch, Weltheiland und Erlöser[17]. Er war der »Felsgeborene«, wie – eine Parallele, die schon die ältesten kirchlichen Apologeten beschäftigte[18] – auch Christus als »Fels« bezeichnet wird[19], und ebenso Petrus, bei dem sogar der Hahn und die Schlüssel erscheinen, beides Symbole des Sonnengottes.

Der heilige Tag des Sonnengottes war der dies solis, der Sonntag. Er wurde im Mithraskult als erster Tag der Woche besonders gefeiert, dann als »Tag des Herrn« auch von den Christen, für die ursprünglich alle Tage in gleicher Weise dem Herrn gehörten. Noch Mitte des 3. Jahrhunderts betonte Origenes, daß für den vollkommenen Christen alle Tage Herrentage seien[20]. Und bis ins 4. Jahrhundert gab es im Christentum, auch in strengsten Klöstern, am Sonntag keine Arbeitsruhe. Im Jahre 321 führte Kaiser Konstantin den Sonntag gesetzlich ein.

90

Die Entstehung des Weihnachtsfestes

Der Geburtstag des Mithras, der dies natalis solis, war der 25. Dezember, heute bekanntlich der Geburtstag Christi. Die Urchristenheit allerdings feierte nur ein Fest, das Passah, und bis ins 4. Jahrhundert blieben Ostern und Pfingsten die einzigen allgemeinen Feste der Kirche. Anscheinend erinnerte man sich damals noch, daß Jesus nicht gepredigt hatte: Setzt Feiertage ein!

Der Geburtstag Christi wurde lange nicht begangen und dann höchst verschieden bestimmt. Steht doch nicht einmal das *Jahr* der Geburt fest, die Historizität des Herrn vorausgesetzt. Als sein Geburtstag galt um 200, nach Clemens von Alexandrien, den einen der 19. April, den anderen der 20. Mai, während Clemens selbst den 17. November für das richtige Datum hielt[21].

Das Weihnachtsfest ist im 2. Jahrhundert in Ägypten aufgekommen und dort am 6. Januar (11. Tybi) gefeiert worden, dem Geburtstag des Gottes Aiôn oder Osiris[22]. Erst im Jahre 353 hat die Kirche den Geburtstag Christi auf den 25. Dezember, den Geburtstag des Mithras, des unbesiegbaren Sonnengottes verlegt, um diesen aus dem Volksbewußtsein zu verdrängen. Die Adventzeit als Vorfeier des Weihnachtsfestes kam sogar erst im 6. Jahrhundert auf.

Das neue kirchliche Fest wurde um so rascher beliebt, als es nur die Umgestaltung des heidnischen Sonnwendfestes war, der Aionfeier – eine mythische Darstellung der Geburt der neuen Sonne[23]. Vom 24. auf 25. Dezember versammelten sich dabei die Mysten in einem unterirdischen Adyton, um gegen Mitternacht die Einweihungsriten zu vollziehen. In der Morgendämmerung verließen dann die Gläubigen in einer Prozession den Kultort, wobei sie die Statuette eines Kindes als Symbol des eben von der Jungfrau, der Dea Caelestis, geborenen Sonnengottes mit sich führten. Sobald die Sonne aufging, stimmten sie die liturgische Formel an: »Die Jungfrau hat geboren, zu nimmt das Licht.« Aber auch folgende Wendung ist überliefert: »Der große König, der Wohltäter Osiris ist geboren«. Bei der Geburt des Gottes soll sogar eine Stimme aus der Höhe erschollen sein: »Der Herr des Alls tritt ans Licht hervor«[24]. Bei Lukas spricht der Engel: »Heute wurde euch der Heiland geboren«[25].

Die christliche Weihnachtserzählung ist uns allen so vertraut, daß viele glauben, sie stünde in allen Evangelien. Sie steht aber nur bei Lukas. Und Lukas hat sie aus alttestamentarischem und mehr noch aus paganem Gut herausgesponnen. Wie stark gerade der heidnische Einfluß in der lukanischen Legende ist, wurde erst unlängst von der theologischen Forschung wieder gezeigt: »1. Die leicht sentimentale Schilderung der reisenden Mutter, die keinen Platz findet, ihr Kind zu gebären. Hier denkt jeder griechische Leser an die Mutter Apolls, die auch keine Stätte fand, und die die Dichter ähnlich schildern. 2. Wie das Zeuskind bei Kallimachos in Windeln gewickelt wird und das Dionysoskind in einer Getreideschwinge liegt, so liegt bei Lukas das in Windeln gewickelte Jesuskind in einer Krippe. 3. Die bukolische Hirtenerzählung wird ganz ähnlich bei der Geburt des Kyros und des Romulus überliefert, wohl auch in Mithraskindheitsgeschichten. Mit alttestamentlichen Hirtengeschichten hat sie nichts zu tun, da diesen das Wesentliche, die Begrüßung des göttlichen Kindes, fehlt. 4. Die Lichterscheinung in der Nacht gehört in die Stimmung der Mysterien. ›Mitten in der Nacht sah ich die Sonne strahlend im leuchtenden Licht‹, heißt es von der Isisweihe. 5. Aus den Mysterienfeiern stammt der Ruf: ›Euch ist heute der Heiland geboren.‹ In Eleusis lautet der Jubelruf der Hierophanten: ›Einen heiligen Knaben gebar die Herrin‹, bei der hiervon abhängigen alexandrinischen Aionfeier: ›In dieser Stunde, *heute,* gebar die *Jungfrau* den Aion‹, und: ›Die Jungfrau hat geboren, das Licht geht auf.‹ Bei Osiris heißt der Ruf: ›Der Herr aller Dinge geht ans Licht hervor... ein großer König und Wohltäter, Osiris, ist geboren‹, und im Herrscherkult: ›Ein König ist euch geboren... und er nannte ihn Charilaos, weil alle sehr froh wurden.‹ 6. Aus der Herrscherfrömmigkeit stammen die Ausdrücke: ›große Freude verkündigen‹, ›Heiland‹, ›allem Volke‹. 7. Die Verkündigung der großen Freude bei der Heilandsgeburt ist ein religionsgeschichtliches Motiv, von dem wir nur nicht wissen, ob es im Lachen der Himmel und Welten bei der Buddhageburt oder im kosmischen Zarathustrajubel oder ob nicht beides erst im Hellenismus seine Wurzel hat. Vielleicht darf man bei Lukas die gleiche hellenistische Quelle voraussetzen wie in der 4. Ekloge Vergils. 8. Die himmlischen Heere entstammen bei Lukas alttestamentlichen Vorstellungen, erinnern aber auch an die als Soldaten gekleideten Kureten und Korybanten um die Wiege des Zeus oder an die den jungen Dionysos umgebenden Heerscharen«[26].

Solche Aion- und Geburtsvorstellungen, wie sie in den Evangelien wiederkehren, waren der vorchristlichen Welt also wohlvertraut. Das bezeugen auch die vielbesprochenen »Religionsgespräche am Hofe der Sassaniden«: »Herrin, sprach eine Stimme, der große Helios hat mich abgesandt zu dir als Verkünder der Zeugung, die er an dir vollzieht... Mutter wirst du... eines Kindleins, dessen Name ist ›Anfang und Ende‹«[27]. Auch die berühmte, 40 v. Chr. entstandene vierte Ekloge Vergils verheißt die Geburt eines Knaben, der vom Himmel auf die Erde gesandt werden und ihr den ersehnten Frieden bringen soll.« »Gekommen ist die Endzeit«, liest man in dem Gedicht. »Schon hat Apollo seine Königsherrschaft angetreten... Ein Sohn des höchsten Gottes wird geboren«[28] Entsprechend schreibt Paulus: »Als aber die Erfüllung der Zeit gekommen war, sandte

92

Gott seinen Sohn«[29]. Oder das Markusevangelium: »Erfüllt ist die Zeit und das Königreich Gottes nahe herbeigekommen«[30].

Der Kult und seine Geschichte

Die Mithrasreligion war eine streng hierarchisch gegliederte Gemeinschaft, deren Verzweigungen sich über das ganze römische Reich erstreckten[31]. Ihr Oberhaupt trug den Namen pater patrum, Vater der Väter, wie der Oberpriester des Attiskultes und der Papst in Rom[32]. Die Priester führten häufig den Titel »Vater«, und die Gläubigen nannten sich »Brüder«, eine Bezeichnung, die auch in anderen Kulten üblich war, zum Beispiel in dem des Jupiter Dolichenus, wo die Mitglieder »fratres carissimi« hießen, lange bevor die Christen denselben Terminus gebrauchten[33].

Der Mithraskult kannte sieben Sakramente. Ebensoviele spendet heute noch die katholische Kirche, in der die Zahl ihrer heiligsten Güter allerdings lange geschwankt hat. Zuerst im 12. Jahrhundert bei Petrus Lombardus bezeugt wurde die Siebenzahl der katholischen Sakramente 1439 auf dem Konzil von Ferrara-Florenz zum Dogma erhoben[34].

Der Mithraskult besaß Taufe, Firmung und eine Kommunion, die aus Brot und Wasser oder einem Gemisch von Wasser und Wein bestand. Man beging sie, wie im Christentum, zum Gedächtnis an eine letzte Mahlzeit des Meisters mit den Seinen[35]. Die Hostien waren mit einem Kreuzzeichen versehen[36].

Den Priestern oblag offenbar vor allem das Spenden der Sakramente und die Zelebrierung des Gottesdienstes[37]. Die Messe wurde täglich gefeiert, die wichtigste jedoch am Sonntag[38]. Der Zelebrant sprach dabei über Brot und Wasser die heiligen Formeln, bei einem besonders feierlichen Moment klingelte man mit einem Glöckchen, und sonst erklangen lange, von Musik begleitete Gesänge[39]. Auf den Altären der Mithrastempel brannte eine Art Ewiges Licht[40]. Die Einweihungen fanden im Frühjahr statt, wie viele Taufen in der antiken Kirche, und in besonderen Kultfeiern wusch man mit Blut die Sünden ab[41]. Die Kirchenväter sahen in solchen Gleichheiten nur Erfindungen des Teufels[42].

Die Mithriasten beriefen sich auf eine Offenbarung, setzten eine Sintflut an den Anfang der Geschichte, ein Jüngstes Gericht an deren Ende, und sie glaubten nicht nur an eine Unsterblichkeit der Seele, sondern auch an die Auferstehung des Fleisches[43].

Die sittlichen Forderungen des Mithraskultes, dessen Gott selbst »der gerechte Gott« und »der heilige Gott« hieß, standen hinter denen des Christentums nicht zurück. Wie die Christen vollkommen sein sollten nach dem Vorbild ihres himmlischen Vaters, so sollte der Gläubige des wahren, gerechten und heiligen Mithras ein aktives sittliches Leben führen. Seine Religion, die in bestimmte »Gebote« gefaßt war, vertrat ein strenges Reinheitsideal. Keuschheit und Selbstbeherrschung galten als hohe Tugenden, die Askese spielte eine Rolle[44].

Auch die Entwicklungsgeschichte beider Religionen zeigt Parallelen. Wie das Christentum übte der Mithriacismus eine gewaltige Anziehungskraft zuerst mehr auf die unteren Klassen der Gesellschaft aus, wurde er zunächst von den gebildeten Griechen und Römern verachtet, bis sich ihm, analog der christlichen Geschichte, auch bald einflußreiche Kreise zuwandten. Wie im Christentum gewann der neue Kult viele Herren durch ihre Diener, und wie in der frühchristlichen Kirche waren es auch in der mithrischen Religion zuweilen Sklaven, die den höchsten Grad bekleideten. »In diesen Bruderschaften«, schreibt Cumont in seiner klassischen Monographie des Mithraskultes, »wurden die Letzten oft die Ersten und die Ersten die Letzten, wenigstens dem Anschein nach«[45].

Um die Wende des 4. Jahrhundert war der Mithriacismus hoffähiger als das Christentum. Diokletian, Galerius und Licinius weihten dem Mithras als dem Schützer ihres Reiches in Carnuntum an der Donau einen Tempel. Maximian errichtete ihm ein Mithräum in Aquileia. Bis nach Spanien und an den Rhein gewann er Anhänger. In London und Paris erbaute man ihm Heiligtümer. Sogar in Schottland hinterließ der Mithrasglaube Spuren. Das Christentum, dem er besonders verhaßt gewesen, dessen stärkster Gegner, aber auch stärkster Wegbereiter er war[46], schien er nun an Einfluß und Anhängerzahl fast überflügelt zu haben.

Dann jedoch erlag der Mithriacismus, wie alle anderen Kulte, dem Verbot der katholischen Kaiser. Von der Kirche aufgestachelt[47], haben die Christen noch im 4. Jahrhundert seine Anhänger überall verfolgt, die Mithräen geplündert, die Priester getötet und in den geschleiften Tempeln begraben[48]. In den Ruinen des Mithräums von Saalburg fand man das Skelett des heidnischen Priesters in Fesseln. Man hatte den Leichnam im Heiligtum verscharrt, um dieses für immer zu entehren[49]. Nach manchen Forschern gelang die Niederkämpfung dieses Glaubens sogar nur, weil die Christen ihre Kirchen einfach über seinen Kultstätten erbauten. Wurde doch dadurch nach antikem Denken der frühere Gott gelähmt oder gar vernichtet. Eine ganze Mithraskrypta liegt beispielsweise unter der Kirche San Clemente in Rom. Der christliche Altar steht fast genau über dem heidnischen. Die meisten Mythräen, nicht weniger als vierzig (darunter etwa ein Dutzend dicht um Frankfurt), wurden jedoch in Deutschland entdeckt, wo der Mithraskult, neben den Donauprovinzen, seine festesten Stützpunkte hatte[50].

Nur in den Alpen und Vogesen konnte sich der Mithrasglaube bis ins 5.

94

Jahrhundert erhalten. Dann war er auch dort beseitigt und blieb bis ins 19. Jahrhundert fast völlig vergessen.

Eine der schönsten Mithrasdarstellungen findet sich in San Miniato bei Florenz auf dem Grabmal eines Kirchenfürsten, nämlich des Kardinals Jacopo von Portugal († 1459)[51].

Asklepios, Herakles, Dionysos, Mithras sind mythische Gestalten. Jesus aber, triumphiert die Kirche, sei eine geschichtliche Erscheinung und somit alles wahr, was die Bibel über ihn berichte. Aber können Mythen nicht auch auf historische Persönlichkeiten übergehen? Wurde nicht, schon ein halbes Jahrtausend vor Jesus, auch der historische Buddha vergottet? Und ebenso rasch wie Jesus? Und gibt es nicht weitere *geschichtliche* Erscheinungen, die nach ihrem Tode oder schon zu Lebzeiten göttliche Verehrung genossen haben?

12. KAPITEL

Der Herrscherkult
und sein Einfluß auf das
Neue Testament

Daß Vergottungen von Menschen in der antiken Mittelmeerwelt nicht nur innerhalb des Herrscherkultes üblich waren, sei eingangs wenigstens an zwei, drei Beispielen gezeigt.

Pythagoras und Jesus

> »So ist der Pythagoras der Geschichte und Legende, religionsgeschichtlich betrachtet, der hervorragendste Vorläufer und Nebenläufer der beiden theioi geworden, auf deren Verkündigung und Werk das Christentum beruht, Jesus und Paulus«. Der Theologe Windisch[1].

Noch vor der Geburt des Pythagoras (6. Jahrhundert v. Chr.) wird seinem Vater verheißen, das Kind werde der ganzen Menschheit zum Segen gereichen[2]. Wie Jesus kommt auch Pythagoras in der Fremde, auf einer Reise seiner Eltern, zur Welt[3]. Wie Jesus bei Lukas beginnt bereits Pythagoras seine Lehr- und Wundertätigkeit mit einem Fischwunder, wobei er allerdings, sich damit weit über Jesus erhebend, gebietet, die Fische wieder frei zu lassen, deren Wert er den Fischern ersetzt[4]. Ein Jünger berichtet dies zum Erweis seiner Göttlichkeit, wie der Vierte Evangelist die Wunder Jesu niederschreibt, »damit ihr glaubt, daß Jesus der Gesalbte, der Sohn Gottes ist«[5]. Wie Jesus war Pythagoras oft von großen Volksscharen umgeben, trug er seine Botschaft gern in Gleichnisrede vor, wirkte er durch Lehre und Beispiel, heilte er Kranke an Leib und Seele, stillte er einen Sturm auf dem Meer[6]. Wie Jesus galten schon Pythagoras die Frauen als gleichberechtigt[7]. Wie Jesus wurde Pythagoras verspottet und verfolgt, fuhr er zur Hölle, was man bereits im 3. vorchristlichen Jahrhundert bezeugt[8], stand er wieder von den Toten auf, und wie man Jesu Auferstehung als Betrug bezeichnete, so auch die seine[9].

96

Die Meinungen gingen über beide ähnlich auseinander. Wie man Jesus für Johannes den Täufer, Elias oder sonst einen der alten Propheten und für den Messias hielt[10], so galt Pythagoras als Liebling des Apoll, als dessen Sohn oder als eine Inkarnation dieses Gottes[11]. Für seine Jünger aber besaß er, wie Jesus, unbedingte Autorität. Das Wort »Er selbst hat es gesagt« erledigte für sie alle Zweifel. Sie lebten, wie die Urgemeinde im Neuen Testament, in Gütergemeinschaft, und sie beteiligten sich nicht am Krieg[12]. Ebenso ist für die gesamte Urchristenheit die Kriegsdienstverweigerung selbstverständlich gewesen (S. 573 ff.).

Pythagoras war nicht so sehr Philosoph, obwohl er, nach Cicero, sich als erster so nannte, als vielmehr ein Reformer des ganzen Lebens, Prophet, Sittenlehrer, Wundertäter oder, wie Jakob Burckhardt sagt, eine große religiöse Tatsache[13].

Empedokles aus Agrigent auf Sizilien, vielleicht vorübergehend Hörer des Pythagoras, hat nicht nur göttliche Verehrung genossen, sondern sich selbst als unsterblichen Gott bezeichnet. Pestkranke sollen von ihm geheilt, Tote zum Leben erweckt und Stürme beruhigt worden sein[14]. Er führte geradezu den Beinamen »Windesbezwinger«[15]. Auch für seine Jünger prophezeite er ähnliche Wundertaten und fand, wie Pythagoras, »im Zeitalter des Neuen Testaments seine ›Erfüllung‹«[16].

Im ausgehenden 5. Jahrhundert wurden auch dem Lazedämonier Lysandros Verehrungen wie einem Gott erwiesen, Altäre erbaut und Opfer dargebracht[17], womit bald das hellenistische Gottkönigtum entsteht, das sich im römischen Herrscherkult fortsetzt, der die Ausgestaltung des neutestamentlichen Christusbildes beträchtlich beeinflußt hat.

Die Entwicklung des Herrscherkultes

> *»Ehe das Christentum so von seinem Heiland sprach, ist der Kaiser in Rom in diesen Tönen gefeiert worden und haben sich die Herzen an ihnen erbaut, die von Jesus nichts wußten«. Der Theologe Weinel*[18].

> *»So nahm man dem römischen Staat seine religiöse Weihe und entkleidete den Kaiser seiner göttlichen Würde, um damit den Herrn Jesus Christus allein zu schmücken«. Der Theologe Pfannmüller*[19].

Der »göttliche« Herrscher war der gesamten Antike vertraut, dem Osten und Westen, den Heiden und Juden. Und selbst der katholischen Seite nötigte die Erhellung der Religionsgeschichte das Zugeständnis ab, daß die

Gestalt des Königs eine der Grundformen für die Vorstellung des »Heilbringers« bilde[20].

In Babylonien wurden dem verstorbenen Urnina von Lagasch bereits um 3150 v. Chr. göttliche Ehren zuteil. Im 27. Jahrhundert huldigte man Naramsin von Akkad schon zu Lebzeiten als Gott[21]. Der altbabylonische Herrscher Hammurapi (1955–1912 v. Chr.) nennt sich in seinem berühmten Gesetzbuch den ewig lebenden königlichen Sproß, den Sonnengott von Babel, »der Licht aufgehen ließ über das Land Sumer und Akkad«, und tritt auf als »der Hirte, der Heiland«[22].

In Ägypten galt der König für eine Inkarnation des Sonnengottes Re. »Redet man und der Mund ist in einer Höhle, so kommt es doch in dein Ohr. Tut man etwas, das verborgen ist, so wird dein Auge es doch erblicken«, heißt es von der alles durchdringenden Weisheit des Pharao[23]. In Nubien führte im 14. Jahrhundert Amenophis 111. sogar den Titel »Großer Gott«[24]. Gott, Herr des Alls und Erretter sind Wesens- und Würdebezeichnungen der altorientalischen Herrscher, die alle drei in der Symbolsprache der Bibel ihre Entsprechung haben[25].

Mit Alexander d. Gr. und seinen ersten Diadochen entsteht dann in der Fortsetzung ägyptischer Anschauungen das hellenistische Gottkönigtum.

In der Alexandertheologie wird der historische Alexander, dessen Kultlegende mancherlei Analogien zu den evangelischen Geschichten bietet, »wahrhaftiger Gott in Menschengestalt«, er wird »Sohn Gottes« tituliert und gelegentlich »geradezu mit christologischen Worten gefeiert«[26].

Alexanders Nachfolger erheben die Verehrung des Herrschers zum Staatskult. Bei den Ptolemäern, besonders aber bei dem mächtigen syrischen Herrschergeschlecht der Seleukiden (312–64) kommt immer mehr der orientalische Glaube zur Geltung, daß in dem jeweiligen König die Gottheit Mensch geworden sei, weshalb die Regenten den Beinamen Epiphanes, der »Erscheinende«, erhalten. Im Jahre 167 v. Chr. läßt Antiochus IV. eine Münze prägen, deren Inschrift ihn ausgibt als »Gott in Menschengestalt«.

Folgenreich war nun, daß man den orientalischen Herrscherkult auch auf die römischen Kaiser übertrug und sie zu einem Gegenstand göttlicher Anbetung machte. Denn die Terminologie und Erlebnisweisen des Kaiserkultes transponierten dann die neutestamentlichen Schriftsteller in der Heilandstheologie auf die Gestalt Jesu.

Bereits Pompejus (106–48 v. Chr.) betrachteten die Griechen, wie Cicero bezeugt als »vom Himmel herab gestiegen«[27], was man freilich von vielen antiken Gottessöhnen glaubte[28].

Beim Tode seines Gegenspielers Caesar verhüllte sich die Sonne, eine Finsternis trat ein, die Erde barst, und Gestorbene kehrten zur Oberwelt zurück[29]. Als Caesar zwei Jahre später durch Senatsbeschluß zur Gottheit

98

erhoben wurde, verbreitete sich sein Kult über das ganze Reich. Das athenische Volk hat ihn als »Soter« (Retter, Heiland) gepriesen, und das römische allgemein geglaubt, daß er zum Himmel aufgefahren und ein Gott geworden sei. Die moderne theologische Forschung sieht in der einzigartigen Passionsliturgie, durch die Rom den großen Toten verherrlichte, fünf-
undsiebzig Jahre vor dem Tode Jesu »gewisse Motive vorweggenommen,
die später eine große Geschichte haben in der Karfreitagsliturgie der Römischen Messe«[30].

Augustus – Messias, Heiland, Sohn Gottes

> *»Dies ist der Mann, dies ist er, der längst von den Vätern
> Verheißene, Caesar Augustus, Sohn Gottes und Bringer der
> Goldenen Endzeit«. Vergil*[31].

Noch mehr als Caesar wurde Augustus (27 v. Chr. – 14 n. Chr.) als Gott
gefeiert, obwohl er sich dies nur widerwillig gefallen ließ. Zahlreiche
Wunder werden von ihm berichtet[32], man baute ihm kostbare Tempel,
und bald verdrängte sein Kult die anderen Gottesdienste.

Die bekannte Inschrift von Priene aus dem Jahre 9 v. Chr. behauptet,
die Welt wäre dem Untergang verfallen ohne die Geburt des Augustus.
Allen Menschen habe sie ein gemeinsames Glück gebracht, für alle die
frohen Botschaften, die Evangelien, heraufgeführt, eine neue Zeitrechnung müsse mit ihr beginnen. Der Kaiser erscheint als von Gott gesandter
Heiland, dem kein größerer folgen könne. Die Inschrift von Halikarnass
preist ihn als »Heiland des ganzen Menschengeschlechts, dessen Vorsehung die Gebete aller nicht nur erfüllte, sondern übertraf«[33]. Und in der
Aeneis besingt ihn Vergil als den längst verheißenen »Sohn Gottes und
Bringer der Goldenen Endzeit«[34]. Doch auch Manilius und selbst Ovid in
der Verbannung huldigten Augustus ohne weiteres als Gott[35]. Man hielt
ihn sogar für den Sohn des Apoll[36]. Herodes benannte Städte nach ihm,
schuf einen Augustustempel und eine Augustuskapelle, und sein Kanzler
und Hofchronist Nikolaus Damascenus schrieb eine glorifizierende Kai-
servita, von der jüngst ein Theologe erklärte, sie lese sich streckenweise
wie ein Evangelientext[37].

Der Kaiserkult, in dem man Augustus als Messias und Erlöser des römischen Reiches, als Wohltäter und Erretter der Menschheit, als Licht der
Welt und Sohn Gottes verehrte, war keinesfalls bloß Ausdruck von Untertanentreue oder gar höfischer Schmeichelei. Vielmehr absorbierte er
einen großen Teil der Frömmigkeit jener Zeit. Er entsprach den religiösen
Gefühlen und Sehnsüchten des Volkes, wie schon seine Entwicklungsge-

schichte lehrt. Hatte man doch nicht in Rom, sondern im enthusiasmierten Osten des Imperiums begonnen, dem Kaiser Altäre und Tempel zu erbauen. Erst im Laufe des 1. Jahrhunderts übernahm auch der kühlere Westen den neuen Kult und umgab nicht nur den toten, sondern schon den lebenden Herrscher mit dem Nimbus der Göttlichkeit. Seine Besuche wurden wie das Erscheinen, die »Epiphanie« oder »Parusie« eines Gottes gefeiert, der neue Kult wurde zu einem Glauben, einer Religion. Zwar bestand der Dienst an den alten Staatsgöttern noch lange fort, aber unterhöhlt, im Zerfall begriffen, so daß der neue Gottesdienst allmählich an die Stelle des alten Götterglaubens treten konnte, ohne diesen indes ganz zu verdrängen. Das verbot schon die antike Toleranz. Doch war der Kaiserkult bald die einzige Religion, die alle Völker des Reiches in sich vereinigte[38]. »Wir glauben«, schreibt Seneca vom Kaiser, »daß er Gott sei, nicht daß es uns nur befohlen würde«[39].

Mit dem Caesarenkult verbanden sich also weittragende, vom Christentum aufgegriffene Vorstellungen: nicht nur die Idee vom Ende des alten bösen und Beginn eines neuen glücklichen Äons, wie ihn die vierte Ekloge Vergils verkündet, sondern auch der Begriff des Evangeliums und vor allem der Glaube, daß sich in dem Herrscher die Gottheit inkarniere, der Heiland und Herr.

Die Begriffe »Evangelium«, »Heiland« und »Herr« (kyrios) entstammen heidnischer Religiosität

> »In einer Umgebung, in der das Dominus ac Deus für jeden römischen Kaiser allmählich offizieller Stil zu werden begann, konnte das Christentum seinem Heros diesen höchsten Würdetitel nicht vorenthalten«.
> Der Theologe Bousset[40].

Das Wort Evangelium (euangélion), das in mehreren neutestamentlichen Schriften fehlt, lange aber als besonderes Gut christlicher Sprachschöpfung galt, ist, wie fast alles, was das Christentum nicht vom Judentum hat, heidnischer Herkunft. Es steht bereits bei Homer[41] und bedeutet dort den Lohn für Überbringung guter Nachricht. Doch war das Wort auch mit religiöser Bedeutung schon im antiken Orakelwesen in Gebrauch, und dann vor allem eben im Kaiserkult für die frohe Botschaft von der Thronbesteigung eines neuen Herrschers[42]. Aber sogar in der Lehre des wenigstens sechs Jahrhunderte vor Jesus lebenden Zarathustra sind die Wendungen »Frohe Botschaft«, »Gute Botschaft«, »Heilsbotschaft an alle Völker« wiederholt bezeugt, wie es ja auch sonst bei beiden Propheten fast wörtli-

100

che Übereinstimmungen gibt[43]. Ob übrigens Jesus selbst für seine Predigt den Begriff des »Evangeliums« gebrauchte, ist fraglich. Namhafte Theologen haben es bestritten[44].

Wie das Wort »Evangelium«, ist auch der christologische Ehrenname »Heiland« (sotér) eine heidnische Bezeichnung, die mit dem dazugehörigen Vorstellungskreis, also mit durchaus religiöser Bedeutung, in vorchristlicher Zeit längst bekannt war.

Schon um 2000 v. Chr. pries man den König Amenemhet I. von Theben als Heiland seines Volkes, als Retter aus höchster Not. Und wie im altägyptischen, so ist die Heilandsidee im babylonischen Schrifttum nachweisbar[45]. Eine bedeutende Rolle spielte sie auch in der Lehre Zarathustras, der sich als der berufene Heiland fühlte, als »der wissende Heiler des Lebens«, »der das Leben heilende Freund«, »der Helfer«[46].

Später wurde die Prädikation Heiland zum höfischen Ehrentitel hellenistischer Herrscher und zum Kultnamen der Mysteriengötter. Alexander, die Seleukiden in Syrien und die Ptolemäer in Ägypten trugen die sakrale Titulatur ebenso wie Zeus, Apollon, Asklepios, Hermes, Poseidon, Sarapis und schließlich der biblische Jesus[47].

Das Eindringen des Wortes »Heiland« in die Bibel läßt sich leicht beobachten. In den ältesten neutestamentlichen Schriften, den echten Briefen des Paulus, steht es nur ein einziges Mal, nämlich im Brief an die Philipper[48]. Er stammt aus der letzten Lebenszeit des Apostels und ist in Rom verfaßt. In Rom residierte damals Nero. Er führte den Titel: Caesar, Divus, Soter – der Kaiser, der Herrgott, der Heiland. Paulus, der den Kaiserkult seit fast zwei Jahren in nächster Nähe kennengelernt hat, überträgt diese Namen in offenkundigem Gegensatz zu dem Kaiser-Heiland auf Jesus und bezeichnet ihn als »der Christus, der Herrgott, der Heiland«[49]. Es spricht für sich, daß Paulus den Titel Soter-Heiland, Retter oder Erlöser nur ein einziges Mal, eben hier gebraucht. Allmählich aber dringt das Wort, das Markus und Matthäus noch nicht auf Jesus übertrugen, dann in die *späteren* neutestamentlichen Schriften ein[50]. Und um die Mitte des 2. Jahrhunderts wird Jesus bereits weithin der »Heiland« genannt[51].

Auch der Ausdruck ›Weltheiland«, mit dem der Vierte Evangelist seinen Christus ziert[52], stammt aus dem Kaiserkult. Schon Caesar und Octavian wurden im Orient als Weltheilande gefeiert; dann ebenso Augustus, Claudius, Vespasian, Titus und andere Kaiser[53].

Mit dem Wort ›Heiland‹ gelangten jedoch weitere Würde- und Hoheitsprädikate aus dem Kaiserkult ins Neue Testament, darunter besonders die Bezeichnung »kyrios«, »der Herr«, ein echt orientalischer Titel, der vor allem Gott zukam.

Wie vielfach bezeugt, fand auch der auf Jesus übertragene Kyrios-Titel schon in vorchristlicher Zeit Verwendung. Sowohl mythische wie historische Gestalten führten ihn, Jahve, zahlreiche Heidengötter, und schließlich, doch noch immer vor der biblischen Christusgestalt, die römischen Herrscher, bei denen er nicht nur ihre kaiserliche Macht, sondern auch ihre Gottheit zum Ausdruck brachte[54]. Bereits Claudius und Nero trugen den Titel eines »Herrn«[55]. Unter Domitian (81–96) genoß die Prädikation »Unser Herr und unser Gott« (dominus et deus noster) für den Kaiser beinah offizielle Geltung[56]. Der bald darauf schreibende Vierte Evangelist legt entsprechend dem Thomas das Wort in den Mund: »Mein Herr und mein Gott!«[57]

Der Kyrios-Name ist im ältesten Evangelium ganz selten, steht häufiger besonders im heidenchristlichen Lukasevangelium, und wird in noch jüngeren ›apokryphen‹ Evangelien fast die Regel. Und die Wendung »König der Könige und Herr der Herren«, mit der die Apokalypse Jesus schmückt, war ein altbabylonischer Königstitel. Wie ja auch, das sei nur am Rande erwähnt, die Jesus später in der christlichen Kunst beigegebenen Symbole Thron, Weltkugel und Szepter Symbole des Kaiserkultes sind. Die erhabensten Motive und Titulaturen der antiken Götter, Gottmenschen und Regenten wurden so auf den neutestamentlichen Christus transponiert.

Zur Zeit Jesu war man an die Existenz vergotteter Menschen derart gewöhnt, daß Petronius schreiben konnte: »Unsere Gegend ist so voll von gegenwärtigen Gottheiten, daß man leichter einen Gott als einen Menschen findet«[58]. Nach der Begegnung mit Tiberius, dem Stiefsohn und Nachfolger des Augustus, sagte ein germanischer Häuptling, dem man gestattet hatte, den Kaiser mit der Hand zu berühren: »Ich habe Götter gesehen«[59]. Der schwer erkrankte Vespasian stöhnte in den Tagen des Urchristentums: »Ich fürchte, ich werde ein Gott«[60]. Es war damals längst üblich, die Kaiser gleich nach ihrem Tode unter die Götter zu erheben. Von der Gottheit Domitians zeigte sich selbst ein Elefant so durchdrungen, daß er, ohne dressiert zu sein, vor dem Kaiser das Knie beugte[61].

Im 2. Jahrhundert wächst der Götterhaufen immer mehr. Juvenal klagt darüber[62]. Celsus schreibt: »Viele namenlose Männer geraten in den Tempeln und außerhalb derselben in Bewegung, als ob sie weissagen wollten … Jeder von ihnen ist bereit und gewohnt zu sagen: ›Ich bin Gott‹ oder ›Gottes Sohn‹ oder ›ein göttlicher Geist‹«[63]. Daß es unter ihnen mehr Scharlatane als Weise gab, versteht sich von selbst.

102

13. KAPITEL

Die Essener –
Christentum vor Christus

*»Die große Bedeutung der Handschriften vom Toten Meer
liegt vor allem darin, daß sie uns jenes bislang so rätselhafte
und geheimnisvolle Essenertum entschleiert haben, jenes
Essenertum, das uns ›als ersten Entwurf‹ die christliche
Lehre darbot«. André Dupont-Sommer*[1].

Wie sehr das Christentum mit vorchristlichen Religionsformen verwandt
ist und aus ihnen hervorgeht, beweist mit aller Deutlichkeit auch die jüdische Sekte der Essener.

Schon zu Beginn des 18. Jahrhunderts schlossen die Deisten aus den
Nachrichten über die Essener, die Jesusgemeinde sei nur eine Abzwei-
gung des Essenismus gewesen[2]. Im Jahre 1864 glaubte dann C. D. Ginsburg in Jesus selbst einen Essener zu erkennen, weil er zwar ständig gegen Pharisäer und Sadduzäer polemisierte, nie aber gegen die Essener,
die dritte große Judensekte seiner Zeit[3]. Auch der jüdische Gelehrte
H. Graetz war damals so von der essenischen Herkunft des Christentums
überzeugt, daß er es geradezu als »Essenismus mit fremden Elementen«
definierte[4].

Indes gab es dafür noch keine Beweismöglichkeit. Man kannte die Essener nur durch indirekte Zeugnisse vor allem zweier griechisch schreiben-
der Juden, des Philon von Alexandrien[5] und des Josephus[6], die beide ihre
Zahl auf etwa viertausend schätzen[7], sowie des römischen Schriftstellers
Plinius (d. Älteren)[8]. Dann entdeckte man 1896 in der Geniza der Synagoge von Kairo die 1910 veröffentlichte »Damaskusschrift«, die unmittelbar von den Essenern stammte. Trotzdem erklärte man noch in den
zwanziger und dreißiger Jahren auf kirchlicher Seite, die Lehre Jesu stehe
zum Essenismus »in tiefstem dogmatischen und ethischen Gegensatz«[9].
Oder: »Das Essenertum hat im Christentum keine Spur hinterlassen, weder in seiner Lehre noch in seinen Einrichtungen; es hat weder auf seinen
Gründer und erst recht nicht auf seine Ausbreiter Einfluß aus geübt[10]. Da-

gegen äußerten um dieselbe Zeit so bedeutende Gelehrte wie Bousset-Gressmann erneut: »Diese Sekte scheint der Kanal zu sein, durch welchen dem jungen Christentum in seiner ersten Entwicklung manche fremdartigen Elemente zugeströmt sind«[11]. Doch noch immer fehlte es an sicheren historischen Beweisen. Da entdeckten im Frühjahr 1947 Beduinenjungen aus dem Stamm der Ta'amire auf der Suche nach einer verirrten Ziege in einer 2 Kilometer vom Nordwestufer des Toten Meeres entfernten Höhle hebräische und aramäische Handschriften. Und durch diese in den fünfziger Jahren durch neue Funde noch ergänzten Schätze, die eine Weltsensation wurden, fiel plötzlich auf die Essener, insbesondere auf ihre Beziehungen zur Jesussekte, hellstes Licht.

Die Essener, die sich selbst niemals so nannten, erhielten ihren Namen wahrscheinlich von dem hebräischen chasidim, »die Frommen«, »die Heiligen«. Restlos geklärt ist dies allerdings so wenig wie die Frage, ob die Essener und die Sekte von Qumran, deren Schriften man seit 1947 in bisher elf Höhlen am Toten Meer auffand, identisch sind. Doch neigen die Gelehrten zu dieser Gleichsetzung[12], so daß man sie wohl übernehmen und die beiden Namen als gleichbedeutend gebrauchen darf.

Wie die Pharisäer waren die Essener die geistigen Nachkommen der Chassidim aus der Makkabäerzeit. Bald jedoch hatten sich ihre Wege getrennt. In Erwartung des Weltendes und aus Protest gegen die als entartet empfundene Priesterclique von Jerusalem zogen die Essener im Laufe des 2. vorchristlichen Jahrhunderts als Büßergemeinde in die Höhlen der Wüste Juda[13]. Später wohnten sie über das Land verstreut, vor allem wohl auf Dörfern, doch organisiert und von einer Zentrale geleitet[14].

Ungewiß ist, ob die Essener nur in mönchischen Siedlungen hausten, von denen es eine ganze Anzahl gab[15]. Ihre Insassen lebten jedenfalls als ein streng hierarchisch gegliederter, Askese und Gütergemeinschaft pflegender Orden. Sie widmeten sich besonders der Arbeit und dem Gebet, aber auch dem Studium der hebräischen Bibel, wie die entdeckten Schriftrollen aus Chirbet Qumran bezeugen.

Dieses Kloster, seit dem ausgehenden 2. Jahrhundert von Essenern bewohnt, wurde 31 v. Chr. durch ein Erdbeben zerstört. Etwa dreißig Jahre später bauten es Anhänger derselben Sekte wieder auf, bis es 68 n. Chr. unter Vespasian, dem Befehlshaber der römischen Palästina-Armee, von der 10. Legion geschleift worden ist. Seitdem fehlen alle Spuren von den Mitgliedern der Gemeinschaft. Vermutlich wurden sie niedergemacht oder in Sklaverei verkauft. Ihrer Bibliothek aber, die sie beim Anmarsch der Römer durch das Jordantal in den benachbarten Höhlen noch gerettet hatten, verdanken wir die ausführlichen direkten Nachrichten über sie, auf Grund deren sich die Priorität des Essenismus gegenüber dem Urchristentum in vielen und wichtigen Punkten beweisen läßt.

Damit hängt offensichtlich die Zahl der Schriften zusammen, die seit 1947 über die Essener erschienen sind – eine Bibliographie aus dem Jahre 1957 enthält bereits mehr als eineinhalbtausend Titel[16]. Denn während viele Gelehrte die sensationelle Ähnlichkeit der beiden Bewegungen, die gleichen theologischen Themen und die gleichen religiösen Institutionen, gleichsam ein Christentum vor Christus konstatierten, versuchten andere natürlich noch mehr, die »Originalität« des Christentums und damit seine Position überhaupt (und ihre eigene) zu retten.

Manche Wissenschaftler waren durch den Inhalt der Schriftrollen sogar so peinlich überrascht, daß sie ihre Entstehung in zum Teil abenteuerlichsten Spekulationen nicht in die Seleukiden-, sondern in die Kreuzfahrerzeit, ins Mittelalter datierten oder sie gar als Fälschungen bezeichneten, was die Forschung so gut wie einmütig zurückgewiesen hat[17]. Wie archäologische, paläographische, vor allem aber sprachliche und inhaltliche Untersuchungen ergaben, entstanden die essenischen Qumran-Schriften ca. hundert bis zweihundert Jahre vor Abfassung der Evangelien, also – dies die am häufigsten vertretenen Datierungen – in der Zeit von 165–50 v. Chr.[18].

Zusammenhänge mit Jesus sind unverkennbar. Johannes der Täufer lebte in derselben Wüste wie die Essener, und nicht weit von ihrem Kloster, kurz vor der Mündung des Jordans ins Tote Meer, soll er Jesus getauft haben. Dem Orden aber stand Johannes zumindest sehr nahe oder gehörte ihm an[19]. Die Übereinstimmungen in den Anschauungen der Essener und des Täufers sind so offenkundig und zahlreich, daß man vermutete, er habe versucht, die Sekte in eine missionarische Bewegung zu verwandeln und ihre Ideen auf breiter Basis zu propagieren[20].

Der »Lehrer der Gerechtigkeit« und Jesus

> »Es zeigt sich deutlich, daß das irdische Schicksal und Werk Jesu in mehr als einem Punkt dem des Lehrers der Gerechtigkeit ähnelt, der der große Prophet der essenischen Sekte war; nach etwa einem Jahrhundert begann dieselbe Geschichte von neuem«. André Dupont-Sommer[21].

> »…man möchte fast sagen, daß wir im johanneischen Jesusbild den essenischen Christus besitzen«.
> W. H. Brownlee[22].

Die Ähnlichkeit zwischen dem essenischen »Lehrer der Gerechtigkeit« und Jesus ist so groß, daß J. L. Teicher, ein Gelehrter aus Cambridge, der die Entstehung der Schriften in nachchristliche Zeit verlegt und in den Leuten von Qumran Christen erblickt, Jesus und den »Lehrer der Gerechtigkeit« für identisch hält. In seinem Gegenspieler, dem Mann der Lüge, sieht Teicher Paulus, der den Kult zu den Heiden gebracht habe[23].

Vom »Lehrer der Gerechtigkeit« (more hassädäq) wußten bis zum Jahre 1947 nur ein paar Forscher, und die so wenig, daß sie ihn für eine Erscheinung der Legende oder des Mythos hielten. Heute gehört er zu den meistdiskutierten Gestalten der Religionsgeschichte.

Von seiner Gemeinde wurde dem essenischen Lehrer höchste Verehrung entgegengebracht. Offenbar war er von großer Frömmigkeit und unantastbarem Charakter. Wie der geschichtliche Jesus trat er nicht als Erlöser, sondern als Lehrer auf. Wie Jesus knüpfte er an das mosaische Gesetz an, das er vollendete. Wie Jesus galt er als der »Auserwählte Gottes« (bechir el), als Empfänger einer besonderen Offenbarung, hatte er sein Wissen »aus Gottes Mund«[24]. Es wird sogar überliefert, Gott habe ihm »alle Geheimnisse seiner Diener, der Propheten, kundgetan«[25]. Er galt also unmißverständlich als ihnen überlegen[26]. Wie Jesus war er der Gründer oder doch Mittelpunkt der »Gemeinde des Neuen Bundes« (hab-berit ha-chadascha). Wie Jesus predigte schon er Buße Armut, Demut, Keuschheit und Nächstenliebe. Wie bei jenem betraf bereits seine Botschaft »das letzte Geschlecht«[27]. Wie Jesus stand schon er im scharfen Konflikt mit den offiziellen Kreisen, wurde er von den Priestern in Jerusalem befehdet, durch ihre Machenschaften vor Gericht gestellt und unschuldig verurteilt[28], vielleicht sogar – manches spricht dafür – gekreuzigt[29].

Kaum minder deutlich, doch noch viel zahlreicher sind die

Parallelen zwischen der essenischen und der urchristlichen Gemeinde

Die Gemeinde um den »Lehrer der Gerechtigkeit« empfand sich als eine besonders berufene Gemeinschaft und stand im starken Gegensatz zum Judentum der Zeit[30]. Wie die Christen warfen schon die Essener den übrigen Juden vor, den Bund mit Gott gebrochen zu haben. Wie die Christen beanspruchten schon die Essener, der von Jesaja erwähnte kostbare Eckstein zu sein, die Gemeinschaft des Neuen Bundes[31], der auserwählte Rest Israels, »die Armen«, »die Kinder des Lichtes«, die »Erwählten Gottes«, die »Gemeinde des ›Neuen Testaments‹« , Selbstbezeichnungen, die bei den Christen wörtlich wiederkehren[32].

Wie in der Urgemeinde herrschte bei den Essenern weitgehend Gütergemeinschaft[33]. Sie kannten auch ein Führerkollegium von zwölf Män-

106

nern, dem sich allerdings noch drei Priester beigesellten[34], falls diese nicht, wie einige Forscher annehmen, schon zu den Zwölfen zählten. Und auch bei den Essenern verstand man die erwählten Zwölf als Repräsentanten der zwölf Stämme Israels.

Wie die Christen lehnten die Essener das Tieropfer ab[35]. Sie verehrten einen persönlichen Gott, der fast größer als der des Alten Testaments erscheint[36]. Sein Himmel war für sie mit Engeln bevölkert, und ebenso kannte die Sekte Satan, den sie »Engel der Finsternis« oder mit dem Alten Testament »Belial« nannte[37]. Wie in der Urchristenheit wurden bei den Essenern schwere Sünder ausgeschlossen, manchmal jedoch aus Mitleid wieder aufgenommen[38]. Auch die zahlreichen neutestamentlichen Tugend- und Lasterkataloge, die Aufzählungen von Tugenden und Lastern in längeren Reihen[39], stimmen weithin mit dem Katalog der essenischen Qumransekte überein. Viele Glieder desselben finden sich im Neuen Testament zum größten Teil wörtlich wieder[40]. Freilich gab es derartige Kataloge schon im vorchristlichen Heidentum, an dem sich auch hierin die Bibel orientierte[41].

Die Essener besaßen eine Prädestinationslehre, die dem Menschen vermutlich die Freiheit ließ umzukehren oder weiter zu sündigen[42]. Die Lehre von der Rechtfertigung durch Gnade, die bei Paulus, dessen Briefe auffallende Parallelen zum qumranischen Schrifttum zeigen, eine große Rolle spielt, wurde bereits von den Essenern betont[43].

Die Gemeinde vom Toten Meer hatte Mahlzeiten mit religiösem, höchstwahrscheinlich sogar sakramentalem Charakter, wobei, wie beim biblischen Abendmahl, nur Männer teilnahmen, das Haupt der Gemeinschaft präsidierte und der Segen über Brot und Wein gesprochen wurde[44]. Ebenfalls kannte die Sekte eine sakramentale Taufe zur Vergebung der Sünden[45]. Und wie die ältesten Christen glaubten die Essener auch an die Naherwartung des Gottesreiches und hielten, genau wie jene, die Jetzt-Zeit für die Endzeit[46].

Wie das Christentum hatte schließlich schon die Sekte von Qumran die alttestamentlichen Prophezeiungen auf sich bezogen und die Leiden ihres »Lehrers der Gerechtigkeit« damit erklärt, daß sie in der Bibel vorausgesagt worden waren. Nach essenischem Glauben sollte der »Lehrer der Gerechtigkeit« am Gericht Gottes über die Welt, einem Feuergericht, teilnehrnen[47] und der Glaube ('emuna) an ihn mit der Rettung am jüngsten Tag belohnt werden[48]. Pharisäer und Sadduzäer erscheinen als »Otterngezücht«[49].

Die Ähnlichkeit mit dem Christentum ist also eklatant. Gewiß müssen und werden nicht allen Parallelen direkte Beziehungen zugrunde liegen. Manches entstammt dem gemeinsamen jüdischen Erbe. Doch ist gerade in dieser Hinsicht bedeutsam, daß dieses Erbe gar keine unbedingte Einheit bildete, sondern, namentlich in spätjüdischer Zeit, recht verschiedene Züge zeigte, und Essener und Jesussekte sich eben in vielem gemeinsam von dem allgemeinen jüdischen Hintergrund abheben.

Die Unterschiede, besonders zwischen Jesus und Essenern, dürfen nicht übersehen werden. Vor allem kannten die Essener keine Feindesliebe, sondern Feindeshaß. Im Gegensatz zu Jesus kannten sie genaue hierarchische Gliederungen, wie die Kirche, schätzten sie die Askese, wie die Kirche, und legten sie, wie diese, großen Wert auf rituelle Reinlichkeit und technisch-religiöse Zeremonien. Doch sind diese Kontraste zu Jesus nicht so zahlreich und bedeutend wie die Gemeinsamkeiten. Das Gegensätzliche verliert außerdem an Gewicht, wenn man mit der Wahrscheinlichkeit einer Entwicklung sowohl im Orden der Essener wie in Jesus rechnet. Auch Jahve hat sich ja im Alten Testament von den ältesten bis zu den jüngsten Büchern aus einem Gott der Rachsucht in einen der Barmherzigkeit verwandelt. Man kann also den Weg vom Feindeshaß der ältesten Essener, über die Friedensliebe der Essener, von denen der viel später schreibende Philon berichtet[50], bis zum rigorosen Pazifismus Jesu als Entwicklungstendenz eines Sichfügens der Juden in der Niederlage durchaus plausibel machen[51].

Die entgegengesetzte Entwicklungslinie zeigt die christliche Kirche. Sie ging von Jesu Pazifismus aus, behielt ihn, so lange sie schwach war, im wesentlichen bei, um dann, als sie den Staat auf ihrer Seite hatte, die verfolgungswütigste Religion der Welt zu werden. Warum sollte sich nur die Kirche, und zwar schon Paulus, von Jesus gewaltig fortentwickelt haben und nicht auch Jesus von den Essenern?

Die geringe Originalität des Christentums, seine hohe Verwandtschaft mit vorchristlichen Formen der Religion, wird endlich noch von einem Phänomen her evident, das wir abschließend wenigstens andeutungsweise in unsere Betrachtung einbeziehen müssen, dem der Gnosis.

14. KAPITEL

Die Gnosis

»Vor allem haben zwei große griechische Mythenschöpfungen das Christentum aufs tiefste beeinflußt, der Mythos von dem menschgewordenen Gott, der mit den Menschen leidet und stirbt, und der Mythos von der gefangenen Seele und ihrer Befreiung durch einen göttlichen Erlöser«.
Der Theologe Carl Schneider[1].

Die Gnosis (= Erkenntnis), ein Konglomerat von kosmogonischen Spekulationen, uralten Mysterienriten und frommer Mystik, war eine mächtige, auf geheimer Offenbarung beruhende religiöse Bewegung, deren Anhänger weniger durch intellektuelle Besinnung als durch visionäre Schau, Ekstase und Sakramente Erlösung suchten. Wenn auch im Wesen verschieden, hat sie doch in vielen Einzelzügen eine so hohe Ähnlichkeit mit dem Christentum, daß man sie lange nur für ein Erzeugnis desselben, nämlich für eine »Häresie« des 2. Jahrhunderts hielt. Erst seit Beginn des 20. Jahrhunderts erkannte man in der Gnosis eine eigene Religion, die in ihren Anfängen nichts mit dem Christentum zu tun hat, sondern ihm vorausgeht, in ihren Grundlagen sogar beträchtlich älter ist[2].

Die Herkunft dieser überaus komplizierten, hier nur sehr allgemein umschriebenen Erscheinung ist allerdings umstritten. Manche Forscher sehen ihren Ursprung im Hellenismus, andere suchen ihn in Ägypten, Babylonien, vor allem aber im Iran, wieder andere im synkretistischen Judentum[3]. Wahrscheinlich ist die Gnosis, wie das Christentum, eine synkretistische Religion, das heißt aus den verschiedensten Elementen orientalischer Kulte, aus Beiträgen babylonischer, ägyptischer, persischer, kleinasiatischer, griechischer und jüdischer Religionen zusammengesetzt. Die einzelnen gnostischen Systeme der Satornilianer, Basilidianer, Karpokratianer, Valentinianer, Ophiten, Barbelognostiker usw. differieren zwar oft beträchtlich, doch sind gewisse gemeinsame Grundzüge erkennbar.

Obschon es auch monistische Gnosis gibt, ist im allgemeinen für die Gnosis ein schroffer Dualismus charakteristisch. Gott und Welt, Geist und Materie standen einander meist unversöhnlich gegenüber. Gott und den Geist dachte man sich absolut gut, die Materie radikal schlecht. Ganz analog der christlichen Lehre sollte diese Schlechtigkeit von abgefallenen Engeln herrühren. Auch der Leib galt als Übel. Denn – und genau so urteilte Paulus – ›finsterer als alle Finsternisse und schlimmer als aller Schmutz ist dieser unser Körper, der die Seele umschließt‹[4].

Wie das Urchristentum verband die Gnosis mit ihrem Pessimismus eine starke Erlösungssehnsucht. Der Gnostiker fühlte sich als Fremdling in der Welt, als ein Gefangener in der Finsternis. Das Heil erwartete er von einer Preisgabe alles Irdischen, dem Aufstieg der Seele in das Lichtreich, entweder nach dem Tod oder durch mystische Ekstase. Über viele Stufen einer immer mehr zunehmenden Vergeistigung und Verklärung, so glaubte man, würde die Seele wieder in das Göttliche und damit zu ihrem Ursprung zurückkehren.

Dieses Schicksal der Seele aber war für die Gnostiker gleichsam vorweggenommen durch das Schicksal des Himmelsmenschen. Schon in vorchristlicher Zeit lehrten sie die Herabkunft des Erlösers, des erstgeborenen Sohnes Gottes, der die Seelen für die himmlische Lichtwelt rettet, lehrten sie seine Hades- und Himmelfahrt. Ganz offensichtlich hat die Präexistenzchristologie hier eine frappierende ältere Analogie. Der gnostische Mythos vom Himmelsmenschen, vom Erlöser und Offenbarer, wurde auf die Person Jesu übertragen. Gerade die unbedingte Göttlichkeit, die man in der Gnosis der Erscheinung Jesu beimaß, wirkte auf die Gestaltung des großkirchlichen Christusbildes ein. Interessanterweise schufen auch Gnostiker die ersten Porträts Christi und der Apostel, während die Kirchenväter den nachher in der Kirche so in Schwung gekommenen Bilderkult lange bekämpften[5].

Gnostische Gedanken haben das Christentum bereits in seiner frühesten Periode stark geprägt, wie schon die Paulusbriefe bezeugen, besonders der allerdings kaum von Paulus stammende Brief an die Epheser, der mit gewissen heidnischen und gnostischen Gedanken vollständig übereinstimmt[6]. Dann wurde die Kirche durch das Johannesevangelium[7], noch später besonders durch Clemens Alexandrinus, Origenes und die Origenisten von der Gnosis beeinflußt.

Die Gnostiker, die sich, wie die Kirche, auf Offenbarungen und Überlieferungen beriefen, hatten eine reiche Literatur. Sie waren, dogmengeschichtlich gesehen, die Theologen des 1. Jahrhunderts, die Schöpfer der ersten dogmatischen und ethischen Lehrbücher, überhaupt die ersten Kommentatoren der christlichen Tradition. Nach modernen Theologen wurde durch ihre Tätigkeit der Katholizismus geradezu antizipiert[8].

110

Die Kirche hat den Gnostizismus, von dem sie viel übernahm, bald ungeheuer geschmäht und bestritten und seit etwa 400 seine außerordentlich reiche und oft auch tiefe Literatur systematisch vernichtet. Bei dem, was sie in ihrer Polemik überliefert, muß damit gerechnet werden, daß sie das Wichtigste und Wertvollste verschwieg[9]. Denn, dies sei in Parenthese wenigstens angedeutet, als maßgebende Trägerin der christlichen Tradition ließ die Kirche diese natürlich nicht unkontrolliert. Deshalb ist zwar eine ganze Anzahl von Schriften katholischer Ketzerbekämpfer erhalten, aber so gut wie keine Literatur von »Häretikern« zur Widerlegung der Kirchenlehre. Dabei wurde wohl bis gegen das Jahr 200 von den »Ketzern«, besonders den Montanisten und Gnostikern, eine weit umfassendere schriftstellerische Tätigkeit entfaltet als in kirchlichen Kreisen[10]. Doch hat der Katholizismus mit Vorbedacht das ›häretische« Schrifttum der ersten Jahrhunderte vernichtet und so fast alles beseitigt, was die angebliche Reinheit seiner Lehre (S. 285 ff.) oder den Glanz der eigenen Heiligkeit allzusehr verdunkelt hätte. Außer Zitaten, welche die Ketzerbekämpfung für ihre Attacken benötigte, ist fast nichts erhalten geblieben. An gnostischer Literatur besitzen wir allerdings Schriften wie die Pistis Sophia, die Bücher Jeu und vor allem die große originalgnostische Bibliothek von Chenoboskion.

Die Gnosis hat noch im Mittelalter als gefährlichste Rivalin der Kirche bei den Katharern und Albigensern fortgelebt und über Jakob Böhme und die Geheimbünde der Rosenkreuzer weit in die Neuzeit hineingewirkt bis zur Anthroposophie.

In einigen Hauptstrecken ist damit der Umkreis der Evangelien abgeschritten. Doch ehe wir sie mit der historisch-kritischen Theologie zusammenfassend beurteilen, müssen wir noch die beiden Hauptwunder betrachten, die laut Kirche Jesu Gottheit in besonderem Maße erweisen, die Auferstehung und den Weissagungsbeweis.

15. KAPITEL

Die Auferstehung

»Dies Wunder bringt den Heiden nichts Neues und kann ihnen nicht anstößig sein«. Kirchenschriftsteller Origenes[1].

»Es gibt Theologen, die noch heute diese Historie für die bestbezeugte Tatsache der Weltgeschichte halten«. Der Theologe Hirsch[2].

Sterbende und nach drei Tagen wieder auferstehende Götter

Das Wunder der Auferstehung vollzog sich, ähnlich wie das der Totenerweckung, in der Antike sehr häufig. Denn der Mythus vom leidenden, sterbenden und wieder auferstehenden Gott gehörte zu den charakteristischen Zügen der meisten Mysterienreligionen[3]. Selbst der Evangelist Matthäus sah in Jesu Auferstehung anscheinend nichts Neues. Glaubt er doch, daß sie die Grabeswächter verleugneten – für ein gutes Trinkgeld[4].

Vor Christus standen von den Toten auf der babylonische Tammuz (sumer. Dumu-zi, »treuer Sohn«), dessen Kult sich bis nach Jerusalem ausgebreitet hatte, der syrische Adonis ('ādōn, »Herr«), der phrygische Attis, der ägyptische Osiris, der thrakische Dionysos u. a. Manche dieser Götter erduldeten Leid oder Martern, einige starben am Kreuz[5]; selbst Sühnecharakter besaß manchmal ihr Tod[6]. Und schon in ältester Zeit verknüpfte man mit ihrer Auferstehung stets die Hoffnung auf menschliche Unsterblichkeit[7].

Wie der synoptische Jesus starben diese Götter oft früh. Adonis, dessen Kult Sappho um 600 v. Chr. besang, den die Juden jedoch schon im 8. Jahrhundert kannten[8], Attis, Sabazios schwanden im Jugendalter dahin. Nicht selten standen sie am dritten Tag oder nach drei Tagen wieder auf, wie Attis, Osiris und höchstwahrscheinlich Adonis. Auch die weitverbreitete Sage einer vorderasiatischen Gottheit des Pflanzenwachstums gab es,

112

die am dritten Tag nach ihrer Grablegung wieder auferstand[9]. Viele Jahrhunderte vor dem Christentum glaubte man auch in Babylonien an eine Auferstehung nach drei Tagen: »Drei Tage ruht er im Himmel. Ruht er etwa vier Tage im Himmel? Nimmermehr ruht er noch einen vierten Tag!«[10]

Die Parallelen der heidnischen Auferstehungsfeiern zum christlichen Kultdrama gehen aber noch weiter. So hat das Schwanken der Evangelien zwischen dem dritten und vierten Tag (nach drei Tagen!)[11] seine Ursache offenbar darin, daß man die Auferstehung des Osiris am dritten, die des Attis am vierten Tag nach seinem Tod beging[12].

Auffallend sind gewisse Ähnlichkeiten zwischen dem christlichen Kultobjekt und dem gleichfalls wieder auferstehenden Bel-Marduk. Die schließlich meistverehrte Gottheit Babylons galt als Weltschöpfer, Gott der Weisheit, der Heilkunst und des Beschwörungswesens, als vom Vater gesandter Erlöser, Erwecker der Toten, Herr aller Herren und König der Könige, als der gute Hirte[13]. Wie der Christus der Bibel wurde Bel-Marduk gefangengenommen, verhört, zum Tod verurteilt, gegeißelt und mit einem Verbrecher hingerichtet, während man einen anderen Verbrecher freiließ. Eine Frau wischte das Herzblut des Gottes ab, das aus einer Speerwunde quoll[14]! Endlich fuhr schon Marduk in die Hölle und erlöste die Gefangenen, und sogar sein Grab war den Alten bekannt[15].

Die evangelischen Auferstehungsberichte

>»Sämtliche Berichte tragen einen stark legendären Charakter... Der historische Ertrag für die Osterereignisse ist mager und fragwürdig«. Der Theologe Grass[16].

>»Widerspruch über Widerspruch«. Der Theologe Heiler[17].

Die historisch-kritische Theologie betont immer wieder, daß gerade bei den Berichten von Jesu Auferstehung die Widersprüche sich in einem Maße häufen wie kaum an einer anderen Stelle des Neuen Testaments. So spricht sie diesen Erzählungen geschichtlichen Wert auch rundweg ab und erblickt mit Berufung auf Paulus in Petrus den ersten Auferstehungszeugen[18].

Die von Paulus genannte erste Erscheinung Jesu vor Petrus steht jedoch weder im Markus-, noch im Matthäusevangelium, während sie Lukas, freilich nicht ohne Unstimmigkeiten, andeutet[19]. Die Registrierung bei Paulus aber halten die Theologen für zuverlässiger, weil er der älteste Berichterstatter ist und sich vor legendarischer Ausschmückung hütet. Nur

113

das *Daß* der Auferstehung ist ihm wichtig. Von den fünf Christophanien, die Paulus – neben der ihm selbst zuteil gewordenen Erscheinung – aufzählt, erwähnt er weder das Wann, noch das Wo, noch das Wie[20]. Dagegen kennen die Evangelien, wie der Theologe Lohmeyer vortrefflich formuliert, einen großen und farbigen Reichtum an mannigfaltigen Zügen[21]. Der Theologe von Campenhausen drückt diese wohlklingende Feststellung mit den Worten aus: »Unter allen erhaltenen Berichten stimmen nicht zwei miteinander überein«[22]. Von der Version des Matthäusevangeliums meint dieser Gelehrte, sie strotze von Widersprüchen und Unmöglichkeiten. Der ungünstige Eindruck werde jedoch erheblich gemildert, entschließe man sich, die jüngeren Darstellungen des Matthäus, Lukas und Johannes samt und sonders zu ignorieren und allein dem älteren Markus zu folgen – natürlich mit Vorbehalten. Denn auch Markus biete keinen Augenzeugenbericht, sondern Widersprüche, Erweiterungen, legendarische Züge. Doch insgesamt sei seine Erzählung ›keineswegs rein phantastisch«[23]. So sieht also nach diesem Theologen der älteste und sozusagen zuverlässigste christliche Auferstehungsbericht aus. Und ähnlich, nur oft noch negativer, urteilt die kritische Theologie überhaupt[24].

Goethe aber schreibt in den Venetianischen Epigrammen:

»Offen stehet das Grab. Welch herrlich Wunder, der Herr ist auferstanden! Wer's glaubt! Schelmen, ihr trugt ihn ja weg.«

Die Geschichte vom leeren Grab

Indes ist diese bekanntlich sehr alte[25], auch im Mittelalter in den Tholedoth Jeschu immer wiederkehrende Leichenraubhypothese so unwahrscheinlich wie die Scheintod-, Verlegungs- und Verwechslungstheorie. Die Erzählung vom leeren Grab wird ohne vorausgegangenen Betrug entstanden sein. Dieser erfolgte wohl erst mit der Erfindung der Geschichte.

Wir übergehen die Widersprüche in den Mitteilungen von Jesu Tod, die ein christlicher Apologet mit der starken Verwirrung der Berichterstatter entschuldigt, die infolge der Naturkatastrophe ganz konfus gewesen seien[26]. Die Erzählungen über Jesu Bestattung stimmen wenigstens in allen Evangelien noch überein. Nach ihnen hat Joseph von Arimathäa, ein angesehener Ratsherr und Jesusjünger, den Gekreuzigten abgenommen und beigesetzt. Die Apostelgeschichte freilich behauptet im Widerspruch hierzu, die Kreuzabnahme und Grablegung sei *durch die Juden* erfolgt[27].

Die Auferstehung selbst wird von den biblischen Evangelien nicht erzählt. Der Beweis für das Wunder war zunächst das leere Grab[28]. Man bestreitet dies gern, weil die Geschichten darüber von Widersprüchen wim-

114

meln. Aber alle evangelischen Auferstehungsberichte beginnen damit und legen offensichtlich darauf Gewicht. Auch war nach jüdischen Begriffen eine Auferstehung erst dann erwiesen, wenn sich tatsächlich derselbe Leib aus dem Grab erhoben hatte[29].

Instruktiv ist, wie die Christen die Erzählung vom leeren Grab allmählich immer weiter ausgestalteten, um sie glaubhaft zu machen.

Paulus, der älteste christliche Schriftsteller, weiß davon überhaupt noch nichts. Zumindest schweigt er darüber, obwohl eine Erwähnung des leeren Grabes, etwa im 15. Kapitel des 1. Korintherbriefes, naheliegend gewesen wäre. Nicht einmal das Histörchen von den Frauen und dem Engel am Grab schien er gekannt zu haben.

Um dem Vorwurf des Betruges zu begegnen, erfand Matthäus die Geschichte von der Grabeswache[30], von der auch Markus noch keine Ahnung hat. Bei ihm treffen die Frauen einen Engel, der still im leeren Grab sitzt. Bei Matthäus fährt der Engel vom Himmel herab und die Wächter, die bei Markus noch fehlen, fallen hier wie tot um[31].

Die jüngeren christlichen Schriften kennen dann auch den Namen des Kommandanten dieser Wache. Die einen nennen ihn Longius, die anderen Petronius. Auf dem Grab sind »sieben Siegel« angebracht, und das Volk strömt aus Stadt und Umgebung herbei und überzeugt sich von dem Verschluß[32]. Überdies ist der Stein nun so schwer, daß alle Wächter einschließlich des Hauptmanns, ja, noch die Ältesten und Schriftgelehrten und überhaupt alle Umstehenden mit anfassen müssen. Glücklicherweise rollt er aber rechtzeitig allein von der Stelle. Auch läßt man die heidnische Wache und die jüdischen Ältesten selbst zu Zeugen der Auferstehung werden. Im Petrusevangelium folgt Jesus aus dem Grab sogar das Kreuz und antwortet für ihn auf die vom Himmel erschallende Frage, ob er seine Mission in der Hölle ausgerichtet habe, mit einem klaren »Ja!«. Schließlich erhält der Knecht des Hohenpriesters von Jesus persönlich das leinene Grabtuch überreicht, und der Hauptmann der Wache wird christlicher Märtyrer[34]. Man mußte es den Gläubigen eben immer plastischer vor Augen malen. Doch erinnere man sich, daß die »apokryphen« Schriften ursprünglich genauso geachtet und für die christliche Mission verwendet wurden wie die »echten«, deren Verfasser im übrigen ja nicht anders verfuhren.

Wie die jüngeren kanonischen Evangelisten den Auferstehungsbericht des Markus verbessern

Bei Markus gehen die Frauen am Ostersonntagmorgen mit wohlriechenden Salben zum Grab, um »ihn (Jesus) zu salben«. Dieses Vorhaben am dritten Tag, an dem insbesondere bei den klimatischen Verhältnissen des Orients schon mit beginnender Verwesung zu rechnen ist, war unglaubwürdig. Deshalb unterdrückt es Matthäus und schickt die Frauen nur, »um nach dem Grab zu sehen«. Von Salbung keine Rede mehr[35].

Dabei hat Matthäus eine weitere Ungereimtheit des Markus bemerkt. Bei ihm ist nämlich Jesu Bestattung bereits vollständig am Schluß des 15. Kapitels durch Joseph von Arimathäa erfolgt. Im Johannesevangelium verwendet dieser im Verein mit Nikodemus für Jesu Salbung sogar Spezereien im Gewicht von »wohl hundert Pfund«[36]. Das zu Beginn des 16. Kapitels von Markus berichtete Einbalsamierungsvorhaben der Frauen war also nicht nur fragwürdig, sondern völlig deplaciert[37]. Übrigens kaufen die Frauen die Salben bei Markus am Tag *nach* dem Sabbat, bei Lukas aber besorgen sie dieselben am Tag *vorher*[38]. Auch kommen bei Markus drei Frauen ans Grab, bei Matthäus aber nur zwei, eine Abweichung, die vermutlich auf die Auferstehungsgeschichte des Osiris zurückgeht, bei der nach der einen Fassung drei Personen ans Grab kommen, wie später bei Markus, nach der anderen Fassung aber nur zwei Frauen, wie später bei Matthäus. Und auch in der Osiris-Auferstehungsgeschichte bringen die Frauen, genau wie in der Bibel, Balsam[39].

Ferner: Bei Markus fällt den Frauen erst unterwegs ein, daß sie Hilfe brauchten, um den Stein vom Grab zu wälzen; eine kaum glaubliche Gedankenlosigkeit. Hatten sie sich doch zuvor das verschlossene Grab »genau« angesehen[40]. So erwähnen Matthäus und Lukas auch den Kummer der Frauen über den großen Stein nicht mehr[41].

Endlich: Markus schreibt von den Frauen und ihrer Entdeckung des leeren Grabes: »Sie sagten niemand etwas davon«[42], womit er nur erklären wollte, warum seine Geschichte so lange unbekannt geblieben war. Noch Paulus hatte ja nichts davon gewußt. Aber dieses von Markus behauptete Schweigen der Frauen war nicht nur psychologisch sehr unwahrscheinlich. Es stand auch im direkten Widerspruch zu der nur einen Vers früher bei ihm ergangenen Weisung des Engels an die Frauen, den Jüngern die Auferstehung mitzuteilen[43]! So korrigiert Matthäus und läßt die Frauen, im strikten Gegensatz zu Markus, schnurstracks davoneilen, »um seinen Jüngern die Botschaft zu bringen«[44]. Bei Lukas übermitteln sie diese dann auch »allen übrigen«[45], und das jüngste, das Vierte Evangelium, verbessert noch ausführlicher[46]. So wurde das von Markus berichtete unglaubwürdige Schweigen der Frauen von allen jüngeren Evangeli-

116

sten beseitigt. Statt Zittern, entsetzter Flucht und Schweigen sofortiger fröhlicher Bericht.

Ein Wunder für sich ist in dieser Geschichte der Engel. Die Frauen treffen ihn bei Markus *im* Grab, bei Matthäus *vor* dem Grab auf dem weggewälzten Stein. Bei Lukas ist der Engel zunächst weder vor dem Grab noch in demselben, doch kommen dafür gleich *zwei* Engel. Sie *stehen plötzlich* neben den Frauen. Auch im Vierten Evangelium sind es zwei Engel, allerdings *sitzen diese bereits wartend im Grab*[47].

In Parenthese sei bemerkt, daß die christlichen Engel aus dem Judentum stammen, dem die Kirche den Engelkult lange vorgeworfen hat[48]. Noch die Synode von Laodicea (um 360) erklärte ihn für Abgötterei[49]. Tatsächlich ist das Engelheer die Ausgeburt eines alten Polytheismus. Selbst der bereits bei Matthäus bezeugte[50] »Schutzengel«, eine rührende Erfindung, die jedes Katholikenkind begleitet, war schon den alten Babyloniern und Assyrern vertraut. Und schon sie bildeten ihre Engel genauso ab, wie nachher die Christen die ihren[51]. Auch im Judentum wuchsen ihnen erst unter heidnischem Einfluß Flügel; im 1. Buch Mose benötigten sie zum Verkehr zwischen Himmel und Erde noch eine Leiter[52].

Selbst die Kirche kannte sich im übrigen nicht immer unter den zahlreichen Engelklassen aus. In den Verwaltungs- und Völkerengeln beispielsweise sahen die einen Autoren miserable Kreaturen, die die Völker terrorisieren und mit falschen Lehren zur Sünde verführen, während nach anderen durch sie sogar der Bau der Kirche vollendet werden soll[53]. Doch ist dies vielleicht nicht einmal ein Widerspruch!

Als die Erzählung vom leeren Grab entstand, existierte bereits Charitons »Chaireas und Kallirhoe«, ein weitverbreiteter und vielgelesener griechischer Roman, der nachfolgende Schriftsteller stark beeinflußt hat, anscheinend auch die Evangelisten. Im 3. Buch geht nämlich Chaireas am frühen Morgen zum Grab der Kallirhoe. Er ist voller Verzweiflung, aber siehe, der Stein ist weggewälzt, der Eingang frei. Vor Schreck wagt Chaireas das Grab nicht zu betreten. Andere eilen auf das Gerücht herzu, auch sie voll Furcht, bis endlich einer hineingeht und das Wunder bemerkt: Die Tote ist fort, das Grab ist leer. Nun tritt auch Chaireas hinein und findet das Unglaubliche bestätigt[54].

Wem und wo erschien der Herr?

Auch Jesu Grab war also leer. Ein Engel hatte laut Markus und Matthäus, zwei Engel hatten laut Lukas und Johannes seine Erhebung verkündet. Doch gehörte es zur Legende des antiken Gottgesandten, daß er, der Unsterbliche, nach seinem Hingang auch irgendwann wiederkehre[55]. So er-

117

schien der Kyniker Peregrinus Proteus nach seiner Verbrennung einem Philosophen, der nicht nur erklärt, den Auferstandenen weiß bekleidet und mit leuchtendem Gesicht geschaut zu haben, sondern auch beschwört, Zeuge seiner Himmelfahrt gewesen zu sein[56]. Auch der auferstandene Apollonios von Tyana zeigte sich zweien seiner Jünger und ließ sie sogar seine Hand nehmen, um sie zu überzeugen, daß er lebe[57]. Und ein römischer Prätor beteuerte durch einen Eid, er habe die Gestalt des verstorbenen Augustus bei ihrer Himmelfahrt gesehen[58].

Nach altjüdischer Ansicht galt eine Sache jedoch erst auf Grund der Aussagen von wenigstens zwei oder drei Zeugen als erwiesen, und da diese schon im 5. Buch Mose bezeugte Meinung auch in der Urchristenheit lebendig war und im Neuen Testament vielfach wiederkehrt[59], mußte auch Christus vor *mehreren* erscheinen, damit er »wahrhaft« auferstanden war.

Nun erschien er freilich nach einigen Berichten zuerst Maria Magdalena, nach anderen zuerst dem Jakobus, nach wieder anderen zuerst dem Nikodemus oder auch seiner Mutter. Aber schon die Evangelien widersprechen einander kraß. Nach dem unechten Markusschluß und dem Johannesevangelium erscheint der Auferstandene *zuerst Maria Magdalena*[60]. Bei Matthäus erscheint er *zuerst beiden Marien zugleich*[61]. Bei Lukas zeigt er sich *zuerst den beiden Emmausjüngern*[62].

Der Schauplatz der Auferstehungserscheinungen aber war laut Markus und Matthäus in *Galiläa,* laut Lukas in *Jerusalem*[63]. Diesen Widerspruch, der sich auch auf apokryphe Evangelien erstreckt[64], behoben gewisse Gelehrte, indem sie eigens einen Ort Galiläa bei Jerusalem erfanden. So erschien 1896 ein Buch »Galiläa auf dem Ölberg«[65], 1910 erschien »Das Galiläa bei Jerusalem«, 1911 »Der Auferstandene in Galiläa bei Jerusalem«[66], Versuche, die man später meist mit Stillschweigen überging. Einige Forscher erklärten dann die galiläische Erscheinung Christi als einen alten Irrtum des Markus[67], womit der fatale Widerspruch beseitigt gewesen wäre, hätten nicht andere Gelehrte von einem zweifellosen und noch dazu absichtlichen Fehler des Lukas gesprochen[68].

Nun könnte Jesus freilich hier wie dort erschienen sein. Tatsächlich meldet das Vierte Evangelium Christophanien sowohl in Jerusalem als auch in Galiläa[69]; ebenso das um 170 entstandene »Diatessaron« Tatians, eine Evangelienharmonie, die jedoch, wie sich noch zeigen wird, eigens geschaffen wurde, um die Widersprüche der Evangelien auszugleichen. Dem Vierten Evangelium aber kommt kaum geschichtlicher Wert zu. Gerade das 21. Kapitel, das die Erscheinung des Auferstandenen in Galiläa berichtet, hat die Forschung als späteren Zusatz erwiesen (S. 58).

Darüber hinaus sprechen weder Markus und Matthäus von Erscheinungen in Jerusalem, noch Lukas von solchen in Galiläa. Und in der gleichfalls dem Lukas zugeschriebenen Apostelgeschichte gebietet der Auferstandene den Jüngern ausdrücklich, »sich von Jerusalem nicht zu entfernen, sondern dort die Erfüllung der Verheißung des Vaters abzuwarten«, worauf Jesus nach einer kurzen Ansprache sogleich in den Himmel aufsteigt[70]. Aber auch im Lukasevangelium befiehlt er: »Ihr aber bleibt hier in der Stadt, bis ihr mit Kraft aus der Höhe ausgerüstet worden seid!«[71] Lukas kennt somit Erscheinungen des Auferstandenen nur in und bei Jerusalem. Von Erscheinungen in Galiläa weiß er nichts. Im Gegenteil! Er schließt sie durch den in der Apostelgeschichte und in seinem Evangelium ergangenen Befehl, Jerusalem bis zum Empfang des Geistes am Pfingstfest nicht zu verlassen, geradezu aus[72].

Die Zahl der Zeugen

Merkwürdig sind auch die verschiedenen Aussagen des Petrus und Paulus über die Zahl der Auferstehungszeugen. Paulus berichtet sechs Epiphanien, fünf vor Aposteln, eine Erscheinung aber vor »mehr als fünfhundert Brüdern auf einmal«[73], wobei er sogar hinzufügt, daß die meisten dieser fünfhundert Zeugen »jetzt noch leben«. Seltsamerweise aber wird eine so eindrucksvolle Erscheinung sonst nirgends erwähnt. Und Pauli Bericht paßt überdies schlecht zu der Erklärung des Petrus, Gott habe Jesus »nicht dem ganzen Volk erscheinen lassen, sondern uns, den von Gott zuvor erwählten Zeugen, die wir nach seiner Auferstehung von den Toten mit ihm zusammen gegessen und getrunken haben«[74]. Das aber waren, nach dem Ausscheiden des Judas, nur die elf Apostel[75]!

Bei dieser Gelegenheit sei das Phänomen der Zahl in der Bibel wenigstens gestreift[76].

Im Zusammenhang mit der Auferstehung begegnet uns immer wieder die Zahl 8. Jesus steht am 8. Tag nach Beginn seiner Passionswoche wieder auf. Die Evangelien enthalten zusammen 8 Berichte über seine Auferstehung und Erscheinungen, und nennen $16 = 2 \times 8$ Namen von Augenzeugen. Paulus erweitert deren Zahl auf über $512 = 8 \times 8 \times 8$. Auch die Zahl aller von der Bibel berichteten Totenerweckungen, ausgenommen Jesu Auferstehung, ist 8. Ebenso lautet die Namenszahl des Auferstandenen (Jesus) in der ursprünglichen Schreibung 888. Auch alle seine Beinamen, Christus, Herr, Heiland, Messias, enthalten in ihrer griechischen Schreibweise den Faktor 8[77], womit die Rolle, die hier diese Zahl spielt, keineswegs ganz aufgezeigt ist[78]. Und es gibt noch auffallendere biblische Zahlenspekulationen[79]. Aber will man in solchen Künsteleien allen Ernstes Manifestationen des Mathematik treibenden lieben Gottes sehen?

Paulus hatte also das Bedürfnis, den Kreis der Auferstehungszeugen

119

um fünfhundert zu erweitern. Fragt man sich doch überhaupt, warum der Herr nur seinen Jüngern erschien und nicht auch seinen Anklägern und Richtern, vor denen er den Glauben an seine Auferstehung ja viel wirksamer hätte begründen können. Sollten sie ihn doch sogar »von jetzt an« auf den Wolken des Himmels kommen sehen[80]. Dies ernste Problem hatte schon Celsus beschäftigt und einen Origenes in nicht geringe Verlegenheit gesetzt. Der große Theologe wußte dem Heiden nur zu erwidern: Der Auferstandene habe sich bloß wenigen gezeigt, weil die anderen den Anblick seiner verklärten Erscheinung nicht ertragen hätten[81].

Der verklärte Leib des Herrn

> »Dieser Auferstandene ist körperlich und scheint dennoch unkörperlich, weil nämlich diese seine Körperlichkeit sich als Körperlichkeit anderer Art erweist als die sonst mit Fleisch und Blut bezeichnete; und dennoch ist es nicht Unkörperlichkeit, sondern wirkliche echte Körperlichkeit«. Der Theologe Kittel[82].

Nicht erst modernen Theologen (wie das tiefsinnige Motto zeigt), sondern schon den Evangelisten wurde die Gestalt des Auferstandenen offensichtlich zum Problem.

Mit dem Menschenleib konnte der Herr nicht gut wieder auferstehen und zum Geist-Vater emporfahren. Doch durfte er auch kein wesenloses Gespenst sein. Man wollte ja Beweise! So ist seine Figur im Johannesevangelium ein Wunder für sich: einerseits so handfest, daß der ungläubige Thomas seine Finger in ihre Wundmale legen könnte; andererseits so ätherisch, daß sie durch verschlossene Türen dringt und vor Maria Magdalena, die den verklärten Gottessohn für den Gärtner hielt, ruft: »Rühr mich nicht an!«[83]

Bekanntlich vollzog sich das große Ereignis (in mehreren neutestamentlichen Schriften übrigens gar nicht erwähnt[84]) laut Markus- und Johannesevangelium zuerst im Kopfe dieser Frau[85]. Nach Renan leistete für die Entstehung des Christentums niemand mehr als Maria Magdalena[86], wobei daran zu erinnern ist, daß Jesus ihr »sieben böse Geister« ausgetrieben hatte, mit anderen Worten, daß sie bis zum Wahnsinn hysterisch war[87]. Meinte doch schon im 2. Jahrhundert der kritische Celsus: »Wer hat dies gesehen? Ein halb verrücktes Weib«[88]. Ebenso schien bereits Porphyrius und seinen Schülern die Rolle der Frauen, insbesondere der noch kurz vorher von Dämonen besessenen Maria Magdalena, suspekt[89].

Im Lukasevangelium aber betont Christus erneut seine Leibhaftigkeit.

120

Nichts mehr von dem Noli me tangere, mit dem er Maria zurückweist. »Betastet mich und beschaut mich«, fordert er die Jünger auf, ausdrücklich beteuernd, er bestehe aus Knochen und Fleisch. Ja, er stärkt sich, obwohl wie Ignatius versichert, ›geistlich mit dem Vater vereint«, mit einem Bissen Bratfisch[90]. Es gibt Konservative, die die »Geschichtlichkeit« dieser Szene anscheinend stützen möchten mit der Feststellung, daß damals in Jerusalem Fisch zu haben war[91]! Im später angefügten 21. Kapitel des Vierten Evangeliums ruft dann der Verklärte den fischenden Jüngern bereits vom weitem zu: »Kinder, habt ihr nicht etwas Fisch?« Dabei hatte der Herr schon Fische. Doch gebietet er: »Bringt noch einige«, worauf Petrus aufs Stück genau hundertdreiundfünfzig Fische präsentiert, und große obendrein[92].

Endlich wird die wirkliche echte Körperlichkeit des Auferstandenen noch durch die Meldung erhärtet, daß er »nach den zuverlässigen Überlieferungen« bei seiner Himmelfahrt – wie schon Herakles und Dionysos – göttliche Fußspuren hinterließ. Hieronymus, von der Kirche mit dem seltenen Titel eines Kirchenlehrers geschmückt, versichert, man habe sie zu seiner Zeit, im 5. Jahrhundert, noch gesehen. Beda der Ehrwürdige, der »Lehrer des Mittelalters«, aber bezeugt die Fußspuren noch im 8. Jahrhundert[93]. Und dies, obwohl die Christen dem Boden laufend große Mengen Erde entnommen hatten (S. 407).

Die Visionshypothese

Die Annahme, es habe sich bei den Erscheinungen des Auferstandenen um ein subjektives Erlebnis, einen rein geistigen Vorgang in den Seelen der Jünger gehandelt, ist alt. Man trifft sie bereits in der Urchristenheit, auch in durchaus kirchlichen Kreisen[94]. In ihrer modernen Form wird die Visionshypothese seit David Friedrich Strauß von vielen Theologen vertreten[95]. Nicht der Auferstandene erzeugte nach ihnen den Auferstehungsglauben, sondern der viel ältere Auferstehungsglaube die Visionen. Das ekstatische und visionäre Sensorium der Jünger bekundet das Neue Testament ja oft. Auch das Phänomen der Massenvisionen ist heute bekannt[96]; ebenso die Tatsache, daß der antike Mensch nicht immer zwischen wirklichem und visionärem Sehen unterschieden, daß auch das in der Vision und selbst das im Traum Geschaute für ihn als wirklich, als objektive Realität gegolten hat[97].

Die Vertreter der Visionshypothese besitzen überdies einen Kronzeugen in Paulus. In der bereits genannten Paradosis des 1. Korintherbriefes, dem ältesten christlichen Auferstehungsbericht, spricht Paulus von Christi Auferstehung am dritten Tage, von seiner Erscheinung vor Petrus, den

Zwölfen, den fünfhundert Brüdern. Er fährt fort: »Darauf ist er dem Jako-bus erschienen, danach sämtlichen Aposteln. Zu allerletzt aber ist er gleichsam als der Spätgeburt auch mir erschienen«[98]. Paulus reiht sich also *unterschiedlos* in die Zahl der übrigen Zeugen ein. Er spricht von den Erscheinungen vor Petrus, Jakobus und den anderen Aposteln mit den *gleichen* Worten wie von der Erscheinung, die er selbst vor Damaskus hatte, und er setzt sein Erlebnis, das sicher visionärer Natur war, den Auf-erstehungserlebnissen der übrigen gleich. Die Apostel sahen somit nach Paulus den Herrn nur in Visionen, wie er selbst[99].

Wie beinahe peinlich kritischen Theologen gerade die evangelischen Berichte von Jesu Auferstehung und Himmelfahrt sind, zeigt die Bemer-kung Maurice Goguels, daß man sie besser beiseite lasse. »Die Wunder dieser Art haben eine einschneidende Bedeutung für die Geschichte des Christentums, aber gar keine für die von Jesus«[100].

Die Scheintodhypothese

Sie wurde vor allem von Ärzten vertreten. Doch verfochten sie schon Theologen des 18. Jahrhunderts, wie K. F. Bahrdt und K. H. Venturini, und auch neuere Theologen halten einen Scheintod Jesu für möglich[101].

Daß Gekreuzigte nach der Abnahme weiterleben können, berichtet Jo-sephus. Man hatte Erfahrung darin, denn der Kreuzestod, nach Cicero »die grausamste und scheußlichste Todesstrafe«, war in der Antike häufig und schon in Persien in Schwang[102]. Von den Persern übernahm Alexan-der d. Gr. die Kreuzigung, und seit dem 2. vorchristlichen Jahrhundert wurde sie in Palästina angewandt. 88 v. Chr. ließ Alexander Jannai, der Hasmonäerkönig, anläßlich eines Siegesbanketts vor den Augen seiner Mätressen achthundert aufständische Pharisäer kreuzigen und ihre Frauen und Kinder unter dem Kreuze töten[103]. Im Jahre 71 v. Chr. erlitten unter M. Licinius Crassus an der Via Latina zwischen Rom und Capua sechstausend Sklaven den Tod am Kreuz.

Gekreuzigte lebten, sich in Krämpfen und Qualen windend, oft noch tagelang, Hunger und Durst, Sonne und Regen, Fliegen und Raubvögeln ausgesetzt, wobei besondere Schmerzen die vom Nagel durchschlagenen Nerven des Handgelenks bereiteten. Die Verfechter der Scheintodhypo-these verweisen nun vor allem darauf, daß der Kreuzestod nicht durch Verblutung, sondern durch Erschöpfung einzutreten pflegte; daß Jesus wegen des Sabbat nur sechs Stunden, von neun Uhr morgens bis drei Uhr nachmittags, am Kreuz hing; daß kein Evangelist direkt sagt, Jesus sei ge-storben; daß der Speerstich bloß vom Johannesevangelium berichtet wird und überdies nicht tödlich gewesen sein muß[104].

122

»...abgestiegen zur Hölle«

»Hier war ein Thema gegeben, wie geschaffen, um damit auf die Menge zu wirken«. Joseph Kroll[105].

Die Frage, was tat Jesus nach seinem Tod am Kreuz, hat die Christen des 1. Jahrhunderts noch nicht beschäftigt. Keiner der Evangelisten nimmt darauf Bezug[106], und ebenso schweigen darüber die meisten übrigen neutestamentlichen Schriftsteller. Nur in einem auf den Namen des Petrus gefälschten Brief (vgl. S. 39) – es ist der biblische Hauptbeleg für das Dogma – wird beiläufig erwähnt, der Herr habe einige Tage in der Hölle geweilt, um nachzuholen, was bisher an so vielen versäumt worden war, die Rettung ihrer Seelen[107].

Der Descensus ad inferos, außer von der Großkirche nur noch von Markion gelehrt[108], entstand also erst im 2. Jahrhundert. Und erst Mitte des 4. Jahrhunderts verwandten sich Synoden für die Aufnahme des Zusatzes »abgestiegen zur Hölle« in das »apostolische« Glaubensbekenntnis[109]!

Dagegen war dem Heidentum die Vorstellung des in die Unterwelt fahrenden Gottes seit langem geläufig. Sie hatte im antiken Unsterblichkeitsglauben sogar entscheidende Bedeutung gewonnen[110] und begegnet uns in ägyptischen, babylonischen und hellenistischen Mythen.

Im alten Ägypten bekämpften Re und Osiris die Gewalten der Unterwelt. In Babylonien war eine Höllenfahrt der Ischtar schon im 3. Jahrtausend bekannt. Aus dem 14. vorchristlichen Jahrhundert gibt es einen Text von der Höllenfahrt des Gottes Nergal, der die Unterwelt stürmt und ihre Heere besiegt, was ein Erdbeben bewirkt, wie bei der Höllenfahrt Christi[111]. Beim Abstieg des Gottes Marduk (S. 113) wird auch das Motiv der gewaltsamen Gefängnisöffnung und der froh auf den Erlöser blickenden Gefangenen bezeugt. Für die Forschung ist die Übereinstimmung mit Christi Höllenfahrt hier so frappant, daß sie einen inneren Zusammenhang als sicher annimmt[112]. Aber auch Herakles' Höllenfahrt, wie sie Seneca schildert, zielt auf Besiegung der Unterweltsmächte, auf Brechung des teuflischen Gesetzes. Herakles will den schmachtenden Toten das Licht bringen und sie aus der Gefangenschaft erlösen[113], nicht anders als Christus.

Nachdem man auf ihn diesen Mythos übertragen hatte, mußte er allerdings aus dem Alten Testament bewiesen werden, der noch um die Mitte des 2. Jahrhunderts einzigen autoritativen Heiligen Schrift der Christen (S. 162). Da aber das Alte Testament von Christi Höllenfahrt nichts wußte, fälschte man sie in Form eines neuen Jeremiaspruches hinein, von dem man behauptete, die Juden hätten ihn aus dem Jeremiatext gestrichen[114]. Kirchenlehrer Irenäus beruft sich auf diese christliche Fälschung nicht weniger als sechs Mal[115].

Christi Höllenreise wurde bald ein beliebtes Thema in der Christenheit, wobei an die Stelle des Predigtmotives mehr und mehr das Kampfmotiv, die Auseinandersetzung mit dem Teufel trat, ein Zugeständnis an die Denkungsart der kriegerischen Heiden, die es zu missionieren galt[116]. Man schmückte die Erzählung immer weiter aus und spitzte sie dramatisch zu[117], und manche Kirchenschriftsteller schickten auch noch die Apostel als Prediger und Taufspender an den schrecklichen Ort[118].

In den Evangelien freilich findet sich von all dem keine Spur. Vielmehr widerspricht das Dogma von Christi Höllenfahrt dem Lukasevangelium, demzufolge Jesus bereits die ersten Tage nach seinem Tod im Paradies verbringt. Erklärt er doch dem »guten« Schächer: »Wahrlich ich sage dir: Heute (noch) wirst du mit mir im Paradiese sein!« Ein Ausspruch, der Jesu Erwartung voraussetzt, er werde vom Kreuz aus ins Paradies eingehen[119], weshalb man dieses Logion, um seinen Widerspruch zu anderen Jesusworten zu vermeiden, gelegentlich gestrichen und als Fälschung der Ketzer erklärt hat[120]. In der ältesten Gemeinde aber spielte die Vorstellung von einer Auferstehung und Himmelfahrt Jesu vom Kreuz aus eine wesentliche Rolle. Da die Christenheit jedoch massivere Beweise verlangte, ist die Vorstellung von der Himmelfahrt vom Kreuz aus allmählich dem Glauben an die Auferstehung vom Grab gewichen[121].

Erwähnt sei in diesem Zusammenhang, daß manche Kirchenväter ausdrücklich behaupten, Jesus habe die bösen Geister bei seiner Himmelfahrt besiegt[122]. Wie denn im Urchristentum für manche Gläubigen selbst die Hölle nicht in der Unterwelt lag, sondern in der Höhe. Der Glaube an eine überirdische Hölle findet sich sogar im Neuen Testament, denn auch der Epheserbrief lokalisiert sie in der Luft[123]. Dies erleichterte nämlich den Paradiesbewohnern den Anblick leidender Sünder und Antichristen, ein ungeheuer ausgeprägtes christliches Bedürfnis, wie wenigstens en passant gezeigt werden soll, zumal die Frage nach der Hölle die Gemüter im 20. Jahrhundert noch bewegt.

»Da bleibt nichts anderes übrig, als die Hölle.«

> *»Ja gibt es denn eine Hölle? Wer fragt so? Wer sind diejenigen, welche die Hölle leugnen? Schauet sie an! Es gibt keine Hölle: So sagen die meisten Professoren... So sagen die Lebemänner bei Rehbraten und Champagner«.*
> *Das goldene Katholikenbuch*[124].

Hinterm Kreuze steht der Teufel, übersetzt Schopenhauer ein spanisches Sprichwort. Und die ganze Geschichte der Kirche beweist, daß für sie Rache süßer als Feindesliebe ist, Rache durch Zeit und Ewigkeit. Fordert doch schon das Neue Testament Vergeltung an der ungläubigen Menschheit mit den Worten: »Tut an ihr, wie auch *sie* getan hat, und zahlt ihr doppelt heim, wie ihre Taten es verdienen«[125]. Solche frommen Wünsche kehren im Neuen Testament sogar öfter wieder[126].

Aus der späteren christlichen Literatur aber gewinnt man geradezu den Eindruck, daß die eigentliche felicitas in regno caelorum, die Kulmination der ewigen Seligkeit, der Anblick der Verdammten ist.

So garantiert der 2. Clemensbrief den Christen, sie könnten dann die Ungläubigen und Gottlosen »mit furchtbaren Folterqualen in unauslöschlichem Feuer« sehen – »und ihr Wurm wird nicht sterben, und ihr Feuer wird nicht verlöschen, und sie werden allem Fleisch zum Schauspiel sein«[127].

In der noch um 200 von der großen Mehrheit der abendländischen Christen zur Heiligen Schrift gezählten »Apokalypse des Petrus«, worin der Himmel bemerkenswert kurz wegkommt, nimmt die berauschte Schilderung der Höllenqualen beinahe kein Ende, wird, wie es heißt, »gebrannt und gefoltert und gebraten«. Die Hölle liegt hier dem Himmel »gerade gegenüber«, offenbar um ihren Anblick zu erleichtern – des Himmels größte Attraktivität. »Und es waren welche dort, die waren an der Zunge aufgehängt. Das waren die, welche den Weg der Gerechtigkeit lästerten, und unter ihnen brannte Feuer und peinigte sie. – Und es war da ein großer See gefüllt mit brennendem Schlamm, in dem sich solche Menschen befanden, welche die Gerechtigkeit verdrehten, und Engel bedrängten sie als Folterer. – Es waren aber auch sonst noch Weiber da, die an den Haaren aufgehängt waren, oben über jenem aufbrodelnden Schlamm. Das waren die, welche sich zum Ehebruch geschmückt hatten, und die, welche schändlichen Ehebruch mit ihnen getrieben, waren an den Füßen aufgehängt und mit dem Kopf in jenen Schlamm gesteckt und sie sprachen: Wir glaubten nicht, daß wir an diesen Ort kommen würden«[128].

Mit unersättlichem Blick, wie er selbst sagt, will auch Kirchenvater Tertullian das Schmoren seiner Gegner sehen. »Was für ein umfassendes Schauspiel wird es da geben? Was wird da Gegenstand meines Staunens, meines Lachens sein? Wo der Ort meiner Freude, meines Frohlokkens?... Dann verdienen die Tragöden aufmerksameres Gehör, da sie nämlich ärger schreien werden in ihrem eigenen Mißgeschick; dann muß man die Schauspieler anschauen, wie sie noch weichlicher und lockerer durch das Feuer geworden sind...« usw.[129].

Solch freundliche Gesinnungen, hinter denen die Strafandrohungen der 19. und 22. Koransure beträchtlich zurückstehen, zieren zahlreiche

125

christliche Schriften der Frühzeit[130]. Auch Cyprian verspricht den Gläubigen zur Erhöhung himmlischer Lust durch alle Ewigkeit die Schau der Qualen ihrer einstigen Verfolger[131]. Ebenso versüßt Laktanz die ewige Seligkeit durch den Blick auf das Elend der Verdammten[132]. Billigte ihnen doch die Kirche vielleicht nur deshalb eine Auferstehung des Leibes zu. Jedenfalls erklären Kirchenväter ausdrücklich, die Sünder bedürften eines unsterblichen Leibes, damit sie auch imstande seien, die Höllenstrafen zu empfinden[133].

Als die Christen nicht mehr verfolgt wurden, sondern selbst zu verfolgen begannen, trat das Ausmalen der Leiden ihrer Gegner im Jenseits zurück. Doch noch der offizielle Kirchentheologe, Thomas von Aquin, bezeugt, wenn auch weniger verzückt – »sanft wie ein Lamm«, spottet Nietzsche –: »Damit den Heiligen die Seligkeit besser gefalle (magis complaceat) und sie Gott noch mehr dafür danken, dürfen sie die Strafen der Gottlosen vollkommen (perfecte) schauen«[134].

Natürlich rückte die Kirche die Hölle auch ihren Gläubigen stets intensiv vor Augen. So besteht beispielsweise in den »Geistlichen Übungen« des Ignatius von Loyola, der nach einem seiner freilich verlorenen »Söhne« menschliche Größe mit den »Handlungen eines Geistesgestörten« verbindet[135], die fünfte Übung in einer eingehenden Höllen-Betrachtung. (Noch heute muß jeder Jesuit zweimal im Leben vierzig Tage lang und in jedem Jahr acht Tage lang an diesen Übungen teilnehmen.) Eine erste Vorübung soll zunächst »mit dem Blick der Einbildungskraft Länge, Breite und Tiefe der Hölle« sichtbar machen. Eine zweite Vorübung fordert »ein recht lebendiges Gefühl der Strafe, welche die Verdammten leiden«. Dann muß in einem Fünf-Punkte-Exerzitium sich jeder einzelne Sinn die Hölle suggerieren: das Auge »jene unermeßlichen Feuergluten und die Seelen wie in feurigen Körpern«; das Ohr »das Weinen, Geheul, Geschrei, die Lästerungen gegen Christum unseren Herrn und gegen alle seine Heiligen«; die Nase »den Rauch, Schwefel, die Pfütze und Fäulnis in der Hölle«; der Geschmackssinn »die bitteren Dinge, die Tränen, die Traurigkeit, den Gewissenswurm in der Hölle«; und der Tastsinn muß »jene Gluten berühren, die die Seelen erfassen und brennen«. Anschließend soll sich der Exerzitant »alle Seelen ins Gedächtnis rufen, die in der Hölle sind« und sich freuen, daß er selbst (noch) nicht zu ihnen gehört. Diese fünfte Übung beraumt Ignatius an »eine Stunde vor dem Abendtische«[136].

Nun stößt solch Höllenbild heute selbst in gläubigen Kreisen auf eine dezente Skepsis. So sähen manche Kirchenpolitiker diese »barocken« Vorstellungen lieber beseitigt. Denn: »Wir machen es aber auch nicht glaubhafter dadurch, daß wir es so drastisch schildern und beschwören, als wären wir schon einmal gastweise in der Hölle gewesen«[137]. Die Jesuiten wollen jetzt sogar das Höllenfeuer, dessen eindringliche Vergegen-

126

wärtigung ihr Gründer und erster General noch durch den Tastsinn forderte, verlöschen lassen.

Nach den Up-to-date-Missionaren sind alle »antiken, mittelalterlichen und barocken Zutaten« preiszugeben, »die das christliche Dogma von der Hölle in ein damals zeitgemäßes Gewand brachten, es aber nicht zieren«! Doch sei es erlaubt, »dem Wandel des Weltbildes entsprechend auch die wandelbaren Jenseitsvorstellungen zu wandeln, wie sich denn auch im Lauf der Jahrhunderte ein deutlicher Wandel vollzog«, worauf unser Gewährsmann, der eben noch das Kapitel »Keine barocken Vorstellungen« bot, die Hölle zeitgemäß beschwört: »Die Hölle ist der ›Tod‹ ... Es ist eine innere Verfassung voll radikaler Verzweiflung und metaphysischem Haß und kann gar nichts anderes sein.« Die irdische Sünde habe sich, »nachdem die Schranken des Leibes gefallen sind, ungehemmt wie ein Steppenbrand bis ins innerste Wesen hinein der Seele bemächtigt, so daß sie nur mehr böse ist... Sie verharrt ewig damit Aug in Aug. Nichts blendet nun mehr den sozusagen auf das pure Nichts gerichteten Blick des endgültigen Todsünders, der die Hülle des Leibes abgestreift hat; keinerlei Ersatzwerte, wie auf Erden...«. Zuletzt bemüht unser Katholik noch einen Romancier. Und offeriert dann doch noch das Kapitel »Das ewige Feuer«, wenn auch, entgegen der Lehre des Aquinaten, als »zusätzliche Strafqual« mehr symbolisch.

Indes gab es zu allen Zeiten Christen, die sich nicht an den Höllenqualen anderer sadistisch berauschten, die vielmehr fortwährend beunruhigt wurden durch sie und die Existenz einer ewigen Hölle überhaupt leugneten. Sie konnten sich dabei sogar auf die Bibel berufen. Lehrt doch das Neue Testament wieder einmal höchst widerspruchsvoll nicht nur die Ewigkeit der Höllenstrafen, »das unauslöschliche Feuer«[138], sondern auch, daß *alle* Kreaturen, selbst der Teufel, einst wieder zu Gott zurückkehren werden[139].

An diesen neutestamentlichen Gedanken von der Universalität der Erlösung, der Allversöhnung, knüpft vor allem die berühmte origenistische Lehre von der Apokatastasis, der Wiederherstellung aller Dinge in Gott als dem letzten Ziel der Geschichte an[140], die auch in etwas veränderter Form die Kirchenväter Gregor von Nazianz und Gregor von Nyssa vertreten, die Schwärmer der Reformationszeit, viele Pietisten, Gottfried Arnold, Jung-Stilling, Schleiermacher und schließlich eine Reihe von Theologen der Gegenwart[141]. Der edle Origenes, einer der wenigen Christen, für die der Gedanke, daß Menschen durch alle Zeiten leiden sollen, nicht nur unerträglich, sondern auch mit der Frohen Botschaft Jesu und der Liebe und Allmacht Gottes unvereinbar war, wurde gerade wegen seiner Bestreitung einer *ewigen* Hölle von der Kirche verdammt. Denn wo käme diese ohne den Glauben an die ewige Hölle hin! Weshalb auch die prote-

127

stantische Kirche, sozusagen vom ersten Tag ihres Bestehens an, schon mit der Augsburgischen Konfession vom Jahre 1530 im 17. Artikel die Wiedertäufer verurteilte, ›so lehren, daß die Teufel und verdammte Menschen nicht ewig Qual haben werden‹.

Die Fahrt ins Paradies

Nach dem Lukasevangelium erfolgte Christi Himmelfahrt noch am Tag der Auferstehung, am Ostersonntagabend, nach der Apostelgeschichte vierzig Tage später1[42]. Um den Widerspruch zur Apostelgeschichte zu vermeiden, haben viele (vor allem syrische und altlateinische) Bibeltexte den Bericht des Lukasevangeliums enden lassen mit den Worten: »während er sie segnete, schied er von ihnen«, und das Folgende »und wurde in den Himmel emporgehoben«[143] verschwiegen.

Aber auch nach anderen frühchristlichen Dokumenten fährt Christus noch am Auferstehungstag ins Paradies. So bekennt der Barnabasbrief: »Darum begehen wir auch den ersten (Wochen-) Tag in Freude, an dem ja auch Jesus von den Toten auferstanden und, nachdem er sich kundgegeben hatte, zum Himmel aufgestiegen ist«[144].

Laut Lukasevangelium erfolgte Christi Himmelfahrt bei Bethanien, laut Apostelgeschichte vom Ölberg aus, ein klarer Widerspruch[145].

Das Matthäusevangelium kennt nicht nur keine Himmelfahrt, sondern schließt sie, nach manchen Gelehrten, geradezu aus[146].

Die Himmelfahrt im Markusevangelium aber steht in einem verlängerten Schluß[147], der in den ältesten Handschriften fehlt und sogar von konservativeren Gelehrten als sicher unecht verworfen wird[148]. Selbst ein katholischer Neutestamentler räumt ein, der verlängerte Schluß stamme nicht vom Evangelisten, doch sei auch dieser Text »ein Bestandteil der Hl. Schrift«[149], woran allerdings niemand zweifelt. Der ursprüngliche Markustext reicht nur bis 16, 8. Was dann im originalen Evangelium folgte, hat die Kirche gestrichen, wohl deshalb, weil es den anderen evangelischen Auferstehungsberichten zu stark widersprach[150]. Der heutige Schluß wurde erst im 2. Jahrhundert hinzugefügt.

Zahlreiche Himmelfahrten bei lebendigem Leib waren im übrigen nicht nur den Heiden geläufig, bei denen Götter wie Kybele, Herakles, Attis, Mithras, Herrscher wie Caesar oder Dichter wie Homer so wunderbar verschwanden[151]; auch Henoch, Moses und Elias fuhren gleichfalls vor Christus schon zum Himmel auf[152]. Freilich – seine Entrückung war im Alten Testament »geweissagt« worden; zum Beispiel in Psalm 23, 9: »Erhebt, ihr Fürsten, euere Pforten; erhöht euch, ihr ewigen Tore, daß der König der Herrlichkeit einziehe!«[153] Oder in Psalm 18, 7: »Von einem

128

Ende des Himmels ist sein Ausgang und bis zum anderen Ende des Himmels ist sein Heimgang«[154].

Aus solchen Stellen lasen findige Kirchenväter wie Justin, Irenäus und Tertullian die Prophezeiung von Christi Himmelfahrt heraus, womit wir zur Betrachtung des sogenannten Weissagungsbeweises übergehen.

16. KAPITEL

Der Weissagungsbeweis

»Auf einer wunderbaren geraden Linie wird die Erlösung die Jahrhunderte hindurch vom Finger Gottes vorbereitet«. Kardinal Michael Faulhaber[1].

»Der Weissagungsbeweis ist für uns abgetan. Wir wissen alle, daß er nicht stimmt«. Der Theologe Hirsch[2].

Den Beweis für die Gottheit Jesu sieht die Kirche, neben den Wundern, in der vermeintlichen Erfüllung der Prophezeiungen des Alten Testaments. Sie waren in der Antike ein Hauptmittel der Mission und galten bei den Christen, wie Origenes bezeugt, »als der stärkste Beweis« für die Wahrheit ihrer Lehre[3]. Sie zählten mehr als die damals üblichen Wunder, die man geradezu damit verteidigte, daß sie geweissagt seien[4]. Unzählige nahmen daraufhin den Glauben an.

Freilich waren auch Weissagungen nichts Neues, vielmehr der ganzen Antike vertraut[5]. Bereits von Buddha, Pythagoras und Sokrates werden sie überliefert[6]. Und wie die Christen diskutierten schon die Heiden, ob eine Weissagung dem Wortlaut oder nur dem Inhalt nach von der Gottheit stamme[7]. Wie die Christen schätzten auch die Heiden ihre Weissagungen höher als ihre Wunder. So behaupteten die Stoiker: Mit dem Weissagungsglauben steht und fällt der Götterglaube[8]. Aber noch die Neupythagoräer und Neuplatoniker verteidigten die heidnischen Prophezeiungen, und selbst Männer wie Plinius der Ältere und Cicero, die nicht an Wunder glaubten, hielten an den Weissagungen fest[9].

Um das Jahr 12 v. Chr. war die ganze Weissagungsliteratur schon so angeschwollen, daß Kaiser Augustus als Pontifex Maximus zweitausend Weissagungsbücher, die verfasserlos oder ungenügend beglaubigt umliefen, verbrennen ließ[10].

130

Das »Geheimnis« des christlichen Weissagungsbeweises

> »Wir sehen hier die dichtende Gemeinde vor uns, die die
> Farben ihres Gemäldes dem Alten Testament entlehnt«.
> Der Theologe Bousset[11].

Justin, der Märtyrer, würde an Jesus überhaupt nicht glauben, hätten sich
an ihm nicht die messianischen Weissagungen erfüllt[12]. Und Origenes
zählt »tausend Stellen«, an denen die Propheten von Christus reden[13].

Tatsächlich stehen im Neuen Testament etwa zweihundertfünfzig Zitate aus dem Alten Testament und mehr als neunhundert Anspielungen
darauf. Indes verhielt es sich so: Die Evangelisten hatten dem Alten Testament viele vermeintliche Fakten des Lebens Jesu entnommen und bewußt
in seine Geschichte hinein interpretiert. Jedermann konnte sie also leicht
als »erfüllt« herauslesen.

Das ist keine neue Erkenntnis. Schon 1802 nannte Schelling in einer
Vorlesung über das Studium der Theologie viele neutestamentliche Erzählungen »jüdische Fabeln, erfunden nach der Anleitung messianischer
Weissagungen des alten Testaments«[14]. Dies gilt besonders für die Entstehung der Leidensgeschichte und soll deshalb an ihr verdeutlicht werden.

Die Passion des biblischen Jesus entspricht nicht der
wirklichen Geschichte, sondern wurden aus dem Alten Testament
zusammenfabuliert

Man glaubte im Urchristentum, in bestimmten alttestamentlichen Teilen, vor allem in den Psalmen 22, 31, 69 und in Jes. 53, sei Jesu Ende
vorausgeschildert worden. Schon die Prediger der ersten Gemeinden, so
nimmt die neutestamentliche Forschung an, erblickten in diesen jüdischen Schriftstellen eine prophetische Darstellung der letzten Tage Jesu
und erzählten mit wörtlichem Anschluß daran, doch meist ohne direkt
zu zitieren, seine Passion. Auf diese Weise kamen geeignete alttestamentliche Texte in die neutestamentliche Leidensgeschichte. Die Evangelisten malten, wie man selbst auf katholischer Seite schreibt, »mit alttestamentlichen Farben«[15].

So mußte sich natürlich alles erfüllen. Hatte man doch nicht den wirklichen Vorgang wiedergegeben, sondern die Leidensgeschichte aus dem Alten Testament erdichtet. Das erhellt schlagend auch die Beobachtung,
daß christliche Schriften des 2. Jahrhunderts alttestamentliche Motive in
die Leidensgeschichte einführen, die bei den Synoptikern überhaupt nicht
oder ganz anders verwertet sind[16]. Gar nicht zu reden davon, daß die Pro-

pheten das *Zukünftige* in der *Vergangenheitsform* ausdrücken. Denn diese »Weissagungen« müßten im Alten Testament ja in futurischer Form stehen.

Warum aber sollte Jesus unbedingt »nach der Schrift« sterben? Weil man nur so dem Spott der Welt über den gekreuzigten Messias wirksam begegnen konnte. Gerade das Anstößigste der Passion – Verrat, Jünger-flucht, Leiden am Kreuz – wurde deshalb von allem Anfang an als Erfül-lung alttestamentlicher Prophezeiungen ausgegeben und fast jedes Detail getreu nach Worten des Alten Testaments geformt, in ausdrücklichen Zi-taten und in Anspielungen[17].

So erfolgt die Vorhersagung des Ärgernisses der Jünger auf dem Gang nach Gethsemane[18] nach Sach. 13, 7. Jesu Worte vor dem Hohen Rat über sein Sitzen zur Rechten der Macht und sein Kommen auf den Wolken des Himmels[19] werden gesprochen nach Daniel 7, 13 und Psalm 110, 1. Von den römischen Legionären wird Jesus mißhandelt wie der jesajanische Gottesknecht: »Meinen Rücken bot ich Streichen und meine Wangen Hieben dar; ich verbarg mein Antlitz nicht vor der Schmach der Anspei-ungen«[20].

Die Mitteilung von seiner Kreuzigung zwischen zwei Räubern[21] wurde vielleicht aus Jes. 53, 12 herausgesponnen, »und er ward unter die Übeltä-ter gerechnet«. Eventuell aber sind die Räuber geschichtlich. Doch be-achte man: Nach Markus und Matthäus schmähten *beide* Schächer Jesus, nach Lukas nur *einer*. Ja, bei ihm verweist der eine dem anderen die Schmähung[22]! Die späteren Christen wissen dann gar, der gute Schächer sei zur Rechten, der lästernde zur Linken gehangen[23]. Daß nach Matthäus und Markus beide Jesus lästerten, hatten sie offenbar vergessen.

Jesus wird mit Essig getränkt nach Psalm 69, 22: »Sie gaben mir Galle zur Speise, und als mich dürstete, tränkten sie mich mit Essig«. Schwamm und Rohr könnten allerdings einem bekannten Schwank entnommen sein[24]. Das Wort am Kreuz »Mich dürstet«[25] stammt aus Psalm 22, 16. Jesu Kleider werden verteilt, und zwar bis auf den Wortlaut, nach Psalm 22, 19. Der Spott der Passanten mit dem bezeichnenden Schütteln der Köpfe[26] ist aus Psalm 22, 8. Wenn die Schriftgelehrten Jesus höhnen: »Er hat auf Gott vertraut: Der rette ihn jetzt, wenn er Wohlgefallen an ihm hat«[27], so entspricht das Psalm 22, 9, wo die Umstehenden rufen: »Er hoffte auf den Herrn... der helfe ihm jetzt, wenn er Gefallen an ihm habe«.

Die Sonnenfinsternis, die sich aber nur bei Lukas ereignet, da Markus und Matthäus bloß von einer gewöhnlichen Finsternis sprechen[28], erfolgt nach Amos. 8, 9; vielleicht spielt auch Jeremia 15, 9 eine Rolle. Zu einer astronomischen Sonnenfinsternis zwar kam es damals nicht. Sie war am Passahfest (bei Vollmond) unmöglich. Es ist, wie der Theologe Kloster-

132

mann humorvoll meint, eben eine *wunderbare* Sonnenfinsternis[29], wie schon beim Tod des Romulus, Caesar, Augustus u. a.[30]. Jesu Ruf der Gottverlassenheit »Mein Gott, mein Gott, warum hast du mich verlassen?«[31], »erfüllt« Psalm 22, 2. Und auch das Zerreißen des Tempelvorhanges gehört, wenn nicht in die alttestamentliche, so doch in die jüdische Tradition[32].

Die »Prophezeiungen« des Kreuzestodes und der Auferstehung Jesu

> »Denn wer am Holz hängt, der ist von Gott verflucht«.
> 5. Mos. 21, 23.

Schwer ließ sich die Auferstehung, noch schwerer der Verbrechertod am Kreuz aus dem Alten Testament beweisen, da es keinerlei Hinweise enthält, die hier verwertbar scheinen. Doch waren gerade diese Prophezeiungen dringend erforderlich.

So fand man die Auferstehung Jesu geweissagt in Psalm 20, 5: »Leben erbat er von dir, und du gabst es ihm«[33]. Und in Psalm 3, 6: »...ich bin erwacht, denn der Herr ist meine Hilfe«[34].

Die Auferstehung »am dritten Tage« oder, wie es abweichend auch oft heißt, »nach drei Tagen«, also doch wohl am vierten Tag[35], las man aus Hos. 6, 2 heraus: »Nach zwei Tagen wird er uns heilen, am dritten Tag werden wir auferstehen und vor ihm leben«[36]. Doch verwandte man hier auch andere Schriftstellen, vor allem den dreitägigen Aufenthalt des Jonas im Fischbauch[37]. Im übrigen orientierte man sich an heidnischen Göttern, die, wie Attis, in einer alten Inschrift »der auferstandene Allmächtige« genannt[38], Osiris und sehr wahrscheinlich auch Adonis, schon am dritten Tag oder nach drei Tagen auferstanden waren (S. 112f.). Dabei hatte Osiris, nach einer Überlieferung, drei Tage und Nächte – man vergleiche Mt. 12, 40! – im Wasser zugebracht[39].

Ein besonderes Problem bildete der aus dem Alten Testament nun einmal schwer zu beweisende Tod Jesu, das entschieden Anstößigste an der Entwicklung der Dinge, da er dem jüdischen Messiasbild gänzlich widersprach. Die ältesten Christen hatten ihn deshalb zunächst einfach als Katastrophe, als Ende aller Hoffnung empfunden[40].

Aber schließlich wurde auch das mysterium crucis gelöst. Man fand auch Jesu Tod prophezeit, ganz typisch beispielsweise, wie man in der alten Kirche allgemein glaubte, in der von Moses fabrizierten heilbringenden Schlange[41], in einem Geißbock, den das 3. Buch Mose nennt[42], in einer roten Kuh, die im 4. Buch Mose der Priester Eleazar auf göttlichen Befehl schlachten und ins Feuer werfen muß, »sowohl die Haut samt dem

Fleisch als auch das Blut mit dem Mist«, und deren Asche dann als »Sprengwasser« gebraucht werden sollte – »denn die Kuh ist für die Sünde verbrannt«. Der frühchristliche Interpret rühmt die besondere Klarheit dieser Prophezeiung von Jesu Kreuzestod[43]. Weitere Weissagungen desselben erkannte man in dem während der Amalekiterschlacht mit ausgestreckten Armen betenden Moses[44] und sogar in der Beschneidung der 318 Knechte Abrahams, weil in dieser Zahl, die die griechischen Zahlzeichen IHT enthält (I = 10, H = 8, T = 300), I Jesus und T das Kreuz bedeute! Der Entdecker dieser Prophezeiung, dessen Schrift in der alten Kirche in hohem Ansehen stand – Clemens Alexandrinus und Origenes zählten sie zur Heiligen Schrift[45] –, beteuert noch: »Niemand hat von mir eine echtere Unterweisung empfangen; aber ich weiß, daß ihr es wert seid«[46]. Die Kreuzesbalken fand Kirchenvater Tertullian prophezeit in den im 5. Buch Mose erwähnten Hörnern eines Einhorns[47]. Und einen Hinweis auf Christi Blut sah ein neutestamentlicher Autor im Blut der im Alten Testament geschlachteten Böcke und Kälber[48].

Auf *diese* Weise überwand die Urchristenheit den Horror des Kreuzestodes, den Schauder – über die Erlösung. Es mußte ja sein. Es war geweissagt worden, wenn auch oft dunkel und dürftig. Nur mit freiester Auslegung macht Kirchenvater Gregor von Nyssa »das harte widerständige Brot der Schrift verdaulich«, erkennt er doch im Alten Testament zwar »deutlich den Vater«, aber nur »undeutlich den Sohn«[49]. Auch dem katholischen Bischof Methodius erscheinen die Weissagungen, wörtlich genommen, »wie dürr«. Verstehe man sie aber allegorisch – siehe oben –, könnten sie »mit guten Früchten und Blättern geschaut werden«[50]. In allen Worten der Propheten konnte man dann Hinweise auf Jesus erkennen, zumal, wie der Theologe Weinel höhnt, in den unverständlichen[51]. Ganz klar dagegen heißt es im Alten Testament: »Denn wer am Holz hängt, der ist von Gott verflucht«[52].

Die »Prophezeiungen« des Kreuzestodes genügten den Christen selbst nicht recht. Deshalb behauptete im 2. Jahrhundert Justin, die Juden hätten eine ausdrückliche Weissagung des Kreuzes aus ihren Schriften entfernt, um den Christen wichtige Beweismittel zu unterschlagen[53]. Tatsächlich aber hatten erst Christen diese Stelle in den griechischen Text des Alten Testaments geschmuggelt, um noch einige »erfüllte« Weissagungen zu bekommen[54].

Die Markioniten räumten ohne weiteres ein, daß das Alte Testament keinerlei Weissagungen der Kreuzigung Christi enthalte[55]. Überhaupt bestritten die meisten Häretiker eine Beziehung der alttestamentlichen Prophezeiungen auf Jesus[56].

134

gab neben den klassischen Leidenszeugnissen von Psalm 69 und Psalm 22, der den von Feinden umgebenen, grausam mißhandelten Gerechten schildert, vor allem das vielumrätselte 53. Kapitel des Jesaja ab. Bestreiter der Geschichtlichkeit Jesu erblicken darin (neben dem Gerechten in der Weisheit Salomos und dem Buche Hiob) geradezu die Keimzelle für die Ausgestaltung des evangelischen Jesusbildes und des Christentums[57].

Erwähnt sei wenigstens, daß das berühmte 53. Kapitel, ebenso wie alles andere von Kapitel 40–55, gar nicht, wie die päpstliche Bibelkommission behauptet, von Jesaja stammt, sondern aus späteren Jahrhunderten. Ihr Verfasser, meist Deuterolesaia (zweiter Jesaja) genannt, ist unbekannt. Die letzten Kapitel des Jesaja-Buches (56–66) sind auch nicht mehr von Deuterojesaja, sondern abermals aus jüngerer Zeit, und wahrscheinlich von mehreren Verfassern[58], weshalb die Bezeichnung Tritojesaja (dritter Jesaja) irreführt.

Im 53. Kapitel wird erzählt, wie der Gottesknecht, der »Ebed-Jahve«, verachtet und gemartert wurde und zur Vergebung der Sünden sein Blut vergoß. Obwohl das alles *bereits geschehen war,* sollte es Jesus betreffen, nachdem freilich schon vorher genauso die Essener die alttestamentlichen Prophezeiungen auf ihren »Lehrer der Gerechtigkeit« bezogen und sich damit über sein tragisches Schicksal getröstet hatten (S. 107).

Von vielen frühchristlichen Schriftstellern wird das 53. Kapitel ganz oder auszugsweise zitiert[59]. Allein im Neuen Testament stehen mehr als hundertundfünfzig Anspielungen und Hinweise darauf, allerdings selten wörtliche Zitate[60]. Wie umfassend und eindeutig aber das Leiden des frommen Gottesknechtes als das Leiden Jesu ausgegeben wurde, mag ein Vergleich mit einer Stelle des 1. Petrusbriefes zeigen[61], die nichts weiter ist als eine Konstruktion aus Jes. 53:

1. Petr. 2, 21ff.:	Jes. 53:
21. wie auch Christus für euch litt und euch so ein Vorbild hinterließ, daß ihr Seinen Spuren folgen solltet:	4. für uns litt er Schmerzen...
22. der keine Sünde tat und in dessen Mund kein Trug erfunden ward;	9. er tat kein Unrecht, und Trug ward in seinem Munde nicht erfunden...
23. der nicht widerschalt, wenn er gescholten wurde; der, als er	(vgl. 7. stumm wie ein Lamm vor seinem Scherer öffnet er

litt, nicht drohte, sondern es Dem anheimgab, der gerecht richtet;

seinen Mund nicht) (vgl. 11. er ... wird gerecht machen den Gerechten)

24. der unsere Sünden selbst hinauftrug mit seinem Leibe auf das Holz, auf daß wir, den Sünden abgestorben, der Gerechtigkeit lebten; durch dessen Wunden ihr geheilt seid.

11. und er wird ihre Sünden tragen, (vgl. 4.–6. er trägt unsere Sünden ... er wurde verwundet um unserer Missetat willen... der Herr hat ihn für unsere Sünden dahingegeben)

5. durch seine Wunden wurden wir geheilt...

25. Denn ihr ginget irre wie Schafe, aber jetzt seid ihr zurückgeführt zu dem Hirten und Hüter eurer Seelen.

6. wir alle gingen irre wie Schafe...

Heute wird das schuldlose Leiden des jesajanischen Gottesknechtes nicht nur von den jüdischen Gelehrten, sondern auch von der großen Mehrheit der protestantischen Alttestamentler nicht mehr auf Jesus gedeutet. Diese noch von Luther vertretene Auffassung spielt für die wissenschaftliche Exegese keine Rolle mehr, wenn sie auch nicht sicher weiß, wer mit dem Gottesknecht gemeint ist und die verschiedensten Erklärungsversuche unternimmt. Man denkt an Moses, an eine Gestalt aus der Zeit des alttestamentlichen Propheten, an Josia, Jojachin, auch an den sterbenden und auferstehenden Gott Tammuz oder an eine Personifikation der Prophetie. Vielleicht am häufigsten aber bezieht man das Leiden des Gottesknechtes kollektiv auf *Israel*[62], das bei Deuterojesaja auch öfter Gottesknecht genannt wird und ebenso bei anderen Propheten[63].

Kleines Beispiel für die evangelische Weissagungsproduktion

Besonders fruchtbar im Produzieren von Prophezeiungen war Matthäus. Da er daraufhin das Alte Testament genau studierte, bietet er eine ganze Reihe von Weissagungen, die weder Markus noch Lukas kennen[64]. Alle Augenblicke »erfüllt« sich bei ihm etwas[65].

Hier nur ein Beispiel. Markus erzählt, Jesus sei von Judas um Geld verraten worden[66]. Matthäus stieß nun im Alten Testament auf folgende Stelle: »Und ich sprach zu ihnen: Beliebt es euch, so gebt mir meinen Lohn, wenn nicht, so laßt es bleiben. Da wogen sie mir meinen Lohn dar,

136

dreißig Lot Silber«[67]. Nun konnte Matthäus berichten, daß Judas für seinen Verrat von den Hohenpriestern »dreißig Silberstücke« erhielt[68].

Matthäus aber hatte im Alten Testament weiter gelesen: »Der Herr sprach zu mir: Wirf ihn in den Schatz, den herrlichen Preis, dessen sie dich wert geachtet. Da nahm ich die dreißig Silberlinge und warf sie in den Schatz im Hause des Herrn«[69]. Nun konnte Matthäus erzählen, Judas habe das Geld den Hohenpriestern zurück gebracht und dann in den Tempel geworfen[70].

Die Sacharja-Stelle aber verband Matthäus noch mit einem Text von Jeremia, wo vom Kauf eines Töpferackers die Rede ist[71], und spann sein Garn weiter. Die Hohenpriester konnten das Blutgeld nicht zum heiligen Tempelschatz tun. Also läßt sie Matthäus den Töpferacker kaufen, und wieder einmal hatte sich die Schrift erfüllt. Matthäus schreibt: »Damals erfüllte sich das Wort des Propheten Jeremia: Sie nahmen die dreißig Silberstücke, den Geldbetrag für den so Gewerteten, auf den man von seiten der Israeliten einen solchen Preis ausgesetzt hatte, und gaben sie für den Töpferacker, wie der Herr es mir geboten hatte«[72].

Der dreifache Tod des unglücklichen Judas

Verweilen wir noch einen Augenblick beim Fall dieses Unglücklichen, den die Christen gleich dreimal umkommen ließen, und jedesmal grausamer.

Viele kennen nur die Version des Matthäus, wonach sich Judas erhängt. Aber anderenorts berichtet die Bibel: »Dieser (Judas) hat nun zwar von seinem Sündenlohn einen Acker gekauft, ist aber kopfüber zu Boden gestürzt und mitten auseinander geborsten, so daß alle seine Eingeweide herausgetreten sind«[73]. Judas, harmonisieren die Verteidiger der Kirche, habe sich zuerst erhängt, dann sei der Strick gerissen und der Verräter am Boden zerplatzt. Wir können dieses geistvolle Argument um so eher übergehen, als sich die Bibel auch in diesem Zusammenhang noch weiter widerspricht. Bringt nämlich Judas bei Matthäus das Geld für den Verrat den Hohenpriestern *zurück,* kauft er in der Apostelgeschichte einen Akker davon. Der bekannte »Blutacker« aber heißt bei Matthäus so, weil ihn die Hohenpriester mit dem »Blutgeld« des Judas kauften, in der Apostelgeschichte trägt er diesen Namen, weil Judas auf ihm sein Blut vergoß[74].

Ein noch scheußlicheres Ende des Verräters schildert im 2. Jahrhundert Bischof Papias, einer der »apostolischen Väter«, der ausdrücklich bestreitet, daß Judas durch Erhängen starb. Vielmehr sei er so dick geworden, daß er selbst dort, wo ein Wagen mit Leichtigkeit fährt, nicht durchgehen konnte, nicht einmal mit dem Kopf. Eiter und Würmer ausscheidend, sei

137

auch sein Schamglied überaus gewachsen und der Ort, an dem er nach namenlosen Qualen gestorben, fortan öde und unbewohnt gewesen. Bis zum heutigen Tage, schreibt Bischof Papias mehr als hundert Jahre später, könne keiner dort vorübergehen, ohne sich die Nase zuzuhalten. »So stark erfolgte der Ausfluß durch sein Fleisch auch auf die Erde«[75].

Wie die widerspruchsvollen Berichte über ihn vermuten lassen, ist die Geschichtlichkeit des Judas durchaus fragwürdig. Er könnte eine personifizierte Allegorie des Judentums sein, das Jesus verriet, was auch sein Name Iskariotes (= Mann der Lüge) nahelegt[76].

Nun gibt es eine Stelle in der Passionsgeschichte, die viele Kritiker für den Bericht eines Augenzeugen, nämlich des Markus selbst, hielten: die Erwähnung jenes jungen Mannes, der Jesus noch nachfolgte, als schon alle geflohen waren. Von diesem Jüngling schreibt Markus, und zwar er allein, daß er »nur einen linnenen Überwurf auf dem bloßen Leib anhatte; den ergriffen sie; er aber ließ seinen Überwurf fahren und entfloh nackt«[77]. Eine solche Belanglosigkeit, meinten viele, erwähnt nur, wer dabei gewesen ist. Und doch hat der Theologe Loisy an den Vers bei Amos 2, 16 erinnert: »Der Stärkste unter den Starken wird an jenem Tag nackt fliehen, spricht der Herr«[78], und auf ihn auch die Episode bei Markus zurückgeführt.

Auf die neutestamentliche Passionsgeschichte wirkten jedoch nicht nur alttestamentliche Erzählungen stark ein, sondern offensichtlich auch die jüdische Märtyrerliteratur[79] und heidnisches Gut, wie das Wort des Herakles: »Es ist vollbracht«, oder das Bild des sterbenden Sokrates oder das des Platonschülers Phokion, der wegen seiner Unbestechlichkeit den Beinamen »Chrestos« (der Rechtschaffene) erhielt, dem man auf der Marterstraße ins Gesicht spuckt und der doch als Letztes verlangt, den Athenern zu vergeben[80]. Auch Platon selbst sprach ja in seiner Republik vom Leiden und Sterben des Gerechten, von seiner Geißelung und seinem Kreuzestod[81].

Natürlich bezog man nicht nur Jesu Passion aus dem Alten Testament. In ähnlicher Weise bediente man sich seiner, neben der Heranziehung von heidnischen Fabeln (S. 91 f.), besonders bei der Erdichtung der Geburts- und Kindheitsgeschichten. So leitete man die Jungfrauengeburt[82] aus Jes. 7, 14 her, den Geburtsort Bethlehem[83] aus Micha 5, 1 f., den Kindermord[84] aus Jer. 31, 15, die Flucht nach Ägypten[85] aus Hos. 11, 1. Genauso spann man aus einer ganzen Flut alttestamentlicher Stellen die Verkündigung an Maria, ihren enthusiastischen Lobgesang, das sogenannte »Magnificat«, und die Prophezeiung des greisen Simeon bei der Darstellung im Tempel[86].

Die hier mit Absicht ausführlicher betrachtete Passion Jesu zählt *als solche* zu den geschichtlich noch *relativ* zuverlässigsten Teilen der evangelischen Überlieferung, das heißt man nimmt an, daß der berichtete Tod Jesu am Kreuz einem historischen Vorgang entspricht. Alles andere ist fragwürdig, wie teilweise schon der vorstehende Überblick erkennen läßt.

Die historisch-kritische Theologie sieht in der Leidensgeschichte wie nur irgendwo im Neuen Testament das Geschichtliche ganz ins Legendäre verwoben, eine Dichtung, die nur einen Kern historischer Wahrheit umhüllt[87]. Führende Forscher zeigen in ihren Analysen der biblischen Passionsüberlieferung, wie die einzelnen Stücke meist völlig unabhängig von einer zusammenhängenden Darstellung entstanden, mit einer Fülle von oft primitivsten erbaulichen, apologetischen und dogmatischen Motiven angereichert und zu einer Kult-Legende verflochten worden sind[88]. Die Erzählung vom letzten Mahle Jesu, die Gethsemanegeschichte, die Weissagung des Verrats, die Jüngerflucht, die Verleugnung des Petrus, die Barabbasepisode, die Mitteilungen von der Verspottung durch die Soldaten, vom Ende des Judas, von der Grabeswache und viele andere kleinere Züge werden von der historisch-kritischen Theologie als legendär bezeichnet[89]. Auch die Darstellung der Verhandlung vor dem Hohen Rat ist alles andere als ein Protokoll. Sie strotzt von groben Verstößen gegen das damalige rabbinische Prozeßverfahren[90]. Das ganze Interesse der christlichen Überlieferung konzentrierte sich darauf, die entehrenden Vorgänge der Verurteilung und Kreuzigung Jesu als Ausdruck göttlichen Willens und Jesus selbst als den leidenden und sterbenden Messias erscheinen zu lassen[91].

Nicht einmal die Gestalt des Kreuzes ist bekannt, denn der griechische Terminus bezeichnet nur einen Pfahl. Nach den ältesten Berichten weiß man auch nicht, ob Jesus daran gebunden oder genagelt war. Doch fand die christliche Verkündigung vom Kreuz zweifellos auch deshalb so starke Resonanz, weil das Kreuz als magisches und heilbringendes Zeichen weiten Kreisen längst vertraut gewesen ist, das ägyptische Henkelkreuz etwa, die Hieroglyphe »Leben« oder das Kreuzzeichen auf den Hostien der Mithrasmysterien[92].

Die (Leidens-)Weissagungen Jesu – vaticinia ex eventu

> »Sie sind deutlich erst im Rückblick auf seine Passion formuliert, um Jesu wunderbares Vorauswissen der kommenden Ereignisse und den geheimnisvollen Ratschluß Gottes, der in ihnen waltet, zu bekunden... Die Tendenz der Überlieferung, möglichst früh und oft Jesus von seinem Tod und seiner Auferstehung sprechen zu lassen, ist unverkennbar«.
> Der Theologe Bornkamm[93].

139

Ein Wort noch über die Weissagungen von Jesus selbst.

Daß man viele seiner Prophezeiungen, wie die der Zerstörung Jerusalems oder der falschen Propheten, ihm erst in den Mund legte, als sie sich längst erfüllt hatten, steht für die ernstzunehmende Forschung fest. Bereits im 2. Jahrhundert erkannte Celsus, daß alles prophezeit wurde, weil es geschehen, nicht aber geschehen, weil es prophezeit worden war.

Insbesondere entlarvte Celsus schon die sogenannten Leidensvoraussagen Jesu als nachträgliche Erfindungen, die nur das Fiasko seines äußeren Wirkens verschleiern sollten[94]. Bereits das Markusevangelium läßt in allen Einzelheiten – ein halbes Jahrhundert nach der Kreuzigung – Jesus seinen Tod voraussagen. Wie aber hätte Jesus, als von seiner Kreuzigung noch keine Rede war, überhaupt sprechen können: »Will jemand mir nachfolgen, so verleugne er sich selbst und nehme sein Kreuz auf sich, und so werde er mein Nachfolger«[95]? Wer hätte das verstehen können? Nur die Gemeinde, der das Faktum des Kreuzestodes bekannt gewesen ist, und die darum auch das Wort geprägt hat. Ebenso schrieb man Jesus alle anderen Prophezeiungen seines Todes und seiner Auferstehung erst nachträglich zu. Sie sind, wie der Theologe Eduard Lohse in Übereinstimmung mit der kritischen Forschung feststellt, »ausnahmslos« spätere Produktionen der Gemeinde, so daß von ihnen aus die Frage, welche Bedeutung der historische Jesus seinem bevorstehenden Tod beimaß, nicht sicher beantwortet werden kann[96].

Kaum aber zog Jesus mit dem Vorsatz nach Jerusalem, dort um jeden Preis zu sterben.

140

17. KAPITEL

Die Evangelien im Spiegel der Kritik

»Die Kirche lebt davon, daß die Ergebnisse der wissenschaftlichen Leben-Jesu-Forschung in ihr nicht publik sind«. Der Theologe Conzelmann[1].

Celsus

Bereits um 180 hatte der schon mehrfach genannte Philosoph, der erste große literarische Gegner des Christentums, die historische Gültigkeit der christlichen Schriften scharfsinnig in Frage gestellt.

Celsus war nicht schlecht gerüstet. Kritisch und umfassend gebildet, führte er die Auseinandersetzung mit dem Christentum, wie sein heute wohl bester Kenner urteilt, auf einer Ebene, zu der sich andere Christengegner wie Epiktet, Mark Aurel, Lukian und selbst Porphyrius nicht erhoben haben[2]. Mit den kursierenden christlichen Traktaten gründlich vertraut, erkannte Celsus ihre Mixtur aus stoischen, platonischen, jüdischen, persischen und ägyptischen Elementen. Er entlarvte bereits die Jesus in den Mund gelegten wunderbaren Leidens- und Todesweissagungen als spätere Erfindungen[3]. Er bemerkte auch den Widerspruch zwischen dem angeblichen Messiasgeheimnis, mit dem man Jesu Mißerfolg vertuschen wollte (S. 71), und der Verkündigung der Himmelsstimme bei seiner Taufe am Jordan und erklärte treffend: »Ihr widerlegt euch selbst«[4].

Das »Wahre Wort« (Alethes Logos) des Celsus, die erste Kampfschrift gegen das Christentum, enthielt derart grundsätzliche Einwände, daß sich noch etwa siebzig Jahre nach ihrem Erscheinen Origenes, der bedeutendste Kopf der vorkonstantinischen Kirche, zu einer Erwiderung genötigt sah. Dabei gibt Origenes, im Grunde ehrlich, die christlichen Widersprüche häufig zu. Oft scheinen ihm die Argumente des Gegners selbst einzuleuchten, weshalb er allerlei Ausflüchte versucht[5]. Einmal kann er auf einen Vorwurf auch gar nichts erwidern[6]. Wichtiges Beweismaterial des

141

Celsus aus der griechischen Mythologie, aus der antiken Philosophie und Religionsgeschichte wird von Origenes sogar unterschlagen, denn er hat, trotz seiner immer wiederholten gegenteiligen Versicherung[7], vieles und Wesentliches aus der Schrift seines Gegners gekürzt oder ganz ausgelassen, und keineswegs aus Nachlässigkeit oder Zeitmangel[8]. Wiederholt unterschiebt Origenes dem Celsus auch eigene Erfindung, obgleich, wie die moderne Forschung erklärt, die Angaben des Celsus zwar gefärbt sind, doch immer auf Tatsachen beruhen[9]. Ja, Origenes, der größte Theologe der Kirche in den ersten drei Jahrhunderten, weiß sich oft nur dadurch zu helfen, daß er, wie Johannes Geffcken schreibt, bei jeder Gelegenheit Celsus einen Wirrkopf ersten Ranges nennt; »aber durch Origenes' Mitteilungen selbst haben wir den besten Gegenbeweis in den Händen«[10].

Nur in seiner Erwiderung nämlich ist der Text des Celsus teilweise überliefert. Das Buch selbst ließ die Kirche verschwinden.

Porphyrius

> »Das Werk des Porphyrios war mit einem solchen Aufgebot an Gelehrsamkeit, verfeinertem Intellektualismus und religiösem Verständnis geschrieben, wie es keine antikirchliche Abhandlung vorher oder nachher je erreicht hat. Der gesamten Bibelkritik der Neuzeit wird hier vorgegriffen, so daß der moderne Forscher einmal über das andere wiedererkennend nickt«. Frederik Poulsen[11].

> »...auch heute noch ist Porphyrius nicht widerlegt«.
> »In dem meisten, was er grundsätzlich behauptet, hat er recht«. Der Theologe Harnack[12].

Porphyrius (233–304), in seiner Jugend vielleicht selbst Christ, zumindest aber ein Schüler des Origenes, konnte sich nicht von der Wahrheit der christlichen Lehren überzeugen. Er wurde der hervorragendste Schüler Plotins, des eigentlichen Begründers der neu platonischen Philosophie, der schon mit christlichen Gnostikern in Rom disputiert hatte.

Von Porphyrius' 15 Büchern »Gegen die Christen«, während einer Rekonvaleszenz auf Sizilien geschrieben, ist trotz einer umfassenden Vernichtungsaktion der Kirche einiges durch Zitate und Auszüge auf uns gekommen[13]. Porphyrius beschuldigt darin die Evangelisten, in denen er Lügner und Fälscher sieht, der Mythenproduktion und weist mit glänzender Sachkenntnis und großem dialektischem Scharfsinn ihre zahlreichen Widersprüche nach.

142

Bereits unmittelbar nach der Anerkennung des Christentums durch den Staat wurde das Werk des Porphyrius öffentlich verboten. Die letzten Exemplare ließ die Kirche im 5. Jahrhundert unter Theodosius II. auf dem Scheiterhaufen verbrennen, ja, sie vernichtete sogar die zahlreichen christlichen Gegenschriften. Noch in ihnen war, wie Wilamowitz spottet, zuviel von dem bösen Gift erhalten[14].

Selbst Augustinus aber mußte Porphyrius als edel und hochgelehrt bezeichnen. Freilich hatte der große Kirchenlehrer, dessen Lieblingsspruch das Pauluswort war: »Was hast du, was du nicht empfangen hättest?«, und von dem man erst jüngst schrieb, er werde »bis auf den heutigen Tag als Mensch und Denker Immer wieder überschätzt«, Porphyrius' Werke derart geplündert, daß man sie geradezu als Augustins Hauptquelle betrachten kann[15]. Andere, Porphyrius weniger verpflichtete Kirchenväter nannten ihn denn auch den Vater alles frechen Geredes wider die Christen, bedachten ihn mit Ausdrücken wie Verbrecher, Verleumder, Verrückter und toller Hund[16], während man heute einen der letzten wirklichen Gelehrten des ausgehenden Altertums in ihm sieht, einen originellen und sehr ehrlichen Geist, der der Forschung unserer Tage fast wie ein Professor der Theologie vorgearbeitet habe[17].

Die Geschichtlichkeit der Evangelien war übrigens schon in der Antike nicht nur den Gegnern des Christentums suspekt. Kein Geringerer als Augustin bekannte: ›Wahrlich, wäre es nicht wegen der Autorität der katholischen Kirche, so würde ich dem Evangelium keinen Glauben schenken«[18]! Augustinus gründet also die Glaubwürdigkeit der Evangelien auf die Autorität der Kirche. Die Kirche aber begründet ihren Autoritätsanspruch mit dem Hinweis auf die Evangelien.

Nur mit dem Scheiterhaufen, der ultima ratio theologorum nach Schopenhauer[19], wurde die Erkenntnis vom geringen historischen Wert der Evangelien länger als ein Jahrtausend unterdrückt. Heute steht die kritische christliche Forschung im Grunde wieder da, wo schon die Heiden Celsus und Porphyrius gestanden haben. Ehe wir uns jedoch ihr zuwenden, sei noch insbesondere Katholiken gesagt,

Warum die katholischen Theologen übergangen werden

»In Zeiten blinden und unwissenden Glaubens hat die Kirche festgesetzt, daß die Schriften, besonders die des Neuen Testaments, vollständig als authentisch und wahrhaftig zu gelten haben. Heute kann sie daher nicht mehr umkehren. Die Ergebnisse der modernen Wissenschaft müssen abgelehnt, als falsch bewiesen werden. Andererseits müssen die

143

irrigen Entscheidungen der Kirche als wahr bewiesen werden. Deshalb muß man glauben, daß schwarz weiß ist«. Alighiero Tondi, ehemals Jesuit und Professor an der päpstlichen Universität[20].

»Damit wir in allen Stücken sicher gehen, müssen wir immer festhalten: Das, was unseren Augen weiß erscheint, sei schwarz, sobald die hierarchische Kirche dies so entscheidet«. Ignatius von Loyola[21].

Die Lehren der katholischen Theologie werden im folgenden übergangen, weil es für ihre Vertreter *keine freie Forschung* gibt.

Die Päpste haben ihre Theologen zunächst durch die Dogmen gebunden, bei denen alles aufs Kontrarationale und Supranaturale hinausläuft, auf logische Absurditäten, worin die eigentliche Essenz dieser Lehren besteht und sich ihr übermenschlicher und göttlicher Charakter ja gerade bekunden soll. Katholische Gelehrte, die beispielsweise vor der Definition der leiblichen Himmelfahrt Mariens die Dogmatisierung empört als unmöglich bezeichneten, weil aus einer Legende kein Dogma entstehen könne, unterwarfen sich nach der Verkündigung des Dogmas sofort[22].

Die katholischen Theologen sind ferner festgelegt durch den von Pius X. im Jahre 1910 geforderten Antimodernisteneid, der sie an die Entscheidungen der päpstlichen Bibelkommission bindet, die fast sämtliche gesicherten Resultate der historisch-kritischen Theologie verwirft. Der Eid, den »Unzuverlässige« gelegentlich ein zweites Mal leisten müssen[23] und den seinerzeit nur zwei Theologen verweigerten, *verbietet* geradezu den katholischen Gelehrten, die Schriften des Neuen Testaments und der Kirchenväter unter Ignorierung der kirchlichen Autorität nur nach wissenschaftlichen Grundsätzen zu erklären!

Endlich werden die Publikationen dieser Geistlichen noch von der kirchlichen Druckerlaubnis abhängig gemacht, und zwar nicht nur die Veröffentlichungen von Büchern, sondern auch die von Artikeln in Zeitschriften und Zeitungen[24].

Das sind die Gründe, weshalb katholische Theologen, die ernsthafte kritische Neigungen besitzen, was bei ihnen verständlicherweise selten vorkommt, diesen nur auf belanglosen Nebengebieten nachgehen können, während die Hauptfragen für sie von vornherein feststehen. Was alles Prinzipielle betrifft, dürfen die Katholiken die Kirchengeschichte nur betrachten, um testimonia pro domo zu sammeln, haben sie statt historischer Tatsachenschilderung dogmatische Tendenzdarstellungen zu liefern, müssen sie den wirklichen Geschichtsverlauf nach den später entstandenen Dogmen vergewaltigen.

Wie und warum aber finden sich die katholischen Theologen damit ab? Nun, wohl die meisten sind von dem, was sie lehren, überzeugt. Das hängt schon mit ihrer (fast immer) katholischen Herkunft zusammen. Sie werden von der Kirche bewußt in einem Alter beeinflußt, in dem sie noch nicht zum denkenden Selbstbewußtsein, geschweige zu selbständigem Denken befähigt sind (Vgl. S. 302 f.). Wachsen sie heran, beeindruckt sie der Gedanke, daß sie das glauben, was ihre Eltern glauben, ja schon ihre Voreltern und Ureltern geglaubt haben. Zum Gefühl der Pietät kommt die Achtung vor der Autorität hinzu. Selbst ein Augustinus, wie wir sahen, vertraute dem Evangelium nur wegen der Autorität der Kirche, die diese Autorität freilich durch das Evangelium begründet, ein Schluß, der sich geradezu klassisch in den Schwanz beißt.

Auf ihren Hochschulen werden die katholischen Theologiestudenten völlig einseitig unterrichtet. Die freie Forschung, auch die kritische protestantische Theologie, lernen sie so gut wie gar nicht kennen, und was sie davon hören, ist äußerst verzerrt. Nirgends werden gegnerische Theorien so entstellt und mit Hohn übergossen, werden deren Urheber oder Vertreter so als moralisch minderwertig, als böswillig und dumm diskreditiert wie an den katholischen theologischen Fakultäten. Wohlweislich ist es den Studenten untersagt, die von der Kirche verurteilten Werke zu lesen. Besondere Genehmigungen sind schwer zu erhalten und nie generell gültig, sondern auf dies oder jenes Buch beschränkt. Nicht einmal den Priestern wird das Lesen der im Index aufgeführten Werke gestattet[25].

Echte Diskussionen mit Lehrern gibt es kaum. Sogar von den Jesuiten an der päpstlichen Universität schreibt Alighiero Tondi: »Es ist unmöglich, mit den Dozenten zu diskutieren, ihr Gehirn ist eingetrocknet. Sie sehen nicht, und man kann leicht erkennen, daß einige von ihnen nicht sehen wollen, die anderen aber nicht sehen können. Dringt man in sie ein, werden sie zornig. Wenn jemand die Kühnheit besitzt, eine gewisse Grenze zu überschreiten, so wird er, wenn auch mit Höflichkeit, als ein Ignorant hingestellt; oder aber man überzeugt ihn, daß er nicht begriffen habe und daß er unfähig sei zu begreifen. Er habe keinen ›metaphysischen Kopf‹. Geduldig, mit vornehmer Herablassung, in sanfter Ironie und mit einem leichten Schütteln des Hauptes wird der Gesprächspartner angehört. Und man erwidert, daß jugendliche Köpfe unerfahren und revolutionär seien, daß man in die Tiefe gehen müsse und daß man erst als Fünfzigjähriger, nach dreißig Jahren Studium, klarsehe«[26].

Man lese bei Tondi auch die Abschnitte »Philosophische Betrachtungen« und »Einige Gedanken über die Theologie«[27]. Was dieser ehemalige päpstliche Theologe über die Methoden und Argumentationen der katholischen Gelehrten schreibt, wie trefflich er ihre Scheingründe und Zirkelschlüsse (»Nichts als eine Handvoll Fliegen«), ihre metaphysischen Abstrusitäten (»Finsterste Nacht!«), ihre Verunglimpfung der Gegner, Vergewaltigung des Gewissens und Intoleranz enthüllt, wird der Wort für Wort bestätigen können, der selbst einmal an einer katholischen philosophisch-theologischen Hochschule studiert hat.

Natürlich gelingt es nicht allen Theologen, sich selbst zu betrügen und Lehren zu glauben, die weder logisch noch historisch haltbar sind. So gibt es, was alle Welt weiß, kürzlich aber auch ein namhafter, zum Protestantismus konvertierter katholischer Kirchenrechtler berichtete und durch Briefauszüge belegte, zumal im *gelehrten* katholischen Klerus »Fälle heroischen Unglaubens«, »den Weg der inneren Emigration«, Gelehrte, die den Glauben der Kirche als Ganzes ablehnen, nach außen jedoch bekennen. »Viele Theologen treibt das Wort: ›Mich erbarmt des Volks‹«[28].

Vor dem Kirchenaustritt schrecken die meisten von ihnen aber kaum aus so »edlen« Motiven zurück. Die Furcht spielt dabei, neben anderen Gründen (S. 491 f.), wohl eine viel wesentlichere Rolle, die Furcht vor materieller Misere und gesellschaftlichem Boykott, vor allem in rein katholischen Ländern. In Italien beispielsweise wird seit dem Konkordat des Vatikans mit den Faschisten im Februar 1929 ein Priester, der die Kirche verläßt, von allen öffentlichen Ämtern ausgeschlossen. »Das Ziel all dessen ist, die Treubrüchigen auf die Straße zu werfen und erbarmungslos in den Tod zu treiben«[29].

Wie gefährlich ein Kirchenaustritt auch heute noch gerade im Lande des Papstes sein kann, mag ein eklatantes Beispiel beweisen. Alighiero Tondi, Professor an der päpstlichen Gregoriana, seit 1936 Jesuit und »mit einem der interessantesten Ämter des Ordens«, der Bekämpfung des Marxismus-Leninismus betraut, brach nach sechzehnjähriger Tätigkeit 1952 mit dem Vatikan. Das Haus, in dem er Zuflucht fand, wurde von der italienischen Polizei umstellt, die ihn im Auftrag der Jesuiten ins Irrenhaus stecken sollte: »...die beste Lösung, mich mundtot zu machen und die vielen Dinge, die ich wußte und hätte berichten können, auf der Stelle als völlig wertlos hinzustellen. Ich durchlebte schreckliche Stunden; aber der Plan meiner Gegner wurde vereitelt: Die politische Polizei bemerkte nämlich sofort, als sie mit mir sprach, daß es sich um ein Manöver handelte, und sie wollte sich nicht kompromittieren; sie lehnte es ab, weiterhin an einem solchen Betrug mitzuwirken«[30].

In Parenthese: Auch von dem infolge seiner Auseinandersetzungen mit dem erzbischöflichen Ordinariat München 1960 in den Tod getriebenen ehemaligen Dachauer KZ-Häftling und Dominikaner Leonhard Roth behauptete ein hoher geistlicher Würdenträger in München, Pater Roth sei »ein schizophrener Fall, den man in eine Nervenheilanstalt stecken sollte!«[30a] Ist es vielleicht üblich, unbequeme katholische Theologen und Priester auf diese Weise zu beseitigen?

146

Nachdem Tondi dem Hauptanschlag der Jesuiten entkommen war, wurde er nicht nur in den Zeitungen des Vatikans, der Katholischen Aktion u. a. diffamiert, nicht nur von einer Flut anonymer schändlicher Briefe überschüttet, sondern auch auf der Straße angefallen und von den Klerikalen mit dem Tode bedroht. »Trotz dieses Schmutzes und dieser Verbrechen, die von jenen ausgingen, die die wahren Nachfolger Jesu sein wollen, trotz dieses unbegreiflichen Hasses der alleinseligmachenden Kirche, vergebe ich alles und allen, vergesse ich alles und lebe in Frieden«[31]. Tondi, der mit der Bekämpfung des Marxismus beauftragte Leiter des Instituts für höhere religiöse Bildung an der päpstlichen Gregoriana, wurde Kommunist und ging nach Ostdeutschland.

In nicht rein katholischen Ländern ist eine Apostasie katholischer Theologen allerdings weniger riskant und deshalb auch meist noch häufiger. Immerhin erwarten solche Männer, wenn sie nicht gleich zum Protestantismus konvertieren – oft die Voraussetzung etwa für Beibehaltung einer Professur oder zumindest einer gesicherten Existenz –, seltsame Schicksale. Der junge katholische Theologe Friedrich Pzillas trennte sich von der Kirche und wurde nach seiner Promotion inmitten der Wirtschaftswunderära – Nachtwächter in Bonn. Später diente er der westdeutschen Regierung und publizierte gleichzeitig eines der schärfsten und prägnantesten antichristlichen Bücher der Gegenwart[32].

Wie schwer sich aber selbst die ungläubigsten Geistlichen zu einem öffentlichen Abfall entschließen, mag das Beispiel des französischen Priesters Turmel beweisen. Fast 40 Jahre schrieb er unter seinem Namen in katholischem, unter zahlreichen Decknamen aber in antikatholischem Sinn. Nachdem er mehrmals seine Rechtgläubigkeit beschworen, erkannte er im Jahre 1930 unter einem erdrückenden Beweismaterial vierzehn Pseudonyme als die seinigen an. Er wurde als vitandus exkommuniziert und seine Werke auf den kirchlichen Index verbotener Bücher gesetzt[33].

Jesu Leben und Lehre im Urteil der modernen historisch-kritischen Theologie

> »Wenn wir ein Lebensbild Jesu nachzeichnen wollen, dann bleibt uns nur wenig Stoff. Ob wir das bedauern, ist bedeutungslos. Wir haben das Ergebnis der philologischen Textanalyse ohne Rücksicht auf Gefühle und Wünsche festzustellen«. Der Theologe Conzelmann[34].

> »Fraglich ist aber immer noch, was die Botschaft Jesu enthielt«. Der Theologe Percy[35].

147

Der von oben genau gelenkten und scharf überwachten Tätigkeit der Katholiken steht eine fast zweihundertjährige Evangelienforschung liberaler protestantischer Theologen gegenüber, von deren immenser Arbeit und Akribie der Laie sich kaum einen Begriff machen kann. Vieles ist hier nicht restlos geklärt, vieles ist heftig umstritten, aber wesentliche Resultate sind gesichert. So erklärt die moderne historisch-kritische Theologie einmütig, daß sich von Jesu *Leben* so gut wie nichts mehr ermitteln lasse, weder von einzelnen Stadien desselben, noch von seiner seelischen Eigenart oder gar Entwicklung[36].

Aber nicht nur die evangelische Darstellung des *Lebens* Jesu, der »Rahmen« seiner Geschichte, wird von den kritischen Theologen preisgegeben. Nicht nur die Situationsschilderungen, die Orts- und Zeitangaben, die meisten Wunder gelten als sekundär, als später hinzugedichtet, sondern auch Teile der tradierten *Lehre*.

Von D. F. Strauß und F. C. Baur über Wellhausen, Wrede bis zu Bousset, Goguel, Dibelius, Klostermann, Bultmann, Werner, Hirsch u. a. hält die kritische Theologie die Lehre des geschichtlichen Jesus für nicht identisch mit ihrer Wiedergabe durch die Evangelisten. Vielmehr zeigt die nicht durch Dogmen, Eide und Druckerlaubnis gebundene Forschung, daß die jesuanische Predigt auf ihrem Wege über die Urapostel und ältesten Missionare bis zu der zweiten und dritten Generation von Christen, der die Evangelisten angehörten, unwillkürlich und willkürlich übermalt und einschneidend verändert worden ist.

Zwar glaubt die wissenschaftliche Theologie, daß Jesu *Worte* sorgfältiger überliefert worden sind, als seine *Taten;* daß es sich bei den evangelischen *Reden* und *Erzählungen* um ursprünglich ganz verschieden orientierte und erst allmählich ineinander geschobene Komplexe handelt; wie ja auch das Judentum dieser Zeit die Halakha, den juristischen Teil des Talmuds, genauer überliefert hat als die Haggada, die von den Schriftgelehrten breit ausgesponnenen theologischen und legendären Stoffe[37]. Aber auch Jesu Worte galten nicht als unantastbar. Sie wurden weitergebildet und durch Zusätze vermehrt. Bei vielen läßt sich leicht nachweisen, daß er sie nie gesprochen hat, bei anderen ist es strittig, wieder andere hält man für echt.

Als Originalworte Jesu gelten hauptsächlich nur die, die der Kirchenlehre widersprechen, was ein Beispiel verdeutlichen soll. Bei Matthäus 10, 5 sagt Jesus: »Den Weg zu den Heidenvölkern schlagt nicht ein und betretet auch keine Samariterstadt, geht vielmehr (nur) zu den verlorenen Schafen des Hauses Israel.« Das Logion gilt deshalb als echt, weil die Christenheit ja alsbald Heidenmission betrieb, also das Gegenteil dieses Jesusbefehles praktizierte. Erfunden hätte sie ein solches Wort, das gegen ihre Praxis spricht, sicher nicht. Um diese Praxis aber zu rechtfertigen,

148

schmuggelte man, im Widerspruch zu dem eben zitierten (echten) Ausspruch Jesu, später an den Schluß des Matthäusevangeliums den Taufbefehl, in dem der »auferstandene« Jesus die Weltmission gebietet[38]. Dieser Befehl, den die Christen ausführten, bevor er gegeben war, gilt allen kritischen Theologen als Fälschung (S. 296).

Bultmann

Bei seiner Untersuchung der Worte Jesu läßt der Theologe Bultmann alle Leidens- und Auferstehungsweissagungen[39] von vornherein beiseite, da sie längst als unecht, als sekundäre Gemeindebildungen erkannt worden sind. Aber auch jene große und entscheidende Kategorie von Jesusworten, die der Gelehrte a parte potiori Ich-Worte nennt, ist nach ihm überwiegend ein Werk der hellenistischen Christenheit, also noch nicht einmal eine Produktion der Urgemeinde, wenn diese auch wohl damit begann[40].

Der katholische Verfasser einer umfangreichen, äußerst farbigen und phantasievollen Jesusbiographie bezweifelt dagegen keinen Augenblick, daß alle diese Worte wirklich von Jesu Lippen kamen. Ihre Authentie erkennt der Katholik zunächst an ihrem »Glanz«, dann an ihrem »Nachhall«. Endlich ist er noch imstande, »den Stil eines Textes gleichsam zu schmecken«. Besonders der »Glanz«, den er »schmeckt«, gilt ihm als »unwiderleglicher Beweis« für die »unmittelbare Lehre Christi«[41].

Die Ergebnisse der historisch-kritischen Theologie faßt Rudolf Bultmann zusammen, wenn er schon das älteste Evangelium keine Biographie, keine Geschichtsquelle, keinen Augenzeugenbericht nennt, sondern »das Werk eines in der Gemeindetheologie stehenden Verfassers«, »eine Schöpfung der hellenistischen Gemeinde«[42]. Nicht der historische Jesus wird verkündigt, sondern der ungeschichtliche »Christus des Glaubens und des Kultes«[43]. Die Auffassung, wonach wenigstens das älteste Evangelium einen ungefähren geschichtlichen Verlauf des Lebens Jesu erkennen lasse, nennt der Theologe »eine Illusion«[44]. Die Haupttätigkeit dieses Evangelisten, und natürlich erst recht der jüngeren, läuft auf »Regiekunst« und »sekundäre Redaktionsarbeit« hinaus; die Evangelien sind nichts als »erweiterte Kultuslegenden«[45].

In seiner »Geschichte der synoptischen Tradition«, einem unlängst in der 3. Auflage erschienenen Standardwerk der neueren Evangelienforschung, weist Bultmann so häufig auf die »Märchen der Weltliteratur« hin, angefangen von alten chinesischen Geschichten über Indianermärchen aus Nordamerika, Märchen aus der Südsee, Zigeunermärchen bis zum germanischen Sagenschatz, daß man sich oft mehr im Bereich eines

149

Märchenforschers als eines Neutestamentlers glaubt. Es verhält sich beim Neuen eben nicht anders wie beim Alten Testament, in dem ja auch ungemein vieles aus der Welt des Märchens, der Fabel und der Sage stammt[46]. Was bleibt bei Bultmann? Einer seiner Kritiker resümiert: »Daß Jesus getauft ist, daß er ›gelegentlich‹ geheilt und gepredigt hat, gibt man zu, nur ist das, was an Proben berichtet wird, meist sekundär«[47].

Dibelius

In seiner »Formgeschichte des Evangeliums«, einem gleichfalls grundlegenden Werk moderner Evangelienkritik, unterscheidet der Theologe Martin Dibelius drei Gattungen von Einzelgeschichten: Paradigma, Novelle und Legende[48].

Die größte Zuverlässigkeit billigt Dibelius den Paradigmen zu, den Beispiel-Geschichten, die das Evangelium mit einem Vorgang aus dem Wirken Jesu erläutern. Ihre Zuverlässigkeit ist allerdings »nur eine relative«. Denn diesen Geschichten fehlt »die Objektivität des Protokolls«, sie sind »nicht neutral erzählt«, sie wollen »die Predigthörer treffen«. Sie weisen »Sätze, zumeist Worte Jesu« auf, »deren Zuverlässigkeit zu bezweifeln ist«.

Zur zweiten Gruppe, den »Novellen«, zählt Dibelius die Heilung des Aussätzigen und des Taubstummen, die Beschwichtigung des Seesturms und Jesu Seewandeln, die Speisung der Fünftausend, die Hochzeit zu Kana, die Erweckung des Lazarus, des Jünglings zu Nain u. a.[49]. Diese »Novellen« sind im günstigsten Falle noch etwas weniger zuverlässig als die schon unzuverlässigen zuverlässigsten Evangelienteile.

Zu den Legenden – »›Fromme‹ Geschichten, wie sie in der Welt bekannt und beliebt sind« – rechnet der Gelehrte die Erzählung vom zwölfjährigen Jesus im Tempel, die Ankündigung der Geburt des Täufers und der Jesu, die Geburt in Bethlehem und die Botschaft an die Hirten, die Geschichten von Simeon und Hanna, von den Weisen aus dem Morgenlande, vom wunderbaren Fischzug und vom Seewandeln des Petrus, die Jüngerberufung, Jesu Salbung durch die große Sünderin, das Ende des Judas u. a.

Schon das Markusevangelium ist nach diesem Theologen »seinem letzten Gepräge nach gewiß ein mythisches Buch«, wenn auch die zugrundeliegende Tradition Jesus in den meisten Stücken nicht als mythische Person erscheinen lasse[50]. Doch waren die ersten Christen, wie Dibelius anderen Orts feststellt, »an der Historie nicht interessiert«. Sie wollten »nicht Geschichte schreiben, sondern Evangelium predigen«[51]. So daß das Neue Testament auch nach Dibelius nur schildert, »was die Gemeinde

150

von Jesus glaubt, nicht was er selbst und was andere zu seinen Lebzeiten über ihn dachten«[52].

Weitere Theologen

Selbstverständlich stehen führende Theologen wie Bultmann und Dibelius mit ihren Forschungsergebnissen nicht allein. Die kritische Theologie sieht ganz allgemein in den Evangelien, um die von Hans von Soden geprägte und von anderen Theologen übernommene Charakteristik zu gebrauchen, »Kultlegenden«[53], »bunte literarische Mischgebilde«, wie Carl Schneider schreibt, »von Spruch- und Gleichnissammlungen, Erbauungs- und Unterhaltungsgeschichten, Biographischem und Legendärem«[54], »ein Gemisch von Wahrheit und Dichtung«, nach Adolf Jülicher[55], »weithin nur eine Anekdotensammlung«, nach Martin Werner[56]. »Historisches Interesse«, wie Kendrik Grobel betont, »ist bei ihnen überhaupt nicht vorhanden«[57]. Die Evangelien lassen sich deshalb, um eine Formulierung von Maurice Goguel zu verwenden, »nur mit äußerster Vorsicht benutzen«[58]. Sie sagen uns, nach W. G. Kümmel, nicht mehr, als daß uns in ihnen »die Nachricht von dem geschichtlichen Menschen erreicht hat«[59]. Die kritische Forschung hat also, um noch den Theologen Käsemann zu zitieren, »die historische Glaubwürdigkeit der synoptischen Tradition auf der ganzen Linie zweifelhaft gemacht«[60].

Sogar ein katholischer Neutestamentler konzediert unter dem Druck der durch die kritische Theologie gewonnenen Erkenntnisse, die Synoptiker hätten »ihre Tendenz dem Überlieferungsstoff aufgeprägt«[61]. Indes gestehen die Katholiken selten so viel. Ihre übliche Haltung gegenüber der Bibel drückt vielmehr die Forderung aus: »Der Mensch darf nicht selbstherrlich an die Schrift herantreten und von irgendwelchen der Welt (!) angehörenden Maßstäben her feststellen, welches Christusbild darin echt sei, sondern er muß hörend kommen, gehorchend, als zum Worte Gottes«[62]. Unter Außerachtlassung all der wissenschaftlichen Gesichtspunkte, mit denen jedes andere literarische Werk betrachtet wird, soll ausgerechnet das Buch der Bücher gelesen werden. Wer die Fülle seiner Widersprüche und Ungereimtheiten kennt, weiß freilich, warum die Kirche kritiklosen Glauben an die Bibel verlangen muß.

151

Resultat

Das wichtigste Ergebnis der dogmatisch ungebundenen Bibelkritik des 19. und 20. Jahrhunderts ist die Erkenntnis der Nichtidentität des Jesus von Nazareth mit dem biblischen und kirchlichen Christus.

Nicht nur das jüngste der vier Evangelien ist ungeschichtlich, wie man früher meinte, auch die drei älteren sind es zum größten Teil. Ja, bereits das, was die christlichen Missionare *vor* Niederschrift der Evangelien predigten, hat mit der Wahrheit wenig zu tun. Denn nicht ein historisches, biographisches, protokollarisches Bestreben stand am Anfang der Überlieferung, sondern ein missionarisches und dogmatisches: Erbauung, Propaganda, Apologetik, Polemik, Tendenz. Wie die jüngeren Evangelisten die Aussagen des ältesten in vielem verbesserten, Jesu Wunder vermehrten, steigerten und seine Erscheinung immer mehr vergöttlichten, so verfuhren analog schon die christlichen Prediger der vorevangelischen Zeit gegenüber der, wie man glaubt, historischen Gestalt des Galiläers.

Nach Auskunft der gesamten kritischen Bibelwissenschaft sind die Evangelien keine zuverlässigen geschichtlichen Grundlagen, sondern bereits beträchtlich weiterentwickelte, aus gläubigem Überschwang entstandene mythologische Literaturprodukte, religiöse Erbauungs- und Missionsschriften, die nicht nur die Christen in ihrem Glauben stärken, sondern auch neue Anhänger gewinnen wollen. An historischer Realität in unserem Sinn hatten ihre Verfasser überhaupt kein Interesse. Mit anderen Worten: Die Evangelien sind Produkte der späteren Gemeindephantasie. Die Gemeinde ist der eigentliche Gestalter des Christusbildes gewesen. Uralte Mythen haben dabei Pate gestanden.

152

18. KAPITEL

Jesus

»Der Anfang der Weisheit über Jesus – und zugleich der Anfang der Ehrfurcht, die wir ihm schulden – ist, daß wir von ihm ohne Phrasen reden«.
Der Theologe Albert Schweitzer[1].

Über die Gemeindeanschauungen des letzten Jahrhundertdrittels, wie sie die Evangelien enthalten, bis zur Lehre des historischen Jesus durchzustoßen, ist ungeheuer schwer und bildet das zentrale und wohl niemals ganz zu lösende Problem der Forschung. Dennoch glaubt sie, daß trotz aller Unsicherheit der Überlieferung, trotz aller Auslassungen und Zutaten, Umbiegungen und Übermalungen, die charakteristischen Züge seiner Botschaft wenigstens ungefähr erkennbar sind.

Neben der Proklamation des nahen Gottesreiches stand offenbar im Mittelpunkt der Predigt Jesu das Gebot der Liebe, Liebe zu Gott und zum Nächsten, auch zum Feind. Eine Tendenz zur äußersten Radikalität scheint ihn beherrscht zu haben: Kampf gegen Kult und zur Schau gestellte Frömmigkeit, gegen die Selbstgerechten und Richtenden, gegen die Unterdrückung der Schwachen, die Ausbeutung der Armen, gegen Gewalt, Wiedervergeltung und Mord. Dies dürften wesentliche Züge seiner Verkündigung gewesen sein. Später soll den verschiedenen Problemkreisen jeweils ausführlicher das entsprechende Gedankengut des *synoptischen* Jesus vorangestellt werden. Das ermöglicht eine unmittelbare Konfrontation zumindest wichtiger biblischer Lehren mit dem, was daraus geworden ist.

War Jesu Lehre neu?

»Nichts ist neu, nur die Anordnung«. Will Durant[2].

»Es gibt keinen einzigen christlichen Gedanken..., der nicht schon vor Jesus in der ›heidnischen‹ oder jüdischen Literatur nachweisbar wäre«. Karl Kautsky[3].

Alle Grundgedanken Jesu sind wenig eigentümlich und schon vor ihm ausgesprochen worden, in den Psalmen, von den jüdischen Propheten, den Rabbinen, den Essenern, zu denen er – was auch Theologen zugestehen[4] – vielleicht selbst gehört hat, von Johannes dem Täufer, dem indischen Buddhismus, Sokrates, Platon, der Stoa, dem Kynismus u. a.

Die Gotteskindschaft

Selbst Jesu Gottesbegriff ist nicht neu, jener schrankenlos gütige Gott, der den sündigen Zöllner mehr liebt als den tugendstolzen Pharisäer und sich über die Heimkehr eines Verlorenen mehr freut als über neunundneunzig Gerechte. Denn schon das Alte Testament wußte, daß sich Gott dem Umkehrenden zuneigt, ja, daß Gottes verzeihende Bereitschaft die Umkehr des Abtrünnigen erst ermöglicht[5]. Der Gedanke der Gotteskindschaft war den Juden durchaus geläufig. Vom »Vater im Himmel« sprachen sie vor Jesus, der dies übrigens noch ziemlich selten tut. Erst in den jüngeren Überlieferungen, besonders im Johannesevangelium, wird der Gebrauch des Vaternamens im Munde »Jesu« häufiger[6]. Aber selbst Jesu Bezeichnung Gottes als »mein Vater«[7] steht genauso bei mehreren Rabbinen[8]. Die Idee der Gotteskindschaft war jedoch auch außerhalb des Judentums bekannt. Schon aus dem 3. Jahrtausend existiert das Gebet an eine Gottheit: »Eine Mutter habe ich nicht, du bist meine Mutter; einen Vater habe ich nicht, du bist mein Vater«[9]. Das 4. Kapitel des Lotos-Sûtra enthält ein buddhistisches Gleichnis vom Verlorenen Sohn, das trotz gewisser Unterschiede dem lukanischen Gleichnis ähnelt. Auch im Zeus-Hymnus des Kleanthes (geb. 330 v. Chr.) findet der Gedanke der Gotteskindschaft einen grandiosen Ausdruck. Dann kehrt er besonders in der Stoa wieder, wo Gott als fürsorgender Vater erscheint und die Verwandtschaft der Menschen mit den Göttern betont wird[10]. Die Griechen nannten Gott sogar öfter als die Juden Vater, wenn auch vielleicht nicht ganz so intim wie Jesus, dessen Anrufung Gottes als 'abba – ein aramäisches Diminutiv der Kindersprache (für das hebräische ha-'ab = der Vater) – eigentlich mit »Väterchen« oder »Papa« verdeutscht werden müßte[11].

154

Auch die Mutter-Kind-Beziehung als Ausdruck des Verhältnisses von Gott und Mensch war den Mysterienreligionen lange vor dem Christentum vertraut (S. 413ff.). Wie die hellenistischen Schüler den »lieben« Zeus schon aus ihrer Homer- Lektüre kannten, so auch die »liebe Herrin« Athene und die »liebe« Artemis[12].

Die Feindesliebe

Auch dieses charakteristische Gebot des Evangeliums war gleichfalls längst bekannt[13].

Jesu Spruch: »Alles was ihr wollt, das euch die Leute tun, das tut ihnen auch«, berührt sich offenkundig mit der Maxime Buddhas: »Handle so, als geschähe es dir selbst, töte nicht und gib keinen Anlaß dazu!«[14] In der buddhistischen Literatur steht ferner: »Durch Nichtzürnen überwindet man den Zorn; das Böse überwindet man mit Gutem; den Geizigen überwindet man mit Gaben; durch Wahrheit überwindet man den Lügner«[15].

Auch Platon verbietet schon, einem Menschen Böses zu tun, selbst wenn man noch so viel Böses von ihm erleide[16].

Der Stoa war die Feindesliebe ebenfalls nicht fremd. Eine bemerkenswerte Parallele zu Jesu Wort: »Betet für eure Verfolger, auf daß ihr Söhne eures himmlischen Vaters seid. Denn er läßt seine Sonne aufgehen über Böse und Gute und läßt regnen auf Gerechte und Ungerechte«[17], gibt es bei Seneca: ›Wenn du die Götter nachahmst, tue auch den Undankbaren Gutes! Denn die Sonne geht sogar für Verbrecher auf, und den Seeräubern stehen die Meere offen«[18]. Ein ganz ähnliches Gebot und dieselbe Begründung.

Aber sogar von jüdischen Autoritäten wurde die Feindesliebe gefordert[19], selbst vom Alten Testament, allerdings nur gegenüber dem Privatfeind aus dem eigenen Volk[20]. Doch war es schon für Jeremia und Jesaja ein köstliches Ding, sich auf die Backe schlagen und viel Schmach antun zu lassen[21]. Wie ja auch Jesu Doppelgebot der Liebe, das die Christenheit seit je als ihr besonderes Eigentum betrachtet hat, der traditionellen jüdischen Theologie entstammt.

Jesu Lehre war im Judentum schon vorgebildet

Überhaupt sagt sich der synoptische Jesus, bei aller Gegnerschaft zur pharisäischen Gesetzesübung, nie völlig vom Gesetz los. Vielmehr knüpft er in entscheidenden Belangen positiv daran an, wenn auch seine zunehmende Distanzierung von ihm offensichtlich und sein Kampf gegen das

Pharisäertum, was mitunter bestritten wird, einer gegen das Gesetz ist. Gleichwohl gibt es fast zu jeder ethischen Weisung Jesu eine (oft sogar wörtliche) Parallele in den Rabbinika, was wenigstens einige Beispiele belegen sollen[22].

Jesu Wort: »Mit welcherlei Maß ihr meßt, wird euch wieder gemessen werden«, steht wörtlich in der Mischna, einem Teil des Talmuds[23]. Wörtlich oder fast wörtlich trifft man in der damaligen jüdischen Literatur auch Jesu Gleichnis vom Balken und Splitter; oder seinen Ausspruch, wonach jeder Tag an seiner eigenen Plage genug habe; oder den Spruch vom Schatz im Himmel, den weder Motten noch Rost fressen[24]. Jesu Diktum: »Wer ein Weib ansieht, ihrer zu begehren, hat schon in seinem Herzen Ehebruch an ihr begangen«[25], findet sich im Talmud in folgender Form: »Wer mit Absicht auf eine Frau schaut, ist so zu beurteilen, als ob er mit ihr ehelich verkehrt hätte«[26]. Wenn Jesus mahnt: ›Es ist besser für dich, daß eins deiner Glieder verderbe, als daß dein ganzer Leib in die Hölle geworfen wird«[27], entspricht das der jüdischen Lehre: »Es ist besser, daß dein Bauch zerspringt, als daß er in den Abgrund des Verderbens steige«[28]. Und zu Jesu Drohung: »Ich aber sage euch: Wer seinem Bruder auch nur zürnt, soll dem Gericht verfallen; und wer zu seinem Bruder ›Dummkopf‹ sagt, soll dem hohen Rat verfallen; und wer ›du Narr‹ zu ihm sagt, soll der Feuerhölle verfallen«, lautet die rabbinische Parallele: »Wer zu seinem Nächsten ›Sklave‹ sagt, der soll in den Bann getan werden; wer zu ihm ›Bastard‹ sagt, der empfängt die vierzig (Geißelhiebe); wer zu ihm ›Gottloser‹ sagt, dem kann er an sein Leben gehen«[29].

Jesu Predigt war im Judentum vorgebildet und wird wohl allein aus ihm voll verständlich. Doch zeigt sich

Der galiläische Lehrer auch von griechischen Gedanken berührt[30]

Das wird sogleich verständlich, wenn man bedenkt, daß Galiläa, damals herablassend das »Galiläa der Heiden« genannt, zu Jesu Zeit kein rein jüdisches Land mehr war[31]. Vielmehr lebte dort eine Mischbevölkerung, die weithin hellenistischen Einfluß zeigte. Er ging aus von den fremden Großgrundbesitzern und den Garnisonen der Besatzungsmacht, aber auch von den eingewanderten Diasporajuden und den Pilgerscharen, die besonders zu den Festzeiten nach Jerusalem strömten. Hatte Jerusalem selbst nur etwas über 50 000 Einwohner, kamen jährlich etwa 125 000 Pilger in die Stadt[32].

Nicht zuletzt führten auch Herodes I., der Große (37–4 v. Chr.), ein orientalischer Despot und Günstling Roms, der selbst kein Jude war, und seine Söhne Archelaus, Philippus und Herodes Antipas, der Landesherr

156

von Galiläa und Peräa, der »König Herodes« der Evangelien[33], ein bewußt hellenistisches Herrscherhaus. Sie umgaben sich mit griechischen Gelehrten, griechischer Literatur und Kunst, bauten Städte nach griechischer Art und trugen so zur Hellenisierung Galiläas bei. Die Griechenstädte Hippos und Gadara lagen unweit vom Schauplatz der öffentlichen Wirksamkeit Jesu und sind vom westlichen Ufer des Sees Genezareth aus sogar zu sehen. Viele Juden sprachen Griechisch, viele hatten griechische Eigennamen, unter den Jüngern Jesu Andreas und Philippos; und das Aramäische war von einer Unzahl griechischer Lehnwörter durchsetzt. Palästinensische Rabbinen studierten manchmal nicht nur in Alexandrien, sondern auch in Athen und Rom. Die Synagogen Galiläas muten griechisch an. Auch in Jerusalem gab es griechische Synagogen. Selbst die Sprache der Gottesdienstfeiern ist hier Griechisch gewesen[34].

Nazareth wurde vom Straßennetz des großen Weltverkehrs berührt und war von Griechenstädten umgeben. Auffallend oft hört man von Jesus, über dessen äußeren Lebensweg sonst wenig berichtet wird, er habe Wanderungen ins damalige Ausland unternommen[35]. Selbst Gelehrte, die den Hellenismus in Galiläa möglichst gering veranschlagen, gestehen die Möglichkeit zu, daß populärphilosophische Stimmungen Jesus erreichten[36]. Doch gibt es auch Theologen, die meinen, er könne von seinen letzten Erlebnissen überhaupt nur auf griechische Weise reden[37].

Ein gewisser Einfluß griechischer Gedanken auf Jesus läßt sich jedenfalls bis ins einzelne verfolgen. Sein Wort: »Geben ist seliger als Nehmen«, steht bereits genauso in der »Nikomachischen Ethik« des Aristoteles. Jesu Ausspruch von der engen Pforte, die zum Heil, und dem breiten Weg, der ins Verderben führe, findet sich schon bei Hesiod und in der Geschichte des Prodikos über die Wahl des Lebensweges durch Herakles[38]. Der Aufforderung Jesu an den Jünger, der seinen Vater begraben will: »Laß die Toten ihre Toten begraben! Du aber gehe hin und verkündige das Reich Gottes!«, entspricht das Verhalten des Sarapisjüngers, der beim Tod des Vaters das Sarapeion nicht verläßt »um des Sarapis willen«[39]. Oder der Jesusjünger, der die Hand nicht an den Pflug legen und nicht zurückschauen soll, hat sein Gegenstück in dem korinthischen Landmann, den das Lesen des Platonischen Gorgias so ergreift, daß er die Hand vom Pflug nimmt und zu Platon geht[40]. Und in Jesu Verbot, zwei Röcke zu tragen, liegt eine unmittelbare Aneignung kynischen Gutes durch ihn vor[41].

Interessanterweise ist in Gadara, unweit von Nazareth, kynischer Schulbetrieb mit fortgesetzer Überlieferung vom 3. vorchristlichen Jahrhundert an bis weit in nachchristliche Zeit bezeugt[42]. Außerdem waren kynische Wanderprediger überall. Auch in den um Galiläa liegenden Ländern zogen sie von Ort zu Ort, sprachen auf Plätzen und Gassen, in Thea-

157

tern und Sälen. Es käme einem Wunder gleich, hätte Jesus von ihnen und ihren Reden nicht gehört.

Der Kynismus, etwas ganz anderes als Anekdotensammlungen des späteren Altertums und unser Sprachgebrauch, vielleicht nicht zufällig, daraus gemacht haben, bietet mancherlei Parallelen zum Christentum. Unter allen griechischen Philosophenschulen waren beim Kynismus der Eingottglaube und die Verwerfung des Götterkultes am schärfsten ausgeprägt. Zugleich verkündete er das ethische Ideal der Bedürfnislosigkeit. Er bekämpfte äußere Ehren und Reichtum, Luxus und Laster, achtete alle festgelegte Erkenntnis und Wissenschaft gering, und seine Wanderprediger, vielfach sehr ernsthafte, würdige und auch schon den Titel »Bischof« führende Männer[43], durchzogen die ganze Welt. Sie wandten sich mit Vorliebe an das niedere Volk, die Armen und Sklaven, und verschmähten nicht die schlechteste Gesellschaft. Wie Jesus einmal meint, nicht die Gesunden bedürften des Arztes, sondern die Kranken, so erwiderte bereits der Sokratesschüler Antisthenes, der Gründer des Kynismus, auf den Vorwurf, schlechten Umgang zu pflegen: »Auch die Ärzte sind bei den Kranken, haben aber darum nicht selbst das Fieber«[44]. Später geschah es nicht selten, daß Kyniker, die in christlichen Gemeinden manchmal hohes Ansehen genossen, mit Christen verwechselt wurden und umgekehrt Christen als Kyniker galten.

Wirklich singulär ist an der Predigt Jesu so gut wie nichts, was heute wohl jeder vorurteilsfreie Forscher anerkennt[45]. Maßgebliche Theologen nennen den Glauben an die Einzigartigkeit und Absolutheit seiner Lehre eine »naive Vorstellung«[46]. Sie erklären übereinstimmend, daß er in seiner Deutung des historischen Augenblicks, in seinen eschatologischen Vorstellungen, sich geirrt habe (S. 29 f.). Sein Weltbild, wie sollte es anders sein, war eben das seiner Zeit. Mit ihr teilte er auch den Glauben an Geister, an Engel und Teufel. Und auch seine sittlichen Vorstellungen waren nicht neu, was im übrigen ihren hohen Wert nicht mindert.

Überhaupt ist das Charakteristische des synoptischen Jesus nicht die Abhängigkeit von anderen, die schon Celsus erkannte[47], sondern die Intensität seiner Verkündigung. Durch ihre aufs äußerste gesteigerte Konsequenz und Kompromißlosigkeit, durch die Ausschließung des Unnötigen und die Beschränkung auf das Wesentliche, geht Jesus über vieles Frühere hinaus. Er vermochte zu erschüttern und anzuziehen, und *er vermag es noch heute.* »Wer mir nahe ist«, wird ein außerbiblisches Wort von ihm überliefert, »ist dem Feuer nahe«[48]. Hinter seiner Predigt aber, das war wohl das Entscheidende, steht der synoptische Jesus selbst. Leben und Lehre stimmen bei ihm überein.

Freilich auch diese Haltung teilt Jesus mit jedem echten Lehrer. Denn

158

wie eine historische Betrachtung in seiner Botschaft nichts »Einzigartiges« sehen kann, so auch in ihm selbst keinen unvergleichlichen Menschen[49]. Es gab auch Buddha, Sokrates und manchen anderen, und wir brauchen nicht, wie Goethe gegen Lavater bemerkt, alle köstlichen Federn der tausendfachen Geflügel unter dem Himmel ihnen auszurufen, als wären sie usurpiert, um einen einzigen Paradiesvogel damit zu schmücken[50].

Exkurs I

Zwei wichtige Fragen erheben sich noch im Rahmen dieses ersten Buches:
1. Wie wurden die Evangelien überliefert?
2. Wie kam es zum Kanon des Neuen Testaments?

1. Der zusammengestückelte Evangelientext

> *»Die Tatsache, daß der neutestamentliche Text in dieser Periode seiner Entwicklung starke Veränderungen erlitten hat, zum Teil einer förmlichen Verwilderung unterlegen ist, kann nur die Unwissenheit leugnen«.*
> *Der Theologe Jülicher[1].*

> *»Der Originaltext verschwindet immer mehr; man bemerkt die immer zahlreicher werdenden Widersprüche zwischen den Handschriften verschiedener Überlieferung und versucht sie auszugleichen: Das Ergebnis ist ein Chaos.«*
> *Die Theologen Hoskyns und Davey[2].*

Bis ins 18. Jahrhundert behauptete man, das Original des Markusevangeliums zu besitzen, und zwar sowohl in Venedig als auch in Prag; und beide Originale in Latein, das kein Evangelist je gebraucht hat. In Wirklichkeit existiert kein Original, blieb weder ein neutestamentliches, noch überhaupt ein biblisches Buch in seinem ursprünglichen Wortlaut erhalten. Doch liegen auch die ersten Abschriften nicht vor. Es gibt nur Abschriften von Abschriften von Abschriften.

Der heutige Text des Neuen Testaments ist ein Mischtext, das heißt er wurde aus den verschiedensten Überlieferungen zusammengestückelt. Er beruht 1. auf griechischen Handschriften, 2. alten Übersetzungen und 3. den oft aus dem Gedächtnis angeführten neutestamentlichen Zitaten der

159

Kirchenväter. Justin etwa bietet davon über 300, Tertullian über 7000, Origenes fast 18000[3]. Die Werke der Kirchenväter freilich sind selbst wieder mit recht unterschiedlicher Zuverlässigkeit überliefert.

Die ältesten erhaltenen griechischen Handschriften des gesamten Neuen Testaments, der Vaticanus und der Sinaiticus, stammen erst aus der Mitte des 4. Jahrhunderts.

Der in der vatikanischen Bibliothek aufbewahrte Vaticanus ist allerdings nicht ganz vollständig und wurde mehrmals »verbessert«. Seine verschiedenen ›Lesarten« – man unterscheidet an ihm die Tätigkeit von drei Korrektoren – sind erst durch den deutschen Theologen Constantin von Tischendorf (1874) bekannt geworden, der sich um die Erforschung des neutestamentlichen Textes bahnbrechende Verdienste erwarb.

Tischendorf ist auch der Entdecker des Codex Sinaiticus, den der vielgereiste Gelehrte im Katharinenkloster auf dem Sinai (1844 und 1859) aufgefunden und für Zar Alexander II. erstanden hat. Von den ältesten griechischen Handschriften enthält nur der Sinaiticus, seit 1933 im Besitz des Britischen Museums, das Neue Testament ganz und sogar mit zwei von der Kirche später verworfenen »Apokryphen«, nämlich dem Barnabasbrief und dem Hirten des Hermas. Der Text des Sinaiticus wurde im übrigen, wie der des Vaticanus, erst gegen Mitte des 4. Jahrhunderts hergestellt, und teilweise ebenso völlig willkürlich[4].

Viel wichtiger als die Pergamenthandschriften sind heute allerdings die wesentlich älteren, bereits aus dem 2. Jahrhundert stammenden, aber nur sehr fragmentarisch erhaltenen Papyri. Auch gibt es auf griechische Vorlagen zurückgehende lateinische, syrische und koptische Übersetzungen, deren älteste ebenfalls dem 2. Jahrhundert zugehören. Doch liegt immer noch fast ein ganzes Jahrhundert zwischen ihnen und den Originalen. Und dann handelt es sich eben um Übertragungen, noch dazu in durchweg formenärmere Sprachen, die die Besonderheiten und feinen Schattierungen des Griechischen nur grob wiedergeben.

Bei den griechischen Texten aber fällt ins Gewicht, daß das Bedeutendste im Neuen Testament, die Reden Jesu, bekanntlich nicht griechisch, sondern in einem syrischen Dialekt, dem Aramäischen, gehalten und von Jesu ältesten Anhängern auch auf aramäisch weitergegeben worden sind. An diesem rasch und nachlässig gesprochenen Dialekt der nicht im besten Ruf stand – die Galiläer vermochten die Kehllaute nicht klar auszusprechen – wurde ja Petrus im Hof des Hohenpriesters erkannt[5]. Da jedoch die Evangelien, wie alle frühchristlichen Traktate bis zum ausgehenden 2. Jahrhundert, als man auch lateinisch, syrisch und (im 3. Jahrhundert) koptisch zu schreiben begann, griechisch abgefaßt waren, liegt im wichtigsten, den Worten Jesu, bereits eine Übertragung vor; und zwar keine Übertragung gleichgearteter aramäischer *Schriften*, sondern lediglich ei-

160

ner mündlichen Tradition! Wie leicht aber sind hier Veränderungen stilistischer Art, doch auch Hellenisierungen gerade bei schwierigen oder unbequemen Wendungen möglich gewesen. Die Forschung sieht deshalb auch in dieser Übertragung der Sprüche Jesu ein gar nicht ernst genug zu nehmendes Problem[6].

Nur ganz wenig Jesusworte kamen in ihrer aramäischen Form in den griechischen Text des Neuen Testaments, so das »Talitha kumi«, mit dem Jesus das Töchterchen des Jairus erweckt[7], das »Effetha«, mit dem er den Taubstummen geheilt haben soll[8], das »Eli, Eli, lema sabachthani«, womit er bei Matthäus und Markus seine Gottverlassenheit am Kreuz bekundet[9], oder das Wort »Amen«[10].

Nun vollzog sich das Abschreiben der Evangelien natürlich nicht fehlerfrei. Länger als zwei Jahrhunderte waren sie den unabsichtlichen und absichtlichen Eingriffen der Kopisten ausgesetzt, erfuhren sie bei ihrer Verbreitung durch den praktischen Gebrauch, um mit den Theologen Feine-Behm zu sprechen, »ganz von selbst mannigfache Veränderungen, aber auch absichtsvolle Erweiterungen und Kürzungen«[11]; haben kirchliche Glossatoren bzw. Redaktoren, wie der Theologe Hirsch nachweist, an ihnen weiter »poliert«, »ergänzt«, »harmonisiert«, »geglättet« und »verbessert«[12]; so daß schließlich, wie der Theologe Lietzmann schreibt, »ein ganzer Urwald von gegeneinander stehenden Lesarten, Zusätzen und Auslassungen entstanden ist«[13] und, wie der Theologe Knopf erklärt, »wir an vielen Stellen den ursprünglichen Text nicht mit Sicherheit oder auch nur Wahrscheinlichkeit feststellen können«[14]. Doch ist nicht einmal dieser Zug im Christentum originell. Denn auf ähnliche Weise verbesserten schon die alten Ägypter ihre Heiligen Schriften[15].

Wie die Textgeschichte lehrt, wurde am meisten und vor allem absichtlich in der ältesten Zeit geändert, weil nämlich die Evangelien, wie wir gleich sehen werden, fast ein Jahrhundert lang gar nicht als heilig und unantastbar gegolten haben[16]. Man strich und setzte zu, paraphrasierte und erging sich in der Ausmalung von Details, man erzählte überhaupt mehr nach als daß man korrekte Kopien lieferte. Bis gegen 200 verfuhr man mit den Evangelien nach Bedarf und Geschmack[17]. Doch haben sie auch spätere Abschreiber noch verändert, neue Wunder eingefügt oder die vorhandenen weiter gesteigert[18].

Um der heillosen Verwilderung ein Ende zu machen, beauftragte im Jahre 383 Bischof Damasus von Rom den Dalmatiner Hieronymus mit der Herstellung eines einheitlichen Textes der lateinischen Bibeln, von denen auch nicht zwei in längeren Abschnitten übereinstimmen. Der päpstliche Sekretär änderte dabei den Wortlaut der Vorlage, die er als Basis für seine »Berichtigung« der vier Evangelien benutzte, an etwa 3500 Stellen[19]. Diese Übersetzung des Hieronymus, die Vulgata, die allgemein Ver-

161

breitete, von der Kirche jahrhundertelang abgelehnt, wurde im 16. Jahrhundert auf dem Konzil von Trient für authentisch erklärt[20].

Wie jedoch unter den altlateinischen Bibelhandschriften keine mit der anderen völlig harmoniert, so bieten auch unter den griechischen – 1933 kannte man rund 4230, 1957 bereits rund 4680 griechische Handschriften des Neuen Testaments[21] – keine zwei genau denselben Text. Eine Übereinstimmung aller Codices aber liegt kaum noch bei der Hälfte der Worte vor. Und dies, obwohl oder vielmehr weil man in der handschriftlichen Überlieferung die Evangelien einander angeglichen hat. Man schätzt die Zahl dieser Varianten, das heißt verschiedenen Lesarten, auf 250000. Änderungen bloßer Satzzeichen und Buchstaben (was ja manchmal schon sinnentscheidend sein kann) zählen dabei ebenso mit wie Abweichungen ganzer Sätze und Abschnitte. Der Text des »Buches der Bücher«, heute in mehr als 1100 Sprachen und Dialekten verbreitet, ist also heillos korrumpiert.

2. Wie kam es zum Kanon des Neuen Testaments?

Bis zur Mitte des 2. Jahrhunderts besaß die Christenheit kein eigenes heiliges Buch, weshalb sie, mit Nietzsche zu sprechen, mit dem unerhörten philologischen Possenspiel beschäftigt war, das Alte Testament den Juden unterm Leibe wegzuziehen[22]. Für das gesamte kirchliche Christentum ist das Buch der Juden zunächst die entscheidende schriftliche Instanz[23]. Der Ende des 1. Jahrhunderts in Rom verfaßte und einem römischen Bischof zugeschriebene 1. Clemensbrief enthält mehr als hundert Zitate aus dem Alten Testament, doch bloß zwei aus den Evangelien, die überhaupt erstmals um 140 Bischof Papias, einer der »apostolischen Väter« erwähnt, aber nur, um festzustellen, daß er die mündliche Überlieferung der schriftlichen vorziehe[24]. Und noch um 160 beruft sich Justin, der Märtyrer, in der bis dahin umfangreichsten christlichen Schrift fast ausschließlich auf das Alte Testament, übrigens bloß, um die Juden in ungeheuerlicher Weise zu verleumden (S. 508).

Nur die Worte Jesu genossen von Anfang an die gleiche Autorität, nicht aber die Bücher, in die sie nachher kamen. Sie wurden erst in der zweiten Hälfte des 2. Jahrhunderts, als die mündliche Überlieferung immer unwahrscheinlichere Formen annahm, dem Alten Testament gleichwertig und ihm schließlich vorgezogen. Erst seit dieser Zeit begann man auch, die später kanonisierten Evangelien den »apokryphen« Evangelien vorzuziehen und schlechthin zum »Evangelium« zu machen[25].

162

Jahrhundertelang stritt die Kirche über den Umfang des Neuen Testaments

> *»Überall sind Gegensätze und Widersprüche… Die einen sagen: Gültig ist ›was in allen Kirchen gelesen wird‹, die anderen: ›was von den Aposteln stammt‹, die dritten unterscheiden sympathischen oder unsympathischen Lehrgehalt«. Der Theologe Carl Schneider*[26].

Der Titel »Neues Testament« (lat. testamentum, griech. diatheke, hebr. berith = Bund, Stiftung) für einen Teil der christlichen Schriften des 1. und 2. Jahrhunderts taucht zum erstenmal im Jahre 192 auf[27]. Doch war sich die Kirche damals über den Umfang des Neuen Testaments noch lange nicht einig.

Das beweist zunächst klar das älteste förmliche Verzeichnis neutestamentlicher Schriften, der 1740 von einem Mailänder Bibliothekar aufgefundene und nach ihm benannte Kanon Muratori, in mancher Hinsicht das bedeutendste Dokument in der neutestamentlichen Kanonsgeschichte überhaupt. Um 200 in oder bei Rom entstanden, repräsentiert es die offizielle Meinung der damaligen römischen Kirche[28] und bezeugt, nebenbei gesagt in einem miserablen Latein, wohl einem volkstümlichen Dialekt, daß die Christengemeinde *Roms* folgende Schriften *nicht* zum Neuen Testament zählte: Hebräerbrief, 1. und 2. Petrusbrief, Jakobusbrief und 3. Johannesbrief. *Heute stehen* diese Briefe im Neuen Testament.

Im Kanon des Kirchenlehrers und Bischofs von Lyon, Irenäus (202), des maßgeblichen frühkatholischen Theologen, fehlen um die gleiche Zeit: Hebräerbrief, Jakobusbrief, 2. Petrusbrief, höchstwahrscheinlich aber auch Judasbrief und 3. Johannesbrief. *Heute stehen* diese Briefe im Neuen Testament.

Andererseits rechnete Kirchenvater Clemens von Alexandrien, der zwischen 190 und 210 schrieb, zur Heiligen Schrift das Hebräer- und Ägypterevangelium, den 1. Clemensbrief, den Barnabasbrief, die Didache, mehrere später apokryph gewordene Apostelgeschichten und sehr wahrscheinlich den Hirten des Hermas, den auch Irenäus zum Neuen Testament zählte, ebenso Tertullian in seiner katholischen Zeit, Origenes u. a.[29] Die abessinische Kirche hat den Hirten des Hermas noch jetzt in ihrer Bibel[30]. Im übrigen aber *fehlen heute* alle diese Schriften im Neuen Testament.

Das waren Belege aus der Zeit um 200. Doch gehören beispielsweise noch um 360 für ein Kanonverzeichnis der nordafrikanischen Kirche, den nach seinem Herausgeber genannten Kanon Mommsenianusp, *nicht* zum

163

Neuen Testament: Hebräerbrief, Jakobusbrief, Judasbrief und, nach einer Überlieferung, auch 2. Petrusbrief und 2. und 3. Johannesbrief[31].

So lange schwanken die Urteile, denkt man im Abendland über manches anders als im Orient, zählen die einen zum »Wort Gottes«, was die anderen verwerfen. Die westliche Kirche erkannte die Apokalypse als kanonisch an, die östliche im allgemeinen nicht. Andererseits akzeptierte diese das Hebräerevangelium, das die westliche Kirche bestritt. Erst um die Wende zum 5. Jahrhundert, auf den Synoden von Rom 382, Hippo Regius 393 und Karthago 397 und 419, wurde der Umfang des Neuen Testaments definitiv bestimmt. 27 Schriften galten von nun an als vom Heiligen Geiste inspiriert, als göttlich und irrtumslos, kurz als kanonisch. Auch den apostolischen Ursprung behauptete man von allen. Der terminus technicus fürs Gegenteil wurde apokryph, Generaletikett für alles, was die Kirche an altchristlichem Schrifttum verwarf (S. 64 ff.).

Dennoch gibt es selbst später gewisse Schwankungen. So lehnte man die Apokalypse, die im Osten zunächst hohes Ansehen genoß, seit dem 4. Jahrhundert dort vielfach ab, und zwar bis ins 8. Jahrhundert hinein. Im Neuen Testament kam sie mit knapper Not auf den letzten Platz. Zu ihren Verdammern gehören so bedeutende kirchliche Erscheinungen wie Bischof Dionysius von Alexandrien, der dem Apostel Johannes rundweg die Verfasserschaft absprach, und Kirchengeschichtsschreiber Bischof Euseb[32].

Das Neue Testament ist jedenfalls erst in *Jahrhunderten* zum kanonischen und inspirierten Buch geworden. Es ist eine Schöpfung der Kirche, nicht die Kirche eine Schöpfung des Neuen Testaments. Dieser Sachverhalt wurde freilich bald ganz bewußt verkehrt. Kirchenlehrer Athanasius (373), von der Forschung auch als Dokumentenfälscher entlarvt (S. 457), bestimmte als erster mit Entschiedenheit die Grenzen des Neuen Testaments und behauptete gleichzeitig, schon die Apostel und Lehrer der apostolischen Zeit hätten den von jeher genau feststehenden Kanon geschaffen[33]!

Auch der Umfang des Alten Testaments hat lange geschwankt. Noch im 1. nachchristlichen Jahrhundert diskutierten die Juden, besonders die Häuser Hillel und Schammai, ob der Prediger Salomo und der Prophet Hesekiel zur Heiligen Schrift gehören[34]. Auch das Hohe Lied war heftig umstritten. Endgültig und offiziell wurde der Umfang des Alten Testaments erst auf der jüdischen Synode zu Jamnia um 100 *nach* Chr. festgelegt. Und der Name »Altes Testament« stammt erst aus dem Neuen[35].

Endlich ist in diesem Zusammenhang noch die Tatsache wichtig:

164

Die neutestamentlichen Schriften galten der Urchristenheit nicht als heilig und inspiriert

> »Als inspiriert sind die Evangelien nicht betrachtet worden«. Die Theologen Feine-Behm[36].

Die katholische Kirche machte auf dem Konzil von Florenz (Bulle »Cantate Domino« vom 4. Februar 1442), auf dem Konzil von Trient (4. Sitzung vom 8. April 1546) und auf dem Vatikanischen Konzil (3. Sitzung vom 24. April 1870) die Lehre von der Inspiration der Bibel, die bekanntlich Irrtumslosigkeit in sich schließt, zu einem Glaubensdogma.

Unter allen neutestamentlichen Traktaten aber erhebt nur die Apokalypse, die mit knapper Not in die Bibel kam, den Anspruch, ihrem Verfasser von Gott diktiert worden zu sein. Und sie beansprucht Autorität nicht als kanonisches, sondern, nach jüdischen Vorbildern, als prophetisches Buch. Sie will Weissagung sein. Die Erfüllung ihrer Weissagungen, die sich zum größten Teil auf die nächste Zeit bezogen hatten, steht allerdings noch aus[37].

Kein anderer neutestamentlicher Autor aber deklarierte seine Produktion als göttlich. Auch Paulus nicht. Ausdrücklich und sehr scharf unterscheidet er zwischen dem, was er als vom Herrn stammend anführt und seiner Privatmeinung, und nennt zudem sein Erkennen bloß »Stückwerk«[38]. Soweit bekannt ist, ordnete Paulus überhaupt nur ein einziges Mal die Verlesung eines Briefes in einer zweiten Gemeinde an. Doch spricht er auch dabei nicht von einer Verbreitung in allen Gemeinden oder gar in der ganzen Kirche und Nachwelt[39].

Wie Paulus und die anderen Verfasser der neutestamentlichen Briefe, so gibt auch kein Evangelist vor, von Gott inspiriert worden zu sein. Im Gegenteil! Der Prolog des Lukasevangeliums, in dem der Autor versichert, »allen Tatsachen von den Anfängen an *sorgfältig nachgeforscht*« zu haben, ist der beste Beleg dafür, daß der Schreiber gar nicht daran dachte, sich für inspiriert zu halten.

Lukas war auch nicht der Meinung, etwas Ungewöhnliches zu tun. Bekennt er doch im ersten Vers, »schon viele« hätten vor ihm solche Berichte verfaßt. Sie befriedigten ihn aber nicht, weil sie nicht »von den Anfängen an« und »in richtiger Reihenfolge« erzählten. So will er sie offensichtlich verbessern, damit sich der »hochedle Theophilus«, für den er sein Opus schreibt, von der »Zuverlässigkeit« der Nachrichten, in denen er unterwiesen ist, überzeugen könne[40]. Der Evangelist tritt also nicht als von Gott inspirierter Autor auf, sondern als ein sorgfältiger Sammler der in Umlauf befindlichen Geschichten, deren Überzeugungskraft er steigern will.

165

Die Kirche lehrte darüber etwas ganz anderes, und um den Zusammenhang mit dem Jenseits augenscheinlicher zu machen, erzählte man später sogar, in Rom sei ein Brief Jesu vom Himmel gefallen[41]. Die in der Antike verbreitete Vorstellung vom Himmelsbrief kam solchen Fälschungen zustatten. In der ganzen Urchristenheit aber, bis weit ins 2. Jahrhundert hinein, beruhte die Geltung der nachher im Kanon des Neuen Testaments zusammengefaßten Bücher lediglich auf ihrem Gebrauch im Gottesdienst. Man las sie dort zur Erbauung, zuerst gelegentlich, dann regelmäßig. Ihre Verfasser spielten zunächst keine Rolle. Ihre Zahl galt nicht als abgeschlossen. Neue Schriften konnten hinzukommen und kamen hinzu[42].

Auch die Gemeinden des Paulus hielten seine Briefe nicht für göttliche Offenbarungen und für die Nachwelt bestimmt. Sie lasen sie wie Privatbriefe, was sie auch waren, und hoben manche gar nicht auf. Ihr Verschwinden begriffen die Christen später so wenig, daß sie die fehlenden einfach fälschten[43]. Erst als man eigene Heilige Schriften vermißte, erhielten die Paulusbriefe kanonischen Charakter, was man sogar auf katholischer Seite jetzt zugestand[44].

Auch der Verlust sämtlicher Evangelien-Originale bezeugt ja, wie wenig selbst diese Bücher zunächst geschätzt worden sind. Obschon auf Papyrus geschrieben – erst vom 3. Jahrhundert an verwendete man Pergament –, wären sie durchaus zu erhalten gewesen[45].

In diesem Zusammenhang sei auch das Verhalten Markions erwähnt. Anerkannte er doch in der ersten Hälfte des 2. Jahrhunderts nur ein Evangelium, was unmöglich gewesen wäre, hätten die Evangelien göttliche Autorität besessen. Aber nicht einmal das von ihm bearbeitete Lukasevangelium galt Markion als kanonisch. Seine Schüler konnten es weiter textlich verändern. Ebenso hielt der rechtgläubige Bischof Papias, der um 140 schrieb, die Evangelien nicht für Heilige Schriften. Er zog ihnen die mündliche Tradition vor[46].

Wie wenig unantastbar die Evangelien für die Christen noch im späten 2. Jahrhundert waren, beweist auch das Unternehmen des Syrers Tatian. Dieser Schüler des hl. Justin, der übrigens lange im Westen, auch in Rom, geweilt hatte, stellte nämlich aus den vier Evangelien ein einziges Evangelium, eine sogenannte Evangelienharmonie her, das »Diatessaron« (ein musikalischer Fachausdruck, der ungefähr »Vierklang« besagt), wobei er einfach alle evangelischen Parallelen und Widersprüche beiseite ließ[47]. Das vielbeachtete Werk entstand um 170, noch vor Tatians Trennung von der Kirche[48], und wurde, zusammen mit der Apostelgeschichte und den Paulinen, als Neues Testament in der syrischen Kirche bis ins 5. Jahrhundert gebraucht und hoch geehrt. Die syrische Christenheit lernte das Evangelium zuerst überhaupt nur in dieser Form kennen, weshalb man Tatian mit seinem Diatessaron geradezu ihren Begründer nannte[49].

166

Die vier Evangelien dagegen, die »Getrennten«, fanden in Syrien jahrhundertelang wenig Beachtung, während dort etwa ein um das Jahr 180 von einem katholischen Priester in Kleinasien gefälschter 3. Korintherbrief als kanonisch galt. »Ketzer«, die diese Fälschung nicht als Heilige Schrift akzeptierten, wurden vom hl. Ephräm getadelt[50]. – Der Heliand, die im 9. Jahrhundert entstandene altsächsische Evangeliendichtung, die aus den evangelischen Geschichten ein Heldenepos, aus Jesus einen Volkskönig, aus den Hirten Roßknechte, aus der Hochzeit zu Kana ein sächsisches Trinkgelage machte, ist eine freie Übertragung der lateinischen Evangelienharmonie des Tatian.

Kurz nach Tatian schrieb auch Bischof Theophilus von Antiochien eine Evangelienharmonie[51]. Doch lassen noch weitere frühchristliche Evangelien – selbst das Werk des Lukas kann zu ihnen gezählt werden – die Absicht erkennen, die bereits vorhandenen Evangelien durch eine Art Evangelienharmonie zu verdrängen. Man wollte so Wiederholungen, Abweichungen im Wortlaut und offenkundige Widersprüche vermeiden[52].

Auch im 16., 17. und 18. Jahrhundert, als man die evangelischen Antinomien immer klarer zu sehen begann, verfaßte man wieder Evangelienharmonien, und man verfaßt sie noch heute[53].

Ein besonders interessantes Werk aber publizierte 1537 der Theologe Andreas Osiander[54]. Er stellte nämlich die vier Evangelien zusammen, ohne ein Wort wegzulassen oder hinzuzufügen oder die Reihenfolge zu ändern. Die Unvereinbarkeit war nun oft augenfällig. Man erklärte jedoch differierende Reden oder Taten Jesu durch die Annahme, er habe mehrmals dieselbe Rede gehalten oder dieselbe Tat vollbracht. So vermutete man beispielsweise eine dreimalige Austreibung der Verkäufer aus dem Tempel. Eine erste am Anfang von Jesu Laufbahn, wie das Johannesevangelium behauptet, eine zweite am Tag seines Einzugs in Jerusalem, wie Matthäus und Lukas berichten, und eine dritte am folgenden Morgen, wie man bei Markus liest. Und noch in unserem Jahrhundert dekretiert die päpstliche Bibelkommission die absolute Irrtumslosigkeit der Schrift, selbst in »profanen« Dingen.

167

ZWEITES BUCH

Paulus

Dies ist der erste Christ, der Erfinder der Christlichkeit! Bis dahin gab es nur einige jüdische Sektierer.«
Friedrich Nietzsche[1].

»Es ist leicht zu verstehen, warum das Christentum Jesu sich politisch und sozial nicht durchsetzen und durch Polizei und Kirche leicht unterdrückt werden konnte, während der Paulinismus die ganze westliche zivilisierte Welt… überflutete.« Bernard Shaw[2].

»Christentum bedeutet heute zum großen Teil Paulus.«
Der katholische Theologe Ricciotti[3].

19. KAPITEL

Die Urgemeinde

Die Kenntnis der apostolischen Zeit verdanken wir, neben den Paulusbriefen, vor allem der Apostelgeschichte. Ihre starken Verklärungsbemü-
hungen freilich sind längst bekannt und fast allgemein zugegeben[4]. Viele
Jahrzehnte nach Jesu Tod verfaßt, täuscht sie auf der ganzen Linie eine
friedlich-harmonische Entwicklung vor, während in Wirklichkeit die Gegensätze hart aufeinanderprallten.

Bis zuletzt hatten Jesu Jünger gehofft, er würde Israel erlösen[5]. Einige
mögen nach seinem Tod in Jerusalem geblieben, die meisten aber werden
in ihre Heimat nach Galiläa gezogen sein[6], wo sie sich von ihrem Schrek-
ken allmählich erholen konnten. Dort entstand vermutlich die Keimzelle
der christlichen Kirche[7], sowie die Vorstellung von Jesu Auferstehung.

Nach einiger Zeit aber kehrte wenigstens ein Teil der Flüchtlinge nach
Jerusalem zurück. Erwarteten doch wohl auch die Apostel, wie damals
viele Juden, auf dem Berg Zion den Messias, die letzten Geschehnisse der
Weltgeschichte und das himmlische Jerusalem[8]. Dabei gruppierten sich
die Jünger um Petrus, die Zebedaiden Jakobus und Johannes, und man
vergrößerte durch Predigten und Dispute den Kreis.

Diese Gemeinde aber war viel mehr eine jüdische Sekte als eine neue
Religionsgemeinschaft. Sie stellte zunächst bloß eine jüdische Richtung
unter anderen jüdischen Richtungen dar, eine Synagoge, die sich vom
Glauben der Juden hauptsächlich nur durch den Glauben an die baldige
Wiederkehr des Gekreuzigten unterschied[9]. Die Apostel und ihre Anhän-
ger dachten nicht daran, der Welt eine neue Religion zu verkünden.
Wurde doch von ihnen, wie besonders das Matthäusevangelium, das
Werk eines Judenchristen, zeigt, das tradierte Jesusbild sogar früh über-
malt und im Sinne des gesetzestreuen Judentums der Pharisäer umgedeu-
tet.

Für diesen wichtigen Vorgang ein paar Belege.

Jesus hatte sich nicht um den Sabbat gekümmert, was auch Matthäus
bezeugt[10]. Aber ein anderes Mal läßt er Jesus lehren: »Betet nur, daß eure

171

Flucht nicht in den Winter oder auf den Sabbat (!) falle!«[11] In den juden-christlichen Kreisen, aus denen das Matthäusevangelium kommt, wurde der Sabbat also offensichtlich wieder streng beachtet. Dagegen sagt Jesus an der entsprechenden Stelle im heidenchristlichen Markusevangelium nur: »Betet aber auch, daß dies nicht zur Winterszeit eintrete!«[12]

Ein anderes Beispiel. Jesus hatte Ehescheidung ohne Einschränkung verboten[13]. Matthäus legt ihm jedoch einen Spruch in den Mund, der Ehescheidung im Falle der Unzucht der Frau erlaubt, auch hier wiederum an jüdische Vorstellungen anknüpfend[14]. In ähnlicher Weise gestaltet Matthäus die Überlieferung häufig im jüdischen Sinn um[15], eine Entwicklung, die zweifellos sehr gefördert wurde schon durch den Beitritt von Jesu Bruder Jakobus, der entweder selbst Pharisäer war oder doch mit ihnen sympathisierte.

Die Spaltung in der Urgemeinde

Der älteste Kreis von Jesusjüngern bestand ausschließlich aus Juden. Doch einerseits waren es streng gesetzestreue Israeliten, die am Überkommenen festhielten, an den jüdischen Feiern, Speiseregeln, Reinigungsriten und Gebetszeiten. Andererseits aber gehörten ihm auch hellenisierte, das heißt griechisch sprechende Rassejuden an. Aus der Diaspora zurückgekehrt, wo mehr als dreimal soviel Juden als in Palästina lebten[16], standen sie der hellenistischen Kultur näher. Sogar Rassegriechen, zum Judentum konvertierte Griechen, gab es unter ihnen, die Proselyten. Diese Hellenisten, die in der Urgemeinde bald zahlreich vertreten waren, wußten sich den nationalen und religiösen Traditionen der übrigen Juden weniger verbunden und traten deshalb gelegentlich gegen sie auf. »In den Tagen aber, als die Jüngerzahl sich mehrte, kam es zum Streit der Hellenisten gegen die Hebräer«, berichtet die Apostelgeschichte und erzählt auch, daß die Hellenisten eigene Führer hatten, die »Sieben«, die alle rein griechische Namen trugen.

Das Neue Testament sucht freilich die Existenz von zwei Fraktionen in der Urgemeinde zu kaschieren. Nach ihm bestand nur eine Ämterteilung, blieb den Aposteln die Predigt vorbehalten, während die »Sieben«, die Hellenisten, den Tischdienst zu besorgen hatten[17]. Tatsächlich aber wird nirgends von dieser diakonischen Tätigkeit der »Sieben«, ihrem angeblichen Dienst bei Tisch gesprochen, dagegen überall von ihrer kerygmatischen, ihrer Predigt, die doch ein Privileg der Apostel bilden sollte[18]. So besteht kein Zweifel: die »Sieben« übten den Tischdienst überhaupt nicht aus, sie waren die Führer der Hellenisten, wie die Apostel die Führer der Hebräer.

Die Ursache des Streites soll eine Benachteiligung der hellenistischen Witwen bei der täglichen Speisung gewesen sein[19]. Sie wurden »vernachlässigt«, »übersehen«, und zwar, wie der griechische Text erkennen läßt, wiederholt. Sie wurden also absichtlich zurückgesetzt[20]. Der Konflikt war somit nicht Ursache, sondern Folge einer bereits bestehenden Spannung, hinter der auch nicht nur Unterschiede der Sprache und Kultur, sondern der Verkündigung sichtbar werden, nämlich zwei verschiedene christliche Richtungen: die konservativen Judenchristen, geleitet von den Aposteln, später »die Zwölf« genannt, und die mehr radikalen, vorwärtsdrängenden Hellenisten, geleitet von den »Sieben«. Nach allgemeiner Ansicht der kritischen Forschung bestanden in der Urgemeinde von früh an diese zwei Gruppen mit eigenen Verwaltungen nebeneinander[21]. Julius Wellhausen erkennt sogar schon hier die Anfänge eines Schismas, das nur deshalb nicht zur Ausbildung gelangt sei, »weil der Boden in Jerusalem den Hellenisten zu heiß wurde, so daß sie fliehen mußten«[22].

Diese Flucht der Hellenisten bestätigt die Spaltung der Urgemeinde in unwiderleglicher Weise. Ihr aktiver, antisynagogaler Teil wurde nämlich von den Juden bald bekämpft[23] und verließ nach der Steinigung seines Wortführers Stephanos, dem man »Lästerworte wider Moses« vorwarf, also wohl Attacken auf Tempel und Gesetz, rasch die gefährlich gewordene Stadt[24]. Die Hellenisten flohen, wie die Apostelgeschichte überliefert, bis nach Phönizien, Cypern und Antiochien, wobei sie mit der christlichen Mission begonnen und die Geschichte des Christentums eigentlich erst eröffnet haben. Der dem jüdischen Gesetz ergebene konservative Kreis dagegen, dem auch die Apostel angehörten, blieb vorerst unbehelligt. Er hatte, wie wiederum die Apostelgeschichte meldet, »in ganz Judäa, Galiläa und Samaria Frieden«[25]. Die Schar um die Apostel also wurde nicht belästigt, die hellenistische Gruppe verfolgt. Während man Stephanos wegen seines Bekenntnisses steinigt, krümmt man den Aposteln kein Haar. Während die Anhänger des ersten christlichen Märtyrers in alle Winde fliehen, bleiben die Apostel mit den ihren in der Stadt. Das zeigt deutlich, daß der Gegensatz in der Urgemeinde auch von den Außenstehenden erkannt worden war[26]. Und es beweist, daß die Apostel den Glauben des Stephanos und seiner vertriebenen Freunde, von denen die christliche Mission ausging, in ganz grundsätzlichen Dingen nicht geteilt haben können. Doch unterscheidet die theologische Forschung in der Urgemeinde eine Fülle der mannigfachsten Gedanken und Strömungen[27].

Einen Hauptgegensatz zwischen den Hebräern und Hellenisten bildete die Eschatologie. Für die Judenchristen stand die Hoffnung auf die nahe Wiederkehr des Gekreuzigten im Zentrum ihres Glaubens. Bei den Heidenchristen wurde die Enderwartung früh verdrängt durch rituale Frömmigkeit, Mystik, Ekstase, Glossolalie, durch den Glauben an einen auf Erden erlebten und auferstandenen Gott, den man, wie die Götter in den Mysteriengottesdiensten, im Kult verehrt, und an dessen Auferstehung man durch Empfang der Sakramente teilnimmt S. 198 ff.).

Daneben freilich gab es noch eine ganze Reihe relevanter Reibungspunkte. So das strenge Festhalten der Judenchristen am Gesetz, ihr Verbleiben im Tempel, ihre Forderung der Beschneidung als Taufbedingung, ihre ausgeprägte, sie geradezu charakterisierende Bußstimmung, und nicht zuletzt ihre weitgehende, wenn auch freiwillige Gütergemeinschaft. All dies war den Heidenchristen fremd. Sie lehnten das jüdische Gesetz ab, gaben den Zusammenhang mit dem Tempel auf, verlangten keine Beschneidung vor der Taufe, betonten den Freudencharakter des neuen Glaubens und legten auf das Armutsideal kein großes Gewicht.

Die Führer der beiden Gruppen waren Petrus und Jakobus auf der einen, Paulus auf der anderen Seite.

Petrus

Wie in der Person Jesu, haben die Bestreiter seiner Geschichtlichkeit in Petrus ein Geschöpf der Phantasie, eine Mythenbildung erblickt und ihn mit den Göttern Janus, Proteus, Atlas, Petra u. a. in Verbindung gebracht[28]. Doch hält man auch seine Gestalt, zumal sie weder Paulus noch die Evangelisten sehr günstig zeichnen, für historisch.

Was freilich die Apostelgeschichte, unsere Hauptquelle über Petrus, berichtet, ist zum größten Teil legendär[29]. Seine geschichtliche Erscheinung steht, wie die der anderen Apostel, fast ganz im Dunkel für uns, es sei denn, wir verdeutlichten sie uns mit einem bekannten christlichen Erbauungsautor anhand einer strengen romanischen Plastik des 12. Jahrhunderts[30].

Nach den Evangelien gehörte Simon bar Jona, wie der Fischer aus Bethsaida ursprünglich hieß, mit den beiden Zebedäussöhnen Jakobus d. Ä. und Johannes zu den Männern, die Jesus am nächsten standen. Beschritt der Herr, wie man etwas schillernd schrieb, mit dem Lieblingsjünger Wege, die selbst Petrus nichts angehen[31], soll er doch ihm den Primat, den Vorrang vor allen Aposteln verliehen und ihn sogar zum ersten Papst designiert haben. Davon wird noch zu sprechen sein. Das eigentliche Haupt der Judenchristen wurde jedoch schon in den frühen vierziger Jahren

174

Jakobus, der Bruder Jesu[32]

Zu Lebzeiten des Herrn zwar hatte Jakobus anscheinend wenig Verständnis für ihn. Dann aber wollte auch er dem Auferstandenen begegnet sein und schloß sich der neuen Sekte, die schon im Wachsen war, an[33].

Jakobus wurde der erste profilierte Kopf in der Geschichte des Christentums. In einer einprägsamen Beschreibung aus dem späten 2. Jahrhundert, die freilich wenig zuverlässig ist, heißt es über ihn: »Er war schon vom Mutterleib an heilig. Er trank weder Wein noch sonst ein geistiges Getränk, noch aß er etwas aus dem Tierreich; ein Schermesser kam nie auf seinen Kopf; er salbte sich weder mit Öl, noch nahm er ein Bad. Ihm allein war es verstattet, in das Heilige einzugehen, denn er trug kein wollenes, sondern ein leinenes Gewand. Er ging immer allein in den Tempel, wo man ihn finden konnte, wie er auf den Knien lag und Gott für das Volk um Vergebung bat, so waren die Knie verhärtet wie die eines Kamels«[34].

Von seiner Mutter Maria zum Nasiräer geweiht, bahnte der in notorischer Askese lebende und wieder ans Gesetz anknüpfende Jakobus bereits in zweifacher Weise eine Umdeutung der Lehre Jesu an: die Wendung sowohl zu mönchischer Weltabkehr wie zur Vergesetzlichung der Religion, das erneute Anknüpfen an die Thora, gegen die Jesus bis zum Tode gekämpft hatte. Mit Jakobus beginnt der für das Christentum folgenschwere Rejudaisierungsprozeß, der später auch die Evangelien beeinflußte, besonders das Matthäusevangelium, auf das sich die Kirche mit Vorliebe beruft.

In gefälschten und einander widersprechenden Bischofslisten figuriert Jakobus als erster Bischof von Jerusalem[35]. Sein »Bischofsstuhl« wurde, wie Harnack spöttelt, noch oder schon im 4. Jahrhundert gezeigt[36]. In Wirklichkeit leitete Jakobus, der bald alle Apostel überflügelt hatte, die gesamte Urchristenheit[37]. Er besaß den Vorrang auch vor Petrus, und dieser scheint ihn als das Haupt der Urgemeinde anerkannt zu haben[38].

Jakobus lenkte die Geschicke der Urgemeinde zwei Jahrzehnte, bis ihn um 62 die Juden steinigten[39]. Nach seinem Tod übernahm Symeon, ein Vetter Jesu, der unter Trajan als vermeintlicher Davidide gekreuzigt wurde, die Leitung der jerusalemischen Gemeinde[40], deren Geschichte wir in großen Zügen zu Ende verfolgen wollen.

175

Das Ende des Judenchristentums

Nach Vertreibung des antigesetzlichen Stephanoskreises blieben die konservativen Mitglieder der Urgemeinde noch Jahrzehnte unangefochten in der Stadt. Erst im Jahre 66 oder 67, kurz vor der Belagerung Jerusalems durch die Römer, wanderten sie geschlossen nach dem Ostjordanland in das Städtchen Pella aus[41], und zwar deshalb, wie ein katholischer Theologe schreibt, weil sie nicht zum Schwert greifen wollten[42]. Das war damals für Christen undenkbar.

Einige Jahre nach der Eroberung Jerusalems durch Titus kehrten die Judenchristen von Pella zurück. Doch nach Niederwerfung des Bar Kochba-Aufstandes (135 n. Chr.), bei dem sie wiederum nicht mitgekämpft, weshalb sie Bar Kochba grausam verfolgt hatte[43], vertrieb man sie mit allen Juden aus der Stadt. Das Betreten Jerusalems, nun Aelia Capitolina genannt, wurde allen Juden bei Todesstrafe verboten. Damit war das endgültige Ende des palästinensischen Judenchristentums gekommen, dessen vollständiger Bruch mit der Synagoge wohl schon um die Jahrhundertwende, wenn nicht früher, erfolgt ist[44].

Im Ostjordanland und in Syrien erhielt sich das Judenchristentum zwar bis weit ins 4. Jahrhundert hinein, doch war es seit der Eroberung Jerusalems eine Minderheit und für die eigentliche Entwicklung des Christentums ohne besondere Bedeutung. Bereits im 2. Jahrhundert wurden von den Vertretern des eben entstehenden Katholizismus die unmittelbaren Nachkommen der Apostel, die Ebioniten und Nazoräer, zu Irrlehrern und Ketzern erklärt, und im 4. Jahrhundert ihre letzten Reste vom hl. Hieronymus als »Halbjuden« und »Halbchristen« verspottet[45]. Während das älteste Christentum aber in der Einsamkeit starb, waren die Ausstrahlungen der Hellenistengruppe auf die griechisch-römische Welt gewaltig und bestimmten die Zukunft.

Das Haupt der Heidenchristen wurde Paulus.

20. KAPITEL

Das Wunder von Damaskus

»...sein Kopf war auf einmal hell geworden... er bat den
Gedanken der Gedanken, den Schlüssel der Schlüssel, das
Licht der Lichter; um ihn selbst dreht sich fürderhin die Ge-
schichte.« Friedrich Nietzsche[1].

Der vorchristliche Paulus

Den Namen Paulus nahm der Apostel kaum erst bei seiner Bekehrung an.
Wahrscheinlich führte er seit je einen Doppelnamen, den hebräischen
Saul und den römischen Paulus. Sonst war jedoch der Brauch des Na-
menswechsels bei einer Bekehrung oder Berufung im Judentum und Heidentum üblich[2], und er ging auch aufs Christentum über. Bereits Simon
erhält bei der Berufung durch Jesus den Namen Petrus[3], später ändern
sich mitunter die Namen von Märtyrern und Heiligen, und noch heute die
der Mönche und Nonnen beim Eintritt ins Kloster. Einen profaneren
Grund hat der Namenswechsel der Päpste, eine Sitte, die zum erstenmal
bei Sergius IV. (1009–1012) begegnet, der Bocca di Porco hieß – Schwei-
nerüssel.

Über das Aussehen des Paulus, eines angeblich kleinen, kahlköpfigen
und O-beinigen Mannes mit Hakennase, sind wir durch eine christliche
Schrift aus dem späteren 2. Jahrhundert unterrichtet, eine sehr zweifel-
hafte Quelle allerdings, die sich vielleicht mehr am Bildnis des Sokrates
orientierte[4].

Paulus stammte aus Tarsos in Kleinasien, der heutigen Türkei, einer
kulturell bedeutenden, ganz von griechischem Geist geprägten Stadt.
Sein Vater, offenbar wohlsituiert, gehörte zur Sekte der Pharisäer und besaß das römische Bürgerrecht, das auf Paulus überging.

Von seiner Jugend wissen wir fast nichts. Er wuchs in hellenistischer
Umwelt auf und wurde in jüdischer Religion erzogen, wohl die beiden
entscheidenden Komponenten seines Denkens. Als junger Mann stu-

dierte er vielleicht einige Jahre in Jerusalem an der Schule von Gamaliel I., einem Enkel Hillels. Doch wird dies auch bestritten[5].

Der vorchristliche Paulus erscheint im Neuen Testament als Eiferer für das Gesetz und eingefleischter Christenfeind. Er sieht der Steinigung des Stephanos mit »Wohlgefallen« zu, und bei der Verfolgung des hellenistischen Gemeindeteils soll er einer der rabiatesten Häscher gewesen sein[6]. Besonders die Apostelgeschichte beschwört das Bild eines Fanatikers[7], das jedoch offensichtlich geschaffen wurde, das Wunder seiner Bekehrung um so großartiger erscheinen zu lassen; tendenziöse Übertreibung also, wenn nicht gar Legende[8].

Die Bekehrung

Laut Apostelgeschichte erbat sich Paulus vom Hohenpriester eine Vollmacht, um auch außerhalb Jerusalems Jesu Anhänger verfolgen zu können[9]. Einmal sah er dabei vor Damaskus den Herrn. Wiederholt erwähnt Paulus dieses Erlebnis, doch jedesmal denkbar kurz und stets zur Begründung seiner Autorität als Apostel[10], die man in Jerusalem bestritt.

Das farbige Gemälde des Berufungsereignisses verdanken wir der Apostelgeschichte. Es liegt in ihr sogar in drei Fassungen vor, jedesmal ein wenig anders[11], was die Berichte indes, wie ein Katholik meint, viel interessanter macht, »als wenn sie wirklich gleich wären«[12]. Die katholische Kirchengeschichtsschreibung weiß auch, daß sich der wunderbare Vorgang »in Sekunden« abgespielt hat[13]. Und schon im 6. Jahrhundert vermochte man genau zu sagen wo: am 2. Meilenstein vor Damaskus[14].

Religionsgeschichtliche Vorbilder oder Parallelen

Nach der Apostelgeschichte wurde Paulus in der mittäglichen Wüste von einem überirdischen Licht zu Boden geschleudert, und es entspann sich folgendes Gespräch:

»Saul, Saul, was verfolgst du mich?«

»Herr, wer bist du?«

»Ich bin Jesus, den du verfolgst. Es wird dir schwer werden, wider den Stachel zu löcken«[15].

Nun wissen wir zwar, daß der Autor der Apostelgeschichte einen großen Teil derselben in gutem Glauben erfunden hat (S. 40). Trotzdem aber könnte die Szene vor Damaskus mutatis mutandis historisch sein. Werden doch in der ganzen Religionsgeschichte unanschauliche Erlebnisse in dichterischen Bildern beschrieben. Auch ist grelle Sonnenglut Visionen

178

stets förderlich und vor allem die Wüste von jeher ein besonders ergiebiger Boden für Erscheinungen dieser Art gewesen. In Arabien hören sich verlassene Wanderer sogar so häufig von einer Stimme angerufen, daß es für diese Stimme im Arabischen eine eigene Bezeichnung, nämlich das Wort »Hatif« gibt[16].

Der Ausspruch der Himmelsstimme freilich: »Es wird dir schwer werden, wider den Stachel zu löcken«, ist ein Zitat aus den Bakchen des Euripides[17]. Zwar begegnet das Wort auch bei Pindar und Äschylos[18], in den Bakchen aber, einem Drama der Wunder kat exochen (Uraufführung 406 v. Chr.), steht es in einer ganz ähnlichen Situation wie in der Bekehrungsgeschichte Pauli. Dieselbe Wendung, die hier Christus gegenüber seinem Verfolger Paulus gebraucht, gebraucht dort der unerkannte Gott Dionysos gegenüber seinem Verfolger Pentheus. Beidemale zitiert der neue Gott das Sprichwort zur Ermahnung seines schärfsten Gegners, und beide Verfolger trifft darauf ein Strafwunder Gottes: Pentheus der Tod, Paulus vorübergehende Erblindung[19]. Diese verblüffende motivische Kongruenz aber dürfte um so weniger Zufall sein, als sich weitere erstaunliche, zum Teil schon von Celsus erkannte Gemeinsamkeiten zwischen dem euripideischen Drama und der Apostelgeschichte nachweisen lassen[20].

Gewisse religionsgeschichtliche Parallelen gibt es auch bei Homer, Sophokles, Vergil und nicht zuletzt in der alttestamentlichen Heliodorlegende.

Heliodoros, Finanzminister des syrischen Königs Seleukos III., hatte Befehl, den Tempelschatz von Jerusalem zu rauben. Beim Betreten des Tempels aber stürmt ein goldfunkelnder Reiter Heliodor nieder, er kann weder sehen noch sprechen, und seine Begleiter tragen ihn fort. Ähnlich stürzt Paulus, der die Christen aus Damaskus herbeischaffen soll, durch die Lichtvision, er kann nicht mehr sehen, und seine Begleiter führen ihn fort. Wie jedoch das Gebet des Hohenpriesters Onias Heliodor rettet und er den Auftrag erhält, jedermann die Macht des Gottes zu verkündigen, der ihn niederschlug, so wird Paulus durch Vermittlung des Ananias geheilt und beauftragt, den Gott zu predigen, der ihn zu Boden warf. Und wie die von Heliodor heimgesuchten Juden Gott für die wunderbare Fügung preisen, so preisen ihn die einst von Paulus verfolgten Christen. Im paulinischen Bekehrungsbericht gibt es sogar wörtliche Anklänge an die alttestamentliche Legende[21].

Widersprüche

Nach der einen Darstellung hatten Pauli Begleiter ein Audition, nach der anderen eine Vision. Nach dem einen Bericht hörten sie die Stimme, sahen aber niemand. Nach dem anderen sahen sie ein Licht, hörten aber niemand[22]. (Ein Katholik macht aus der einmal gehörten, einmal nicht gehörten Stimme »ein undeutliches Stimmengeräusch«[23].) Nach den beiden ersten Versionen umstrahlte das Licht, das Paulus »aufging«, nur ihn selbst, nach der dritten Version auch seine Begleiter[24]. Trotzdem erblindete nur Paulus, seine Gefährten aber, die das Licht, nach der dritten Fassung, doch gleichfalls gesehen hatten, erblindeten nicht. Nach der einen Erzählung standen die Gefährten erstarrt, nach der anderen stürzten sie zu Boden[25].

Später bezieht sich übrigens Augustinus zur Rechtfertigung der von ihm geforderten Gewaltmaßnahmen gegen »Ketzer« auf diese Stelle. Verfahre doch die Kirche bei ihren Zwangsbekehrungen nicht anders wie Christus, der Paulus vor seiner Berufung auch erst zu Boden geworfen habe[26]!

Mit Wundern und Widersprüchen geht der Bericht der paulinischen Bekehrung weiter.

Da lebt in Damaskus ein Jesusanhänger namens Ananias. Er ist auserwählt, Paulus zu taufen. In einer Vision erfährt er Pauli Ankunft und Adresse[27], genau das Haus, in dem er Wohnung nahm, oder, wie ein Katholik diese ihm selbst unterlaufene profane Vorstellung verbessert: »Er brach wahrscheinlich dort zusammen... wachend und betend«[28]. Die providentia specialissima feiert hier ebensolche Triumphe wie die katholische Phantasie. Im Hause eines gewissen Judas wird Paulus getauft, und ein älterer, sehr konservativer Protestant, dessen Schriften zum Neuen Testament ein weniger konservativer Kollege die vielleicht gelehrtesten, aber auch verkehrtesten des ganzen 19. Jahrhunderts nennt[29], weiß sogar, daß Ananias diesen erhebenden Akt im angrenzenden Badezimmer des Judas vollzog[30]. Nun schickt Jesus Paulus aber nur in den beiden ersten Fassungen nach Damaskus, wo Ananias ihm alle näheren Instruktionen erteilt. In der dritten Fassung dagegen, in der Ananias gar nicht auftritt, unterrichtet Jesus den Paulus gleich selbst[31].

In einem wichtigen Punkt jedoch stimmen die Berichte der Apostelgeschichte überein. Alle drei sprechen nämlich nicht vom Erblicken einer Gestalt, sondern vom Hören einer Stimme: Saul, Saul, was verfolgst du mich... Paulus selbst freilich behauptet ausschließlich und betont sogar, er habe den Herrn *gesehen*[32].

180

21. KAPITEL

Der Kampf des Paulus gegen die Apostel

»Paulus stand in seiner neuen Christenwelt einsam und hatte die schlimmsten Gegner im Rücken«.
Der Theologe Lietzmann[1].

»...jedem sind die Gegner von niedrigen materiellen Bedürfnissen geleitete Betrüger, nicht Apostel des Christus, sondern Werkzeuge des Satans, der persönliche Gegensatz ist unüberbrückbar, eine Versöhnung zwischen Paulus und Petrus vollkommen ausgeschlossen«. Eduard Meyer[2].

Nach seiner Bekehrung lebte Paulus vorübergehend in »Arabien«[3], wie man damals die Gegend gleich südlich von Damaskus nannte. Erst drei Jahre später reiste er zu einer kurzen Kontaktnahme nach Jerusalem. Doch hatte sich vermutlich schon vorher seine sehr selbständige Konzeption der christlichen Verkündigung gebildet. Eine ungefähre Kenntnis derselben muß er jedenfalls besessen haben. Er hätte sonst Jesu Anhänger nicht verfolgen können. Sein Wissen wurde dann bei den Christen in Damaskus, bei seinem ersten Besuch in Jerusalem und schließlich in Antiochien von ihm ergänzt. Paulus freilich will nur durch Gott persönlich berufen worden sein. Wiederholt beteuert er, das Evangelium von keinem Menschen gehört zu haben, auch nicht von den Aposteln in Jerusalem, die er manchmal spöttisch die »Überapostel« oder »Erzapostel« nennt[4], denen gegenüber er sich keinesfalls geringer dünke und deren Ansehen ihm gleichgültig sei[5]. Jede Verbindung zu Christen verschweigt oder bagatellisiert er, wie sein Zusammentreffen mit Petrus und Jakobus. »Erst nach drei Jahren ging ich hinauf nach Jerusalem, um den Kephas zu sprechen. Ich blieb aber nur fünfzehn Tage bei ihm. Von den übrigen Aposteln habe ich damals keinen gesehen, außer Jakobus, den Bruder des Herrn.« Und er bestätigt feierlich durch einen Schwur: »Was ich euch hier schreibe: Vor Gott kann ich bezeugen, daß ich die reine Wahrheit sage«[6].

181

Der Kontakt mit den Aposteln kann allerdings nicht eng gewesen sein. Außer den beiden maßgeblichen Männern bekam der ehemalige Verfolger, der überdies schon damals als Gegner des Gesetzes galt, niemand zu Gesicht. Die äußerst tendenziöse, vielleicht von dem Paulusschüler Lukas verfaßte Apostelgeschichte aber erzählt in der Absicht, die Differenzen zwischen den Parteien zu vertuschen, im direkten Widerspruch zu Paulus, daß er bei Barnabas gewesen, daß Barnabas ihn bei den anderen Aposteln eingeführt und er allen das Evangelium gepredigt habe[7]. Tatsächlich aber datiert wohl seit dieser ersten Zusammenkunft, über deren Erlebnisse, wie ein katholischer Theologe formuliert, Paulus mit feinem Takt hinweggeht[8], der Konflikt zwischen ihm und der Gemeinde in Jerusalem.

Die Anfänge des Heidenchristentums

> *»Es gibt keinen Moment, welcher tiefer die historische Tradition vom Urchristentum gefälscht hat, als ihr völliger Übergang in die Hände der Heidenchristen«.*
> *Der Theologe Overbeck[9].*

Zunächst wurde Paulus durch Vermittlung des wohl seit je hellenistisch gesinnten Barnabas, eines Leviten aus Zypern, nach Antiochien, der Hauptstadt Syriens geholt, mit etwa 800000 Einwohnern damals die drittgrößte Stadt der Welt. Es bestand hier bereits eine nicht mehr mit der jüdischen Religion verbundene, auf den Stephanoskreis zurückgehende Christengemeinde, die Paulus, der vierzehn Jahre in ihr weilte, stark beeinflußt hat[10]. Und von Antiochien, für die Geschichte des Christentums noch lange bedeutsam, geht auch seine entscheidende Entwicklung aus: sein Eindringen ins römische Imperium, der Übergang vom palästinensischen Kulturkreis auf den hellenistischen, die Befreiung der Heidenchristen vom mosaischen Gesetz und weitere wichtige Umgestaltungen in der Theologie.

Der nun beginnende Einstrom des hellenistischen Orientalismus, der griechischen Philosophie und der Mysterienreligionen veränderte die Lehre Jesu beträchtlich. Fielen die Judenchristen in Jerusalem weitgehend ins Judentum zurück, so erlagen die Heidenchristen allmählich immer mehr dem Einfluß des Heidentums. Auch die bekannte Mitteilung, daß die Jünger in Antiochien zuerst »Christianer« genannt wurden[11], deutet auf das eigene Gepräge hin, das hier die neue Religion erhielt.

Die Urgemeinde sah den Bestrebungen in Antiochien zunächst stillschweigend zu. Dies änderte sich jedoch, als Paulus sein gesetzesfreies Christentum Mitte der vierziger Jahre auf seiner sogenannten ersten Missionsreise, auf der freilich Barnabas noch die Hauptrolle spielte, weit über Antiochien hinaus verbreitete. Zudem wurde die Opposition der Jerusalemer Christen bestärkt durch den Beitritt von Pharisäern, die Jesus scharf bekämpft hatte, mit denen sich aber die Apostel verbrüderten, wobei *sie* Konzessionen machten, nicht die Pharisäer[12]. Und schließlich scheint auch die immer größere Bedrückung Israels durch Rom das Nationalgefühl mancher Jerusalemer Christen, das Bewußtsein ihrer Zugehörigkeit zum Judentum, gefördert zu haben. Jedenfalls wuchs ihre Empfindlichkeit gegenüber der Kritik am mosaischen Gesetz, und sie protestierten gegen die Verbreitung eines Glaubens, der ihrem eigenen so offenkundig widersprach.

Abgesandte der apostolischen Gemeinde kamen nach Antiochien, »eingedrungene falsche Brüder«, wie sie Paulus nennt, und es entstand, wie selbst die Apostelgeschichte zugibt, ein »Aufruhr«, ein »heftiger Streit«[13]. Da man nicht einig wurde, reiste Paulus in Begleitung von Barnabas zum zweitenmal nach Jerusalem, gemäß einer Offenbarung wie er sagt; das heißt, kommentiert der Theologe Nock, »nicht infolge eines Befehls, zu kommen und mich zu erklären, noch auch in natürlicher Unterwerfung unter meine geistlichen Oberen, als die ich sie nicht anerkenne«[14].

Das Apostelkonzil

Auf dem nun folgenden »Apostelkonzil«, wie man die wohl recht formlose, vierzehn Jahre nach der ersten Unterredung stattfindende Versammlung etwas großartig nennt, unterwarfen sich Paulus und seine Begleiter den Judenchristen, »auch nicht für eine Stunde«[15]. Der Apostelgeschichte ist dies Bekenntnis viel zu ungeschminkt, und die um 500 entstandene wichtige neutestamentliche Handschrift D verkehrt es durch eine Textfälschung genau ins Gegenteil.

Das Resultat der Begegnung war ein entschiedenes Auseinandergehen. Die Jakobusleute sollten den Juden, Paulus und die Seinen den Heiden predigen[16]. Dabei hatte Paulus die Dispens der Heidenchristen vom jüdischen Gesetz erzwungen und für sich selbst freie Bahn in der Mission. Allerdings mußte er seine Unabhängigkeit durch finanzielle Unterstützung der Urgemeinde erkaufen[17], weshalb Luther die im 2. Korintherbrief 9, 13 erwähnten Geldsammlungen für Jerusalem nicht mit »Almosen« oder gar »Liebeswerk« übersetzt, sondern recht treffend mit »Steuer«. Nach der Apostelgeschichte, die hierin abermals dem Paulus widerspricht, wurde er noch zu einem Ritualminimum, zur Beachtung der Noachischen Gebote verpflichtet, zur Enthaltung der Heidenchristen von Götzenopferfleisch, Blut, Ersticktem und Hurerei[18]. Um diese Clausula Jacobaea, das

183

»Aposteldekret«, kümmerten sich freilich, wiewohl bereits mit der hochtrabenden Formel verkündet »es hat dem heiligen Geist und uns gefallen«[19], weder die extremen Judenchristen noch Paulus. Die ersteren verlangten von den Christen bald wieder Beschneidung und strenge Beobachtung des Gesetzes, letzterer forderte ihre völlige Entbindung davon[20].

Überhaupt ist das Apostelkonzil bloß ein Kompromiß gewesen. Es hatte keine Klärung des prinzipiellen Gegensatzes gebracht, sondern diesen nur umgangen. Das zeigt deutlich

Der antiochenische Streit

Denn als Petrus bald darauf nach Antiochien kam, erfolgten neue und schwerere Zusammenstöße. Paulus ging jetzt mit aller Schärfe gegen Petrus vor. Er widerstand ihm »ins Gesicht«, bezichtigte ihn der »Heuchelei«, und mit ihm, schreibt Paulus, »heuchelten auch die anderen Judenchristen, so daß auch Barnabas verführt ward, mit ihnen zu heucheln«[21].

Nun hatte man die Entscheidungen des Vicarius Christi, der wenigstens anfangs die Urgemeinde geführt haben wird, ja wiederholt keineswegs als bindend anerkannt, zumindest nicht von vornherein, wie es, allerdings erst viele Jahrhunderte später, bei den Päpsten üblich wurde. Selbst ganz gewöhnliche Christen konnten dem Stellvertreter Gottes damals noch Vorhaltungen machen[22]. Beim Streit in Antiochien aber beanspruchte Paulus gegenüber Petrus sogar das Recht der Entscheidung, weshalb dieser Auftritt den Katholiken seit je besonders peinlich gewesen und von Luther mit Recht gegen den Glauben an die päpstliche Unfehlbarkeit ausgespielt worden ist[23].

Instruktiv sind in diesem Zusammenhang die exegetischen Manöver der Kirchenväter.

Tertullian belehrt uns, daß hier nur ein Fehler im Verhalten, nicht in der Lehre vorliege[24]. Die Kirche liebte von früh an solch feinsinnige Unterscheidungen. Auch wenn sie später Millionen »Hexen« liquidierte, war es allenfalls ein Fehler im Verhalten. Hieronymus behauptete, Petrus und Paulus hätten nur auf Verabredung gestritten, um dann um so besser gegen die Judenchristen vorgehen zu können[25]. Augustinus, den der Gedanke an ein Scheingefecht der Apostelfürsten vor versammelter Gemeinde störte, wies die Unterstellung des Hieronymus zurück und gab das Versagen des Petrus zu[26]. Dies mißfiel jedoch dem hl. Thomas, weshalb er die Sünde des Petrus nur als läßlich bezeichnete[27]. Hippolyt aber leugnete rundweg Gegensätze unter den Aposteln und machte aus den judenchristlichen Feinden des Paulus kurz entschlossen Heiden und Juden[28]. Auch für Clemens von Alexandrien war der Gegner des Paulus gar nicht Petrus,

184

sondern ein unbekannter Jünger[29]. Und Irenäus zog es vor, über den urchristlichen Streit den Mantel des barmherzigen Schweigens zu breiten. Die Verhandlungen in Jerusalem aber verliefen nach ihm in schönster Eintracht. Alles wird vermieden, was den Gegensatz bekunden könnte, alles getan, die Harmonie zu betonen[30].

Wie war es in Wirklichkeit?

Petrus hatte sich in Antiochien der neuen Umgebung sogleich angepaßt und unter Ignorierung der für die Urgemeinde gültigen zeremoniellen Gesetzesgebote Tischgemeinschaft mit den Heidenchristen gehalten. Er hatte gemeinsam mit Unbeschnittenen gegessen, bis Abgesandte des Jakobus kamen und Petrus augenblicklich umschwenkte, die Gemeinschaft leugnete, ja, dessen nicht genug, sogar die Heidenchristen plötzlich zwingen wollte, nach Art der Judenchristen zu leben[31].

Offenbar also ist Petrus, der »die von Jakobus fürchtete«, schon damals nicht mehr der primus apostolorum, die erste Autorität der jerusalemischen Gemeinde gewesen. Noch weniger war er dies natürlich außerhalb derselben. »Für das weite Gebiet des Heidenchristentums gibt Paulus die Regeln und Grundsätze, die er gegen Petrus durchsetzt«[32].

Denn zu einer Einigung ist es nach diesem Konflikt nicht mehr gekommen. Vielmehr war der Wechsel im Verhalten des Petrus, wie selbst ein Katholik zugibt, gleichbedeutend mit der Preisgabe des Heidenchristentums[33]. Ein Zugeständnis des Petrus hätte Paulus gewiß nicht verschwiegen. Im Gegenteil! Er hätte es effektvoll ausgespielt. Doch Paulus schweigt, und dieses argumentum e silentio ist schlagend. Aber auch mit Barnabas hatte sich Paulus verfeindet, sowie mit einem großen Teil der antiochenischen Christen.

Urgemeinde contra Paulus

Vor allem aber sind nun alle Judenchristen gegen Paulus. Sie sprechen ihm das Heidenapostolat ab. Sie behaupten, er sei ein gleisnerischer Mensch, rede den Leuten nach dem Mund, er mache den Eingang ins Christentum zu leicht, verfälsche es, predige nicht Jesus, sondern sich selbst. Man beschuldigt ihn auch des finanziellen Betruges, der Habsucht, höhnt ihn als schlechten Redner, wirft ihm Feigheit vor, nennt ihn anomal und verrückt[34]. Und endlich entschließt man sich, Paulus, um mit einem katholischen Theologen zu sprechen, seine eigenen Gemeinden abspenstig zu machen[35].

Es geht also von nun an nicht mehr nur um Lehren und Grundsätze, sondern bereits um einen Kampf um die Macht. Während Paulus auf langen Missionsreisen ist, fallen judenchristliche Agitatoren, ausgestattet

185

mit Empfehlungsbriefen der Urapostel[36] oder vielleicht auch mit auf seinen Namen gefälschten Briefen[37], in seine Gebiete ein. In die galatischen Gemeinden dringen »die von Jakobus«, nach Korinth eilen die Petrusleute und sogar Petrus, um »der Irrlehre des Paulus entgegenzutreten«[38]. Konzediert doch selbst ein Katholik die Existenz einer »Kephaspartei in Korinth«, freilich nur, um damit »das Ansehen des Petrus« zu beweisen[39]!

»Parteigänger von Aposteln« nennt einige Jahrzehnte später der 1. Clemensbrief die Korinther, und ein moderner Exeget spricht von einer zerrissenen Kirche, die in lauter Einzelgruppen mit Sonderparolen zu zersplittern droht, von einer Grundlagenkrise erster Ordnung[40]. In Ephesus aber waren die antipaulinischen Christen allem Anschein nach noch viel fanatischer[41].

Paulus contra Urgemeinde

Natürlich wurde der Kampf nicht einseitig geführt.

Unablässig ertönen in den Briefen des Paulus seine Klagen über die Judenchristen in Jerusalem, dröhnen seine Flüche, grassieren seine beißende Polemik und giftige Ironie. Er behauptet im Galaterbrief, dessen Tonfall Luther so imponierte, daß sie nicht nach der Wahrheit des Evangeliums wandeln, daß sie es verkehren, seine Gemeinde verhetzen, verhexen, verwirren, abfällig machen, und er zögert nicht, seine Widersacher wiederholt und kräftig zu verfluchen[42].

Später wird Paulus noch erbitterter. Er klagt über Zank, Zwietracht, Spaltungen. Er spricht nicht von zwei, sondern gleich von vier Parteien, die sich nach ihm, Apollos, Petrus und Christus benannten[43]. Paulus wirft seinen Gegnern vor, daß sie einen anderen Jesus, einen anderen Geist, ein anderes Evangelium predigen, daß sie das Wort Gottes verfälschen, daß sie Christus nur aus Neid, Haß und Zank verkünden[44]. Er läßt durchblikken, daß sie seine Anhänger knechten, ausbeuten, ins Gesicht schlagen, daß sie ihn persönlich beleidigt und gedemütigt haben[45]. Er selbst aber schimpft sie »Hunde« (das Wort hatte damals allerdings einen etwas anderen Klang) und, verächtlich auf ihre Beschneidung und Beschneidungspropagierung anspielend, »Verstümmelte«[46]. »Solche Leute sind Lügenapostel, trügerische Arbeiter, die nur die Maske von Aposteln Christi tragen. Und das ist kein Wunder; denn der Satan selbst nimmt die Maske eines Engels des Lichtes an«[47].

Wer aber waren diese Satansdiener und Lügenapostel? Wer genauer zusieht, schreibt der Theologe Lietzmann, erkennt hinter ihnen »die Schatten der Großen von Jerusalem. Paulus stand in seiner neuen Christenwelt einsam und hatte die schlimmsten Gegner im Rücken« [48].

186

Das Verhältnis Petrus-Paulus charakterisiert auch die Beobachtung, daß Paulus den gräzisierten Ehrennamen Petros, der Fels, vermeidet und statt dessen die aramäische Namensform Kephas gebraucht, die griechischen Lesern nichts sagt[49]. Auf katholischer Seite will man in diesem bezeichnenden Zug nur eine Anknüpfung Pauli an die ursprüngliche Überlieferung erblicken[50], die er sonst freilich so wenig respektiert, daß er sich zur Legitimierung seiner gesamten Lehre auf einen persönlichen Auftrag Gottes beruft.

In seinen letzten Lebensjahren verschärfte sich die Feindschaft mit der Urgemeinde noch, besonders mit deren radikalen Kreisen[51]. Im Römerbrief und in den Briefen aus Rom erwähnt Paulus den Petrus überhaupt nicht mehr. Er war nun sein Hauptgegner und jede Beziehung zu den Uraposteln für immer zerstört[52]. Doch schon während Paulus zwei Jahre in Caesarea gefangen lag, tat Jakobus, der erste »Bischof« von Jerusalem, nicht das geringste für ihn. Im Gegenteil! Die Antipauliner um Jesu Bruder entfalteten nun in aller Welt eine verstärkte Aktivität, und zwar, wie Paulus klagt, »in der Meinung, daß sie mir dadurch zu meiner Gefangenschaft auch noch Kummer bereiten«[53].

Nach dem Tod des Paulus geht der Kampf weiter

Alle aus der Urgemeinde hervorgegangenen judenchristlichen Richtungen, auch die gemäßigteren, haben Paulus als Apostel abgelehnt[54] und nach seinem Tod weiter bekämpft, wie zum Teil sogar das Neue Testament bezeugt. So polemisiert der Jakobusbrief bewußt und extrem gegen die paulinische Rechtfertigungslehre, und dies, obwohl er sich, kurioserweise, auf dieselbe alttestamentliche Stelle wie Paulus stützt[55]. Auch im judenchristlichen Matthäusevangelium, etwa zwanzig Jahre nach Pauli Tod entstanden, werden die Nichtjuden Hunde und Schweine genannt und diese Ausdrücke, im Widerspruch zur gesamten synoptischen Tradition, Jesus in den Mund gelegt, dem jeder Mensch gleich gilt[56]. Doch auch der von Judenchristen gegründeten römischen Gemeinde war Paulus zeitweilig höchst suspekt.

So hätte nicht viel gefehlt und der Apostel, den Markioniten und viele Gnostiker hoch geschätzt, prominente kirchliche Zeugen des 2. Jahrhunderts wie Papias und Justin aber geradezu totgeschwiegen haben, wäre von der Kirche verketzert worden[57]. Kirchenvater Tertullian schimpft ihn geradezu den »Apostel der Ketzer« (haereticorum apostolus) und möchte Paulus, um die Urapostel mehr zur Geltung zu bringen, den Namen Apostel am liebsten absprechen[58].

Andererseits gingen selbstverständlich auch die Anhänger des Paulus nach seinem Tod weiterhin mit aller Schärfe gegen die Judenchristen vor. So eifert der Jahrzehnte nach seinem Ableben geschriebene Brief an Titus: »Denn es gibt viele, die sich nicht unterordnen wollen, Schwätzer und Schwindler, besonders unter den Judenchristen; ihnen muß man den Mund stopfen, weil sie ganze Häuser zerrütten, indem sie um schändlichen Gewinnes willen ungehörige Lehren vortragen«. Und Titus wird aufgefordert, sie »rücksichtslos zurechtzuweisen«[59]. Ebenso entschieden werden die Judenchristen in den gleichfalls gefälschten Briefen an Timotheus bekämpft[60].

Noch deutlichere Spuren hinterließ der Kampf außerhalb des Neuen Testaments. Besonders das Judenchristentum erhob die bittersten Vorwürfe gegen Paulus. In den Pseudo-Clementinischen Homilien, unter dem Namen eines der ersten römischen Bischöfe überliefert, haben die Judenchristen Paulus zum Irrlehrer, zum ältesten Ketzer der Christenheit, ja, zum »Antichrist« gemacht[61].

Wie kommentiert die katholische Kirchengeschichtsschreibung den urchristlichen Streit? Sie bagatellisiert das fatale Schauspiel durch die Behauptung, die judenchristliche Opposition sei in der Urgemeinde nur eine belanglose Extremistengruppe gewesen. Dies widerlegt jedoch schon die Erwägung, daß eine unmaßgebliche Minderheit nicht jahrzehntelang mit solcher Intensität hätte kämpfen können, noch dazu gegen den Willen der apostolischen Autoritäten. Oder genossen sie so geringen Respekt?

Die Tendenz, den gewaltigen Konflikt im Urchristentum zu verschleiern, prägt bereits die Apostelgeschichte. Sie ist offensichtlich auf Ausgleich und Vermittlung bedacht. Sie läßt Petrus und Paulus die gleichen himmlischen Rettungen erleben, die gleichen Wunder tun und fast die gleichen Reden halten. Wo sich Erinnerungen an Gegensätze nicht verdrängen lassen, werden sie verharmlost. Doch bestehen kaum Differenzen, jede Partei war gut und im Recht[62].

Schon vom 2. Jahrhundert an schuf so die versöhnende Synthese der Kirche den prächtigen Parallelismus, das ideale Paar der Apostelfürsten Peter und Paul, die Vorbilder der Christenheit, zu denen sie voll Ehrfurcht emporsah[63]. Das geschah vielleicht nicht ohne dezentes Zutun des Paulus[64], der freilich vom »ersten Papst« allmählich überschattet wurde. Noch 1647 verurteilte Innozenz X. die Gleichstellung von Petrus und Paulus als häretisch[65].

Der Gegensatz des paulinischen und petrinischen Christentums wurde in der Tübinger Schule des 19. Jahrhunderts überbetont[66]. Doch besteht auch in der neueren und neuesten kritischen Forschung darüber Einigkeit, daß es zwischen der Urgemeinde und Paulus, ungeachtet seiner formellen Anerkennung, zu schweren Kämpfen gekommen ist; daß diese

188

Kämpfe nicht von einer unbedeutenden judenchristlichen Minorität geführt, sondern offensichtlich von den Aposteln geleitet worden sind; und daß es dabei nicht nur um untergeordnete Zeremonialgebote wie Beschneidung und Speisegesetze ging, sondern um viel tiefergehende Differenzen: um die Theologie des Paulus, die sich weit entfernt vom Glauben der Urapostel wie von der Lehre Jesu[67].

Diese bedeutsame Tatsache sollen die beiden folgenden Kapitel sichtbar machen, wobei zunächst die Quellenfrage wenigstens gestreift werden muß.

22. KAPITEL

Von Jesus zu Christus

»Christentum ist die durch Paulus begründete Religion, die an die Stelle des Evangeliums Jesu ein Evangelium von Jesus setzt«. Wilhelm Nestle[1].

Die gefälschten Paulusbriefe

Wie über Jesus und die Apostel, so existieren auch über Paulus keine historischen Schriften. Was wir von ihm wissen, stammt fast vollends aus seinen Briefen und der Apostelgeschichte, die nicht nur sehr unzuverlässig ist, sondern den Briefen manchmal direkt widerspricht. Von ihnen aber wurden mehrere ganz, andere zum Teil gefälscht oder aus verschiedenen echten Texten zusammengestückelt.

Sicher nicht von Paulus sind die (seit fast zwei Jahrhunderten so genannten) »Pastoralbriefe«, also die beiden Briefe »An Timotheus«, was vom 1. Timotheusbrief schon Schleiermacher bemerkte[2], und der Brief »An Titus«. Die Unechtheit aller drei Briefe erkannte zum erstenmal der Göttinger Gelehrte Johann Gottfried Eichhorn im Jahre 1812. Sie wurden erst Jahrzehnte nach Pauli Tod in Kleinasien in zumeist recht geschickter Anpassung an den Stil der echten Briefe geschrieben. Der Theologe Hans von Campenhausen faßt das Forschungsresultat der gesamten kritischen Bibelwissenschaft in der Erklärung zusammen, daß wir es hier »mit einer typischen, wiewohl geistig ungewöhnlich hochstehenden Fälschung zu tun haben, die allem Anschein nach in die erste Hälfte des zweiten Jahrhunderts gehört«[3].

Nicht zufällig fehlen gerade diese drei Episteln in den ältesten Sammlungen der Paulusbriefe[4], verwarf sie schon im frühen 2. Jahrhundert der an Paulus anknüpfende Markion (allerdings nicht aus philologisch-historischen, sondern theologischen Gründen) als unecht, und andere frühchristliche »Ketzer« lehnten sie ebenfalls ab[5]. Sehr wahrscheinlich wur-

190

den die Pastoralbriefe sogar deshalb geschaffen, um Markion durch Paulus widerlegen zu können[6]. Fälschte man doch im 2. Und 3. Jahrhundert in katholischen Kreisen auf den Namen von Aposteln eine Reihe von Schriften, vor allem zur Bekämpfung des der Kirche so gefährlichen Markionitismus, auf Pauli Namen beispielsweise auch einen 3. Korintherbrief[7].

Verständlicherweise gewannen dann gerade die gefälschten Paulusbriefe im aufkommenden Katholizismus besondere Bedeutung. Irenäus, Tertullian, Clemens Alexandrinus, Origenes u. a. spielten sie sogar gegen die echten aus[8], denen gegenüber sie theologisch und kirchenrechtlich natürlich viel weiter entwickelt waren. Ja, die Fälschungen haben die echten Briefe recht eigentlich erst kirchenfähig und überhaupt aus Paulus einen Mann der katholischen Kirche gemacht[9]. Hätte sie ihn doch, wie bereits bemerkt, fast verketzert, da sie den Verfasser der echten Briefe eben nicht gebrauchen konnte. Auch die Päpste zitieren später mit Vorliebe gerade die pseudepigraphischen Pastoralbriefe, vor allem zur Rechtfertigung ihrer Ketzerverdammungen und ihres Anspruchs auf Anerkennung ihrer Lehrentscheidungen.

Fast von der gesamten kritischen Theologie wird auch der »Brief an die Epheser« als frommer Betrug bezeichnet[10], und von einem großen Teil derselben auch der Kolosserbrief und insbesondere der 2. Thessalonikerbrief[11]. Doch wurde über diese Dokumente keine Einigkeit erzielt.

Allgemein gibt man zu, daß der Hebräerbrief nicht von Paulus stammt. Noch Tertullian nannte Barnabas als Autor dieser Schrift. Andere sprachen sie dem Lukas oder Clemens von Rom zu. Aber in das Neue Testament kam der Hebräerbrief nur als vermeintlicher Paulusbrief, wofür er bis zu Luther, der, was richtig sein dürfte, Apollos für den Verfasser hielt, fast ohne Widerspruch gegolten hat[12].

Die anderen neutestamentlichen Paulusbriefe erachtet man heute als echt. Doch enthalten sie Zusätze von fremder Hand oder wurden, wie etwa der 2. und wohl auch der 1. Korintherbrief, aus zu ganz verschiedener Zeit entstandenen Paulustexten von einem Unbekannten nach gewissen »Gemeindegesichtspunkten« zusammengesetzt[13].

Zur Frage der Echtheit kommt das Problem der Auslegung hinzu. Vieles in den Paulusbriefen ist mehrdeutig, die Interpretation schwierig, selbst die Übersetzung ist bis zu einem gewissen Grade (und mehr als bei anderen neutestamentlichen Schriften) bereits Interpretation.

Schon der Verfasser des 2. Petrusbriefes fand in den Paulinen »manches Schwerverständliche«[14]. Auch Bischof Polykarp, obwohl vielleicht Verfasser der dem Apostel unterschobenen Pastoralbriefe[15], vermochte nicht »der Weisheit des seligen und berühmten Paulus nachzukommen«[16]. Sogar Augustinus gestand, daß ihm manches »völlig unklar« sei[17]. Luther hat dann zwar, wie vor ihm schon Markion, in einigen Stük-

191

ken ein richtiges Paulusverständnis angebahnt, in anderen aber die Geschichte des Paulusmißverständnisses fortgesetzt[18]. So konnte Goethe mit Recht behaupten, der Apostel habe Dinge geschrieben, die die ganze christliche Kirche bis auf den heutigen Tag nicht verstehe[19].

Das gilt auch noch für unsere Zeit. Geradezu Berühmtheit erlangte ein Wort, das der Baseler Theologe und Nietzschefreund Franz Overbeck in einem Tischgespräch mit dem ihm sehr verhaßten Theologen Harnack prägte: Paulus habe nur einen Schüler gehabt, der ihn verstanden, Markion – und dieser habe ihn mißverstanden[20]. Und noch jüngst schrieb H. J. Schoeps von Paulus: »Von Marcion bis Karl Barth, von Augustin bis Luther, Schweitzer oder Bultmann hat man ihn immer nur mißverstanden oder teilverstanden«[21]. Von diesem Paulus aber, der, wie Schoeps am Ende seines Paulus-Buches resümiert, nicht nur von seinen Anhängern gründlich mißverstanden wurde, sondern der auch selbst »schon im Ansatz alles falsch verstanden hat«[22], stammen die Zentralstücke des christlichen Glaubens.

Vor allem förderte Paulus, wie wir nun verfolgen müssen, die Entwicklung jener Auffassung entscheidend, die aus Jesus den Christus werden ließ, aus dem geschichtlichen Menschen den von der Kirche gelehrten und kultisch verehrten Gott: ein metaphysisches Prinzip, ein überirdisches Geistwesen, das zur Erlösung der Menschheit auf die Erde gesandt und nach seiner Auferstehung von Gott wieder erhöht worden ist[23].

Wie war es zu dieser Neuerung gekommen?

Der historische Jesus hielt sich nicht für Gott

> *»Jesus hat sich nie mit Gott identifiziert oder ›Ich‹ gesagt, wo er Gott meinte«. Der Theologe Wendland[24].*

> *»Der Satz: ›Ich bin der Sohn Gottes‹, ist von Jesus selbst nicht in sein Evangelium eingerückt worden, und wer ihn als einen Satz neben den anderen dort einstellt, fügt dem Evangelium etwas hinzu«. Der Theologe Harnack[25].*

Trotz vielfacher Übermalungen und Fortbildungen lassen die Evangelien deutlich erkennen, wie fern dem galiläischen Lehrer jede Identifizierung mit Gott gelegen hat. Gerade die Verbesserungen der jüngeren Evangelisten am ältesten Evangelium enthüllen den neutestamentlichen Vergottungsprozeß, wie bereits gezeigt worden ist (S. 46 ff.). Hier sei nur einiges ergänzt, um die folgenschwere Veränderung von Jesus über die Urapostel bis zur Christologie des Paulus zusammenhängend sichtbar zu machen.

192

Im Neuen Testament betet Jesus nicht zu sich, sondern zu Gott. Er tritt manchmal sogar in eine offenkundige Spannung zu ihm. Er bittet, den Kelch an ihm vorübergehen zu lassen. Er klagt: »Mein Gott, mein Gott, warum hast du mich verlassen?«[26], ein Logion, das man freilich bald als peinlich empfand. So korrigiert das apokryphe Petrusevangelium: »Meine Kraft, meine Kraft, warum hast du mich verlassen?«[27]. Und das Lukasevangelium ersetzt das verdächtige Wort durch den Spruch: »Vater, in deine Hände befehle ich meinen Geist«[28].

Doch unterscheidet noch der synoptische Jesus oft deutlich zwischen sich und Gott. Er nennt Gott gut, nicht sich, was die jüngeren Evangelisten indes wieder berichtigen[29]. Für Jesus ist ferner selbstverständlich, daß nicht er, sondern Gott die Plätze im Reich verleiht; daß vom Anbruch dieses Reiches nicht er, sondern Gott Kenntnis hat[30]. Besonders im ältesten Evangelium, obwohl bereits auf einer jahrzehntelangen entstellenden mündlichen Überlieferung fußend, erscheint Jesus noch wiederholt wie ein Mensch, der sich in weitem Abstand von Gott weiß[31].

Gewiß liest man dort auf die Frage des Hohen Priesters, ob Jesus der Christus, der Sohn des Hochgelobten sei, die klare Antwort: »Ja ich bin es, und ihr werdet den Menschensohn sitzen sehen zur Rechten der Macht und kommen mit den Wolken des Himmels!«[32]. Doch bemerkt dazu schon C. G. Montefiore treffend: »Wie dürfen wir hoffen, auch nur mit annähernder Sicherheit herauszubekommen, was Jesus gemeint hat, wenn wir nicht einmal mit einiger Sicherheit wissen, was er tatsächlich gesagt hat?«[33].

Die kritische Theologie hält jedes Messiasbekenntnis Jesu in der Bibel für ungeschichtlich. Es gibt keinen einzigen Beweis dafür, daß der historische Jesus einen der messianischen Titel – Messias, Gottessohn, Davidsohn, Menschensohn –, die ihm etwa ein halbes Jahrhundert nach seinem Tod die Evangelisten zuschreiben, beansprucht hat[34].

Nach allen kritischen Theologen forderte Jesus auch keinen Glauben an sich selbst. Vielmehr zählt es zu ihren bedeutendsten Beobachtungen, daß im Zentrum seiner Predigt die Verkündigung des nahen Reiches steht, aber kein Glaubensgebot; daß der Begriff Glaube an Jesus überhaupt erst an einigen Stellen von jüngerer Herkunft in die Evangelien dringt, aber als eine Schöpfung der späteren Gemeinde und ihrer Propaganda; kurz, daß Jesus gar nicht in die Lehre gehört, die er verkündet hat[35]. Erst das Vierte Evangelium legt Jesus Glaubensforderungen in den Mund, während die beiden einzigen Ausnahmen bei den Synoptikern durch nachträgliche Bearbeitung entstanden sind, wie der Textvergleich klar ergibt[36].

Noch scheinbare Kleinigkeiten verraten die schon gezeigte Steigerung des Jesusbildes. So wenn Markus von Joseph von Arimathäa sagt, daß er »auch auf das Reich Gottes wartete«, Matthäus jedoch in einem feinen

193

aber sprechenden Unterschied schreibt, daß er »gleichfalls ein Jünger Jesu geworden war«[37]. In dieser Weise wird aus dem von Jesus im Markusevangelium gepredigten »Reich Gottes« im Matthäusevangelium öfter ein Reich Jesu oder des Menschensohnes, aus dem Verkündiger, nach einer bekannten Formulierung, der Verkündigte[38]. Oder spricht Jesus bei Markus von den Kleinen, »die da glauben«, bildet Matthäus weiter: »die an mich glauben«[39]. Sind bei Markus die Jünger nach Jesu Seewandel nur »vor Erstaunen ganz außer sich«, sinken sie hier bei Matthäus bereits nieder und bekennen: »Du bist wahrhaftig Gottes Sohn!«[40].

Wie der galiläische Lehrer aber nicht sich, sondern Gott und den Nächsten in den Mittelpunkt seiner Predigt gestellt, wie er nicht Christus, sondern das »Reich« verkündet hat, wie er niemals vor seine Hörer hintrat mit dem Ruf (schon die bloße Vorstellung ist lächerlich): »Glaubt an mich!«, so hat er auch niemals eine religiöse Verehrung für sich beansprucht. Und er wurde auch in der Urgemeinde nicht kultisch verehrt.

Auch die Urapostel hielten Jesus nicht für Gott

> *Die Urapostel waren gegenüber Paulus »noch nicht theologisch so entwickelt«. Der katholische Theologe Meinertz*[41].

Für die Urapostel war Jesus Mensch; »ein Mann, von Gott ausgewiesen durch Machttaten, Wunder und Zeichen«, der von Moses verkündete »Prophet«, der »Knecht« Gottes, der »Heilige und Gerechte«, der »erhöht« wurde. Erst durch die Auferstehung hat Gott »ihn zum Herrn und Christus gemacht«[42]. Christus aber ist die griechische Übersetzung von Messias (aram. meschiha, hebr. maschiach): nach den alttestamentlichen Darstellungen ein zwar über allen Menschen stehendes, ungewöhnlich begnadetes Geschöpf, doch ein sterbliches Wesen. Nie gab es im Judentum einen Messias, der selbst Gott ist oder göttliche Wesenheit besitzt[43]. Wie hätte auch den Aposteln, strengsten Eingottgläubigen, ein Mensch, mit dem sie täglich zusammenlebten, mit dem sie gemeinsam gewandert und geflohen waren, als Herr des Himmels und der Erde und aller Kreaturen gelten sollen! Konnten einerseits die Einwohner von Nazareth äußern: »Ist dieser nicht der Sohn des Zimmermanns und der Maria und der Bruder des Jakobus, Joses, Judas und Simon? Und leben nicht seine Schwestern hier unter uns?«[44], andererseits aber die Apostel, die gerade in Nazareth das Versagen seiner Wunderkraft erleben mußten, ihn für den Schöpfer des Weltalls halten? Dieses Dogma hat erst die Kirche verkündet und die den alten Glauben bekennenden Judenchristen dann primitiver Ketzerei bezichtigt[45].

194

Apostel und Urgemeinde, so erklären übereinstimmend moderne Theologen und Religionshistoriker, waren noch kaum vom jüdischen Volk und seiner Religion geschieden. Sie kannten weder einen Glauben an Jesus, noch die Geschichte von seiner Geburt aus der Jungfrau, von der auch Paulus nichts weiß, noch gar eine Präexistenz, eine Anschauung, die selbst den Synoptikern fremd ist, zumindest mit Sicherheit dem Markus[46]. Die Urgemeinde besaß überhaupt keine bewußt ausgebildete Lehre, kein festes Bekenntnis. Denn auch

Das »apostolische Glaubensbekenntnis« stammt nicht von den Aposteln

Es ist weder von ihnen verfaßt, *noch gibt es ihre Glaubensüberzeugungen wieder*. Sein ursprünglicher Text, wie die Forschung eindeutig erwies, entstand erst im 2. Jahrhundert, und zwar höchstwahrscheinlich zwischen 150 und 175, also in frühkatholischer Zeit, *in Rom*, nicht in Kleinasien.

Dieses vielleicht zur Bekämpfung der Markioniten geschaffene[47] Symbolum Romanum ist die älteste Form des christlichen Glaubensbekenntnisses, die aber lange danach noch eine Reihe von Zusätzen erhielt[48]. Zum Beispiel lautete der heutige Artikel: Ich glaube an »eine heilige katholische Kirche, die Gemeinschaft der Heiligen« ursprünglich nur: Ich glaube an »eine heilige Kirche«. Die Worte »katholisch« und »Gemeinschaft der Heiligen« sind Anhängsel späterer Jahrhunderte[49].

Noch im 3. Jahrhundert war der Wortlaut des Bekenntnisses in Fluß, was zahllose Varianten bezeugen. Sein endgültiger Text aber stand erst im Mittelalter fest[50]. Im antiken Christentum gibt es nicht zwei Schriftsteller, die ein und dieselbe Glaubensregel zitieren. Selbst ein und derselbe Kirchenvater verwendet verschiedene Formen dafür[51].

Die Behauptung von der Abfassung der Bekenntnisformel durch die Apostel wurde durch die Kirche im ausgehenden 2. Jahrhundert verbreitet[52] und länger als ein Jahrtausend geglaubt. Erst der Humanist Laurentius Valla (1407–57), Kurialbeamter unter mehreren Päpsten, deckte die Legende auf. Im Jahre 1865 ließ dann eine Züricher Synode die Verpflichtung der protestantischen Pfarrer auf das sogenannte Apostolische Bekenntnis fallen. Darauf gaben auch die Kirchenbehörden von Bern und Basel den Bekenntniszwang preis; Württemberg folgte 1912.

Was aber hatten die Apostel gelehrt?

Die Apostel hatten Jesu Predigt nur durch die Nachricht von seinem Tod und seiner – damals nicht ungewöhnlichen (S. 112 f.) – Auferstehung ergänzt und im übrigen an der Hoffnung auf seine baldige Wiederkehr

195

und die Verwirklichung des Gottesreiches festgehalten[53]. Entsprach es doch jüdischem Glauben, daß verstorbene Propheten wiederkämen, um ihre Mission auf Erden fortzusetzen. So wurde ja nur wenige Generationen zuvor auch der essenische »Lehrer der Gerechtigkeit« bald nach seinem Hingang zum Messias und wiederkehrenden Weltrichter erhöht. Und gerade die Übernahme jüdischer Zukunftserwartungen[54] bestärkte die Urgemeinde in der Hoffnung auf dieses irdische Messiasreich.

Auch Paulus hatte mit der baldigen Wiederkunft Christi gerechnet

> Paulus wurde »gestachelt von der Unruhe, daß die Verkündigung höchste Eile habe und die Zeit äußerst knapp bemessen sei; denn nur auf eine Weile sei der auferstandene Jesus der Erde entrückt; seine Wiederkehr erfolge in kürzester Frist, in wenigen Jahren, wenn nicht Wochen oder Tagen«. Der Theologe Overbeck[55].

> »Denn daß Paulus wie die ganze Urchristenheit geirrt hat, insofern die für die nächste Zeit erwartete Parusie nicht eintrat, ist unleugbar«. H. J. Schoeps[56].

Auch Paulus behielt die ihm von Jugend an vertrauten eschatologischen Überzeugungen des Judentums als Christ zunächst bei, allerdings ohne ihre politisch-nationalen Züge. Doch wie alle Christen seiner Zeit (S. 31 ff.) glaubte er, daß der Lauf der Welt zu Ende gehe. Die baldige Erwartung Christi inspirierte und befeuerte sein ganzes Werk, und er verteidigte diesen Glauben öffentlich und mit äußerster Entschiedenheit[57]. »Wir, die wir leben, die wir bis zur Ankunft des Herrn übrigbleiben«, schreibt er im 1. Brief an die Thessaloniker[58]. Doch auch aus späteren Briefen geht dies klar hervor. »Die Frist ist nur noch kurz bemessen«, mahnt er die Korinther, »die Welt in ihrer jetzigen Gestalt geht dem Untergang entgegen«[59]. Feierlich verspricht er ihnen: »Siehe, ich sage euch ein Geheimnis: ›Wir werden nicht alle entschlafen, wir werden aber alle verwandelt werden‹«, und schließt mit dem Gebetsruf der ältesten Christen: »Unser Herr, komm!«[60].

196

...und dann diesen Glauben aufgegeben

Aber mit den Jahren schwand Pauli Hoffnung auf die nahe Parusie allmählich dahin. Beschleunigt wurde seine Enttäuschung durch den Tod vieler Christen. Denn er hatte ihnen ja versprochen, daß sie bis zur Ankunft des Herrn überleben sollten[61]. Doch erklärte er nun die Todesfälle, die nicht vorgesehen waren, als Strafe Gottes für den sündigen Genuß des Herrenmahles[62]. Überdies versicherte er, daß auch die verstorbenen Brüder bei Christi Ankunft sogleich auferstehen würden, während alle anderen Toten bis zur letzten Auferstehung warten müßten[63].

Schließlich aber gab Paulus seinen ursprünglichen Glauben völlig preis. Er spiritualisierte den naiven Realismus seiner Eschatologie und lehrte gegen den Augenschein, daß der so heiß ersehnte Äonenwechsel, die große Welterneuerung, wenn auch äußerlich noch unsichtbar, wenigstens für die Gläubigen bereits durch Jesu Tod und Auferstehung eingetreten sei[64]. Für den Menschen »in Christus« hat plötzlich der neue Äon schon begonnen. »Wenn jemand in Christus ist«, weiß Paulus jetzt, »so ist er ein neues Geschöpf: Das Alte ist vergangen, siehe, es ist neu geworden«[65]. Die von Jesaja geweissagte Heilszeit ist auf einmal Gegenwart. »Seht, jetzt ist die hochwillkommene Zeit, seht, jetzt ist der Tag des Heils«[66]. Während die Urapostel mit ihrer ganzen Gemeinde glaubten, der Anbruch des neuen Äons stehe unmittelbar bevor, verbreitet in direktem Gegensatz dazu nun Paulus, dieser Äon sei mit Jesu Tod und Auferstehung bereits angebrochen[67]. Christus kommt jetzt nicht mehr auf die Erde, sondern der für ihn leidende und sterbende Christ erhält durch seinen Tod Zutritt zu ihm.

Nun wollte man damals diesen Wandel im Glauben des Paulus, seine Verheißung im 1. Thessalonikerbrief, dem wahrscheinlich ältesten Zeugnis des Neuen Testaments, die noch lebenden Christen würden »bis zur Ankunft des Herrn übrigbleiben«[68], offenbar nicht auf sich beruhen lassen. Man fälschte nämlich deshalb den 2. Thessalonikerbrief vermutlich entweder ganz oder schob einige Stellen in den (echten) Brief ein. Das erhellt daraus, daß der 2. Thessalonikerbrief in nahezu allen Stücken den 1. Thessalonikerbrief kopiert, aber im Hinblick auf die Parusie das Gegenteil verkündet. Hatte Paulus im 1. Brief ihren völlig unerwarteten Eintritt behauptet und alles apokalyptische Berechnen verworfen, tritt der »Paulus« des 2. Briefes, nach fast allen Verteidigern seiner Echtheit nur einige Monate später geschrieben, dem Gedanken einer baldigen Wiederkunft Jesu entgegen. Erklärt Paulus im 1. Brief, dieser Tag sei unberechenbar und komme plötzlich, wie ein Dieb in der Nacht, teilt der Verfasser des 2. Briefes eine Reihe erst noch zu erwartender hochbedeutsamer Vorstadien mit[69]. Überdies bittet er die Brüder, indem er den 1. echten Paulusbrief als einen falschen desavouiert, sich nicht in Aufregung versetzen zu lassen durch einen Brief, der »angeblich von mir herrühren soll«[70]! Offensichtlich will der 2. Brief den 1. wegen seiner überholten Enderwartungslehre entwerten und beseitigen und die Gläubigen mit der Verzögerung von Christi Wiederkunft vertraut machen[71].

Doch gibt es durchaus ernstzunehmende Gelehrte, die an der Echtheit des 2. Briefes festhalten. Er wäre dann eben ein Ausdruck von Pauli Glaubenswandel, könnte in diesem Fall aber kaum, wie die Verfechter seiner Authentie meist meinen, kurz nach dem 1. Brief geschrieben worden sein, was auch unbeweisbar ist.

Paulus bezog seine Christologie aus dem Heidentum

Am stärksten wirkte auf die Umformung des paulinischen Glaubens, der anstelle der jesuanischen Reich-Gottes-Predigt individualistische Jenseitsgedanken, die Wunschvorstellung einer persönlichen Unsterblichkeit setzt, die heidnische Umgebung des Apostels ein. War er doch von Jesus eben nicht nur durch die Urgemeinde, sondern auch durch die hellenistischen Christen getrennt, von denen er Entscheidendes bezog[72]. Denn den Griechen war die Lehre von der Enderwartung fremd. Sie suchten in der Religion »Erkenntnis«, »Wahrheit«, »Leben«, »Unsterblichkeit«, und diese griechischen Heilsgüter wurden dann auch zu christlichen[73].

So nötigte Paulus nicht nur das Ausbleiben Christi und die einsetzende Skepsis, sondern auch das ganz andere Denken der Griechen zur Umgestaltung seiner Theologie[74]. Er propagierte nun den schon vor ihm in den heidenchristlichen Gemeinden auf Jesus übertragenen Mythos vom sterbenden und wieder auferstehenden Gottessohn, einen Glauben, der bereits Jahrhunderte bekannt gewesen war (S. 112f.). Doch wurden, wie wir sahen, auch historische Gestalten lange vor Jesus als übernatürliche Wesen, als sotéres und kyrioi verehrt oder gar zu Weltherrschern erklärt, Zarathustra oder Buddha, die übrigens, wie Jesus, nie einen Anspruch auf Vergottung erhoben hatten[75].

Für die ersten Jerusalemer Christen war Jesus der »Herr« (Mari: mein Herr; Maran: unser Herr), zunächst nur ein jüdischer Ehrentitel, eine dogmatisch belanglose Höflichkeitsbenennung für den Lehrer und Meister. Als jedoch dieser Ausdruck hellenisiert, als er von den Griechen übernommen wurde, verwandte man das Wort »kyrios«. Damit aber bezeichnete die Septuaginta, die älteste griechische Übersetzung des hebräischen Alten Testaments, stets Jahve, also Gott. Und während die ursprüngliche Vorstellung in Vergessenheit geriet, setzte sich die andere bald weithin in der Kirche durch.

198

Dies geschah um so leichter, als man schon vorchristliche Gottheiten häufig »Herren« genannt und noch vor Abfassung der ältesten neutestamentlichen Schriften auch die im Herrscherkult göttlich verehrten römischen Kaiser mit dem Titel eines »Herren« (kyrios) ausgezeichnet hatte. Vom Herrscherkult aber ging dann der Herren-Name auf die neutestamentliche Jesusgestalt über; ebenso das Wort »Soter«, Retter, Heiland (S. 100f.), und aus der Verehrung als Soter und Kyrios wuchs die Vergottung Jesu allmählich notwendig heraus. Wie die Kaiser zuerst den Titel »Heiland«, »Herr«, und dann die Bezeichnung »Gott« erhielten, so stellte sich auch für Jesus dieses Prädikat ein.

Nun hatte man aber nicht nur eine neue Benennung für ihn. Auch das Verhältnis zu ihm änderte sich. Man fing an, ihn im Gemeindegottesdienst zu verehren, es begann der Christuskult. Wurde erst in der Urgemeinde aus Jesus der erwartete Messias, so jetzt im Heidenchristentum aus dem Messias der Gottessohn im metaphysischen Sinn und damit das Christentum. Wahrscheinlich dachten sich schon die ersten *heiden*christlichen Gemeinden Jesus als den vom Himmel herniedergestiegenen Gott. Lebten diese Menschen doch in einem religiösen Milieu, in dem es von göttlichen Kyrioi oder Herren nur so wimmelte. Diesen Herren aber wurde nun der Herr übergeordnet. So schreibt Paulus an die Korinther: »Denn mag es auch sogenannte Götter, sei es im Himmel oder auf der Erde geben – es gibt ja viele solche Götter und viele Herren –, so gibt es doch für uns nur *einen* Gott«[76].

Erinnern wir uns auch daran, daß die Grenze zwischen Gott und Geschöpf damals nicht unüberschreitbar war. Vor allem die hellenistischen Griechen, von denen die Vergottung Jesu ausging, sind für Wohltaten besonders empfänglich und jederzeit bereit gewesen, selbst kleine Wohltäter für eine Inkarnation der Gottheit zu halten[77]. »Es beliebt nämlich«, bestätigt sogar ein antiker Kirchenautor, »der griechische Leichtsinn, die, welche ihm etwas verschafft haben oder durch Rat oder Tat ihm geholfen, mit göttlichen Namen zu benennen«[78]. Ein noch schlagenderer christlicher Beleg aber steht im Neuen Testament. Riefen doch die Einwohner von Lystra nach der Heilung des Lahmen durch Paulus und Barnabas: »›Die Götter haben Menschengestalt angenommen und sind zu uns herabgekommen!‹ Dabei nannten sie Barnabas Zeus und Paulus Hermes«. Und der Priester des Zeustempels brachte eilends Stiere und Kränze, um den Aposteln zu opfern[79].

Auch die Ankunft des Apollonios wäre von den Spartanern als Epiphanie eines Gottes gefeiert worden, hätte es Apollonios geduldet. Noch im 4. Jahrhundert wurden seinem Standbild in Ephesus göttliche Ehren zuteil[80].

Mit Heroisierung, Deifikation, Apotheose war man in der Antike gleich bei der Hand. Schaute man doch allenthalben nach Rettern und Heilanden aus. Insbesondere bei den Griechen bildete göttliche Verehrung die ausgeprägte Form des Dankes, die über Paulus und seine Gemeinden auch aufs Christentum überging.

Auch sonst wiederholt sich, wie bereits ausführlich gezeigt, beim biblischen Christus das Schicksal der heidnischen Heilande. Auch sie leben seit aller Ewigkeit. Auch sie kommen auf wunderbare Weise, meist als Jungfrauensöhne, zur Welt (S. 413). Auch sie sind Mittler, Offenbarer, Erlöser. Auch sie verkünden: »Ich bin der Hirte«, »Ich bin die Wahrheit«, »Ich bin ein Licht für die Menschheit«, »Wer glaubt, wird gerettet, wer nicht glaubt, dem Gericht verfallen« und dergleichen[81]. Auch sie handeln aus Liebe zum Menschen, weisen sich durch Wunder und Prophezeiungen aus, steigen in die Hölle hinab, um die Abgeschiedenen zu erlösen, stehen oft am dritten Tag oder nach drei Tagen wieder auf und fahren zu ihrem himmlischen Vater empor. Und wie die Christen nehmen auch ihre Gläubigen durch kultische Vereinigung teil am neuen unvergänglichen Leben des auferstandenen Gottes, dessen Leiden sie erlöst hat. »Getrost, ihr Mysten! Wie der Gott gerettet, so wächst für uns Errettung aus dem Leiden (ek ponon)«, lautet ein Mysterienspruch[82].

Es ist bezeichnend, daß es lauter griechische und hellenistische Worte und Bilder sind, mit denen Paulus die Seligkeit beschreibt[83]. Seine Briefe, wie sich noch zeigen wird, strotzen von Formeln, die dem religiösen Sprachschatz des Heidentums entstammen. Sie decken sich aber auch gedanklich oft in verblüffender Weise mit Anschauungen der Mysterienreligionen und der griechischen Philosophie. Der Mithraskult, der so viele und frappante Parallelen zum Christentum aufweist, hatte in Tarsos, der Heimatstadt des Paulus, einen Sitz, und zwar schon in vorchristlicher Zeit[84]. Aus Tarsos ist ferner der Kult einer sterbenden und auferstehenden Vegetationsgottheit, des Stadtgottes Sandan bezeugt, dessen Tod und Auferstehung alljährlich festlich gefeiert wurden[85]. Und selbstverständlich kannte man in Tarsos die sterbenden und auferstehenden Götter Adonis, Attis und Osiris.

Das ganze christliche Heilsdrama – Präexistenz, Inkarnation, Martyrium, Tod, Auferstehung, Höllen- und Himmelfahrt – ist eine Kombination von Mysterienvorstellungen und hellenistischer Philosophie; eine evidente Parallele zu jenen vorchristlichen, von himmlischer Lichtwelt herabkommenden Gottessöhnen, die auf Erden kämpfen, leiden, sterben, verklärt zu Gott zurückkehren und nun weiter im Kult verehrt werden. Hier knüpfte der seit frühester Kindheit von hellenistischem Geistesgut beeinflußte Paulus an[86]. Hier bahnte der ›Rabbi im Gewande des stoischen Wanderredners«, der »Träumer und Ekstatiker«[87], dessen enthusiastisch-intuitive Theologie der Theologe Pfleiderer dem künstlerischen

200

Konzipieren und Produzieren gleichartig nannte[88], die umwälzende Wandlung an. Paulus hat den Mythos vom herabsteigenden Himmelsmenschen auf den galiläischen Propheten übertragen, hat dessen Lehre zu einer Mysterienreligion und ihn selbst zu einer Mysteriengottheit gemacht und so den großen Christus- und Gottessohn-Glauben geschaffen.

Nach einem katholischen Gelehrten schöpfte Paulus dabei »aus dem tiefsten Innern seiner Seele«[89]. Denn selbst für Katholiken ist diese Metamorphose Christi, seine Präexistenz, sein Auftritt als palästinensischer Zimmermann mit anschließender Himmelfahrt und Inthronisation, aus der Lehre Jesu nicht ohne weiteres ableitbar.

...und ignorierte den geschichtlichen Jesus

> »Wir brauchen es nicht zu wiederholen: Das Lebenswerk
> und Lebensbild Jesu hat die paulinische Theologie eben
> nicht bestimmt. An dieser Tatsache läßt sich nicht rütteln.
> Der, dessen Jünger und Diener Paulus sein wollte, war gar
> nicht eigentlich der geschichtliche Mensch Jesus, sondern
> ein anderer«. Der Theologe Wrede[90].

Paulus hat, wie fast alle Forscher annehmen, den geschichtlichen Jesus nicht gekannt[91]. Jedenfalls ist er nie sein Jünger gewesen. Nach seiner Bekehrung aber dauert es drei Jahre, bis er sich erstmals mit den Apostelführern bespricht. Sein Besuch ist nur kurz und verläuft kaum in Harmonie. Später behauptet die Urgemeinde, Paulus weiche vom Evangelium ab, verdunkle und verfälsche es (S. 186). Er selbst aber beruft sich auf eine Offenbarung vom Himmel. Jesus dagegen zitiert Paulus so selten, daß man das Argumentum ex silentio bemüht: Was mag alles von ihm über Jesus gesagt worden sein, was nicht in seinen Briefen steht[92]. Eine Vermutung, die Pauli Ausspruch: »Auch wenn wir Christus nach dem Fleisch gekannt haben, so kennen wir ihn jetzt nicht mehr so«[93], freilich etwas fragwürdig macht.

Seine Briefe bekunden kaum eine Spur palästinensischer Jesustradition. Paulus streift Herrenworte, wie selbst ein Katholik sagt, nur nebenbei[94]. Streitet man doch darüber, ob er vier-, drei- oder zweimal auf sie Bezug nimmt[95]. Und nur dreimal empfiehlt Paulus die Nachahmung Christi, denkt aber auch dabei nicht an Jesus, sondern an den Präexistenten[96].

In diesem Zusammenhang ist bezeichnend, daß der messianische Titel »Der Christus«, die Übersetzung des hebräischen »Der Gesalbte«, bei Paulus allein im Römerbrief fast zweimal so oft erscheint, wie in allen synoptischen Evangelien. Andererseits vermeidet Paulus offensichtlich den einfachen Namen Jesus. Er findet sich im gesamten corpus Paulinum nur 15 mal; der Titel »der Christus« dagegen 378 mal.

Nach einmütiger Feststellung der kritischen Forschung ist Pauli Christusbild weder von Jesu Persönlichkeit, noch von seiner gesamten ethisch-religiösen Verkündigung bestimmt, erscheint der Apostel gerade in wesentlichen Teilen seiner Lehre als Schöpfer einer eigenen Theologie[97].

Schon Nietzsche mokiert sich darüber, mit welcher Freiheit Paulus »das Personalproblem Jesus behandelt, beinahe eskamotiert: Jemand, der gestorben ist, den man nach seinem Tode wiedergesehen habe. Jemand, der von den Juden zum Tode überantwortet wurde... Ein bloßes Motiv: Die Musik macht er dann dazu«[98]. Ja, ein führender Bestreiter der Historizität Jesu, Arthur Drews, konnte nicht ohne plausible Gründe erklären, Paulus habe von Jesus nichts gewußt[99].

Wie dem auch sei: Eine historische Abhängigkeit Pauli von Jesus ist nicht vorhanden. Eine vage innere Verwandtschaft hat ihre Wurzel in der von beiden benutzten jüdischen Tradition. Um Jesu Charakter und Lebensführung aber kümmert sich Paulus so wenig wie um seine Sittenlehre. Nur eines interessiert ihn am Leben Jesu: sein Tod. Nennt er doch sein Evangelium geradezu »das Wort vom Kreuz« und schreibt überdies: »Ich hatte mir vorgenommen, kein anderes Wissen bei euch zu zeigen als das von Jesus Christus, und zwar dem Gekreuzigten«[100].

Während sich so das Wissen um den historischen Jesus verliert, festigt sich der Glaube an den mythischen Christus. »Ich vergesse alles, was hinter mir liegt und recke mich nach dem, was vor mir ist, und jage nach dem vorgesteckten Ziel, nach dem Kleinod«[101], abermals ein Bekenntnis Pauli, das die Entwicklung charakterisiert. Immer mehr projiziert er Jesus in den Bereich von Mystik und Metaphysik, bis endlich aus einem menschlichen Individuum eine gleichsam kosmische Figur geworden ist, ein überirdisches Geistwesen: der mythische Christus. Mit diesem aber ließ sich nun jeder religiöse Inhalt decken. Man konnte ihm unterschieben, was immer man wollte, und hat es auch getan.

Fassen wir zusammen. Aus Jesus (hebräisch Jeschua oder, in einer älteren Form, Jehoschua, gräzisiert Jason oder Jasios, ein gewöhnlicher jüdischer Eigenname, der »Jahve hilf« bedeutet, also etwa unserem Namen Gotthilf entspricht) macht man schon relativ kurze Zeit nach seinem Tod Christus, aus dem Juden einen Christen, aus seinem Glauben den Glauben an ihn, das heißt, nach einem Wort Herders, aus Jesu lebendigem Entwurf zum Wohl des Menschen die gedankenlose Anbetung seiner Person[102].

Schon der englische Philosoph Lord Bolingbroke († 1751) hatte im Neuen Testament zwei Religionen bemerkt, die Jesu und die des Paulus[103]. Ganz ähnlich unterscheidet auch Kant scharf zwischen der Lehre

202

Jesu und dem, was bereits, wie er glaubt, die Apostel daraus machten, die »anstatt des heiligen Lehrers praktische Religionslehre die Verehrung dieses Lehrers selbst... angepriesen«[104]. Ebenso deutlich trennt Lessing die Religion Christi, nämlich »diejenige Religion, die er als Mensch selbst erkannte und übte; die jeder Mensch mit ihm gemein haben kann«, von der christlichen Religion, »die es für wahr annimmt, daß er mehr als Mensch gewesen, und ihn selbst als solchen zum Gegenstand ihrer Verehrung machte«[105]. Und auch Fichte und Schelling erkannten, daß, um mit letzterem zu sprechen, »schon in dem Geiste des Heidenbekehrers Paulus das Christentum etwas anderes geworden ist, als es in dem des ersten Stifters war«[106].

Die grundlegende und für die Kirche maßgebende Wendung hatte Paulus eingeleitet. Bei ihm beginnt der Übergang vom ursprünglichen eschatologischen Christentum zum sakramentalen, tritt an die Stelle des speziell von den Aposteln und Judenchristen in Bälde erwarteten messianischen Reiches auf Erden der griechische Unsterblichkeitsglaube, wird aus dem jüdischen Propheten der christliche Sohn Gottes. Mit anderen Worten: Die Enttäuschung über die Naherwartung wurde durch den Jenseitsglauben kompensiert. Ohne diese Umwandlung wäre das Schicksal der jungen Jesussekte besiegelt gewesen, als das erwartete Reich nicht kam.

Identisch mit Gott, wie die Kirche lehrt, ist Jesus für Paulus allerdings nicht. Zumal von einer Trinitätslehre findet sich bei ihm noch keine Spur (S. 438). Doch zersetzte schon er den alttestamentlichen Eingottglauben und bahnte eine Zweigottlehre an. Und im Anschluß an Paulus stellte die Kirche die Liebesethik Jesu, die im Zentrum seiner Predigt steht, auf den zweiten Platz und statt *seines* Glaubens den Glauben *an ihn,* den er nicht verkündet hatte, an die Spitze. Metaphysik statt Ethos, Glaube statt Liebe, Christologie statt Bergpredigt, das war, grosso modo, ihr Weg. Wichtiger als die Ethik wurde die Dogmatik, wichtiger als das rechte Handeln der rechte Glaube.

Jesus aber hob man beizeiten in den Himmel, damit er auf Erden nicht im Wege stand. Das bezeugt in aufschlußreichster Weise das angeblich »apostolische« Glaubensbekenntnis, das kein einziges Wort über die Lehre Jesu enthält, aber lauter Lehren der späteren Kirche! Worum es ihr jedoch ging und geht, formuliert Kirchenvater Hippolyt mit jenem denkwürdigen Satz: »Das Wort sprang vom Himmel in den Leib der Jungfrau; es sprang aus dem Mutterleib an das Holz; es sprang von dem Holz in den Hades; es sprang hinauf auf die Erde wieder – o der neuen Auferstehung! –, sprang von der Erde in den Himmel. So setzte es sich zur Rechten des Vaters«[107].

So verdrängte man die hohen Ideale Jesu durch das Pseudoideal eines Glaubens und einer Kirchlichkeit, das die Masse (und nicht nur diese) für

203

das Ursprüngliche nahm, während es in Wirklichkeit so geringe Anforderungen stellte, daß es noch die Schwächsten bequem erfüllen konnten. Natürlich mußte man die biblischen Gebote bestehen lassen, aber man schwächte ihre Bedeutung ab und beraubte sie immer mehr ihrer Radikalität.

Im Mittelalter ersetzte dann der offizielle Kirchentheologe, Thomas von Aquin, die Gebote der Bergpredigt durch die Ethik des Heiden Aristoteles, jedenfalls für die Masse der Gläubigen, während die wenigen Christen, die rigoroser leben wollten, Mönche werden mußten – eine Einrichtung, von der Jesus gleichfalls nicht gesprochen hatte.

23. KAPITEL

Weitere Abweichungen des Paulus von der Lehre Jesu

»Alle schönen Seiten des Christentums knüpfen sich an Jesus, alle unschönen an Paulus«. Der Theologe Overbeck[1].

Die christliche Erlösungslehre stammt nicht von Jesus

»Wie tief sich auch diese Lehre unter den Christen eingebürgert hat, so hat doch der wirkliche Jesus nichts davon gewußt«. Der Theologe Grimm[2].

»Gespräch anno 33.
A.: Wissen Sie schon das Neueste?
B.: Nein. Was ist passiert?
A.: Die Welt ist erlöst.
B.: Was Sie sagen.
A.: Ja. Der liebe Gott hat Menschengestalt angenommen und sich in Jerusalem hinrichten lassen; dadurch ist nun die Welt erlöst und der Teufel geprellt.
B.: Ei, das ist ja ganz scharmant.« Arthur Schopenhauer[3].

Nach allem, was von Jesus überliefert wird, lag seinem Denken die paulinische Erlösungslehre völlig fern[4]. Verkündet er doch einen »Vater«, der nicht erst durch sühnende Mittlerschaft dem bereuenden Sünder vergibt, sondern jedem, der selbst zur Vergebung und Umkehr bereit ist; der den Sünder, wie im Gleichnis vom verlorenen Sohn, sogar sucht. Jesus macht Sündenvergebung nicht abhängig von seinem Tod, sondern, wie er im Vaterunser und an anderen Stellen lehrt, einzig vom vergebenden Verhalten des Menschen gegenüber seinem Mitmenschen[5]. Wäre sein Tod von ihm als notwendig für Erlösung und Sündenvergebung erachtet worden, hätte er sagen können, der Kelch möge an ihm vorübergehen; und »Deine Sün-

205

den sind dir vergeben«[6]? Die Erlösungstheorie entstand erst, als das überraschende Ärgernis des Kreuzestodes – »in Wahrheit ein Unglücksfall und nichts weiter«[7] – die Christen zu einer Umdeutung zwang. Damit aber wurde die ursprüngliche Lehre nicht nur gewandelt, sondern entwertet. Wie vieles, was später die Kirche betonte, spielt auch die Erlösungslehre bei den Synoptikern kaum eine Rolle. Nur an zwei Stellen wird sie überhaupt angedeutet, die aber nach Auffassung der meisten neueren Exegeten nicht echt sind[8]. Die Wendung von der Hingabe des Lebens als Lösegeld für »viele«, die Matthäus und Markus Jesus in den Mund legen, während sie bei Lukas fehlt[9], geht entweder auf paulinische Gedanken zurück, oder sie ist eine Prägung der hellenistischen, vielleicht sogar schon der palästinensischen Jesusgemeinde, die Übernahme eines Verses aus dem 53. Kapitel des Jesaja. Die zweite und letzte Stelle, die Jesu Tod ausdrücklich mit der Vergebung der Sünden in Beziehung setzt steht nur bei Matthäus und fehlt bei Markus, Lukas und im 1. Korintherbrief[10].

Es ist bezeichnend, daß für die Ebioniten, die unmittelbaren Nachkommen der Urgemeinde, Jesu Kreuzestod keinen Versöhnungscharakter, keine Heilsbedeutung besaß. Sie hatten deshalb auch keinen Kelch bei der Eucharistie, sondern feierten sie, wohl die älteste Form derselben, bemerkenswert blutarm mit Brot und Salz[11]. Bekanntlich leugneten die Nachfahren der Apostel auch Jesu Göttlichkeit und seine Jungfrauengeburt[12].

Woher also bezog Paulus die Erlösungstheorie?

Schon den Primitiven war die Abwaschung der Sünde durch einen Blutbrauch bekannt. Uralt ist aber auch der Glaube an die Erlösung der Menschheit durch den »Sohn«. So wurde in der altbabylonischen Religion Marduk von seinem Vater Ea zu den Menschen gesandt, um sie zu retten. Auch Herakles und Dionysos waren solche auf die Erde herabgekommene Erlösergötter. Im Mithraskult wusch das auf die Gläubigen träufelnde Blut eines getöteten Stieres die Sünde ab. Im Sanskrit bedeutet das Wort für »religiös verehren« (ārādh) eigentlich »versöhnen«, »Zorn stillen«.

Allbekannt war in der Antike auch die Vorstellung vom König, der für sein Volk leidet und stirbt. Schon eine christliche Schrift des 1. Jahrhunderts verweist auf die vielen heidnischen Herrscher, die in Katastrophenzeiten nach empfangenem Orakelspruch ihr Leben hingaben, »um durch ihr Blut ihre Bürger zu retten«[13]. Auch der Hohepriester Kaiphas spielt darauf an, wenn er den Juden rät, es sei besser für sie, »daß ein einzelner Mensch für das Volk stirbt, und nicht das ganze Volk zugrunde geht«[14]. Um 200 schreibt Kirchenvater Tertullian: »Der Diana der Skythen, dem Merkur der Gallier und dem Saturn der Afrikaner war es in der Heidenwelt vergönnt, sich durch Menschenopfer versöhnen zu lassen; dem latinischen Jupiter zu Ehren wird noch heute mitten in Rom Menschenblut vergossen«[15]. Um die Mitte des 3. Jahrhunderts bezieht sich auch Orige-

206

nes klar auf jenen typisch antiken Gedanken vom König und Gerechten, der für die Vergehen seines Volkes leidet und stirbt, wenn er von den »vielen Erzählungen der Griechen und Barbaren« spricht, »die davon handeln, daß einige für das allgemeine Wohl gestorben sind, um ihre Städte und Völker von den Übeln zu befreien, die sie bedrückten«[16]. Manchmal tötete man bei solchen Versöhnungsakten auch Verbrecher, wie noch spät im griechischen Rhodos und in Massilia.

Die Juden der älteren Zeit hatten mit Kanaanitern, Moabitern und Karthagern den Brauch gemeinsam, Kinder zur Versöhnung der Gottheit zu töten. Nachher traten an Stelle der Kinder Verbrecher. Ein Ersatz für die Tötung des Erstgeborenen war auch das Passahlamm, das in der Form des Kreuzes gebraten wurde, das als religiöses Symbol ja schon in vorchristlicher Zeit erscheint[17].

Derartige Bräuche waren Paulus bekannt, der selbst einmal darauf anspielt und die ihnen zugrundeliegenden Vorstellungen um so leichter aufgreifen konnte, als man auch Jesus als Verbrecher hingerichtet hatte[18]. Und wie das Blut all der vor ihm geopferten Menschen sühnende Kraft besaß, so auch das seine. Immer wieder predigt Paulus von Versöhnung (katallagé) und Erlösung (apol'ytrosis), von dem Sühnemittel »in seinem Blute«, der Erlösung »durch sein Blut«, der Friedensstiftung »durch sein am Kreuz vergossenes Blut«[19]. Der Gedanke, Gott könnte vielleicht auch ohne »offizielle« Satisfaktion eine Schuld vergeben, kommt ihm offenbar gar nicht.

Selbstverständlich waren Paulus auch die Sühnegedanken des Alten Testaments, insbesondere die Leiden des Gerechten als einer stellvertretenden Sühne für die Sünden vertraut[20]. Ob und inwieweit er von diesbezüglichen theologischen Traditionen der Urgemeinde bestimmt ist, läßt sich nicht sagen[21]. Die Dinge sind jedenfalls so geläufig gewesen, daß die Evangelien für Jesu Sühnetod überhaupt keine weitere Erklärung geben.

Noch in unserem Jahrhundert wird ja der Himmel durch Menschenopfer versöhnt. So ermordete vor einigen Jahrzehnten in Indien eine Mutter ihr vierjähriges Mädchen, um den Zorn einer Gottheit zu besänftigen, nachdem alle anderen Mittel versagt hatten[22]. In den Vereinigten Staaten wurden 1933 zwei Menschen von einer Sekte sakral getötet[23], und erst 1960 opferten Indianer in Chile wegen einer Naturkatastrophe zwei Stammesgenossen den Göttern[24]. Mancher mag sich darüber wundern oder entsetzen und dann vielleicht zu Christus beten, dessen Tod ihn selber erlöst hat.

Warum dies so spät geschah, warum die Menschen der vorausgehenden Jahrhunderttausende nicht gerettet wurden, bleibt natürlich unerfindlich. Dagegen ist klar, daß Jesus Erlöser werden mußte, kam man damit doch einem religiösen Bedürfnis der Massen entgegen, die allenthalben nach Heilanden, Rettern, Erlösern Ausschau hielten. Und wollte das Christentum entscheidenden Einfluß gewinnen, mußte auch bei ihm die Nachfrage das Angebot bestimmen. »Darum handelte es sich, was der Heide jener Tage brauchte und suchte«[25].

Je schlechter der Mensch, um so notwendiger seine Erlösung

>»Denn der christliche Glaube beruht fast ganz darauf, zwei Dinge klar zu wissen: die Verderbnis der menschlichen Natur und die Erlösung durch Jesus Christus«. Blaise Pascal[26].

Aber auch von der Voraussetzung dieser Erlösungslehre, der ebenfalls von Paulus behaupteten prinzipiellen Schlechtigkeit sämtlicher Menschen[27], hat Jesus nicht gesprochen. Im Gegenteil! Er ist ethischer Optimist. Kein Wort findet sich bei ihm von der Unfähigkeit des Menschen zum Guten, von seiner radikalen Verdammtheit ohne das christliche Erlösungswerk. Bei Paulus aber, gesteht man selbst auf katholischer Seite, sind die ersten drei Kapitel des Römerbriefes geradezu dem Beweis dieser These gewidmet[28]. Denn je sündhafter der Mensch, um so notwendiger seine Erlösung.

So rückt Paulus die Lehre von der Universalität der menschlichen Verderbnis ganz in den Vordergrund. Die Menschen sind »von Natur« böse, Scheusale, »Kinder des Zornes«, Knechte der Sünde«[29]. Samt und sonders stecken sie im »Schmutz der Unsittlichkeit«, in »schandbaren Leidenschaften«. Es gibt kein Laster, das sie nicht verübten: »Sie sind erfüllt mit jeglicher Ungerechtigkeit, Schlechtigkeit, Habgier und Bosheit, voll von Neid, Mordlust, Streitsucht, Arglist und Niedertracht; sie sind Ohrenbläser, Verleumder, Gottesfeinde, gewalttätige und hoffärtige Leute, Prahler, erfinderisch im Bösen, ungehorsam gegen die Eltern, unverständig, treulos, ohne Liebe und Erbarmen«[30].

Die Lehre von der Erbsünde

>»Nirgends in den Synoptikern führt Jesus das Sündenelend der Menschen zurück auf die Ursünde, geschweige denn auf die Erbsünde. Offenbar hat der biblische Sündenfallbericht für ihn nicht die grundlegende Bedeutung gehabt, die Paulus und die Kirche ihm beilegen«.
>Der Theologe Gross[31].

208

Aus dieser restlosen Entwertung der natürlichen Welt leitete man die erst im 16. Jahrhundert zum Glaubenssatz erhobene Lehre von der Erbsünde ab, die weder Paulus noch ein anderer neutestamentlicher Autor vertreten. Jedes christliche Kind kommt nach diesem Dogma schon als Sündenbock auf die Welt, da seine Seele bereits durch den »Fall« von Adam und Eva verunreinigt ist. Dabei hatten ältere Kirchenväter die Kinder ausdrücklich als sündlos erklärt[32]! Wie denn auch Paulus selbst bezeugt, daß in seiner Gemeinde in Korinth die Kinder christlicher Eltern nicht getauft worden sind. Erst viel später, als die Kirche das Erbsündenübel entdeckte, machte sie es ihren Anhängern zur strengen Gewissenspflicht, alle Neugeborenen »vom Mutterschoß an« taufen zu lassen[33].

Um das Jahr 400 protestierten dann der irische Mönch Pelagius und sein Freund Coelestius, ein römischer Rechtsanwalt, gegen das aufkommende Dogma. Mit ihrer Ansicht, daß der Mensch aus eigener Kraft sittlich zu handeln vermöge, daß ihn die Erbsündenlehre zur Marionettenfigur mache und laxen Christen nur zur Selbstentschuldigung diene, provozierten sie den pelagianischen Streit (411–431). Der östliche Episkopat neigte ihnen dabei zumindest gefühlsmäßig zu, und der römische Bischof Zosimus, der anfangs für Pelagius und Coelestius eingetreten war, mußte erst gegen sie aufgestachelt werden. Ihr schärfster Widersacher wurde Augustin, der Pelagius zuerst »unseren Bruder« nannte und dann als Ketzer verfluchen ließ, zunächst in Karthago, darauf in Rom und endlich 431 durch das Konzil von Ephesus. Tatsächlich vertrat Augustin die neue Ansicht, Pelagius die Tradition[34]. Erst Augustinus nämlich ist »im Vollsinn des Wortes der Vater des Erbsündendogmas«[35], das später durch die Reformation noch eine äußerste Intensivierung erfuhr. Zwingli allerdings, in manchem eine Ausnahme unter den Reformatoren und wegen seiner Toleranz von Luther sogar ein Heide genannt, hat den Lehrsatz von der Erbsünde als unevangelisch verworfen. Auch die meisten christlichen Kirchen des Ostens kennen keine ausgebildete Erbsündenlehre. Und im 19. Jahrhundert leugnete eine abessinische Theologenschule die Erbsünde überhaupt[36].

Katholische Theologen erklären Jesu vollständiges Schweigen über das Erbsündendogma durch die Behauptung, seine Hörer seien noch nicht fähig gewesen, »den Sinn eines solchen Geheimnisses zu tragen«[37]. Merkwürdig bloß, daß sie nur wenige Jahre später unter Paulus angeblich dazu befähigt waren und Jesus überdies, nach katholischer Anschauung, den Juden das ungleich kompliziertere Geheimnis der Trinität verkündete, das ihnen zweifellos viel fremder sein mußte.

Auch das abstruse Theologumenon von der Erbsünde ist im übrigen keineswegs spezifisch christlich. Ähnliche Vorstellungen waren heidnischen Religionen wohlvertraut. Schon um 2000 v. Chr. schreibt ein sumerischer Dichter: »Nie ward einer Mutter ein sündloses Kind geboren«[38].

209

> *»Endlich kommt noch hinzu, daß der Gott, welcher Nachsicht und Vergebung jeder Schuld, bis zur Feindesliebe, vorschreibt, keine übt, sondern vielmehr ins Gegenteil verfällt... bis auf jene wenigen Ausnahmen, welche durch die Gnadenwahl, man weiß nicht warum, gerettet werden. Diese aber bei Seite gesetzt, kommt es heraus, als hätte der liebe Gott die Welt geschaffen, damit der Teufel sie holen solle; wonach er denn viel besser getan haben würde, es zu unterlassen«. Arthur Schopenhauer*[39].

Wie die Erbsündenlehre, ist das mit ihr verbundene trostlose Dogma von der Vorherbestimmung, der Prädestination, von Jesus nicht vertreten worden. Nach Paulus aber verfährt Gott wie ein rücksichtsloser Despot, bestimmt er von allem Anfang an den einen zur Erlösung, den anderen zur Verdammnis. Es kommt, sagt Paulus, »nicht auf jemandes Wollen oder Bemühen an, sondern auf Gottes Erbarmen... Gott erbarmt sich, wessen er will, und verstockt auch, wen er will«[40], was beiläufig beweist, daß das Neue Testament die menschliche Willensfreiheit verneint.

Originell war auch das nicht. Vielmehr lebt hier etwas vom heidnischen Schicksalsglauben, wie von der alttestamentlichen Willkür Gottes im Christentum fort. Dieselbe Anschauung, die Paulus propagiert, kannten aber schon die Essener[41]. Und wie Paulus lehrt nachher der Koran, der den Gedanken der Prädestination sogar mit besonderer Rigorosität betont: »Gott läßt irregehn, wen er will, und rechtleitet, wen er will«[42].

Gewiß behauptet Paulus auch das Gegenteil: »Denn Gott hat alle zusammen in Ungehorsam verschlossen, um allen Erbarmen widerfahren zu lassen«[43], weshalb seine Prädestinationslehre mitunter bestritten wird. Entscheidend ist jedoch, daß seine zuvor zitierten Sätze weiterwirkten, wenn auch verhältnismäßig spät. Erst Augustinus hat die Prädestinationslehre, die er in seiner Frühzeit selbst noch nicht vertrat[44], aufgegriffen, ausgebaut und mit äußerster Radikalität verteidigt. Auch die Reformatoren übernahmen sie; ihr berüchtigtster Verfechter wurde Calvin.

Der biblische Jesus aber weiß davon nichts. Bei seiner Predigt befindet man sich, wie Wilhelm Nestle schreibt, fast immer in der Sphäre eines natürlichen, unverbildeten, rein menschlichen Denkens: »Das Herz sagt ja dazu und der Verstand spricht nicht dagegen«[45].

210

Der Einbruch der Askese

Entgegen einer weitverbreiteten, selbst von Männern wie Schopenhauer und Tolstoi geteilten Meinung lehrte Jesus, bei aller Mahnung zur Selbstverleugnung, keine Absage an die Gesellschaft, keine Negierung von Sinnlichkeit und Natur. Gewiß gibt es synoptische Worte, die dahin tendieren. Doch mehr und Entscheidenderes spricht dagegen[46].

Vor allem: Der synoptische Jesus selbst lebt nicht als Asket, und auch seine Jünger leben nicht asketisch[47]. Zwar legt der Evangelist Jesus die Worte in den Mund: »Solange der Bräutigam bei ihnen ist, können sie nicht fasten. Es werden aber Tage kommen, wo der Bräutigam von ihnen genommen sein wird; dann, an jenem Tage, werden sie fasten«[48]. Allein dieser Schluß auf die christliche Fastensitte ist ein nachträglicher Einschub, eine Rechtfertigung späterer Kirchenpraxis, erst entstanden, als die Christen selbst fasteten, aber noch das Bewußtsein hatten, damit vom Beispiel Jesu abzuweichen[49]. Daß dieser Hinweis auf die Zukunft ein vaticinium ex eventu enthält, zeigt besonders klar das Wort »an jenem Tage werden sie fasten« – eine offensichtliche Anspielung auf das Freitagsfasten der Christen. Jesu angebliches vierzigtägiges Fasten in der Wüste aber ist eine Übertragung aus der Geschichte des Moses und Elias, die vierzig Tage und Nächte gefastet hatten[50].

Der biblische Jesus wohnt nicht, wie Johannes der Täufer, von dem er sich trennte, gerade weil er seine Bußpredigt und Askese, seine Betonung mehr der Drohung als der Verheißung der nahenden Gottesherrschaft verwarf[51], in der Wüste. Er meidet nicht die Welt, er flieht nicht die Freuden und Feste. Vielmehr wird er, wie Buddha, von seinen Gegnern als »Fresser und Weinsäufer« verdammt. Ein Scheltwort übrigens, mit dem die Juden den Sprößling einer illegitimen Verbindung schmähten, wenn sein Benehmen den Makel seiner Geburt verriet[52].

Im strikten Gegensatz zu Jesus aber dringt bereits durch Paulus die Askese ins Christentum ein. Kasteiung und Affektertötung klingen bei ihm gewaltig an. Die Sarx, das Fleisch, erscheint geradezu als Sitz der Sünde. Im Körper ist überhaupt »nichts Gutes«, er ist ein »Todesleib«, alles was er will, »bedeutet Tod« und »Feindschaft gegen Gott«[53]. Der Christ muß »den Leib zerschlagen und knechten«, muß ihn »samt seinen Leidenschaften und Begierden ans Kreuz schlagen«, »töten«[54] und so fort. Paulus wird nicht müde in seiner Predigt des Fleischeshasses. Geringer als er kann man den Körper kaum noch bewerten.

211

Die beginnende Verachtung der Frau

»An der Gleichstellung von Mann und Frau liegt dem Apostel (Paulus) am wenigsten«. Der Theologe Leipoldt[55].

»Die Frau ist bei ihm als Geschlechtswesen von starker Mißachtung getroffen«. Der Theologe Preisker[56].

Wie der berühmte Kodex Hammurapis beweist, wurde die Frau in Babyionien schon um 2000 v. Chr. höher geachtet als bei den alttestamentlichen Juden noch eineinhalb Jahrtausende später. Ist beispielsweise im Kodex Hammurapis jede leichtfertige Scheidung sehr erschwert, gilt es im Alten Testament geradezu als Strafe, eine Frau zeitlebens behalten zu müssen[57].

Im Gegensatz zu den antiken Juden sieht der biblische Jesus die Frauen nicht als minderwertig an. Sie zählen zu seinem Schülerkreis und waren unter seinen Anhängern vielleicht zahlreicher als die Männern[58]. Nach einer alten Lesart des Lukasevangeliums wurde Jesus auch darum von den Juden verklagt, weil er die Frauen (und Kinder) zum Abfall verführte[59].

Jede Zurücksetzung des Weibes ist dem biblischen Jesus fremd. Er nimmt eine Frau gegen die Verachtung der Pharisäer in Schutz. Er zeigt eine arme Witwe als Vorbild echten Opfersinnes. Er heilt kranke Frauen und nimmt von ihnen Dienstleistungen und finanzielle Unterstützung an[60]. Jesu auffallend zarte Empfindung gegenüber Frauen hat schon fein der sonst so leicht zum Kitsch abgleitende Renan erfühlt, und die neuere Forschung bestätigt[61].

Jesus lehrte auch keine Ehefeindlichkeit. Einige seiner Jünger waren verheiratet und blieben es, unter ihnen sogar der Protapostolos, der auch Kinder besaß[62], Selbst seine Missionsreisen erledigte Petrus in Begleitung seiner Frau[63], und noch lange zogen viele frühchristliche Prediger mit ihren Familien durch die Welt.

Für Paulus dagegen sind Mann und Frau nur theoretisch gleich[64], praktisch ordnet er die Frau völlig unter, verbietet er ihr in der Gemeindeversammlung prinzipiell das Wort. Will die Frau etwas wissen, soll sie zu Hause ihren Mann fragen[65], Wie gering Paulus von der Frau denkt, demonstriert er im 1. Korintherbrief, wo er die Stufenfolge aufstellt: Gott-Christus-Mann-Frau. Überdies befiehlt er ihr die Verschleierung bei Gebet und Gottesdienst – ein Zeichen ihrer Niedrigkeit, heißt doch den Schleier tragen »sich schämen ob der durch die Frau in die Welt gebrachten Sünde«[66].

Der Mann dagegen, so diffamiert Paulus die Frau weiter, ist »Gottes Abbild und Abglanz«, die Frau bloß »der Abglanz des Mannes«. Der

212

Mann stamme ja nicht von der Frau ab, sondern die Frau vom Mann. Auch sei der Mann nicht um der Frau, sondern die Frau um des Mannes willen geschaffen[67]. Nach theologischen Exegeten hat Paulus hier die Frau zu einem Menschen zweiter Klasse gemacht[68].

Nur vor Gott sind die Frauen – wie die Sklaven den Herren – den Männern gleichgestellt[69]. Doch gab es diese von Paulus zugestandene religiöse Parität schon in der Isisreligion und ähnlich in den Mysterien von Eleusis und Andania[70].

Paulus selbst hatte allerdings anscheinend guten Kontakt mit Frauen. Frauennamen stehen in den Grußlisten seiner meisten Briefe, und seine erste Schülerin in Europa ist eine Frau aus Lydien gewesen. Was weiterwirkte aber waren die Thesen seiner Briefe.

Zweifellos verrät Pauli Aversion gegen die Frau rabbinische Frauenverachtung. Den Thoragelehrten galt das Weib im allgemeinen als inferiores Subjekt, obschon sie mit ihrer Verachtung eine Hochschätzung des Sexus verbanden. Hatte doch Jahve im Alten Testament noch überall Vielweiberei gestattet, da durch sie, wie Augustinus weiß, die Patriarchen das Volk Gottes mehren sollten! Ja, die Juden kannten einen wohl sogar guten Engel des Geschlechtstriebes. Ihn verkündet Paulus – wie man vermutete vielleicht von Kind an impotent[71] – freilich nicht.

Die Diffamierung der Ehe

> *»Paulus ist erfüllt von einer tiefen Mißachtung der natürlichen Seite der Ehe, die sich nur mit Rücksicht auf die Brüder zu einer Geringschätzung dieser Grundlage herabmildert. Das Weib ist für ihn vorzüglich Trägerin des Geschlechtlichen, wie ja auch seine erste Ursache. Deshalb ist es als solche von der gleichen Geringschätzung, ja, Mißachtung getroffen«. Der Theologe Delling[72].*

Bei der paulinischen Behandlung der Ehefrage wirken sich ebenfalls offensichtlich jüdische Anschauungen aus, wonach nicht nur das Weib als minderwertig, sondern auch der eheliche Verkehr als Verunreinigung galt[73]. Für Paulus ist die Ehe nur eine Konzession an das sündige Fleisch, ein notwendiges Übel, bloß erlaubt »um (der Vermeidung) der Hurerei willen«[74]. Doch sollen auch die Männer ihre Frauen haben, als hätten sie sie nicht. Noch besser aber ist es, unverheiratet zu bleiben, denn die Ehe bringt nichts Gutes[75].

Eine herzliche Verbundenheit in der Ehe ist nach Paulus ausgeschlossen. Für ihn gibt es weder eine geistige noch emotionelle oder soziale Gemeinschaft zwischen Mann und Frau, sondern, was selbst seine Bewunderer konzedieren, nur eine sexuelle[76]. Kant, der in der Ehe einen Vertrag auf gegenseitige geschlechtliche Abnützung sieht[77], steht hier in schönster Übereinstimmung mit dem hl. Paulus.

Mit Jesus aber harmoniert der Apostel auch in der Scheidungsfrage nicht. Freilich widersprechen einander schon die Synoptiker. Verbietet nämlich bei Markus und Lukas Jesus die Ehescheidung absolut, erlaubt er sie, noch dazu wiederholt, bei Matthäus im Falle der Unzucht der Frau[78]. Im Widerspruch zum strikten Scheidungsverbot Jesu bei Markus und Lukas, gestattet aber Paulus die Scheidung im sogenannten Privilegium Paulinum, wenn eine Mischehe zwischen einem christlichen und heidnischen Partner vorliegt und dieser die Scheidung verlangt[79]. Doch auch die Motivation dieser Erlaubnis steht im Gegensatz zur Begründung der Scheidungserlaubnis Jesu bei Matthäus, die indes sicher unecht, nämlich eine judenchristliche Zutat des Verfassers ist (S. 172).

Nach Clemens von Alexandrien war Paulus verheiratet, eine Annahme, die freilich nur wenige Forscher vertreten[80].

Es dürfte deutlich geworden sein: Die schlichte Botschaft Jesu wurde von Paulus in grundlegenden Zügen geändert. Der Abstand zwischen beiden ist unleugbar und ungeheuer. Viele Dogmen gehen auf den Apostel zurück, das Dogma von Jesus dem Gottessohn im geistigen Sinn, das Dogma seiner Wiederkehr beim Jüngsten Gericht, das Dogma der Prädestination, die Entgegensetzung von Geist und Fleisch, besonders auch, wie sich erst noch zeigen wird, die Lehre vom Abendmahl.

Die zentrale Bedeutung, die Paulus der Nächstenliebe zuerkannte, entsprach jedoch der ursprünglichen Predigt. Ebenso deren Trennung von den vielfach veräußerlichten und überlebten Religionsgesetzen der Juden. Hier ging Paulus sogar weiter als Jesus, aber sicherlich in seinem Sinn. Freilich transponierte er dann anstelle des von Jesus bekämpften Gesetzes und der Verdienstlichkeit des Glaubens den Glauben an Jesus und machte ihn zu einem neuen Gesetz[81].

Paulus hat das Christentum so entscheidend geprägt daß seine Entpaulinisierung es sogleich zerstören würde. Gibt es doch kaum eine größere christliche Richtung, die sich nicht auch und gerade auf ihn beruft, die er inspiriert und mit hervorgebracht hat, angefangen von Markion und den christlichen Gnostikern bis zu Luther. Denn auch die Reformation griff nicht auf die Lehre Jesu, sondern auf den Paulinismus zurück, ebenso die moderne dialektische Theologie.

Aus all dem aber erhellt, daß der eigentliche Gründer des Christentums der Völkerapostel Paulus ist, was vorurteilslose Betrachter, darunter zahlreiche Theologen, nicht in Zweifel ziehen[82].

214

Katholiken führen gegen dieses Faktum nur matte Beschönigungsversuche an wie: Pauli Predigt bestehe nicht mehr aus der einfachen Verkündigung Jesu, sondern beruhe auf seiner eigenen geistigen Arbeit, seinem persönlichen Christusglauben, sein Christusbild leuchte in reicheren Farben als die Selbstaussagen Jesu erkennen lassen[83] und dergleichen Euphemismen mehr. Doch gestand man selbst auf katholischer Seite: »Christentum bedeutet heute zum großen Teil Paulus«[84]; weshalb übrigens Antichristentum meist auch identisch mit Antipaulinismus ist.

Freilich gilt dieser Widerstand nicht nur der Botschaft des Paulus. Er gilt auch seiner Praxis, die später die Kirche fortgebildet und zu hoher Blüte entwickelt hat.

24. KAPITEL

Die paulinische Praxis

»Der ganze Stil, den die römische Kirche nun schon andert-
halb Jahrtausende mit solcher Meisterschaft handhabt und
der ein wesentliches Mittel für die Behauptung ihrer Welt-
herrschaft bildet, ist in geradezu erstaunlichem Umfang
schon bei Paulus vorgebildet«. Eduard Meyer[1].

»Paulus war machtvoll in der Tat, da er eng im Denken
war«. Will Durant[2].

Wenig an Paulus wurde so gegensätzlich beurteilt wie die Art seiner Mission. Nennt ihn etwa Gregor von Nazianz den »edelsten unter den Kämpfern«, sehen Harnack und andere liberale Theologen in ihm den »vornehmsten christlichen Missionar der ältesten Zeit«[3], hegte schon Porphyrius eine starke Antipathie gegen die Praxis des Paulus, verurteilte ihn
Voltaire als hochmütigen und herrschsüchtigen Fanatiker, bezichtigte ihn
auch Spengler einer »brutalen Aktivität ohne Takt und Tiefe«, und goß
vor allem Nietzsche seinen ganzen Zorn über ihn aus: den Gegensatzty-
pus zum frohen Botschafter, den größten aller Apostel der Rache, das Ge-
nie im Haß. »Das Leben, das Beispiel, die Lehre, der Tod, der Sinn und
das Recht des ganzen Evangeliums – nichts war mehr vorhanden, als dieser Falschmünzer aus Haß begriff, was er allein brauchen konnte. *Nicht*
die Realität, *nicht* die historische Wahrheit!«[4].

Voraussetzung für eine gerechte Beurteilung des Paulus ist die Beschränkung auf seine Briefe. Alle ihm nachgesagten opportunistischen
Züge gehen hauptsächlich auf Mitteilungen der Apostelgeschichte zurück, die als geschichtliche Quelle nur mit größten Vorbehalten verwendet werden kann. Gewiß bezeugen auch seine Briefe manchmal keine geringe Elastizität und Antithetik, ein gewisses Paktieren mit der Welt. Äußert er einmal »Mit euch Heiden rede ich, denn weil ich der Heiden Apostel bin, will ich mein Amt preisen«, schreibt er ein anderes Mal: »Wir

216

sind von Natur Juden und nicht als Heiden geborene Sünder«, und sagt endlich rundheraus: »Für alle bin ich alles geworden, um auf jeden Fall einige zu retten«[5]. Doch ist klar, daß der Missionar zu Juden anders sprechen mußte als zu Griechen, da beide völlig verschiedene Voraussetzungen und Interessen hatten. Ein Zweckpolitiker ist Paulus, der unter restloser Aufopferung seiner Person für seine Glaubensvorstellungen alles andere preisgegeben und ein oft sehr hartes Dasein geführt hat, keinesfalls gewesen.

Wohl aber war Paulus unduldsam und rechthaberisch, der Prototyp eines besessenen Bekehrungseiferers oder, um mit dem Theologen Deißmann zu sprechen[6].

»...ein Klassiker der Intoleranz«

Denn die Behauptung, Paulus sei als Apostel ein *veredelter* Fanatiker oder gar so großzügig wie nur irgend möglich gewesen, von höchster Toleranz, ein sanftmütiger Mensch, die Verkörperung dessen, was er lehrt[7], widerspricht aufs deutlichste dem Befund seiner Briefe. Wie sie zeigen, hat er seit Damaskus bloß den Glauben geändert, nicht seinen Charakter.

Bedeutungsvoll erscheint hier schon seine Stellung zum Liebesgebot. Zwar ist auch für Paulus die Liebe ein Hauptpunkt seiner Predigt. Doch verengt er bereits den Begriff des Nächsten und wendet ihn auf die Glaubensgenossen mehr als auf die Andersgläubigen an. »Lasset uns Gutes tun an jedermann«, schreibt er, »besonders aber an den Glaubensgenossen«[8], Damit aber bahnt sich etwas ganz Entscheidendes an, schränkt Jesus das Liebesgebot doch niemals ein. Der johanneische Christus, eine Fortbildung des paulinischen, bittet dann Gott ausdrücklich *nur noch für die Christen*[9], während Feindesliebe für den Vierten Evangelisten überhaupt nicht mehr existiert.

Doch besteht auch dieses Gebot schon für Paulus in seltsam veränderter Gestalt, verbunden nämlich mit dem Trost auf einen ausgleichenden Racheakt Gottes. Überdies empfiehlt Paulus: »Wenn deinen Feind hungert, so speise ihn; wenn ihn dürstet, gib ihm zu trinken; denn wenn du das tust, wirst du feurige Kohlen auf sein Haupt sammeln«[10]. Das hieraus sprechende Ressentiment, die sublime Art der Rache, haben so verschiedene Männer wie Nietzsche, Kierkegaard und Scheler in gleicher Weise empfunden[11]. Aber auch nach dem Theologen Preisker ist damit die Haltung Jesu in ihrem Herzstück getroffen und ein völlig anderer Geist in die christliche Liebe eingedrungen[12].

Pauli Hauptbriefe sind durchweg Streitschriften. Einmal nennt er sein Werk geradezu einen Boxkampf[13], und das im Heidentum, vor allem in

217

der Stoa, häufig wiederkehrende Bild vom Kampf wird von Paulus übernommen und gern gebraucht. Er leistet für Christus »Kriegsdienst« und sieht in seinen Gehilfen »Mitsoldaten«[14], Doch bekämpfte er auch die eigenen Gemeinden und, zumindest zeitweise, sogar die führenden Gemeindeprediger[15]. Mit Barnabas beispielsweise, dem er seine Berufung nach Antiochien verdankte, kam es schon vor Beginn der zweiten Missionsreise »zu einem hitzigen Streit, infolgedessen sie sich voneinander trennten«[16]. Barnabas wird nach dieser Begebenheit in der Apostelgeschichte nicht mehr erwähnt.

Mit Vorliebe zwang Paulus anderen seine Meinung auf und duldete keine selbständig denkenden Menschen um sich. Auch ein Katholik gibt zu: »Apollos, der Denker mit den originellen Ideen, bleibt nicht lange, ebensowenig der gereifte Barnabas«[17]. Bei Paulus bleiben junge Leute wie Timotheus, Neulinge wie Titus oder anpassungsfähige Naturen wie Lukas. Und jeder, der etwas anders lehrt als er, wird von ihm verflucht. »Aber auch wenn wir selbst oder ein Engel aus dem Himmel (!) euch eine andere Heilsbotschaft verkündigten als die, welche wir euch verkündigt haben: Fluch über ihn!« Nachdem Paulus diesen Fluch auf der Stelle wiederholt und auch gegen Schluß dieses Briefes noch einmal gewünscht hat: »Wollte Gott, daß sie ausgerottet würden, die euch verstören!«, verkündet er gleich darauf: »Denn das ganze Gesetz findet seine Erfüllung in dem *einen* Gebot: Du sollst deinen Nächsten lieben wie dich selbst«[18].

Ähnlich grotesk klingt Pauli Liebespredigt am Ende des 1. Korintherbriefes. »Wer den Herrn nicht liebt, der sei verflucht«, donnert er, um gleich fortzufahren: »Die Gnade des Herrn Jesus sei mit euch! Meine Liebe ist mit euch allen in Christus Jesus!«[19].

Diese Methode, im Neuen Testament kanonisiert, machte Schule. Schon der 1. Clemensbrief, das älteste nachpaulinische Schreiben, das Paulus auch »das größte Vorbild von Geduld« nennt, droht den Korinthern mit der Schrift: »Wenn ihr aber nicht willig seid und nicht auf mich hört, so soll euch das Schwert fressen«[20]. Später fordert Augustinus das fressende Schwert vom Staat zur Bekämpfung der Ketzer (S. 543 ff.), und dann wird dies in der Kirche völlig legitim. Das Anathema sit Pauli, der manchmal noch über die jüdischen Bannformen hinausgeht und direkt an heidnische Zaubervorstellungen und Fluchformeln anknüpft[21], ist zum Urbild der katholischen Bannbullen geworden.

Andere freilich belehrt Paulus: »Richtet nicht vor der Zeit, bis der Herr kommt«. Oder: »Darin, o Mensch, kannst du dich nicht entschuldigen, wer du auch bist, der da richtet. Denn worin du einen anderen richtest, verdammst du dich selbst; sintemal du eben dasselbe tust, was du richtest«[22]. Versteht man nicht Nietzsches Ruf: »›Richtet nicht!‹ sagen sie, aber sie schicken alles in die Hölle, was ihnen im Wege steht«[23]?

218

Seine außerchristlichen Feinde erscheinen Paulus, wie er mit einem griechischen Autor schreibt, der die Kreter so nennt, als »wilde Tiere«, mit denen er kämpft[24]. Der Bruch mit den Juden war sofort radikal. Schon in seinem ersten Brief macht er sie – nach einem katholischen Theologen für ihn ein »Gegenstand der höchsten Liebe«[25] – zum Abscheu Gottes und läßt sie verdammt sein bis zum Jüngsten Tag, wobei er dieselben stereotypen Wendungen wie die antiken Antisemiten gebraucht[26]. Und im Brief an die Philipper bezeichnet er den gesamten geistigen und religiösen Besitz des Judentums als »Dreck«[27].

Bereits bei Paulus findet sich also jene verhängnisvolle Unterscheidung zwischen ›Recht«gläubigen und »Un«gläubigen, die über Cyprians Formel, daß es außerhalb der Kirche kein Heil gebe, über die Intoleranz Augustins zu den Kreuzzügen, Judenpogromen, Folterkammern und Scheiterhaufen führte.

Obwohl physisch schwach und kränklich, war Paulus ein Mann von enormer Energie, ein so gewaltiger Propagandist, daß im Dritten Reich gewisse protestantische Theologen von seinen Gemeinden Parallelen zu den »Standarten der braunen Hitlerarmee« zogen und von einer »SA Jesu Christi« sprachen[28]. Paulus selbst nannte sich mit der ihm eigenen Bescheidenheit einen »Mitarbeiter Gottes«[29]. Dennoch waren seine Missionspredigten in den verschiedensten Gegenden damals nicht ungewöhnlich. Schon lange vor ihm sollen Xenophanes, Empedokles und Heraklit auf breiter Basis missioniert haben und buddhistische Prediger bis nach Ägypten gekommen sein[30]. Zu seiner Zeit aber und noch lange danach durchwanderten viele Sendboten der Philosophie, namentlich der Stoa und des Kynismus, der Mysterienreligionen und des Judentums, die Welt. Sagt doch selbst das Matthäusevangelium von den Schriftgelehrten und Pharisäern: »Ihr durchreist Land und Meer, um einen einzigen Proselyten zu gewinnen«[31].

Die allgemeinen Verhältnisse kamen jeder Mission entgegen: ausgezeichnete Straßen vom Euphrat bis nach Britannien, gute Schiffsverbindungen, religiöse Aufgeschlossenheit und Aberglaube, die politische Einheit der römischen Weltmonarchie, die Einheit des Rechts und der Schutz des Gesetzes, die eine Weltsprache, das Griechische, die Ähnlichkeit der äußeren Lebensbedingungen, Bevölkerungsmischung und Bevölkerungsaustausch, nicht zuletzt die Toleranz der römischen Religionspolitik[32]. Von einem phrygischen Kaufmann des 2. Jahrhunderts berichtet eine Grabinschrift, er habe die Reise nach Rom zweiundsiebzigmal gemacht[33]. Im Hinblick auf Paulus aber ruft ein Katholik: »Wir begreifen nicht, wie er es hat leisten können« – und deutet gleich des Himmels Hilfe an[34].

Exkurs II

Die altkirchliche Frauenfeindschaft und ihre Folgen

Dieses bedeutsame, bereits bei Paulus angeklungene Thema sei hier wenigstens in großen Zügen bis in die Gegenwart verfolgt.

Die Askese, gelegentlich auch in neutestamentlichen Briefen noch verworfen[1], entfaltete sich bald immer mehr im Christentum[2], womit es sich nur einer Strömung anpaßte, die in der kultur- und weltmüden Spätantike weitverbreitet und sehr lebendig war.

Schon im frühen 3. Jahrhundert überbieten einander große Theologen wie Tertullian, Origenes oder Cyprian im Preise des asketischen Lebens. Im 4. Jahrhundert werden die Forderungen der Kirchenväter noch rigoroser. Je mehr die Kirche auf der einen Seite verweltlichte, um so mehr predigte man auf der anderen Entsagung. Basilius verbietet den Gläubigen nicht nur jeden Spaß, sondern auch das Lachen. Die Trauer über das mißratene Dasein soll schon der gesenkte Blick des Christen ausdrücken, sein ungepflegtes Haar, seine schäbige Kleidung und dergleichen[3]. Gregor von Nyssa vergleicht das ganze Leben mit einem »schmutzigen Bodensatz«[4]. Laktanz wittert selbst noch im Duft einer Blume eine Waffe des Teufels[5]. Und für Zeno von Verona ist es der größte Ruhm christlicher Tugend, »die Natur mit Füßen zu treten«[6].

Als vielleicht schlimmste Folge der christlichen Askese aber bezeichnet der Theologe Harnack die Herabsetzung des Weibes[7].

Die Diffamierung der Frau in der antiken Kirche

Die Frauen, die Jesus den Männern gleichgestellt hatte, überwogen im Christentum bald, und gerade durch sie drang die neue Religion in die gebildeten Schichten ein[8]. Der Verfasser der Apostelgeschichte nennt einmal die Christin Tabitha eine »Jüngerin«, womit er die hohe Stellung der Frau in der ältesten Christenheit kennzeichnet[9]. Frauen übten im Christentum lange eine umfangreiche Tätigkeit aus. Die christlichen Prophetinnen sind vielleicht älter als die Propheten; es gab Frauen, die Gemeinden gründeten oder an ihrer Spitze standen; es gab schon in apostolischer Zeit das Amt der Gemeindewitwen und Diakonissen, das zum Teil dem der Presbyter entsprach, doch in der katholischen Kirche beseitigt wurde[10]. Noch zu Beginn des 4. Jahrhunderts überwiegen die Frauen im Christentum[11]. Aber schon im 3. Jahrhundert verbietet man ihnen alle priesterlichen Funktionen beim Gottesdienst. Und bereits im 2. Jahrhun-

220

dert erklärt ein maßgeblicher Kirchenlehrer Prophetinnen als dämonenbesessen[12].

Die Zurücksetzung der Frau mag von der Urgemeinde ausgegangen sein, die offenbar auch hier dem Einfluß der jüdischen Tradition erlag. Weiter wirkte sich dabei der Einbruch des Asketismus ins Christentum aus, und nicht zuletzt die Haltung des Paulus.

In der im ausgehenden 2. Jahrhundert entstehenden katholischen Kirche erscheint die Frau zumeist nur noch als fleischliches, niedriges, den Mann verführendes Geschöpf. Sie ist die Eva, die Sünderin schlechthin.

Kirchenvater Tertullian macht das Weib zur »Einfallspforte des Teufels« und gibt ihm die Schuld an Jesu Tod. »Du bist es«, bezichtigt er die Frau ganz allgemein, »die dem Teufel Eingang verschafft hat, du hast das Siegel jenes Baumes gebrochen, du hast zuerst das göttliche Gesetz im Stich gelassen, du bist es auch, die denjenigen betört hat, dem der Teufel nicht zu nahen vermochte. So leicht hast du den Mann, das Ebenbild Gottes, zu Boden geworfen. Wegen deiner Schuld, d. h. um des Todes willen, mußte auch der Sohn Gottes sterben, und da kommt es dir noch in den Sinn, über deinen Rock von Fellen Schmucksachen anzulegen!?«[13]

Aber nicht nur schmucklos wünschte man die Frauen. Kirchenlehrer Hieronymus hätte sie am liebsten kahlgeschoren[14]. Selbst das Singen sollten sie unterlassen[15]. Gab es doch Christen, die nicht zum Gotteshaus kommen wollten, um »Versuchungen« zu meiden[16]. Das ging der Kirche allerdings zu weit. So befiehlt einer ihrer Autoren: »Liebe die Frauen bei den heiligen Feiern, aber hasse sie beim privaten Zusammensein!«[17].

Doch selbst das Betreten der Kirche wurde ihnen nicht immer gestattet. Schwangerschaft und Menstruation machten sie für den Verkehr mit Gott unmöglich. Für Dionysius von Alexandrien († 265) war es selbstverständlich, daß es Weibern während der Regel verboten sei, in die Kirche zu gehen und »Christi Leib und Blut zu berühren«[18]. So denkt auch noch Timotheus von Alexandrien († 385)[19]. In der syrischen Kirche bestrafte man menstruierende Frauen, die die Kirche besuchten, mit einer Buße von sieben Jahren[20]. Priester aber, die an menstruierende Frauen die Kommunion austeilten, wurden in manchen Gegenden ihres Amtes entsetzt[21].

Die Canones Hippolyti, eine wichtige Kirchenordnung des 3. Jahrhunderts, verboten den Vollzug der Taufe an Frauen, wenn »die Unreinheit über sie kommt«, und untersagten solchen, die bei einer Geburt geholfen hatten, die Teilnahme »an den Mysterien«, und zwar für zwanzig Tage, wenn es ein Knabe, für vierzig Tage aber, wenn es ein Mädchen war. Die Reinigungszeit für die Mutter selbst beträgt vierzig Tage bei der Geburt eines Knaben, aber achtzig Tage bei der Geburt eines Mädchens[22]. Noch in der zweiten Hälfte des 5. Jahrhunderts weigerten sich Priester, sterbende Wöchnerinnen vor Ablauf der Reinigungsfrist zu taufen[23].

221

Nach einem katholischen Neutestamentler erfuhr »die Frau im Christentum eine ganz neue Würdigung«[24]. Dieses Urteil stellt die Tatsache auf den Kopf, obschon manche »Ketzer« sich offenbar besser an Jesu Hochschätzung der Frauen erinnerten. So ließ der Gnostiker und Valentinschüler Marcus sie im Gottesdienst und bei der Abendmahlsfeier auftreten, und im Montanismus konnten sie Priester und Bischöfe werden[25].

**Wie die Frau, so wurde auch die Ehe
durch die Kirche stark herabgesetzt**

> »*Auch sie basiert auf demselben Akt wie die Hurerei.
> Darum ist es das Beste für den Menschen, kein Weib zu berühren«. Kirchenvater Tertullian*[26].

> »...*nach Art des Viehes leben«.
> Kirchenlehrer Hieronymus*[27].

Schon im Neuen Testament werden die gerühmt, »die sich mit Weibern nicht befleckt haben«, woraus erhellt, daß es im Christentum eine Richtung gab, die gegen die Ehe überhaupt kämpfte[28].

Von Petrus, dem ersten »Papst«, der verheiratet war und Kinder hatte, behaupten später christliche Quellen, er habe jeden Ort geflohen, der eine Frau barg. Selbst als »Weiberfeind« wird er bezeichnet, ja, man legt ihm das Wort in den Mund: »Die Frauen sind des Lebens nicht würdig«[29]. Auch vom Apostel Johannes betont man immer aufs neue seine Jungfräulichkeit[30]. Der 1. Clemensbrief befürwortet eindeutig den Verzicht auf Ehe[31]. Und im 2. Und 3. Jahrhundert tritt die asketische und antifeministische Tendenz der Kirche immer mehr hervor.

Nach Justin, dem bedeutendsten Apologeten des 2. Jahrhunderts, ist jede Befriedigung des Geschlechtstriebes Sünde, auch jede Ehe gesetzwidrig, da mit der Stillung einer bösen Lust verknüpft[32]. Im 3. Jahrhundert empfiehlt Kirchenvater Cyprian den christlichen Jungfrauen ein sorgenfreies kinderloses Dasein und macht ihnen zugleich Angst vor den Geburtsschmerzen[33]. Ebenso verfährt später Kirchenlehrer Ambrosius[34]. Er überredet die christlichen Mädchen sogar, auch gegen den elterlichen Willen ehelos zu bleiben. »Überwinde erst die Ehrfurcht gegen die Eltern!« schreibt dieser Kirchenfürst[35]. Auch Bischof Zeno von Verona rät jungen Damen, nicht neun Monate lang mit einer Last zu gehen[36]. Augustinus verheißt jungfräulichen Kindern einen weit besseren Platz im Himmel als ihren Eltern und wünscht, niemand möge mehr heiraten, damit das Weltende beschleunigt werde[37].

Fast noch besser weiß Hieronymus zu locken, der die Jungfrau mahnt, nur mit dem Seelenbräutigam im Schlafgemach zu sprechen, zu seufzen und zu scherzen. Hat dich aber erst der Schlaf überfallen, so flötet Hieronymus dem Mädchen vor, und hier mag ihn die Erinnerung an die eigene lockere Jugend mehr als der Heilige Geist inspiriert haben, so wird er kommen »und deinen Bauch berühren« (et tanget ventrem tuum)[38]. Denn, wie Hieronymus zuvor sagt: Etwas muß geliebt werden. »Die fleischliche Liebe wird durch die geistliche überwunden«! An der Ehe schätzt dieser Kirchenlehrer nur die Erzeugung von Jungfrauen. »Wenn es gut ist, ein Weib nicht zu berühren«, doziert er mit Berufung auf Paulus, »so ist es böse, sie zu berühren«[39]. Verheiratete leben laut Hieronymus »nach Art des Viehes«, und die Menschen unterscheiden sich durch den Beischlaf mit Frauen »in nichts von den Schweinen und unvernünftigen Tieren«[40]! Gegen den Mönch Jovinian aber, der Ende des 4. Jahrhunderts in Rom mit starkem Anklang die Ansicht vertrat, Ehelosigkeit und Fasten seien keine besonderen Verdienste und die Ehefrauen den Witwen und Jungfrauen gleichwertig, richtete Kirchenlehrer Hieronymus, Sekretär und Freund des Papstes Damasus, Heiliger der katholischen Kirche und Patron der Gelehrten eine Schrift, in der er den Mönch Jovinian u. a. so apostrophiert: »Dir sind gewogen die Dicken, die Niedlichen, die zierlich Gekleideten. Füge hinzu *alle Säue und Hunde,* und weil du ein Liebhaber von Fleisch bist, auch Geier, Adler, Habichte und Eulen... Alle schönen Gesichter, alle zierlich gekräuselten, alle rotbäckigen sind von deinem Rindvieh, oder grunzen vielmehr unter deinen Schweinen... Deine Sauhirten sind reicher als unsere Hirten, und die Böcke ziehen viele Ziegen an sich. Sie sind geworden wie Rosse, wiehernd nach Stuten: Sobald sie nur Weiber sehen, so wiehern sie. Auch die elenden Weiberchen singen das Lied ihres Meisters: Gott fordert nichts weiter als Samen«[41].

Bezeichnenderweise gibt es in der römischen Kirche eine kirchliche Trauung überhaupt erst seit dem 14. Jahrhundert. Im Kirchengebäude selbst wurde die Trauung sogar erst seit dem 16. Jahrhundert vollzogen. Ohne Zweifel hängt diese Tatsache mit der kirchlichen Zurücksetzung und Verachtung der Frau zusammen. Dem Mann dagegen, selbst wenn er sich betrank und die Frau schlug, hatte die Frau bedingungslos und für alle Zeit zu gehorchen. Denn er war, wie Bischof Basilius in seiner Predigt über die Kriechtiere wußte, ein Glied von ihr, »und zwar der Glieder vorzüglichstes«[42].

Folgen der kirchlichen Askese-Predigt

Schon zu Beginn des 2. Jahrhunderts mußte Ignatius dem Bischof Polykarp befehlen, den »Schwestern« zuzureden, »den Herrn zu lieben und sich an ihren Gatten genügen zu lassen in Fleisch und Geist«[43]. Etwas später empfahl die Kirche, beim üblichen »Liebeskuß« nach den Agapen die Lippen nicht zu öffnen »und den Kuß nicht zu wiederholen, wenn er lustvolle Gefühle auslöste«[44].

Auch das Zusammenleben von männlichen und weiblichen »Heiligen« unter einem Dach oder in einem Bett sei hier erwähnt, die geistlichen Ehen. Dieses Syneisaktentum, eine Bezeichnung, die an den Terminus anknüpft, mit dem die Synode von Antiochien jene attraktiven Damen benannte, die Bischof Paul von Samosata zur Gesellschaft mit sich führte[45], gab es anscheinend bereits im paulinischen Korinth. Bei Hermas, im frühen 2. Jahrhundert, schläft der Prophet inmitten von zwölf Jungfrauen »wie ein Bruder«. Sie küssen und umarmen ihn sogar, doch schließlich »taten sie nichts weiter als daß sie beteten, und ich betete unaufhörlich mit ihnen und nicht weniger als sie«[46]. Um dieselbe Zeit kennt auch die Didache das engste Zusammenleben mit einem Weib ohne geschlechtlichen Verkehr[47]. Es galt lange als Zeichen höchster Enthaltsamkeit, während die zweite Ehe einer Witwe von vielen als anstößig empfunden oder überhaupt verurteilt worden ist.

Allmählich aber wurden die »geistlichen« Ehen suspekt. Kirchenvater Tertullian berichtet von Schwängerungen gottgeweihter Jungfrauen und meint, vieler Gott sei der Bauch[48]. Auch Bischof Cyprian verlangt, die Jungfrauen, die durchaus von ihren Klerikern nicht lassen wollen, durch Hebammen zu untersuchen – obschon, wie Cyprian weiß, auch gesündigt würde mit Gliedern, die nicht untersucht werden könnten[49]. Ein hundertjähriger Kampf war nötig, um diese »geistlichen« Ehen zu beseitigen.

Der Cölibat

>*»Gregor VII. kümmerten die Liebesseufzer der kranken Nonnen, die verstohlenen Wege der Ordensbrüder, die stummen und lauten Sünden der Geistlichen, die durch sie gekränkten Ehen… und jede andere Verwirrung nicht, die daraus erwachsen mußte; im Buch der Geschichte aber liegen die Folgen davon klar am Tage«.*
>*Der Theologe J. G. Herder*[50].

Das Verbot der Priesterehe geht auf die im Heidentum einst weitverbreitete, wohl bei keinem Kult der Kaiserzeit fehlende Vorstellung zurück, sexueller Verkehr mache unfähig zu gottesdienstlichem Handeln[51]. So untersagte man im Orient, wo man die Eucharistie im allgemeinen nur an bestimmten Tagen feierte, auch nur an diesen Tagen den Priestern den Beischlaf. Im Abendland dagegen, wo der Gottesdienst täglich stattfand, drang man auf gänzliche Enthaltung in der Ehe.

Der Cölibat ist eine rein katholische Angelegenheit. In der orthodoxen Kirche des Ostens ist bis heute die Priesterehe selbstverständlich. In der römischen Kirche aber blieben seit dem 3. Jahrhundert Bischöfe und Priester nach der Ordination unverheiratet, was ihr Ansehen beim Volk heben sollte, das bereits anfing, die Ehe für sündhaft zu halten[52]. Doch spielte neben dem kultischen auch das finanzielle Motiv eine Rolle. Die Pfarrer hatten sämtliche Einnahmen an die Bischöfe abzuführen, weshalb diesen eine ehelose Geistlichkeit willkommener sein mußte als eine mit Frau und Kindern. Schon im 4. Jahrhundert wurden viele Kleriker so spärlich besoldet, daß sie kirchliche Handlungen nur gegen Bezahlung durch ihre Gläubigen vornehmen konnten[53].

Erst im 6. Jahrhundert aber erklärte man Eheschließungen von Geistlichen nach der Ordination für ungültig. Das 3. Konzil von Toledo (589) befiehlt den Bischöfen, Weiber, die im Verdacht stehen, mit Priestern Verkehr zu pflegen, zu *verkaufen* und das eingelöste Geld an die Armen zu verteilen! [54] Ähnlich das 4. Konzil von Toledo (633)[55].

Doch erst das Cölibatsdekret Gregors VII. vom Jahre 1074 verbietet verheirateten Klerikern die Durchführung kirchlicher Amtshandlungen und bezeichnet ihre legitimen Ehefrauen als »Beischläferinnen«. Seitdem ist der Cölibat in der katholischen Welt in Kraft, obwohl er im direkten Widerspruch zum Neuen Testament steht, das von den Bischöfen und Diakonen fordert, daß sie *eines* Weibes Mann sein und ihren Kindern wohl vorstehen müssen[56]. Der niedere Klerus wehrte sich denn auch leidenschaftlich gegen den Papst, nannte ihn verrückt, einen Ketzer, der die Heilige Schrift ignoriere und die Unzucht befördere[57].

Die Folgen des Cölibats waren ungeheuer. Heuchelei, die Richard Wagner den überhaupt hervorstechendsten Charakterzug, die eigentliche Physiognomie der christlichen Jahrhunderte nennt[58], und Hurerei grassierten in einem kaum vorstellbaren Ausmaß. Die Unzucht unter den Geistlichen war so allgemein, daß sie, nach Isidor, nicht mehr als Verbrechen galt, sondern geduldet wurde[59]. Während des ganzen Mittelalters hielt ein großer Teil von ihnen oft einen ganzen Schwarm von Konkubinen. Die Wohnungen der Kleriker oder die der umliegenden Häuser, wo sie solche Frauen unterzubringen pflegten, wimmelten von Kindern.

Ein sehr lebendiges Bild von der fränkischen Kirche entwirft im 8. Jahrhundert Bonifatius, der Apostel der Deutschen, in einem Schreiben an Papst Zacharias. Über achtzig Jahre, heißt es darin, hätten die Franken keine Kirchenversammlung mehr gehabt, keinen Erzbischof und keine kirchlichen Satzungen aufgestellt oder erneuert. Die Bistümer befänden sich meist in den Händen geldgieriger Laien oder ehebrecherischer Geistlicher. Es gebe Diakone, die von Jugend auf in Hurerei lebten. »So kamen sie ins Diakonat und halten sich in demselben vier, fünf, auch noch mehr Konkubinen nachts im Bette, und doch scheuen sie sich nicht, das Evangelium zu lesen und sich Diakonen zu nennen. In dieser Beschaffenheit werden sie Priester, ja selbst Bischöfe.« Unter den letzteren findet Bonifatius auch solche, die »bewaffnet zu Felde ziehen und mit eigener Hand Menschenblut von Heiden und Christen vergießen«[60].

Der widernatürliche Kampf der Kirche gegen die Priesterehe ließ die entrechtete Geistlichkeit aber nicht nur zu Konkubinen greifen. Es kam vor, daß Frauen von Klerikern in der Kirche geschändet wurden[61]. Selbst an den nächsten Blutsverwandten vergingen sie sich, anscheinend nicht einmal selten. So verordnet das Konzil von Metz im Jahre 753: »Wenn Geistliche Unzucht treiben mit Nonnen, Müttern (!), Schwestern etc., so sollen die in den höheren Weihen befindlichen abgesetzt, die in den niedern durchgeprügelt werden«[62].

Der Bischof Theodulph von Orleans drohte Ende des 8. Jahrhunderts seinen Geistlichen auch Strafen für Unzucht mit Tieren an[63]. Schon die Bibel muß ja den Gotteskindern, auch weiblichen Geschlechts, immer wieder das Verbot der Tierbegattung einschärfen, sogar unter Androhung des Todes[64]. Selbst die »lasterhaften« Tiere wollte man in solchen Fällen mit dem Menschen getötet sehen! Auch die englische Kirche sieht Strafen vor für Bischöfe und Priester, die mit vierfüßigen Tieren, mit Mutter und Schwester Unzucht treiben oder mit Nonnen »durch ein Instrument«[65]. Noch heute wird übrigens die zweiunddreißigste der »Allgemeinen Regeln« der Gesellschaft Jesu, »andere nicht zu berühren, auch nicht im Spiel« von führenden italienischen Jesuiten um der Bewahrung der Keuschheit willen auch auf das Berühren der Tiere ausgedehnt[66].

Bis ins 16. Jahrhundert hinein führten viele Kleriker ein ausschweifendes Leben in aller Öffentlichkeit. So weigerten sich beispielsweise noch während des Bauernkrieges die Würzburger Bürger ins Feld zu ziehen, weil ihre Frauen daheim vor den Pfaffen nicht sicher seien[67]. Bischof Hugo von Konstanz beklagte 1517 in einem Hirtenbrief das Spielen, Saufen und Huren aller Geistlichen seiner Diözese[68]. In Zürich schlugen sich die Pfarrer öffentlich um eine schöne Dirne[89]. Regensburger Bürger, die 1513 den Domherrn Zenger gefangennahmen, weil er nachts mit großem Lärm in ein Bordell eindringen wollte, und Augsburger, die den Geistli-

226

chen Frischhans gefesselt dem Bischof schickten, weil er ein Kind genotzüchtigt hatte, wurden von ihren Bischöfen in den Bann getan[70]. Auch in vielen Klöstern florierte die Unzucht. So nannte man im ausgehenden Mittelalter das Leipziger Thomaskloster ein Weltwunder, weil es so viele Kinder und doch keine Weiber habe[71]. Das schwäbische Nonnenkloster Gnadenzell hieß »Offenhausen«, weil es die Nonnen zu einem öffentlichen Bordell machten[72]. Als offene Bordelle waren im späten 15. Jahrhundert auch die Nonnenklöster in Interlaken, Frauenbrunn, Trub und Gottstadt bei Bern, Ulm und Mühlhausen bekannt[73]. Der Stadtrat von Lausanne befahl den Nonnen öffentlich, den Bordellen keinen Abbruch zu tun[74]. Und der Stadtrat von Zürich erließ 1493 eine scharfe Verordnung »wider das unzüchtige Geläuf in die Frauenklöster«[75].

Der Kampf der Konzilien gegen dieses Treiben war um so aussichtsloser, als man sich oft bis in die kirchlichen Spitzenstellungen daran beteiligte[76], und zwar nicht nur während der Zeit der Pornokratie, des päpstlichen Hurenregiments.

Im 10. Jahrhundert zeugte Papst Sergius III. mit Marozia, der Gattin des Markgrafen Alberich, einen Sohn, der selbst als Johannes XI. (931–936) den Stuhl Petri bestieg. Johannes XII. (955–963), der mit achtzehn Jahren Papst war und einen Zehnjährigen zum Bischof machte (wie Johannes X. bereits ein fünfjähriges Kind zum Erzbischof von Reims ernannt hatte), lebte in Blutschande mit seinen Schwestern und wurde erschlagen, während er Ehebruch trieb[77]. Bei ihrem Aufenthalt in Lyon im 13. Jahrhundert verwandelten die Päpste nach dem Zeugnis von Theologen die Stadt in ein Bordell. Bischöfe hielten sich Äbtissinnen und Nonnen als Beischläferinnen[78]. Papst Johannes XXIII. (1410–1415), den man später als Gegenpapst zu Gregor XII. (und Benedikt XIII.) aus der Papstliste strich, hatte ein Verhältnis mit der Frau seines Bruders, ja, er soll, was allerdings sehr übertrieben sein dürfte, in Bologna zweihundert Witwen und Jungfrauen beglückt haben[79]. Papst Innozenz VIII. (1484–1492), der zwei Kinder mit in den Vatikan brachte, rügte geradezu die Anordnung eines päpstlichen Vikars, jeder Kleriker habe seine Konkubine zu entlassen[80]. Papst Alexander VI. (1492–1503), der mit vier Kindern in den Vatikan kam, machte seinen außerehelich geborenen Sohn Cesare mit achtzehn Jahren zum Kardinal, hatte ein Verhältnis mit seiner Tochter Lucretia, die es auch mit ihren Brüdern trieb, und ließ eine seiner Geliebten, die schöne Julia Farnese, als Mutter Gottes und sich als Papst zu ihren Füßen malen.

Nach dem Konzil von Trient, Mitte des 16. Jahrhunderts, traten diese Mißstände zumindest *nach außen hin* stark zurück. Doch konnte noch 1883 der katholische Theologe Curci schreiben: »Nun glaube ich aber genügend informiert zu sein, um zu versichern, daß, abgesehen von der größeren Vorsicht, die man gebraucht, und die man der fortgeschritteneren Kultur schuldet, die Dinge heute in einigen Provinzen um nichts besser liegen, als im 16. Jahrhundert vor Einführung der tridentinischen Reformen, wo die Konkubinen der Prälaten, begleitet von den livrierten Bedienten ihrer vornehmen Zuhälter, in Karossen durch die Straßen Roms spazieren fuhren. Vergangene schmachvolle Zeiten! Aber sie zeigen uns nur, wie schwankend das Verhalten des Vatikans in solchen Dingen immer war: Während der letzten Regierungsjahre Pius' IX. war eine Diözese, nicht groß, in einer der südlichen Provinzen, in der für einige Jahre nicht ein einziger Priester war, der Bischof selbst nicht ausgenommen, der nicht offenkundig sein Weib gehabt hätte«[81].

Dieser Bericht betraf Italien. Doch auch im Spanien des 19. Jahrhunderts hielt die Kirche die ganze Strenge der Inquisition für nötig, um zu verhindern, »daß der Beichtstuhl in ein Bordell umgewandelt werde«[82]. Vom katholischen Klerus in Südamerika berichtete man gleichfalls noch im letzten Jahrhundert, er überbiete alle übrigen Stände durch seine Sittenlosigkeit und handle so, »als ob der Dienst der Unzucht ihm vorzugsweise obliege und er den freilich nicht minder verdorbenen Laien mit seinem Beispiel vorleuchten müßte«[83]. Von katholischen Priestern in Peru bekennt ein katholischer Theologe im Jahre 1889: »Es gibt nur wenige, die nicht im öffentlichen Konkubinate leben… Ein durchweg glaubwürdiger Kolonist schrieb dem Verfasser, daß man Bedenken tragen müsse, ein zwölfjähriges Mädchen zur Beichte zu schicken«[84]. Doch auch von römischen Kardinälen wird noch im 19. Jahrhundert gemeldet, sie ließen sich von Ehemännern die Frauen abtreten[85]. »Es dürfen nämlich«, meint Rousseau, »ordnungshalber nur verheiratete Frauen Kinder von Geistlichen haben«[86].

Indes sind dies nur die harmloseren Folgen der erzwungenen Ehelosigkeit des katholischen Klerus. Die katholischen Theologen Johann Anton und Augustin Theiner sammelten noch für das 19. Jahrhundert ein erdrückendes Material über Verführungen von Kindern, über Sadismus, Abtreibungen, Eifersuchts- und Lustmorde durch Geistliche und Mönche. Besonders erschütternd ist der Fall eines bayerischen Pfarrers, der seine beiden Kinder noch taufte, bevor seine Köchin sie ermordet hat[87].

Andererseits führten Geistliche, denen es ernst mit der Enthaltsamkeit war, einen entnervenden Kampf, kasteiten sich Tag und Nacht in unsinniger Weise oder schnitten sich gar die Zeugungsglieder ab.

Bis in die neueste Zeit aber gab es gegen den Cölibatszwang der Päpste auch eine offene Opposition im katholischen Klerus, wie nicht zuletzt das dreibändige Werk »Die Einführung der erzwungenen Ehelosigkeit bei den christlichen Geistlichen und ihre Folgen« der eben genannten Brüder Theiner bezeugt. Die katholische Kirche hat das Buch, soweit es ihr mög-

228

lich war, aufgekauft und vernichtet. Anton Theiner enthob man seiner Professur, worauf er Dorfpfarrer wurde, bis er schließlich in großer Armut als Sekretär der Breslauer Universitätsbibliothek starb. Sein Einkommen hatte eben gereicht, um ihn vor dem Verhungern zu schützen[88]. Theiners jüngerer Bruder Augustin versöhnte sich mit der Kirche und wurde Präfekt am vatikanischen Archiv. Während des vatikanischen Konzils kam er in den Verdacht, die Bischöfe der Opposition mit Quellenmaterial zu versorgen, worauf man ihn absetzte und noch die Tür seiner Wohnung zum Archiv vermauerte[89]. Der Theologe Friedrich Nippold gab das Werk der Brüder 1893 erneut heraus.

Streifzug in die katholische Moraltheologie und Pastoralmedizin

> *»Man ist versucht, manche Erzeugnisse der Moraltheologie der Pornographie zuzurechnen«. Der Theologe Heiler*[90].

> *»...es überrascht, in welchem Ausmaß und mit welcher Peinlichkeit sich die führende Geistlichkeit mit solchen Fragen auseinandersetzt... Ohne weiteres kann man behaupten, daß es kaum ein unflätiges Buch gibt, das unter diesem Aspekt schlimmer wäre als eine moraltheologische Abhandlung«. Alighiero Tondi*[91].

Wie sehr der dem Neuen Testament widersprechende Cölibat im Widerspruch zur menschlichen Natur steht, deutet sich auch in den Produkten zahlreicher katholischer Moraltheologen an. Über die Moraltheologie des 17. Jahrhunderts schreibt sogar ein römischer Prälat: »Welchen Schmutz enthalten nicht die moraltheologischen Lehrbücher, welche Schändlichkeiten breiten sie nicht vor der Öffentlichkeit aus! Wo gibt es so viele Schmutzlappen als dort Seiten! Jedes Bordell in der Suburra muß im Vergleich mit diesen Büchern schamhaft genannt werden. Ich selbst, der ich der Anführer ausschweifender Jünglinge war und meine Jugend durch Unzucht entehrt habe, gestehe, daß ich beim Lesen des Jesuiten Sañchez nicht selten rot geworden bin, und daß ich durch ihn mehr Schändlichkeiten gelernt habe, als ich von der ausgeschämtesten Hure hätte lernen können... Und warum spreche ich nur von Sañchez?«[92] Der Jesuit Sañchez wird noch heute als moraltheologische Autorität zitiert.

Im folgenden ein paar Details aus einem Werk, das von einem bekannten katholischen Pastoralmediziner unter jesuitischer Assistenz verfaßt und 1923 schon in der 19. Auflage verbreitet wurde.

Im Kapitel über das sechste Gebot liest man gleich eingangs, »daß be-

229

reits kleine Kinder auf dem Arm der Mutter masturbieren«[93]. Nachher wird Masturbation definiert als derjenige »tactus impudicus, der direkt darauf hinzielt, die Pollution auszulösen«[94]. Der Abschnitt über perverse Sexualität berücksichtigt noch die Masturbation mit vom Körper losgelösten Frauenhaar – die bekannten Zopfabschneider«[95].

Vieles wirkt lächerlich, wie etwa die Ausführungen über die Pollutionen. Unter ihnen gilt die Pollution im Schlaf als sündenfrei, falls man sie vorher nicht durch sinnliche Vorstellungen gefördert hat. Wie aber, wenn man erwacht und sie steht bevor oder beginnt schon? »Ist man«, fragt unser katholischer Gewährsmann, »in diesem Falle gehalten, die emissio seminis zu verhindern?« Er, Bearbeiter der jüngeren Auflagen, tritt hier in Gegensatz zum Verfasser der älteren. Dieser macht nämlich eine Verhinderung des Bevorstehenden zur frommen Pflicht, vor allem durch energische Willensbekundungen, »etwa verbunden mit einer elevatio cordis ad Deum (!) oder einem anderen religiösen Akt«. Für »vernünftig« hält der ältere Autor auch den Rat, »eine kühlere Stelle im Bett aufzusuchen oder aus dem Bett zu springen«. Dagegen fordert der Bearbeiter die Unterdrückung der Pollution nur, »wenn eine hohe Gefahr der Zustimmung zur Lust« besteht. Andernfalls sieht er nichts Böses darin, wie er nun geradezu klassisch formuliert, dem rein physiologischen Vorgange seinen spontanen Lauf zu lassen und durch Hinwendung zu Gott und religiöse Akte die etwaige Gefahr der Zustimmung des Willens zu bannen«[96]. Im übrigen empfiehlt auch dieser versierte Pastoralmediziner eine Milderung bestehender Reize, wie Aufsuchen einer kühleren Stelle im Bett usw. Freilich schreibt er resigniert: »Im letzten Augenblick ist aber alles zwecklos«[97].

Betrachten wir noch kurz das 1944 in Rom in lateinischer Sprache erschienene zweibändige Werk »Theologia moralis« der päpstlichen Moraltheologen Aertnys und Damen, das durchaus typisch für derartige katholische Arbeiten ist. Es genügt beinahe, nur einige der Fragen zu zitieren, die diese Theologen beschäftigen. So untersuchen sie, »ob die Frau einen onanistischen Mann bitten darf, zu koitieren«; »ob die Frau dem Mann die eheliche Pflicht leisten darf, wenn der Mann mittels präservativer Instrumente die Onanie ausübt«; »ob der Mann seiner Frau die eheliche Pflicht leisten darf, wenn ihm bekannt ist, daß sie die Vagina in der Nähe des Muttermundes mittels eines Occlusivpessars künstlich verschlossen hat«; »ob es erlaubt sei, den Samen schon am Eingang der Vagina abzugeben«; »ob die Ehegatten eine Todsünde begehen, wenn sie während des Geschlechtsaktes den Samenerguß zurückdrängen, indem sie sich so verhalten, daß sie sich nicht zu sehr erregen«; »ob die Ehefrau eine Todsünde begehe, wenn sie, während der Mann den Samen ausstößt, den eigenen Samen zurückdrängt« usw.[98]. Man liest in dem katholischen Werk etwa

230

auch: »Zum widernatürlichen Koitus kommt es, wenn ein ungebührliches Gefäß verwendet oder das gebührliche Gefäß widernatürlich mißbraucht wird, um die Zeugung zu verhindern. Die erste Form ist die unvollkommene Sodomie, die zweite die Onanie. Die unvollkommene Sodomie ist der im hinteren Gefäß der Frau vollzogene Koitus, gleichgültig, ob der Mann den Samen außerhalb ausstößt oder nicht«[99]. Oder die beiden päpstlichen Theologen schreiben: »Die Einführung des männlichen Gliedes in den Mund der Frau wird, sofern sie schnell und ohne Gefahr eines Samenergusses erfolgt, verschiedentlich von der Todsünde frei gesprochen, weil der Mund kein geeignetes Gefäß zum sodomitischen Verkehr ist und die genannte Tat somit eine unzüchtige Berührung darstellt... Der heilige Alfonso (De' Liguori) hält in Übereinstimmung mit dem allgemeinen Urteil die Einführung des männlichen Gliedes in den Mund der Frau für eine Todsünde, vor allem deshalb, weil fast immer die Gefahr des Samenergusses besteht«[100].

Der ehemalige Professor an der Gregoriana, Alighiero Tondi, berichtet, daß die Köpfe der Katholiken, vor allem der Priester, durch eine besondere Art sexueller Raserei gepeinigt werden, die offenbar psychoanalytischer Natur sei. Die Theologen unterhielten sich außerordentlich häufig und mit sichtlichem Vergnügen über die widerlichsten Dinge. »Alle in der Päpstlichen Gregorianischen Universität wohnenden Morallehrer, einen oder zwei ausgenommen, sprechen unaufhörlich davon und beschäftigen sich mit der ›moralischen Lösung‹ der seltsamsten und ungewöhnlichsten Fälle, die nur so strotzen von pikanten Begebenheiten. Angesichts einer solchen Geisteshaltung und der Struktur der katholischen Lehre kann man sich den Charakter der moraltheologischen Vorlesungen über dieses Thema vorstellen. Der Hörsaal war überfüllt. Eine Menge junger Priester, grüne Seminaristen, lauschten verzückt, mit glühenden Wangen und gespitzten Ohren. Mich ekelte das an. Einige Professoren haben in ihrem Zimmer anatomische Abbildungen und Gipsmodelle, um den Zöglingen, die um Aufklärung bitten, den Bau der Geschlechtsorgane und den Geschlechtsakt privat zu veranschaulichen«[101].

Solche Konsequenzen ergeben sich für die Katholiken aus der Lehre Jesu.

231

DRITTES BUCH

Der Frühkatholizismus

»*Und so macht man es innerhalb jeder herrschenden Moral und Religion und hat es von jeher gemacht: Die Gründe und die Absichten hinter der Gewohnheit werden immer zu ihr erst hinzugelogen, wenn einige anfangen, die Gewohnheit zu bestreiten und nach Gründen und Absichten zu fragen.* Hier steckt die große Unehrlichkeit der Konservativen aller Zeiten: Es sind die Hinzulügner«. Friedrich Nietzsche[1].

I. TEIL

Die Errichtung des hierarchischen Apparats

25. KAPITEL

**Die Rapidität der christlichen Expansion
und ihre Gründe**

Schon vor dem Christentum waren die anderen orientalischen Kulte, die kleinasiatischen, syrischen, ägyptischen und persischen Religionen mit Sklaven, Kaufleuten und Missionaren nach Griechenland und Italien gekommen. In Hafenstädten und größeren Binnenorten entstanden überall ihre Tempel, und ihre Lehren pflanzten sich rasch mit Händlern, Soldaten, Seefahrern bis an die äußersten Grenzen des Imperiums fort. Der ungefähr gleichzeitig mit dem Christentum ins römische Reich gelangende Mithriacismus verbreitete sich mit derselben reißenden Schnelligkeit, denn die Chancen waren damals für jede Mission ungewöhnlich günstig. Jeder neu auftretende Glaube traf auf großes Interesse, geradezu auf Neugier, einen Drang zur Religion, der im 2. und 3. Jahrhundert noch wuchs.

Der Zug zum Eingottglauben

Eine mächtige Vorarbeit für das Christentum hatte die monotheistische Tendenz geleistet.

Der Zug zum Eingottglauben reicht weit zurück. Sein Erstarken in hellenistischer Zeit resultiert vor allem aus der Schwächung des alten Götterglaubens. Skeptiker, Zyniker, Satiriker hatten ihn mit Abscheu, Ironie und Witz immer weiter untergraben, wenn er auch offiziell intakt gehalten wurde und selbst der Gebildete, der sich an den Götterbildern stieß, aus Konservativismus oder Gewohnheit noch am Kult teilnahm, wie heute mancher Intellektuelle noch am Kult der Kirche teilnimmt.

Dem Götterglauben gegenüber aber erschien damals der Monotheismus als Aufklärung, als das Ketzerische, Moderne. Denn auch das einheitliche Weltbild der Wissenschaft erforderte einen höchsten Gott als Lenker des Alls. So hatte schon der Eleat Xenophanes um 500 v. Chr. den Götterdienst in schärfster Form gegeißelt und erklärt: »*Ein* Gott ist unter den Göttern und unter den Menschen der größte«[2]. Von Xenophanes geht

236

dann in der griechischen Philosophie die monotheistische Tendenz über Heraklit zur Stoa. Auch Platon sprach bereits von dem »Gott des Weltalls«, dem »Lenker der gegenwärtigen und zukünftigen Dinge«, dem »Vater und Herrn«[3]. Natürlich waren seine Gedanken nicht Gemeingut der Massen. Doch erkennt man in den letzten vorchristlichen Jahrhunderten bei fast allen Völkern des griechisch-römischen Weltreiches den Zug zu dem Einen Gott.

Gefördert wurde diese Entwicklung weiter durch den Göttersynkretismus.

Die orientalischen Kulte waren einander allmählich immer näher gekommen. In einem umfassenden Durchdringungsprozeß vermischten sich viele Götter, besonders in Kleinasien, und erweiterten sich zu einer Allgottheit. Aus der früheren Vielheit erstrahlte die eine Gottheit. So verschmolz der ägyptische Sarapis mit Zeus, Helios, Asklepios u. a.; Isis mit Demeter, Artemis, Athene, Aphrodite; oder Mithras mit dem babylonischen Sonnengott Schamasch, wodurch er zum Sol invictus wurde. Niemand diffamierte dabei die Nachbarreligionen als Lug und Trug und untersagte die Verehrung anderer Götter. Alles geschah in Harmonie.

Auch in nachchristlicher Zeit setzte sich diese Assimilierung selbstverständlich fort. Da erschallen die Rufe: »Einer ist Bait, einer Athor, beider ist eine Kraft, einer ist Akori – o du teurer Vater des Alls, teurer dreigestaltiger Gott«. Oder: »Einer ist Zeus Sarapis und Helios Hermanubis«. Oder: »Einer ist Gott: Zeus-Mithras-Helios, der unbesiegbare Weltherrscher«[4]. Hier fällt dann auch das Christentum mit seinem Slogan ein.

Schließlich trug zur vollen Entfaltung des Monotheismus der die Nationalitäten auflösende monarchische Weltstaat der Römer bei. Ließ er doch eine entsprechende einheitliche Regierung selbst im Himmel vermuten und hat diesen Gedanken auch bald propagiert[5].

Die jüdische Vorarbeit

> »Eine Generation von Fanatikern hat das Judentum seines Lohnes beraubt, und es verhindert, die Ernte, die es bereitet hatte, einzusammeln«. Ernest Renan[6].

Nicht nur das Heidentum war mit seiner geistigen und politischen Geschichte dem Christentum schon weit entgegengekommen. Auch die ausgedehnte, im Namen *desselben* Gottes unternommene religiöse Propaganda des Judentums, die zur Zeit Jesu in höchster und nie wieder erreichter Blüte stand, hatte der christlichen Mission stark vorgearbeitet.

Um die Jahrhundertwende erstreckte sich das Diasporajudentum fast über die ganze Welt. Paulus konnte deshalb in allen größeren Städten Asiens und Europas an die jüdische Mission anknüpfen und sich ihre Erfolge zunutze machen. Und da das Christentum dieselben Güter bot, die die Heiden an den Synagogen schätzten, da es auch nicht zwischen Vollberechtigten und Proselyten unterschied, sondern den Übertritt noch mehr erleichterte als die Juden, die ihrerseits schon Konzessionen gemacht hatten, da es endlich auch die vertrauten heidnischen Mysterien besaß, konnte es das Judentum leicht schlagen[7].

Das soziale Ethos

Ein weiterer wichtiger Grund für die schnelle Verbreitung des Christums war sein starker sozialer Unterton, die frohe Botschaft eben für die Unterdrückten und Kleinbürger. Alle frühchristlichen Stimmen räumen ein, ja, renommieren oft damit, daß sich das Christentum aus den *untersten* Klassen, aus Sklaven, Freigelassenen, Arbeitern, kleinen Handwerkern, vertriebenen Bauern rekrutierte.»Da sind nicht viele Weise«, kennzeichnet Paulus mit offensichtlicher Ostentation die soziale Struktur der Gemeinde in Korinth, »nicht viele einflußreiche Personen, nicht viele Hochgeborenen«. An anderer Stelle bezeugt er die »abgrundtiefe Armut« auch der Gemeinden in Macedonien[8], damals allerdings die vielleicht ärmste Provinz des römischen Reiches.

Doch wenn auch bald besser Situierte, noch im ausgehenden 1. Jahrhundert vielleicht selbst Mitglieder des kaiserlichen Hauses, Christen waren, den durchschnittlichen Bestand der Gemeinden bildeten bis weit ins 2. Jahrhundert hinein Leute der unteren und allenfalls mittleren Bevölkerungsschichten. Das erhellt aus den frühchristlichen Schriften, aus ihrer offenkundigen Animosität gegen die Reichen und Mächtigen, aus den Haßflammen gegen sie im Jakobusbrief oder in der Apokalypse, und nicht zuletzt aus dem Stil dieser Literatur. Schon die Tatsache, die indes keinesfalls betont werden soll, daß das Christentum der älteren Zeit, im Gegensatz zu den heidnischen Kulten, in denen selbst Kinder zahlten[9], kein Geld kostete, dürfte der christlichen Mission förderlich gewesen sein.

Selbstverständlich gab es auch Menschen, die überhaupt das sittliche Ethos der neuen Religion ansprach, nicht zuletzt das Gebot der Feindesliebe[10]. Aber gerade sie verwandelte die Kirche in Feindeshaß, sobald sie Macht dazu besaß.

Eindruck machte auf manche Heiden auch, wie die Christen Strafen, wie sie die Folter und mitunter selbst den Tod ertrugen, viel seltener freilich, als man gemeinhin glaubt (S. 390 ff.). Doch waren die anerkennenden Stimmen sehr vereinzelt[11].

238

Als die urchristliche Begeisterung verflog,
konstituierte sich die Kirche

Was die christliche Mission vorantrieb, war der Enthusiasmus ihrer Träger. Es gab keine planmäßige Propaganda, keine zentrale Organisation und nur wenige berufsmäßige Missionare. Alles geschah spontan, jeder handelte nach seinem Ermessen, fast möchte man sagen: Am besten propagierte sich die »Frohe Botschaft« selbst. Sie drang von Haus zu Haus, von Familie zu Familie. Man diskutierte sie auf Straßen und Märkten, in Kaufläden und Herbergen. Früh verkündeten sie die bald in der Kirche so geringgeschätzten Frauen. Dann predigten sie sogar Soldaten und Kaufleute, die es in der christlichen Gesellschaft noch weit bringen sollten. Und schließlich sickerte das Evangelium in alle Schichten[12].

Von Vorteil war dabei, daß vieles, was die Kirche der ursprünglichen Lehre hinzugefügt hat, damals noch fehlte. So konnte man schon nach einmaligem Anhören einer Predigt Christ werden (S. 299). Allerdings wurden jene Gebiete, die das Christentum am frühesten eroberte, auch am ersten wieder verloren. Palästina, Syrien, Kleinasien, Ägypten und Nordafrika fielen beinah völlig dem Islam anheim.

Die laikale Begeisterung des Urchristentums war im Prinzip freilich nichts Neues. Sie setzte nur den Missionsenthusiasmus des Dionysos, der Isis, der hellenistischen Synagoge, der Kyniker, mit denen die christlichen Prediger sogar die Tracht gemeinsam hatten, geradlinig fort[13]. Auch vollzog sich dann am Christentum die normale Entwicklung einer jeden Religion: der Übergang aus einer Zeit des revolutionären Elans in eine Phase der Verbürgerlichung, Verengung, Erstarrung. Bald geschah es, wie Herder schreibt, »daß jede matte Welle eine mattere trieb, und alle zuletzt in die stille Oberfläche des Herkommens eines alten Christengebrauchs sanft sich verloren«[14]. Beim Gros der Gläubigen bedeutete das früh eine immer größere Laxheit, bei der Kirche eine immer rigorosere Intoleranz gegenüber allen, die nicht so glaubten und lehrten wie sie.

Die charismatische Epoche geht im 2. und 3. Jahrhundert langsam, doch unaufhaltsam in die dogmatische über; die urchristliche Ekstase in den Opportunismus der Hierarchie; der lebendige Glaube in das kirchlich kontrollierte Bekenntnis. Die Gnade gerät unter das Gesetz, der Geist unter das Kirchenrecht, der Laie unter den Priester. Der religiöse Impuls verebbt, die richterliche Instanz erhebt das Haupt. Die freie Liebesgemeinschaft verschwindet, die klerikale Institution tritt an ihre Stelle. Aus dem Reich Gottes wird ein menschlicher Zweckverband, ein gut funktionierender, dogmatisch, kultisch und juridisch bestimmter hierarchischpolitischer Apparat, der in einem grellen Kontrast zur Verkündigung Jesu steht. Nur noch durch die Vermittlung von Funktionären gibt es für den Menschen Verkehr mit Gott.

Wir müssen diese von Jesus immer weiter ab führende Entwicklung nun verfolgen, wobei zunächst die vielverhandelte Frage nach der Gründung der Kirche zu beantworten ist.

26. KAPITEL

Warum Jesus keine Kirche gegründet haben kann

»Der Jesus, der in elfter Stunde das Nahen der Mitternacht ankündigt, denkt nicht an die Schaffung einer für Jahrhunderte bestimmten Heilsanstalt. Der Prophet, der seine Jünger zu einer fliegenden Missionsfahrt durch die Städte Israels aussendet, ist kein Kirchenorganisator, kein Dombaumeister«. Der Theologe Heiler[1].

»Nein, nichts ist deutlicher, als daß Jesus gar nicht daran gedacht hat, eine Kirche zu gründen«.
Der Theologe Weinel[2].

Die katholische Kirche führt ihre Stiftung auf Jesus zurück. Sie beruft sich dabei auf die Stelle des Matthäusevangeliums: »Du bist Petrus, und auf diesen Felsen will ich meine Kirche bauen, und die Pforten der Hölle sollen sie nicht überwältigen«[3].

Dieser imposante Satz, der in goldenen Lettern an der Kuppel der römischen Peterskirche prangt, wurde von Jesus, nach allem was wir heute wissen, niemals gesprochen. Kann doch er, der das unmittelbar bevorstehende Weltende verkündete (S. 29 f.), überhaupt nicht an eine Organisation, an die Errichtung eines globalen Kultverbandes gedacht haben. Eschatologie und Kirchenstiftung, die Naherwartung des Endes und die Gründung einer Jahrtausende überdauernden Institution schließen einander von vornherein aus. Der von Matthäus mit einem im Deutschen nicht wiedergebbaren Wortspiel Jesus in den Mund gelegte Spruch an Petrus – Petros heißt Aramäisch kepha und kepha zugleich Fels – als den Felsen, auf den er seine Kirche bauen wolle, paßt nicht in die Gesamtanschauung Jesu hinein.

Befremdend ist auch, daß das Wort »Kirche‹ (ecclesia, aram. k'nischta), das doch später die größte Rolle spielen sollte, in nicht weniger als zehn neutestamentlichen Schriften, im Brief an Titus, im 2. Timo-

241

theusbrief, 1. Und 2. Petrusbrief, 1. Und 2. Johannesbrief und im Brief an Judas gar nicht vorkommt. Es findet sich aber auch weder im Markus-, Lukas- noch Johannesevangelium. Der ganze entscheidende Vers steht bei ihnen nicht. Das berührt um so merkwürdiger, als auch Markus und Lukas, was sehr wichtig ist, sonst den gleichen Bericht wie Matthäus bieten, nämlich Petri Messiasbekenntnis, den Beginn von Jesu Gespräch mit den Aposteln und die spätere Fortsetzung[4]. Zur besseren Veranschaulichung sei im folgenden der Markustext, die Vorlage für den später schreibenden Matthäus, mit dessen Erzählung konfrontiert[5]:

Markus (Kap. 8):	Matthäus (Kap. 16):
27 Und Jesus ging fort mit seinen Jüngern in die Dörfer bei Cäsarea Philippi. Und auf dem Wege fragte er seine Jünger und sprach zu ihnen: Wer, sagen die Leute, daß ich sei?	13 Da kam Jesus in die Gegend von Cäsarea Philippi und fragte seine Jünger und sprach: Wer, sagen die Leute, daß des Menschen Sohn sei?
28 Sie antworteten: Sie sagen, du seiest Johannes der Täufer; etliche sagen, du seiest Elia, etliche, du seiest der Propheten einer.	14 Sie sprachen: Etliche sagen, du seiest Johannes der Täufer, andere, du seiest Elia, wieder andere, du seiest Jeremia oder der Propheten einer.
29 Und er sprach zu ihnen: Ihr aber, wer, sagt ihr, daß ich sei? Da antwortete Petrus und sprach zu ihm: Du bist der Christus!	15 Er sprach zu ihnen: Wer, sagt denn ihr, daß ich sei?
	16 Da antwortete Simon Petrus und sprach: Du bist Christus, des lebendigen Gottes Sohn!
	17 Und Jesus antwortete und sprach zu ihm: Selig bist du, Simon, Jonas Sohn, denn Fleisch und Blut hat dir das nicht offenbart, sondern mein Vater im Himmel.
	18 Und ich sage dir auch: Du bist Petrus, und auf diesem Felsen will ich meine Kirche bauen, und die Pforten der Hölle sollen sie nicht überwältigen.
	19 Ich will dir des Himmelreichs Schlüssel geben; und alles, was du auf Erden binden wirst, soll auch im Himmel gebun-

242

	den sein; und alles, was du auf Erden lösen wirst, soll auch im Himmel los sein.
30 Und er bedrohte sie, daß sie niemand von ihm sagen sollten;	20 Da bedrohte er seine Jünger, daß sie niemand sagen sollten, daß er der Christus wäre.
31 und er hob an, sie zu lehren...:	21 Seit der Zeit fing Jesus Christus an und zeigte seinen Jüngern:

Befremdend ist auch, daß selbst Matthäus das bei allen anderen Evangelisten fehlende Wort »Kirche« nur zweimal erwähnt[6]. Das zweite Mal übrigens nicht im Sinne von Gesamtkirche, sondern von Ortsgemeinde. Außerdem in Gedankenverbindungen – »Wer die Kirche nicht hört, der gelte dir wie ein Heide und öffentlicher Sünder«[7] –, die nach dem fast einmütigen Urteil der theologischen Kritik nicht auf Jesus zurückgehen. Denn Jesus hat weder die Heiden noch die Sünder verachtet, vielmehr den Heiden das Reich verheißen und den Zöllnern und Sündern seine Freundschaft geschenkt. Somit ist auch das zweite Kirchen-Wort gefälscht.

Aber forschen wir etwas weiter. Wie konnte überhaupt ein so grundlegendes Logion wie das Kirchengründungswort einzig und allein dem Matthäus bekannt werden? Wie konnte es gerade bei Markus fehlen, der doch nach kirchlicher Behauptung die Predigt des Petrus wiedergibt? Wie konnte ihm unmittelbar nach so hoher Auszeichnung Jesus zurufen: »Mir aus den Augen, Satan!«[8]? »Der nämliche Petrus«, grübelte schon Augustin, »kurz zuvor selig, dann Satan genannt, in einem Moment«[9].

Wie kommt es ferner, daß Jesus immer und immer wieder die Königsherrschaft Gottes, die Basileia, verkündigt, aber nie die Kirche? Daß dem *einzigen* Kirchen-Wort *viele Dutzende* von Reich-Gottes-Worten Jesu gegenüberstehen? Daß Jesus den Eintritt ins Reich Gottes nirgends von der Zugehörigkeit zu einer Sondergemeinde abhängig macht, wie nachher die Kirche? Und wie hätten Petrus und die anderen Jünger noch in den Tempel gehen können, um zu beten[10], wenn durch Jesus eine eigene, mit dem Judentum rivalisierende Kirche gegründet worden war?

Wie konnte auch noch ein Rangstreit unter den Aposteln ausbrechen, wenn Jesus das Problem doch schon *vorher* geklärt hatte[11]? Sollte aber, was unbeweisbar ist, der Rangstreit der Autorisation des Petrus vorausgegangen sein, zeigt doch die urchristliche Geschichte, daß Petrus gar nicht die autoritative Stellung besaß, die ihm auf Grund der Auszeichnung von Mt. 16, 17–19 hätte zukommen müssen. Der ältesten Christenheit war nichts von einer besonderen Bevorzugung Petri durch Jesus bekannt.

Wie verhält sich überhaupt ein solches Privileg zu Jesu Meinung, daß es nur *einen* »Meister« gebe, sie alle aber Brüder seien? Daß sie niemand auf Erden »Vater« nennen sollten, denn einer sei ihr Vater, der im Himmel[12]? Wie steht vor einer solchen Ansicht gar ein Heiliger Vater da? Wie nimmt er sich aus vor Jesu Wort: »Wer unter euch groß sein möchte, muß der Knecht aller sein«[13]? Mit Recht nannte man Jesu Schiedspruch im Jüngerstreit das schärfste innere Argument gegen die Echtheit eines Jesuswortes, das einem Apostel einen Primat einräumt[14].

Das größte Rätsel aber bleibt, daß drei von vier Evangelien über diese angebliche Kirchenstiftung schweigen und Matthäus sie nur an einer Stelle erwähnt. Wäre es Jesu Absicht gewesen, eine Kirche ins Leben zu rufen, hätte er von ihr wohl nicht nur einmal, sondern, wie über das Reich Gottes, immer wieder gesprochen, und wir läsen heute in allen Evangelien und mit eindeutigen Worten davon.

Wie bedauerlich überhaupt, daß Jesus nicht gleich die »katholische« Kirche gegründet hat. Warum eigentlich hat er, dem die Kirche Allwissenheit zuschreibt, der also die scharfen Anzweiflungen dieser Stiftung klar voraussehen mußte, sie nicht gleich expressis verbis benannt? Erst im 2. Jahrhundert bietet uns ein Bischof, der nicht einmal auf dem Stuhl Petri saß, das Wort katholisch an[15], das aber noch lange nicht identisch mit römisch-katholisch ist. War doch überhaupt seinerzeit die Kirche noch keine Realität. Gleichwohl sprachen schon damals zwei Christen sogar von einer präexistenten Kirche, von einer Kirche, die »vor Sonne und Mond« bestand, ja, um deretwillen die Welt geschaffen worden sei[16]. Die katholische Dogmatik hat diese bescheidene Vorstellung übernommen, und selbstverständlich weiß sie auch bloß von einer Kirche und sieht in der protestantischen (von anderen gar nicht zu reden) nur ein Mißverständnis[17].

Merkwürdigerweise aber brachten alle altkirchlichen Theologen und Bischöfe länger als zwei Jahrhunderte hindurch die nachmals so berühmten Primitialworte überhaupt nicht zur Geltung. Noch Tertullian bezieht sie nur auf Petrus persönlich[18]. Noch Origenes bezieht sie auf alle echten Christen[19]. Und noch der im 5. Jahrhundert schreibende Augustinus betrachtet die Matthäusstelle nicht als Stiftung eines dauernden Amtsprimates. Aber selbst die römischen Bischöfe, wie wir noch sehen werden, berufen sich bis zur Mitte des 3. Jahrhunderts nicht darauf.

Eine Kirchengründung durch Jesus bestritten schon Theologen der Goethezeit[20]. Ebenso erklärt die ganze ernstzunehmende Forschung unseres Jahrhunderts, daß Jesus nicht daran dachte, ein weltumspannendes Institut zu stiften; daß er den Juden das Reich, nicht aber den Heiden die Kirche predigte; daß sich nirgends Anweisungen für eine Organisierung der kommenden Gemeinde erkennen lassen; daß Jesus erst durch die nach seinem Tod einsetzende Entwicklung zum Kirchengründer gewor-

244

den und der fragliche Spruch kein Teil der ursprünglichen Geschichte, sondern eine nicht allzu frühe Legende sei, und selbst als solche nur die von der Gesamtheit nicht anerkannte Sonderüberlieferung einer Partei, weshalb sie in drei von vier Evangelien fehle[21].

·Gelegentlich sah man in den Kirchengründungsworten auch eine der größten Geschichtsfälschungen im Neuen Testament, ein Elaborat der römischen Hierarchie, einen Einschub, der im 2. Jahrhundert erfolgt sein soll[22]. Doch kann der sogenannte locus classicus des Primates in dem gegen Ende des 1. Jahrhunderts verfaßten Matthäusevangelium gestanden haben, allerdings nicht als ein Wort Jesu, sondern nur als eine Schöpfung der sich konstituierenden Kirche.

Das immer wieder angeführte aramäische Kolorit dieses Logions besagt zunächst nur seine Herkunft aus dem aramäisch sprechenden Judenchristentum. Zu einem Ausspruch Jesu wird es deshalb noch nicht. Auch andere Stellen bei Matthäus stammen ebenso aus judenchristlichen Kreisen und gelten doch sicher als ungeschichtlich[23].

Gesetzt aber, was freilich die genannten Gründe ausschließen, Jesus hätte tatsächlich die ihm bei Matthäus 16, 18 in den Mund gelegten Worte gesprochen: Niemals hätte er *diese* Kirche wünschen können, eine kultisch und juridisch genau geregelte hierarchisch-politische Institution, eine Kirche des Rechts und der Gewalt.

245

27. KAPITEL

Die Entstehung der katholischen Rechtskirche – wider den evangelischen Geist

> »Der römische Katholizismus als äußere Kirche, als ein Staat des Rechts und der Gewalt, hat mit dem Evangelium nichts zu tun, ja, widerspricht ihm grundsätzlich«. Der Theologe Harnack[1].

> »Aus der Gemeinschaft der Liebe wurde die Kirchenzucht, aus dem allgemeinen Priestertum eine juristisch einwandfreie Amtshierarchie, aus dem göttlichen Herrn im Geist der gesetzlich geschützte Bischof. An die Stelle der Ekstatiker traten die Advokaten, und schließlich wurde auch das Verhältnis Gottes zum Menschen durch einen Rechtskodex geregelt«. Der Theologe Carl Schneider[2].

Für Jesus waren Religion und Recht, Glauben und Gesetz Gegensätze. Stand er doch gerade dagegen auf, das Verhältnis des Menschen zu Gott rechtlich zu regeln. Während seiner ganzen öffentlichen Tätigkeit hat er gegen die Thora, gegen Klerikalismus, Kultvorschriften und Juristerei im Verkehr mit Gott gekämpft und diesen Kampf mit dem Tode bezahlt. Die jüdische Gesetzeskirche schlug ihn ans Kreuz – nur damit sich die katholische Gesetzeskirche erheben konnte. Denn fast alles, was Jesus an der Thorakirche verdammte, hat die katholische Kirche wiedergebracht.

Vergebens beruft man sich auf die Stelle: »Glaubt nicht, daß ich gekommen bin, das Gesetz und die Propheten aufzulösen! Ich bin nicht gekommen aufzulösen, sondern zu erfüllen. Denn wahrlich ich sage euch: Bis Himmel und Erde vergehen, soll auch nicht ein Jota oder ein Häkchen vom Gesetz vergehen, bis alles in Erfüllung gegangen ist«[3]. Denn diese Worte hat Jesus, wie viele Worte gerade des judenchristlichen Matthäusevangeliums, schwerlich gesprochen. Verwarf er doch nicht nur ein Jota oder Häkchen, nicht nur einen Buchstaben also oder (in der hebräischen Quadratschrift) Buchstabenteil, sondern ganze Partien des Alten Testaments, wie die gesamten Reinheitsgebote. Somit ist der Spruch wohl die polemische Einschiebung eines gesetzestreuen Judenchristen gegenüber dem gesetzesfreien Heidenchristentum, jedenfalls spätere Gemeindebildung[4]. Er widerspricht der ganzen Lehre Jesu, ja, sogar strikt dem Wort des Paulus, wonach »Christus dem Gesetz ein Ende gemacht hat«[5].

In der Tat stand Paulus hier in der besten Jesustradition. Hatte er doch allen Formalismus und Traditionalismus und jede juristische Kirchenkonstruktion annulliert, merkwürdigerweise freilich, ohne sich jemals auf ein antigesetzliches Jesuswort zu beziehen[6]. Nicht nur das jüdische Ritualgesetz galt Paulus als antiquiert, sondern auch das für die Kirche gültige Sittengesetz des Dekalogs, dessen Summe er mit Jesus im Gebot der Nächstenliebe fand[7]. Die Liebe war für Paulus die Erfüllung des Gesetzes, jedenfalls auf dem Papier. Denn er selbst drängte sie in praxi stark zurück und machte den Glauben zu einem neuen Gesetz. Die Gesetzesreligion aber hielt er nur für einen »Zuchtmeister... bis zu Christus«. Seitdem standen die Christen »nicht mehr unter einem Zuchtmeister«. »Christus hat uns erlöst von dem verfluchten Gesetz«[8]. »Verlaßt... das Gefängnis, die ihr den Willen dazu habt!« wird auch ein gegen die Gesetzlichkeit gerichtetes außerbiblisches Jesuswort überliefert[9].

Diese von Jesus angeregte und von Paulus noch verschärfte radikale Lösung von jedem menschlichen Kodex sollte eine auf den Geist gegenseitiger Liebe aufgebaute religiöse Gemeinschaft ergeben. Sie sollte nichtrechtlich-traditionalistisch, sondern pneumatisch-independentisch sein, wie es in Korinth versucht worden ist (S. 313f.). Aber auch in den Evangelien wird nirgends von festorganisierten Gemeinden gesprochen. Worte wie »Wo zwei oder drei auf meinen Namen hin versammelt sind, da bin ich mitten unter ihnen«[10], negieren einen Zusammenschluß größerer Gruppen geradezu. Noch die Kreise, die sich zu Beginn des 2. Jahrhunderts um den Vierten Evangelisten sammelten, waren vom »Geist« der allmählich erstehenden Gesetzeskirche, die das Christentum in eine immer zunehmende Verbürgerlichung und Verrechtlichung hineintrieb, weit entfernt.

Bis tief ins 2. Jahrhundert hinein gab es weder feste Lehrnormen im Christentum, noch eine verfassungsmäßig verbundene Gemeinschaft, noch gar eine Gesamtorganisation[11], In kleinen Gemeinden wartete man auf die Wiederkehr des Herrn. Erst als die Hoffnung auf sein Kommen immer mehr schwand, kam statt seiner die Kirche.

Die rechtlich voneinander unabhängigen Gemeinden schlossen sich nun zu einem Verband zusammen, und was sich schließlich herausbildete, war ein genau geregeltes klerikales System, ein juristisch fixierter Heilsverein. Nicht mehr der prophetische Geist trieb jetzt die Mission voran, sondern eine verbeamtete Institution. Der Geist wurde in der Kirche, wie Julius Wellhausen sagt, »eingepökelt«[12]. Das lebendige Gotteswort wurde liquidiert durch formale Schranken und Garantien, durch einen Kleinglauben. An Stelle der urchristlichen Ekstase traten Lehre und Satzung. An Stelle der ursprünglichen Freiheit trat eine Hierarchie, die eine Abstufung in der Christenheit schuf, völlig unabhängig von den religiösen und sittlichen Eigenschaften ihrer Träger. Es entstand eine gewaltige, bis ins kleinste gegliederte Organisation, eine Verfassung, die man der staatlichen abgeschaut hatte. Es entstand ein kompliziertes Kirchenrecht, eine kirchliche Theologie und Philosophie, wobei man gewaltig aus dem Heidentum schöpfte. Es entstand eine kirchliche Geschichtsschreibung, die nicht selten vor keiner Fälschung zurückschreckte. Es entstand sogar eine kirchliche Kunst, an die der galiläische Wanderprediger am allerwenigsten gedacht haben dürfte.

Der Einfluß des Judentums

Entscheidend für die kirchliche Entwicklung war zunächst die Gründung der römischen Gemeinde durch *Juden*christen, wodurch die Urgemeinde einen starken Einfluß auf die Christen Roms gewann. Die Urgemeinde aber hatte sich bald nach Jesu Tod wieder an der jüdischen Gesetzeskirche und ihrer weltumspannenden Organisation orientiert. So erhielt nun auch die Gemeinde in Rom eine etwas gemilderte judenchristliche Theologie, deren grundsätzlich juristische Gesetzesbasis römische Menschen zweifellos ansprechen mußte.

Weiter gab die religiöse Hierarchie des Judentums, die Einteilung in Hohepriester, Priester, Leviten und Laien, das genaue Vorbild beim Aufbau der christlichen Gemeinde ab. Die römische Kurie wurde mutatis mutandis eine Art Abbild des Hohen Rats. Die Übereinstimmungen sind so zahlreich und erstaunlich, daß man erklärte, das spätjüdische Kirchenwesen mute im ganzen wie im einzelnen wie ein Modell des vollentwickelten römischen Katholizismus an. Im Hohenpriester von Jerusalem sah man geradezu eine Antizipation von Prunk und Macht des mittelalterlichen Papsttums[13]. Die jüdischen Archisynagogen hatten dieselben Funktionen wie ursprünglich die Bischöfe. Und wie jenen die Synagogendiener zur Seite standen, so später den Bischöfen die Diakone.

Auch die kirchliche Liturgie, soweit sie nicht vom Heidentum herrührt, stammt aus der Synagoge. Das gilt besonders für so wesentliche Faktoren des Gottesdienstes wie Schriftverlesung, Predigt und Gebet[14]. Auch die katholische Moraltheologie hat ihren Vorläufer in der Kasuistik der rabbinischen Morallehren (S. 229 ff., 293 f.). Ebenfalls waren die Verfluchungs- und Exkommunikationsformeln der Kirche, trotz Nächsten- und

248

Feindesliebe von ihr schon früh und gern gebraucht, jüdisches Erbe. Sogar die kirchliche Kassenverwaltung war ähnlich aufgebaut wie die Verwaltung des jüdischen Sakralfonds[15]. Auf weitere wichtige Übernahmen aus dem Judentum kommen wir später zu sprechen.

Der Einfluß des Judenchristentums auf die römische Gemeinde ist jedenfalls ein bedeutungsvoller, ja, weltgeschichtlich entscheidender Vorgang gewesen, denn er hat, wie der Theologe Seeberg schreibt, »in kräftigster Weise dazu beigetragen, das Christentum in seinem ganzen Umfang auf die Stufe der Gesetzesreligion hinabzuziehen«[16].

Der Einfluß der afrikanischen Juristen

Fortgesetzt wurde diese frühangebahnte Entwicklung mit der Schaffung der katholischen Dogmatik durch römisch-afrikanische Juristen und Rhetoren, durch Tertullian, Cyprian, Augustin. Stand doch überhaupt die eigentliche Wiege des Katholizismus in Afrika. Schon fast christlich, als Italien noch halb heidnisch war, ist es lange das Hauptland des westlichen Katholizismus gewesen.

Um die Wende des 4. Jahrhunderts gab es in Afrika vierhundertsiebzig Bischofssitze. Und von Tertullian bis Augustin, vom 3. bis zum 5. Jahrhundert, bestimmen die afrikanischen Theologen das Gepräge der Kirche. Hier wurde in ihr zuerst lateinisch gesprochen. Hier wurden römische Militär- und Rechtsbegriffe ins Christliche transponiert. Hier wurde die juristische Grundlage für den päpstlichen Primat geschaffen – und derselbe dann bekämpft. Hier wurde das Christentum zu einer Rechtssatzung, das Liebesethos zu einer Gesetzesethik, der Bischof zum Beamten, das Taufbekenntnis zum Fahnenschwur, der Glaube zum Kriegsdienst. Hier hat die Kirche den unmittelbaren Umgang des Menschen mit Gott verboten und nur in ihren Reihen für legal erklärt. Hier hat sie jeden zum Ketzer gestempelt, der nicht ihre Dogmen bekennt. Von hier an läßt sie den Geist nicht mehr wehen wo er, sondern wo sie will. »Die knöcherne Hand des Juristen rührt sogar an das Heldentum des Martyriums: Märtyrer ist nur, wer innerhalb der Kirche das Martyrium erleidet; wer als Märtyrer außerhalb der Kirche stirbt, ist in Wahrheit gar keiner, sondern wird durch den Tod mit Recht für seinen Rechtsbruch gegenüber der Kirche bestraft«[17].

Tertullian (etwa 150–225)

Dieser römische Unteroffizierssohn, der in Rom als Rechtsanwalt praktizierte, ehe er sich nach Karthago zurückzog, ein ebenso farbig-beredter wie spitzfindigscharfer und maßloser Christ, der erste große lateinische Kirchenschriftsteller, wurde der Schöpfer des institutionellen Kirchenbegriffs. Tertullian hat zuerst den Glauben juristisch fundiert und das ganze römische Recht in die Kirche des Abendlandes hineingetragen[18]. Sie ist für ihn nicht mehr nur eine Heils-, sondern auch eine Gesetzesanstalt, eine Institution, Disziplin, ja, »ein militärischer Verband«[19]. Allerdings schrieb Tertullian dieses Recht, mit dem er noch keinen hierarchischen Sinn verknüpfte, weder dem römischen Bischof, noch den Bischöfen in ihrer Gesamtheit, sondern den Laien ebenso wie dem Klerus zu.

Die Bedeutung Tertullians kann kaum überschätzt werden. Er gewann großen Einfluß auf maßgebliche Theologen der folgenden Zeit, wie Cyprian, Augustinus und Hieronymus. Er lieferte die entscheidenden Stichworte für die katholische Dogmatik und Moraltheologie. Seine Formulierungen beherrschen die abendländische Trinitätslehre und Christologie, die Sünden- und Gnadenlehre, die Tauf- und Bußlehre. Nicht mit Unrecht hat man diesen Soldatensohn und Juristen den Vater des abendländischen Christentums, den Begründer des Katholizismus genannt[20].

Zu den zahlreichen Paradoxien der Kirchengeschichte gehört es, daß Tertullian kein Katholik geblieben ist. Er erkannte die Gefahr der durch ihn begründeten institutionellen Kirchenauffassung und schwor der Orthodoxie im Alter ab. Er ging ins Lager der Montanisten über, und aus dem rabiaten Ketzerbekämpfer wurde ein begeisterter Ketzer, aus dem fanatischen Verteidiger kirchlicher Tradition ein glühender Gegner derselben. »Alter als die Gewohnheit ist die Wahrheit«, bekannte er jetzt. »Was gegen die Wahrheit geht, das ist Häresie, auch wenn es alte Gewohnheit ist!«[21] Kirchenvater Tertullian plädierte nun für den charismatischen Spiritualismus, für die religiöse Freiheit und das Laienpriestertum des Urchristentums und trat in schärfsten Gegensatz zum Bischof von Rom.

Cyprian

Allein der Weg war beschritten, und ein halbes Jahrhundert später wurde der katholische Kirchengedanke, die römische juristische Institutionskirche recht eigentlich geschaffen durch den von Tertullian stark beeinflußten Cyprian.

Um das Jahr 210 als Sohn einer reichen römischen Familie in Afrika geboren, war Cyprian, wie Tertullian, Jurist. Er ließ sich von seiner Frau scheiden und wurde zwei Jahre nach seiner Taufe, 248, Bischof von Karthago. Der Gesetzesgedanke wird bei ihm auf Kosten der christlichen Gnadenlehre ungewöhnlich betont. Bezeichnenderweise begegnen militärische Bilder in seinen Werken besonders oft; und auch die »Vita Cypriani«, die älteste christliche Biographie, ist von soldatischen Kategorien beherrscht[22]. Cyprian, der Eckstein des Katholizismus in der vorkonstantinischen Kirche, der »Offizier Christi und Gottes«[23] war es, der Mitte des 3. Jahrhunderts als erster die Behauptung von der alleinseligmachenden Kirche aufbrachte; der den Verkehr mit Gott außerhalb von ihr für illegal erklärte; der die berüchtigten Sätze formulierte: »Der kann Gott nicht zum Vater haben, wer die Kirche nicht zur Mutter hat«. »Der ist kein Christ, der nicht in der Kirche Christi ist«. »Außerhalb der Kirche gibt es kein Heil«[24].

Allerdings läßt sich selbst dieser prominente Patristiker, dem die Kirche unendlich verpflichtet ist, nicht ganz von ihr in Beschlag nehmen. Trat er auch nicht, wie Tertullian, aus ihr aus, bekämpfte er doch mit aller Schärfe den Primatsanspruch der römischen Bischöfe (S. 281).

Noch Augustinus vertritt in dieser Hinsicht eine andere Auffassung als die Päpste (S. 281 f.). Sonst freilich liegt es ganz im Zuge der skizzierten Entwicklung zur Exklusivität, wenn man bei ihm liest: »Nehmen wir an, jemand sei keusch, enthaltsam, nicht geldgierig, nicht den Götzen dienend, gastfrei, den Bedürftigen gebend, keinem Menschen feindlich, nicht streitsüchtig, duldsam, friedlich, mit keinem um den Vorrang streitend, keinen beneidend, nüchtern, mäßig, aber ein Ketzer: Es kann keinem zweifelhaft sein, daß er deswegen allein, weil er ein Ketzer ist (propter hoc solum quod haereticus est), das Reich Gottes nicht erwerben wird«[25]. Ein anderes Mal schreibt der Bischof von Hippo Regius: »Wenn du außerhalb der Kirche stehst und abgeschnitten bist vom Band der Einheit und von der Fessel der Liebe, verfällst du der ewigen Höllenstrafe, selbst wenn du dich lebendig für Christus verbrennen ließest«[26].

Am 18. November 1302 dekretierte Papst Bonifatius VIII., übrigens nicht nur ein arroganter Tyrann, sondern auch »kein gläubiger Christ«[27], ex cathedra, es sei »für jede Kreatur heilsnotwendig, dem römischen Pontifex zu unterstehen«[28]. Das Konzil von Florenz verkündete sogar ausdrücklich, daß alle Nichtkatholiken, alle Juden und Heiden sowohl wie sämtliche christliche Ketzer, in die Hölle kämen[29].

Dieser in seinen Auswirkungen ungemein verhängnisvolle, Millionen Menschen Leid und Tod bringende Bund von Recht und Religion war von der Lehre Jesu himmelweit entfernt. Man vergleiche die hier knapp umris-

251

sene Entwicklung zur Rechtskirche mit der grandiosen Stelle bei Matthäus 25, 31–46.

Nach dem Aufzeigen der großen Linie wenden wir uns nun der Ausbildung der kirchlichen Hierarchie im einzelnen zu, genauer gesagt der Frage: Wie ist es zu Priestern, Bischöfen und dem ganzen klerikalen Apparat gekommen?

28. KAPITEL

Die Entstehung der kirchlichen Ämter

In den ältesten christlichen Gemeinden gab es Apostel, Propheten und Lehrer.

Die Apostel

Der von der Kirche gelehrte Zwölferkreis der Apostel ist eine Fiktion, nämlich eine rein symbolische, den zwölf Stammvätern und Stämmen Israels entsprechende Zahl[1]. Ursprünglich war das Apostolat nicht auf die angeblichen »Zwölf« beschränkt. Diese Einengung geschah erst in der christlichen Überlieferung und hatte sich noch im 2. Jahrhundert nicht überall durchgesetzt[2].

Nur beiläufig sei erwähnt, daß selbst die Apostellisten des Neuen Testaments nicht stimmen. Zwar kehren elf Namen bei allen Synoptikern wieder, aber ein zwölfter Apostel heißt bei Markus »Thaddäus«, bei Matthäus »Lebbäus«, bei Lukas »Judas Jacobi«[3]. Da die Evangelisten alle anderen elf Apostel mit jeweils nur einem Namen nennen, wäre es seltsam, hätte dieser eine drei Namen gehabt[4].

Sicher hatte Jesus ihm näherstehende Jünger. Eine engere Bindung zwischen Lehrer und Schüler gab es bereits vor ihm in der jüdischen Welt, wo berühmte Rabbinen stets einen Kreis von Anhängern um sich versammelten. Auch der Begriff Apostel stammt ja aus dem vorchristlichen Judentum, das schon durch Handauflegung ordinierte Apostel kannte[5]. Der jüdische Titel schaliach (aramäisch sch^{e}licha) für die Abgesandten des Synedriums an Provinzstädte und in die Diaspora entspricht sogar genau dem griechischen apostolos. Paulus beispielsweise ist ein solcher Apostel des Hohen Rates gewesen, ehe er ein christlicher Apostel wurde.

253

Die Propheten

Das Ansehen der Propheten, der Geistträger, Charismatiker, war im ältesten Christentum so groß, daß sie schon in der Urgemeinde neben die Apostel treten und selbst Apostel werden konnten; wie auch die Apostel Charismatiker waren. Auch Jesus wurde des öfteren zu den Geistmystikern und Visionären gezählt und geradezu als ekstatischer Dichter bezeichnet[6]. Jesus hat Gesichte, er spricht mit Moses und Elias, er vernimmt Stimmen vom Himmel, sieht den Satan wie einen Blitz herabstürzen, ein Engel erscheint ihm, er beschwört Dämonen, und auch das bekannte Wort seiner Familie, er sei von Sinnen, hat man wohl mit Recht auf ekstatische Erlebnisse, auf das ganze, von plötzlichen Impulsen geleitete Leben des Pneumatikers bezogen[7]. Wahrscheinlich wurden sogar weitere pneumatisch ekstatische Züge seines Charakters von der Überlieferung getilgt[8].

Aus Aposteln und Propheten glaubte man den Geist Gottes zu vernehmen. Niemand hatte ihnen zu gebieten. Man unterschied auch nicht klassenweise zwischen ihnen. Wer zu Schauungen und ihrer Verkündigung imstande war, beeinflußte entscheidend die Gemeinde. Bereits das Markusevangelium verheißt die Vergebung aller Sünden, nur nicht die gegen den heiligen Geist[9]. Mit gleicher Motivation verbietet die Didache jede Kritik an dem vom Geist inspirierten Propheten[10].

Dabei ist folgendes von Bedeutung. Die Apostel und Propheten besaßen zwar eine große persönliche und moralische, jedoch keine juristische Autorität. Allein ihr Auftreten und ihr Lebenswandel legitimierte sie, kein rechtlicher Grund, keine Ernennung und Amtsübertragung durch Jesus[11]. Das älteste Christentum ist nicht, wie das spätere kirchliche, aristokratisch, sondern charismatisch gewesen. Jedes Amt widersprach seinem besonderen religiösen Charakter. Man glaubte, Gott – und die Gemeinde – würden schon die rechten Männer an die Spitze stellen. Als Judas einen Nachfolger bekam, bestimmte diesen nicht etwa Petrus. Vielmehr ernannte man gemeinsam zwei Kandidaten, bat Gott, er möge den Erwählten zeigen – und ließ das Los entscheiden[12].

Noch einen dritten urchristlichen Stand gab es:

Die Lehrer[13]

Mit den Propheten oblag ihnen die geistliche Leitung der Gemeinden. Sie unterrichteten die Gläubigen über Gott, Teufel, Geister, Engel, Christus und Gericht. Auch diese Tätigkeit war kein Amt, sondern hatte mehr charismatischen Charakter, wie überhaupt die Grenze zwischen Propheten und Lehrern nicht scharf gezogen, der Übergang vielmehr fließend war[14].

254

Erhielt sich auch der Stand der Lehrer (wie die Stände der Apostel und Propheten) bis weit ins 2. Jahrhundert hinein[15], so wurde er doch besonders rasch durch die Bischöfe verdrängt, die begreiflicherweise gerade die religiöse Erziehung selbst in die Hand nehmen wollten. Als Origenes, der größte kirchliche Lehrer in den ersten drei Jahrhunderten, im Jahre 216 in den Gemeinden der mit ihm befreundeten Bischöfe von Caesarea und Jerusalem Vorträge hielt, protestierte Bischof Demetrius aus Alexandrien dagegen, daß »Laien« wie Origenes im Beisein von Bischöfen als Lehrer aufträten. Bischof Demetrius hatte also das alte urchristliche Recht der Lehrer schon abgeschafft, das die Bischöfe Syriens und Palästinas noch anerkannten.

Wie war es zu den Bischöfen gekommen?

Neben den das freie pneumatische Leben repräsentierenden Aposteln und Propheten gab es im Christentum auch Leute mit vorherrschend administrativ-geschäftlichen, ökonomisch-sozialen Funktionen: Aufseher über die wirtschaftlichen und organisatorischen Belange des Gemeindelebens wie Geldverwaltung, Armenfürsorge, Krankenpflege, Regelung der Gastfreundschaft u. a. Diese Gemeindebeamten, die man Bischöfe, Diakone und Presbyter nannte, standen hinter den Aposteln, Propheten und Lehrern beträchtlich an Bedeutung und Ansehen zurück. Ihre Kompetenz erstreckte sich ja nur auf die mehr materiellen Bedürfnisse der Gläubigen. Sie waren, nach einer gelegentlich im Neuen Testament und anderwärts verwandten Bezeichnung, »Hausverwalter« (oikonómoi, dispensatores)[16], »technische Funktionäre«[17].

Noch zu Beginn des 3. Jahrhunderts spricht Kirchenvater Clemens Alexandrinus kaum je von der kirchlichen Organisation und den Klerikern, obschon nach seiner Meinung auch der denkende und erkennende Christ ihre Gottesdienste nicht meiden soll, selbst wenn er ihrer nicht mehr bedarf[18]. Auch noch Origenes stellt mit großer Entschiedenheit den ethisch einwandfreien Geistträger, den »Priester im Geiste«, der für ihn jeder Vollkommene sein konnte, über den Amtsträger, den Presbyter und Bischof[19].

In dem Maße aber, in dem der ursprüngliche Enthusiasmus schwand, ging der Einfluß der Geistträger zurück, und die Stellung der Bischöfe und Presbyter festigte sich. Ihr Ansehen stieg um so mehr, als sie regelmäßig Geld und Naturalien austeilten, die ärmeren Gemeindemitglieder, damals weitaus die Mehrzahl also von ihnen völlig abhängig waren[20]. Und nachdem sich die Bischöfe die Presbyter untergeordnet hatten, verfügten sie über alle Einkünfte und Liebesgaben, wie sie wollten. Sie wurden im

3. Jahrhundert die Organe der Vermögensverwaltung, wurden zu »Kassenmenschen«[21], eine nicht gerade religiöse Karriere.

Einst hatte Jesus seinen Jüngern geboten: »Ihr sollt nicht Gold, noch Silber, noch Kupfergeld in euren Gürteln haben«; hatte er sie ausgesandt mit den Worten: »Umsonst habt ihr's empfangen, umsonst sollt ihr's auch weitergeben«[22]; einst hatte selbst Paulus seinen Unterhalt durch einen Nebenverdienst erworben und war sogar stolz darauf. Die Bischöfe aber gestanden sich seit dem 3. Jahrhundert das Recht zu, ihren gesamten Bedarf aus der Kirchenkasse zu decken. Sie entschieden auch über die Höhe des Einkommens ihrer Unterbeamten – die häufig noch irgendeiner Nebenarbeit nachgehen mußten –, sie konnten nach Belieben Kürzungen vornehmen und Zulagen gewähren, sie hatten unbeschränkte Verfügungsrechte und schuldeten Rechenschaft nur dem lieben Gott[23].

Schon zu Beginn des 2. Jahrhunderts sind uns Amtsträger, wie etwa der Priester Valens zu Philippi, bekannt, die Unterschlagungen offenbar mehr liebten als den Herrn[24]. Das war sicher nicht die Regel. Aber zweifellos verwandten die Bischöfe das ihnen durch die Gemeinde zufließende Geld zur Festigung ihrer persönlichen Position. Der im Jahre 341 auf der Synode von Antiochien gefaßte Beschluß die episkopale Vermögensgebarung unter Kontrolle zu stellen, wurde nicht ausgeführt! Die Bischöfe schalteten über das Kirchenkapital weiter nach freiem Ermessen. Und sie hatten ein Interesse am Beitritt von Reichen, die ihre Kasse mehr füllten als die Armen. Dadurch aber veränderte sich auch die Einstellung zu den Reichen und zum Besitz. Achtete man ihn früher gering, fing man nun an, ihn zu schätzen. Man suchte Kontakte nach oben und distanzierte sich langsam aber sicher vom Volk.

Damit sind wir der Entwicklung schon vorausgeeilt. Doch ist nichts begreiflicher, als daß man im Laufe des 2. Jahrhunderts immer mehr die Gunst dieser Beamten zu erstreben begann, daß ihr Prestige sich hob, daß sie den Propheten und Lehrern bald kaum noch nachstanden, daß sie auch mit pastoralen und eucharistischen Funktionen betraut wurden und so schließlich vom Stellvertreter zum ebenbürtigen Wettbewerber avancierten. Wie anstelle der geringeren Achtung, die den Priestern und Bischöfen gegenüber den weit höher gestellten Propheten widerfuhr, allmählich die gleiche Wertschätzung trat, zeigt die Didache, die schon wiederholt genannte Schrift aus der ersten Hälfte des 2. Jahrhunderts. »Schätzt sie nicht gering«, ermahnt sie die Christen im Hinblick auf Presbyter und Episkopen, »denn sie sind euere Geehrten neben den Propheten und Lehrern«[25].

So kam es zuletzt zwischen Presbytern und Propheten, zwischen Gemeindefunktionären und Charismatikern, zum Kampf, der mit einem vollen Sieg des Amtes über den Geist endete[26]. Daß dabei, besonders in der

256

Übergangszeit, Amtsträger und Geistbegabte nicht immer scharf trennbar sind, ist selbstverständlich.

Seit dem ausgehenden 2. Jahrhundert vereinte der Bischof alle Ämter auf seine Person. Was früher das Vorrecht der autonomen Gemeinde oder bestimmter Stände gewesen war, ging auf ihn über: die Ausübung der Kirchenzucht, das allgemeine Priestertum der Gläubigen, die charismatischen Gaben der Propheten, die Funktion der Lehrer und das Vermögen der Kirche. Die ganze Macht lag nun in seiner Hand. Es war ein »Ein-Mann-System« entstanden, das in der Kirche die größte Rolle spielen sollte, im Neuen Testament aber fehlt[27].

Sprach in der apostolischen Zeit der Geist Gottes aus den »Propheten«, also aus jedem Christen, der sich berufen fühlte, so versuchte man seit dem 2. Jahrhundert, diesen Geist an das Amt des Bischofs zu binden, seit dem 4. Jahrhundert band man ihn an die Konzilien und an eine fragwürdige Tradition, und noch später entschied der Papst.

Die Entstehung des kirchlichen Bischofsamtes

Träger der Rechtskirche wurde der Bischof (episkopos), ein rein heidnisches Wort. Bischöfe hießen die Götter als Aufseher über gute und böse Taten der Menschen bei Homer, Äschylos, Sophokles, Pindar, und noch im Neuen Testament wird dieses heidnische Gottesprädikat einmal ganz analog für Christus verwandt[28]. Platon und Plutarch gebrauchten es auch für Erzieher[29], kynische Wanderphilosophen wurden so genannt, doch selbst als Kultbeamte gab es Bischöfe schon im 2. vorchristlichen Jahrhundert[30]. Nach dem Theologen Schneider unterscheidet sich der christliche Bischofsbegriff von den heidnischen Analogien nur durch die mit ihm verbundene diktatorische Gewalt[31].

Das gesetzgebende monarchische Bischofsamt, der Einepiskopat, angeblich eine apostolische Institution, war dem ganzen 1. Jahrhundert unbekannt. Kein einzelner Mann stand damals an der Spitze der Gemeinden, sondern, sieht man von den besonderen Verhältnissen der jerusalemischen Urgemeinde ab, ein Kollegium[32].

Paulus schreibt stets an die ganze Gemeinde, nicht, wie später die Bischöfe, an die Gemeindeleiter. Von verantwortlichen Vorstehern ist in seinen Briefen überhaupt keine Rede, selbst da nicht, wo man es erwarten sollte. Die Gemeinden sind autonom. Sie unterstehen nicht eingesetzten Autoritäten, sondern verwalten und entscheiden ihre Angelegenheiten selber. Alle in ihnen tätigen Personen amtieren auch nicht infolge einer Wahl, sondern kraft einer charismatischen Begabung[33].

In nachpaulinischer Zeit übernahm dann ein gewähltes Kollegium von gleichberechtigten Priestern und Bischöfen mit beigeordneten Diakonen die Gemeindeführung. Und erst aus diesem Kollegium von Gleichgestellten schob sich »der Bischof« an die Spitze.

Diese Entwicklung zum Einepiskopat erfolgte in den einzelnen Provinzen nicht gleichzeitig. Ihre frühesten Ansätze erkennt man in einigen um 100 enstandenen Episteln, wie dem 1. Clemensbrief und den Pastoralbriefen[34]. Doch gab es beispielsweise in Jerusalem bis zum Anfang des 3. Jahrhunderts noch keinen lebenslänglichen monarchischen Episkopat. Ähnliche Verhältnisse waren natürlich auch in anderen Orten, namentlich des Ostens, anzutreffen[35].

Zwischen den Kollegien der Bischöfe und Presbyter bestand im ganzen 1. Jahrhundert kein Rangunterschied. Dieselben Leute werden das eine Mal Priester, das andere Mal Bischöfe genannt[36]; dieselben Funktionen werden einmal von den Bischöfen, ein anderes Mal von den Priestern vollzogen[37], was das Christentum übrigens mit den Juden gemeinsam hatte, deren Diasporagemeindenleiter die Doppelbezeichnung Presbyter *und* Archonten führten.

Allmählich aber wurde aus dem Presbyter der Untergeordnete, das Exekutivorgan des Bischofs, also der »Priester«, ein Terminus, der sich seit dem ausgehenden 2. Jahrhundert einbürgerte[38]. Doch war der Priester als Vorsteher einer religiösen Gemeinschaft sowohl dem vorchristlichen Heidentum wie dem Diasporajudentum bekannt. Vermutlich aus diesem gelangte der Amtstitel in die christliche Nomenklatur, wie ja auch die Tätigkeit bzw. Befugnis des christlichen Priesters der des jüdischen in vielen Punkten – Aufsicht über die Gemeinde, Disziplinargewalt, Leitung des Kultes – genau entsprach. Doch ist auch der heidnische Einfluß evident.

Das vermutlich älteste christliche Amt der vorkonstantinischen Kirche war das des Diakonen, das Amt der Barmherzigkeitsübung, des Tischdienstes. Es bestand ebenfalls bereits in heidnischen Religionen, und zwar mit denselben charitativen Funktionen.

Die altkirchlichen Bischöfe wurden vom Volk gewählt

> *»In großen Gemeinden sind diese Wahlen äußerst tumultuarisch, mit Volksakklamationen und Schlägereien verbunden, doch wahrt man immer streng die formale Legalität«. Der Theologe Carl Schneider*[39].

Die Bischöfe der ältesten Zeit wurden nicht von den Aposteln ernannt, sondern von der Gemeinde gewählt – eine Gepflogenheit, auf die Luther mit Nachdruck verwies – und gegebenenfalls auch wieder abgesetzt.

258

»Wählt euch Bischöfe und Diakone«, gebietet im 2. Jahrhundert die Didache, die »Zwölfapostellehre«[40]. Und eine bekannte Kirchenordnung des 3. Jahrhunderts bestimmt: »Als Bischof werde eingesetzt, wer vom ganzen Volk erwählt ist«. Dabei betont die kirchliche Schrift, der Bischof müsse »allen gefallen« und »unter Zustimmung aller« ordiniert werden[41]. Selbst die Bischöfe von Rom wurden bis zum Jahre 483 vom römischen Volk gewählt.

Bis in die Mitte des 3. Jahrhunderts konnte jeder Laie, ohne daß er zuvor ein kirchliches Amt inne hatte, sofort Bischof werden. Er sollte nur ehrbar, gastfrei, wahrhaftig, nachgiebig, nicht geldgierig und ein guter Gatte und Familienvater sein[42]. Es gab mehrere Bischöfe in einer Gemeinde, und selbst Dörfer hatten ihren eigenen Bischof. Erst seit dem 4. Jahrhundert begann der Kampf der »Stadtbischöfe« gegen die »Dorfbischöfe«, die Chorepiskopoi, die man immer mehr in ihren Rechten einschränkte, schon durch den Namen deklassierte und endlich zum Aussterben brachte, um das eigene Bistum zu vergrößern. Noch auf dem Konzil von Nicaea (325) war eine lange Reihe von Dorfbischöfen vertreten, und zwar mit im wesentlichen gleichen Rechten wie ihre Kollegen aus der Stadt[43].

Bei den Bischofswahlen nahm das Walten des Heiligen Geistes oft seltsame Formen an, was ein Beispiel illustrieren mag.

Wir folgen einem christlichen Zeugen aus dem 4. Jahrhundert, Kirchenvater Gregor von Nazianz. Mit offensichtlicher Zurückhaltung und unter Übergehen von Details berichtet er über eine Bischofswahl in Caesarea, die zu einem, was damals nicht ungewöhnlich war, erbitterten Aufstand führte, der sich nur schwer niederschlagen ließ, zumal, wie Gregor sagt, die Berühmtheit des bischöflichen Stuhles die Erbitterung noch steigerte. Endlich einigte man sich, doch nicht auf einen der christlichen Kandidaten, sondern »auf einen vornehmen Mann der Stadt, der zwar sittlich unbescholten, aber noch nicht getauft und gefirmt war«.

Allerdings legte dieser Heide nun keinerlei Wert darauf, den berühmten bischöflichen Stuhl von Caesarea zu besteigen, was ihm freilich wenig helfen sollte. »Wider seinen Willen schleppte man ihn mit Hilfe der damals in der Stadt liegenden militärischen Besatzung herbei, brachte ihn vor den Altar und vor die Bischöfe und verlangte bald unter Zurufen, bald mit Gewalt seine Taufe und Wahl.« Den nicht ganz legalen Vorgang entschuldigt Gregor mit »gläubiger Begeisterung«. Die Bischöfe verwandelten nun im Schnellverfahren durch Taufe, Wahl und Inthronisation den heftig widerstrebenden Heiden in den katholischen Oberhirten von Caesarea. Später erklärten sie seine Ordination zwar für ungültig, warfen sie ihm Gewalttätigkeit vor, obwohl er doch selbst, wie Gregor meint, »nicht weniger unter der Gewalt gelitten hatte«.

Der Widerruf war indes vergebens, der Streit dauerte an, der Kaiser kam, und die Existenz der ganzen Stadt stand auf dem Spiel. Zwar rettete sie Gregors bischöflicher Vater, doch starb der neue Bischof jetzt eines plötzlichen Todes, und es gab »in der gleichen Stadt einen Aufstand aus gleichem Anlaß«. Freilich erzählt Gregor hier nicht weiter. »Dies zu sagen«, schreibt er, »schäme ich mich«[44].

Nun, wir wissen, wie es damals nicht selten zuzugehen pflegte. Bereits unter den gleichzeitig regierenden römischen Bischöfen Liberius und Felix II. war es zu blutigen Kämpfen gekommen. Und als im Jahre 366 ihre Nachfolger, Damasus und Ursinus, um den Bischofsstuhl der Ewigen Stadt stritten, schlug man selbst in der Kirche so erbittert aufeinander ein, daß man an einem Tag hundertsiebenunddreißig Leichen aus ihr entfernte[45].

Natürlich gab es auch subtilere Wahlkampfmethoden. Gelegentlich hört man von einer riesigen Bestechung, die allerdings nicht der Gewählte, sondern eine reiche Freundin zu seinen Gunsten ausgeführt hatte[46]. Sogar Kirchenväter lassen durchblicken, daß bei den Bischofswahlen die Menge »gekauft« worden ist[47].

Die ganze Korruption altrömischer Ämterbewerbungen und Kaiserwahlen setzte sich schließlich in der Kirche fort. Die Christenheit aber verlor ihr Wahlrecht und behielt nur noch das Recht der Zustimmung. »Sie hat es«, bemerkt der Theologe Lietzmann nicht ohne Ironie, »und betätigt es in Rom bis auf den heutigen Tag, wenn der neugewählte Papst sich in der Loggia der Peterskirche zeigt und den jubelnden Zuruf der auf dem Platz versammelten Menge entgegennimmt«[48].

29. KAPITEL

Das monarchische Bischofsamt und der weitere Ausbau der kirchlichen Hierarchie

Der 1. Clemensbrief

Die demokratische Besetzung des Bischofsamtes bestreitet zum erstenmal das älteste nachpaulinische Schreiben, der vermutungsweise[1] Ende des 1. Jahrhunderts verfaßte 1. Clemensbrief aus Rom. An die Gemeinde von Korinth gerichtet, die einige Presbyter, die sie einst gewählt, wieder ihres Amtes entsetzt hatte, trägt er auf einmal die Fiktion vor, die Apostel hätten in den von ihnen gegründeten Gemeinden die ersten Bischöfe und Diakonen ernannt und dieses Amt zu einem dauernden gemacht, was allen diesbezüglich bekannten geschichtlichen Tatsachen auf das deutlichste widerspricht.

Es charakterisiert auch die Methoden des nun bald beginnenden klerikalen Regiments, daß das römische Schreiben die korinthische Opposition mit keinerlei sachlichen Gründen bekämpft. Der Anlaß der Auflehnung, den man gar nicht erfährt, spielt überhaupt keine Rolle. Dafür werden die Führer der Opposition als freche, eitle, eifersüchtige Leute, als Streit- und Prahlhälse, Heuchler und Dummköpfe diffamiert[2].

Der 1. Clemensbrief, das früheste christliche Dokument, das von Laien spricht[3], verwendet jedoch die Bezeichnungen Priester und Bischof noch für dieselben Personen. Auch besitzen die »Laien« noch ein Mitbestimmungsrecht bei der Neuwahl von Priestern, denn sie werden eingesetzt »unter Zustimmung der ganzen Gemeinde«[4]. Überhaupt ist das hier genannte Amt durchaus nicht der monarchische Episkopat[5].

Ignatius von Antiochien

Der eigentliche Vorkämpfer dieses monarchischen Episkopats ist der antiochenische Bischof Ignatius. Sieben seiner Briefe, zu Beginn oder vielleicht erst gegen Mitte des 2. Jahrhunderts verfaßt[6], halten heute die mei-

261

sten Forscher für echt. Vermutlich wurden sie aber im ausgehenden 2. Jahrhundert »katholisch« überarbeitet. Zehn weitere Briefe (darunter einer an die heilige Jungfrau nebst einer Antwort von dieser!) hat man in der alten Kirche auf seinen Namen gefälscht[7].

Ignatius, der wohl eifrigste Ketzerbekämpfer seiner Zeit, der alle andersgläubigen Christen als »wilde Tiere«, »tolle Hunde«, »Bestien in Menschengestalt« und ihre Lehre als »stinkenden Unrat« beschimpft[8] – nach einem katholischen Herausgeber der Ignatiusbriefe zeigen sie des Heiligen Ergriffensein von Gott »bis in den sprachlichen Ausdruck hinein«[9] –, wurde der »Klassiker der katholischen Lehre vom Bischof«[10]. Bei ihm wird zum erstenmal das Wort »katholisch« bezeugt[11], das die Kirche jedoch nicht selbst geschaffen, sondern aus der griechischen Sprache übernommen hat. Auch sei noch einmal betont, daß katholisch nicht gleich römisch-katholisch ist, zumal in der antiken Kirche.

Die Ignatianen zeigen nun erstmalig das Bild einer völlig ausgebauten hierarchischen Organisation: ein Bischof, ihm unterstellt ein Presbyter-Kollegium, unter diesem die Diakone. Freilich zeichnet Ignatius, die Echtheit seiner Briefe vorausgesetzt und ihre spätere Überarbeitung in Rechnung gestellt, mehr ein Wunschbild als geschichtliche Wirklichkeit. Diese war von seiner dogmatischen Theorie noch weit entfernt[12].

Bemerkenswert aber entfaltet sich bei diesem Mann, dem wir die erste Überlieferung des Wortes »katholisch« verdanken, bereits die christliche Bescheidenheit. »Es ist klar«, sagt Bischof Ignatius, »daß man den Bischof wie den Herrn selbst ansehen muß«[13]. Der Bischof ist bei Ignatius das Abbild Gottes, der Empfänger himmlischer Offenbarungen, der Inbegriff der Gemeinde. Ohne Bischof gibt es weder eine solche, noch ein reines Gewissen, noch eine gültige Taufe, Agape und Eucharistie[14].

Die hier beginnende Bindung des Sakramentsvollzuges an die Person des Bischofs (oder seines Beauftragten) bedingt unaufhaltsam die Herausbildung des Gegensatzes von Klerus und Laien, gegenüber dem Urchristentum etwas völlig Neues. Denn ursprünglich konnte das Abendmahl selbst im kleinsten Kreise, in einer Hausgemeinde, eingenommen werden. Handelt es sich bei Ignatius auch erst um Ansätze, hängen sie doch unverkennbar schon mit der Ummodelung des christlichen Kultes zum Mysteriengottesdienst nach heidnischem Vorbild zusammen.

Bischof Ignatius fordert für den Bischof alle Lehr- und Ordnungsgewalt, restlose Unterwerfung der Presbyter und Diakone, und vor allem den unbedingten Gehorsam der Gläubigen. Nur was der Bischof billigt, ist Gott wohlgefällig. »Ohne den Bischof sollt ihr überhaupt nichts tun«, verkündet Bischof Ignatius. »Wer den Bischof ehrt, wird von Gott geehrt, wer ohne den Bischof etwas tut, dient dem Teufel«[15]. Unermüdlich trichtert er das den Gemeinden ein[16]. Unermüdlich warnt er auch vor Häreti-

262

kern und Spaltung. Die Orthodoxie ist wie »Honigwein«, die Ketzerei »tödliches Gift«. »Wenn jemand einem Schismatiker folgt, wird er das Reich Gottes nicht erben«. »Wo aber der Hirte ist, da folgt wie Schafe«[17]. Trotz allem führt Ignatius die Stiftung des Episkopats nicht auf die Apostel zurück!

Cyprian

Noch verstärkt wurde die hierarchische Position des Bischofs durch Bischof Cyprian († 258), einen der gelesensten Kirchenväter des Abendlandes, wobei wenigstens erwähnt sei, daß die von Christen auf seinen Namen gefälschten Schriften zahlreicher als seine echten sind. Cyprians Diktion, die Sprache eines ehemaligen Rhetors und Juristen, je nach Bedarf tönend von pastoralem Pathos oder gespickt mit advokatischen Tricks, wird beispielhaft für die Kirche.

Aus religiösen Führern werden die Bischöfe bei Cyprian zur juristischen Autorität. Das ganze kirchliche Leben konzentriert sich nun um sie. Sie stehen turmhoch über den Laien. Sie beherrschen nicht nur den Klerus, sondern, und dies ist vor allem das Werk Cyprians[18], auch die Märtyrer und Konfessoren.

Mit allen Mitteln wurde im 2. und besonders im 3. Jahrhundert die Macht des Bischofs gefestigt und vermehrt. Größte Bedeutung erlangte in diesem Zusammenhang ein erst jetzt aufkommender kirchenpolitischer Kunstgriff, nämlich

Die Legitimation des Bischofsamtes durch Sukzession

> »Die Aufstellung der Sukzessionslisten war eine geschichtliche Fälschung«. Der Theologe Julius Wagenmann[19].

> »Die Bischöfe werden, was sie bisher nirgends gewesen waren, Nachfolger der Apostel und Erben ihres Lehramts«. Karl Müller[20].

Von der sogenannten successio apostolica, der Behauptung einer ununterbrochenen rechtmäßigen Amtsnachfolge der Bischöfe seit der Zeit der Apostel, ist im Neuen Testament, dessen jüngste Schriften bis fast in die Mitte des 2. Jahrhunderts führen, noch nicht die Rede. Eine solche Sukzession hat es nämlich nie gegeben. Was tat die Kirche? Der Theologe Carl Schneider schreibt: »Für die Zeiten, in denen es noch keine monarchischen Bischöfe gab, fälschte man ohne Hemmungen um des Traditionsprinzips willen«[21].

Für das ägyptische Christentum beispielsweise erdichtet die spätere Kirchengeschichtsschreibung eine ganze Bischofsliste. Nicht weniger als zehn Bischöfe werden im 4. Jahrhundert von Bischof Eusebius, dem Vater der Kirchengeschichte, eingeschmuggelt, Namen, die nicht mehr sind als »Schall und Rauch«[22]. Die zuverlässige Überlieferung dagegen beginnt erst mit dem alexandrinischen Bischof Demetrius (etwa 188–230), einem brutalen, vor nichts zurückschreckenden Mann.

Mit der antiochenischen Bischofsliste verhält es sich ähnlich. Sie wurde nach dem Vorbild der römischen Bischofsliste zu Beginn des 3. Jahrhunderts von Julius Africanus entworfen. Er kannte die antiochenischen Bischöfe erst ab der Mitte des 2. Jahrhunderts. Was er voranstellt, um die Lücke bis zur apostolischen Zeit aufzufüllen, ist »reine Fiktion«[23].

So sieht es also mit der apostolischen Sukzession in Alexandrien und Antiochien aus, den berühmtesten Bischofssitzen der alten orientalischen Kirche. In Rom aber steht es, wie sich bald zeigen wird, wenig anders. Dessenungeachtet wurde »apostolisch« ein Hauptkampfwort der Kirche. Die Lehre wurde apostolisch, das Amt, der Kanon und sie selbst natürlich. Alles, was sie brauchte, war »apostolisch« oder sie fand es angeblich in den Heiligen Schriften, die ja auch apostolisch waren (S. 39f.) Denn so sehr sie in Dogma und Kult Fortschritte machte, so sehr sie jüdische und heidnische Bräuche und Parolen rezipierte, mußte sie doch als konservativ gelten und den Schein des semper idem wahren. Tatsächlich aber hatte sie im 1. Jahrhundert überhaupt nicht bestanden. Und als sich im 2. Jahrhundert eine Kirche konstituierte, ist es zuerst die Kirche Markions gewesen, die schon vor der katholischen monarchisches Bischofsamt und Neues Testament hatte, und deren Apostel Paulus war (S. 360ff.).

Die Anwendung des juristischen Ausdrucks successio auf die Amtsnachfolge der Bischöfe stammt sehr wahrscheinlich von dem ehemaligen Anwalt Tertullian[24]. Wie er die apostolische Tradition bewies, möge ein Beispiel zeigen: »Was aber der Inhalt ihrer (der Apostel) Verkündigung oder mit anderen Worten der ihnen von Christus gegebenen Offenbarung gewesen sei, das darf... auf keinem andern Weg bewiesen werden, als eben durch ebendieselben Kirchen, welche die Apostel persönlich gegründet haben, indem sie selbst ihnen predigten... Wenn (!) dem so ist, so steht es folglich fest, daß jede Lehre, welche mit jenen apostolischen Kirchen... in Übereinstimmung steht, für Wahrheit anzusehen sei, indem sie ohne Zweifel dasjenige besitzt, was die Kirchen von den Aposteln empfangen haben, die Apostel von Christus und Christus von Gott«[25]. Ja, *wenn* dem so ist! »Wenn das Evangelium wahr ist, wenn Jesus Christus

264

Gott ist, was ist dann hier schwierig?« Kein Geringerer als Pascal verteidigt derart geistreich den christlichen Glauben[26].

Die apostolische Sukzession beweist aber nicht nur deshalb nichts, weil
sie erst nachträglich erfunden und mit lauter handgreiflichen Fälschungen gestützt wurde, sondern weil auch die meisten »Ketzer« damit aufge-
wartet haben. So das spätere Judenchristentum, die Artemoniten, die Arianer. Ferner Gnostiker wie Basilides, der angeblich Schüler eines Dolmet-
schers von Petrus namens Glaukias war[27]; der Gnostiker Valentin, der
seine Lehre von Theodas, einem Paulusschüler erhalten haben soll[28]; oder
der Valentinianer Ptolemäus, der einmal mahnt, würdig zu sein »der apostolischen Überlieferung, die *auch* wir in ununterbrochener Erbfolge
empfangen haben, zugleich mit der Begründung aller Sätze durch die
Lehre unseres Heilandes«[29].

Die Gnostiker beriefen sich auf eine feste Lehrüberlieferung sogar früher als die werdende katholische Kirche, die ihren Traditionsbegriff erst
schuf, um den älteren der »Ketzer« zu bestreiten! Noch die Art der kirchlichen Sicherung der Tradition entspricht genau dem bekämpften gnostischen Beweisverfahren[30].

Überhaupt war das Prinzip nichts Neues, waren Kirche wie »Ketzer«
auch hier älteren Vorbildern gefolgt. Man kannte Sukzessionen und Tra-
ditionsketten in den Philosophenschulen, bei Platonikern, Stoikern, Peripatetikern. Man kannte sie in den ägyptischen, römischen, griechischen
Religionen, und in manchen, etwa im Demeter- und Mithraskult, gehen
sie auf Gott selbst zurück.

Unzählige flüchteten (und flüchten) aus Unsicherheit, Kritiklosigkeit
oder purer Indolenz in die Tradition. Schon Teiresias, der von Apollo begeisterte Priester einer euripideischen Tragödie, bekennt:

»Nie will ich grübeln über Göttliches;
Was ich ererbt von meinen Vätern habe,
Was galt bis heute, das zerstört kein Wort,
Und hätt' es höchste Weisheit ausersonnen«[31].

Selbst Cicero schreibt: »Es ist von jeher solcher Glaube gewesen. Sollen
wir uns nicht mit dem übereinstimmenden Zeugnis der Menschen zufrieden geben?«[32] Ein Kirchenvater des 4. Jahrhunderts befiehlt: »Es ist Tradition, mithin forsche nicht weiter«[33]. Und im Islam ist dasselbe Phänomen der Traditionsbildung zu beobachten[34].

Das unmittelbare Vorbild hierfür aber fand die Kirche im Spätjudentum, dem der Gedanke, daß die Sukzession die Richtigkeit der Lehre ga-
rantiere, sehr geläufig war. Die Juden führten zur Sicherung der Echtheit
ihrer Theologie und Gesetzespraxis die Tradition in konstruierter, doch

lückenloser Kette von Hillel und Schammai über die Propheten, die Ältesten und Josua bis zu Moses auf dem Sinai[35].

Es war also die übliche Methode, und diese ganze traditio apostolica, die angebliche Amts- und Autoritätsübertragung von Gott über Jesus und die Apostel auf die Päpste, eine kirchliche Erschleichung ersten Ranges. Alles, was der sich ausbildende Katholizismus an religiösen Motiven benötigte, etikettierte er kurzerhand mit dem Begriff »apostolisch«, und so wurde die apostolische Tradition, wie Harnack sagt eine gefälschte[36].

Der weitere Ausbau der kirchlichen Hierarchie

Als die Gemeinden im 3. Jahrhundert immer mehr wuchsen, entfaltete sich auch immer mehr die kirchliche Hierarchie.

Vermutlich unter dem römischen Bischof Fabian (236–250) wurde dem Diakon ein Subdiakon beigegeben. Ja, es kamen noch vier weitere Ämter, die ordines minores, Akoluth, Exorzist, Lektor und Ostiarier hinzu, die alle ihre heidnischen Vorbilder haben[37]. Der Akoluth war eine Art Ordonnanz, ein persönlicher Diener des Bischofs. Der Exorzist trieb Teufel aus – laut Tertullian beherrschte um 200 diese Kunst noch jeder Christ[38]. Der Lektor las aus der Bibel beim Gottesdienst. Der Ostiarier war der Türhüter, der Küster der kirchlichen Gebäude. Die Ämter des Akoluthen und des Exorzisten, des bischöflichen Dieners und des Teufelsaustreibers, gab es nur im Abendland.

Innerhalb des Klerus (kleros, das Erbe, die von Gott Auserwählten) unterschied man aber streng zwischen den alten höheren Beamten, den Bischöfen, Presbytern, Diakonen und den Clerici minores, die zum Volk zählten. Die Laien (laos, das Volk) wurden immer mehr entmündigt. Anstelle des allgemeinen Priestertums trat die theokratische Gliederung der Kirche. Predigt und Sakramentsverwaltung bildeten Privilege des Klerus. Und zuletzt entfiel auch das suffragium plebis, das altchristliche Stimmrecht der Laien in allen Kirchenbelangen[39].

Diese Entwicklung war zwar natürlich, doch nicht im Sinne des Urchristentums, das keine Unterscheidung zwischen Laien und Priestern kannte, eine Abstufung, die fortwährend differenzierter wurde und einerseits zu immer größerer Gleichgültigkeit, andererseits zu immer üppigerer Herrschsucht, immer gefährlicherem Ehrgeiz, kurz zu einer höchst verhängnisvollen Kluft zwischen Klerus und Gemeinde führte.

266

30. KAPITEL

Die Verweltlichung der Kirche

»Die persönliche Haltung führender Vertreter des Christentums (im 4. Jahrhundert) unterschied sich offenbar vielfach in nichts von der feudalen Gesellschaft«. Werner Hartke[1].

Die Bischöfe werden nun »Beamte und Würdenträger des Staates, Werkzeuge der Regierung, und je höher sie stehen, desto mehr«. Johannes Haller[2].

Obwohl das Neue Testament verbietet, Ehre von Menschen zu suchen[3], florierte Im Christentum seit je ein außerordentlicher Geltungsdrang. Diskutierten doch schon die Apostel darüber, wer von ihnen der größte sei und stritten wiederholt um die besten Plätze im »Gottesreich«, was man im 1. Jahrhundert allerdings noch als peinlich empfand[4].

In nachapostolischer Zeit aber sollen die Priester bereits »doppelter Ehre würdig geachtet werden«[5]. Mitte des 2. Jahrhunderts wollen die höheren Geistlichen nicht mehr als Brüder, sondern als Herren angesprochen sein, womit die in den heidnischen Priesterschaften übliche Anmaßung gegenüber den Mitmenschen auch auf die Kirche übergeht, in deren Dienern freilich *Gott* geehrt wird!

Seit dem 3. Jahrhundert, mit dem die folgenschwere Scheidung in Kleriker und Laien einsetzt[6], titulieren die Geistlichen einander »Herr«. In Briefen wird jeder Bischof als »heiliger Vater« angeredet; nennt ein Priester aber einen Laien »Bruder«, gilt es als besondere Ehre[7]. Kirchenvater Clemens von Alexandrien mokiert sich schon über die schlechte Kleidung und das wenig gepflegte Äußere der Attispriester. Bischof Cyprian, aus einer sehr reichen, wenn auch nicht gerade vornehmen Familie stammend, erhebt zum erstenmal die Forderung, daß man vor dem Bischof »wie einst vor den heidnischen Götterbildern aufstehe«[8].

Wie tiefgreifend die Geistlichkeit schon im 3. Jahrhundert und in Cyprians nächster Umgebung verweltlicht war, zeigt die von dem karthagiensi-

267

schen Kleriker Pontius verfaßte »Vita Cypriani«, die erste christliche Biographie. Sie tönt nur so vom Ruhm – fast der häufigste Begriff der Schrift – des Helden. Selbst ein Verehrer Cyprians und Verteidiger seines Biographen muß zugeben, daß so früher in der Kirche nicht gesprochen wurde, daß diese ganze Ehrsucht im vollen Gegensatz zum ältesten Christentum stehe[9].

Eine Kirchenordnung dieser Zeit nennt den Bischof »Abbild des allmächtigen Gottes«, »König«, Herr »über Leben und Tod«, und will ihn in der Kirche, flankiert von seinen Priestern, auf einem Thron sitzen sehen, also genauso, wie man sich Gott im Himmel dachte[10].

Jesus freilich, um den grellen Kontrast zur kirchlichen Entwicklung wieder einmal erkennen zu lassen, rügt an den Schriftgelehrten und Pharisäern: »Sie lieben den ersten Platz bei den Gastmählern und die Ehrensitze in den Synagogen; sie wollen auf den Märkten gegrüßt sein und lassen sich von den Leuten gern ›Rabbi‹ nennen. Ihr aber sollt euch nicht ›Meister‹ nennen lassen; denn einer ist euer Meister, ihr alle aber seid Brüder. Und niemand auf Erden sollt ihr euren ›Vater‹ nennen; denn einer ist euer Vater, der im Himmel«[11]. Es ist evident, daß Jesus damit seinen Anhängern jegliche Ämter- und Ehrenordnung verbietet. So wurde es zunächst auch empfunden. Predigt doch noch um die Mitte des 2. Jahrhunderts der hl. Justin den Juden: »Ihr müßt also erst die Lehren derer verachten, die sich selbst erhöhen und Rabbi, Rabbi genannt werden wollen«[12]. Freilich wird auch schon aus christlichen Kreisen dieser Zeit der Stoßseufzer überliefert: »O Herr, warst du es denn nicht, der gesagt hat: Nennt niemand auf Erden Vater und Meister...«[13]

Im 4. Jahrhundert tituliert dann ein Bischof den anderen »Deine Heiligkeit«, »Deine Gottseligkeit«[14]; bekennt mit bewundernswerter Offenheit Gregor von Nazianz von der kirchlichen Praxis: »Wer sich leicht besiegen läßt, wird verachtet. Wer sich erhebt, wird geehrt; wer sich vor Gott verbeugt, wird geschmäht«[15]. Um die gleiche Zeit berichtet Kirchenvater Hieronymus von Leuten seines Standes: »Ihre ganze Sorgfalt geht auf ihre Kleider, auch daß sie gut riechen und die Füße unter einer weißen Haut nicht aufschwellen. Die Haare werden gekräuselt, die Finger schimmern von Ringen, und damit ihre Fußsohlen kein feuchter Weg benetze, rühren sie ihn kaum mit der Spitze an«[16].

Spätestens im 4. Jahrhundert stellt man auch schon Ansprüche an die Abstammung der höheren Kleriker. Die Synode von Sardika (343) verlangt vom Bischof bereits ein gewisses Vermögen. Wer dies hatte, konnte allerdings rasch avancieren, und um so rascher, je größer es war, wie der Vater des Gregor von Nazianz, ein reicher kappadokischer Aristokrat. Auch Ambrosius (geb. um 333), Sproß des äußerst vornehmen römischen Geschlechts der Aurelier und Inhaber einer hohen Staatsstellung in

268

Mailand, wurde bereits acht Tage nach seiner Taufe Bischof. Er besaß nicht einmal die Kenntnisse eines gebildeten Laien vom Christentum. Dafür vermochte er, wie wenig andere, die Kaiser zu gängeln, was viel wichtiger war.

Noch schneller freilich machte man später in der Kirche Karriere mit Gewalt. So brachte es im 8. Jahrhundert Konstantin II., der dreizehn Monate unangefochten auf dem Stuhl Petri saß, in sechs Tagen vom Laien bis zum Papst. Leo VIII. (963–964) benötigte dazu sogar nur einen Tag.

Im 4. Jahrhundert genügte auch nicht mehr das Aufstehen vor dem Bischof. Es kamen noch Handkuß und Fußfall hinzu. In manchen Gegenden des Westens trug man vor den Bischöfen Fasces wie früher vor den römischen Herrschern und hohen Magistratsbeamten. Spätestens vom 7. Jahrhundert an räucherte man dann bei den feierlichen Umzügen des Papstes wie einst beim Kaiser[17].

Im Mittelalter wuchs bekanntlich die Ehrsucht der katholischen Hierarchen ins Ungeheure. Doch noch der 1929 zwischen dem Vatikan und Italien geschlossene Lateranvertrag enthält im 21. Artikel den Satz: »Sämtliche Kardinäle genießen in Italien die den Prinzen von Geblüt zustehenden Ehren«[18].

Die volle Verderbnis der Kirche setzte mit ihrer Anerkennung unter Konstantin und seinen Nachfolgern ein. Daß damals für den Übertritt zum Christentum oft die Opportunität entscheidend und ein echtes Bekehrungserlebnis nicht mehr die Regel war, wird heute kaum noch bestritten[19]. Kannte doch schon um 200 Tertullian Leute, »die nur bei günstigem Wind, wenn es ihnen gefällig ist, Christen sind«[20]. Im 4. Jahrhundert bietet ein klassisches Beispiel Ekebolios von Konstantinopel. Unter Konstantius war er strenggläubiger Christ, unter Julian, dem »Abtrünnigen«, wurde er Heide, und nach Julians Tod warf er sich vor der Kirchentür bereuend in den Staub und rief: »Zertretet mich, das dumm gewordene Salz!«[21]

Der Einstrom des Adels

Zur vollen Verweltlichung der Kirche trug der Einstrom des Adels bei, der seit der Erhebung des Christentums zur Staatsreligion und seiner vollständigen Anpassung an die herrschenden gesellschaftlichen Verhältnisse nicht nur christlich, sondern sogar »geistlich« zu werden begann. Stattete man doch jetzt den Klerus mit immer verlockenderen Standesprivilegien aus. Die Mehrzahl der Bischöfe befand sich in glänzenden Positionen. Namentlich die führenden Männer der Kirche standen den höchsten Staatsbeamten kaum noch nach. Mit Siricius (384–399), dem »ersten Papst«, dessen Decretale aus dem Jahre 385 bereits durchaus im Stil der Kaisererlasse verfaßt ist, kam wahrscheinlich zum ersten Mal ein römischer Adliger, jedenfalls sicher ein Adelskandidat, auf Petri Stuhl. Und diesen begehrten Platz, auf dem Petrus freilich niemals gesessen, hat der Adel in der Folgezeit so gut wie nie mehr geräumt[22]. Buchstäblich erfüllte sich so Jesu Wort: Die letzten sollen die ersten sein!

Im 5. Jahrhundert stiegen noch die Anforderungen, die man an die Herkunft des Klerus stellte. 443 kritisiert Leo I. in einem Schreiben an die Bischöfe Italiens die Ernennung von Geistlichen, die »keine angemessene Geburt« empfehle. »Leute«, schreibt dieser Papst, »die von ihren Herrn nicht die Freiheit erlangen konnten, werden an die hohe Stelle eines Priesters gebracht, als ob ein schäbiger Sklave (servilis vilitas) einer solchen Ehre würdig wäre. Und man glaubt, derjenige könne vor Gott gefallen, der noch nicht einmal seinem Herrn und Besitzer zu gefallen vermochte«[23].

Seit Leo I. war die Erhebung eines Sklaven zum Bischof verboten. Papst Gelasius I. (492–496) ließ dann Sklaven, ja Hörige nicht mehr als Kleriker zu[24], während einst ehemalige Sklaven wie Pius um 140 oder der allerdings berüchtigte Kallist (218–222)[25] sogar auf dem römischen Bischofsstuhl saßen. Die Briefe des Papstes Symmachus (498–514), unter dem 502 der folgenschwere Satz formuliert wurde, der Papst dürfe von keinem Menschen gerichtet werden, bekunden einen kaum glaublichen Abscheu vor dem Volk. Dieses aber blickte verehrend zu seinen geistlichen Führern auf, wie die Masse der Juden zu ihrer religiösen Aristokratie, den Pharisäern, die ihrerseits die Menge verachteten und Am-haarez (Amme-haarez), Pöbel, Proletarier nannten[26].

Otto Seeck hat die Entwicklung der Kirche treffend charakterisiert: »Solange sie auf das niedere Volk beschränkt blieb, war sie demokratisch und sozialistisch; je mehr sie auch in die höheren Klassen hinübergriff, desto vollständiger ging sie zu der Verfassungsform über, die auch das staatliche Leben der Epoche beherrschte, dem unbeschränkten Despotismus mit seiner Beamtenhierarchie. Doch dieser Wechsel vollzog sich ganz allmählich, ohne jeden plötzlichen Sprung, so daß er den Zeitgenossen gar nicht zum Bewußtsein kam. Was sich aus praktischen Gründen durchsetzte, wurde erst kirchlicher Brauch, dann heiliges Gesetz, und bald erinnerte sich keiner mehr, daß es jemals anders gewesen war. Man konnte daher ganz christlich die Überzeugung hegen, daß Christus und seine Apostel ihre Kirche genauso gegründet hätten, wie man sie zu jeder Zeit vor sich sah; denn keine Änderung hatte man absichtlich eingeführt, sondern alle hatten sich unter dem Drucke der Verhältnisse von selbst gebildet. So konnten auch die Formen der Kirchenverfassung zur Glaubenswahrheit werden, die gleich der Lehre Christi für ewig und unerschütter-

270

lich galt. Daß geschichtliche Tatsachen dem widersprachen, wußte man nicht, und wenn man es doch ahnte, beseitigte man sie durch unschuldige, halb unbewußte Fälschung«[27].

Noch kurz vor seinem Tod, in einem seiner letzten Gespräche, meinte der zweiundachtzigjährige Goethe, die Kirche habe Grund genug gehabt, dem Volk die Bibel solange als möglich vorzuenthalten. »Was sollte auch ein armes Gemeindeglied von der fürstlichen Pracht eines Bischofs denken, wenn es dagegen in den Evangelien die Armut und Dürftigkeit Christi sieht, der mit seinen Jüngern in Demut zu Fuß ging, während der fürstliche Bischof in seiner von sechs Pferden gezogenen Karosse einherbrauset!«[28]

»Der letzte Römerbau«

Die Kirche hatte früh von den Römern gelernt und viele ihrer Staatseinrichtungen und Rechtsgrundlagen rezipiert. Bereits im Laufe des 2. Jahrhunderts entwickelte sie nach dem Vorbild der römischen Provinziallandtage die Provinzialsynoden und die Metropolen der Provinzen, in denen der Metropolit als Oberbischof seiner Provinz präsidierte. Im 3. Jahrhundert erweiterte sie die Provinzialsynoden zu Konzilen, zu Tagungen der Bischöfe mehrerer Provinzen. Und bald übernahm sie von den Römern das Zentralste und das Peripherste, den Titel Pontifex maximus für den Papst, die Gewandung heidnischer Priester, die Stola; aber sie bildete auch das kanonische Recht nach dem Vorbild des römischen und entlehnte noch den Freispruch in der Beichte der Formelsprache des Gerichts. Die ganze verfallende Staatsverfassung ging auf sie über.

Vor allem aber legitimierte die Kirche in ihrer Mitte eine unbegrenzte Machtambition. Alle Kämpfe der Kurie mit den Kaisern gingen nicht um den Glauben, sondern um die Macht. Nur so konnte sie sich im Mittelalter das Abendland unterjochen und gelegentlich auch die lang angestrebte Herrschaft über die weltlichen Gewalten gewinnen.

In mehr als zehn Fällen haben die Päpste Kaiser und Könige mit dem Kirchenbann belegt, und wenigstens sechs Könige haben sie abgesetzt oder doch mit Absetzung bedroht[29]. Bereits unter Nikolaus I. (858–867), der, nach Regino von Prüm, Königen und Tyrannen gebot, »als ob er der Herr des Erdkreises wäre«[30], wurde das Papsttum zu einer Weltmacht. Gregor VII., von dem Erzbischof Liemar von Bremen schrieb: »Dieser gefährliche Mensch maßt sich an, Bischöfen zu befehlen wie seinen Gutsverwaltern«[31], verkündete Ende des 11. Jahrhunderts, daß »allein der Papst in der Lage sei, Kaiserreiche und Königstümer, Herzogtümer und Grafschaften, wie die Besitztümer aller Menschen überhaupt zu bestätigen

271

oder streitig zu machen, zu geben wie auch zu nehmen, und dies alles gemäß den Verdiensten eines jeden«[32].

Zu Beginn des 13. Jahrhunderts behauptete Papst Innozenz III. in einem Brief sowohl an den Patriarchen von Konstantinopel als auch an den Bulgarenfürsten Kalojoannes, den er zum König erhob, der Herr habe »dem Petrus nicht nur die *Leitung* der ganzen *Kirche*, sondern die *der ganzen Welt* hinterlassen« (Petro non solum universam ecclesiam, sed totum reliquit saeculum gubernandum)[33]. Zusammen mit dem französischen König Philipp August bereitete Papst Innozenz eine Invasion in England vor, wobei er den Teilnehmern allgemeinen Sündenerlaß versprach. Nach der Unterwerfung des Johann ohne Land aber, der dem Heiligen Vater sechzehn seiner Barone als Geiseln sandte, erklärte er England einfach als päpstliches Lehen. Gott habe beschlossen, offenbarte Innozenz dem König, »daß England, dem die römische Kirche einst die christliche Lehre brachte, wodurch sie zu seiner geistigen Mutter wurde, auch im Zeitlichen unter ihrer Herrschaft stehe«[34]. Über fünftausend Amtsschreiben jagte dieser Papst während seines achtzehnjährigen Pontifikats in alle Welt. Die Könige von Frankreich und England und den deutschen Kaiser Otto IV. belegte er mit dem Bann. Und er stachelte nicht nur zur Verfolgung des Grafen Raymund von Toulouse auf, sondern stellte es dem Volk auch frei, ihm sein Land zu nehmen, da es von Häresie befleckt sei[35].

Niemals wieder besaß das Papsttum eine Machtfülle wie unter Innozenz III. Die papalistischen Prätentionen des Mittelalters sind jedoch nicht vergessen. Wie sprechend ist allein die Tatsache, daß die zum erstenmal von dem Kardinal und Kirchenlehrer Bellarmin († 1621) durchgeführte Theorie von der bloß indirekten Gewalt der Kirche über Zeitliches auf den kirchlichen Index kam! »Erst an Hand der *tatsächlichen* Verhältnisse«, schreibt selbst ein Jesuit, »bildete sich die Toleranzidee aus«[36]. Die universale, massenbeherrschende Tendenz aber bestimmt die Führer der Kirche heute noch, der Anspruch auf die Weltherrschaft ist das Ziel nach wie vor.

Nur mit diesem Ziel konnte die Kirche überhaupt seit der ausgehenden Antike das römische Reich fortsetzen. Denn war sie zuerst eine Art Staat im Staat, wurde sie dann fast der Staat selbst. Das zeigt anschaulich der Übergang der Prädikation »vicarius Christi« auf den Papst. »Vicarius Christi«, nämlich Stellvertreter Christi auf Erden, hieß zunächst der Kaiser, während der Papst die Bezeichnung »vicarius Petri« trug. Als aber das römische Reich zusammenbrach und die Kirche sich an seine Stelle drängte, wurde der Papst »vicarius Christi«, was vorher nur der Kaiser war[37]. Die römische Kirche wurde, wie Nietzsche sagt, »der letzte Römerbau!«[38].

Viele Katholiken Italiens haben es auch nie anders empfunden. Als

272

Gregor VII. gegen das Kaisertum kämpfte, feuerte ihn ein italienischer Prälat mit den Versen an:

>>Nimm des ersten Apostels Schwert,
Petri glühendes Schwert, zur Hand!
Brich die Macht und den Ungestüm
Der Barbaren: das alte Joch
Laß sie tragen für immerdar!

Sieh, wie groß die Gewalt des Banns:
Was mit Strömen von Kriegerblut
Einstmals Marius' Heldenmut
Und des Julius Kraft erreicht,
Wirkst du jetzt durch ein leises Wort.

Rom, von neuem durch dich erhöht,
Bringt dir schuldigen Dank; es bot
Nicht den Siegen des Scipio,
Keiner Tat der Quiriten je
Wohlverdienteren Kranz als dir!<<[39]

Wie merkwürdig nimmt sich neben diesem römischen Prälatengruß der Vers des Evangeliums aus: >>Mein Reich ist nicht von dieser Welt<<[40]. Wie merkwürdig erscheinen überhaupt Jesus und seine Botschaft neben dem Dasein dieser Hierarchen und ihrem Anspruch, vicarii Christi zu sein[41]. Wie merkwürdig verhalten sich ihre prachtvolle Residenz und ihr fast orientalischer Hofstaat zu Jesu Wort: >>Die Füchse haben Höhlen und die Vögel des Himmels Nester; der Menschensohn aber hat nichts, wohin er sein Haupt legen soll<<[42]. Wie merkwürdig ihre jahrhundertelange Gier nach immer größeren Reichtümern neben Jesu Weisung: >>Geh hin, verkaufe was du hast, und gib es den Armen<<[43]. Wie merkwürdig ihre festen Preise für jede Bischofsernennung, jede Ehrung, Dispens und Entscheidung, die sie erteilen, neben Jesu Befehl an seine Jünger: >>Umsonst habt ihr's empfangen, umonst sollt ihr's auch weitergeben<<[44]. Wie merkwürdig ihre Gewohnheit, sich Heiliger und Heiligster Vater titulieren zu lassen, neben Jesu Mahnung: >>Niemand auf Erden sollt ihr euren Vater heißen, denn einer ist euer Vater, der im Himmel<<[45]. Wie merkwürdig die stete Betonung ihres Vorranges vor allen anderen Bischöfen, ja, allen Herrschern der Welt, neben Jesu Ausspruch: >>Wenn einer der Erste sein will, so sei er der Letzte von allen und aller Knecht<<[48]. Wie merkwürdig ihre die Jahrtausende durchrauschenden Bannflüche, die selbst die lautersten Christen getroffen haben, neben Jesu Gebot: >>Richtet nicht, damit auch ihr nicht gerichtet werdet!«[47] Wie merkwürdig ihre Ketzerhinrichtungen, Hexenverbrennungen, Judenpogrome und Religionskriege neben Jesu Lehre: »Liebet eure Feinde, tut Gutes denen, die euch hassen, segnet, die euch fluchen, bittet für jene, die euch schmähen«[48].

Damit befinden wir uns schon inmitten jener Institution, mit deren Anfängen wir uns nun befassen müssen.

31. KAPITEL

Die Anfänge des Papsttums

»Wählt einen Ort sich ein Gott, Rom ist der würdige Ort«.
Ovid[1].

Den Anstoß zur Bildung der katholischen Rechtskirche gab die Urgemeinde, die sich, wie bereits betont, im direkten Gegensatz zur antilegalistischen Polemik Jesu, wieder an der jüdischen Gesetzeskirche orientierte und mit dieser Haltung einen starken Einfluß auf die Christen Roms gewann.

Die römische Gemeinde war weder von Petrus noch von Paulus gegründet worden, sondern schon ziemlich früh von unbekannten Judenchristen, vermutlich als »Sondersynagoge«[2]. Es gab damals rund 50 000 Juden in Rom. Sie wohnten in der ganzen Stadt und besaßen dreizehn uns bekannte Synagogen, sowie mehrere Friedhöfe[3]. Und wie fast überall, wo das Christentum erschien, gab es auch hier Kampf. Es kam zu so schweren Tumulten zwischen den am alten Glauben festhaltenden Juden und den Christusgläubigen, daß Kaiser Claudius im Jahre 49 oder 50 die Juden und mit ihnen die Judenchristen, die man noch nicht von jenen unterschied, ausweisen ließ[4].

War Petrus in Rom?

Wir wissen nicht, wann Petrus nach Rom kam, ja, es ist gar nicht erwiesen, daß er es je betreten hat.

Paulus berichtet davon nichts. Ebensowenig die Apostelgeschichte. Auch in den synoptischen Evangelien findet sich keine einzige Anspielung darauf. Das ganze 1. Jahrhundert schweigt darüber. Doch selbst bis in die zweite Hälfte des 2. Jahrhunderts spricht kein Dokument deutlich von einem Aufenthalt und Martyrium des Petrus in Rom[5].

Der älteste sichere Zeuge dafür ist erst um 170 ein auswärtiger Bischof,

275

Dionysius von Korinth, überdies ein Mann von geringer Glaubwürdigkeit[6]. Das erhellt schon daraus, daß Dionysius nicht nur eine *gemeinsame* Gründung der römischen Gemeinde durch Petrus und Paulus behauptet, wovon keine Rede sein kann, sondern auch der Gemeinde in Korinth, was das eigene Zeugnis des Paulus widerlegt[7].

Alle christlichen Schriften des 1. Jahrhunderts und weit darüber hinaus wissen also nichts von einem Aufenthalt Petri in Rom. Selbst Paulus schweigt darüber, der angeblich mit Petrus die römische Gemeinde gegründet haben soll, der seine letzten Briefe aus Rom schrieb, in denen er mehrere seiner Mitarbeiter nennt, niemals aber Petrus. Doch ließ man auch den Apostel Johannes, von dem feststeht, daß er Rom nie betreten hat, dorthin reisen und das Martyrium finden. Unter Domitian soll er in siedendes Öl geworfen und durch ein Wunder gerettet worden sein[8].

Eine Reihe von Historikern und Theologen bestreitet ganz energisch einen Aufenthalt des Petrus in Rom[9]. Erst jüngst legte einer der besten Kenner dieses Sachverhalts, der Theologe Heussi, in einer scharfsinnigen Untersuchung, gestützt vor allem auf sorgfältige grammatische Analysen der Texte und unter Hinzuziehung einer Fülle von Material, die Unmöglichkeit eines solchen Aufenthaltes dar[10]. Trotzdem behauptet – in einer populären Darstellung – ein katholischer Kirchenhistoriker: »Der Aufenthalt des Petrus in Rom wird von der gesamten Forschung, auch von allen (!) nichtkatholischen Gelehrten, heute anerkannt«[11].

Das nicht mehr gefundene gefundene (sic) Apostelgrab

> »Wir wissen jetzt weniger, als wir vor der Grabung zu wissen glaubten«. Alfons Maria Schneider[12].

Wie verhält es sich mit der Auffindung des Petrusgrabes?

Nach kirchlicher Überlieferung liegt das Petrusgrab unter der Peterskirche. Erstmals suchte man es anscheinend um die Mitte des 2. Jahrhunderts, spätestens wohl um das Jahr 165[13]. Doch gab es in Rom im 3. und 4. Jahrhundert neben der vatikanischen Version noch eine andere, die das Grab an der Via Appia lokalisierte[14]. Mit der Errichtung der Peterskirche geriet aber diese zweite Version in Vergessenheit. Indes findet sich (auch) an der Via Appia kein Petrusgrab.

Neuerdings ließ nun die Kurie ein volles Jahrzehnt, von 1940 bis 1949, an der angeblichen Stätte des Petrusgrabes, unter der Kuppel von St. Peter, Grabungen vornehmen. Und am 23. Dezember 1950 verkündete Pius XII. unter starker Anteilnahme eines Teiles der Weltöffentlichkeit die Auffindung des Grabes. In der päpstlichen Erklärung heißt es u. a.: »Das

276

Ergebnis ist von höchster Reichhaltigkeit und Bedeutung. Aber auf die wesentliche Frage, ob man wirklich das Grab des heiligen Petrus gefunden habe, antwortet das Schlußergebnis der Arbeiten und Studien mit einem ganz klaren Ja. Das Grab des Apostelfürsten ist wiedergefunden worden«[15]. Doch schon ein Jahr darauf formuliert die katholische Herderkorrespondenz ziemlich kleinlaut: »Die Stelle, an der Petrus begraben wurde, ist zweifelsfrei wiedergefunden worden. Die Reliquien des Apostelfürsten konnten nicht mehr identifiziert werden«. »Das Apostelgrab selbst ist nicht mehr gefunden worden«[16]. Weder das Grab fand man also, noch konnten die »Reliquien des Apostelfürsten« identifiziert werden, doch um die »Stelle« seines Begräbnisses handelt es sich »zweifelsfrei«.

Die Katholiken glauben nämlich das fehlende Grab wenigstens »erschließen« zu können. Wie es jedoch damit steht, hat Theodor Klauser gezeigt, der nach seiner Analyse des katholischen »Indizienbeweises« zu dem Schluß kommt: »Das Grab des Apostels Petrus ist... weder gefunden, noch aus letzten Spuren wirklich zuverlässig erschlossen worden. Wenn an dieser Stelle ein Grab gelegen hat... so war es das Grab eines Unbekannten, der nicht lange vor 150 hier bestattet worden war«[17].

Selbst Katholiken bestritten die Auffindung des Petrusgrabes[18]. Äußern doch katholische Theologen sogar, das Papsttum als Fortsetzung der Vorherrschaft Petri hänge nicht notwendig ab von dem Aufenthalt des Apostelfürsten in Rom und von seinem Bischofsamt[19]! Entspricht dieses Urteil auch schwerlich offizieller katholischer Ansicht, sei doch daran erinnert, daß katholische Theologen auch die Fälschung des im NT kanonisierten 2. Petrusbriefes schon zugeben (S. 39). Selbst auf dieser Seite können sich eben gewissenhaftere Gelehrte den Ergebnissen der freien Forschung nicht immer entziehen – bis man sie verstummen läßt.

Vom Stuhle, auf dem Petrus nie gesessen

Mag Petrus aber in Rom gewesen sein oder nicht: Auf der Cathedra Petri hat er nie gesessen. Es ist dies eine der großen Geschichtsfälschungen der katholischen Kirche. Sie gibt Petrus als den von Jesus eingesetzten ersten Papst aus, der die unumschränkte Herrschaft über die Kirche seinen Nachfolgern vererbt habe. Auf Grund dieser *reinen* Erfindung beanspruchen die Bischöfe von Rom die absolute Regierungsgewalt und das Recht, über alle Glaubensfragen nach eigenem Ermessen zu entscheiden. Allerdings wurde das Dogma vom Universalepiskopat des römischen Bischofs und von der »Infallibilität«, der Irrtumslosigkeit seiner Glaubensentscheidungen, erst auf dem Vatikanischen Konzil vom Jahre 1870 verkündet, von dem wir noch sprechen werden.

277

Petrus war weder der erste Bischof in der Reihe einer angeblichen apostolischen Sukzession, noch gar der erste Papst. Gerade in Rom setzte sich das monarchische Bischofsamt besonders spät durch[20], erst in der vierten oder fünften christlichen Generation. Doch wußte damals, Mitte des 2. Jahrhunderts, niemand in der Gemeinde von ihrer Stiftung durch Petrus. Noch im ausgehenden 2. Jahrhundert zählte man Petrus in Rom nicht als Bischof. Mitte des 4. Jahrhunderts aber erklärte man dort, er sei fünfundzwanzig Jahre römischer Bischof gewesen[21]. Ein weltweit verbreiteter christlicher Bestseller behauptet heute gar, wir besäßen bereits aus dem 1. Jahrhundert Votivtafeln und Münzen mit der Aufschrift »Heiliger Petrus, bitte für uns«, was rein erfunden ist[22]. In der altchristlichen Kunst tritt Petrus sogar erst im 4. Jahrhundert stärker hervor[23]. Das alles stört freilich die modernen Christgläubigen nicht. Schließen sie doch auch von einer Petrusstatue des 12. Jahrhunderts auf den Charakter »dieses mächtigen Mannes, dem Jesus die Schlüssel zum Himmelreich versprochen hatte«[24].

Die römische Bischofsliste

> »Die für die einzelnen Episkopate errechneten Jahre sind
> für die Zeit bis 235 sämtlich unsicher und für die ersten
> Jahrzehnte bare Willkür«. Der Theologe Heussi[25].

Das älteste uns bekannte Verzeichnis römischer Bischöfe, das offizielle Papstbuch, nennt einen Linus als ersten Bischof, dem Petrus und Paulus den Dienst des Episkopates übertragen hätten[26]. Dann setzte man Petrus auf seinen Platz und ließ Linus an die zweite Stelle rücken. Aber diese Papstliste, der berühmte Liber pontificalis, ist so problematisch wie die alexandrinische und antiochenische Bischofsliste. Er wurde nämlich erst um das Jahr 160 zusammengestellt, überdies von einem Fremden, dem orientalischen Christen Hegesipp, was beweist, daß man sich in der römischen Gemeinde gar nicht um die Überlieferung gekümmert hatte. So geben selbst einige katholische Gelehrte zu, das Papstbuch sei in seinem ersten und älteren Teil »ebenso unzuverlässig wie inhaltsarm«[27]. Der Historiker Johannes Haller aber nennt die römische Bischofsliste ein Verzeichnis von Namen, von deren Trägern wir nur wissen, daß sie meist gerade das nicht waren, wofür sie ausgegeben werden, nämlich Bischöfe, ein Machwerk, das dem Geschichtsschreiber nichts zu bieten habe[28].

278

**Der päpstliche Primat steht im Widerspruch
zu den Anschauungen aller alten Kirchenväter**

Im 1. Jahrhundert beanspruchte Jerusalem die Leitung der gesamten Christenheit, doch hat es seine Bedeutung schnell verloren (S. 174 f.). Die ältesten römischen Bischöfe aber waren weder »Päpste«, noch wollten sie welche sein. Erst im Laufe langer Zeiträume wuchsen die Herrschaftsgelüste ihrer Nachfolger, und Jahrhunderte vergingen, ehe sie einen Anspruch auf die Gesamtleitung der Kirche erhoben.

In Nachahmung der römischen Reichsverwaltung erkannte man im Laufe des 3. Jahrhunderts dem Bischof der Provinzialhauptstadt, dem Metropoliten, den Vorrang vor den übrigen Bischöfen zu. Darüber hinaus hatten einzelne Bischofssitze besondere Bedeutung gewonnen. So genoß der Bischof von Alexandrien erhöhte Autorität gegenüber den etwa hundert Bischöfen Ägyptens, der Bischof von Karthago gegenüber dem afrikanischen, der Bischof von Antiochien gegenüber einem großen Teil des syrischen Episkopats, der Bischof von Rom gegenüber der italienischen Kirche. Die Führung im übrigen Abendland besaß dieser indes noch keinesfalls, und sein Einfluß auf die ältere und bedeutendere christliche Kirche des Orients war denkbar gering.

Da man jedoch seit langem die Stadt Rom als Haupt des Erdkreises feierte, begann man im 4. Jahrhundert auch die römische Kirche mit diesem Ehrentitel zu schmücken[29]. Noch Papst Anastasius I. aber betrachtete sich um die Wende zum 5. Jahrhundert nur als Haupt des Abendlandes[30]. Und noch bis zu Leo I. (440–461) erstrebten die römischen Bischöfe mehr die Festigung des Patriarchats im Abendland als die Gewinnung des Primats über die ganze Kirche. Leo I. freilich stützte die Primatstheorie durch den gefälschten 6. Kanon von Nicaea. In einer lateinischen Übersetzung, die seit 445 nachweisbar ist, trägt dieser Kanon die Überschrift »De primatu ecclesiae Romanae« und behauptet im ersten Satz, die römische Kirche habe immer den Vorrang (primatum) besessen. Gerade während der Regierung Leos aber verfügte im Jahre 451 das Konzil von Chalcedon – mit ungefähr sechshundert versammelten Bischöfen die größte Synode der alten Kirche – im 28. Kanon die Gleichstellung der Bischöfe von Rom und Konstantinopel. Seit der Verlagerung der Residenz nach Konstantinopel war nämlich der dortige Patriarch ein gefährlicher Gegner des römischen Bischofs geworden. Doch dachte die orientalische Kirche überhaupt nie daran, eine Oberhoheit Roms anzuerkennen.

Erst im Mittelalter hat sich der römische Papstgedanke endgültig durchgesetzt und dann in den Canones des Vaticanums und des Codex Juris Canonici, des 1918 in Kraft getretenen Rechtsbuches der römischen Kirche, seinen Abschluß gefunden. Die Stiftung des päpstlichen Lehr-

und Jurisdiktionsprimates durch Mt. 16, 18 wird vom Vatikanischen Konzil des Jahres 1870 als »klare Lehre der heiligen Schrift« bezeichnet, während alle anderen Auffassungen – auch solche der alten Kirche einschließlich der des hl. Augustin! – als »verkehrte Meinungen« verdammt werden[31].

Merkwürdigerweise waren nämlich die Kirchenväter bis ins 5. Jahrhundert solch verkehrter Meinung, obwohl doch auch sie die klare Lehre der Heiligen Schrift gelesen hatten. Ja, überhaupt niemand wußte in den ersten zwei Jahrhunderten von einer jurisdiktionellen Suprematie des Petrus, wie sie die Kirche nachträglich für ihn in Anspruch nahm.

Paulus kennt diesen Primat nicht. Er sagt nicht von Petrus allein, sondern von Jakobus, Kephas und Johannes, daß sie »als Säulen galten«, und Kephas nennt er nicht einmal an erster Stelle[32].

Um das Jahr 150 ahnte auch Justin, der bedeutendste christliche Apologet des 2. Jahrhunderts, der damals noch dazu in Rom lebte, so wenig von dem petrinischen Primat, daß er den ersten »Papst« bloß zweimal erwähnt, wobei er ihn nur »einen der Jünger« bzw. »einen der Apostel« nennt[33].

Zu Beginn des 3. Jahrhunderts erklärt Kirchenvater Tertullian: Was für Petrus gelte, gelte noch lange nicht für die Bischöfe in Rom. Die Übertragung der Schlüsselgewalt auf den Apostel sei lediglich eine persönliche Bevorzugung gewesen und habe keinerlei Bedeutung für die widerrechtlich angemaßte Gewalt der Kirche. Tatsächlich kann die Kurie keinen Beweis dafür erbringen, daß sich diese Übertragung auf Petrus auch auf »Nachfolger« beziehe. Davon ist nirgends die Rede. »Wie kannst du dich erdreisten«, apostrophiert Tertullian den römischen Bischof, »die offenkundige Absicht des Herrn, der dieses dem Petrus nur persönlich überträgt, umzustoßen und zu verdrehen«[34].

Nun war unser polemischer Kirchenvater damals schon »Ketzer«, was ja nicht heißt, daß er nicht trotzdem recht hat. Noch heute wird die Anschauung, es habe sich bei den vermeintlichen Jesusworten um keine erbliche Würde gehandelt, von verschiedenen Forschern vertreten, und nicht mit den schlechtesten Argumenten[35]. Doch gelten diese Worte auch nach dem *katholischen* Tertullian nicht dem römischen Bischof, sondern allen Beamten der Kirche[36]!

Ebensowenig spricht Origenes in seinem riesigen Schrifttum jemals von einem Vorrang des römischen Bischofs, selbst dort nicht, wo er in seinem Matthäus-Kommentar Mt. 16, 18f. ausführlich erörtert. Er bezieht die Primitialworte nicht auf den Pontifex in Rom, sondern auf alle wahren Christen[37]. Gewiß wurde dieser Theologe später von der Kirche verketzert. Doch wenn man auch viel an ihm bemäkelte: Seine Auslegung der Matthäusstelle hatte niemand kritisiert.

280

Aber auch Cyprian, nun wirklich ein einwandfreier Kirchenvater, erkannte die Primatsansprüche der römischen Bischöfe nicht an, weshalb man in Rom sogar eine Hauptstelle seiner Schriften fälschte[38]. Nach Cyprian sind alle Bischöfe in vollem Sinne Nachfolger Petri und an Rang gleich. »Bei uns«, schreibt Cyprian, »gibt es keinen Bischof der Bischöfe, da zwingt keiner seine Amtsbrüder mit tyrannischer Gewalttätigkeit zum Gehorsam«[39].

Leidenschaftlich vertrat Cyprian, Bischof, Märtyrer und Heiliger der Catholica, die ältere Bischofskirche, die von der römischen Papstkirche niedergekämpft wurde. Er widerstand deshalb auch mit sechsundachtzig nordafrikanischen Bischöfen im Ketzertaufstreit[40], von 255–257 zwischen Rom und Karthago ausgetragen, mit aller Schärfe dem Bischof Stephanus von Rom und behielt die, auch von Tertullian und Clemens Alexandrinus geforderte Ketzertaufe, das heißt das Recht bzw. die Pflicht, zum Katholizismus konvertierende »Ketzer« abermals zu taufen, bei. Aber auch der angesehenste Bischof Kleinasiens, Firmilian von Caesarea, stellte sich, offenbar im Namen seiner Mitbischöfe, auf die Seite Cyprians und warf dem römischen Bischof nicht nur »Frechheit«, »Unverschämtheit«, »Torheit« vor, sondern nannte ihn auch »albern«, »unerfahren« und »verlogen«; er verglich ihn sogar mit dem Verräter Jesu[41].

Seit Cyprians Haltung in der Primatsfrage, vor allem durch die Forschungen von Hugo Koch, so gut wie endgültig geklärt worden ist, äußerte auf einmal die katholische Seite, die Cyprian bisher stets als *Kronzeugen* für den päpstlichen Primat präsentierte, Kirchenvater Cyprians Stellung besitze keine wesentliche Bedeutung für das Dogma der katholischen Kirche vom Primat des Papstes[42]!

Wie Cyprian, so betonte auch Kirchenlehrer Ambrosius die Gleichheit aller Bischöfe. Er erkannte der Cathedra Petri weder einen Ehren-, noch gar einen Jurisdiktionsprimat zu[43].

Aber selbst der zu Beginn des 5. Jahrhunderts schreibende Augustinus hatte die den päpstlichen Primat verkündende Bibelstelle noch nicht richtig zu lesen verstanden, so daß das Vatikanische Konzil sich genötigt sah, dem größten katholischen Kirchenlehrer »verkehrte Meinungen« (pravae sententiae) zu unterstellen[44]. Noch im ausgehenden 7. Jahrhundert bekannte eine Synode der Bischöfe von Spanien, es sei der *Glaube*, dem die Verheißung gelte, die Pforten der Hölle würden ihn nicht überwältigen[45].

Die gesamte alte Kirche kannte somit keinen durch Jesus gestifteten Ehren- und Rechtsprimat des römischen Bischofs. Aber selbst

Die Bischöfe von Rom reflektierten länger als zwei Jahrhunderte nie auf die angebliche Einsetzung des Primates durch Jesus

Zwar hatten sich die römischen Christen schon um das Jahr 100 mit dem 1. Clemensbrief in die Angelegenheiten der fernen korinthischen Gemeinde gemischt. Und eine neuerliche Intervention Roms in kleinasiatische Verhältnisse erfolgte beim Streit um das Osterfest, das, in Rom um 115 durch Sixtus I. eingeführt, in der Christenheit lange zu ganz verschiedenen Zeiten begangen wurde. Doch als der Konflikt Mitte des 2. Jahrhunderts mit aller Heftigkeit zwischen den römischen und kleinasiatischen Christen begann und der römische Bischof seinen kleinasiatischen Kollegen Polykarp von Smyrna, der eigens nach Rom gereist war, nicht überzeugen konnte, zwang er ihn nicht, vielmehr blieb jeder bei seinem Brauch.

Ende des 2. Jahrhunderts aber exkommunizierte auf einmal der römische Bischof Viktor I. die gesamte kleinasiatische Kirche, was diese freilich wenig kümmerte. Bischof Polykrates von Ephesus, der an ihrer Spitze stand, schrieb nun nach Rom: »Auch ich, meine Brüder, der ich 65 Jahre im Herrn alt geworden bin, der ich mit Brüdern aus der ganzen Welt verkehrt, der ich die ganze Heilige Schrift durchgelesen habe, werde mich durch keine Drohung schrecken lassen; denn größere Männer als ich haben gesagt: Man muß Gott mehr gehorchen als den Menschen«[46].

Die Anmaßungen Roms stießen damals noch auf einen beinahe weltweiten Widerspruch. Überall empörten sich christliche Gemeinden über das Vorgehen Viktors. Auch viele abendländische Bischöfe protestierten, unter ihnen der Bischof von Lyon, Kirchenlehrer Irenäus[47]. Die kleinasiatischen Christen behielten noch zweihundert Jahre ihren abweichenden Brauch bei, der erst durch Kaiser Konstantin verboten werden mußte, doch auch darüber hinaus noch lange fortbestand[48]. Bezeichnend aber ist, daß keiner der römischen Bischöfe beim Streit mit ihren kleinasiatischen Kollegen die berühmte Matthäusstelle zitierte.

Zum erstenmal hat dieses Logion wohl Stephan I. (254–257) im Ketzertaufstreit auf den römischen Bischof bezogen und dementsprechend propagandistisch verwertet, wobei er freilich seinen Gegner, Kirchenvater Cyprian, einen »Pseudochrist« und »Pseudoapostel« nennen mußte, während Bischof Firmilian von Caesarea ihn selbst mit Judas verglich.

Aber erst ein Dekret aus dem 5. Jahrhundert, nämlich der Papst Gelasius I. (492–496) zugeschriebene (doch möglicherweise ältere) Erlaß über erlaubte und verbotene Literatur, enthält das erste uns überlieferte Zeugnis, das klar und deutlich Mt. 16, 18f. als Stiftungsurkunde des päpstlichen Primats betrachtet[49].

282

Auch die sprachgeschichtliche Entwicklung des Papsttitels enthüllt die Unrechtmäßigkeit des römischen Primats

Die sprachgeschichtliche Entwicklung des Papsttitels folgte der kirchengeschichtlichen genau und zeigt ebenfalls, wie der römische Bischof aus einem primus inter pares zum uneingeschränkten Souverän geworden ist[50].

Das Wort »Papst« (papa = Vater), ein Ehrentitel, mit dem man seit dem 3. Jahrhundert *jeden* Bischof bezeichnete, war für die Bischöfe bis zum Ende des 1. Jahrtausends in Gebrauch. Um den römischen »Papst« von anderen »Päpsten« zu unterscheiden, nannte man ihn seit dem 5. Jahrhundert mit Vorliebe »Papst der Stadt Rom« oder »Papst der ewigen Stadt« oder »Römischer Papst« u. a. Dann aber begann man bald dem »Platzhalter Petri« – übrigens eine erstmals im 5. Jahrhundert geprägte Wendung – das Prädikat Papst ohne jeden näheren Zusatz zuzuerkennen. Doch nennen sich die römischen Hierarchen selbst bis zum 7. Jahrhundert selten so. Sie gebrauchen das Wort als Selbstbezeichnung regelmäßig erst vom Ende des 8. Jahrhunderts an. Aber erst mit Beginn des 2. Jahrtausends wird der Terminus Papst ein ausschließliches Vorrecht des römischen Bischofs. Gregor VII. nämlich behauptete in seinem Dictatus papae mit pompösen Worten, der Titel papa sei einzigartig und darum auf der ganzen Welt nur vom römischen Pontifex zu führen. Tatsächlich aber titulierte man so die Bischöfe jahrhundertelang, und der Patriarch von Alexandrien führt den Amtstitel »Papst« sogar noch heute[51].

Die katholische Kirche braucht die Fiktion der apostolischen Tradition und des petrinischen Primates, um die imperialistische Politik der Päpste legitimieren zu können, wobei man freilich ignoriert, daß Jesu Devise nicht Herrschen, sondern Dienen war! Dieser Gedanke prägt seine ganze Predigt[52], die auch sonst *allem, was das Papsttum praktiziert, strikt widerspricht* (S. 273f.).

Die Päpste haben aber nicht nur mit dem unechten Logion von Mt. 16, 18 ihre Primatsansprüche gerechtfertigt, sondern, woran hier nur kurz erinnert sei, auch mit einer Reihe von gefälschten Urkunden, wie den pseudocyrillischen, den pseudoisidorischen Dekretalien (mit über hundert gefälschten Papstbriefen und Konzilsbeschlüssen) – dies einzige Buch, schreibt J. G. Herder, diente dem Papst mehr als zehn Kaiserdiplome[53] – dem Constitutum Silvestri u. a. Dabei gehört es zu den dunkelsten Seiten der römisch-katholischen Kirche, daß die Päpste ihren Machtzuwachs auch dann nicht rückgängig machten, als aller Welt, einschließlich der katholischen, bekannt geworden war, daß sie ihn nicht zuletzt diesen Fälschungen verdankten.

283

Die Verkündigung der päpstlichen Unfehlbarkeit auf dem Vatikanischen Konzil

...eine »Räubersynode«. Der Erzbischof von Paris[54].

Die Befriedigung ihres Ehrgeizes mußten die »Statthalter Christi« teuer bezahlen. Die gesamte christliche Kirche des Ostens sagte sich, nach einer vorübergehenden ersten Trennung (484–519), im Jahre 1054 endgültig von Rom los. Und nach dem Vatikanum, das die Lehre von der Unfehlbarkeit des Papstes proklamierte, sobald er »ex cathedra« spreche, trennte sich bekanntlich auch das Gros der Altkatholiken von der Kurie, nachdem schon 1702 durch Nichtanerkennung ihrer »Unfehlbarkeit« die Kirche von Utrecht den Päpsten die Gefolgschaft verweigert hatte.

Nicht sehr bekannt ist, daß auf dem Vatikanischen Konzil, der 1869/70 abgehaltenen, bis heute letzten allgemeinen Kirchenversammlung, die Lehrunfehlbarkeit des Papstes ursprünglich gar nicht Objekt der Konzilsverhandlungen gewesen war. Sie wurde plötzlich und völlig überraschend dazu gemacht[55]. Vergebens protestierten die Vertreter der bischöflichen Opposition. Vergebens erinnerten sie an dogmatische Irrtümer früherer Päpste. Vergebens beschworen sie die negative Reaktion auf die Verkündigung eines solchen Dogmas in der Ostkirche und besonders im Protestantismus. Vergebens warf sich Bischof Ketteler dem Papst zu Füßen und flehte unter Tränen: »Guter Vater, retten Sie uns, und retten Sie die Kirche Gottes!« Der Papst begünstigte ganz offensichtlich die Bejaher der papalistischen Doktrin, meist Italiener, Spanier und Missionsbischöfe, so daß die vorwiegend aus deutschen, österreichischen, ungarischen, französischen, amerikanischen und orientalischen Bischöfen bestehende Opposition unterlag. Waren noch im Januar 1870 136 Bischöfe gegen die Erörterung der Unfehlbarkeit, so schmolz die Oppositionspartei allmählich zusammen. Bei der nicht öffentlichen Abstimmung gaben 451 Konzilsteilnehmer ihre Stimmen für, 88 gegen das Dogma ab, und 62 wünschten Abänderungsvorschläge. Noch vor der öffentlichen Abstimmung in der Peterskirche verließen die Oppositionsbischöfe Rom, um dem Papst nicht ins Gesicht widerstehen zu müssen – und nach der Definition des Dogmas akzeptierten sie es: als letzter deutscher Bischof Hefele von Rottenburg am 12. Januar 1871, als letzter Bischof überhaupt Strossmayer von Djakovo am 26. Dezember 1872. Auch die beiden Bischöfe, die noch am 18. Juli in der Peterskirche gegen das Dogma stimmten, der nordamerikanische Bischof Fitzgerald von Little Rock und der neapolitanische Bischof Riccio von Cajazzo (Sizilien), bekannten sich nach seiner Verkündigung noch in der Peterskirche vor dem päpstlichen Thron zu ihm.

284

II. TEIL

**Der innere Ausbau der Kirche
mit Hilfe der heidnischen Mysterien
und Philosophie**

A. Der Einbruch der Mysterienreligionen

Nach der Betrachtung des *äußeren* Aufbaus der Kirche, der Entstehung des hierarchischen Apparats, müssen wir uns nun ihrem *inneren* Ausbau, der Bildung ihrer Sakramente und Dogmen zuwenden.

32. KAPITEL

Zu keiner Zeit gab es einheitliche Glaubensvorstellungen im Christentum

> *»Soweit man in der Geschichte des Christentums zurück-*
> *geht, begegnet man Häresien und Spaltungen«.*
> *Der katholische Kirchenhistoriker Daniel-Rops[1].*

Schon bei der Darstellung des Judenchristentums wurde deutlich, daß es in der neuen Religion niemals einheitliche Glaubensanschauungen gegeben hat. Bereits die Urgemeinde war von Anfang an durch verschiedene Tendenzen charakterisiert, die bis in die Lebenszeit Jesu hinaufreichen. So unterscheiden moderne Theologen eine »galiläische« Richtung, vertreten durch die Jünger Jesu; eine im engeren Sinne »jerusalemische«, vertreten durch die in Jerusalem hinzugewonnenen Christen; und eine der »Anhänger des Täufers« oder eine »hellenistische«, nämlich den Stephanoskreis[2].

Zwei konträre Ausformungen erhielt das Christentum durch Paulus und die Judenchristen. Die Heidenchristen waren, mindestens in Korinth und anderen größeren Gemeinden, wieder getrennt in eine Petrus-, Paulus-, Apollos- und Christus-Partei, jede darauf aus, um mit einem Katholiken zu sprechen, die anderen »zu verdammen«[3]. Doch auch das freilich ziemlich belanglose spätere Judenchristentum wurde bald nach dem Tod von Jesu Bruder Jakobus durch schwere Spaltungen erschüttert. Da das Heidenchristentum ebenfalls fortwährend auseinandersplitterte, wirkte eine alles andere als festumrissene Verkündigung auf die immer größer werdenden Gemeinden. Schon unter den apostolischen Christen konstatiert selbst Tertullian eine große Zahl von »Irrlehren«[4]. Und eine moderne Dogmengeschichte unterscheidet acht Gruppen mit jeweils verschiedenen Glaubensvorstellungen[5].

In nachapostolischer Zeit grassierte dann bereits eine Fülle divergierender Auffassungen vom Christentum, die alle mit einem gewissen Recht Anspruch auf Gleichberechtigung erhoben[6]. Es galt damals geradezu als etwas Besonderes, wenn es in einer christlichen Gemeinde nicht ungleiche Glaubenslehren gab[7]. Spiegelt doch selbst das im ausgehenden 1. und beginnenden 2. Jahrhundert entstandene Neue Testament ein Konglomerat sehr mannigfaltiger und einander oft durchaus widerstreitender Traditionen, weshalb auch die Heilige Schrift, nach der vorzüglichen Formulierung des Theologen Ernst Käsemann, nicht die Einheit der Kirche begründet, sondern im Gegenteil die Vielzahl der Konfessionen[8]. Sogar viele theologische Sätze der Bibel widersprechen einander schroff, zum Beispiel Röm. 3, 28: »Wir halten dafür, daß der Mensch durch den Glauben gerechtfertigt werde ohne Gesetzeswerke« und Jak. 2, 24: »Ihr seht, daß der Mensch aus Werken gerechtfertigt wird und nicht aus Glauben allein.« Derselbe Gegensatz findet sich, kurioserweise mit Bezug auf dieselbe Schriftstelle, in Röm. 4, 3: »Was sagt die Schrift? Abraham glaubte Gott, und das wurde ihm zur Gerechtigkeit gerechnet« gegenüber Jak. 2, 21: »Ist nicht unser Vater Abraham aus Werken gerechtfertigt worden...«. Kein Wunder, wenn Origenes bekennt, »daß von Anfang an unter den Gläubigen (!) verschiedene Meinungen über den Sinn der heiligen Bücher bestanden«[9].

Im späten 2. Jahrhundert schreibt Celsus: »Seitdem die Christen zu einer Menge angewachsen sind, entstehen wiederum unter ihnen Parteien und Spaltungen, und ein jeder will sich einen eigenen Anhang schaffen. Und infolge der Menge trennen sie sich wieder und verdonnern sich dann gegenseitig«[10]. In der ganzen Geschichte des Christentums sieht Celsus nur eine »Tragikomödie der permanenten Spalterei«[11]. Er unterscheidet aber weder zwischen einzelnen Richtungen, noch gar zwischen »Kirche« und »Ketzer«. Ganz offensichtlich war zu seiner Zeit, um 180, ein großkirchliches Christentum, der Frühkatholizismus, überhaupt noch nicht hervorgetreten[12]. Nach Clemens Alexandrinus verweigerten Heiden und Juden die Annahme des Christentums gerade mit der Begründung, angesichts der Vielfalt seiner Gruppen nicht die wahre Gemeinschaft zu kennen[13].

Jede bedeutendere Partei aber besaß mindestens *ein* Evangelium, in dem Jesus als Sprachrohr ihrer Meinung auftrat. Die heidenchristlichen Ägypter verfügten über das Ägypterevangelium, zeitweise wahrscheinlich ihr einziges autoritatives Evangelium. Die syrischen »Ketzer« beriefen sich auf das Petrusevangelium, in dem Petrus in der Ich-Form die evange-

287

lische Geschichte erzählt. Die Gemeinden des Basilides hatten das Basilidesevangelium; die Barbelo-Gnostiker (Nikolaiten, Barbelioten) das Apokryphon des Johannes; die späteren Valentinianer das Evangelium der Wahrheit. Das Judenchristentum kannte, entsprechend seiner Vielgestaltigkeit, das Nazaräer-, Ebioniten- und Hebräerevangelium. Die Orthodoxie endlich stützte sich besonders auf die Evangelien des Matthäus und Markus[14]. Demzufolge waren natürlich auch die Vorstellungen von Jesus selbst bis weit ins 2. Jahrhundert hinein äußerst gegensätzlich, ja, chaotisch. Jeder Missionar predigte und spekulierte, wie der Geist ihn erleuchtete, jede Partei stritt für ihren Christus und gegen den der anderen[15].

Bezeichnenderweise kann man die christlichen Schriften bis zum Jahre 200 überhaupt nicht genau in rechtgläubige und ketzerische trennen[16]. Wurde doch das Evangelium im 2. Jahrhundert, nach einem Heiden dieser Zeit, noch umgeformt »dreifach und vierfach und vielfach«[17]. Zwar waren angeblich nur die Ketzer »die dreisten Fälscher«[18]. Aber die »Ketzer« hielten sich natürlich gar nicht für solche, sondern beanspruchten, wie die Großkirche, die Verkündigung des allein wahren Christentums. Wie die Katholiken nannten sie alles »Irrlehre«, was mit ihrem Glauben kontrastierte. Wie die Katholiken beriefen auch sie sich auf die Tradition, eine Glaubensregel und den Kanon der Schrift, dessen Schaffung sogar aus ihren Reihen hervorgegangen war[19].

Alle Häretiker hießen zunächst einfach »Christen«. Die von den Namen ihrer Führer abgeleiteten Ketzerbenennungen hing ihnen erst später die Großkirche an, um sie schon dadurch zu diffamieren[20]. Als beispielsweise der Markionit Megethius einen Katholiken fragte, ob er denn nicht als »Christ« gelten dürfe, antwortete dieser, daß er ja nicht einmal den Christennamen trage, sondern eben »Markionit« heiße. Allerdings mußte sich der Katholik darauf sagen lassen: »Dann seid ihr, die ihr eure Kirche die ›Katholische‹ nennt, selbst auch keine Christen«[21].

Irenäus kennt Ende des 2. Jahrhunderts 20 christliche »Konfessionen«, Hippolyt zu Beginn des 3. Jahrhunderts 32. Im ausgehenden 4. Jahrhundert bekämpft Kirchenvater Epiphanius in seinem »Arzneikasten« bereits 60 rivalisierende christliche Sekten, und der Bischof Philaster von Brescia nennt noch im gleichen Jahrhundert 131.

288

**Auch der Frühkatholizismus unterscheidet sich
von der späteren Kirchenlehre**

Aber selbst die drei bedeutendsten Theologen aus der Frühzeit des Katholizismus, Irenäus († 200), Tertullian († um 225) und Clemens von Alexandrien († vor 216), repräsentieren drei sehr verschiedene Formen kirchlichen Christentums[22]. Und alle drei »Väter« weichen vom späteren Kirchen glauben in wichtigen Punkten ab, was selbst ein katholischer Historiker zugeben muß. In einer Fußnote (!) schreibt er: »Selbst beim hl. Irenäus, diesem Muster an Glauben und Weisheit, wird ein Teil seines Werkes von der Kirche als beunruhigend angesehen, denn er verficht die These des Millenarismus, die übrigens allgemein als verdächtig galt, ohne ausdrücklich verworfen zu werden«[23]. Hier verschleiert freilich unser Apologet die geschichtliche Faktizität. Denn der Millenarismus, der Glaube an ein tausendjähriges Reich auf Erden, war gar nicht verdächtig, sondern wurde im 2. Jahrhundert von weitaus den meisten Kirchenvätern leidenschaftlich vertreten. Erst später hat ihn die Kirche verketzert (S. 475 ff.).

Von Tertullian, den unser Katholik als verdienstvollen Verteidiger des wahren Glaubens, als unermüdlichen Ketzerbestreiter preist, muß er dann allerdings sagen, daß er sich »durch seinen übermäßigen Glaubenseifer und seine Neigung zu Illusionen dazu hinreißen ließ, der Lehre Montans zu folgen, in die er sich völlig verrannte«[24].

Von Clemens Alexandrinus, der das Christentum noch entschiedener als die christlichen Denker vor ihm zur Würde des Geistes erhoben habe, heißt es: »Seine Theologie aber scheint anfechtbar zu sein… Aber selbst da, wo er irrt, ergreift uns Klemens«[25]. Der berühmte Kirchenvater hatte nämlich eine ganze Reihe von ketzerischen Gedanken vor allem doketischer Art verfochten, weshalb man wahrscheinlich seine »Hypotyposen« verschwinden ließ[26].

Doch noch von einem weiteren Katholiken, dem hl. Hippolyt, von unserem Gewährsmann als großer Spezialist der Ketzerbekämpfung und gelehrter hochbedeutender Kirchenvater gefeiert, muß er recht Nachteiliges melden. Hippolyt habe nämlich, unzufrieden mit der Laxheit der Päpste, einfach eine Sezession vollzogen und sehr unvornehme Anklagen gegen das Oberhaupt der Kirche geschleudert, ja behauptet, der Heilige Vater Kallistus sei Räuberhauptmann gewesen. »Schließlich bricht er mit ihm und läßt sich zum regelrechten Gegenpapst ernennen«[27]. Das sind vier der bedeutendsten katholischen Gestalten um die Wende zum 3. Jahrhundert!

Erst in dieser Zeit aber bildete sich aus der allgemeinen Konfusion langsam und vorsichtig der Frühkatholizismus heraus. Keine der schon zahlreichen christlichen Gruppen des 1. Jahrhunderts hat ihn bekannt. Der Ausdruck »katholische Kirche« erscheint erstmals bei Bischof Ignatius, war aber noch zu Beginn des 3. Jahrhunderts selten, wo ihn beispielsweise Tertullian nicht gebraucht[28]. Doch ist die katholische Kirche zur Zeit des Ignatius, hundert Jahre nach Jesus, noch mehr ein Wunschtraum als eine Tatsache gewesen. Ihre frühesten Vertreter aber, zwischen denen es selbst beachtliche Gegensätze gab, predigten nicht nur etwas anderes als die Apostel, sondern auch der Katholizismus des 3. Jahrhunderts war ein anderer als der des 20.

Durchgesetzt hat sich der Katholizismus jedoch nicht wegen seiner »Rechtgläubigkeit«, sondern weil er sich durchsetzte, wurde er rechtgläubig. Er siegte, weil er am besten organisiert, im Konkurrenzkampf am brutalsten war, und auch weil er durchaus alles, was ihm paßte, von den großen »Häresien« übernahm, dabei aber geschickt gewisse Extreme vermied. Doch erst nachdem ihn Kaiser Konstantin im 4. Jahrhundert favorisiert hatte, schlug er alle seine christlichen Gegner durch Zerstörung ihrer Kirchen, Konfiskation, Zwangstaufen und andere ähnliche Mittelchen nieder. Daß sich in der Geschichte nicht immer die Besten behaupten und der Sieg selten mit der Wahrheit identisch ist, wurde gerade von der theologischen Forschung in diesem Zusammenhang oft betont[29]. Auf dem Sektor des Geistes jedenfalls sind die Entscheidungen über das, was »rechter« Glaube und »Irrlehre« war, meist nicht gefallen, sondern fast stets auf dem der Macht.

Gewiß geht auch der Katholizismus, wie jedes Christentum, zuletzt auf Jesus zurück. Mehr aber ist er der Christuslehre des Paulus verpflichtet, noch mehr der jüdischen und am meisten der heidnischen Welt. Seine entscheidenden dogmatischen und kultischen Impulse sind stets von außen gekommen, also, wie sich bereits zeigte und nun weiter zeigen wird, vor allem von den hellenistischen Mysterienreligionen und der griechischen Philosophie. Wie die antiken Kirchen oft auf den Grundmauern der von den Christen geschleiften Tempel standen, fußt auch das kultische und geistige Gehäuse der neuen Religion ganz auf den alten heidnischen Bräuchen und Gedanken. Bevor wir dies in den nächsten Kapiteln verfolgen, wenigstens ein kurzes, allgemein orientierendes Wort über

Die Mysterienreligionen

Die Mysterien waren Weiter- oder Umbildungen von Kulten fremder Götter, welche die Griechen verinnerlicht und versittlicht hatten[30]. Sie kamen aus Thrakien, Kleinasien, Syrien, Ägypten, und ihre gewaltige Wirkung ist schon viele Jahrhunderte vor dem Christentum erkennbar. Im römischen Reich, in das sie mit Sklaven, Soldaten und Beamten eingedrungen, standen sie später in höchster Gunst. Die ganze Prominenz, einschließlich der Kaiser, zählte zu ihren Eingeweihten. Sie waren Weltreligionen geworden.

Bei aller Verschiedenheit weisen die Mysterien doch gemeinsame Grundzüge auf. Sie alle garantieren ihre Güter ohne Rücksicht auf nationale und soziale Zugehörigkeit. Wie nachher im Christentum geht es nicht mehr um eine bestimmte Gruppe, sondern um das Einzelwesen und seine Sicherung, um die persönliche Gemeinschaft mit Gott. Wie bei Paulus gilt nicht Jude noch Grieche, nicht Sklave noch Freier.

Im Zentrum des Mysterienglaubens steht die Erlösung aus den Banden des Bösen und die Hoffnung auf ein besseres Los im Jenseits. Man verheißt neues Leben, die Teilnahme am Festmahl der Seligen, das Spiel auf der elysischen Wiese, das lebendige Wasser.

Die Vorbereitung auf diese himmlischen Genüsse geschieht durch verschiedene, Reinigung und Wiedergeburt, Gotteskindschaft und Unsterblichkeit bewirkende Vergottungsakte. Man hat Sakramente, Taufen und heilige Mähler, in denen man den Gott zu essen und zu trinken glaubt und in einer Unio mystica, in entsetzlicher Trauer und jubelnder Freude, das Schicksal seines Sterbens und Auferstehens nacherlebt. Dabei tendierte das Denken der Gläubigen vom polytheistischen Gottesbegriff zum Eingottglauben.

Selbstverständlich kannte man in den Mysterien, neben der Hoffnung auf Glückseligkeit, auch die Furcht vor jenseitiger Bestrafung[81]. Bereits Platon hatte die schon im 5. Jahrhundert v. Chr. entwickelte Lehre von einer Sühne für böse Taten in einem Leben nach dem Tod entweder aus der Orphik oder von pythagoreischen Kreisen übernommen und auch gleich die erste Ausmalung der Hölle und ihrer feuerglühenden Satansknechte gegeben. Selbst Gemälde, die das Leiden der Sünder post mortem darstellen, waren in dieser Zeit schon verbreitet[32].

Eine weitere wesentliche Rolle spielte die von den Mysterienriten ausgehende emotionelle Wirkung, die starke Beeindruckung des Gefühls und sogar Sensoriums der Mysten: feierliche Prozessionen, Musik, Beleuchtungseffekte, äußere Mittel also, womit alle Kulte die Schaulust der Massen befriedigten, aber auch innere Sammlung erzwangen und die Gemüter an sich fesselten[33]; ein psychologisch wohlberechneter Zauber, wie er ganz ähnlich noch heute im Katholizismus begegnet. So schreibt Wilamowitz von Eleusis: »Die alte Heiligkeit des Ortes, das alte Ritual, geheimnisvolles Dunkel, plötzliches Licht macht auf jeden Eindruck wie ein Hochamt in St. Peter«[34]. Doch auch asketische Übungen, Fasten etwa, waren zur Erzielung visionärer oder ekstatischer Zustände in den Mysteriengenossenschaften nicht selten.

291

Wird der Einfluß des Heidentums auf das Christentum auch erst vom 2. und noch mehr vom 3. Jahrhundert an immer umfassender, ist er doch im Neuen Testament schon groß, und zwar bereits in seinen ältesten Bestandteilen, den Paulusbriefen. An den beiden wichtigsten christlichen Sakramenten sei dies nun gezeigt an der Taufe und am Abendmahl.

33. KAPITEL

Die Taufe oder
»Die Heiden täuschen sich mit bloßem Wasser«

Vorbemerkung: Der antikultische Jesus und der kultische Katholizismus

Der synoptische Jesus ist antilegalistisch, antikultisch, antiklerikal. Er interpretiert die alttestamentliche Gesetzesethik, die er niemals insgesamt verwirft, ohne Rücksicht auf die Tradition. Er tritt dem Klammern an die Überlieferung, dem »Ihr habt gehört«, entgegen mit seinem »Ich aber sage euch«. Sein Kampf gilt einer organisierten, von einer Hierarchie betreuten und dem Hohenpriester geleiteten Kirche, gilt den Theologen und Priestern seines Volkes. Ihnen prophezeit er die ewige Verdammnis und brandmarkt ihre Predigt als einen »Werbefeldzug für die Hölle«[1]. Er gerät in so scharfen Gegensatz zur pharisäischen Gesetzespraxis, daß man erklärte, er habe sein eigenes Gebot der Feindesliebe nicht erfüllt[2]. Schon vor Jesus stand ja der Kreis um den »Lehrer der Gerechtigkeit« in Fehde mit den Pharisäern. Und Jesu Polemik gegen sie zählt zu den sichersten evangelischen Überlieferungen. Den Pharisäern andererseits erschien Jesus als Neuerer und Teufelsdiener, als Volksaufwiegler und Verführer Israels[3].

Warum diese Feindschaft? Wurzelte Jesus nicht im Judentum? War sein Weltbild in wesentlichen Zügen nicht das der Pharisäer? Wie sie bekannte er den Monotheismus, die Auferstehung der Toten, selbst den göttlichen Ursprung der Thora. Vielleicht pflegte er sogar eine Zeitlang mit ihnen Kontakt[4]. Die Pharisäer sind ja nicht identisch mit ihrem Zerrbild in der Bibel. Viele lebten einfach, lehnten jeden Luxus ab und waren beim Volk beliebt. Die schlechten Pharisäer aber werden im Talmud kaum weniger geschont als von Jesus.

Jedenfalls vertraten die Pharisäer Wesentliches, Wertvolles und selbst das, was Jesus lehrte. Daneben freilich pflegten sie unsäglich Läppisches. Sie, die »Abgesonderten« (Peruschim), so benannt nach ihrer Gewohnheit, alle zu meiden, die die rituelle Sauberkeit, die Speise- und Reini-

293

gungsgesetze mißachteten und deshalb als kultisch unrein galten, kultivierten tausend Dinge, die mit Ethik und Religion nichts zu tun hatten[5]. Sie konnten die Beachtung formaler Korrektheit bis zur Absurdität treiben, konnten Gebote, etwa – ihre Spezialität – die Sabbat-Kasuistik, immer spitzfindiger ausspinnen und über die lächerlichsten Fragen streiten. Zum Beispiel: Stört es die Sabbatruhe, wenn sich Tinte oder Farbe löst? Wenn ein falscher Zahn herausfällt? Wenn man eine Laus tötet oder bloß entfernt? Wenn man Wasser wärmt, um sich die Füße zu waschen? Wenn ein Versehrter mit einem Holzbein ausgeht? Usw.[6] Zugleich grübelten sie über legale Umgehungsmöglichkeiten des Gesetzes nach und lehrten in einem Sabbat-Traktat, wie man vermeidet, was der andere Sabbat-Traktat verlangt.

Vom synoptischen Jesus aber heißt es, er predigte gewaltig, »nicht wie die Schriftgelehrten und die Pharisäer«[7]. Er lenkt nicht durch sophistische Dialektik von den ethischen Hauptforderungen ab. Gerade das völlig Unwichtige, Überflüssige, das die Pharisäer oft zur Hauptsache machten, verwirft er. Die Beobachtung eines bestimmten Brauchtums im Verkehr mit Gott stößt ihn ab. Stets auf das Wesentliche, die mutatio mentis, das unum necessarium dringend, schätzt er, in offenkundiger Anknüpfung übrigens an entsprechende Tendenzen älterer Propheten[8], keine Rituale, keinen Kodex leerer Gebräuche, kein Weihen, Waschen, Fasten, »Mückenseihen«. Eindeutig löst er das Ethische aus der unnötigen und schädlichen Verflechtung mit dem Kult. Scharf polemisiert er mit den Worten des Propheten gegen den bloßen Routine-Gottesdienst des Klerus: »Ihr reinigt das Äußere, Becher und Schüssel, inwendig aber seid ihr voll Raub und Gier!« Oder: »Dieses Volk ehrt mich mit seinen Lippen, ihr Herz aber ist weit weg von mir. Nichtig verehren sie mich mit ihren Lehren von Menschengeboten«. Oder: »Erbarmen will ich und nicht Opfer«[9].

Neu waren solche Gedanken nicht. Sie finden sich bereits bei Buddha (S. 78) und Zarathustra, der die blutigen Opfer streng tadelt[10]. Doch schon ein ägyptischer Weisheitstext lehrt: »Die Tugend des Gerechten ist besser als der Ochse des Ungerechten«[11].

Jesus aber sprengt allen Formalismus und Kleinkram des Gesetzes. Er bricht den Sabbat[12]. Er kümmert sich wenig um das Fasten[13]. Er verachtet die leeren Übungen der Frömmler[14]. Er zieht die Nächstenliebe, die Versöhnung mit dem Bruder, dem Opfer vor[15]. Er spottet entrüstet über jene, die ihre Eltern darben lassen, doch kostbare Geschenke in den Tempel schicken; die lange Gebete vorwenden, um der Witwen Häuser zu fressen[16]. Er lehnt Bekenntnisformeln ab[17]. Er leugnet die Verdienstlichkeit von Reinigungsvorschriften[18]. Er widersetzt sich der Schriftautorität[19]. Er gebietet das Beten unter Ausschluß der Öffentlichkeit und verurteilt das Plappern und Wortemachen dabei: »Wenn ihr betet, sollt ihr nicht

294

plappern, wie die Heiden; denn sie meinen, sie werden erhört, wenn sie viele Worte machen«[20]. Die Römer kannten wirklich die Wendung: Man soll die Götter durch Gebete ermüden (deos fatigare)[21].

Jesus verwirft eine Fülle weiterer Kultsitten[22]. Noch radikalere Stellen wurden anscheinend im Laufe der Zeit getilgt[23]. Jede rituelle und kultische Forderung ist jedenfalls durch ihn annulliert, jeder äußerliche Gottesdienst für nichtig und, in Übereinstimmung mit den alttestamentlichen Propheten, die tätige Nächstenliebe als das wahre, Gott wohlgefällige Opfer erklärt worden[24].

Als Goethe am Allerseelentag 1786 eine von Papst Pius VI. zelebrierte Messe besuchte, der, fand Goethe, »wie ein gemeiner Pfaffe« agierte, da stellte er sich den wiederkehrenden Christus vor, der den »vor dem Altare sich nur hin und her« bewegenden Papst sähe. »Was würde der sagen, dacht' ich, wenn er hereinträte und sein Ebenbild auf Erden summend und hin und wider wankend anträfe? Das venio iterum crucifigi! fiel mir ein, und ich zupfte meinen Gefährten, daß wir ins Freie der gewölbten und gemalten Säle kämen«[25].

Ja, was würde Jesus, dem es um das »eine Notwendige« ging, zu diesem pompösen Kirchenapparat sagen, zu dieser Hierarchie und Etikette, diesen Ämtern, Titeln, Audienzen, diesen Handküssen und Fußfällen, Liturgien und Sakramenten, Feiertagen und Fastenvorschriften? Was dächte Jesus von der katholischen Moraltheologie, die genau die gleichen Haarspaltereien treibt wie die pharisäisch-rabbinische Moral seiner Zeit[26]: Wieviel Gramm Nahrung darf man an einem Fasttag zu sich nehmen? Wieviel Fleisch darf man, ohne eine schwere Sünde zu begehen, an einem Freitag essen, 60, 120 oder 140 Gramm? Auf welche Entfernung ist die Absolutionsformel noch wirksam? Wieviele Seiten eines verbotenen Buches darf man lesen, ohne schwer zu sündigen? Wie lange darf man ein solches Buch zu Hause behalten? Darf die Ehefrau, falls sie nach legitimem Verkehr die gottgewollte Lust ohne eigene Schuld nicht fand, in unmittelbarer Fortsetzung des actus durch tactus die voluptas completa selbst herbeiführen oder durch den Mann herbeiführen lassen? Ist eine Unterbrechung der copula gestattet, nachdem das Weib befriedigt wurde, aber noch nicht der Mann? Ist die Unterbrechung erlaubt, wenn bei keinem von beiden die seminatio eintrat? Wird die vor Empfang der Kommunion geforderte Nüchternheit durch Rauchen verletzt? Durch Schnupftabak? Durch Küchendämpfe? Darf man einem Kranken im Falle behinderter Nahrungsaufnahme eine Partikel der heiligen Hostie durch eine Zahnlücke reichen? Oder durch die Schlundsonde? Oder gar durch eine Magenfistel? Usw. usw.

Das alles wird unter den katholischen Moralisten völlig ernsthaft erörtert, und manches ist heftig umstritten. Da sie an Grundsätzlichem nicht rütteln dürfen, können die Katholiken wenigstens diskutieren, ob zwischen den Zähnen befindliche Speisereste die vor dem Kommunionempfang geforderte Nüchternheit, das jejunium naturale, brechen, wenn sie freiwillig verschluckt werden. Einige Experten halten das freiwillige Verschlucken solcher Fasern für Sünde und verlangen zumindest das Ausspucken der auf der Zunge befindlichen Teile. Andere sehen auch in ihrem absichtlichen Verschlucken nichts Böses, während das absichtliche Verschlucken einzelner Wassertropfen als Verstoß gegen das Nüchternheitsgebot gilt[27]. So präzisieren die Katholiken eine Lehre, von der Jesus sich nichts träumen ließ.

Jesu Geringschätzung jeglichen Kultes läßt es ausgeschlossen erscheinen, daß er Sakramentarier gewesen sei. Eine solche Veräußerlichung der Sittlichkeit war ihm völlig fremd. Sollte er bestehende Gebräuche beseitigt haben, nur um andere an ihre Stelle zu setzen? Schließt doch schon sein Glaube an das unmittelbar bevorstehende Ende die Schaffung von Sakramenten aus[28].

Der geschichtliche Jesus hat weder getauft
noch einen Taufbefehl erteilt

Diese Einrichtungen waren im übrigen alles andere als neu.

Im 1. Jahrhundert kannten die Christen, denen die Kirche später sieben Sakramente offerierte, nur zwei, Taufe und Kommunion. Beide gab es schon im Heidentum. Denn alle hellenistischen Mysterienreligionen hatten zwei kultische Höhepunkte, eine wiederholbare gottesdienstartige Feier mit einem heiligen Mahl, und ein einmaliges Aufnahmesakrament, meist eine Taufe[29]: im Attiskult eine Bluttaufe, in den eleusinischen und dionysischen Mysterien eine Wassertaufe, in der Mithrasreligion, die mehrere Stufen der Einweihung unterschied, u. a. auch eine Wassertaufe. Bei den Essenern spielten die Taufen gleichfalls eine Rolle, die Juden vollzogen die Proselytentaufe, und auch Johannes taufte am Jordan.

Dagegen ist merkwürdig, daß Jesus, von dem die christliche Taufe herrühren soll, niemals selbst getauft hat. Das Johannesevangelium, das im 3. Kapitel die Taufe auf ihn zurückführt und zweimal bemerkt, er habe getauft, versichert im 4. Kapitel das Gegenteil[30].

Aber auch die Apostel erhielten von Jesus keinen Taufauftrag. Der trinitarische Taufbefehl des Matthäusevangeliums: »So gehet hin und lehret alle Völker und tauft sie auf den Namen des Vaters und des Sohnes und des heiligen Geistes...«[31], schon seit den Tagen der Aufklärung immer wieder angezweifelt, ist nach Auskunft der gesamten kritischen Forschung eine Fälschung[32]. Wie hätte auch Jesus, dessen Predigt selbst das

296

geringste Anzeichen einer trinitarischen Vorstellung fehlt, eine Taufe auf die Dreifaltigkeit anordnen können? Wie hätte Jesus, der sich »nur zu den verlorenen Schafen des Hauses Israel gesandt« glaubte, der seinen Jüngern ausdrücklich gebot: »Den Weg zu den Heidenvölkern schlagt nicht ein«, der prophezeite: »Ihr werdet mit den Städten Israels noch nicht zu Ende sein, bis der Menschensohn kommt«[33], plötzlich die Weltmission befehlen sollen? Diesen Befehl schoben kirchliche Kreise ein, um die längst vollzogene Praxis und die christliche Taufsitte nachträglich zu sanktionieren. Der gegenteilige Auftrag aber, nicht unter die Heiden zu gehen, erweist sich als echtes Jesuswort, gerade weil er dem Brauch der christlichen Mission widerspricht (S. 149).

Seltsam ist auch, daß Jesus, der angebliche Stifter der Taufe, sie kaum erwähnt. Bischof Cyprian behauptet deshalb, so oft in der Bibel von Wasser (aqua sola) die Rede sei, werde die Taufe verkündet[34]! Sah doch die nachapostolische Kirche die Taufe überhaupt nicht durch den Taufbefehl Mt. 28, 19[35], sondern durch Jesu Tod gestiftet, was sie mit Hilfe einer oft haarsträubenden Allegorese aus dem Alten Testament »bewies«. Zum Beispiel fand sie das Taufsakrament überall dort prophetisch angedeutet, wo irgendwelches Wasser irgendwelches Holz (Kreuz!) berührte, wie bei der Arche Noahs, bei dem Stab, mit dem Moses die Wasser des Roten Meeres teilte, bei den Stöcken, die Erzvater Jakob zur Erzielung besserer Zuchtresultate in die Tränkrinnen der Schafe stellte u. a.[36].

Die Apostel, die nicht taufen sollten, wurden auch nicht selber getauft. Deshalb deutete man später die neutestamentlichen Seesturmgeschichten als ihre Taufe. So sei Petrus bei seinem Seewandel, als er vor Jesus sank, getauft worden[37]!

Selbstverständlich tauften die Apostel auch nicht »auf den Namen des Vaters, des Sohnes und des heiligen Geistes«, sondern, wie sich genau nachweisen läßt, allein auf Jesus oder »auf den Namen Jesu«. Dies war im 1. Jahrhundert, in dem man keine christliche Trinität kannte, die übliche Taufformel[38]. Doch kam es noch im 4. Jahrhundert vor, daß man auf Christus allein taufte[39], das heißt den Täufling Jesus als seinem Herrn zueignete, wie den Mysten der heidnischen Gottheit.

Die christliche Taufe entspricht genau den heidnischen Taufen

»Die christliche Taufe bietet eine genaue Parallele«.
M. P. Nilsson[40].

»... ein ganz analoger Fall«. Der Theologe Bousset[41].

Die christliche Taufe, wohl schon in vorpaulinischer Zeit gespendet[42], wurde vor allem von Paulus propagiert, der auch selbst taufte, obwohl er ausdrücklich bekennt, Christus habe ihn nicht ausgesandt, um zu taufen[43]. Da der gefälschte Taufbefehl erst später entstand, konnte sich Paulus auf ihn nicht berufen. Er rekurrierte deshalb auf den Durchzug der Israeliten durch das Rote Meer, bei dem schon sie »sämtlich die Taufe (!) auf Mose in der Wolke und im Meer empfangen haben«[44].

Der frühchristliche Brauch ist bis in Einzelheiten von den Aufnahmeriten der Mysterienreligionen abhängig.

Bei seiner Einweihung, dem Tauchbad, erlebte der Myste das Schicksal des Gottes, sein Sterben und Auferstehen, wie der Christ bei der Taufe Tod und Auferstehung Christi. »Getrost, ihr Mysten! Wie der Gott gerettet, so wächst für uns Errettung aus dem Leiden«, heißt es bei der Attistaufe[45]. »Ihr seid mit Christus in der Taufe begraben, ihr seid in Christus auch auferweckt«, schreibt Paulus, »euch, die ihr tot wart in den Verfehlungen..., hat Gott mit Christus lebendig gemacht«[46]. Die gesamte kritische Theologie und die außerkirchliche Bibelwissenschaft sehen hier Paulus in engster Abhängigkeit von der Denk- und Ausdrucksweise der Mysterien[47].

Die grundlegende christliche Vorstellung der Taufe als »Wiedergeburt« war fast allen Kulten längst bekannt. »In Ewigkeit wiedergeboren« (in aeternum renatus) nannte sich der Attisgläubige; »wiedergeboren« der durch Isis Erlöste; »die aus Gott Geborenen« eine große Mystenklasse der Dionysosreligion[48]. Auch in den Mysterien des Mithras und in der hermetischen Mystik kannte man die »Wiedergeburt«. Und im Mandäismus, der selbst von den Mysterienkulten abhängig ist, war die Taufe »das Zeichen lebendigen Wassers, kraft dessen ihr zum Lichtorte emporsteigen werdet«[49].

Der christliche Täufling zieht nach Paulus Christus an wie ein Gewand. »Denn ihr alle, die ihr in Christus getauft worden seid, habt Christus angezogen«. Oder wie der Apostel im Römerbrief schreibt: »Ziehet den Herrn Jesus Christus an«[50]. Dieses Bild vom »Christusanziehen« entstammt der »Gewandmystik« verschiedener Mysterienreligionen, die besonders ausgeprägt in den eleusinischen Mysterien oder im Isiskult war, wo der Gläubige das Gewand der Gottheit anzog und dadurch selbst unsterblich oder gar vergottet wurde[51]. Auch für Paulus ist die Taufe nicht nur eine symbolische Handlung, sondern ein ganz real und substantiell verstandener Vergottungsakt. Vielleicht legten sogar die paulinischen Christen, wie die Täuflinge der Isis, ein Taufgewand an. Sahen die Christen doch in ihrer Taufe nichts anderes als eine Mysterienweihe[52] und verbanden mit ihr, entsprechend dem magischen Charakter des heidnischen Sakraments, von Anfang an Zaubervorstellungen. Manche ließen sich geradezu für schon Gestorbene taufen; eine dann außer Praxis gekommene urchristliche Sitte, die Paulus sogar für seinen Auferstehungsbeweis verwendet[53]. Noch später aber durfte man das Taufwasser nicht beseitigen und sich nach der Taufe wochenlang nicht baden oder waschen[54].

Wie man in den heidnischen Mysterien die Taufe als »Erleuchtung« empfand und bezeichnete, so auch, freilich erst seit Mitte des 2. Jahrhunderts, im Christentum. Es hat den technischen Ausdruck der Mysterien in derselben Bedeutung übernommen[55]; ebenso die bereits bei Paulus vorhandene Auffassung der Taufe als eines »Siegels«, das im Heidentum eine Waschung, Salbung, ein eingebranntes Zeichen oder ein geheimnisvoller, über dem zu Weihenden genannter Name sein konnte, womit er zum Eigentum des Gottes wurde[56].

Von der heidnischen Taufe unterschied sich die christliche allenfalls durch ihre größere Einfachheit. Sie bedurfte, wie die Apostelgeschichte oft bezeugt, keiner besonderen Vorbereitung. Kaum nachdem etwa Philippus auf der Straße von Jerusalem nach Gaza einen äthiopischen Hofbeamten getroffen und ihm seine Reiselektüre, den Propheten Jesaja, erklärt hatte, heißt es: »Als sie nun so auf der Straße dahinfuhren, kamen sie an ein Gewässer; da sagte der Hofbeamte: ›Hier ist ja Wasser! Was steht meiner Taufe noch im Wege?‹« Und alsbald – der »liturgische Ablauf«, schreibt ein konservativer Theologe, erscheint »ganz klar«[57] – sehen wir sie beide im Wasser und das Heilswerk vollziehen[58].

Aber auch dies änderte sich vom 2. Jahrhundert an, und nicht bloß dadurch, daß eine Salbung des Kopfes oder gar des ganzen Körpers mit Öl, das Überreichen von brennenden Kerzen, Milch und Honig dazukam. Wie in den Mysterienreligionen gehen jetzt der christlichen Taufe ein Taufunterricht und eine Vorbereitungszeit, ein in manchen Gemeinden vierzig Tage, in manchen bis zu drei Jahren dauerndes Katechumenat voraus; auch dies angereichert mit einem üppigen Zeremoniell: tägliche Dämonenbeschwörung, Anblasen, Bekreuzigung, Servieren von geweihtem Salz usw. [59]. Wie in den Mysterienreligionen gehören dazu viel Fasten und Beten; muß fünf Tage vor der Taufe ein Bad genommen, drei Tage vorher besonders streng gefastet und die letzte Nacht durchwacht werden. Wie im Isiskult muß auch der Taufspender vorher fasten und entscheiden, wann der Täufling reif für die Taufe sei. Wie in der Mithrasreligion tauft man vorzugsweise zu Beginn des Frühjahrs (um Ostern). Wie bei der eleusinischen oder orphischen Taufe ist man auch bei der christlichen Untertauchtaufe meist nackt. Wie im Isiskult kann der Taufort zunächst jeder Fluß, jede Quelle, jeder Strand sein. Erst später folgt ein Taufhaus, das Baptisterium, das ebenfalls schon in den zu Taufzwecken errichteten Brunnenbauten und Wasseranlagen der Mysterienreligionen, besonders des Mithraskultes, ein freilich einfacheres Vorbild hatte. Sogar eine Art Weihwasserbecken gab es in seinen Tempeln[60]. Im weißen Taufkleid setzt sich die hellenistische Gewandmystik fort – weiß und rot waren in den Mysterienreligionen die häufigsten Farben für kultische Feierkleider. Im 4. Jahrhundert endlich wird das Sakrament zu einem mit Gratulationsbriefen gefeierten gesellschaftlichen Fest[61].

Allerdings empfing man die Taufe noch lange nackt, wobei ein kirchlicher Erlaß die Frauen selbst zum Lösen der Haarknoten zwang, damit nichts »Fremdes«, kein eventuell darin verborgener Teufel, mit ins Bad der Wiedergeburt steige und die Wirkung verderbe[62]. Erst im 13. Jahrhundert kam im lateinischen Westen die bloße Besprengung mit Wasser auf. Sie war früher nur bei Kranken üblich, weshalb man in der antiken Kirche vom baptismus clinicorum sprach und mitunter so Getaufte gar nicht als Christen anerkennen wollte. Die Sünden mußten eben ganz abgewaschen werden. Wie denn in der griechischen Kirche bis heute durch Untertauchen getauft wird.

Das Wiederkehren uralter heidnischer Bräuche in der christlichen Taufzeremonie sei noch an einem Einzelzug gezeigt[63]. In Ägypten rief der Priester eine Statue ins Leben, indem er Speichel in den Mund brachte und Atem in die Nasenlöcher blies. So konnte der Verstorbene in der Statue wieder atmen, sprechen und essen. Sein ewiges Leben begann. Dieses Ritual, mit dem man den Tod besiegte und die Unsterblichkeit gewann, kehrt umgewandelt wieder in der christlichen Taufe, wo der Priester den Täufling anhaucht und Speichel auf seine Ohren und die Oberlippe bringt mit dem Wort »Ephipeta« = »Sei offen«[64]. Der Christ, der ja vor der Taufe noch »tot« ist, empfängt durch Ohr und Mund das ewige Leben nach dem Brauch des Lebendigmachens der ägyptischen Statuen.

Wodurch unterscheidet sich die heidnische Taufe von der christlichen?

Schon um die Wende zum 3. Jahrhundert drängte es Tertullian, diese Frage in einem eigenen Traktat »Über die Taufe« zu beantworten. In einer kosmologischen Spekulation über die Natur des Wassers untersucht er zuerst, warum gerade das Wasser zu einem so hohen Dienst begnadigt

300

wurde. Zunächst ergibt sich da: Das Wasser ist besonders alt; ein Argument, das bei anderen Patristikern wiederkehrt und Bischof Cyrill von Jerusalem den lapidaren Satz prägen läßt: »Am Anfang der Welt steht das Wasser, wie am Anfang der Evangelien der Jordan«[65].

Tertullian weiß weiter: Das Wasser brachte die ersten lebenden Wesen hervor, »damit es nichts Auffälliges habe, wenn in der Taufe das Wasser zu beleben vermag«. Vor allem aber war es der ursprüngliche Sitz des Geistes, der es dadurch wärmte, wie einmal Kirchenlehrer Basilius anschaulich schreibt, einem Vogel gleich, der seine Eier ausbrütet[66]. Übrigens einfach eine Übernahme der orphischen Vorstellung vom Weltei, das der Vogel Phönix ausbrütet. So wurde das Wasser also geheiligt, denn, wie Tertullian schließt »was als Unterlage diente, entlehnte von dem, was darüber schwebte, die Heiligkeit«, womit feststeht, daß das vom Heiligen geheiligte Wasser ebenfalls die Kraft, zu heiligen, empfangen hat. In diesem Zusammenhang fällt auch folgender Satz, den ein moderner Theologe als fragwürdigen Tiefsinn noch schonend charakterisiert: »Der Geist (des Gläubigen) wird im Taufwasser körperlich abgewaschen und das Fleisch in ebendemselben Wasser geistig gereinigt«[67].

In Wirklichkeit steht hinter diesen geistvollen Reflexionen die uralte heidnische und jüdische Anschauung von der geheimnisvoll reinigenden und weihenden Kraft des Wassers, besonders des fließenden, des »lebenden« Wassers, das man sich von göttlichen Kräften erfüllt, ja, von der Gottheit kommend oder gar von ihr bewohnt dachte. Deshalb schrieb man Quellen und Flüssen Heilkraft zu, wobei man solche Vorstellungen mit dem Monotheismus durchaus zu vereinbaren wußte. Dies zeigt schön die neutestamentliche Erzählung vom Teich Bethesda, die Heilkraft seines Wassers wird dadurch bewirkt, daß ein Engel von Zeit zu Zeit aus dem Himmel herabsteigt und das Wasser bewegt[68].

Aber, argumentiert unser streitbarer Kirchenvater weiter, mit der bösen Skepsis vertraut: »Niemand sage: Werden wir denn in gerade dasselbe Wasser eingetaucht, welches damals im Uranfang existierte? Allerdings nicht in dasselbe, als insofern die Gattung nur eine, die Arten hingegen viele sind. Die Eigenschaft aber, welche der Gattung mitgeteilt worden ist, geht auch auf die Arten über.« Daher, fährt Tertullian konsequent fort, verschlage es nichts, ob jemand im Meer, in einem See, Sumpf oder in der Badewanne abgewaschen werde, ob im Jordan oder im Tiber. Denn jedes Wasser erlange eben vermöge der alten Prärogative seines Ursprungs die geheimnisvolle Wirkung, zu heiligen durch die Anrufung Gottes[69]. Und nun stellt unser Gewährsmann den Unterschied zur heidnischen Taufe fest: »Auch die Heiden, aller Einsicht in die geistigen Kräfte bar, messen ihren Idolen dieselben (!)Wirkungen bei. Allein – sie täuschen sich mit bloßem Wasser«[70].

301

Die Kindertaufe

Die Kindertaufe aber wird von unserem Kirchenvater mit sehr vernünftigen Gedanken noch bekämpft. Die Menschen sollen kommen, wenn sie herangewachsen seien; »sie mögen Christen werden, sobald sie imstande sind, Christum zu kennen«. »Aus welchem Grunde«, fragt Tertullian, »hat das Alter der Unschuld es so eilig mit der Nachlassung der Sünden?«[71]. Nun, nicht das Alter der Unschuld hatte es eilig, sondern die Kirche. Schon im 3. Jahrhundert behauptete sie, der erste Schrei des Kindes bei seinem Eintritt in die Welt sei kein Klageschrei, wie ihn die Epikuräer gerne pessimistisch deuteten, sondern ein Schrei des Kindes nach der Taufe[72].

Das Aufkommen der Kindertaufe liegt ziemlich im Dunkel. Im Neuen Testament ist von ihr nirgends die Rede. Vermutlich hat man in der Kirche erst Ende des 2. Jahrhunderts Kinder getauft – und die Neuerung dann gleich auf apostolische Tradition zurückgeführt[73].

Im 3. Jahrhundert schrieb das Taufritual der Hippolytischen Kirchenordnung die Kindertaufe, den baptismus infantium, bereits vor[74]. Im 4. Jahrhundert möchte Gregor von Nazianz die Menschen erst mit drei Jahren taufen lassen, damit ihnen schon etwas von dem widerfahrenen Glück dämmere[75]. Aber noch bis zum Beginn des Mittelalters war die Erwachsenentaufe die Regel. Dann setzte sich, etwa seit dem 6. Jahrhundert, die schon von Augustinus propagierte Kindertaufe durch. Später haben, unter Berufung auf die ursprüngliche christliche Taufsitte, nur noch kleine Sekten gegen die Kindertaufe protestiert, die Pelagianer, Albigenser, Waldenser, Wiedertäufer, Sozinianer, die überall grausam bekämpft worden sind.

Während des letzten Krieges nannte auch ein protestantischer Theologe in einem aufsehenerregenden Vortrag die Kindertaufe eine »halbe Taufe«, einen »Gewaltakt«, und forderte eine auch auf Seite des Täuflings verantwortliche Taufe, also die Abschaffung der bisherigen Kirchensitte, die er vor allem in dem klerikalen Bedürfnis begründet sieht, die Kirche als Staats- und Massenkirche zu erhalten[76]. Dagegen gehört nach einer anderen protestantischen Meinung die Kindertaufe so notwendig zum Christen wie seine Geburt. »Ist ja doch auch niemand gefragt worden, ob er geboren werden wollte«[77]!

Laut katholischer Lehre kommt kein ungetauftes Kind ins Himmelreich, wenn sich auch selbst die Experten nicht einig sind, was mit solchen Kindern geschieht. Nach der strengeren, auch von Augustinus vertretenen Auffassung, erwarten diese Kleinen ewige Höllenstrafen, jedoch »in mildester Form« (weshalb die Kirche ungetauften Kindchen auch das kirchliche Begräbnis verwehrt). Nach den »milderen« Theologen gelan-

302

gen die kleinen Heiden in die Vorhölle, den Limbus puerorum, einen Ort, wo weder Freude noch Leid ist[78]. Ja, anscheinend besonders humane und wohlmeinende Katholiken verkünden mit einer Stimme wie Balsam: »ein Ort ohne Qual und ein Zustand voll natürlicher Glückseligkeit«[79].

Die Taufe im Mutterleib

Um die Seelen auch der Kleinsten zu retten, tauft die katholische Kirche bei Gefahr einer Totgeburt mit einem besonderen medizinischen Instrument schon im Mutterleib: die sogenannte intrauterinische Taufe.

Diese ablutio per aspersionem ist nach den katholischen Pastoralmedizinern zu vollziehen, »sobald überhaupt ein Teil des Kindes erreicht werden kann«[80]. Eine Gefährdung des Lebens von Mutter und Kind spielt dabei kaum eine Rolle. »Der zu befürchtende Nachteil für die Mutter und die Beschleunigung des Todes für das Kind kämen hier nicht in Betracht gegenüber der nötigen Sorge für das ewige Heil des Kindes«[81].

Wichtiger ist, was zu geschehen hat, wenn die Taufspritze fehlt. In diesem Fall soll man versuchen, »den Finger mit dem Taufwasser triefend naß zu machen und mit diesem nassen Finger einen Teil des Kindes abzuwaschen«[82]. Während der minister baptismi, der Taufspender, mit taufwasserfeuchtem Finger im Mutterleib nach dem Kind tastet (bei Taufe auf die Nabelschnur ist die Zeremonie ungültig), spricht er: »Ich taufe dich im Namen des Vaters und des Sohnes und des Heiligen Geistes« (Ohne Amen)[83].

Niemand geht in dieser Gemeinschaft verloren. Das beweisen auch die Vorschriften für die Taufe bei Mißgeburten. Mit allen Eventualitäten wird gerechnet: ein Kopf und eine Brust, ein Kopf und zwei Brüste, zwei Köpfe und zwei Brüste, zwei Gesichter und ein Kopf, ein Gesicht und zwei Schädel, ein Kopf und zwei Herzen usw. Bei einem Kopf mit doppelter Brust beispielsweise verlangt man, unbedingt den Kopf und jede Brust einzeln zu taufen. »Es ist nötig, auf *jede* Brust Wasser zu gießen, da man ja im Zweifel nicht wissen kann, welche Brust mit dem Kopfe getauft wäre«[84]. Noch nicht genug. Obwohl man eine Zeugung zwischen Mensch und Tier für unmöglich hält, werden sogar aus derartigen Verbindungen hervorgegangene »Erzeugnisse« mit Rücksicht auf die Taufe besprochen[85]!

Selbst Embryone in den ersten Monaten sind bei dem geringsten Lebenszeichen zu taufen. Für die katholische Fachwelt erhebt sich dabei lediglich die Frage, ob man einen im geschlossenen Ei ausgestoßenen Fötus erst dann taufen soll, wenn das Ei geöffnet ist, oder ob man zuerst auf die Häute des geschlossenen Eies bedingungsweise die Taufe applizieren darf oder muß[86]. Diese Frage ist in zuständigen katholischen Kreisen umstritten. Was man jedoch hierbei im einzelnen erörtert, kann dem Leser kaum noch zugemutet werden. Allen nichtsachverständigen Taufspendern wird jedenfalls geraten, die Taufe per immersionem, durch Untertauchen, vorzunehmen, und zwar so, daß man, den Fötus schräg haltend, die Häute in oder unter Wasser zerreißt und gleichzeitig die den Fötus seligmachenden Taufworte spricht. Die Gebrauchsanweisung lautet: »Man fasse mit Daumen und Zeigefinger jeder Hand eine Falte der Eihülle und zerreiße diese so, daß der Inhalt des Eies ausfließt, resp. das Taufwasser den ganzen Inhalt des Eies gehörig bespült, und *hebe den Fötus wieder heraus* unter Vollendung der Taufformel«[87]. Faustregel in allen diesen Fragen: »Für *jeden* vom Weibe geborenen Gegenstand (!) gilt demnach als praktische Regel: Man taufe *immer*, wenigstens bedingungsweise«[88].

Denn, wie schon eine christliche Schrift des 2. Jahrhunderts lehrt: Auf Erden, im Himmel und unter der Erde gehört zur Kirche nur, wer getauft ist[89].

304

34. KAPITEL

Das Abendmahl

»Dem Opfermahl der Heiden und Juden entspricht bei den
Christen das Abendmahl. Und so wie die Heiden durch den
Genuß ihrer Opfermahlzeiten in eine geheimnisvolle Gemeinschaft mit ihren Göttern treten, so wir mit dem erhöhten Herrn«. Der Theologe Lietzmann[1].

»Hier wie dort dieselbe Art der Befriedigung des gleichen
Triebes«. Der Theologe Heitmüller[2].

Die Vorstellungen von der Vereinigung mit einem Gott durch Essen und
Trinken und das Ritual seiner Verspeisung sind uralt, wofür die Religionsgeschichte zahlreiche und manchmal sehr absonderliche Belege bietet[3]. Doch noch in den krausesten Kultformen haben moderne Theologen
eine Art Antizipation der christlichen Mysterien erblickt und selbst die
einst über die ganze Welt verbreitete Antropophagie dazu in Beziehung
gesetzt[4]. Denn die Kannibalen, die nicht im Urstadium der Menschheit,
sondern erst auf einer späteren Stufe ihrer religiösen Entwicklung auftra-
ten, verzehrten die Körperteile eines Menschen meist nicht aus Rachsucht
oder Raubtierinstinkt. Vielmehr glaubten sie, seine besonderen leiblichen
oder seelischen Kräfte zu erwerben, wie gewisse Wilde die Kräfte eines
Bären, dessen Fleisch sie aßen.
    Im Zusammenhang mit dem kultischen Kannibalismus nennt die theo-
logische Forschung auch die indonesische Kopfjägerei und den früher
häufig geübten christlichen Brauch, aus den Hirnschalen von Heiligen zu
trinken. Aus den Schädeln des hl. Sebastian, hl. Erhart zu Regensburg, hl.
Theodulphus von Trier u. a. stärkten sich bei schweren Anlässen die frommen Christen mit einem Trunk und meinten dann, die übernatürlichen
Kräfte zu erlangen, die der Heilige schon bei Lebzeiten besessen[5].
    Längst bekannt waren derartige Gedanken im alten Ägypten, wo man
die Götter aß, um Leben und Kraft zu gewinnen. Drastisch demonstriert

305

dies der Kannibalenhymnus – eine der berühmtesten ägyptischen Pyramideninschriften –, der den Einzug des verstorbenen Königs Unas schildert: »Seine Diener haben die Götter mit der Wurfleine gefangen, haben sie gut befunden und herbeigeschleppt, haben sie gebunden, ihnen die Kehle durchschnitten und ihre Eingeweide herausgenommen, haben sie zerteilt und in heißen Kesseln gekocht. Und der König verzehrt ihre Kraft und ißt ihre Seelen. Die großen Götter bilden sein Frühstück, die mittleren bilden sein Mittagessen, die kleinen bilden sein Abendessen... Der König verzehrt alles, was ihm in den Weg kommt. Gierig verschlingt er alles, und seine Zauberkraft wird größer als alle Zauberkraft. Er wird ein Erbe der Macht, größer als alle Erben, er wird der Herr des Himmels; er aß alle Kronen und alle Armbänder, er aß die Weisheit jedes Gottes«[6].

Keine anderen Vorstellungen liegen den sakralen Mählern und Tränken der Mysterienreligionen zugrunde, wobei jetzt nur aus einem Speisesakrament der Toten ein Speisesakrament der Lebenden wird, die sich mit dem Gott fleischlich vermählen und so ein Unterpfand der ewigen Seligkeit erhalten. Doch gehen alle diese heiligen Mahlzeiten, auch der zivilisiertere Ritus der christlichen Kommunion, bis in die Zeit des Kannibalismus zurück[7].

Erich Zehren erinnerte jüngst daran, daß man lange statt des Gottes das entsprechende Gottestier, Lamm, Stier oder Fisch, gegessen habe und noch heute in vielen Gegenden Europas zu bestimmten Zeitpunkten den göttlichen Fisch genieße, zur Jahreswende und am Karfreitag, also am Geburts- und Todestag Christi[8].

Hat Jesus ein Abendmahl gestiftet?

> *Im letzten Mahl Jesu »die Stiftung eines neuen ›Ritus‹, eine Art Generalprobe für die künftigen Abendmahlsfeiern der Kirche sehen zu wollen, wäre ein arger Verstoß«.*
> *Der Theologe Oepke*[9].

> *»Die synoptische Stiftung des Herrenmahles ist seit W. Heitmüller als Kultlegende erkannt und bleibt... für Aussagen über den historischen Jesus besser außer Betracht«.*
> *Der Theologe Braun*[10].

Die Kirche lehrt die Einsetzung des Abendmahles durch Jesus. Sie beruft sich dabei auf die durch Paulus und die Synoptiker (verschieden) mitgeteilten Worte, die Jesus beim letzten Mahl zu seinen Jüngern gesprochen haben soll: »Dies ist mein Leib, der für euch gebrochen wird; tut das zu

306

meinem Gedächtnis!« »Dieser Becher ist der neue Bund in meinem Blut; das tut, so oft ihr trinkt, zu meinem Gedächtnis!«[11].

Gegen die Stiftung eines sakramentalen Abendmahles durch Jesus aber sprechen von vornherein seine Enderwartung (S. 29f.) und seine Geringschätzung äußerer Handlungen (S. 293ff.). Schwere Bedenken dagegen erheben sich jedoch auch auf Grund der Berichte über dieses letzte Mahl selbst.

Am wahrscheinlichsten ist, daß Jesus im Kreise seiner Jünger ein einfaches Abschiedsmahl gehalten und dabei in der Ahnung seines Todes seinen Leib mit gebrochenem Brot und sein Blut mit dem Wein im Kelch verglichen hat. Mit ähnlichen Gleichnissen versinnbildlichten in besonderen Augenblicken auch die alttestamentlichen Propheten das Schicksal ihres Volkes[12]. Vor allem der Vergleich des beim Passahfest getrunkenen Rotweins mit Blut war damals nicht ungewöhnlich[13]. Im übrigen läßt dieses Wort vermuten, daß Jesus eine andere Todesart, vielleicht die Steinigung, erwartet hat, da vom Vergießen des Blutes beim Kreuzestod, der nicht durch Blutverlust, sondern im Gegenteil durch Blutüberfüllung eintritt, keine Rede sein kann[14].

Größte Bedeutung kommt nun dem sogenannten Stiftungsbefehl zu: »Tut dies zu meinem Gedächtnis!« Denn ohne ihn liegt eine Einsetzung des Abendmahles gar nicht vor. Erst er gibt dem Mahl den Charakter eines ständig wiederholbaren und zu wiederholenden Sakraments.

Hier aber zeigt sich etwas Merkwürdiges. Dieses entscheidende Wort »Tut dies zu meinem Gedächtnis!« überliefern nämlich weder Markus, noch Matthäus, noch das Vierte Evangelium, das nach Meinung führender Theologen das Abendmahl geradezu abgelehnt oder für überflüssig gehalten hat[15]. Der Stiftungsbefehl steht nur bei Lukas! Doch auch bei ihm bloß für den Ritus des Brotbrechens! Überdies fehlt er in mehreren alten Handschriften auch bei Lukas ganz! Er findet sich nur in einem verlängerten Text, der aller Wahrscheinlichkeit nach nicht ursprünglich ist, sondern, wie die handschriftliche Überlieferung besonders der altlateinischen und altsyrischen Bibeln erweist, nach dem Paulustext verändert und diesem immer mehr angeglichen wurde. Von Paulus her drang also der Wiederholungsbefehl in das Lukasevangelium ein. Und *nur bei Paulus* steht er für Brot *und* Wein.

Merkwürdig ist auch folgendes. Wie die nachapostolische Christenheit im Taufbefehl Mt. 28, 19 nicht die »Stiftung« der Taufe sah, so, mit geringen Ausnahmen, in dem synoptisch-paulinischen Abendmahlsbericht nicht die »Einsetzung« der Eucharistie[16]. Vielmehr dachten sich die meisten älteren Kirchenväter Taufe und Abendmahl durch Jesu Tod bedingt, geschaffen gleichsam mit dem seiner Seitenwunde entströmenden Wasser und Blut[17].

307

Berührt es nicht seltsam, daß die Stiftung der Kirche, der Taufe, des Abendmahls, die für die Kirche wichtigsten Daten, den Evangelisten kaum etwas bedeuten? Warum liest man die Einsetzungsworte für das Abendmahl nicht wenigstens einmal in jedem Evangelium? Warum spricht das Neue Testament nicht bestimmter davon? Weil sie ungeschichtlich sind.

Das ist längst erkannt. Bereits Schleiermacher bezweifelte ihre Echtheit[18], und in neuerer Zeit erklärte sie eine große Zahl von Fachgelehrten[19] als einen offensichtlich aus kirchlichem Bedürfnis erwachsenen Zusatz. Die Wiederholungsanweisung wurde Jesus vielleicht im besten Glauben in den Mund gelegt. Wie schnell so etwas ging, mag ein Beispiel zeigen. Von dem Becher beim letzten Mahl heißt es im ältesten Evangelium: »Und sie tranken alle daraus«. Bei Matthäus aber sagt Jesus bereits selbst: »Trinkt alle daraus!«[20]

Die Urapostel kannten kein sakramentales Abendmahl

Sie pflegten die Form des gemeinsamen Essens, das Brotbrechen, wie der älteste Ausdruck lautet[21], an dessen Stelle erst im 2. Jahrhundert viel häufiger der Name Eucharistie tritt[22], wie zur Zeit Jesu. Nur verbanden sie jetzt damit die fiebrige Hoffnung auf seine baldige Wiederkunft. Sie brachen das Brot mit »Frohlocken«, ohne Priester und ohne jedes kultische oder gar sakramentale Gepräge[23]. Einen allgemein religiösen Charakter dagegen besaß damals in Palästina *jede* gemeinsame Mahlzeit, da der Hausvater über Brot und Wein täglich den Tischsegen sprach, worauf die Hausgenossen mit Amen antworteten[24]. Auch jedes griechische Mahl begann ja mit einer Spende an die Götter.

Die Nachrichten über das »Brotbrechen« der Urgemeinde sind im übrigen so karg, daß man schon deshalb geneigt ist, ihm keine große Bedeutung beizumessen. Von Wein und Kelch wird dabei in der Apostelgeschichte gar nicht gesprochen, wie man überhaupt das Abendmahl noch bis ins 3. Jahrhundert ohne Wein genießen konnte[25]. Gerade die Nachkommen der Urgemeinde haben bei ihrer Abendmahlspraxis den Kelch meist abgelehnt und die »Eucharistie« entweder nur mit Brot gefeiert oder, sofern man einen Kelch verwandte, mit Brot und Wasser, wozu dann gelegentlich noch Öl, Salz und Gemüse kamen[26].

Die gesamte kritische Theologie aber sieht keinerlei Zusammenhang zwischen dem Mahl der ältesten urchristlichen Gemeinde und dem Kultakt des Abendmahles, das Paulus propagiert, mit dem wiederum etwas entscheidend Neues beginnt[27].

Der Begründer des sakramentalen Abendmahles wurde Paulus

Auch in der paulinischen Gemeinde in Korinth war das Abendmahl zunächst ein ganz gewöhnliches antikes Essen, wozu jeder nach seinen Verhältnissen beisteuerte. Es war, wie in der Urgemeinde, eine Sättigungsmahlzeit für die Armen[28].

Allein die Christen machten in Korinth schon Klassenunterschiede, blieben doch die einen öfter hungrig, während die anderen fröhlich tranken. So regte Paulus an, man solle in Zukunft zu Hause essen und sich bei den gemeinsamen Zusammenkünften auf eine verkürzte Feier, ein bloß symbolisches Speisen beschränken[29].

Hier stehen wir an einem der bedeutsamsten Einschnitte in der Geschichte des Urchristentums, denn nun folgt die älteste biblische Abendmahlslehre, die bereits das Markusevangelium entscheidend beeinflußt hat[30]. Wie konnte Paulus anstelle eines aus echter Nächstenliebe hervorgegangenen Liebesmahles ein Kultmahl, ein Scheinmahl, einen supranaturalen Erlösungsritus setzen? Woher bezog er die neue Form des Abendmahles?

Wie so vieles hatte Paulus sie »vom Herrn empfangen«, womit er eine Unterweisung durch den himmlischen Christus, eine Offenbarung meint[31]. Bezeichnend genug, daß sich der Apostel bei der Propagierung des neuen Mahltyps nicht auf das Vorbild der Urgemeinde beruft! Wie für die Taufe, so suchte er auch für das Abendmahl eine Stütze im Alten Testament. Wie die jüdischen Väter einst alle in der Wolke und im Meer »getauft« worden waren, so haben sie, laut Paulus, »auch allesamt dieselbe geistliche Speise gegessen und sämtlich denselben geistlichen Trank getrunken: Sie tranken nämlich aus einem geistlichen Felsen, der sie begleitete, und dieser Fels war Christus«[32].

Gegenüber dieser grotesken Allegorese liegt sonnenklar zutage:

Das sakramentale christliche Abendmahl entstand in genauer Nachahmung heidnischer Bräuche

> »Paulus und seine griechischen Gemeinden haben das gleiche erlebt wie die Mysten von Eleusis bei dem heiligen Kykeon, die des Dionysos bei dem herumgereichten Weinbecher, die der Kybele bei dem Essen und Trinken aus dem heiligen Kymbalon und Tympanon und die des Mithras bei Brot und Wein. Die Einsetzungsworte werden schon bei Paulus ähnlich wie die Deuteworte in Eleusis gebraucht«. Der Theologe Carl Schneider[33].

»Das war eine von unzähligen Mysterien her geläufige Sache«. Der Theologe Harnack[34].

Vielleicht wurde ein Abendmahl bereits im alten Indien im Kult des Agni (lat. ignis, das Feuer), eines altarischen Feuer- und Sonnengottes gefeiert; wie sich Agni, der schon im Rigveda als »Jungfrauensohn« bezeichnet und bei seiner Geburt von Hirten auf dem Felde besungen und beschenkt wird, auch für die Seinen opfert und sie so erlöst[35]. Doch ist das Abendmahl in seinem Kult sehr zweifelhaft. Viel eher darf man hier wohl an das persische Haoma (sanskr. soma) und sein indisches Äquivalent erinnern, einen berauschenden Trank, von dem man glaubte, er vertreibe den Tod.

Bei den Griechen geht die Vorstellung von der himmlischen Speise, die unsterbliches Leben verleiht, bis auf Homer zurück[36]. Im Dionysosmythos zerrissen die Titanen das göttliche Kind und aßen seine Glieder. Im Dionysoskult tötete man Rehkitze und Zicklein und verspeiste ihr Fleisch als den Gott (S. 86). Das heilige Mahl der Attisreligion bestand wahrscheinlich aus Brot und Wein[37]. Syrische Priester genossen die Gottheit beim Essen von Fischen, die der Fisch-Göttin Atargatis heilig waren[38]. Einer ihrer Tempel wird wiederholt im Alten Testament erwähnt; er stand in Karnion, westlich vom See Genezareth, weshalb man Atargatiskult und Fischverehrung in nächster Nähe des Urchristentums als sicher annehmen darf[39]. Später wurde der Fisch, das Sinnbild weitverbreiteter heidnischer Fischmysterien, das Symbol des heiligsten Geheimnisses der Christen, der Eucharistie. Sie galt nun als »das wahre Fischmysterium«, »der eine reine Fisch«[40]. Und zwar erfolgte die Übernahme des Fisches als Kultsymbol zuerst durch die Christen in Syrien[41], wo die Fischverehrung am bekanntesten war. Das griechische Wort für Fisch, ichthys, bildete ein Anagramm für den Namen »Jesus Christus, Gottes Sohn, Heiland«[42].

Auch wenn Christus, beiläufig bemerkt, die Buchstaben Chi, Rho oder AO erhält, geschieht dies in Nachahmung heidnischer Buchstabensymbolik. So hatten Apollo und Jupiter ihr E und IOM, die Unterweltsgötter ihr DM als Zeichen[43]. Das heilige Brot wurde in den Mysterienkulten gestempelt. Auch diesen Brauch übernahmen die Christen, wobei sie auf ihren Brotstempeln sogar heidnische Zeichen weiter verwendeten, beispielsweise, das sei lediglich als Kuriosum erwähnt, einen Satyr mit Phallus, Kreuz und Kelch[44].

Üblich waren in den antiken Religionen auch »heilige Getränke«, so etwa in den eleusinischen und dionysischen Mysterien. Beim Gottesdienst des Mithraskultes gebrauchte man die gleichen Mahlgeräte wie bei der christlichen Eucharistie, Kelch und Patene. Ebenfalls vermischte man im Mithraskult, wie meist bei der christlichen Messe, den Wein mit Wasser und verbeugte sich vor dem heiligen Kelch (S. 93).

310

Nun geht es hier aber nicht, wie die Kirche vorgibt, nur um formale Analogie, um äußere Ähnlichkeit, eine bloße Parallelität der Riten. Im Gegenteil! Die inneren Übereinstimmungen sind noch offensichtlicher. Kein Gedanke, den es nicht schon in den Kultdramen der Dionysos-, Isis-, Osiris-, Attis- oder Mithrasmysterien gegeben hätte. Bei einem sakramentalen Mahl vereinigte sich der Myste mit dem gestorbenen und wieder auferstandenen Gott, er wurde neu geboren und erhielt die Gewähr für die ewige Seligkeit. Dasselbe Sakramentsverständnis kehrt im paulinischen Abendmahl wieder, was nun im einzelnen gezeigt werden soll[45].

Wie nach kirchlicher Lehre die Jünger das Blut Christi, von ihm selbst vor seinem Tod gereicht, aus dem Weinkelch tranken, so trank Isis vor dem Tod des Osiris dessen Blut, das er ihr selbst in einem Weinbecher reichte[46]. Wie die Empfänger des Abendmahles nach Paulus Tischgenossen Christi sind, so waren die Mysteriengläubigen Tischgenossen des Gottes[47]. Wie das Abendmahl die volle Vereinigung mit Christus bewirkt, so gingen schon Dionysos und Mithras beim mystischen Mahl und beim Trinken des heiligen Weines ganz in die Ihren ein[48]. Wie die Teilnehmer am Abendmahl, so fühlten sich auch die Besucher der Sarapis- und Isis-Kultmahle kraft der sakramentalen Magie untereinander verbunden[49]. Wie bei der frühchristlichen Eucharistie der Gedanke des Trostes eine Rolle spielt, so schon beim Genuß des heiligen Gerstenweintrankes in den eleusinischen Mysterien[50]. Wie der von Paulus propagierte Brauch ein Erinnerungsmahl ist, verknüpft nämlich mit dem Gedanken an Jesu letztes Mahl und seinen Tod, so erinnerten alle Mysterienkultmahle an eine bestimmte Situation aus der Geschichte des Gottes[51]. Ja, die Mithras-Agapen waren offenbar die rituelle Gedächtnisfeier des letzten Mahles, das Mithras mit Sol und den übrigen Genossen seiner Mühsale vor seiner Himmelfahrt einnahm[52]. Wie nach paulinischer Anschauung das Abendmahl eine Art eschatologischer Vorausblick, ein Vorbild des Mahles im Jenseits ist, so wiesen auch die Kultmähler der Sabaziosmysterien und der Orphik bereits auf das Mahl ihrer Gläubigen nach dem Tode hin[53]. Wie endlich die Eucharistie später einen ausgesprochenen Opfercharakter zeigt, so bekundete ihn schon das Kultmahl von Andania.

Bekanntlich zieht Paulus selbst eine deutliche Parallele zwischen christlicher und heidnischer Kommunion. »Ihr könnt nicht«, schreibt er, »den Kelch des Herrn und den Kelch der Dämonen trinken; ihr könnt nicht am Tisch des Herrn und am Tisch der Dämonen Gäste sein«[54]; ein Wort, nebenbei, das Papst Pius XII. zitierte, um Christen Gespräche und Begegnungen mit dem kommunistischen Osten zu verbieten (S. 669)! Noch die technischen Ausdrücke entleiht Paulus aus der Mysterienfrömmigkeit. Wie er vom »Tisch des Herrn« spricht, so sprach man bei den heidnischen Opfermahlzeiten vom »Tisch des Herrn Sarapis« oder vom »Tisch des

311

Gottes« in der Heraklesreligion[55]. Und wie die Teilnehmer am Herrenmahl »in Christus« sein wollten, so die Gläubigen des Dionysos »in Gott«.

Die beiden ältesten christlichen Kulthandlungen, Taufe und Kommunion, stammen also nicht, wie zahlreiche andere Zeremonien des christlichen Gottesdienstes, aus der Synagoge, sondern sie wurden von Paulus und den hellenistischen Gemeinden in engster Anlehnung an die entsprechenden Sakramente der hellenistischen Mysterienreligionen geschaffen. Es handelt sich um ganz ähnliche, man darf sagen um die gleichen Phänomene, wobei auf christlicher Seite selbstverständlich alles »geläutert«, »neu geformt«, auf »höhere Ebene« gehoben, kurz, mit »christlichem Geist« erfüllt worden ist, wie überhaupt die Götzenopferspeise der Heiden natürlich Tod und Verderben brachte, die Eucharistie aber, die »Arznei der Unsterblichkeit« (pharmakon athanasias), wie schon Ignatius sagt[56], diese Bezeichnung übrigens der Isisreligion entlehnend[57], ewiges Leben. Sterbenden reichte die Kirche zur Erhöhung der Wirkung zuweilen dreimal das Sakrament, und seit Cyprian versorgte sie selbst Säuglinge damit[58].

Verfolgt man die Geschichte des Abendmahles, gelangt man zur Entstehung der katholischen Messe, eine Entwicklung, die den Einstrom weiterer außerchristlicher Kult- und Gebetsbräuche in die neue Religion klar erkennen läßt.

312

35. KAPITEL

Die Entstehung der katholischen Messe –
Mixtur aus jüdischen und heidnischen Elementen

>>Das Christentum aber hat seinen Weg in die Welt dem Judentum wie dem Heidentum gegenüber mit einer entschlossenen Ablehnung des liturgischen Erbes angetreten... Jesus selbst war liturgisch durchaus uninteressiert und hat sich über eine künftige Gestaltung des Gottesdienstes seiner Gemeinde keine Gedanken gemacht<<.
Der Theologe Rendtorff[1].

>>Der gesamte Gottesdienst gewann Mysteriencharakter, insbesondere die Eucharistie<<. Der Theologe Heussi[2].

Der älteste christliche Gottesdienst

>>Die älteste Christenheit hat... nicht gedacht. Sie hat nicht einmal logisch geredet, sondern in ekstatischen Lauten gelallt<<. Der Theologe Köhler[3].

Der älteste christliche Gottesdienst, der Gottesdienst der paulinischen Gemeinden, hatte keinen kultischen Charakter. Er war weder an heilige Räume, noch an kirchliche Beamte gebunden. In der ganzen apostolischen Zeit gab es im Christentum keine Priester, kein Opfer, keine Kirche und keinen Altar. Der Geist regierte alles. Jeder konnte lehren, prophezeien, im Namen Gottes sprechen und mit dem Anspruch auftreten, ein >>Priester des Herrn<< zu sein[4]. Ihre Vorbilder hatten diese korinthischen Inspirierten in der langen Reihe von ekstatischen Propheten und Prophetinnen der griechischen Religionsgeschichte. Auch die in den paulinischen Gemeinden praktizierte Glossolalie, das Stammeln in unverständlichen Lauten, in >>Zungen<<, stammte aus dem Heidentum. Wahrscheinlich drang es aus dem Kult des Dionysos ins Christentum ein[5].

313

Neben den Propheten und Zungenrednern traten Wundertäter und Exorzisten auf. Entrücktes Gelall, Augenrollen und Gliederzucken trugen entscheidend zur religiösen Erbauung bei. Dieser Gottesdienst, wie die damalige christliche Gedankenwelt, die Verfassung, das Gemeindeleben, bunt, mannigfaltig, regellos, gleicht nach einem modernen Katholiken »einer Versammlung von Tollen, oder, schlimmer noch, den Vorhallen der vielen heidnischen Tempel, wo Wahrsager und Zauberer die Orakel ihrer Gottheiten verkündeten und in ihrem Entrückungszustand wahnsinnige Gebärden machten und tobten und ihren seelischen Überschwang auch auf die Massen der Zuschauer übertrugen«[6]. Erinnert diese Darstellung eines katholischen Gelehrten nicht an Nietzsches Vergleich des Urchristentums mit einer Welt »wie aus einem russischen Roman, in der sich der Auswurf der Gesellschaft, Nervenleiden und kindliches Idiotentum ein Stelldichein zu geben scheinen«[7]?

Warum schmäht überhaupt ein Katholik derart massiv den urchristlichen Gottesdienst? Weil ihn die Kirche allmählich liquidiert und etwas ganz anderes an seine Stelle gesetzt hat.

Wie das Abendmahl zum Mittelpunkt des Meßopfers wurde

> *»Das Abendmahl hat allmählich aufgehört Mahl zu sein und am Abend begangen zu werden«.*
> *Der Theologe Seeberg*[8].

Daß sich die Christen gegen die Einführung des paulinischen Abendmahles sträubten, hätte niemand zu wundern brauchen[9]. Wurde ihnen doch statt einer vollen Schüssel plötzlich nur ein Scheinmahl, statt eines karitativen Aktes nur ein kultischer gewährt, wobei die Zusammensetzung der Gemeinden, meist Arme, teilweise Sklaven, deren Zahl gerade in Korinth sehr groß war[10], ihr Widerstreben noch verständlicher machte. Noch in der Didache, sechzig, siebzig Jahre nach Paulus, ist das Abendmahl ein Sättigungsmahl, ein wirkliches Essen[11].

Erst um 150 wurde das Abendmahl oder vielmehr der eucharistische Kultakt von den Agapen, den abendlichen Gemeindemahlzeiten, getrennt. Man verlegte die Eucharistie auf den Vormittag und feierte sie im Anschluß an den Wortgottesdienst[12]. Aus dem gemeinsamen Essen und Trinken war der rituelle Genuß der sakramentalen Speise entstanden, aus dem Mahl der Brüderlichkeit ein Mahl der Kirchlichkeit: die Urform des katholischen Gottesdienstes.

Gefördert hatte diesen Vorgang der zunehmende Beitritt von wohlhabenden Glaubensgenossen, für die das Essen mit den Armen weder eine

314

Notwendigkeit noch ein Genuß gewesen ist, weshalb sie auch einem bloß symbolischen Speisen mehr Geschmack abgewannen. Die Gaben wurden noch mitgebracht, doch nicht mehr gemeinsam verzehrt. Man entnahm ihnen das für die Eucharistie benötigte Brot samt dem Wein und verteilte das übrige an die Armen, Kranken und Gefangenen.

Das urchristliche Liebesmahl dagegen, das in den ältesten Gemeinden täglich stattfand, dann nur noch einmal wöchentlich, ist seit dem 4. Jahrhundert, seit dem Sieg des Katholizismus, nicht mehr in der Kirche geduldet worden, und schließlich unterblieb es ganz. Die Armen speiste man fortan mit einer mehr oder weniger kümmerlichen Fürsorge ab, während die antike Kirche, besonders in der frühesten Zeit, sozial gesehen oft viel geleistet hatte.

Nun war zwar die Eucharistie im Gottesdienst, aber sie war noch kein »Opfer«. Kennt doch die gesamte nachapostolische Literatur nicht die spätere kirchliche Anschauung, wonach Gott durch ein von Menschen dargebrachtes Opfer gewonnen werden könne und Priester nötig seien, um zwischen Gott und der Gemeinde zu vermitteln[13].

Nur als bildlichen Ausdruck hatte man das Wort Opfer beibehalten. Denn den Heidenchristen war die Opfervorstellung viel zu vertraut, als daß sie im Rahmen der neuen Religion darauf verzichten wollten. So führt schon Paulus einen wenigstens symbolischen Gebrauch des Begriffs im Christentum ein. Er fordert die Gläubigen auf, ihre Leiber Gott als Opfer darzubringen. Auch die große Spende, die ihm die Philipper machten, nennt er »einen lieblichen Wohlgeruch, ein willkommenes, Gott wohlgefälliges Opfer«. Endlich rückt er das Abendmahl selbst in eine deutliche Parallele zu den heidnischen Opfermahlzeiten[14].

Allein diese bloß bildlichen, auch in der nachapostolischen Literatur noch wiederkehrenden Vorstellungen[15] befriedigten die Phantasie der Christen nicht. Nach antiker Ansicht gehörte zu einem Kult eben auch ein Opfer, und dies war für die Alten vor allem etwas Materielles, Greifbares, besonders Nahrung und dergleichen. So drang man auf Realitäten, bezeichnete zunächst die für die Armen oder die Kirche auf dem Altar hinterlegten Gaben so und unterschob allmählich immer mehr die in der heidnischen Religiosität so dominanten Opfergedanken dem christlichen Gemeindemahl, mit dessen Elementen von Brot und Wein der antike Opferbegriff sich ja auch vorzüglich verbinden ließ.

Zum erstenmal heißt das Abendmahl in einer christlichen Schrift des frühen 2. Jahrhunderts »Opfer«[16]. Doch ist es hier noch ein wirkliches Essen. Um 150 nennt auch Justin die Spende natürlicher Gaben in der Eucharistie ein Opfer[17]. Und erst jetzt wird die Opfervorstellung auf die Gebete des Priesters und die eucharistische Feier übertragen. Um 250 verbindet dann Cyprian den älteren Opferbegriff mit dem Leiden Jesu, deutet

315

er das Abendmahl als ein vom Priester in der Nachahmung Christi darge-brachtes Opfer[18]. Während jedoch für Justin, Irenäus und überhaupt alle Kirchenmänner des späteren 2. Jahrhunderts das Abendmahl ein *Dank-opfer der reinen Gemeinde* ist, wird es im 3. Jahrhundert bei Cyprian *ein Versöhnungsopfer* für die *sündige* Gemeinde[19]. Denn mit der Reinheit war es allzu offensichtlich vorbei. So setzte sich nun die Theorie vom Meßopfer, von einer unblutigen Wiederholung des Kreuzesopfers Jesu, im strikten Widerspruch zur opfer- und priesterlosen Religion des Urchri-stentums, in der Kirche rasch durch. Zugleich war damit die ursprüngli-che Bedeutung des Abendmahls ins Gegenteil verkehrt, nämlich aus einer Gabe für die Armen ein Opfer für Gott geworden.

Die Eucharistie wurde im Frühchristentum nicht einheitlich vollzogen

Statt Brot und Wein verwandte man verhältnismäßig oft, zum Beispiel bei den nordafrikanischen »Aquariern«, bei Markioniten, Enkratiten, Apo-stolikern, Brot und Wasser. Dies geschah nicht immer aus asketischen Gründen, sondern auch, weil Weingenuß am frühen Morgen als unan-ständig galt[20]. Auch eine Eucharistie mit Brot, Wasser und Gemüse kannte man, allem Anschein nach selbst in großkirchlichen Kreisen[21]. Bei den Ebioniten, den bald verketzerten Nachkommen der Urgemeinde, die auch an keinen stellvertretenden Sühneopfertod Jesu glaubten, bildeten Brot und Salz die Abendmahlselemente, was man sogar als die *älteste* Form der Eucharistie erklärte[22]. Die Montanisten feierten sie mit Brot und Käse[23].

In der Großkirche dienten als eucharistische Elemente Brot und Wein, die die Gläubigen lange von daheim mitgebracht haben. Dann begann man, das Brot in bestimmte Teile zu zerlegen, wobei man im griechischen Raum in genauer Nachahmung des seit Homer bezeugten Brauches, den Göttern Opferstücke vorzubehalten, Teile für Maria und die Heiligen bei-seite legte[24]. Das Fasten vor dem Genuß der Eucharistie wurde erst im Jahre 397 auf einer Synode von Karthago zur Pflicht gemacht, nachdem lange zuvor mehrere Mysterienkulte und das Judentum Fasten vor dem Gottesdienst geschätzt hatten[25].

316

**Die Lehre von der Transsubstantiation war in den ersten
christlichen Jahrhunderten völlig unbekannt**

Nach katholischem Glauben sind in der Eucharistie Leib und Blut Jesu
wahrhaft, wirklich und wesentlich enthalten[26]. Dieses Dogma von der
Transsubstantiation, wonach bei der »Wandlung« durch die Worte des
Priesters aus Brot und Wein Leib und Blut Christi werden, aus begreifli-
chen Gründen nur unsichtbar, kannte weder das apostolische noch das
nachapostolische Zeitalter[27]. Das Sprechen des Abendmahlsberichtes,
der den einzelnen Gemeinden in verschiedenen Fassungen vorlag, sollte
nicht Christi Gegenwart bewirken, sondern lediglich eine kultgeschichtli-
che Rückerinnerung (Anamnese) sein. Über verschiedene Zwischenfor-
men bildete sich dann erst um die Wende des 4. Jahrhunderts, und zwar
fast nur in der abendländischen Kirche, die Anschauung, das Aussprechen der Einsetzungsworte verursache die Konsekration.

Erstmals trat die Vorstellung von einer wirklichen Verwandlung der
Substanzen von Brot und Wein in Leib und Blut Christi, also der kirchliche Gedanke der Transsubstantiation, bei »*Ketzern*« auf, nämlich in der
Eucharistie der valentinianischen Markosier, einer gnostischen Sekte. Die
Kirche verdammte damals durch ihren führenden Theologen, den hl. Irenäus, diese Wesensverwandlung in der Eucharistie als populäres krasses
Mißverständnis[28]. Nachdem man später jahrhundertelang darüber gestritten und selbst ein Papst wie Gregor VII. eine Entscheidung vermieden
hatte, wurde die von Kirchenlehrer Irenäus verworfene Abendmahlslehre
auf dem 4. Laterankonzil vom Jahre 1215 unter Papst Innozenz III. zum
Dogma erhoben.

**Das Wunder der »Wandlung« –
vier Analogien zum heidnischen Gottesdienst**

Nach katholischer Lehre geschieht das Wunder, sobald der Celebrans die
letzte Silbe der Einsetzungsworte gesprochen hat, allerdings nur nach
korrekter, das heißt vollständiger und klarer Rezitation.

Dieser Konsekrationsakt in der römisch-katholischen Messe weist
nicht weniger als vier Analogien zu den rituellen Formen vorchristlicher
Religionen auf[29].

Zunächst müssen die Einsetzungsworte vom Priester leise gesprochen
werden, wie in den heidnischen Kulten die magischen und mystischen
Formeln stets im Flüsterton vorgetragen worden sind. Sodann hängt das
Wunder der »Wandlung« von der richtigen und vollständigen Wiedergabe der Konsekrationsformel ab. Ähnlich war in allen antiken Religio-

317

nen die Wirkung der Zeremonie an die fehlerfreie Wiedergabe der heiligen Texte gebunden. Wenn ferner der Priester durch die Nachahmung Christi, durch das Segnen von Brot und Wein und das Rezitieren der beim Abschiedsmahl von ihm gesprochenen Worte, dieselbe Wirkung wie Christus vollbringt, so erinnert das deutlich an den heidnischen Priester, der zur Erzielung eines bestimmten »übernatürlichen« Effektes eine Göttergeschichte erzählt und dabei die wichtigsten Vorgänge selbst gespielt hat. Endlich: Wie der katholische Priester durch die Konsekrationsformel seinen Gott gleichsam herbeiholt – »Ein Wort aus seinem (des Priesters) Munde«, liest man in einem jesuitischen Betrachtungsbuch für junge Kleriker, »zwingt den Schöpfer des Weltalls und des Himmels auf die Erde herab«[30] –, so rief oder zwang geradezu auch der heidnische Priester durch eine Bitte oder sakrale Formel bei der Opferhandlung seine Gottheit zum Opferplatz.

Das Eindringen weiterer fremder Elemente in die Messe

Die meisten Tempel hatten tägliche Gottesdienste. In der griechisch-römischen Religionsgeschichte sind sie im 2. vorchristlichen Jahrhundert bezeugt. In Olympia gab es einen täglichen Gottesdienst zu Ehren des Zeus spätestens im Anfang der Kaiserzeit. Und für die Dionysosreligion ist er für die Zeit des Tiberius (14–37 n. Chr.) erwiesen[31].

Der christliche Gottesdienst zeigt um das Jahr 200 die Gestalt der Messe, ein anscheinend erst im 4. Jahrhundert aufgekommener und vom lateinischen missa (missio = Entlassung) abgeleiteter Ausdruck – nach der Schlußformel des Priesters »ite missa est«. Die alte Kirche kannte allerdings bei ihren Versammlungen kein bindendes Ritual. Jede Gemeinde konnte sie frei gestalten, und noch bis ins ausgehende 2. Jahrhundert bestand das allgemeine Priestertum. Der Spender der Eucharistie war »Priester« in keinem anderen Sinn als jeder Christ. Jeder Laie durfte, wie Tertullian bezeugt, das Opfer vollbringen[32].

Um die Wende zum 3. Jahrhundert begann man dann, die Verwaltung von Taufe und Abendmahl dem Klerus vorzubehalten. Erscheint doch das kirchliche Priesteramt erst um 200 in Rom und Afrika, in der Ostkirche sogar erst gegen Mitte des 3. Jahrhunderts[33]. Aber noch im 4. Jahrhundert erlaubte Kirchenlehrer Basilius die Kommunion ohne Priester, der allerdings die Elemente geweiht haben muß[34].

Vom 2. bis zum 4. Jahrhundert wurde nun die Messe immer mehr mit magisch-sakramentalen Zügen, mit Mysterienriten vor allem aus Eleusis, dem Mithraskult, der Dionysosreligion und den Isisgottesdiensten angereichert. Eine wörtliche Übernahme aus einer Isisliturgie, das sei nur kuri-

318

ositätshalber bemerkt ist die in einer äthiopischen Liturgie bezeugte Anbetung Jesu als »Sohn einer heiligen jungen Kuh«[35]. Die verschiedenen Gebetshaltungen – das Ruhen auf einem Knie und auf beiden Knien (wie im Mithraskult), das Verhüllen des Kopfes bei manchen Gebeten, das Waschen der Hände vorher – entstammen der Welt der Mysterien. Ebenso wurde die Predigt schon in den Kulten von Andania, Eleusis, bei Isis u. a. mit dem Gottesdienst verbunden[36]. Die Kanzel, die man benutzte, nachdem man zuerst, wie jeder griechische Lehrer, im Sessel sitzend gepredigt hatte, gab es im Kaiserkult, bei Isis und in der hellenistischen Synagoge[37]. Dabei applaudierte die christliche Gemeinde nach hellenistischem Vorbild durch Händeklatschen und Schwenken von Tüchern.

Unter heidnischem Einfluß wurde im späteren 2. Jahrhundert der Abendmahlstisch in einen Altar umgewandelt. Doch ist noch um 180 für Kirchenlehrer Irenäus der wirkliche Altar und Tempel der Christen im Himmel[38], und noch im 3. Jahrhundert waren beim Gottesdienst nur einfache Tische zum Niederlegen der Gemeindegaben in Gebrauch. Erst im 4. Jahrhundert kam der feste Altar auf, womit man die letzte Angleichung an den heidnischen oder jüdischen Altar vollzog.

Auch der Pomp, den der katholische Kultus in Bauten, liturgischen Geräten, Gewändern und Zeremonien aller Art entfaltete, entstand nach dem Beispiel der heidnischen Tempelkulte. Schon im 3. Jahrhundert konnte die Messe mit dem prunkhaftesten heidnischen Gottesdienst konkurrieren[39], Seit dem 4. Jahrhundert aber wirkte auf sie selbst das Hofzeremoniell der Kaiser entscheidend ein – von der liturgischen Phraseologie bis in die Gestaltung des kirchlichen Raumes. Eine Reihe von Gebetskommandos lieferte sogar das Militärleben[40].

Auch der Weihrauch wurde im 4. Jahrhundert in die Messe eingeführt. Zur Götterverehrung war er längst in Gebrauch und von den Christen zuerst nachdrücklich abgelehnt worden[41]. Schimpft doch noch im 4. Jahrhundert Cyrill von Jerusalem das Räuchern heidnisch und »Teufelsdienst«[42]. Um dieselbe Zeit nennt auch noch Kirchenvater Gregor von Nyssa Weihrauchgefäße unter den der Seele schädlichen »Luxusartikeln« und Räucherwerk »ein Greuel«[43]. Aber nun räucherte man auch im Christentum wie schon in Ägypten im 3. Jahrtausend und verwendete manchmal dabei ähnliche Geräte wie einst die Pharaonen[44].

Noch immer aber kannte man keine Meßgewänder. Noch 428 hat Papst Cölestin eine besondere Kleidung für Priester ausdrücklich verworfen. Man feierte die Eucharistie im Straßenanzug. Schließlich aber übernahm die Kirche auch die liturgische Kleidung aus den Mysterienreligionen, und zwar mit fast allen Details[45].

Aus einer einfachen Gedächtnisfeier hatte sich also in Anlehnung an die

319

heidnischen Mysterien das Abendmahl in ein sakramentales Mysterienmahl und dann, infolge beständig neuer Übernahmen, in einen kultischen Akt der Gottesepiphanie, in das Meßopfer verwandelt. Aus der völlig freien, regellosen urchristlichen Gemeindeversammlung war ein Mysteriengottesdienst geworden.

Zum Zustandekommen der Messe trug jedoch nicht nur das Heidentum, sondern auch der jüdische Opfer- und Priestergedanke bei. Zwar sind wir über die christlichen Gemeindeversammlungen noch des 2. und 3. Jahrhunderts mangelhaft unterrichtet, doch wissen wir durch Justin, daß sie um 150 aus Gebet, Schriftverlesung (vor allem des Alten Testaments) und Predigt bestanden[46]. Damit war der christliche *Wort*gottesdienst in seinen drei Hauptteilen genau nach den Hauptteilen des Synagogengottesdienstes gebildet. Noch Ende des 1. Jahrhunderts ist das ursprünglich freie, vom Geiste eingegebene christliche Gebet, wie das lange Gebet am Ende des 1. Clemensbriefes zeigt, formelhaft erstarrt[47], womit in Anlehnung an jüdische Sitte eine feste Gebetstradition, die Gemeindeliturgie, zu entstehen beginnt. Das jüdische Hauptgebet, die achtzehn Benediktionen, weist eine ganze Reihe von stärksten Berührungen mit dem Clemensgebet auf[48].

So kann man allein an ihrem Gottesdienst die Herkunft einer Kirche studieren, die heute schlicht behauptet, Jesus habe die heilige Messe eingesetzt[49]. Was nicht von den Heiden stammte, war von den Juden.

Totentanz des Christentums?

> *»Es ist fast erheiternd (oder mitleiderregend?), wie diese Leute sich freuen, daß sie nun etwas Neues, Zugkräftiges gefunden haben, wodurch ihnen wieder mehr Leute zulaufen. Sie merken es nicht, wie es um sie steht, und daß dieser ganze christliche Jazz-Rummel einen Totentanz des Christentums darstellt«. Alfred Miller[50].*

Selbst in Zukunft können noch Anpassungen erfolgen. In Amerika, wo vieles im Katholizismus als Heiligung alter heidnischer Natursinnbilder verdrießt, sähe man solche Symbole lieber durch zeitgemäßere aus der technischen Sachwelt ersetzt. So sann denn dort auch bereits der jesuitische Verfasser der »Messe der Zukunft« über die liturgische Einbeziehung der Symbolik des Maschinenzeitalters nach[51].

Ein protestantischer Pfarrer in Deutschland aber schlug jüngst Seelsorge mit Schlagermusik vor. Da die Kirche mit der Dogmatik dem modernen Menschen zuweilen viel zu fern bleibe, könne sie in dieses Vakuum mit geeigneten Schlagern »hineinstoßen«[52]. Tatsächlich wurde inzwischen in der Bundesrepublik am 7. Januar 1962 in einem Vorort von Hamburg der erste Jazz-Gottesdienst mit Chorälen im Kalypso- und Bluesstil abgehalten und »ein voller Erfolg«. Der Gemeindesaal mußte wegen Überfüllung sogar geschlossen werden[53]. Auch in einem Stuttgarter Vorort-Kino soll, auf Anregung der Evangelischen Akademie Bad Boll, zwischen Vaterunser und anderen Gebeten eine Kapelle in Fox-, Rumba- und Bluesrhythmen spielen. »Weil die Methoden des Aufwirbelns unkonventionell, neu, ja, für manche schockierend sind, versprechen sie Aussicht auf Erfolg«[54]. Noch einen Schritt weiter und man steht wieder beim Tempeltanz.

36. KAPITEL

Die Verwandtschaft von heidnischer und christlicher Religion im Urteil der Kirchenväter

»Du siehst, daß die Philosophen (der Heiden) das nämliche lehren wie wir«. Kirchenschriftsteller Minucius Felix[1].

Justin

Was gestand nicht schon dieser bedeutendste Apologet des Christentums im 2. Jahrhundert an religiösen Gemeinsamkeiten mit den Heiden alles zu. Ohne weiteres räumt Justin ein, daß die Lehre von der übernatürlichen Geburt, der Himmelfahrt und den Wundern Christi, sowie Taufe und Eucharistie der heidnischen Mythologie entsprechen. Bei Dionysos beispielsweise erinnert er nicht nur an die Bedeutung des Weinstockes und die Vorführung eines Esels in seinen Mysterien, sondern auch an seine Gottessohnschaft, seine Geburt durch eine sterbliche Frau, an sein Leiden, Sterben, Auferstehen und an seine Himmelfahrt[2].

Justin berichtet ferner, daß sich die Heiden beim Betreten ihrer Heiligtümer mit Wasser besprengen oder vollständig baden[3]. Enthielten doch zahlreiche antike Kultstätten Weihwasserbecken. In den Tempeln der Isis gab es dafür sogar Automaten. Auch benutzten ihre Priester, wie noch heute die katholischen, bereits einen Weihwasserwedel[4]. Und wie die Heiden, von denen schon Homer sagt: »Sie wuschen sich alsdann die Hände und nahmen die heiligen Gerstenkörner in die Hand«[5], brachten die Christen Wasserbehälter an ihren Kirchen an und wuschen sich bei ihrem Betreten die Hände. Selbst das Baden des ganzen Körpers war nach heidnischem Vorbild bei den Christen in Gebrauch und geschah auch vor dem Gebet[6]. Sie erwarteten dabei ähnliche Zauberwirkungen wie etwa die Isisgläubigen. So heißt es in einem offiziellen kirchlichen Weihegebet: »Verleihe (dem Wasser) die Kraft, Gesundheit zu wirken, Krankheiten zu vertreiben, böse Geister zu verjagen, alle Nachstellungen zu bannen«[7]. Auch im Islam kehrt dann der Gebrauch von Weihwasser wieder[8].

322

Den Gipfel der Zugeständnisse erreicht Justin in folgendem Passus: »Wenn wir aber weiterhin behaupten, der Logos, welcher Gottes erste Hervorbringung ist, sei ohne Beiwohnung gezeugt worden, nämlich Jesus Christus, unser Lehrer, und er sei gekreuzigt worden, gestorben, wieder auferstanden und in den Himmel aufgestiegen, so bringen wir im Vergleich mit euren Zeussöhnen nichts Befremdliches vor... Wenn wir aber sagen, er sei auf ganz eigene Weise entgegen der gewöhnlichen Abstammungsweise als Logos Gottes aus Gott geboren worden, so ist das, wie schon vorhin gesagt wurde, etwas, was wir mit euch gemeinsam haben, die ihr den Hermes den von Gott Kunde bringenden Logos nennt. Sollte man aber daran Anstoß nehmen, daß er gekreuzigt worden ist, so hat er auch das mit euren vorhin aufgezählten Zeussöhnen (Hermes, Asklepios, Dionysos, Herakles, K. D.) gemeinsam, die auch gelitten haben; denn von diesen werden nicht gleiche, sondern verschiedene Todesarten erzählt, so daß er auch in der ihm eigentümlichen Todesart ihnen nicht nachsteht... Wenn wir ferner behaupten, er sei von einer Jungfrau geboren worden, müßt ihr hierin eine Übereinstimmung mit Perseus zugeben. Sagen wir endlich, er habe Lahme, Gichtbrüchige und von Geburt an Sieche gesund gemacht und Tote erweckt, so wird das dem gleichgehalten werden können, was von Asklepios erzählt wird«[9].

Christus ist also der Logos wie Hermes, er wird von einer Jungfrau geboren wie Perseus, er heilt Kranke und erweckt Tote wie Asklepios, er leidet wie die Götter, hat mit manchen auch den Tod am Kreuz gemein, und er fährt wie sie zum Himmel auf. »Aber nicht deshalb, weil wir dasselbe (!) wie sie (die Heiden) lehren, verlangen wir Annahme unserer Lehre, sondern deshalb, weil wir die Wahrheit sagen«[10].

Origenes

Im 3. Jahrhundert nennt Origenes im Kampf gegen Celsus eine lange Reihe von Gemeinsamkeiten zwischen heidnischer und christlicher Religion, um dieser mehr Ansehen zu verschaffen. Er konfrontiert die Erschaffung des Menschen aus Erde mit den Erzählungen von den Erdgeborenen; Eva und Pandora; die Völkerverteilung und die Turmbaugeschichte; den Garten des Jupiter und das Paradies; den Planetenweg und die Jakobsleiter; den Engelsturz und den Titanensturz u. a.[11]. Der wunderbaren Jungfrauengeburt der Bibel stellt Origenes die ähnliche Geburt Platons gegenüber, der christlichen Eucharistie die antiken Opfermahlzeiten[12]. Und um die Auferstehung Christi glaubwürdig zu machen, erinnert er daran, daß sich auch Er, der Sohn des Armenios, nach zwölf Tagen wieder lebendig vom Scheiterhaufen erhoben, ja, daß viele »auch aus den

Gräbern zurückkehrten, und zwar nicht nur am Tage der Beerdigung selbst, sondern sogar noch Tage darauf«. Origenes weist auf die Unterweltsfahrten von Herakles, Theseus, Orpheus und auf weitere heidnische Totenauferstehungen hin[13].

Andererseits freilich kürzte Origenes am stärksten wahrscheinlich gerade die Teile von Celsus' Schrift, die den Nachweis der Abhängigkeit des Christentums vom Griechentum führten[14].

Firmicus Maternus

Wie groß die Ähnlichkeit ist und wie stark sie empfunden wurde, möge noch dieser Kirchenvater des 4. Jahrhunderts bezeugen. Sein auf umfassender Kenntnis der außerchristlichen Kulte beruhendes Opus »Vom Irrtum der heidnischen Religionen« entstand kurz nach dem Sieg des Christentums, womit die Gehässigkeit seiner Polemik zusammenhängt. Denn nun wurde die Kirche nicht mehr verfolgt sondern sie begann selbst zu verfolgen.

Firmicus Maternus vergleicht zahlreiche heidnische Religionssymbole mit christlichen, und zu den wichtigsten wollen wir ihn vernehmen.

Zur Eucharistie

Den Mysterienspruch des Attiskultes: »Aus der Pauke habe ich gegessen, aus der Zimbel habe ich getrunken und habe die religiösen Geheimnisse gründlich kennengelernt«, kommentiert er: »In böser Weise bekennst du, elender Mensch, die verübte Freveltat. Einen verpestenden Giftsaft hast du geschlürft, und du leckst den todbringenden Kelch, von ruchloser Raserei angetrieben... Eine andere Speise ist es, welche Heil und Leben spendet, eine andere Speise ist es, welche den Menschen dem höchsten Gott empfiehlt und versöhnt, eine andere Speise ist es, welche die Ermatteten erleichtert, die Irrenden zurückruft, die Gefallenen aufrichtet, welche den Sterbenden die Wahrzeichen ewiger Unsterblichkeit schenkt. Suche Christi Brot, Christi Kelch... Süß ist die himmlische Nahrung, süß die Gottesspeise...« usw.[15].

Das Kriterium für das »wahre« Mahl sieht dieser Kirchenautor in den Worten des Johannesevangeliums: »Ich bin das Brot des Lebens...« oder »Wenn ihr nicht das Fleisch des Menschensohnes essen und sein Blut trinken werdet«, Wendungen, die unverkennbar an ältere heidnische anklingen, zum Beispiel an die bekannte Asklepiosformel: »Wenn du stirbst, bist du nicht gestorben«, oder an ein altes Kultwort der Osiris-Isis-Myste-

324

rien: »So wahr Osiris lebt, wird er auch leben, so wahr Osiris nicht tot ist, wird er auch nicht sterben, so wahr Osiris nicht vernichtet ist, wird er auch nicht vernichtet werden«[16]. Die Grabformeln des Osiriskultes und der Orphik: »Osiris gebe dir frisches Wasser«, »Der dürstenden Seele gib frisches Wasser«, lauten beim johanneischen Christus: »Wer von dem Wasser trinkt, das ich ihm gebe, wird in Ewigkeit keinen Durst haben«[17].

In diesem Zusammenhang sei auch das in Bigge bei Philae angeschwemmte Bein des Osiris erwähnt, dieses mit dem Nil gleichgesetzten Gottes. Aus einem seiner Oberschenkel sprudeln auf einer Darstellung zwei Wasserstrahlen, die beiden Quellen des nach ägyptischem Glauben dort entsprungenen Nils, dessen Wasser nicht nur als reinigend, sondern als belebend galt. Hugo Greßmann schreibt dazu: »So fließen, um mit Joh. 7, 38 zu reden, aus dem Leibe dieses (Nil-)Gottes Ströme lebendigen Wassers«[18]. Im Johannesevangelium liest man nämlich: »Wen da dürstet, der komme zu mir und trinke! Wer an mich glaubt, aus dessen Leibe werden, wie die Schrift gesagt hat, Ströme lebendigen Wassers fließen«[19].

Firmicus Maternus aber ruft: »Darum habt keinen Anteil an der Speise der Pauke. O ihr elenden Sterblichen! Suchet die Gnade der heilsamen Speise, und trinket den unsterblichen Kelch«[20].

Zur Auferstehung

Nach dem Bericht einer heidnischen Auferstehungsfeier fährt unser Autor den Priester an: »Warum munterst du die Elenden zur Freude auf? Warum drängst du die getäuschten Menschen zum Frohlocken? Welche Hoffnung, welches Heil versprichst du in verhängnisvollem Wahn?... Lerne, lerne, was du nicht weißt; lerne, was du nicht siehst: Christus, der Sohn Gottes, hat all das erduldet«[21].

In Wirklichkeit stammen Totenklage um Christus und Auferstehungsjubel aus den Mysterien. Es gab die um Herakles und Tammuz trauernden Frauen, den »nie genug beklagten« Osiris, und schon 411 v. Chr. hatte man in Athen den Wehruf angestimmt »Tot ist Adonis, klagt um Adonis«[22]. Auch die heidnische Grabesprozession mit dem Bild des auferstandenen Gottes ging in die Prozession der Osternacht über[23]. Und der christlichen Auferstehungsfreude entspricht genau das Jauchzen der Attismysten über die Wiederkehr ihres toten Heilands, der sie selbst zu neuem Leben errettete, oder das Frohlocken über die Auferstehung des Osiris[24].

Als Todestag des Attis, dessen Kult selbst in Rom seit 204 v. Chr. bezeugt ist und dessen Heiligtümer fast in der ganzen Welt standen, galt der

325

21. März. Nach drei Tagen, am 25., feierte man seine Auferstehung, die Hilaria. An ihre Stelle trat das Osterfest. Wie man den Attismysten in der »großen Nacht« vom 24. zum 25. verhieß: »Getrost ihr Mysten! Wie der Gott gerettet, so wächst für uns Errettung aus dem Leiden«, so den Christen in der Osterliturgie: »Christus ist auferstanden«. Dabei entzündete man im Attiskult im Dunkel der Nacht ein Licht, wie heute noch in der griechischen Kirche, während im Westen das Brennen der Osterkerze entfernt an den heidnischen Ritus erinnert[25].

Auch in den Passions- und Auferstehungsbräuchen des Osiriskultes wurden die Feierlichkeiten der Karwoche und des Osterfestes deutlich vorweggenommen. Als man drei Tage nach seinem Tod die Auferstehung des Osiris beging, erscholl der Jubelruf: »Wir haben ihn gefunden, wir freuen uns mit«. Es war geradezu das Bekenntnis der Osirisreligion[26].

Im Mittelalter führten sich dann die christlichen Passions- und Auferstehungsspiele auf gut heidnisch als »Mysteria« ein.

Zum Kreuz

Die Bedeutung des Kreuzesholzes in der Attisreligion bestätigt Firmicus Maternus mit den Worten: »Bei dem Phrygischen Kult, welchen man den der Göttermutter nennt, wird jedes Jahr ein Fichtenbaum gefällt, und mitten auf den Baum wird das Bild eines Jünglings gebunden.« Es war dies Attis, der nach einer Version unter einer Fichte starb und in sie verwandelt wurde. Die Fichte ist der heilige Baum des Attis und heute unser häufigster Christbaum. »Bei dem Kult der Isis wird von einem Fichtenbaum der Stamm abgehauen. Der mittlere Teil dieses Stammes wird tief ausgehöhlt, dort wird die aus Holzstücklein gemachte Statue des Osiris beigesetzt«. Auch zum Kult der Proserpina zieht der christliche Schriftsteller in dieser Weise eine Parallele und droht dann: »Du hast dich geirrt, Elender, und zwar gewaltig geirrt... Lerne die Beschaffenheit des göttlichen und erlösenden Holzes kennen, damit du weißt, daß dir auf keine Weise Hilfe zuteil wird«[27].

Goethe sah richtig, als er in seinen Venezianischen Epigrammen vom christlichen Stolz schrieb:

> »Und doch schmückt er sich selbst und seinen nackten Erlöser
> Mit dem besten heraus, was uns der Heide verließ.«

Goethe hat auch recht, wenn er an anderer Stelle meint, das Christentum stehe zum Judentum in einem weit stärkeren Gegensatz als zum Heidentum[28]. Freilich war die heidnische Klage um den verstorbenen Gott und

326

die Freude über seine Befreiung, der ganze Vorstellungskomplex von seiner Höllenfahrt und Auferstehung, auch den vorchristlichen Juden gut bekannt[29].

Der »Diebstahl der Hellenen«

>»Woher, frage ich, haben die Philosophen oder Dichter diese so verwandten Vorstellungen? Nur aus unseren Heilsgeheimnissen«. Kirchenvater Tertullian[30].

>»Die Kirche ist dessen schuldig, was sie den andern vorwirft, sie hat gestohlen; es ist das alte Lied: Haltet den Dieb! Das ist die Taktik, wenn man die Verfolger von sich ablenken will, während man doch selber der eigentliche Dieb ist«. Der Theologe Raschke[31].

Die älteren Kirchenväter waren durch die Ähnlichkeit der heidnischen Riten und Mythen mit den christlichen so betroffen, daß sie den Heiden den Diebstahl vorwarfen, den die Christen begangen hatten.

Auf natürliche Weise konnte dies allerdings nicht geschehen sein, gingen die heidnischen Mysterien den christlichen doch zeitlich voraus. So behauptete man, vielleicht im besten Glauben, der Teufel und seine Helfershelfer, die bösen Dämonen, hätten alle christlichen Geheimnisse schon in vorchristlicher Zeit den Heiden verraten. Philosophie, Logoslehre, Sakramente, alles sei *aus dem Alten Testament*, dem Buch der Juden, den Christen entwendet worden! Nach Clemens Alexandrinus gewann sogar Miltiades die Schlacht bei Marathon (490 v. Chr.) mit christlicher Strategie, nämlich mit der Feldherrnkunst des Moses[32]. Schon Justin sprach so das große Wort: »Wir lehren also nicht dasselbe wie die übrigen, sondern alle andern sprechen nur das Unsrige nach«[38], womit er übrigens noch gesteht, was er bestreitet, wenn auch in Umkehrung der Abhängigkeit.

Um dieser, von fast allen älteren Kirchenvätern vorgebrachten[34], dem Christentum einst äußerst nützlichen Fiktion auch nur den Anschein einer Plausibilität zu geben, war man zunächst genötigt, den Juden das Alte Testament abzusprechen (S. 162). Man mußte aber ferner all das, was Homer, Hesiod, Pythagoras, Sokrates, Platon, Aristoteles oder die Stoiker aus den vielfach primitiven biblischen Geschichten gestohlen haben sollten, was in Wirklichkeit aber gar nicht darin stand, erst durch meist haarsträubende Allegorese hineindeuten, womit freilich die jüdischen Hellenisten, namentlich Aristobulos und noch mehr Philon, den Christen vorangegangen waren. Wie überhaupt nicht einmal ihre Diebstahlstheorie originell gewesen ist, denn Ansätze dazu zeigt schon der jüdische Aristeasbrief (um 200 v. Chr.). Doch auch der Ägypter Manethon und der Babylonier Berossos verbreiteten bereits, die Griechen hätten alles von den Ägyptern und Babyloniern gestohlen. Ähnliches bringt das platonische Corpus Hermeticum vor.

Damit die Kirchenväter bei ihrer Unterstellung sichergingen, ließen sie Moses, der nun freilich nichts vom Alten Testament geschrieben hat (S. 41 f.), älter als alle Tempel und Götter, als alle Schriftwerke und Buchstaben sein und steigerten das Alter einzelner Teile der Bibel gelegentlich gleich um Jahrtausende[35]. Kirchenvater Theophilus bekundete bei derartigen Bemühungen ein so geringes Maß an natürlicher Intelligenz, daß man ihm sogar sein doch wohl bezeugtes Werk absprach, weil man einem antiochenischen Bischof einfach nicht so viel Dummheit zutrauen wollte[36]. Andererseits freilich renommierte man auch mit der Neuheit. Aber selbst diese beiden Tendenzen, unwirkliche Altersbeweise und die Behauptung, neu zu sein, finden sich ebenso in der außerchristlichen Welt bei Neuplatonikern, Pythagoräern, Stoikern, griechischen und jüdischen Apokalyptikern.

Nachdem man im Christentum mit dieser Geschichtsfälschung, dem »Diebstahl der Hellenen«, jahrhundertelang Erfolg hatte, gab man sie, als sie unglaubwürdig geworden und auch nicht mehr nötig war, gelassen preis. Zum erstenmal räumte wohl erst Augustinus die Unabhängigkeit der griechischen Philosophen von den jüdischen Propheten ein. Die göttliche Vorsehung, meint er, habe gleichsam schweigend zu den Heiden durch die Werke der Natur und die Schönheit des Geschaffenen gesprochen[37]. Diese sozusagen natürliche Gotteserkenntnis, eine Art Uroffenbarung, gewaltig getrübt freilich durch den Biß Adams in den Apfel, erkannte man nebenbei allerdings schon seit Paulus, Justin, Clemens von Alexandrien und Tertullian den Heiden zu[38]. Und dieses Argument behielt man im Christentum bei, während man die einst so erfolgreiche Diebstahlstheorie mit Schweigen überging.

Angesichts ihrer Zugeständnisse blieb den Kirchenvätern schließlich nur noch die Beteuerung übrig, bei den Christen sei alles wahr, bei den Heiden alles Lug und Trug. Ja, viele betonten das Gemeinsame geradezu, um in Verbindung mit dem Absolutheitsanspruch die anderen Religionen erst recht beseitigen zu können; wie auch schon Isis sich mit zahlreichen Gottheiten identisch erklärt hatte, um deren Kulte um ihre Bedeutung zu bringen.

So konzedierte und leugnete man in einem. Auch die Heiden taufen, aber sie taufen mit bloßem Wasser. Auch die Heiden haben ein Opfer, aber wirksam ist nur das christliche. Auch die Heiden besitzen ehrwür-

328

dige Schriften, aber die christlichen sind älter und wirklich inspiriert. Auch die Heiden weisen Wunder vor, aber sie wurden vom Teufel vollbracht. Auch die Heiden verehren Gottessöhne, aber die Christen beten zum wesenhaften Gottessohn. Christus, nach einem Wort Schellings »Gipfel und Ende der alten Götterwelt«[39], wird der wahre Prometheus, wahre Orpheus, wahre Attis, wahre Dionysos, wahre Helios, wahre Weinstock, wahre Fisch, das wahre Licht. Wie christlich er aussah, zeigt der Christus-Hymnus des Paulin von Nola:

>»Heil, wahrer Apollo, erhabener Paian,
>Töter des Unterweltdrachens!
>Der Köcher deines süßen Evangeliums,
>Der auf den vier Evangelisten ruht,
>Der Pfeil getaucht in prophetische Süße,
>Gefiedert mit der Väter Orakeln,
>Der Bogen tönend von väterlicher Tugend,
>Die Sehne mächtig durch Wunder
>Haben die alte Schlange getötet.
>Io, edler Triumphator!«[40]

Kannten die heidnischen Religionen keine Sittlichkeit?

Die sittliche »Überlegenheit« ihrer Religion bewiesen die alten Apologeten meist mit dem unerotischen Einschlag der Geburt Christi, die sie gegen die oft sehr erotischen Zeugungsgeschichten und überhaupt gegen die Zügellosigkeit der heidnischen Göttergestalten ausspielten, ein zur traditionellen Polemik der Kirche gehörendes Thema.

Aber kein echtes Ethos zwingt uns zur Diffamierung von Erotik und Sexualität, am allerwenigsten die Moral einer Kirche, die Kanonen und Granaten segnet. Die teilweise übersteigerten phallischen Faszinationen und Fruchtbarkeitsmotive der hellenistischen Mythen wurden im übrigen lange vor den Christen und in schärfster Form verurteilt, schon um 500 v. Chr. durch den Eleaten Xenophanes. Auch lebt die Erinnerung an die göttliche Verehrung des Phallus noch im Alten Testament fort. Hebt doch dort der Schwörende nicht die Hand zum Himmel, sondern er legt sie dem Vater oder Dienstherrn auf die Stelle »unter der Hüfte«, auf das Glied. Wie ja noch heute der Mohammedaner beim Phallus Allahs schwört, während die Christen seit 400 den Eid »bei den Evangelien« leisteten, also die Bücher dabei berührten, die die Verwerfung des Eides durch Jesus enthalten[41]. Gar nicht zu reden von der Obszönität gewisser alttestamentlicher Texte, etwa der Geschichten über Cham, Onan, die Töchter Lots, Thamar, die Hure von Jericho u. a., die im hebräischen Original noch entschieden schamloser wirken als in den schon abschwächenden Übersetzungen. Doch ganz abgesehen von alledem: Der Zeugungsmythos des Mithras ist so unerotisch wie der christliche, und die sittlichen Ideale des Mithraskultes standen hinter denen des Christentums nicht zurück[42].

Aber auch die meisten anderen Mysterienreligionen kannten eine ethische Erziehung. Sehr ernst waren die Anforderungen, die im 2. oder 1. vorchristlichen Jahrhundert das der Göttin Agdistis geweihte Heiligtum in Philadelphia in Lydien stellte. Seine Mitglieder konnten sich vermutlich auch durch eine Beichte reinigen, die es in anderen Kulten ebenfalls schon gab (S. 368). Auch in der Isisreligion hielt man strenge Gebote, mußte man das »Joch« der Gottheit tragen und ihr »Diener« oder »Streiter« sein[43]. Sogar die Anhänger des Dionysos, denen man alles mögliche nachsagte, waren um sittliche Läuterung bemüht, wie auch Dionysos selbst ein reines Leben forderte und bereits die Bakchen des Euripides von der »Reinheit des Wandels« und den »läuternden Bräuchen« in den Dionysosmysterien singen[44].

Insbesondere Eleusis, das »Mekka der Hellenen«, verinnerlichte und veredelte Jahrhunderte hindurch die Gemüter. Schon um 400 v. Chr. betet in den Fröschen des Aristophanes der in Eleusis Eingeweihte:

»Demeter, die du meinen Geist befruchtest,
Gib, daß ich deiner Weihen würdig sei«[45].

Die Eleusinien verlangten ethische Reinheit, besonders von Blutschuld, weshalb ihnen beispielsweise Nero auf seiner Reise durch Griechenland nicht beizuwohnen wagte und die Stadt offensichtlich mied[46]. Dagegen ließen sich Männer wie Augustus, Hadrian, Mark Aurel in sie einweihen. Und Cicero, der als Student in Athen die eleusinischen Weihen empfing, bekannte, man lerne durch die Mysterien »mit Freuden zu leben und mit besserer Hoffnung zu sterben«[47]. Aber auch von den heiligen Mählern und Getränken zahlreicher Mysterienreligionen ging eine starke ethisierende Wirkung aus[48].

Schließlich: War die Moral der Heiden so abscheulich, wie die Kirchenväter vorgeben, warum verlangt dann das Neue Testament, der zum Bischof zu Wählende müsse sich auch bei den Heiden »eines guten Rufes« erfreuen? Eine Forderung, die um das Jahr 300 die »apostolische Kirchenordnung« wiederholt[49]. Warum sind dann die »Haustafeln« im Neuen Testament, also die im Frühchristentum eine große Rolle spielenden Ermahnungen bezüglich des alltäglichen Lebens, samt und sonders vorchristlicher, zumeist heidnischer Herkunft[50]? Warum hat dann auch die Paränese der außerbiblischen urchristlichen Literatur[51] ihre Quelle in der

330

gewöhnlichen Volksethik? War doch noch im 4. Jahrhundert die christliche Sittenlehre so abhängig von der heidnischen, daß etwa die Ethik des Bischofs Ambrosius für Geistliche, »de officiis ministrorum«, nichts anderes ist als eine Verchristlichung von Ciceros »de officiis«[52]. Man griff selbst zu so später Zeit noch nach heidnischen Weisungen, wobei man sich jetzt nur nicht mehr an die populäre Paränese, sondern an die Klassik hielt[53]. Dessenungeachtet werden die Kirchenväter nicht müde, in grellen Schwarz-Weiß-Kontrasten die bodenlose Verderbtheit aller Heiden zu geißeln. Sogar noch ihre Tugenden waren, wie Augustinus wußte, glänzende Laster[54].

Die unmittelbare Abhängigkeit des Christentums von den Mysterienreligionen wird nicht selten offenkundig auch noch dort, wo man sie bestreitet. Wie sich überhaupt die Schwäche der kirchlichen Position oft am deutlichsten zeigt wenn man einen Autor liest, der sie verteidigt vorausgesetzt allerdings, daß man nicht bloß den katholischen Katechismus kennt.

Man betrachte zum Beispiel das 1945 erschienene Buch »Griechische Mythen in christlicher Deutung«. Schon bei Paulus kann der jesuitische Verfasser »ein sich anpassendes Eingehen auf eine gedämpfte Art von Mysteriensprache nicht verneinen«[55]. Im 2. und 3. Jahrhundert erkennt er gerade auf Grund der neuesten Untersuchungen »noch deutlicher«, wie sich »in Theologiesprache und in Kultgestaltung manches Gedankengut und Wortbild aus dem Mysterienwesen ins Christentum eingewandelt hat«[56]. Im Hinblick auf die Endphase des Heidentums aber bemerkt er, daß nun »auch die letzten, abgegriffenen Erbstücke aus dem Schatz der Mysterien in christlichen Besitz« übergehen, »um dort in einem ganz anderen Sinn neuen Glanz zu erhalten«[57]. Nun, diesen ganz anderen Sinn kennen wir bereits. Den wirklichen Sachverhalt erhellt selbst ein Satz unseres Jesuiten: »Die Seele dieses Körpers, den wir die Kirche nennen, ist vom Himmel – aber sein Blut ist aus den Griechen und seine Sprache ist aus Rom«[58]. Mit anderen Worten: alles was an dieser Institution historisch faßbar ist, alle ihre Gedanken und Riten gehen auf vorchristliche Formen der Religion und Philosophie zurück.

Gewiß hat die Kirche erst etwa vom 4. Jahrhundert an alles, was ihr nicht völlig widerstrebte, vom Heidentum rezipiert. Gerade das Wesentlichste aber wurde nicht erst vom Katholizismus, sondern bereits vom Urchristentum übernommen. Schon Paulus war entscheidend beteiligt an Jesu Aufnahme unter die sterbenden und auferstehenden Götter. Schon bei Paulus begann sowohl der Einzug der hellenistischen Mysterienkulte ins Christentum, wie der Einstrom der griechischen Philosophie.

331

B. Der Einbruch der griechischen Philosophie

37. KAPITEL

Der Umfang ihres Einflusses auf das antike Christentum

>>Nur der kleinste Teil bildete sich aus eigenen Kräften des Christentums, der weitaus überwiegende wurde aus der Philosophie der Umwelt übernommen und christlichen Bedürfnissen angepaßt<<. Der Theologe Carl Schneider[1].

Jesus – gleichgültig gegenüber Kunst und Wissenschaft

>>Alles kluge Reden und alles feige Ausweichen hilft nichts gegen die eine Tatsache: Das ursprüngliche Christentum war vom Willen zur Narrheit erfüllt... Wo diese närrische Haltung vertuscht wurde und die laugewordenen Christen vor allem darauf bedacht waren, ihre pfiffige Weltklugheit unter Beweis zu stellen, da ging eine der wichtigsten Einsichten des Evangeliums verloren<<. Der Theologe Nigg[2].

Moderne Katholiken rühmen die Verbindung von Gottesdienst und Kunst, Theologie und Wissenschaft, die Kulturfreudigkeit der Kirche[3]. Dabei müssen sie selbst das kulturelle Desinteresse des Urchristentums konzedieren und schreiben, es sei die beste Veranschaulichung des Jesuswortes: nicht von dieser Welt[4].

Tatsächlich erwarteten die ältesten Christen den nahen Hereinbruch des Weltendes und kümmerten sich nicht im geringsten um Bildung und

Kultur. Erst allmählich, über lange Zeiträume hinweg, hat sich die Christenheit von eschatologischer Geringschätzung der Welt zu immer größerer Welt- und Kulturbejahung hin entwickelt. Es ist bezeichnend, daß die ersten christlichen Berufsschriftsteller, Justin und Melito von Sardes, erst in der zweiten Hälfte des 2. Jahrhunderts schreiben, und daß noch um die Wende zum 3. Jahrhundert für Tertullian Künstler überhaupt Söhne des Teufels sind[5].

Der biblische Jesus, der predigt, nur eines tue not[6], ist gleichgültig gegenüber aller Kultur, die vor ihm die jüdischen Propheten aus religiösen Gründen geradezu bekämpft hatten[7]. Er besitzt, wie bereits der Pietismus und David Friedrich Strauß bemerkten, überhaupt keinen Sinn für Geistesleben, Wissenschaft und Kunst. Als einige seiner Jünger den von Alabaster, Gold und Marmor strotzenden Tempel Jerusalems rühmen – der Neubau war ein Werk Herodes des Großen –, da antwortet Jesus nur: Es werde kein Stein auf dem anderen bleiben[8]. Eine von allen Synoptikern berichtete Blasphemie, galt der Tempel doch als Wohnung Gottes, nicht anders wie heute die katholischen Kirchen. Aber Jesu »Reich Gottes« sollte eben durch eine kosmische Katastrophe eintreten, nicht durch den Gottesdienst in Häusern, die angeblich Gott bewohnt, obwohl das Neue Testament doch lehrt: »Der Höchste wohnt nicht in einem Bau von Menschenhand«[9]; obwohl auch Paulus schreibt: »Der Gott, der die Welt und alles, was in ihr ist, geschaffen hat, er als der Herr des Himmels und der Erde, wohnt nicht in Tempeln mit Händen gemacht«[10]; und obwohl noch im frühen 3. Jahrhundert Kirchenvater Clemens fragt: »Wie könnte überhaupt ein Werk der Baumeister-, Steinmetzen- und Handwerkerkunst heilig sein?«[11] Lange Zeit hindurch versammelte sich die Christenheit in Privathäusern. Erst zu Beginn des 3. Jahrhunderts wird die älteste christliche Kirche in Edessa bezeugt.

Als Sohn eines kinderreichen Dorfhandwerkers dürfte Jesus seine Kenntnisse auf Straßen und Märkten, in der Synagoge und bei der Lektüre des Alten Testaments erworben haben. Es gilt als unwahrscheinlich, daß er durch gelehrte Schulen ging. Nirgends spricht er die Sprache der theologisch Gebildeten seiner Zeit[12].

Wieviele Sprachen Jesus überhaupt beherrschte, ist unerheblich. Denn Mehrsprachigkeit war in Palästina keine Frage höherer Bildung, sondern ergab sich aus den Notwendigkeiten des Verkehrs. Neben seiner Muttersprache, dem galiläischen Aramäisch, verstand Jesus möglicherweise das Griechische, die Amtssprache der dortigen römischen Verwaltungsleute und die Sprache des Handels, damals so international wie heute das Englische oder vor viertausend Jahren das Babylonische. Vielleicht war Jesus auch das Hebräische geläufig, zu seiner Zeit schon seit wenigstens zweihundert Jahren keine Umgangs-, sondern eine Kult- und Gelehrtensprache, eine Sprache der Liturgie. Doch Sicheres läßt sich darüber selbstverständlich nicht sagen, wenn auch im 17. Jahrhundert der Wiener Jesuit Imhofer das Lateinische zur Muttersprache Jesu machte, denn Lateinisch, erklärte der gelehrte Katholik, sei die Sprache der Seligen im Himmel, und deshalb könne der Herr auf Erden nicht anders gesprochen haben[13].

Auch Philosophie war nicht gefragt

>*Nicht von einem entwickelten Lehrsystem ist die Rede und nicht von Philosophie, die man durch mühsame Studien sich zu eigen machen kann, sondern von einem ganz schlichten Verhältnis zu Gott und den Menschen, das jedes Kind verstehen kann, ja das gerade das Kind am besten versteht«. Dietlef Nielsen*[14].

Ist der synoptische Jesus auch von griechischen Gedanken berührt (S. 156 f.), legt er doch keinerlei Wert auf Systematisierung seiner Lehre, auf Formulierung von Glaubenssätzen und Christologie. Vielmehr macht auch er sich, wie alle antiken jüdischen Weisen, nichts aus Philosophie, ist er auch als religiöser Mensch ein Laie, wie seine Jünger, um mit dem Neuen Testament zu sprechen, »ungelehrte Leute und Laien« gewesen sind[15].

Jesus verkündet noch keine »Lehre« von Gott, sondern zeigt ihn als liebenden Vater und verlangt Vertrauen zu ihm, emotionelle Hingabe, nicht aber Glauben im Sinne eines Fürwahrhaltens[16]. Jesus kennt keine Gottesbeweise, keine Proklamation langer philosophischer und theologischer Prinzipien. Hat er doch gerade das Ideal des Weisen entthront. »Ich preise dich, Vater, Herr des Himmels und der Erde, daß du dies vor Weisen und Klugen verborgen und es Unmündigen geoffenbart hast«[17].

Das Christentum war in seinem Ursprung ohne jede verstiegene Intellektualität, ohne komplizierte Wertwelt und Moraltheologie. Nicht einmal keimhaft enthält es das System der Scholastik oder auch nur die Theologie der »Väter«. Kannte doch selbst Paulus noch keine philosophische Gottesspekulation. Christus hatte ihn ausgesandt, wie er angibt, die Heilsbotschaft zu predigen, »und zwar nicht mit hoher Redeweisheit, damit das Kreuz Christi nicht entleert werde«[18].

334

Der Einfluß der Philosophie auf Paulus

Gerade Paulus freilich, der aus einer Metropole des Hellenismus stammte, deren Bewohner, nach Strabon, mit ihrem philosophischen Eifer sogar die Athener und Alexandriner übertrafen[19], Paulus, der von Kind auf Griechisch lernte, es dann fließend sprach und schrieb und jahrzehntelang in griechischer oder gräzisierter Umwelt missionierte, läßt in seinen Briefen aufs stärkste die Einwirkung des Hellenismus erkennen. Und fast mehr noch als von den Mysterienkulten ist er von der Philosophie beeinflußt, insbesondere vom Platonismus und der Stoa.

Damit soll nicht gesagt sein, daß der Apostel die platonischen Schriften studierte. Zeigt er doch sogar eine deutliche Abneigung gegen Philosophie[20], was freilich wiederum nur der Abneigung der Stoiker gegen das reine Denken entspricht. Paulus braucht sich auch nicht mit Werken der damals vielgelesenen Stoiker und Kyniker bewußt beschäftigt zu haben, wenn auch gerade in seiner Heimatstadt Tarsos der Stoiker Athenodorus, der Präzeptor des Augustus, gelehrt und Paulus später anscheinend selbst mit stoischen und epikureischen Philosophen diskutiert hat[21]. Wie ja auch in Tarsos der Mithraskult bekannt gewesen und die Auferstehung des Gottes Sandan alljährlich gefeiert worden ist.

Zumindest mittelbar also war Paulus der pagane Hellenismus vertraut. Die heidnischen Lehren und Mysterien bildeten das geistige Klima seiner Zeit, der religiöse Synkretismus lag gleichsam in der Luft, und der Apostel konnte nicht unberührt bleiben. Auch lernte er zuerst ein bereits durch hellenistische Motive geprägtes Christentum kennen und war dessen Einwirkungen ständig in seinen Gemeinden ausgesetzt. Doch auch das Judentum trat ihm, wenigstens zunächst, nicht als reines Judentum, sondern auf dem Wege über die hellenistischen, das heißt von Anschauungen der griechischen Philosophie, speziell der Stoa, beeinflußten Diaspora-Synagogen entgegen. Von den drei Quellen, aus denen die paulinische Theologie und damit weitgehend das Christentum gespeist wird, Hellenismus, Judentum und Jerusalemer Jesustradition, war jedenfalls die letzte die unbedeutendste (S. 198 ff.).

Dagegen gibt es in den Schriften des Paulus keinen Gedanken und kaum einen Ausdruck ohne Parallelen in den hellenistischen Mysterien oder in der griechischen Philosophie[22].

Pauli Lehre vom Tod ist griechisch gestaltet, ebenso, sogar bis ins einzelne, seine Lehre von der Sünde[23]. Mit Hilfe der platonischen Ideen demonstriert Paulus Jesu Mittlerstellung zwischen Gott und Mensch. Auch die bei ihm bedeutsamen Ausdrücke »Psyche« und »Pneuma« entstammen der Philosophie Platons[24]. Den Begriff des »Gewissens«, der bei Jesus vollständig fehlt, aber ein Hauptbegriff christlicher Ethik, vor allem der

335

Exerzitienpraxis wird, entnahm Paulus der griechisch-römischen Popularphilosophie, wahrscheinlich der Stoa[25]. Auch die in seinen Briefen oft wiederkehrende und die spätere Zweinaturenlehre begründende Formel »Geist und Fleisch« ist stoisch[26]; ebenfalls die Vorstellung von einer natürlichen Erkenntnis Gottes, einem angeborenen sittlichen Gefühl, der lex naturae-Gedanke[27]; ferner das bekannte Bild vom Menschenleib und seinen Gliedern, übertragen auf eine Gemeinschaft[28], sowie die berühmte Wendung von jenem Gott, in dem wir leben, weben und sind. »In ihm leben, weben und sind wir«, heißt es in der Paulus jedenfalls in den Mund gelegten Areopagrede, »wir sind seines Geschlechts«. Die heidnische Vorlage lautet: »Zeus' bedürfen wir alle, denn wir sind seines Geschlechts«[29].

Viele Gedanken des Apostels stimmen mit der stoischen Philosophie der Kaiserzeit so überein, daß man zur Festigung seines Ansehens zwischen ihm und dem Stoiker Seneca im 4. Jahrhundert einen Briefwechsel fälschte, den Kirchenlehrer Hieronymus für echt hielt[30]. Doch noch Ende des 19. Jahrhunderts, als die Fälschung längst erkannt war, behaupteten Verteidiger der kirchlichen Tradition eine Abhängigkeit des Seneca (4 v. Chr. – 65 n. Chr.) vom Neuen Testament. Auch der Stoiker Epiktet († 133 n. Chr.) sollte es benutzt haben, eine erschöpfend widerlegte These[31].

Tatsächlich wurde selbst der von den Christen vielgeschmähte Epikureismus von Paulus gelegentlich verwertet[32].

Der Völkerapostel kam den Griechen entgegen, wie die Priester des Mithras oder der Isis, die ihre Göttin in Griechenland zu einer Griechin, in Noricum zu einer norischen Frau und in Äthiopien zu einer Negerin machten[33]. Auch die Stoa stellten die Isispriester schon bald in ihren Dienst. Jede ins Imperium eindringende Religion wollte Anhänger gewinnen, Erfolg haben, und das gelang eben nur, wenn sie nicht zu fremd erschien und sich anpaßte.

Ob bereits Paulus Jesu schlichte Lehre in ein kompliziertes dogmatisches Gedankengebilde verwandelte, ist umstritten. Jedenfalls schuf er mit seinen Formulierungen die Voraussetzungen dafür, vielleicht wider seinen Willen. Denn er selbst hielt wenig von der Philosophie und schätzte nicht die griechischen Weisen, denen er allzu deutlich unterlegen war[34], und von denen er einmal meint: »Da sie sich für weise hielten, sind sie zu Narren geworden«[35].

Auf breiter Front dringt die griechische Philosophie mit dem Johannesevangelium ins Christentum ein, was wenigstens anhand der besonders wichtigen Logoslehre gezeigt werden soll.

336

Der Logos Christus und seine Vorbilder

>*»Johannes ist sehr von Plato beeinflußt«.*
>*Sir Sarvapalli Radhakrishnan[36].*

>*»Nichts an diesen Gedanken ist spezifisch christlich«.*
>*Der Theologe Seeberg[37].*

Scheint auch der Einfluß des Essenismus auf das Vierte Evangelium heute festzustehen[38], bleibt doch seine Durchdrungenheit vom griechischen Geist nach wie vor evident[39]. Schon seine ersten Zeilen, wie man unlängst sagte, stellen mehr Anforderungen an das abstrakte Denken als das ganze Markusevangelium[40]. Wollte der Vierte Evangelist doch nicht die Notleidenden und Bedrückten gewinnen, sondern die Gebildeten. So preist er nicht mehr die Armen und warnt nicht mehr vor dem Reichtum. Er kennt nicht mehr die Volkstümlichkeit und knappe Gleichnissprache der Synoptiker, sondern gefällt sich in weit ausgesponnenen, pathetisch-monotonen Reden. Er beschreibt Gott oft abstrakt und nimmt überhaupt eine rücksichtslose Intellektualisierung der jesuanischen Botschaft vor.

Das Johannesevangelium dokumentiert eine neue Phase des Christentums: den Einbruch der hellenistischen Philosophie. Wesentliche Vorstellungen derselben werden übernommen, sogar einer ihrer metaphysischen Fundamentalbegriffe, der Logos, zieht nun in die Kirche ein. Er wird zum Hauptterminus bei den Apologeten des 2. Jahrhunderts und dann, in Verbindung mit der dreigliedrig angelegten Glaubensregel, zum Dogma von der Trinität fortgebildet. Der galiläische Lehrer wurde durch eine Zentralidee der antiken Philosophie interpretiert und mit all den Eigenschaften ausgestattet, die die Heiden dem Weltgedanken, dem das All durchdringenden Geistwesen, beigelegt hatten. Jesus wurde die »fleischgewordene« Erscheinung des Logos.

Den Aposteln war diese absurde Transposition natürlich noch nicht bekannt. Wohl aber spielte die Logoslehre bereits bei den Vorsokratikern eine Rolle, bei Heraklit, der zuerst die Weltvernunft »logos« nannte, in dessen Heimat Ephesus das Johannesevangelium entstanden sein dürfte, und an dessen Proömium der Naturphilosophie der Johannesprolog auch erinnert. Schon Amelios, ein Schüler Plotins, stellte die Einleitungen Heraklits und des Johannesevangeliums zusammen[41]. Platon und die Stoa übernahmen die Logosspekulation. An die Stoa knüpfte dann wohl ein etwas älterer Zeitgenosse Jesu, der jüdische Philosoph Philon von Alexandrien an, dessen Logosvorstellungen im Vierten Evangelium ziemlich genau wiederkehren. Der Logos wird bei Philon ein zweites göttliches Prinzip, der Sohn Gottes, ein Mittler, der aus der himmlischen Sphäre herabkommt, um als Erlöser die Menschen zu Gott zu führen[42].

Auch eine Reihe von Göttern war längst als Logos bezeichnet worden, Zeus bereits durch Zeno (ca. 336–263 v. Chr.), den Gründer der Stoa, und Kleanthes (ca. 331–232 v. Chr.). Dionysos hieß Logos und ebenso Herakles, in dessen Religion man von der Menschwerdung des Logos sprach. Auch der Götterbote Hermes, schon im 3. vorchristlichen Jahrhundert als dreiköpfiger Gott verehrt[43], galt als vom Himmel gesandter Logos, als Offenbarer, Erlöser, Hirt, Heilbringer, Lehrer, Mittler zwischen Gott und Mensch[44].

Wie die Forschung erwies, antizipierte bereits die platonische Logoslehre der frühen Kaiserzeit nahezu die gesamten christlichen Logosaussagen[45]. Aber auch die stoische Logoslehre wurde von vielen Kirchenvätern, von Tertullian, Irenäus oder, geradezu wörtlich, von Bischof Theophilus u. a. übernommen[46]. »Logosmysterien« nannte Clemens Alexandrinus das Christentum, das mit seinen Logoskonstruktionen nur einen neuen Namen in ein altes Schema einfügte[47]. Doch stach die kirchliche Logosspekulation, mit der man nun auch die den ältesten Evangelisten gleichfalls unbekannte Präexistenz Christi verband, zu offensichtlich von der apostolischen Überlieferung ab, als daß sie nicht da und dort auf Widerstand gestoßen wäre, besonders bei den im späteren 2. Jahrhundert auftretenden Alogern, aber auch bei Monarchianern und Arianern[48].

Was hier erfolgte, ist keine Entwicklung der Lehre Jesu, sondern ihre Überfremdung, die Anpassung an die Gedankenwelt derjenigen, die man »bekehren« wollte. Das war schon die Voraussetzung für den Erfolg des Paulus, und im Johannesevangelium wird diese Tendenz noch offenkundiger. Seine Hellenisierung demonstriert, wie sehr der Verfasser gebildeten Griechen imponieren und sie für das Christentum gewinnen will[49]. Im 2. und noch mehr im 3. Jahrhundert ist die immer stärker spürbare wissenschaftliche Systematisierung des Christentums, seine Dokumentation als Bildungsfaktor und als Religionsphilosophie, nichts als eine Rücksichtnahme auf die Bedürfnisse der gebildeten Klassen[50].

Die christliche Lehre mußte intellektualisiert werden, um Eindruck auf die Gebildeten zu machen

Die Christenheit des 1. Jahrhunderts war mit geringen Ausnahmen ein Haufen von Kleinbürgern, Bettlern und Sklaven. Wie Paulus bezeugt, fehlten darunter auch ehemalige Diebe und Spitzbuben nicht[51]. Gingen doch selbst die Apostel, nach einer frühkirchlichen Schrift, aus einem Kreis der »allerärgsten Sünder« hervor[52]. Aber noch im ausgehenden

338

2. Jahrhundert meint ein griechischer Philosoph: »Was für andere Leute hätte wohl ein Räuberhauptmann berufen?«[53] Diese Einschätzung des Christentums trifft man gerade in Quellen des 2. Jahrhunderts häufig[54]. Doch auch das Niveau der christlichen Führer war damals nicht hoch. Selbst der prominenteste Ketzerbestreiter der alten Kirche, der Lyoner Bischof Irenäus, klagt in seinem um 190 verfaßten Opus »Gegen die Häresien« nicht ohne Grund, »des Schreibens ungewohnt zu sein«. Das stört ihn freilich nicht, die andersgläubige Christenheit resolut zu bekämpfen. »Nicht nur aufzeigen, sondern von allen Seiten verwunden wollen wir die Bestie«[55]. Die Schrift »Ad paganos« wehrt sich gegen den Vorwurf, daß die Christen die Dummen seien, wobei die Bezeichnung »die Dummen« (stulti) nicht weniger als ca. dreißigmal erscheint[56]. Sogar Kirchenvater Tertullian gesteht unumwunden, die »idiotae« seien unter den Christen immer in der Majorität[57]. Noch auf der Synode von Antiochien (324/25) waren, nach einer kirchlichen Urkunde, selbst die meisten Bischöfe nicht einmal »in Dingen des kirchlichen Glaubens sachverständig«[58]. Und im Hinblick auf das Konzil von Nicaea (325) sprach ein Zeitgenosse von einer »Synode aus lauter Dummköpfen«[59], was allerdings boshaft übertrieben ist.

Nach Auskunft eines einst sehr nazifreundlichen katholischen Theologen gewann die Kirche die Gebildeten erst so spät wegen ihrer »Zweifelsucht« und wegen ihrer »Unsittlichkeit«! »Damals wie heute die größten Gegner der religiösen Wahrheit«[60].

Die gelehrteren Kreise der hellenistischen Welt stieß aber nicht nur der frühchristliche Pöbel ab, sondern auch die christliche Predigt, die Plinius einen »unbescheidenen«, Tacitus einen »verabscheuungswürdigen« und Sueton einen »gottlosen Aberglauben« nennen[61]. Denn die Evangelien, insbesondere die drei ältesten, vermochten damals kaum einem Gebildeten zu imponieren. Sie waren in der griechischen koine, der Volkssprache, geschrieben und bekundeten sowohl in der Stilisierung wie Motivierung allzu deutlich die Spuren ihrer proletarischen Provenienz. Sie mußten den Intellektuellen, nach einer Kennzeichnung des Altphilologen Eduard Norden, als »stilistische Monstra« erscheinen oder, wie Heinrich Ackermann schreibt, als »Aberwitz ungebildeter Syrer«[62]. »Nicht einmal durch Lügen«, meint im ausgehenden 2. Jahrhundert der in der Kirche »nur Dummköpfe und Sklavenseelen« erblickende Celsus, »konntet ihr eure Erdichtungen glaubwürdig verhüllen«[63]. Etwas später charakterisiert ein anderer Apologet des Heidentums die christlichen Lehren als »Wahnwitz«, »Ammenmärchen«, »Fabeln einer krankhaften Einbildungskraft und schlechte Trostgründe«, »von den Dichtern erfunden« und von den Christen allzu leichtgläubig für ihren Gott »wieder aufgewärmt«[64].

Bis in die Mitte des 2. Jahrhunderts bewegte sich das Christentum im allgemeinen in solchen Schichten, daß die Gebildeten – Epiktet ist die einzige Ausnahme – keine Notiz von ihm nahmen. Erst dann eröffneten Fronto aus Cirta, der Lehrer und Freund Mark Aurels, und Celsus die literarische Polemik gegen die Christen. Die antike Wissenschaft aber war noch im 4. Jahrhundert dezidiert heidnisch. Nur mit Hilfe des Staates konnte das Christentum sie verdrängen und sich wenig rühmlich an ihre Stelle setzen.

Was also mußte man tun, um die Intellektuellen zu gewinnen?

Man mußte beweisen, daß man mit ihnen konkurrieren und ihre Metaphysik sogar noch übertreffen konnte. Wünschte man doch auch selbst ein etwas »gehobeneres« Christentum zu besitzen, was einen modernen Katholiken zu der vielsagenden Formulierung verleitet: »Viele Tausende weiter Fortgeschrittene wollen im Christentum die Befriedigung finden, die der hohe Gedankenflug der heidnischen Mysterien oder der Gnosis ihren Bekennern bietet«[65]!

So überzeugte man denn allmählich sich und die Welt, das Christentum sei gar nicht so verschieden von der griechischen Philosophie, im Gegenteil, ihr außerordentlich verwandt, adäquat. Vieles hätten die erleuchteten Heiden schon erkannt, und Jesu Lehre vollende sozusagen nur, was die antike Kultur und Religion vorweggenommen. Dieser Anpassungsprozeß vollzog sich durchaus nicht immer bewußt, sondern öfter beinahe von selbst und über lange Zeiträume hinweg. Der »Völkerapostel« schritt voran, die Synoptiker, besonders Lukas, waren vom Hellenismus nicht unbeeinflußt, vom Vierten Evangelisten gar nicht zu reden. Und im 2. und 3. Jahrhundert konnten die Apologeten der jungen Religion die schon von Paulus und den ersten Heidenchristen umgeformte Botschaft Jesu immer mehr aus griechischem Geist heraus interpretieren und weiter verwandeln.

Man benutzt zuletzt alles, was die heidnische Welt geistig und religiös zu bieten hat: den Platonismus, die Stoa, den Kynismus, Pythagoras, Aristoteles, selbst den so abgelehnten Epikur macht man sich dienstbar[66], aber auch die Religionsgeschichte Varros und die Religionsphilosophie Ciceros (»Widerlegt Cicero, wenn ihr uns widerlegen wollt«[67]), die Dichtungen besonders von Homer, den fast jeder griechische Kirchenvater zitiert, von Sophokles, Hesiod, Euripides und Vergil. Vergil, der im lateinischen Westen die gleiche Stellung einnahm wie Homer im griechischen Osten, wurde durch das Christentum geradezu zum »Propheten Christi«[68].

Am meisten wird der Platonismus rezipiert.

Schon im frühen 18. Jahrhundert beschuldigten Männer wie Souverain, Barbeyrac und Mosheim[69] die Kirchenväter der völligen Entstellung der christlichen Lehre durch Aufnahme platonischen Gedankengutes. Die

340

moderne theologische Forschung aber sieht in der Geistesgeschichte des antiken Christentums zu einem großen Teil nur eine Geschichte des Platonismus. Die bedeutendsten Kirchenväter stellen Platon neben Jesus, und manche wissen mehr von Platon als von der Bibel[70]. Bereits im 3. Jahrhundert widerlegen katholische Bischöfe ihnen fatale, doch von »Ketzern« noch verteidigte urchristliche Anschauungen unter Berufung auf den heidnischen Philosophen[71]. Er bestimmt immer mehr die christliche Kosmologie, Gotteslehre, Ethik und Liturgie. Auch Augustin stand ganz in seinem Banne, genauer in dem des Neuplatonismus[72], der sich vom Christentum kaum noch wesentlich unterschied. Ein Schüler der heidnischen Philosophin Hypatia, Bischof Synesios von Kyrene, in dessen Schriften außer dem Namen Christi fast nichts mehr Christliches steht, lehnte zu Beginn des 5. Jahrhunderts alle Dogmen ab, die mit dem Neuplatonismus nicht übereinstimmen[73].

In diesem Zusammenhang sei auch ein berühmter Unbekannter genannt, der sich unter dem Pseudonym Dionysius Areopagita als Schüler des Paulus ausgab[74]. Seine vermutlich im ausgehenden 5. Jahrhundert entstandenen Fälschungen, die von stärkstem Einfluß auf das gesamte christliche Mittelalter waren – auch Thomas von Aquin zitiert sie laufend –, sind durchtränkt von neuplatonischen Gedanken, seitenweise sogar wörtliche Exzerpte aus Werken des Neuplatonikers Proklos.

Im 15. Jahrhundert forderte der florentinische Mystiker Marsilio Ficino geradezu, in den Kirchen solle Platon ebenso gepredigt werden wie das Evangelium. »Tatsache ist nun«, schreibt selbst ein Jesuit, »daß viele der fruchtbarsten theologischen Motive restlos dem Neuplatonismus entnommen sind«[75].

Aber auch die Stoa wurde kräftig geplündert, ja, dermaßen aufgesogen, teils direkt, teils indirekt über den Neuplatonismus, der ihr viel entlehnte, daß sie ganz verschwand. Noch im 6. Jahrhundert konnten die Kirchenschriftsteller stoische Texte einfach als christliche edieren. Sie ersetzten lediglich den Namen des Sokrates durch den des Christus[76].

Auch der Schriften des Aristoteles bediente man sich schon; allerdings noch nicht so ausgiebig wie im Mittelalter, als Thomas von Aquin dem längst vollständig hellenisierten Christentum das gewaltige Gedankenmaterial des Stagiriten noch einmal mit solcher Intensität überstülpte, daß es eigentlich Ehrensache gewesen wäre, ihn zum Kirchenlehrer zu erheben. Die unentwegte Berufung des offiziellen Kirchentheologen auf den Heiden Aristoteles gehört zu den großen Seltsamkeiten der Catholica. Dabei hatte erst unmittelbar zuvor, im Jahre 1223, – und hier begegnet man gleich einem weiteren Paradoxon aus ihrer Vergangenheit –, Papst Gregor IX. in einem Schreiben an die Universität von Paris die Verwendung der aristotelischen Philosophie innerhalb der kirchlichen Theologie als wahnwitziges und gottloses Unternehmen auf das schärfste verdammt! Bekanntlich aber wird diese von Gregor IX. verurteilte philosophische und theologische Methode als die maßgebliche Kirchenphilosophie und -theologie noch heute überall gelehrt.

Es spricht für sich, wenn ein Dogmengeschichtler wie Friedrich Loofs in dem einleitenden Kapitel seines Hauptwerkes über die *»Voraussetzungen der kirchlichen Lehrbildung«* 28 Seiten der Darstellung der griechisch-römischen Philosophie und Religion, 22 Seiten der Darstellung des Judentums einräumt, und Predigt und Person Jesu, sowie das gesamte apostolische Zeitalter auf 8 Seiten behandelt[77]!

Die Verteidiger der Kirche können den gewaltigen heidnischen Einfluß auf sie nicht leugnen. So sprechen sie euphemistisch von einem organischen Weiterwachsen, einer natürlichen Entfaltung oder allenfalls von einem Zuwachs an unerheblichen Äußerlichkeiten. Doch die Behauptung, die griechische Philosophie habe nur die Form geliefert, in die der christliche Glaubensinhalt gegossen worden sei, trifft die Sache nicht, was übrigens ein katholischer Philosophiehistoriker schreibt, der überdies betont: »In neuen Zusammenhängen erfahren die Begriffe immer eine inhaltliche Umprägung, besonders beim Ausbau einer wissenschaftlichen Theologie«, und nun fortfährt: »Aber alle und jegliche (!) Beziehung zum ursprünglichen Inhalt fehlt wohl in den seltensten Fällen«[78]. Auf ähnlich aufschlußreiche Formulierungen kann man öfter stoßen. So liest man in einer ebenso umfassenden wie ausgezeichneten neuen Darstellung des antiken Christentums: das spätere Christentum sei von dem früheren »nicht unbeeinflußt geblieben«[79].

Ein katholischer Kirchenhistoriker aber, in dessen Büchern sich Verschleierungsvermögen und Zynismus kunstvoll durchdringen, ruft rhetorisch: »Und ist es nicht das beste Mittel, einer Lehre entgegenzutreten, indem man ihr die eigenen Waffen entlehnt?« Worauf er von der Art schwärmt, mit der die Kirche den Honig ihrer Weisheit verschenke, den sie »aus allen Blüten des Geistes sammelt«[80].

342

38. KAPITEL

Die gegensätzliche Stellung
der Frühchristenheit zur Philosophie

1. Die Befürworter

> *»Es ist wahr, seit es christliche Theologen gibt, hat man auch geglaubt, dem Christentum sei mit Wissenschaft noch extra geholfen«. Der Theologe Overbeck*[1].

Das Evangelium, das den Weisen und Klugen nicht verkündet worden war, wird im 2. und 3. Jahrhundert rationalisiert und eine Religionsphilosophie. Anstelle der ursprünglichen Predigt tritt der Geist griechischer Wissenschaft, die wesentlich eschatologische Bewegung der Anfangszeit verwandelt sich in ein verwickeltes System intellektueller Spekulation, die frohe Botschaft für die Armen in eine Sache der Gebildeten.

Diese im 2. Jahrhundert voll einsetzende und bis ins Mittelalter fortdauernde philosophische Überfremdung der Lehre Jesu, die man für das antike Christentum mit dem Namen Patristik zu bezeichnen pflegt begann bei den Apologeten. Sie »bewiesen« Gott bereits, natürlich mit den Mitteln der heidnischen Philosophie, wie besonders dem kosmologischen Beweis der Stoa. Gott wurde nun ein Denkobjekt und immer mehr in die Sphäre der Ideen, Substanzen und metaphysischen Wesenheiten entrückt. Katakomben-Fresken, die Jesus und seine Jünger als Philosoph und Philosophenschule zeigen, illustrieren die Entwicklung.

Die meisten Schriften der ältesten Apologeten sind freilich noch geradezu rührend naiv. Gelangten sie je in die Hände immerhin gebildeterer oder philosophierender Kaiser, an die sie zuweilen gerichtet waren, werden sie wohl unbeachtet in den Akten verschwunden sein. Tertullian, neben Minucius Felix noch der Verfasser der besten Apologien, meinte einmal, sie würden von keinem gelesen, der nicht schon Christ sei[2]. Doch bilden diese Traktate die Hauptquellen für das Christentum des 2. und 3. Jahrhunderts, insbesondere für die kirchliche Theologie dieser Zeit.

Überhaupt vergegenwärtige man sich die Bedeutung der Kirchenväter

343

im Katholizismus, dem – aus guten Gründen – die Bibel nicht die einzige Glaubensquelle ist, sondern die kirchliche Tradition. Überholte diese doch die Bibel, obwohl deren jüngste Dokumente bis fast in die Mitte des 2. Jahrhunderts reichen, in vielem noch gewaltig, nicht anders wie die Bibel oft schon die Lehre Jesu. Kyrill von Alexandrien, der im 5. Jahrhundert die Autorität der »Väter« in allen Glaubensfragen besonders betonte, erklärte deshalb auch das Zustandekommen ihrer Werke »durch Eingebung des Heiligen Geistes«[3]. Nur einige Themen, die selbst eine Leuchte der kirchlichen Theologie wie den edlen Basilius beschäftigten, sollen diese Eingebung beiläufig verdeutlichen: »Die Wasserschlange und der Meeraal in ihrer Begattung ein Vorbild ehelicher Verträglichkeit und Liebe für Frau und Mann«. – »Begattungslos sich fortpflanzende Vögel eine Analogie zur Jungfrauengeburt Mariä«. – »Die Seidenraupe in ihren Entwicklungsstadien – ein Bild unserer Auferstehung«[4].

Der geschichtliche Jesus tritt bei allen älteren Apologeten, aber auch noch bei Clemens von Alexandrien, ganz zurück[5]. Ausgangspunkt ihres Glaubens ist der präexistente Logos, eine nur in philosophischen Kategorien erfaßbare transzendente Idee. Jesu Lieblingsbegriff, das Reich Gottes, bei den Synoptikern rund fünfundsiebzigmal genannt, kommt bei den allermeisten Apologeten überhaupt nicht vor[6]. Manche erwähnen keinen einzigen Ausspruch der Bibel, ja, nicht einmal den Namen Jesu, wie der »Dialog Octavius« von Minucius Felix, der damit nur die Christologie seiner Vorgänger weiterentwickelt. Auch Bischof Theophilus übergeht die Person Jesu völlig. Er spricht weder von seiner Geburt, noch von seinem Wirken, noch von seinem Tod. Fortwährend aber redet er von Moses. Ähnlich verhalten sich Tatian und Athenagoras[7].

Katholische Gelehrte führen diese Armut an evangelischen Gedanken und Motiven auf die heidnischen Adressaten zurück, bei denen man kein Verständnis dafür voraussetzen konnte[8]. Man propagierte also ein Christentum, dem alles spezifische Urchristliche fehlte und legte damit den Grund für die katholische Theologie, für deren Dogmatik und Ethik.

Justin

Der Klassiker der frühesten Verteidiger des Christentums ist der um 100 in Palästina geborene und um 165 unter Marc Aurel enthauptete, hier schon oft genannte Justin. In der Kirche genoß er solches Ansehen, daß man bis ins 5. Jahrhundert Schriften unter seinem Namen fälschte[9].

Bevor Justin Christ wurde, durchlief er nahezu alle maßgeblichen antiken Philosophenschulen und fand endlich nach dem Studium Platons im Christentum »die allein verlässige und nutzbringende Philosophie«[10].

344

Auch als Christ aber hat er niemals den Philosophenmantel abgelegt, vielmehr gelehrt, daß nur die Philosophie zu Gott führe und wirklich heilig bloß die Philosophen seien[11]. Wer »mit Vernunft« lebte, war nach Justin Christ, auch wenn er Jahrhunderte vor Christus lebte oder sogar »für gottlos« galt, »wie bei den Griechen Sokrates, Heraklit und andere ihresgleichen«[12]. Schlecht dagegen nennt Justin alle Menschen, die vor Christus »ohne Vernunft gelebt haben... wohingegen, wer mit Vernunft gelebt hat und noch lebt, Christ ist«[13].

Um die vermeintliche Originalität seiner Religion zu retten, behauptete Justin mit den meisten alten Kirchenvätern, die im Christentum wiederkehrende griechische Philosophie sei mit Hilfe Satans aus dem Alten Testament gestohlen worden[14].

Doch kannte Justin noch eine andere Lösung, die zu dieser Diebstahlsthese freilich wie die Faust aufs Auge paßt, nämlich die (im Christentum zuerst bei Justin auftretende) Theorie von den logoi spermatikoi, den in der vorchristlichen Welt keimhaft verstreuten christlichen Wahrheiten[15]. Alles in die Lehre Jesu eingedrungene Fremde war nach dieser Theorie gar nicht fremd, die neue Religion vielmehr schon im Heidentum geheimnisvoll präformiert. Der Logos Spermatikos, ein übrigens stoischer Begriff, hatte seit je die Welt durchwaltet und sie auf das Christentum hingeordnet. Daß einmal die heidnischen Wahrheitskörner vom weltdurchwaltenden Logos stammten, von Gott, ein andermal von einem Diebstahl mit Hilfe des Teufels, störte Justin nicht. Dieselbe widerspruchsvolle Erklärung liefert auch noch Clemens von Alexandrien, während dann anstelle der Diebstahlstheorie die Lehre vom Logos Spermatikos trat, die leicht abgewandelt auch in Tertullians Behauptung von der anima naturaliter christiana erscheint oder in Augustins lumen rationis internae.

Die »christliche Philosophie« des hl. Justin war nichts weiter als eine Konstruktion aus heidnischen, vor allem platonischen Elementen. Aber so fremdartig sein philosophischer Eklektizismus gegenüber den urchristlichen Anschauungen auch ist, er gilt noch als »der christlichste unter den Apologeten«[16].

Clemens von Alexandrien

Um die Mitte des 2. Jahrhunderts wahrscheinlich in Athen geboren und mit der Philosophie eng vertraut, war er der zweite Leiter der ganz nach dem Vorbild griechischen Wissenschaftsbetriebes ausgebauten berühmten alexandrinischen Theologenschule. Weit mehr noch als durch Justin wurde hier durch Clemens das Kirchenchristentum mit heidnischem Gedankengut verknüpft und aus der christlichen Religion eine Religionsphilosophie gemacht. Was ihm an der antiken Kultur trefflich und brauchbar schien, überführte er ins Christentum, so daß zwischen beiden selbst nach einem Katholiken »fast nur mehr ein gradueller Unterschied bestehen bleibt«[17].

Philosophie ist für Clemens weder der Stoizismus noch der Platonismus, Epikureismus oder Aristotelismus, sondern eine Zusammenfassung all dessen, was die Philosophenschulen Gutes lehrten, im Christentum[18]. Auf der heidnischen Seite freilich meinte Celsus, was er an der christlichen Verkündigung »schön und gut« finde, hätten »die Philosophen noch besser und treffender gesagt«[19]. Nach beiden Männern jedenfalls setzt die Kirche die Grundlehren griechischer Gelehrsamkeit nur unter christlichem Namen fort.

Die Philosophie erzieht nach Clemens die Griechen zu Christen, und schon vor Christi Erscheinen seien Menschen allein durch sie erlöst worden[20]. Clemens stellt die Philosophie über die Religion, die Erkenntnis über den Glauben, denn ohne griechische Bildung könne der Christ Gott überhaupt nicht begreifen[21]. Der Gnostiker, der Erkennende, steht bei Clemens hoch über dem einfachen Gläubigen, womit er den Begriff von Christen erster und zweiter Klasse schuf[22]. Deckte sich im 3. Jahrhundert doch auch das, was man der Gemeinde predigte, durchaus nicht mit der gleichzeitig entwickelten Theologie[23]. Noch heute unterscheiden ja katholische Kirchenhistoriker »zwischen der christlichen Elite« und jenen Glaubensbrüdern, »die man ›simplices‹ oder ›idiotai‹ nennt«[24].

Clemens von Alexandrien, der »Literat und Bohémien der akademischen Bildung«[25], der »Gentleman« unter den Kirchenvätern[26], war der erste, von der gebildeten Welt voll anerkannte christliche Schriftsteller des Ostens. Unermüdlich schleust er um die Wende zum 3. Jahrhundert die hellenistische Philosophie ins Christentum und verteidigt dessen Originalität, wie die meisten »Väter«, mit der These vom Diebstahl der Hellenen aus dem Alten Testament[27]. Es ist mehr als grotesk, wenn Clemens die Entlehnungen, die er selbst macht, den heidnischen Denkern vorwirft, indem er einem Platon mit dem Finger droht: »Ich kenne deine Lehrer, wenn du sie auch verheimlichst«[28].

Ebenso kräftig schöpft Clemens übrigens aus den antiken Religionen. Er verwendet die Terminologie der Mysterien so ausgiebig, daß man das gesamte lexikalische Material, namentlich der Eleusinien, aus seinen Werken eruieren kann[29].

346

Origenes

»... der erste katholische Theologe im Vollsinn des Wortes«. Der Theologe Heiler[30].

»Wegbereiter der Scholastik«. Der Theologe Antweiler[31].

Origenes (185–254), der Sohn eines Märtyrers, einer der größten (später exkommunizierten) Theologen der Kirche, wurde mit achtzehn Jahren Leiter der auch von »Ketzern« und Heiden besuchten alexandrinischen Gelehrtenschule und lange vor seinem Tod weltberühmt. Schon Porphyrius aber, der ihn achtete, hatte erkannt, daß Origenes in seinem praktischen Leben zwar ein Gegner des Heidentums gewesen sei, in der Theorie hingegen über Gott und die Welt wie ein Grieche gedacht und die griechische Philosophie der christlichen Lehre unterschoben habe[32], noch umfassender, darf man ergänzen, als sein Vorgänger Clemens.

Die moderne theologische Forschung bestätigt dieses Urteil. Seine Sprache, seine Methode, die Formulierung seines Gottesbegriffes, seine Kosmologie und Pädagogik bezog Origenes von Platon; Entscheidendes seiner Logos- und Tugendlehre hat er von den Stoikern; Wichtiges seiner Anthropologie und Freiheitsphilosophie von den Peripatetikern, und auch von Poseidonios ist er beeinflußt[33]. Besonders die Schrift mit dem vielleicht bewußt vieldeutigen Titel »Über die Prinzipien« oder »Von den Urdingen« (Peri archôn = De principiis), ein origenistisches Hauptwerk, wurde durchgehend mit griechischem Gedankengut ausgestattet. Bedenkt man aber, daß gerade dieses Buch die kirchliche Dogmatik begründet, daß es nicht nur viele kleinere christliche Geister (Didymus den Blinden, Synesius von Cyrene, Marius Victorinus Afer u. a.) beeinflußt hat, sondern sehr stark auch maßgebliche Kirchenführer wie Eusebius, Hieronymus, Basilius, Gregor von Nyssa und Gregor von Nazianz, so kann man ermessen, wie durch Origenes die Philosophie den einfachen Geist des Evangeliums weiter verwandelt und verdrängt. Schrieb dieser geradezu unglaublich fruchtbare Autor doch sogar ein vielleicht nicht zufällig verlorengegangenes zehnbändiges Werk »Stromateis«, in dem er laut Bischof Euseb »alle Sätze unserer Religion aus Platon, Aristoteles, Numenios und Cornutus bewies«[34]!

Auch hier wird wieder sehr deutlich, daß die Kirche viel mehr auf den Hellenismus zurückgeht, als auf Jesus. Die geschichtlichen Grundlagen des Christentums spielen bei Origenes, wie schon bei Paulus und fast allen christlichen Schriftstellern dieser Zeit, eine subalterne Rolle. Wie für Clemens, harmoniert auch für Origenes die Bibel mit den tiefsten Gedanken griechischer Philosophie; wie Clemens unterscheidet auch Origenes zwi-

347

schen einem Primitivglauben der Masse und einer höheren Erkenntnis für die Eingeweihten, lehrt er, Glaube sei ohne Philosophie nicht möglich und nur der gebildete Hellene der vollkommene Christ[35].

Nach Harnack leistete Origenes für die Mission unter den Gebildeten mehr als alle übrigen Christen zusammen, sicher deshalb, weil er die Erkenntnis höher als den bloßen Glauben geschätzt und nach dem Beispiel seines Lehrers Clemens die Philosophie im Christentum etabliert hat[36]. Zwar mußte sie sich dem Glauben dann wieder unterordnen. Doch setzte auch die Kirche die philosophische Spekulation fort, bis sie in den Monstersystemen der Scholastik gipfelte. Ursprüngliche Gedanken wurden dabei aber nicht weiterentwickelt, sondern umgebogen, ins Gegenteil gewendet und durch eine Fülle fremder Züge verdrängt.

2. Die Gegner der Philosophie

waren im Christentum bis ins 3. Jahrhundert zahlreicher als ihre Befürworter. Sogar noch im 4. Jahrhundert gesteht der die Bildungsverächter bekämpfende Gregor von Nazianz, die heidnische Wissenschaft erachteten »die meisten(!) Christen als schädlich und gefährlich und als von Gott abführend«[37]. Wie in der neuen Religion über nichts eine einheitliche Auffassung bestand, so eben auch darüber nicht. Das Erfreuliche für die Kirche war, daß beide Richtungen ihr Anhänger zuführten: die philosophiefreundliche lockte die Gebildeten, während die philosophiefeindliche zweifellos viele einfache Geister angezogen hat. Doch wurden von dieser Tendenz auch ethische Rigoristen beeindruckt, Philosophen, die die Schlichtheit des Evangeliums gegen den Zugriff der Wissenschaft verteidigten.

Schon Tatian der Syrer, der bedeutendste Schüler des die Philosophie verherrlichenden Justin, befehdet sie, gestützt allein auf die biblische Tradition. Vergriff er sich auch manchmal im Ton seiner um 155 geschriebenen, mitunter glänzenden und temperamentgeladenen Philippika, empfindet er doch deutlich die Unvereinbarkeit der Lehre Jesu mit heidnischer Wissenschaft, von der er, wie manche Bekämpfer derselben, gar nicht frei ist. Doch verlacht er sie als albernes Geschwätz, er schimpft die Römer Großsprecher und die Athener Windbeutel, er nennt Heraklit einen Dummkopf und Kurpfuscher, Diogenes, den renommierenden Asketen im Faß, einen Vielfraß, und behauptet von Platon, den andere Kirchenautoren fast wie Jesus verehren, man habe ihn samt seiner Weltweisheit wegen Völlerei verkauft[38].

In einer eigenen Spottschrift attackiert vermutlich im 2. Jahrhundert auch Kirchenschriftsteller Hermias die heidnische Kultur. Mit der Berufung auf Paulus beginnend, bezieht er sich, wie Tatian, auf ein rein bibli-sches Christentum. Nur die Wahrheit des Evangeliums erkennt er an, nicht die Widersprüche und Spitzfindigkeiten der Philosophie, die »ohne Begründung und ohne Nutzen« sei, nichts als »Abenteuerlichkeit, Unsinn oder Wahnwitz oder Absonderlichkeit oder alles zugleich«[39].

Ähnlich rügt um 180 der antiochenische Bischof Theophilus die »soge-nannten Weisen, Dichter und Geschichtsschreiber«, die »Faseleien tö-richter Philosophen«, »die lügenhafte Flunkerei der Schriftsteller und die Unwahrheit ihrer Angaben«[40]. Er verunglimpft Platon, den die alte Kirche am meisten ausbeutet, als einen »Lügengeschichtsschreiber«[41] und ver-dammt sämtliche Repräsentanten der griechischen Kultur als Männer, die »nicht einmal den geringsten Funken der Wahrheit«, »auch nicht das kleinste Körnlein davon gefunden haben«[42]. Um das eigene Wissen des laut Euseb schon sechsten Bischofs von Antiochien, einem der bedeu-tendsten Bischofssitze der alten Kirche, freilich ist es so bestellt, daß er al-len Ernstes behauptet, Epikur propagiere Blutschande mit Müttern und Schwestern, und Zeno und Diogenes lehrten, die Eltern umzubringen und zu verzehren[43].

Für Kirchenlehrer Irenäus sind Philosophen von vornherein gottlos. So höhnt er seine gnostischen Gegner mit Worten, die seinen »rechtgläubi-gen« Kollegen genauso hätten gelten können: »Auch die Äußerungen der Philosophen, die Gott gar nicht kennen, stellen sie zusammen«[44]. Kir-chenvater Hippolyt führt sämtliche Häresien auf die griechische Philoso-phie zurück[45]. Und die syrische Didascalia befiehlt den Christen: »Von al-len Schriften der Heiden halte dich fern; denn was willst du mit den frem-den Worten oder den Gesetzen und falschen Prophezeiungen, die junge Leute sogar vom Glauben abbringen? Was fehlt dir denn an dem Worte Gottes, daß du auf diese Geschichten der Heiden dich stürzt?«[46].

Noch Kirchenlehrer Ambrosius verurteilte die antike Kultur, obschon er kräftig davon zehrt, als Rivalin des Christentums[47]. Insbesondere die Naturwissenschaft, die schon Laktanz als baren Unsinn geschmäht hatte, verwirft der Bischof von Mailand radikal als einen Angriff auf die Maje-stät Gottes[48]. Wie denn auch das gesamte antike Christentum auf natur-wissenschaftlichem Gebiet so gut wie nichts geleistet und die mittelalterli-che Kirche die Naturforscher auf die Scheiterhaufen getrieben hat.

Selbst kirchliche Schriftsteller, die ganz von der Philosophie leben, leh-nen sie ab oder hassen sie, gerade weil sie nicht ohne sie auskommen kön-nen. Die klassischen Beispiele sind Minucius Felix und Tertullian.

Minucius, ein erst spät zum Christentum übergetretener römischer Rechtsanwalt, fußt in seinem, vielleicht um die Wende zum 3. Jahrhun-dert verfaßten, stilistisch glänzenden »Dialog Octavius« ganz auf Gedan-kengängen der griechisch-römischen Philosophie, der Stoiker, Platons,

Ciceros und Vergils. Trotzdem ist bei ihm Sokrates der »attische Narr« und die Philosophie, der »Wahn des Aberglaubens«, ein Feind der »wahren Religion«[49].

Ähnlich ist die Stellung Tertullians. Viel zu belesen, um auf Philosophie verzichten zu können, hat er zwar einerseits zahlreiche Profanschriftsteller benutzt, vor allem in geradezu sklavischer Weise die Stoa[50], andererseits aber eindeutig den Stab über die griechische Kultur gebrochen. Mit Christentum habe sie nichts zu tun. Wo sie sich der Wahrheit nähere, sei es Zufall oder Diebstahl[51]. Tertullian mißbilligt überhaupt und ganz im Sinne des Urchristentums, ja, mit ausdrücklicher Berufung auf Jesus und Paulus, Wissenschaft und Kunst – Lehren von Menschen und Dämonen, bloßer Ohrenkitzel und vom Herrn verworfen, als Torheit bezeichnet[52]. Den von manchen Kirchenvätern so verehrten Platon nennt Tertullian die »Gewürzkiste aller Häretiker«, wie ja auch noch Kirchenlehrer Ambrosius in Platon nur einen unoriginellen Kopf sieht, der sein Bestes aus der Bibel beziehe[53].

Die älteste Kirche beurteilte die heidnische Philosophie also völlig verschieden[54]. Es liegt hier eine ganz konträre Lehrentwicklung, ein prinzipieller Gegensatz vor. Behaupten die einen die absolute Originalität, die radikale Andersartigkeit des Evangeliums gegenüber aller antiken Kultur, sehen die anderen in ihm nur deren organische Fortführung und Krönung.

Strikt abgelehnt wird die Philosophie von Ignatius, Polykarp, Tatian, Theophilus, Hermas u. a. Weitgehend anerkannt wird sie von Justin, Clemens Alexandrinus, Origenes u. a. Nach den einen ist sie voller Widersprüche, ohne Wahrheitserkenntnis und als Ganzes gefährlich. Nach den anderen enthält sie Teilwahrheiten, ethische Forderungen des Evangeliums, und bildet eine Vorbereitung auf den Glauben.

Auch die heidnische Dichtung wird (insbesondere wegen ihrer Mythologie) von der einen Richtung, zu der Ps. Justin, Theophilus, Tatian, Minucius Felix zählen, als von Dämonen inspiriert und allgemein schädlich verdammt, von der anderen, vertreten u. a. durch Athenagoras, Justin, Clemens Alexandrinus, wenigstens teilweise akzeptiert.

Ebenso wird die darstellende Kunst der Heiden etwa von Irenäus voll bejaht, entschieden verneint aber von Tatian und Theophilus.

Die schon im ersten Buch immer wieder gezeigte Abhängigkeit des Christentums von vorchristlichen Formen der Religion wurde in den letzten Kapiteln noch offensichtlicher. Vom Beginn seiner Geschichte an ist die Parallelität evident, und ständig mehren sich die Übernahmen. Vor allem das Heidentum strömte immer ungehemmter in die neue Religion und brachte darin nur das Alte wieder zum Vorschein, so daß das Christentum

350

im 3. und 4. Jahrhundert weder in seiner Frömmigkeit noch in seiner Theologie sehr vom Heidentum differierte.

Auf beiden Seiten herrscht eine ähnliche Lebensstimmung und Weltanschauung, hüben wie drüben derselbe Zug zur Anpassung, Opferbereitschaft, Askese, Weltüberwindung und theologischen Spekulation, zum Aber- und Wunderglauben. Die meisten großen Kulte des hellenistischen Zeitalters besitzen genau die gleichen, eben aus ihrer gemeinsamen Herkunft von der griechischorientalischen Theologie resultierenden charakteristischen Kennzeichen und Heilsgüter. Sie alle sind Erlösungsreligionen. Sie alle kennen den Mythos vom menschgewordenen Heiland und das Kultdrama des sterbenden und wieder auferstehenden Gottes. Sie haben Sakramente, besonders Taufen und heilige Mähler, Offenbarungen, Heilige Schriften, Weissagungen und Wunder. Die Sprache der antiken Kulte, Religionsphilosophen und Rhetoren unterscheidet sich vielfach kaum noch von der der Kirchenväter, weshalb Übertritte von einem Glauben zum anderen, auch vom christlichen zum heidnischen, oft leicht erfolgen[55].

Die Religionen und Philosophenschulen des römischen Imperiums wurden also gar nicht wirklich beseitigt, sondern aufgesaugt und unter anderem Namen fortgesetzt. Nur das Veraltete, Unmoderne gab man preis. Das meiste aber, was der heidnische Synkretismus bot und den damaligen Menschen teuer war, behielt man bei und befand sich so in Übereinstimmung mit den allgemein verbreiteten Vorstellungen. Darin bestand einer der wichtigsten Gründe für den Sieg des Christentums. Bewußt oder unbewußt lernte es aus den Erfahrungen der anderen. Aus den Mysterienkulten übernahm es die Sakramentsmystik, aus der Philosophie entscheidende Begriffe und Denkmethoden. So hatte es die für die antike Welt höchst attraktive Mixtur von Altem und Neuestem. Dabei war der christliche Glauben dem heidnischen im Großen gesehen so ähnlich, daß das Endergebnis nach M. P. Nilsson »nicht viel anders gewesen wäre, wenn das Heidentum gesiegt hätte«[56].

Da dies alles offenkundig ist, prahlen die Verteidiger der Kirche, aus der Not eine Tugend machend, mit einer allumfassenden Katholizität, einem weltumspannenden Universalismus, einer Institution, die fast alle Arten der Religiosität in sich vereinige. Anrüchigen Ruhm erlangte ein Ausspruch des Kardinals Newman, der in einer Polemik gegen die Religionsgeschichte Milmans zunächst zugibt: »Darüber ist man sich allseits einig: Man kann in den heidnischen Philosophien und Religionen einen großen Teil dessen finden, was gemeinhin für christliche Wahrheit gehalten wird«. Aber nun schließt Newman: »Milman zieht daraus den Schluß: ›Da sich all dies bei den Heiden findet, so ist nichts davon christlich‹. Wir dagegen folgern lieber: ›All dies ist christlich, also ist nichts davon heidnisch.‹«[57].

Doch nicht einmal die Katholizität ist am Katholizismus originell. Andere Weltreligionen saugten ebenfalls ihre religiöse Umwelt aus und auf, so daß man auch sie »katholische« Religionen nennen konnte, etwa den Islam, der arabische Volksfrömmigkeit, jüdischen Nomismus und Ritualismus, neuplatonische und indische Mystik, aristotelische Philosophie, römisches Recht, christliche Theologie und anderes mehr sich einverleibte[58]. Ähnlich aufnahmefroh war der Buddhismus, wenn auch in dieser Hinsicht der Katholizismus seinem Namen am meisten Ehre machte.

III. TEIL

Die sogenannten Ketzer –
Reaktionen gegen die Vergewaltigung
des Christentums

Markion

»... der mutigste und der scharfsichtigste Feind jener kirchlichen Orthodoxie... welche die christliche Botschaft ihres heroischen Inhalts völlig beraubte«.
Der Theologe Buonaiuti[1].

»... das Evangelium Jesu tiefer erfaßt als alle seine Zeitgenossen«. Der Theologe Wagenmann[2].

Wohl niemals hat ein Christ gegen die Entstellung der Lehre Jesu, gegen die Kompromißbereitschaft der werdenden Kirche und die Laxheit ihrer Gläubigen vornehmer und mit größerer Wirkung gekämpft als dieser große Non-Konformist des 2. Jahrhunderts, nach seinem Biographen Harnack die bedeutendste religiöse Persönlichkeit zwischen Paulus und Augustin[3], ein Mann, dessen Aufrichtigkeit für die Forschung über jeden Zweifel erhaben ist[4].

Markion wurde in den achtziger Jahren des 1. Jahrhunderts in Sinope, einer griechischen Handelsstadt am Südufer des Schwarzen Meeres, geboren, wahrscheinlich als der Sohn eines Bischofs. Vermutlich wegen anderer Lehrauffassung von ihm exkommuniziert, das heißt aus der heimatlichen Gemeinde ausgeschlossen, gab Markion seinen Beruf als Reeder auf und ging nach Kleinasien. Als er aber auch bei den dortigen Gemeindeleitern auf Ablehnung stieß, fuhr er mit einem eigenen Schiff nach Rom und trat der christlichen Gemeinde bei, der er 200 000 Sesterzen, etwa 40 000 Goldmark, schenkte[5]. Doch nach einigen Jahren glaubte man auch in Rom den Wolf im Schafspelz in ihm zu erkennen, gab ihm sein Geld zurück und schloß ihn aus. Daraufhin zog Markion die Konsequenz und reformierte das Christentum auf eigene Faust.

Rückkehr zum Ethos Jesu

>*Zwischen Jesu Botschaft und dem kirchlichen Christen-
tum des zweiten Jahrhunderts hat sich etwas Entscheidendes, vielleicht nie wieder Gutzumachendes ereignet... Die
Enthüllung dieses Betruges betrachtete er (Markion) immer mehr als seine Aufgabe«. Der Theologe Nigg[6].*

Überall sah Markion den ethischen Rigorismus des Evangeliums durch
allgemeine Nützlichkeitsstandpunkte und nüchterne Bürgerlichkeit verdrängt. Nicht nur brach ein Synkretismus aller möglichen religiösen und
philosophischen Motive immer mehr in Jesu Botschaft ein, sondern auch
die Gesetzlichkeit machte sich infolge der Anerkennung des Alten Testa-
mentes wieder breit. Der jüdische Moralismus eroberte weithin das Christentum. Die jesuanische Verkündigung wurde entschärft, modifiziert,
den Bedürfnissen der Masse, die man gewinnen wollte, immer mehr angepaßt. Der sittliche Zustand der Gemeinden war kaum wesentlich besser
als heute[7].

Nun ging Markion mit seiner Forderung nach strenger Askese und
Weltverachtung zwar entschieden über Jesus hinaus, reduzierte aber
doch den bunten Stoff der christlichen Predigt auf einige Grundgedanken
des galiläischen Lehrers.

In Übereinstimmung mit ihm und im Gegensatz zur werdenden Kirche
lehnte Markion Philosophie und Dogmatik ab. Er schuf deshalb nicht, wie
der Katholizismus, ein von allen Seiten zusammengetragenes philoso-
phisch-theologisches System, sondern beschränkte sich auf die Exegese
der Worte Jesu und Pauli, auf eine rein biblische Theologie. Weder ver-
mengte er das Evangelium mit heidnischer Mysterienweisheit, wie die
Großkirche, noch ersann er, wie zeitgenössische Gnostiker, spitzfindige
Spekulationen. Er erinnerte mit Leidenschaft wieder an die Liebe als den
Mittelpunkt der evangelischen Botschaft. Er sah in den Seligpreisungen
der Armen und Geschmähten das Eigentümliche der christlichen Verkündigung, in der Bergpredigt den Inbegriff der Lehre Jesu. Die Feindesliebe
war geradezu das Charakteristische des markionitischen Christentums[8].

Markion schrieb ein einziges, »Antithesen« betiteltes Werk. Obwohl
Ende des 2. Jahrhunderts in allen größeren Gemeinden des römischen
Reiches bekannt[9], blieb es nicht erhalten, bei den Methoden der siegen-
den Kirche fast selbstverständlich (S.110f.). Doch konnte man seinen Inhalt aus den Polemiken und Zitaten der sehr zahlreichen orthodoxen Gegner Markions, vor allem aus der fünfbändigen antimarkionitischen
Schrift Tertullians, wenigstens teilweise rekonstruieren.

Markion stellte in diesen »Antithesen« einen ebenso einfachen wie re-

355

volutionären Gedanken heraus. Er deckte die Gegensätze zwischen dem Alten Testament und dem Evangelium auf, um das Alte Testament als das Buch des zwar »gerechten« aber bösartigen Weltschöpfers radikal zu verdammen. Darin steckte Konsequenz. Denn war Jesu Predigt die »Frohe Botschaft«, die Lehre von der Vergebung – welcher Zusammenhang konnte dann noch bestehen zwischen dem rachegierigen Judengott und dem liebenden und verzeihenden Vater-Gott Jesu?

Markion verwarf ihre Identifikation als Irrglaube und verkündete Jesus Christus als den Sohn eines plötzlich in die Welt eingebrochenen neuen und guten Gottes. Die durch und durch verderbte Welt konnte er nicht geschaffen haben. Sie war das Werk des alttestamentlichen Jahve. Und dieser Repräsentant des Aug-um-Aug- und Zahn-um-Zahn-Prinzips besaß für Markion nicht mehr Wert als das von ihm total verpfuschte und perfid regierte Machwerk selbst.

Wurde der Weltschöpfer so geradezu zum »Urheber des Bösen«, so doch nicht das Böse schlechthin, nicht der Teufel, den auch Markion beibehielt. Nur der gute Gott aber war für Markion der in Ewigkeit Bleibende, während der inferiore Weltschöpfer so sehr seiner Schöpfung partizipiert, daß er, wenn sie vergeht, notwendig mit vergehen muß[10]. Er ist identisch mit der Welt, über die Markion so pessimistisch denkt wie Buddha, Schopenhauer oder Kafka, bei dem die markionitische Vorstellung vom schlechten Demiurgen in ganz verblüffender Entsprechung wiederkehrt[11].

Das Faszinierende dieser blasphemia creatoris ist der Fortfall jeder Theodicee, der Fortfall von Lehren, die das Böse in der Welt mit der Existenz eines allgütigen, allmächtigen und allwissenden Schöpfers zu harmonisieren suchen und eine die Welt beherrschende höhere Zweckmäßigkeit behaupten.

Mit ungewöhnlicher Klarheit erkannte Markion die Diskrepanz zwischen dem Geist des Alten Testaments und den Geboten Jesu. Eineinhalb Jahrtausende vergingen, ehe man dieses Problem, bei dem wir wenigstens kurz verweilen müssen, wieder so deutlich zu sehen begann [12].

Das Erbe des Alten Testaments

> »... dieses Buch ist nicht nur von Rachegeist erfüllt, von Aberglauben beseelt, es ist auch von Unrecht und Unzucht geschwängert! Die ganze israelitische Geschichte ist voll furchtbarer Rohheiten, voll mannigfacher Schandtaten oder, um einen Ausdruck zu gebrauchen, der ja das gangbarste Material im Alten Testament nicht nur für religiöse,

356

sondern auch für sittliche Schilderung bietet, voll Hurerei... Fort aus den Schulen mit einem Buche, das die Herzen und die Phantasie unserer Jugend mit solchen Mord- und Schandbildern auszustatten vermag!« Albert Dulk[13].

»Die beiden Testamente zusammengenommen gaben dem Rechthaber, dem Frömmler, dem Parteigänger, dem Wortklauber, dem Bürokraten, dem Zuchtmeister und dem Sadisten die Möglichkeit, ihren Willen mit dem Schein einer Rechtfertigung zu versehen, und dies ist so bis auf den heutigen Tag geblieben«. M. Searle Bates[14].

Wenn Jahve, gleich anderen Göttern körperlich und emotionell nach dem Bild des Menschen geformt, die Bewohner eines besiegten Landes zu töten befiehlt, beweist das ausreichend, wie wenig er ursprünglich ein Gott für alle Menschen gewesen ist. Erst allmählich verwandelte er sich, wie die Bibel zeigt, aus einem Stammesgötzen in einen Weltgott, ohne jedoch sein nationales Gesicht ganz zu verlieren[15]. Es zählt zu den größten Grotesken des Christentums, daß es eine der engherzigsten und rachsüchtigsten Nationalgottheiten der Religionsgeschichte, die Ausgeburt eines hybriden Stammesbewußtseins, als den das All durchwaltenden Weltgeist ausgibt[16].

Die Annexion des mit Geschichten von unerhörter Grausamkeit (und bekanntlich auch mit Obszönitäten) angereicherten Alten Testaments, das nach katholischem Glauben »der Sonne Christus« als »Morgenstern« vorangeht[17], war für das Christentum verhängnisvoll. Denn es übernahm nicht nur ein Buch, es übernahm auch seinen Geist, der in der Verfolgung aller Andersgläubigen nur zu deutlich wieder zum Vorschein kam. Die katholische Kirche löste das Problem dieses »Erbes« einfach durch die Unterscheidung, um mit einem ehemaligen Alttestamentler und Kardinal zu sprechen, »zwischen dem, was vorübergehenden Wert hatte, und dem, was ewigen Wert haben sollte«[18]. Mit anderen Worten: wo es ihr paßt, zitiert sie das Alte Testament als Autorität und Heilige Schrift, wo es ihr nicht paßt, läßt sie es beiseite. Mit dem Neuen Testament verfährt sie bekanntlich ebenso[19]. Und ein großer Teil der Protestanten verfährt nicht anders. Bei den Hexenprozessen berief man sich vor allem auf das Wort: »Eine Zauberin sollst du nicht am Leben lassen«[20]. Das gehörte offenbar zu dem, was ewigen Wert haben sollte! Auch die Frage, ob Kriegsleute in seligem Stande sein können, bejaht Luther mit dem Hinweis auf Josua, David u. a., wovon gleich noch zu sprechen sein wird. Wie Luther, der die Liebe so großartig pries wie Paulus, die Christen ja auch aufstachelte, sich gegenseitig zu massakrieren, und das, um den evangelischen Theologen

357

Jean Lasserre zu zitieren, »in Ausdrücken von unübertroffener Wildheit«[21].

Allerdings gab es im Christentum selbst zu allen Zeiten eine gewisse Opposition gegen das Alte Testament[22], keinesfalls nur aus rassischen Vorurteilen, wie an neueren Theologen Schleiermacher und Harnack beweisen. In der Antike aber war die Ablehnung des Alten Testaments vorübergehend derart, daß man vermutete, seine Gegner seien im 2. Jahrhundert zeitweise zahlreicher gewesen als seine Verteidiger[23]. Nicht nur Markion, auch viele christliche Gnostiker verwarfen es in Bausch und Bogen. Selbst ein so orthodoxer Theologe wie Irenäus mußte schon den Wertunterschied der beiden doch gleichermaßen von Gott inspirierten Bücher konstatieren[24].

Bischof Wulfila (310–383) aber empfand den Gegensatz so stark, daß er bei seiner um 370 entstandenen Bibelübertragung ins Gotische, dem ältesten Denkmal deutscher Literatur, die alttestamentlichen Geschichtsbücher einfach beiseite ließ. Nicht zu Unrecht befürchtete er durch sie eine Wiederbelebung des kriegerischen Geistes seiner arianisch gewordenen Stammesgenossen. Liest man doch etwa von den Kriegsfeinden: »Wenn sie Jahve, dein Gott, in deine Gewalt gegeben hat, sollst du alles, was an Männern darin ist, mit dem Schwerte töten, dagegen die Weiber und Kinder, das Vieh und alles, was sich in der Stadt befindet... genießen«. Diese Milde ist aber nur bei fernlebenden Feinden angebracht. Für die nahwohnenden gilt die Regel: »Du sollst keine Seele am Leben lassen«[25].

Leuchtende Beispiele militärischer Tugend gibt auch König David, von dem die Schrift berichtet: »So oft David das Land überfiel, ließ er weder Mann noch Frau am Leben«[26]. Sein Vorgehen dabei illustriert die Bibel an anderer Stelle: »Er führte die Einwohner aus der Stadt Rabba heraus und legte sie unter eiserne Sägen und Zacken und eiserne Keile und verbrannte sie in Ziegelöfen. So tat er allen Städten der Kinder Ammon«[27]. Erinnert dies nicht an Methoden Hitlers? Wie aber rechtfertigt ein deutscher Jesuit, vielleicht nicht zufällig unter jenem, das Alte Testament? »Gewiß«, schreibt er, »erschreckend wirkt die Roheit und Grausamkeit in Kriegsführung und Rechtssprechung. *Aber wie sah es in bezug hierauf noch im christlichen Mittelalter aus?*[28] Das Alte Testament verteidigt man mit Hinweis auf das christliche Mittelalter, das seine Bestialitäten unter Berufung auf das Alte Testament beging!

Auch Moses war ein Mörder. Zwar behaupteten die alten Christen, wie Clemens von Alexandrien überliefert, Moses habe, ähnlich wie später Petrus, bloß durch ein Wort getötet, was kein Mord mehr war, sondern ein Wunder. Doch heißt es im Alten Testament eindeutig: »Als er (Moses) sah, wie ein Ägypter einen seiner hebräischen Landsleute schlug, schaute

(handschriftliche Randnotizen:)
5. Mos
20, 13

1 Sam
27, 9

2 Sam
12, 13

358

er sich nach allen Seiten um, und als er merkte, daß keiner in der Nähe war, erschlug er den Ägypter und verscharrte ihn im Sand«[29]. Die Markioniten nannten also Moses mit Recht einen Mörder[30].

Jael, die den Sisera, den auf der Flucht zu Tode erschöpften Feldhauptmann des Königs von Chazor, gastfreundlich in ihr Zelt gelockt und hinterrücks ermordet hat, wird gerühmt: »Gepriesen vor allen Frauen sei Jael, das Weib Hebers, des Keniters! Vor allen Frauen im Zelt sei sie gepriesen! Wasser heischte er; Milch gab sie; in prächtiger Schale reichte sie Dickmilch. Ihre Hand streckte sie aus nach dem Pflocke und ihre Rechte nach dem Arbeitshammer und hämmerte auf Sisera, zerschlug sein Haupt, zerschmetterte und durchbohrte seine Schläfe; zu ihren Füßen brach er zusammen«[31]. Und während er sich vor ihr im Blute wälzt, bespöttelt die Heilige Schrift seine Mutter, die vergebens auf ihren Sohn wartet – »überaus malerisch und dramatisch, ein wenig auch ironisch«, kommentiert ein gelehrter Kardinal[32].

Judith von Bethulia, die lügend in das Lager der Assyrer dringt und den Feldherrn Holofernes heimtückisch ermordet, feierte derselbe Kirchenfürst 1933 als Beispiel heroischer Vaterlandsliebe, als »ein Vorbild weiblicher Tugend« – und dankte bei gleicher Gelegenheit unter Anrufung Gottes der Naziregierung, weil sie »mit eisernem Besen viel Sittenlosigkeit ausgekehrt«[33].

Noch die Heldentat des Phinees. Die Israeliten schliefen mit den Moabiterinnen und beteten sogar ihre Götter an. Darauf befahl Moses, alle Götzendiener umzubringen. Als wieder ein Israelit bei einer Fremden lag, schlich Phinees ins Zelt und durchbohrte beide mit einem Speer an ihrer Scham, worüber Gott, nachdem man noch 24000 Menschen getötet hatte, sehr befriedigt war[34].

Was ist das überhaupt für ein Gott, der nicht genug blutige Opfer bekommen kann? Der sich zum Gottesdienst Tiere und Menschen schlachten läßt, Söhne und Töchter? Der an den Kindern die Missetat heimsuchen will bis ins vierte und siebte Glied? Der 70000 Jerusalemiten durch die Pest dahinrafft, nur um David zu strafen? Der Jos. 9, 16 ausruft: »Und ob sie gebären, so will ich doch die liebe Frucht ihres Leibes töten«? Der 4. Mos. 25, 4 befiehlt: »Nimm alle Fürsten des Volks und hänge sie dem Herrn an die Sonne«? Was ist das für ein Gott, in dessen Auftrag oder unter dessen Schutz Lug und Trug begangen werden und florieren? Thamar betrügt Juda; Rebekka betrügt Esau; die hebräischen Wehmütter betrügen Pharao; Laban betrügt; Jakob betrügt; sogar seine Engel lügen, und durch Jeremia gesteht Gott selbst seine Ungerechtigkeit[35].

Nicht nur der kluge arianische Bischof Wulfila, auch Kirchenväter gerieten über dieses Opus, das seit beinah zweitausend Jahren der Christenheit zur Erbauung dient, in Verlegenheit. Origenes, der gerade auf den

Fall des Phinees öfter zu sprechen kommt, lobt und tadelt bunt durcheinander; ja, er findet, ein Christ, der das Alte Testament wörtlich verstehe, müsse »erröten« angesichts der so viel »feiner und vernünftiger wirkenden Menschengesetze, etwa der Römer oder Athener«[36].

Die Kirche benutzt das Alte Testament, wie die Zeit es erfordert. In der Antike predigte sie Ehefeindschaft unter Berufung auf die Stelle: »Wehe den Schwangeren und Säugenden«, worin eine Autorität wie Kirchenlehrer Hieronymus die Erzeugnisse der Ehe verflucht fand, »schwangere Bäuche und schreiende Kinder« (uteri tumescentes et infantum vagitus)[37]. Im Mittelalter, wie bereits bemerkt, motivierte sie die Hexenmorde mit dem Schriftwort: »Eine Zauberin sollst du nicht am Leben lassen«. Und in den modernen Kriegen, in denen die Christenheit Jesu Gebote am allerwenigsten gebrauchen kann, befeuern die Frommen die alttestamentlichen Heldensagen ganz allgemein. So schrieb 1915 ein ausländischer Theologe: »An diesem Buch stärken und erlaben sich auch heute Tausende in schwerer Kriegsnot und danken ihrem Gott, daß er ihnen dies Buch des Kriegsmutes und Kriegstrostes gegeben hat«[38]. Oder wie man auf deutscher Seite 1916 bekannte: »auch unsere Soldaten holen sich neuen Mut an der Kriegsfrömmigkeit des Alten Testaments«[39].

In der seinerzeit erschienenen Schrift »Die deutsch-protestantische Kriegspredigt der Gegenwart« (gewidmet »dem Feld- und Marinepropst unserer siegreichen Armee Herrn Dr. theol. Wölfing, dem unermüdlichen Förderer der evangelischen Seelsorgetätigkeit in Heer und Flotte«) enthält das Kapitel über die formellen Eigentümlichkeiten der modernen Kriegspredigt als erstes gleich den Abschnitt: »Die Bevorzugung alttestamentlicher Texte und Stoffe«[40].

Im Krieg das Alte Testament – im Frieden: liebet eure Feinde!

Die schroffe Antithetik zwischen diesem Buch und zentralen Lehren Jesu hatte also schon Markion erkannt. Rechnende und rächende Gerechtigkeit paßt nicht zur Feindesliebe. Gerechtigkeit zieht Härte nach sich, Grausamkeit, Vernichtung. Gerechtigkeit und Güte schließen einander aus. Das war der Grundgedanke Markions.

Der »Ketzer« Markion – Schöpfer des ersten Neuen Testaments

>*»Marcion ist der Hauptverantwortliche für die Idee des Neuen Testaments«. John Knox*[41].

>*»Marcions Neues Testament, nach 140 in Rom entstanden, ist der erste Kanon christlicher Schriften, den wir kennen«. Der Theologe Knopf*[42].

360

Um ein echtes Verständnis Jesu anzubahnen, ergänzte Markion seine »Antithesen« durch den nach seiner Auffassung ursprünglichen Text der jesuanischen Verkündigung, den er mühsam aus dem Bericht des Lukas rekonstruierte[43]. Für Markion waren bereits alle Evangelien, deren Authentie er nicht in Zweifel zog, und die Paulusbriefe verfälscht, nämlich in judenchristlichem und jüdischem Geiste umgebildet, da schon die Apostel und Apostelschüler Jesu Lehre mit der Gesetzesreligion des Alten Testaments vermischt hatten[44]. Doch selbst zu seinen Lebzeiten, behauptete Markion in Übereinstimmung nicht nur mit vielen antiken Christen, sondern auch mit Aussprüchen von Jesus selbst, hätten ihn die Apostel mißverstanden[45]. So schuf er anhand des am wenigsten hebräisch geprägten und am meisten griechisch gestimmten Lukasevangeliums und der Paulusbriefe (bezeichnenderweise ohne die gefälschten Episteln »An Timotheus« und »An Titus«!) den Kanon des Neuen Testaments. Das Johannesevangelium, Markions Anschauungen gewiß noch verwandter, war seinerzeit entweder noch gar nicht geschrieben oder, was näherliegt, ihm nicht bekannt. Oder – Markion hat es selbst verfaßt, eine verblüffende Hypothese, die sich weder beweisen noch widerlegen läßt[46].

Jedenfalls erhielt die Christenheit erst durch diesen »Ketzer« ein Neues Testament oder zumindest den entscheidenden Impuls dazu. Denn der erste Kanon, der im 2. Jahrhundert erkennbar wird, wurde durch ihn geschaffen[47]. Die Großkirche folgte ihm später, wenn sie auch das Alte Testament beibehalten und in das Neue Testament mehr Schriften aufgenommen hat, schon um die Markioniten zu überbieten. Aber noch in der speziellen Anlage ihres Testaments, in der Aufnahme evangelischer und apostolischer Schriften, gab die Anlage des markionitischen Kanons für den großkirchlichen das Vorbild ab. Zugleich wurde Markion zum Begründer der neutestamentlichen Textkritik, die sich, dank der kirchlichen Scheiterhaufen, voll erst im 19. und 20. Jahrhundert entfalten konnte.

Ob Markions Redaktion des Evangeliums tendenziös war, ist umstritten[48]. Harnack, der es behauptet, betont doch Markions subjektive Ehrlichkeit[49]. Hans Leisegang rühmt gerade das philologisch Redliche, das Markion »in höchstem Grade« besessen habe, ganz im Gegensatz zu den Christen seiner Zeit[50]. Nie jedenfalls maßte sich der von seinen Anhängern hochverehrte Mann die Autorität eines Propheten oder Apostels an. Er täuschte auch weder, was damals üblich war, eine göttliche Offenbarung vor, noch eine Geheimtradition oder die Auffindung einer Handschrift. Und er beanspruchte keine Unfehlbarkeit für den von ihm mit großem Scharfsinn gereinigten Text, weshalb seine Schüler seine kritische Arbeit fortgesetzt und mehr oder weniger eingreifende Veränderungen an seinem Evangelium vorgenommen haben[51]. Gleichzeitig reinigte Markion die Paulusbriefe, von denen er zehn in seinen Kanon aufnahm.

361

Markion – der erste Kirchengründer

> »Marcion hat durch seine organisatorischen und theologi-
> schen Conceptionen und durch sein Wirken den entschei-
> denden Anstoß zur Schöpfung der altkatholischen Kirche
> gegeben und das Vorbild geliefert«.
> Der Theologe Harnack[52].

Der Reformator hatte ungeheueren Erfolg. Bereits um 150 berichtete Justin, daß Markions Lehre sich über alle Länder erstrecke und ihm viele
glaubten, »als ob er im Alleinbesitz der Wahrheit sei«[53]. Auch Tertullian,
Markions größter Gegner, schrieb fünf Bücher gegen ihn, weitaus die umfangreichsten seines Werkes, in denen er zugibt, Markions häretische Tradition habe die ganze Welt erfüllt[54]. Das markionitische Christentum war
wahrscheinlich internationaler als das der Kirche und verbreitete sich offenbar nur mit solcher Schnelligkeit, weil viele der Getauften dieser Auffassung zuneigten und in Markions Lehre den Inbegriff des eigenen Glaubens fanden. Sogar noch ziemlich spät galten in manchen Gegenden die
Markioniten als »die Christen« schlechthin, während die Katholiken Er-
satzbezeichnungen wie »Messiasverehrer« tragen mußten[55].
Der Markionitismus war eine große, vom Euphrat bis zur Rhone reichende, das ganze römische Reich umspannende Kirche, eine Institution,
die, wie man in Antike und Neuzeit auch auf katholischer Seite konzedierte, dieselbe Gliederung wie der Katholizismus besaß[56]. Doch nicht die
markionitische Kirche lernte von der katholischen, sondern der katholischen Kirche, die sich erst im ausgehenden 2. und 3. Jahrhundert konsoli-
dierte, ging Markion im organisatorischen Ausbau, aber auch mit verschiedenen theologischen Konzeptionen eindeutig voraus. Er besaß vor
ihr Neues Testament und monarchische Bischöfe, und abgesehen vom religiösen Grundgedanken hat die Orthodoxie fast alles von Markion rezipiert, was er geschaffen[57].

Hohe Sittlichkeit ohne Lohn-Straf-Moral

> »Wir, die wir aus Furcht vor dem angekündigten Gericht
> uns dieser Lehre in die Arme werfen«.
> Kirchenvater Tertullian[58].

Den Markioniten aber wird es stets zum Ruhm gereichen, daß sie ohne Erwartung einer konkreten Belohnung viel strenger, selbstloser, sittlicher
lebten als die katholische Laienwelt zu irgendeiner Zeit[59]. Den Katho-

362

liken war dies natürlich unbegreiflich. Gutsein nur um des Guten willen? Edles Tun, das seinen Wert in sich selber trägt – für Platon und die Stoa ebenso selbstverständlich wie für Kant und Goethe. Ein Leben für den Nächsten ohne Himmel oder Hölle im Hintergrund? So weit reicht das großkirchliche Ethos nicht.

Zwar verwendet auch Jesus den Lohn-Straf-Gedanken, da er im Judentum viel zu stark verankert war. Entscheidend aber ist, daß Jesus das eudämonistische Lohnschema viel öfter durchbricht, daß er anstelle des jüdischen Vergeltungsdogmas immer wieder eine altruistische Gesinnungsethik, gelegentlich auch die völlige Verwerfung jeder Lohnerwartung vertritt[60].

Für die Orthodoxie jedoch wird ein naiver Egoismus das entscheidende moralische Motiv. Die guten Werke tut man nicht selbstlos, sondern im Interesse der eigenen Heilssicherung. Do ut des, ich gebe, damit du mir wieder gibst, ist das allen kirchlichen Lohnspekulationen zugrundeliegende Prinzip. Alles geschieht nur, wie Gregor von Nazianz gesteht, »mit Rücksicht auf das andere Leben«[61], ein religiöser Materialismus, der das Denken der gesamten (antiken) Kirche beherrscht[62].

Trotz ihres strengen Ethos isolierten sich die Markioniten nicht. Ihre Gemeindegottesdienste, denen der übrigen Christenheit zum Verwechseln ähnlich, aber einfacher, standen jedermann offen, sogar den Heiden[63], was die frühkatholische Polemik freilich nur zu Ausfällen provozierte. Man sagte den »Häretikern« Preisgabe von Würde, Autorität und Kirchenzucht nach und schrieb, sie würfen »Heiliges den Hunden und Perlen, wenn auch unechte, den Säuen hin«[64]. Die »Säue« waren in der Sprache der werdenden katholischen Kirche die Nichtchristen. (Die Markioniten hatten diese Verse in ihrer Bibel nicht)[65].

Markions Diffamierung durch die Kirche

Die Kirche kann Markion keiner einzigen Schmähung seiner Gegner zeihen. Wohl aber verfolgte sie ihn durch viele Jahrhunderte mit nie versiegendem Haß.

Der hl. Justin, der Markion eines Bündnisses mit dem Teufel bezichtigt, placiert ihn neben Sektenstifter, die sich für Götter ausgegeben[66]! Justin unterstellt Markion aber auch Beleidigungen Christi, »gotteswidrige und gotteslästerliche Worte und Taten«, »Sündhaftigkeit und Lasterhaftigkeit« und hält es nicht für ausgeschlossen, daß die Markioniten – vom Fischgenuß abgesehen strenge Vegetarier – Menschenfleisch verzehrten[67]. Der hl. Polykarp, Bischof von Smyrna, nennt Markion den »Erstgeborenen des Satans«[68]. Irenäus schimpft ihn »Sprachrohr des Teufels«

363

und einen »Narren«[69]. Ephräm, ein Kirchenlehrer des 4. Jahrhunderts, tituliert Markioniten und andere »Ketzer« als der »reißende Wolf«, »das schmutzige Schwein«, »der gräuliche Frevler«[70]. Und da Markion selbst zu wenig Angriffspunkte bot, verhöhnte man noch seine Heimat am Schwarzen Meer. So schreibt einer seiner katholischen Hauptgegner: »Es wohnen dort äußerst grausame Völkerstämme – wenn man überhaupt von wohnen reden kann bei Menschen, die auf Karren leben. Die Lebensform ist primitiv. Die Liebe ist schamlos. Die Leichen der Eltern werden in Stücke zerschnitten und zusammen mit Stücken von Tieren an den Gelagen verzehrt... Doch gibt es im Pontus nichts Barbarischeres und Traurigeres als die Tatsache, daß dort Markion geboren ist..., denn, wahrhaftig, unversöhnlicher und unerbittlicher als die wilden Tiere jenes Barbarenlandes ist Markion«[71].

Markion wurde in der Kirche zum Inbegriff des Bösen gestempelt. Daß dabei Tertullian, zu einer bewährten Kirchenmethode greifend, den »Ketzer« auch auf dem Totenbett bereuen ließ, sei nur am Rand erwähnt.

Ausführlich wandte die Catholica bei Markion eine Taktik an, mit der sie in ihrer Geschichte noch oft erfolgreich operierte: Sie unterschob ihm Lehren, die er gar nicht vertreten hat. Sie übertrieb den Einfluß des syrischen Gnostikers Cerdo auf ihn nicht nur maßlos, sondern fälschte das Abhängigkeitsverhältnis geradezu[72]. Sie machte aus Markion einfach einen Gnostiker. In Wirklichkeit predigte Markion weder die gnostische Äonenspekulation, noch die Berufung auf Geheimtradition, noch die Überordnung der Gnosis über die Pistis, wie er überhaupt viel mehr soteriologisch als kosmologisch dachte. Selbst Gelehrte, die viel Gemeinsames zwischen Markion und den Gnostikern sehen, nennen ihn ihren entschiedensten Antipoden und sein Evangelium den schärfsten Gegensatz zu allem gnostischen Synkretismus[73].

Endlich beging die Kirche zur wirksameren Bekämpfung des Markionitismus im 2. und 3. Jahrhundert auch eine Reihe von Fälschungen[74]. Zu diesen Produkten gehören u. a. die syrische Didascalia, eine katholische Kirchenordnung des 3. Jahrhunderts, die vorgibt, von den Aposteln auf dem Apostelkonzil in Jerusalem geschrieben worden zu sein; ein auf den Namen des Paulus um 180 von einem großkirchlichen Priester in Kleinasien fabrizierter 3. Korintherbrief; und mit hoher Wahrscheinlichkeit auch die im Neuen Testament stehenden, gleichfalls unter Pauli Namen verfaßten Pastoralbriefe (S. 90f.). Mit diesen und anderen Machwerken hatte man vermutlich mehr Erfolg als mit den direkten Angriffen der Kirchenväter, deren propagandistische Absichten ja offenkundig waren. Die Fälschungen dagegen schienen durch derartige Tendenzen nicht belastet und zeichneten sich überdies aus durch »apostolische« Autorität[75]. Der Haß und die Methoden seiner Feinde sind um so verständlicher, als Markion ein ausgesprochen vornehmer Geist war, eine intellektuell und religiös so überlegene Erscheinung, daß man sie offenbar nur durch Gemeinheit besiegen konnte[76] Markion, der heute in der Forschung mehr Beachtung findet als irgendein Kirchenvater seiner Zeit, überragte diese Männer weit und hatte ein tieferes Verständnis für das *Wesen* der Lehre Jesu als sie alle[77].

Trotz ihrer rigorosen Ethik wuchs Markions Kirche gewaltig und wurde nach seinem Tod in der zweiten Hälfte des 2. Jahrhunderts ein gefährlicher Konkurrent der katholischen. Ihre meisten bedeutenderen Autoren traten damals gegen ihn auf, Justin, Theophilus, Irenäus, Tertullian, und auch solche, von denen wir heute nur noch die Namen kennen, wie Philipp von Gortyna, Modestus, Rhodo u. a. Im Laufe des 3. Jahrhunderts ging der Einfluß der Markioniten im Abendland zurück, im 4. wurden sie hier endgültig erledigt. Im Orient dagegen, in Palästina, Ägypten, Arabien, Syrien, in der Thebais, war der Markionitismus um diese Zeit noch ein bemerkenswerter Gegner der Orthodoxie, bis er, unausgesetzt bekämpft und immer mehr in die Enge getrieben, seit der Mitte des 5. Jahrhunderts auch im Osten an Bedeutung verlor[78]. Reste von ihm lebten als »Paulicianer« bis ins 9. und 10. Jahrhundert. Vielleicht stand sogar noch die mittelalterliche Sekte der Albigenser, die das Alte Testament verwarf und nur die daraus im Neuen Testament enthaltenen Zitate anerkannte, unter markionitischem Einfluß.

Markions Kirche ist der Mehrheit erlegen, und er trägt teilweise selbst daran schuld. Hatte er doch durch Verwerfung der Zeugung die Quelle natürlicher Vermehrung für seine Gemeinde selbst unterbunden. Er ließ nur Unverheiratete taufen und solche, die ehelich getrennt lebten. Das mußte sich rächen. Der Stärkere ist aber nicht immer der Bessere. Zu oft hat in der Geschichte das Gemeinere über das Geistigere und Edlere gesiegt.

Die älteste erhaltene Kircheninschrift stammt aus einer markionitischen Kirche bei Damaskus.

40. KAPITEL

Montanismus

*»Von der anfänglichen Kirchenzucht blieb bald nur noch
ein Rest übrig. Immer mehr Sünden behaupteten die Bischöfe vergeben zu können. Diesem Absinken in die Be-
quemlichkeit stellten sich die Montanisten leidenschaftlich
entgegen«. Der Theologe Nigg*[1].

Wie wenig bestimmt im späten 2. Jahrhundert die theologische Struktur
des Katholizismus war, wie sehr er sich erst in der Auseinandersetzung
mit anderen christlichen Richtungen herausbildete, zeigt deutlich das
Verhältnis zu seiner letzten großen Gegenbewegung.

Der Montanismus galt anfangs weder als Häresie noch als Schisma.
Seine Anhänger wurden in den orthodoxen Gemeinden zugelassen und
vom römischen Bischof Eleutherus freundlich beurteilt[2]. Reiste doch
selbst Kirchenlehrer Irenäus als Beauftragter der gefangenen, zumeist aus
Kleinasien, dem Ursprungsland des Montanismus stammenden christlichen Bekenner von Lyon nach Rom, um ihn zu unterstützen[3].

Ihren Ausgang nahm die Bewegung in der zweiten Hälfte des 2. Jahrhunderts von dem Prediger Montanus. Er und seine führenden Genossen
Alkibiades, Theodorus, die Prophetinnen Priscilla, Maximilla und Quin-
tilla, die ihre Familien um der christlichen Mission willen verlassen hatten, verkündeten nun den Vollzug der im Vierten Evangelium verheißenen Sendung des Parakleten, des Geistes. Prophezeite doch der johanneische Christus gewisse Geheimnisse, die erst nach seinem Tode offenbar
werden sollten[4].

Das ekstatische Element, im Christentum längst erloschen, flammt bei
den Montanisten noch einmal mächtig auf. Sie proklamieren die Fort-
dauer der Gnadengaben, besonders der Prophetie, das allgemeine Priestertum und die Lehre von der nahen Wiederkunft Jesu. Sie verwerfen die
hierarchische Gliederung, schätzen die Sakramente gering und fordern
erhöhte Sittlichkeit, Reformierung des gesamten christlichen Lebens.

366

Spekulative Fragen, dogmatische Probleme interessierten nicht. Vielmehr wollte man durch Wiederbelebung des evangelischen Messianismus den Einbruch der griechischen Philosophie, sowie die immer mehr überhandnehmende Verbeamtung und Verweltlichung der Kirche unterbinden. Die Frömmigkeit sollte nicht gesetzlich verankert werden, sondern aus charismatischer Begeisterung leben. Das war der Grundgedanke der montanistischen Predigt.

Der Montanismus, der sich in seiner engen Anknüpfung an die jüdisch-messianischen Traditionen radikal vom Markionitismus unterschied, stimmte doch mit ihm in der Forderung nach einem strengeren Ethos überein, wobei uns die Differenzen im einzelnen nicht zu kümmern brauchen. Daß auch der Montanismus, wie die markionitische Kirche, die Lehre Jesu in manchem mißverstand, zum Beispiel in den Fastengeboten oder in der Glorifizierung der Virginität, ist offensichtlich. Wie im Markionitismus aber, so erkannte man auch hier in der allgemein gelehrten und praktizierten christlichen Moral nur eine Konzession an den Geschmack der Masse, weshalb beide große Strömungen die Christenheit durch das ursprüngliche Ethos erneuern, jedoch keine *neue* Sittlichkeit kreieren wollten.

Selbst Tertullian, von modernen katholischen Theologen der bedeutendste Kopf der damaligen Kirche genannt[5] ging aus Protest gegen ihre fortschreitende Säkularisierung nach der definitiven Verwerfung des Montanismus zu ihm über. Der rabiate Ketzerbekämpfer wurde zum Ketzer. Der Mann, der die verfassungsmäßige Entwicklung der Kirche entscheidend angebahnt hatte (S. 250f.), brandmarkte jetzt nicht nur ihre Verurteilung der prophetischen Praxis und Einengung der Charismen, sondern sah durch sie auch die Grundlage christlicher Ehrbarkeit erschüttert[6]. Von dem Edikt des römischen Bischofs Kallist (217/18), das ohne Erwähnung Gottes oder Christi denen Vergebung von Ehebruch und Hurerei verheißt, die Buße tun, meint Tertullian, man hätte es eher in den Bordellen als in der Kirche publizieren sollen. »Dort sollte von diesem Nachlaß zu lesen sein, wo man mit der Hoffnung auf ihn eintritt. Doch nein! Es steht in der Kirche zu lesen«[7].

Wir müssen hier wiederum kurz innehalten, um uns Entstehung und Entwicklung einer Einrichtung zu vergegenwärtigen, die in der Kirche eine große Rolle spielt.

Die Beichte

»Man lispelt mit dem Mündchen,
Man knixt und geht hinaus,
Und mit dem neuen Sündchen
Löscht man das alte aus«.
        Friedrich Nietzsche[8].

Der synoptische Jesus predigt Vergebung. Er macht jedoch keine Unterscheidung zwischen leichten und schweren Sünden[9] und versteht auch unter Sünde etwas anderes als die Kirche, nämlich ein Vergehen gegen die rechte Gesinnung des Herzens, nicht gegen bestimmte Verordnungen[10]. Wie überhaupt die katholische Bußpraxis keinen Rückgang auf Jesus bedeutet, sondern ein Anpassen an die Verhältnisse.

Das Urchristentum kannte nur eine einmalige Buße, die Taufe. Sie galt in der ganzen apostolischen Zeit als ein Bad, dem man rein entstieg. Jede neue Befleckung, so glaubte man, würde für immer an einem haften. Denn nach der Taufe war eine zweite Buße ausgeschlossen. Sie wird im Neuen Testament, im direkten Widerspruch zu Jesus, als »unmöglich« bezeichnet[11]. Auch Paulus schloß Christen mit schweren Sünden aus[12]. Nirgends ist dabei von der Möglichkeit einer Rückkehr, einer Rekonziliation, die Rede. Viele verschoben deshalb die Taufe lange, oft bis zu ihrer letzten Stunde, weshalb der Apostel in Korinth, wo er so viele bekehrt hatte, kaum eine Handvoll taufen konnte[13].

Nach dem Vorbild der Mysterienreligionen unterschied man dann zunächst zwischen vergebbaren Freveln, »läßlichen« Sünden, und Todsünden – Abfall, Unzucht (Ehebruch oder Hurerei) und Mord. Diese Unterscheidung macht bereits im frühen 2. Jahrhundert der 1. Johannesbrief, was zu seiner Kanonisierung nicht unerheblich beitrug. An der Existenz unvergebbarer Sünden aber hält auch dieser neutestamentliche Brief fest und erlaubt nicht einmal, für den Todsünder zu beten[14].

Solch rigorose Weisungen ließen sich mit dem Anwachsen der Gemeinden nicht aufrecht erhalten. So verkündete im frühen 2. Jahrhundert der Bruder eines römischen Bischofs, der Christ Hermas, von einem Engel des Herrn unterrichtet, die Möglichkeit einer *einmaligen* zweiten Buße, womit er den Ansatz zum katholischen Bußinstitut schuf. Denn aus dem Einmal wurde bald ein Zweimal und Dreimal und schließlich ein Immerwieder. Gewiß kam dies keiner direkten Ermunterung zu stetem Sündigen gleich, freilich auch keiner Abschreckung. Man wußte, war der Fehltritt noch so schlimm, er konnte jederzeit vergeben werden.

Eine Beichte gab es im übrigen bereits bei vielen Primitiven, etwa bei afrikanischen Naturvölkern, ferner in lydischen und phrygischen Ge-

368

meinschaften, im Kult des Men, der Anaitis und in den samothrakischen Kabirenmysterien [15]. Man bekannte dabei dem Priester als dem Stellvertreter der Gottheit seine Schuld, um so von ihren Folgen wieder frei zu werden. Manchmal unterließ man es auch. Als Antalkidas vor seiner Weihe in Samothrake dem Priester ein Sündenbekenntnis ablegen sollte, meinte er: »Wenn ich mich vergangen habe, werden es die Götter selbst wissen«[16]. Bei Isis, wo man selbst für Abfall Erlaß fand, gab es schon eine komplette Ablaßpraxis, wie später in der katholischen Kirche[17], und auch im Buddhismus war die Beichte bekannt [18].

Der Brauch ging mit der gleichen Bezeichnung ins Christentum über, dessen Priester die Macht der Sündenvergebung seit dem Ende des 2. Jahrhunderts beanspruchten[19]. Doch noch im 6. und 7. Jahrhundert wurde die Beichte bloß empfohlen. Erst nach dem 4. Laterankonzil von 1215 war sie für Katholiken plötzlich unerläßlich. Jeder Gläubige hatte nun wenigstens einmal im Jahr zu beichten. Und schon im 12. Jahrhundert konnte man die auferlegte Buße durch Geld begleichen. Aus dem Ablaß erwuchs der Kurie eine bedeutende Einnahmequelle. Seit 1477 gab es sogar Ablässe für die Gestorbenen. Auch um die Toten konnte man sich jetzt verdient machen und nebenbei an ihnen verdienen. Selbst weltliche Kapitalisten stiegen zuletzt ein ins Geschäft. So begleitete den berüchtigten Ablaßprediger Tetzel auf seinen Reisen stets ein die Kasse führender Vertreter der Fugger[2]. »Sobald das Geld im Kasten klingt, die Seele aus dem Fegfeuer springt«, lautet ein damals geflügeltes Wort.

Der Streit um die Bußdisziplin

Das alles war aus der einmaligen zweiten Buße des Hermas geworden. Dabei hatte Hermas selbst sie nicht generell, nicht für immer verkündet, wie man schon im 3. Jahrhundert glaubte, sondern bloß bis zu dem bald hereinbrechenden Endgericht. Da aber das Ende weiterhin ausblieb, verstand man den Propheten generell[21].

Inspiriert hatten Hermas offensichtlich die besonders zahlreichen Sünder der Christengemeinde Roms. Das Ideal kontrastierte hier allzu deutlich mit der Wirklichkeit. Die Kirche mußte auch schwere Sünden vergeben, wollte sie bestehen bleiben.

In einem Erlaß aus dem Jahre 217 oder 218 zeigte sich Kallist, eine kluge, doch mehr als zwielichtige Persönlichkeit, auf der Höhe seiner Zeit. Erlaubte dieser römische Bischof doch, um mit Kirchenvater Hippolyt zu sprechen, »Frauen vornehmen Standes, einen Beischläfer nach ihrer Wahl zu haben, sei es einen Sklaven, sei es einen Freien und diesen auch ohne rechtmäßige Ehe für ihren Mann anzusehen«[22]. Papst Kallist gestat-

369

tete aber nicht nur »Frauen von Stand« wilde Ehen, sondern lehrte auch, ein Bischof, wie sündig er immer sei, dürfe nicht abgesetzt werden, nicht einmal im Falle einer Sünde gegen den Heiligen Geist[23]. Selbstverständlich konnte sich auch Kallist auf die Bibel berufen, zwar nicht auf Paulus, der befohlen hatte: »Schafft den bösen Menschen weg aus eurer Mitte«[24], aber auf das Wort: »Laßt das Unkraut wachsen mit dem Weizen«, und weiter auf das Alte Testament. Sah er doch ein Gleichnis der Kirche als corpus permixtum in der Arche Noahs mit ihren sowohl reinen als unreinen Tieren[25].

Kallist gewährte also die Möglichkeit der zweiten Buße auch Unzuchtsündern. Ernster denkende Christen widersetzten sich. In Karthago protestierte Tertullian. In Rom kam es zum Schisma des Hippolyt, der gegen Kallist die ältere Auffassung vertrat, wonach kein Priester und Bischof »Todsünden« erlassen konnte. Das Schisma wurde erst 235 mit Hippolyts Verbannung beendigt. Nachdem er und sein Gegner Bischof Pontianus auf Sardinien gestorben waren, brachte man ihre Leichen nach Rom, bestattete sie zur gleichen Zeit, doch an verschiedenen Plätzen, und feierte beide als Märtyrer.

Später dehnte man die Möglichkeit einer zweiten Buße, genötigt durch die riesige Zahl der »lapsi«, der Abtrünnigen während der decischen Verfolgung, auch auf den Abfall aus. Gegen diese neuerliche Konzession erhob sich der römische Presbyter Novatian, ein Mann von ebenso großer Sittenstrenge wie von geistigem Format, ein glänzender Schriftsteller, der in der römischen Gemeinde viele Anhänger hatte und während der Verfolgung des Valerian als Märtyrer starb. Doch obwohl Novatian nur einen bisherigen christlichen Brauch beibehielt und persönlich absolut unbescholten war, wurde er exkommuniziert. Die Kirche warf ihm Feigheit vor, bezweifelte die Gültigkeit seiner Taufe und leugnete sein Martyrium. Dafür ließ sie seinen Gegner, Bischof Cornelius, die Märtyrerkrone erringen, obwohl er nie Märtyrer geworden ist[26].

Nach Novatians Tod erlosch das Schisma nicht. Vielmehr erstreckte sich seine Kirche, die in Ausübung einer urchristlichen Sitte alle Abgefallenen, Unzuchtsünder und Mörder bedingungslos ausschloß, bald über das ganze Reich. Ungeachtet der Verfolgungen durch die Großkirche und die Kaiser bestand sie im Westen bis zum 5., im Osten bis zum 7. Jahrhundert. Sie erhielt den Namen die »Reinen« (katharoi), der später auch auf andere außerkatholische Gruppen überging und im Deutschen das Lehnwort »Ketzer« ergab.

Die Großkirche aber nahm seit der Synode von Arelate (314) auch Mörder wieder auf, jedenfalls in Todesgefahr, während sie von Totschlägern nur eine siebenjährige Buße verlangte. Zuletzt riß eine solche Laxheit ein, daß sich sogar ernste Heiden empörten[27]. Die Attraktivität der

Kirche minderte dies aber nicht. Als die alles Vergebende wurde sie erst recht populär. Krethi und Plethi strömte in sie ein.

Welche Leute ihr schon im 3. Jahrhundert angehörten, zeigt Bischof Kallist. Als Sklave spekulierte er mit fremdem Kapital, beging Unterschlagung und log sich nach mißlungenem Flucht- und Selbstmordversuch wieder los. Er feilschte und raufte mit Juden und landete als Sträfling in einem Bergwerk Siziliens. Von dort kam er mit Christen nach Rom, wo er durch Verdrängung des gebildeten Hippolyt Papst, und durch die Vergebung von Ehebruch und Hurerei beim Gros der Christen beliebt wurde[28].

Tertullian war entsetzt. Die Jungfrau, die Braut Christi, die keusche, reine, ruft er, werde zu einer Höhle der Ehebrecher und Hurer. Er wirft den Katholiken Unmoral, Geilheit, Gehässigkeit vor. Er versichert, es sei ihm bereits widerwärtig, mit den Psychikern, wie er die Katholiken mit einem Terminus nennt, den die Gnostiker zur Bezeichnung einer untergeordneten Menschenklasse gebrauchten, streiten zu müssen. Er schäme sich, über Dinge zu hadern, deren Verteidigung schon gegen die guten Sitten verstoße. Schließlich schreibt er mit unüberbietbarer Plastizität und Unflätigkeit: Die eigentlichen Feinde der Montanisten, das sage er ein für allemal, »sind die auswendigen und inwendigen Würste der Psychiker«[29]. »Denn dein Gott«, behauptet er vom Katholiken, »ist der Bauch, die Bauchhöhle ist dein Tempel, der Wanst (aqualiculus) dein Altar, der Koch dein Priester, der Fettdunst vertritt dir den Hl. Geist, die Gewürze sind deine Charismen, dein Prophezeien besteht im Rülpsen.« Vom katholischen Liebesmahl berichtet er: »Die Agape aber wird um so höher gehalten, weil bei Gelegenheit derselben deine Jünglinge bei den Schwestern schlafen«[30].

Sicher hat Tertullian, wie so oft, auch hier perfid übertrieben, provoziert freilich durch die immer stärkere Verweltlichung und Laxheit der Kirche, der es vor allem um die Masse, um, wie er sagt den »vielgerühmten großen Haufen« ging[31]. Nannte doch auch Celsus die Kirchenchristen »die vom großen Haufen«[32]. Und noch Luther schrieb: »Catholicus heißt, der mit dem Haufen ist«, was der Reformator allerdings positiv meinte, denn er hielt sich selbst für einen solchen Catholicus.

Das Scheitern des Montanismus

Obwohl Montanus und einige seiner ältesten Propheten anscheinend schon um 175 gestorben sind, verbreitete sich der Montanismus ungewöhnlich rasch, und zwar nur unter den Christen. Seine Hauptwirkung blieb allerdings auf sein Ursprungsland Kleinasien beschränkt. Doch gab

371

es Montanisten bereits in den ersten Jahren der Bewegung in Rom, Gallien und Afrika, wo ihr die Persönlichkeit Tertullians später großen Einfluß verschaffte. Erst nach langen Kämpfen konnte die Kirche den Montanismus ausscheiden. In Asien erhielt er sich am längsten. Aber im 6. Jahrhundert war er auch dort erledigt. Auf Befehl des christlichen Kaisers Justinian wurden die Montanisten Mitte dieses Jahrhunderts mit Frauen und Kindern in ihren Bethäusern verbrannt.

Der Montanismus scheiterte an der Rigorosität seiner Ethik und der Verkündigung des nahen Endes. Beides ging auf Jesus zurück. Doch die strenge Ethik war der katholischen Masse nicht zumutbar, und die Prophetie des nahen Weltendes erwies sich als Fehlspekulation. Den tiefsten Grund der katholischen Gegnerschaft aber bildete wahrscheinlich der spiritualistische Kirchenbegriff der Montanisten, die Bedrohung des monarchischen Bischofsamtes. Denn der Montanismus betrachtete sich als die wahre Geistkirche. Er stellte die Autorität der Propheten über die der Beamten, den Geist über den Buchstaben, den Enthusiasmus über die Organisation. Indem sie den Montanismus bestritten, kämpften die Bischöfe für ihre persönliche Machtposition.

Mit der Abweisung des Montanismus aber verurteilte die Kirche ihre eigene Vergangenheit[33]. Prophetie, Visionen und angespannte Enderwartung hatte er mit Jesus und den Aposteln gemein; die Vorstellung vom Parakleten mit dem Johannesevangelium; die chiliastischen Anschauungen, den Glauben an ein tausendjähriges Reich auf Erden, mit vielen Kirchenvätern (S. 475 ff.); die strenge Askese findet sich im entstehenden Mönchtum. Alle Züge des frühen Montanismus existierten schon im Christentum[34]. Die verketzerte Bewegung, die, wie man allgemein zugibt, gerade die ernsteren Gläubigen angezogen hat, war nur eine Reaktion der radikaleren urchristlichen Gesinnung auf die Verweltlichung der entstehenden katholischen Kirche. Die Bischöfe, wie Harnack sagt, diskreditierten »das, was einst der ganzen Christenheit teuer gewesen, was sie nun aber nicht mehr brauchen konnte«[35].

Der Verleumdungsfeldzug der Kirche

»Die Verunglimpfung des Gegners spielt in diesen Kreisen eine größere Rolle als etwa der Schriftbeweis«. Der Theologe Walter Bauer[36].

Da die Predigt der Montanisten der Kirchenlehre gar nicht widersprach, schmähten die Katholiken um so eifriger das persönliche Leben ihrer Gegner. Kommissionen sollten sie als Betrüger entlarven. Der Prophetin Priscilla suchte man sogar durch Exorzismus beizukommen. »So wahr Gott im Himmel lebt, hat der selige Sotas von Anchialus den Geist aus der Priscilla austreiben wollen; die Heuchler haben es aber nicht zugelassen«[37]. Man sprengte Gerüchte über ihren Lebenswandel aus, verbreitete die Geschichten vom Selbstmord des Montanus und der Maximilla und vom Todessturz ihres Gönners Theodotos. Im Glauben an den Parakleten habe er zum Himmel auffahren wollen und sei elend umgekommen.

Der kleinasiatische Katholik Apollonius diffamiert die montanistischen Märtyrer, deren Martyriumsfreudigkeit wohl bezeugt ist. Von dem Montanisten Alexander, von dem er selbst zu erkennen gibt, daß er unter achtbaren Leuten in großen Ehren stand, behauptet er, er sei gar nicht als Märtyrer, sondern als Räuber verurteilt worden[38].

Später berichtete ein Kirchenautor gar, Montanus habe »kleine Kinder geschlachtet und sie zu einem verbrecherischen Essen in kleine Stücke geschnitten, unter dem Vorwand, daß sie zu dem, was sie ihre Mysterien nennen, gebraucht werden sollten«[39]. Dieses ursprünglich von den Heiden gegen die Christen in die Welt gesetzte Greuelmärchen übernahmen mehrere Kirchenväter, die ähnlich auch sonst heidnische Erfindungen gegen »Ketzer« ausgespielt haben[40].

Selbst moderne katholische Historiker verleumden noch die montanistische Bewegung. Ihre Führer werden als unvernünftig, ihre Lehren als primitiv, ihre Märtyrer als dumm hingestellt und sie selbst insgesamt als »Irrsinn« bezeichnet[41]. Dabei war dieser Irrsinn nahezu völlig identisch mit dem Urchristentum! Weniger unverfrorene Katholiken gehen deshalb auch über den Montanismus dezent hinweg. So liest man darüber in einer immerhin 850 Seiten umfassenden neuen katholischen Kirchengeschichte nur: »Begründer der Sekte war Montanus, ein Neugetaufter aus Kleinasien. Die von ihm ausgehende Bewegung war die erste Schwarmbewegung in der Kirche«[42]. Der Rest ist Schweigen.

41. KAPITEL

Das Mönchtum –
eine fehlgeschlagene Reform

»Das Mönchtum ist in seinem Ursprung eine höchst komplexe Erscheinung, aber in seiner Wirkung nichts anderes als das Asyl, in das sich das alte, vereinseitigte christliche Ideal geflüchtet hat«. Der Theologe Troeltsch[1].

Der Säkularisierungsprozeß des Christentums hatte früh begonnen. Sein strenges Ethos wurde stetig gemildert und mit dem Wachsen der Gemeinden auf ein Maß reduziert, das jedem Dutzendmenschen noch bequem erreichbar war. Allmählich unterschied sich die christliche Welt in ihrem sittlichen Niveau kaum von der früheren. Ernsthafte Christen nahmen deshalb an der Kirche Anstoß und verließen sie. Dies geschah nicht nur in zahlreichen Sekten und Nebenkirchen, sondern auch in einer Bewegung, die der Katholizismus sich freilich eingliedern konnte, dem Mönchtum. Seine Anfänge sollen hier nur skizziert werden.

Die Christenheit pflegte die Askese seit je, so wenig sie auch mit Jesus zu tun hat (S. 211 f.). Alle Gemeinden waren im Urchristentum weltflüchtig gestimmt, weshalb es damals auch keine Mönche gab. Erst als die Kirche immer mehr verweltlichte, kehrten manche zu gewissen rigorosen Anschauungen der älteren Zeit zurück oder setzten sie fort. Es ist bezeichnend, daß das Mönchtum sich gerade unter der Regierung Konstantins entfaltete, als der Katholizismus den letzten Schritt in die Welt und das Weltleben vollzog.

Im 3. Jahrhundert kannte man im Christentum männliche und weibliche Asketen, die an ihrem Wohnsitz in kleinen Gemeinschaften zusammenkamen. Die nächste Phase in der Entwicklung des christlichen Mönchtums war anscheinend die Einzelaskese außerhalb, doch noch in der Nähe von menschlichen Niederlassungen.

Im ausgehenden 3. Jahrhundert ging dann in Ägypten der Kopte Antonius († um 356) als Eremit in die Wüste, gefolgt von einer immer größer werdenden Jüngerschar, die dasselbe Leben auf sich nahm. Und bald ent-

374

standen nach diesem Beispiel in Wüsten und Einöden ganz Ägyptens Kolonien von

»Ringkämpfern Christi«

> »... dem Ernst und der Kraft des Wollens, das diese neuen ›Ringkämpfer Christi‹ beseelte, kann kein tiefer Blickender seine Achtung versagen... Es waren heldische Gedanken, die diese Menschen trieben, und was sie in der Einsamkeit der Wüste und bald darauf in der Gemeinschaft der ersten klösterlichen Vereinigung lebten, war Heldentum«.
>
> Anton Koch S. J.[2]

In diesen Eremitensiedlungen geschieht alles ziemlich frei, regellos, ohne Verpflichtung. Man arbeitet gelegentlich und betet viel. Das Vaterunser wiederholt man, zur Steigerung seiner Wirkung, bis zu dreihundertmal[3]. Vor allem aber kasteit man sich und kämpft gegen den Teufel. Den Anblick weiblicher Wesen meiden die Asketen wie die Pest. Sie bedrohen sie mit Steinwürfen und weisen sogar Mutter und Schwester ab, manchmal mit dem Trost, man werde einander ja bald im Paradiese wiedersehen[4]. Symeon der Säulenheilige sah seine Mutter aus asketischen Gründen zeitlebens nicht an[5]. Elisaios, wie Symeon vielverehrt, ließ auch notleidende und kranke Frauen nicht an sich heran[6]. In der Sketis, einer berühmten ägyptischen Mönchskolonie, duldete man nicht einmal Jünglinge mit bartlosem Gesicht, da sie an das Antlitz einer Frau erinnerten[7]. Selbst Knaben waren bei den Gottesmännern gefürchtet. So gebietet Isaak, der Presbyter der Kellia, die Kinder fernzuhalten, weil ihretwegen vier Kirchen der Sketis zugrundegegangen seien. Derart hemmungslos hatten sich nämlich dort die christlichen Asketen der Päderastie ergeben[8]. Der Abt Johannes Kolobos konstatiert geradezu: »Wer gesättigt ist und mit einem Knaben spricht, der hat in seinen Gedanken bereits mit ihm Hurerei getrieben«[9].

So versteht man, wie dringend diese Männer der Kasteiung bedurften. Sie essen wenig, leben oft bloß von rohen Kräutern, schränken die Nachtruhe ein, schlafen stehend oder in Gräbern oder zwischen Schlangen und Gewürm. Sie vermeiden körperliche Reinlichkeit. Sie schleppen eiserne Ketten oder in Befolgung des unechten Jesuswortes: »Wer nicht sein Kreuz auf sich nimmt und mir nachfolgt, ist meiner nicht wert«[10] fortwährend schwere Kreuze auf ihren Schultern. Manche Asketen tauchten in Eiswasser, manche sprangen, um ihr Seelenheil zu retten, sogar in Abgründe oder erhängten sich. Viele trugen härene, die Haut quälende Gewänder. Etliche gingen zeitweilig splitternackt. Und Mönchsvater Makarios d. Gr. († um 391), ein Begründer der christlichen Mystik, erklärte: Wer es nicht bis zu dieser äußersten Verzichtleistung bringe, solle in seiner Zelle sitzen und seine Sünden beweinen[11].

Selbstverständlich gab es daneben normalere Mönchsexistenzen, Christen, die sich um Einhaltung der Gebote Jesu bemühten, die sie in der Weltkirche mißachtet sahen.

Die ersten christlichen Klöster

Im ersten Drittel des 4. Jahrhunderts erbaute der Kopte Pachomius († um 346), der das Christentum als Rekrut kennengelernt hatte, in dem unbewohnten Dorf Tabennesis (= Palmen der Isis) am Nil, nördlich von Theben, das erste Kloster. Von seinen in Zellen lebenden Genossen verlangte er unbedingten Gehorsam. Anstelle der ursprünglichen Freiheit der Eremiten trat nun der koinos bios, das gemeinsame Leben. Neben der Mönchsexistenz in Vereinzelung und in Anachoretenkolonien entwikkelte sich die zukünftige Form des mönchischen Lebens, das Klosterwesen. In Tochtergründungen fand es Verbreitung, gleichzeitig entstanden auch Frauenklöster. Das erste errichtete Pachomius für seine Schwester.

Ein stark militärischer, geradezu an das Leben in einer Kaserne erinnernde Zug ist charakteristisch für diese neue Art der Askese [12]. Jeder Mönch trägt die gleiche Uniform, einschließlich eines ledernen Koppels. Eine Gemeinschaftsküche gibt nur einmal im Tag Verpflegung aus. Ein Fourier teilt jedem die gleiche Ration Brot zu. Im gemeinsamen Speisesaal wird gegessen. Die Nachtruhe ist genau vorgeschrieben. Selbst das Gebet erfolgt auf Kommando. Man kniet mit einem Ruck zugleich nieder. Sogar die altägyptische Polizeipeitsche kehrt in diesen Klöstern wieder, in denen Prügelstrafen selbstverständlich waren, auch für Frauen. Schenute, der bedeutendste koptische Christ, hat seine Mönche eigenhändig geprügelt und gefoltert[13].

Im ausgehenden 4. Jahrhundert bürgerte sich das Mönchtum auch im Abendland ein. Die rigorose Askese der ägyptischen Mönche wurde dabei von den irischen Mönchen noch überboten. Sie kannten auch barbarische Strafen, Geißel- oder Stockhiebe von sechs bis zweihundert, für die geringsten Verfehlungen, wie Niesen oder Husten während des Gottesdienstes[14].

Im übrigen war diese christliche Einrichtung bekanntlich nichts Neues. Die jüdischen Therapeuten, von denen Philon berichtet, müssen hier ebenso genannt werden wie die Katochoi des Sarapis, die Druiden in Britannien und die in Klöstern lebenden Essener in Judäa. Damit soll nicht gesagt sein, daß sich das christliche Mönchswesen von ihnen herleitet.

376

Aber es geht um mehr oder weniger verwandte Erscheinungen. Immerhin war Pachomius, der Gründer der ersten christlichen Klöster, vorher ein Asket des Sarapis [15]. Doch auch das buddhistische Mönchtum, das schon um 250 v. Chr. zahlreiche Klöster besaß und sowohl in äußeren Lebensformen wie inneren Motiven dem christlichen sehr ähnelte, konnte dieses über den stark asketisch gestimmten Manichäismus, dessen Stifter Mani sich in Indien mit dem Buddhismus auseinandergesetzt hatte, zumindest indirekt beeinflußt haben [16]. Endlich begegnen ganz ähnliche Züge wie im christlichen Klosterleben bereits im Bild der Pythagoräergemeinde, das die Neuplatoniker Porphyrius und Iamblichos entwerfen [17].

Die verweltlichte Kirche brachte den Mönchen zunächst einen zähen Widerstand entgegen, besonders im Abendland. Doch bannten Kirchenführer wie Athanasius die große Gefahr durch den Versuch, das Mönchtum der Kirche anzuschließen.

**Widerstand der Mönche und
die Heraufkunft der doppelten Moral**

Die Mönche freilich, deren Bewegung ja nicht aus der klerikalen Hierarchie, sondern aus dem Laientum hervorgegangen ist, widerstrebten dieser Annäherung oft energisch. Wie sie vom Klerus dachten, läßt etwa die Meinung erkennen, ererbtes Geld nicht der Kirche zu geben, »denn dort machen sie ein Frühstück davon« [18]. Ihre Eingliederung verlief nicht ohne Kampf, was äußerst heftige Streitigkeiten zwischen Klöstern und Bischöfen, vor allem in Ägypten und Gallien, aber auch zahlreiche Einzelgefechte bezeugen [19]. Viele Mönche machte man ohne ihr Mitwissen oder mit Gewalt zu Priestern. Der Mönch Macedonius, genannt der Gerstenfresser, verfolgte den ihn weihenden Bischof Flavian von Antiochien unter einer Flut von Schmähreden mit einem Stock [20]. Der Mönch Paulinian wurde vom Bischof Epiphanius von Salamis mit zugestopftem Mund zum Priester geweiht [21]. Ein anderer wollte nicht Bischof werden, weil er für seine Vollkommenheit fürchtete [22]. In zahllosen Fällen entzogen sich Mönche der Ordination zum Kleriker durch Flucht.

Das Konzil von Chalcedon erkannte 451 die Klostergelübde an, unterstellte aber die Mönche der Aufsicht der Bischöfe. So gliederte man sie dem Kirchenapparat ein. Auch später gelang es dem Papsttum, die von Franz von Assisi († 1226) ausgehende Bewegung, die wieder ans Urchristentum anknüpfen wollte, zu einem Klosterorden einzudämmen. Wie überhaupt das Mönchswesen im Mittelalter trotz Reformen im Anschluß an die Kirche immer mehr verweltlichte, ein Vorgang, der sich bereits sehr deutlich seit dem 6. Jahrhundert vollzog. Doch den Gedanken eines

»kirchlichen Mönchtums« konnte man auf Grund der geschichtlichen Entwicklung mit Recht einen Widerspruch in sich selbst nennen[23]. Das Mönchtum war nichts anderes als eine fehlgeschlagene Reform.

Im Verlauf dieses Prozesses entstand die bekannte doppelte Moral, die dem Urchristentum fremd war, da es noch nicht zwischen den Gläubigen unterschied. Aber auch viele »Ketzer«, wie Markioniten, Enkratiten, Hierakiten, erachteten Jesu Gebote für alle Christen in gleicher Weise gültig[24]. Dann kam die Abstufung zwischen Priestern und Laien auf, und noch später galten für die Mönche andere Satzungen als für die weltlichen Christen. Mit dem Einstrom der Massen erkannte man immer klarer, wie wenig Jesu Ethos von ihnen erfüllt werden konnte. Während die Radikalen ins Kloster flüchteten, wurde die Kirche milder und milder, machte sie Konzessionen im rechtlichen Leben, auf dem Gebiet des Vermögens, beim Kriegsdienst usw.

Neu war diese Unterscheidung zwischen den Pflichten der Vollkommenen und Unvollkommenen, zwischen Maßstäben für die Menge und für die »Auserwählten«, die es übrigens auch im Jenseits besser haben sollten als die gewöhnlichen Christen[25], freilich nicht. Nach diesem Prinzip verfuhr bereits die Stoa, die eine höhere und niedere Moral, eine vollkommene und mittlere Tugend lehrte, was schon Clemens von Alexandrien übernahm[26].

Mit der Zulassung einer doppelten Sittlichkeit aber verzichtete die Kirche ein für allemal darauf, das jesuanische Ethos für die Völker verbindlich zu machen. Sie lebten nicht anders als früher auch. Sie konnten weiter Rechtshändel haben, Reichtümer horten und Kriege führen. Nur Priester und Mönche schloß man vom blutigen Handwerk aus, da es ihrer Predigt doch zu augenscheinlich widersprach. Luther beseitigte dann zwar das Prinzip der doppelten Moral, auf dem die ganze katholische Ethik beruht, und legte allen dieselben ethischen Forderungen auf, schuf aber durch seine Unterscheidung von Christen- und Bürgerpflichten eine neue Verdoppelung der Sittlichkeit, vor allem zur Rechtfertigung des Krieges[27].

378

IV. TEIL

Die Kirche der Märtyrer

»Durch Waffen werden Irrtümer weder bestritten, noch ausgerottet; der schlechteste Wahn hingegen dünkt sich eine Märtyrerwahrheit, sobald er mit Blut gefärbt dasteht«. Der Theologe J. G. Herder[1].

379

42. KAPITEL

Die Verfolgungen

Warum ist es zu Christenverfolgungen gekommen?

Die Duldsamkeit der Römer in puncto Religion hatte auch früher mitunter ihre Grenzen. Schon nach dem Bacchanalienprozeß des Jahres 186 v. Chr., bei dem der Senat die vollständige Vernichtung des Dionysoskultes beschloß, starben die ersten Märtyrer des Dionysos in Rom, übrigens genau 250 Jahre vor den dort durch Nero verurteilten Christen[2]. 139 v. Chr. vertrieb man die Astrologen zum ersten Mal aus der Stadt. Den römischen Haupttempel der Isis ließ man 58 v. Chr. und nach seinem Wiederaufbau erneut im Jahre 48 n. Chr. niederreißen, vielleicht wegen politischer Betätigung der Gemeinden. Verboten war der national-gallische Kult der Druiden, bei dem es auch Menschenopfer gab.

Im allgemeinen aber übten die Römer in religiöser Hinsicht Toleranz. Den Juden hatten sie volle Religionsfreiheit garantiert und selbst nach dem jüdischen Krieg keine Verehrung der Staatsgötter von ihnen gefordert. Man dispensierte sie sogar vom Opfer für den Kaiser, dessen Bild man aus dem Tempel in Jerusalem wieder entfernte. Beliebt waren die Juden, trotz der Vorliebe einzelner Herrscher für sie, freilich nicht. Und die Abneigung, die man gegen sie hegte, übertrug man von Anfang an auf die Christen, die ja von ihnen herkamen und mit ihnen zunächst auch verwechselt wurden.

Bis etwa zur Herrschaft Caracallas (211–217) aber ging der Christenhaß weniger von Kaisern und Statthaltern aus als vom Volk. Das Volk haßte die Christen instinktiv. Sie waren ihm politisch und ethisch suspekt durch ihre Verschmähung öffentlicher Amter und Würden, durch ihre Abneigung gegen den Kriegsdienst, ihr Bestreben, ihre Rechtssachen den staatlichen Gerichten zu entziehen, durch ihre Eidesverweigerung und ihre Umwertung der sozialen Verhältnisse. Das Volk haßte die Christen, weil sie sich von allem separierten, vom gesamten Staats- und Kulturleben ebenso wie von seiner privaten und religiösen Existenz. Die Christen be-

380

suchten keinen Zirkus und kein Theater, keine heidnischen Feste und Prozessionen. Sie brachten Spaltungen in die Familien. Sie gaben ihren Gott als den allein wahren aus und degradierten die Götter zu Teufeln. Sie sehnten das Ende der Welt herbei, jene schauerliche Katastrophe, die ihnen ewige Freude bereiten sollte, allen anderen aber unaufhörliche Qualen. Die gesamte vorchristliche Literatur strotzte nur so von einer radikalen Verdammung des antiken Lebens. Die Heiden erscheinen als Gottlose, voller Neid, Lüge, Haß, Mordlust, offensichtlich nur interessiert an Hurerei, Fressen und Saufen[3]. Ihre Welt ist »schwarz«, reif für die Vernichtung »in Blut und Feuer«. Sich selbst aber nannten die Christen den »goldenen Teil«, »Israel Gottes«, »Auserwähltes Geschlecht«, »Heiliges Volk« und tertium genus hominum[4].

Eine solche Exklusivität kannte kein antiker Kult. Sie widersprach dem Polytheismus prinzipiell. Weder behaupteten die Heiden, wie die Juden, das auserwählte Volk zu sein, noch, wie die Christen, ein neues Geschlecht, obwohl ihnen auch derartige Formulierungen schon geläufig waren. Sie gebrauchten sie jedoch niemals in dieser alles ausschließenden hochprovokanten Form. Kein gläubiger Heide leugnete die Existenz fremder Götter, und »Bekehrung« betrieben ihre Religionen überhaupt nicht[5].

Die Christen aber, die jeden anderen Kult verhöhnten, hielt man damals für Gottesfeinde und sagte ihnen alles Schlechte, mit Vorliebe Blutschande, Ritualmord und Kannibalismus nach[6]. Doch beachteten die Behörden diese demagogischen, auch vom Volk nur vorübergehend geglaubten[7] Greuelmärchen mangels tatsächlicher Anhaltspunkte nicht. Sie bildeten zu keiner Zeit den Gegenstand der Anklage[8].

Schwer dagegen fiel die Verweigerung des Götteropfers ins Gewicht. Staat und Religion, bei den Christen damals noch zwei Welten, waren bei den Römern eng verknüpft. Sie schrieben ihre Erfolge der Gnade der Götter zu, und diese Gnade hing eben, wie man glaubte, von der Ausführung sakraler Akte ab. Das ganzen öffentliche Leben wurde deshalb von kultischen Zeremonien begleitet. Das Opfer, der Mittelpunkt der römischen Religion, war geradezu ein Prüfstein bürgerlicher Disziplin und politischer Loyalität, die Teilnahme an ihm obligatorisch. Daneben konnte man selbstverständlich noch zu allen möglichen Göttern beten und das persönliche Heil suchen, wo immer man wollte.

Das galt in vollem Maße auch für die Christen.

Die Verordnungen der Kaiser, den Göttern zu opfern, richteten sich weder gegen das Christentum als solches, noch wurden sie zugunsten der heidnischen Kulte erlassen. Sie bezweckten lediglich die innere Einheit des Reiches und tasteten die religiöse Handlungsfreiheit nicht an[9]. Auch während der strengsten Verfolgung, der Diokletians, konzentrierte sich der staatliche Zwang ausschließlich auf die Erfüllung der durch die Konstitutionen vorgeschriebenen Opferpflicht. Nur ihre Verweigerung wurde bestraft, in keinem Falle aber die Ausübung der christlichen Religion[10]. Blieben doch die Kirchen sogar zur Zeit der diokletianischen Verfolgung vermögensfähig[11].

Für die Christen freilich war die Apotheose eines Menschen eine Undenkbarkeit, obwohl sie eine solche ja selbst vollzogen und gerade viele Formen der Herrscherverehrung in ihrem Christuskult übernommen hatten (S. 96 ff.). Opferte aber ein Christ vor den Bildern des Kaisers, erblickte die Kirche darin den Abfall von Christus. Verweigerte ein Christ das Opfer, empfanden Behörden und Volk dies als Sakrileg und Majestätsverbrechen. Und als immer größere Kreise dem Kaiserkult entgegentraten, konnte der Staat darin eine Zersetzung nationaler Lebenskraft, eine Preisgabe der ganzen römischen Lebensordnung sehen.

War Nero ein Christenverfolger?

> »Nero hat nie daran gedacht, die Christen als solche verfolgen zu lassen«. Johannes Geffken[12].

> »... ein Brandstifterprozeß«, »das Christentum selbst stand dabei überhaupt nicht zur Diskussion«.
> Der Theologe Carl Schneider[13].

Die schwer erkämpfte, durch Augustus hergestellte innere Ruhe des Reiches, die, um ein Wort des älteren Plinius zu gebrauchen, unendliche Majestät des römischen Friedens, schwand mit dem Auftreten der Christen endgültig dahin. Gerade jener Zustand also, der ihre eigene Mission so sehr begünstigte, wurde durch sie untergraben[14]. Schon um das Jahr 50 mußte Kaiser Claudius die Juden aus Rom vertreiben lassen, weil die christliche Predigt sie zu einem Aufruhr verleitet hatte, und auch der erste Christenprozeß unter Nero (54–68) hing nach einem kirchlichen Dokument des ausgehenden 1. Jahrhunderts mit den allzu großen Streitigkeiten der Christen selbst zusammen[15].

Dieser erste eigentliche Zusammenstoß zwischen Christen und dem römischen Staat erfolgte nach dem großen sechstägigen Brande Roms Ende Juli 64. Zu Unrecht hatte man Nero, der damals gar nicht in Rom, sondern in Antium am Meer gewesen ist, der Brandstiftung bezichtigt, und Nero beschuldigte, um sich rein zu waschen, die Christen[16]. Er dachte jedoch gar nicht daran, sie wegen ihres Glaubens zu verfolgen. Religiöse Motive spielten bei dem Prozeß keine oder allenfalls eine ganz untergeordnete Rolle. Beschränkte sich doch Neros Vorgehen bezeichnenderweise auf

382

die Christen in Rom. Zwar fabrizierte man später Dokumente, die Martyrien auch in Italien und Gallien lokalisieren. Aber, so schreibt ein katholischer Theologe: »Alle diese Märtyrerakten sind geschichtlich ohne Wert«[17]. Dagegen ist nicht ausgeschlossen, doch völlig unbeweisbar, daß Petrus, vielleicht auch Paulus, damals in Rom hingerichtet wurden[18].

Bei der Exekution feierte die grausame Phantasie Neros bekanntlich Triumphe. Doch alle diese Todesarten, Tod durch wilde Tiere, durch Kreuzigung und Verbrennung, sah das römische Strafrecht speziell für Brandstifter vor. Die juristische Form ist vom Kaiser gewahrt worden[19]. Selbst die Nero sehr feindlich gesinnten Geschichtsschreiber Tacitus und Sueton beurteilten den Prozeß als gerecht. Sueton rechnete die Hinrichtung unter die guten und vernünftigen Maßregeln des Kaisers, ebenso glaubte Tacitus, daß die Christen »schuldig waren und die härtesten Strafen verdient hatten«[20]. Auch verschweigen die beiden Historiker nicht, daß Nero, dessen ohnehin trübes Bild die Kirche bis zum Extrem verzerrt hat, nach der Brandkatastrophe mit allen Mitteln das Elend zu mildern suchte, daß er gewaltige Summen zum Wiederaufbau einer übrigens bedeutend schöneren und wohnlicheren Stadt stiftete, daß er überhaupt großzügig und freigebig war, drückende Steuern aufhob, arme Senatoren unterstützte und vom Volk bis über seinen Tod hinaus geliebt worden ist[21].

Unter Neros Nachfolgern Galba, Vespasian und Titus, dem Eroberer Jerusalems, verging fast eine Generation, ehe es wieder zum Konflikt mit Christen kam. Kaiser Domitian, der Bruder des Titus, ließ im Jahre 95 einige hochstehende Persönlichkeiten wegen »Götterlosigkeit« verurteilen; unter ihnen ein Vetter des Kaisers, der Konsul Titus Flavius Clemens, der hingerichtet wurde, während man seine Frau, Flavia Domitilla, nach einer Insel der italienischen Küste deportierte[22]. Doch auch diese Heimsuchung blieb auf Rom beschränkt, ja, es ist fraglich, ob diese Leute wirklich Christen waren.

Die Reskripte von Trajan und Hadrian

Das Verhältnis des Staates zur neuen Religion regelte dann, freilich reichlich unklar, für weit über hundert Jahre der Erlaß Trajans (98–117) vom Jahre 112: conquirendi non sunt... puniendi sunt. Die Verfügung ging an Plinius den Jüngeren, Statthalter von Bithynien und Pontus am Schwarzen Meer. Der etwas skrupulöse doch hochherzige kaiserliche Legat, der eine glänzende Karriere gemacht hatte, mit Tacitus befreundet war und durch seine meisterhaft stilisierten Briefe berühmt geworden ist, wußte nicht, wie er sich gegenüber den Christen verhalten sollte, bei denen er keine Verbrechen, sondern nur einen »perversen, maßlosen Aberglauben« herausfand. In seiner Unschlüssigkeit hatte Plinius bei Trajan angefragt und zur Antwort erhalten: »Man muß sie nicht aufsuchen, aber man muß sie bestrafen, wenn sie angegeben und überwiesen werden. Jedoch ist dabei zu beachten, daß jeder, der leugnet, Christ zu sein, und dies durch die Tat beweist, indem er unsere Götter anruft, wegen seiner Reue Verzeihung erhalten soll, so verdächtig er auch hinsichtlich seiner Vergangenheit sein mag. Anklageschriften ohne Namen des Verfassers dürfen bei keinem Prozesse zugelassen werden. Denn das wäre ein schlimmes Beispiel und unserm Zeitalter nicht angemessen«[23].

Geradezu christenfreundlich reskribiert Kaiser Hadrian (117–138) um 125 an den Statthalter Asiens C. Minicius Fundanus (meist fälschlich Minucius geschrieben): »Ich will nicht, daß Unschuldige belästigt werden, und man muß verhindern, daß die Verleumder ungestraft ihr häßliches Brigantenhandwerk ausüben können. Wenn die Untertanen der Provinz die Christen ganz offen einer bestimmten bösen Handlung vor einem ordentlichen Gericht bezichtigen wollen, so will ich ihnen nicht verbieten, es zu tun; ich kann aber auf keinen Fall zulassen, daß man Petitionen einreicht und geräuschvolle Erhebungen veranstaltet. Es entspricht viel mehr dem Recht, daß derjenige, welcher eine Klage einreicht, die Beschuldigungen genau angebe. Wenn es sich zeigt daß der Beklagte gegen die Gesetze gehandelt hat, muß er bestraft werden im Verhältnis zur Schwere seiner Schuld. Im Falle einer verleumderischen Denunzierung soll der Verleumder exemplarisch bestraft werden«[24]. – Man vergleiche damit die Methoden der christlichen Inquisition ein Jahrtausend später (S. 546 ff.)!

Zwei Jahrhunderte lang ließen die römischen Behörden die Christen überhaupt nicht »verfolgen«. Man schritt allenfalls bei Denunziationen oder Wutausbrüchen der Masse gegen sie ein, und der Abfall, zu dem man sie beim Prozeß zu bewegen suchte, machte sofort straffrei. Bis zur Mitte des 3. Jahrhunderts waren alle antichristlichen Maßnahmen lokal begrenzt.

Die Verfolgung unter Decius und warum sie scheiterte

*»Die Martyrien sind auch in ihr nicht sehr zahlreich, unge-
heuer groß aber ist der Abfall«. Der Theologe von Soden[25].*

*»Sie blieben Christus treu, auch nachdem sie sich feierlich
von ihm getrennt hatten«. Der Theologe Achelis[26].*

Die erste allgemeine und planmäßige Christenverfolgung eröffnete erst
Kaiser Decius durch das Edikt vom Jahre 250, das die Vorladung sämtlicher Bürger, einschließlich der Kinder, zum Opfer befahl wobei man jedoch durchaus behutsam verfuhr. Nur im äußersten Falle wurden Todesurteile vollstreckt[27]. Offensichtlich ging es auch Decius nicht um Ausrottung der Christen, sondern nur um die Beilegung des durch sie entfachten
beständigen religiösen Streites[28]. Aber obwohl die Maßnahmen des Kaisers das ganze Reich betrafen, blieb das Christentum ungeschwächt.
    Wie kam das?
    Nun, viele Christen wurden durch das Edikt so geschreckt, daß sie ih-
ren Glauben sofort abschworen, die »sacrificati«, die wirklich geopfert,
und die »thurificati«, die vor den Bildern der Götter und des Kaisers wenigstens Weihrauch gestreut hatten, was den Beamten oft schon genügte.
Manche Christen meinten auch, wie Tertullian und Origenes berichten,
sie könnten ohne weiteres die Götter anrufen, wenn sie dabei nur an den
richtigen Gott dächten. Andere taten die ersten Schritte zum Martyrium,
ließen sich fesseln oder gar ins Gefängnis stecken, fanden aber dann das
Leben doch verlockender und fielen gleichfalls ab. Wieder andere, die »li-
bellatici«, erlangten durch Bestechung eine falsche Opferbescheinigung
oder ließen ihre Sklaven für sich opfern. Und viele flohen unter Zurück-
lassung von Hab und Gut in die Berge und Wüsten oder tauchten in fremden Großstädten unter. Doch kaum nachdem Decius 251 im Gotenkrieg
gefallen war, bereuten die ungetreuen Christen und kehrten in hellen
Scharen in den Schoß der Kirche zurück[29]. Mit solchen Bekenntnismetho-
den mußte man natürlich unbesiegbar bleiben.
    Immerhin gab es damals in Afrika und Ägypten offenbar eine Reihe von
Martyrien. In Rom scheint nur der Priester Moyses für seinen Glauben gestorben zu sein. Das übrige Italien weist, ebenso wie ganz Gallien und
Spanien, keinen christlichen Blutzeugen auf, Spanien jedoch abgefallene
Bischöfe. Aus Palästina, Syrien und der kleinasiatischen Provinz Pamphy-
lien ist jeweils ein Opfer der decischen Verfolgung bekannt, davon sind
zwei nicht getötet worden, sondern im Gefängnis gestorben, und von dem
dritten schreibt ein Katholik, der Bericht über ihn gehöre »nicht zu den
rein legendarischen«[30].

Selbst in einigen Märtyrerakten wird die Größe des Abfalls betont[31]. Fast alle Märtyrerakten aus der Zeit des Decius aber sind gefälscht, das heißt spätere Machwerke; die meisten strotzen vor Haß gegen den Kaiser, zeichnen ihn als blutrünstigen Tyrannen und Sadisten, während ihn die Geschichtsquellen als einen vorzüglichen und humanen Mann ausweisen, nach einer langen Periode des Niedergangs der erste tüchtige Regent.

Von Gallus bis Diokletian

Nach Decius gab es noch eine kurze Christenverfolgung, sofern man dieses Wort hier überhaupt gebrauchen darf, unter Kaiser Gallus (251–253). Seine Maßnahmen erstreckten sich vielleicht nur auf Rom, doch auch dort wurden keine schweren Strafen verhängt. Strenger war die Verfolgung unter Valerian 257/58, die fast nur den Klerus und die Angehörigen der höheren Stände traf. Im Endstadium der Verfolgung kam es zu Todesurteilen, vor allem in Afrika, wo nach einem zeitgenössischen christlichen Zeugen von siebenundachtzig Bischöfen zwölf Märtyrer wurden, unter ihnen Cyprian[33].

In den letzten vier Jahrzehnten des 3. Jahrhunderts genossen die Christen völligen Frieden. Auf großen Synoden strömten ihre Bischöfe zusammen, deren Amt schon so einflußreich und auch einträglich war, daß sich die Ehrgeizigen und Geldgierigen darum rissen. Bei den Wahlen kam es zu den wildesten Tumulten. Auch der Hof wimmelte von Christen. Sie konnten zu den höchsten Staatsstellungen aufsteigen und wurden von den Opferverpflichtungen ausdrücklich entbunden. Im antiochenischen Kirchenstreit vom Jahre 272, einer rein innerkirchlichen Angelegenheit, bat man sogar den heidnischen Kaiser Aurelian um Hilfe. Überall entstanden bereits pompöse christliche Basiliken. Allein in Rom gab es im Anfang des 4. Jahrhunderts mehr als vierzig[34]. Das Christentum war eine religio licita geworden und der alten Religion fast gleichberechtigt.

Als sich Kaiser Diokletian, der die Christen achtzehn Jahre geschont hatte, in seinen letzten Regierungsjahren zu einem Generalangriff gegen sie entschloß, der im Abendland von 303–305, im Orient unter Galerius und Maximinus bis 311 dauerte, überstand man ihn im Grunde nicht anders wie den des Decius. Und auch diese sogenannte »Große« Verfolgung wurde, wie die moderne Forschung zeigt, in einem Ausmaße übertrieben, das nicht einmal der gründliche und dem Christentum gegenüber besonders kritische englische Geschichtsschreiber Gibbon ganz erkannte[35].

Auch Diokletian dachte selbstverständlich nicht daran, die Christen auszurotten. Sie bildeten zu Beginn des 4. Jahrhunderts ja schon einen beträchtlichen Teil der Bevölkerung, unter den rund fünfzig Millionen Ein-

386

wohnern des Imperiums schätzungsweise sieben bis fünfzehn Millionen[36]. Die meisten Bekenner wurden verbannt oder zur Zwangsarbeit im Bergwerk verurteilt, zweifellos eine harte Strafe. Immerhin konnten sie jederzeit Liebesgaben erhalten, durften sie Boten empfangen und entsenden. Christliche Frauen und Mädchen kamen manchmal auch ins Bordell. Die allerwenigsten aber hat man getötet.

Wie nahezu allgemein gerade der Episkopat versagte, mag folgendes Beispiel zeigen. Anläßlich der Neubesetzung des Bischofsstuhles von Cirta in Afrika im Jahre 305 fragte der Primas einen jeden der numidischen Bischöfe, ob er denn wirklich Heilige Schriften ausgeliefert habe, worauf einer nach dem anderen so verlegen antwortete, daß der Primas alle in ihrem Amt beließ. Bemerkenswert ist die Erklärung des Bischofs Purpurius von Limata, dem man die Ermordung seines Neffen nachsagte. »Glaubst du«, erwiderte dieser Bischof, »ich lasse mich einschüchtern wie die anderen? Wie bist du denn davon gekommen, als der kaiserliche Stadtverwalter und der Gemeinderat dich folterten? Ohne weiteres haben sie dich nicht laufen lassen. Gewiß, ich habe jene umgebracht und bringe jeden um, der gegen mich etwas anzettelt. Also reize mich nicht; ich mache nicht viel Umstände«[37].

In anderen Gemeinden stand es nicht besser. Selbst der Bischof von Rom, Marcellinus, der von 296–304 auf dem Stuhle Petri saß, opferte den Göttern[38], wenn man seinen Abfall auf katholischer Seite beschönigend auch bloß als höchstwahrscheinlich bezeichnet[39]. Der Bischof Euktemon von Smyrna, ein Nachfolger des Apostelschülers Polykarp, war gleich mit einem Lamm in den Tempel geeilt, hatte es geschlachtet, davon gegessen und die Reste sich noch ins Haus bringen lassen. »Es schien, als wenn er vom Opferfleisch nicht genug bekommen könnte«[40]. Auch seine Gläubigen forderte er zum Abfall auf, ein Verhalten, das von anderen Episkopen manchmal geteilt worden ist, etwa von Repostus von Sutunurcum, der fast mit der Gesamtheit seiner Gemeinde geopfert hat[41].

Ehe wir im nächsten Kapitel den Blutzoll der Kirche etwas genauer betrachten, sei noch hingewiesen auf

Das Verhalten der heidnischen Behörden

>>*Kaiser und Statthalter suchten den Christenprozessen so viel wie möglich aus dem Wege zu gehen*<<.
Eduard Schwartz[42].

>>*Vielmehr muß man sich wundern, wie lange der Römische Staat das Christentum hat gewähren lassen*<<. *H. Berkhof*[43].

Viele Beamten waren so nachsichtig wie möglich, und es fehlte nicht an Entgegenkommen gegen die Christen. Öfter hätte man sie gerne freigelassen, wie das großzügige Verhalten des Statius Quadratus gegenüber Bischof Polykarp beweist[44]. Statthalter bemühten sich, die Martyrien zu hintertreiben[45]. Man redete den Vorgeführten freundlich zu, wenigstens zum Schein ihren Glauben zu verleugnen. Man gab ihnen Bedenkzeit. Man überging sogar Verordnungen und gestattete Betrug. Man verriet den Angeklagten juristische Tricks, womit sie ihre Freisprechung erwirken konnten, ohne ihren Glauben verraten zu müssen. Man bestrafte Christen bloß als einfache Ruhestörer. Viele >>Bekenner<< wurden aus der Haft entlassen und manche Anklagen wahrscheinlich gar nicht beachtet.

Als im Jahre 303 das erste antichristliche Edikt Diokletians u. a. die Verbrennung der christlichen Heiligen Schriften befahl, ließen sich die Soldaten durch Herausgabe anderer Bücher oft bewußt täuschen. Ja, man machte einfallslose Bischöfe auf diese Möglichkeit geradezu aufmerksam. Die Gläubigen beschwerten sich mitunter über solchen Betrug, seltsamerweise bei den Vertretern des Staates, wie beispielsweise dem Prokonsul von Karthago, der aber nicht einmal die echten Bücher beschlagnahmte, als ihm ihr Versteck gemeldet wurde.

Noch die Provokationen von Christen quittierte man nicht selten mit Ruhe. So schickte man Beschuldigte unter dem Vorwand, sie hätten geopfert, von den Altären wieder fort, auch wenn Fanatiker das Gegenteil versicherten und durchaus umgebracht sein wollten. Als um 185 in einer asiatischen Stadt die Christen sich selbst denunzierten, behielt der Statthalter Arrius Antoninus nur einzelne und jagte die übrigen nach Hause mit der Bemerkung: >>Ihr Narren, wenn ihr sterben wollt, habt ihr nicht Stricke und Abgründe?<<[46].

Wie aufsässig Christen sein konnten, zumal wenn nichts zu befürchten war, zeigt Cyprian, der, kaum aus seinem Versteck nach Beendigung der decischen Verfolgung hervorgekommen, einen Brief an den Heiden Demetrian, einen populären einflußreichen Privatmann, mit dem Zitat eröffnet: >>Ihr sollt das Heilige nicht den Hunden geben und eure Perlen nicht vor die Säue werfen<<.

388

Aber auch mitten in einer Verfolgung zerstörten Christen Götterbilder, wie der Priester Artemon während der Verfolgung Diokletians. Zu Beginn derselben zerfetzte man in Nikomedien das eben angeschlagene Edikt, und vielleicht legten Christen auch den Brand, der dort kurz nach diesem Vorfall im kaiserlichen Palast ausbrach, was sich allerdings nicht beweisen läßt. Jedenfalls gab es selbst Märtyrer, die tätlich wurden, wie Antoninus, Germanus und Zebinas, die den Statthalter gewaltsam am Opfer hindern wollten. Dasselbe wird von Apphianus berichtet[47], dessen Bruder Adesius den Richter nicht nur maßlos beschimpfte, sondern ihn auch verprügelte, bis ihm sein Gefolge zu Hilfe kam[48].

Anscheinend bestanden aber sogar christliche Kreise, die das Gebot der Feindesliebe und die seit Paulus obligatorische Anerkennung jeder Staatsgewalt so weit vergessen hatten, daß sie das Recht des Tyrannenmordes vertraten[49]. Mit jedem Vorgehen gegen sie wuchs ihre, trotz Paulus, seit je vorhandene antistaatliche Stimmung (S. 569f.). Auch ein katholischer Theologe spricht von regelrechten Revolten und Gewaltanwendungen der Christen unter Diokletian; »die Zeit, da sie alles rein passiv hinnahmen, geht offenbar zu Ende«[50]. Freilich war man klug genug, zumindest auf breiterer Basis alles tatsächlich Revolutionäre zu vermeiden. Das Schicksal der Juden in den Katastrophenzeiten zwischen 66 und 134 blieb so den Christen erspart.

389

43. KAPITEL

Der Blutstrom der Kirche

»Eine Verfolgung indessen, wie man in spätern Zeiten z. B. gegen die Sachsen, Albigenser, Waldenser, Hugenotten, Preußen und Liven vornahm, ist gegen sie nie ergangen; Religionskriege der Art lagen nicht in der römischen Denkweise«. Der Theologe J. G. Herderi[1].

»Das Martern der Angeklagten, um ihnen Geständnisse oder auch nur Steuerschulden abzupressen, ist in der christlichen Zeit viel häufiger und grausamer gewesen als in den vorhergehenden Jahrhunderten. Und wenn man die Folterkammern besucht, die unser frommes Mittelalter hinterlassen hat, so staunt man über die Erfindungskraft, die alles, was das heidnische Altertum im Menschenschinden geleistet hat, unendlich weit hinter sich läßt«. Otto Seeck[2].

Fast alle alten Kirchenväter einschließlich des Augustinus wollen den Eindruck erwecken, als seien die ersten Jahrhunderte eine ununterbrochene Reihenfolge breitester Angriffe auf die Kirche und *alle* Kaiser rabiate Christenverfolger gewesen[3]. In Wirklichkeit fühlten sich die Kaiser im 1. und noch lange im 2. Jahrhundert viel zu stark, um eine obskure Kleinleutesekte zu beachten. Griff der Staat einmal ein, so wegen der feindseligen Stimmung des Volkes. Weder Trajan noch Hadrian oder seine Nachfolger haben das Christentum ausdrücklich verboten. Aus der fast zwanzigjährigen Regierung Trajans zum Beispiel ist, neben den Hinrichtungen weniger Christen unter Plinius, mit einiger Gewißheit ein einziges Martyrium bekannt, nämlich das des antiochenischen Bischofs Ignatius. Beinahe zweihundert Jahre lang, wie die Forschung oft festgestellt hat, verhielten sich die Behörden dem Christentum gegenüber grundsätzlich kaum minder tolerant wie gegenüber den heidnischen Kulten[4].

Die üblicherweise behaupteten zehn Verfolgungen entsprechen nicht

390

der historischen Realität. Wie so vieles im Christentum, ist auch die Zehnzahl der Verfolgungen eine Fiktion, entstanden nach Analogie der zehn Plagen Ägyptens[5]. Sieht man von dem Brandstifterprozeß unter Nero ab, lassen sich mit Sicherheit nur unter fünf von den fünfzig römischen Kaisern zwischen Nero und Konstantin staatliche Verfolgungen nachweisen. »Sie dauern alle nur kurze Zeit und erklären die relativ geringe Zahl der echten Märtyrer«[6].

Die katholische Kirchengeschichtsschreibung verbreitet, besonders in populären Darstellungen, fast das Gegenteil. »Die Zahl der Märtyrer kann nicht genau bestimmt werden, beträgt aber, wenn auch nicht Millionen (!), so unter Nero und mehr noch später eine große Menge«[7]. Suggeriert dies nicht eine Zahl von wenigstens einigen Hunderttausend christlichen Glaubenshelden? Ein anderer moderner Katholik prahlt mit der »ungeheuren Schar heroischer Gestalten, die, die Stirnen von Martyrerblut gezeichnet, das ganze zweite Jahrhundert durchziehen«, ja, er sieht das Christentum schon vom Ende des ersten Jahrhunderts an »in seinem eigenen Blute waten«[8]. Tatsächlich wateten die Christen darin erst, als die Kirche das Ketzer- und Hexenverbrennen begann. Erwies doch selbst ein katholischer Theologe, daß beispielsweise unter den rund 250 griechischen Martyrien, die sich in immerhin etwa 250 Jahren ereignet haben sollten, nur ungefähr 20 historisch sind[9]. Ein so Respekt einflößender Christ wie Origenes († 254) gesteht ohne weiteres, die Zahl der christlichen Blutzeugen sei »klein und leicht zu zählen«[10].

Bis zur Mitte des 3. Jahrhunderts aber wurden nur ganz selten Kleriker hingerichtet. Man hielt sich mehr an den kleinen Mann, dessen Leben weniger galt, bestrafte besonders hart die Sklaven[11], während man die vornehmeren Christen meist laufenließ. Sie konnten auch ohne Opfer einen Opferzettel durch Bestechung erhalten. Schritt man doch gegen die honestiores ein, so durch Enthauptung oder Deportation. Aber noch in der Verbannung ging es ihnen oft viel besser. Von Bischof Cyprians Exil entwirft sein Biograph ein paradiesisches Bild: ein anmutiger Ort, entzückende Einrichtungen, Liebeserweisungen, zahlreiche Besuche, auch eine »wunderbare Visite Gottes«, kurz, »alles, was einst denen verheißen worden ist, welche das Reich und die Gerechtigkeit Gottes suchen«[12].

Es spricht für sich, daß bis 250, zwei Jahrhunderte lang, kein römischer Bischof getötet wurde, obwohl sie doch Seite an Seite mit dem Kaiser residierten! Auch die Kirche empfand dies als Manko, weshalb der Liber pontificalis, das älteste römische Papstbuch, bereits »Papst« Viktor Ende des 2. Jahrhunderts zum Märtyrer macht, obwohl er es nicht war, wie selbst ein Katholik zugibt[13].

Als erster römischer Bischof wurde Fabian ein Opfer der Verfolgung. Doch hatte man über ihn gar nicht die Todesstrafe verhängt. Vielmehr ist

391

Bischof Fabian am 20. Januar 250 im Gefängnis gestorben und streng genommen gar kein Märtyrer gewesen[14]. Trotzdem blieb sein Stuhl länger als ein Jahr unbesetzt. Erst als Decius, der in Rom eher einen kaiserlichen Nebenbuhler als einen Bischof dulden wollte, im Kampf gegen den Gotenkönig Kniva in den Sümpfen der Dobrudscha fiel, besaß man auch wieder einen »Papst«. Es war Kornelius, der in den kirchlichen Märtyrerakten enthauptet wird, tatsächlich aber eines natürlichen Todes starb. »Die Akten«, schreibt ein katholischer Theologe, »die den Papst Kornelius zum Märtyrer machen, sind wertlos«[15]. Ebenso gefälscht sind die Akten, die den römischen Bischof Stephan I. als erstes Opfer der valerianischen Verfolgung nennen[16]. Trotzdem prangt er noch in neuesten katholischen Kirchengeschichten als solches[17]. Die alte Kirche aber gab bereits bis zur Verfolgung des Decius von siebzehn römischen Bischöfen elf als »Märtyrer« aus, obwohl keiner von ihnen Märtyrer geworden ist. Später machte man dann gleich *alle* »Päpste« bis zur Zeit Konstantins zu »Blutzeugen«[18].

In Nordafrika, damals das Hauptland des abendländischen Katholizismus, hatte man bis zum Jahre 258 keinen Bischof unter den Märtyrern, was der Biograph Cyprians ausdrücklich bezeugt[19]. Wie wenig Christen überhaupt eine Verfolgung betraf, zeigt auch Cyprians Hinrichtung, der dabei von seiner ganzen Gemeinde begleitet wurde. Ihre Rufe, auch mit ihm sterben zu wollen, waren vergebens. Vor dem Jahre 180 aber besaß die afrikanische Kirche überhaupt keine Märtyrer. Starb jedoch einmal ein Bischof für seine Überzeugung, galt sein Martyrium gegenüber dem der einfachen Christen als »etwas Höheres«[20].

Die meisten Führer der Kirche scheinen sich ihr freilich durch die Flucht erhalten zu haben; unter ihnen so bekannte Erscheinungen wie Kirchenvater Clemens, die Bischöfe Gregorius Thaumaturgus, Euseb von Caesarea und der Patriarch von Alexandrien, Dionysius d. Gr., dem es bei Ausbruch einer lokalen Verfolgung so pressierte, daß er auf einem sattellosen Reittier entfloh. Auch Bischof Cyprian gehorchte noch vor Beginn der Verfolgung dem von Gott selbst an ihn ergangenen Gebot, »ins Versteck zu gehen«[21]. Von dort aus sandte er dann Trost- und Durchhaltebriefe an eingekerkerte Christen geringeren Grades, gratulierte ihnen zu ihrer Standhaftigkeit und wünschte ihnen die Erlangung der Märtyrerkrone[22].

Auch katholische Theologen nehmen an, daß die Mehrzahl der Bischöfe geflohen ist[23]. In der alten Kirche war dies allgemein bekannt, weshalb sogar in den zahlreichen *gefälschten* Märtyrerakten wenig Bischöfe als Märtyrer figurieren[24]. Manche Episkopen eilten von Land zu Land, so sehr suchten sie sich ihren Gemeinden für bessere Zeiten aufzusparen. Der Bischof Petrus von Alexandrien soll auf diese Weise bis an die Gren-

392

zen des römischen Reiches gekommen sein. Erst Ostern 306 vermochte er Gemeindeereignisse des Jahres 303 zu regeln[25]. Später traf ihn doch das Schicksal.

Die Kirche gestattete allerdings die Flucht. Die »Kirche«, das waren eben die Bischöfe, die diese Erlaubnis nicht zuletzt sich selbst erteilten. Bischof Petrus von Alexandrien beispielsweise wies in einem Rundschreiben aus seinem Versteck ausführlich nach, daß Flucht nicht nur erlaubt, sondern den Führern der Kirche geradezu geboten sei. (So erhalten sich während eines Krieges ja auch die hohen Militärs und die Staatsmänner im Interesse des Ganzen.) Die Heiligen Schriften der Christen zwar verlangten unbedingte Bekenntnispflicht bis zum Martyrium. Selbst Cyprian sammelte in einem Traktätlein an Fortunatus die diesbezüglichen Bibelworte und ermahnte die Gläubigen eifrig, standhaft zu bleiben, Gott allein zu dienen, Christus auf seinem Leidensweg nachzufolgen, der herrlichste Lohn harre der Märtyrer im Himmel usw. Daneben freilich deutete Cyprian leise an, »daß die Heilige Schrift keine Einwendungen erhebe, wenn sich ein Christ der Verfolgung durch die Flucht entziehen wolle«[26]. Stand doch an einer Stelle das rettende Wort: »Wenn man euch aber in der einen Stadt verfolgt, so flieht in eine andere«[27].

Allerdings sollte die Flucht, wie der folgende Bibeltext zeigt, mit missionarischer Tätigkeit verbunden werden, woran die fliehenden Christen aber am wenigsten dachten. Auch hatte Jesus die Flucht nur den Aposteln gestattet und ihre Aussendung als erste und letzte betrachtet, weshalb die Kirchenväter bei der Zitierung der Fluchterlaubnis die zweite Hälfte dieses Wortes auch systematisch ignorieren[28]. Und Christen, die den Geist über den Buchstaben stellten, wie die Montanisten, verboten Flucht oder Bestechung der Beamten, so daß Clemens von Alexandrien geradezu von einer Martyriumssucht mancher Häretiker sprechen muß[29].

Die Kirche freilich huldigte einer anderen Taktik. So nennt Cyprian einen Gläubigen, der bei einer Verfolgung alles preisgibt und eiligst in einem Versteck verschwindet, einen »guten Soldaten« (bonus miles)[30]. Auch mit der Bestechung von Behörden war man durchaus einverstanden[31]. Trotzdem hatten die Flüchtlinge nicht immer ein reines Gewissen, und die hochgestellten sicherten sich gegen Vorwürfe, indem sie eine eigens an sie ergangene Weisung Gottes vorschützten[32]. Himmlischen Winken an geringere Christen maßen sie dagegen nur wenig Wert bei[33].

Die Märtyrer

Um »Märtyrer« zu werden, genügte ein standhaftes Bekenntnis[34]. Man erhielt diesen Titel ohne Bezeugung durch den Tod, ja, ohne daß man Leiden ertragen hatte. Erst später unterschied man zwischen einem bloßen Bekenner, einem confessor, und einem Blutzeugen, einem martys.

Märtyrer war aber auch, wer sich, um Verhaftung, Vergewaltigung oder Folter und dem eventuellen Abfall zu entgehen, aus dem Fenster, auf dem Transport ins Wasser oder freiwillig in das Feuer des Scheiterhaufens stürzte. Das Verhalten dieser Selbstmörder wird von den Kirchenschriftstellern durchaus gebilligt oft begeistert gepriesen[35].

Bischof Dionys von Alexandrien sieht anscheinend auch noch in jenen Christen Blutzeugen, die auf der Flucht durch wilde Tiere, Räuber oder Krankheit umgekommen sind. Laut Dionys, der selbst floh, gab es eine Menge solcher Helden, doch nennt er nur den Bischof Chäremon von Nilopolis nebst Gattin, die trotz vielen Suchens nicht mehr gefunden wurden[36].

Nach Kirchenvater Tertullian hat man sogar unsicheren Märtyrerkandidaten, wie dem Pristinus, zur Festigung ihres Glaubens »am letzten Tage, am Tage des Verhörs, in aller Frühe gewürzten Wein eingegeben«[37]. Indes war dies schwerlich, wie Tertullian behauptet, »Mode«. Doch reizte man zum Martyrium durch eine absolute Garantie auf die ewige Seligkeit an. Unter Übergehung des üblichen Zwischenaufenthaltes in der Unterwelt sollten die Märtyrer geradewegs in den Himmel kommen, ja, nicht nur dem »Jüngsten Gericht« entgehen, sondern selbst als Mitrichter Christi auftreten[38]. Versprach man nicht ähnlich später christlichen Kriegern, die es gar nicht hätte geben dürfen, im Falle ihres Todes die Auffahrt gleich vom Schlachtfeld ins Paradies?

Das Opfer derer, die für ihre Überzeugung starben, wird hier nicht herabgesetzt. Das vermochten und vermögen Katholiken gegenüber Christen, die außerhalb der Kirche das Martyrium erlitten. Schmäht doch noch heute ein katholischer Kirchenhistoriker alle andersgläubigen christlichen Märtyrer als »Rebellen und Verräter im buchstäblichen Sinn des Wortes«[39]. Aber man kann diese Martyrien, ohne in ihnen mit Mark Aurel Prahlerei oder mit Epiktet Unvernunft zu sehen[40], als Ausdruck religiösen Fanatismus mehr bedauern als bewundern. Auch fand selbst ein Origenes unter den Märtyrern und Konfessoren »Heuchler«[41]. Herder äußerte sich über das Blutzeugnis der meisten Christen ebenfalls recht kritisch[42]. Nach einem modernen Theologen gingen die Fälle heroischen Widerstandes »meist von jungen Leuten aus, die sich im Augenblick zu einer Heldenrolle berufen fühlten«[43].

Jedenfalls, und dies allein entscheidet, »beweist« der Tod der Märtyrer nichts für die »Wahrheit« des Christentums, so sehr auch schon die alte Kirche mit diesem »Zeugnis« prahlt. Denn welche christliche Wahrheit sollte er beweisen? Die der Katholiken? Der Markioniten? Der Montanisten? Der Novotianer? Sie alle hatten Märtyrer. Auch ermutigten die Martyrien die Gläubigen nicht immer. Nach dem Märtyrertod des Bischofs Publius von Athen fiel seine Gemeinde, wie Bischof Dionysius von Korinth berichtet, beinah vom Glauben ab[44].

Die Zahl aller christlichen Märtyrer in den ersten drei Jahrhunderten wurde auf 1500 geschätzt[45], eine wohl sehr problematische Zahl. Erhalten blieb jedenfalls eine schriftliche Kunde überhaupt nur von ein paar Dutzend Märtyrern. Auch sei schon hier daran erinnert, wie gering die damaligen Leiden der Christen erscheinen im Vergleich mit den mittelalterlichen Ketzer- und Hexenverfolgungen. Allein der katholische Herzog Alba ließ mehr als 20000 Protestanten hinrichten. Die Juden wurden von den Christen zu Hunderttausenden getötet. Die Opfer des kirchlichen Hexenwahnes veranschlagt man auf neun Millionen[46].

Der Blutstrom, der die Geschichte des antiken Christentums angeblich durchrinnt, ist zum großen Teil legendär. Ungeheuer groß aber war die Zahl der Abgefallenen, weshalb die Kirche auch immer laxer gegen sie wurde. Galt im Urchristentum Abfall als unvergebbare Todsünde, ließ sich der ursprüngliche Rigorismus später nicht mehr halten, wollte die Kirche weiterbestehen. So bestand sie fort, genau genommen aber nicht als Kirche der Märtyrer, sondern als Kirche der Abgefallenen, die dann, wenn die Gefahr vorbei war, wieder reumütig in ihren Schoß zurückkehrten. Bischof Trophimus opferte während der Verfolgung fast mit seiner ganzen Gemeinde. Als es die Verhältnisse gestatteten, tat er Buße und wurde mit allen Abgefallenen wieder Christ. Beifällig schreibt Cyprian: »Niemand von ihnen wäre ohne Führung des Trophimus zur Kirche zurückgekehrt«[47]. In der Tat, ein Triumph der Organisation. Es war, wie Eduard Schwartz sagt, die Taktik der Kirche, mit der sie ihre Schlachten geschlagen und gewonnen hat, »daß mutige Heißsporne und charakterfeste Menschen von stahlharten Nerven die Heldentaten vollbringen sollten, während die große Masse davonlief, um beim Abflauen der Verfolgung die leeren Cadres wieder zu füllen«[48].

Die Zahl der christlichen Märtyrer war in Wirklichkeit so gering, daß man hinterher eifrig neue erfand, die überdies viel heroischer und herausfordernder litten und starben als die demütigen echten Zeugen[49].

44. KAPITEL

Die christliche Heldensage

»Jahrhunderte hindurch hat sie (die christliche Märtyrerlegende) sich einer einzigartigen Gunst in der Christenheit erfreut und deren geistiges Leben in der nachhaltigsten Weise beeinflußt«. Der Theologe Lucius[1].

»Schließlich schrickt man vor keinem Kitsch und vor keiner Sentimentalität mehr zurück, weil die große Masse es so will«. Der Theologe Carl Schneider[2].

Vom 4. bis zum 6. Jahrhundert, als es so gut wie keine katholischen Märtyrer mehr gab, verdoppelte und verdreifachte sich in den großen orientalischen Kirchengemeinden ihre Zahl, und in Rom stieg sie im Laufe des 5. Jahrhunderts auf das Achtfache[3]. Auch die Stätten ihrer Beisetzung ermittelte man wieder, hundert- und tausendweise. Wo man auf ein altes Grab stieß, vermutete man heiliges Gebein.

Selbst Kirchenlehrer Ambrosius aktivierte auf solche Art das Glaubensleben. Er ist der Finder und Erfinder der heiligen Märtyrer Gervasius und Protasius. Niemand wußte von ihrer Existenz. Aber als im Jahre 386 die Arianer, gestützt durch die Kaiserin Justina, die Katholiken in Mailand hart bedrängten, meldeten die beiden Märtyrer Ambrosius im Traum, daß sie in seiner Kirche bestattet seien. Umringt von seiner Gemeinde, deren religiöser Eifer stark abgeflaut war, ließ Ambrosius graben und gelangte wirklich zu den kostbaren Knochen. Die Erde war sogar gerötet, offenbar vom Blut der beiden Helden. Es gab bald einige Mirakelchen, und die Begeisterung der Gläubigen nahm wieder zu[4].

Im Jahre 393 besuchte Ambrosius Bologna, und just während dieser Zeit offenbarten auch dem dortigen Bischof die Märtyrer Agricola und Vitalis ihre Ruhestätte. Neben Spuren des Märtyrerblutes barg sie auch Reste der Folterinstrumente, mit denen man die heiligen Männer hingemetzelt hatte[5].

Noch an einer dritten Auffindung zweier Blutzeugen war Ambrosius hervorragend beteiligt[6].

So kam man zu den Gebeinen selbst der ältesten Märtyrer einschließlich des hl. Stephanos[7]. Von Johannes dem Täufer aber, dessen spurloses Verschwinden die Christenheit nicht glauben konnte, fand man endlich nicht nur das seinerzeit abgeschlagene Haupt, sondern gleich zwei Köpfe. Den ersten Schädel des Täufers trug im Jahre 391 Kaiser Theodosius eigenhändig nach Konstantinopel, den zweiten entdeckte 452 in Emesa ein Mönch[8]. Neu waren derartige Methoden nicht. Schon die Heiden hatten durch Orakelsprüche oder andere wunderbare Ereignisse Gräber und Reliquien gefunden, die Reliquien des Pelops etwa oder die Hesiods, die dann beide gegen die Pest halfen[9].

Die meisten Märtyrerakten sind gefälscht, doch galten alle als vollwertige historische Urkunden[10]. Und weitaus die Mehrzahl dieser erfundenen Märtyrer, wie ein katholischer Gelehrter zugibt, hat kirchliche Verehrung genossen[11].

Wie man wesentliche Teile des Neuen Testaments aus dem Alten Testament herausspann, so wurden auch viele christliche Martyriumserzählungen nach jüdischen Blutzeugenberichten geformt[12], nicht zuletzt nach der Passion Jesu, die ja selbst schon nach alttestamentlichen Vorbildern erzählt worden war (S. 131 ff.).

Bekannt ist der Bericht über das Martyrium Polycarpi, der im voraus seine Todesart kennt, beim Betreten des Stadions durch eine Stimme vom Himmel ermutigt wird, auf dem Scheiterhaufen nicht verbrennt, sondern wunderbaren Wohlgeruch verbreitet, so daß der Scharfrichter ihm den Todesstoß versetzen muß, worauf sein Blut das Feuer löscht und aus der Wunde eine Taube zum Himmel emporsteigt[13].

Die Akte über das Martyrium Polykarps unter der Regierung des Kaisers Antoninus im Jahre 156 gilt als der älteste Augenzeugenbericht über den Tod eines christlichen Märtyrers[14]! Doch schon diese Erzählung, mit der eine neue, bald ungeheuer populär werdende christliche Literaturgattung, das legendäre Martyrium beginnt, zeigt plastisch, wie schon im ältesten Märtyrerschrifttum das mirakulöse Element floriert, wie es auch hier von Anfang an weniger um Geschichtsschreibung als um Erbauung geht, ein Zug, der sich ebenfalls schon in den außerchristlichen Märtyrergeschichten findet[15].

Und bald wird der »historische« Bericht durch Märtyrerlegende und Märtyrerroman völlig verdrängt.

Die Wunder der christlichen Helden werden immer zahlreicher und größer. Wilde Tiere, die man auf sie hetzt, legen sich ihnen zahm zu Füßen, lecken ihre Wunden, durchbeißen ihre Fessel oder verenden gar durch ihr Gebet[16]. Der Henker ist wie gelähmt und kann sie nur mit ihrem

397

Einverständnis töten[17]. Selbst aus der Meerestiefe holt sie die rettende Hand Gottes[18]. Auch gibt es keine Grausamkeit und Teufelei, die die heidnischen Schurken nicht an den Märtyrern begehen. Man schlägt ihre Zähne ein, reißt ihre Finger- und Zehennägel ab, sticht ihre Augen aus, zieht ihnen die Haut vom Gesicht und vom ganzen Leib, man legt ihr Herz frei, taucht sie in siedendes Wasser, Pech, Öl, gießt ihnen flüssiges Blei ein, und bei alledem zuckt nicht ein Christ auch nur mit der Wimper[19].

Im Gegenteil! Mit halbverkohltem Leib stellen sie ruhig philosophische Vergleiche über das heidnische und christliche Rom an, sie deklamieren mit blutüberströmtem Körper Hunderte von Versen oder halten trotz abgeschnittener Zunge laute und lange Reden gegen die Götzen und gehen über glühende Kohlen wie auf Rosen[20]. Ja, die katholischen Heroen spotten noch ihrer Peiniger, bedauern deren schnelles Ermatten, raten ihnen selbst zu neuen unerhörten Folterungen, bitten, sie auf beiden Seiten zu braten oder befehlen, wie die Jungfrau Maura, aus der Tiefe des Kessels voll siedenden Wassers, doch das Feuer besser zu unterhalten[21].

Der hl. Georg, der Drachentöter, der unbesiegbare Streiter, der allem Anschein nach an die Stelle eines arabischen Gottes, des kriegerischen Theandrites getreten ist, überstand die Tortur im kochenden Kessel, obwohl man ihn vorher in viele Stücke zerschnitten hatte. Wie er überhaupt die ausgesuchtesten Qualen, u. a. wiederholte Zerstückelung, nicht weniger als sieben Jahre ertrug[22], weshalb ihn heute die östliche Kirche mit Recht als Erzmärtyrer verehrt, die Katholiken ihn zum Patron der Ritter, die Engländer gar zum Nationalheiligen gemacht haben. Wahrscheinlich war er übrigens ein »Ketzer«, nämlich Arianer, und wurde erst in der Legende zum Katholiken[23].

Die Märtyrer heilen, treiben Teufel aus, die heidnischen Götzenbilder und ganze Tempel stürzen vor ihnen zusammen, und durch ihr Gebet ereilt die Verfolger die himmlische Strafe oft auf dem Fuß[24]. Da sie aber doch einmal sterben müssen, werden bestimmte Züge ganz schematisch, wie die Schmerzlosigkeit des Sterbens oder der wunderbare Duft der Märtyrerleiche.

Eine große Rolle spielen Jungfrauen, deren Heiligstes bedroht ist, oder Huren, die der Märtyrer zur Reinheit bekehrt. In den Märtyrerakten der Agathe bleibt die christliche Jungfrau in Gesellschaft eines Weibes standhaft, dessen neun Töchter Ausgeburten tiefster Verkommenheit sind. Man schneidet ihr die Brüste ab, doch sie wachsen wieder an[25]. In den Akten des Christophorus kommt der christliche Held mit zwei hübschen Freudenmädchen in ein Chambre séparée, ohne jedoch den zweifachen Reizen zu erliegen. Vielmehr bekehrt er die Dirnen, und bald darauf erleiden sie nach schwersten Folterqualen den Märtyrertod[26]. Ein Richter bietet die eigene Tochter dem Märtyrer zur Frau an, und selbst der Kaiser will

398

eine Christin heiraten und ihr im ganzen Land Bildsäulen errichten lassen, falls sie ihrem Glauben entsagt[27].

Als erste Märtyrerin gilt die hl. Thekla, obgleich sie durch ein Wunder entkommen sein soll. Andererseits machte die Kirche vom Martyrium der Gattin des Apostelfürsten Petrus, das ein Kirchenvater überlieferte[28], kaum Gebrauch.

Zuletzt ließ man die Christen in ungeheuren Scharen sterben, wie in jener von Prudentius erfundenen Geschichte, die von 300 Selbstmördern berichtet, die sich, um nicht opfern zu müssen, während der valerianischen Verfolgung in eine Grube ungelöschten Kalkes stürzten. Unter Diokletian soll gleich die ganze Thebäische Legion, nicht weniger als 6600 Mann, in der Schweiz den Märtyrertod gestorben sein, was allerdings zum erstenmal fast eineinhalb Jahrhunderte später der Bischof Eucherius von Lugdunum behauptet und heute selbst katholische Theologen kaum noch glauben[29].

Doch damals schufen die christlichen Legendenfabrikanten das Martyrium von 10 000 auf dem Berge Ararat gekreuzigten Christen. Und unter Licinius ließ man in Antiochien einen hl. Pappus mit 24 000 Gefährten die Märtyrerkrone erringen. Die katholischen Helden verbluteten innerhalb von fünf Tagen auf einem einzigen Felsen[30]. Anschließend entstand, wie beim Tod Christi, ein großes Erdbeben, und von nun an zeigten sich Heilungen und erstaunliche Zeichen »bei einem jeden«, der zu den Gräbern kam. Die Fälschung schließt nicht ohne eine eindrucksvolle Hinwendung zum Himmel und seinen 24 001 frischgebackenen Heiligen: »Dieses alles und mehr als dieses ist in unseren Tagen geschehen, und wir haben es auch mit unseren Augen gesehen (!). Und wir alle erflehen in Schmerz von unserem Herrn, daß er seiner Kirche und seinem Volke Sicherheit gewähre durch das Gebet der heiligen Jungfrau Maria, der Gottesgebärerin, und des heiligen Pappus und seiner Gefährten und aller Heiligen in Ewigkeit. Amen.

Vollendet ist die Geschichte das heiligen Pappus mitsamt den 24000 Heiligen, welche bei ihm waren. Ihr Gebet sei mit uns! Amen«[31].

Auf gewisse moderne Märtyrer der Kirche bezieht sich das folgende, durch den Exjesuiten Alighiero Tondi bezeugte Gespräch mit dem Jesuiten Andrei Ourousoff. Nachdem Tondi die Taktik des Vatikans, entlarvte Agenten als Märtyrer des Glaubens auszugeben, verurteilt hatte, wurde er von Ourousoff ausgelacht. »›Was sollen sie sonst schreiben, Pater‹ sagte er mir. ›Sollen sie sagen, daß sie Spione oder gar Schlimmeres sind? Es ist heute für die Politik des Vatikans sehr günstig, Märtyrer zu haben. Doch bereitet es stets Schwierigkeiten, solche zu finden. *Darum fabriziert man sie*‹... ›Aber‹, so wendete ich ein, ›es ist ein unehrliches

Spiel!‹ Er schüttelte ironisch den Kopf. ›Sie sind naiv, Pater. In Ihrer Tätigkeit müßten Sie besser als jeder andere wissen, *daß sich die führende Kirche stets so verhalten hat.*‹

›Und Jesus Christus?‹ fragte ich.

Er lachte. ›Denken Sie nicht an Jesus Christus. Wenn wir an ihn denken, müssen wir am Kreuze enden. Heute aber ist die Zeit gekommen, da wir die anderen ans Kreuz schlagen und nicht selbst hinaufzusteigen brauchen‹«[32].

V. TEIL

Die Kirche der Heiligen

45. KAPITEL

Die Entstehung des Heiligenkultes

»Die alten Götter ziehen ein, nur mit neuen Masken«.
Der Theologe Harnack[1].

Schon im 2. Jahrhundert wurde die ursprüngliche Idee des Martyriums
verfälscht und die Person des Märtyrers wichtiger als sein »Blutzeugnis«.
Damit entstand die früheste Form der Heiligenverehrung, die sich seit
dem 3. Jahrhundert überall einbürgerte. Die Märtyrer – in den ersten Jahrhunderten konnten nur sie Heilige werden – rückten nun an die Stelle der
Götter, Heroen und Genien, die auf diesem Wege wieder in die katholische Kirche gewandert sind.

Eine Reihe von »Heilmärtyrern« wie die Heiligen Comas, Damianus,
Zenobius, Zenobia, Michael u. a. ersetzte geradezu bestimmte Heilgöt-
ter[2], und manche heidnische Gottheit ergab gleich zwei christliche Heilige. So wurde Apollo wegen seines Beinamens Ephoibios noch einmal
zum hl. Ephebus, Dionysos wegen seines Beinamens Eleutherios (der Erlöser) noch einmal zum hl. Eleutherius, aus dem Beinamen des Zeus, Ni-
kephoros, machte man den hl. Nikephorus usw. [3]. Anstelle der heidnischen Schutzgottheiten gab es jetzt christliche Patrone mit denselben Zügen und Funktionen. Sie erbten auch das Vertrauen der Gläubigen und
vollbrachten die gleichen Wunder wie ihre Vorgänger. »So werden die
Wunder der Götter durch die Wunder der Märtyrer besiegt«, schreibt
vielsagend Augustinus[4].

Der Heiligenkult entwickelte sich genau nach dem Vorbild
des heidnischen Heroenkultes[5]

Der Heroenkult war aus dem antiken Totenkult hervorgegangen und
weitverbreitet. Man verehrte in ihm Kriegs- und Geisteshelden, die den
Göttern nicht sehr nachstanden, als Nothelfer, Retter, Heiler, als Be-

402

schützer von Menschen und Städten. Den Mittelpunkt der verschiedenen Heroenkulte bildete das Grab der Heroen, und zwar ein angebliches oder wirkliches. Es wurde ausgebaut, geschmückt und galt als heilig[6]. Oft erhob sich darüber eine Kapelle oder ein Tempel mit einem Altar, auf dem man dem Heros opferte.

Die Feiern des Heroenkultes fanden fast durchwegs jährlich statt, wie heute noch die zu Ehren der katholischen Heiligen. Selbst die Lokalkulte und Jahresfeste der Götter und Halbgötter behielt man vielfach bei, und ebenso die heidnischen Termine, den 3., 9., 30. oder 40. Tag[7]. Die griechische Kirche beließ es bei diesen Todestagen, die abendländische suchte seit dem 4. Jahrhundert an die Stelle des 9. den 7., und an die Stelle des 40. den 30. Tag zu setzen, um wenigstens etwas Eigenes zu bieten[8]. Auch das Heroon selbst wurde von der Kirche übernommen und zur Märtyrerbasilika gemacht[9]. Ja, der Papst kanonisierte später einen neuen Heiligen, wie das delphische Orakel einen neuen Heroenkult bestätigte[10].

Seit der Mitte des 2. Jahrhunderts pflegten und verehrten die Christen die echten oder vermeintlichen Grabstätten der Märtyrer wie die Heiden ihre Heroa. Nach antikem Vorbild entstand um das Märtyrergrab zunächst ein Temenos, ein heiliger Hain, den man immer mehr ausgestaltete. Auch Gebetssitte und Ehrenbezeugungen waren ganz ähnlich wie bei den Heiden, und wie sie nahten sich die Christen ihren Märtyrern selten mit leeren Händen, da die Märtyrer, ganz analog den Göttern, Gaben ungleich höher werteten als die Gesinnung[11], so daß auch ihre Heiligtümer oft von Gold und Edelsteinen strotzten. Bauern opferten, ebenfalls nach altem Brauch, häufig Ochsen, fette Schweine und Geflügel. Anfangs gab die Kirche einen Teil dieser Güter den Armen. Später wurde alles unveräußerliches Eigentum der »Märtyrer«, die damit in den Besitz gewaltiger Kapitalien und riesiger Viehherden kamen[12].

Auch der im Heroenkult übliche Blumen- und Kranzschmuck ging in die Märtyrerverehrung über; ferner der Gebrauch von Salben und Weihrauch; ebenso die Sitte, den Märtyrern Lichter anzuzünden[13]. Auch in den Katakomben brannten sie vor jedem Grab. Die gleichen Fabriken stellten, wie die Firmenstempel bezeugen, heidnische und christliche Lampen her[14]. Nach heidnischem Beispiel brachten die Christen den Toten auch Speisen, die man manchmal, wie christliche Gräberfunde in Nordafrika und im Rheinland beweisen, sogar durch Kanäle den Beerdigten direkt auf den Leib leitete, eine Ernährung, die es bei Hindus, Chinesen, Griechen, Römern, Germanen u. a. gab[15].

Auch die Märtyrerfeste gingen aus dem Heroenkult hervor, von dem sie vielfältig beeinflußt sind.

An diesen oft mit größter Ausgelassenheit begangenen Festen aß und zechte man, die Sitte der antiken Totenmahlzeiten und Opferschmäuse fortsetzend, den Märtyrern zu Ehren bis in die Nacht. Glaubte man doch, die verklärten Zeugen seien an ihrem Todestag in ganz besonderer Weise in ihren Gebeinen gegenwärtig[16]. Allmählich verweltlichten die Märtyrerfeste immer mehr. Sie wurden mit Märkten verknüpft, mit Geschäften aller Art, und nicht selten kam es zu den tollsten Exzessen. Die Synode von Elvira (306) muß den Frauen das Nächtigen auf den Friedhöfen geradezu verbieten[17]. Hieronymus mahnt eine Mutter, ihre Tochter bei nächtlichen Feiern nicht von der Seite zu lassen[18]. Und von dem syrischen Asketen Maris meinte der Bischof von Cyrrhus, er sei an Leib und Seele keusch geblieben, obwohl er in seiner Jugend an vielen Märtyrerfesten teilgenommen hätte[19]. Der Theologe Leipoldt schreibt von dieser christlichen Märtyrerverehrung, gestützt auf das Zeugnis des koptischen Abtes Schenute: »Man schwatzt, ißt, trinkt, lacht nicht nur: Man hurt und mordet. Überall herrscht Trunkenheit, Ausschweifung, Zank... Selbst dem Laster gröbster Sinnlichkeit huldigt man an heiliger Stätte: Alt und jung salbt sich den Kopf und schminkt sich die Augen, wenn man zur Kapelle des Märtyrers zieht; die Gräber und die dunklen Winkel der Kirche können zeugen von den vielen, die hier der Versuchung zu verbotenem Umgang erlagen«[20].

Noch die Mutter Augustins hat den toten Märtyrern Brot und Wein gebracht und ihnen zu Ehren an den Gräbern getrunken, doch nur, wie Augustin versichert, aus einem »kleinen Becher«, und bloß »stark gewässertes« und »ganz laues Getränk«, das sie überdies »in ganz kleinen Teilen genoß«[21].

Der Brauch der Totenspeisung lebt, zur Seelenpflege spiritualisiert, noch heute in den Toten- und Seelenmessen der Kirche fort. Jeder Katholik kann seinen Angehörigen und Freunden im Fegfeuer damit zu Hilfe kommen, allerdings nur nach Entrichtung des Meßstipendiums, einer genau festgesetzten Summe. Auch las man bereits in der zoroastrischen Staatsreligion für die Toten Seelenmessen, und zwar, wie später im Christentum, als Ersatz für die fortgefallenen Opfer am Grab[22].

Der einzige Unterschied zwischen Heroen- und Heiligenkult bestand darin, daß die Christen nicht ihre Heiligen selbst anbeteten oder jedenfalls nicht anbeten sollten. Denn in Wirklichkeit mag auch dieser letzte Unterschied oft weggefallen sein[23].

Ursprünglich konnten nur Märtyrer Heilige werden. Da es aber in nachkonstantinischer Zeit keine Märtyrer mehr innerhalb der Kirche gab, der Bedarf an neuen Heiligen jedoch offenbar noch groß war, wurden seit dem ausgehenden 4. Jahrhundert in zunehmendem Maße auch besonders asketische Mönche und Bischöfe als Heilige verehrt. Die erste offizielle canonisatio, die des Bischofs Ulrich von Augsburg, erfolgte aber erst 993 durch Papst Johannes XV., und erst seit dem 12. Jahrhundert ist die päpst-

404

liche Erlaubnis Vorbedingung jeder Heiligenverehrung. Die Heiligen früherer Zeit erkannte die Kirche nachträglich an[24]. Heute muß ein Katholik mindestens fünfzig Jahre tot sein, ehe er seliggesprochen werden kann, heroische Tugendhaftigkeit, zumindest in den späteren Lebensjahren, und wenigstens zwei gut bezeugte Wunder nach dem Tode vorausgesetzt.

Der Heiligenkult entfaltete sich in der Kirche immer mehr. Jeder Stand bekam allmählich seinen Heiligen. Nicht nur Tischler, Maler, Schuster usw. erhielten ihre Patrone. Peter von Mailand wurde der Patron der Bierbrauer, Antonius von Padua Patron der Heiratslustigen, Barbara die Patronin der Kanoniere, und im frommen Mittelalter huldigten selbst die Huren Magdalena als ihrer Standesheiligen[25]. Aber noch heute sollen in Granada katholische Straßenmädchen vor der Kirche beten, ehe sie auf den nächtlichen Strich ziehen[26]. Und wie einst die Anhänger der eleusinischen Mysterien oder der Dionysos- und Isisreligion mit ihren Heiligtümern durch Städte und Feldmark prozessierten und bei bestimmten Festzügen schon unterwegs an Hilfsaltären beteten und opferten, so bis heute die Katholiken, deren Heiligenfiguren ja auch noch auf Brücken, Feldern und an Wegen stehen nicht anders wie vordem die Götterbilder[27].

Der Reliquienkult

Schon im 2. Jahrhundert wetteiferten die Christen, wie etwa im Falle Polykarp bezeugt ist, noch zu Lebzeiten eines Märtyrers darum, wer zuerst seine Haut berühre. Nach seinem Tode sprach seine Gemeinde sofort von »seinem heiligen Fleische«, mit dem sie »Gemeinschaft« haben wolle[28]. Das Blut des Märtyrers galt als sündentilgend wie das Christi[29]. Die Heiden und kritische Christen nannten das bald »Leichenanbetung«. Die Montanisten wurden von den Katholiken sogar beschuldigt einen noch lebenden Märtyrer angebetet zu haben[30]; die Katholiken erbauten im 5. Jahrhundert einem Heiligen bereits zu Lebzeiten eine Kirche[31].

Reliquien gab es auch von Göttern und Heroen, ja, sie waren schon den Primitiven bekannt[32]. Die Heiden aber verehrten die leiblichen Reliquien mit verschwindenden Ausnahmen[33] im Grab. Sie hätten es für pietätlos gehalten, die Ruhe des Toten zu stören.

In der Kirche jedoch wurden seit etwa 300 Reliquien geteilt. Man begann damit im Orient, während die abendländischen Christen dem neuen Kult noch reserviert gegenüberstanden oder eine Teilung körperlicher Reliquien oft geradezu ablehnten. Noch zu Beginn des 5. Jahrhunderts bekämpfte namentlich der gallische Priester Vigilantius sowohl Reliquienwie Heiligenkult und hatte selbst Bischöfe auf seiner Seite. Freilich war damals auch schon der Westen für die Sache gewonnen.

Manche Märtyrer baten sogar darum, ihre Überreste in Ruhe zu lassen. Kam es doch vor, daß man sich um besonders heilige Männer noch vor Eintritt ihres Todes förmliche Schlachten lieferte[34]. Man zerschnitt die Leiche, verschenkte die Stücke oder trieb damit einen schwunghaften Handel. Man entdeckte heilige Knochen in göttlichen Erleuchtungen, stellte sie im Reliquiar aus oder trug sie als Amulett. Schon Theodoret, der erste Theologe des christlichen Reliquienkultes, schrieb der kleinsten Teilreliquie dieselbe Wirkung wie einer kompletten zu. Geteilter Körper, doch ungeteilte Gnadenwirkung! Freilich hatten bereits die alten Ägypter, allerdings nur im Mythos, die Gebeine des Osiris in viele Stücke zerlegt und über das Land verstreut. Aber auch Buddhas Knochen und Zähne sollen an seine Anhänger verteilt worden sein[35], und noch heute will man in Kandy (Ceylon) einen Buddhazahn und in Rangoon (Burma) acht Haare Gautamas besitzen[36].

Indes, wie die Kirche alles hierarchisch abgestuft hat, so dekretierte sie auch einen gewissen Rangunterschied der Reliquien. Man unterscheidet Kapitalstücke (Reliquiae insignes), ganze Körper oder Hauptteile, wie Kopf, Arm, Bein, von den weniger gewichtigen, den Reliquiae non insignes. Bei diesen gibt es noch einmal beachtliche (notabiles), wie Hand und Fuß, und nun leider nur geringe (exiguae), wie Finger und Zähne[37].

Im 4. Jahrhundert war der Reliquienkult schon sehr verbreitet. Man handelte mit echten und noch öfter mit falschen Reliquien. Gelegentlich kamen als heilige Märtyrerreste auch Maulwurfszähne, Mäuseknochen und Bärenfett in Umlauf[38]. Ein im Jahre 386 erlassenes kaiserliches Verbot der Reliquienteilung hatte keinen Erfolg. Wenn selbst die Schweißtücher des Apostels Paulus Wunder bewirkten, schloß Kyrill von Jerusalem, dann geschehen sie doch erst recht durch die Leiber der Märtyrer[39]. Kirchenlehrer Basilius verhieß eine gewisse Mitheilung all denen, die heiliges Gebein berühren[40]. Aber schon ein vertrockneter Blutstropfen oder ein Haar des Märtyrers galten als Ersatz[41].

Um die Mitte des 4. Jahrhunderts fand man in Jerusalem auch Jesu Kreuz nebst den Nägeln wieder. Sogleich gab es in aller Welt Splitter von ihm[42], und zwar ohne daß das Kreuz abgenommen hätte. (Von den heute noch kursierenden »Kreuzpartikeln« wird die Echtheit nicht mehr behauptet, wohl aber, daß diese Teile mit Jesu Kreuz in Berührung gebracht worden und deshalb ebenfalls voll von übernatürlichen Kräften seien[43].) Der Kreuzesfund war um so wichtiger, als man ja sonst nichts von dem leibhaft zum Himmel Aufgefahrenen besaß. Erst viel später gelangte die Christenheit zu einem Teil seines am Kreuz vergossenen Blutes und sogar zu seiner Vorhaut[44]. Und in Verona behauptete man, die Reliquien des Palmesels zu bewahren, dessen Kot zu den Reliquien des Klosters Gräfrath bei Köln gehörte[45].

Die Christen Jerusalems aber entdeckten die Säule, an der man Jesus ge-geißelt (Identifizierung schon im Jahre 333!), den Stein, bei dem Judas den Herrn verraten, die Palme, von der man bei seinem Einzug in Jerusa-lem die Äste abgebrochen, den Speer, mit dem man seine Seite durch-bohrt, Schwamm und Rohr, womit man ihn getränkt hatte, die Dornen-krone, die Leichentücher, den von den Bauleuten verworfenen Eckstein usw.[46] Auch nahm jeder Jerusalem-Wallfahrer von der Erde mit, die von Christus bei seiner Himmelfahrt zuletzt berührt worden war, und doch sah man in ihr immer wieder dieselben göttlichen Fußstapfen[47].

Papst Gregor I. (590–604) schickte Königen Kruzifixe nicht nur mit eingelegten Splittern vom Kreuz Jesu, sondern auch mit Haaren von Jo-hannes dem Täufer. Hatte er doch gleich zwei Köpfe hinterlassen! Gleich-falls versandte der Papst, genannt der Große, Schlüssel zum Anhängen gegen Zauberei mit Feilspänen von den Ketten des hl. Petrus[48].

Dennoch reichten damals die Reliquien nicht aus. Dabei zählten als sol-che auch die von den Heiligen berührten Gegenstände, Kleider, Folterin-strumente, Särge, ja, der Staub, der auf ihren Knochen lag[49]. Man ver-wandte ihn äußerlich oder schluckte ihn wie das Wasser, mit dem ihre Gräber gereinigt worden waren[50]. Denn auch durch solche Reliquien ge-schahen Wunder über Wunder, wie kein Geringerer als Augustin berich-tet, der selbst Totenerweckungen durch Reliquien bezeugt und mit derar-tigen Ereignissen das Christentum verteidigt[51]. Sogar Brände und Stürme bezwang man mit Hilfe von Reliquien[52].

Zuletzt schuf man künstliche, indem man die Überreste der Märtyrer in Kontakt mit irgendwelchen Sachen brachte, die dann auch als Reliquien galten. So blieb man im Besitz der »Originale« und förderte doch Glau-bensleben und Geschäft. Die Kirche von Rom hat schon seit dem 4. Jahr-hundert Tuchreliquien fabrikmäßig hergestellt und massenhaft ausge-führt[53]. Im 6. Jahrhundert erklärte Papst Gregor, in den Lappen, die man bei den Märtyrergräbern niederlege, vollziehe sich ein ähnlicher Prozeß wie in den eucharistischen Elementen bei ihrer Konsekration, was man übrigens durchaus glauben darf. Papst Leo d. Gr., so beteuert Papst Gre-gor d. Gr., habe einmal, um Zweifler von der Wunderkraft dieser künstli-chen Reliquien zu überzeugen, mit einer Schere in das Tuch geschnitten. Aus dem Einschnitt sei Blut geflossen[54].

Die christlichen Reliquien sind unübersehbar und von unbezweifelba-rer Bizarrerie. Im Mittelalter verehrte man beispielsweise in Gaming, Nie-derösterreich, u. a. folgende Objekte, die am Feste der Reliquien (5. No-vember) öffentlich ausgestellt und im einzelnen verkündet wurden: Einen Teil vom Stein, über dem der Herr geboren ward. Teile von der Krippe und den Windeln Jesu. Brosamen, die übriggeblieben, als der Herr 5000 Menschen speiste. Reste vom Abendmahlstisch des Herrn und vom blühenden Stab Aarons. Einen Zahn des hl. Andreas, einen Zahn des hl. Simon. Stücke vom Banner des hl. Georg, die vom Blut des Drachen, den er erstochen, besprizt waren. Etwas von der Hirnschale des hl. Christophorus, vom Blut der Unschuldigen Kinder, vom Arm des hl. Lazarus, von den Haaren der Maria Magdalena usw. usw.[55].

Die Schloßkirche in Wittenberg enthielt – vor allem dank der Initiative von Kurfürst Friedrich III., genannt der Weise (der Protektor Luthers!) – 5005 Reliquienteile. U. a. befanden sich dort: »Zwey Zähne von der heiligen Elisabeth... Von S. Lazari Gebein 12 Partickel / von einer Zehen S. Lazari 1 Partickel. Ein gantz Glied S. Lazari... Von den Häuten der unschuldigen Kindlein zwey große Partickel. Vom Gebein S. Pauli ein Partickel. Von dem Gürtel S. Pauli 1 Partickel... Ein ganzer Daum der rechten Hand S. Annae... Vom Stroh darauff der Herr / als er gebohren / gelegen ist 1 Partickel... Vom Stein / da Christus stund und über Jerusalem weinet 1 Partickel... Vom Himmelbrodt / den Kindern Israel geregnet in der Wüste 1 Partickel... Vom Brodt / von welchem Christus im Abendessen mit seinen Jüngern gegessen hat ein Partickel... Vom Busch, den Moses sahe brennen / und nicht versehret ward ein Partickel. Von einem Corporal besprenget mit Blut Christi 1 Partickel... Vom Strick / damit der Herr Jesus gebunden ein Partickel... Acht ganzer Dornen von der Kron des Herrn Jesu«[56].

Zu den bekanntesten heute noch verehrten Reliquien gehören mehr als vierzig Tücher vom Grab Christi. Das echteste, das sich in Turin befinden soll – die Kirche stellte es bisher für wissenschaftliche Untersuchungen nur auf Fotografien zur Verfügung –, stammt wohl aus dem 14. Jahrhundert[57]. Auch der vielen hinterlassenen ungenähten heiligen Röcke Christi sei hier noch gedacht, von denen der Rock in Trier zwar der berühmteste, doch nur einer unter zwanzig ist. Seine Verehrung hatte selbst der (daraufhin 1844 freilich exkommunizierte) katholische Pfarrer Johannes Ronge in einem offenen Brief an den Bischof von Trier einen »Götzendienst« genannt. Als echt aber wurde u. a. der heilige Rock in Argenteuil bei Paris 1843 durch Gregor XVI. anerkannt[58]. Und in Rom bewahrt man noch die Treppe, über die Jesus zum Palast des Pilatus schritt...

Friedrich Pfister zeigt in einem umfangreichen Werk, wie sich heidnischer und christlicher Reliquienkult in ihrem Wesen vollkommen entsprechen. Ein Unterschied liegt nur in zwei sekundären Belangen vor. Einmal nämlich war die schauerliche Reliquienteilung der heidnischen Welt so gut wie fremd. Sodann kannte sie nicht in dem Maße den groben materialistischen Glauben an die den Reliquien innewohnende Kraft[59].

Der katholische Heiligenkult kulminiert in der Verehrung Marias, der wir uns zum Abschluß des dritten Buches noch zuwenden.

408

46. KAPITEL

Die Gottesmutter

»… eine schöne Erfindung«. Goethe[1].

Das Dogma der Jungfräulichkeit

> *»Daß sich ein Vogel ohne Männchen fortpflanzt, dagegen hat niemand etwas; weil aber Maria als Verlobte geboren hat, stellt man die Keuschheit in Frage!«*
> *Kirchenlehrer Ambrosius[2].*

Der biblische Jesus wächst mit sieben Geschwistern auf. Er hat vier Brüder, Jakobus, Joseph, Simon und Judas – Jesus ist der Älteste[3] – und mindestens drei Schwestern[4].

Die im Neuen Testament oft genannten Brüder und Schwestern Jesu[5] gab man mit Rücksicht auf das später entstandene Dogma von der dauernden Jungfrauschaft Mariens – ante partum, in partu, post partum – nachträglich entweder als Halbbrüder aus einer früheren Ehe von Joseph oder als Vettern Jesu aus[6]. Mit Vorliebe stellte man seit dem ausgehenden 2. Jahrhundert Joseph als greisen Witwer und Jesu Brüder als Stiefbrüder vor[7]. In der »Geschichte Josephs des Zimmermanns« ist Jesu Vater beim Eingehen seiner Verbindung mit Maria schon neunzigjährig, und auch in den Darstellungen späterer Jahrhunderte erscheint er fast stets als alter Mann[8].

Nach Auskunft der Kirche sind die in der Bibel so oft bezeugten Brüder Jesu »Vettern«. Dabei geht sie von der Tatsache aus, daß es im Aramäischen und Hebräischen kein eigenes Wort für Vetter gibt und die Bezeichnung »Bruder« – acha (im Aramäischen), ach (im Hebräischen) – auch für Vetter gebraucht werden kann. Wenn das Neue Testament, argumentiert man, diese »Vettern« Jesu seine Brüder (adelphoi) nenne, sei das ein Übersetzungsfehler. Allein adelphoi heißt im Neuen Testament niemals

409

»Vettern«, denn wo das Neue Testament von Vettern (anepsioi) sprechen will, nennt es sie auch so, zum Beispiel Kol. 4, 10. Das kirchliche Argument verfängt also nicht.

Auf einer falschen Übersetzung von Jesaja 7, 14 beruht indessen bei Matthäus 1, 23 das Wort »Jungfrau« für Maria. Denn das bei Jesaja stehende 'alma, auf das sich Matthäus bezieht, muß als »junge Frau« übersetzt werden, wie dies etwa in der neuen Bibelübertragung nordamerikanischer Theologen geschieht[9], wobei aber daran erinnert sei, daß auch das von der Septuaginta gebrauchte parthénos sowohl »Jungfrau« wie »junge Frau« bedeuten kann.

Nur Matthäus und Lukas verkünden an je einer Stelle Jesu wunderbare Geburt aus der Jungfrau[10]. Viele Forscher halten diese Erwähnung für eine Interpolation und erklären so auch den heillosen Widerspruch zu den Stammbäumen der beiden Evangelisten (S. 49 f.). Dagegen lautet in einer erst vor einigen Jahrzehnten aufgefundenen, sehr alten und wichtigen syrischen Bibelhandschrift im Matthäusstammbaum die Stelle 1, 16: »Joseph, dem die Jungfrau verlobt war, zeugte Jesus«[11]. Und bei Lukas 2, 5 nennt das syrische Palimpsest Maria nicht »Verlobte«, sondern »Ehefrau« des Joseph. Ja, es gibt alte Evangelienhandschriften, in denen an dieser Stelle Maria »Verlobte« und »Ehefrau« zugleich ist, also das Echte und Gefälschte nebeneinander steht[12].

So schimmert selbst in Codices des Matthäus- und Lukasevangeliums die geschichtliche Wirklichkeit noch durch. Die ältesten Schriften des Neuen Testaments aber, die des Paulus und das Markusevangelium, sprechen überhaupt nicht von Jesu jungfräulicher Geburt. Aus dem »Weibe«, von dem Paulus Jesus geboren sein läßt, wurde bei den Kirchenvätern ohne weiteres eine »Jungfrau«[13], und ein großkirchlicher Priester machte mit Hilfe eines gefälschten Paulusbriefes den Apostel geradezu zum Verkünder der Jungfrauengeburt[14].

Doch nicht nur Paulus und das älteste Evangelium schweigen über sie. Auch das Johannesevangelium, der Hebräerbrief und die Apostelgeschichte erwähnen sie nicht. Überdies waren sowohl die ältesten Christen, die Judenchristen, wie die von ihnen herkommenden Ebionäer, der Meinung, Jesus sei ein Mensch von Menschen geboren[15]. Es ist bezeichnend, daß es nicht nur unter den Juden besonders wenig Christen gab[16], sondern daß auch die ältesten Anhänger Jesu seine metaphysische Gottessohnschaft und die Jungfrauengeburt am längsten verwarfen. Erst im 3. Jahrhundert werden Judenchristen erwähnt, die sie anerkannten[17]. Und während etwa Rom eine Marienkirche schon im 4. Jahrhundert besaß, gibt es eine solche in Jerusalem erst im 6. Jahrhundert.

Die Bibel vermag aber auch sonst nicht den Glauben an die wunderbare Geburt Jesu zu stärken. Zwar hatte ein Engel sowohl Joseph wie Maria

410

über die Herkunft des Kindes unterrichtet[18]. Bei Lukas bricht die Schwangere zudem in einen enthusiastischen Lobgesang aus[19]. Die Hirten auf dem Felde, von einem ganzen Engelheer informiert, geben die Verkündigung erneut an Jesu Eltern weiter. Endlich machen sie auch die Weisen aus dem Morgenlande noch einmal auf die besondere Natur ihres Kindes aufmerksam[20].

Doch wie seltsam: Keine zwei Monate darauf, bei der Darstellung im Tempel, preist der geistgetriebene Simeon das Jesuskind, aber »die Eltern Jesu verwunderten sich über das, was da über das Kind gesagt wurde«[21]. Ebenso verständnislos sind sie bei seiner Unterredung mit den Schriftgelehrten im Tempel. Trotz all der wunderbaren Enthüllungen bei seiner Geburt begreifen sie nicht, als er sagt: »Wußtet ihr nicht, daß ich im Hause meines Vaters sein muß?« Vielmehr liest man: »Sie verstanden aber das Wort nicht«[22]. Bei Beginn seiner Lehrtätigkeit zieht die vergeßliche Maria mit Jesu Brüdern und Schwestern sogar aus, um ihn mit Gewalt heimzuholen, weil sie ihn für von Sinnen hält; ein Unternehmen und ein Wort, das die jüngeren Evangelisten bezeichnenderweise übergehen, um den Widerspruch zu ihren Geburtsgeschichten zu vermeiden[23].

So ergibt sich aus dem Neuen Testament mit aller Deutlichkeit: Maria von Nazareth hat unmöglich etwas von einer übernatürlichen Geburt, einem höheren Beruf ihres Sohnes gewußt. Maria versteht nicht, was sie über ihr Kind sieht und hört, meint selbst ein Katholik. »Das Verhältnis ist geheimnisvoll«[24]! Die Kirchenväter aber ernannten sie wegen ihres enthusiastischen Lobgesangs auf das göttliche Kind zur Zeit ihrer Schwangerschaft zur Prophetin und Königin der Propheten[25].

Geheimnisvoll ist das Verhältnis auch im Hinblick auf Jesus. Den Lobspruch: »Selig der Leib, der dich getragen, und die Brüste, die dich genährt haben«, wehrt er ab: »Nicht doch, selig, die das Wort Gottes hören und bewahren«[26]. Ja, er fährt Maria an, die er übrigens in den Evangelien nie Mutter nennt, wie er auch nie von Mutterliebe spricht: »Weib, was gehts dich an, was ich tue?« Ein so hartes Wort, daß es ein sensibler moderner Theologe mit der Bemerkung, der Ton mache die Musik, unbedingt ändern möchte in: »Liebe (Frau) Mutter, laß mich nur machen«[27]. Überhaupt befremdet Jesu völliges Schweigen über seine Erzeugung durch den Heiligen Geist und die Geburt aus der Jungfrau. »Diese Dinge«, äußerte der Heide Celsus, »haben gar keine Beziehung auf das Reich Gottes«[28].

Hochbedeutsam im Zusammenhang mit dem Dogma der Jungfräulichkeit ist auch folgendes Faktum:

411

Bis zum 3. Jahrhundert wußte die Christenheit nichts von einer immerwährenden Jungfrauschaft Mariens

Nicht nur erwähnt das Neue Testament sieben Geschwister Jesu, nicht nur nennt es Joseph oft ohne jede Einschränkung seinen Vater und Jesus den »ersten Sohn« Mariens[29], sondern es heißt bei Matthäus auch, Joseph habe Maria »nicht erkannt, bis sie einen Sohn gebar«[30]. Da aber »erkennen« die Ausübung ehelicher Gemeinschaft bedeutet[31], hatte Joseph laut Matthäus eine solche Gemeinschaft mit Maria nach Jesu Geburt. Denn pflegte Joseph keinen Verkehr mit ihr, »bis sie einen Sohn gebar«, so schließt jeder logisch Denkende daraus, daß sie nachher ehelich verkehrten – ausgenommen jene, denen das Dogma logische Schlußfolgerungen verbietet.

War doch selbst Kirchenlehrer Irenäus, der Vater der katholischen Dogmatik, auf Grund von Schrift und Tradition der Ansicht, Maria sei nur bis zur Geburt Jesu Jungfrau, nachher aber die Ehefrau des Joseph gewesen[32]. Ebenfalls vertrat Tertullian die durch Mt. 1, 25 gestützte Auffassung, Joseph habe mit Maria nach Jesu Geburt vollen ehelichen Verkehr geübt, dessen Frucht seine Brüder gewesen seien[33].

Von katholischen Theologen werden diese Kirchenväterzeugnisse entweder verschleiert oder völlig unterschlagen[34]. Dabei kennt überhaupt kein Kirchenvater vor dem 3. Jahrhundert eine dauernde Jungfrauschaft Mariens. Alles spricht vielmehr dafür, daß sie mit einer wirklichen Ehe von Maria und Joseph nach Jesu Geburt gerechnet haben[35]. In der abendländischen Kirche gibt es sogar bis in die Mitte des 4. Jahrhunderts keinen einzigen sicheren Zeugen für einen Glauben an Mariens immerwährende Jungfräulichkeit, wohl aber bezeugen zwei so bedeutende Kirchenväter wie Irenäus und Tertullian mit Sicherheit das Gegenteil. Und bei anderen deutet sich dieselbe Meinung unverkennbar an[36].

Noch im 4. Jahrhundert erklärte Bischof Bonsius von Sardica, Maria habe außer Jesus auch andere Kinder geboren. Die Reaktion der damaligen Kirche ist interessant. Eine Synode in Capua, die im Jahre 391 die bischöfliche These diskutierte, kam zu keinem Resultat. Sie übertrug die Sache einer weiteren Synode, die auch ergebnislos verlief. Nun wandte man sich an den römischen Bischof, damals Siricius, in vieler Hinsicht der erste Papst, pflegte er doch schon fast wie der Kaiser zu dekretieren. Aber obwohl er persönlich an die dauernde Jungfräulichkeit Mariens glaubte, entschied er nicht selbst, sondern wollte das Urteil den Kollegen überlassen[37].

Erst im späteren 4. Jahrhundert verhalfen im Abendland der aus dem Osten eindringenden Vorstellung Hieronymus und Ambrosius zum Sieg. Verkündet wurde das neue Dogma im Orient auf dem Konzil von Ephesus 431, im Abendland aber erst auf dem Laterankonzil vom Jahre 649.

412

Basilius, mit dem seltenen Titel eines Kirchenlehrers geehrt, stützte das Dogma »von der Geburt aus der Jungfrau ohne leichteste Verletzung deren Jungfrauschaft« durch Hinweis auf die Geier, die »größtenteils ohne Begattung« Junge bekämen, sogar noch im Alter von hundert Jahren[38]. Ähnlich argumentieren andere führende Kirchenväter[39]. Auch wußten bis tief ins Mittelalter hinein viele christliche Schriftsteller, daß die Empfängnis der Maria durchs Ohr erfolgt sei[40]. Ja, nach einer 831 verfaßten Schrift des heiligen Abtes Radbertus vollzog sich selbst Jesu Geburt bei geschlossenem Leib (utero clauso) der Jungfrau[41].

In einer Petition an den Vatikan, in der Katholiken die Dogmatisierung der leiblichen Himmelfahrt Marias erflehten, werden alle, die in Jesu Brüdern Kinder aus Marias Ehe mit Joseph sehen, »Tiere« genannt, »die sich im Schmutz wälzen«, Menschen, »die nur an das Fleisch denken, denen der Unflat des Fleisches es unmöglich gemacht hat, die Augen aufzurichten und den Himmel zu sehen«[42].

In Wirklichkeit hat die katholische Kirche nur eine uralte heidnische Anschauung auf Maria übertragen und zum Dogma erhoben.

Die heidnische Herkunft des Dogmas der Jungfräulichkeit

> »Die Dinge liegen so klar, daß es keinen Zweck mehr hat, hier noch Parallelen zu häufen und alle Legenden von wunderbar geborenen Gottessöhnen herbeizutragen«.
> Der Theologe Bousset[43].

Die göttliche Zeugung aus einer Jungfrau kannte man in Ägypten und Babylon, Indien und Persien, Griechenland und Rom[44], und gerade wegen seiner biologischen Monstrosität glückte das Wunder immer wieder.

Bereits im 3. Jahrtausend wohnte Amon-Rê, der ägyptische Sonnengott, der Königin in Gestalt ihres Gatten, des Königs, bei. Sie war zwar bereits mit ihm verbunden, doch hatte noch kein Beilager stattgefunden. Es ist ähnlich wie bei Maria: Weib des Joseph, und doch Gottesbraut. Beim Akt gibt der Gott sich der Erwählten zu erkennen und verheißt scheidend die Geburt eines Knaben, der die Welt beglücken und ein Königtum der Gnaden ausüben werde. Nach der Geburt aber sagt er zu dem Kind: »Du bist mein leiblicher Sohn, den ich erzeugte«[45].

In Babylon behauptete um 2850 König Sargon von Akkad in der Absicht, als Sohn einer Gottheit aufzutreten: »Meine Mutter war Jungfrau, mein Vater unbekannt«, obgleich jeder über seine Herkunft Bescheid wußte[46]. In Indien hielt man Buddha für den Sohn der Königin und »Jungfrau« Maya. Im alten Persien wurde Zarathustra als Jungfrauensohn verehrt.

413

Weitverbreitet war die Sage von der wunderbaren Geburt Platons, dem sein Jünger Aristoteles im Garten der Akademie später einen Altar errichtete. Platons Vater Ariston soll mit seiner jungfräulichen Gattin Periktione laut göttlichem Befehl nicht verkehrt haben, bis sie den von Gott (Apollon) gezeugten Knaben geboren hatte[47]. Diese Legende erzählt schon Speusippos, der Schwestersohn Platons, in seiner »Leichenfeier für Platon«, ein Beweis dafür, wie rasch solche Sagen aufkommen konnten[48].

Eine ganz ähnliche wunderbare Beiwohnung wurde von Alexander d. Gr. berichtet, auf dessen Mutter auch der Ausdruck »Gottesmutter« bereits übergegangen war[49]. Vor der Geburt des Apollonios von Tyana erschien seiner Mutter der Gott und erklärte, er selbst würde aus ihr wiedergeboren werden[50]. Die Göttin Hera brachte den Hephästos jungfräulich zur Welt. Und im Herakleskult galt die Mutter des Gottes als Jungfrau und Mutter zugleich[51].

Jungfrauengeburten sind in der antiken Welt so bekannt gewesen, daß die prominentesten Patristiker Jesu jungfräuliche Geburt geradezu durch den Hinweis auf ähnliche Mythen propagierten[52].

Auch dem hellenistischen Judentum waren solche Gedanken durchaus vertraut. Der jüdische Philosoph Philon (20 v.– 50 n. Chr.), der auf das entstehende Christentum großen Einfluß ausübte, überliefert von vier Frauen der biblischen Geschichte, Sara, Lea, Rebekka und Zippora, Gott habe ihren Schoß wunderbar geöffnet und befruchtet, den Saras noch im Alter von neunzig Jahren[53]. Dabei betont Philon von Zippora, und hier drängt sich die Parallele zur Josephsgeschichte Mt. 1, 18 einfach auf, daß Moses »sie schwanger erfand, aber von keinem Sterblichen«[54]. Diese hellenistisch-jüdische Vorstellung, betont der Theologe Dibelius, »ist von Christen *auf die Erzeugung Jesu angewandt* worden. Das ist fast selbstverständlich«[55]. Das genaue religionsgeschichtliche Vorbild der christlichen Gottesmutter aber wurde die Göttin Isis.

Isis – das Vorbild Mariens

> *»So früh hat kein Volk den Typus der Madonna gekannt, an ihr hing kein Volk der späten Zeit so glühend wie das ägyptische. Die Mission hat den Kult hinausgetragen, am Sternenhimmel sah man das Bild der göttlichen Jungfrau, Isis mit dem Kind, aufsteigen«. Wilhelm Weber*[56].

> *»Es läßt sich wohl beweisen, daß Isis und Maria zusammenhängen«; »sie tritt geradezu an die Stelle der Isis«. Der Theologe Leipoldt*[57].

414

Isis, hier schon wiederholt genannt, war die berühmteste Göttin Ägyptens. Bereits in der Mitte des 2. vorchristlichen Jahrtausends sog ihre Religion dort alle anderen weiblichen Kulte in sich auf. Die griechische Welt beeinflußte sie vom 4. vorchristlichen bis zum 4. nachchristlichen Jahrhundert. In Kleinasien, Athen, auf Sizilien, in Pompeji und Rom standen ihre Heiligtümer. Schon zur Zeit des Augustus wirkte sie auf die vornehmsten Kreise dieser Stadt[58]. Ihre höchste Machtentfaltung erfolgte im Westen jedoch erst im 3. Jahrhundert. Die letzte Isisprozession wurde in Rom 394 abgehalten und der Isistempel auf Philai erst 560 geschlossen.

Wie später im Katholizismus gab es in der Isisreligion eine Offenbarung, heilige Schriften, eine feste Tradition, eine alle Tempel erfassende Kirchenorganisation, eine hierarchische Gliederung von Laien, Geweihten, Priestern. Man kannte stundenlange Litaneien, Prozessionen, Fasten, Andachtszeiten, Exerzitien und machte weder soziale noch völkische oder rassische Unterschiede[59].

Isis, von der die gleiche Ruhe ausströmt wie nachher von Maria, ist voll mütterlicher Gnade und Erbarmen, sie verspricht Hilfe und spendet Trost, und die ihr dargebrachten Gebete, die den Mariengebeten stark ähneln, zeugen von einem inbrünstigen Glauben[60]. Besonders Frauen und Mädchen flehten die Gottesmutter in allen Nöten an[61]. Noch in aussichtslosen Fällen hat Isis Rettung vermittelt, Blinde und Gelähmte geheilt und die von Ärzten Aufgegebenen gerettet. Die große Dankbarkeit ihrer Anhänger wird durch Inschriften, Votivtafeln und -gliedmaßen, Amulette und Weihgeschenke aller Art bezeugt[62].

Lange vor Maria verehrte man die heidnische Madonna als ›liebe Herrin‹, »liebreiche Mutter«, »thronende Göttin«, »Himmelskönigin«, »Meereskönigin«, »Gnadenspenderin«, »Unbefleckte«, »sancta regina«. Isis war – man denke an das katholische Lied »Maria Maienkönigin« – »die Mutter des Grünens und Blühens schon seit ägyptischer Zeit«[63]. Wie Isis als »Herrin des Krieges« galt, so feierte man auch Maria bald als Betreuerin des Wehrwesens oder vielmehr Unwesens[64]. Wie Jesu Mutter »Schmerzensmutter« wurde, so war schon Isis »mater dolorosa«. Überhaupt ist die Vorstellung von der Schmerzensmutter des Heilandes, die den toten Sohn beweint, der heidnischen Mythologie längst geläufig gewesen[65].

Wie Maria gebar bereits Isis als Jungfrau und unterwegs. Kamen doch auch andere Jungfrauensöhne häufig auf der Flucht oder während einer Reise zur Welt, wie ja ebenfalls der Gemahl der Jungfrauenmutter in der Religionsgeschichte öfter ein Zimmermann oder doch Handwerker ist[66].

Auch Isis hält das Gotteskind – hier Harpokrates (die gräzisierte Form des ägyptischen Har-pe-chrot) oder Horus genannt – auf dem Schoß oder sie reicht ihm die Brust[67]. Statuetten der Mutter mit dem Säugling waren weitverbreitet und im damaligen Ägypten, aus dem die Kirche beispielsweise auch die Verehrung von Teilreliquien, die Tonsur, den Gebrauch von Weihwasser, Weihwasserwedeln u. a. übernahm, geradezu Massenartikel[68]. Harpokrates heißt fast immer Sohn der Isis, nicht des Osiris. Ähnlich heißt Jesus meist Sohn der Maria, nicht des Joseph. Bereits im alten Ägypten führte Isis den Titel »Mutter Gottes« (mwt ntr). Er ist in ägyptischer Sprache oft bezeugt[69] und wurde vom 3. Jahrhundert an allmählich auf Maria übertragen, bezeichnenderweise zuerst in Ägypten durch Origenes. Im 4. Jahrhundert wird dann auch außerhalb Ägyptens diese Bezeichnung für Maria geläufig. Und im 5. Jahrhundert muß Isis ihre Titel »Gottesmutter«, »Gottesgebärerin« (deipara, theotokos) nach einem langen dogmatischen Streit 431 auf dem Konzil von Ephesus endgültig an die Mutter Jesu abtreten.

Daß gerade in Ephesus ein mit der Isisreligion verschmolzener Artemiskult noch immer sehr beliebt und die Stadt ein Hauptsitz der heidnischen Muttergöttin war, dürfte am dortigen Zustandekommen des Dogmas von der Gottesmutterschaft Mariens mitgewirkt haben. Artemis, die von Zeus mit ewiger Jungfräulichkeit Begnadete, hieß in Ephesus »Gebetserhörerin« und »Retterin«, und der Mai wurde hier, wie später im Marienkult, als ihr Monat besonders gefeiert[70]. Sogar die vom Himmel gefallenen Bilder der Artemis von Ephesus gingen im Glauben an die vom Himmel gefallenen Marienbilder in die Kirche über[71].

So verschmolz die hochverehrte ephesinische Stadtgöttin schließlich mit Maria. Die christliche Masse jener Tage wollte die Gottesmutter auch in der neuen Religion besitzen, ebenso wie sie eines »Gottes« bedurfte, um ihn nach paganem Brauch im Sakramente zu genießen.

Mitentschieden wurde der Streit um das Dogma auf dem Konzil von Ephesus durch riesige Bestechungsgelder, die der Patriarch von Alexandrien allen möglichen Leuten zuschob, angefangen von hohen Staatsbeamten über die Frau des Prätorianerpräfekten bis zu einflußreichen Eunuchen und Kammerzofen. Er erschöpfte dabei, obwohl selbst reich, seinen Säckel so sehr, daß er noch über 100 000 Goldstücke leihen mußte und trotzdem nicht auskam[72].

Selbst die Empfängnis der Maria legte die Kirche auf Grund einer in die lukaninischen Legenden hineingedeuteten Berechnung in dieselbe Jahreszeit, in der auch die Empfängnis der Isis stattfand, deren – Schwangerschaftsdaten im ägyptischen Festkalender ungewöhnlich genau registriert waren. Auch ihren blauen sternengeschmückten Mantel vererbte sie in den künstlerischen Darstellungen als »Madonna« ihrer Nachfolgerin. Ebenso erhielt Maria die Isisattribute Halbmond und Stern. Kommt doch überhaupt in der ganzen altchristlichen Kunst kaum ein Thema ohne ein heidnisches Gleichnis vor[73]. Und da es einst auch schwarze Isisbilder gab[74] – in Äthiopien hat man Isis zu einer Negerin gemacht –, so wurde

416

auch der Teint der Maria manchmal dunkel bis schwarz und diese schwarzen Madonnen in Neapel, Czenstochau und vor allem in Rußland kamen sogar in den Ruf besonderer Heiligkeit. Übrigens behauptete 1924 in New York auf einer Versammlung von sechstausend Negern ein schwarzer römisch-katholischer Bischof, Jesus und seine Mutter hätten schwarze Hautfarbe gehabt[75].

In einem mit kirchlicher Druckerlaubnis veröffentlichten »religionswissenschaftlichen« Wörterbuch wird in dem auffallend kurzen Artikel »Isis« Maria vorsorglich gar nicht erwähnt[76].

Beginnender Marienkult

> *»Unter geschichtlichem Gesichtspunkt angesehen, bietet die Marienverehrung einen Anblick dar, bei dem einen der Menschheit ganzer Jammer anfaßt. Es ist eine Geschichte des kindlichsten Aberglaubens, der kecksten Fälschungen, Verdrehungen, Auslegungen, Einbildungen und Machenschaften, aus menschlicher Kläglichkeit und Bedürftigkeit, jesuitischer Schlauheit und kirchlichem Machtwillen zusammengewoben, ein Schauspiel, gleich geschickt zum Weinen wie zum Lachen: die wahre göttliche Komödie«.*
> *Arthur Drews*[77].

Der Siegeszug der Maria durch die Jahrhunderte war so grandios, daß sie im Bewußtsein des Volkes zeitweilig ihren Sohn verdrängte. Doch selbst viele Kirchenväter schrieben ihr das Werk der Erlösung zu und übertrugen auf sie einfach eine Fülle von Prädikaten, die das Neue Testament Jesus beilegt[78]. »Es ist schwer, durch Christus, aber leicht, durch Maria selig zu werden«, erklärte noch im 18. Jahrhundert auch der Redemptorist Alfons von Liguori, dessen Werke nach dem katholischen Kirchenhistoriker Ignaz Döllinger zwar »ein Magazin von Irrtümern und Lügen« sind, den jedoch ein Dekret Papst Pius IX. vom Jahre 1871 zum Doctor ecclesiae, zum Kirchenlehrer, erhob – eine Auszeichnung, die seit dem Konzil von Trient im 16. Jahrhundert keinem Katholiken mehr zuteil geworden ist[79].

Die Einwohner von Nazareth allerdings hatten an der Gottesmutter nichts Ungewöhnliches entdeckt[80]. In den Evangelien tritt Maria völlig zurück. Die Apostelgeschichte erwähnt sie ein einziges Mal[81]. Das ganze Neue Testament spricht äußerst selten und ohne jede besondere Verehrung von ihr. Auch von ihrer Sündenlosigkeit weiß es nichts. Tertullian warf Maria vor, an Christus nicht geglaubt zu haben[82], und noch Kirchenväter des 3. Jahrhunderts sagten ihr Eitelkeit, Stolz u. a. mehr nach[83].

417

Andererseits freilich verbreitete bereits ein in der antiken Kirche vielgelesener, in älteren Handschriften auch als »Historischer Bericht« betitelter Traktat des ausgehenden 2. Jahrhunderts, daß Maria mit sechs Monaten gehen konnte, daß sie von ihrem dritten Jahr an im Tempel aus der Hand eines Engels aß und mit sechzehn Jahren durch den Heiligen Geist schwanger wurde. Einer Frau namens Salome, die an Mariens Jungfräulichkeit zweifelt und ihren Zustand »unter Anlegen ihres Fingers« untersucht, fällt sogleich die Hand ab, wächst aber, nachdem Salome auf Weisung eines Engels das göttliche Kind getragen, ebenso rasch wieder an[84]. Die Kirchenväter Clemens Alexandrinus und Zeno von Verona haben das Dogma von Mariens immerwährender Jungfräulichkeit unter Berufung auf diesen »historischen Bericht« propagiert[85].

Seit dem 3. Jahrhundert besitzt man Bilder Mariens und nennen Christen ihre Töchter Maria. Im 4. Jahrhundert, und zwar erst in der zweiten Hälfte desselben, ersteht unter Papst Liberius die erste Marienkirche in Rom, wo es heute etwa achtzig Marienkirchen gibt. Bis dahin aber kannte man keinen offiziellen Kult der Gottesmutter in Rom, verehrte man die gewöhnlichsten Märtyrer mehr als sie[86]. Erst im ausgehenden 4. Jahrhundert wurde sie anderen Heiligen gleichgestellt, und erst aus dem 5. Jahrhundert stammt das älteste kirchliche Mariengebet[87].

Seit dem 5. Jahrhundert feiert man auch Marienfeste, allerdings nur im Orient, wo der Marienkult besonders gesteigert wird durch Cyrill von Alexandrien. Er führt auch das erste Fest zu Ehren der hl. Jungfrau ein, vermutlich das der Verkündigung, das man am selben Tag beging wie die Hilarien, das Jubelfest der heidnischen Muttergöttin[88]. Ferner veranlaßte Cyrill ein Fest, das später zum Fest Mariae Himmelfahrt wurde. Er bestimmte dafür den 15. August, an dem die Heiden die Himmelfahrt der Astraea, der Göttin der Gerechtigkeit, feierten. Aber auch ein Fest der Isis beging man um dieselbe Zeit[89]. Ein Isisfest, das navigium Isidis, wird an der südfranzösischen Küste für Maria bis heute weiter gefeiert[90].

Im 5. Jahrhundert dringt ihre Verehrung auch in die Theologie ein. Augustinus erklärt Maria (seit der Erscheinung des Engels Gabriel) für sündenrein und nimmt sie auch von der Erbsünde aus[91]. Doch gibt es noch zur Zeit Augustins in Afrika keine Marienfeste. Man begeht sie im Abendland erst vom 7. Jahrhundert an.

Seit dem 6. Jahrhundert weist man von Maria Reliquien vor. Eine der ältesten war offenbar ein Stein, auf dem Maria auf ihrer Reise nach Bethlehem gerastet hat. Um 530 sah ihn ein Pilger in der Grabeskirche von Jerusalem, wo er als Altar diente. Ein halbes Jahrhundert später fand ihn jedoch ein anderer Pilger noch an der ursprünglichen Stelle, ausgezeichnet durch ein unbeschreiblich wohlschmeckendes Quellwasser, das aus ihm hervorsprudelte[92]. Noch um 570 zeigte man in der Konstantin-Basilika

418

von Golgatha nur einige marianische Accessoires, einen Gürtel und ein Haarband der Maria. Aber im Jahre 1509 besitzt beispielsweise die Schloßkirche zu Wittenberg »von der Milch der Jungfrawen Mariae 5 Partickel«, »von den Haaren Mariae 4 Partickel, von dem Hembd Mariae drey Partickel« usw.[93] In Gaming verehrte man im Mittelalter etwas »von dem Stein, über den Milch der seligsten Jungfrau floß«, etwas »von ihren Haaren, von ihrem Hemd, von ihren Schuhen« u. a.[94]

Die Marienvisionen begannen anscheinend im 5. Jahrhundert. Jedenfalls zeigte sich damals Maria während der Nacht in der Anastasiakirche von Konstantinopel den Kranken und heilte sie[95]. Später tritt sie immer öfter und sogar in nicht unbedenklichen Posen auf. Aus der Brust der hl. Jungfrau, von ihr persönlich gereicht, wollte im 11. Jahrhundert Fulbert von Chartres Milch gekostet haben, und nachher widerfuhr dieses Glück noch vielen, wie im 12. Jahrhundert dem hl. Bernhard von Clairvaux, in dem Schiller und Goethe einen »weltklugen geistlichen Schuft« sahen[96].

Auch in neuerer und neuester Zeit erscheint Maria noch, und manche ihrer Besuche werden vom Vatikan »anerkannt«: ihr Erscheinen in La Salette (1846), in Lourdes (1858), wo, beiläufig bemerkt, zur Hundertjahrfeier 1958 fünf Millionen Pilger ihre Spenden ablieferten[97], – ein Jahr darauf erhielt der Bischof von Lourdes das Große Bundesverdienstkreuz mit Stern[98] – und in Fatima (1917). Romanische Länder bevorzugt die Gottesmutter ganz offensichtlich. Manchmal fördert der Vatikan den einen oder anderen Ort, damit der wunderbare Betrieb nicht einschläft und nichts zur Schablone wird. So sah Pius XII. am 30. Oktober 1950 um 16 Uhr beim Spaziergang in den vatikanischen Gärten am Himmel »das Wunder des Tales von Fatima«. Die Erscheinung wiederholte sich auch noch an den beiden folgenden Tagen[99].

Man mag darüber lachen, wenn einfältige Katholiken äußern, die Muttergottes von Altötting könne besser helfen als die von Maria Eich. Was aber soll man denken, wenn selbst Papst Benedikt XV. kurz vor seinem Tod bat, man möchte für ihn zur Madonna di Pompei beten[100]?

Der Konkurrenzkampf der Madonnen ist beträchtlich und wurde früher anscheinend auch primitiver ausgetragen. Die Marienkirche in Zwickau (Sachsen) besitzt eine mittelalterliche Madonna, durch deren Kopf vom Hinterhaupt bis zu den Augen zwei Löcher führen sollen, so daß man Wasser hineingießen und Maria weinen lassen kann[101]. Doch kannten auch die Heiden weinende Götterstatuen[102]. Und wie die Madonnen manchmal selbständig wandern – zum Beispiel kehrte ein nach Soest entführtes Marienbild von allein an seinen Standort nach Werl in Westfalen zurück[103] –, so bewegten sich auch schon die Götterbilder, eine Statue der Göttermutter etwa, die zum Bad ins Meer ging, oder eine Sarapisfigur, die selbständig ein Schiff bestieg, als sie nach Alexandrien überführt werden sollte[104].

Überhaupt bringt die Kirche auch in dieser Hinsicht alles wieder. Nicht nur eine Andenkenindustrie gab es bereits an den heidnischen Gnadenorten, sondern sogar mit Automaten verbundene Opferstöcke, und selbstverständlich überall feste Preise[105]. Denn ohne Geld konnten die antiken Wunderstätten so wenig existieren wie die christlichen. Ja, diesbezügliche Verfügungen heidnischer Gnadenorte kehren im Christentum bis in die Einzelheiten wieder[106]. Auch Votivgaben füllen die Kirchen seit dem 5. Jahrhundert, wie schon ein Jahrtausend früher die Tempel[107]. Allein durch die Wunder der Göttin Isis hatten die Künstler so viele Aufträge, daß sie reich wurden[108].

Das Dogma der unbefleckten Empfängnis

Im 3. Jahrhundert kam das Fest der unbefleckten Empfängnis Mariens auf. Ihm lag die Vorstellung zugrunde, auch Maria sei von ihrer Mutter »unbefleckt«, das heißt ohne Erbsünde empfangen und geboren worden.

Die größten Leuchten der Kirche, wie Bernhard von Clairvaux, Bonaventura, Alexander von Hales, Albertus Magnus und Thomas von Aquin, haben mit Berufung auf keinen Geringeren als Augustinus dieses Fest der unbefleckten Empfängnis Mariens als Aberglaube bekämpft! Der Dominikaner Vincent Bandelli nannte nicht weniger als 260 gelehrte Katholiken, um die besonders von den Franziskanern propagierte Lehre von der unbefleckten Empfängnis als Irrglaube zu erweisen. Auch Thomas von Aquin war Dominikaner, und es ist klar, daß in diesem Streit, den die Franziskaner selbst mit Berufung auf Apokryphen und Literaturfälschungen führten, auch die sonst vorhandene Rivalität zwischen den beiden Orden eine Rolle spielte[109]. Papst Sixtus IV., ein ehemaliger Franziskaner, untersagte dann 1482 die Verdammung des Glaubens an die unbefleckte Empfängnis. Aber 1568 verbot Pius V. ihre Feier aufs neue. Doch das Volk, das Maria vergötterte, wollte sie völlig rein; und da andere Orden sich ebenfalls heftig für die neue Lehre verwandten, vor allem die Zisterzienser, deren erster Abt Robert von Molesme († 1108) sogar »ein heimliches Verhältnis« mit Maria hatte, und schließlich auch die Jesuiten, unterlagen die Dominikaner. Im Jahre 1848 bewies der Jesuit Peronne die unbefleckte Empfängnis aus der Bibel. Er stützte sich u. a. auf die Sätze des Hohenliedes: »Wie eine Lilie unter den Dornen, so ist meine Freundin unter den Mädchen.« »Ja, du bist schön, meine Freundin, du bist schön; alles ist schön an dir, meine Freundin, und kein Fehl ist an dir«[110]!

Nun war die Sache klar. Sechs Jahre später, am 8. Dezember 1854, verkündete Pius IX. durch die Bulle »Ineffabilis Deus«, daß die Lehre von der immaculata conceptio, der unbefleckten Empfängnis der seligsten Jung-

420

frau Maria »von Gott geoffenbart (!) und deshalb von allen Gläubigen fest und standhaft zu glauben sei«. Vor der Verkündigung des Dogmas hatte der Papst allerdings die Bischöfe befragt, von denen 536 für, 4 gegen die neue Lehre stimmten, während 36 die Opportunität der Dogmatisierung bezweifelten[111].

Es war ein langer Kampf, den der Heilige Geist mit sich gekämpft hatte. Aber das letzte Mariendogma war es noch nicht. 1950 definierte Pius XII. in der Bulle »Munificentissimus Deus« die Lehre von ihrer leiblichen Himmelfahrt. Verfasser der Dogmatisierungsbulle ist der Jesuit Guiseppe Filograssi.

Das Dogma der leiblichen Himmelfahrt Mariens

Seit 1861 sollen an den Vatikan, natürlich kaum ohne sein Zutun, Petitionen gerichtet worden sein mit angeblich über acht Millionen Unterschriften von Personen, die mit Ergebenheitsformeln wie »hingestreckt zu Füßen Eurer Heiligkeit« die Dogmatisierung der leiblichen Himmelfahrt der Assumpta erflehten[112]. Manche katholische Theologen, insbesondere die Wegbereiter des Dogmas, versprachen sich Unglaubliches davon, nicht nur eine blühende marianische Ära, sondern auch »materielle Prosperität für alle« und die Rückkehr der Ketzer in den »Schafstall Christi«[113].

Das Neue Testament freilich schweigt über diese Lehre ganz. Ebenso schweigen darüber sämtliche Kirchenväter bis ins 6. Jahrhundert! Dabei war von einigen, wie Ephräm und Ambrosius, schon alles mögliche zum Preis der hl. Jungfrau bedacht worden. Keiner hätte ihre leibliche Himmelfahrt verschwiegen, hätte er davon gewußt. Epiphanius schreibt sogar ausdrücklich, zu seiner Zeit habe niemand das Ende der Maria gekannt[114].

Erst im 7. Jahrhundert bilden die Theologen Johannes von Thessalonich und Modestus, der Erzbischof von Jerusalem, und im 8. Jahrhundert Andreas von Kreta, Johannes von Damaskus, Germanus von Konstantinopel u. a. die neue Lehre aus, und zwar gestützt auf einen *Roman des 5. Jahrhunderts*, die sogenannte Transitus-Legende. Der erste bekannte Zeuge derselben ist zudem ein »Ketzer«, der Gnostiker Leucius. Auch meldet ihre älteste Form nur ein geheimnisvolles Verschwinden des Leichnams der Maria, aber keine Aufnahme in den Himmel. Überdies wurde die Transitus-Legende im Decretum Gelasianum, dem ältesten römischen »Index verbotener Bücher«, scharf verurteilt, in einem Synodaldekret, das als päpstliche Entscheidung in das mittelalterliche Kirchenrecht einging[115]. Ja, das Brevier der katholischen Kirche enthielt jahrhundertlang Abschnitte, die energisch vor der Annahme einer leiblichen Himmelfahrt

Marias warnten. Diese alljährlich am Fest Mariae Himmelfahrt verkündeten Warnungen wurden aus der römischen Liturgie erst im 16. Jahrhundert durch Papst Pius V., in Frankreich sogar erst Ende des 17. Jahrhunderte beseitigt[116].

Kein Wunder also, wenn sich auch bekannte katholische Theologen gegen eine Dogmatisierung der Assumptio-Vorstellung wehrten[117]; manche mit so schlagenden Gründen, daß man jede Auseinandersetzung vermied[118]. Aber selbst das katholische Standardwerk »La mort et l'Assomption de La Sainte Vierge« des Paters Martin Jugie, 1944, sechs Jahre vor der Definition des Dogmas im Vatikan gedruckt und dem Papst gewidmet, trifft in seinem historischen Teil die Feststellung, der Wert der ältesten Bezeugung einer leiblichen Himmelfahrt Mariens in der Transitus-Legende sei »vom historischen Gesichtspunkt aus... absolut null«[119]. Ebenso prüft der Assumptionistenpater alle Äußerungen der Kirchenväter der ersten fünf Jahrhunderte über Mariens Tod mit dem Ergebnis, daß bis zum 6. Jahrhundert »niemand weiß, welches das irdische Ende der Gottesmutter gewesen ist«[120]. Gleichwohl fordert der Pater die Verkündigung des Dogmas, da es ihm »sehr opportun« erscheine. Es vermehre die Glorie der Gottesmutter, alle wahren Christen würden es begrüßen, die östlichen Orthodoxen (die auch an die leibliche Himmelfahrt Marias glauben, ohne sie allerdings dogmatisiert zu haben) stoße es nicht vor den Kopf, und mit der massenweisen Rückkehr der Protestanten sei sowieso nicht zu rechnen[121].

Das Dogma der assumptio corporalis Mariae stützt sich also fast ausschließlich auf den consensus ecclesiae, nämlich die fromme Meinung des Mittelalters[122]. Die Kirche produzierte damit eine *Glaubenswahrheit*, die nicht nur mit dem Glauben der Urchristenheit nichts zu tun hat, sondern auch mit dem aller Kirchenväter der ersten sechs Jahrhunderte unvereinbar ist.

Indes bedeutet für die Katholiken weder das Schweigen der Bibel etwas, noch das völlige Fehlen einer apostolischen und nachapostolischen Tradition. Ist doch das »erste Richtmaß« für sie, wie einer ihrer Theologen versichert, »keineswegs die Heilige Schrift, sondern das lebendige Glaubensbewußtsein der heute (!) bestehenden Kirche Christi«[123]. Ähnlich betont ein anderer Katholik, das christliche Lehrgebäude sei »keine unveränderliche Größe«, sondern ein »in beständigem Fortschritt, in Aufbau und Ausbau« begriffener Bau[124]. Und erst kürzlich meinte ein französischer Dominikanertheologe: »Es ist möglich, daß die Katholiken noch reiflicher über Maria... nachdenken müssen«[125].

Die Catholica kann ihren Gläubigen also jederzeit aus dem »lebendigen Glaubensbewußtsein« heraus Dogmen vorsetzen, die der ganzen antiken Christenheit fremd gewesen sind. Was werden wohl die Katholiken im

422

Jahre 3000 zu glauben (oder nicht mehr zu glauben) haben, falls ihre Kirche bis dahin noch besteht?

Mit der Betrachtung des Heiligenkults sind wir über das Zeitalter des Frühkatholizismus schon hinausgeschritten. Wir wollen diese Epoche nunmehr endgültig verlassen, um uns im vierten und letzten Buch zunächst der Regierung Konstantins zuzuwenden, dann dem Trinitarischen Streit, weiter dem Verhältnis des Christentums zur sozialen Frage und endlich zum Problem der Toleranz, genauer zu Judentum, Heidentum, Häresie und Krieg.

VIERTES BUCH

Die siegende Kirche

»Die staatlichen Machtmittel traten allmählich in den Dienst der Kirche, diese wurde freilich vom Staat abhängig. Tragischer aber ist, daß nun die Unzulänglichkeit des Menschen einsetzt: Aus den Verfolgten werden Verfolger«. Der Theologe Carl Schneider[1].

I. TEIL

**Das Jahrhundert Konstantins
und
der trinitarische Streit**

47. KAPITEL

Konstantin – der erste Ritter Christi

> »So oft ein Fürst eine Kirche für eine Korporation erklärte, für eine Gemeinschaft mit eigenen Vorrechten, für eine ansehnliche Person in der bürgerlichen Welt…, war das Verderben dieser Kirche unwiderruflich beschlossen und eingeleitet«. Der Theologe Schleiermacher[2].

Unter den verschiedenen Reformen Diokletians war die bedeutendste äußere Neuerung die Errichtung einer Tetrarchie, eines Vierkaisertums, das den Zusammenhalt des riesigen Imperiums festigen sollte.

Zunächst machte Diokletian im Jahre 286 Maximian, einen seiner Heerführer, zum Regenten über das Westreich, während ihm selbst, dem senior Augustus, direkt der Osten unterstand. Als dann ringsum an den Reichsgrenzen größere Unruhen ausbrachen, beriefen die beiden Augusti 293 je einen Unterkaiser mit dem Titel eines Caesar, für den Osten Galerius, für den Westen Konstantius, die nach dem freiwilligen Rücktritt der beiden Augusti im Jahre 305 an ihre Stelle traten.

Konstantin, der Sohn des Konstantius, wurde um 285 in Naissus (Nisch), der Gegend des heutigen Sofia, geboren. Sein Vater, dem Konstantin später die Abstammung von Kaiser Claudius II., dem gefeierten Gotenbesieger, andichtete, war unbekannter Herkunft. Auch seine Mutter, die hl. Helena, die 324 den Titel Kaiserin erhielt, hatte ihre Laufbahn nicht, wie man bald behauptete, als britische Fürstentochter, sondern als Schankwirtin (stabularia) auf dem Balkan[3] und als Konkubine des Konstantius begonnen. Er verstieß sie nachher mit Rücksicht auf seine Karriere, um Theodora, die Stieftochter Kaiser Maximians zu heiraten.

Der junge Konstantin, viel gereist und gut informiert über die wachsende Macht des Christentums, weilte seit der Ernennung seines Vaters zum Caesar, vielleicht als Geisel, bei Diokletian und Galerius im Osten. Einige Monate nach Diokletians Abdankung aber brach er fluchtartig zu seinem erkrankten Vater auf, und als dieser am 25. Juli 306 in Eboracum, dem heutigen York in England, starb, riefen die Truppen noch an seinem Todestag den jungen Konstantin zum Augustus aus. Galerius erkannte ihn jedoch mit Recht nur als Caesar an und ernannte, entsprechend der diokletianischen Thronfolgeordnung, zum Augustus des Westens den Severus, den bisherigen Unterkaiser des Konstantius.

Fast um dieselbe Zeit wurde in Italien der Sohn des mit Diokletian abgedankten Kaisers Maximian, Maxentius, von den Prätorianern zum Caesar gemacht. Nachdem er bald darauf den Severus geschlagen hatte, herrschten im Westen die beiden Usurpatoren, Konstantin über Gallien und Britannien, Maxentius über Italien, Spanien und Afrika.

Das Verlangen, seine Macht auch über Rom auszudehnen und überhaupt das System der Tetrarchie zu sprengen, war in Konstantin anscheinend bald geweckt worden. Im Frühjahr 312 fiel er in Italien ein und schlug am 28. Oktober desselben Jahres Maxentius vor den Toren Roms am Pons Milvius, dem heutigen Ponte Molle. Bei der Flucht über die einstürzende Schiffsbrücke ertrank Maxentius mit vielen seiner Soldaten im Tiber. Nachträglich beseitigte Konstantin noch einen Sohn und eine Reihe von Anhängern seines Gegners und ließ sich vom Senat zum Maximus Augustus, zum rangältesten Kaiser, erklären[4].

Mit Hilfe frommer Fabeln, die sie noch heute verbreitet, machte die Kirche aus Konstantins Sieg über Maxentius einen Sieg des Christengottes über das Heidentum[5]. Tatsächlich aber ist Konstantin damals kein Vorkämpfer des Christentums gewesen. War Maxentius doch durch Einstellung der Verfolgung, Rückgabe des Kircheneigentums, Gestattung von Priesterwahlen, Eröffnung neuer Begräbnisstätten und den Bau einer Basilika den Christen großzügig entgegengekommen. Manche seiner Verdienste um die Kirche wurden später geradezu auf Konstantin übertragen[6].

Nach der Niederlage des Maxentius standen Konstantin noch die beiden Herrscher des Ostens, Maximinus Daia und Licinius, gegenüber. Mit Licinius hatte er vor seinem Überfall auf Maxentius ein Bündnis geschlossen, das nach dem Sieg erneuert wurde und sich offensichtlich gegen Maximinus richtete.

Im Februar 313 erweiterten Konstantin und Licinius gemeinsam in Mailand einen Erlaß vom Jahre 311, der jedem Untertanen volle Religionsfreiheit gewährte und die Rückgabe aller konfiszierten kirchlichen Gebäude und Grundstücke befahl[7]. Außerdem band Konstantin den Licinius durch die Vermählung mit seiner Schwester Konstantia noch näher an sich, eine typisch politische Heirat, bei der Konstantia sogar einen Knaben adoptieren mußte, den Licinius mit einer Sklavin gezeugt hatte.

Schon zwei Monate nach dem Treffen in Mailand kam es zwischen Licinius und Maximinus Daia, dem anderen Potentaten des Ostens, zur

Schlacht. Maximinus wurde vernichtend geschlagen, entkam, als Sklave verkleidet, mit knapper Not und starb noch im Herbst des Jahres 313, angeblich durch Selbstmord. Aber natürlich war auch Licinius geschwächt aus dem Kampf hervorgegangen, weshalb ihm bereits ein Jahr darauf Konstantin mit einem Heer auf dem Balkan gegenübertrat. Allerdings reichte seine Macht 314 noch nicht zu einem entscheidenden Schlag gegen Licinius aus. So nahm er ihm, mit Ausnahme Thraziens, zwar alle europäischen Provinzen ab und verdrängte ihn ganz nach dem Osten, verständigte sich jedoch rasch wieder mit ihm und hielt fast ein Jahrzehnt Frieden, währenddem er rüstete, gleichzeitig aber nun das Christentum propagierte, nicht zuletzt wohl, weil Licinius erneut die Christen verfolgen ließ.

Zunächst allerdings wahrte Konstantin die in Mailand versprochene religiöse Toleranz. Einerseits leistete er der Kirche in großem Umfang Entschädigung für ihre materiellen Verluste in der Verfolgung, beförderte er Christen in hohe Staatstellungen; andererseits erschienen die Bilder der Götter noch auf den Münzen, amtierten die Beamten weiter in den römischen Priesterkollegien, wie Konstantin selbst den Titel des heidnischen Oberpriesters, pontifex maximus, beibehielt. Zugleich wurden jedoch auch Geldstücke geprägt, die den kaiserlichen Helm mit einem christlichen Symbol zeigen, besonders von den Münzstätten des an das Ostreich grenzenden Balkangebietes, wo sich auch das Heer sammelte, während die Prägestätten in Gallien und die stadtrömische Münzprägung das Chrismon bezeichnenderweise auslassen. Es ist klar, daß Konstantin damit auf die größeren christlichen Massen des Ostens propagandistisch zu wirken suchte[8]. Um das Jahr 320 läßt er keine Münzen mehr mit dem Sonnengott und dem Bild des Jupiter Conservator herstellen. 323 verletzt er das Abkommen mit Licinius, indem er bei einem Feldzug gegen die Goten dessen Territorium betritt. 324 kommt es zum Krieg, den Konstantin mit religionspolitischen Demonstrationen vorbereitet und von Anfang an als Kreuzzug geführt hat[9], während es einzig um die Alleinherrschaft ging. »Wirklich war einer von ihnen zu viel auf der Welt«, schreibt ein moderner Katholik im Hinblick auf die beiden Herrscher des Westens und des Ostens[10].

Nach zwei großen Schlachten am 3. Juli und 18. September 324 endete der Krieg mit einer vernichtenden Niederlage des Licinius. Auf Fürbitte seiner Schwester Konstantia schonte Konstantin den Schwager. Er sicherte ihm durch einen Eid des Leben zu und schickte ihn als Privatmann nach Thessalonike. Ein Jahr darauf, 325, ließ er ihn dort ermorden. Niederlage und Ermordung des Licinius bedeuteten die Alleinherrschaft Konstantins und den Sieg des Christentums im Römischen Reich.

>*Indem er (Konstantin) dem Evangelium, das seinem ganzen Gehalt nach eine Trennung der politischen von den religiösen Werten bedeutet, gesetzlichen Charakter verlieh, hat er eine Kultur eingeleitet, die eine völlige Entstellung der geistigen Haltung des Urchristentums bedeutet«.*
Der Theologe Buonaiuti[11].

>*Die Vernichtung der Mitherrscher und die Beseitigung des offiziellen, vom Imperium sanktionierten Polytheismus waren für ihn correlate Dinge«. Eduard Schwartz[12].*

Nach Konstantins Sieg über Licinius verschwanden die letzten heidnischen Embleme beinah augenblicklich von den Münzen und die Gunstbezeigungen gegenüber den Christen häuften sich. Das Heidentum dagegen wurde in Konstantins letzten Regierungsjahren, die er seit 330 in seiner neuen Hauptstadt Byzanz verbrachte, immer mehr eingeschnürt und systematisch unterdrückt. Gleichfalls bekämpfte er die christlichen Sekten zugunsten der Großkirche, mit der offenbar schon sein Vater sympathisiert hatte[13]. Sie war bereits damals ein Staat im Staat, und die Hereinnahme ihrer umfassenden Organisation in den römisch-byzantinischen Verwaltungsorganismus sollte die Einheit und Autorität des Reiches stärken.

So kam Konstantin der katholischen Kirche mit Rechten aller Art, mit Gütern und Geschenken bald entgegen[14]. Schon 312 oder 313 vermachte er dem römischen Bischof einen seit Caesars Zeiten bekannten, einst dem Geschlechte Laterani, dann der Kaiserin Fausta gehörenden Palast, den Lateran. Über tausend Jahre residierten die Päpste darin. 313 befreite Konstantin den katholischen Klerus, und zwar ausdrücklich nur ihn, von allen Personallasten, ein vielbegehrtes, heidnischen Priestern nur selten gewährtes Privileg, das Konstantins Sohn Konstantius auch auf Frauen und Kinder der Geistlichen ausdehnte.

316 bevollmächtigte der Kaiser die Bischöfe zur Freilassung von Sklaven in der Kirche. 318 wurde die geistliche Rechtssprechung der staatlichen völlig gleichgestellt, was freilich zu solchen Übelständen führte, daß sie den Bischöfen wieder abgesprochen werden mußte, im Orient 398, im Abendland 408. 321 erlaubte der Kaiser jedem, der Kirche Stiftungen zu machen, was ihren Besitz bald bedeutend vermehrte.

Diese außerordentlichen und ständig wachsenden Gunstbeweise, die viele zum Eintritt in den Klerus bewogen und sein Ansehen gewaltig gesteigert haben, erhielt die Kirche natürlich nicht umsonst. Schon seit dem

Jahre 312 regierte der Kaiser über sie mit derselben Entschiedenheit wie über den Staat. Konstantin besuchte Synoden, beeinflußte sie entscheidend, und die Bischöfe fungierten als seine politischen Diener. Die Kirche, die das Evangelium der Bergpredigt verkündete, wurde zu einer unter kaiserlicher Oberleitung stehenden Reichskirche, zum Bundesgenossen eines Staates, der seine Völker bis aufs Blut ausbeutete und gegen andere zu Felde zog. Mit einem Wort: Die Kirche erkaufte ihre Förderung mit dem Verlust ihrer Freiheit, und sie konnte nur gefördert und bündnisfähig werden, weil sie bereits weitgehend verweltlicht war.

Wie immer man Konstantins persönlichen Glauben einschätzen mag: Die Regelung des Verhältnisses von Staat und Kirche bestimmten politische Motive. Aber auch der Katholizismus selbst gewann nun gegenüber dem Urchristentum in entscheidenden Zügen *eine völlig andere Gestalt,* vor allem in seiner Einstellung zum Krieg und zur Todesstrafe, was wir in einem größeren Zusammenhang verfolgen wollen, und in seiner Einstellung zur sozialen Frage, was hier wenigstens gestreift sei.

Das erste christliche Kaisertum und die soziale Frage

> *»Seine Grundlagen waren Gewalt und Zwang einerseits, Religion andererseits«. Michael Rostovtzeff*[15].

> *»Die Aristokratie der hohen Beamten und der Senatoren, durch Privilegien begünstigt und durch Grundbesitz wirtschaftlich gesichert, stieg höher und höher, während das städtische Bürgertum sank und die Schicht der Hörigen und Sklaven den ganzen Druck der Pyramide auszuhalten hatte«. J. Vogt*[16].

Konstantin dachte natürlich nicht daran, sein Reich mit einem anderen Augustus zu teilen. Er regierte es mit Unterstützung seiner Söhne, die er zu Caesares ernannte, während sein Vorgänger, der Heide Diokletian, das Kaisertum nicht auf Leibeserben und Blutsverwandtschaft, sondern auf Auslese der Tüchtigsten gegründet hatte, ein System, das Konstantin so restlos wie möglich beseitigte.

In seiner Lebensführung bekundete Konstantin nicht die Anspruchslosigkeit seines Vaters, der für größere Gelage sogar das Tafelsilber borgen mußte. Der erste christliche Kaiser saß auf einem als Göttersessel gestalteten Thron. Er liebte es, sich mit dem verschwenderischsten orientalischen Pomp zu umgeben, hochtrabende Titel an seine Würdenträger zu

432

verleihen, Dekrete in einem weitschweifigen und schwülstigen Stil zu erlassen und das Hofzeremoniell auf die Spitze zu treiben. Im Palast, vor dem Senat, aber auch auf seinen Feldzügen strotzte er von Gold und Edelsteinen. Ein bestimmtes Material, der ägyptische Porphyr, sollte ihm und seinen Bildnissen vorbehalten bleiben. Es gab porphyrne Kreise in den Fußböden seiner Empfangsräume, auf denen nur er stehen durfte[17], und auch die Prinzen wurden im porphyrgetäfelten Gebärzimmer zur Welt gebracht und in porphyrnen Sarkophagen verließen sie dieselbe wieder.

Dieser kaiserliche Sinn für Regie, Repräsentation und Luxus kostete Geld. Günstlinge und Schmarotzer umdrängten Konstantin. Sein riesiges Heer verschlang noch viel gewaltigere Summen. Die Kirche erhielt immer kostspieligere Geschenke. So wundert man sich nicht, wenn Konstantin zu den drückenden alten Steuerlasten der heidnischen Herrscher noch neue hinzufügte. Bestechlichkeit und Erpressung florierten wie früher, und der rücksichtslose Druck des Beamtenapparates und die Gewaltakte der Großen und Grundherren, die immer reicher wurden, den Staat betrogen und riesige Menschenmassen versklavten, lasteten schwer auf der Masse des Volkes. Der christliche Historiker Zosimus schreibt: ›Konstantin war eine Last für die Steuernden. Er machte Leute reich, die zu nichts tauglich waren. Er hielt Verschwendung für Freigebigkeit. Er legte Steuern an Gold und Silber allen auf, die dem Handel nachgehen, den geringsten Krämern der Städte, selbst den armen Hetären. So konnte man bei jeder neuen Vierteljahresfrist, an der diese Steuer bezahlt werden mußte, in jeder Stadt Tränen und Wehklagen hören, die Geißelhiebe und Folterungen derer, die wegen ihrer Armut den letzten Verlust nicht zu tragen vermochten. Schon verkauften Mütter ihre Kinder und Väter prostituierten ihre Töchter, da sie gezwungen waren, aus deren Erwerb Geld für die Eintreiber der Steuerschuld zu beschaffen.‹ Das harte Urteil des antiken Historikers, nicht frei zwar von einem gewissen rhetorischen Stil mit hergebrachten Wendungen, wird von der modernen Forschung bestätigt[18].

Das soziale Leben änderte sich unter Konstantin und seinen Nachfolgern nur insofern, als die christlichen Massen dank der sie gelehrten Obrigkeitsverehrung den behördlichen Druck und die zunehmende Verarmung noch williger ertrugen. Dafür hatte man jetzt einen neuen Herrenstand, den Klerus, dessen große Mehrheit dem Volk Bedürfnislosigkeit, Dämpfung des politischen Aufbegehrens und pünktliches Steuerzahlen an den Kaiser predigte und um so eher zum Entgegenkommen geneigt war, als es den Geistlichen, besonders den Bischöfen, auch persönlich immer besser ging. Das revolutionäre Ideal des Evangeliums, seine Umwertung aller Werte, war schon unter dem ersten

433

christlichen Regenten so bedeutungslos wie im heutigen christlichen Abendland.

Wir werden die Geschichte des konstantinischen Kaiserhauses weiterverfolgen im Zusammenhang mit einem wichtigen dogmengeschichtlichen Problem, dem trinitarischen Streit.

48. KAPITEL

Die Entstehung des Trinitätsproblems

>Ich glaubte an Gott und die Natur und den Sieg des Edlen
über das Schlechte; aber das war den frommen Seelen nicht
genug; ich sollte auch glauben, daß Drei Eins sei und Eins
Drei; das aber widerstrebte dem Wahrheitsgefühl meiner
Seele; auch sah ich nicht ein, daß mir damit auch nur im
mindesten wäre geholfen gewesen«. Goethe[1].

»...gerade die paradoxesten Glaubenssätze, welche jeder
Erfahrung und vernünftiger Überlegung spotten, sind die
willkommensten; denn sie scheinen die Gewähr zu bieten,
daß hier nicht nur Menschliches und daher Unzuverlässi-
ges dargereicht wird, sondern göttliche Weisheit«.
Der Theologe Harnack[2].

Der trinitarische Streit wurde jahrhundertelang bekanntlich um jenen
»Gott« geführt, dessen Hauptgebot der Liebe gilt. Gleichwohl stritt man
selbst bei der theologischen Polemik oft mit allen Mitteln, wie die Geschichte der christlichen Parteikämpfe und Synodaldebatten hinreichend
bezeugt – eine Kette von Gewaltsamkeiten, Haßausbrüchen, Denunziationen, Bestechungen, Dokumentenfälschungen, Exkommunikationen
und Verbannungen. Es kam vor, wie auf der Synode von Ephesus, daß die
Bischöfe mit Stöcken aufeinander einschlugen, bis endlich, nachdem die
eine Fraktion das Feld geräumt hatte, der Heilige Geist sprach und das
gottgewollte Resultat zustande kam. Die geringeren Christen aber prügel-
ten um der drei göttlichen Personen willen einander oft in aller Öffentlichkeit blutig, wenn dies selbstverständlich auch nur eine und sozusagen
bloß die äußere Seite des Problems ist.

435

Das Trinitätsdogma stammt aus dem Heidentum

Bei der Ausbildung der Trinitätslehre folgte die Kirche nur dem Einfluß des Heidentums, das Hunderte von Götterdreiheiten verehrt hatte. Denn, wie Aristoteles schon schrieb, »die Dreiheit ist die Zahl des Ganzen, insofern sie Anfang, Mitte und Ende umschließt. Als hätten wir aus den Händen der Natur deren Gesetze empfangen, bedienen wir uns zu den heiligen Bräuchen des Götterdienstes dieser Zahl«[3].

Bereits seit Xenokrates (4. Jh. v. Chr.) stand eine Dreieinigkeit an der Spitze des Weltganzen, und alle großen hellenistischen Religionen besaßen eine Trinität[4]. Es gab die Apis-Trinitätslehre und die Sarapis-Trinitätslehre, Isis, Sarapis (= Osiris), Horus. Es gab eine Trinität in der Dionysosreligion, nämlich Zagreus, Phanes und Dionysos. Es gab in Italien zahllose Male die kapitolinische Trias, Jupiter, Juno, Minerva. Es gab die Theologie des Hermes Trismegistos, des dreimal großen Hermes, des dreieinigen Weltgottes, von dem man glaubte, er sei »allein ganz und dreimal einer«[5], um aus der Fülle antiker Trinitäten nur ein paar zu nennen.

Als Symbol der Trinität kannte man viele dreiköpfige Gottheiten schon im Hinduismus und Buddhismus, ebenso lange vor dem Christentum dreiköpfige oder dreigesichtige Götter im Mittelmeerraum einschließlich Galliens. Im Mittelalter kehren dann Dreikopf und Dreigesicht in Bild und Plastik als Symbol der christlichen Trinität wieder, Darstellungen, die von der Kirche begreiflicherweise bekämpft wurden[6]. Denn abgesehen vom Heiligenschein gleichen sie ihren heidnischen Vorbildern oft aufs Haar. Allerdings ist das Christentum nicht einer bestimmten Trinitätslehre gefolgt, sondern hat ausgewählt und alles benutzt[7]. Eine »aus vielen gebrechlichen, schiefen Vorstellungsarten zusammengeflossene Mißgeburt« nennt Friedrich Schiller den christlichen Gott[8].

Bis weit ins 3. Jahrhundert hinein wurde Jesus meist nicht mit Gott identifiziert

Jesus selbst hielt sich nicht für Gott, wie schon gezeigt worden ist (S. 46 ff.).

Doch auch für Paulus, der Jesu Vergottung entscheidend förderte, war der »Sohn« noch keinesfalls identisch mit dem »Vater«. Pauli Christus heißt »Sohn Gottes« wie andere Engelwesen auch[9]. Eindeutig vertritt der Apostel die von der Kirche im 4. Jahrhundert auf dem Konzil von Nicaea verworfene subordinatianische Christologie, die Jesus Gott *unterordnet*[10]. Fast durchwegs bleibt bei Paulus das Gottesprädikat dem Vater allein vorbehalten. Paulus vermeidet es sichtlich bei Jesus. Gott ist für ihn

436

stets theos, Jesus stets kyrios. Gang unbefangen spricht er noch von dem »Gott und Vater unseres Herrn Jesus Christus« und nennt Gott das Haupt Christi in demselben Sinne wie Christus das Haupt des Mannes[11]. Die christologischen Überlegungen des Paulus laufen also geradezu darauf hinaus, wie der Theologe Bousset schreibt, Christus als göttliches Wesen doch um eine Stufe unter Gott, wenn wir es einmal vergröbern wollen, als Halbgott, erscheinen zu lassen«[12], Bekennt ja selbst der schon am meisten vergottete johanneische Christus: »Der Vater ist größer als ich«[13]. Nur mit krassen Sophismen konnten die Kirchenväter solche Worte entkräften[14].

Aber auch im 2. und 3. Jahrhundert kannte man häufig noch keine Identität von Jesus und Gott. Vielmehr sah man jenen weithin für geringer an, nicht bloß in »Ketzer«-Kreisen. Im Gegenteil! Die subordinatianische Christologie, die den »Sohn« auf den zweiten Platz verweist und ihn dem »Vater« unterordnet, subordiniert (und dem »Sohn« dann ebenso den »Geist«), die also auf einen pluralistischen Monotheismus, eine verfeinerte Vielgötterei hinauslief, galt im 2. Jahrhundert noch als völlig selbstverständlich. *Sie war allgemeine Kirchenlehre.*

Die Christenheit um die Mitte des 2. Jahrhunderts hielt Jesus nicht für wesensgleich mit Gott, sondern schrieb ihm nur, wie der hl. Justin bezeugt, die zweite Stelle nach dem unwandelbaren und ewigen Gott, dem Weltschöpfer« zu[15].

Etwas später erklärte auch Kirchenlehrer Irenäus, der Orthodoxeste der Orthodoxen, im Hinblick auf das Selbstzeugnis Jesu Mk. 13, 32, das die nicaenischen Neuorthodoxen dann einfach leugnen[16], der Vater stehe über allem und sei größer auch als der Sohn[17].

Ebenso bekannte im frühen 3. Jahrhundert Tertullian, ohne daß es deshalb zu dogmatischen Streitigkeiten gekommen wäre: »Es gab eine Zeit, in der Gott keinen Sohn hatte«. Oder: »Vor aller Schöpfung nämlich war Gott allein«[18].

Selbst noch Origenes, der größte Kirchentheologe in den ersten drei Jahrhunderten, hielt Jesus für einen zweiten, geringeren Gott, der »nicht mächtiger sei als der Vater, sondern geringer an Macht. Wir lehren dies, indem wir seinen eigenen Worten glauben, wo er sagt: ›Der Vater, der mich gesandt hat, ist größer als ich‹«[19]. Origenes ging deshalb bis zur Ablehnung des Gebetes an Christus. Es solle dem Vater gelten und ihm durch Christus dargebracht werden[20]. War es doch noch in der ersten Hälfte des 2. Jahrhunderts die Regel, das offizielle Gemeindegebet an Gott zu richten, während die naive Masse bereits zu Christus betete[21].

Bei einem Streit mit seinem Bischof wurde Origenes kein dogmatischer Irrtum vorgeworfen, obwohl damals seine Ansichten allgemein bekannt waren. Als aber im 4. Jahrhundert Arius die gleichen Gedanken vertrat,

437

zum Teil sogar mit den Worten früherer Kirchenväter[22], diskreditierte das die inzwischen zur vollen Vergottungschristologie fortgeschrittene Kirche als Polytheismus, als Kreaturvergötzung, als Ketzerei[23]. Doch viel später erst verurteilte sie Origenes, der sie um die Mitte des 3. Jahrhunderts im ganzen Orient repräsentiert, ihre Dogmatik begründet und seinen Glauben noch im Alter auf der Folterbank nicht verraten hatte. Zum erstenmal geschah diese Verurteilung durch den Patriarchen Theophilus von Alexandrien, der ursprünglich dem Origenes gewogen war, ihn aber 399 unter dem Druck gewaltiger, mit Knütteln ausgerüsteter Mönchshaufen verdammte. Endgültig wurde die Verurteilung jedoch erst auf dem 5. allgemeinen Konzil von 553. Vorher freilich hatte die Kirche immer wieder von Origenes profitiert und ihn verehrt. Gregor von Nyssa war ein ausgezeichneter Kenner des Theologen; Gregor von Nazianz und Basilius veröffentlichten eine Blütenlese aus seinem Werk.

Noch moderne katholische Theologen nennen den verketzerten Origenes »den ersten wissenschaftlichen Exegeten der katholischen Kirche«. Alles aber, was ihnen an seiner Logos- und Trinitätslehre, seiner Christologie und Soteriologie nicht paßt, erklären sie als einen »Tribut an seine Zeit« oder als eine »Eigenart und Einseitigkeit der alexandrinischen Theologie« und verzeihen ihm großmütig, »daß er einige Male ungewollt fehlging«[24]. In Wirklichkeit hatte Origenes den älteren Glauben vertreten und die Kirche den neuen. Und fast alle führenden Theologen des gesamten christlichen Ostens, ja, überhaupt die meisten orientalischen Bischöfe wurden Origenisten, das heißt sie bekannten sich ebenso zur Lehre vom subordinierten Christus.

Die Heraufkunft des Heiligen Geistes

> »...im ältesten Christentum (bestand) eine wild durcheinanderwogende Masse von Vorstellungen über diese himmlischen Gestalten«. Der Theologe Weinel[25].

> »...an die Persönlichkeit des hl. Geistes dachte (noch im 2. und beginnenden 3. Jahrhundert) kaum einer«. Der Theologe Harnack[26].

Obwohl Gott laut Johannesevangelium bereits Geist ist, unterschied die Kirche noch einmal den Heiligen Geist von ihm, wie schon im Iran ein »Heiliger Geist« (spenta manju) verkündet worden war[27]. Allerdings wurde die dritte göttliche Person im Christentum am spätesten entdeckt.

Jesus kannte keine Trinität. Der dem »Auferstandenen« bei Matthäus in

438

den Mund gelegte Befehl, zu taufen »auf den Namen des Vaters, des Sohnes und des heiligen Geistes«, wird von der kritischen Forschung einmütig als Fälschung bezeichnet (S. 296). Wenn Jesus an einen Geist Gottes dachte, so vielleicht im Sinne der alttestamentlichen Vorstellung von »Jahves Geist« (ruach Jahve), den das Alte Testament 378 mal anführt[28].

Auch Paulus kennt weder eine Trinitätslehre noch trinitarische Anspielungen. Der »Geist«, von dem er schreibt, ist gänzlich mit Christus verbunden, was Paulus sogar mit der Gleichung ausdrückt »Der Herr aber ist der Geist«[29]. Auch sonst spricht er vom Geist Jesu Christi, vom Geist des Sohnes und dergleichen, redet er in einem Atemzug vom »Geist des Herrn« und vom »Herrn des Geistes«[30].

Überhaupt bezeichnet das Neue Testament mit »Geist« (pneuma) alles mögliche, angefangen vom Wind bis zu den von Jesus ausgetriebenen Dämonen und dem beim Sterben von ihm aufgegebenen Lebensgeist[31]; die Toten heißen »Geist«, Gott ist »Geist«, und ebenso gibt es einen »Geist Christi«[32]. Auch steht im Neuen Testament die trinitarische Formel bzw. Zusammenstellung: Gott, Christus, *Engel,* und zwar sehr oft, war sie doch bereits im Judentum vorgebildet[33]. Ebenfalls begegnet uns in der Apokalypse die Dreiheit: Gottvater, die sieben Geister und Jesus Christus[34]. Später zeigen sich auch Ansätze zur Quaternität. So spricht um 150 Justin von der Vierheit: Gottvater, Sohn, das Heer der Engel, der Heilige Geist[35].

Das Dogma der Trinität aber fanden antike Christen so spärlich in der Bibel bezeugt, daß es deshalb wohl im 4. Jahrhundert zu einer der berühmtesten neutestamentlichen Interpolationen, dem »Comma Johanneum« kam, einer in mehrere Codices eingedrungenen Fälschung. Man änderte nämlich die Stelle im 1. Johannesbrief: »Drei sind es, die da zeugen: Der Geist, das Wasser und das Blut, und die drei sind eins« um in: »Drei sind, die da zeugen im Himmel, der Vater und das Wort und der heilige Geist, und die drei sind eins«[36].

Die Lehre vom Glauben an den Heiligen Geist entstand erst allmählich im 2. Jahrhundert im »apostolischen« Glaubensbekenntnis (S. 195 f.). Auch dann aber verraten die Vorstellungen vom Heiligen Geist noch eine barbarische Konfusion. Häufig setzte man ihn mit Christus gleich, oder man sah in ihm einen Engel oder gar die Mutter Jesu, die diesen »bei einem seiner Haare« ergriff und zum Berg Tabor trug, oder man identifizierte ihn einfach mit dem Innern des Menschen[37].

Doch hielten im ausgehenden 2. und im frühen 3. Jahrhundert Theologen wie Irenäus und Tertullian den Heiligen Geist für eine Größe innerhalb der Gottheit. Allerdings ordnete ihn Tertullian dem Sohn unter, wie schon den Sohn dem Vater. Ebenfalls erklärte Origenes den Heiligen Geist als ein dem Sohn untergeordnetes Geschöpf und verbot, wie vor ihm bereits Kirchenvater Clemens, die Anbetung der dritten göttlichen Person[38]. Überhaupt vergaßen die Kirchenväter dieser Zeit bei ihren Spekulationen über die göttliche Dreiheit noch häufig auf den Geist und sprachen statt von drei nur von zwei Personen[39]. Die volle Gottheit errang der Heilige Geist erst im Jahre 381 auf der 2. ökumenischen Synode von Konstantinopel.

Es kennzeichnet die Situation, wenn während der endlosen trinitarischen Streitigkeiten des 4. Jahrhunderts Bischof Hilarius von Poitiers die fortwährenden Neuerungen des Glaubensbekenntnisses beklagt und meint, niemand vermöge das Glaubensbekenntnis des nächsten Jahres vorauszusagen[40]. Über das Trinitätsdogma der Kirche aber höhnen die Pneumatomachen, die »Geistbestreiter«, die die Wesensgleichheit zwischen Gottvater und Sohn nicht noch einer dritten Person zugestehen wollten, es mache den Vatergott in Wahrheit zum Großvater des Heiligen Geistes[41].

Betrachten wir vor der Erörterung des arianischen Streites noch einige im 4. Jahrhundert aufgestellte

Altkirchliche Beweise für die Einheit, Zweiheit und Dreiheit der göttlichen Personen

Die *Einheit* von Vater und Sohn beweist Kirchenlehrer Athanasius zum Beispiel durch folgende Kombination. Er zitiert Jesaja 45, 14: In dir ist Gott allein, und es gibt keinen Gott außer dir, und fragt: »Wer ist dieser Gott, *in* dem Gott ist?« Die Antwort erteilt Athanasius – aus dem Johannesevangelium: »Glaubt mir, daß ich im Vater bin und der Vater in mir«[42].

Die *Zweiheit* der Personen erschließt Athanasius aus dem Vaternamen Gottes. Nennt jemand Gott Vater, nennt er nach Athanasius den Sohn mit. Denn der Vater ist nun einmal der Vater des Sohnes. In Versen begegnet uns dieses geistvolle Argument in einer trinitarischen Lehrdichtung des Hilarius von Poitiers:

> »Denn wie hieße er Vater auch,
> Wenn er ohne den Sohn niemals ein Vater ist«[43]

Basilius, ein Zeitgenosse des Athanasius und wie dieser nicht nur mit dem Titel eines Kirchenlehrers, sondern auch mit dem Beinamen der Große geehrt, beweist die *Zweiheit* der Personen und speziell die Präexistenz Christi mit Berufung auf folgenden Vers des biblischen Schöpfungsberichtes: »Es sprach Gott: Es sollen Lichter werden; und Gott schuf die

440

beiden Lichter«. Diese Stelle besagt nach Bischof Basilius, durch die zweite göttliche Person seien Sonne und Mond zu Trägern des früher geschaffenen Lichtes geworden. Basilius schreibt nämlich: »Hast du den Redenden kennengelernt, so verbinde in Gedanken mit ihm sofort den Hörenden!« Denn welcher Schmied, Zimmermann oder Schuster, wie Basilius auch Gen. 1, 26 (»Und Gott sprach: Laßt uns einen Menschen machen«) kommentiert, welcher Handwerker, der allein, ohne Gehilfen, bei seinem Werkzeug sitze, spreche zu sich selbst! »Wer sprach? Und wer schuf?« fragt Basilius der Große. »Erkennst du darin nicht die Zweiheit der Personen?«[44].

Genauso ingeniös beweist Gregor von Nyssa ihre *Dreiheit* aus Psalm 36, 6: »Durch das Wort des Herrn wurden die Himmel befestigt und durch den Odem seines Mundes all ihre Macht.« Denn das Wort ist nach Bischof Gregor der Sohn, und der Odem der Heilige Geist[45].

Das besondere Interesse der kappadokischen Kirchenväter Gregor von Nazianz, Basilius und Gregor von Nyssa für Trinitätsfragen hängt vielleicht damit zusammen, daß gerade in Kappadokien das Volk heidnische Trinitäten lang und innig verehrt hat[46].

Vielsagenderweise heißt »Trinität« durchaus nicht »Dreieinigkeit«, sondern, da vom lateinischen trinitas stammend, ganz einfach »Dreiheit«. Trinität bezeichnet somit genau das, was Vater, Sohn und Geist sind: kaum kaschierter Polytheismus. Mohammed, der im Unterschied zum Christentum am strengen Eingottglauben der Juden festhielt, verwarf die christliche Trinitätslehre. Und Polytheisten nennt noch heute der Mohammedaner die Christen, wenn er sie treffen will.

Die Frage also, in welchem Verhältnis der alte zum neuen Gott stehe, der »Vater« zum »Sohn«, ein »Geist« zum anderen »Geist«, und wie sich die beiden Geister noch einmal zum Heiligen Geist verhalten, hat die Theologie des 4. Jahrhunderts fast ausschließlich beschäftigt. Im Mittelpunkt stand dabei das Problem der Gottheit Christi, genauer, die Frage, ob Christus vor seiner Herabkunft auf die Erde Gott gleich oder Halbgott gewesen sei. Trinitarische Diskussionen oder auch nur solche Fragestellungen aber hatte es im Urchristentum überhaupt nicht gegeben. Nicht einmal keimhaft latent existierte in ihm jener Problemkomplex, um den sich spätere christliche Generationen jahrhundertelang stritten.

441

49. KAPITEL

Der Ausbruch des arianischen Streites

»Die Geschichte der christlichen Theologie ist die Leidens-
geschichte des Christus; nicht nur einmal ist dieser von den
Theologen gekreuzigt worden«. Der Theologe Buri[1]*.*

»Im Arianismus hat die Großkirche die ursprüngliche ur-
christliche Lehre, die Engelchristologie, niedergerungen
und verketzert. An ihre Stelle setzte sie das neue Dogma
von der Gottheit Christi«. Der Theologe Martin Werner[2]*.*

Vorgefechte

Der an den Namen des Arius geknüpfte Streit, der ursprünglich übrigens
mehr mit kirchenpolitischen als mit theologischen Gegensätzen zusammenhing, brach zu Beginn des 4. Jahrhunderts aus, hatte aber schon ein
Vorspiel.

Um die Mitte des 3. Jahrhunderts verkündete nämlich in Ptolemais der
Priester Sabellius als christliches Grunddogma die unbedingte Einheit
Gottes. Vater, Sohn und Geist waren nach Sabellius nicht drei Personen,
sondern nur drei aufeinanderfolgende Erscheinungsformen, nur drei verschiedene Namen für dasselbe unteilbare göttliche Wesen, für eine Hypostase. Zur bildlichen Erklärung seines Glaubens verglich Sabellius den Vater mit der sichtbaren Gestalt der Sonne, den Sohn mit ihrer erleuchtenden,
und den Geist mit ihrer erwärmenden Wirkung. Christus war demnach der
auf Erden erschienene, Mensch gewordene Gottvater. Sabellius prägte für
den einen Gott, ohne daß er auf die üblichen Benennungen ganz verzichtet
hätte, sogar den Doppelnamen »Sohnvater« (Hyiopator)[3].

Der Sabellianismus stützte sich auf die ältere, erstmals im ausgehenden
2. Jahrhundert aufgetretene Vorstellung des Monarchianismus, der zur
Wahrung der Einheit Gottes Christus entweder für Gott selbst oder, hier-

442

mit auf urchristliche Anschauungen zurückgehend, für einen Menschen hielt.

Diese später verdammte Lehre wurde in der Gestalt des Modalismus, der in den drei göttlichen Personen nur Modi, Erscheinungsweisen *eines* Gottes, in Gott also eine ungeteilte Person sah (nicht, wie das kirchliche Dogma, drei individuelle Personen), von mindestens drei aufeinanderfolgenden Päpsten vertreten.

Viktor I. hat diese »Ketzerei« kräftig gefördert[4] und eindeutig in ihrem Sinne Theodotus exkommuniziert. Für Bischof Zephyrin bezeugt sie sein durch Hippolyt überlieferter Ausspruch: »Ich kenne einen Gott Jesus Christus und außer diesem keinen anderen, der gezeugt wurde und gelitten hat.« Diese ketzerische Formel ist die älteste wörtlich erhaltene dogmatische Erklärung eines römischen Bischofs[5]. Und Gegenpapst Hippolyt bezeugt auch den Modalismus des Kallist. Welch ein Schauspiel, wenn Papst Kallist, der anfangs selbst den von der Kirche bald verketzerten Modalismus lehrt, dem hl. Hippolyt, dessen christologische Anschauungen später als rechtgläubig gelten, »Zweigötterlehre« vorwirft[6]! Der Modalismus, dessen Grundgedanken unbestreitbare innere Logik bekunden und große Anziehungskraft auf Priester und Laien ausübten, war also vor seiner Verurteilung offizielle Kirchenlehre Roms.

Von den Schriften der Monarchianer blieb nichts erhalten.

Die Theologie des Sabellius, der mit den Monarchianern an einem strengen Monotheismus festhielt, wurde indes jetzt von Leuten bekämpft, die für Christus eine eigene Persönlichkeit (Hypostase) beanspruchten. Beide Parteien wandten sich an den Bischof Dionys von Alexandrien, der den Sabellianismus zwar verdammte, doch, indem er für Christus eine eigene Individualität behauptete, mit aller Deutlichkeit die These von der Inferiorität des Sohnes vertrat. Seinem Wesen nach sei Gottvater dem Sohn so fremd wie der Weinbauer dem Weinstock, der Schiffbauer dem Schiff. Zwar schwächte Dionys, hart getadelt, seine Auffassung ab, aber er konzedierte nur Äußerlichkeiten, die Sache wurde in Ägypten nicht vergessen, und bald hatte man in Antiochien einen ganz ähnlichen Streit.

Der dortige Bischof Paul von Samosata huldigte nämlich ebenfalls einem konsequenten Monotheismus und leugnete mit Sabellius den Unterschied der drei Personen in der Gottheit. Wie so mancher vor und nach ihm vermochte auch Bischof Paul nicht, sich drei persönliche Wesen in einer Persönlichkeit vereint zu denken. Eine Gottheit des Sohnes neben der des Vaters verwarf er nicht ohne Logik als Zweigötterlehre und schaffte alle Kirchenlieder ab, die Christi wesenhafte Gottheit besangen. Jesus war für ihn, ähnlich wie Moses und die Propheten, ein durch göttliche Inspiration verwandelter, zu Gott erhobener Mensch.

Bischof Paul verband also den Monarchianismus mit dem Adoptianismus, er sah in Jesus einen Adoptivsohn Gottes – noch im 3. Jahrhundert so wenig ungewöhnlich, daß zwei große Generalkonzilien zu Antiochien gegen Bischof Paul resultatlos verliefen. Erst auf dem dritten (nach manchen Forschern waren es nur zwei) wurde er durch Synodalbeschluß 286 seines Amtes enthoben – wobei offenbar auch politische Belange mitspielten – und seine Lehre verdammt. Dabei ging es Paul allein um die Betonung der ethischen Größe Jesu, da nur sie, nicht seine angebliche Gottheit, vorbildlich auf das sittliche Verhalten des Menschen wirken kann. Harnack nennt den ab gesetzten und bald als Erzketzer diffamierten antiochenischen Metropoliten einen kundigen Theologen, der die Macht der heidnischen Philosophie in der Kirche brechen und »die alte Lehre behaupten wollte«[7].

Die Anschauungen Bischof Pauls gingen nicht unter, sondern finden sich abgewandelt bei seinem Schüler, dem Priester Lucian von Antiochien, der Christus, im Gegensatz zu Bischof Paul, zwar als Gott, als präexistentes Geistwesen anerkannte, aber als ein dem Vater nur ähnliches und ihm untergeordnetes Geschöpf. Lucian, ein gefeierter und einflußreicher Lehrer, der unter drei Bischöfen exkommuniziert und schließlich wieder in die Kirche aufgenommen wurde, starb 312 den Märtyrertod. Seine Schüler, die bald die maßgeblichsten Bischofssitze des Ostens einnahmen, repräsentierten sozusagen die Intelligenz der Kirche und waren alle Hauptvertreter der arianischen Partei.

Arius

> »Nach Arius droht die Überforcierung der Gottheit Christi den Nachfolgegedanken, der für das Christentum wesentlich ist, zu zerstören. Arius wollte vor allem die Nachfolge Christi betonen, welche Forderung gerne durch einseitige Betonung von Christi Erlöserfunktion in den Hintergrund geschoben wird. Dies ist das große Recht Arius', das gewöhnlich übersehen wird, und das besser als alles andere zeigt, wie es diesem Menschen um Jesus zu tun war!«
> Der Theologe Nigg[8].

Zum Kreis dieser Leute, die sich zum Zeichen ihres Verbundenseins und zum Gedächtnis ihres Lehrers »Mitlucianisten« nannten, gehörte auch Arius. Nach Abschluß seiner Studien an der Theologenschule von Antiochien kam er 311 nach Alexandrien und wurde zwei Jahre später Pfarrer an der Baukaliskirche, der angesehensten Kirche der Stadt[9].

Arius war eine bekannte Erscheinung in der theologischen Welt; seine

444

asketische Gelehrtengestalt faszinierte Kleriker und Frauen. Er soll hoch-
gebildet und liebenswürdig gewesen sein, allen Extremen abgeneigt, kein
dogmatischer Fanatiker, sondern ein Mann von großer Frömmigkeit und
angenehmen Umgangsformen, der seine Theologie in Verse setzte und für
das einfache Volk kleine Lieder ersann[10].

Von der Kirche wurde Arius allerdings als hochmütig, wollüstig, geizig,
als Feind der Wahrheit und Betrüger gebrandmarkt und überhaupt mit einem ungeheuren Aufwand von Verleumdungen jeder Art zum Inbegriff
des Ketzers gestempelt. Nachdem dieses schmutzige Zerrbild heute entlarvt ist, beeilt man sich auf katholischer Seite, die Vorzüge des Arius zu-
zugeben und zu schreiben »– alles schien dazu gemacht, um zu verführen«[11].

Arius stand bei seinem Bischof Achillas in hohem Ansehen, ebenso bei
dessen Nachfolger Alexander, der ihm schon deshalb dankbar war, weil
Arius zu seinen Gunsten auf den Bischofsstuhl verzichtet hatte[12]. Um das
Jahr 318 aber, als Arius sich übrigens schon im vorgerückten Alter befand, kam es zum Konflikt bei einer Disputation über das Trinitätspro-
blem. Diese Disputation wurde zum Ausgangspunkt des arianischen
Streites. Doch sei noch einmal betont, daß ihm nicht eigentlich die dogmatischen Fragen die Heftigkeit und Dauer verleihen, sondern die hierarchischen Machtansprüche[13]. Der Kampf um die Bischofssitze wirkte zumindest außerordentlich verschärfend. Es war eine von den Katholiken,
besonders von Arius' Gegner Athanasius häufig angewandte Taktik, kir-
chenpolitische Gegensätze auf dem Gebiet des Glaubens auszutragen, wo
sich die Anklagen ja jederzeit finden und begründen ließen.

Bischof Alexander schien bei der genannten Disputation die Einheit der
Trinität im Sinne des Sabellianismus vertreten zu haben. Demgegenüber
betonte Arius die Verschiedenheit des Sohnes vom Vater, das zentrale
Anliegen seiner Lehre. Nur der Vater war für ihn im vollen Sinn des Wortes Gott, er allein ungeworden, unbegrenzt, ewig; der Sohn dagegen aus
dem Nichts gezeugt, wenn auch vor aller Zeit und als das höchste und
vollkommenste der Geschöpfe. Gott hatte ihn geschaffen, um durch ihn
die Welt zu bilden, die er selbst wegen seiner Überlegenheit nicht hervor-
bringen konnte. Arius berief sich dabei besonders auf das Neue Testament, aus dem er seine Anschauung in umfassender Weise belegte[14].

Arius leugnete nicht die Trinität, sondern nur die Wesensgleichheit, die
Homousie, von Sohn und Geist mit dem Vater. Auch der Geist war, nach
Arius, geringer als der Sohn, der Arianismus also nichts anderes als ein ex-
tremer Subordinatianismus, womit er nicht nur den Evangelien, sondern
auch der ganzen urchristlichen Tradition nahestand, viel näher jedenfalls
als die Kirche, die den Glauben an Christi Gottheit zum Dogma erhob[15].
Den geschichtlichen Jesus freilich verkannte auch Arius völlig, da er aus

445

ihm, nach dem Vorgang seines Lehrers Lucian, ein Zwitterwesen, einen Halbgott machte. Immerhin liegt bei Arius der Akzent auf Jesu hohem Ethos.

Bischof Alexander hätte die Debatte wohl am liebsten vertuscht; nicht nur weil er sich Arius wegen seines Entgegenkommens bei der Bischofswahl verbunden fühlte, sondern auch weil er selbst früher ein Verfechter subordinatianischer Gedanken gewesen war, weshalb ihm die arianischen Geistlichen Ägyptens vorwerfen konnten, er habe sie ja einst gelehrt, was er nun verfluche[16]. Denn anscheinend von dem Priester Kolluthus aufgehetzt, exkommunizierte jetzt Alexander den Arius. Und als dieser an die ägyptischen Bischöfe appellierte, wurde er mit seinen Anhängern, darunter die beiden Bischöfe Secundus und Theonas, abermals verdammt und des Landes verwiesen. Er ging nach Asien, wo er die allseitige Anerkennung des Episkopates fand. Prominente Christen wie Bischof Euseb von Caesarea, der Kirchenhistoriker, oder Bischof Euseb von Nikomedien, ein Freund des Kaisers Licinius und Schützling seiner Gattin Konstantia, der Schwester Konstantins, die »Mitlucianisten«, bekannten sich zu Arius.

So kam Alexander nicht nur mit den Arianern in Konflikt, sondern auch mit den im Osten führenden Anhängern der origenistischen Theologie, die den Sohn nur als einen zweiten, untergeordneten Gott verehrten. Euseb von Nikomedien, ein ebenso ehrgeiziger wie kluger und energischer Geist, trat an ihre Spitze, und bald hagelte es Protestbriefe bei Bischof Alexander. Eine Synode in oder bei Nikomedien ergriff gleichfalls Partei für Arius; eine zweite palästinensische Synode setzte ihn samt seinen Freunden wieder in ihre Pfarrstellen ein. Darauf kehrte Arius nach Alexandrien zurück, und da er nicht nur von außen gestützt wurde, sondern sich offenbar auch der Schätzung vieler Kleriker und seiner Gemeinde erfreute, konnte ihn Alexander nicht mehr vertreiben. Er jagte Rundschreiben in die Welt und jammerte über die »Räuberhöhlen« der Arianer, in denen die Irrlehre gepredigt werde[17]. Krawall folgte auf Krawall, der Bischof war seines Lebens nicht mehr sicher, und in den heidnischen Theatern verhöhnte man die christliche Nächstenliebe[18]. Natürlich blieb der Streit nicht auf Alexandrien beschränkt. Er erfaßte ganz Ägypten nebst den übrigen Provinzen und spaltete bald die gesamte Ostkirche in zwei Parteien.

Im Westen beachtete man die Problematik eigentlich erst nach dem Tode Konstantins, doch begriff man dort ihren Kern lange wohl überhaupt nicht recht. Besonders gering waren in den ersten Jahrhunderten die geistigen Kräfte des Klerus in Rom. Selbst ein Katholik gibt zu: »Von den rechtmäßigen römischen Bischöfen des 2. und 3. Jahrhunderts kann keiner als eigentlicher Theologe angesprochen werden«[19]. Die beiden ein-

446

zigen Gelehrten von Rang, die das christliche Rom im 3. Jahrhundert besaß, waren Gegenpäpste. Hippolyt wurde zeitlebens bekämpft, Novatian exkommuniziert. Bezeichnend auch, daß sich unter den etwa dreihundert bischöflichen Besuchern des ersten großen Kirchenkonzils in Nicaea (325) nur sieben Abendländer befanden.

Im Osten aber war der Theologenstreit ungeheuer populär. Noch die Marktweiber und Straßenjungen nahmen an ihm teil. Arius hatte sogar Lieder für seine Sache verfaßt, propagandistische Produktionen, die, nach einem modernen Katholiken, unter der frommen Sanftheit erbaulicher Worte furchtbare Irrlehren verbargen[20]. »Jauchzend«, schreibt Carl Schneider, »pfeifen die Gassenjungen in Alexandreia den neuesten nach einer Varietémelodie komponierten Schlager des Arius: ›Einst – ist er nicht gewe-sen – – und nicht war – der Geschaffene‹«[21].

Als Konstantin nach der Kapitulation des Licinius im September 324 seine Herrschaft auch über das Ostreich ausdehnte, sandte er noch im Herbst seinen theologischen Berater, den spanischen Bischof Hosius von Cordoba, mit einem Handschreiben zu Alexander und Arius, die Konstantin als Führer von zwei gleichberechtigten innerkirchlichen Parteien betrachtete. Er ermahnte die beiden Kleriker, nicht wegen theologischer Lappalien zu zanken und ihm mit ihren Spitzfindigkeiten keine schlaflosen Nächte zu bereiten[22]. Indessen stritt man heftiger noch als zuvor, zumal Hosius, entgegen den Wünschen seines kaiserlichen Auftraggebers, sich sehr bald auf die Seite Alexanders schlug[23]. Auch als eine von Hosius im Winter 324/25 geleitete Synode in Antiochien Arius und drei seiner Gesinnungsgenossen verdammte, stritt man fort. Bemerkenswerterweise konnten damals von sechsundfünfzig bischöflichen Synodalen nur die allerwenigsten der theologischen Diskussion überhaupt folgen, so daß man, laut einer antiken Urkunde, die Arianer anathematisierte auf Grund des Gutachtens bloß »weniger Brüder, die in Dingen des kirchlichen Glaubens sachverständig waren«[24].

50. KAPITEL

Das Konzil von Nicaea

»Dieselbe Kirche, die dem eisernen Regiment Diokletians siegreich Trotz geboten hatte, fügte sich gehorsam dem Befehl seines Nachfolgers, der ihren Lebensnerv ganz anders traf als die äußere Gewalt der Verfolgung«.
Eduard Schwartz[1].

Die antiochenische Synode war nur eine Art Auftakt zu der von Konstantin zu nächst in Ankyra (dem heutigen Ankara) geplanten, dann aber 325 in seiner Sommerresidenz in Nicaea, im nordwestlichen Kleinasien, ab gehaltenen Kirchenversammlung, dem ersten ökumenischen, das heißt allgemeinen, etwa dreihundert Bischöfe aus der ganzen Welt versammelnden Konzil.

Weitaus die meisten Deputierten kamen freilich aus dem Orient. Der Westen war nur durch je einen gallischen, kalabrischen und pannonischen Bischof vertreten, ferner durch den spanischen Bischof Hosius von Cordoba, den Bischof Caecilian von Karthago und zwei römische Priester als Delegierte des erkrankten Bischofs Sylvester von Rom; nach einem modernen Katholiken »eine einzigartige Versammlung von Heiligen«[2].

Das geistige Niveau vieler Synodalen war allerdings denkbar tief. Ein boshafter Zeitgenosse spricht sogar von einer »Synode aus lauter Dummköpfen«[3], sicher zu Unrecht. Doch äußert auch der Theologe Heussi über die allgemeine Bildung des antiken Klerus, selbst in theologischen Fragen sei die Mehrzahl der Bischöfe ungebildet gewesen[4], was freilich lange so geblieben ist. Noch auf dem Konzil von Trient im 16. Jahrhundert findet ein moderner katholischer Theologe »unter den italienischen Bischöfen nicht wenige«, die »in theologicis durchaus ungenügend geschult waren. Viele hatten ihre Laufbahn als Sekretäre von Bischöfen und Kardinälen, manchmal auch von Fürsten begonnen, waren allmählich in den Besitz kirchlicher Pfründen und schließlich zu einem Bistum gekommen, ohne jemals nähere Bekanntschaft mit der Theologie gemacht zu haben«[5]. Mit

448

der historisch-kritischen Theologie ist der größte Teil der katholischen Geistlichen auch heute nicht vertraut, allerdings aus anderen Gründen (S. 144 f.).

In Nicaea zeigten sich jedenfalls, wie zuvor in Antiochien, nur wenige Synodalen zu einem selbständigen Urteil fähig. Doch auch sie bestimmten nicht. Man war vom Mai oder Juni bis zum August Gast des Kaisers, beeindruckt von dem Pomp, den Schmeicheleien des Monarchen, von der Art, mit der er den Märtyrern die Narben küßte, mit der er sie »Freunde« und »geliebte Brüder« nannte, und das nicaenische Glaubensbekenntnis war genau die Formel, die der *Kaiser* wünschte. Nichts geschah damals gegen seinen Willen[6].

Konstantin eröffnete das Konzil, und wenn er ihm vielleicht auch nicht präsidierte[7] – man weiß nicht, wer den Vorsitz führte, sicher aber nicht die Delegierten des römischen Bischofs –, so hat er doch zweifellos den Vorsitzenden einfach berufen[8], griff er in die Debatte ein und bestimmte ihren Verlauf. Protokolle wurden entweder nicht gemacht oder die Kirche ließ sie verschwinden. Als die Arianer ihr Glaubensbekenntnis verlasen, entriß man dem Vortragenden, noch ehe er zu Ende war, das Blatt und zerfetzte es[9].

Außer der arianischen Angelegenheit suchte man auch noch andere dogmatische, sowie kultische und administrative Streitfragen zu regeln, wobei es dem Kaiser lediglich um Wiederherstellung der kirchlichen Eintracht ging. Eine gespaltene Kirche konnte er nicht gebrauchen. Die Frage der Wahrheit war für ihn so belanglos wie für alle Politiker, was ein von Rufinus berichteter Vorgang trefflich charakterisiert. Als zu Beginn des Konzils die Bischöfe einander verketzerten und dem Kaiser Bitt- und Klageschriften überreichten, bestimmte er zur Verhandlung einen Tag, an dem er alle Schriften ungeöffnet verbrennen ließ, »damit keinem Menschen der Streit der Priester bekannt würde«. Im übrigen hielt es Konstantin mit der Mehrheit und gab Arius preis. Doch auch der Partei Alexanders kam er nur bis zu einem gewissen Grad entgegen. Er wollte sich weder zu einer Seite ganz bekennen, noch es mit einer ganz verderben, was immer oberstes Prinzip seiner Kirchenpolitik blieb[10].

Woher stammt die Nicaenische Formel?

Auf kaiserlichen Wunsch wurde den Bischöfen im Nicaenischen Glaubensbekenntnis schließlich eine Formel oktroyiert, die keine der streitenden Gruppen vertreten hatte, der Begriff »homousios« (lat. consubstantialis), der die Wesensgleichheit des Sohnes mit dem Vater besagt, die Identität der einen göttlichen Substanz in beiden Personen. Alle subordinatianischen Vorstellungen in bezug auf das Vater-Sohn-Verhältnis waren damit ausgeschaltet.

Woher aber kam dieses Wort, das zum Hauptkampfobjekt des großen Kirchenstreites wurde?

Noch bis zum Beginn unseres Jahrhunderts galt es als landläufige Meinung, die Nicaenische Formel, der Begriff der Homousie, stamme aus der Theologie der Kirche. Davon kann keine Rede sein. Im Gegenteil! Auf der Synode von Antiochien im Jahre 268 hatte die Kirche im Kampf gegen Bischof Paul aus nicht mehr ganz erkennbarem Grunde den Begriff der Wesensgleichheit, der ja auch in der Bibel fehlt, ausdrücklich verworfen! Er kam, wie zahlreiche andere termini technici der katholischen Dogmatik, aus der Theologie der Gnostiker, wo er eine beachtliche Rolle spielt[11]. Auch der dem Trinitätsdogma zugrundeliegende Zahlbegriff der »Trias« (= Trinitas) ist übrigens als dogmatischer Begriff gnostischer Herkunft. Der Valentinianer Theodot hat wohl als erster Christ Vater, Sohn und Geist Trias genannt, während die Kirche in ihrer ältesten Tradition etwas Derartiges überhaupt nicht vorfand[12].

Die Homousie war eine bis zum Konzil von Nicaea nahezu unbekannte Lehre; niemand weiß, von wem der Kaiser das Stichwort erfuhr. Doch gerade weil es keiner kirchlichen Partei zugehörte und überdies höchst unklar war, schien es Konstantin als Einigungsformel besonders geeignet. Er ließ auch die Auslegung allen offen, ja, verbat sich geradezu eine authentische Interpretation und forderte nur die Anerkennung des Wortes selbst. Die Bischöfe gehorchten, und die Kirche hatte ein neues Dogma, das Nicaenische Glaubensbekenntnis, das richtiger, wie Johannes Haller sagt, das Konstantinische heißen sollte[13] – das Werk eines noch nicht einmal getauften Kaisers.

Konstantin freilich versicherte in einem Schreiben an die alexandrinische Gemeinde: »Was dreihundert Bischöfe miteinander beschlossen haben, ist nichts anderes als das Urteil Gottes«[14]. Und nach seinem Vorbild beriefen und kontrollierten auch die folgenden Herrscher die Konzilien, billigten sie ihre Beschlüsse oder verwarfen sie und verschafften ihren Anathematismen Geltung mit nackter Gewalt.

Blicken wir unter diesem Aspekt für einen Augenblick voraus.

Ehe ein Papst die Kirche beherrschte, regierten sie die Kaiser

> »Bis in die zweite Hälfte des 5. Jahrhunderts waren die Päpste in der Bewegung, die sich gegen die Ansprüche des Kaisers auf kirchlichem Gebiete richtete, nicht hervorgetreten, ja, noch Leo I. war... den caesaro-papistischen Vorstellun-

gen der oströmischen Kaiser in recht bedenklicher Weise entgegengekommen«. Karl Voigt[15].

Schon Konstantins Sohn Konstantius erklärte rundheraus: »Was ich will, ist kanonisch«[16], und er handelte auch dementsprechend, wie sich bald zeigen wird. Noch viel eindeutiger aber wurde im 5. und 6. Jahrhundert im oströmischen Reich die Kirche durch die Kaiser geleitet. Seit dem 5. Jahrhundert, mit dem die Zeit des eigentlichen Caesaropapismus begann, fällten die Herrscher ohne Befragung eines Konzils Glaubensentscheidungen. Kaiser Basiliscus beispielsweise verdammte 476 die Beschlüsse des allgemeinen Konzils von Chalcedon, und nicht weniger als fünfhundert orientalische Bischöfe pflichteten ihm bei.

Die Entwicklung erreichte ihren Höhepunkt unter Justinian I. (527–565), der die kirchliche Gesetzgebung fast völlig durch die kaiserliche ersetzte und die verschiedensten innerkirchlichen Belange regelte, Veräußerung oder Verleihung von Kirchengut, die Besetzung der Bistümer, die Zulassung und Suspendierungen von Bischöfen und Geistlichen, den Gottesdienst, das Klosterleben, die Abhaltung von Synoden usw.[17] Seinen Religionsedikten aber fügten sich auch die Päpste. Im Streit um die theopaschitische Formel, wonach »einer aus der Dreieinigkeit« den Kreuzestod erlitten, hatte Papst Hormisdas die Formel verurteilt. Justinian erkannte sie an und nötigte auch Papst Johannes II. zu ihrer Billigung. Ebenso stimmte er im Streit um das »Dreikapitel-Edikt«, das Papst Vigilius und die gesamte westliche Kirche ablehnten, den Papst um. Und als Vigilius sich wieder anders entschied, drohte ihm der Kaiser mit Absetzung, worauf der Papst abermals seine Haltung änderte.

In der zweiten Hälfte des 6. Jahrhunderts forderten die byzantinischen Kaiser auch teil an der Wahl und Bestätigung des Papstes, obwohl sie schon Vigilius und vor allem den von ihr völlig abgelehnten Papst Pelagius I. der römischen Kirche aufgezwungen hatten.

Aber auch in Spanien herrschte der König lange über die Bischöfe. Er berief Konzilien, schrieb ihre Geschäftsordnung vor, beanspruchte die Gerichtsbarkeit über den Klerus und verhängte kirchliche Strafen[18]. Ähnlich verhielt es sich im fränkischen Reich, wo der König im 6. Jahrhundert die Bischöfe vorschlug oder selbst ernannte[19]. Doch noch unter den Karolingern und den sächsischen Kaisern regierte der Staat die Kirche. Wie selbstverständlich setzte Otto der Große die deutschen Erzbischöfe ein, und wie selbstverständlich setzte Heinrich III. drei Päpste ab und beförderte dafür einen Bamberger Bischof, den Sachsen Suitger von Mayendorff, auf den römischen Stuhl.

Die Kirche protestierte bekanntlich später gegen solche Eingriffe. Verbaten sich doch schon im 4. Jahrhundert christliche Stimmen, besonders

451

aus dem Kreis der »Ketzer«, wie der Donatisten, jede Einmischung der Kaiser in innerkirchliche Belange. Aber seit Konstantin wurde diese Einmischung von der Masse der Christen gewünscht, vor allem auch von Päpsten[20].

Der katholische Bischof Optatus von Mileve gestand dem Kaiser das Recht zu solchen Interventionen zu[21]. Bischof Euseb von Caesarea bezeichnete den Kaiser als den von Gott eingesetzten »Bischof der äußeren Angelegenheiten der Kirche«[22]. Das vierte allgemeine Konzil von Chalcedon nannte 451 Kaiser Marcian nicht nur »Priester und Kaiser«, sondern auch »Lehrer des Glaubens«, was besonderes Gewicht deshalb hat, weil das Konzil zur Entscheidung über Glaubensfragen einberufen worden war[23].

Geradezu kirchengeschichtliche Kuriosa sind einige Briefe von Papst Leo dem Großen, in denen er dem Nachfolger Marcians, Kaiser Leo I. , eben jene dogmatische »Unfehlbarkeit« zuschreibt, die später die Päpste in Anspruch nahmen. Zwar war der Papst, wie deutlich wird, tatsächlich *nicht* von der kaiserlichen Unfehlbarkeit in Glaubensfragen überzeugt. Trotzdem aber versicherte er, um die Gunst des Kaisers zu gewinnen, der Kaiser sei vom Heiligen Geist erleuchtet und könne im Glauben nicht irren! In einem zweiten Schreiben bescheinigt Papst Leo dem Monarchen außerdem, daß er keiner menschlichen Belehrung bedürfe und es Aufgabe des Papstes sei, auszusprechen, was der Kaiser erkenne, und zu lehren, was der Kaiser glaube[24].

Im übrigen war dieses nun bei Konstantin beginnende kaiserliche Kirchenregiment, so merkwürdig es zunächst scheint, eine der Ursachen für die wachsende Macht des Bischofs von Rom, insofern er allmählich in die Rolle eines kirchlichen Gegenspielers hineinwuchs.

Der Ausgang des Konzils von Nicaea

Nur die beiden arianischen Bischöfe Secundus von Ptolemais und Theonas von Marmarika und Arius selbst weigerten sich, die vom Kaiser gewünschte Glaubensformel zu unterzeichnen. Sie wurden verurteilt und sofort aus Ägypten verbannt. Arius hatte außer seiner Absetzung auch noch eine furchtbare Verfluchung erdulden müssen. Die Bischöfe Euseb von Nikomedien und Theognis von Nicaea und wohl auch Maris von Chalcedon anerkannten zwar das nicaenische Symbol, nicht aber die Verdammung des Arius, da nach ihrer Auffassung seine Lehre vom Konzil entstellt worden war. Der Kaiser gab ihnen zunächst Bedenkzeit, als sie aber bald darauf Arius und die beiden verbannten Bischöfe aufnahmen, wurden auch Euseb und Theognis ihrer Bischofssitze enthoben und nach

452

Gallien geschickt. Arius mußte mit den in Nicaea exkommunizierten Episkopen nach Illyrien ins Exil.

Indessen tobte der innerkirchliche Kampf trotz der Verbannung des Arius und seiner bedeutendsten Parteigänger unvermindert fort. Selbst in den Damen des kaiserlichen Hauses hatte Arius Anhänger. Konstantia, die Schwester, und Basilina, die Schwägerin Konstantins und Mutter des späteren Kaisers Julian, verwandten sich, von Euseb unterstützt, für den Verdammten. Auch war Helena, die Mutter Konstantins, eine Verehrerin des Märtyrers Lucian, nach dem Euseb und Arius sich »Mitlucianisten« nannten. So rief Konstantin im Spätherbst 327 noch einmal eine Synode nach Nicaea, auf der man Arius, Euseb und Theognis in Gnaden in die Kirche aufnahm. Die beiden Bischöfe konnten sogar ihre alten Stühle wieder besteigen, von denen die bisherigen Platzhalter Amphion und Chrestos so sang- und klanglos verschwanden, als wären sie nie dagewesen.

Die Rehabilitierung des Arius dagegen wurde von dem nunmehrigen Bischof von Alexandrien nicht akzeptiert. Athanasius weigerte sich, Arius wieder in sein kirchliches Amt einzusetzen.

51. KAPITEL

Athanasius und das Ende
des arianischen Streites

In der katholischen Geschichtsschreibung erscheint Athanasius (295–373), dessen Theorien über die Trinität den maßgeblichsten Einfluß auf das Dogma gewannen, wobei wenigstens angedeutet sei, daß gerade seine dogmatischen Traktate im 5. und 6. Jahrhundert zwecks größerer Brauchbarkeit im Kampfe gegen die »Ketzer« kirchlich überarbeitet wurden[1], als ein leidenschaftlicher Verfechter des nicaenischen Symbols von Anfang an. Doch die Quellen ergeben ein ganz anderes Bild. Alle Schlagworte, die man später als Kennzeichen arianischer oder halbarianischer Ketzerei brandmarkte, verwandte Kirchenlehrer Athanasius bis in die fünfziger Jahre »zur Kennzeichnung des wahren Glaubens«[2]. Vom Glauben an den Heiligen Geist aber hatte er jahrzehntelang gar nicht gesprochen.

Wie für Arius, gab es auch für Athanasius keinen »zweiten Gott«, da für beide der Monotheismus feststand. Doch nach Arius war der »Sohn« ein Geschöpf, wenn auch ein vollkommenes – Arius spricht mit höchster Verehrung von ihm –, während für Athanasius Vater und Sohn ein einziges Wesen, eine unbedingte Einheit bildeten. Denn nur auf diese Weise konnte man den offenkundigen Polytheismus verdecken und zum Sohn, der ja das Neue war, genauso beten wie zum Vater, den schon die Juden hatten. Der »Erlöser« durfte nicht geringeren Grades, mußte im vollen Sinn des Wortes Gott sein, womit Jesu Mythisierungsprozeß endgültig abgeschlossen wurde. Welchen Unterschied dann die Bezeichnungen Vater und Sohn ausdrücken, das vermochte Athanasius allerdings nicht deutlich zu machen. Dafür nannte er die ältere Lehre der Arianer unsinnig, sie selbst Gottesfeinde, Lügner, Teufelssöhne und riet, sie hinauszuwerfen als »Schwätzer, die nicht mehr richtig bei Verstand sind«[3].

Athanasius war weder ein Denker noch ein guter Stilist, wohl aber der Prototyp des intoleranten und machthungrigen Hierarchen. Selbst der hl. Epiphanias sagt von ihm: »Wenn man Widerstand leistete, brauchte er Gewalt«[4]. Wurde er dagegen selbst von Gewalt bedrängt, so predigte er in

454

pathetischen Worten Toleranz, eine Praxis, nach der die Kirche bis heute verfährt (S. 543 ff.).

Dem fünfmal seines Bistums entsetzten alexandrinischen Patriarchen ging es bei seinem Kampf weniger um das Dogma, als um die Erringung der Alleinherrschaft über die ägyptische Kirchenprovinz, was man um so eher versteht, wenn man sich die Macht vergegenwärtigt, die damals der alexandrinische Patriarch besaß. Etwa hundert Bistümer in Ägypten und Libyen unterstanden ihm. Er war der einflußreichste Bischof im ganzen Orient, ein Kirchenfürst, den man im 4. und 5. Jahrhundert, freilich nicht ohne eine Spur von Scherz den »christlichen Pharao« nannte. Allerdings verlor das Patriarchat von Alexandrien diese Bedeutung bald. Seine einstige Größe lebt heute nur noch fort in dem prunkvollen Titel »der seligste und allerheiligste Papst und Patriarch der großen Stadt Alexandria und von ganz Ägypten, Pentapolis, Pelusion, Libyen und Äthiopien«[5].

Athanasius, in jungen Jahren Diakon und Begleiter seines Bischofs Alexander auf dem Konzil von Nicaea, bestieg nach dessen Tod am 8. Juni 328 den alexandrinischen Bischofsstuhl, und zwar auf inkorrekte Weise. Vierundfünfzig Bischöfe hatten sich nämlich damals eidlich verpflichtet, den neuen Patriarchen nur nach sorgfältiger Prüfung aller gegen ihn etwa vorliegenden Einwände zu ernennen. Athanasius aber wurde unter Bruch ihres Eides von nur sieben der vierundfünfzig Bischöfe gewählt und geweiht. So stellte man einen Gegenbischof auf, es kam an vielen Orten zu Straßenschlachten, und bald nahmen die Gewalttätigkeiten ein solches Ausmaß an, daß sich Athanasius am Hof (332) und vor Kirchenversammlungen verantworten mußte.

Nachdem der Patriarch auf einer 334 in Caesarea zusammengetretenen Synode nicht erschienen war, zog Konstantin ihn ein Jahr später durch eine Synode in Tyrus zur Rechenschaft[6]. Nach anfänglichem Zögern erschien er diesmal mit großem Gefolge. Man konfrontierte ihn mit einer ganzen Galerie mißhandelter Bischöfe, es kam zu skandalösen Szenen, und schließlich floh der Patriarch, der sich angeblich nicht mehr sicher fühlte, in Wirklichkeit aber seine Verurteilung und Unterwerfung vermeiden wollte, zu Schiff nach Konstantinopel. Doch noch ehe der Kaiser eine neue Synode zusammenrufen konnte, hörte er, Athanasius habe mit einer Action directe gedroht, der Aushungerung der Hauptstadt durch Sperrung der ägyptischen Kornlieferungen. Darauf relegierte ihn Konstantin ohne Verhör nach Trier. Noch am selben Tag, am 6. November (10. Athyr) 336, mußte er die Reise in die Verbannung antreten.

Die Arianer hatten in den letzten Jahren immer mehr Einfluß auf Konstantin gewonnnen, namentlich durch den gewandten Euseb von Nikomedien, der den bisherigen Berater des Kaisers, Hosius von Cordoba, völlig verdrängte. Eine Synode in Jerusalem hob die Verbannung des Arius jetzt sogar auf, doch sah er seine Heimat nicht wieder. Nachdem er jahrelang vergeblich auf Rückkehr gewartet hatte, ereilte ihn kurz nach seiner Restitution ein geheimnisvoller Tod. Er starb im Jahre 336 in Konstantinopel auf der Straße.

Wie Athanasius den Arius sterben ließ und verwandte Legenden

Athanasius, der Arius schon zu Lebzeiten als Vorläufer des Antichrist gebrandmarkt hatte[7], machte aus seinem Tod ein göttliches Wunder – freilich erst zwanzig Jahre danach, während er den Vorfall in all seinen früheren Streitschriften niemals erwähnt, obschon er doch damals ein ebenso wirksames Propagandamittel gewesen wäre. In späteren Fassungen dagegen steigerte der Patriarch das wunderbare Gottesgericht noch[8].

Laut Athanasius also, der die Sache von seinem Presbyter Macarius gehört haben will, wurde Arius bei einem Stadtbummel mit seinem Freund Euseb von Nikomedien, genau einen Tag vor seiner Wiedereinsetzung, durch eine plötzliche Übelkeit in einen öffentlichen Abort getrieben. (Hundert Jahre später vermochte man die Stelle in Konstantinopel schon zu zeigen!)[9]. Hier barst er, wie der Verräter Judas nach der einen biblischen Version (S. 137), deren Worte Athanasius auch gebraucht, mitten entzwei. Unter grauenvollen Qualen lösten sich Mastdarm, Leber und Ketzerherz von ihm, und endlich schrumpfte Arius immer mehr zusammen, bis er durch die Öffnung des Abortes mit einem Plumps in der Jauche verschwand[10].

Die Catholica griff diese Geschichte ihres Heiligen und Kirchenlehrers dankbar auf, Gregor von Tours führte den Tod des Arius geradezu als Beweis für seine schlechte Lehre an, und noch ein katholischer Historiker der Gegenwart malt uns den Ketzer vor »an einem abgelegenen Ort, in seinem Blute schwimmend, mit herausgequollenen Eingeweiden«[11].

Diese Taktik wurde allerdings im Christentum sehr häufig angewandt. Es sei nur an Luther erinnert, der erst wenige Jahre tot war, als schon das Gerücht von seinem Selbstmord umging. Ein angeblicher Diener, so erzählte man, habe »unsern Herrn Martin am Bette hängend und elend erwürgt« gefunden[12]. Die Behauptung zirkulierte in einem anonymen Brief und wurde erstmals 1606 zu Antwerpen gedruckt im Buch eines Franziskaners, von dem sie vor allem französische und italienische Katholiken übernahmen. Auf katholischer Seite verbreitete man weiter, bei Luther sei in der Nacht vor seinem Tod »seine Nonne« gewesen, Katharina Bora habe ihn erdrosselt, der Teufel in Gestalt eines großen Schäferhundes Luther umgebracht, seine Leiche so gestunken, daß man den Sarg noch auf dem Weg zum Grabe mußte stehen lassen usw.[13]

456

Andererseits freilich wußte der Reformator, der Erzbischof von Trier, Richard von Greiffenklau, sei leibhaftig vom Satan in die Hölle geschleppt, der katholische Prediger Urban zu Kunewalde in der Kirche vom Donner geschlagen und vor der Kirche durch einen neuen Blitzstrahl von oben nach unten durchbohrt, sein Gegner Emser – und dies wußte Luther noch zu dessen Lebzeiten – »durch feurige Pfeile und Spieße des Teufels« plötzlich getötet worden. »Die sind alle erbärmlich gestorben«, schreibt Luther, »wie die unvernünftigen Säue«[14].

Wo wurde hemmungsloser gelogen und gefälscht als im Bereich der Religion? Wo die Gegenseite mehr beschmutzt? Noch auf dem Vatikanischen Konzil (1870) nannte man den Protestantismus eine »gottlose Pest« (pestis)[15]. Und noch Papst Pius X. bezeichnete in der Borromäus-Enzyklika des Jahres 1910 die führenden Reformatoren als Menschen, »deren Gott der Bauch ist« (quorum Deus venter est), was keineswegs originell war, denn genau dasselbe hatte schon im 3. Jahrhundert der abtrünnige Kirchenvater Tertullian von den Katholiken behauptet, ja, bereits Paulus von den Judenchristen[16].

Weitere Fälschungen des Athanasius

In einem langen Brief, der zumindest zu einem großen Teil von Athanasius stammt, aber als Brief Konstantins an Arius und die Arianer ausgegeben wird, überschüttet Kirchenlehrer Athanasius den Arius mit einer Flut von Schimpfworten und Phrasen. Er nennt ihn »Galgenstrick«, »Jammergestalt«, »Lügenmaul«, einen »schamlosen und nichtsnützigen Menschen«, einen »Narren«, ein »Halbtier«. Er schreibt: »Weh über eure Torheit, daß ihr euch mit ihm zusammentut! Welche Raserei hat euch gezwungen, seine lästige Zunge, sein Gesicht zu ertragen? Nun, ich will mich mit meiner Rede an dich selbst machen, du törichte Seele, du Schwatzmaul, du ungläubiger Kopf. Gib mir in deinen Worten kein weiträumiges, unbegrenztes Feld, sondern einen wohlumschriebenen Kreis, keinen schwankenden, sondern festen, starken Boden, du Gottloser, Boshafter, Hinterlistiger. Denn ich ziehe nicht darum aus, um zu reden; vielmehr will ich die Schlinge um dich legen und dich gefangen im Worte zeigen, daß alles Volk deine Schlechtigkeit erfahre. Nun auf zur Tat; die Hände sind gewaschen, so laßt uns zum Gebet schreiten, Gott anzurufen. Nein, halte erst noch etwas ein und sage mir, du Bösewicht, welchen Gott du zu Hilfe rufst, sonst kann ich die Ruhe nicht bewahren«[17].

In einem kurzen Brief, den Athanasius auf Konstantins Namen ganz gefälscht und etwa eineinhalb Jahrzehnte nach dessen Tod, um das Jahr 350, publiziert hat, wollte der Kirchenlehrer alle Menschen mit dem sofortigen

457

Tod bestraft sehen, die auch nur eine Schrift des Arius aufbewahren. Sogar Appellationen und Gnadenakte sollten unmöglich sein[18]!

Zu einer weiteren Urkundenfälschung veranlaßte Athanasius die ihm
später sehr verdachte Gegnerschaft des ersten christlichen Kaisers, dem
die Kirche so viel verdankte, der ihn selbst aber ins Exil geschickt hatte.
Unter dem Namen von Konstantins Sohn Konstantin II. richtete der Patriarch einen Brief an die katholische Gemeinde von Alexandrien, worin er
ihr durch den jungen Kaiser mitteilt, Bischof Athanasius sei von seinem
Vater, Kaiser Konstantin, bloß scheinbar verbannt worden, um ihn den
Angriffen seiner Feinde zu entziehen. Nur der frühe Tod seines Vaters
habe diesen gehindert, Athanasius seiner Gemeinde wiederzugeben[19].

Tatsächlich konnte der Bischof erst nach Konstantins Ableben zurückkehren, der am Pfingstmontag, den 22. Mai 337, zur Mittagsstunde starb,
nachdem ihn kurz zuvor der Arianer Euseb von Nikomedien noch getauft
hatte.

Das Ende des Arianismus

Konstantin war kaum tot, als sein Sohn Konstantius II. innerhalb weniger
Stunden seine beiden Onkel nebst sieben Vettern umbringen ließ[20]. Bloß
zwei Brudersöhne Konstantins, der zwölfjährige Gallus und der siebenjährige Julian, der spätere Kaiser, blieben bei dem Verwandtengemetzel
im ersten christlichen Herrscherhaus am Leben. Konstantins Söhne, die
alle eine sorgfältige christliche Erziehung genossen hatten[21], doch jeweils
verschiedene Vorstellungen vom Christentum besaßen, teilten nun das
Reich unter sich. Den Westen erhielt Konstantin II., die Mitte, Italien,
Afrika und Griechenland der fünfzehnjährige Konstanz, den Osten Konstantius II.

Die Brüder regierten kaum drei Jahre, als Konstantin II. , von dem jüngeren Konstanz gereizt, in dessen Reich einbrach und im Frühjahr 340
beim Sturm auf einen Alpenpaß ums Leben kam. Da der dritte Bruder,
Konstantius, mit den Persern beschäftigt war, fiel der gesamte Westen
dem jungen Konstanz zu. Der angeblich homosexuelle, wegen seiner
Härte überall verhaßte Jüngling[22] stand den Katholiken nahe, füllte die
Kirchen mit Weihegeschenken und unterhielt persönliche Beziehungen
zu Bischof Athanasius.

Die Verbannung des Athanasius hatte Konstantin II. im Juni 337 aufgehoben, und der emsige Patriarch benutzte die Rückreise gleich, um allerhand Fäden und Intrigen zu spinnen. Er tat dies so eifrig und über mancherlei Umwege, daß er erst Ende November in Alexandrien eintraf. Mit
ihm kehrten auch die übrigen verbannten orthodoxen Bischöfe zurück,

458

worauf überall neue Unruhen ausbrachen, zumal die Arianer und Origenisten sich ja nicht passiv verhielten. Ihr Führer, Euseb von Nikomedien, konnte seinen bedeutungslos gewordenen Bischofssitz verlassen und den Stuhl von Konstantinopel besteigen. In Alexandrien stellte man gegen den von der Synode in Tyrus rechtmäßig abgesetzten Athanasius nacheinander zwei Bischöfe auf. Es kam zu blutigen Tumulten, wobei die Kirche des Dionysius in Flammen aufging[23].

Athanasius, offenbar nicht willens, als Märtyrer zu sterben, floh im Frühjahr 339. Im Herbst erschien er in Rom, wo man ihn und andere entthronte Kirchenfürsten jahrelang freundlich beherbergte und er seinen römischen Amtsbruder Julius I. nach allen Regeln der Kunst bearbeitete. Schon vor und während dieser Zeit wurde eine Reihe von wenig brüderlich gestimmten Briefen und Kollektiverklärungen zwischen dem römischen Bischof und dem orientalischen Episkopat gewechselt. Deputierte kamen und gingen. Auf beiden Seiten fanden Synoden statt, in Rom 340, in Antiochien 339 und 341. Man drohte, protestierte, verwahrte sich, man bog krumm und bog gerade, man höhnte und brandmarkte einander. Die Kontroverse verlief völlig ergebnislos.

Inzwischen war im Osten nach dem Kirchenhistoriker Euseb auch sein Namensvetter, der Bischof von Konstantinopel, gestorben, ein empfindlicher Verlust für die arianisch oder origenistisch eingestellten Orientalen. Es kam jetzt zu so schweren Straßenschlachten zwischen der arianischen und katholischen Partei, daß der vom Kaiser beauftragte Reitergeneral Hermogenes die Lage vergebens zu meistern suchte. Sein Haus wurde vom christlichen Pöbel gestürmt, in Brand gesteckt und er selbst durch die Straßen zu Tode geschleift.

Auf der Synode von Sardica (342), dem heutigen Sofia, an der etwa achtzig Bischöfe aus dem Osten und etwa neunzig aus dem Westen teilnahmen, zogen die Orientalen alsbald ab und tagten in Philippopel. Jede Partei bekannte ihren Glauben und verketzerte den der anderen. Man bedrohte Bischöfe sogar mit dem Tode. Die Synode hätte Frieden stiften sollen. Tatsächlich aber wurde die Feindschaft vertieft. Ja, zum erstenmal war ein Bruch zwischen Ost- und Westkirche eingetreten. Und von Sardica aus führte die Entwicklung bis zur endgültigen Trennung im Jahre 1054.

Kaiser Konstanz wirkte damals auf seinen zum Arianismus neigenden Bruder Konstantius ein, um die verwickelte Lage im Sinne der Katholiken zu klären. Als er aber endlich Gehör zu finden schien, machte sich im Januar 350 Magnentius, ein heidnischer General des Konstanz, zum Kaiser über das Westreich. Konstanz wurde in der Kirche eines Pyrenäendorfes, wo er Asyl suchte, ermordet, und nachdem Magnentius drei Jahre darauf, im Sommer 353, bei Mursa die Entscheidungsschlacht verloren und sich in Lyon das Leben genommen hatte, verhalf Konstantius dem arianischen Episkopat wieder zum Sieg. Suchte Konstantin die Einheit der Kirche mit Hilfe der Katholiken zu erringen, so sein Sohn Konstantius mit Hilfe der Arianer.

Im Rom war inzwischen Bischof Julius gestorben. Auf Wunsch seines Nachfolgers Liberius berief der Kaiser zur Klärung des Streites 353 ein Konzil, und zwar nach Arles, wo er gerade Hof hielt. Die Bischöfe waren kaum zugegen, als man ihnen ein die Verdammung des Athanasius betreffendes Dekret präsentierte, das sie mit Ausnahme eines einzigen, der verbannt wurde, auch sogleich unterschrieben.

Auf Drängen des erzürnten Liberius kam es 355 zu der Synode von Mailand, auf der indes über 300 Bischöfe, zumeist aus dem Abendland, unter kaiserlichem Druck die Verurteilung des alexandrinischen Patriarchen billigten. Nur sechs weigerten sich und wanderten ins Exil.

Als der Kaiser den Liberius selbst vor die Alternative stellte, entweder Unterzeichnung oder Verbannung, blieb er zwar standhaft und erklärte: »Die kirchlichen Ordnungen sind wichtiger als mein Verbleib in Rom«[24]. Aber nach zweijährigem Exil schrieb der römische Bischof klägliche Briefe nach allen Seiten, sogar an seine schlimmsten Widersacher. Er anerkannte die Lehre der Arianer, exkommunizierte den »rechtgläubigen« Athanasius und bat alle Empfänger, sich für seine Rückkehr nach Rom zu verwenden[25]. Seine Haltung war so jämmerlich, daß katholische Kirchenhistoriker die Echtheit seiner Briefe bestritten (und die gleichlautenden diesbezüglichen Äußerungen des Athanasius als Mißverständnis bezeichnet) haben, Ausflüchte, die selbst von manchen Katholiken widerlegt worden sind[26].

Endlich wurde auch der uralte Bischof Hosius an den Hof nach Sirmium geholt und mürbe gemacht. Nach einjähriger Haft verleugnete der Greis seinen Glauben, trat auf die Seite seiner Todfeinde und unterzeichnete 357 ein halbarianisches Glaubensbekenntnis. Nun durfte er in seine Heimat zurückkehren, wo er bald darauf starb.

Athanasius aber, vom Morgen- und Abendland verdammt, sogar vom Papst, schickte zwei kaiserliche Kommissare, die ihn aus Alexandrien entfernen sollten, wieder nach Hause. Erst als Konstantius anfangs des Jahres 356 die Theonaskirche, die Kathedrale des Athanasius, stürmen ließ, verschwand er aus der Stadt.

Unter seinem Nachfolger Georg erfolgten blutige Zusammenstöße mit der Garde des abwesenden Patriarchen. Man belagerte Kirchen und sprengte Gottesdienste, es gab Schwerverwundete und Tote. Sechzehn Bischöfe wurden verbannt, dreißig flohen. Und im Herbst 358 mußte auch Bischof Georg weichen, nachdem Athanasius heimlich wieder einmal zurückgekehrt war.

Um diese Zeit ging man an die Vorbereitung einer Doppel-Synode für das ganze Reich[27]. Zunächst tagten die Abendländer im Frühjahr 359 in Ariminum (Rimini). Von mehr als vierhundert Bischöfen lehnte die große Mehrheit die vom Kaiser geforderte Formel ab und bekannte sich zum nicaenischen Glauben. Als man aber hörte, der Kaiser erlaube erst nach Unterzeichnung aller die Rückreise, widerriefen mehr als dreihundert Synodalen und unterschrieben ein arianisches Glaubensbekenntnis, die homöische Formel, wonach der Sohn dem Vater nicht in allem gleich, sondern *ähnlich* ist.

Auch die Parallelsynode der Orientalen, die im Herbst 359 nach Seleukia kam, fügte sich zuletzt den kaiserlichen Wünschen, so daß die Arianer zu Beginn des Jahres 360 auf der ganzen Linie gesiegt hatten. Aber 361 starb Konstantius, erst vierundvierzig Jahre alt, und damit brach sein Werk zusammen.

Zwanzig Jahre danach, 381, wurde auf dem zweiten allgemeinen Konzil die orthodoxe katholische Staatskirche errichtet, nachdem Kaiser Theodosius freilich schon am 28. Februar 380 ein entsprechendes, geradezu militärisch knappes Glaubensedikt mit Gesetzeskraft erlassen hatte, ohne zuvor ein Konzil oder die Bischöfe zu befragen[28]. Allen Trägern anderer christlichen Richtungen sprach man den Namen von Christen ab. Die Kirchen der Arianer wurden geschlossen und ihre Bischöfe vertrieben, womit der Arianismus freilich noch nicht unterging.

Die Germanen lernten das Christentum zuerst in arianischer Gestalt kennen, das heißt in einer ursprünglicheren Form. Noch in seinem Testament bekannte sich der Apostel der Westgoten, Bischof Wulfila, als entschiedener Arianer. Arianer wurden aber auch die ostgermanischen Stämme, die Burgunder, Rugier, Heruler, Ostgoten und Vandalen. Mit Ausnahme der letzteren waren alle arianischen Germanenreiche in religiöser Hinsicht tolerant, wie übrigens auch die arianische Partei während der Synodaldebatten stets toleranter auftrat als der Katholizismus, und zwar obwohl sie meist die Unterstützung des Staates genoß[29].

Zweierlei Glauben, erklärte der arianische Bischof Agila dem Gregor von Tours, als dieser den Arianismus angriff, gelte bei den Arianern nicht als Verbrechen; denn, so laute ein arianisches Sprichwort: »Es schadet nichts, wenn man zwischen einem heidnischen Altar und einer Kirche hindurchgeht und dabei beiden seine Verehrung erweist«[30].

Seit dem zweiten allgemeinen Konzil des Jahres 381, das im sogenannten nicänokonstantinopolitanischen Glaubensbekenntnis zum erstenmal das Dogma von der Dreieinigkeit aufstellte, war die Trinitätslehre Staatsgesetz. Davon hatte sich die gesamte Urchristenheit nichts träumen lassen. Davon stand auch nichts im Neuen Testament. Vielmehr widersprach ihm das Dogma geradezu.

461

Es widersprach aber auch der Vernunft. Noch 1553 rekapitulierte der Spanier Michael Servet in seiner Schrift »Wiederherstellung des Christentums« mit großer geistiger Kraft alle entscheidenden Argumente gegen die Lehre von der Dreieinigkeit und starb dafür, vergebens zum Widerruf ermahnt, im gleichen Jahr auf Betreiben Calvins in Genf auf dem Scheiterhaufen. Seine Anhänger trieb die christliche Nächstenliebe bis nach Siebenbürgen, wo ihre Gemeinden heute noch bestehen, und Polen, wo sie von den Jesuiten wieder unterdrückt worden sind. Doch haben sich die Gegner des seltsamen Dogmas, die Sozinianer und Antitrinitarier, im 17. Jahrhundert innerhalb des Protestantismus immer weiter verbreitet und später unter dem Namen Unitarier auch in England und Nordamerika Anhang gefunden, obwohl Luthertum und Calvinismus am Trinitätsdogma festhielten. Die unitarische Bewegung ist in den USA sogar im Wachsen, neuerdings auch in Europa.

Unmittelbar nach Konstantius' Tod aber erstand nicht nur dem Katholizismus, sondern dem Christentum überhaupt noch ein gefährlicher Gegner in Julian, dem letzten Sproß der konstantinischen Dynastie. Noch einmal schien es flüchtig unter ihm, als könne der Siegeslauf des Christentums gehemmt werden.

462

52. KAPITEL

Julian der »Abtrünnige«

> »Man kann schon verstehen, daß Julian und mancher andere den Gegensatz zwischen Ideal und Wirklichkeit im Christentum so groß fand, daß sie als ehrliche Menschen mit einem Ideal brechen mußten, das so wenig Kraft besaß«. Der Theologe Carl Schneider[1].

Julian wurde als Neffe Konstantins 331 geboren. Seine Mutter starb, als er noch ganz klein war, seinen Vater verlor er im Alter von sieben Jahren durch den dynastischen Mord im Jahre 337.

Der junge Prinz lebte zunächst in Nikomedien und dann, vom Hof verbannt und überwacht, meist auf einem kaiserlichen Gut bei Caesarea. Hier machte man aus ihm einen begeisterten Christen, der die Weihen des niederen Klerus empfing und Priester werden wollte[2].

Als Julian jedoch in Pergamon, Ephesus und Athen griechische Philosophie und Mysterienweisheit kennenlernte, fand er, die »hohe Theologie« der Christen bestehe eigentlich nur aus zwei Bräuchen: die bösen Geister durch Pfeifen zu erschrecken und das Kreuz zu schlagen[3].

Auch die ihm enthüllte Mordtat seines Onkels trug zu seiner Abkehr vom Christentum bei. Denn Konstantius war Christ, und das ungeheure Verbrechen von der Kirche niemals gerügt worden. Im Gegenteil! Gregor von Nazianz bezichtigte Julian der Undankbarkeit gegen Gott und den Kaiser, da sie ihn bei dem Blutbad doch »wider alles Erwarten« geschont hatten[4].

Im Herbst 355 wurde der Prinz aus Athen abberufen, von Konstantius in Mailand zum Caesar ernannt und an die bedrohte Rheingrenze geschickt, wo er durch militärische Erfolge überraschte. Ohne eigenes Zutun machten ihn seine Truppen 360 in Paris zum Augustus. In einem Schreiben an Konstantius beanspruchte er die neue Würde bloß für Gallien, er stellte dem Kaiser die Besetzung der Präfektenstellen anheim, bot ihm Unterstützung im Krieg gegen die Perser an, unterzeichnete nur mit

463

dem Titel eines Caesar und kämpfte weiter gegen die aufständischen Alemannen. Doch als er hörte, Konstantius selbst habe sie gegen ihn aufgeputscht, zog er nach Südosten, gewann Italien und den Balkan, und als Konstantius ihm entgegenrückte, starb dieser plötzlich unterwegs in Mopsukrene am 3. November 361.

Julian, der seinen Religionswechsel zunächst verheimlicht hatte, führte nach seiner Thronbesteigung die Götterkulte wieder ein. Zum Erstaunen der Zuschauer schleppte er eigenhändig Holz in die wiedergeöffneten Tempel und entfachte die Opferfeuer. Ja, er schrieb eine freilich bald wieder vernichtete und erst im 19. Jahrhundert rekonstruierte Streitschrift »Gegen die Galiläer«, wobei ihm seine guten Kenntnisse der Bibel zustatten kamen. Julian war kein Freidenker, sondern ein Mensch, der an die Götter glaubte[5]. Er hatte die feste Überzeugung von einem Missionsauftrag, einer göttlichen Berufung, und erstrebte als erster eine Renaissance des Heidentums, vor allem eine Reform des Priesterwesens. Er verlangte eine strenge Auslese für den Nachwuchs; der Ärmste, wenn er würdig war, sollte dieselbe Chance haben wie der Reiche. Er organisierte eine ausgedehnte Armenpflege, baute Pilgerherbergen und Krankenhäuser und gebot Fürsorge noch für die Gefängnisinsassen und Feinde – »denn wir geben dem Menschen als solchem, nicht der Person«[6]. Entscheidendes aus Jesu Ethik behielt er bei.

Die von den Christen arg bekämpften Juden begünstigte Julian ostentativ[7]. Doch duldete er auch die Christen, jedenfalls zunächst. Er entließ alle Kleriker aus dem Exil und erstattete ihr beschlagnahmtes Eigentum zurück. Dann freilich, gereizt durch ihre dauernde Opposition, ging Julian gegen sie an. Selbst Kirchenväter aber bezeugen die Milde dieser Agitationen oder werfen sie ihm sogar mit der Bemerkung vor, er gönne »den Kämpfern nicht die Ehre des Martyriums«[8]!

Seit Beginn des Jahres 362 versuchte der Kaiser den Sonnenkult wieder zur Reichsreligion zu machen. Bald verbot er den Christen die Ausübung des Lehramtes und ihren Söhnen die Teilnahme am Unterricht in der Dichtkunst, Rhetorik und Philosophie[9]. Warum sollten sie auch lehren und lernen, was die meisten von ihnen innerlich verwarfen? Julian erblickte darin nur einen Mangel an Aufrichtigkeit. Schließlich entließ er seine Gegner aus den höheren Beamtenstellen und dem Heer, denn, so sagte er, ihr eigenes Gesetz verbiete ihnen, zum Schwert zu greifen[10]. Da und dort zog er auch Kirchenvermögen ein, in Caesarea zum Beispiel, wo die Christen allerdings unter seiner Regierung noch den letzten Tempel zerstörten, oder in Edessa, wo sich die Arianer und Valentinianer maßlos bekämpften.

Entgegen Julians Absicht kam es bei seiner Restauration des Heidentums auch manchmal zu Ausschreitungen, Plünderungen, Priestermiß-

464

handlungen, Profanierungen von heiligen Gefäßen. Damit hatten jedoch, wie sich bald zeigen wird, die Christen begonnen – und nach Julians Tod fuhren sie damit fort.

Julian war ein ausgesprochen sozial denkender Herrscher. Er hob unbegründete Vorrechte auf, verbesserte mehrere Wirtschaftszweige und schuf Steuererleichterungen. »Ihr unglücklichen Bauern«, rief nach dem Ableben des Kaisers der edle Libanios aus, »wie werdet ihr wieder die Beute des Fiskus werden! Ihr Armseligen und ewig Unterdrückten, was wird es euch jetzt nützen, den Himmel um Hilfe anzuflehen?«[11] Aber auch Bischof Ambrosius bestätigte die große Dankbarkeit des Volkes gegenüber Julian. Ja, noch einer seiner größten Schmäher, Gregor von Nazianz, gestand widerwillig, daß ihm vom Lob über Julians liberale Regierung, seinen Nachlaß von Steuern und dergleichen, die Ohren surrten[12].

Julian selbst führte ein untadeliges Leben. Hatte er sich schon als Jüngling durch Bescheidenheit und Fleiß ausgezeichnet und jede Bevorzugung abgelehnt[13], so verschmähte er auch als Kaiser allen Luxus. Er beseitigte das orientalische Hofzeremoniell der bisherigen christlichen Regenten und entließ den gewaltigen Schwarm von Spionen, Sekretären, Denunzianten[14]. Er ging auch bei feierlichen Anlässen zu Fuß, was man freilich oft nur als Mangel an fürstlicher Würde auffaßte. Er diskutierte im Sitzungssaal und ließ in seiner Gegenwart die Senatoren sitzen. Er besuchte keine Zirkusspiele, gab keine ausschweifenden Gelage und betrank sich nie. Vielmehr begann sein arbeitsreicher Tag schon bald nach Mitternacht. Er las die Philosophen und galt als bedeutender Stilist. Sogar christliche Mönche kopierten seine Briefe, wobei sie nur seine Polemik gegen die Kirche übergingen oder sie durch Randglossen wie »verfluchter Hund« oder »Handlanger des Teufels« wieder wettzumachen suchten[15].

Die Verleumdungen der Kirche

> »Kaum je sind leidenschaftlichere Haßschriften verfaßt worden«. J. Bidez[16].

Am 26. Juni 363 um Mitternacht starb Julian tapfer und gefaßt im 32. Lebensjahr in seinem Zelt auf einem Feldzug gegen die Perser an einer Speerwunde, die er am selben Tag erhalten hatte. Ob man einen christlichen Soldaten für diese Tat gedungen, läßt sich nicht erweisen, scheint jedoch selbst einem antiken Kirchenhistoriker wahrscheinlich[17]. Fest steht indes nur, daß christliche Gardeoffiziere – Julian ließ zwei von ihnen hinrichten – schon früher den Plan gefaßt hatten, den Kaiser anläßlich einer Truppenschau zu ermorden[18].

Die Christen in Antiochien feierten Julians Tod mit Tanzveranstaltungen in den Kirchen[19] und überschütteten den Toten, den sie vordem nicht offen zu bekämpfen wagten, mit Schmähungen. Nur der spanische Dichter Prudentius (gestorben nach 405), ein Laienchrist, versagte ihm die Achtung nicht[20]. Bereits Gregor von Nazianz aber verglich ihn mit Herodes, Judas, Pilatus und den Juden. Julian, behauptete er, habe die Schlechtigkeit aller Verfolger der Kirche in sich vereinigt, kein Tadel sei für ihn zu schlimm, und er nannte ihn mit einem Zitat »ein Schwein, das sich im Schmutze wälzte«[21].

Dies ist im Grunde die Tonart der Kirche geblieben. Nur lästerten ihre späteren Historiker, Philostorgius, Photius, Sokrates, Sozomenus, Malalas, Theodoret, Rufinus u. a. Julian noch mehr. Den Gipfel erklomm jedoch das katholische Mittelalter. Die frommen Erzähler schmückten ihre Geschichten über Julian mit Szenen aus, in denen er die Gebeine der Märtyrer und Heiligen schändet, Kindern das zuckende Herz ausreißt und schwangeren Müttern den Leib aufschlitzt[22]. Jesuitendramen führten diese Tendenz fort. Julian verpfändet sich der Höllenkönigin Hecate, wird mit »Saublut« neu getauft, er sucht die Christen »wie das Wild« auf oder läßt sie »dem Gott Jupiter schlachten«[23].

Erst die Aufklärung beendete solche Perspektiven. Voltaire, Montaigne, Chateaubriand zählten Julian zu den großen und größten Menschen der Geschichte, Shaftesbury, Henry Fielding und Gibbon schätzten ihn, Schiller wollte ihn zum Helden eines Dramas machen, und Goethe rühmte sich, Julians Haß gegen das Christentum zu verstehen und zu teilen[24].

II. TEIL

Die soziale Frage

53. KAPITEL

Die soziale Richtung
im Christentum

»Liebe deinen Nächsten wie dich selbst«. Mt. 22, 39.

»Wer den Nächsten liebt wie sich selbst, hat nicht mehr als der Nächste«. Kirchenlehrer Basilius[1].

Der arme Menschensohn besaß nichts, wohin er sein Haupt legen konnte. Und seine Jünger sollten das Evangelium ohne Geld im Gürtel verkünden. Nur einen Wanderstab und Sandalen hatte Jesus ihnen gestattet, bei Markus. Bei Matthäus und Lukas hatte er auch Stab und Schuhe verboten[2]. Im 5. Jahrhundert aber waren die Päpste die größten Grundbesitzer im Römischen Reich. Steht diese Entwicklung in einer legitimen Relation?

Die Haltung Jesu

»Jesu Gesellschaftslehre würde gleich einer Dynamitbombe in alle bestehenden Staaten dreinfahren müssen, sobald dort einmal das Christentum ernsthaft eingeführt werden würde«. Ditlef Nielsen[3].

Bei den Israeliten war die Religion untrennbar mit dem politischen und sozialen Leben verbunden.

Schon die jüdischen Propheten, nach dem Theologen Jirku die ersten Sozialisten der Weltgeschichte[4], traten für einen Ausgleich wirtschaftlicher und gesellschaftlicher Mißverhältnisse ein und protestierten immer wieder gegen die Ausplünderung der Armen durch die Reichen[5]. Die Essener hatten den Privatbesitz völlig abgewertet. Sie übergaben ihn beim Eintritt in den Orden an die Gesamtheit und lebten in Gütergemeinschaft. Mit ihrer prinzipiellen Disqualifizierung des Eigentums erinnern sie besonders stark an den lukanischen Jesus[6], der die sehr ausgeprägten antikapitalistischen Tendenzen ihrer und der prophetischen Literatur fortsetzt, was auch seiner eigenen Herkunft nicht widerspricht.

Zwar wissen wir nicht, ob Jesus, wie man behauptete, einem Ort entstammte, in dem es überhaupt keine Besitzenden gab; ob er in einem Häuschen aufwuchs, mit bekanntlich wenigstens sieben Geschwistern (S. 409), das nur aus einem einzigen Raum bestand[7]. Sicher aber sind die Eltern des synoptischen Jesus arm. Bei seiner Darstellung im Tempel opfern sie nur ein Taubenpärchen, die Gabe der Minderbemittelten[8]. Auch Jesus selbst lebt in der Bibel in völliger Armut. Er tritt als Besitzloser unter Besitzlosen auf, als ein Freund der Parias und Entrechteten, der Zöllner und Sünder. Kranke, Krüppel, Gezeichnete sammeln sich um ihn, Schuldige aller Art suchen ihn auf, und er sitzt mit ihnen an einem Tisch, für jeden Juden damals gleichbedeutend mit Lebensgemeinschaft[9]. Deshalb entsetzen sich die Pharisäer: »Dieser nimmt Sünder auf und ißt mit ihnen«[10].

Wieviel von all den evangelischen Worten über die Verherrlichung der Armut und die Verurteilung der Reichen auf Jesus zurückgeht, weiß man freilich nicht genau. Am radikalsten ist diese Tendenz im Lukasevangelium. Aber auch Markus und Matthäus bekunden sie, wenn auch nicht mit derselben Schroffheit. Doch findet selbst ein katholischer Theologe bei ihnen »im Grunde die gleiche Beurteilung des Reichtums«[11]. Nirgends können jedenfalls Rückschlüsse vom synoptischen auf den historischen Jesus mit größerer Sicherheit getroffen werden als hier, und zumindest die Haltung des biblischen Jesus ist eindeutig.

Jesus fordert Verzicht auf allen Besitz. »Verkauft euren Besitz und gebt ihn den Armen«. »Keiner von euch kann mein Jünger sein, der nicht auf alles verzichtet, was er besitzt«[12]. Einen Narren nennt er den, der sich seiner Schätze rühmt, und er lehrt, ein Kamel gehe leichter durch ein Nadelöhr, als ein Reicher ins Reich Gottes[13]. Wiederholt spricht er vom »ungerechten Mammon«, vom »Betrug des Reichtums«. Einen vierfachen Weheruf über die Reichen, Satten und Lachenden legt ihm das Evangelium des Lukas in den Mund, das in der Erzählung vom armen Lazarus den Reichen nicht wegen seiner Sünden, sondern allein wegen seines Reichtums verdammt und Jesus im »Magnifikat« die Begründung einer Epoche prophezeit, in der Gott »die Machthaber von den Thronen stürzt und die Armen erhöht, die Hungrigen mit Gütern sättigt und die Reichen leer ausgehen läßt[14].

Profanhistoriker und Theologen erklären mit guten Gründen, daß Jesu Standpunkt eine grundsätzliche Disqualifizierung nicht bloß des extremen Kapitalismus bedeute, sondern des seelenbetörenden Wohlstands an sich; daß Jesus dort, wo er vom »ungerechten Mammon« spricht, nicht etwa einen unredlich erworbenen Reichtum meine, sondern jeden Besitz als schlecht, als etwas prinzipiell Böses betrachte[15].

469

Auch wenn Jesus aber im Reichtum an sich vielleicht kein Übel sah, obschon er nicht müde wird, die Reichen zu warnen, so bekämpft er doch in der Bibel die erdrückende Diskriminierung der Armen, wo er auf sie trifft, ist das religiöse Element für ihn untrennbar mit dem ethischen verbunden, was ja schon die Gleichstellung seines Hauptgebotes der Gottes- und Nächstenliebe beweist. Ein außerkanonisches Jesuswort aber lautet geradezu: »Sahst du deinen Bruder, so sahst du deinen Gott«, und bei seinen jüdischen Zeitgenossen konnte sogar der Eindruck entstehen, die Liebe zum Nächsten sei für ihn wichtiger als die Liebe zu Gott[16].

Wiederholt leitet Jesus die Beseitigung materieller Misere, die Überwindung von Hunger und Not, aus dem Gebot der Nächstenliebe ab, besonders schön in der Erzählung vom reichen Jüngling im Hebräerevangelium: »Ein Reicher sprach zum Herrn: Meister, was muß ich Gutes tun, damit ich das Leben habe. Er antwortete ihm: Mensch, halte das Gesetz und die Propheten. Jener erwiderte ihm: Das habe ich getan. Er sprach zu ihm: Gehe hin, verkaufe alles, was du besitzest, und teile es den Armen aus und komm und folge mir. Da fing der Reiche an, sich den Kopf zu kratzen, und die Rede gefiel ihm nicht. Und der Herr sprach zu ihm: Wie kannst du sagen, ›Ich habe das Gesetz und die Propheten gehalten‹ , da doch im Gesetz geschrieben steht: Liebe deinen Nächsten wie dich selbst? Siehe, viele deiner Brüder, Söhne Abrahams, liegen in schmutzigen Lumpen und sterben Hungers, und dein Haus ist voll von vielen Gütern, und nichts kommt aus ihm zu ihnen heraus«[17].

War das ursprüngliche Christentum vielleicht auch nicht eine Fortführung der Klassenkämpfe der antiken Welt, enthält zumindest die Lehre des biblischen Jesus von nordamerikanischen Kommunisten der dreißiger Jahre gerne »Genosse Jesus« genannt – keine wirtschaftlichen Weisungen, ergeben sich aus ihr doch überhaupt nicht mehr zu überbietende soziale Folgerungen, eine Umwertung aller Werte, eine Revolution aller menschlichen Verhältnisse[18]. Jede an Jesus anknüpfende Gemeinschaft hätte mit psychologischer Notwendigkeit sich in ihrem ökonomischen Verhalten schon durch das Gebot der Nächstenliebe bestimmen lassen und sofort in eine kommunistische Organisation verwandeln müssen, durch ein Gebot, das einer der edelsten Christen der Antike, Kirchenlehrer Basilius, mit dem Satz kommentiert: »Wer den Nächsten liebt wie sich selbst, hat nicht mehr als der Nächste«[19].

470

Kommunismus in der Urgemeinde?

»Es herrschte unter ihnen kein Unterschied, und sie hielten keines ihrer Güter für ihr Eigentum, sondern alles war ihnen gemein«. Kirchenvater Cyprian[20].

»Im Urchristentum hat das Christentum den Sozialismus direkt in sich«. Der Theologe Overbeck[21].

»Hingabe allen Besitzes ist unbedingte Pflicht urchristlichen Glaubens«. Der Theologe Lohmeyer[22].

Tatsächlich hat es in der Urgemeinde einen starken Ansatz zum Kommunismus oder, wie Ernst Troeltsch sagt[23], zum religiösen Liebeskommunismus gegeben. Mußte doch in ihr nicht nur Jesu Lehre über Geld und Besitz, sondern auch die Form seines Zusammenlebens mit den Jüngern am unmittelbarsten weiterwirken. So gingen viele Judenchristen anscheinend bis zum Verzicht auf jedes Eigentum. Das Neue Testament berichtet sogar: »Die Menge der Gläubigen aber war ein Herz und eine Seele, und kein einziger nannte etwas von seinem Vermögen sein eigen, sondern sie hatten alles gemeinsam... es gab auch keinen Notleidenden unter ihnen; alle nämlich, welche Ländereien oder Häuser besaßen, verkauften diese, brachten dann den Erlös aus dem Verkauf und stellten ihn den Aposteln zur Verfügung; davon wurde dann jedem zugeteilt, wie er es brauchte«[24].

Nun idealisierte freilich der Verfasser der Apostelgeschichte, dessen Verklärungstendenzen uns bekannt sind, vermutlich auch das Zusammenleben der Urgemeinde, um sie hinter älteren kommunistischen Gemeinschaften der Juden und Heiden nicht zurückstehen zu lassen[25]. Doch hält ein großer Theologe wie Ernst Troeltsch den urchristlichen Kommunismus für sehr wahrscheinlich[26], und auch Gelehrte, die eine Entäußerung des Besitzes *aller* Judenchristen bezweifeln, glauben, daß viele ihr Eigentum verschenkten, um Jesu Gebot der Nächstenliebe um jeden Preis zu verwirklichen[27].

Die moderne katholische Theologie dagegen sucht den Eindruck der neutestamentlichen Erzählung abzuschwächen[28]. Der Kontrast zu dem, was bald darauf folgte, ist nun einmal erschreckend. Denn selbst wenn man den Bericht als euphemistische Darstellung eines sozialen Idealzustandes, als panegyrischen Hymnus betrachtet, zeigt er doch, wohin nach urchristlicher Auffassung die neue Religion sich hätte entwickeln *sollen,* während die Kirchengeschichte zeigt, wohin sie sich entwickelt *hat.*

Diese Wandlung, die aus der wesentlich liebes-kommunistisch geprägten Keimzelle des Christentums »die riesenhafteste Ausbeutungsma-

471

schine« entstehen ließ, »die die Welt gesehen«[29], geschah nicht ohne einen über die Jahrhunderte fortdauernden Widerspruch. Gerade die edelsten Christen neigten in allen sozialen Fragen zu radikalen Lösungen und protestierten, gestützt auf die ursprüngliche Lehre, gegen die oft schreiende Ungerechtigkeit der gesellschaftlichen Verhältnisse, wofür sie die Kirche beider Konfessionen als Rebellen gegen die gottgewollte Ordnung grausam bekämpft hat.

Schon die aus der Urgemeinde hervorgegangenen und später verketzerten Ebioniten forderten mit Berufung auf das älteste Evangelium Gütergemeinschaft und machten Armut zur unbedingten Pflicht[30]. Auch die gnostische Gemeinde des Karpokrates und seines Sohnes Epiphanes, die Kirchenlehrer Irenäus als Abgesandte des Teufels diffamiert, und die Apostoliker des 2. und 3. Jahrhunderts, die in allem an die Apostel anknüpfen wollten, waren christliche Kommunisten[31]. Manche Mönchsorden, die mittelalterlichen kommunistischen Bewegungen, die Gewaltlosigkeit und restlose Nächstenliebe verlangenden Wiedertäufer, deren Führer Fritz Erbe man mit Billigung Luthers vierzehn Jahre einkerkerte, sieben Jahre davon im unterirdischen Verlies der Wartburg, gewisse Kreise der Herrnhuter Brüdergemeine im 18. Jahrhundert und moderne Idealisten knüpften an die Idee des urchristlichen Liebeskommunismus an.

Aber selbst in der Kirche hat der Gedanke an eine radikal sozialistische Gestaltung der Wirtschaftsordnung jahrhundertelang fortgelebt, und zwar bei ihren bedeutendsten Vertretern.

Die kommunistische Predigt der Kirchenväter

> »Ahmen wir die erste Versammlung der Christen nach, bei denen alles gemeinsam war«. Kirchenlehrer Basilius[32].

> »Die Gütergemeinschaft ist mehr die adäquate Form unseres Lebens als der Privatbesitz, und sie ist naturgemäß«. Kirchenlehrer Johannes Chrysostomos[33].

Neben den synoptischen Evangelien ist diese Tendenz im Neuen Testament am stärksten in dem etwa zu Beginn des 2. Jahrhunderts entstandenen Jakobusbrief. »Sind es nicht gerade die Reichen, die euch gewalttätig behandeln, und schleppen nicht gerade sie euch vor die Gerichte?« ruft der Verfasser den Christen zu und droht ihren Ausbeutern mit den Worten: »Weinet und jammert über die Leiden, die euch bevorstehen... Geschlemmt habt ihr auf Erden und gepraßt, habt euere Herzen gemästet für den Tag der Schlachtung«[34].

In der ersten Hälfte des 2. Jahrhunderts fordert die »Zwölfapostellehre«, »alles gemeinsam« mit dem Bruder zu haben und nichts als Eigentum auszugeben. Wie andere frühchristliche Schriften steigert sie das Gebot der Nächstenliebe noch zu dem Satz: »Du sollst deinen Nächsten mehr als deine Seele lieben«[35].

Um die gleiche Zeit verlangt der römische Christ Hermas, dessen »Hirt« in der alten Kirche vielfach als kanonisch galt, den weitgehenden Verzicht auf irdisches Gut. Der Christ dürfe nicht mehr erwerben, als unbedingt nötig sei. Geld und allen Besitz soll er für Arme, Witwen und Waisen verwenden[36].

Um die Mitte des 2. Jahrhunderts berichtet auch Justin, daß die Christen ihr Eigentum in den Dienst der Allgemeinheit stellen und jedem Bedürftigen davon geben[37].

Um 200 meint Tertullian, Jesus habe einen wahren Abscheu vor dem Reichtum gelehrt. »Immerfort«, behauptet dieser Kirchenvater, »erklärt er die Armen für gerecht und verdammt die Reichen von vornherein«[38]. Nach Tertullian ist deshalb zum Beispiel der Handel eines Christen überhaupt unwürdig. Ja, er schreibt: »Und so haben wir, die wir nach Geist und Seele innigst verbunden sind, keine Bedenklichkeit hinsichtlich der Mitteilung unserer Habe. Alles ist bei uns gemeinschaftlich, nur nicht die Weiber«[39].

Solche Feststellungen entsprechen freilich mehr einem Wunsch als der Wirklichkeit. Bezeichnenderweise aber wird das pauperistische Pathos der christlichen Autoren später immer stärker, weil die zunehmende Verweltlichung der Kirche die Diskrepanz zwischen ihrer Predigt und ihrer Praxis nun immer mehr enthüllt. Je mehr sich die Kirche selbst anschickt, den Feudalismus des sterbenden römischen Reiches fortzuführen, um so kommunistischer werden zunächst die Theorien maßgeblicher Kirchenväter über Eigentum und Wirtschaftsordnung, desto leidenschaftlicher mahnt man zu einer radikalen Umkehr.

Der Augenschein muß auch oft niederschmetternd gewesen sein. Da gab es in Stadt und Land ein christliches Proletariat in den ärmlichsten Verhältnissen. Aber es gab auch Christen, die riesige Latifundien besaßen, es gab schwerreiche christliche Kaufleute, Fabrikanten, Reeder und Bankiers. Es stand, mit einem Wort, bei den Christen bereits im 4. Jahrhundert nicht viel anders als heute. Allerdings haben eben damals noch bedeutende Kirchenführer die herrschende Gesellschaft denkbar radikal kritisiert, eine grundsätzliche Neugestaltung des individualistisch-kapitalistischen Wirtschaftssystems verlangt und den urchristlichen Liebeskommunismus als eigentliche christliche Grundlehre verkündet. Kein noch so radikaler Sozialist kann ihre Forderungen überbieten[40].

Kirchenlehrer Basilius (um 330–379) nennt Christen, die noch etwas

473

als ihr Eigentum ansprechen, nicht nur Diebe, sondern Räuber und stellt alle, die aus Selbstsucht dem Elend nicht abhelfen oder auch nur die Hilfe hinausschieben, auf eine Stufe mit Mördern[41]. »Wäre wahr, was du behauptest«, spricht er zum Reichen, »du habest von Jugend auf das Gebot der Liebe beachtet und jedem so viel wie dir selbst gegeben, woher hättest du dann deinen riesigen Reichtum? Denn die Sorge für die Armen verzehrt den Reichtum: Soll jeder auch nur wenig für seine Lebensbedürfnisse bekommen, so müssen alle zugleich ihr Vermögen verteilen und an die Armen geben«. Hier folgt das klassische Wort: »Wer daher den Nächsten liebt wie sich selbst, besitzt nicht mehr als der Nächste«[42].

Bischof Basilius konnte sich eine solche Sprache freilich erlauben. Einer der reichsten Familien Kappadokiens entstammend, schenkte er schon früh sein ganzes Vermögen den Armen. Und als ihm der Besitz seiner Mutter zufiel, der so ausgedehnt war, daß sie an drei Fürsten Steuern entrichten mußte, verschenkte er auch ihn. Basilius lebte als Bischof völlig bedürfnislos. Ausgehend von dem Wort: »Willst du vollkommen sein, verkaufe alles, was du hast und gib es den Armen«, forderte er die vita perfecta, das vollkommene Leben, die Fortgabe des ganzen Vermögens. Als er erkannte, daß die meisten seine Weisung nicht erfüllen mochten, verlangte er wenigstens die Hingabe des halben Besitzes[43].

Ähnlich verfuhr, von Basilius angeregt, sein Bruder Gregor von Nyssa († um 394), der sich indes auch schon mit der Entäußerung des dritten oder fünften Teiles an die Armen begnügt. Doch auch Gregor schreibt: »Bei der Verteilung von irdischem Reichtum allerdings schädigt einer, der mehr an sich reißt, die anderen, mit denen er teilen soll; denn wer einen größeren Anteil nimmt, vermindert notwendig den Anteil seiner Genossen«[44].

Nach Kirchenlehrer Johannes Chrysostomos (354–407), dem damals höchsten katholischen Würdenträger im Orient, opfert wenig, wer nicht seine ganze Habe gibt, besitzen die Reichen nicht ihr Eigentum, sondern das Gut der Armen, selbst dann, wenn sie nur das väterliche Erbteil übernommen, ja, wenn sie ihr Vermögen aus gerechter Arbeit erworben haben[45]. Denn, wie der Patriarch sehr ausführlich in der 12. Homilie über den ersten Brief an Timotheus erörtert: »Sag mir, woher stammt dein Reichtum? Du verdankst ihn einem anderen? Und dieser andere, wem verdankt er ihn? Seinem Großvater, sagt man, seinem Vater. Wirst du nun, im Stammbaum weit zurückgehend, den Beweis liefern können, daß dieser Besitz auf gerechtem Wege erworben ist? Das kannst du nicht. Im Gegenteil, der Anfang, die Wurzel desselben, liegt notwendigerweise in irgendeinem Unrecht. Warum? Weil Gott von Anbeginn nicht den einen reich, den anderen arm erschaffen... Also die Gütergemeinschaft ist mehr die adäquate Form unseres Lebens als der Privatbesitz, und sie ist

474

naturgemäß.« So sollen die Christen nach Gottes Willen lernen, alle Dinge »in kommunistischer Weise zu besitzen«. Mit unmittelbarem Bezug auf Jesu Wort vom »Mammon des Unrechts« schreibt dieser Kirchenlehrer: »Ohne Ungerechtigkeit kann man nicht reich *werden*«; und »es ist unmöglich, unmöglich ist es, in Ehren reich *zu sein*«[46].

Johannes Chrysostomos verkündete als Patriarch von Konstantinopel sein kommunistisches Evangelium in der Kirche und verlangte nichts Geringeres als eine Neugestaltung der Gesellschaft durch die Rückkehr zum Kommunismus der Urgemeinde[47]. So schuf er sich Feinde im Klerus und am Kaiserhof. Er wurde seines Bischofsstuhles entsetzt und mußte 404 nach Armenien ins Exil. Als das christliche Volk zu ihm wallfahrtete, trieb man den schon schwer Kranken 407 weiter ans Schwarze Meer, wo er in der Verbannung starb.

Selbst nach Hieronymus († 419 oder 420) lebt der Reiche auf Kosten der Armen, ist jeder Reichtum durch Ungerechtigkeit entstanden, weil Raub am Nächsten. So erklärt er: »Der Reiche ist entweder ungerecht oder eines Ungerechten Erbe«. Oder: »Wenn du mehr hast, als du zur Nahrung und Kleidung bedarfst, so gib es weg und für so viel erachte dich als Schuldner«[48]. Immer wieder empfiehlt er im Hinblick auf das Jesuswort: »Willst du vollkommen sein, dann verkaufe alles was du hast und gib es den Armen«, Verzicht auf jeden Besitz[49].

Betrachten wir hier noch eine Bewegung, die im 2. Jahrhundert zu einer Art sozialistischen Utopismus geführt und den Erfolg des Christentums entscheidend mitbedingt hat.

Der Chiliasmus

> »*Der Chiliasmus war mehrere Menschenalter in den Gemeinden geradezu herrschend und besonders in den unteren Schichten von stärkstem Einfluß, vor allem in den Verfolgungszeiten*«. *Der Theologe Heussi*[50].

> »*... eine der Hauptursachen der großen Begeisterung..., die dem Urchristentum den Missionserfolg in der Welt sicherte*«. *Der Theologe Buonaiuti*[51].

Unter Chiliasmus (griech. chilioi = 1000) verstand man im Urchristentum die Erwartung eines tausendjährigen Reiches (auch Millennium genannt) irdischer Glückseligkeit der Gerechten unter der Regierung des wiedergekehrten Christus. Dieser Glaube, der eng mit der ursprünglich rein diesseitsgerichteten, im Spätjudentum aber religiös überhöhten jüdi-

475

schen Enderwartung zusammenhing, ging insbesondere auf eine neutestamentliche Schrift, die Apokalypse, zurück, die im 20. Kapitel den Christen ein tausendjähriges Friedensreich prophezeit, an dem sie leiblich teilnehmen, die Märtyrer auferstehen und mit dem rückgekehrten Christus auf Erden herrschen sollten. Erst darauf würden dann, so glaubte man, die zweite allgemeine Auferstehung und das ewige Gericht erfolgen, wie ja auch Paulus eine doppelte Auferstehung lehrt.

Die chiliastische Eschatologie, die Erwartung eines kommunistischen Wunderlandes auf Erden, war im frühen Christentum weitverbreitet und übte eine gewaltige Suggestivkraft auf die Massen aus. Ausgesogen von der Diktatur der Caesaren und dem römischen Agrarkapitalismus, hatten sie seit Generationen Erlösung von ihrem Elend ersehnt. Und als im 2. und besonders 3. Jahrhundert die Drangsal immer größer wurde, Usurpationen, Zwangsaushebungen, Militärrevolten, Bürgerkriege und Barbareneinfälle, Hungersnöte und Pestilenzen, Proskriptionen und Plünderungen einander ablösten und es in Sizilien und Gallien sogar zu organisierten Aufständen der völlig verarmten Bevölkerungsschichten kam, mußten breite Kreise natürlich durch einen Glauben angezogen werden, der im christlichen Erlöser nicht nur ein religiöses Ideal, sondern auch einen Erfüller proletarischer Hoffnungen, einen Befreier aus wirtschaftlicher Not erblickte.

Doch besaß der Chiliasmus Anhänger nicht nur im einfachen Volk.

Bischof Papias bekannte sich zu dieser Bewegung und, wie er berichtet, auch Jesus[52]. Justin hing ihr mit großer Entschiedenheit an und starb dafür den Märtyrertod[53]. Kirchenlehrer Irenäus, der bedeutendste Katholik des 2. Jahrhunderts, rechnete den Chiliasmus zum kirchlichen Glaubensbekenntnis und alle Nichtchiliasten zu Ketzern[54]. Auch Tertullian glaubte an ein tausendjähriges Zwischenreich auf Erden[55]. Ebenso haben die Kirchenväter Cyprian, Methodius von Olympos, der 304 als Märtyrer gestorbene Bischof Viktorin von Pettau in der Steiermark, und noch im 4. Jahrhundert besonders Laktanz den Chiliasmus, wenn auch mit unterschiedlicher Intensität, verkündet; ferner der Barnabasbrief und die Montanisten[56]. Harnack nennt ihn neben dem Unsterblichkeitsglauben »das eigentliche Charakteristikum« des Christentums[57]. Die kritische Theologie aber schreibt ihm ganz allgemein einen Einfluß auf die christliche Mission zu, der gar nicht überschätzt werden könne[58].

Seit der Mitte des 3. Jahrhunderts bekämpften dann katholische Stimmen den Chiliasmus, und nach ihrer Anerkennung durch den Staat verwarf ihn die Kirche als judaistisch, fleischliche Gesinnung, »Privatmeinung« und »Mißverständnis«, ja, wie auf dem Konzil von Ephesus 431, als eine »Entgleisung und Fabelei«[59]. Das prophezeite tausendjährige Reich, der Glaube an ein kommunistisches Paradies auf Erden, der die

476

notleidenden christlichen Massen einst befeuert und noch im frühen 3. Jahrhundert als rechtgläubig gegolten hatte, war der zur Herrschaft eingegangenen Kirche unbequem. Sie ersehnte nun nicht mehr den Weltuntergang, sondern betonte mit besonderer Beflissenheit die »Endlosigkeit« des Reiches Christi[60] und erklärte die gegenteilige, auch von Paulus vertretene Anschauung von einem befristeten Messiasreich, einem Zwischenreich, offiziell zur Häresie[61].

Man unternahm jetzt alles, um die bis ins 4. Jahrhundert fortlebenden chiliastischen Gedanken der ältesten Christenheit auszumerzen oder zu spiritualisieren. Man schreckte vor der Schmähung führender Chiliasten so wenig zurück wie vor der Fälschung ihrer Schriften. Schon Euseb von Caesarea, der Vater der Kirchengeschichte, scheute sich nicht, den als Märtyrer gestorbenen phrygischen Bischof Papias einen ganz dummen Menschen zu nennen, nur weil er den Chiliasmus verfocht[62]. Euseb benötigte diesen Glauben freilich nicht mehr. Für ihn, den Hofbischof der ersten christlichen Majestät, war das Reich Gottes bereits auf Erden.

Die Kirche ließ fast das gesamte chiliastische Schrifttum untergehen. Selbst die fünf Bücher des Papias, in denen der »apostolische Vater« die Worte Jesu kommentiert und den Chiliasmus auf ihn zurückgeführt hatte, sind verschwunden, obschon man sie im 14. Jahrhundert noch besaß[63]. Allem Anschein nach wurden aber auch aus patristischen Texten, aus Werken Hippolyts und des Irenäus, chiliastische Partien einfach ausgemerzt[64], teilte doch gerade Kirchenlehrer Irenäus »in vollem Umfang die sozialen Überzeugungen und die kommunistischen Erwartungen des phrygischen Bischofs«[65].

Auch die Reformatoren Luther und Calvin verwarfen die von den Täufern damals wieder gepredigten Vorstellungen vom tausendjährigen Reich. Im 17. Artikel des Augsburger Bekenntnisses werden sie als jüdischer Aberglaube (iudaica opiniones), in der Confessio Helvetica als jüdischer Wahn (iudaica somnia) verdammt[66].

477

54. KAPITEL

Die asoziale Richtung
im Christentum

Nun gab es freilich im Christentum von früh an eine Richtung, die es mit der Nächstenliebe nicht so genau nahm. Neben jenen nämlich, die das Armutsideal hochhielten, standen andere, die es bekämpften, die das Eigentum heiligten und alles taten, um die in der ältesten Christenheit begreiflicherweise weitverbreitete Voreingenommenheit gegen die Reichen abzuschwächen oder ganz zu beseitigen.

Schon im Neuen Testament finden diese beiden Haltungen Ausdruck in den zwei Fassungen des Jesuswortes, das bei Lukas lautet: »Selig ihr Armen... verflucht ihr Reichen«, bei Matthäus aber: »Selig sind die geistig Bedürftigen«[1]. Schon im Neuen Testament liest man von christlichen Gemeinden, die sich brüsteten: »Ich bin reich, ja, reich bin ich geworden und habe an nichts Mangel«, liest man von der Bevorzugung reicher gegenüber armen Christen beim Gottesdienst[2].

Instruktiv für die beginnende Wandlung ist auch hier wieder das Beispiel des Paulus.

Paulus hilft »unter der Hand«

> »...alle schroffen Worte gegen den Reichtum, wie sie bei Jesus vorkommen..., fehlen bei ihm«.
> Der Theologe Preisker[3].

Auf der einen Seite verkündet Paulus, das ganze Gesetz finde seine Erfüllung in dem Gebot der Nächstenliebe, erklärt er Geldgier als gleichbedeutend mit Götzendienst, als einen Grund zum Ausschluß aus dem Gottesreich. Auf der anderen Seite aber will er die christliche Bruderliebe nicht so weit getrieben sehen, daß der Spender selbst dadurch in Not gerate. Jeder solle nur nach dem Maße seines Vermögens geben[4].

Hier beginnt also bereits der Kompromiß. Gewiß klingen Pauli Worte

478

gar nicht unverständig. Wie aber verhalten sie sich zur Lehre Jesu: »Verkauft euren Besitz, und gebt ihn als Almosen hin«? »Keiner von euch kann mein Jünger sein, der sich nicht von allem lossagt, was er besitzt«? Oder zu dem in allen drei Evangelien überlieferten Ausspruch: »Eins fehlt dir noch; gehe hin, verkaufe alles, was du hast, und gib es den Armen«[5]?

Paulus denkt über Hab und Gut völlig anders als Jesus. Er verwirft Besitz niemals, sondern beurteilt ihn positiv[6]. Im Gegensatz zu Jesus erlaubt Paulus ja auch den Boten des Evangeliums die Annahme von Geld. Er ereifert sich geradezu dafür, allerdings nicht im eigenen Interesse[7]. In seinen Gemeinden aber, von denen er selbst sagt, daß sie »einander beißen und auffressen«[8], konstatiert die theologische Forschung höchst unerfreuliche Differenzen zwischen Arm und Reich, Einteilungen und Klassenunterschiede, sogar bei den Gottesdiensten »ein schamloses Bild sozialer Zerklüftung«[9]. Auch ein so warmherziger Verteidiger des Apostels wie Leipoldt muß zugeben, man höre in den paulinischen Gemeinden, trotz der großen Zahl der Armen, nichts von einer Bekämpfung der Not nach Art der Jerusalemer Christen. Der Theologe schließt daraus auf Hilfe »unter der Hand«[10].

Clemens, Gregor von Nazianz, Augustinus

> »Schließlich steht es bei den Christen äußerlich und tatsächlich genau so wie bei den Nichtchristen«.
> Der Theologe Troeltsch[11].

> »Nicht mehr die Solidarität mit den Unterdrückten, sondern das Sich-gut-stellen mit den Unterdrückern ist fortan immer wieder zu beobachten. Der Pakt mit den Mächtigen, mit dem Geld und den Einflußreichen, mit den Habenden«.
> Der Theologe Dignath-Düren[12].

Die sozialen Differenzierungen führten aber nicht nur in Korinth zu beträchtlichen Spannungen. Auch in anderen Gemeinden kam es früh zu Klagen über den Hochmut reicherer Glaubensgenossen, zum Feilschen, Streiten, Prozessieren, wie etwa das Hirtenbuch des römischen Christen Hermas vielfach bezeugt[13]. Schon im frühen 2. Jahrhundert predigten Christen: »Laß dein Almosen schwitzen in deinen Händen, bis du erkannt hast, wem du es gibst!«[14]. Schon in vorkonstantinischer Zeit priesen christliche Kreise die Heiligkeit des Eigentums und milderten die Radikalität des Evangeliums oder deuteten sie ganz um. Das Gleichnis vom Kamel und Nadelöhr besagt nach ihnen, der Reiche solle sein Geld nicht verschleudern. Jesus, wußten sie, verlange gar nicht Besitzlosigkeit, sondern Reinigung der Seele, Reiche seien ihm so lieb wie Arme, ja, ein reicher Märtyrer sei sogar wertvoller und tapferer als ein armer usw.[15]

Clemens von Alexandrien verheißt auch den Kapitalisten das Paradies und weist die Armen zurecht, die sich gegen sie erhöhen[16]. Schrieb dieser »Gentleman« unter den Patristikern[17] doch bereits für die christlichen Gebildeten und Geldmenschen. In der reichen Handelsstadt Alexandrien wohnend, versäumt er nicht, den Apostel Matthäus »reich« zu nennen und zu lehren, daß die Menschheit ja gar nicht existieren könne, wenn niemand etwas besäße[18].

Im 4. Jahrhundert faßt Gregor von Nazianz Reichtum als Segen Gottes für die Frommen auf. So behielt er seinen großen Besitz zu seinen Lebzeiten selbst und vermachte ihn erst in seinem Testament den Armen[19]. Auch unterscheidet Gregor, ein »Kavalier«, wie man ihn nannte, zwischen den Menschen von vornehmer Abkunft und den Armen in oft unschöner Weise. Unter Hilfesuchenden, zum Beispiel unter Flüchtlingen, will er ehemalige Reiche bevorzugt sehen[20]. Den Armen aber verspricht Bischof Gregor »die höchsten Stellen im Himmelreich, nicht Ämter in dieser kleinen, unbedeutenden Stadt«[21]. Von manchen Reden dieses Kirchenvaters konnte man geradezu sagen: »So könnte ein ›Junker‹ sprechen«[22].

Ganz eindeutig steht Augustinus auf Seite der besitzenden und herrschenden Klasse[23]. Die Masse mahnt er, nicht die »armen Reichen« zu verachten. Die Armen teilten mit den Reichen nicht die Welt, sondern den Himmel. Sie sollen sich mit dem begnügen, was sie haben. Sie würden auch viel sorgenfreier schlafen als die von Sorgen gequälten Reichen. Die Armen sind nach Augustin verurteilt, »im ewig gleichen unverändert harten Joch des niederen Standes« zu bleiben[24]. Sie sollen dem Ideal der »arbeitsreichen Armut« (laboriosa paupertas) nachleben. Sie sollen arm bleiben und viel arbeiten. Das zählt zu den »wesentlichsten Ratschlägen« Augustins an die Armen[25]! Augustins Sorge für den Besitzstand der Oberschicht ist derart, daß man in einer Untersuchung seiner sozialen Haltung erst neuerdings schrieb, er bleibe mitunter noch hinter der israelitischen Moral zurück[26].

Der Pakt mit den Reichen macht auch die Kirche reich

> *»Die siegreiche christliche Gemeinde war in allen Punkten das gerade Gegenteil jener Gemeinde, die von armen Fischern und Bauern Galiläas und Proletariern Jerusalems drei Jahrhunderte vorher begründet worden war«.*
> *Karl Kautsky*[27].

480

Über Ursprung und Vermehrung des kirchlichen Besitzes ist wenig bekannt. Bis ins 5. Jahrhundert schweigen die christlichen Schriftsteller fast völlig über diesen Vorgang, der mit dem evangelischen Armutsideal ja nicht so leicht zu vereinbaren war.

Begonnen hatte der Goldregen unter Konstantin. Er spendete Geld, Kirchen und Paläste. Er gab dem Klerus Erlaubnis zur Benutzung der Staatspost, ließ ihm Getreide zuteilen, und vielleicht befreite schon er ihn von der Steuer. Seine christlichen Nachfolger verliehen neue Dotationen und Immunitäten. Was früher in die heidnischen Heiligtümer floß, erhielt nun die Kirche. Sie eignete sich auch die Tempelgüter und den Kirchenbesitz der »Ketzer« an. Und das Vermögen, das ihr klerikale Würdenträger, Mönche und Sklaven hinterließen, vergrößerte ihr Gut andauernd, zumal es Sitte wurde, die Bischöfe aus reichen Familien zu wählen. Aber auch viele Laien vermachten der Kirche Kapital, galt dies doch als sicherste Garantie für die Erlangung des ewigen Seelenheils.

Schon in der zweiten Hälfte des 4. Jahrhunderts sah das Volk im Bischofsamt, auch im kleinsten, wie ein Kirchenvater schreibt, eine »fette Pfründe«[28]. Der hochgeachtete heidnische Präfekt Praetextatus spottete damals im Hinblick auf die Einnahmen von Papst Damasus: »Macht mich zum Bischof der Stadt Rom, und ich werde sogleich Christ«[29]. Damasus, dessen Tafelluxus und pompöser Wagen sprichwörtlich waren, tätigte die finstersten Finanzgeschäfte, während der arme Landklerus gelegentlich nach Rom kam, um sich dort ungesehen zu betrinken[30]. Auch der Historiker Ammianus Marcellinus äußert gegen Ende des 4. Jahrhunderts, wer Bischof von Rom werde, gewinne leicht Reichtum und könne ein feudales Leben führen. Das sei auch der Grund für die hartnäckigen Kämpfe um diesen Platz[31].

Seit 475 gab die römische Gemeinde ein Viertel der gesamten kirchlichen Einkünfte dem Bischof. Ein Viertel bekam der Klerus, wobei die niederen Geistlichen aber auf Nebenverdienst angewiesen blieben. Ein Viertel wurde an die Armen verteilt, und ein Viertel für die Erhaltung der Kirchengebäude verwendet[32]. Doch kam es auch vor, daß ein Papst jahrelang alle vier Teile allein verbrauchte[33].

Allmählich entstand ein kolossaler Grundbesitz, den man als Patrimonium Ecclesiae oder Patrimonium S. Petri bezeichnete. Nicht nur in Italien besaßen die römischen Bischöfe riesige Güter, sondern auch auf Sizilien, Korsika, Sardinien, in Dalmatien und Afrika. Seit dem 5. Jahrhundert ist der Bischof von Rom der größte Grundbesitzer im römischen Reich[34].

Als die Kirche aber immer reicher wurde, ergriff sie auch selbst die Partei der Reichen, was die christlichen Sozialaufstände in Afrika, Spanien und Gallien beweisen. Nur wenige Christen, wie Kirchenvater Salvian,

481

sympathisierten mit den Aufständischen und sahen die Schuld in der Willkür der Richter und Steuerbehörden, die »wie wilde Tiere die ihnen Anvertrauten nicht regierten, sondern auffraßen«[35].

Die klerikalisierte Kirche aber hat von nun an den Radikalismus Jesu durch Kompromisse und Relativierungen immer mehr gebrochen, die sozialen Traditionen des Urchristentums, die im Widerspruch zu den Lebensformen der feudalen Gesellschaft standen, preisgegeben und das antike Wirtschaftssystem in allen Stücken übernommen. Prozessierte sie, ungeachtet des paulinischen Verbots, schon in vorkonstantinischer Zeit verbissen um ihren Besitz[36], so stützte sie dann als konservative Macht die überlieferten Ordnungen. Sie schmiegte sich geschickt den bestehenden Zuständen an und begleitete sie willig. Ihre Steuern trieb sie mit derselben Härte wie der Staat ein. Ihre Gläubigen waren so reich wie die Heiden. Es gab, sozial gesehen, keine Unterschiede mehr zwischen Christen und Nichtchristen. Vielmehr bestand eine neue Herrenklasse, der Klerus, und als das römische Reich zusammenbrach, setzte die Kirche seine alten kapitalistischen Usancen fort. So hat sie von allen Rechts- und Wirtschaftsordnungen des untergehenden Imperiums zuletzt fast allein profitiert[37].

Reichtum und Luxus des mittelalterlichen Papsttums

> »Alles nur um Irdisches und Zeitliches, um Könige und Königreiche, um Prozesse und Streitigkeiten. Kaum ein Gespräch über geistliche Dinge war erlaubt«.
> Bischof Jakob von Vitry[38].

Der Grund zum Kirchenstaat wurde unter Stephan III. (752–757), einem Römer, durch einen Religionskrieg gelegt. Indem er mit dem Himmel lockte und der Hölle schreckte und den Franken einen Brief von St. Peter persönlich präsentierte, veranlaßte der Papst den fränkischen König Pippin, dessen usurpierte Königswürde die Kirche bestätigt und dessen Vorgänger sie ins Kloster gesteckt hatte, zu zwei Feldzügen gegen die Rom bedrohenden Langobarden. Das eroberte Gebiet schenkte Pippin 756 dem hl. Petrus bzw. seinen angeblichen Nachfolgern, die damit nicht nur über riesige Ländereien verfügten, sondern auch über ein eigenes Heer.

Nun beeilte man sich allerdings, dem soeben durch zwei blutige Kriege geschaffenen Kirchenstaat einen etwas idealeren Ursprung zu geben. Man fälschte nämlich noch unter Pippin die sogenannte Donatio Constantini, die Konstantinische Schenkung, die an die Silvesterlegende anknüpft. Der schreckliche Christenverfolger Konstantin (!) war demnach durch Papst Silvester I. vom Aussatz geheilt, bekehrt und getauft worden und

482

hatte zum Dank den Papst mit kaiserlichen Würden und Rechten reich beschenkt, nicht nur, wie es der Wirklichkeit entspricht, mit dem Lateran, sondern auch mit der Stadt Rom und sogar mit »allen Provinzen Italiens und der westlichen Lande«[39].

Diese berüchtigte, den Kirchenstaat als ein Geschenk des ersten christlichen Kaisers ausgebende, mit Datum und eigenhändiger Unterschrift versehene Urkunde, spielte als »klassisches Beweisstück« eine hervorragende Rolle im Kampf der Päpste gegen die Kaiser. Im Hinblick auf sie wurde jeder von der Kirche verdammt, der sich am kurialen Besitz vergriff oder eine solche Handlung auch nur irgendwie begünstigte[40]. Als erster Papst beruft sich Hadrian I. im Briefwechsel mit Karl d. Gr. auf die Fälschung. Im 12. Jahrhundert ging sie in das Decretum Gratiani ein, das den ersten Platz im Corpus Iuris Canonici erhielt, dem bis 1918 gültigen Gesetzbuch der Kirche.

Nachdem schon im 12. Jahrhundert die Anhänger Arnolds von Brescia den Betrug erkannt hatten, deckte ihn endgültig 1440 der päpstliche Sekretär und Humanist Laurentius Valla in einer Schrift auf, die Ulrich von Hutten im Jahre 1519 publizierte. Die römisch-katholische Geschichtsschreibung aber gab die Fälschung erst seit dem 19. Jahrhundert zu.

Im Mittelalter wurde dann der päpstliche Hof zu einem Zentrum von Geschäft und Finanzpolitik. Wie denn die Kurie auch früher als die meisten europäischen Fürstenhöfe von der Naturalienbesoldung zur Geldbesoldung überging und im engen Kontakt mit den damals aufkommenden Banken zu einer der bedeutendsten Finanzmächte der Welt heranwuchs, was hier nicht zusammenhängend gezeigt werden kann. Nur einige bezeichnende Zeugnisse und Zahlen sollen die Entwicklung erkennen lassen.

Von den fünfundfünfzig erhaltenen Briefen Papst Hadrians I. sind fünfundvierzig an Karl d. Gr. gerichtet und drehen sich fast nur um die päpstlichen Besitzungen[41]. Unter Karl d. Gr. wurde auch die kirchliche Forderung des Zehnten gesetzlich festgelegt, den man im christlichen Altertum überhaupt nicht gekannt hatte. Papst Gregor VII. aber dekretierte Ende des 11. Jahrhunderts bereits, allein der Papst könne Kaiserreiche und Königtümer sowie überhaupt die Besitztümer aller Menschen bestätigen oder streitig machen, geben und nehmen (S. 271).

Innozenz III. (1198–1216), der noch als Kardinal Graf von Conti und Segni über die Verachtung der Welt (De contemptu mundi) schrieb, war als Papst so sehr in politische und finanzielle Geschäfte verstrickt, daß Bischof Jakob von Vitry klagte, ein Gespräch über geistliche Dinge sei kaum noch erlaubt gewesen. Der deutsche Chronist Burckhard von Ursperg aber sieht im Geld die einzige Gottheit der Kurie. »Freue dich, o Mutter Rom«, spottet er, »die Schleusen der Schätze der Welt haben sich weit geöffnet, und von allen Seiten fließt das Geld als ein Strom zu dir und häuft sich in Bergen an. Es gibt kein Bistum, keine religiöse Würde und keine Pfarrkirche, um die nicht ein Prozeß geführt würde, welcher dir nicht Leute mit gespicktem Geldbeutel zuführte. Die Schlechtigkeit der Menschen ist die Quelle deines Wohlergehens. Aus ihr ziehst du deinen Vorteil«[42]. Die Chroniken aller europäischen Länder berichten ähnliches.

Der englische König Johann ohne Land zahlte an Neffen Innozenz' III., an mit ihm verbündete Familien, wie die Annibaldi, an Verwandte von Kardinälen regelmäßige Pensionen[43]. Von jeder Kirche der ganzen Welt forderte der Papst den zehnten Teil ihrer Einkünfte. Selbst von jedem der 483 Bischöfe und der etwa 800 Äbte, die zum Laterankonzil (1215) in Rom zusammentraten, verlangte er vor ihrer Abreise eine bestimmte Summe, die sie sich gegen hohen Zins bei den Bankiers der Kurie borgen mußten[44].

Nur wenige Jahrzehnte nach dem Pontifikat dieses Papstes verkündet der Fürst der Scholastik, Thomas von Aquin, daß materieller Besitz um der gesellschaftlichen Verpflichtungen willen geradezu notwendig und auch die Sorge darum selbstverständlich erlaubt sei. Jesu ausdrückliches Verbot bezieht sich, wie Thomas weiß, nicht auf das Tun, sondern den Erfolg den man Gott anheimzustellen habe. Auch persönlicher Luxus, wenn er nicht ins Ungemessene geht, ist nach Thomas durchaus gestattet[45].

Wie es hiermit gerade Päpste hielten, mögen nur ein paar Zahlen belegen.

Während der Zeit ihres freiwilligen Asyls in Avignon (1309–1376) kostete eine päpstliche Krönungsfeier 10000 Goldgulden, allein das Mahl fast die Hälfte. Die Kardinäle erhielten bei der Wahl Gratifikationen von 2000 bis 5000 Goldgulden[46]. Papst Eugen IV. (1431–1447), ein Augustinereremit, bestellte bei einem Florentiner Goldschmied eine Krone im Wert von zwei Millionen Francs. (Die Krone des Papstes Johannes XXIII. wiegt ohne Perlen etwa sechs Pfund an Gold[47].) Papst Paul II. (1464–1471) kaufte Edelsteine, die auf acht bis zehn Millionen Francs geschätzt worden sind. Bei seinem Nachfolger Sixtus IV. (1471–1484) meldeten sich sogleich die Gläubiger von fünf seiner Vorgänger. Sixtus selbst ernannte zwei noch nicht dreißigjährige Neffen zu Kardinälen, verteilte gewaltige Familienpfründen und belegte sogar die römischen Kurtisanen mit einer Sondersteuer, aus der er 20000 Dukaten im Jahr bezog[48]. Die Krönung von Papst Leo X. (1513–1521), der es schon mit dreizehn Jahren zum Kardinal gebracht hatte, der die Zahl kaufbarer Kurienämter infolge dauernden Geldmangels auf über zweitausend erhöhte und fünf Familienmitglieder als Kardinäle berief, verschlang 50000 Dukaten[49].

Wie wenig dieser Nepotismus etwa nur eine Sache der Renaissancepäpste war, wird sich bald zeigen.

484

Werfen wir vorerst noch einen Blick auf

Die sogenannten sozialen Bemühungen der jüngsten Päpste

> *»Die Enzykliken gehen immer von abstrakten, ganz allgemeinen Betrachtungen aus. (Die Gewalt komme von Gott, nicht vom Volk... Gehorsam gegenüber der Obrigkeit sei notwendig; alle Übel rührten von der Trennung der Menschen von Gott und der Kirche her, usw.) Wenn die Päpste dann zum Kern der Frage kommen, reden sie darum herum. Sie nennen kein wesentliches Mittel, das den Grund für die Mißstände träfe«.*
> *Der ehemalige päpstliche Theologe Alighiero Tondi[50].*

Als in der Antike ein Kirchenvermögen entstand, betrachtete man es vor allem als ein Vermögen der Armen und hielt es überhaupt nur so für gerechtfertigt. Kirchenlehrer Johannes Chrysostomos bezeichnete die Armenfürsorge für wichtiger und wertvoller als die Ausstattung der Gotteshäuser[51]. Die Haltung der meisten Patristiker ist bis um die Wende zum 5. Jahrhundert in dieser Frage so eindeutig und radikal, daß man selbst auf katholischer Seite von der »mitunter sehr nah an den *Kommunismus* streifenden Auffassung der Kirchenväter« spricht[52], was freilich noch viel zu wenig besagt. Papst Pius IX. aber schreibt im § 4 des Syllabus vom 8. Dezember 1864 mit Bezug auf eine ganze Reihe vorausgehender päpstlicher Enzykliken und Ansprachen vom *Kommunismus,* Sozialismus und auch – man beachte die Zusammenstellung – von Bibelgesellschaften und den Vereinigungen liberaler Theologen: »Diese verderblichen Seuchen werden oft und in den härtesten Ausdrücken verworfen«. Ja, während fast alle bedeutenden antiken Kirchenväter immer wieder den von ihnen geforderten christlichen *Kommunismus mit dem Naturrecht* motivierten und Privateigentum von Natur ein Unrecht, die Wurzel allen Streites oder gar Diebstahl nannten, dekretierte Papst Leo XIII. im Jahre 1891 in denkbar schärfstem Gegensatz zu den Kirchenvätern das *Privateigentum als Naturrecht.*

Papst Leo, der wegen seiner Enzyklika »Rerum Novarum«, worin er Schutz des Arbeiters, gerechten Lohn, Sonntagsruhe und dergleichen verlangt, in katholischen Kreisen als sozialer Reformator, als der »Arbeiterpapst« gilt, hat mit seinem Erlaß nur dem zunehmenden Einfluß des von ihm ganz abgelehnten Sozialismus äußerst vorsichtig, im Grunde absolut nichtssagend Rechnung getragen.

Dieser Graf Pecci war alles andere als ein Freund des kleinen Mannes.

Betont er doch selbst in der genannten Enzyklika: »Vor allem ist also von der einmal gegebenen unveränderlichen Ordnung der Dinge auszugehen, wonach in der bürgerlichen Gesellschaft eine Gleichmachung von hoch und niedrig, von arm und reich schlechthin nicht möglich ist. Es mögen die Sozialisten solche Träume zu verwirklichen suchen, aber man kämpft umsonst gegen die Naturordnung an. Es soll also, dies ist das Prinzip der Kirche seit Augustinus, alles beim Status quo belassen werden. Keine entscheidende Änderung der sozialen Situation. Keine Experimente! Findet dieser Papst doch sogar, die Natur habe das »Verhältnis zwischen der besitzenden und der unvermögenden, arbeitenden Klasse... zu gegenseitiger Harmonie hingeordnet«. Freilich findet er auch »Leiden und Dulden ist einmal der Anteil unseres Geschlechtes«.

Es sind stets Allgemeinplätze, mit denen die Menschheit von den römischen Hierarchen (in dieser Frage) abgespeist wird. Wie stockkonservativ Leos Sozialenzyklika war, erhellt auch daraus, daß er ein Exemplar derselben dem von ihm sehr umworbenen Zaren Alexander III. sandte, da er genau wußte, noch für den Zaren würden die päpstlichen Sozialprinzipien akzeptabel sein[53].

Selbstverständlich tadeln die modernen Päpste auch die Besitzenden, was diese, wie jene genau wissen, freilich wenig stört, wohl aber den Armen den Schutz der Kirche vortäuscht. So sind die Enzykliken oft voll von ernsten Worten an die Reichen, zumal in den letzten Jahrzehnten, seit die Macht der Kommunisten bedrohlich wächst. Gibt es doch soziale Erlasse der Päpste bezeichnenderweise erst seit dem Aufkommen der sozialistischen Lehren und Arbeiterbewegungen des 19. Jahrhunderts, also erst seit Pius IX., obwohl das Elend in der Welt früher ja nicht geringer war. Aber damals konnte die Kurie es eben ignorieren. Es war für sie noch nicht, wie für Pius XII. in einer Ansprache im Januar 1943 an die Vertreter der italienischen Arbeiter, eine »überaus heikle Frage«[54]. Doch wenn der Papst in einer Rundfunkrede desselben Jahres, offenbar aus Angst vor dem Zusammenbruch des mit ihm verbündeten faschistischen Regimes und einer nahen Revolution, der ganzen Welt gewissermaßen ins Gesicht erklärte, die Kirche habe »sich *immer* der gerechten Ansprüche der Arbeiterschicht gegen *jede* Unbilligkeit angenommen«[55], so stimmt dies so wenig, wie seine andere, allerdings noch viel unverfrorenere Behauptung, Christi Kirche mische »sich nicht in rein politische und wirtschaftliche Fragen ein«[56] – eine massive, offenkundige Unwahrheit[57].

Gerade die Ansprachen dieses Papstes, besonders die an die Arbeiter, fließen im übrigen über von Forderungen nach gerechtem Lohn, nach Rücksichtnahme auf die innere Würde des Menschen, auf seine geistigen und geistlichen Nöte und so fort. »Ein Lohn, der die Existenz der Familie sichert und den Eltern die Erfüllung ihrer natürlichen Pflicht ermöglicht,

486

eine gesund genährte und gekleidete Nachkommenschaft heranwachsen zu lassen; eine menschenwürdige Wohnstatt, die Möglichkeit, den Kindern eine gute Ausbildung und eine passende Erziehung zu gewähren, Vorsorge zu treffen für die Zeiten der Not, der Krankheit und des Alters: Diese Bedingungen gesellschaftlicher Vorsorge müssen erfüllt sein, wenn man will, daß die Gesellschaft nicht ständig von trüben Gärungen und gefährlichen Zuckungen erschüttert werde«[58].

Bedauerlich nur, daß die Päpste erst so fürsorglich predigen, seit diese Gärungen und Zuckungen sie selbst und ihre Herrschaft bedrohen. Wann hätte jemals in all den Jahrhunderten des katholischen Mittelalters ein Papst so seine Stimme erhoben! Dabei waren die Zustände damals oft sehr viel schlimmer, die Menschen zum Teil noch versklavt. Doch erst lange nachdem gänzlich außerkirchliche Kräfte eine Besserung der gesellschaftlichen Verhältnisse erkämpft hatten, bequemte sich nolens volens auch die Kirche zu gewissen Konzessionen. Pius XII. gab nun mit einiger Verspätung am 1. Mai 1955 sogar dem Tag der Kommunisten und Sozialisten, dem 1. Mai, um seine Worte zu gebrauchen, »die christliche Salbung« und machte aus ihm »freudigen Sinnes« ein »christliches Fest« – wir kennen dieses »Umtaufen« von Festen schon aus der Antike, »das liturgische Fest des hl. Joseph des Handwerkers«[59].

An einer grundlegenden Verbesserung der Lebensbedingungen der Massen war dieser Papst so wenig interessiert wie seine Vorgänger einschließlich Leos XIII., des »Arbeiterpapstes«, der den jungen Pacelli in sein Staatssekretariat berufen hatte. Wie Leo hält auch der 12. Pius eisern am Status quo fest, soll sich nichts entscheidend ändern, soll es immer, ja, muß es immer sehr arme und sehr reiche Menschen geben, ein natur- und gottgewollter Zustand.

In einer Enzyklika vom 1. November 1939 an die Bischöfe (nicht zufällig) der Vereinigten Staaten, aus denen der Vatikan seine höchsten Einnahmen bezieht, schreibt Pius XII.: »Die Erinnerung an jedes Zeitalter bezeugt, daß es immer Reiche und Arme gegeben hat; und daß dies auch immer so sein wird, läßt die unabänderliche Beschaffenheit der menschlichen Dinge voraussehen. Der Ehre würdig sind die Armen, die Gott fürchten, denn ihrer ist das Himmelreich, und geistliche Gnaden werden ihnen leicht im Überfluß zuteil. Die Reichen aber, wenn sie rechtschaffen und redlich sind, üben das Amt von Austeilern und Verwaltern der irdischen Gaben Gottes aus; als Werkzeuge der göttlichen Vorsehung helfen sie den Bedürftigen, durch die ihnen oft geistliche Gaben zuteil werden und deren Hand, so können sie hoffen, sie zu den ewigen Heilsgütern führen wird... Gott, der in höchster Güte für alles sorgt, hat bestimmt, daß es zur Ausübung der Tugend und zur Erprobung der menschlichen Verdienste in der Welt Reiche und Arme geben soll«[60].

Der ehemalige päpstliche Theologe Tondi kritisiert diese Haltung mit den ebenso logischen wie humanen Sätzen: »Uns scheint allerdings, daß die Reichen, nach allem, was Jesus von ihnen im Evangelium sagt, nicht eben die ›Werkzeuge der göttlichen Vorsehung‹ sind. Auch meinen wir, daß Gott in seiner Weisheit nicht der Reichen bedarf, um die irdischen Güter zu verteilen. Wir sind auch nicht davon überzeugt, daß den Reichen viel daran liegt, von den Armen, die für sie beten, die geistlichen Gaben zu empfangen, von denen die Enzyklika spricht; und daß es den Armen sehr am Herzen liegt, sie den Reichen zu übermitteln. Auch scheint es uns der ›höchsten Güte Gottes‹ nicht würdig zu sein, daß es nach seinem Willen in der Welt Arme geben soll, das heißt Menschen, die vor Hunger sterben. Die Ausübung der Tugend und die Erprobung der menschlichen Verdienste, von denen das päpstliche Dokument spricht, wäre bei der Weisheit und Güte Gottes auch auf anderem Wege möglich. Es ist vielmehr unsere Überzeugung, daß die Enterbten das unglückliche Produkt des menschlichen Egoismus sind. Diese Überlegungen möchten wir all denen unterbreiten, die ein Herz und einen gesunden Menschenverstand besitzen«[61].

Den modernen Päpsten geht es bei der Erörterung der sozialen Frage meist nur darum, das schreiende Mißverhältnis zwischen Habenden und Habenichtsen zu verharmlosen. Wie schon Leo XIII. erblickt auch Pius XII. im Gegensatz von Armen und Reichen nur eine Art natürlicher Harmonie. Der Papst zögert nicht einmal, von Unternehmer und Arbeiter zu erklären: »Sie sind Mitarbeiter an einem gemeinsamen Werk. Sie essen, möchte man fast sagen, am gleichen Tisch. Denn sie leben schließlich vom Gesamtertrag der Wirtschaft ihres Landes. Jeder von ihnen hat seinen eigenen Nutzen«[62]. Nur mit dem kleinen Unterschied, wie der Heilige Vater natürlich so gut wie jedermann weiß, daß der eine ein Jahreseinkommen von vielleicht fünf Millionen oder fünfhunderttausend, der andere von fünftausend Mark hat, falls er nicht gar, wie ein katholischer Unternehmer sagt, von dem bald noch zu sprechen sein wird, »von einem Misthaufen« lebt. Dabei ist noch nicht einmal berücksichtigt, daß der kleine Mann eben hart für seinen geringen Lohn tätig sein muß, während etwa die Großaktionäre, zu denen auch die Kurie zählt, gewaltige Kapitalien einstecken, ohne dafür auch nur einen Finger zu rühren. Die hohe katholische Hierarchie verteidigt die Interessen der Besitzenden, nicht die der Armen. Die Päpste lehren das Gegenteil dessen, was der biblische Jesus und fast alle ältesten Kirchenväter verkünden, wie ein Vergleich der päpstlichen Sozialenzykliken mit den entsprechenden frühchristlichen Traktaten eindeutig ergibt. Übrigens wurde auch das biblische Zinsverbot, das in den meisten Religionen Parallelen hat, trotz seiner sowohl alttestamentlichen wie neutestamentlichen und auch seiner kirchenväterlichen Fundierung, von der Kirche im 19. Jahrhundert außer Kraft gesetzt[63].

488

Zu Beginn des 20. Jahrhunderts bezifferte man das päpstliche Kapitalvermögen auf 2 Milliarden 120 Millionen Lire. Es war damals ungefähr sechsmal größer als das derzeitig größte deutsche Vermögen, das von Krupp[64].

»Die Kirche Christi geht den Weg, den ihr der göttliche Erlöser vorgezeichnet hat... Sie mischt sich nicht in rein wirtschaftliche Fragen ein«. Papst Pius XII.[65]

Von den gegenwärtigen Einnahmen des Vatikans mögen einige Zahlen einen Begriff geben.

Ein harmloser Name ist der Peterspfennig. Der Papst bezog ihn bereits im 8. Jahrhundert, und zwar zuerst aus England zur Erbauung einer Herberge für englische Rompilger. Später entrichteten ihn dann verschiedene Länder. Während der Reformation schrumpften diese Einnahmen zusammen, nahmen aber seit 1870, seit dem Verlust des Kirchenstaates, enorme Ausmaße an. Als sich damals deutsche Bischöfe nach der Verwendung des Peterspfennigs erkundigten, wurde ihnen geantwortet, man führe darüber in Rom keine Bücher. Wenn beträchtliche Summen verschwänden, müsse man, um Skandale zu vermeiden, Nachsicht üben[66]. Heute bekommt der Vatikan allein aus den USA, deren Industrie- und Finanzbourgeoisie die katholische Kirche intensiv unterstützt, an Peterspfennigen und einigen anderen Beträgen jährlich etwa 100–120 Millionen Dollar – gegenüber 680 483 Dollar im Jahre 1924[67].

Allein aus Mitteln des italienischen Staates erhält der Vatikan heute jährlich 14 Milliarden Lire[68].

An Kirchensteuer wurden nur in der Bundesrepublik Deutschland im Jahre 1950 130 Millionen DM eingenommen, im Jahre 1957 500 Millionen DM[69].

Den größten Grundbesitz in der christlichen Welt repräsentiert noch immer die katholische Kirche.

In Italien verfügt der Vatikan wahrscheinlich über eine halbe Million ha Land, und zwar in den fruchtbarsten Gebieten[70]. Der Landbesitz des hohen Klerus in Spanien und Portugal beläuft sich auf Millionen ha, ebenso in Argentinien. Fast 20% der Felder in diesen Ländern gehören den katholischen Hierarchen[71]. Selbst in England beträgt der katholische klerikale Landbesitz fast 100 000 ha, in Westdeutschland 350 000 ha, in Frankreich eine halbe Million, in den Vereinigten Staaten etwas über 1 100 000 ha[72]. Weiden und Wälder sind in diesen Ziffern, die nach unten abgerundet wurden, nicht enthalten, sondern nur landwirtschaftlich genutzter Boden.

489

Das geschäftliche Hauptinteresse der Kirche Christi aber, die sich laut Pius XII. nicht in rein wirtschaftliche Fragen einmischt, konzentriert sich auf Aktien. Die vatikanischen Kapitalien sind in allen möglichen Unternehmen investiert, und zwar »fast stets ohne Rücksicht auf den sittlichen Charakter der Betriebe«; in französischen Erdölgesellschaften, argentinischen Gas- und Kraftwerken, bolivianischen Zinngruben, brasilianischen Gummifabriken, nordamerikanischen Stahlunternehmen, in großen italienischen, deutschen, schweizerischen Firmen, und selbst Börsenspekulationen und Dividenden aus Spielbanken werden vom Heiligen Stuhl nicht verabscheut[73].

In Italien besitzen der Vatikan, die Jesuiten und andere geistliche Kreise entweder direkt oder über Vertrauensleute Aktien und Wertpapiere der bedeutendsten Industrie- und Finanzunternehmen.

Sie sind beteiligt an einer großen Zahl von Elektrizitätswerken und Telefongesellschaften, wie an der Lombardischen Gesellschaft zur Verteilung Elektrischer Energie, der Piemontesischen Wasserkraftwerksgesellschaft, der Römischen Elektrizitätsgesellschaft, der Adriatischen Elektrizitätsgesellschaft, der Süditalienischen Elektrizitätsgesellschaft, der Allgemeinen Elektrizitätsgesellschaft Siziliens, den Elektrizitätsgesellschaften »Selt Valdarone« und »La Centrale«, der Turiner Telefongesellschaft, der Thyrrenischen Telefongesellschaft u. a.[74]

Von den Eisenbahnen gehören der Kirche die Aktiengesellschaft der Süd-Ost-Eisenbahn und die Gesellschaft »Strade Ferrate del Mezzogiorno«[75].

Von den Banken unterstehen der Kurie: die Kommerzbank, die Römische Bank, die Landwirtschaftsbank, das Zentrale Kreditinstitut, das Römische Kreditinstitut, die Bank »Ugo Natali«, die Bank »Scaretti«, die Bank »Santo Spirito« u. a.[76]

Zum großen Teil in vatikanischer Hand ist die bekannte Gesellschaft »Montecatini« sowie die Firma »Viscosa« (Nylonherstellung). Zu einem beachtlichen Teil gehören dem Heiligen Stuhl und anderen klerikalen Gruppen die Gesellschaft »Alitalia«, die größte italienische Organisation zur Beförderung von Reisenden und Waren auf dem Luftwege und die Autofirma Fiat. Ferner hängen eine lange Reihe von Versicherungs- und Baugesellschaften teilweise oder ganz vom hohen Klerus ab[77].

In den Vereinigten Staaten hat der Heilige Stuhl starken Einfluß vor allem auf die Stahlindustrie, zum Beispiel auf U.S. Steel, Sharon Steel, Bethlehem Steel, Jons Manville Steel u. a. Vatikan und Jesuiten besitzen dort außerdem zahlreiche Aktien der General Motors Corporation, der Bendix Aviation, Douglas Aircraft, Worthington Pumps, American Telephone and Telegraph Company, Metropolitan Life Insurance Company, Prudential Life u. a.[78]

490

In der deutschen Bundesrepublik sind der Vatikan und andere geistliche Kreise an folgenden Unternehmen beteiligt Badische Anilin- und Soda-Fabriken AG. Ludwigshafen; Bayerische Motoren Werke AG. München; Brown, Boveri and Cie AG. Mannheim; Deutsche Erdöl Aktiengesellschaft Hamburg; Essener Steinkohlenbergwerke AG. Essen; Farbenfabriken Bayer AG. Leverkusen; Hamburgische Elektrizitätswerke AG. Hamburg; Gesellschaft für Lindes Eismaschinen AG. Wiesbaden; Metallgesellschaft AG. Frankfurt; Rheinische Stahlwerke Essen; Siemens und Halske AG. Berlin; Süddeutsche Zucker-Aktiengesellschaft Mannheim; Vereinigte Deutsche Metallwerke AG. Frankfurt; Mannesmann AG. Düsseldorf u. a.[79]

Von seinen Einkünften soll der Heilige Stuhl durchschnittlich 18% aus Westdeutschland, reichlich 35% aus den Vereinigten Staaten und den Rest aus den übrigen Ländern der Welt beziehen[80].

Im Jahre 1956 betrugen nomineller Aktienbesitz und Kapitalbeteiligung der Kurie allein in Italien, umgerechnet auf DM 6 Milliarden[81]. Der Gesamtbesitz des Vatikans an Aktien und Kapitalbeteiligungen wurde für 1958 auf etwa 50 Milliarden DM geschätzt. Der größere Teil davon ist bei der Crédit Suisse in Zürich und dem Bankhaus Morgan in New York deponiert, dessen nichtkatholischem Oberhaupt, John Pierpont Morgan, Pius XI. 1938 einen hohen Orden verlieh[82].

Der ehemalige päpstliche Theologe Tondi sieht im Hinblick auf diesen ungeheuren Besitz an Land und Kapital wohl nicht mit Unrecht die feindselige Haltung der Kirche gegenüber dem Sozialismus nicht in religiösen Motiven begründet, wie ihre Propaganda es hinzustellen sucht, sondern in ökonomischen. »Der Sozialismus gefährdet nicht die ›Erringung des Himmelreichs durch die frommen Seelen‹, sondern den Reichtum der Priester und infolgedessen ihre sozialen und politischen Privilegien«[83].

Selbstverständlich gilt dies nicht für die niedere katholische Geistlichkeit, die manchmal in geradezu ärmlichen Verhältnissen lebt. Um so besser lebt der hohe Klerus, was hier noch nicht einmal am Leben der Bischöfe oder Kardinäle, sondern beiläufig nur am bescheideneren Beispiel der päpstlichen Theologen gezeigt sei.

Bona culina, optima disciplina

Die Jesuiten an der gregorianischen Universität hatten auch in Zeiten allgemeiner Hungersnot beste Kost. Während die Armen einmal wöchentlich drei oder vier Lire pro Kopf erhielten, die heute auf zehn erhöht wurden, standen für die Patres alle Speisen zur Verfügung oder wurden auf Wunsch sofort zubereitet: »Man brauchte ein besonderes Gericht nur zu

491

verlangen, und schon stand es da. Wer wollte, konnte den ganzen Tag essen«[84]. Und dies ungeachtet der Regel 14 des Ordens, die das Essen und Trinken außerhalb der gewohnten Mahlzeiten verbietet.

Tondi erzählt: »Die Villa Malta, eine fürstliche Wohnung, die der Jesuit Riccardo Lombardi bewohnt, hat eine wunderbare Kücheneinrichtung, wie sie selbst in internationalen Hotels nicht zu finden ist. Neugierig besichtigte ich als Generalrevisor für das Bauwesen des Ordens die diversen Maschinen, zu denen mich der Verwalter, Pater Robert Züllich, führte, der sehr erfreut und höchst zufrieden war, den hochherrschaftlichen Mägen auf diese Weise feine Gerichte garantiert zu haben. Indessen gibt es in Rom mehr als zweihunderttausend Menschen, die kein Brot haben und in Ruinen und Baracken leben«[85].

Bei Einbruch der sommerlichen Hitze und auch schon vorher fahren viele Patres in die Sommerfrische. Nur wenige sind dabei bescheiden. Die meisten reisten »in die Alpen, in die Villen des Ordens, in große Hotels, mischten sich unter die Frauen in Hosen und unter die Nudisten. Ich will gar nicht behaupten, daß sie an Exzessen teilnahmen. Aber sie hielten sich unter der Lebewelt auf. Andere gingen ins Ausland: nach England, an die melancholischen Seen Irlands und Schottlands, reisten jenseits des Ozeans durch Amerika«[86].

Manche der armen Söhne des Ignatius lieben es nicht, mit der Bahn zu fahren. Sie benutzen, ungeachtet der hohen Kosten, zu jeder Reise das Flugzeug. »So war zum Beispiel ein Vortrag in Spanien zu halten. Anstatt mit dem Zug zu fahren, zog man es vor zu fliegen. Dadurch konnte man in Madrid sprechen und zum Abendessen wie zu der ach so wichtigen Vorlesung des nächsten Tages, die vor ungefähr zwanzig unausgeschlafenen Seminaristen gehalten wurde, wieder in Rom sein. Was interessieren schon die Kosten! Das Geld ist da, um auf bequeme Weise, in heiterer und erhabener Gesellschaft, inmitten der Magnaten dieser Welt zu reisen. Und die Armen, die sich an die Tür drängen und zehn Lire pro Kopf erhalten? Und die Arbeitslosen? Und jene, die mit ihrer Familie und den Kindern im Schmutz und in der bösen Glut des verzehrenden Tuberkulosefiebers schmachten? Und diejenigen, die keine Milch und kein Brot haben?«[87]

Als Tondi sich mit solchen Gedanken an einen Ordensbruder wandte, entgegnete dieser: »Arme hat es immer gegeben und wird es auch immer geben. Das lehrt selbst der Papst... Wir müssen die Seele erleuchten, der Körper kommt erst später. Es ist besser, eine halbe Million für eine Vortragsreise nach dem Ausland auszugeben, als sie den Bedürftigen zu schenken«[88].

Die Bedürfnisse der Jesuiten an der Gregoriana sind so kostspielig, daß selbst Pater Paolo Dezza, Magnifizenz der Universität, nach Tondi ein sehr achtenswerter Mann, in die Klage ausbrach: »Mein Gott!... diese

492

braven Patres kosten mehr als Filmschauspieler.« Tondi: »Und so ist es auch«[89].

Wenn schon Professoren, die das Armutsgelübde abgelegt haben, dem Heiligen Stuhl so viel kosten, was kosten dann erst die Kardinäle, die in Italien, wie der 21. Artikel des Lateranvertrages vom Jahre 1929 festlegt, die den Prinzen von Geblüt zustehenden Ehren genießen?

Die Summen, die der Vatikan für Arme ausgibt, sind, trotz ihrer mitunter enormen Höhe, oft nicht mehr als ein Tropfen auf einen heißen Stein – und sie wurden ihm außerdem stets von angesehenen Wohltätern zur Verfügung gestellt. Tondi betont: »Bis zur letzten Lira handelte es sich um die Gelder anderer… Der Heilige Stuhl gab niemals eine eigene Lira aus. Ich kenne diese Dinge sehr genau«[90].

»…nun sauber und gesund«

> »Die Abstellung alter Mißbräuche und Unrechtmäßigkeiten ist der furchtlosen Hand Pius' X. († 1914!) zu danken; die Wachsamkeit seiner Folger hält die römische Finanzwirtschaft, dies schlimme Sorgenkind aller (!) vergangenen Zeiten, nun sauber und gesund«.
> Der Theologe Joseph Bernhart[91].

Die innige Versippung des Vatikans mit dem italienischen und internationalen Monopolkapital mag die Familie Pacelli bezeugen. Der Onkel als Pius XII. neunzehn Jahre auf dem angeblichen Stuhl des galiläischen Fischers, die drei Neffen des Papstes, Marcantonio, Carlo und Giulio, hohe Würdenträger der Kurie und gleichzeitig Präsidenten und Aufsichtsräte großer Banken und Monopolgesellschaften[92].

Neffe Marcantonio	Neffe Carlo	Neffe Giulio
A. Ämter beim Vatikan 1) Oberst der Guardie Nobili (Adelsgarde)	A. Ämter beim Vatikan 1) Rechtsberater von drei Kongregationen (Päpstliche Ministerien und Anwalt des Konsistoriums)	A. Ämter beim Vatikan 1) Prokurator der Kongregation für die Glaubenspropaganda (Päpstl. Propagandaministerium)
	2) Präsidialmitglied der päpstl. Kommission für Film, Funk u. Fernsehen. Mitglied mehrerer Verwaltungsräte	2) Außerordentlicher Gesandter von Costa Rica beim Vatikan

493

Neffe Marcantonio	Neffe Carlo	Neffe Giulio
	3) Rechtsberater des »Päpstlichen Werkes für die Bewahrung des Glaubens« und der »Verwaltung der Güter des Hl. Stuhles«	3) Oberst der Guardie Nobili
	4) Delegierter des Vatikans beim Internationalen Institut für Privatrecht	
	5) Oberster Berater der päpstl. Kommission für den Staat der Vatikanstadt	
B. Funktionen bei Banken und Monopolen	B. Funktionen bei Banken und Monopolen	B. Funktionen bei Banken und Monopolen
1) Präsident der Soc. Molini e Pastifici Pantanella (Mühlen und Teigwaren) Kapital: 600 Mill. Lire	1) Präsident der Compagnia di Roma (Versicherungsgesellschaft) Kapital: 300 Mill. Lire	1) Präsident des Instituto Nazionale Medico Farmacologico de Sereno Kapital: 200 Mill. Lire
2) Präsident der Molini Antonio Biondi Kapital: 600 Mill. Lire	2) Verwaltungsrat der Soc. Editrice G. C. Sansoni (Verlagsunternehmen)	2) Präsident der Condil-Tubi Kapital: 50 Mill. Lire
3) Verwaltungsrat der Gesellschaften: a) Generale Immobiliare b) SOGENE c) Saniplastica d) Manufattura Ceramca Pozzi e) Ferrosmalto		3) Präsident der Soc. Italiana Mallet Kapital: 60 Mill. Lire
		4) Präsident der Soc. Gestione Esercizio Navi Kapital: 100 Mill. Lire

Neffe Marcantonio	Neffe Carlo	Neffe Giulio
f) Lloyd Mediterraneo		5) Verwaltungsrat der Gesellschaften: a) Banca di Roma b) PIBI-GAS c) Ital-Gas d) Soc. Esercizio Navi di Sizilia e) Soc. Esercizio Aero- portuali (Malpensa)

Die Einkünfte der Pacellis, die an fast allen großen italienischen Finanz-skandalen der Nachkriegszeit beteiligt waren, beliefen sich während der Amtszeit von Pius XII. auf ungefähr 120 Millionen DM[93]. Nach dem Tode ihres päpstlichen Onkels wurden die drei Pacellineffen auch sogleich aus ihren vatikanischen Ämtern entfernt[94]. Die kuriale Finanzwirtschaft – nach einem katholischen Theologen bis zu Pius X. († 1914) das Sorgen-kind aller vergangenen Zeiten – ist nun wieder »sauber und gesund«.

Wie sieht es dagegen noch heute in einem katholischen Kontinent aus?

> »...zu wenig zum Leben und zu viel zum Sterben«.
> Katholik Peter Werhahn[95].

Noch nicht ganz gesund sind die sozialen Verhältnisse in manchen katho-lischen Ländern, zum Beispiel in Südamerika, einem Kontinent, in dem 33% der Katholiken der gesamten Welt leben. 35–40% der Bevölkerung sind Analphabeten, 30% sind obdachlos, es herrscht eine ausgesprochene Unterernährung. »Hungersnöte unter den Landarbeitern treiben sie in die Stadt. Sie lassen sich an den Rändern der Stadt in großen proletarischen Siedlungen nieder, oft ohne Arbeit und Einkommen. Diese Beobach-tungen können Sie nicht nur in Quito machen, selbst so reiche Städte wie Caracas, die reichste Stadt der Welt – die teuerste jedenfalls – haben 50 000 solcher Blechbuden an den Rändern, in denen die Menschen nicht leben und nicht sterben können, oder Santiago de Chile: Im Zentrum ist es eine moderne und schöne Stadt und am Rande vegetieren Menschen, die glauben, dort ihr Heil zu finden und es nicht gefunden haben, die *von einem Misthaufen leben,* auf den andere Leute ihren Abfall schütten. Ent-schuldigen Sie, wenn ich das alles sage... aber es sind leider... nichts als Tatsachen.«

Diese Sätze (und die vorher genannten Zahlen) entstammen einer nicht für die breitere Öffentlichkeit bestimmten Rede, die im Frühjahr 1961 der erste Präsident der UNIAPAC, des Weltbundes katholischer Unternehmer-Verbände, Peter Werhahn, ein Verwandter Adenauers, auf der Insel Reichenau hielt[96]. »Wie ist es möglich«, fragte Katholik Werhahn weiter, »daß in einem Kontinent, der so naturreich ist, in diesem Kontinent, in dem eine *katholische Bevölkerung* jahrhundertelang gelebt hat, *ein solches Maß von Unrecht* existiert?« Und Werhahn antwortete, »daß *in dem Katholizismus,* wie er sich historisch in Südamerika entwickelt hat, auch die *Ursache* zu suchen ist ... Die Kirche hat dort durch Jahrhunderte hindurch geglaubt, wenn sie Prozessionen veranstaltet, Taufen macht und Kirchen baut, dann ist das genug.«

Nun beachte man aber das Motiv dieses so sozial auftretenden Katholiken. Fährt er doch fort: »Und wir wissen, das war vielleicht in einer Welt zulässig, die rein statisch war, in der sich nichts änderte. Doch in einer Welt, die durch die industrielle Revolution in Bewegung geraten ist, in der die Möglichkeit und damit die Verpflichtung besteht, *auch den Armen zu helfen, da ist diese Religionsauffassung nicht mehr zulässig*«[97].

Als ob die Möglichkeit, den Armen zu helfen, nicht auch früher bestanden hätte! Doch da war es »vielleicht ... zulässig« die Massen jahrhundertelang »von einem Misthaufen leben« zu lassen. Heute aber, da ein ganzer Kontinent dem *Kommunismus* zuzufallen droht, ist man plötzlich »christlich-sozial«. Werhahn erwähnt ein in Montevideo von den Kommunisten unterhaltenes Büro, in dem ein Jahresetat von 100 Millionen Dollar für die Arbeit in Südamerika verteilt wird oder, wie der katholische Unternehmerpräsident auch sagt, für die von den Russen in Lateinamerika getriebene »Unterminierarbeit«. Aber wer hat denn zuvor Jahrhunderte hindurch »unterminiert«? Doch das von den Kirchen vertretene Christentum, wie ehrliche Theologen ohne weiteres zugeben (S. 502). So konnte man jüngst auch geradezu betonen: »Dort, wo das Christentum herrscht, ist der beste Nährboden für den Bolschewismus«[98].

55. KAPITEL

Die Kirche und die Sklaverei

»Man denkt gar nicht daran, irgend etwas in der Gesellschafts- oder Wirtschaftsordnung zu ändern. Nein, vielmehr, man verlangt immer wieder Ungeheueres an Gehorsam von diesen Sklaven«. Der Theologe Weinel[1].

Von Jesus wird kein grundsätzliches Wort zur Sklaverei überliefert. Sie war in seinem Gesichtskreis viel weniger akut, in Palästina nicht von der Bedeutung wie in Italien und den älteren römischen Provinzen. Auch ging es den Sklaven der Juden entschieden erträglicher[2].

Während aber Jesus die Sklaverei nirgends sanktioniert, der ganze Geist seiner Lehre vielmehr dagegen spricht, lehrt Paulus: wie jeder in dem Stande bleiben soll, in dem er sich befindet, so auch der Sklave in der Sklaverei! Selbst wenn er frei werden kann, soll er nur um so lieber dabei bleiben[3]. Paulus denkt also nicht daran, die Sklaverei für ein Unrecht zu erklären, obwohl er, wie seine Bildersprache zeigt, genau das traurige Los der Sklaven kennt[4], deren Zahl in seinen Gemeinden ja sehr erheblich war.

Im Anschluß an Paulus aber hat die gesamte antike Kirche die Emanzipationsbestrebungen der Sklaven energisch bekämpft

Bereits der auf Pauli Namen gefälschte 1. Thimotheusbrief befiehlt den christlichen Sklaven, ihren gläubigen Herren nur um so eifriger zu dienen, weil sie Christen seien[5]. Der 1. Petrusbrief fordert Gehorsam auch gegenüber den harten Herren und geduldiges Ertragen ihrer Schläge. Der leidende Jesus wird diesen Elenden sogar als Vorbild hingestellt, ja, wahrscheinlich appelliert man ausgerechnet hier zum erstenmal in der Christenheit an das *persönliche Beispiel Jesu*[6]. *Ihr Joch wurde damals den Sklaven mit dem Ausblick auf seine nahe Wiederkunft versüßt*[7]. *Als er*

497

ausblieb, predigte man weiter die Pflicht des Sichabfindens und verlegte gegen den Wortlaut der Schrift das von ihm verheißene Gottesreich ins Jenseits.

Ganz im Sinne Pauli schreibt im frühen 2. Jahrhundert auch Bischof Ignatius: Die Sklaven sollen ihren Freikauf nicht aus der gemeinsamen christlichen Kasse fordern; »sie sollen sich nicht aufblähen, sondern zur Ehre Gottes noch eifriger Sklavendienste tun, damit sie herrlichere Freiheit von Gott erlangen«[8]. Nach der etwa gleichzeitigen »Zwölfapostellehre« müssen die Sklaven ihren Herren »wie einem Abbild Gottes untertan sein in Scheu und Furcht«[9]. Die Offenbarung des Petrus, um 200 von der großen Mehrheit der Gemeinde Roms und der abendländischen Christenheit noch als Heilige Schrift gezählt, droht ungehorsamen Sklaven, daß sie einst »ruhelos ihre Zunge zerbeißen und mit ewigem Feuer gequält werden«[10].

Auch die Kirchenlehrer des 4. und 5. Jahrhunderts denken nicht an Abschaffung der Sklaverei. Ambrosius, nach Abstammung und Auftreten ein »Herr«, nennt sie – ein Gottesgeschenk[11]. Selbst Johannes Chrysostomos verweist die Sklaven aufs Jenseits[12]. Erst recht hält natürlich Augustinus an dieser Einrichtung fest, die er aus der natürlichen Ungleichheit der Menschen begründet. Er kann sogar einerseits die Sklaven durch die Gottgewolltheit ihres Schicksals trösten, andererseits den Herren den irdischen Nutzen vorstellen, der ihnen aus der kirchlichen Beeinflussung der Sklaven erwächst[13]! Christliche Sklaven aber, die unter Berufung auf das Alte Testament, das in dieser Frage fortschrittlicher als das Neue ist, Freilassung nach sechsjährigem Dienst erbitten, weist Augustinus brüsk zurück[14].

Ebensowenig sehen die Päpste, die ja nicht nur Rücksicht nehmen auf die Besitzenden, sondern auch auf den immer mehr zunehmenden und ohne Sklaven nicht zu verwaltenden eigenen Besitz, ein Unrecht in der Sklaverei. »Die Päpste ziehen an einem Strange mit den Gutsverwaltern der reichen Großgrundbesitzer«[15].

Nun ließ Paulus freilich darüber keinen Zweifel, daß »vor Gott« alle Gläubigen gleich seien[16], womit er, nach einem katholischen Theologen, die Sklavenfrage mit großer Weisheit auf eine höhere Ebene gehoben, durch christliche Motive überwunden und die ganze Institution der Sklaverei innerlich ausgehöhlt hat[17]. Aber

498

Die religiöse Gleichstellung der Sklaven kannte man schon in vorchristlicher Zeit

Sie war so wenig neu, wie irgend etwas anderes im Christentum. Schon in der Dionysosreligion gab es die Aufhebung aller Unterschiede der Rasse, der Nation, des Standes und Geschlechts. Ohne Ansehen der Person stellte Dionysos seine Anhänger, Reiche und Arme, Alte und Junge, Männer und Frauen, auch die Sklaven, auf eine Stufe[18]. Doch auch die Stoa, die eindringlich die Unterstützung der Schwachen und Bedürftigen forderte, alle Menschen gleichberechtigte Brüder und Söhne Gottes nannte, unterschied nicht zwischen Herr und Sklave, Arm und Reich. Ihr erschienen diese Differenzierungen allerdings nicht, wie der Kirche, als gottgewollt, sondern als Resultat einer aus Gewalttat hervorgegangenen Entwicklung[19]. Und die Juden hatten die Sklaven in religiöser Hinsicht wenigstens den Frauen und Kindern gleichgestellt.

Im Christentum aber waren die Sklaven selbst religiös nur in den ersten Jahrhunderten gleichberechtigt und ämterfähig. Dann konnte in der katholischen Kirche kein Sklave mehr Priester werden. Die vermutlich älteste Vorschrift, die den Sklaven das Priesteramt verbietet, steht in einem Brief von Papst Stephan I. aus dem Jahre 257[20]. Damit hielt die Kirche das Eigentumsrecht der Herren aufrecht und paßte sich den Bedürfnissen der besitzenden Klasse an, und zwar um so entschiedener, je reicher sie selbst wurde. Gingen einst sogar Päpste aus dem Sklavenstand hervor, galten der feudal gewordenen Catholica die Sklaven bald als »schäbig« (S. 269).

Die christlichen Sklaven bedrückte im übrigen die servitus corporis, die leibliche Sklaverei, wohl mehr als die servitus animarum. Sie wollten nicht nur »vor Gott«, sondern auch im bürgerlichen Leben gleichberechtigt sein[21]. Doch wurde eine Änderung ihrer rechtlichen Stellung von der Kirche von Jahrhundert zu Jahrhundert verhindert. Wenn es trotzdem zum Sklavenfreikauf gekommen ist, so schon deshalb, weil er manchen Christen als gutes Werk gegolten hat. Die meisten Freilassungen aber sind aus wirtschaftlichen Gründen erfolgt und nicht Akte humaner Gesinnung gewesen[22].

Seit der Staat christlich wurde, verschärfte sich eher noch die rechtliche Anerkennung der Sklaverei

Erfolgte in den ersten Jahrhunderten insbesondere durch die stoische Lehre von der Gleichheit der Menschen ein leichter Umschwung zugunsten der Sklaven, trat im 4. Jahrhundert eine rückläufige Bewegung ein.

Bestanden beispielsweise früher in der Kirche kaum Bedenken dagegen, Sklaven vor Gericht als Zeugen oder Kläger zuzulassen, sprach ihnen die Synode von Karthago (419) dieses Recht ausdrücklich ab. Und später hielt man stets strikt daran fest. Auch an ihrer grausamen Bestrafung änderte die Kirche nichts. Sogar ihre Bekehrung mit Hilfe der Peitsche machte der christliche Staat den Herren zur Pflicht[23]. Wie überhaupt die Gesetzgebung in der katholischen Ära grausamer und härter wurde[24], so daß man selbst auf orthodoxer Seite »gegenüber der vorkonstantinischen Zeit eine Verschlechterung für die Sklaven« konstatieren mußte[25].

Noch im 5. Jahrhundert gab es Christen, die über zweitausend und mehr Sklaven geboten[26]. Als die Sklavenwirtschaft zu teuer kam und sich allmählich die Umsetzung in Hörige vollzog – ein Prozeß, der zur relativen Humanisierung ihrer Verhältnisse beitrug –, hielt vielleicht am längsten die Kirche Sklaven, die zuletzt wohl auch am meisten Sklaven besessen und, was es sonst nirgends gab, ihre Freilassung unmöglich gemacht hat. Sie waren als »Kirchengut« unveräußerlich[27].

Ja, Christi Kirche verstand es, für neuen Sklavenzuwachs Sorge zu tragen. So erklärte 655 das 9. Konzil von Toledo im eingestandenermaßen vergeblichen Kampf gegen die Unzucht der Geistlichen: »Wer daher vom Bischof bis zum Subdiakon herab aus fluchwürdiger Ehe, sei es mit einer Freien oder mit einer Sklavin, Söhne erzeugt, soll kanonisch bestraft werden; die aus einer solchen Befleckung erzeugten Kinder sollen nicht bloß die Verlassenschaft ihrer Eltern nicht erhalten, sondern *auf immer als Sklaven der Kirche angehören,* bei der ihre Väter, die sie schandmäßig erzeugten, angestellt waren«[28].

Selbst die Klöster hielten Sklaven, sowohl zum Dienst im Kloster wie zur Bedienung der Mönche, deren kulturelle und ökonomische Arbeit zunächst nicht karitativen Tendenzen entsprang, sondern der Absicht, sich wirtschaftlich als »Herren« zu behaupten[29].

Die alte Kirche sah in der Sklaverei eine unentbehrliche, zur Ordnung der Welt gehörende Institution. Sie war für sie so selbstverständlich wie der Staat oder die Familie und wurde nach übereinstimmender Anschauung der kritischen Forschung von der Kirche geradezu gefestigt[30]. Ihr nahestehende Kreise verteidigen dies nicht nur durch den üblichen Hinweis auf die »innere Freiheit«, die das Christentum den Sklaven gebracht und »über alles« zu schätzen gelehrt habe, sondern auch durch ihre »demütige Unterwerfung. Es hielt die revolutionären Triebe seiner Anhänger nieder, es bewahrte die Welt vor der Entfesselung ungezügelter Massen, indem es innere Freiheit vor äußerer Befreiung als Ziel setzte«[31] Mit anderen Worten: Während der Sklave früher nur aus Ohnmacht und nackter Furcht gehorchte, hat die christliche Kirche seinen Kadavergehorsam zu einer sittlichen Pflicht gemacht.

500

Auch während des ganzen Mittelalters behielt die Kirche die Sklaverei bei

> »Alle in theologischen Werken üblichen Verherrlichungen
> des Christentums, daß es im Mittelalter wenigstens die
> Sklaverei abgeschafft habe, beruhen auf krasser Unwissen-
> heit oder verlogener Apologetik. Ungefähr das Gegenteil ist
> wahr... .Wo sie in Europa aufhörte, sind politische und
> ökonomische Verhältnisse die Ursache; niemals aber ein
> Verbot der Kirche. Ja, die Sklaverei nimmt in Südeuropa ge-
> gen Ende des Mittelalters einen Aufschwung, und die Kir-
> che ist nicht bloß am Sklavenbesitz beteiligt, sondern ver-
> hängt auch geradezu Versklavung als Strafe in den ver-
> schiedensten Fällen!« Der Theologe Troeltsch[32].

Das Feudalsystem des Mittelalters, seine Klassenprivilegien, Leibeigen-
schaft, Sklaverei, das alles galt der Kirche bis in die Neuzeit als gottgege-
ben und gottgewollt, als ein Widerschein himmlischer Ordnung. Thomas
von Aquin hat die Beibehaltung der Sklaverei gerechtfertigt. Wie der offizielle Kirchentheologe ja etwa verschieden hochgestellte Personen vor
Gericht auch verschieden bestraft sehen will[33]. Die Lohnarbeiter stellt der
hl. Thomas »unter die Banausen und schmutzigen Leute«, und die Bauern
sind für ihn »eine untergeordnete Klasse«[34]. Niemand darf nach Thomas
über seinen Stand hinausstreben, also auch der Sklave nicht über die Sklaverei. So urteilte zwölfhundert Jahre früher schon Paulus.

Während des ganzen Mittelalters verwarf die Kirche weder die Sklaverei noch den Sklavenhandel. Vielmehr hielt sie selbst noch in der Neuzeit
in außereuropäischen Ländern zahlreiche Sklaven. Auch die moderne
amerikanische Negersklaverei ist eine unmittelbare Fortsetzung der Sklaverei des Mittelalters und wurde, so lang sie bestand, mit denselben theologischen Argumenten gestützt[35]. Im christlichen Abessinien aber gibt es
noch heute Sklavenmärkte.

Bereits im Jahre 257 erließ der römische Bischof Stephan I. das erste gegen Sklaven gerichtete Verbot. Und erst im 19. Jahrhundert hat die Kirche
durch Papst Gregor XIV. die Verteidigung der Sklaverei ausdrücklich untersagt. Wie hätte sich auch eine Institution, deren Bischöfe besonders in
Frankreich und Deutschland sogar ihre Kleriker martern und durchprü-
geln ließen[36], gegen Sklaven human benehmen sollen!

Alle Versuche, das Elend der Massen an der Wurzel auszurotten und
grundlegende soziale Verbesserungen zu schaffen, sabotiert die Kirche
seit der ausgehenden Antike als ein Aufbäumen gegen die gottgegebene
Gesellschaftsordnung. War Jesu Lehre revolutionär bis ins Extrem, ent-

wickelte sich die Kirche zu einer rein konservativen Macht und lenkte, während sie selbst ungeheuer reich wurde, den Blick ihrer gläubigen Armen auf den Himmel, der einst alle ihre Träume erfüllen soll.

Auch Luther hat sozial völlig versagt, hat, trotz gelegentlichen Tadels derselben, Hand in Hand mit den Fürsten gearbeitet, die abgründige Not der Bauern ingoriert, ja, in einer Schrift »wider die stürmenden Bauern« alle Welt aufgefordert, sie »zu würgen, zu stechen, heimlich (!) und öffentlich, wer da kann, wie man einen tollen Hund todtschlagen muß«. Bis ins 20. Jahrhundert hinein hat seine Haltung die Macht des Landesfürstentums gefördert.

Alle sozialen Erleichterungen der Neuzeit wurden nicht durch die Kirche, sondern gegen sie geschaffen. Fast alle humaneren Formen und Gesetze des Zusammenlebens verdankt die Menschheit verantwortungsbewußten außerkirchlichen Kräften. Ehrliche Theologen leugnen dies nicht[37]. Noch einem der bedeutendsten, Martin Dibelius, ist die Kirche geradezu als »Leibwache von Despotismus und Kapitalismus« erschienen. *»Darum waren alle, die eine Verbesserung der Zustände in dieser Welt wünschten, genötigt, gegen das Christentum zu kämpfen«*[38].

502

III. TEIL

Das Verhältnis zur Toleranz

*»In keiner Religion ist dieser Fanatismus, die rücksichts-
lose, vor keinem Frevel zurückschreckende Verfolgung aller
Andersdenkenden, so dominierend geworden und geblieben wie im Christentum in all seinen Erscheinungsformen«. Eduard Meyer*[1].

Während der Polytheismus tolerant war und unter allen seinen Kulten
freundschaftliche Kollegialität übte, wurde das Christentum zur Religion
der Intoleranz par excellence. Konnte man vom Islam sagen, er sei theoretisch die intoleranteste, praktisch aber die toleranteste Religion gewesen[2],
läßt sich vom Christentum das Gegenteil behaupten.

Die letzten vier Abschnitte dieses Buches zeigen das Verhalten der
christlichen Kirchen 1. zum Judentum, 2. zum Heidentum, 3. zu den
»Ketzern«, 4. zum Kriegsdienst und im Krieg.

503

1. Der Kampf gegen die Juden

>*»Das ist erstaunlich und besonderer Beachtung würdig,*
daß die Juden seit so vielen Jahren bestehen und daß man
sie immer im Elend findet: Es war zum Beweise Jesu Christi
sowohl notwendig, daß sie bestünden, um ihn zu beweisen,
wie daß sie elend seien, weil sie ihn gekreuzigt haben«.
Blaise Pascal[3].

56. KAPITEL

Der Antijudaismus des antiken Christentums

>*»Es hat selten in der Geschichte einen so grundsätzlichen*
und kompromißlosen Antisemitismus gegeben wie im
Frühchristentum«. Der Theologe Carl Schneider[4].

Ursachen des christlichen Judenhasses

Da die Haltung, die mit dem bekannten Begriff Antisemitismus korrespondiert, sich nur gegen Juden und nie gegen Babylonier oder Araber richtet, die gleichfalls Semiten sind, wird im folgenden meist der sachgemäßere Ausdruck Antijudaismus verwendet.

Antijudaismus gab es schon in vorchristlicher Zeit, und zwar weniger aus rassischen als politischen und religiösen Gründen[5]. Die allgemeine Exklusivität des Judentums, besonders aber seine religiöse Unduldsamkeit wurde früh als odium generis humani empfunden und mußte die Juden – ähnlich wie später die Christen – den religiös toleranten Heiden verhaßt machen. Denn der jüdisch-christliche Anspruch, wie ihn klassisch das Gebot »Du sollst keine fremden Götter neben mir haben« formuliert, war den Heiden völlig fremd.

Das Christentum aber, das aus dem Judentum hervorging und in vieler Hinsicht jüdisch blieb, hat den Antijudaismus bald in vollem Umfang übernommen, durch christliche Motive verstärkt und im Mittelalter zu Orgien gesteigert, die nur durch Hitler überboten worden sind. Auf den ersten Blick mag dies befremdlich scheinen. Doch wird es rasch verständ-

504

lich, bedenkt man, daß alles, was die neue Religion davor bewahrte, restlos im Heidentum aufzugehen, ja von den Juden stammte, die sich von dem plötzlich christlichen Charakter ihres Glaubens begreiflicherweise nicht überzeugen ließen.

Die Christen entwendeten den Juden das Alte Testament und gebrauchten es als Waffe *gegen* sie. Sie sprachen ihnen ihre Erzväter und Propheten ab und gaben selbst die jüdischen Märtyrer der Makkabäerzeit als christliche aus. Durch Wegnahme ihrer Gräber in Antiochien machten sie den Juden die weitere Verehrung derselben einfach unmöglich[6]. Erst als die Kirche eigene Märtyrer hatte, legte sie auf die jüdischen keinen Wert mehr.

Eine Fülle jüdischer Einrichtungen und Anschauungen ging ins Christentum über (vgl. auch S. 248).

Fast der ganze christliche *Wort*gottesdienst kommt aus der Synagoge, die das Christentum überhaupt reichlich mit Gebeten belieferte. Auch das Vaterunser, das, beiläufig bemerkt, bei Matthäus sieben, bei Lukas aber nur fünf Bitten hat, die auch im Wortlaut teilweise nicht übereinstimmen[7], setzt sich in einem solchen Ausmaß aus alten Synagogengebeten zusammen, vor allem aus dem Schemone esre, dem Achtzehnbittengebet, und dem Qaddisch, daß fast keine Wendung originell ist. Die beiden ersten Bitten im Qaddisch beispielsweise lauten »Geheiligt werde dein Name« und »Zu uns komme dein Reich«, also wie im Vaterunser, das die Christen der Frühzeit übrigens dreimal am Tage sprachen, genauso oft, wie die frommen Juden das Schemone esre. Die Christen sollten es nur »nicht wie die Heuchler« verrichten[8].

Wenn es ging, unterschied man sich natürlich vom Judentum. So fastete man nicht wie die »Heuchler« am Montag und Donnerstag, sondern am Mittwoch und Freitag. Und statt des Sabbats feierte man den Sonntag.

Auch manche Zeremonien, wie die Handauflegung bei Ordination oder Taufe, übernahm die Christenheit von den Juden[9]. Selbst Ostern und Pfingsten gingen aus dem jüdischen Festkalender hervor, obwohl Paulus die Feier von Festen strikt verworfen, es gelegentlich aber dem einzelnen freigestellt hatte, nach Belieben einen Unterschied zwischen den Tagen zu machen[10].

Auch die jüdischen Engelheere, die Himmel und Erde bevölkerten, bei Volk und Priestern eine große Rolle spielten und im übrigen Residuen eines alten Polytheismus waren, wanderten mit den Erzengeln an der Spitze ins Christentum ein (vgl. dazu S. 117).

Sogar an die jüdische Mission, die ja bereits den Monotheismus, sittliche Reinheit und ewiges Leben gepredigt hatte, schloß sich die christliche an und trieb ihre Propaganda genau in den bisher von den Juden bearbeiteten Kreisen. Dabei münzte man den Glauben von der Auserwähltheit Is-

505

raels zum Absolutheitsanspruch des Christentums und den jüdischen Messianismus zur Lehre von der Wiederkunft Christi um.

Hier aber lag geradezu die Wurzel des christlichen Judenhasses. Die Juden betrachteten sich als Gottes auserwähltes Volk. Dann wollten es die Christen sein. Aber zwei auserwählte Gottesvölker waren undenkbar; und da die Juden ihren älteren Anspruch natürlich nicht aufgaben, die Christen jedoch auf dem ihren bestanden, stellten sie die Tatsache auf den Kopf und erklärten, nicht sie, sondern die Juden seien abgefallen, nicht sie, sondern die Juden hätten den Bund mit Gott gebrochen. Dabei unterschied man in einer ungeheuer künstlichen Geschichtskonstruktion die vorchristlichen Juden, die »Hebräer«, von den nachchristlichen zeitgenössischen »Juden«, um ersteren alles Gute, letzteren alles Schlechte zuzuschreiben. Diese primitive Geschichtsfälschung behielt die Kirche bei bis heute[11].

Paulus

Der Kampf zwischen Judentum und Christentum wurde von den Juden mit der Steinigung des Stephanos eröffnet, von den Christen aber, wenn auch zunächst nur literarisch, sofort und in heftigster Form aufgenommen.

Schon Paulus verdammt die Juden im ältesten Zeugnis des Neuen Testaments »bis ans Ende der Welt«, wobei er dieselben stereotypen Wendungen gebraucht wie die heidnischen Judenfeinde (S. 219). Zeitlebens aber behält er seine antijüdische Haltung bei. Dreimal läßt ihn die Apostelgeschichte den Bruch mit dem Judentum wiederholen, in Kleinasien, Hellas und Italien. Und er selbst schreibt im Galaterbrief, ein Rückfall ins Judentum sei genauso schlimm, wie ein Rückfall ins Heidentum[12].

Paulus beschuldigt die Juden ganz *generell,* daß sie stehlen, ehebrechen und Tempel plündern[13]. Er nennt ihren gesamten geistigen und religiösen Besitz »Dreck«[14]. Ja, von den beiden Söhnen Abrahams, Isaak und Ismael, vergleicht er den Sohn der Freien mit der Kirche, den Sohn der Magd mit der Synagoge, und nachdem *er* diese Gleichsetzung vollzogen hat, schließt er mit der *Schrift:* »Verstoße die Magd und ihren Sohn! Denn der Sohn der Magd soll nicht das gleiche Erbrecht mit dem Sohn der Freien haben«[15]. Auch sonst spielt Paulus das Alte Testament, natürlich völlig sinnwidrig, gegen die Juden aus [16]. Zwar muß er ihnen bezeugen, daß sie Eifer für Gott bekunden, »aber leider nicht in der rechten Erkenntnis«[17].

Paulus hält den Juden auch bereits Jesu Tod und die Verfolgung der Propheten vor[18], ein Vorwurf, der zu einem der wirkungsvollsten stereotypen Schlagworte der Kirche wird – bis auf unsere Zeit. Selbst Jesus legte man

506

einen Ausspruch in den Mund, der die Juden als »Prophetenmörder« diffamiert[19].

Auch die Apostelgeschichte schimpft sie immer wieder »Verräter und Mörder«. »Welchen Propheten«, fragt sie einmal, »haben eure Väter nicht verfolgt?«[20] »Sie sind gesteinigt, gefoltert, zersägt, durchs Schwert getötet worden«, behauptet der Hebräerbrief[21]. Durch die gesamte christliche Literatur werden die Juden als Prophetenmörder gebrandmarkt, so daß es scheint – und auch so scheinen soll –, als hätten sie laufend ihre Propheten umgebracht. Tatsächlich aber berichtet das Alte Testament, das zahlreiche Propheten aus vielen Jahrhunderten nennt, insgesamt zwei Prophetenmorde[22].

Das Johannesevangelium

> »Schärfer ist nie über das Judentum als Ganzes geurteilt worden«. Der Theologe Weinel[23].

Das Vierte Evangelium ist die judenfeindlichste Schrift des Neuen Testaments. Bezeichnend bereits, daß es nur elf alttestamentliche Zitate enthält. Moses, Abraham und Jakob werden stark abgewertet. Selbst Petrus wird durch die Griechenjünger Philippos und Andreas in den Schatten gestellt. Und während der synoptische Jesus zur Rettung der »verlorenen Schafe Israels« gesandt ist, während selbst Paulus noch versuchte, wenigstens »einige aus den Juden zu retten«, erscheinen sie jetzt als Inbegriff der Schlechtigkeit. Über fünfzigmal figurieren sie hier als Jesu Gegner, und fast unausgesetzt trachten sie ihm nach dem Leben[24]. Der johanneische Christus bestreitet ihnen die (echte) Abrahamskindschaft und läßt sie dafür vom Teufel abstammen; wie sie denn auch die Apokalypse wiederholt »die Synagoge Satans« nennt[25].

Es charakterisiert ferner die judenfeindliche Tendenz des Vierten Evangelisten, daß er, im Gegensatz zu den Synoptikern, die »Schriftgelehrten« und »Pharisäer« als Gegner Jesu sehr oft einfach durch die Juden ersetzt und in ihnen die antichristliche Welt schlechthin verkörpert. Der schroffste Dualismus beherrscht so seine Schrift. Auf der einen Seite die Kirche, auf der anderen die Synagoge; auf der einen die Kinder Gottes, auf der anderen die des Teufels; hier Gott, Licht, Wahrheit, Glaube, dort Welt, Finsternis, Lüge und Ketzerei. Der Kampf gegen die Juden war ein Leitmotiv dieses Autors[26]. Selbst katholische Neutestamentler konzedieren: »Die Polemik gegen sie zieht sich durch das ganze Evangelium hindurch«[27].

507

Der Barnabasbrief

um 130 in Syrien entstanden und von der alten Kirche hoch geehrt, ja, von Clemens Alexandrinus und Origenes zur Heiligen Schrift gezählt[28], ist die wohl schärfste antijüdische Schrift des Urchristentums.

Gesteht das Johannesevangelium den Juden wenigstens für die Vergangenheit ein näheres Verhältnis zu Gott zu, spricht ihnen der Verfasser des Barnabasbriefes jeden Bund mit Gott ab. Sie waren »ihrer Sünde wegen nicht würdig, ihn zu empfangen«. Vielmehr erschien Gottes Sohn nicht zuletzt deshalb, »damit er das Sündenmaß für diejenigen voll mache, die schon seine Propheten bis zum Tode verfolgt hatten«[29]. Auch ihr heiliges Buch erkennt der Autor den Juden jetzt ab, weil sie es überhaupt nicht verstanden hätten, was freilich schon Paulus behauptet[30]. Nach dem Schreiber des Barnabasbriefes, um sein Verständnis zu kennzeichnen, besagt beispielsweise das alttestamentliche Schweinefleischverbot, man solle nicht mit Leuten verkehren, die Schweinen ähnlich seien[31]; das Verbot Hasenbraten zu essen, bedeutet, man dürfe kein Knabenschänder oder dergleichen werden, weil der Hase jährlich seinen After vervielfältige. »Denn so viele Jahre er lebt, so viel Öffnungen hat er«. In dieser Weise werden sämtliche Speiseverbote als Verbote sexueller »Sünden« interpretiert, die perversesten nicht ausgenommen. Dann meint der Verfasser: »Da seht ihr, welch trefflicher Gesetzgeber Moses gewesen ist. Allein wie hätten jene (die Juden) dies zu fassen vermocht? Wir aber haben die Gebote richtig erfaßt und verkündigen sie so, wie der Herr es gewollt hat. Denn eben dazu, daß wir diese Dinge verstehen können, hat er uns Ohren und Herzen beschnitten«[32].

Auf breitester Basis entfaltet sich der frühchristliche Antijudaismus in der um 160 verfaßten, großenteils aus endlosen Zitaten des Alten Testaments bestehenden umfangreichsten christlichen Schrift, die aus den ersten eineinhalb Jahrhunderten erhalten blieb, in

Justins »Dialog mit dem Juden Tryphon«

Der bedeutendste christliche Apologet seines Jahrhunderts nennt darin die Juden schlimme Menschen, seelisch krank, Götzendiener, verschmitzt und verschlagen, blind und lahm, ungerecht, unvernünftig, sündhaft, vollständig hartherzig und verständnislos. Er behauptet, sie hurten, sie seien voll jeder Schlechtigkeit, ihre Sündhaftigkeit steige bis ins Maßlose, alle Wasser des Meeres würden nicht genügen, um sie zu reinigen. Nach Justin haben die Juden das Gesetz entehrt, den Neuen Bund verachtet, die Propheten getötet und Jesu Anhänger ermordet, so oft sie Macht dazu er-

508

hielten. Sie hetzen die anderen Völker gegen die Christen auf und sind nicht nur schuld an dem Unrecht, das sie selber tun, »sondern auch an dem, *das alle anderen Menschen überhaupt begehen*«[33].

Es war nur zungenfertiger formuliert, doch im Prinzip dasselbe, wenn fast 1800 Jahre später Propagandaminister Goebbels die Juden das »Ferment der Dekomposition« nannte[34]. Die völlig verschiedenen Motive der Kirche und der Nazis besagen dabei wenig: Beidemal lief es auf Mord und Totschlag hinaus.

Justin zitiert das Alte Testament meist nur, um mit seiner Autorität die Juden abzukanzeln, wobei er es selbstverständlich als christliches Buch betrachtet. Die ganze antijüdische Polemik der Christen lief damals ja darauf hinaus, den Juden alles zu nehmen, was die Christen brauchen konnten. Schon der 1. Clemensbrief bezeichnet Abraham als »unsern Vater«[35]. Etwas danach schreibt der Vierte Evangelist: »Moses, auf den ihr eure Hoffnung setzt, ist in Wirklichkeit euer Ankläger[36]«. Justins Schüler Tatian beweist dann mit Moses das Alter und Ansehen der Christenheit[37], so daß später Kirchenvater Laktanz ganz selbstverständlich von »unseren Stammvätern« redet, »die die Führer der Hebräer waren«[38]. Und Justin spricht nun, nach dem Vorgang des Barnabasbriefes, den Juden auch das Alte Testament ab. »Euere Schriften«, sagte er zu Tryphon und korrigiert sich gleich, »oder vielmehr nicht euere, sondern unsere«[39]!

Gewiß kann Justin noch versprechen, für die Juden zu beten. In seiner Flut von Vorwürfen klingt dies freilich grotesk genug. Auch mag man bedenken, daß er die Juden angreift, nachdem die Römer sie total geschlagen hatten. Mit fast allen Christen aber erkennt Justin in dieser Katastrophe ein göttliches Strafgericht und lobt ausdrücklich die Verwüstung Palästinas, die Zerstörung seiner Städte, das Gesetz, das den Juden das Betreten Jerusalems verbietet u. a. »Es... ist recht und gut, daß euch das zugestoßen ist... ihr verkommenen Söhne, ehebrecherisches Gezücht, Dirnenkinder«[40]. Dabei konnte er noch als »der milde Justin« bezeichnet werden[41], und dies sogar mit Recht angesichts der späteren Kirchenväter, deren Antijudaismus den seinen noch weit übertrifft.

Der Antijudaismus der Kirchenväter des 3., 4. und 5. Jahrhunderts

> *»Der Antijudaismus ist in der Kirche immer heftiger geworden«. Der Theologe Harnack*[42].

Die Einstellung der christlichen Autoren geht oft schon aus den Titeln hervor. »Gegen die Juden«, so lauten Kampfschriften des Tertullian, Pseudocyprian, Augustinus, Johannes Chrysostomos und zahlreicher anderer Kirchenväter[43]. Der antijüdische Dialog ist in der Kirche geradezu »Literaturgattung« geworden[44].

»Denn wann gab es eine Zeit, wo der Jude nicht Übertreter des Gesetzes war?« ruft Tertullian und behauptet ähnlich wie Justin: »Wenn sich Israel auch jeden Tag an allen Gliedern wüsche, so würde es doch niemals rein werden«[45]. Tertullian weiß auch, daß die Juden nicht in den Himmel kommen und nicht einmal Gott mit den Christen gemeinsam haben[46].

Bischof Cyprian betet, wie man sagte, sogar das Vaterunser antijüdisch. »Bei der Anrede Vater soll der Christ daran denken, daß die Juden nicht Gott, sondern den Teufel zum Vater haben«[47]. »Der Teufel ist des Juden Vater!« Dieses Wort prangte bekanntlich in der Hitlerzeit über den Schaukästen des »Stürmer«.

Ein fanatischer Judenfeind war Kirchenlehrer Ephräm, den seine syrischen Landsleute mit dem Beinamen »Zither des Heiligen Geistes« ehrten[48]. Nach Ephräm sind die Juden gotteslästerlich, schmutzig, gefährlich wie eine ansteckende Krankheit, Sklavennaturen, Wahnsinnige, Teufelsdiener, Mörder, von unersättlichem Blutdurst[49]. »Flieh vor den Juden, denn nichts gilt ihnen dein Tod und dein Blut.« »Ihre Führer sind Verbrecher, ihre Richter Schurken... sie sind 99mal so schlecht wie die Nichtjuden«[50].

Kirchenlehrer Johannes Chrysostomos, dessen hohes soziales Ethos für die Kirche weniger vorbildlich wurde als sein rabiater Antijudaismus, attackierte vom Jahre 386 an in acht Predigten die Juden, die nach ihm »nicht besser als Schweine und Böcke sind«, die er des Raubes und Diebstahls bezichtigt, deren Synagoge er, zum Teil mit der Bibel, ein Theater, ein Hurenhaus, eine Mördergrube, eine Herberge wilder Tiere und des Teufels nennt[51]. Herbergen des Teufels aber seien auch die Seelen der Juden. Mit ihnen dürfe man so wenig verkehren wie mit dem Teufel, denn wie er den Menschen an Leib und Seele ruiniere, so auch die Juden. Töten sie doch nach Kirchenlehrer Chrysostomos sogar ihre Kinder mit eigener Hand. Und da ihm dies anscheinend selbst seine Christen nicht glaubten, verbesserte er sich in einer späteren Predigt: Auch wenn sie nicht mehr länger (!) ihre eigenen Kinder töten, so haben sie doch Christus getötet, was schlimmer ist[52].

Die Einstellung des Kirchenvaters Isidoros Pelusiotes († um 435) kennzeichnet die Bemerkung eines modernen Katholiken, der zu seiner Verteidigung meint: »Nicht alle Juden sind in seinen Augen Verbrecher«[53].

Der Diognethbrief, allgemein als Perle frühchristlicher Literatur gerühmt, verhöhnt das jüdische Fasten ebenso wie die Beschneidung und die Sabbatgebote. Er bezeichnet die Juden als dumm, abergläubisch, heuchlerisch, lächerlich und bietet einen »ganzen Lasterkatalog der Juden«[54].

510

Selbst der edle Basilius schließt sein »Hexaemeron«, das zum Wertvollsten seines literarischen Nachlasses rechnet, mit dem Wunsch: »Zu Schanden werde der Jude«[55].

Und sogar Origenes eifert: »Die Juden haben ihn ans Kreuz genagelt«[56]. Alle Lehren der zeitgenössischen Juden hält er für Fabeleien und leeres Geschwätz. Mit Jesu Verfolgung begingen sie »den allerverruchtesten Frevel«. Daher sei Jerusalem mit Recht bis auf den Grund zerstört und das jüdische Volk seiner Wohnsitze beraubt worden[57].

Auch die heidnischen Christenverfolgungen legten die Kirchenväter immer wieder den Juden zur Last. Tertullian nannte ihre Synagogen geradezu »die Quellen der Verfolgung«[58]. Tatsächlich aber haben sich die Juden an den Christenverfolgungen des 2., 3. und 4. Jahrhunderts überhaupt nicht beteiligt[59].

Die gegen die Juden ausgespielten literarischen Motive der alten Kirche wurden von dem Theologen Carl Schneider zusammengestellt. Wenigstens auszugsweise seien sie genannt: Die Juden sind gar nicht Gottes Volk, sondern stammen von aussätzigen Ägyptern ab. Gott haßt sie, und sie hassen Gott. Er nimmt ihr Opfer nicht an, sie verunehren ihn mehr als die Heiden. Sie verstehen nichts vom Alten Testament, sie haben es verfälscht, nur die Christen vermögen es wieder zu reinigen. Die Juden wollen keine Geistigkeit, keine Kultur, sie sind der Inbegriff des Bösen, Kinder des Satans, sie sind unsittlich, stellen jeder Frau nach, heucheln, lügen, sie hassen und verachten die Nichtjuden. Mit Vorliebe demonstrieren die Christen auch, wie antijüdisch gelegentlich die Propheten selbst über die Juden urteilen. Weiter: »Nur die Juden haben Christus gekreuzigt. Schon die Evangelien entlasten den römischen Statthalter und belasten die Juden, das wird später gesteigert. Nicht die römischen Soldaten, sondern die Juden quälen und verhöhnen Jesus, die Heiden bekehren sich am Kreuz zu ihm, die Juden schmähen ihn noch im Tod. Wie sie aber den Herrn getötet haben, so würden sie am liebsten alle Christen töten, denn ›der Jude bleibt sich zu allen Zeiten gleich‹. Solche Sätze schreiben nicht etwa christliche Fanatiker, sondern ruhige und vornehme Menschen wie Clemens von Alexandreia, Origenes und Chrysostomos neben radikalen... Es kann *keinen Kompromiß* zwischen Juden und Christen geben. Die Juden dürfen aber den Christen Sklavendienste leisten«[60].

Als übereinstimmende Ansicht aller christlichen Schriftsteller des nachapostolischen Zeitalters nennt der Theologe Harnack, daß »Israel eigentlich zu allen Zeiten die After- bzw. die Teufelskirche gewesen«[61].

Zunächst zwar ging es mehr um Differenzen im sogenannten Offenbarungsverständnis. Dann aber wurde die Auseinandersetzung mit dem Judentum keineswegs bloß theologisch geführt, wobei die Christen selbstverständlich nicht die alleinige Schuld trifft[62]. Immerhin hatten sie alles,

511

was sie brauchen konnten, von den Juden usurpiert, die als strenge Monotheisten die Vergottung des galiläischen Zimmermanns natürlich mit derselben Entschlossenheit verweigerten, mit der sie sich der göttlichen Verehrung der Caesaren widersetzten. Doch war der jüdische Widerstand bei weitem nicht so heftig wie der Angriff der Christen[63].

Seit dem Jahre 70 sind jedenfalls überall in der Diaspora Judentum und Christentum vollständig voneinander geschieden. Und nachdem die Kirche den Staat hinter sich hatte, lief die ursprünglich theologische Kontroverse auf einen recht handgreiflichen Antijudaismus hinaus, der noch dazu ganz im Gegensatz stand zum Philosemitismus der übrigen spätantiken Welt. Selbst ein durchaus konservativer Gelehrter räumt ein, »daß die vorwärtsdrängenden Kräfte im Kampf gegen das Judentum des römischen Reiches nicht nur weltanschaulich, sondern auch organisatorisch von der christlichen Kirche ausgingen«[64].

Der Antijudaismus der ersten christlichen Kaiser

> »Wenn es zu Auseinandersetzungen kam, so gingen sie klar
> von den kirchlichen oder kaiserlichen Behörden aus, nicht
> vom Volk«. James Parkes[65].

Die christlichen Kaiser nahmen die antisemitische Gesetzgebung *einzelner* vorchristlicher Herrscher *verschärft* wieder auf. Sie folgten dabei dem Einfluß der Kirche, die schon zu Beginn des 4. Jahrhunderts durch die Synode von Elvira Mischehen zwischen Christen und Juden unter Strafe gestellt und Klerikern wie Laien den Umgang mit Juden unter Androhung des Ausschlusses von der Kommunion verboten hatte[66].

Konstantin, der erste christliche Kaiser, nannte die Juden ein »verworfenes Volk« und »blutbefleckte Menschen«. Er warf ihnen »angeborenen Wahnsinn« und immer erneut den Mord an Jesus vor[67]. Durch das Konzil von Nicaea untersagte er ihnen auch das Halten christlicher Sklaven, weil es ein Unrecht sei, wenn Christen unter der Knechtschaft von Mördern der Propheten und des Herrn litten. Den jüdischen Ostertermin lehnte er mit der Begründung ab: »Wir wollen nichts gemein haben mit dem verhaßten Haufen der Juden«[68].

Von Konstantins Söhnen wurde der Übertritt eines Christen zum Judentum mit Konfiskation des gesamten Besitzes geahndet und die Heirat eines Juden mit einer Christin, sowie die Beschneidung von Sklaven unter Todesstrafe gestellt[69].

Kaiser Julian, der »Abtrünnige«, betrieb dann eine ausgesprochen judenfreundliche Politik[70]. Aber die nachfolgenden christlichen Herrscher

512

knüpften an seine Vorgänger an, wenn auch bis zu Theodosius I. einschließlich nicht ohne ein gewisses Zögern. Im Jahre 404 entfernte man die Juden aus dem Heer – ein Gesetz, das bis ins 19. Jahrhundert in Kraft blieb und bei Hitler wieder auftauchte – und aus allen Staatsämtern[71]. Im 5. und 6. Jahrhundert entrechteten die Erlasse der christlichen Kaiser die Juden nicht nur mehr und mehr, sondern beschimpften sie auch maßlos, und Justinian verbot 553 sogar dem Talmud.

Spielten dabei auch wirtschaftliche und rassische Gegensätze eine Rolle, bildete die Grundlage der Kampagne doch das religiöse Element. Es war die Kirche, die zu einem schärferen Kampf gegen die Juden gedrängt und schon nach Julians Tod und unter Schmähung gegen den Toten den Angriff gegen sie geführt hatte [72].

Die ersten, die Synagogen niederbrannten, waren christliche Bischöfe und Heilige

Während sich die Kaiser wenigstens im ausgehenden 4. Jahrhundert noch für den Schutz der Synagogen verwandten, stürmten sie die Christen bald immer häufiger[73]. Nach den erhaltenen Berichten wurde die erste Synagoge Mitte des 4. Jahrhunderts in Norditalien von Bischof Innocentius von Dertona zerstört. Auch den gesamten Besitz der Juden beschlagnahmte man anscheinend dabei. Etwa um die gleiche Zeit wandelte man die Synagoge von Tipasa in Nordafrika in eine Kirche um.

Die erste Niederbrennung einer Synagoge erfolgte im Jahre 388 am Euphrat auf Befehl des Bischofs von Kallinikon. Als Kaiser Theodosius damals die Bestrafung der Brandstifter und den Wiederaufbau des Gebäudes durch den Ortsbischof forderte, verteidigte Bischof Ambrosius, der ein Dutzend scharf antijüdischer Briefe schrieb, nach einem modernen Katholiken für die Juden jedoch »ein freundliches Interesse« beweist[74], die christlichen Synagogenstürmer und leugnete rundweg das Verbrecherische ihrer Tat. Er erklärte sich sogar mit dem Bischof von Kallinikon solidarisch. »Ich erkläre«, schreibt der Heilige und Kirchenlehrer, »daß ich die Synagoge in Brand gesteckt, ja, daß ich ihnen den Auftrag gegeben habe, damit es keinen Ort mehr gäbe, wo Christus geleugnet wird«[75]. Als Theodosius zögerte, den Christen die Strafe zu erlassen, setzte Ambrosius ihm auch in einer Predigt zu und erpreßte von ihm schließlich durch Verweigerung des Abendmahls die Amnestie.

Um das Jahr 415 beschlagnahmte in Ägypten Erzbischof Kyrill sämtliche Synagogen und machte daraus christliche Kirchen. Die Synagoge in Alexandrien ließ er stürmen und zerstören, das Eigentum der Juden plündern und sie selbst, entgegen der ursprünglichen Absicht des kaiserlichen

513

Statthalters, aus Alexandrien vertreiben[76]. Ein moderner katholischer Kirchenhistoriker kann indes auch In Kyrills Werken »nichts von einer persönlichen Abneigung gegen die Juden finden«[77]. Und da dieser, wie wir noch sehen werden, wenigstens mittelbar auch an der bestialischen Ermordung der Philosophin Hypatia beteiligte Patriarch gleichzeitig einer der größten Wegbereiter der Marienverehrung war, die er auf dem Konzil von Ephesus mit Hilfe von ungeheuren Bestechungsgeldern propagierte (S. 416f.), ging er in den Heiligenkalender sowohl der griechisch-orthodoxen wie der römisch-katholischen Kirche ein. »Ich glaube nicht«, lautet ein kurioses Wort von Kardinal Newman, »daß Kyrill damit einverstanden wäre, wenn man seine äußeren Taten zum Maßstab seiner inneren Heiligkeit nähme«[78].

Im 6. Jahrhundert brüstete sich Johannes von Ephesus, der Bischof von Asien, sieben Synagogen in Kirchen umgewandelt zu haben, lauter illegale, mit Gewalt vollzogene Aktionen.

Eine vielsagende Geschichte erzählt Bischof Johannes von dem frommen Mönch Sergius von Amida, der in einem Ort mit zahlreichen Juden missionierte. Sergius disputierte täglich mit ihnen, nannte sie »Mörder des Gottessohnes, die man überhaupt nicht am Leben lassen sollte«, und als er mit seiner Predigt keinen Erfolg hatte, brannte er die Synagoge nieder. Nun vernichteten die Juden seine Behausung und die Wohnungen seiner Anhänger und bauten eine neue Synagoge, die Sergius aber sogleich wieder zerstören ließ. Auch als die Juden eine dritte errichteten, brannte er sie abermals ab, womit der hl. Sergius endgültig Sieger blieb und »seinen gewohnten Liebesdienst gegen Gott und Fremde noch vierzig Jahre fortsetzte«[79].

Der Konflikt zwischen Juden und Christen ging sehr oft nicht vom Volk aus, wie eine Reihe von Berichten bestätigt. So wurde im 4. Jahrhundert eine wegen ihrer Heilungen berühmte Synagoge bei Antiochien auch von kranken Christen aufgesucht[80], was ein gutes Zusammenleben von Juden und Christen voraussetzt. Auch in Spanien ließen noch im 4. Jahrhundert Christen ihre Felder von Juden segnen. Die Synode von Elvira beeilte sich freilich, solchen Christen mit der Exkommunikation zu drohen, »auf daß der Segen der Kirche nicht entwertet werde«[81]. Gerade das gute Verhältnis zwischen jüdischen und christlichen Gemeinden war ja meist der Anlaß für die heftigen Attacken des Klerus. Und immer wurde in der Antike und im frühen Mittelalter die antijüdische Gesetzgebung rein religiös begründet[82].

514

57. KAPITEL

Der Antijudaismus der Kirche
im Mittelalter

*»Und am ekelhaftesten erscheint dabei noch der Umstand,
daß sich dieser fanatische Antisemitismus als die Religion
des Friedens, als das die Völker beglückende Evangelium
gebärdet«. Friedrich Wiegand[1].*

Im ausgehenden Altertum und im Mittelalter wurde mit der wachsenden
Macht des Katholizismus die Judenhetze immer schlimmer.

Es half den Juden nur wenig und vorübergehend, daß manche Herrscher, wie Karl d. Gr., Ludwig der Fromme, Heinrich IV., Friedrich III.
u. a., sie begünstigten[2]. Die wohlwollenden Absichten einzelner Päpste,
wie vor allem Gregors d. Gr., gingen ebenfalls in den hochwogenden Wel-
len des allgemeinen christlichen Antijudaismus unter. Auch hat selbst
Gregor den Bau neuer Synagogen strikt untersagt und in nicht weniger als
zehn Briefen den Juden das Halten christlicher Sklaven verboten[3]. Schon
seit 423 durfte keine Synagoge ohne kirchliche Erlaubnis gebaut werden,
und mit ähnlichen Anordnungen behinderte man die Juden während des
ganzen Mittelalters[4].

In Frankreich

verbot die Synode von Agde (506) unter Androhung der Exkommunikation das Essen mit Juden[5]. Die 3. Synode von Orléans (538) untersagte ihnen in der zweiten Hälfte der Karwoche das Betreten der Straße[6]. Die Synode von Mâcon (581) schärfte diese Erlasse erneut ein und verlangte von
den Juden u. a., die Priester devot zu grüßen und vor ihnen aufzustehen[7].
Eine solche Aufforderung zur Ehrfurcht war offenbar notwendig, sah sich
doch das Konzil auch zu der Verordnung veranlaßt, »daß kein Kleriker
vollgefressen und vollgesoffen Messe lese«[8]. Weitere antijüdische Bestimmungen erließen die Synoden von Vannes 465 (can. 12); die 2. Sy-

515

node von Orléans 533 (can. 19); die Synode von Clermont 535 (can. 6 und 9); die 4. Synode von Orléans 541 (can. 30 f.); die 5. Synode von Orléans 548 (can. 22); die Synoden von Paris 614 (can. 15), von Reims 624 (can. 11) und von Chalons sur Saone 650 (can. 9). So kam es im merowingischen Franken schon Ende des 6. Jahrhunderts zu Zwangstaufen und Massenausweisungen, zu Niederbrennung oder sonstiger Zerstörung von Synagogen und Judenhäusern.

Erzbischof Agobard von Lyon († 840), ein Spanier, schrieb fünf antijüdische Traktate, auf Grund deren man ihn, allerdings in einer noch vornazistischen Untersuchung, »den brutalsten Judenfeinden aller Zeiten« an die Seite stellte[9]. Dieser katholische Heilige behauptete nicht nur, daß schon Pilatus den Juden die Anbetung Jesu empfohlen habe, daß die jüdischen Ältesten mit dem Geschmack prüften, ob das Blut einer Menstruierenden unrein sei und andere Greuelgeschichten, sondern er antizipierte auch bereits den berüchtigten Nazi-Slogan: »Kauft bei keinem Juden«[10]. Unter Hitler spielte ein bekannter Jesuit »die Werke des Agobard von Lyon« und andere antijüdische Kirchenväterschriften auch prompt für die katholische Kirche aus[11].

Im Jahre 1010 ließ der Bischof von Limoges den Juden vier Wochen lang Jesu Messianität aus dem Alten Testament beweisen. Als dennoch die allermeisten jüdisch blieben, wurden sie verjagt oder getötet.

Der katholische König Philipp August vertrieb 1182 alle Juden aus Frankreich und beschlagnahmte ihr Eigentum, und im Jahre 1394 wiederholte man dort dieses Verfahren.

In Spanien,

wo sich christlicher Fanatismus und Judenhaß von früh an üppig entfalteten, löste, nachdem 586 König Rekkared zum Katholizismus konvertiert war, eine rigorose antijüdische Maßnahme die andere ab. Seine Nachfolger erließen allein im 7. Jahrhundert fast fünfzig antijüdische Gesetze[12], und zwar so gut wie ausschließlich aus religiösen Gründen. Garantierte doch ein Gesetz jedem Juden, dessen christlicher Glaube als einwandfrei galt, *ausdrücklich* alle Privilege der anderen Christen. Alle übergetretenen Juden wurden »mit einer von Herzen kommenden Selbstverständlichkeit der übrigen Bevölkerung gleichgestellt«, der beste Beweis, daß keine rassischen, politischen oder ökonomischen Motive für die Judenunterdrückung ausschlaggebend waren[13].

Der führende Kopf der spanischen Kirche, Erzbischof Isidor von Sevilla (560 bis 636), hat zu den Judenverfolgungen aufgereizt und sie gerechtfertigt[14]. 589 verbot das 3. Konzil von Toledo den Juden die Sklaven-

516

haltung, die man den Christen sehr wohl gestattete (can. 14), worauf die Juden ihren Landbesitz verkaufen mußten. Das 4. Konzil von Toledo (633) beschäftigte sich ausführlich mit den Strafzumessungen für getaufte, doch wieder abgefallene Juden, mit deren Bestrafung nicht die Behörden, sondern der Bischof beauftragt wurde. Die Abgefallenen konnten vor Gericht nicht Zeuge sein und durften kein öffentliches Amt bekleiden. In einer Mischehe mußte der nicht christliche Partner getauft oder die Ehe getrennt werden. Kinder von Abgefallenen, die beschnitten waren, mußten ihren Eltern weggenommen und in christlichen Familien erzogen werden. Nicht weniger als zehn Canones betreffen die Juden (can. 57–66). Die Zwangstaufen verwarf das Konzil allerdings (can. 57).

Aber schon das 6. Konzil von Toledo befahl 638 die Taufe aller in Spanien lebenden Juden (can. 3). Das 8. Konzil von Toledo (653) wiederholte dieses Gebot und ermahnte König Rekkeswinth, nicht über Gotteslästerer zu herrschen und seine Untertanen nicht mit der Gesellschaft von Ungläubigen zu beschmutzen (can. 12). Tatsächlich gebietet dieser König sogar: »Niemandem ist selbst in seinem Innersten der leiseste Zweifel am katholischen Glauben gestattet. Wer zweifelt, wird verbannt, bis er sich anders besinnt«[15], Ja, das 17. Konzil von Toledo erklärte 694 alle Juden wegen staatsfeindlicher Umtriebe und Beleidigung des Kreuzes Christi zu Sklaven (can. 8). Ihre Vermögen wurden konfisziert, ihre Kinder ihnen vom siebten Jahr an fortgenommen und später an Christen verheiratet.

Als es im ausgehenden 8. Jahrhundert in Spanien zu einer gewissen Annäherung zwischen Christen und Juden kam, tadelte Papst Hadrian I. Gläubige, die mit Juden speisten oder überhaupt Umgang hatten, womit er freilich nur an ein altes Verbot erinnerte[16]. Für Verächtlichmachung der christlichen Religion waren schwere Geld- und Prügelstrafen vorgesehen, und der Versuch, Christen zum jüdischen Glauben zu bekehren, wurde mit dem Tode und mit Vermögenseinziehung bestraft[17].

Die Judenmißhandlung nahm in Spanien allmählich immer schlimmere Formen an. Das Konzil von Zamora befahl 1313 die Verknechtung aller Juden und forderte die Durchführung dieses Beschlusses von den weltlichen Behörden unter Androhung des Kirchenbannes. Die antijüdischen Grundsätze mußten alljährlich in der Kirche verlesen werden[18]. Etwa seit 1378 stachelte der stellvertretende Erzbischof Martinez zur Judenverfolgung auf, und im Jahre 1391 wurden unter seiner Führung in Sevilla viertausend Juden getötet und etwa fünfundzwanzigtausend als Sklaven verkauft. Nach diesem »Sieg« befahl der stellvertretende Erzbischof von Sevilla: »Die Juden, die nicht Christen werden wollen, sind totzuschlagen«.

1492 hat man alle ungetauften Juden aus Spanien und 1497 aus Portugal rücksichtslos vertrieben.

517

begannen die Judenverfolgungen mit den Kreuzzügen. Und vom 1. Kreuzzug an wurde hier die Lage der Juden durch viele Jahrhunderte beständig schlechter [19]. Dabei führte auch in Deutschland nicht Rassenhaß und Konkurrenzneid, sondern klerikaler Fanatismus zu den Pogromen, was schon die Tatsache erweist, daß in den ersten Verfolgungen die christlichen Geschäftsleute ihren jüdischen Konkurrenten nach bestem Vermögen geholfen haben[20].

»Was nützt es, in entfernten Gegenden die Feinde des Christentums aufzusuchen, wenn die gotteslästerlichen Juden, weit schlechter als die Sarazenen, in unserer Mitte ungestraft Christum und die Sakramente schmähen dürfen!«[21] So argumentierten die Kreuzfahrer und brachten in Metz, Trier, Worms, Mainz, Regensburg, Prag und anderen Städten Tausende von Juden um.

Am Rhein stachelte der Mönch Radulf im 12. Jahrhundert sogar zu einem Kreuzzug gegen die Juden auf.

Die Juden von Röttingen in Bayern beschuldigte man 1298 einer Hostienschändung. Ein von Gott beauftragter katholischer Edelmann namens Rindfleisch sammelte daraufhin Gleichgesinnte und tötete nicht nur alle Juden Röttingens, sondern vernichtete bis zum Herbst desselben Jahres beinah 140 jüdische Siedlungen.

Von nun an aber behauptete man immer wieder, die Juden durchbohrten mit Nägeln geweihte, meist durch ihre christlichen Dienstboten entwendete Hostien, um Christus stets aufs neue zu kreuzigen. Der Beweis dafür waren blutende Hostien. Man schloß deshalb christliche Knechte und Diener der Juden von der Kommunion aus und setzte auf Hostiendiebstahl die Todesstrafe. Durch das ganze Mittelalter hat die Christenheit das Greuelmärchen des Hostienfrevels (und ebenso das des Ritualmordes und der Brunnenvergiftung) geglaubt, und an Stelle der »blutenden« Hostien traten die blutenden Juden.

Im Jahre 1337 ermordeten auf Grund eines solchen »Hostienfrevels« die Katholiken von Deggendorf in Niederbayern sämtliche Juden der Stadt. Sie befreiten sich auf diese Weise nicht nur von den Schulden, die sie bei den Juden hatten, sondern raubten auch noch deren Eigentum.

Im Jahre 1349 wurden allein in Straßburg zweitausend Juden verbrannt und ihre Vermögen unter den Christen geteilt. Doch töteten die Katholiken damals, im »furchtbarste(n) Jahr für die Juden Deutschlands vor Hitler«, in mehr als dreihundertundfünfzig deutschen Gemeinden nahezu sämtliche Juden, meist durch Verbrennen bei lebendigem Leib[22]. Sehr viele hätten durch die Taufe dem Tod entgehen können, sie zogen aber fast stets das Martyrium einem christlichen Leben vor[23].

1426 vertrieb man die Juden aus Köln - »zu Ehren Gottes und der Heiligen Jungfrau«. In Erfurt vertrieb man die Juden 1458. In Regensburg rottete man die Judengemeinde 1519 aus, nachdem die Geistlichen, besonders auch die Dominikaner, deren Kloster wegen sittlicher Verwilderung wiederholt reformiert werden mußte, seit Jahrzehnten gegen sie gearbeitet hatten[24]. Die antijüdische Predigt galt in Regensburg »anscheinend geradezu als Amtsfunktion des Dompredigers«[25]. Beschwerden des Kaisers Friedrich und Bitten der Juden beim Bischof waren vergeblich. In Frankfurt a. M. vertrieb man die Juden 1614. Doch bestand dort für sie noch Ende des 18. Jahrhunderts ein Grußzwang. Sobald ein Christ einem Juden auf der Straße zurief: »Mach Mores, Jud!«, hatte dieser den Hut zu ziehen[26].

Auch in anderen christlichen Ländern wurden die Juden verfolgt oder benachteiligt. Einzelne norditalienische Republiken duldeten sie prinzipiell nicht. In England konnten sie seit 1290 vier Jahrhunderte lang nicht rechtmäßig leben[27].

Nur die polnischen Könige machten eine Ausnahme. Sie ermutigten die Juden sogar zur Einwanderung, und zwar gegen den Widerstand der Geistlichkeit[28]. Aber im Jahre 1648 wurden in Polen bei einer antisemitischen Welle etwa 200000 Juden umgebracht.

»Die grauenhaftesten Metzeleien, das Zerhacken und Verstümmeln und Aufschlitzen und Lebendig-Verbrennen von ungezählten Tausenden geschah unter der Parole des Glaubens«[29]. Dies ist die Feststellung eines christlichen Gelehrten, der an anderer Stelle bekennt, daß kaum eine Roheit und Ungerechtigkeit auszudenken sei, die im christlichen Europa nicht an den Juden begangen worden wäre[30].

Die Leiden der ältesten Christen erscheinen wie eine Bagatelle, verglichen mit dem Martyrium der Juden, zumal sie, ganz im Gegensatz zu jenen, es fast immer verschmähten, durch einen Abfall ihr Leben zu retten; ein religiöser Fanatismus, den man freilich nur bedauern kann. Sie starben mit Weib und Kind. Sie wurden von den Christen zu Tausenden und Abertausenden erschlagen, ertränkt, lebendig verbrannt, gerädert, gehenkt, zerhackt, geviertеilt, erwürgt und lebendig begraben. Sie wurden mit Stricken und an den Haaren zum Taufbecken gezerrt. Und der hohe Klerus hat sich an diesen Zwangstaufen aktiv beteiligt[31].

Wen wundert es! Jahrhundertelang hatten die Kirchenväter gegen die Juden geschrieben. Die meisten Päpste setzten diese Tendenz fort. Leo der Große sprach von den ungeheuren Verbrechen der Juden und nannte sie hassenswert und fluchwürdig[32]. Im ausgehenden 9. Jahrhundert diffamierte sie Papst Stephan als »Hunde«. 1179 verfügte das 3. Laterankonzil, daß Christen, »die sich erdreisten, mit Juden zu leben, dem Kirchen-

519

bann unterfallen«[33]. Innozenz III. bezeichnete sie im Jahre 1205 als »gottverdammte Sklaven« und wollte sie alle zu dauernder Knechtschaft verdammt wissen[34]. Das 4. Laterankonzil, unter dem Pontifikat desselben Papstes abgehalten, schloß sie von öffentlichen Ämtern aus und verbot ihnen bei großen christlichen Festen das Betreten der Straße. Es ordnete für Juden das Tragen bestimmter Kleidung oder gewisser Abzeichen an – man denke an Hitlers Judenstern! – und erklärte diese Bestimmung für einen Teil des Kirchenrechtes[35].

Es sei auch daran erinnert, daß man im geistlichen Schauspiel des Mittelalters die Juden jahrhundertelang verunglimpft hat, wodurch der Antijudaismus des Volkes mächtig gefördert wurde[36]. Namentlich in der Karwoche kam es oft zu den blutigsten Judenpogromen.

58. KAPITEL

Der Antijudaismus
von der Reformation bis
zu Hitler

Luther

>Eine erschreckend ähnliche Sprache hat fast 400 Jahre
später Hitler geführt«. H. G. Adler[1].

Luther hat am christlichen Antijudaismus nichts geändert. Im Gegenteil!
Zwar gibt es aus seiner Frühzeit einige judenfreundliche Äußerungen,
schrieb er beispielsweise, Papisten, Bischöfe, Sophisten und Mönche hätten die Juden in einer Weise behandelt, daß alle guten Christen wünschen
sollten, Juden zu werden. Wenn er Jude wäre und die Behandlung der Juden durch die Christen mitansehen müßte, würde er es vorziehen, ein
Schwein zu sein. Aber in späteren Jahren wurde Luther ein rabiater Antisemit, der in übelsten Pamphleten, wie dem »Brief wider die Sabbather an
einen guten Freund«, »Von den Juden und ihren Lügen«, »Vom Schem
Hamphoras« u. a., »scharfe Barmherzigkeit« empfiehlt und mit verführe-
rischer Beredsamkeit fast alle überkommenen katholischen Lügen und
Greuelmärchen auftischt, die Brunnenvergiftung ebenso wie den Ritualmord. Diese Schriften, meinte der Schweizer Reformator Bullinger, gegen die »hündische, schmutzige Beredsamkeit« Luthers protestierend,
seien nicht von einem berühmten Seelen-, sondern von einem »Schweine-
hirten« verfaßt[2]. Hatte Luther die Juden doch wiederholt mit Schweinen
identifiziert, ja, er war der Meinung, sie seien »schlimmer als eine Sau«[3].
   Es dürfte nicht leicht fallen, aus dem »Stürmer«, der berüchtigten antisemitischen Nazizeitung, niederträchtigere Schmähungen der Juden zu
eruieren, als aus den Werken Martin Luthers, auf die sich denn auch Stür-
mer-Herausgeber Julius Streicher vor dem Internationalen Militärge-
richtshof in Nürnberg berief[3a]. So schreibt er zum Beispiel: »Ein solch ver-
zweifelt, durchböset, durchgiftet, durchteufelt Ding ist's umb diese Jüden, so diese 1400 Jahr unsere Plage, Pestilenz und alles Unglück gewest
und noch sind. Summa wir haben rechte Teufel an ihnen«[4].

521

Oder: »Hieher zum Kusse! Der Teufel hat in die Hosen geschissen und den Bauch abermal geleeret. Das ist ein recht Heiligtum, das die Juden und was Jude sein will, küssen, fressen, sauffen und anbeten sollen, und wiederum soll der Teufel auch fressen und sauffen, was solche Jünger speien, oben und unten auswerfen können. Hie sind die rechten Gäste und Wirthe zusammengekommen, habens recht gekocht und angerichtet... Der Teufel frißt nun mit seinem englischen Rüssel und frißt mit Lust, was der Juden unteres und oberes Maul speiet und spritzet«[5].

Oder: »Es ist hie zu Wittenberg an unser Pfarrkirchen eine Sau in Stein gehauen; da liegen junge Ferkel und Jüden unter, die saugen; hinter der Sau steht ein Rabbin, der hebt der Sau das rechte Bein empor, und mit seiner linken Hand zeucht er den Pirzel uber sich, bückt und kuckt mit großem Fleiß der Sau unter dem Pirzel in den Talmud hinein, als wollt er etwas Scharfs und Sonderlichs lesen und ersehen... Denn also redet man bei den Deutschen von einem, der große Klugheit ohne Grund furgiebt: Wo hat ers gelesen? Der Sau im, grob heraus, Hintern«[6].

In seiner 1543 verfaßten Schrift »Von den Juden und ihren Lügen«, die man auf protestantischer Seite »das Arsenal« nannte, »aus dem sich der Antisemitismus seine Waffen geholt hat«[7], fordert Luther: »Daß man ihre Synagogen oder Schulen mit Feuer anstecke, und was nicht verbrennen will, mit Erde überhäufe und beschütte, daß kein Mensch einen Stein oder Schlacke davon sehe ewiglich. Und solches soll man tun unserem Herrn und der Christenheit zu Ehren, damit Gott sehe, daß wir Christen seien und solch öffentlich Lügen, Fluchen und Lästern seines Sohnes und seiner Christen wissentlich nicht geduldet noch gewilligt haben... Daß man auch ihre Häuser desgleichen zerbreche und zerstöre. Denn sie treiben dasselbige drinnen, was sie in ihren Schulen treiben. Dafür mag man sie etwa unter ein Dach oder Stall tun, wie die Zigeuner... Daß man ihnen nehme alle ihre Betbüchlein und Talmudisten, darin solche Abgötterei, Lügen, Fluch und Lästerung gelehrt wird... Daß man ihren Rabbinern bei Leib und Leben verbiete, hinfüro zu lehren... Daß man ihnen verbiete, bei uns öffentlich Gott zu loben, zu danken, zu beten, zu lehren, bei Verlust Leibes und Lebens«[8].

Wie in so mancher Hinsicht, werden die Katholiken auch in dieser durch Martin Luther nicht beschämt. Auch alle anderen führenden Reformatoren waren judenfeindlich. Und Hitler brachte dann den Antijudaismus zur letzten Entfaltung. In seinen Vorlesungen über »Kirche und Synagoge« bestätigt Wilhelm Maurer, Luther habe »mitgeholfen, daß in den breiten Schichten des christlichen Volkes der sakramental begründete Antisemitismus vom Mittelalter her weiter wirken konnte, bis er dann durch den rassenmäßig begründeten abgelöst wurde«[9]. Und der Theologe Martin Stöhr bekennt von Luther: »Wir haben es erleben müssen, daß sei-

522

ner und anderer Theologen Meinungen eine Jahrhunderte überdauernde tödliche Explosivkraft besaßen«[9a].

Vom 16. bis ins 20. Jahrhundert

Spätestens im 15. Jahrhundert schritt man zu der christlich-abendländischen Kulturschande des Ghettos fort, offenbar weniger aus politischen oder wirtschaftlichen Gründen, als vielmehr wegen des religiösen Abscheus der mittelalterlichen Christenheit vor den Juden[10]. Jeglicher Privatverkehr mit ihnen und sogar jedes Religionsgespräch wurde verboten; letzteres deshalb, weil seit dem frühen 9. Jahrhundert immer wieder freiwillige Übertritte zum Judentum vorgekommen waren, auch von Geistlichen[11].

Im 16. Jahrhundert forderten die Päpste Absonderung der Juden, Verbrennung ihrer Bücher, sowie wirtschaftliche Beschränkungen. 1581 behauptete Papst Gregor XIII., daß »die Schuld der Rasse, die Christus von sich gewiesen und gekreuzigt habe, mit jeder Generation nur größer werde, und alle ihre Glieder mit ewiger Knechtschaft belaste«, eine Erklärung, die zu einem Anhang des katholischen Kirchenrechts erhoben wurde[12]. Zweimal vertrieb man die Juden im 16. Jahrhundert aus dem Kirchenstaat, wobei nur drei Städte ausgenommen waren[13].

Noch bis zur Mitte des 18. Jahrhunderts warf man den Juden immer wieder Hostienschändung und Ritualmord vor und setzte ihre Verfolgung fort. Als auf ihr dringendes Ersuchen Papst Benedikt XIV. 1756 ein Gutachten in Auftrag gab, ließ der Papst das für sie günstig lautende Dokument *nicht* veröffentlichen[14].

Erst in der von der Kirche vielgeschmähten Aufklärung bahnte sich die bürgerliche Gleichberechtigung der Juden an[15], und im 19. Jahrhundert kam es bereits zu einigen judenfreundlichen Gesten auf Seite der Päpste. Gregor XVI. empfing einen Juden, Karl Meyer Freiherrn von Rothschild, in Audienz und dekorierte ihn, finanziell ihm sehr verpflichtet, mit dem Erlöser-Orden[16]. Pius IX. dispensierte 1846 die Juden von der Nötigung, wöchentlich einmal eine christliche Predigt zu besuchen, nachdem die Rothschilds dem Vatikan abermals beigesprungen waren. Und schon 1850 erhielt Pius IX. von ihnen eine neue Anleihe von nicht weniger als 50 Millionen Franken, die ihm die Rückkehr von Gaeta, wohin er nach der Revolution von 1848 geflohen, ermöglichte[17].

Der von der Kirche Jahrhunderte hindurch genährte Judenhaß schwelte im übrigen im Volke weiter. 1819 kam es, ausgehend vom katholischen Würzburg, in Deutschland zu umfangreichen Judenpogromen. Den Geist, der sie trug, verdeutlicht zur Genüge folgende charakteristische

Proklamation: »Brüder in Christo! Auf, auf, sammelt euch, rüstet euch mit Muth und Kraft gegen den Feind unseres Glaubens, es ist Zeit, das Geschlecht der Christusmörder zu unterdrücken, damit sie nicht Herrscher werden über euch und unsere Nachkommen, denn stolz erhebt schon die Juden-Rotte ihre Häupter... nieder mit ihnen, ehe sie unsere Priester kreuzigen, unsere Heiligthümer schänden und unsere Tempel zerstören, noch haben wir Macht über ihnen... darum laßt uns jetzt ihr sich selbst gefälltes Urtheil an ihnen vollstrecken... Auf, wer getauft ist, es gilt der heiligsten Sache... Nun auf zur Rache! Unser Kampfgeschrey sey Hepp! Hepp!! Hepp!!! Aller Juden Tod und Verderben, ihr müßt fliehen oder sterben!«[18]

Als im Jahre 1891/92, also erst vor hundert Jahren, ein Xantener Ritualmordprozeß, bei dem selbst der Staatsanwalt für Freispruch plädierte, vor den Reichstag kam, behauptete ein Kirchenvertreter, nämlich der Berliner Hofprediger Stöcker, der dem Reichstag fast dreißig Jahre angehörte: »Wird doch keiner, der die Geschichte kennt, leugnen, daß Christen, insbesondere Kinder, jahrhundertelang durch die Hand von Juden aus Fanatismus oder Aberglauben umkamen«[19].

Zu Beginn des 20. Jahrhunderts rühmte der preußische Justizminister Schönstedt die Ehrlichkeit, Gewissenhaftigkeit und Pflichttreue der jüdischen Notare, gestand jedoch zugleich: »Aber ich kann nicht die Tatsache unberücksichtigt lassen, daß ein großer Teil der christlichen Bevölkerung den Juden mißtrauisch gegenübersteht«[20]. Dieses Mißtrauen verschwand auch nicht, nachdem von rund 100000 jüdischen Soldaten während des ersten Weltkrieges etwa 12000 gefallen und ungefähr 30000 mit Orden ausgezeichnet worden waren[21].

Der Cartellverband der katholischen, Farben tragenden deutschen Studentenverbindung bestimmte 1923: »Hinderungsgrund für die Aufnahme in den C.V. bildet semitische Abstammung, nachwirkbar bis auf die Großeltern«[22]. Und konsequenterweise erklärte genau zehn Jahre später zur Volksabstimmung und Reichstagswahl am 12. November 1933 der Verbandsführer des C.V.: »Alle Männer des CV haben sich in dieser entscheidungsvollen Zeit *freudig zu den Fahnen Adolf Hitlers* zu bekennen. Wer am 12. November nicht mit ›Ja‹ stimmt und nicht die Reichstagsliste der NSDAP wählt, *bricht seinen Burscheneid, weil er in der Stunde größter Gefahr sein Vaterland und sein Volk verrät«[23].*

524

*»Das völlige Versagen der ›Kirchenführer‹, der Kirchenaus-
schüsse und der Kirchenverwaltungen ist am Tage. Sie haben im allgemeinen die nichtarischen Pastoren in die Wüste geschickt und waren froh, sie los zu sein«.
Der Theologe Wilhelm Niemöller*[24].

Die katholischen Bischöfe Deutschlands haben die Judenverfolgungen
unter Hitler im allgemeinen nicht gefördert.

Gewiß gab es katholische Theologen, die damals aus dem traditionellen
Antijudaismus ihrer Kirche Kapital zu schlagen suchten. So empfiehlt ein
Jesuit im Jahre 1934 die Bücher »Gegen die Juden« des Tertullian, Cyprian, Augustinus, die antijüdischen Briefe des Papstes Gregor und die
Schmähschriften des Agobard von Lyon zum Studium »der Geschichte
der Judenfrage in der römischen Kirche«[25]. Ein anderer katholischer
Theologe nennt in einem rein antijüdischen Aufsatz sogar das Dogma der
Unbefleckten Empfängnis *das* geschichtliche Ereignis des 19. Jahrhunderts, das die »Unterjochung der Christenheit« durch die Juden substantiell überwunden habe. »War der Erlöser schon nach dem Dogma der
jungfräulichen Geburt von der Vaterseite her aus dem natürlichen Ver-
bande seines Volkes gelöst, so wurde jetzt diese Lösung noch einmal und
verstärkt betont, indem auch die Mutter des Erlösers herausgehoben
wurde aus der (über Juden und Heiden verhängten) erbsündlichen Verderbnis und damit gerade aus der *besonderen* Ausprägung dieser Verderbnis im jüdischen Säkularismus«[26]. Selbst noch im Jahre 1941 belastet
ein Benediktinermönch in seinen immerhin mit kirchlicher Druckerlaubnis erschienenen, den Nazikrieg intensiv unterstützenden »Briefen an einen jungen Soldaten« die damals schon zu Tod verfolgten Juden[27]. Aber
diese Stimmen waren Ausnahmen. Die katholische Kirche hat sich an den
nazistischen Judenpogromen nicht beteiligt.

Allerdings ist sie auch *niemals dagegen aufgetreten!* Die Nürnberger
Gesetze zur sogenannten Reinerhaltung des Volkstums wurden von ihr
widerspruchslos hingenommen. Ja, sie trug, wie die protestantische Kirche, durch die auf Grund ihrer Kirchenbücher gelieferten Ariernachweise
zur Ermittlung der Juden bei. Auf diese Weise, schrieb man auf theologischer Seite, konnte »die Verächtlichmachung des jüdischen Volkes in unserem eigenen Volke nie erwartete Erfolge erzielen«[28].

Das Verhalten der protestantischen Kirche in Deutschland gegenüber
den Juden unter Hitler mögen folgende Fakten kennzeichnen.

Der 1933 von der Evangelischen Kirche geschaffene Arierparagraph
legte fest, daß Personen nichtarischer Abstammung nicht als Geistliche

und Beamte der allgemeinen kirchlichen Verwaltung berufen werden können und Geistliche oder Beamte arischer Abstammung, die mit einer Person nichtarischer Abstammung die Ehe eingehen, zu entlassen sind[29]. Im Jahre 1939 verlangte die evangelische Kirchenbehörde den Nachweis arischer Abstammung schon von den Kandidaten der Theologie[30].

Am 10. 2. 1939 beschloß der Landeskirchenrat der Thüringer evangelischen Kirche ein antijüdisches Gesetz, dessen § 1 lautet: »Juden können nicht Mitglieder der Thüringer evangelischen Kirche werden.« Ein ähnliches antijüdisches Kirchengesetz wurde im Februar 1939 erlassen für die evangelisch-lutherische Kirche Mecklenburgs, Anhalts und Sachsens[31]. Derartiges hatte es nicht einmal im finsteren Mittelalter gegeben.

Am 17. 12. 1941 veröffentlichten die nationalkirchlichen evangelischen Kirchenführer folgende Bekanntmachung über die kirchliche Stellung evangelischer Juden:

»Die nationalsozialistische deutsche Führung hat mit zahlreichen Dokumenten unwiderleglich bewiesen, daß dieser Krieg in seinen weltweiten Ausmaßen *von den Juden* angezettelt worden ist. Sie hat deshalb im Inneren wie nach außen die zur Sicherung des deutschen Lebens notwendigen Entscheidungen und Maßnahmen gegen das Judentum getroffen.

Als Glieder der deutschen Volksgemeinschaft stehen die unterzeichneten deutschen Evangelischen Landeskirchen und Kirchenleiter in der Front dieses historischen Abwehrkampfes, der u. a. die Reichspolizeiverordnung über die Kennzeichnung der Juden als der *geborenen Welt- und Reichsfeinde* notwendig gemacht hat, wie schon Dr. Martin Luther (!) nach bitteren Erfahrungen die Forderung erhob, schärfste Maßnahmen gegen die Juden zu ergreifen und sie aus deutschen Landen auszuweisen.

Von der Kreuzigung Christi bis zum heutigen Tage haben die Juden das Christentum bekämpft oder zur Erreichung ihrer eigennützigen Ziele mißbraucht oder verfälscht. Durch die christliche Taufe wird an der rassischen Eigenart eines Juden, seiner Volkszugehörigkeit und seinem biologischen Sein nichts geändert. Eine deutsche Evangelische Kirche hat das religiöse Leben deutscher Volksgenossen zu pflegen und zu fördern. *Rassejüdische Christen haben in ihr keinen Raum und kein Recht.*

Die unterzeichneten deutschen Evangelischen Kirchen und Kirchenleiter haben deshalb jegliche Gemeinschaft mit Judenchristen aufgehoben. Sie sind entschlossen, keinerlei Einflüsse jüdischen Geistes auf das deutsche religiöse und kirchliche Leben zu dulden.«

Diese Bekanntmachung unterschrieben die Landesbischöfe bzw. Landeskirchenpräsidenten von Sachsen, Hessen, Mecklenburg, Schleswig-Holstein, Anhalt, Thüringen und der Vorsitzende der evangelisch-lutherischen Kirche von Lübeck[32].

Am 22. 12. 1941 ersuchte die Deutsche Evangelische Kirchenkanzlei in

526

einem Schreiben an die obersten Kirchenbehörden im Einvernehmen mit dem Geistlichen Vertrauensrat, »die geeigneten Vorkehrungen zu treffen, daß die getauften Nichtarier dem kirchlichen Leben der deutschen Gemeinde fernbleiben. Die Nichtarier werden selbst Mittel und Wege suchen müssen, sich Einrichtungen zu schaffen, die ihrer gesonderten...«[33].

Die Evangelische Landeskirche Hannover erhob ab 9. 1. 1942 von Juden keine Kirchensteuer mehr, »da Juden nicht als Mitglieder der Evangelisch-lutherischen Landeskirche Hannover als Körperschaft des öffentlichen Rechts angesehen werden können«[34].

Allerdings gab es auch evangelische Theologen, vor allem in der sogenannten Bekennenden Kirche, die den Antijudaismus der Naziregierung offen verurteilten. Die Führer dieses Kreises schrieben sogar an Hitler: »Wenn den Christen im Rahmen der nationalsozialistischen Weltanschauung ein Antisemitismus aufgedrängt wird, der zum Judenhaß verpflichtet, so steht für ihn (sie) dagegen das christliche Gebot der Nächstenliebe«[35]. Auch der evangelische Landesbischof von Württemberg, Wurm, trat noch 1943 in einem Schreiben an den Minister für kirchliche Angelegenheiten wenigstens für die getauften und die in Mischehen lebenden Juden ein[36]. Auch gegen den Ausschluß nichtarischer Christen aus der Kirchengemeinschaft erhoben evangelische Theologen ihre Stimme und mahnten die Pfarrer und Gemeinden, die kirchliche Gemeinschaft mit ihnen aufrechtzuerhalten[37]. Diese Proteste waren freilich vereinzelt und zudem selten sehr entschieden. Konzedierte man doch auch auf protestantischer Seite, daß selbst die Bekennende Kirche gegen die antisemitischen Gesetze und die Judenverfolgung im staatlichen Raum »nur sehr zögernd Stellung nahm«[38].

Ganz abgesehen aber von alledem darf man fragen: Wäre Hitlers Judenausrottung überhaupt möglich gewesen ohne die vorausgehende, länger als eineinhalb Jahrtausende während antijüdische Agitation der Kirche? Der christliche Gelehrte F. W. Foerster erblickt (in einer Veröffentlichung des katholischen Herder-Verlages) in Hitler »eine unmittelbare Ausgeburt« jenes christlichen Antisemitismus, wie ihn die Christlichsozialen Österreichs vertraten[39].

Auch Hitler selbst bezeugt in seinem politischen Werdegang von dem österreichischen Politiker Karl Lueger beeinflußt worden zu sein, einem christlichen Antisemiten[40]. Lueger war seit 1885 im österreichischen Abgeordnetenhaus und seit 1897 Bürgermeister von Wien. Die stark antijüdisch geprägte »Christlich-Soziale-Partei« wurde 1907 die stärkste Fraktion des österreichischen Abgeordnetenhauses. Zwei Jahre später, im Jahre 1909, in dem übrigens auch das Hakenkreuz zum ersten Mal als »deutsch-völkisches« und antisemitisches Symbol auftaucht, kommt Hitler nach Wien und kauft erstmals antisemitische Broschüren[41].

527

Bei den Christlichsozialen Österreichs spielte der Judenhaß von Anfang an eine dominante Rolle. Man sah darin sogar »das unschätzbare Werkzeug der religiösen Wiedergeburt«[42]. So gingen die Geistlichen nicht nur in den Zeitungen, in Volks- und Wahlversammlungen, sondern auch auf der Kanzel gegen die Juden vor[43]. Noch vom österreichischen Klerus der dreißiger Jahre konnte man schreiben, er habe sich oft im Stil von der Nazipropaganda kaum unterschieden[44]. Der Linzer Bischof Gfölner beispielsweise wetterte in einem Hirtenbrief vom 21. Januar 1933 gegen das »entartete Judentum«, klagte über seinen »überaus schädlichen Einfluß auf fast allen Gebieten des modernen Kulturlebens«, machte den Kampf dagegen zur »strenge(n) Gewissenspflicht eines jeden überzeugten Christen« und forderte einen starken Damm »gegen all den geistigen Unrat und die unsittliche Schlammflut, die vorwiegend vom Judentum aus die Welt zu überschwemmen drohen«[45].

Hat man sich erinnert, als die Nazis in Reden und Schriften den Antisemitismus entfachten, daß die christliche Kirche seit ihrem Bestehen in zahllosen Traktaten, Predigten, Papstbriefen und Konzilsbeschlüssen den Judenhaß genährt hatte? Hat man sich erinnert, als 1938 in der »Kristallnacht« in Deutschland 191 Synagogen in Brand gesteckt und weitere 76 demoliert wurden, daß die ersten Synagogenbrandstifter Bischöfe und Heilige der katholischen Kirche gewesen sind? Hat man sich erinnert, als die Nazis den Judenstern einführten, als sie begannen, die Juden zu berauben, abzuschieben und zu vergasen, daß sie schon die mittelalterliche Christenheit an der Kleidung gekennzeichnet, um ihr Eigentum gebracht, aus vielen Gemeinden und Ländern vertrieben, ins Ghetto gesteckt und zu Tausenden und Abertausenden ermordet hat?

Noch in unserer Zeit liest man in päpstlich genehmigten Gebetbüchern, mit der Kreuzigung Christi hätten die Juden »das größte Verbrechen begangen, mit dem jemals die Welt besudelt wurde«[46]. Noch heute zeigt man in Kirchen judenfeindliche Filme[47]. Noch heute führt man in Bayern die Oberammergauer Passionsspiele auf, die, nach dem päpstlichen Hausprälaten Schroeder, das Denken und Fühlen ganzer Nationen beeinflußt haben. Über die Rolle der Juden in diesem Spiel schreibt der Prälat: »Ihr rücksichtsloser Haß wird das unmittelbar treibende Motiv für die ganze Leidensgeschichte des Herrn«[48]. Noch heute sieht man auf jüdischer Seite im christlichen Religionsunterricht einen Hauptgrund des religiösen Antisemitismus[49]. Noch heute rechtfertigen Antijudaisten ihre Haltung mit den fast zwei Jahrtausende alten Schlagworten der Kirche. So antwortete 1961 der eine der beiden Kölner Synagogenschänder auf die Frage des Gerichtsvorsitzenden, was ihn denn an den Juden so ärgere: »Daß sie keine Deutschen sind, und daß sie Christus ans Kreuz geschlagen haben«[50]. Noch heute hängt in einer Deggendorfer Kirche zur Erinnerung an

528

den dortigen Judenmord vom 30. September 1337 eine Bildtafel mit der – seit Sommer 1961 übermalten – Unterschrift: »Die Juden werden von denen Christen aus rechtmäßigen Gott gefälligen Eifer ermordet und ausgereutet. Gott gebe das von diesem Höllengeschmaiß unser Vaterland jederzeit befreyet bleibe.«

2. Der Kampf gegen die Heiden

59. KAPITEL

Die Vernichtung des Heidentums

> *»Vor dem Sieg des Christentums verlangt man, daß der Staat keinen zu einer bestimmten Gottesverehrung zwingen darf, dann aber verlangt man in dem gleichen Ton, daß er alle zur eigenen Gottesverehrung der Christen zwingen muß, und zwar mit Anwendung aller Gewalt«.*
> *Der Theologe Carl Schneider[1].*

Tolerant war die Kirche nur, solange sie eine Minderheit bildete und ihr eine erdrückende Mehrheit gegenüberstand. In dieser Zeit fanden die Christen kein Ende, aus ihrer Not eine Tugend zu machen und aller Welt zu versichern, wie gut sie doch seien.

Sie weilten auf Erden, behauptet der Autor des Briefes an Diognet, aber wandelten im Himmel. Sie liebten alle und würden von jedem verfolgt. Sie seien arm und machten viele reich[2]. »Sie sind auch langmütig«, meint Aristides. »Und weil sie wissen, daß jene (die Heiden) im Irrtum sind, lassen sie sich von ihnen schlagen, ertragen und dulden sie, ja, noch mehr, sie behandeln sie schonend als Leute, die der Erkenntnis ermangeln«[3]. Wenn man sie schlüge, rühmt Athenagoras, schlügen sie nicht wieder, wenn man sie beraubte, prozessierten sie nicht, im Gegenteil, sie hielten auch die andere Backe hin und gäben zum Leibrock noch den Mantel; sie segneten ihre Feinde und beteten für ihre Mörder. Schon in den ersten Sätzen seiner Schrift aber beschwört Athenagoras die Kaiser, »daß man einem jeden die Götter seiner Wahl lassen muß«[4].

Mit aller Entschiedenheit plädiert auch Kirchenvater Tertullian für Religionsfreiheit. Die Christen, schreibt er, kennten keine Ruhmsucht und

530

Ehrsucht, kein Bedürfnis nach einer Parteistiftung, nichts sei ihnen fremder als die Politik. Der eine möge Gott verehren, der andere den Jupiter; der eine zum Himmel, der andere zum Altar der Fides beten. »Seht vielmehr zu, ob nicht auch das auf den Vorwurf der Gottlosigkeit hinausläuft, wenn man jemand die Freiheit der Religion nimmt und ihm die freie Wahl seiner Gottheit verbietet«[5].

Noch gegen Mitte des 3. Jahrhunderts gestattet der hochherzige Origenes keinerlei Schmähung der Götter, selbst nicht im Falle erlittenen Unrechts. Schienen sie ihm doch von Gottes Liebe nicht ausgeschlossen[6].

Der Umschlag unter Konstantin

Sobald der Staat aber das Christentum privilegierte, war es mit der Forderung nach Toleranz und Religionsfreiheit vorbei.

Der erste, der den christlichen Triumphgesang eröffnete, ist wohl Kirchenvater Laktanz, ein ehemaliger Ultrapazifist. Schmähung über Schmähung auf die schlimmen Christenverfolger, die »reißenden Wölfe«, häufend, deren böses Ende er genußvoll illustriert, ruft er: »Am Boden liegen sie, die da Gott widerstrebten; die den heiligen Tempel umstürzten, sie sind in noch mächtigerem Sturze gefallen – spät, aber tief und nach Verdienst«[7].

Schon um 317 verkündet auch Kirchenhistoriker Euseb, daß endlich Christus die Christen vor aller Welt verherrlicht habe. »Daher speien jetzt, was zuvor nie geschehen, die allerhöchsten, die Kaiser, im Bewußtsein der von ihm empfangenen Würde den toten Götzen ins Gesicht, treten die ungesetzlichen Gesetze der Dämonen mit Füßen, verlachen den alten, von den Vätern ererbten Wahn«[8].

Davon war freilich noch keine Rede. Denn Konstantin war damals noch neutral und Licinius überhaupt nie Christ. In seinen letzten Regierungsjahren allerdings ging der Kaiser gegen das Heidentum vor. Er untersagte nicht nur die Wiederherstellung baufälliger Tempel[9], sondern befahl auch ihre Niederreißung, die der Aphroditetempel von Golgatha, von Aphaka am Libanon, von Heliopolis, oder die des Äskulapheiligtums in Aegae. Er ordnete die Schließung des Sarapeions in Alexandrien an und konfiszierte Tempelländereien und kostbare Götterstatuen, darunter das Standbild des delphischen Apoll und das der Kybele aus Kyzikos. Freilich hatten sich schon heidnische Herrscher wie Nero, Caracalla oder Diokletian am Tempelgut vergriffen, und was diesen recht war, schien den Christen billig. Sie waren von den Raubzügen Konstantins entzückt[10].

Trotz allem blieben solche Gewaltakte unter ihm Ausnahmen. In seiner Hauptstadt wurden sogar noch Tempel errichtet. Nikagoras, ein Priester in den eleusinischen Mysterien, erhielt ein Stipendium für eine Reise nach Ägypten. Der Philosoph Sopatros, nach Jamblichos' Tod das Haupt der neuplatonischen Schule, erfreute sich jahrelang der Gunst des Kaisers und durfte öffentlich zu seiner Rechten sitzen, bis dann allerdings der christliche Gardepräfekt Ablabius, ein Fürsprecher des Athanasius, für Sopatros' Hinrichtung sorgte.

Und bald wurden die kirchlichen Stimmen dringlicher.

Der Renegat Firmicus Maternus

Den ganzen Umschlag der christlichen Idee ins Gegenteil, wie er im 4. Jahrhundert erfolgte, bekundet in klassischer Form der nur wenige Jahre nach Konstantins Tod an seine Söhne Konstantius und Konstanz gerichtete Traktat des Firmicus Maternus, eine einzige Haßtirade gegen das Heidentum: »*Von Grund aus* müssen solche Dinge, allerheiligster Kaiser, ausgemerzt und *vernichtet* werden und sollen durch schärfste Gesetze und Erlasse eurerseits geändert werden, damit nicht länger dieser verhängnisvolle irrige Wahn den römischen Erdkreis beflecke, damit nicht diese ruchlosen, verpesteten Gebräuche erstarken, damit nicht länger, was immer einen Mann Gottes zu verderben sucht, auf der Erde herrsche.«

Als man noch machtlos war, hatte man Religionsfreiheit und Feindesliebe gefordert. Jetzt heißt es: »Rauhe Kost, bittere Tränke werden gegen Willen eingegeben, und wenn das Übel angewachsen, wird Feuer und Eisen angewandt«[11].

Bedenkenlos reizt der Kirchenvater die Kaiser zur Plünderung der Tempel auf und verlangt mit Berufung auf den Gott des Alten Testaments, die alte Religion »in jeder Weise« zu verfolgen. »Weder den Sohn befiehlt er zu schonen noch den Bruder, und sogar durch die Glieder der geliebten Gattin stößt er das Racheschwert. Auch den Freund verfolgt er mit erhabener Strenge und das ganze Volk wird bewaffnet, um die Leiber der Ruchlosen zu zerfleischen. Ja sogar über ganze Städte wird der Untergang verhängt wenn sie auf dieser Freveltat ertappt wurden; damit eure Fürsorge dies klar erkennen lerne, will ich das Urteil des angeordneten Gesetzes vorbringen.«

Früher hatte man gelehrt: »Wenn du das Alte Testament liest, lies es ja nicht als Gesetz... Gottes Gesetz ist nur, was mit dem Evangelium identisch ist«[12]. Aber von nun an folgte die Kirche dem Befehl des angeblich mit Jesus identischen Judengottes, der im Alten Testament gebietet, die Altäre der Heiden umzuwerfen, ihre Säulen zu zerbrechen, ihre geschnitzten Bilder zu verbrennen, und sie selbst zu erschlagen »bis auf den letzten Mann«[13].

532

Die Errichtung des Kreuzes über Ruinen und Leichen

»Die Zerstörung der Tempel erfolgte allerdings überwiegend nicht durch Organe der kaiserlichen Regierung, sondern durch die christliche Bevölkerung«. K. Voigt[14].

»Sogar als Heilige sind Brandstifter und Diebe verehrt worden wie Martin von Tours... Theodor von Amasea ... oder Karterios«. »Die Anzahl der heidnischen Märtyrer war besonders in Ägypten und Gallien groß«.
Der Theologe Carl Schneider[15].

Firmicus Maternus appellierte nicht vergebens an die christlichen Regenten. Konstantius, der schon 341 die Ausrottung des »Aberglaubens« befohlen hatte, ordnete 346 das sofortige Schließen sämtlicher Tempel an. Widerstrebende sollte das »rächende Schwert« treffen und ihr Vermögen dem Fiskus anheimfallen[16]. Selbst auf klerikaler Seite führte man dieses verschärfte zweite Edikt auf die Hetzschrift des Firmicus Maternus zurück[17], und 356 wurden alle, die opferten oder Götterbilder verehrten, erneut mit der Todesstrafe bedroht[18].

Verschärfte Formen nahm der Kampf unter Gratian, Valentinian II. und besonders unter dem Spanier Theodosius I. (379–395) an, den die Christen dafür mit dem Beinamen »der Große« schmückten. Theodosius ließ alle Einkünfte heidnischer Kulte beschlagnahmen, bestrafte Tempelbesuch und Opfer mit Verbannung oder Tod und verbot sogar Kulthandlungen im eigenen Haus[19].

Nach jesuitischer Auffassung hat die Kirche die Schöpfungen der antiken religiösen Kunst nicht in finsterem Fanatismus vernichtet, sondern sie nur »ihrer Bestimmung entzogen«[20]. Tatsächlich aber plünderten und ruinierten die Christen unter Führung des Klerus zahllose heidnische Heiligtümer. Manche Priester, wie Marcus von Arethusa oder Cyrillus von Heliopolis, machten sich geradezu einen Namen als Tempelzerstörer[21]. Auch der Bischof Marcellus, der u. a. den Zeustempel von Apameia abbrach, zeichnete sich hierbei besonders aus[22]. In Alexandrien schleifte Bischof Theophilus heidnische Kultstätten oder wandelte sie, wie einen Tempel des Dionysos, in Kirchen um. Er veranstaltete mit Tempelgeräten Spottprozessionen und zertrümmerte im Jahre 391 die von Bryaxis, einem großen athenischen Künstler geschaffene Kolossalstatue des Sarapis eigenhändig mit dem Beil[23]. Unterstützt wurde er wahrscheinlich von Mönchen, die sich überhaupt bei der Ausrottung des Heidentums besonders verhaßt machten, weshalb einer seiner Anhänger über sie urteilt, daß sie wie Menschen aussehen, aber wie Schweine leben[24]. »Sie stürmen«,

533

schreibt ein anderer Zeitgenosse, »zu den Tempeln, mit Holz beladen oder mit Steinen und Schwertern bewaffnet, einzelne auch ohne diese Dinge, bloß mit Händen und Füßen. Dann als ob es herrenloses Gut wäre, reißen sie die Dächer nieder, stürzen die Mauern um, zerschlagen die Götterbilder, zertrümmern die Altäre. Den Priestern bleibt nur die Wahl zwischen Schweigen und Tod. Ist der erste Tempel zerstört, eilen sie zum zweiten und zum dritten und häufen Trophäen auf Trophäen, dem Gesetz zum Spott«[25].

Später modelte man häufig heidnische Heiligtümer einfach in christliche um. Allein aus Ägypten sind dreiundzwanzig solche Fälle bekannt, aus Syrien und Palästina zweiunddreißig[26]. Über die Tür einer syrischen Kirche schrieb man: »Die Herberge der bösen Geister ist Gottes Haus geworden«[27].

Mit den Götterstatuen verfuhr man ähnlich, anscheinend zuerst in Rom[28]. In der Basilika Santa Croce in Gerusalemme verwandelte man Hera in die hl. Helena, indem man das Szepter der Göttin durch ein Kreuz und die Schale in ihrer Linken durch Nägel des Kreuzes ersetzte. Außerdem zierte man sie mit einem neuen Kopf und ließ sie gläubig zur Kreuzesspitze blicken[29].

Manchmal schien eine Umwandlung gar nicht nötig. Als man um 500 den Parthenon der Athener Burg, einst der Jungfrau Athena geweiht, zu einer Kirche der Jungfrau Maria machte, gab man die hier dargestellte Athena als den Engel der Verkündigung, und die vor ihr sitzende Frau als Mutter Jesu aus[30]. In Spanien hat die Kirche sogar heidnische Altäre mit nur minimalen Veränderungen weiter benutzt[31].

Im Abendland wurde das Heidentum besonders vom hl. Martin bekämpft, einem ehemaligen Soldaten, den seine Totenerweckungen bis auf den Bischofsstuhl von Tours brachten. Später avancierte er zum Schutzpatron der Franzosen. Obwohl vor allem die Bauern sich heftig wehrten, stand in seiner Diözese bald kein Tempel mehr. »Mit den Füßen zertrat er die Altäre und die Götterbilder«[32].

In Italien sorgte Ambrosius dafür, daß trotz des ergreifenden Protestes hoher heidnischer Staatsbeamten 382 der Altar und die Statue der Viktoria aus dem Senatssaal entfernt wurden. Der Bischof, der sich auch mit Synagogenschändern solidarisch erklärte, schreckte dabei weder vor Sophisterei noch Beschimpfung zurück. Er behauptete sogar, die Wiederherstellung des Altars würde eine Verfolgung der Christenheit bedeuten und drohte mit Einstellung des Dienstes durch die Geistlichkeit[33].

Noch radikaler ging man unter der langen Regierung von Theodosius II. (408–450) vor, der selbst Kinder hinrichtete, weil sie mit einer zerbrochenen Statue gespielt hatten, von dem aber Kirchenhistoriker Sokrates schreibt: »Er übertraf alle an Milde und Menschlichkeit« und »beob-

534

achtete genau alle Vorschriften des Christentums«[34]. Da Theodosius bei seiner Thronfolge erst siebenjährig war, bekam ihn die Kirche besonders gut in die Hand. 416 ließ er alle Nichtchristen aus den staatlichen Ämtern entfernen; 418 alles antichristliche Schrifttum verbrennen. 423 bedrohte er die Teilnahme an Opfern mit Verbannung und Gütereinziehung, und 435 und 438 belegte er die Ausübung des heidnischen Kultes mit Todesstrafe; im Jahre 438 sogar unter Hinweis auf die durch den Götterkult verursachten Naturkatastrophen[35]! Das letzte, die Zerstörung der Tempel betreffende Gesetz des Codex Theodosianus, einer 438 zusammengestellten Sammlung von Kaisererlassen seit Konstantin, lautet: »Wir befehlen, daß alle Tempel, sofern es noch unversehrte gibt, auf Geheiß der Regierungspersonen abzubrechen sind, und daß diese Plätze gereinigt werden müssen durch Aufrichtung des Zeichens der verehrungswürdigen christlichen Religion«[36].

In Nordafrika, wo infolge des großen kirchlichen Einflusses die antiheidnische Stimmung sehr ausgeprägt war, verklärte sich dem hl. Augustinus die Zerstörung der antiken Kultstätten und Götterbilder zu einem echten Akt christlicher Frömmigkeit[37].

In Alexandrien ermordete im Jahre 416 der christliche Pöbel auf brutalste Weise die ebenso durch Gelehrsamkeit wie Tugend ausgezeichnete, in der ganzen damaligen Welt bekannte und gefeierte letzte große Philosophin des Neuplatonismus, Hypatia. Man überfiel sie hinterrücks, schleppte sie in die Kirche, zog ihr die Kleider aus und zerfetzte sie buchstäblich mit Glasscherben. Die Bluttat geschah mit Einverständnis des Patriarchen, des großen Marienverehrers und Heiligen der katholischen Kirche, Kyrill von Alexandrien, und unter Anführung eines kirchlichen Amtsträgers namens Petrus[38].

Doch kulminierte der Kampf erst unter dem frommen Justinian I. (527–565). Er gab detaillierte Durchführungsbestimmungen über gewaltsame Bekehrung, ordnete die Zwangstaufe an, erneuerte die Todesstrafe und erklärte die Heiden für unfähig, irgendeinen Rechtsakt gültig zu vollziehen[39]. Alle Ungetauften, ja, wie wir jetzt gleich sehen werden, auch alle Christen außerhalb der katholischen Kirche, waren völlig rechtlos und wurden für die geringste religiöse Betätigung mit dem Tode bestraft.

Es ist kaum eine gewichtige kirchliche Stimme bekannt, die sich gegen die Verfolgung der Heiden erhoben hätte. Vielmehr riefen selbst Kirchenlehrer wie Hieronymus und Augustinus dazu auf. Und wir stehen vor der Tatsache, daß die Christen, um mit einem modernen Theologen zu sprechen, »viel radikaler, blutiger und grausamer gegen die Nichtchristen vorgingen, als es jemals in einer Christenverfolgung geschehen war«[40]. Alle heidnischen Institutionen brachte der christliche Staat unter dem

535

Drängen der Kirche im Laufe der Zeit zu Fall. Die Olympischen Spiele fanden 394 zum letzten Mal statt. Die Universität von Athen, die sich unter den antiken Bildungsstätten am längsten gehalten und bis zuletzt ausschließlich die heidnische Philosophie vertreten hatte, wurde 529 geschlossen. Die letzten nichtchristlichen Philosophen wanderten daraufhin aus.

3. Der Kampf gegen die »Ketzer«

»Wo ist die verschriene wilde Bekehrungssucht zu einzelnen bestimmten Formen der Religion und wo der schreckliche Wahlspruch: kein Heil außer uns?«
Der Theologe Schleiermacher[1].

60. KAPITEL

Die Ketzerbekämpfung in der Antike

Der Kampf von Christen gegen Christen begann bereits beim Streit des Paulus mit der Urgemeinde. Schon Paulus nannte ihre Vertreter »Hunde«, »Verstümmelte« und »Lügenapostel« (S. 185 f.). Doch auch an anderen Stellen des Neuen Testaments titulieren Christen Christen »Schmutz- und Schandflecken«, »Kinder des Fluches«, »vernunftlose Tiere, die ihrer Natur entsprechend nur dazu geschaffen sind, daß man sie fängt und abtut« (!) und schreiben: »Bei ihnen bestätigt sich die Wahrheit des Sprichworts: ›Ein Hund kehrt zu seinem eigenen Gespei zurück‹ und ›Ein Schwein wälzt sich nach der Schwemme wieder im Kot‹«[2].

Eine solche Sprache führen Christen, wie etwa Basilius, fast immer, wenn es um verschiedene Lehrmeinungen geht. Dann, meint ein heidnischer Philosoph dieser Zeit, »greifen sie sich gegenseitig mit den ärgsten Lästerungen an, die sich kaum wiedergeben lassen«[3]. Dann sprechen sie vom »Schlamm ihrer Schlechtigkeit«. Dann steckt ihr Gespräch an »wie die Pest«. Dann behaupten sie, daß ihre christlichen Gegner in einem fort mehr lügen und verleumden als der Teufel[4]. Dann sind ihre Schriften »Traumgebilde und Altweibergeschwätz«[5], ihre Lehren »Krankheit«, »Wahnsinn«, »Hirngespinste« und »Gottlosigkeit«[6]. Dann schmähen sie einander »Atheisten«, »Erstgeborene des Satans«, »Tiere in Menschengestalt«, »tolle Hunde, die im geheimen beißen«[7]. Dann vergleichen sie einander mit Schlangen, »die sich glatt nach allen Seiten herauszuwinden suchen«, mit »Hunden«, die das Heiligtum der Kirche anfallen[8], oder, um mit dem Heiligen und Kirchenlehrer Hieronymus zu sprechen, mit »Schweinen« und »Schlachtvieh für die Hölle«, mit Böcken, die viele Ziegen an sich ziehen, mit Rossen, die nach Stuten wiehern, mit grunzenden Sauen[9].

537

Dann prahlen sie mit ihren Visionen, aber die der Häretiker erklären sie für »absichtsvollen Schwindel«[10]. Dann bezeichnen sie schon kleinere Wunder ihrer Feinde als »magische Täuschungen« und »Trug«, während sie durch ihre eigenen Gemeindemitglieder selbst Totenerweckungen bezeugen[11].

Dann behauptet der Katholik Irenäus von dem Gnostiker Markus, er verabreiche manchen »Liebestränke und Zaubermittel, um ihren Leibern auch Schmach anzutun«[12]. Und der Montanist Tertullian weiß, daß die Katholiken bei ihren Abendmahlsfeiern, nachdem sie sich betrunken haben, miteinander schlafen[13]. Und der Katholik Kyrill verleumdet die Montanisten als Schlächter und Verzehrer kleiner Kinder.[14]

In dieser Weise könnte man Bände füllen.

Der edle Origenes wurde verketzert

Zu den ganz wenigen Christen, die frei von jedem Ketzerhaß waren, gehört Origenes, den die Kirche allerdings exkommunizierte; natürlich nicht wegen sei ner Güte; aber immerhin trotz ihr. Wie ja auch der eben erwähnte Hieronymus († 420) wohl nicht gerade wegen seiner Eitelkeiten, Verleumdungen und Fälschungen von der katholischen Kirche als Heiliger verehrt wird, aber immerhin trotzdem. Er war ein frenetischer Hasser des Origenes, den er gleichwohl, wie auch den Cicero, im größten Ausmaß literarisch bestahl, und ist heute Patron der Gelehrten.

Mit Origenes beginnt die Leidensgeschichte der »Ketzer«. Er wollte leben, was er lehrte. Er schlief auf bloßer Erde, trug jahrelang keine Schuhe und lebte ohne jeden Besitz[15]. Er machte kein Aufhebens davon, aber man ekelte ihn bald aus Alexandrien hinaus und erklärte ihn, der sich in wörtlicher Befolgung eines Evangelienwortes selbst kastriert hatte, als Eunuchen der Priesterwürde für unwürdig.

Es half auch nichts, daß Origenes während der decischen Verfolgung auf der Folterbank standhaft blieb und später an den Folgen des Martyriums starb. Im Gegenteil! Man bekämpfte den Toten nun erst recht. Vergebens traten Christen für ihn ein. Im Jahre 543 wurde er von einer Synode zu Konstantinopel verdammt und seine Lehre endgültig verurteilt.

Obwohl er seitdem ein Gezeichneter geblieben und auch in der Reformation nicht rehabilitiert worden ist, hat die Kirche sein System ausgebeutet und zehrt heute noch davon. So wollen moderne Katholiken nun einem so genialen Mann verzeihen, »daß er einige Male ungewollt fehlging«, und gestehen, nach seiner Verdammung sei in der Kirche »alles eng, einseitig, dogmatisch und rechthaberisch« geworden[16]. Ja, man rühmt den Verfemten: »Er war bis zum Ende von Gott erfüllt, immer kämpfend, immer... und wenn die Kirche den heiligen Gottesmann auch nicht zur Ehre der Altäre erhoben hat, so bewahrt sie dem Pionier der Theologen doch ein bewunderndes Andenken«[17]. Katholische Historiographie! Wenn sie den heiligen Gottesmann auch nicht zur Ehre der Altäre erhob! Verflucht hat sie ihn doch und zur Ehre der Altäre selbst einen Hieronymus erhoben oder gar den an der Ermordung der Hypatia beteiligten Synagogenschänder und Bestechungsspezialisten Kyrill.

Selbstanklagen der Kirchenväter

Die communicatio pacis sollte das Kennzeichen aller Christen sein, in Wirklichkeit aber wurde es der »innere Krieg«, um eine Formulierung von Gregor von Nazianz zu gebrauchen, der die ungeheuere Feindschaft unter den Christen einmal in entwaffnender Ehrlichkeit eingestand. Liest man doch bei ihm über den katholischen Klerus u. a. folgende bemerkenswerte Sätze: »Wir alle sind nur insofern fromm, als wir andere der Gottlosigkeit beschuldigen... Nicht die ›Tore der Gerechtigkeit‹, wohl aber die Türen der Lästerung und Frechheit gegen den Mitbruder haben wir allen aufgetan... Nicht vom Lebenswandel macht man günstiges und ungünstiges Urteil abhängig, sondern von der Frage, ob einer fernesteht oder Freund ist... Welch ein Unheil! Wir fallen übereinander her und verschlingen einander... Überall wird da der Glaube vorgeschoben; bei persönlichen Streitigkeiten muß dieser ehrwürdige Name herhalten. So kommt es natürlich, daß die Heiden uns hassen. Und, was das Schlimmere ist, wir können nicht einmal behaupten, daß sie unrecht haben... Dies hat uns der Innere Krieg beschert; dies haben uns die eingetragen, welche einen ungeregelten Kampf für den Guten und Sanftmütigen führen, die, welche für Gott mehr eifern als zuträglich ist... Soll man für Christus kämpfen, ohne sich an Christi Gesetze zu halten? Wird man dem Frieden dienen, wenn man für ihn in unerlaubter Weise kämpft?«[18]

Man versteht, daß sich dieser Kirchenvater seinen geistlichen Ämtern immer wieder durch *Flucht* entzog. So floh er gleich nach der wider seinen Willen erfolgten Priesterweihe (um 362) und nach seiner ebenfalls erzwungenen Bischofsweihe (372). Den ihm zugedachten Bischofsstuhl von Sasima hat er überhaupt nie bestiegen.

> »Den Vorwand bildete das Seelenheil
> Der Gläubigen; doch Herrschsucht war der Grund –
> Daß ich nicht sage: Zins und Steuergeld,
> Um derentwillen sich die Welt zerfleischt«[19].

Als er 374, beim Tod seines Vaters dessen Nachfolger als Bischof von Nazianz werden soll, weigert er sich. Nach seiner Erhebung auf den Bi-
schofsthron von Konstantinopel im Mai 381 verzichtet er wegen schwerer
Differenzen mit seinen intoleranten Glaubensbrüdern schon einen Monat
später. Aber auch seine kleine Diözese in Nazianz verläßt er bereits 383
und lebt bis zu seinem Tod auf seinem Landgut Arianz[20].

Auch Kirchenlehrer Chrysostomos, der einmal meinte:»Es gäbe keinen
Heiden mehr, wenn wir wahrhafte Christen wären«, gibt die Verderbtheit
schon der damaligen Kirche zu. Wie soll man denn, fragt er, die Heiden
bekehren? »Durch Hinweis auf Wunder? Die geschehen nicht mehr.
Durch das Vorbild unseres Wandels? Der ist durch und durch verderbt.
Durch Liebe? Davon ist nirgends eine Spur zu entdecken«[21].

**Als die Kirche Macht hatte, verfolgte sie alle
andersgläubigen Christen**

Solange die Kirche machtlos war, versicherten ihre Führer immer wieder,
religiöse Freiheitsberaubung laufe auf Gottlosigkeit hinaus; nur der Herr
dürfe mit eiserner Rute weiden und kein Christ sich anmaßen, »zur Säu-
berung und Reinigung der Tenne selbst schon die Wurfschaufel zu führen«; kein Christ könne »Feinde töten und die Übertreter des Gesetzes
zum Feuertode oder zur Steinigung verurteilen«[22]. Sogar noch ein Kirchenlehrer des 4. Jahrhunderts schreibt: »Darum ist es auch nicht erlaubt,
den Häretiker zu töten, weil man sonst einen unversöhnlichen Krieg über
die Welt brächte«[23].

Schon der erste christliche Kaiser aber, der in Mailand Religionsfreiheit
verkündet hatte, begünstigte bald nur noch die Großkirche und ging gegen die zahlreichen Häretiker und Schismatiker im Interesse der Reichs-
einheit vor, natürlich nicht ohne entsprechende Mitwirkung der Katholiken.

Im Jahre 331 wendete sich Konstantin zum ersten Mal gegen die Anhänger von Valentin, Novatian, Markion, Montanus und Paul von Samosata.
Der Kaiser verbot ihre Zusammenkünfte und Gottesdienste, er konfiszierte ihre Grundstücke und Bücher und ließ sogar ihre Versammlungs-
häuser zerstören[24]. Fast die gleichen Maßnahmen hatten nur zwei Jahrzehnte zuvor die Christenverfolgung Diokletians eingeleitet. Allerdings
wurden Konstantins Anordnungen gegen »Ketzer« nur lax durchgeführt,
und auch in den folgenden Jahrzehnten kam es nicht zu einer regulären
staatlichen Ketzerbekämpfung. Sie setzte im allgemeinen noch milde unter
Valentinian I. und Valens ein. Außerordentlich verschärft wurden die
Strafgesetze aber in der Zeit von Gratian, Valentinian II. und Theodosius I.

540

Theodosius erließ am 27. Februar 380 das berühmt-berüchtigte Religionsedikt von Thessalonich, das der heidnischen Toleranz den Todesstoß versetzte, indem es unter Androhung himmlischer und irdischer Strafen die Annahme des katholischen Glaubens für jeden römischen Bürger obligatorisch machte. In dem Dekret, das auch die westlichen Mitkaiser Gratian und Valentinian II. unterzeichneten, heißt es u. a.: »Wir befehlen, daß diejenigen, welche dies Gesetz befolgen, den Namen ›katholische Christen‹ annehmen sollen; die übrigen dagegen, welche wir für toll und wahnsinnig erklären, haben die Schande zu tragen, Ketzer zu heißen. Ihre Zusammenkünfte dürfen sich nicht als Kirchen bezeichnen. Sie müssen zuerst von der göttlichen Rache getroffen werden, sodann auch von der Strafe unseres Zornes, wozu wir die Vollmacht dem himmlischen Urteil entlehnen«[25].

Mit dem Erlaß, der sich besonders gegen die Arianer richtete, war das Prinzip des staatlichen Glaubenszwanges proklamiert. Die Kaiser Theodosius II. und Valentinian III. riefen 425 erneut zu diesem Zwang auf. Denn, so erklärte man, wenn man die »Ketzer« nicht mit Vernunft überzeugen könne, müsse man sie mit den Mitteln des *Schreckens* zurückgewinnen[26].

Der Codex Theodosianus, das 438 zusammengestellte Reichsgesetzbuch, verzeichnet zwischen 380 und 438 ungefähr achtzig Gesetze gegen »Ketzer«! Man verordnete die Wegnahme ihrer Kirchen, verbot ihnen den Bau von neuen, sowie die Benutzung von Privathäusern zu kirchlichen Zwecken. Man untersagte den Nichtkatholiken jedweden Gottesdienst, alle Versammlungen, jede Art von Lehrtätigkeit, die Ordination von Geistlichen und befahl die Vernichtung ihres Schrifttums. Man bedrohte sie mit Ausweisung, Verbannung und Konfiskation ihres Vermögens. Man sprach ihnen das Recht ab, sich Christen zu nennen, Testamente zu machen oder auf Grund von Testamenten zu erben; zuweilen erklärte man sie sogar für unfähig, irgendwelche rechtsgültigen Akte zu vollziehen. Und zuletzt hatte man endlich auch die Todesstrafe – anfangs nur den Angehörigen manichäischer Sekten vorbehalten – für alle »Abtrünnigen« bereit[27].

Die erste Ketzerhinrichtung

Bereits im Jahre 385 ließen katholische Bischöfe in Trier den gelehrten spanischen Christen Priscillian und sechs seiner Anhänger, darunter eine Frau, wegen »magischer Künste« (maleficium) durch das Schwert töten. Priscillian hatte die Christenheit aufgefordert, sich ganz Gott zu ergeben, auch den Fleischgenuß hatte er verworfen, apokryphe Schriften benutzt

541

und, wie heute jeder kritische Theologe, Trinität und Auferstehung geleugnet. Als seine Gemeinschaft, der auch Bischöfe beitraten, sich rasch über Spanien verbreitete und nach Aquitanien übergriff, brachte man ihn um und warf ihm eineinhalb Jahrtausende eine Art manichäischer Ketzerei vor. Erst als man 1886 seine Schriften fand, war es mit der Verleumdung vorbei.

Es bedarf keines Wortes, daß die Kirche die antihäretische Gesetzgebung der Kaiser nach Kräften gefördert hat. Papst Leo I. (440–461), Heiliger und Kirchenlehrer, trieb zur Vernichtung der Pelagianer, der Priscillianisten in Spanien und der Manichäer im ganzen Reich. Der kaiserliche Erlaß, der die Verfolgung der letzteren anordnete, wurde sogar im päpstlichen Sekretariat aufgesetzt[28]. Ja, der Papst selbst lieferte den kaiserlichen Gerichten »Ketzer« aus[29]. Hatte doch schon Ambrosius ihre Verfolgung vom Staat verlangt[30], und etwa um dieselbe Zeit forderte auch Bischof Optatus von Mileve in Numidien die Verhängung der Todesstrafe gegen die Donatisten[31], wobei allerdings zu beachten ist, daß es sich bei ihnen nicht um Häretiker allein handelte.

Der Donatismus

Über diese große und für den Katholizismus einst außerordentlich gefährliche Bewegung sind wir nur sehr einseitig unterrichtet, da die Kirche alle donatistischen Urkunden vernichtet hat.

Der Streit begann, nachdem im Jahre 311 der Diakon Cäcilian in inkorrekter Weise Bischof von Karthago geworden war. Der strenger denkende Teil der Gemeinde erklärte sich gegen Cäcilian, der anscheinend auch in der Verfolgung versagt hatte, und wählte den Lektor Majorinus, den man mit Unterstützung von siebzig numidischen Bischöfen zum Gegenbischof erhob. Nach seinem Tod verschärfte sich unter seinem Nachfolger Donatus das Schisma, wobei eine sittliche Frage, die Reinheit des Klerus, im Mittelpunkt stand. Zwar gaben die Donatisten manche urchristlichen Ideale preis, die ältere oppositionelle Gruppen noch aufrechterhielten, da eben, wie bei den Katholiken, auch bei den rigoroseren »Ketzern« eine immer stärkere Angleichung an das Weltleben stattfand. Verlangten etwa die Novatianer von ihren Mitgliedern noch Freisein von Unzucht, Mord und Apostasie, forderten dies die Donatisten nur noch von ihren Priestern, während die katholischen Bischöfe bereit waren, sich selbst alle Sünden, auch die schwersten, zu vergeben. Nach katholischer Lehre, die allerdings dem Glauben der gesamten Urchristenheit widerspricht, ist die Kirche immer heilig, mögen die Persönlichkeiten, die sie regieren und verwalten, noch so korrumpiert sein.

Gegen diese damals sich bildende sophistische Salvation protestierten die Donatisten und machten die Gültigkeit der Sakramente von der Reinheit ihrer Spender abhängig, was viele und gerade ernstere Christen überzeugte. Die Erregung gegen die Laxheit der Katholiken war bei den Donatisten so stark, daß sie sogar den Verkehr mit ihnen untersagten. Statt dessen verbanden sie sich mit den Circumcellionen, einer religiös-revolutionären Bauernbewegung, die die außerordentliche Ausbeutung des Volkes durch die Großgrundbesitzer mit Gewalt beseitigen wollte. Normalerweise warteten die Circumcellionen die Beschwerden von Sklaven und Schuldnern ab, beschritten darauf den Verhandlungsweg, um dann gegebenenfalls allerdings mit barbarischen Strafen vorzugehen[32].

Bischof Cäcilian hatte die Unterstützung des Kaisers erbeten und dieser Truppen gegen die Donatisten eingesetzt. Es war die erste, im Namen der Kirche durch den Staat geführte Christenverfolgung. Doch rechtfertigte man das mörderische Vorgehen mit Hilfe des Alten Testaments. Es kam zu zahlreichen Martyrien donatistischer Laien, Priester und Bischöfe. Dann stellte der Kaiser seine völlig erfolglosen Gewaltmaßnahmen rasch ein und ermahnte, kurios genug, die großkirchlichen Bischöfe, die Rache Gott zu überlassen[33]. Die donatistische Bewegung aber wuchs und errang zuletzt in Nordafrika die Majorität.

Kirchenlehrer Augustinus propagiert Zwangsbekehrung

> *»...das Urbild des mittelalterlichen Ketzerverfolgers«. Der Theologe Holl[34].*

> *»All die bluttriefenden Henker, welche im Mittelalter aufs grausamste gegen die Ketzer gewütet haben, konnten sich auf die angesehene Autorität Augustins berufen – und sie haben es auch getan«. Der Theologe Nigg[35].*

Man versuchte nun auf großen, von Vertretern der Orthodoxie und des Donatismus besuchten Synoden das Schisma zu beseitigen. Diese Konferenzen, die sich fast über ein Jahrhundert erstreckten, schienen zunächst verheißungsvoll, wollte man doch das theologische Problem auf dem Verhandlungswege und nicht mit Gewalt lösen. Das Religionsgespräch bekam indes einen anderen Charakter, als Augustinus auftauchte, das Recht zum Zwang auch in Glaubensfragen vertrat und gegen die strenger denkenden Christen Gewaltmaßnahmen forderte: Belegung mit Geldstrafen, Beschlagnahmung ihrer Kirchen, Verbannung. Augustinus griff dabei zu allerlei Sophismen, was besonders anschaulich

543

sein um das Jahr 408 geschriebener 93. Brief an den donatistischen Bischof Vincentius bezeugt.

Des Freundes Wunden, versichert hier der große Katholik, seien besser als des Feindes Küsse. In Strenge zu lieben besser, als in Sanftmut zu betrügen. Besser sei es, dem Hungrigen das Brot zu nehmen, wenn er die Gerechtigkeit verachte. Augustinus wußte auch um den Wunsch Gottes, die Donatisten nicht als Feinde der heiligen Kirche sterben zu lassen. Auch das Alte Testament erwies sich wieder einmal als sehr nützlich. Wie Sarah die Hagar verfolgte, so dürfe die Kirche die Donatisten verfolgen. Und wie behandelte Elias die Baalspfaffen? Und hatte nicht auch Paulus schon einige dem Satan übergeben? »Meinst du«, verdeutlicht Augustin dem Donatistenbischof auch das Evangelium, »niemand dürfe zur Gerechtigkeit gezwungen werden, wenn du liest, wie der Hausvater zu seinen Dienern sprach: ›Wen ihr findet, nötigt sie hereinzukommen!‹?«[36] Augustinus überträgt das noch effektvoller mit »zwingt sie« (cogite intrare). Doch bringt er es an anderer Stelle sogar fertig, die Züchtigung der Ketzer als Almosen und Werk der Barmherzigkeit darzustellen. Ja, wer härter strafe, zeige größere Liebe[37]! So argumentiert die Kirche, wenn sie den Staat im Rücken hat. Die Bekämpfung der Andersdenkenden ist dann mit seiner Hilfe nicht nur erlaubt, sondern geboten.

Wie aber argumentiert die Kirche, wenn der Staat ihr Gegner ist?

Dafür bietet uns ein anderer antiker Kirchenfürst, der hl. Athanasius, ein illustratives Beispiel. Wie hatte doch dieser brutale Patriarch, als er 357/58 auf der Flucht vor den Beamten des Konstantius bei den Mönchen in der Wüste saß und seine »Geschichte der Arianer« schrieb, *Toleranz* gepredigt! Wie hatte er da den Zwang verworfen und ihn geradezu zum Zeichen der Irrlehre gestempelt! »Er paßt zu Leuten, welche kein Vertrauen zu ihrem eigenen Glauben haben. So macht es der Teufel, weil er keine Wahrheit hat. ›Mit Beil und Barte‹ rennt er die Türen derer ein, die ihn nicht empfangen, und bricht sie.« Der Heiland aber zwinge keinen, sondern klopfe an und spreche: »Tu mir auf, liebe Schwester, liebe Braut«. Dann trete er ein zu den Willigen, von den andern aber wende er sich ab. »Denn nicht mit Schwert oder Pfeil, noch mit Hilfe von Soldaten wird die Wahrheit verkündigt, sondern mit Überredung und Beratung. Was ist das für eine Überredung, wo Angst vor dem Kaiser herrscht? Was ist das für eine Beratung, da jeder, welcher widerspricht, das mit Verbannung und Tod erkauft...?«[38]

Solange also der Staat die »Ketzer« bekämpfte, war seine Gewaltanwendung erwünscht und mit dem Zwingt-sie-hereinzukommen jederzeit begründbar. Verfolgte aber der Staat im Bündnis mit »Ketzern« die Kirche, so wußte man, der Heiland zwinge keinen, sondern bitte nur: »Tu mir auf, liebe Schwester, liebe Braut.«

544

Als Kaiser Konstanz gegen die Donatisten vorging und diese sich seine Einmischung verbaten, verlangte der katholische Bischof Optatus von Mileve die Anerkennung der Rechte des Kaisers auf kirchlichem Sektor[39]. Als aber kurz darauf Kaiser Konstantius die Arianer begünstigte, schrieb ihm der katholische Bischof Hosius von Cordoba:»Mische Dich nicht in kirchliche Angelegenheiten«[40]. Hatte Bischof Optatus erklärt:»Nicht der Staat ist in der Kirche, sondern die Kirche ist im Staat«, so dekretierte Bischof Ambrosius gerade entgegengesetzt:»Der Kaiser steht in der Kirche, nicht *über* der Kirche«[41]. Denn als Optatus seine Erklärung machte, stand Kaiser Konstanz auf Seite der Katholiken, als Ambrosius sprach, förderte Kaiser Valentinian II. die Arianer.

So kommt die Catholica nie in Verlegenheit. Sie plädiert mit Pathos für Gewissensfreiheit, wenn sie unterdrückt wird, und sie proklamiert den Zwang, wenn sie die Möglichkeit hat, selbst zu unterdrücken. Hat sie es nötig, die staatliche Gewalt zu verwerfen, beruft sie sich auf Kirchenlehrer Athanasius, bedarf sie des Gegenteils, erinnert sie an Kirchenlehrer Augustin, ohne indes für beide Fälle zahlreicher anderer Autoritäten zu ermangeln.

Da die Kirche den Donatismus theologisch nicht überwinden konnte, rottete sie ihn mit Gewalt aus, und Augustin lobte die Wegnahme des donatistischen Kirchenbesitzes, den man den Katholiken überließ[42]. Was sich noch erhielt, ein kümmerlicher Rest, wurde später, zusammen mit den Katholiken, vom Islam überrollt.

Gegenüber den Donatisten hätte Augustin sein Handeln vielleicht durch den Hinweis auf einen gewissen Gegendruck noch notdürftig entschuldigen können. Aber es ist bezeichnend für ihn, daß er gegenüber Pelagius, der das öffentliche Leben in keiner Weise gefährdete, ebenfalls die staatliche Macht zur Durchsetzung seines Standpunktes bedenkenlos in Anspruch nahm[43].

So wurde der Bischof von Hippo Regius der berüchtigte Vertreter der Zwangsbekehrung, die er selbst zuerst bekämpft, unter dem Eindruck der durch sie erreichten äußeren Erfolge aber gebilligt und schließlich, der Lehre Jesu strikt entgegen, moralisch und ideologisch unterstützt hat. Nicht die Ideale des Evangeliums, sondern Augustins Devisen wurden Leitbilder des christlichen Mittelalters und brachten jahrhundertelang Millionen von Menschen Verfolgung, Martern und Tod. »Von Augustin aus«, schreibt Hendrik Berkhof, »geht eine gerade Linie zu den Albigenserkriegen, der Inquisition, den Verurteilungen von Huss und Servet, den Märtyrern der Reformation und der Religionskriege«[44].

545

61. KAPITEL

**Einige Anmerkungen
zur Inquisition**

»In jedem Gefängnis standen Kruzifix und Folter Seite an
Seite, und in fast allen Ländern war die Abschaffung der
Folter schließlich auf Bewegungen zurückzuführen, die auf
den Widerstand der Kirche stießen, und auf Männer, die
die Kirche verfluchte... Fast ganz Europa war viele Jahrhunderte hindurch mit dem Blut getränkt, das auf direkten
Antrieb oder jedenfalls mit voller Zustimmung der geistlichen Behörden vergossen war... Ziehen wir all dies in Betracht, so ist es sicherlich keine Übertreibung zu sagen, daß
die Kirche den Menschen ein größeres Maß unverdienten
Leids zugefügt hat als irgend eine andere Religion, zu der
Menschen sich jemals bekannten«. William E. H. Lecky[1].

»Die Päpste waren nicht nur Mörder in großem Stil, sondern machten den Mord auch zu einem Rechtsgrundsatz
der christlichen Kirche und zu einer Bedingung für die Erlösung«. Der katholische Historiker Lord Acton[2].

»Wie sich immer in Blütezeiten des Christentums das ganze
Leben frühlingsfrisch gestaltete, so auch im Mittelalter«.
H. Weisweiler S. J.[3]

Der biblische Jesus verbietet das Töten ohne Einschränkung. Und noch
im 4. Jahrhundert hielt Kirchenlehrer Chrysostomos wenigstens die Tötung eines »Ketzers« für ein unsühnbares Verbrechen[4]. Allein damals liquidierten die Katholiken schon die ersten Christen, und etwa tausend
Jahre später rief der Ablaßkrämer Tetzel sogleich nach Luthers Thesenan-
schlag: »Der Ketzer soll mir in drei Wochen ins Feuer geworfen werden!«[5]
  Luther aber schrieb: »Warum greifen wir diese Kardinäle, Päpste und

546

das ganze römische Sodom nicht mit allen Waffen an und waschen unsere Hände in ihrem Blut?«[6]

Die Inquisition hatte bereits in der Karolingerzeit mit der Schaffung der bischöflichen Sendgerichte begonnen. Die Synode von Verona (1184) verlangte von den Bischöfen die Fahndung nach »Ketzern«, und das 4. Laterankonzil vom Jahre 1215 machte ihre Bestrafung den weltlichen Behörden zur Pflicht.

Bedeutungsvoll für die Inquisition wurden die Bestimmungen der Synode von Toulouse im Jahre 1229. Sie verpflichtete die Bischöfe, in jeder Pfarrei mehrere Laien mit der Ketzerjagd zu beauftragen. Das Haus, das einen »Häretiker« beherbergt, soll niedergerissen, der Gastgeber seines Besitzes auf immer enteignet und einer leiblichen Strafe zugeführt werden. Ein bereuender »Ketzer« muß auf seiner Kleidung zwei Kreuze tragen und darf ohne päpstliche Erlaubnis kein öffentliches Amt übernehmen oder irgendwelche gesetzlichen Akte vollziehen. Alle Christen haben dem Bischof eidlich eifrige Ketzerverfolgung zu geloben und den Eid alle zwei Jahre zu erneuern. Und nun die interessanteste Bestimmung: »*Die Laien dürfen die Bücher des Alten und Neuen Testaments nicht besitzen; nur das Psalterium und Brevier oder auch die marianischen Tageszeiten dürfen sie haben, und auch diese Bücher nicht in Übersetzungen in die Landessprache*«[7].

Die von der Inquisition verhängten Strafen nahmen immer härtere Formen an und gipfelten im Ausschneiden der Zunge und im Feuertod, der zuerst in Spanien 1194 gesetzlich eingeführt wurde, darauf in Italien, Deutschland, Frankreich, zuletzt in England 1401[8].

Die im Jahre 1252 von Papst Innozenz IV. erlassene Bulle Ad Extirpanda, die andersgläubige Christen mit Dieben und Räubern auf eine Stufe stellte und deren wesentlichen Inhalt spätere Päpste wiederholten, verpflichtete die Herrscher, alle »Häretiker« zu einem Geständnis und zum Verrat ihrer Genossen zu zwingen und an den für schuldig Befundenen binnen fünf Tagen die Todesstrafe zu vollstrecken[9].

Thomas von Aquin lehrte damals: »Was die Ketzer anlangt, so haben sie sich einer Sünde schuldig gemacht, die es rechtfertigt daß sie nicht nur von der Kirche vermittels des Kirchenbannes ausgeschieden, sondern auch durch die Todesstrafe aus dieser Welt entfernt werden. Ist es doch ein viel schwereres Verbrechen, den Glauben zu verfälschen, der das Leben der Seele ist, als Geld zu fälschen, das dem weltlichen Leben dient. Wenn also Falschmünzer oder andere Übeltäter rechtmäßigerweise von weltlichen Fürsten sogleich vom Leben zum Tode befördert werden, mit wieviel größerem Recht können Ketzer unmittelbar nach ihrer Überführung wegen Ketzerei nicht nur aus der Kirchengemeinschaft ausgestoßen, sondern auch billigerweise hingerichtet werden«[10]. Dies lehrte Thomas in

547

einem Werk, das als vom Heiligen Geist inspiriert galt und beim Konzil von Trient neben der Bibel auf dem Altar lag; lehrte ein Katholik, der als doctor angelicus 1323 heilig gesprochen, im 16. Jahrhundert von Pius V. zum Kirchenlehrer und im ausgehenden 19. Jahrhundert durch Leo XIII. zum Führer der kirchlichen Wissenschaften und Patron der katholischen Hochschulen erhoben worden ist.

Die Geschichte der Inquisition kann hier nicht verfolgt werden. Nur an die *Behandlung* jener Millionen Menschen sei kurz erinnert, die der christliche Staat auf Betreiben der Kirche nach tage- und wochenlangen, durch Papst Innozenz IV. kanonisch genau geregelten Folterungen Jahrhunderte hindurch hingemordet hat.

Neben der Folter hing das Kreuz, und während der Tortur besprengte man die Marterwerkzeuge mehrmals mit Weihwasser. Beim Zusammentreten des Ketzergerichtes flehte man den Heiligen Geist an, gestattete jedoch dem Opfer keine Verteidigung und keinen Rechtsbeistand. Vielmehr waren bei der Überführung von Angeklagten alle Mittel des Betruges ausdrücklich erlaubt[11]. Selbst anonyme Schriften schlachtete die Kirche dabei aus, wie sie überhaupt zum Denunzieren direkt aufforderte. Jeder Katholik war zur Anzeige andersgläubiger Christen verpflichtet. Kinder, die ihre häretischen Eltern nicht meldeten, mußten mit dem Verlust ihres Besitzes rechnen[12]. Bereuende »Ketzer« wurden mit Strafen wie Fasten, Wallfahrten, Geldabgaben belegt und oft jahrelang an ihrer Kleidung kenntlich gemacht, wie die Kirche, eine Praxis Hitlers vorwegnehmend, ja auch die Juden äußerlich gekennzeichnet hat. Jeden Angeklagten aber, der seinen Glauben bekannte, übergab die Kirche dem »weltlichen Arm«, mit dessen Hilfe sie schon seit Konstantin das Evangelium verkündete.

Die Hinrichtung der »Ketzer«, die meist an einem Festtag stattfand, gestaltete die Catholica zu einer Schaustellung ihrer unbeschränkten Gewalt. Sonderreiter luden das Volk ein, man nahm hohe Preise für Fensterplätze und gab jedem Gläubigen, der Holz für den Scheiterhaufen herbeischleppte, einen vollkommenen Ablaß. Auf dem Weg zur Richtstätte wurde das Opfer oft unter einen Narrenhut gesteckt mit glühenden Zangen gezwickt und ihm manchmal noch die rechte Hand abgeschlagen. Nur in Ausnahmefällen hat man einen Verurteilten vor der Exekution gnadenweise erwürgt. Während der Häretiker, je nach Windrichtung, erstickte oder langsam verbrannte, sangen die versammelten Katholiken das Lied »Großer Gott, wir loben dich«. Die Verbrennung sollte eine Auferstehung am Jüngsten Tag verhindern. Deshalb grub man sogar die Reste begrabener »Ketzer« aus und übergab sie dem Feuer, wie etwa den Leichnam Amalrichs von Bena († 1206 oder 1207)[13]. Das Vermögen der Hingerichteten hat die Kirche konfisziert und die enterbten Nachkommen noch für drei Generationen für ehrlos erklärt.

548

Die Kirche, die in nicht zu überbietender Heuchelei den Staat bat, »Leben und Glieder« des »Ketzers« zu schonen[14], exkommunizierte die weltliche Behörde sofort, wenn sie ihn nicht tötete. Dabei bedenke man, daß die Exkommunikation auch bürgerliche Strafen nach sich zog, im deutschen Reich zum Beispiel seit 1220 die Acht, also den Ausschluß aus der Gemeinschaft und die gänzliche Rechtlosigkeit. Papst Urban II. sah im Umbringen von Exkommunizierten aus Eifer für die Kirche keinen Mord[15]. Papst Gregor XI. exkommunizierte bis in die siebte Generation[16]. Die Kirche wählte verschiedene Inquisitoren zu Päpsten, und noch im Jahre 1867 sprach sie durch Pius IX. Pedro Arbués, einen der grausamsten Inquisitoren Spaniens, heilig. Heiliggesprochen wurde aber auch eine von ihr verbrannte »Ketzerin«, Jeanne d'Arc.

Mit den brutalen Strafen suchte man dem ständig wachsenden Abfall zu begegnen. In manchen Gegenden gab es schon zu Beginn des Hochmittelalters mehr Häretiker als Orthodoxe. Und die ethische Position der Kirche war derart, daß sie sogar Disputationen mit Gegnern untersagte, um sich nicht bloßzustellen.

In die vatikanischen Archive der Inquisition erhält niemand Einblick.

Auch der moderne Katholizismus kennt weder Gewissensfreiheit noch Toleranz

> »In den Augen eines wahren Katholiken ist die sogenannte
> Duldsamkeit nicht am Platz«
> Kurienkardinal Alfredo Ottaviani[17].

Die in der Erklärung der Menschenrechte proklamierten Grundrechte der Gleichheit aller vor dem Gesetz, der Gedanken-, Rede- und Pressefreiheit, zumal in religiösen Dingen, wurden bereits in dem Breve Quod aliquantum vom 10. März 1791 durch Papst Pius VI. als »Ungeheuerlichkeiten« (monstra) verdammt. »Kann man etwas Unsinnigeres ausdenken (quid insanius excogitari potest)«, schreibt dieser Papst, »als eine derartige Gleichheit und Freiheit für alle zu dekretieren«[18].

Im Jahre 1832 verurteilte auch Papst Gregor XVI. Gewissensfreiheit als »Wahnsinn« (deliramentum)[19].

Pius IX. hat sich zu diesem Wort seines Vorgängers »aus vollem Herzen bekannt«[20]. 1864 verwarf dieser Papst ausdrücklich jenen »Indifferentismus«, der jedem gestattet, die Religion zu ergreifen, die er für wahr hält. Der Staat habe vielmehr das Recht, alle anderen Religionen als die katholische auszuschließen[21]. So nannte Pius IX. die österreichische Verfassung von 1867, in der »Meinungs-, Preß-, Glaubens-, Gewissens- und

549

Lehrfreiheit statuiert,... alle religiösen Gesellschaften einander gleichgestellt und vom Staat anerkannt werden« in seiner Allokution vom 22. Juni 1868 »ein abscheuliches Gesetz« (infanda lex)[22].

Das Werk eines katholischen Theologen aus der Zeit Leos XIII. († 1903), nach katholischen Bücherverzeichnissen das führende Buch zu dieser Frage, bezeichnet Gewissensfreiheit als »eine verabscheuungswerte Gottlosigkeit und Abgeschmacktheit«[23].

Auch die jüngsten Päpste aber lassen durch den Mund ihrer Theologen verkünden: »Es kommt für den katholischen Christen, so lange er auf dieser Erde, in statu viatoris, lebt, in erster Linie nicht auf die Einsicht in die einzelnen Glaubenslehren an, sondern auf den Glaubensgehorsam gegen die kirchliche Lehrautorität«[24].

Offene Einsicht in die Entstehung der Dogmen und in die Geschichte des Christentums kann die Kirche natürlich nicht gebrauchen. Abgesehen von Kardinälen, Bischöfen und Ordinarien darf deshalb kein Katholik ohne besondere Erlaubnis Literatur lesen, die sich mit dem Katholizismus kritisch auseinandersetzt[25]. Es sei auch noch einmal daran erinnert, daß die katholischen Lehrer des Alten und Neuen Testaments am 29. Juni 1910 sich eidlich verpflichten mußten, alle Entscheidungen der päpstlichen Bibelkommission zu akzeptieren, und zwar nicht nur die bereits gefällten, sondern auch die erst in Zukunft noch zu fällenden. Der Papst ließ seine Theologen also einen Eid auf etwas schwören, das sie noch gar nicht kannten!

Was die Kirche braucht, ist blinder Gehorsam, das Rezept aller Diktaturen. Dazu werden ihre Anhänger systematisch erzogen. So sagt Dostojewskijs Großinquisitor zu dem wiedergekehrten und von ihm sogleich gefangengesetzten Christus: »O, wir werden sie davon überzeugen, daß sie nur dann frei sind, wenn sie auf ihre Freiheit zu unseren Gunsten verzichten.«

Noch heute sind alle Grundgedanken, die zur mittelalterlichen Inquisition führten, im Katholizismus lebendig und gültig. Noch heute besteht das mittelalterliche Inquisitionstribunal, einst Congregatio Sanctae Inquisitionis Haereticae Pravitatis genannt, unter dem freilich schlichteren Namen Congregatio Sancti Officii fort, eine Kongregation, der der Papst selbst vorsteht. Zwar wurde nicht nur im Titel die Erinnerung an die flammenreiche Vergangenheit getilgt, sondern – seit der Verbreitung des Humanitätsgedankens durch die Aufklärung – auch die Praxis der Generalinquisitoren sozusagen vergeistigt. Doch können noch heute Katholiken in Eingaben an den Vatikan alle Andersgläubigen »Tiere« nennen, »die sich im Schmutz wälzen« (S. 413). Noch heute dürfen Katholiken das Recht der Ketzertötung vertreten, von den »gesegneten Flammen der Scheiterhaufen« schwärmen oder die Ketzerverbrennung als einen »feurigen Akt der Liebe« verteidigen[26].

550

Noch in unserem Jahrhundert bezeichnet der »Osservatore Romano«, die Zeitung des Vatikans, eine protestantische Schule in Rom als eine »Beleidigung für unseren Herrn«[27].

Noch 1947 hieß es in einem Flugblatt, das katholische Studenten aus Madrid vor der Plünderung einer anglikanischen Kapelle verteilten: »...wir spanischen Akademiker von 1947 betrachten uns im Vollsinne des Wortes als Erben des Geistes der Inquisition«[28]. In einem anderen Flugblatt stand: »Wir würden die Scheiterhaufen der Inquisition der liberalen Toleranz vorziehen! Keinen Schritt weiter in der Ketzerei!«[29]

Noch in einem Hirtenbrief vom Februar 1952 behauptet der spanische Kardinal Segura im Hinblick auf die spanischen Protestanten, daß der »Ketzer« bei einem Konflikt mit Katholiken *keinen Anspruch auf Rechtsschutz* genieße[30]. Und noch 1953 erklärte Kurienkardinal Alfredo Ottaviani in bezug auf die protestantischen Minderheiten in Italien und Spanien: »In den Augen eines wahren Katholiken ist die sogenannte Duldsamkeit nicht am Platz«[31].

Nietzsche hatte recht: »Nicht ihre Menschenliebe, sondern die Ohnmacht ihrer Menschenliebe hindert die Christen von heute, uns – zu verbrennen«[32].

Die Reformatoren, Luther, Zwingli und besonders Calvin, waren im übrigen so intolerant wie die katholischen Hierarchen und forderten für Häretiker ebenfalls die Todesstrafe[33]. »Mit Ketzern«, schreibt Luther, »braucht man kein langes Federlesen zu machen, man kann sie *ungehört verdammen.* Und während sie auf dem Scheiterhaufen zugrunde gehen, sollte der Gläubige das Übel an der Wurzel ausrotten und seine Hände in dem Blute der Bischöfe und des Papstes baden, der der Teufel in Verkleidung ist«[34].

Voltaire hat die Zahl der von Christen aus *Glaubensgründen* erschlagenen Christen auf 9 468 800 berechnet[35].

62. KAPITEL

Der christliche Hexenwahn

>>*Alles wurde verbrannt, Frauen und Männer, Katholiken und Protestanten, Idioten und Gelehrte, vierjährige Kinder und achtzigjährige Greisinnen, alles wurde wahllos und ohne Unterschied auf den Scheiterhaufen befördert und zu Asche verwandelt*<<. *Der Theologe Nigg*[1].

Fast noch trauriger als das Kapitel der Ketzerhinrichtungen ist die Geschichte der Hexenverbrennungen, die hier ebenfalls nur skizziert werden kann.

Der Geisterglaube der Kirche

>>*Der Glaube an böse Geister und ihre unheilvolle Macht ist einer der Grundbestandteile aller primitiven Religion*<<. *Der Theologe Knopf*[2].

Der Dämonenglaube spielte bereits bei den alten Babyloniern eine große Rolle. Vielleicht von ihnen bezogen ihn die Juden während ihres babylonischen Exils. Zur Zeit Jesu stand er in hoher Blüte, wie schon die zahlreichen Dämonenaustreibungen im Neuen Testament bezeugen[3]. Doch schlug Jesus nicht die vermeintlich von bösen Geistern Besessenen tot, sondern er heilte sie. Die Kirche brachte sie um.

Die Christenheit hat den Dämonenglauben in vollem Umfang übernommen und nicht anders wie die Juden und Heiden darüber gesprochen[4], und zwar keineswegs bloß das Volk. Wurde doch das Teufelsaustreiben sogar zu einem kirchlichen Amt. Schon zur Zeit des Novatus gab es allein in der römischen Christengemeinde zweiundfünfzig Exorzisten[5]. Sie verscheuchten die bösen Geister durch das Nennen des Jesusnamens, durch Gebete, Reliquien, Fasten, Anblasen, Schlagen, Handauflegen u. a.

552

Vierzig Tage lang wurden die christlichen Taufbewerber jeden Morgen exorzisiert[6].

Doch spukt es von den Apologeten bis zu den Scholastikern. Nach Justin und anderen frühchristlichen Autoren gehen die Dämonen aus der Verbindung von gefallenen Engeln und Jungfrauen hervor[7]. Nach Tertullian, der gegen spottende Zeitgenossen behauptete, die Existenz der Dämonen bewiesen zu haben, liegen sie gern auf dem Wasser, um den göttlichen Geist nachzuahmen, der vor Erschaffung der Welt über den Wassern schwebte[8]. Kirchenlehrer Hieronymus bewies aus der Bibel, daß die Luft voller Dämonen sei. Kirchenlehrer Augustin, der zwar das Wahrsagen mit Hilfe der »Blätter des Evangeliums« nicht billigte, es aber immer noch besser fand, als eine Zufluchtnahme zu den bösen Geistern, führte auf sie alle Krankheiten der Christen zurück. Einen Dämon will er selbst gesehen haben[9]. Auch war Augustinus fest von dem Dasein der Weibern nachstellenden Faune überzeugt[10]. Wie sich überhaupt der Bischof von Hippo mit den Dämonen eingehend beschäftigte[11].

Nach Thomas von Aquin werden auch Regen, Wind und dergleichen durch Dämonen verursacht. Denn die ganze Natur empfand man im Mittelalter als vom Teufel verseucht. Und kein Geringerer als Thomas hat den Hexenglauben im Katholizismus besonders gestützt[12].

Auf protestantischer Seite freilich war der ja noch vielfach in mittelalterliche Kirchenlehren verstrickte Luther nicht minder vom Hexenwahn besessen und geriet mit fortschreitenden Jahren in eine geradezu groteske Teufelspsychose. Er predigte nicht nur eindringlich gegen das Baden im Freien, weil der Satan in Wäldern und Flüssen hause, sondern glaubte auch fest an die Existenz sogenannter »Wechselbälge« und »Kilkröpfe«, die man aus der Vereinigung des Teufels mit den Hexen hervorgehen ließ[13].

Auch die Päpste verfielen dem Hexenwahn

Den Glauben an Hexen kannte man schon in vorchristlicher Zeit[14]. Begnügte man sich aber im alten Babylonien mit der Verbrennung ihres *Bildes,* verbrannten die Kirchen die »Hexe« selbst. Je weiter es ins christliche Mittelalter ging, um so riesigere Dimensionen nahm der Wahn vom Teufel und von den mit ihm liierten Frauen an. Zudem bezichtigte man sie jetzt auch der Ketzerei und ging dementsprechend vor.

Zwar hatte selbst noch Papst Gregor VII., der sich doch so gern auf das Jeremiaswort berief: »Verflucht sei der Mann, der sein Schwert vom Blut zurückhält«, an seine Freundin und Gönnerin Mathilde von Tuscien geschrieben: »Lernt lieber den Spruch der göttlichen Rache durch angemessene Buße abzuwenden, als gegen jene unschuldigen Weiber vergeblich wie Raubtiere zu wüten und den Zorn Gottes erst recht herauszufordern«[15]. Aber später glaubte auch eine ganze Reihe von Päpsten an Hexen, u. a. Innozenz VIII., Alexander VI., Leo X., Julius II., Hadrian VI.[16], was moderne Katholiken jedoch nicht hindert, das »weniger gebildete Volk« verantwortlich zu machen und zu behaupten: »Die Kirche drang trotz zähem Kampf gegen den Aberglauben nicht durch«[17].

Gregor IX. (1227–1241), von Gott mit einem Alter von fast hundert Jahren gesegnet, gab als erster Papst den Befehl zur Hexenverfolgung, und unter seinem Pontifikat kam es in der Gegend von Trier zum ersten Hexenprozeß.

Die offizielle kirchliche Beglaubigung aber erhielt der Hexenwahn durch Papst Innozenz VIII. in der Bulle »Summis desiderantes affectibus«, der »Hexenbulle« vom 5. Dezember 1484. »Wir haben neulich«, so klagt der Heilige Vater, »nicht ohne große Betrübnis erfahren, daß es in einzelnen Teilen Oberdeutschlands, in Städten und Dörfern, viele Personen beiderlei Geschlechts gebe, die mit buhlerischen Nachtgeistern sich leiblich vermischen, durch zauberische Mittel mit Hilfe des Teufels die Geburten der Weiber, die Fruchtbarkeit der Tiere, die Früchte der Erde zugrunde richten und vernichten... und die Männer am Zeugen, die Weiber am Gebären, beide in der Verrichtung ehelicher Pflichten zu hindern vermögen«. Am Schluß seines Erlasses verbot der Stellvertreter Christi jedermann unter Androhung schrecklicher Strafen, der von ihm befohlenen Hexenausrottung entgegenzutreten. »Wenn aber jemand sich dieses zu erkühnen unternehmen würde, der soll wissen, daß er den Zorn des allmächtigen Gottes und seiner Heiligen Apostel Petri und Pauli auf sich laden werde«[18]. Das war die Stimme vom Heiligen Stuhl, der, so rechnet man, neun Millionen Menschen[19] schuldlos zum Opfer fielen.

Bedenkt man, daß der babylonische Herrscher Hammurapi fast 2000 v. Chr. gleich im § 2 seiner Gesetze für unwahre Bezichtigung der Hexerei jeden mit Tod und Konfiskation seines Besitzes bedrohte, so erkennt man den sittlichen Fortschritt und die Höhe der Humanität im christlichen Mittelalter, dieser, wie ein katholischer Autor meint, »naiven und herzenswarmen Zeit«, in der sich, wie ein anderer Katholik behauptet, »das *ganze* Leben frühlingsfrisch gestaltete«[20].

554

Der Hexenhammer

»Zur größten Ketzerei gehört es, wenn man nicht ans Hexenwesen glaubt«. Der Hexenhammer.

»...der Schlußstein eines Baus, an dem viele Jahrhunderte gearbeitet haben«. J. W. R. Schmidt[21].

Nur eine Art Kommentar zur Hexenbulle, die dem Wahn die unantastbare Sanktion der Kirche gab, bildet der 1489 erschienene, fast dreißig Auflagen erlebende »Hexenhammer« (Malleus maleficorum). Mit ihm wollten seine Verfasser, die vom Papst beauftragten Dominikanermönche Heinrich Institoris und Jakob Sprenger, den Widerstand von Fürsten und Bischöfen im Anfangsstadium der Verfolgung brechen. Um besser gewappnet zu sein, hatten die Autoren erst noch ein Gutachten der damals berühmten theologischen Fakultät von Köln eingeholt, das aber nicht günstig genug ausfiel, weshalb sie ein zweites fälschten und dem Band als Vorwort beifügten[22]. Wie überhaupt diese »geliebten Söhne« des Papstes[23] auch notarielle Dokumente fälschten und Heinrich Institoris mit knapper Not einer Verhaftung wegen Unterschlagung von Ablaßgeldern entgangen war[24].

Die Verfasser des »Hexenhammer« bekämpfen »die alte Meinung..., daß Hexerei nichts Wirkliches sei, sondern in der Meinung der Menschen bestehe«[25]. Wer das bezweifelte, geriet sofort in den Verdacht, selbst ein »Ketzer« oder eine »Hexe« zu sein. Dabei berufen sich die Autoren häufig auf die in ihrem Sinne ausgemünzte Bibel, sowie auf eine lange Reihe von Kirchenvätern, zum Teil auf glänzende Erscheinungen wie Johannes Chrysostomos, Augustinus, Albertus Magnus, Thomas von Aquin, Bonaventura u. a.[26] und verdächtigten in ganz überwiegendem Maße das weibliche Geschlecht. Denn die Frau, bekanntlich schon von der antiken Kirche stark herabgesetzt, sei nicht nur dümmer und unverständiger als der Mann, sondern besitze auch stets geringeren Glauben. Das beweise die Ethymologie des Wortes Frau, femina, das sich aus fe und minus zusammensetze, fe = fides, Glaube, minus = weniger, »also femina = die weniger Glauben hat«. Die Frau sei aber auch fleischlicher gesinnt, ja, die geliebten Söhne des Papstes erklären rund heraus, daß »das Weib nur ein unvollkommenes Tier ist«[27].

Derartige Feststellungen treffen die beiden Mönche unter Bezugnahme auf das Alte Testament und verschiedene Kirchenväter – Thomas von Aquin hielt, nach einer Bemerkung des Aristoteles, das Weib für ein »verfehltes Männchen« (mas occasionatus)[28], und schließlich schreiben sie: »Also schlecht ist das Weib von Natur, da es schneller am Glauben zweifelt, auch schneller den Glauben ableugnet, was die Grundlage für die Hexerei ist«[29].

Das Ausmaß der Verfolgung

> »Der Wahn wurde von Rom aus verbreitet, im Interesse des Papsttums... Als die Reformation ausbrach, wurde der Wahn nicht erkannt und abgelegt, sondern er wuchs noch. Die alten Weiber wurden als vermeinte Hexen von den Lutheranern sogar noch fanatischer verfolgt als von der alten Inquisition«. Wolfgang Menzel[30].

> »Kein deutscher Herr würde seinen Jagdhund so zerreißen lassen«. Der Jesuit Friedrich Spee[31].

Die weitaus meisten »Hexen« entstammten den untersten Volksschichten, wahrscheinlich jedoch nicht deshalb, weil sie immer in der Majorität sind, sondern weil sich die höheren Gesellschaftskreise dank ihrer Beziehungen des Hexenverdachts besser erwehren konnten[32].

Die armen Frauen band man oft in nassen, kalten und völlig lichtlosen unterirdischen Verliesen auf Holzkreuze oder schmiedete sie im Freien an Mauern an. Sie waren Ratten, Mäusen oder jedem Wetter ausgesetzt, und die Jungen auch Vergewaltigungen durch Gefängniswärter und Geistliche. Es kam vor, wie es in Lindheim in der Wetterau üblich war, daß man »Hexen« mit ihren von der Folter zerschlagenen Gliedern im Hexenturm an Ketten in der Luft hängen, Frost und Hunger leiden und endlich durch langsames Feuer braten ließ[33]. Doch sei auf eine nähere Beschreibung des kirchlichen Sadismus verzichtet.

Ein halbes Jahrtausend, vom 13. bis ins 18. Jahrhundert, verbrannte die christliche Kirche Hexen. Das Ausmaß ihrer Verbrechen mögen ein paar Zahlen wenigstens andeuten.

Der Erzbischof von Salzburg ließ im Jahre 1678 aus Anlaß einer großen Viehseuche 97 Frauen verbrennen[34]. Der Bischof von Bamberg ließ 600 Frauen verbrennen und mit seiner Zustimmung 1659 eine Schrift erscheinen »Wahrhaftiger Bericht von 600 Hexen...«[35]. Unter der Regierung des Bischofs Adolf von Würzburg wurden 219 Hexen und Zauberer verbrannt, darunter mehrere Chorherren und Vikare, 18 Schulknaben, ein blindes Mädchen, ein neunjähriges Mädchen und sein noch jüngeres Schwesterchen[36]. Erzbischof Johann von Trier verbrannte 1585 so viele Hexen, daß in zwei Ortschaften nur zwei Frauen übrigblieben[37]. Es gab Geistliche, die auch in der Beichte ihre Opfer zur Lüge zwangen. So be-

556

richtet Friedrich Spee von einem Priester, der von den etwa zweihundert Hexen, die er zum Tod begleitete, dasselbe Geständnis verlangte, das sie auf der Folter abgelegt hatten, sonst müßten sie »wie ein Hund ohne Sakrament sterben«[38].

An manchen Orten erhielten die Richter, Inquisitoren und Beichtväter für jeden Hingerichteten Kopfgelder und Kollekten, weshalb es hieß, das schnellste und leichteste Mittel, sich zu bereichern, sei das Hexenverbrennen[39]. Ein Mainzer Dechant ließ allein in zwei Dörfern über 300 Menschen verbrennen, nur um ihre Güter mit seinem Stift zu vereinigen[40]. Ein Fuldaer Schreiber bedrohte besonders die Reichen und rühmte sich, in neunzehn Jahren 700 Menschen beiderlei Geschlechts auf den Scheiterhaufen gebracht zu haben[41].

Auch die Reformation änderte daran nichts. Im Gegenteil! Erst in nachreformatorischer Zeit erreichten die Verfolgungen ihren Höhepunkt. Luther, der in Wittenberg »Hexen« exkommunizierte, war mit der Einäscherung der »Teufelshuren« nicht weniger einverstanden als die Päpste[42]. Allein im Braunschweigischen wurden Ende des 16. Jahrhunderts oft an einem Tag zehn Hexen verbrannt[43]. In Quedlinburg erlitten 1589 an einem Tag 133 Hexen den Feuertod.

Kein Alter war vor der Hinrichtung geschützt. So verbrannte man 1591 in Wolfenbüttel eine 106jährige Frau[44]. Und als man 1651 in Zuckmantel (Schlesien) 102 Menschen auf den Holzstoß brachte, befanden sich auch Kinder von einem Jahr an darunter, deren Vater der Teufel gewesen sein soll[45]. Noch im 17. Jahrhundert, in dem die streng dogmatisch gebundene kirchliche Rechtgläubigkeit kulminierte, fielen in Europa mutmaßlich fast eine Million Menschen, meist Frauen, den Hexenprozessen zum Opfer[46]. In der zweiten Hälfte des 17. Jahrhunderts wurden nur in dem kleinen westfälischen Ort Lemgo binnen drei Jahren 38 Menschen als Hexen verbrannt[47].

Im protestantischen Schweden richtete man Hexen auch auf Grund der Anzeigen von Kindern hin. Ihr Zeugnis war sogar von besonderem Wert, da sich das christliche Gericht dabei auf die Bibelstelle berief: »Aus dem Munde der Kinder und Säuglinge hast du dir Macht zugerichtet, daß du vertilgest den Feind und Rachgierigen«[48].

Das Ende des Hexenwahnes

Erst im Zeitalter der Aufklärung gelang es, der Not der Frauen und »Ketzer« ein Ende zu machen. Friedrich d. Gr., der jeden nach seiner Fasson selig werden ließ, verbot als erster in Preußen das Foltern, das die allein seligmachende Kirche ein halbes Jahrtausend gestattet hatte.

In Berlin kam es 1728 zum letzten Hexenprozeß. In Bayern wurde noch im Geburtsjahr Goethes die Nonne Maria Renata (geb. Freiin Singer von Mossau) aus dem Kloster Unterzell bei Würzburg wegen Hexerei enthauptet und verbrannt. Doch köpfte man hier noch 1754 und 1755 ein dreizehn- und ein vierzehnjähriges Mädchen (dieses in Landshut) als Hexen. Der letzte Hexenprozeß in Bayern fand erst 1775 in Kempten statt. Die letzte angebliche Hexe verbrannte man in Europa 1782 in Glarus in der Schweiz, und noch 1823 nahm man in Delden (Holland) an einer »Hexe« die Wasserprobe vor.

Der erste, der öffentlich gegen den christlichen Wahnsinn protestierte, war der Arzt Johann Weyer, ein Schüler des Agrippa von Nettesheim, der zum Sturz der scholastischen Philosophie beigetragen und selbst schon den Hexenglauben bekämpft hatte. Weyers 1563 erschienene Schrift »De praestigiis daemonum«, die in ebenso klarer wie warmherziger Weise für die »Hexen« eintrat, wurde von der Kirche indiziert.

Weyers Nachfolger waren zwei Jesuiten, der Österreicher Tanner († 1632) und der Dichter Friedrich Spee († 1635), dessen frühzeitig ergraute Haare, wie Leibniz übermittelt, er selbst auf seine tiefen Erschütterungen bei der Begleitung der armen Opfer zur Richtstätte zurückführte[49].

Die Verdienste dieser beiden Jesuiten sind groß, aber der Kirche kann man wohl kaum einen Ruhmeskranz daraus flechten, daß sich nach Jahrhunderten des Mordens Proteststimmen aus ihren eigenen Reihen erhoben. Im übrigen hat ein zweifellos edler Geist und bedeutender Dichter wie Spee, dessen 1631 bei einem protestantischen Drucker in Rinteln veröffentlichte »Cautio criminalis« anonym erschien, nur die Behandlung der »Hexen« verurteilt, ihre Existenz jedoch eingeräumt. »Sie könne«, schreibt Spee, »ohne Frevelmut und groben Unverstand nicht geleugnet werden«[50]. Doch war es Spees feste Überzeugung, unter fünfzig verbrannten Frauen seien kaum zwei schuldig[51]. Er beteuerte sogar unter Eid, keine Angeklagte zum Scheiterhaufen geführt zu haben, die er für schuldig erklären könne[52].

Spee bekannte weiter, daß die Hexenverbrennungen in Deutschland häufiger als in anderen Ländern seien und hier jedes Unglück, Naturkatastrophen, Krankheit und dergleichen, den »Hexen« zugeschrieben werde, weshalb er sich schäme, Deutscher zu sein, zumal die Geistlichen »keinen Finger dagegen rühren, sondern vielmehr in dasselbe Horn blasen«[53]. »Unglaublich ist bei den Deutschen und besonders (ich schäme mich, es zu sagen) bei den Katholiken Aberglaube, Neid, Verleumdung, Ehrabschneidung usw. verbreitet«. Diese Laster stehen nach dem Zeugnis des Jesuiten Spee am Beginn der Hexenprozesse[54].

Ein Amtsbruder von Spee wollte die »Cautio criminalis«, Spees Protest

558

gegen die Hexenverfolgung, auf den Index bringen und der Ordensgeneral Spee selbst aus der Gesellschaft entlassen[55].

Spees Gesinnungsgenosse, der Jesuit Tanner, wurde als Zauberer verschrien, und ein Floh, den man unter dem Mikroskop in seinem Nachlaß fand, wurde für seinen spiritus familiaris, seinen Hausteufel, gehalten[56].

Auf protestantischer Seite trug zur Abschaffung der Hexenprozesse am meisten das im ausgehenden 17. Jahrhundert publizierte, in mehrere Sprachen übersetzte Buch »De Betoverde Weereld« (Die bezauberte Welt) des holländischen reformierten Geistlichen Balthasar Bekker († 1698) bei. Mit aller Energie wandte er sich gegen den Wahn der Kirchen, dabei betonend, daß in der Bibel Gott die Hauptrolle und der Teufel die Nebenrolle spiele, während es im christlichen Glauben bisher gerade umgekehrt gewesen sei. Noch ehe der letzte Band des mutigen Geistlichen erschienen war, hatte ihn eine Synode seines Pfarramtes entsetzt und vom Abendmahl ausgeschlossen.

Systematisch und mit durchschlagendem Erfolg bekämpfte dann den Hexenglauben vor allem ein deutscher Aufklärer, der Rechtslehrer und Philosoph Christian Thomasius (1635–1728), besonders in seinem Buch »Vom Verbrechen der Zauberei«.

Der Glaube an Teufel und Dämonen ist noch nicht erloschen

>»Die Kanones, auf Grund deren die Hexenprozesse eingerichtet wurden, gelten noch heute als heilig, das Urteil der Päpste über Hexenmeister und Hexen ist noch heute ›Urteil der Kirche‹, und die Lehrbücher der katholischen Moraltheologie definieren und detaillieren die ›teuflische Kunst der Zauberei und Hexerei‹ noch immer genau so, wie es ein babylonischer Magier tun würde, infolgedessen die katholische Kirche fortfährt, ihre exorcistae oder Teufelsaustreiber in Bereitschaft zu halten«. F. Delitzsch[57].

Bis fast an die Schwelle des 19. Jahrhunderts flammten die Scheiterhaufen im christlichen Abendland, und die Wurzel des Hexenglaubens, der durchaus heidnische Glaube an Teufel und Dämonen, besteht fort. Insbesondere der Katholizismus, der uns durch einen Jesuiten versichert, die Kirche habe den Zauberwahn auszurotten versucht »voll Liebe und Nachsicht und mit viel Langmut«[58], kultiviert noch immer eine Fülle von abergläubisch-exorzistischen Formen und Formeln[59].

Jeden Sonntagmorgen treiben die katholischen Geistlichen bei der Weihwasserzubereitung (unter Verwendung von Salz!) aus dem Wasser die dämonischen Kräfte aus und machen es zum Träger der göttlichen. Auch der häufige Gebrauch des Kreuzzeichens durch den Priester während der Messe ist ein gegen böse Geister gerichteter Abwehrzauber. Auch nach jeder Messe spricht der Priester ein Gebet zur Bannung der Dämonen.

Noch heute wird ferner in ungezählten katholischen Kirchen vor der eigentlichen Taufe »jeglicher unreine Geist« aus den Neugeborenen ausgetrieben, da sie infolge der Erbsünde ja vom Teufel besessen sind[60]. Der Theologe Julius Groß schrieb erst jüngst, »mit eigenen Ohren« die Versicherung eines Großstadtpfarrers gehört zu haben, er sehe bei jeder Taufe, die er spende, ganz deutlich, wann der Teufel aus dem Säugling ausfahre[61].

Auch die von der Kirche am Fest Mariä Lichtmeß oder bei sonstigen Anlässen geweihten Kerzen besitzen dämonenverscheuchende Wirkung; ebenso der anfangs streng verbotene, doch seit dem 4. Jahrhundert von ihr vielbenützte Weihrauch; und gleichfalls das Geläut der übrigens schon primitiven Kulten bekannten[62] Glocken, die mit vom Bischof geweihten Wasser gewaschen, siebenmal außen mit Öl und viermal innen mit Chrisam gesalbt – und in Kriegszeiten auch zur Anfertigung von Kanonenkugeln zur Verfügung gestellt werden.

Damit wenden wir uns dem vierten und letzten Abschnitt dieses Buches zu.

4. Die Stellung zum Krieg

63. KAPITEL

Der Pazifismus Jesu und
die Ausflüchte der Kirche

»Es ist eine bestürzende Feststellung, daß die Auffassung der Verteidigung im Sinne der erlaubten Notwehr – die Grundlage der herkömmlichen militaristischen Auffassung – keine biblische Stütze hat und daß sich auch der so gemeinte Ausdruck selbst im Neuen Testament überhaupt nicht findet. Es läßt sich kein einziger Text anführen, der ausdrücklich die erlaubte Notwehr rechfertigt, im Gegenteil, Jesus Christus hat sie ausgeschlossen«.
Der Theologe Lasserre[1].

»Der Krieg kann vor dem Richterstuhl der neutestamentlichen Ethik nicht bestehen; ihm ist das Urteil gesprochen«.
Der Theologe Macgregor[2].

Die Haltung des biblischen Jesus

Zum Problem des Krieges wird kein ausdrückliches Wort von Jesus überliefert, was sich vielleicht aus seiner konkreten Situation erklärt. Im römischen Reich bestand keine allgemeine Wehrpflicht. Die Zahl der Truppen war überhaupt im Vergleich mit der Bevölkerungszahl gering. Und vor allem konnte kein Jude zum römischen Kriegsdienst gezwungen werden. Die Einberufung eines Jesujüngers aber in die Truppe des Herodes Antipas, in die eines Bruders Philippos oder in die Tempelpolizei von Jerusalem war äußerst unwahrscheinlich[3].

Existiert aber auch keine Äußerung Jesu zum Problem des Krieges, so verwirft er doch jede Form von Gewalt.

Das ergibt sich schon indirekt aus seinem Hauptgebot der Nächstenliebe. Denn der Nächste ist für ihn nicht bloß der Mensch gleicher Nationalität oder gleichen Glaubens, sondern jeder, der Not leidet und Hilfe braucht[4], wie das Gleichnis vom barmherzigen Samariter lehrt, das um so eindrucksvoller erscheint, als gerade damals zwischen Juden und Samaritanern glühender Haß herrschte. Doch auch nachdem Pilatus Jesu Landsleute hatte ermorden lassen, predigt er nicht Rache, sondern Umkehr: »Wenn ihr euren Sinn nicht ändert, werdet ihr alle ebenso umkommen«[5].

Der Nächste ist für Jesus auch der Feind. Fordert er doch, das Böse nicht nur *bedingungslos* hinzunehmen, sondern es mit *Güte* zu belohnen, was er in scharfer Polemik gegen das alttestamentliche Vergeltungsschema in selbstbewußten Antithesen geradezu forciert. »Ihr habt gehört, daß da gesagt ist: Auge um Auge, Zahn um Zahn. Ich aber sage euch, daß ihr nicht widerstreben sollt dem Übel, sondern so dir jemand einen Streich gibt auf deinen rechten Backen, so biete den andern auch dar. Und so jemand mit dir rechten will und deinen Rock nehmen, dem laß auch den Mantel«[6].

Die Forderung der Feindesliebe ist unbegrenzt. Der synoptische Jesus predigt den Heroismus des Duldens, nicht den der Selbstbehauptung. Er gebietet die absolute Unterdrückung des Racheaffektes, den völligen Verzicht auf Gegenwehr. Liebe mit Liebe zu vergelten, ist nach Jesus nichts Besonderes. »Tun nicht dasselbe auch die Zöllner? Und so ihr auch nur zu euren Brüdern freundlich tut, was tut ihr Sonderliches?«[7]

Die moderne katholische Moraltheologie lehrt genau das Gegenteil: »Wie wir die Verwandten in rein menschlichen Dingen vorziehen sollen, so in politischen die Mitbürger, in militärischen die Heergenossen«[8].

Auch das Wort: »Du sollst nicht töten«[9], schließt die Ächtung eines Krieges für jedes objektive Denken in sich ein. Die Kirche verbietet ja auch den Selbstmord, der im gesamten Neuen Testament nicht verboten wird, im Hinblick auf das Tötungsverbot! Wenn dieses aber implicite den Selbstmord verurteilt, warum dann nicht noch viel mehr den Krieg? Jesus nennt unter den Geboten, deren Einhaltung die Voraussetzung für den Eingang ins ewige Leben ist, das Gebot »Du sollst nicht töten« an erster Stelle[10]. Sollte er aber, wie die Kirche uns glauben machen will, den individuellen Mord, den Mord im kleinen, untersagt, dagegen den generellen im Krieg, den Mord im großen Maßstab erlaubt haben?

Alle sachlich interpretierenden Theologen betonen die unbedingte Verbindlichkeit dieser evangelischen Gebote. Ein Christ darf nach ihrer mit

562

dem Bibeltext völlig übereinstimmenden Auffassung nicht töten, weder den persönlichen Feind, noch den Verbrecher, noch den nationalen oder religiösen Gegner[11]. Sogar Theologen, die selbst gar keine Pazifisten waren, sondern die Teilnahme von Christen am Krieg verteidigen, wie Windisch oder Harnack, bekennen, die Verurteilung des Krieges in allen seinen Gestalten sei die einzige Haltung, die mit dem Geist der Bergpredigt übereinstimme[12].

Ausflüchte der Kirche

> *»Eine zwiefache Sittlichkeit, die eine für Einzelmenschen, die andere für Völker, Staaten und Staatsmänner, läßt sich aus Jesu Geboten ebenso wenig ableiten, wie eine lässigere Sittlichkeit für die große Menge, eine strengere für Priester, Mönche und Nonnen«. Heinrich Ackermann*[13].

Die Verteidiger der Kirche, die seit eineinhalb Jahrtausenden Millionen Menschen ermordet hat, versuchen begreiflicherweise alles, um die Absolutheit des evangelischen Pazifismus zu bagatellisieren. Sie drehen und wenden diese für sie fatalen Bibelstellen, sie betonen, während sie ihnen passende Bibelworte streng wörtlich nehmen, hier die blumige orientalische Redeweise, die Übermaß und Übertreibung liebe. Sie wissen, eine buchstäbliche Ausführung würde selbst über Jesu Absicht hinausgehen. Man brauche es nicht bis zum Absurden zu treiben und in Anarchie zu verfallen. Man würde nur ein Ärgernis geben usw.[14]

Im einzelnen verweist man nun zum Beispiel darauf, daß Jesus selbst das Bild von Krieg und Blutvergießen gebrauche. Aber darf man vom Gebrauch eines Bildes auf die Sanktion der Sache schließen? Jesus spricht ja auch gleichnisweise von Plünderung, und niemand sieht darin eine Rechtfertigung der Räuberei. In beiden Fällen handelt es sich um einen rein parabolischen Charakter, heißt es doch sogar ausdrücklich, er habe »in Gleichnissen zu ihnen geredet«[15].

Oder man führt Jesu Erwähnung von Kriegen an, die kommen müssen[16], verschweigt aber dabei, daß Jesus hier nicht die Existenz von Religionskriegen oder sonstigen Massakern rechtfertigt, sondern von Kriegen der Endzeit redet als dem »Anfang der Wehen«, nämlich des beginnenden göttlichen Gerichts.

Die Theologen der Kirche berufen sich ferner auf Jesu Austreibung der Händler aus dem Tempel, wobei sie die Version des Johannesevangeliums mit dem Psalmwort: »Der Eifer um dein Haus wird mich verzehren« bevorzugen, zumal Jesus hier die Peitsche schwingt[17], von der nun freilich keiner der älteren Evangelisten weiß. Hätte doch eine Volksmenge überhaupt nicht von einem einzelnen durch *physische* Gewalt vertrieben werden können, sondern allenfalls durch die Macht seiner Persönlichkeit. Gar nicht zu reden davon, daß die offensichtlich aus Jesaja 56, 7 und Jeremia 7, 11 herausfabulierte Tempelaustreibung vermutlich niemals stattgefunden hat[18].

Die aus ihr gezogenen Konsequenzen jedenfalls widersprechen strikt Jesu Hauptgebot. Auch erzählt selbst das Johannesevangelium nicht von einem Mord durch Jesus. Und von einer Tempelräumung ohne Blutvergießen ist noch ein weiter Weg bis zu den Scheiterhaufen der Inquisition und den christlichen Religionskriegen. Insbesondere für einen Verteidigungskrieg, für erlaubte Notwehr, wie die Kirche will, läßt sich Jesu Vorgehen schon gar nicht ausspielen. Denn er war ja gar nicht der Angegriffene, sondern der »Angreifer«[19].

Die Kirchengelehrten erinnern auch daran, daß Jesus einen Berufssoldaten, den Hauptmann von Kapernaum, preist, freilich nicht wegen seines Berufes[20]. »Dieser Hauptmann«, schreibt ein theologischer Kriegsdienstpropagierer, »ist ihm so recht wie irgend ein anderer Stand und Beruf, er nimmt gar keinen Anstoß daran, daß er ein Kriegsmann ist, für ihn ist er ein Mensch, der seine Hilfe braucht«[21]. Aber ganz abgesehen davon, daß damals in Palästina Soldaten nicht viel mehr als Polizisten waren und der kritischen Theologie diese Szene, eine Fernheilung, überhaupt als ungeschichtlich gilt, so steht hier nichts von einer Billigung des Soldatenberufes. Daß es ein Centurio ist, hat für Jesus, oder den Erzähler der Legende, nichts zu bedeuten. Der andere befindet sich in Not, und Jesus hilft. Aber ist er deswegen ein Freund der Soldaten oder des Krieges, von dem gar nicht gesprochen wird?

Die Armseligkeit dieses argumentum e silentio mag auch folgende Überlegung zeigen. In demselben Kapitel, in dem Jesus bei Lukas den Hauptmann rühmt, ehrt er eine stadtbekannte Sünderin[22]. Hat er damit vielleicht auch ihr Gewerbe anerkannt?

Sogar dem Wort: »Wer das Schwert nimmt, soll durch das Schwert umkommen«[23], entnimmt die Kirche gelegentlich die Erlaubtheit des Verteidigungskrieges, weil der Angreifer nur durch das Schwert des Angegriffenen umkommen könne. Dabei unterschlägt man den Vordersatz: »Stecke dein Schwert an seinen Ort!« Denn dieses Schwert war das Schwert eines Verteidigers! Also wird hier, in Übereinstimmung mit anderen Evangelienworten, auch und gerade die Verteidigung verurteilt.

In diesem Zusammenhang führt man gern das von Matthäus überlieferte Logion an: »Ich bin nicht gekommen, Frieden zu senden, sondern das Schwert«, wofür Lukas »Zwietracht«, »Zerreißung«, genauer: Scheidung setzt[24]. Doch auch in der Fassung des Matthäus bedeutet der Spruch

564

offensichtlich nicht die Legitimierung des Krieges, die Erlaubnis zum Töten, sondern, wie die Fortsetzung zeigt, die Spaltung in den Familien. Das Schwert symbolisiert den Eifer für die eigene Verkündigung, die die nächsten Menschen geistig entzweit.

Wahrscheinlich aber wurde das Wort, das bei Markus fehlt und bei Lukas anders lautet, von Jesus überhaupt nicht gesprochen, sondern aus Micha 7, 6 herausgesponnen. Es widerspricht jedenfalls Jesu Liebesforderung. Denn wie verträgt sich damit eine Scheidung nächster Menschen, ein Hader der Kinder gegen die Eltern und der Eltern gegen die Kinder? Sollte Jesus solchen Streit um Gottes Willen gebilligt oder gar gefördert haben, er, der das Gebot der Nächstenliebe dem der Gottesliebe ausdrücklich gleichstellt? Höchstwahrscheinlich entstand dieses Wort erst später, als man die Christen beschuldigte, Hader und Haß in die Familien zu tragen, wobei auch bedeutsam ist, daß es mit dem sicher unechten Logion unmittelbar verbunden wurde: »Und wer nicht sein Kreuz auf sich nimmt und mir nachfolgt, ist meiner nicht wert«[25]. Ein solcher Ausspruch Jesu wäre nämlich seinen Hörern völlig unverständlich geblieben, da der metaphorische Gebrauch des Kreuzes Jesu Kreuzigung voraussetzt und nur von einer Gemeinde begriffen und deshalb auch geprägt werden konnte, der das Faktum des Kreuzestodes bekannt gewesen war.

Noch Jesu Verkündigung der Feindesliebe[26] sucht die Kirche Christi mit der Behauptung zu entkräften, das Wort »Feind« betreffe nur den persönlichen Gegner. Tatsächlich steht »echthros« im griechischen Text, das den persönlichen Gegner bezeichnet, nicht »polemios«, das den im Kriege meint. Doch verschweigt man dabei, daß »polemios« im Neuen Testament überhaupt nicht vorkommt, weil es mit »echthros« sowohl den persönlichen wie den staatlichen Feind benennt.

Selbst die Wendung von dem Heiligen, das man nicht den Hunden geben und den Perlen, die man nicht vor die Säue werfen solle, wird von den Christen zur Rechtfertigung ihrer Gewaltpraktiken benutzt. So liest man in einem Buch über die Ethik Jesu aus dem Jahre 1917 (!): »Jedenfalls wird nicht verlangt, daß wir uns von ›Hunden und Säuen‹ einfach zerreißen lassen«[27]. Damals waren die »Hunde und Säue« vor allem die westlichen Nachbarn der christlichen Deutschen, heute dürften es vorzugsweise die östlichen sein, und später werden es vielleicht wieder einmal die westlichen.

Auch die Erzählung, nach der bereits der angebliche »Vorläufer Jesu«, der Täufer, mit Soldaten zu tun hatte, wurde während des ersten Weltkrieges von Theologen zur Unterstützung ihrer militaristischen Propaganda gebraucht[28]. Doch sah schon Luther durch den Täufer »das ampt der kriegsleutt« bestätigt. Dabei antwortet er auf deren Frage: Was sollen

565

denn wir tun? »Tut niemand Gewalt und Unrecht und lasset euch genügen an eurem Solde«, wonach man Soldat nur im Frieden sein könnte.

Sehr wahrscheinlich aber stammt dieses Wort gar nicht vom Täufer, nicht einmal aus den Kreisen der Urgemeinde, für die der Soldatenberuf indiskutabel war. Der Theologe Bultmann nennt es nicht ohne leisen Hohn: »Ein katechismusartiges Stück, das naiv dem Täufer in den Mund gelegt ist, als ob Soldaten zum Täufer gepilgert wären«[29].

Die kirchlichen Friedensfreunde wissen aber sogar, daß Jesus das Töten erlaube, sofern es ohne Zorn und Haß geschehe. »Der christliche Soldat, der auf den Feind schießt, muß innerlich gütig und gerecht sein«, schreiben sie. Oder: »Der Christ muß nach Jesu Gebot seine Feinde lieben und für sie beten. Lieben und beten schließt absolut nicht aus, daß er seinen Feind verletzt oder tötet«[30]. Sehr gut bemerkte der Theologe Lasserre gegen dieses christliche Töten ohne Zorn und Haß: »So gesehen wären die Folterungen von Auschwitz und Ravensbrück, die Atombombe auf Hiroshima – Modelle christlicher Moralität«[31].

Mit besonderer Vorliebe deutet die Kirche endlich noch, schon seit Augustin[32], das Wort vom Zinsgroschen als eine Rechtfertigung des Krieges, obwohl ja *nur vom Steuerzahlen* die Rede ist, und zwar nicht einmal von jeder Steuer, sondern nur von der seit Judas dem Galiläer und der Bildung der Zelotenpartei den Juden besonders verhaßten Kopfsteuer[33]. Das Problem, ob man dem Kaiser *überhaupt* Steuer zu zahlen habe, wird gar nicht aufgeworfen.

Vergegenwärtigen wir uns die Situation. Die Pharisäer fragen Jesus, ob es recht sei, dem Kaiser *Steuer* zu zahlen, eine heimtückische Frage, auf die sie ein klares Ja oder Nein erwarten. Im Falle eines Ja gilt Jesus als Feind des jüdischen Volkes, im Falle eines Nein als ein Aufrührer. Er durchschaut sie, läßt sich einen Denar bringen und fragt, wessen Bild die Aufschrift trage. Man antwortet: des Kaisers. Da sagt Jesus: »So gebt dem Kaiser, was des Kaisers ist, und Gott, was Gottes ist«[34].

Dieser vielzitierte und oft (sicher bewußt) mißverstandene Spruch, mit dem Jesus sich geschickt aus einer Falle zieht, hat einen unüberhörbar ironischen Klang[35]. Von einer Anerkennung des Staates oder gar einer Berechtigung zum Kriegführen fällt jedenfalls kein Wort. Vielmehr sehen maßgebliche Theologen hier eine Vermengung der Gebiete abgewehrt, eine Scheidung der beiden Mächte deklariert, ja, eine indirekte Abwertung Roms statuiert[36].

Nirgends wird im Neuen Testament Zusammenarbeit mit dem Staat geboten. Bemerkenswerterweise beriefen sich die ältesten Christen beim Thema »Staat« auch nie auf das Zinsgroschenwort[37]. Will man aber aus ihm eine Untertanenpflicht ableiten, so kann es, wie der Neutestamentler Macgregor treffend ausführt, sich nicht um die Pflicht handeln, Waffen zu

566

tragen zur *Verteidigung der Freiheit des Staates,* sondern nur um die Pflicht der *Unterwerfung unter eine unerwünschte Diktatur*[38], denn genau das war die Situation der Juden gegenüber den Römern zur Zeit Jesu.

Ehe wir uns dem Verhalten der alten Kirche zu Krieg, Kriegsdienst und Todesstrafe zuwenden, wollen wir uns wenigstens kurz über die Stellung der vorkonstantinischen Christenheit zum Staat überhaupt informieren.

64. KAPITEL

Die Stellung der vorkonstantinischen Christenheit zum Staat

Jesus und der Staat

> »Vom Staat ist nicht die Rede«. Der Theologe Troeltsch[1].

Der biblische Jesus ist an Politik desinteressiert. Die Staaten gehören für ihn zur Civitas Diaboli, zum Machtbereich des Teufels[2]. Nach Jesus beherrschen die Regenten gewaltsam die Völker, sie unterjochen und vergewaltigen sie und lassen sich dafür noch »Wohltäter« nennen[3]. So kümmert er sich weder um die Potentaten in Rom, noch um Herodes, seinen eigenen Landesherrn, dessen Residenzstadt Tiberias in den Evangelien nicht einmal erwähnt wird. Auch das Wort politeia kommt in ihnen nicht vor[4], und prinzipielle Gedanken über den Aufbau einer christlichen Gesellschaft fehlen völlig, es sei denn, man denkt an das Wort: Wer unter euch der Erste sein möchte, muß der Knecht aller sein, das der christlichen Gesellschaft aber nicht als Richtschnur diente. Überhaupt proklamiert Jesus ein Zusammenleben der Menschen ja gerade *unter Ausschluß des Rechtsweges,* was aus seiner grundsätzlichen Ablehnung des Eides ebenso hervorgeht, wie aus seinem Gebot, dem Übel nicht zu widerstehen[5].

Auch das Berufs- und Familienleben, Daseinsformen also, die eng mit dem Staat verknüpft sind und sich bei den Christen bald höchster Wertschätzung erfreuten, bedeuten Jesus wenig. Er ist von äußerster Sorglosigkeit gegenüber den Bedürfnissen des Alltags. Er kennt kein Vorausplanen, keine klugen Kalkulationen, keine Berufsethik. Er lehrt, nicht zu sorgen für den anderen Morgen, nicht zu sagen: »Was werden wir essen, was werden wir trinken, womit werden wir uns kleiden? Nach solchem allem trachten die Heiden«[6]. Während Arbeit bei den jüdischen Rabbinen in hohen Ehren stand, gilt sie bei Jesus nur insofern, als sie zum Leben überhaupt nötig ist. Sie trägt keinerlei sittlichen Wert in sich selbst[7]. Sogar die Güter des Familienlebens achtet er nicht sehr[8].

568

Endlich ist der biblische Jesus selbst völlig frei von Machtplänen und Patriotismus. Einer ausgeprägten Nationalreligion entstammend, bestätigt er mit keinem Wort die fast chauvinistischen Hoffnungen seines Volkes. Die gerade im Galiläa seiner Zeit so fieberhaft tätige Bewegung der römerfeindlichen Zeloten, der »Eiferer«, mit ihren zahlreichen Propheten und Messiasprätendenten, besitzt keine Attraktivität für ihn. Vielmehr distanziert er sich von allen nationalistischen Instinkten und Leidenschaften. Er will kein politischer Messias, kein militanter Apokalyptiker sein. Er erstrebt keine Heimholung der jüdischen Diaspora ins Heilige Land, keine Restitution des davidischen Königtums, keine Weltherrschaft des Volkes Israel. Als man ihn zum König machen will, flieht er. Und als ihm auf dem Zug vom Ölberg nach Jerusalem die Hosiannarufe des Volkes zufliegen – eine gewiß rein politische Demonstration –, da antwortet er mit einer betont unpolitischen Geste. Er besteigt einen Esel und erklärt sich so, im bewußten Gegensatz zu den auf Rossen reitenden kriegerischen Weltregenten, zum Friedenskönig, zum Nichtkrieger, zur Gewaltlosigkeit[9].

Ob die biblische Einzugserzählung in Jerusalem einem wirklichen Vorgang entspricht, ist freilich sehr fraglich. Vermutlich wurde sie einem Text des Propheten Sacharja[10] und der Darstellung eines königlichen Einzugs aus dem Buch der Könige entnommen. Bei Sacharja findet man jedenfalls bereits das Reittier, den Esel, aus dem Matthäus unter Mißverständnis des hebräischen Parallelismus membrorum kurioserweise *zwei* macht. Man findet bei Sacharja weiter das Motiv des Einzugs: »Fürwahr, dein König zieht bei dir ein«, und das der Huldigung: »Juble laut, Tochter Zion! Jauchze, Tochter Jerusalem!«[11]

Der Staatshaß der ältesten Christenheit

> *»So ist es überall radikale Negation, was wir finden. Niemals ist in den Christen der Gedanke einer positiven Mitarbeit am Staat erwacht«. Der Theologe Weinel[12].*

> *»Die Frage, woher hat der Kaiser seine Macht, wird dahin beantwortet: Der Satan hat sie ihm gegeben, und was der Kaiser und der Staat tun, ist im Dienst des Satans getan«. Der Theologe Knopf[13].*

Die ältesten Christen standen dem Staat meist entweder feindlich oder voller Vorbehalte, zumindest aber außerordentlich gleichgültig gegenüber[14]. Sie glaubten fast allgemein, daß die Macht des Kaisers vom Satan

569

stamme. In der Apokalypse, der ersten heiligen Schrift des Christentums unter den neutestamentlichen Büchern, wird der Staat ein abscheuliches, aus dem Meer auftauchendes Tier,»die große Hure« und »der Greuel der Erde« genannt, er erscheint als Basis und Gipfel aller Brutalität, Perversion und Idolatrie, als Inbegriff der Widergöttlichkeit[15].

Diese scharfe antistaatliche Stimmung wurde von weiten Kreisen des Christentums geteilt[16]. Noch fanatischer bekundet sie die von der Mitte des 2. Jahrhunderts an geradezu aus dem Haß gegen Rom aufstehende und von vielen Kirchenvätern zitierte christliche Sybillistik, die im übrigen nur die heidnische Orakelliteratur nachahmt und fortsetzt[17]. Im 3. Jahrhundert sieht auch ein Schüler des Irenäus, der römische Bischof und Kirchenlehrer Hippolyt, im Staat einen Vorläufer des Antichrist und das Gegenstück zum Reich Jesu. Dabei war Hippolyt ein durchaus maßvoller und zur Vernunft mahnender Wortführer der staatsfeindlichen Christen[18].

Aber noch im 4. Jahrhundert bekämpft Kirchenvater Laktanz mit folgenden trefflichen, weitgehend Cicero verpflichteten Worten Nationalismus und Vaterlandsliebe: »Was sind die ›Vorteile des Vaterlandes‹ anderes als die Nachteile eines zweiten Staates oder Volkes, das heißt das Gebiet auszudehnen, indem man es anderen gewaltsam entreißt, das Reich zu mehren, die Staatseinkünfte zu vergrößern? Alles dieses sind ja nicht Tugenden, sondern es ist die Vernichtung von Tugenden. Vor allem nämlich wird die Verbundenheit der menschlichen Gesellschaft beseitigt, es wird beseitigt die Redlichkeit, die Achtung vor fremdem Gut, schließlich die Gerechtigkeit selbst... Denn wie könnte gerecht sein, wer schadet, wer haßt, wer raubt, wer tötet? Das alles aber tun die, welche ihrem Vaterlande zu nützen streben«[19].

Die staatsfreundliche Richtung

Aber wie in fast allen grundsätzlichen Fragen, so standen sich im antiken Christentum auch im Hinblick auf den Staat von frühester Zeit an zwei Gruppen gegenüber. Denn war auch für das Gros das Imperium vom Teufel beherrscht und der Kaiser der Stellvertreter Satans, so sympathisierten doch kleine christliche Kreise bald mit der weltlichen Macht, sie sahen in ihr eine von Gott stammende Institution und im Kaiser den Beauftragten Gottes. Diese völlig andere Qualifizierung des Staates beginnt schon bei Paulus. Alle Richtlinien, die er in dieser Hinsicht gibt, sind gegenüber der Lehre Jesu neu.

Zwar war auch Paulus infolge der Naherwartung des Weltendes an den irdischen Belangen zunächst desinteressiert (S. 196ff.). Als aber der Herr

570

ausblieb und die Gemeinden wuchsen, senkte der Apostel seinen Blick von den Wolken, auf denen er Jesus leibhaftig erwartet hatte, und verstärkte den weltzugewandten Faktor seiner Verkündigung[20].

Folgenschwer wurden bereits seine Anweisungen für Familie und Berufsleben, die Jesus wiederholt abwertet, weshalb sich Paulus hauptsächlich an den ethischen Idealen des Heidentums orientiert. Alle seine Sünden- und Verdienstregister, alle seine Zusammenstellungen von »Standespflichten«[21], entstammen der heidnischen Ethik, gelegentlich auch der jüdischen Tradition. Schon Celsus meinte von der christlichen Sittenlehre, »sie sei dieselbe (!) wie die der anderen Philosophen und keine ehrwürdige noch neue Wissenschaft«[22].

Im strikten Gegensatz zu Jesus, der jedes Prozessieren ausdrücklich verbietet und damit das gesamte Rechtsleben in Frage stellt, erlaubt es Paulus. Wie ernst es jedoch Jesus mit seiner Verwerfung des Prozessierens und des Eides ist, ersieht man aus der Betonung, daß man überhaupt nicht schwören soll, auch nicht »bei dem Himmel«[23]. Sein Schwurverbot ist total und deckt sich genau mit dem Eidverbot der Essener[24]. Lehrt aber Jesus: »Mensch, wer hat mich zum Richter und Erbschlichter über euch gesetzt?«; gebietet er, dem, der einen Rechtsstreit anfangen und den Rock nehmen wolle, auch noch den Mantel zu überlassen, mahnt Paulus lediglich, nicht vor die *heidnischen* Richter zu gehen[25]. Doch schon im 3. Jahrhundert stritten christliche Gemeinden wiederholt auch vor staatlichen Gerichten. Und später machten nur noch einige Sekten, wie die Sozinianer und vor allem die böhmische Brüder-Unität, mit dem paulinischen Prozeßverbot vor weltlichen Gerichten Ernst, das heute zu den fast vergessenen Stellen des Neuen Testaments gehört[26] – von Jesu rigoroser Lehre ganz zu schweigen.

Um so besser beobachtete man andere Gebote Pauli, besonders seine Wertschätzung der staatlichen Obrigkeit, die er »von Gott verordnet« sein läßt und zum Inbegriff von Fug und Recht stempelt[27].

Niemand in der Antike pries den Staat mehr als Paulus, dessen Staatstheologie die ganze Geschichte Lügen straft. Ist doch der Staat viel eher, wie der Theologe Overbeck, der Freund zweier Machtverhimmler, Treitschkes und Nietzsches, sagt, der eigentliche Menschenverderber[28], wozu unser Jahrhundert, zumal in Deutschland, wie wir bald sehen werden, nicht weniger weltpolitischen Anschauungsstoff liefert als die Vergangenheit.

Schon im Jahre 156 v. Chr. erklärte der athenische Gesandte Karneades in Rom in einigen aufsehenerregenden, von den prominentesten Römern besuchten Vorträgen, die Römer verdankten ihre Herrschaft nur ungezählten Kriegen, in denen sie ihre grenzenlose Habgier befriedigt und fortwährend Unrecht getan hätten[29]. Sallust bekennt: »Von Anfang an ist

571

alles, was sie besitzen, durch Raub zusammengebracht – die Häuser, die Frauen, das Land, das Reich... Durch Kühnheit, durch Betrug und eine ununterbrochene Reihe von Angriffskriegen sind sie zu ihrer Größe gelangt«[30]. Und Seneca schreibt: »Totschlag und einzelne Morde unterdrücken wir. Aber was ist von den Kriegen zu sagen und dem ruhmvollen Verbrechen, ganze Völker niedergemacht zu haben? Nicht Habsucht, nicht Grausamkeit kennen ein Maß. Dabei ist alles, so lange es heimlich und von einzelnen Menschen begangen wird, weniger schädlich und weniger entsetzlich. Nach Senatsbeschlüssen und Volksgeboten werden Grausamkeiten verübt, und was dem einzelnen verboten ist, wird vom Staat befohlen«[31].

Paulus aber macht die Regierungen zur verkörperten Gerechtigkeit, zu Dienerinnen Gottes! Dabei tritt er in direkten Widerspruch zur synoptischen Jesuspredigt: »Ihr wißt, daß die, die über die Völker herrschen, sie unterjochen und die Großen sie vergewaltigen«[32]! Dabei wurde Jesus von jener Obrigkeit, die Paulus preist, zum Tod verurteilt! Dabei hatte Paulus früher selbst die Machthaber als Jesu Mörder angeklagt und geschrieben, sie würden »dem Untergang verfallen«[33], hatte er die von ihm als »Gottes Dienstleute« gefeierten Beamten des Staates an anderer Stelle »Schufte« (adikoi) geschimpft[34]. Wie denn Paulus selber auf behördlichen Befehl vielmals ausgepeitscht und schließlich hingerichtet worden ist und sich auch die Geschichte der Christenverfolgungen im Lichte seines Wortes merkwürdig ausnimmt.

Der Kontrast zum biblischen Jesus, der lehrt, Böses mit Gutem zu vergelten, der die Gewalthaber schlecht nennt, der sich denkbar deutlich von ihnen distanziert, der vom Staat überhaupt nichts wissen will und in der Bergpredigt den radikalen Gegensatz seines Evangeliums zu den Interessen und Ordnungen der Welt, zu Besitz, Macht, Krieg verkündet, ist eklatant. Doch wie meist, wirkte nicht Jesus im Christentum fort, sondern Paulus. Seine Anpassungstheorie, die dem damaligen Ideal des guten, rechtschaffenen Staatsbürgers ihren Tribut zollt[35], wurde in einer beklagenswerten Weise folgenreich.

Das entscheidendste Zugeständnis der Kirche an den Staat[36] aber sei nun unter dem speziellen Aspekt des letzten Hauptabschnittes aufgezeigt.

572

65. KAPITEL

Das Verhalten der alten Kirche zu Krieg, Kriegsdienst und Todesstrafe

»Im allgemeinen mißbilligte die Frühkirche den Militärdienst wie den Krieg«. Arnold J. Toynbee[1].

»Ihre Religion war für sie identisch mit Frieden; sie verurteilte streng den Krieg«. C. J. Cadoux[2].

»Die frühe Kirche hielt Liebe und Töten für unvereinbar«.
»Von allen hervorragenden Schriftstellern in Ost und West
wird die Teilnahme von Christen am Kriegsdienst verworfen«. Roland H. Bainton[3].

Wer sich über dieses eminent bedeutende Problem zu orientieren sucht,
bemerkt zunächst einen offensichtlichen Mangel an Literatur. Er ist angesichts der kaum übersehbaren Publikationen, die man selbst den weniger
wichtigen Fragen des antiken Christentums widmet, um so auffallender.
In England beispielsweise gab es bis zum Jahre 1919 überhaupt kein
Buch, das diesen Komplex ausschließlich und umfassend behandelt
hätte[4]. Das ist kein Zufall, sondern hängt mit einer der verhängnisvollsten
und kompromittierendsten Wandlungen der alten Kirche zusammen.

Als die Juden zum Kampf gegen die Römer rüsteten, floh die Urgemeinde kurz vor der Umzingelung Jerusalems geschlossen nach Pella in
Peräa, weil sie, wie ein katholischer Theologe schreibt, »nicht zum
Schwert greifen wollte«[5]. Das war damals für Christen undenkbar. Auch
beim Bar Kochba-Aufstand, siebzig Jahre später, kämpften deshalb die Judenchristen nicht, weshalb sie Bar Kochba grausam verfolgt hat.

Abgesehen von der legendären Taufe des Hauptmanns Kornelius durch
Petrus, einem biblischen Bericht, in dem sogar ein Engel auftritt, gibt es
kein zuverlässiges Zeugnis für die Existenz eines christlichen Soldaten bis
etwa zum Jahre 170[6]. Erst im ausgehenden 2. Jahrhundert taucht die
Frage, ob ein Christ Soldat werden darf, überhaupt auf, Beweis genug,

573

wie wenig christliche Soldaten es bis dahin gab. Sie aber waren bereits Soldaten, als sie Christen wurden und folgten dann der Weisung Pauli: Jeder bleibe in dem Stand, in dem er berufen ward. Noch im 3. Jahrhundert tun die Christen Soldatendienst nur ausnahmsweise[7].

Nirgends in der gesamten christlichen Literatur der vorkonstantinischen Zeit wird die Teilnahme am Krieg erlaubt[8]

Mitte des 2. Jahrhunderts bezeugt Justin, daß die Christen, die vor ihrer Bekehrung Krieg geführt und sich gegenseitig um gebracht haben, nunmehr alle auf der ganzen Erde ihre Kriegswaffen umgewechselt hätten – »Schwerter in Pflüge, und Lanzen in Ackergeräte«[9]. An anderer Stelle zitiert Justin die Bergpredigt und bekennt: »Wir dürfen also nicht Widerstand leisten«[10].

Auch Justins Schüler Tatian war ein Gegner des Soldatentums und hielt Krieg und Mord für Synonyma[11].

Um 200 bezeichnet Tertullian die Feindesliebe als das »Hauptgebot«. »Wenn uns Feindesliebe geboten ist, wen sollten wir hassen? Wenn uns verboten ist, Unrecht mit Unrecht zu vergelten, wer kann dann Unrecht erleiden durch uns?«[12] Der Soldatenberuf erscheint Tertullian, der die Soldaten noch eben vor den Räubern nennt, völlig unvereinbar mit einem christlichen Leben. In der Entwaffnung des Petrus, schreibt er, habe der Herr »jedem Soldaten den Degen abgeschnallt«[13]. Doch ohne Schwert könne man keinen Krieg führen und nicht einmal in Friedenszeiten Soldat sein. Im Krieg aber bringe das Soldatentum Verrichtungen mit sich, »die einem Abfall gleichkommen«[14].

Um 250 bestätigt auch Origenes den unbedingten kirchlichen Pazifismus[15]. Dieses Zeugnis besitzt besondere Bedeutung, weil Origenes nicht nur die Christengemeinden in Ägypten kannte, sondern auch die in Palästina, Kleinasien und Griechenland. Der Christenfeind und Patriot Celsus, gegen den Origenes polemisiert, meint im späten 2. Jahrhundert: Verhielten sich alle wie die Christen, würde der Kaiser allein stehen und das Reich in die Hände der Barbaren fallen[16]. Somit kennt auch Celsus keine Christen, die Militärdienst leisten. Seine Aufforderung dazu pariert Origenes mit der Bemerkung, die Christen sekundierten dem Kaiser durch ihre Gebete! »Denn wir ergreifen nicht mehr ›das Schwert gegen ein Volk‹, und wir lernen nicht mehr die ›Kriegskunst‹, da wir ›Kinder des Friedens‹ geworden sind durch Jesus, der unser ›Führer‹ ist«[17]. Wiederholt verbietet Origenes mit aller Schärfe den Soldatenstand und bekennt, Jesus habe die Tötung eines Menschen unter keinen Umständen erlaubt[18].

Auch Kirchenvater Cyprian untersagt streng, sich durch Blut und

574

Schwert zu besudeln. Ein katholischer Moraltheologe kommentiert: »Die Stelle scheint jede Tötung, aus welchem Grunde sie auch vollzogen werde, abzulehnen«[19]. Cyprian verlangt, daß der Christ nicht zurückfordere, was ihm zu Unrecht abgenommen wurde, daß er dem, der ihn schlage, auch die andere Wange hinhalte, besteht also auf wörtlicher Befolgung der Bergpredigt[20]. Bemerkenswert auch Cyprians Wort: »Es trieft die ganze Erde von gegenseitigem Blutvergießen; und begeht der einzelne einen Mord, so ist es ein Verbrechen; *Tapferkeit aber nennt man es, wenn das Morden im Namen des Staates geschieht*«[21].

In einer Kirchenordnung aus dem 3. Jahrhundert verbietet der römische Bischof Hippolyt schon den bloßen Eintritt ins Heer. »Wenn ein Katechumene oder Getaufter Soldat werden will, soll er abgewiesen werden; denn er hat Gott mißachtet!« Im gleichen Atemzug mit dem Soldaten weist der römische Bischof ab die Hure, den Päderasten, wer sich entmannt oder sonst unaussprechbare Dinge treibt. Denn sie alle sind, wie der Soldat, »befleckt«[22]. Selbst die Jäger müssen nach dieser Kirchenordnung entweder das Jagen aufgeben oder sie können nicht Christen werden[23]. Das Tötungsverbot gilt eben ganz allgemein, wie auch der Abschnitt über die Stellung der alten Kirche zur Notwehr und zur staatlichen Todesstrafe noch zeigen wird. Aber im 4. Jahrhundert erfolgt ein plötzlicher und radikaler Umschwung.

Wie aus den christlichen Pazifisten die kirchlichen Feldgeistlichen wurden

Noch zu Beginn des 4. Jahrhunderts tritt uns auch Kirchenvater Laktanz in seinem vor 313 verfaßten Hauptwerk, den »Divinae Institutiones«, als dezidierter Pazifist entgegen, der jede Teilnahme am Krieg verwirft. »Wenn Gott das Töten verbietet, ist nicht nur das Ermorden von Menschen nach Räuberart verboten; das verbietet auch schon das staatliche Gesetz; sondern es ist dann jede andere Menschentötung verboten, auch eine solche, die nach dem weltlichen Recht sehr wohl erlaubt wäre«[24]. Aber in einer bald darauf erschienenen verkürzten Neuausgabe seines Werkes fehlen nicht nur alle antimilitaristischen Partien, sondern es wird sogar der Tod fürs Vaterland gefeiert!

Was war geschehen?

Im Jahre 313 hatte Konstantin, dessen Sohn Crispus Laktanz später erzog, das Christentum hoffähig gemacht. Die überglücklichen Kirchenväter paßten sich dem neuen Kurs alsbald an, und so erblicken wir gleichsam über Nacht an Stelle der ehemaligen christlichen Pazifisten – die kirchlichen Feldgeistlichen. Es fiel den Bischöfen zweifellos leichter, den kaiserlichen Truppen ihren Segen zu geben, als ihnen den Krieg zu verbieten.

Die theologische Forschung betont, daß der weltgeschichtliche Umschwung vom Heidentum zum Christentum sich zuerst *im Heer* vollzogen, daß Konstantin das Christentum immer mehr als Soldatenreligion ausgestaltet und Rom im Widerstand gegen den Soldatenberuf wahrscheinlich früher als andere christliche Gemeinden nachgelassen habe[25]. Konstantins Krieg gegen Licinius wurde jedenfalls bereits als Religionskrieg geführt. Der Kaiser rückte mit einem Gebetszelt ins Feld, in dem er vor jeder Schlacht zu beten pflegte. Dann stürzte er daraus hervor und gab Befehl zum Angriff, worauf seine Soldaten, wie Euseb einmal berichtet, »Mann für Mann niederschlugen«[26]. Bald begleiteten Bischöfe das Heer, und das schon 317 geschaffene Labarum, das Feldzeichen mit den Initialen Christi auf der Fahnenspitze, leuchtete den Soldaten des ersten christlichen Kaisers voran[27].

Wie man bisher die Götter zu Schlachtenhelfern machte, so bekriegte man nun unter Anrufung des christlichen Gottes alles, was einem nicht ins politische oder kirchliche Konzept paßte. Seit Konstantin konnte ein Generalissimus, der Tausende von Menschen auf dem Gewissen hatte, ohne weiteres, als sei es die selbstverständlichste Sache der Welt, ein Christ sein. Christus, Maria und einige Heilige wie Menas, Victor, Georg, Martin von Tours u. a. wurden jetzt »Soldatengötter«, wobei sie genau die Funktion der heidnischen Soldatengötter übernahmen[28]. Und bald weiß die christliche Geschichtsschreibung, daß Gott sogar Schlachtenpläne eingibt[29].

Mit Hilfe des lieben Gottes Krieg zu führen, wie in der Antike mit Hilfe der Götter, blieb im christlichen Abendland bis heute in Schwang. Auch die ausgemachtesten Nichtchristen appellierten an ihn, um sich ihrer gläubigen Gefolgschaft zu versichern. Selbst Hitler hat seine Rede zu Beginn seines Überfalles auf Sowjetrußland mit einer Anrufung des Allmächtigen gewürzt und mit wörtlicher Zitierung der Bibel geschlossen[30].

Unter Konstantin also gab die Kirche *von heute auf morgen* ein Ideal preis, das sie mit Berufung auf Jesus drei Jahrhunderte lang verkündet hatte. 313 gewährte Konstantin den Christen volle Religionsfreiheit, 314 beschloß die Synode von Arelate die Exkommunikation fahnenflüchtiger Soldaten[31]. Wer die Waffen wegwarf, wurde ausgeschlossen; vordem wurde ausgeschlossen, wer sie *nicht* wegwarf. Kirchengeschichtsschreiber Euseb, der die heidnischen Soldaten »tausenderlei Mordtaten« bezichtigte, schrieb jetzt jubelnd, die erste christliche Majestät habe mehr Völker bekriegt und unterjocht als alle übrigen Kaiser[32].

Die Kirche erwies sich sogar als so wendig, daß sie nun, wie vielfach belegt ist, die Namen aller Soldaten-Märtyrer sofort aus ihren Kalendern

576

entfernte, um unerwünschte Wirkungen auf die christliche Armee zu vermeiden[33]. Man bedenke: in der ältesten Zeit verlangte man von einem römischen Soldaten, der Christ wurde, das sofortige Ausscheiden aus dem Heeresdienst; und die vorkonstantinische Kirche suchte ganz allgemein alle Gläubigen energisch von ihm abzuhalten[34]. Eine große Anzahl christlicher Militärdienstverweigerer ist trotz der Sichtung der Kirche bekannt[35]. Mehrere erlitten das Martyrium. Jetzt strich die plötzlich militärfreundliche Kirche ihre Namen aus den Kalendern und ersetzte die wirklichen Soldaten-Martyrien durch erfundene, die so gestaltet waren, daß sie auf christliche Soldaten nur erbaulich wirken konnten[36].

In der zweiten Hälfte des 4. Jahrhunderts gebietet Kirchenlehrer Basilius noch, gegen Räuber ausziehende Laien von der Kommunion auszuschließen, Kleriker aber in einem solchen Fall ihres Amtes zu entheben. »Denn jeder«, schreibt der edle Basilius mit Bezug auf die Schrift, »der das Schwert ergreift, wird durch das Schwert umkommen«. Und den Kriegern befiehlt Basilius immerhin noch, »mit ihrer unreinen Hand drei Jahre wenigstens der Kommunion fernzubleiben«[37].

Kirchenlehrer Athanasius aber, der »Vater der Rechtgläubigkeit«, gestattet um dieselbe Zeit das Töten im Krieg nicht nur, sondern preist es sogar. »Morden ist nicht erlaubt«, schreibt Athanasius. »In Kriegen jedoch ist es sowohl gesetzlich als lobenswert, Gegner zu töten«[38]. Wer kann sich dies im Munde Jesu denken?

Doch auch Bischof Gregor von Nazianz lehrt jetzt: »Wo Bosheit offenkundig ist, ist es besser, mit Feuer und Schwert, mit Geschick und Macht und auf alle mögliche Weise (!) vorzugehen, als am Sauerteig der Bosheit teilzunehmen«[39]. Das genaue Gegenteil der biblischen Jesuslehre – die Lehre der katholischen Kirche.

Der bedeutendste Kirchenschriftsteller Armeniens, Jeznik von Kolb, bemüht sich in der ersten Hälfte des 5. Jahrhunderts sogar um eine christliche Rechtfertigung der Blutrache[40].

Auch Augustinus wußte schon, daß man Gott mit der Waffe gefallen könne. Bewaffnet, meint er, seien auch der heilige David gewesen und noch sehr viele »Gerechte« in jener Zeit[41].

Augustinus spricht auch bereits von »gerechten Kriegen«[42], ein mehr als dubioser Begriff, doch eine Schöpfung des Christentums. Vor ihm hatte niemand von »gerechten Kriegen« gefabelt. Aber im Abendland führte nun bald eine christliche Nation gegen die andere christliche Nation »gerechte Kriege«, und jede mit Berufung auf denselben Glauben und denselben Gott. »Krieg zu führen«, schreibt Kirchenlehrer Augustinus, »und durch Unterwerfung der Völker das Reich zu erweitern, erscheint den Bösen als Glück, den Guten als Zwang. Aber weil es schlimmer wäre, wenn die Ungerechten über die Gerechten herrschten, so nennt man nicht unpassend auch jenes ein Glück«[43]. Eine Auffassung, die wiederum der Lehre des biblischen Jesus kraß widerspricht.

Als »gerechte Kriege« verteidigt Augustinus alle, »die Unrecht rächen«[44], was Jesus ja gerade verbietet! Doch führe man nur Krieg, äußert Augustin sophistisch, damit der Friede erlangt würde[45]. Ja, gegen den Manichäer Faustus bemerkt der heilige Bischof geradezu: »Was hat man denn gegen den Krieg? Etwa daß Menschen, die doch einmal sterben müssen, dabei umkommen?«

Die Kirche sucht die Preisgabe ihres Pazifismus unter Konstantin mit der Behauptung zu rechtfertigen, man habe den Militärdienst früher nur deshalb verweigert, weil es schwer gewesen sei, in der *heidnischen* Armee das Götzenopfer zu vermeiden. Mit seinem Fortfall aber hätten die Christen auch ohne weiteres Soldaten werden können.

Ganz abgesehen jedoch davon, daß man dabei die eindeutigen Gebote Jesu völlig ignoriert, so wird das kirchliche Argument auch direkt entkräftet. Es gab nämlich vorkonstantinische Kirchenschriftsteller, die nicht, wie viele andere, jeden Militärdienst verwarfen, sondern nur die Beteiligung am Krieg. Militärdienst im Frieden hielten sie für erlaubt[46]. Da aber im Frieden das Problem des Götzenopfers genauso bestand, ist ganz klar: Nicht dieses Götzenopfer war der Grund für die frühkirchliche Ablehnung des Soldatentums, sondern der mit dem Krieg verbundene Mord! Alle Ämter und Berufe, die Blutvergießen und Todesurteile mit sich brachten, hatte die älteste Kirche den Christen verboten[47]. Das zeigt auch

Die Stellung der antiken Kirche zur Notwehr und zur staatlichen Todesstrafe

> »*Das Neue Testament weist keine einzige Stelle auf, die man als Beweis für ein Tötungsrecht aus Notwehr aufführen könnte; mehrere Stellen scheinen sogar jedes Notwehrrecht positiv auszuschließen*«. »*Das Notwehrrecht lehnen alle christlichen Schriftsteller in den ersten drei Jahrhunderten ab*«. *Der katholische Theologe Bernhard Schöpf*[48].

Die Gebote der Bergpredigt, die den unbedingten Verzicht auf Vergeltung fordern, wurden von allen Kirchenvätern der ersten drei Jahrhunderte *wörtlich* verstanden[49], weshalb sie sowohl die Tötung aus Notwehr wie die staatliche Todesstrafe fast einmütig verwarfen[50].

Nach Kirchenlehrer Irenäus ist dem Christen jede Notwehr verboten[51]. Minucius Felix, ein kirchlicher Apologet des frühen 3. Jahrhunderts, bekennt, kein Christ könne die Tötung eines Menschen ertragen[52]. Tertullian untersagt christlichen Staatsbeamten nicht nur das Verhängen von Todesurteilen, sondern auch von Kerkerstrafen, Folterungen, Fesselungen usw. Allenfalls das Auferlegen einer Geldstrafe hält er für erlaubt[53]. Auch Cyprian verbietet jegliche Tötung eines Menschen durch Christen[54]. Ebenso noch zu Beginn des 4. Jahrhunderts Kirchenvater Laktanz. Er gestattet nicht einmal die Anzeige eines Verbrechens, auf dem die Todesstrafe steht, weil eine Tötung immer verboten sei. »In diesem Gebot«, schreibt Laktanz, »darf man absolut keine Ausnahme machen; denn es ist immer Unrecht, einen Menschen zu töten, dessen Leben nach Gottes Willen unantastbar sein muß«.

Noch zu Beginn des 4. Jahrhunderts führt auch Arnobius die Pax Romana darauf zurück, daß die Christen in solcher Zahl vom Herrn gelernt hätten, Böses nicht mit Bösem zu vergelten, Ungerechtigkeit lieber zu ertragen als hervorzurufen, lieber das eigene Blut zu vergießen, als Hände und Gewissen mit dem Blut anderer zu beflecken[55]. Und um dieselbe Zeit verweigert auch noch die Synode von Elvira jedem Christen, der durch Anzeige eines Mitmenschen zu dessen Hinrichtung oder Ächtung beiträgt, zeitlebens, auch in der Todesstunde, die Kommunion. Die spanische Kirchenversammlung unterscheidet dabei *nicht* zwischen einer wahrheitsgemäßen und einer verleumderischen Anzeige. Ein Christ, der – rechtmäßig oder nicht – den Tod eines Menschen veranlaßt, wird ausgeschlossen[56].

In dem erst kürzlich erschienenen Werk »Das Tötungsrecht bei den frühchristlichen Schriftstellern bis zur Zeit Konstantins« konzediert der Verfasser, ein katholischer Moraltheologe, dessen Objektivität den Leser sonstiger Bücher katholischer Theologen fast verwirren könnte, zollte nicht auch dieser Katholik im letzten Augenblick dem Dogma seinen Tribut: »In der ganzen hier untersuchten Zeit findet sich bei keinem christlichen Schriftsteller auch nur eine Andeutung (!), als wäre Tötung aus Notwehr erlaubt; jene, die davon sprechen, sehen in blutiger Notwehr Sünde«[57]. Von Jesu Gebot, dem Bösen nicht zu widerstehen und dem, der auf die rechte Wange schlage, auch die andere hinzuhalten, schreibt der katholische Gelehrte: »Das Wort der Bergpredigt wird stets wörtlich verstanden«. Und im Hinblick auf Jesu Befehl an Petrus, das Schwert in die Scheide zu stecken, erklärt dieser Theologe: »Wo das Wort zitiert wird, gilt es als allgemeines Tötungsverbot«[58].

Mit ihrer Anerkennung unter Konstantin aber verfocht die Kirche nicht nur die Notwendigkeit des Kriegsdienstes, sondern auch des Notwehrrechtes und der Todesstrafe.

Schon für Bischof Euseb ist die Vollstreckung von Todesurteilen durch Konstantin ganz selbstverständlich. Der erste christliche Kaiser verfuhr hierin nicht anders wie seine heidnischen Vorgänger, sogar Verwandten gegenüber. Er ließ seine beiden Schwäger, Licinius, den Mann seiner Schwester Konstantia, und Bassanius, den Mann seiner Schwester Anastasia, umbringen; er ließ den Sohn des Licinius, als er herangewachsen war, zum Sklaven degradieren und dann elend totschlagen; seinen Schwiegervater Maximinian erdrosseln; seinen eigenen, mit der Konkubine Minervina gezeugten Sohn Crispus vergiften; und seine Gattin Fausta, die mit ihrem Stiefsohn vermutlich Ehebruch getrieben[59], im Bad ersticken. Ein in Rom kursierendes Epigramm stellte die Morde Konstantins neben die Verwandtenmorde Neros.

Nach Kirchenvater Laktanz hingegen bot Konstantin »außergewöhnliche Beispiele von Tugend und Heiligkeit«[60]. Und Kirchenschriftsteller Euseb preist den Kaiser als den Idealtyp des christlichen Regenten, als Liebling und Abbild Gottes, und zwar nachdem Konstantin alle seine Verbrechen schon begangen hatte[61].

Später verwarfen nur kleine christliche Gruppen von »Ketzern«, wie die Waldenser, Albigenser oder die »Schwärmer« der Reformationszeit, die Todesstrafe, deren Ablehnung die Kirche als »häretisch« verdammte. Thomas von Aquin dringt sogar darauf, jeden der Gesellschaft gefährlichen Menschen wie ein schädliches Tier totzuschlagen[62]. Ebenso traten die Reformatoren für die Todesstrafe ein. Durch die Obrigkeit – man denke nur an Hitler! – tötet nach ihnen, wie auch schon nach Paulus, Gott selbst[63].

Erst die Aufklärung hat auf Verzicht der Todesstrafe gedrängt[64]. Die katholische Kirche dagegen vertritt, im strikten Widerspruch zur ältesten Kirche, bis heute ihre Erlaubtheit und Notwendigkeit, ebenso die Mehrheit der evangelischen Theologen. Zu den rühmlichen Ausnahmen zählt Karl Barth.

66. KAPITEL

Das Verhalten der Kirche zum Krieg in Mittelalter und Neuzeit

> »Trotz manch gegenteiliger Versicherung im Neuen Testament ist die Geschichte der christlichen Völker eine Geschichte ihrer Kriege... Gedankenlos haben Christen aller Richtungen ihren Gott um Hilfe für ihre Kriege angefleht – auch heute noch – und mit Überlegung haben die Kirchen ihre Hilfe für Kriege gewährt – ebenfalls bis auf den heutigen Tag... Vom Mittelalter bis zum zwanzigsten Jahrhundert wäre es dem Christentum möglich gewesen, Kriege zu verhindern, wenn es das nur ernsthaft gewollt hätte«.
> Karl Becker[1].

Die »heiligen« Kriege des katholischen Mittelalters

> »Überall war Kreuzzug, und überall sanktionierte der große Sündenerlaß den gegenseitigen Massenmord. In Spanien erlangte man den allgemeinen Sündenerlaß, wenn man gegen die Almohaden in den Krieg zog. In England galten diejenigen als Kreuzfahrer, die sich gegen Johann ohne Land erhoben. In Preußen wurde der Kreuzzug gegen die Heiden, in Konstantinopel derjenige gegen die Griechen proklamiert«. Der Theologe Buonaiuti[2].

Die christliche Kirche kennt neben dem »gerechten Krieg« auch den Begriff des »heiligen Krieges«. Er spielt in ihrer Geschichte sogar eine viel größere Rolle, gestattet er doch auch den Angriff, den Religionskrieg.

So veranlaßte etwa Papst Stefan Pippin zum Krieg für die Interessen der Kirche (S. 482).

Papst Urban II. wurde vom Beifall umtost, als er 1095 in Clermont zum Kreuzzug rief. »Ich spreche zu den Anwesenden und werde es auch den

Abwesenden kundtun, aber es ist Christus, der befiehlt...«[3]. Der Papst forderte sogar die Räuber auf, Soldaten zu werden, versprach den Teilnehmern Ablaß und reiche Beute, und das Volk schrie: »Gott will es! Gott will es!«

Neun Monate lang zog der Stellvertreter Christi selbst von Ort zu Ort und propagierte den Feldzug, der bereits in Deutschland mit grauenhaften antisemitischen Ausschreitungen begann und schon im christlichen Ungarn zu weiteren Greueltaten führte. Der katholische Mönch Guibert von Nogent († 1124) berichtet darüber: »Nicht zufrieden damit, gütig aufgenommen worden zu sein, gingen die Fremdlinge, von einem unbegreiflichen Wahnsinn getrieben, bald dazu über, die Einwohner zu mißhandeln; und während diese als Christen ihren christlichen Brüdern wohlwollend alles anboten, was sie zu verkaufen hatten, konnten die anderen ihre Leidenschaften nicht zügeln. Getrieben von abscheulicher Wut, setzten sie die öffentlichen Getreidespeicher in Brand, entführten die jungen Mädchen und taten ihnen Gewalt an, schändeten die Ehen, indem sie den Männern ihre Frauen raubten, rissen ihren Wirten den Bart aus oder versengten ihn; keiner dachte mehr daran, die Dinge, die er brauchte, zu kaufen; jeder lebte, wie er konnte, von Mord und Plünderung, und alle brüsteten sich mit unbegreiflicher Frechheit, sie würden bei den Türken ebenso hausen«[4].

In anderen Ländern verhielten sich die Kreuzfahrer tatsächlich nicht anders. Nachdem sie beispielsweise Antiochien mit dem Ruf »Gott will es« erstürmt hatten, stachen sie alles nieder, was ihnen begegnete. Ein christlicher Augenzeuge berichtet: »Alle Plätze der Stadt waren mit Leichen bedeckt, dermaßen, daß niemand sich wegen des Gestanks dort aufhalten konnte. In den Straßen konnte man nur gehen, indem man über die Körper der Toten hinwegstieg«[5].

Über die Eroberung Jerusalems, am Freitag den 15. Juli 1099, schreibt ein Augenzeuge: »Als dann die Stunde kam, in der Unser Herr Jesus Christus es zuließ, daß Er für uns den Kreuzestod erlitt, schlugen sich hitzig unsere auf dem Turm aufgestellten Ritter... Bald... flohen alle Verteidiger von den Mauern durch die Stadt, und die Unsrigen folgten ihnen und trieben sie vor sich her, sie tötend und niedersäbelnd, bis zum Tempel Salomons, wo es ein solches Blutbad gab, daß die Unsrigen bis zu den Knöcheln im Blut wateten... Bald durcheilten die Kreuzfahrer die ganze Stadt und rafften Gold, Silber, Pferde und Maulesel an sich; sie plünderten die Häuser, die mit Reichtümern überfüllt waren. Dann, glücklich und vor Freude weinend, gingen die Unsrigen hin, um das Grab Unseres Erlösers zu verehren«. Man sieht hier beiläufig wieder einmal, wie »naiv«, »herzenswarm« und »frühlingsfrisch« das katholische Leben sich damals entfaltete. »Die lebenden Sarazenen schleppten die Toten aus der Stadt und machten daraus häuserhohe Haufen. Niemand hat jemals von einem ähnlichen Blutbad unter dem heidnischen Volk gehört oder es gesehen«[6]. Mit der Niedermetzelung von 60–70000 Sarazenen endete das fromme Unternehmen[7].

Papst Eugen III., der gegen Mitte des 12. Jahrhunderts zu einem neuen Kreuzzug drängte, versprach den Kämpfern sogar das ewige Leben. Bernhard von Clairvaux reiste durch die Länder und predigte den »heiligen Krieg«, zu dem er auch Verbrecher aufforderte, denen er Straflosigkeit und Sündenvergebung zusicherte. Kein Gesetz, wußte Bernhard, verbiete dem Christen, das Schwert zu ziehen. Das Evangelium empfehle den Soldaten Mäßigung und Gerechtigkeit, »doch sagt es zu ihnen nicht: Werft die Waffen von euch und verzichtet auf Militärdienst. Verboten ist dagegen der ungerechte Krieg und namentlich der Krieg unter Christen.« Immerhin verbietet Bernhard noch einen Krieg, der in der Christenheit seit vielen Jahrhunderten grassiert.

Die Heiden niederzumachen und auszurotten dagegen hält der hl. Bernhard für »die vornehmste Aufgabe all jener, die das Waffenhandwerk gewählt haben«. Der Krieg für Christus und den Glauben ist nach Bernhard immer gerecht. »Der Kämpfer Christi kann ruhigen Gewissens töten und im Frieden sterben. Stirbt er, so arbeitet er für sich; tötet er, so arbeitet er für Christus... Der Tod der Heiden gereicht zu seinem Ruhm, denn er bedeutet den Ruhm Christi«[8].

Nachdem der Kreuzzug eine Katastrophe geworden war – von rund 150000 Mann kamen nur wenige tausend wieder –, führte der hl. Bernhard das Fiasko auf die Sünden der Christenheit zurück und wälzte die Verantwortung auf den Papst. »Haben etwa wir uns der Verwegenheit und des Leichtsinns schuldig gemacht?« wandte er sich an Eugen III. »Nein, wir sind vertrauensvoll den Weg gegangen, den Ihr vorgezeigt habt«[9].

Papst Innozenz III. (1198–1216) forderte erneut einen Kreuzzug. Auch der »Kinderkreuzzug« kam damals zustande. Ungefähr 30000 französische Knaben und Mädchen starben entweder schon unterwegs oder wurden nach ihrer Einschiffung als Sklaven verschachert. Auch von etwa 20000 deutschen Kindern kehrten die meisten nicht mehr zurück. Nur noch die Nazis, die ja manche katholische Methoden aufgriffen, schickten 1945, wie seinerzeit die römische Kirche, Kinder in den Krieg.

Papst Innozenz III. stachelte auch die Franzosen wider die »häretischen« Waldenser und Albigenser auf, die mit der Nachfolge Jesu ernst machen wollten und dann gegen Verheißung von Ablaß zu Tausenden ermordet wurden: »Auf, Streiter Christi! Das Blut der Gerechten schreit zu dir, daß du der Kirche den Schild des Glaubens gegen deren Feinde vorhältst; erhebe dich und umgürte dich mit dem Schwert«[10]. Darauf erschlug man im Juli 1209 in Béziers etwa 20 000 Einwohner, brannte die Stadt nieder, und schließlich setzte sich der »heilige Krieg« in einem zwanzigjährigen Bürgerkrieg fort.

Verzichten wir auf weitere Hinweise. Während des ganzen Mittelalters zogen die christlichen Bischöfe bekanntlich wie selbstverständlich in die Schlacht. Auch Luther übernahm die Theorie vom »gerechten« Krieg; ebenso Calvin. Ein Theologe wie Schleiermacher erklärt sogar: »Sich von der Teilnahme am Kriege auszuschließen, weil man ihn nicht gerecht finde, ist geradezu Empörung«[11]. Und noch 1960 forderte der Primas der polnischen Katholiken, Kardinal Wyszynski, Respekt, weil Kleriker für die Freiheit Polens »oft mit der Waffe in der Hand« gekämpft hätten[12]. Begreift man den Ausspruch Napoleons: »Es gibt keine Menschen, die sich besser verstehen als Priester und Soldaten«[13]? Oder den General Adolf von Thiele, der an seine Frau schreibt: »Heute werden unsere Truppen eingesegnet, denn Gott darf bei keinem Kriege vergessen werden«[14]?

Die Katholiken sehen in dieser Entwicklung der kirchlichen »Ethik« eine fortschreitende behutsame Anpassung an die gottgegebene Weltordnung[15].

Erst in der Neuzeit verweigerten wieder ans Urchristentum anknüpfende Gemeinschaften den Kriegsdienst, seit dem 16. Jahrhundert die Mennoniten, seit dem 17. Jahrhundert die Quäker, die 1947 den Friedensnobelpreis erhielten.

Wohin sich das klerikalisierte politische Christentum entwickelt hat, zeigt drastisch ein Vergleich der Bibelworte: Liebet eure Feinde; segnet, die euch fluchen; tut wohl denen, die euch hassen, mit der Predigt eines christlichen Theologen aus dem Jahre 1915: »Hei, wie es saust aus der Scheide! Wie es funkelt im Maienmorgensonnenschein! Das gute deutsche Schwert, nie entweiht, siegbewährt, segensmächtig. Gott hat dich uns in die Hand gedrückt; wir halten dich umfangen wie eine Braut... du bist die letzte Vernunft. Du lieber Schläger bist uns ein Träger des Geistes. Du bist nicht bloß der Könige ultima ratio; auch wir Priester des Geistes haben teil an dir und du an uns. Und der Pfingstgeist soll unser Schwertsegen sein... Du führst die Sprache der zerteilten Zungen. Denn jeder versteht dich, weil du den Eingang in alle findest. Komm, Schwert, du bist mir die Offenbarung des Geistes... du sollst Beute die Fülle haben. Und sollst sie alle umbringen dürfen als meine Erschlagenen. Rüste dich und wehre und richte. Sie umgeben dich allenthalben; aber im Namen des Herrn darfst du sie zerhauen«[16].

Bereits seit dem 4. Jahrhundert hat die christliche Kirche unter solchen Devisen das Evangelium gepredigt und sich damit selbst ad absurdum geführt – bis zu welchem Grad und Ausmaß, mag der folgende Abschnitt belegen. Denn klingt auch die eben zitierte Stimme besonders schrill, es

584

ist nur eine aus dem Chor der vielen, die in jenen Jahren die Friedensbotschaft des galiläischen Lehrers zur Entfachung einer kaum glaubhaften Kriegshysterie mißbrauchten.

Das Verhalten der Kirchen während des ersten Weltkrieges

»Am Bahnhof stand ein Priester
Und sang: ›Willkommen hier!
Für Gott und Kaiser
Granaten brauchen wir!
GRANATEN!
GRANATEN!
GRANATEN!!!‹«   Johannes R. Becher[17].

»Jeder Säbelhieb, jede Granate, womit wir unser Lebensrecht erzwingen müssen, ist von Gott gesegnet«.
Der Theologe Zurhellen[18].

»... nennen sich Christen, und unter ihrem Schafspelz sind sie reißende Wölfe«. Goethe[19].

1. Die deutschen Christen

a) Die Protestanten

»Unser Christentum ist weithin weichlich und sentimental geworden. Da gießt dieser Krieg Eisen – ins Blut des deutschen Christentums... Wir sollen in Jesu Schule Menschen werden, welche zum Sturm zu gebrauchen sind«.
Der Theologe Dieterich[20].

Charakteristisch und wichtig ist die Tatsache, daß sich beide Konfessionen *durch den Krieg eine Stärkung des christlichen Glaubens* versprachen. Das bestätigt die oft, besonders auch von Nietzsche vertretene Ansicht, die Kirche profitiere an den Katastrophen der Menschheit und sei deshalb an ihnen geradezu interessiert. Gestand man doch selbst auf katholischer Seite, »der Verfall der realen Weltordnung« ziehe immer wieder eine Steigerung der Religiosität nach sich[21].

Nur so versteht man die nahezu einmütige Begeisterung der Theologen beim Ausbruch des Krieges: »Jetzt ist sie geweckt, elementare religiöse

Lebenskräfte sind da«, Jubeln sie[22]. Oder: »...ja, der Krieg hat die Kraft der Religion von neuem geweckt... die Kirchen haben sich wieder gefüllt«[23]. Oder: »So schließen Krieg und Christentum, obwohl sie wesensfremd sind, den *schönsten Bund* miteinander«[24]. Oder wie der bekannte Theologe Adolf Deißmann meint: »Unser Heer nimmt aufs mächtigste teil an der großen religiösen Erhebung... Uralte, urchristliche (!) Kräfte, die in dem langen Frieden allmählich zum Teil in das Unterbewußtsein unserer Seele gesunken waren, sind jetzt wieder hochgekommen«[25]. Oder wie Generalsuperintendent Lahusen schreibt: »...der Sturm des Krieges weht durch unsere Kirche und wird zum belebenden Hauch«. »Der Krieg hat uns ein gut Stück weiter gebracht«. Und wie der Krieg die Kirche weiter bringt so die Kirche den Krieg: *»Die Gottesdienste der Gemeinde beleben den Mut, die Ausdauer, die Freudigkeit zum Kampf«*[26].

In einem Aufruf an die evangelischen Christen des Auslandes erhofft eine lange Reihe der prominentesten protestantischen Theologen wie F. Loofs, G. Haußleiter, v. Bodelschwingh, Deißmann, Harnack u. a., daß »aus der Verantwortung der Stunde«, mit anderen Worten aus dem Krieg, »für die christlichen Völker ein Strom neuen Lebens entspringen werde«. So kann die damalige theologische Elite Deutschlands auch ihren feindlichen Brüdern im Ausland beteuern, alle würden »im Vertrauen auf den heiligen gerechten Gott« und »im Aufblick« zu ihm bis zum Letzten kämpfen[27].

Der Krieg, der fast zehn Millionen Soldaten das Leben kosten sollte, verklärt sich den protestantischen Theologen sogar zum Gottesdienst. »Unser Gewissen sagt uns, wir müssen den Krieg wirklich beginnen in Gottes Namen«[28]. Ein anderer äußert: »Dieser Kampf, in den wir gehen, ist eine sittliche Pflicht, ein Gebot unseres Gottes«[29]. Ein dritter: »Nein, wir haben kein schlechtes Gewissen, wir kämpfen mit Gott und für seine Sache«[30]. Und ein vierter Gottesgelehrter streitet mit den Deutschen geradezu »gegen den Antichrist«[31]. Das ungeheure Material des 1915 erschienenen Sammelbandes »Die deutsch-protestantische Kriegspredigt der Gegenwart« beweist das chauvinistische Denken und Empfinden der protestantischen deutschen Theologen jener Zeit.

Bei vielen hat es den Anschein, als begegneten sie ihrem Gott und dem Göttlichen überhaupt nur im Krieg. So tritt für einen Geistlichen Gott »mit einem Male wie aus einem Nebel heraus«[32]. Nach einem weiteren spricht »in dieser Zeit... der große Gott zu uns, wie er nur in Weltwenden zu der Menschheit redet«[33]. Ein dritter Theologe schreibt: »Es ist, als ob alles Göttliche und Edle im deutschen Wesen jetzt an die Oberfläche käme! Wir siegen wahrhaftig nicht bloß mit unseren Geschützen«[34]. Ein vierter: »Gibt es etwas Größeres für unser ganzes, liebes deutsches Volk auch in diesem Augenblick, als Gottes Willen zu tun? Gewiß nicht«[35]. Ein

586

fünfter: »Es ist von oben wie heiliger Geist über das deutsche Land gekommen«[36].

Selbst zu Jesus paßt nach diesen Theologen ein Weltkrieg ausgezeichnet. Finden sie doch, »daß diese Welt des Kampfes und der Schrecken *der Welt Jesu verwandter ist, als das friedliche Europa* des zwanzigsten Jahrhunderts es war«[37]. Oder: »...der Gekreuzigte steht dem ›männermordenden‹ Kampf nicht fremd und ablehnend gegenüber. Er weiß, was Wunden wert sind«[38]. Oder: »Jesus der Feldherr, die Christen (auf beiden Seiten!) seine Soldaten«[39].

Typisch und von der kirchlichen Tradition seit eineinhalb Jahrtausenden vorgeformt sind auch gewisse Sophistereien, mit denen man sich zu salvieren sucht: »...ein und dieselbe Tat kann göttlich und teuflisch, heilig und nichtswürdig sein: Die Gesinnung entscheidet. Niemand unter uns hat diesen Krieg gewollt. Für unsere Feinde war der Krieg ihr eigener Wille«[40]. Oder man unterscheidet: »Gesegnet sei das Schwert, das sittliche (!) Leidenschaft schwingt. Wehe dem Schwert, das der Haß zückt«[41]. Oder: »Wer zum deutschen Weltvolkstum Ja sagen will, muß auch zum Weltkrieg Ja, zu aller nationalistischen Gewaltpolitik aber Nein sagen«[42]. Die Deutschen treiben nämlich, wie dieser Theologe schon im Titel seines Beitrags zu erkennen gibt, idealistische, ihre Gegner nationalistische Weltpolitik.

Wo dagegen jedes normale Denken Unterschiede macht, nebeln sie die kriegsbegeisterten Christen eifrig ein. So »beweist« einer, der »rotes Blutvergießen dem bleichen Aushungern immer« vorzieht, daß ja auch Industrie, Wettbewerb, Handel, daß alles Krieg sei[43]! Gerade im Kriege, weiß man weiter, habe das Christentum eine hohe Aufgabe zu erfüllen. »Dem verwundeten Feind gilt es Menschenliebe zu erweisen«[44]. Erst macht man ihn vielleicht zum Krüppel, dann tritt man als christlicher Ritter auf!

In einem Artikel »Du sollst nicht töten« beweist man sogar mit der Bergpredigt, daß man aus Liebe töten könne[45]. Doch gehen solche Vorstellungen bis auf Augustinus zurück (S. 543). Andere Theologen wiederum halten eine Suspendierung des 5. Gebotes oder der Forderung der Feindesliebe für erlaubt und erklären, »daß wir unseren Feinden, die uns im tiefsten Frieden überfielen, *jetzt* nicht vergeben können«[46].

Öfter begegnet man auch folgendem Gedanken: »Unser Volk bittet Gott doch in ganz anderer Weise um den Sieg, als ich mir das etwa von den Russen denke«[47]. Die Russen andererseits gaben alle ihre Kriege bis zum Sturz des Zarentums als Religionskriege zur Verteidigung des wahren Christentums aus. Ebenso haben die führenden Politiker Englands und Amerikas den Krieg gegen Deutschland mit dieser Phrase moralisch unterbaut[48]. In einer *polnischen* Osterbetrachtung des Kuryer Warschawski vom Jahre 1911 konnte man lesen: »Unser Gott ist aus Polen gebürtig, unser Christus ein Pole, ein Kind unserer Tschenstochauer Gottesmutter. Hier, in dem masurischen Sande, an der Weichsel hat er sein Grab. Unser Christus ist ein Pole, und nicht in Bethlehem oder auf dem Golgathaberge ist er zu suchen«[49]. Einen »deutschen Christus« propagierte man schon seit Mitte des 19. Jahrhunderts[50]. Und während des ersten Weltkrieges schreibt ein Theologe: »Nie hat unser alter deutscher Gott seine Deutschen so gut und groß gesehen«[51].

b) Die Katholiken

> »Auch der quälendste und ermüdendste Kampf ist vielmals besser als ein träger und bequemer Frieden«. Peter Lippert, S. J.[52]

> »...meine Hand krampfhaft erfaßte und sagte: ›Ach Gott, meine Frau und meine Kinder daheim. Was wird aus meinen Kindern werden?‹ Ich sehe heute noch die großen Augen des sterbenden Mannes, als ich ihm antwortete: ›Bruder, sei zufrieden. Für deine Familie muß das Vaterland sorgen. Und deine Kinder werden die gleiche religiöse Erziehung erhalten, die der Vater ihnen gegeben hätte‹«. Bischof Michael Faulhaber[53].

Im folgenden wird ausschließlich aus den jesuitischen »Stimmen aus Maria-Laach« zitiert, die man zu Beginn des Jahres 1915 eiligst in »Stimmen der Zeit« umtaufte.

Schon im Augustheft 1914 ist Jesuit L. »Zum Beginn des Europäischen Krieges« glücklich darüber, daß sich der nationale Gedanke nun als der stärkste erwiesen, daß eine Naturkraft in ihrer ganzen Pracht, ja, etwas Heiliges sich geoffenbart habe. Denn der nationale Sinn stamme aus Gott, und wenn Gott auch nicht in den Dienst des einen Nationalismus gegen den anderen treten könne, so könne und solle doch »jeder Nationalismus, auch wenn er Krieg führt, in den Dienst Gottes treten.«

Wie die Protestanten verklärt sich nämlich auch den Katholiken der erste Weltkrieg zum »Gottesdienst«. Jesuit L. fährt fort: »Und die Erhebung des deutschen Volkes ist wahrhaftig zum Gottesdienst geworden. Wir sahen die großen Plätze in Kirchen verwandelt... Wir sahen die Kirchen überfüllt, und in manchen Familien ward in diesen Tagen zum ersten Mal wieder ein aufrichtiges, inbrünstiges Tischgebet (!) gesprochen.« Nachdem der Jesuit dann den deutschen Kommiß in eine feinsinnige Parallele zu den Engeln des Herrn gerückt hat, heißt es gar: »Zwar haben wir gebetet um den Sieg unserer Waffen, und damit um Niederlage, um Ruin und Tod für unsere Feinde, und wir haben es aufrichtig getan und von Herzen, ja, mit einer furchtbaren Berufung auf das Christentum und das Evangelium. Aber wir durften es auch tun. Denn wir hatten vorher unser Kriegsgebet geprüft an den Geboten des Evangeliums, hatten unsere nationale Begeisterung den Satzungen des Christentums unterworfen«[54].

In das schönste Licht setzt der Pater auch die katholische Seelsorgetätigkeit: »Endlich aber sind jene herrlichen (!) Kriegsanfänge auch zu danken – und nicht zum geringsten Teil – der langjährigen unverdrossenen und oft genug entsagungsreichen, mit bitterer Erfahrung durchtränkten Arbeit der deutschen Katholiken: ihrer *Seelsorge,* die mit Aufgebot eines stillen, aber unsäglich mühevollen Priesterwirkens unser Volk geistig frisch und leiblich gesund erhielt« usw. usw. »Welch ein ungeheures Kapital an nationaler Kraft (lies: Kanonenfutter) hat allein der ›Volksverein für das katholische Deutschland‹ aufgespeichert!«[55]

Wie die Protestanten begeistern sich auch die katholischen Theologen an der erhöhten Geltung, die sie selbst und ihre Kirche jetzt gewinnen.

Jesuit L.: »Selbst die weltgeschichtlichen Folgen eines solchen Krieges, alle die politischen und kulturellen Umwälzungen erbleichen vor dem Glanz der Glaubenssterne, die uns in dieser Kriegsnacht aufleuchten«[56].

Jesuit N.: »Aber gewaltig ist der Gewinn an inneren Werten, den uns schon die ersten Tage der Mobilmachung und des ersten heißen Ringens gebracht haben. Es staunt unser Volk und mit ihm die Welt, ob der Fülle tiefer, heiliger Kraft, die sich plötzlich in ihm regte. Es hat sich selbst, sein Bestes wiedergefunden...«[57].

Jesuit Z.: »Der Schlachtendonner schafft Stille für die Laute des Himmels«. »Das ganze Land wurde zum Gotteshaus. Die Sakramente wurden gespendet auf Bahnhöfen, in Kasernen, Wirtshäusern, unter Bäumen, im Gesträuch...« »Das religiöse Leben blüht bei unseren Truppen in der schönsten Weise.« »Die Hauptleute selbst bitten um Feldgottesdienste... Fleißig wird der Rosenkranz gebetet... Ein Geistlicher bat geradezu um Rosenkränze als Liebesgaben; so viele habe er schon kommen lassen, aber alles sei wie ein Tropfen auf einen heißen Stein.« Der Jesuit zitiert auch einen Geistlichen aus Frankreich: »Schade, so denke ich mir oft, daß der heilige Vater Pius X. diese große Zeit nicht mehr erleben konnte. Sein Programm über die öftere heilige Kommunion wird von unseren Kriegssoldaten geradezu glänzend verwirklicht.« Einmal betont man sogar: »Wie sehr die Verwundeten und Sterbenden nach den Priestern sich sehnen, brauchen wir aus dem ›Bamberger Volksblatt‹ nicht weiter auszuziehen.« Als Beispiel hartnäckigen Unglaubens auch angesichts des Todes weiß der Jesuit nur einen sterbenden Franzosen (!) anzuführen, der dem Geistlichen erwidert haben soll: »Ich bin doch nicht mehr als ein Tier«[58].

Ganz systematisch setzen die Jesuiten, bekanntlich die führende Truppe des Vatikans, alle Bereiche des sozialen und geistigen Lebens in Beziehung zum Krieg und pulvern dann das Volk auf. So findet man Artikel über den Weltkrieg und das religiöse Bekenntnis, über den Krieg und die »Reifeprüfung« des Arbeiterstandes, den Krieg und das humanistische Gymnasium, den Krieg und die Volkswirtschaft, über die Gefallenen, die Kriegswaisen, Neutralität.

Der Jesuit K.[59] referiert über das Thema »Der Krieg im Spiegel der Kunst«, das er mit der Feststellung eröffnet: »Die letzten Friedensjahrzehnte waren der Schlachtenmalerei nicht günstig«. Der musische Pater, der seine Kunsterziehung über Jahrzehnte fortsetzte, prophezeit nun der Christenheit: »Eine der naheliegendsten Folgen des großen Völkerkampfes wird das Wiederaufblühen der Schlachtenmalerei sein.« »Aber auch das Volk selbst wird nach solchen Bildern verlangen.« »Einen fast unerschöpflichen Reichtum dankbarer (!) Stoffe stellt der moderne Krieg mit seinen Riesenmörsern, majestätischen Panzerschiffen, Luftkreuzern und Flugzeugen vor die Augen des Künstlers. Schon rühren sich hundert Hände, um illustrierte Zeitschriften und Kriegschroniken durch Bilder zu beleben.« (Zwanzig Jahre später beschließt derselbe Jesuit in der gleichen Zeitschrift einen Aufsatz »Kunst und Volk«: »Das Volk dürstet ja nach Geschmacksbildung, die unser Heiliger Vater eben erst als wichtigen Teil der Erziehungsarbeit bezeichnet hat«[60].)

Selbst die Kriegsinvaliden weiß der Jesuit N. in einem Beitrag über die »Krüppelfürsorge« zu trösten, indem er ihnen mit der »Kölnischen Volkszeitung« vormalt, was sie alles noch werden können: »Wer das Augenlicht verloren hat, findet in jeder modernen Blindenanstalt eine gute und gründliche Ausbildung in einem Handwerk. Wer das Gehör verloren hat, kann jedes Geschäft erlernen… Totale Lähmungen kommen fast gar nicht vor. Patienten dieser Art können nicht beschäftigt werden, sie mögen durch geduldige Ertragung dieses ihres Leidens der Umgebung ein gutes Beispiel geben… Invaliden, die einen Arm verloren haben, sind meistens gute Fußgänger. Man gebe ihnen einen künstlichen Arm und mache sie zu… Der Verlust beider Beine ist bei Kriegsinvaliden, die mit dem Leben davon kommen, recht selten. Immer aber bleiben ihnen Beinstümpfe, die für künstliche Beine sehr gut sind…« usw. usw.[61]

Vor keiner Schamlosigkeit schrecken diese Katholiken zurück, was nur noch einige Sätze des Jesuiten L. belegen mögen[62]: »Darum wird der Sieg des Deutschtums nicht allein ein Sieg der besseren Kanonen sein, sondern vor allem ein Sieg des gesammelten und ernsten, des sittlichen und christlichen Geistes, ein Sieg des guten und edlen Menschentums. Und im Interesse der Menschheit, ja selbst unserer Feinde liegt es, daß unser Menschentyp sich behaupte und durchsetze«. »Darum ist es auch uns Katholiken Ernst mit diesem Krieg, selbst wo er sich gegen die eigenen Glaubensgenossen richtet«. »Ein wahrhaft sittlicher und gerechter Krieg ist ja in seinem tiefsten Wesen mehr als ein Massenmord und eine Kulturzerstörung«. Dies ist er also auch. Und obendrein wahrhaft sittlich und gerecht! »Kreuzzugskriege hat es selten gegeben und heute, heute führt unser Volk einen solchen. Denn jeder Krieg, der um Ideen und Ideale geführt wird, nicht um Geld und Land allein, solch ein Krieg hat immer etwas von einem Kreuzzug.« Gerade das wird man, wie natürlich all diese dummen und verbrecherischen Phrasen, auch beim nächsten Weltkrieg wieder hören. »Und erst recht, wenn er ernst, fromm, demütig und gesammelt geführt wird, im Namen Gottes und mit Gebeten im Herzen und auf den Lippen. Da ist der Krieg selbst ein Gottesdienst, ein wahrhaft heiliger Krieg. In einem heiligen Krieg sind unsere Brüder gefallen.« »Ihr Tod war trostreich und schön(!), fast wie der Tod eines Märtyrers«.

Hier erinnert man sich unwillkürlich der Verse Bertolt Brechts aus der »Ballade vom toten Soldaten«:

»Und weil der Soldat nach Verwesung stinkt,
drum hinkt ein Pfaffe voran,
der über ihn ein Weihrauchfaß schwingt,
daß er nicht stinken kann.«

2. Die französischen Christen

»Ah, c'est la minute divine!«

Sie argumentieren wie die deutschen, wenn auch, zumindest in den hier zitierten Texten, nicht ganz so phrasenhaft.

Der Erzbischof von Bordeaux sah im Krieg »einen von Gott beauftragten Sendboten mit dem Ziel der religiösen, moralischen und sozialen Wiedergeburt«[63].

Der Abbé Sertillanges predigte am 9. Mai 1915 in der Pariser Kirche »Madeleine«: »Wenn wir aus dem Schützengraben wie aus der Grotte von Gethsemane stürmen, werden wir bis nach Golgatha gehen, dorthin, wo das menschliche Opfer sich vollendet, dorthin, wo sich unsere Erlösung vorbereitet und mit der Münze des Ruhms bezahlt wird!« Und am gleichen Tag verkündete dieser Katholik: »Die 75 schweigt. Der Hauptmann zieht seinen Revolver aus dem Futteral. Jeder versteht. Es folgt ein Augenblick schrecklicher Todesangst. – ›Vorwärts!‹ Ah, das ist die göttliche Minute!«

Die führende katholische Zeitung Frankreichs, »La Croix«, veröffent-

591

lichte am 2. Mai 1917 folgenden Text: »Hier also ist das letzte Aufbrechen der Eiterbeule deutscher Wissenschaft und Kultur. Wenn die Väter und Mütter der getöteten deutschen Soldaten erfahren werden, daß ihre Kinder nicht nur tot sind, sondern daß man ihre Leichen gekocht hat, um daraus Stearin zu gewinnen, Öl oder Seife – jawohl, Seife! – welches Geschrei werden sie gegen ihren Kaiser und seinen Krieg erheben!«

In einem Brief von Mgr. Baudrillart, dem Rektor der katholischen Universität und nachmaligem Erzbischof von Paris, im »Petit Parisien« vom 16. August 1914 heißt es: »Sehr geehrter Herr, da Sie mir die Ehre erweisen, mich danach zu fragen, was ich über die gegenwärtigen Verhältnisse denke, so meine ich, daß trotz der Opfer und Leiden, über die sich auszulassen hier nicht der Ort ist – wir alle empfinden ihre Bitterkeit – *diese Ereignisse sehr glücklich sind.* Lassen Sie mich Ihnen sagen, daß ich für meinen bescheidenen Teil sie schon lange erwarte... Frankreich kommt wieder zu Kräften, und nach meiner Ansicht konnte es sich nicht anders erholen als durch den Krieg, der es reinigt und einigt.«

Und hier wenigstens noch die Stimme eines französischen Protestanten, des Pastors E. Ménégoz, seinerzeit Professor an der protestantischen theologischen Fakultät in Paris: ›Ich glaube gegen eine schwächende, sozusagen evangelische Theorie protestieren zu müssen, die aber in Wirklichkeit nichts weiter ist als ein kränklicher Pazifismus und die in keiner Weise auf der Heiligen Schrift beruht, und ich glaube unseren lieben Soldaten ein Wort der Aufmunterung und des Dankes sagen zu müssen, ihnen, die ihr Blut für uns vergießen, damit sie fortfahren, tapfer zu kämpfen in der Gewißheit, daß mitten in der Schlacht, in der Gegenwart des Todes und indem sie Tod verbreiten, sie eine friedvolle Seele haben können, ja, eine Seele, die vollen Frieden hat«[64].

Kehren wir nun kurz zu den deutschen Theologen zurück, um zu sehen, wie sie sich verhielten, als der Krieg verloren war.

Nach dem Zusammenbruch

Fanden die Katholiken während des Krieges kein Ende, das blühende religiöse Leben zu rühmen, die vollen Kirchen, die langen Schlachtreihen von Betern, die besetzten Kommunionbänke, die endlich wieder inbrünstigen Tischgebete, prophezeiten sie einen Sieg nicht nur der besseren Kanonen, sondern auch des gesammelten, ernsten, eben christlicheren deutschen Geistes, sprachen sie von einem »Kampf, in dem das Bessere und Gesündere sich durchsetzen will gegen das Kranke und Faule«, von einem Erweis des Geistes und der Kraft im Christentum, der »in überwältigendem Grade den verbündeten Deutschen und Österreichern gelungen« sei, ja,

592

fühlten sie sich so überreich an Geist und Kraft und Christentum, daß sie schrieben: »So möchten wir denn unseren Brüdern im Feindesland etwas von dem Segen bringen, den uns Gott geschenkt«[65], so behaupteten sie 1918: »Wo hat es also gefehlt? An der Lebendigkeit und Folgerichtigkeit unserer Glaubensüberzeugung«[66].

Derselbe Jesuit, der jahrelang mit der Zunge eines Goebbels den totalen Terror gepredigt der den Krieg als Kreuzzug und Gottesdienst verkündet, den deutschen Soldaten das Sterben schmackhaft gemacht, die Gefallenen glückselig gepriesen und ihren Tod mit dem eines Märtyrers verglichen hatte, schreibt nach dem Zusammenbruch in dem Artikel: »Unseren Toten, ein Gedenken und Geloben«: »...ihr habt geirrt, ihr habt eure Soldaten- und Bürgerpflicht aufgewandt für Phantome, die euch vorgespiegelt waren (!). Aber ihr habt geirrt in bestem Glauben und in reiner Meinung...«[67].

Nicht anders die Protestanten. Derselbe namhafte Theologe, der ein über das andere Mal versicherte, Gott habe noch große Pläne mit den Deutschen – ›Wo so viel Sieg uns zufällt, da muß Gott noch Großes mit unserem Volke vorhaben«. »Gott ist mit uns. Er hat noch etwas vor mit uns« usw.[68], schreibt am 18.9.1918: »Es ist der Herr, der zerbrochen hat in seinem Zorn, was morsch und faul war, und der in seiner Langmut und Güte einen neuen Anfang mit uns machen will«[69].

Dabei hatte doch nach tausendfachem Zeugnis der Theologen das religiöse Leben floriert!

Freilich lohnte sich auch der Zusammenbruch für sie. Zumindest die katholische Kirche nützte die Inflation in Deutschland mit Hilfe ihres ausländischen Kapitals ungeheuer aus. So gründete sie hier, um nur ein Beispiel zu nennen, von 1919 bis 1930 monatlich durchschnittlich zwölf bis dreizehn Klöster[70].

(Natürlich profitierten noch andere Gruppen in Deutschland an zehn Millionen toten Soldaten.

Bereits bei Ausbruch des Krieges, 1914, standen auf der Seite der deutschen Gegner nicht weniger als 27000 Kanonen, die die Firma Krupp gebaut hatte[71], für deren Tätigkeit schon Alfred Krupp zum Offizier der französischen Ehrenlegion befördert worden war. Doch auch während des Krieges wurde das feindliche Ausland von Deutschland aus weiter beliefert. So gelangten allein im ersten Halbjahr 1916 eine Milliarde und fünfhundert Millionen Kilo Stahl und Eisen vom deutschen Stahltrust nach Frankreich.

Der deutsche Handelskammersyndikus Dr. Wallroth schrieb im Mai 1915 in einem neunzehn Spalten langen Artikel der »Deutschen Richterzeitung«, daß die Gegner Deutschlands ihre besten Kriegsschiffe, ihre besten und billigsten Panzerplatten, ihre schweren Belagerungsgeschütze usw. von Deutschland erhielten und das Reichsministerium des Innern im Kriege die Ausfuhr auch oft in solchen Fällen erlaubt habe, »in denen der auftraggebende Exporteur über den Verbleib im feindlichen Ausland keinen Zweifel gelassen habe«[72].

Das deutsche Granatzünderpatent KPz 96/04 wurde bereits 1902 von Krupp mit Wissen des Reichskriegsministeriums an die englische Rüstungsfirma Vickers mit Gewinnbeteiligung an jeder einzelnen Granate verkauft. Nach dem Krieg zahlte Vickers für die Auswertung dieses Patents 123 Millionen Goldmark an Krupp[73].

Die deutsche Rüstungsfirma Thyssen, die später Hitler mitfinanzierte, lieferte während des ersten Weltkrieges Infanterieschutzschilde, und zwar für 68 Mark pro Stück nach Frankreich, für 117 Mark pro Stück an die deutsche Heeresverwaltung[74].

Daß man indes gegen Dummheit vergebens kämpft, exemplifiziert der Frankreich-Korrespondent einer deutschen Tageszeitung. Unter der Überschrift »Aus ehemaligen ›Erbfeinden‹ wurden Kameraden. Immer engere Zusammenarbeit zwischen der Bundeswehr und der französischen Armee« verdeutlicht er nämlich Mitte Juni 1962 mit folgendem kleinen Ereignis den Grad der bereits erreichten Zusammenarbeit. »Auf einem Versuchsgelände in Burgund führte die französische Armee in Anwesenheit zahlreicher ausländischer Militärattachés unlängst ihr neuestes Material vor. Darunter befand sich eine von einem französischen Obersten erfundene und in Deutschland hergestellte Brückenbaueinrichtung. *Es ist bereits bedeutungslos geworden, welche Nationalität die für die Produktion verantwortliche Firma besitzt*«[75].)

67. KAPITEL

Die christlichen Kirchen
und der Faschismus

Die Zusammenarbeit von Kirche und Staat beruht auf dem Prinzip des
Do ut des, der gegenseitigen Unterstützung. Katholizismus und Protestantismus verbünden sich auf dieser Basis mit jedem Regime, selbst mit
dem verbrecherischsten, wie ihr Verhältnis zu Mussolini, Franco und Hitler beweist.

1. Der Vatikan und der Faschismus

>*Der Vatikan hinderte den Klerus an Feindseligkeiten ge-
genüber dem Faschismus und machte seine Bischöfe zu
Wachhunden für die Sicherheit des Regimes*«.
Avro Manhattan[1].

Zwischen dem Vatikan und dem vorfaschistischen Italien herrschten ge-
spannte Beziehungen, begründet teils in dem liberalen Charakter des sä-
kularisierten italienischen Staates, teils in seinem Anspruch auf die päpstlichen Besitzungen. Der faschistischen Diktatur dagegen schenkte die Kurie bald ihre ganze Gunst.

Papst Pius XI. (1922–39) hatte schon als Kardinal Ratti die neue Partei
mit Interesse verfolgt und sie noch vor ihrem »Marsch auf Rom« unterstützt, der durch die mit dem Vatikan eng verbundene »Banco di Roma«
finanziert worden war. Zu Beginn des Jahres 1923 begannen dann die Besprechungen des Kardinalstaatssekretärs Gasparri mit Mussolini. Der
Vatikan verpflichtete sich, Mussolini durch Ausschaltung des Partito Po-
polare, der katholischen Partei, entgegenzukommen, konnte doch der
Papst von den Faschisten eine viel radikalere und darum mehr Erfolg ver-
sprechende Bekämpfung seiner liberalen, demokratischen und kommunistischen Gegner erwarten. Mussolini sicherte der Kirche die Beseitigung
des Sozialismus und die Wahrung ihrer Rechte zu.

Der erste Dienst, den der Exsozialist dem Heiligen Stuhle leistete, war ein finanzieller. Er rettete nämlich die »Banco di Roma«, der sowohl die Kurie wie mehrere ihrer Würdenträger hohe Summen anvertraut hatten, vor dem Bankrott, indem er auf Kosten des italienischen Staates mit ungefähr 1,5 Milliarden Lire einsprang[2]. (Die Familie Pacelli besitzt heute maßgeblichen Einfluß in dieser Bank.)

Von nun an begannen die Lobgesänge des hohen italienischen Klerus, einschließlich des Papstes, auf Mussolini. Der Kardinal Vannutelli, der Dekan des sogenannten Heiligen Kollegiums, erklärte bereits damals von ihm, er sei »auserwählt zur Rettung der Nation und zur Wiederherstellung ihres Glückes«[3]. Als seinerzeit Faschisten Mitglieder der katholischen Partei überfielen und ermordeten, und zwar auch Priester, wie den Pfarrer Don Minzoni, protestierte der Papst mit keiner Silbe[4]. Vielmehr befahl er, als Mussolini, u. a. auch gegen den energischen Widerstand der katholischen Partei, im Frühjahr 1923 durch Einführung einer Wahlrechtsreform das Parlament beseitigen und die Diktatur errichten wollte, dem sizilianischen Geistlichen Don Sturzo, dem Führer der katholischen Partei, am 9. Juni 1923 den Rücktritt und empfahl die Auflösung der Partei[5]. Hohe katholische Kleriker priesen Mussolini und seine Politik, ja, der Erzbischof von Florenz, Kardinal Mistrangelo, umarmte ihn zehn Tage später und küßte ihn auf beide Wangen[6].

Im Juni 1924 wurde der Sozialistenführer und Abgeordnete Giacomo Matteotti, der erbittertste Gegner Mussolinis, von Faschisten ermordet. Die Entrüstung in Italien war ungeheuer. Mussolini schien am Ende seiner Laufbahn. Man forderte seine Absetzung vom König, doch der Vatikan stellte sich wiederum auf Seite Mussolinis und ordnete sogar den Austritt aller Priester aus der katholischen Partei an, was ihrer Auflösung gleichkam. Eines der wichtigsten Hindernisse auf dem Weg zur faschistischen Diktatur hatte damit der Papst beseitigt, der am 20. Dezember 1926 aller Welt verkündete: »Mussolini wurde uns von der Vorsehung gesandt«[7].

Die Zusammenarbeit des Vatikans mit dem Faschismus führte 1929 zum Abschluß des Lateranvertrages, der einerseits das Ansehen der Faschisten in der Welt steigerte, andererseits der römischen Kirche große Vorteile brachte. So wurde der Katholizismus in Italien nicht nur zur Staatsreligion, sondern man zahlte auch der Kurie als Entschädigung für die Enteignung ihrer Besitzungen eine Milliarde Lire in Staatspapieren und 750 Millionen Lire in bar. Papst Pius XI. sah sich am 13. Februar 1929 wieder einmal genötigt, Mussolini den Mann zu nennen, »den uns die Vorsehung geschickt hat«, und befahl schließlich allen Priestern zum Abschluß der täglichen Messe ein Gebet für den König und den Duce (»Pro Rege et Duce«)[8].

596

In Parenthese sei bemerkt daß nach Unterzeichnung des Lateranvertrages auch der damalige Oberbürgermeister von Köln, Konrad Adenauer, Mussolini in einem Glückwunschtelegramm versicherte, sein Name werde in goldenen Buchstaben in die Geschichte der katholischen Kirche eingetragen[9]. Die Mohammedaner Abessiniens, beiläufig erwähnt, telegraphierten dem Duce (1937) ebenfalls begeistert, er werde »von der mohammedanischen Welt als ihr Schutzherr betrachtet«[10].

Mussolini hatte sich nämlich schon früh als »ein Freund der islamischen Welt« zu erkennen gegeben, hatte in Libyen eine große Zahl von Moscheen bauen oder wiederherstellen, arabische Schulen gründen und sogar eine Hochschule für islamische Kultur und islamisches Recht errichten lassen[11].

Auf der anderen Seite forderte Mussolini die Direktoren und Rektoren der italienischen Schulen nachdrücklich zur Lektüre des Neuen Testaments auf. Alle Professoren und Lehrer sollten es lesen und den Kindern nahebringen. »Es ist das größte und notwendigste aller Bücher«, heißt es in einem Erlaß. »Die nationale Regierung will auf diese Weise die Kinder und durch die Kinder die Seele des italienischen Volkes auf den Weg bringen, auf dem das Vaterland zu seiner erhabenen und wahrhaften Größe gelangen soll«[12].

Nach Abschluß des Lateranvertrages bescheinigten auch die Kardinäle in einer Botschaft vom 9. März 1929 an den Papst, der faschistische Diktator regiere »im Auftrag der göttlichen Vorsehung«[13]. Ein Jahr darauf beteuerte Kardinal Vannutelli wieder einmal: »Ich bewundere den ehrenwerten Mussolini sehr«[14]. Und bald sprachen die italienischen Kinder folgendes, von der Kirche verfaßtes Gebet: »Duce, ich danke dir, daß du es mir ermöglicht hast, gesund und kräftig aufzuwachsen. O lieber Gott, behüte den Duce, damit er dem faschistischen Italien lang erhalten bleibt«[15]. Überhaupt bestanden damals die Bücher der italienischen Elementarschulen zu einem Drittel aus Katechismusstücken und Gebeten, zu zwei Drittel aus Verherrlichungen des Faschismus und des Krieges.

So war der Vatikan mit dem faschistischen Überfall auf Abessinien selbstverständlich vollkommen einverstanden. In seinem von Mussolini eingeleiteten Buch »La preparazione e le prime operazioni« bekennt der italienische Marschall de Bono ganz unverblümt, er habe 1932 den Krieg bei Mussolini angeregt und dieser ihn seit 1933 ohne Rücksicht auf die Haltung Abessiniens heimlich vorbereitet, auch durch Bestechung der Unterfeldherren des Negus[16]. Während aber fast die ganze Welt die faschistische Aggression verurteilte, stellte sich die katholische Kirche, insbesondere der hohe italienische Klerus, auf die Seite Mussolinis. Am 27. August 1935, als die Kriegsvorbereitungen in Italien auf Hochtouren liefen, verkündete der Papst, ein Verteidigungskrieg (!) zum Zweck der

597

Expansion (!) einer wachsenden Bevölkerung könne gerecht und richtig sein[17]. Nur wenige Tage danach, vier Wochen vor dem Überfall, sandten 19 Erzbischöfe und 57 Bischöfe an Mussolini ein im »Osservatore Romano« veröffentlichtes Telegramm, in dem es heißt: »Das katholische Italien betet für die wachsende Größe seines geliebten Vaterlandes, das durch Ihre Regierung einiger denn je ist«[18].

Als die Italiener am 3. Oktober in Abessinien einmarschierten, kannte die – vom Volk durchaus nicht geteilte – Begeisterung der Faschisten und des hohen Klerus keine Grenzen. Die italienischen Bischöfe forderten die Geistlichkeit auf, Gold und Glocken für den Sieg zu spenden und unterstützten von den Kanzeln herab die Parteiredner. Der Erzbischof von Tarent nannte die Aggression, nachdem er auf einem Unterseeboot eine Messe gelesen hatte, »einen heiligen Krieg, einen Kreuzzug«[19]. Der Erzbischof von Neapel veranstaltete von Pompeji nach Neapel eine Prozession mit dem Bild der Madonna, während gleichzeitig Militärflugzeuge Flugblätter warfen, in denen die heilige Jungfrau, der Faschismus und der abessinische Feldzug im selben Satz verherrlicht wurde[20]. Die italienischen Soldaten schickten aus dem Abessinienkrieg sogar Postkarten, auf denen auf dem Turm eines von Infanterie flankierten, geschützrauchumwölkten Panzerwagens eine sternenbekränzte Madonna mit dem Kinde thront. Unterschrift: »Ave Maria«[21]. Der Erzbischof von Mailand, Kardinal Schuster, der im Herbst 1935 die ins Feld rückenden Truppen gesegnet hatte, verglich Mussolini mit Caesar, Augustus und Konstantin und belehrte die italienische Schuljugend, durch das Werk des Duce habe »Gott vom Himmel geantwortet«[22]. Viele andere hohe Geistliche segneten während des Krieges Kanonen und Bombenflugzeuge und hießen den Krieg im Namen der katholischen Kirche gut[23]. Nach einem Gelehrten der Harvarduniversität unterstützten wenigstens 7 italienische Kardinäle, 29 Erzbischöfe und 61 Bischöfe den faschistischen Überfall sofort, und zwar ungeachtet des 1929 abgeschlossenen Konkordates, das den Bischöfen jede politische Betätigung strikt untersagt[24]. Selbst ein katholischer Autor gestand später: »Die gesamte Welt verdammte Mussolini, ausgenommen der Papst«[25].

Gerade während des abessinischen Krieges klärte die vatikanische Jesuitenzeitschrift »Civiltà Cattolica« die sittlichen Voraussetzungen wirtschaftlicher Kolonialisierung derart, »daß die katholische Moraltheologie durchaus nicht jede gewaltsame Wirtschaftsausdehnung verurteilt«. Vielmehr dürfe ein Staat, der seine Hilfsmittel völlig erschöpft und alle friedlichen Wege versucht habe, sich im Falle äußerster Not »durch gewaltsame Eroberung sein Recht nehmen«[26].

Wie öffentlich das Zusammengehen der katholischen Kirche mit dem Faschismus gerade in Italien war, vermag auch die Schilderung der pompösen Schlußkundgebung des Eucharistischen Kongresses im Mai 1937

598

in Taranto (Tarent) zu bezeugen, wobei wir dem Bericht der deutschen Jesuitenzeitschrift »Stimmen der Zeit« folgen: »Der Kardinal ging mit dem Allerheiligsten an Bord eines Kriegsschiffes, das die päpstliche Flagge gehißt hatte. Die höchsten Befehlshaber waren um ihn versammelt, und auf anderen Schiffen der Kriegsflotte gaben die übrigen Behörden dem eucharistischen Gott das Ehrengeleit. Die Straßen am Meer entlang waren schwarz von mehr als hunderttausend Menschen. Ein Geschwader von Wasserflugzeugen schwebte langsam in der klaren Luft. Auf allen vor Anker liegenden Kriegsschiffen stand die Besatzung in Parade, um den Segen des vorbeifahrenden Allerheiligsten zu empfangen. An der Torpedostation stieg der Kardinal mit der Monstranz in ein prachtvolles Altarautomobil und zog, begleitet von glänzenden Abordnungen der kirchlichen und weltlichen Verwaltung, aller Truppengattungen, aller Organisationen der Faschistischen Partei und aller Ordensgenossenschaften, unter den Klängen der Musik und dem Wehen der Fahnen durch die phantastisch mit Lichtern und bunten Tuchgehängen geschmückte Stadt«[27].

Noch am 12. Januar 1938 empfing Mussolini 72 Bischöfe und 2340 Pfarrer im Palazzo Venezia, wo der Erzbischof Nogara in einer Rede Gott bat, dem Duce in allen Schlachten beizustehen zum Gedeihen des christlichen Italien.

Unmittelbar nach Nogara ergriff der Pfarrer Menossi das Wort: »Exzellenz! Die Priester Italiens flehen auf Ihre Person, auf Ihr Werk als des Wiederherstellers Italiens und Gründers des Reiches, auf die faschistische Regierung den Segen des Herrn und einen ewigen Glorienschein römischer Weisheit und Tugend herab, heute und immerdar. Duce! Die Diener Christi, die Pater des Landvolkes erweisen Ihnen ergeben Ehre. Sie segnen Sie. Sie beteuern Ihnen Treue. Mit frommer Begeisterung, mit der Stimme und dem Herzen des Volkes rufen wir: Heil Duce!« Worauf alle Bischöfe und Priester in den Schrei ausbrachen: »Duce! Duce! Duce!«[28].

Als es mit der Macht Mussolinis zu Ende ging, näherte sich der italienische Klerus eilfertig den Amerikanern.

2. Die katholische Kirche und der spanische Bürgerkrieg

> »... das Fleisch und Blut der Kommunisten zerstampfen, um es als Mörtel beim Wiederaufbau der Kirchen zu verwenden«. Franco-General Queipo de Llano[29].

Der katholische Klerus besaß in Spanien seit frühester Zeit besondere Macht. Die Ketzerbekämpfung der spanischen Kirche war schon im Altertum bemerkenswert rigoros. Die Judenverfolgungen erstreckten sich in Spanien über lange Zeiträume, die Sklaverei dauerte dort bis ins 18. Jahrhundert[30], und die Inquisition blühte wie in kaum einem anderen Land.

Von den wirtschaftlichen Verhältnissen dagegen kann dies so wenig behauptet werden wie von den kulturellen, zumindest was die Bildung der Bevölkerung betrifft. Noch 1870 waren mehr als 60% aller Spanier Analphabeten, wie ja auch in Italien innerhalb der päpstlichen Territorien der Prozentsatz des Analphabetentums einer der höchsten in Europa gewesen ist. (Noch um 1960 konnten im katholischen Italien fast fünfeinhalb Millionen Menschen nicht schreiben und nicht lesen, und siebeneinhalb Millionen Italiener sind Halbanalphabeten[31].) Sogar in Madrid aber besuchten noch im Jahre 1930 80000 Kinder keine Schule[32]. Das Unterrichtsbudget war bis dahin in Spanien unglaublich gering, die materielle Situation des größten Teiles der Bevölkerung einfach erschreckend. Der hohe Klerus dagegen, verfilzt mit Adel und Großkapital, besaß Fabriken, Banken, Bergwerke, Eisenbahnen, und die Jesuiten kontrollierten um das Jahr 1912 ein Drittel des gesamten spanischen Kapitals[33].

Der wachsende Reichtum der Kirche und die zunehmende Verarmung des Volkes förderten allmählich einen ungeheuren Abfall vom Katholizismus. Um 1910 waren über zwei Drittel aller Spanier keine praktizierenden Katholiken mehr. 1931, nach dem Sturz der Monarchie, besuchten in einem Madrider Bezirk von 80000 Menschen nur 3,5% die Messe, 25% der Kinder wurden nicht getauft, 40% starben ohne Empfang der Sakramente[34]. In Andalusien ging nur noch 1% der Bevölkerung zum Gottesdienst[35]. Aus Erbitterung gegen den Klerus brannte sie bereits vom Jahre 1931 bis zum Beginn des Bürgerkrieges angeblich 700 Kirchen und Klöster nieder. Nach dem ersten Bürgerkriegsjahr aber bezifferte ein Rundschreiben der spanischen Bischöfe die zerstörten Kirchen und Kapellen auf über 20000[36].

Das Versagen der Kirche kann selbst katholischen Stimmen entnommen werden. So gesteht im Frühjahr 1936 in einem Hirtenbrief sogar der Primas von Spanien, Kardinal Gomá: »Wir sind nicht mehr die geistigen Leiter unseres Volkes, es betrachtet uns nicht nur mit Argwohn, sondern geradezu als Feinde seiner Wohlfahrt«[37]. Ende dieses Jahres bemerkt auch ein deutscher Jesuit, daß die katholische Kirche in Spanien »bei sehr vielen als Verbündete des konservativen Besitzes« gelte und »ihre soziale Tätigkeit sich im ganzen nur schwach entwickelt hatte«[38]. Und Salvador Madariaga, der Vertreter Spaniens beim Völkerbund, äußert in einem 1935 publizierten Buch: »Wer vernünftig und ohne Parteilichkeit urteilen will, kann der katholischen Kirche allerdings Mangel an weltlicher Kultur und Rückständigkeit in wirtschaftlichen und sozialen Fragen vorwerfen...

600

Ihre Bemühungen um wirtschaftliche und soziale Fragen zeigen erst in allerletzter Zeit (!), daß in ihr der christliche Geist, den sie amtlich vertritt, tatsächlich neu auflebt«[39].

Über dieses Neuaufleben unterrichtet beispielsweise Prälat Henson, der Vertrauensmann des von den katholischen Bischöfen Englands eingerichteten Ausschusses für Spanienhilfe. Während des Bürgerkrieges meldet der Prälat nämlich aus Valladolid, und zwar offensichtlich, um die karitativen Leistungen der katholischen Kirche zu glorifizieren, donnerstags esse man keine Süßspeisen und am 1. und 15. jeden Monats genieße man mittags und abends nur einen Gang. Das so ersparte Geld werde mit den Erträgen einer besonderen Steuer auf Tabak und Vergnügen für die Armen verwandt[40].

Die spanische Kirche, auf deren Betreiben vor dem ersten Weltkrieg Tausende von Menschen in den Gefängnissen nach mittelalterlichen Methoden gefoltert und Hunderte erschossen wurden, hatte also von Jahrzehnt zu Jahrzehnt an Einfluß verloren. Die Bevölkerung schloß sich immer häufiger den liberalen, sozialistischen und radikal-sozialistischen Parteien an. Anfangs der dreißiger Jahre war Spanien kein katholisches Land mehr. Mit Zustimmung der überwältigenden Majorität beseitigte man die Monarchie, erklärte die Republik und führte in den folgenden Jahren eine Fülle von bisher hintertriebenen, dringend notwendigen Reformen durch.

Die neue, durch legitime Wahlen zustande gekommene Regierung war keineswegs antireligiös oder gar darauf aus, Spanien in ein antichristliches Land zu verwandeln. Sie löste zwar den Jesuitenorden auf, überwachte die anderen Orden streng und gestattete die Ehescheidung. Aber sie erlaubte der Kirche, ihre Lehren überall frei zu verkünden, und garantierte Glaubens- und Gewissensfreiheit[41]. Die überwiegende Mehrheit der spanischen Hierarchie versuchte jedoch sofort, ihre ursprüngliche Position wieder zu gewinnen.

Der Episkopat hetzte offen gegen die Regierung, wobei er sich auf die Anhänger des alten Regimes stützte, die Großgrundbesitzer und den Adel, sowie auf die rückständigste Schicht, die bäuerliche Bevölkerung, von der dank der katholischen Erziehungsarbeit noch im dritten Jahrzehnt des 20. Jahrhunderts 80% Analphabeten waren[42]. Bereits 1933 forderten die spanischen Bischöfe in einem Hirtenbrief und der Papst in einer Enzyklika vom 3. Juni einen »heiligen Kreuzzug für die vollständige Wiederherstellung der kirchlichen Rechte«[43].

Die Kirche liierte sich vor allem mit dem Führer der 1931 gegründeten Acción Popular, Gil Robles, einem Bewunderer Hitlers, und mit General Franco. Francos Schwager, Serrano Suñer, Sekretär der katholischen Jugendorganisation, später spanischer Innen- und Außenminister, war ein

601

Freund Mussolinis und Hitlers und wurde Ende Juni 1942 vom Papst mit dem Großkreuz des Ordens Pius' IX. ausgezeichnet. Zwei Monate zuvor hatte Suñer gegenüber einem dänischen Zeitungskorrespondenten geäußert, daß bereits 15000 Spanier an der Ostfront kämpften und ihre Zahl, falls es Deutschland nötig habe, auf eine Million erhöht werde[44].

Der zunehmende Einfluß der kirchlichen und faschistischen Kräfte in Spanien veranlaßte die Sozialisten, Syndikalisten und Kommunisten im Januar 1936 zum Zusammenschluß in der Volksfront. Bei den Wahlen im Februar errang sie 268 Sitze, gegenüber 140 Sitzen der Rechten und etwa 70 Sitzen der Mitte. Dieses für die katholische Seite niederschmetternde Ergebnis führte die Monarchisten und Katholiken zum offenen Aufstand gegen die Regierung, wobei man bedenken mag, daß sich unter den 473 Abgeordneten des Parlaments nur 15 Kommunisten befanden[45].

Der Krieg begann am 16. Juli 1936 mit dem Segen der Kirche. Von der Kanzel herab und in der Presse machte der katholische Klerus auf der ganzen Welt, und zwar mit offensichtlichem Erfolg sogar in protestanischen Ländern wie Großbritannien und den U.S.A., die stärkste Propaganda für den faschistischen Rebellenführer. Auch der Papst, den Franco als ersten vom Aufstand benachrichtigt hatte, wandte sich in Appellen und Reden an die Weltöffentlichkeit und arbeitete nicht nur mit Mussolini, der den Aufständischen etwa 100000 Soldaten sandte, sondern auch mit Hitler zusammen, der Franco mit Bomber- und Panzerverbänden unterstützte[46].

Die vatikanische Jesuitenzeitschrift »Civiltà Cattolica« propagierte laufend den Bürgerkrieg. »In dem faschistischen Putsch«, schreibt sie am 2. Januar 1937, »zeigte das Heer eine hundertmal gesegnete und ruhmreiche Haltung«[47]. Am 20. November 1937 fordert das offiziöse Blatt des Vatikans: »Gegenwärtig... müssen alle ehrlichen Bürger ohne Rücksicht auf alle anderen Meinungsverschiedenheiten in dem gemeinsamen Vorhaben einig sein, die neuen Barbaren ohne Vaterland und ohne Gott hinwegzufegen, was immer auch daraus entstehen wird«[48].

Die deutschen Bischöfe veröffentlichten schon am 30. August 1936 auf direkte Weisung des Kardinalstaatssekretärs Pacelli einen Hirtenbrief, worin es im Hinblick auf Spanien heißt: »Welche Aufgabe damit unserem Volk und Vaterland zufällt, ergibt sich von selbst. Möge es unserem Führer mit Gottes Hilfe gelingen, dieses ungeheuer schwere Werk der Abwehr (!) in unerschütterlicher Festigkeit und treuester Mitwirkung aller Volksgenossen zu vollbringen«[49], Und bereits am 3. Januar 1937 bearbeiteten die deutschen Bischöfe, wiederum mit Hinweis auf Spanien, ihre Gläubigen erneut: »Geliebte Diözesanen! Der Führer und Reichskanzler Adolf Hitler hat den Anmarsch des Bolschewismus von weitem gesichtet und sein Sinnen und Sorgen darauf gerichtet, diese ungeheure Gefahr von unserem deutschen Volk und dem Abendland abzuwehren. Die deut-

602

schen Bischöfe halten es für ihre Pflicht, das Oberhaupt des deutschen Reiches in diesem Abwehrkampf *mit allen Mitteln* zu unterstützen, die ihnen aus dem Heiligtum zur Verfügung stehen«[50].

Als erste ausländische Fahne wehte über Francos Hauptquartier in Burgos die päpstliche Flagge, und über dem Vatikan wurde das Banner Francos gehißt[51]. Der spanische Bischof Enrique Pla y Deniel von Salamanca hat bereits im September, zwei Monate nach Beginn des Bürgerkrieges, diesen *sittlich gerechtfertigt* – »mit umfassender Gelehrsamkeit«, wie das Organ der deutschen Jesuiten versichert[52].

Antonio Ruiz Villaplana, ein angesehener Richter, durchaus kein Kommunist, der während des Bürgerkrieges in Burgos sein Amt ausübte, berichtet in seinem Buch »Das ist Franco«, daß die katholische Kirche damals nicht nur an allen kriegerischen Kundgebungen teilgenommen, sondern sie sogar geleitet, daß sie die Waffen gesegnet und die Tedeums organisiert habe – was sie ja auch während des Hitlerkrieges in Deutschland tat. »In diesem entfesselten Kampf«, schreibt Villaplana, »hat die Geistlichkeit niemals ihre Rache vergessen... Wie eine Kriegsdrommete schmettert die Stimme dessen, der Hirt und Führer des Volkes sein sollte, kriegerische Aufrufe: ›Wir können nicht gemeinsam mit den ruchlosen Sozialisten leben... Krieg, Blut und Feuer! Es darf weder Waffenstillstand noch Pardon geben, ehe nicht der Sieg der Religion und der Ordnung völlig gesichert ist...‹«[53].

Wie weit das Kollaborieren der katholischen Kirche mit dem Caudillo ging, mag noch der Ausspruch von Kardinal Gomá bezeugen: »Wir befinden uns in völliger Übereinstimmung mit der nationalen Regierung, die niemals einen Schritt ohne meinen Rat unternimmt, den sie immer befolgt«[54].

Nach Niederringung der Republik beglückwünschte der Papst am 1. April 1939 Franco telegraphisch zu seinem Sieg und forderte von ihm die Wiedererweckung der »alten christlichen Traditionen«[55]. Redefreiheit, Pressefreiheit, Versammlungsfreiheit wurden nun in Spanien wieder aufgehoben; Literatur, Film und Funk unter strengste Zensur gestellt; alle Parteien außer der faschistischen Falange verboten und alle außerkatholischen religiösen Bekenntnisse unterdrückt, auch sämtliche protestantischen Kirchen und Schulen geschlossen. Der Katholizismus wurde Staatsreligion, wobei bemerkenswert ist, daß in den Landbezirken sogar alle Bibeln verschwanden. In Madrid beschlagnahmte die Polizei 100 000 Exemplare. An den Grenzen wurden Bibeln einfach abgenommen. Im letzten Vorbürgerkriegsjahr hatte die ständig steigende Verkaufsziffer die Zahl von 211 000 Exemplaren erreicht[56].

Noch drei Jahre nach Beendigung des Bürgerkrieges, 1942, befanden sich in spanischen Gefängnissen schätzungsweise eineinhalb Millionen (darunter baskische Geistliche) politische Gefangene, von denen man viele Tausende an die Wand gestellt und erschossen hat[57]. Das Schlagwort Spaniens wurde: »Ein Volk, ein Staat, ein Führer, ein Glaube, eine Kirche«[58].

Franco aber, der Verbündete Mussolinis, Hitlers und des Papstes, der ihn nach Beendigung des Bürgerkrieges wiederholt segnete und ihm das Ordenskreuz Pius' XI. »für besondere Verdienste um Gott und die Kirche« verlieh, rühmte im Juli 1940 »die deutschen Waffen, die jene Schlachten schlagen, auf die Europa und die Christenheit so lange gewartet haben«[59].

3. Der Nationalsozialismus und die christlichen Kirchen

> »Die Bischöfe, die Nachfolger der Apostel und die Vertreter des Heiligen Stuhles, bekräftigen durch einen in die Hände der obersten Staatsbehörden abgelegten Eid in feierlicher Entschiedenheit ihre Zusammenarbeit mit dem neuen Reich«. Franz von Papen[60].

Seit dem Ende des ersten Weltkrieges übte der Vatikan maßgeblichen Einfluß auf die deutsche Politik durch den Kardinal Eugenio Pacelli aus[61]. Pacelli, der seine Tätigkeit 1901 in der diplomatischen Abteilung des Vatikans begonnen hatte, lebte seit Kriegsende in Deutschland, zuerst in München, dann in Berlin. Seit 1920 war er päpstlicher Nuntius und wurde 1930 von Pius XI. zum Kardinalstaatssekretär ernannt und schließlich 1939 als Pius XII. selbst Oberhaupt der katholischen Kirche.

Das politische Instrument der Kurie in Deutschland war die mit bekannten rheinischen Großindustriellen verbundene Zentrumspartei, deren Führer Dr. Marx keine wichtige Entscheidung ohne vorherige Rücksprache mit dem ihm befreundeten Pacelli fällte. Der Einfluß des Kardinals auf die Zentrumspartei wuchs noch, als 1928 Prälat Kaas, Professor für Kirchengeschichte an der Universität Bonn, Parteivorsitzender wurde. Über ihn steuerte Pacelli, der wie derholt mit Kaas in der Schweiz seinen Urlaub verbrachte, die Zentrumspartei immer mehr nach rechts. Er sympathisierte mit nationalistischen Strömungen und Kreisen, und zwar aus Opposition gegen die wachsende Macht der demokratischen und sozialistischen Gruppen, zumal die Zentrumspartei selbst an Einfluß verlor.

Bereits bei den Wahlen von 1928 erlitt sie durch die Abkehr von fast einer halben Million Wähler eine Niederlage. Und als bei der Reichstagswahl 1932 von über 35 Millionen Stimmen auf die Nazipartei 13,7 Millio-

604

nen, auf die sozialdemokratische und kommunistische Partei zusammen 13,2 Millionen, auf die Zentrumspartei einschließlich der Bayerischen Volkspartei 5,7 Millionen Stimmen fielen, sah sich der Vatikan veranlaßt – man vergleiche sein Verhalten gegenüber Mussolini –, aus Furcht vor den linken Parteien Hitler an die Macht zu bringen.

Der Katholik Franz von Papen,

der seine Laufbahn als Militärattaché in Washington begonnen hatte und im Sommer 1932 Reichskanzler geworden war, beseitigte durch einen Staatsstreich die sozialdemokratische Regierung Braun-Severing, hob das Verbot der SA und SS auf und »arbeitete dann«, wie man im katholischen Herder-Lexikon lesen kann, »für die Ernennung Hitlers«[62]. Der Katholik von Papen sicherte Hitler Anfang Januar 1933 im Hause eines Kölner Bankiers die Unterstützung des Papstes zu. Als Gegenleistung forderte Papen die Vernichtung der kommunistischen und sozialdemokratischen Partei, sowie den Abschluß eines Konkordates. Hitler war einverstanden und wurde auf Papens Vorschlag am 30. Januar 1933 von Hindenburg zum Reichskanzler berufen. Papen wurde stellvertretender Kanzler. Am 9. November 1933 bekannte Papen in einer Rede vor der Arbeitsgemeinschaft katholischer Deutscher in Köln: »Seit dem 30. Januar, da die Vorsehung mich dazu bestimmt hatte, ein *Wesentliches* zur Geburt der Regierung der nationalen Erhebung beizutragen, hat mich der Gedanke nicht losgelassen, daß das wundervolle Aufbauwerk des Kanzlers und seiner großen Bewegung unter keinen Umständen gefährdet werden dürfe durch einen kulturellen Bruch... Denn die *Strukturelemente des Nationalsozialismus* sind nicht nur der katholischen Lebensauffassung nicht wesensfremd, sondern *sie entsprechen ihr in fast allen Beziehungen*«[63].

Im gleichen Jahr schloß der Katholik von Papen das Konkordat zwischen Nazideutschland und dem Vatikan. In einem Geheimschreiben aus Rom vom 2. Juli 1933 an Hitler gab Vizekanzler von Papen der Überzeugung Ausdruck, »daß der Abschluß dieses Konkordates außenpolitisch als ein großer Erfolg für die Regierung der nationalen Erhebung gewertet werden muß«[64]. Ja, man bedenke, Papen traf bereits damals in einem geheimen Zusatzprotokoll eine vertragliche Abmachung mit dem Heiligen Stuhl für den Fall der allgemeinen Wehrpflicht in Deutschland! »Ich hoffe, daß Ihnen diese Abmachung«, schreibt Papen an seinen sehr verehrten Kanzler Hitler, »Freude bereitet«[65].

In den Jahren von 1934 bis 1938 bereitete Papen als deutscher Botschafter in Wien die nazistische Machtergreifung in Österreich vor. Von

605

Papen, der es angeblich gern hörte, als »frommer Katholik« angesprochen zu werden, erbat nicht nur für die »verfolgten nationalsozialistischen Dulder in Österreich« monatlich 200000 Mark, sondern ersuchte in einer Denkschrift an Hitler auch um Geld für den »katholischen Freiheitsbund« in Wien, um dessen »antisemitische Arbeit zu fördern«[66]. Nach der Annexion Österreichs bekam Papen von Hitler »für treue Dienste« das Goldene Parteiabzeichen, das er »in feierlicher Erregung und mit allen dazu gehörenden Dankesbezeugungen entgegennahm«[67].

Beim Nürnberger Kriegsverbrecherprozeß 1946 wurde der päpstliche Kammerherr Franz von Papen freigesprochen und erhielt von einem westdeutschen Gericht am 9. April 1962 sogar wieder eine Pension zuerkannt.

Theodor Heuß und Hitler

Nach seiner Machtübernahme forderte Hitler ein »Ermächtigungsgesetz«, das ihm den Weg zur Diktatur ermöglichen sollte. Die dafür im Reichstag notwendige Zweidrittelmehrheit erhielt er einerseits durch verfassungswidrige Auflösung der kommunistischen Partei, andererseits durch die Stimmen des Zentrums. Mit Ausnahme einer kleinen oppositionellen Gruppe bekannte es sich unter Führung von Prälat Kaas zu Hitler, da dieser Kaas den Abschluß eines Konkordates mit dem Vatikan zugesichert hatte.

Bekanntlich stimmte damals auch Theodor Heuß dem Ermächtigungsgesetz zu. Hatte der spätere deutsche Bundespräsident doch schon ein Jahr vor der Machtergreifung Hitler das »gar nicht unliebenswürdige Buch« »Hitlers Weg« (Stuttgart 1932) gewidmet, worin Heuß zwar mancherlei am Nationalsozialismus kritisiert und ironisiert, besonders seine Rassentheorien, aber auch nicht wenig Positives an ihm findet, und vor allem Hitler selbst auffallend schont.

Doch nicht nur dies. Schon angesichts des jungen Hitler entsteht »das Bild eines Faust in der Dachstube«. »Bewundernswert« sei die »Spannkraft«, mit der er den Fehlschlag des Münchner Putsches vom Jahre 1923 überwinde und nun eine »erstaunliche«, ja »großartige Wendung« einleite. »Und niemand kann der Unverdrossenheit des Mannes die Anerkennung versagen, der… aus den Scherben ein neues Gefäß zu fügen unternahm und verstand«. Er habe auch »Grund dazu«, auf die Entwicklung seiner Bewegung »stolz« zu sein. Seine Finanzierung der NSDAP »ist eine fabelhafte Leistung«. Die Einnahme durch die Mitgliedsbeiträge sei aber »nicht bloß eine große Organisationstat«. Hitler habe »auch Seelen in Bewegung gesetzt und einen zu Opfern und Hingabe bereiten Enthusiasmus an sein Auftreten gefesselt«. In seinem Buch »Mein Kampf« referiere der

606

»Menschenbezwinger« in den Abschnitten über Propaganda »mit anschaulicher Aufrichtigkeit«. In seinen Theorien über Volk und Staat erkenne man »die gutgläubige Aufklärungsabsicht einer pädagogischen Darreichung«, in der NSDAP und in ihrem Programm »verwandte Strukturelemente« zur katholischen Soziallehre und zum hierarchischen Bau der katholischen Kirche. Zwar mag »dies und jenes Stück falsch, vielleicht Unsinn« sein, aber: »Hier ist doch ein Wille, der nicht handeln und bandeln, der siegen will.« Dabei wußte Theodor Heuß sehr wohl, daß »Köpfe rollen« würden. Doch immer wieder wird Hitler selbst verteidigt oder sogar gelobt. Immer wieder trifft man Wendungen: »...daraus braucht man ihm keinen Vorwurf zu machen«; »Daß Hitler guten Glaubens war..., kann nicht bezweifelt werden«; »Er hat natürlich ganz recht, das zu tun«; »...der Erfolg gab ihm recht« usw.[68].

Unter dem Katholiken Adenauer hatte Heuß nicht nur acht Jahre lang das Amt des Bundespräsidenten inne, sondern er erhielt auch den Friedenspreis des deutschen Buchhandels.

Der Katholik Adenauer

Parenthetisch seien Interesse halber auch einige seiner zahlreichen Verdienste um den Nationalsozialismus angeführt, und zwar mit seinen eigenen Worten. So schreibt er in einem bis Mitte des Jahres 1962 so gut wie unbekannten Brief vom 10. August 1934 an den Naziinnenminister in Berlin: »Die NSDAP habe ich immer durchaus korrekt behandelt und mich dadurch wiederholt in Gegensatz zu den damaligen ministeriellen Anweisungen und auch zu den von der Zentrumsfraktion der Kölner Stadtverordnetenversammlung vertretenen Anschauungen gesetzt. So habe ich jahrelang entgegen der damaligen Verfügung des Preußischen Innenministers der NSDAP die städtischen Sportplätze zur Verfügung gestellt und ihr bei ihren Veranstaltungen auf diesen das Hissen ihrer Hakenkreuzfahnen an den städtischen Flaggenmasten gestattet. Ich beziehe mich auf die einschlägigen Akten der Stadt Köln und das Zeugnis des Beigeordneten i. R. Billstein.«

Adenauer weist in einer langen Aufzählung auf sein Eintreten für eine Nazizeitung, für nazistische Beamte hin, auf sein Entgegenkommen bei nazistischen Veranstaltungen, ja, er betont, ausdrücklich und öffentlich im Winter 1932/33 erklärt zu haben, »daß nach meiner Meinung, eine so große Partei *wie die* NSDAP *unbedingt führend* in der Regierung vertreten sein müsse«[69].

607

Gewiß kann man einwenden, Hitlers Diktatur habe schon vor dem Ermächtigungsgesetz vom 23. März begonnen, schon mit der Reichstagsbrand-Verordnung und der Heimtücke-Verordnung. Aber das Ermächtigungsgesetz hat die Diktatur in vollem Umfange sanktioniert.

Auf Weisung des Vatikans löste sich die Zentrumspartei am 5. Juli 1933 auf. Da viele Katholiken protestierten, beschwichtigte sie der Vatikan sowohl in einer halboffiziellen Verlautbarung wie durch Staatssekretär Pacelli. Und zur Überraschung vieler gab Zentrumsführer Prälat Kaas nach einer Unterredung mit dem Papst und Pacelli folgende Erklärung ab: »Hitler weiß das Staatsschiff gut zu lenken. Noch ehe er Kanzler wurde, traf ich ihn wiederholt und war sehr beeindruckt von seinen klaren Gedanken und seiner Art, den Tatsachen ins Auge zu sehen und dabei doch seinen edlen Idealen treu zu bleiben… Es kommt nicht darauf an, wer regiert, wenn nur die Ordnung gewahrt bleibt. Die Geschichte der letzten Jahre in Deutschland hat den demokratischen Parlamentarismus als unfähig erwiesen«[70].

Wie der Vatikan in Italien durch Beseitigung der katholischen Partei Mussolini den Weg zur Diktatur ebnete, so verschaffte er in Deutschland durch Papen, Kaas und die Auflösung des Zentrums, der ältesten katholischen Partei Europas, Hitler die unumschränkte Macht.

Alle deutschen Bischöfe riefen 1933 zur Zusammenarbeit mit Hitler auf

Diese nur grob umrissenen Zusammenhänge muß man kennen, um zu verstehen, mit welch jäher Schwenkung die deutschen Bischöfe, die den Katholiken den Beitritt zur NSDAP bisher geradezu verboten hatten[71], 1933 plötzlich in ihrer Gesamtheit für Hitler plädierten. Es zeugt von einer erstaunlichen aber gleichwohl typischen Befangenheit (um kein negativeres Wort zu gebrauchen), wenn man noch heute in einem durchaus kritischen Artikel über den politischen Katholizismus des Jahres 1933 anscheinend allen Ernstes an »die Mißbilligung« dieser Entwicklung durch Kardinalstaatssekretär Pacelli glaubt, indem man ihn - wenn auch mit dem Zusatz »laut Pater Leiber« – zitiert: »Warum mußten die deutschen Bischöfe der Regierung so schnell entgegenkommen?«[72]

Noch im Frühjahr 1933 gestanden die Bischöfe auf ihren Konferenzen in Fulda und Freising, sie hätten »in den letzten Jahren gegenüber der nationalsozialistischen Bewegung eine ablehnende Haltung durch Verbote und Warnungen eingenommen«. Nun glauben sie aber – selbstverständlich auf Weisung des Vatikans, wie sich bei der völligen Abhängigkeit des katholischen Episkopats von Rom von selbst versteht –, »das Vertrauen hegen zu können, daß die vorgezeichneten allgemeinen Verbote und Warnungen nicht mehr als notwendig betrachtet zu werden brauchen«[73].

Und bald wird ihre Bejahung des Naziregimes immer offenkundiger.

In einem gemeinsamen Hirtenbrief aller deutschen Bischöfe vom Juni 1933 heißt es: »Wenn wir unsere Zeit mit der Vergangenheit vergleichen, so finden wir vor allem, daß sich das deutsche Volk noch mehr als bisher *auf sein eigenes Wesen* besinnt, um dessen Werte und Kräfte zu betonen. *Wir deutschen Bischöfe sind weit davon entfernt, dieses nationale Erwachen zu unterschätzen oder gar zu verhindern...* Wir deutschen Katholiken brauchen deswegen auch *keine Neueinstellung dem Volk und Vaterland gegenüber,* sondern setzen höchstens bewußter und betonter fort, was wir bisher schon als unsere natürliche und christliche Pflicht erkannten und erfüllten... Es fällt deswegen uns Katholiken auch keineswegs schwer, die neue starke Betonung der Autorität im deutschen Staatswesen zu würdigen und uns mit jener Bereitschaft ihr zu unterwerfen, die sich nicht nur als eine natürliche Tugend, sondern wiederum als eine übernatürliche kennzeichnet, weil wir in jeder menschlichen Obrigkeit einen Abglanz der göttlichen Herrschaft und eine Teilnahme an der ewigen Autorität Gottes erblicken (Röm. 13. 1 ff.)... *Auch die Ziele, die die neue Staatsautorität für die Freiheit unseres Volkes erhebt, müssen wir Katholiken begrüßen...* Wenn die neue staatliche Autorität sich weiter bemüht, sowohl die Ketten zu zerbrechen, die andere uns schlugen, als auch die eigene Volkskraft und Volksgesundung zu fördern und damit unser Volk zu verjüngen und zu einer neuen, großen Sendung zu befähigen, so liegt auch das ganz in der Richtung des katholischen Glaubens... Wenn sodann nach dem Willen der staatlichen Autorität die Zerrissenheit und Gegensätzlichkeit innerhalb unseres Volkes endlich der Einheit und Geschlossenheit weichen soll, so findet sie in uns Katholiken auch auf diesem Gebiet verständnisvolle und opferwillige Helfer...« Nachdem die Bischöfe dann auch eine Reihe von Bedenken angemeldet und Forderungen an das neue Reich erhoben hatten, versichern sie noch einmal ausdrücklich, »daß darin nicht etwa ein versteckter Vorbehalt dem neuen Staat gegenüber« liege. »Wir wollen dem Staat *um keinen Preis* die Kräfte der Kirche entziehen... Ein abwartendes Beiseitestehen oder gar eine Feindseligkeit der Kirche dem Staate gegenüber müßte *Kirche und Staat* verhängnisvoll treffen...«[74]. Dieser Hirtenbrief wurde »im Jubiläumsjahr unserer Erlösung« von allen deutschen Kardinälen, Erzbischöfen und Bischöfen unterzeichnet.

Das ist wohl ein mehr als peinliches Zeugnis vom »Kampf des deutschen Episkopats«. Der Münchner Weihbischof Neuhäusler verfuhr deshalb in seinem Buch »Kreuz und Hakenkreuz«, einem vielzitierten katholischen Standardwerk des Kirchenkampfes, bei der Wiedergabe dieses wichtigen Hirtenbriefes, den er beim Charakter seines Buches mühelos hätte ganz abdrucken können, folgendermaßen: Er unterdrückte alle positiven Stellungnahmen der Bischöfe zum Nazismus, die Haupttendenz des Dokumentes, ausnahmslos. Zehn längere Stellen fielen so ganz fort. Neunmal ließ Neuhäusler, ohne Kennzeichnung, Sätze oder kleine Abschnitte weg und veränderte sogar wiederholt willkürlich den in Anführungszeichen stehenden Text. Das Hirtenwort ist in diesem angeblichen Urkundenwerk »derart verändert worden, daß man es fast nicht wiedererkennt«, das Verfahren des Herausgebers »ein Schlag gegen die geschichtliche Wahrheit«[75].

Die im katholischen Herder-Verlag erschienene Sammlung »Zeugnis und Kampf des deutschen Episkopats, Gemeinsame Hirtenbriefe und Denkschriften« läßt vorsichtshalber die Hirtenbriefe aus den Jahren 1933 und 1934 ganz fort und erwähnt nur im Kommentar einiges davon[76].

In einer Untersuchung über die katholische Nachkriegsliteratur zum Kirchenkampf kommt Hans Müller im Jahre 1961 zu dem Resultat: »Das, was gesagt oder abgedruckt wird, ist derart einseitig, daß von objektiver Berichterstattung keine Rede mehr sein kann. Wesentliche Dinge werden übergangen, unwesentlichere in aller Breite geschildert. Die vorgebrachten Entschuldigungen sind nur in den wenigsten Fällen wirklich stichhaltig. Die Tendenz, alle Schuld auf die Nationalsozialisten abzuschieben, um das eigene Versagen dahinter besser verbergen zu können, liegt bei den meisten dieser Bücher klar auf der Hand«[77].

Die bayerischen Bischöfe veröffentlichten im Mai 1933 ein Hirtenwort, um die weithin herrschende Unklarheit, Unruhe und Sorge vieler Gemüter zu beheben und zur »Klärung und Beruhigung« beizutragen. Noch bis vor kurzem hatten die Bischöfe ihre Gläubigen ja gegen die Nazis aufgestachelt. Jetzt schreiben sie »zur Wiederkehr des inneren Friedens« u. a.: »Unsere jetzige Reichsregierung hat sich große und schwierige Aufgaben gestellt... *Niemand darf jetzt aus Entmutigung und Verbitterung sich auf die Seite stellen und grollen;* niemand, der zur Mitarbeit innerlich bereit ist, darf aus Einseitigkeit und Engherzigkeit auf die Seite gestellt werden. Daher rufen wir Bischöfe in tiefer Liebe zu unserem Vaterland... unsere Diözesanen auf, den Blick nicht mehr zu richten auf die Vergangenheit, nicht auf das zu sehen, was uns trennt, sondern auf das, was uns eint... *Niemand soll sich der großen Aufbauarbeit entziehen*«[78].

Vernehmen wir noch einige einzelne Stimmen deutscher Bischöfe aus dem Jahre 1933.

Der Erzbischof Gröber von Freiburg beschwört am 25. April die deut-

610

schen Katholiken, daß sie den »neuen Staat nicht ablehnen dürfen, sondern ihn positiv bejahen und in ihm unbeirrt mitarbeiten müssen«[79]. Im August ordnete der Freiburger Oberhirte an: »Demgemäß besteht kein Hindernis, auch die Fahnen und Abzeichen der Nationalsozialistischen Arbeiterpartei in die katholische Kirche zuzulassen und deren Aufstellung im Kirchenschiff zu gestatten«[80].

Der Kardinal von Breslau, der die entschlossene Kehrtwendung des gesamten hohen katholischen deutschen Klerus zum Naziregime mit solch schamlosen Sätzen rechtfertigt wie: »Wiederum hat sich gezeigt, daß unsere Kirche an kein politisches System, an keine weltliche Regierungsform, an keine Parteikonstellation gebunden ist. Die Kirche hat höhere Ziele, ihr obliegen übernatürliche (!) Aufgaben«, verwahrt sich ausdrücklich und energisch »gegen Vermutungen, als sei es der Kirche nicht recht ernst mit ihrem Eintreten für die neu erstandene staatliche Ordnung«[81].

Bischof Bornewasser von Trier wird geradezu pathetisch: »Aufrechten Hauptes und festen Schrittes sind wir eingetreten in das neue Reich und sind bereit, ihm zu dienen mit dem Einsatz aller Kräfte unseres Leibes und unserer Seele«[82].

Weihbischof Burger behauptet gar: »Die Ziele der Reichsregierung sind schon längst die Ziele unserer katholischen Kirche«[83].

Kardinal Faulhaber von München, der schon dem Kaiser während des Weltkrieges als Feldbischof diente, wurde ein besonders eifriger Parteigänger Hitlers, dem er nun einen handschriftlichen Brief sandte, worin u. a. steht: »Uns kommt es aufrichtig aus der Seele: Gott erhalte unserem Volk unseren Reichskanzler«[84].

Auch führende katholische Theologen unterstützten Hitler

Aber nicht nur die Bischöfe, auch andere prominente Katholiken bekannten sich nun zur Nazipolitik. Schufen sie doch eine eigene Schriftenreihe, die, wie es der Verlag Aschendorff in Münster auf der Rückseite all dieser Broschüren formulierte, »dem Aufbau des Dritten Reiches aus den geeinten Kräften des nationalsozialistischen Staates und des katholischen Christentums dienen soll«.

611

>*Sie müssen unterscheiden zwischen einer solchen Popu-
lärliteratur und einer wissenschaftlichen, theologischen Interpretation«. Michael Schmaus bei einer Disputation über
die Misch-Ehe*[85].

In der genannten Reihe des Aschendorff-Verlages erkannte Schmaus völlig richtig:»Ich sehe nämlich in der nationalsozialistischen Bewegung den
schärfsten und wuchtigsten Protest gegen die Geistigkeit des 19. und 20.
Jahrhunderts«, was der Katholik natürlich positiv wertete. Er ist begeistert über die »Unterdrückung aller schädigenden Einflüsse in Schrifttum, Presse, Bühne, Kunst und Lichtspiel«[86]. Und während er in voller
Übereinstimmung mit dem Papsttum des 19. Jahrhunderts den Liberalismus scharf verdammt, bekennt er sich zum »rauschenden Blut und tragenden Boden«. »Die Tafeln des nationalsozialistischen Sollens und die
der katholischen Imperative«, erläutert Schmaus, offenbar doch wohl
nicht populär sondern wissenschaftlich, »weisen in dieselbe Wegrich-
tung«, und er bescheinigt der »nationalsozialistischen Vitalität«, daß »in
ihr wieder der ganze Mensch zu seinem Rechte kommt, nicht nur eine
Seite des Menschen, der Verstand«[87].

Seine gelehrte Interpretation des Nationalsozialismus tat Michael
Schmaus in der christlichen Bundesrepublik keinen Abbruch, was heute
niemanden mehr wundern wird. 1951 wurde er in die Bayerische Akademie der Wissenschaften berufen und Rektor der Münchener Universität.
16 katholische Verbindungen, deren Führer einst ebenfalls begeistert
für Hitler ein traten, ernannten Schmaus zum »Ehrenphilister«. Der mit
Hitler verbündete Franco verlieh Schmaus das Komturkreuz des spanischen Ordens »Al merito civil«. Und der einst ebenfalls mit Hitler zu-
sammenarbeitende Pius XII. erhob ihn 1952 zum Päpstlichen Hausprälaten.

Joseph Lortz,

ein Kollege von Schmaus, scheut auch keine Mühe, den Umschwung seiner Kirche zu erklären. Er beklagt auf katholischer Seite »eine wahrhaft
tragisch zu nennende Unkenntnis der gewaltigen positiven Kräfte, Ideen
und Pläne des Nationalsozialismus, wie sie authentisch in Hitlers Buch
›Mein Kampf‹ bereits seit 1925 allgemein zugänglich niedergelegt waren.
An diesem Versäumnis tragen wir alle unser Teil Schuld«[88]. Im Hinblick
auf Hitlers »Mein Kampf« spricht der Katholik von einer »stupenden Si-

cherheit«, von »ganz überragender innerer Folgerichtigkeit«, ja, er gebraucht die Formulierung »wahrhaft groß«[89]. Theologe Lortz dankt Hitler ergriffen für »die Rettung Deutschlands und dadurch Europas, vor dem Chaos des Bolschewismus«, er verkündet die »Erkenntnis *grundlegender Verwandtschaften* zwischen Nationalsozialismus und Katholizismus«, er schreibt: »In vielem Wesentlichen kann nur der Katholizismus den Nationalsozialismus erfüllen«, und spricht endlich »zu ihm ein volles »Ja«, und zwar aus einer »doppelte(n) Gewissenverpflichtung«, weil nämlich der Nationalsozialismus nicht nur die rechtmäßige Gewalt in Deutschland sei, sondern »zum überwiegenden Teile Deutschland selbst«[90].

Eine letzte, besonders bedenkenswerte Stelle sei noch aus Lortz' Schrift zitiert. Nachdem er den Liberalismus zu den Todeskrankheiten der Zeit und den Hauptfeinden der Kirche gezählt hat, fährt er nämlich fort: »Dem gegenüber ist es geradezu befreiend, daß endlich in der Moderne *außerhalb* der Kirche eine große Kraft und Gestaltung des Lebens erscheint, die das verkündet und weit in die Wirklichkeit des Lebens einführt, was im 19. Jahrhundert die Päpste Gregor XVI., Pius IX. und auch Leo XIII. unter dem überheblichen Hohngelächter der ganzen sogenannten gebildeten und fortschrittlichen, für die ›Kultur‹ kämpfenden Welt lehrten bzw. ablehnten, was auch jene Päpste ablehnten: die Überschätzung der Majorisierung und ihre Verwechslung mit der Autorität; die Forderung schrankenloser Presse- und Redefreiheit, kurz alle Auswüchse, die der individualistische Liberalismus mit dem Wesen der Freiheit verwechselte«[91]. In so bezeichnenden Belangen sieht also der Theologe Lortz eine völlige Übereinstimmung zwischen den bedeutendsten Päpsten des 19. Jahrhunderts und dem Nazidiktator oder, wie Lortz auch schreibt, »dem Katholiken Adolf Hitler«[92]. Und das Schönste ist: Er hat recht!

Joseph Pieper

Dieser bekannte katholische theologische Schriftsteller weist 1934 in einer eigenen Schrift die Gemeinsamkeiten zwischen der von Pius XI. 1931 erlassenen Enzyklika Quadragesimo anno und den sozialen Vorstellungen der Nazis nach. »Die sehr weitreichenden, in einzelnen Punkten erstaunlichen Übereinstimmungen zwischen dem Richtbild der Enzyklika und den sozialpolitischen Zielen und Verwirklichungen (!) des nationalsozialistischen Staates sollen deswegen so nachdrücklich verdeutlicht werden, damit den katholischen Christen außerhalb der NSDAP die Brücke sichtbar werde, die das Gedankengut der christlichen Soziallehre verbindet mit der nationalsozialistischen Sozialpolitik, dem Kernstück der Innenpolitik des dritten Reiches«[93].

Auch ihr wiederholtes Eintreten für Hitler sei hier wenigstens noch erwähnt. So erklärte zur Volksabstimmung und Reichstagswahl am 12. November der Verbandsführer des CV. Forschbach: »Wer am 12. November nicht mit ›Ja‹ wählt, bricht seinen Burscheneid, weil er in der Stunde größter Gefahr sein Vaterland und sein Volk verrät«[94]. Die katholische Burschenschaft, die zur Wahl einen ähnlichen Aufruf erließ, hatte schon Anfang September bekannt: »Wir wollen die Burschenschaft, weil wir die Einheit des katholischen und des deutschen Studententums unter nationalsozialistischer Zielsetzung wollen«[95].

Nun glaubt man heute weithin, das nazifreundliche Verhalten vor allem des deutschen Episkopats sei nur ein kurzer Irrtum gewesen. Renommieren die Katholiken doch seit dem deutschen Zusammenbruch mit Hunderten von bischöflichen Beschwerden bei Partei und Regierung, mit der Verhaftung von einigen tausend Geistlichen und sogar mit Blutzeugen. Kein deutscher Bischof, beiläufig bemerkt, wurde damals Märtyrer oder saß auch nur in einem Konzentrationslager. Dafür waren geringere Geistliche gut genug. Im übrigen aber verschleiert man mit Hilfe der tatsächlich außerordentlich zahlreichen Zusammenstöße zwischen Episkopat und Partei nur den Sachverhalt. Denn diese Proteste des hohen Klerus waren nur Pro-domo-Proteste.

Niemals protestierten die deutschen Bischöfe gegen Hitler und sein System, solang er regierte

Die Anklagen der deutschen Bischöfe in der Zeit von 1933 bis 1939 – denn nach Ausbruch des Krieges verstummten sie überhaupt – richteten sich nie gegen Hitler und eine Politik, mit der er die halbe Welt ins Unglück stürzte. Das störte die deutschen Kirchenführer nicht. Das unterstützten sie, wie leicht zu beweisen ist. Nein, ihre Beschwerden betrafen lediglich Hitlers *Religions*politik, seine Verletzungen des Konkordats. Er hatte versprochen, die Rechte der Kirche zu respektieren, dachte aber gar nicht daran, sein Versprechen zu halten. So wehrten sich die Bischöfe gegen die Beschneidung kirchlicher Ansprüche auf dem Gebiet der Jugenderziehung, des Schulwesens, der Presse, gegen die Gleichschaltung katholischer Vereinigungen, gegen die Kritik am Alten Testament, an den Evangelien, am Klerus, gegen die Konfiskation von Kirchengütern, das Verbot von Prozessionen, gegen die Mönchsprozesse, obwohl selbst der Papst nach einer Reihe von Prozessen eine ganze Provinz des Franziskanerordens auflöste wegen »Ausschweifungen«[96]. Sonst

614

tadelte natürlich auch der Papst von Zeit zu Zeit mit herben Worten das Nichteinhalten des Konkordats.

Alle Klagen der katholischen Kirche aber galten nur der Verletzung *katholischer* Interessen. Niemals wandten sich die deutschen Bischöfe gegen die vielen Tausende von Justizmorden an ihren Gegnern, gegen die Verfolgung von Liberalen, Demokraten und Kommunisten, die sie ja gerade wünschten. Niemals protestierten diese Bischöfe gegen Hitlers Überfall auf Österreich, die Tschechoslowakei, Polen, Dänemark, Norwegen, Belgien, Holland, Frankreich oder gar die Sowjetunion, einen Krieg, den sie doch heiß begrüßten. Niemals protestierten sie gegen die grauenhaften Judenpogrome, gegen die Zerstörung von mehr als zweihundert Synagogen, gegen die Demütigung, Verschleppung und Vergasung der Juden, die ihre eigene Kirche ja eineinhalb Jahrtausende lang immer wieder verfolgt und getötet hatte. Niemals protestierten sie gegen das System des Nationalsozialismus als solches. Vielmehr erklärten hohe Geistliche wie Kardinal Faulhaber von München, Kardinal Schulte von Köln, Bischof Matthias Ehrenfried von Würzburg u. a. (im Jahre 1935) ihre volle Bereitschaft zur Mitarbeit am Nazismus und bedauerten ihre Ausschaltung[97].

Der »Löwe von Münster«

In diesem Zusammenhang sei besonders an den Bischof von Münster, Graf Galen, erinnert, der sich der katholischen Welt zum Inbegriff des katholischen Widerstandskämpfers unter Hitler verklärte. Nun trat aber Graf Galen zwar gegen die Verhaftung von Geistlichen, Mönchen und Nonnen, gegen die Beschlagnahme von Kircheneigentum und die Verfolgung religiöser Institutionen auf, niemals aber beispielsweise gegen den von Hitler angezettelten verbrecherischen Krieg. Im Gegenteil, der vielgepriesene »Löwe von Münster« verteidigte seine Angriffe geradezu mit der Behauptung, die religionsfeindliche Politik des Hitlerregimes hindere Deutschland an einem Sieg! Sie könne den Verlauf des Krieges ungünstig beeinflussen, da sie »die innere nationale Einheit« untergrübe. Der gefeierte katholische »Widerstandskämpfer« – kurz nach Beendigung des Krieges zum Kardinal ernannt – versicherte, »die Christen werden ihre Pflicht tun«, die deutschen Soldaten »wollen für Deutschland kämpfen und sterben« und dergleichen[98]. Nun, mehr verlangte Hitler auch nicht von ihnen.

Schon die Tatsache, daß die katholischen Bischöfe Deutschlands nie das Naziregime als solches verurteilten, solange Hitler an der Macht war, belastet sie ungeheuer. Doch beschränkte sich ihre Tätigkeit nicht etwa nur auf Hitlers Unterstützung im Jahre 1933 und dann auf ein – von zahl-

615

losen kirchenpolitischen Beschwerden abgesehen – schweigendes Hinnehmen seiner Diktatur. Zwar glaubt dies noch heute unbegreiflicherweise fast die ganze westliche Welt, liest man doch zum Beispiel selbst in einem sonst zuverlässigen kritischen Beitrag zur Behandlung des Kirchenkampfes in der Nachkriegsliteratur, »daß ein erheblicher Teil der deutschen Katholiken, unter ihnen Bischöfe und andere höhere Würdenträger, durch Hitlers diabolische Taktik lange Zeit getäuscht, sich wenigstens *während des ersten Jahres hinter den Führer stellten*«[99]. In Wirklichkeit aber stehen wir vor der leicht nachzuprüfenden Tatsache:

Bis in die letzten Jahre des zweiten Weltkrieges unterstützten die deutschen (und seit 1938 auch die österreichischen) katholischen Bischöfe mit zunehmender Intensität einen der größten Verbrecher der Weltgeschichte

> *»Mit Ausnahme der Massentötungen der Geisteskranken haben die Bischöfe alles, restlos alles mitgemacht«.*
> A. Miller[100].

Kardinal Faulhaber fordert in einem Hirtenbrief des Jahres 1934 *immer wieder* »Ehrfurcht und Gehorsam« vor der staatlichen Obrigkeit und rühmt den »unschätzbaren Dienst«, den die Hitlerregierung auf vielen Gebieten dem Volk und der Kirche geleistet habe[101].

Der Bischof von Osnabrück, Wilhelm Berning, schreibt in einem 1934 veröffentlichten Hirtenwort: »Wir *deutschen Katholiken,* die wir als treue Söhne unserer heiligen Kirche für die Erhaltung und Bewahrung unserer religiösen und sittlichen Güter eintreten, sind ebenso auch *treue* Söhne unseres *deutschen Staates,* die den Aufbau und Ausbau des neuen Reiches freudig und entschlossen mitgestalten wollen. Dazu haben wir als deutsche Katholiken das *Recht* und die *Pflicht*«[102]. Ähnliche Versicherungen gibt der Bischof wiederholt und bezeichnet die persönlichen Opfer für die »Volksgemeinschaft«, damals die NS-Volksgemeinschaft, als »eine von Christus uns eingeschärfte Pflicht«[103]. Berning, den man schon 1933, auf Görings Vorschlag, zum Mitglied des Staatsrats ernannt hatte[104], wurde wegen seiner besonderen Sympathien für den Nazismus kurz nach Beginn des Krieges Bischof von Berlin.

Der Freiburger Erzbischof Gröber belegt 1935 in einem eigenen Buch die Staatstreue der Katholiken durch alle Jahrhunderte.

Gröber rühmt bereits die Staatstreue der zwölf Apostel, obwohl wir von ihnen so gut wie gar nichts wissen, was historisch gesichert ist[105]. Bei den ältesten Kirchenvätern dagegen, deren Schriften wir kennen, findet

616

der Autor wenig patriotische Zeugnisse, weshalb er mit Carlyle annimmt, daß die Vaterlandsliebe immer dann am stärksten sei, wenn man kaum ihren Namen nenne[106]. Aus einem salischen Gesetz zitiert Erzbischof Gröber: »Es lebe Christus, der die Franken liebt«[107].

Durch das ganze Buch wird die staatserhaltende Tätigkeit des Katholizismus betont und an Beispielen aufgezeigt, der gottlose Nietzsche aber ausführlich als der gute Europäer diffamiert! Nicht mit dem Zarathustra seien die deutschen Soldaten in Weltkrieg Nr. 1 gezogen. »Was sollten denn unsere Helden aus dem ›Zarathustra‹ lernen? Etwa Begeisterung für Kaiser und Reich? Im ersten Teil können sie das Kapitel vom ›neuen Götzen‹ lesen, wo sie also über den Staat belehrt werden: ›Staat? Was ist das? Wohlan, jetzt tut mir die Ohren auf, denn jetzt sage ich euch mein Wort vom Tode der Völker. Staat heißt das kälteste aller kalten Ungeheuer... Ja, ein Sterben für viele war da erfunden, das sich selber als Leben preist: wahrlich ein Herzensdienst allen Predigern des Todes‹«[108].

Allerdings, damit ließ sich weniger gut in ein vierjähriges, zehn Millionen Menschenleben kostendes Gemetzel ziehen als mit den Ratschlägen der katholischen Kirche auf allen Seiten. Sehr sinnig (wenn nicht gar zynisch) schließt der den Katholiken Nazideutschlands Patriotismus empfehlende Freiburger Kirchenfürst mit einem Wort aus Leo XIII. Enzyklika »Sapientiae christianae«: »Es gibt in Krieg (!) und Frieden keinen besseren Bürger als einen pflichtbewußten Christen«[109].

Hitler wird dies nicht ungern gehört haben. Als er im März 1936 die entmilitarisierte Zone des Rheinlandes besetzte, läuteten im ganzen Rheinland die Kirchenglocken, hielt die katholische Kirche Dankgottesdienste ab, und Kardinal Schulte von Köln, dem Nazismus gegenüber angeblich viel skeptischer als viele seiner Amtsbrüder[110], telegraphierte an den Obersten Befehlshaber der Wehrmacht: »In den denkwürdigen Stunden, da die Wehrmacht des Reiches wiederum als Hüterin des Friedens und der Ordnung in das deutsche Rheinland den Einzug hält, begrüße ich die berufenen Waffenträger unseres Volkes mit ergriffener Seele...«[111]

Am 11. März 1938 okkupierten Hitlers Truppen Österreich.

Kardinal Innitzer von Wien, der im Einvernehmen mit dem Vatikan Schuschnigg die Unterwerfung empfohlen und erklärt hatte: »Der Anschluß ist unvermeidlich«, feierte den Einmarsch der Wehrmacht mit Glockengeläut und Hakenkreuzfahnen an den Kirchen und beauftragte seine Geistlichkeit, dasselbe zu tun. Am 12. März verpflichtete er sie zur Abhaltung eines Dankgottesdienstes. Als Hitler am 15. März den Kardinal in einer Audienz empfing und ihm die Wahrung der kirchlichen Rechte zusicherte, forderten alle österreichischen Bischöfe, mit Ausnahme des Bischofs von Linz, das Volk auf, für Hitler zu stimmen und beschlossen ihren Aufruf mit dem Gruß: »Heil Hitler«[112].

Am 28. März 1938 veröffentlichte die österreichische Presse unter der Überschrift »Bekenntnis der katholischen Kirche zu Großdeutschland, Episkopat für Nationalsozialismus« die »Feierliche Erklärung« der österreichischen Bischöfe zur Volksabstimmung. In einem Vorwort betonen zunächst Kardinal Innitzer und Fürsterzbischof Weitz von Salzburg, daß nun »die tausendjährige Sehnsucht unseres Volkes« ihre Erfüllung finde und die österreichischen Bischöfe »um so unbesorgter« ihren Aufruf an alle Gläubigen erlassen könnten, als ihnen der Beauftragte des Führers die Linie seiner Politik bekanntgegeben habe, die unter dem Motto stehen solle: »Gebt Gott, was Gottes ist, und dem Kaiser, was des Kaisers ist«[113].

Welche Verbrechen hatten damals schon Hitlers Schergen an ungezählten Tausenden in den Konzentrationslagern und an den Juden verübt! Doch wenn die katholischen Bischöfe nur bekommen konnten, »was Gottes ist«, so wollten sie mit allem übrigen einverstanden sein, ja, das Regime sogar nach besten Kräften unterstützen.

So versicherten alle österreichischen Erzbischöfe und Bischöfe in einer »Feierlichen Erklärung«: »Aus *innerster Überzeugung* und mit *freiem Willen* erklären wir unterzeichneten Bischöfe der österreichischen Kirchenprovinzen anläßlich der großen geschichtlichen Geschehnisse in Deutschösterreich:

Wir erkennen *freudig* an, daß die *Nationalsozialistische Bewegung* auf dem Gebiete des völkischen und wirtschaftlichen *Aufbaues* sowie der Sozialpolitik für das Deutsche Reich und Volk und namentlich für die *ärmsten Schichten* des Volkes *Hervorragendes geleistet hat und leistet.* Wir sind auch der Überzeugung, daß durch das Wirken der nationalsozialistischen Bewegung die *Gefahr des alles zerstörenden gottlosen Bolschewismus abgewehrt* wurde.

Die Bischöfe begleiten dieses Wirken für die Zukunft mit ihren *besten Segenswünschen* und werden auch die Gläubigen in diesem Sinn ermahnen.

Am Tage der Volksabstimmung ist es für uns Bischöfe *selbstverständliche nationale Pflicht, uns als Deutsche zum Deutschen Reich zu bekennen,* und wir erwarten auch von *allen gläubigen Christen,* daß sie wissen, *was sie ihrem Volke schuldig* sind«[114].

Diese Erklärung kam in allen katholischen Kirchen Österreichs zur Verlesung.

Am 6. April wurden Innitzer und einige andere österreichische Bischöfe vom Papst und von Staatssekretär Pacelli empfangen. Nach seiner Rückkehr aus Rom wies Kardinal Innitzer den Wiener Klerus an, deutsche Fahnen an den Kirchen aufzuhängen und am Vorabend der Volksabstimmung die Glocken zu läuten. Am 10. April betrat der Kardinal ein Wahllokal mit dem »deutschen Gruß«[115].

618

Als Deutschland ebenfalls noch im Jahre 1938 die Tschechoslowakei durch Gewaltdrohung zur Kapitulation zwang, sandte die Fuldaer Bischofskonferenz an Hitler eine Glückwunschadresse.

Im Jahre 1939 heißt es im Amtsblatt für die Erzdiözese Bamberg:

»Zum Geburtstag des Führers
(am Weißen Sonntag nach der Predigt zu verlesen.)

Am kommenden Donnerstag, 20. April, feiert das Deutsche Volk den 50. Geburtstag unseres Führers und Reichskanzlers Adolf Hitler. Zur Feier dieses Tages wird am Vorabend des 20. April nach Beschluß unserer Hochwürdigsten Bischöfe im Anschluß an das abendliche Gebetläuten ein Festgeläute stattfinden. Wir wollen heute schon an heiliger Stätte unsere Glückwünsche dadurch zum Ausdruck bringen, daß wir jetzt gemeinsam ein andächtiges ›Vaterunser‹ für Führer und Vaterland beten: ›Vater unser...‹«[116].

Die Unterstützung Hitlers durch die deutschen katholischen Bischöfe endete nicht etwa mit dem Beginn des zweiten Weltkrieges, sondern wurde *jetzt noch intensiver*. In vielen Äußerungen forderten sie einzeln oder gemeinsam »immer wieder«, wie sie selbst schreiben (vgl. S. 621), und eindringlicher als bisher das deutsche Volk auf, Hitler gehorsam zu sein und entschlossene Gefolgschaft zu leisten.

In einem »Vademecum für den katholischen Soldaten« (mit dem Imprimatur des Bischöflichen Ordinariats Münster – Graf Galen! – bereits vom 8. 11. 1938) liest man: »Der Führer verkörpert die Einheit des Volkes und Reiches. Er ist der oberste Träger der staatlichen Gewalt. Ihm als solchem zu gehorchen, ist der christliche Deutsche auch ohne Eid im Gewissen gebunden... Ist dem deutschen Soldaten solche Treue seinem Führer und obersten Befehlshaber zu geloben schon leicht gemacht, weil er in ihm *das Vorbild wahrhaft soldatischen Wesens* und soldatischer Treue erkennt, weil er seine Treue einem Manne schenkt, der den Sinn seines Lebens in der Mehrung der Größe und Ehre seines Volkes sieht und Tag und Nacht selbst das Beispiel der Treue gibt, dann wird der christliche Soldat erst recht sein Gelöbnis in Ernst und Freudigkeit des Herzens sprechen können, weil ihn sein Glaube lehrt, in der Person des Herrschers über die rein menschlichen Fähigkeiten und Leistungen hinaus die ihm von Gott verliehene Herrlichkeit und Ehre zu erkennen und anzuerkennen«[117].

Als im Herbst 1939 bei den deutschen Bombenangriffen auf Warschau polnische Katholiken massenhaft ums Leben kamen, beteten die deutschen Katholiken, aufgefordert von ihren Kardinälen und Bischöfen, für den Schutz des Nazireiches. So lautet ein Gebet, das die Geistlichen auf Anweisung des Bischofs von Münster, Graf Galen, zu sprechen hatten:

»Allmächtiger ewiger Gott! Wir bitten dich, nimm unser Vaterland in deinen beständigen Schutz: Erleuchte seine Lenker mit dem Lichte deiner Weisheit, damit sie erkennen, was zur wahren Wohlfahrt des Volkes dient, und das, was recht ist, in deiner Kraft vollbringen. Schütze alle Angehörigen unserer Wehrmacht, und erhalte sie in deiner Gnade, stärke die Kämpfenden...«[118]

Nach dem mißlungenen Attentat auf Hitler im November 1939 zelebrierte Kardinal Faulhaber in der Münchner Frauenkirche einen feierlichen Dankgottesdienst und beglückwünschte mit allen bayerischen Bischöfen Hitler zu seiner Errettung[119].

Anfangs des Jahres 1940 versicherte der Augsburger Bischof Kumpfmüller, der Christ sei »immer der beste Kamerad«. »Der Christ bleibt der Fahne treu, der er Ergebenheit geschworen hat, komme, was kommen mag«[120].

Um die gleiche Zeit appellierte der Bischof Bornewasser von Trier an die Gläubigen, alle ihre »inneren und äußeren Kräfte in den Dienst des Volkes zu stellen«. »Wir müssen jedes Opfer tun, das die Situation von uns verlangt«[121].

Das im Jahre 1940 durch den Feldbischof der Wehrmacht Franz Justus Rarkowski zusammengestellte katholische Militär-Gebet- und Gesangbuch belehrt den deutschen Soldaten: »Wehrpflicht ist Ehrpflicht. Was Deutschland groß gemacht hat, ist nicht zuletzt dem Soldatenstande zu danken. Er ist eine Schule der Tapferkeit, die Geburtsstätte großer Helden, ein Schauplatz der Ehre und des Ruhmes!... Halte dich an die Parole: ›Mit Gott für Führer, Volk und Vaterland!‹... Lasset uns beten!... Laß uns ein heldenhaftes Geschlecht sein... Segne besonders unseren Führer und Obersten Befehlshaber der Wehrmacht in allen Aufgaben, die ihm gestellt sind. Laß uns alle unter seiner Führung in der Hingabe an Volk und Vaterland eine heilige Aufgabe sehen...« usw.[122]

Nach dem deutschen Überfall auf die Sowjetunion im Jahre 1941 richtete der katholische Feldbischof, von dem man selbst auf katholischer Seite zugab, daß seine Hirtenbriefe nur so »strotzen... von nationalsozialistischer Kriegsunterstützung«[123], ein Hirtenwort an die katholischen Wehrmachtsangehörigen, in dem es u. a. heißt: »Wie schon oft in der Geschichte ist Deutschland in der Gegenwart zum *Retter und Vorkämpfer Europas* geworden... Viele europäische Staaten... wissen es, daß der Krieg gegen Rußland *ein europäischer Kreuzzug* ist... Dieses starke und verpflichtende Erlebnis eures Einsatzes im Osten wird euch zu Bewußtsein bringen, wie unsagbar groß das Glück ist, daß wir Deutsche sein dürfen«[124]. Indes war Rarkowski keinesfalls, wie Katholiken heute gern behaupten, ein »Außenseiter«. Der gesamte deutsch-österreichische Episkopat verhielt sich wie er.

620

Die bayerischen katholischen Bischöfe erklärten 1941 in einem gemeinsamen Hirtenbrief: »Wir haben eine ähnliche Zeit schon durchlebt im Weltkrieg und wissen daher aus einer harten und bitteren Erfahrung, *wie notwendig und wichtig* es ist, daß in solcher Lage *jedermann ganz und gern und treu seine Pflicht erfüllt,* ruhige Besonnenheit und festes Gottvertrauen bewahrt und *nicht anfängt zu zagen und zu klagen.* Darum richten wir heute an euch, liebe Diözesanen, in väterlicher Liebe und Sorge *ein Wort der Ermahnung, das euch ermuntern möchte, in gewissenhafter Pflichterfüllung und ernster Berufsauffassung die ganze Kraft einzusetzen im Dienst des Vaterlandes* und der teuren Heimat... Wir haben in den ersten Jahren des Weltkrieges mit Freude und Stolz gesehen, was die Einigkeit Großes vollbringt, wir haben am Ende des Weltkrieges aber auch erfahren müssen, wie die Uneinigkeit alles Große wieder zerstört. Einig wollen wir sein in der Liebe und im Dienst des Vaterlandes, wollen zum Schutz der Heimat eine einzige Opfer- und Arbeitsgemeinschaft bilden...« Unterzeichnet wurde dieses väterliche Hirtenwort von Kardinal M. Faulhaber, Erzbischof von München, dem Erzbischof von Bamberg, den Bischöfen von Speyer, Würzburg, Regensburg, Augsburg, Eichstätt, Passau[125].

Und in einer Denkschrift *aller katholischen Bischöfe Deutschlands* vom 10. Dezember 1941 bekennen die kirchlichen Würdenträger: »Wir begleiten unsere Soldaten mit unseren Gebeten und gedenken in dankbarer Liebe der Toten, die ihr Leben für ihr Volk hingaben. Wir haben *immer wieder* und noch im Hirtenbrief des Sommers unsere Gläubigen zu *treuer Pflichterfüllung, zu tapferem Ausharren,* opferbereitem Arbeiten und Kämpfen im Dienste unseres Volkes in schwerster Kriegszeit *eindringlichst* aufgerufen. *Mit Genugtuung* verfolgen wir den Kampf gegen die Macht des Bolschewismus, vor dem wir deutschen Bischöfe in zahlreichen Hirtenbriefen vom Jahre 1921 bis 1936 die Katholiken Deutschlands gewarnt und zur Wachsamkeit aufgerufen haben, wie der Reichsregierung bekannt ist«[126].

Jeder Kommentar hierzu erübrigt sich.

Auch noch in den Jahren 1942 und 1943 standen die deutschen katholischen Bischöfe in dieser eindeutigen Weise einem der größten Verbrecher der Weltgeschichte bei[127]. Dann freilich wurden sie vorsichtiger, wenn auch so mancher, wie etwa der österreichische Fürstbischof Ferdinand von Seckau noch 1944 im Hinblick auf den Nazikrieg von einer »großen Zeit« und »heroischen Taten« faselte[128], oder der Bamberger Erzbischof Kolb am 31. 1. 1944 schrieb: »Wenn Armeen von Soldaten kämpfen, dann muß eine Armee von Betern hinter der Front stehen.« Ja, noch zu Beginn des sechsten Kriegsjahres ermutigte der Bamberger Oberhirte die Katholiken zum tapferen Tragen des Kriegsjoches: »Gerade weil die Not

621

der Welt so groß ist, braucht Gott der Herr Menschen, welche diese Not beherrscht auf sich nehmen... Christus erwartet, daß wir gehorsam wie Er das Leiden willig übernehmen und das Kreuz tapfer tragen.« Und Kolb verlangt »heißes Gebet für unser geliebtes Volk und Vaterland in dieser Stunde höchster Anspannungen«[129].

Auch die deutsche katholische Presse verwandte sich für Hitlers Krieg

>»Gott hat es zugelassen, daß das Vergeltungsschwert gegen England in unsere Hände gelegt wurde. Wir sind die Vollzieher seines gerechten göttlichen Willens«. Kath. Kirchenblatt für das nördliche Münsterland am 9. 3. 1941[130].

>»Es gibt nur wenige Männer... und zu diesen großen Männern gehört unstreitig der Mann, der heute seinen 52. Geburtstag feiert – Adolf Hitler. Am heutigen Tag verspechen wir ihm, daß wir alle Kräfte zur Verfügung stellen, damit unser Volk den Platz in der Welt gewinnt, der ihm gebührt«. Katholische Kirchenzeitung für die Erzdiözese Köln am 20. 4. 1941[131].

Es versteht sich von selbst und ist ja allgemein bekannt, daß auch die katholische Öffentlichkeit in Deutschland und Österreich schließlich hinter Hitler stand.

Die katholischen Zeitungen, soweit sie Hitlers Organe nicht beschlagnahmt hatten, riefen, wie schon im ersten Weltkrieg, auch zur Unterstützung dieses Krieges auf. Der amerikanische Gelehrte Gordon C. Zahn begegnete in einer 1961 erschienenen Untersuchung über »Die deutsche katholische Presse und Hitlers Kriege« in der von ihm durchgesehenen »exemplarischen Gruppe von Zeitschriften« – keinem einzigen Beispiel einer auch nur verborgenen Opposition gegen den Krieg«. Vielmehr sei die »katholische Presse voll« gewesen »mit Aufrufen zur Kriegsunterstützung«, habe sie »Seite um Seite feurigen Aufrufen zum ›Patriotismus‹ und Ermahnungen zur ›Pflicht‹ gewidmet«[132]. »Der Gesamteindruck für den Leser«, schreibt der amerikanische Soziologe, übrigens in einer ausgesprochen katholischen Zeitschrift, »ist der einer äußerst nationalistischen Unterstützung des Krieges«, ein Resümee, das der Autor später noch ergänzt: »Der Ton der hypernationalistischen Begeisterung in allen Zeitungen, die wir für diese Studie durchsahen, macht auf den Leser nicht den Eindruck, er sei erzwungen worden«[133].

622

Er war es ja auch nicht. Die Schreiber, von denen, wie Zahn bemerkt »viele, wenn nicht die meisten Geistliche waren«[134], folgten allenfalls ihren bischöflichen Vorgesetzten, wie diese dem Papst.

Wie Pius XII. sich während und nach Beendigung des Krieges verhielt, werden wir in den beiden nächsten und letzten Kapiteln verfolgen. Hier werfen wir noch einen

Seitenblick auf die deutsche Evangelische Kirche im Hitlerreich

> »In einer Fülle von Kundgebungen und Aufrufen bezeugten die einzelnen Kirchenleitungen an dem großen Einheitswerk mitzuarbeiten und betonten ihre Verbundenheit mit den großen Vorgängen im politischen Leben Deutschlands«. Der Theologe Karl Kupisch[135].

Hatten die katholischen Bischöfe Deutschlands bis zum Jahre 1933 den Nazismus geschlossen bekämpft, sympathisierten theologische Kreise der evangelischen Kirche schon vorher mit ihm, wie die »Arbeitsgemeinschaft nationalistischer Pfarrer«, die seit 1931 bestand. Nach Hitlers Machtergreifung aber jagten sich die pronazistischen Aufrufe der evangelischen Kirchenführer förmlich.

Zu der März-Wahl 1933 fordert der Evangelische Bund: »Evangelische Christen, erkennt den Ernst und die Verheißung dieser Wahlentscheidung... Tretet hinter die Männer der gegenwärtigen Regierung, um ihnen Gelegenheit zu schöpferischer Arbeit zu geben. Seid eurer Verantwortung eingedenk: Es geht um Deutschlands Rettung!«[136]

Nach dieser Wahl schreibt die Allgemeine Evangelisch-Lutherische Kirchenzeitung: »Hier war für die Kirche kein Platz zum Auf-der-Seite-Stehen, sondern zum Mittun... und jeden Tag von neuem wird es uns klar: Wir sind bewußt Zeugen großer werdender Geschichte... Aber bei aller Freude über die Wendung im Innern dürfen wir keinen Tag vergessen, daß die außenpolitische Befreiung noch erkämpft werden muß!«[137]

Das sogenannte Drei-Männer-Kollegium (Kapler, Marahrens, Hesse) erklärt als Bevollmächtigter des Deutschen Evangelischen Kirchenausschusses und damit sämtlicher evangelischer Kirchen Deutschlands in einer Kundgebung vom 25. 4. 1933: »Zu dieser Wende der Geschichte sprechen wir ein dankbares Ja. Gott hat sie uns geschenkt. Ihm sei die Ehre!«[138]

Der evangelische Wehrkreispfarrer Ludwig Müller stellt sich in einem Aufruf vom 26. 4. 1933 mit den Worten vor: »Mit Gottvertrauen und im Bewußtsein der Verantwortung vor Gott gehe ich ans Werk. Das Ziel ist

623

die Erfüllung evangelisch-deutscher Sehnsucht seit den Zeiten der Reformation«[139].

Zu diesen beiden letzten Aufrufen bekannte sich im Namen der Jungreformatorischen Bewegung u. a. ausdrücklich auch der spätere Landesbischof Lilje[140].

Der Landesbischof von Thüringen, Reichardt, schreibt am 25. 10. 1933: »Schuldige Dankespflicht gegen Gott und Adolf Hitler treibt uns, uns feierlich und einmütig hinter den Mann zu stellen, der unserem Volk und der Welt gesandt ist, die Macht der Finsternis zu überwinden. Wir rufen darum unsere Gemeinden auf, gleichen Sinnes mit uns sich als ein einig Volk von Brüdern hinter den Führer zu stellen«[141].

Auch ein namhafter protestantischer Universitäts-Theologe sei zitiert. Er steht für viele. »Wem das Neue Testament«, meint dieser Neutestamentler im Jahre 1935, »den Blick geschärft hat für Gottes Wille und Weg in der Geschichte und die letzten Realitäten der Welt, der erkennt im Dritten Reich mehr als einen der Züge wieder, die in der paulinischen Staatstheologie vorgezeichnet sind... Die Kirche muß ja sagen zu diesem Staat, ein *Ja vom Neuen Testament her* zur geschichtlichen Sendung und Zielsetzung des Dritten Reiches, wie Paulus ja gesagt hat zum gottgesetzten Amt des römischen Reiches.« Der Theologe, der gegen Liberalismus, Bolschewismus, jüdisches Kapital und alle »Schwärmer« (!) schreibt, der die nazistischen Grundbegriffe Blut und Boden, Rasse und Volk, Ehre und Heldentum und das Hakenkreuz besingt, sogar auf Kosten der Theologie, der Hitler eine mächtige Persönlichkeit, Horst Wessel als den Sohn eines Militärgeistlichen nennt und den deutschen Theologiestudenten befiehlt, »mit ordentlichem Gleichschritt in der SA« zu marschieren[142], hatte auch nach dem Krieg eine Professur in Westdeutschland, für den Kenner deutscher Nachkriegsverhältnisse freilich ganz selbstverständlich.

Bei der Besetzung der entmilitarisierten Zone des Rheinlandes im März 1936 telegraphiert der Reichskirchenausschuß an Hitler: »Tief ergriffen von dem Ernst der Stunde und von der festen Entschlossenheit des aus seiner Verantwortung vor Gott handelnden Führers steht die Deutsche Evangelische Kirche *freudig bis zum letzten Einsatz* für des deutschen Volkes Ehre und Leben bereit.« Die Evangelischen Pfarrervereine machten sich diese Treuebekundung für den Führer »vollinhaltlich zu eigen«[143].

Am 20. November 1936 erklären die evangelischen Landesbischöfe: »Wir stehen mit dem Reichskirchenausschuß hinter dem Führer im Lebenskampf des deutschen Volkes gegen den Bolschewismus... Wir werden unsere Gemeinden unermüdlich aufrufen zum vollen Einsatz der christlichen Kräfte in diesem Kampf in der Gewißheit, daß damit dem deutschen Volk *der wertvollste Dienst* geleistet wird«[144].

624

Am 30. September 1938, elf Monate vor Ausbruch des zweiten Weltkrieges, telegraphieren die Evangelischen Kirchenführer: »Gott sei Dank, der unserem Volke durch den Führer ehrenvollen Frieden bewahrt hat. Mit den befreiten Brüdern erflehen wir göttlichen Segen für das verheißungsvolle Friedenswerk. Heil dem Führer!«[145]

Doch auch beim Kriegswerk sind die evangelischen Kirchenführer spontan dabei – »in Krieg und Frieden«, wie auch Papst Leo XIII. schrieb. Am 2. 9. 1939, zu Beginn des zweiten Weltkrieges, versichert die Evangelische Kirche Deutschlands: »Die deutsche evangelische Kirche stand immer in treuer Verbundenheit zum Schicksal des deutschen Volkes. Zu den Waffen aus Stahl hat sie unüberwindliche Kräfte aus dem Worte Gottes gereicht... So vereinigen wir uns auch in dieser Stunde mit unserem Volk in der Fürbitte für Führer und Reich...«[146]

Der Reichsbundesführer der deutschen evangelischen Pfarrervereine eröffnet einen Aufruf vom 8. 9. 1939: »Großdeutschland ruft zum Dienst. Es ruft jedermann, Alt und Jung, Mann und Weib – es ruft auch uns. Die einen zum Dienst draußen im Feld, die anderen daheim als Diener dessen, der gesagt hat: ›Kommet her zu mir alle, die ihr mühselig und beladen seid; ich will euch erquicken‹«[147]

Nach dem geglückten Überfall Deutschlands auf Polen danken die deutschen evangelischen Kirchenführer Gott und Hitler in ihrer Kanzelabkündigung zum Erntedankfest 1939: »Und mit dem Dank gegen Gott verbinden wir den Dank gegen alle, die in wenigen Wochen eine solche gewaltige Wende heraufgeführt haben: gegen den Führer und seine Generale, gegen unsere tapferen Soldaten auf dem Lande, zu Wasser und in der Luft... Wir loben Dich droben, Du Lenker der Schlachten, und flehen, mögst stehen uns fernerhin bei«[148].

Nach dem Überfall Deutschlands auf die Sowjetunion erhielt Hitler am 30. 6. 1941 ein langes, enthusiastisches Telegramm, das mit den Worten beginnt: »Der Geistliche Vertrauensrat der Deutschen Evangelischen Kirche, erstmalig seit Beginn des Entscheidungskampfes im Osten versammelt, versichert Ihnen, mein Führer, in diesen hinreißend bewegten Stunden aufs neue die unwandelbare Treue und Einsatzbereitschaft der gesamten evangelischen Christenheit des Reiches... Das deutsche Volk und mit ihm alle seine christlichen Glieder danken Ihnen für diese Ihre Tat«[149].

Doch noch viel später bekennen sich die Spitzen der Evangelischen Kirche zu Hitler, ja, sie rufen zum »totalen Krieg« mit auf, wie der Präsident des Lutherischen Weltkonvents, Marahrens, der am 20. Juli 1943 von den Pastoren »rücksichtslose Entschlossenheit« verlangt. »Überall muß die Erkenntnis geweckt werden: Wir stehen in einem unseren ganzen Einsatz fordernden Krieg, und dieser Krieg muß in unbeirrbarer Hingabe frei von aller Sentimentalität geführt werden«. Nur wenige Zeilen später erinnert der hohe protestantische Kirchenführer ohne Scham an Lukas 9, 62[150], wo es heißt: »Niemand, der die Hand an den Pflug gelegt hat und dann noch rückwärts blickt, ist für das Reich Gottes tauglich.«

Noch im 3. Kriegsjahr veröffentlicht auch Hanns Lilje – später Landesbischof von Niedersachsen und stellvertretender Vorsitzender des Rates der Evangelischen Kirche in Deutschland – eine eigene Schrift mit dem sprechenden Titel »Der Krieg als geistige Leistung«. Darin schreibt Lilje u. a.: »Oder wo weiß man mehr, wie *köstlich* das Leben ist als im Kriege?« »Es muß nicht nur auf den Koppelschlössern der Soldaten, sondern in Herz und Gewissen stehen: *Mit Gott!* Nur im Namen Gottes kann man dies Opfer legitimieren.« Auch Jesus gehört selbstverständlich dazu. So schließt Lilje seinen Beitrag zum Hitlerkrieg: »In viel tieferem Sinne, als die bürgerliche Alltagsweisheit jemals wissen kann, gilt das Jesuswort: »Wer sein Leben lieb hat, wird es verlieren«[151].

Wie unter dem Verbrecher Hitler, propagierte Bischof Lilje auch später das Evangelium auf seine Art. So gab er in einem Fernsehinterview des Jahres 1961 deutlich zu erkennen, der Christ in Ostdeutschland habe nicht nur ein passives, sondern auch ein aktives Widerstandsrecht. Allerdings wollte der Förderer des Naziregimes »im Augenblick niemandem den Rat geben, voreilig zu einer Flinte zu greifen«[152].

Es drängt sich die Vermutung auf, daß die meisten der Kreuzzugsideologen schon als willfährige Kreaturen Hitlers einer Ostlandpolitik dienten, die zum Tode von fünfundfünfzig Millionen Menschen führte, während die damaligen christlichen Pazifisten auch Jahre nach dem Krieg den Militarismus bekämpften.

Denn selbstverständlich gab es Protestanten, die nicht nur immun gegenüber der nazistischen Ideologie waren, sondern auch öffentlich davon Zeugnis ablegten. Es sei nur an die Bekennende Kirche erinnert, an Männer wie Karl Immer, Paul Schneider, Landesbischof Wurm oder Martin Niemöller, dessen Briefe an Hitler-Minister man lesen muß, um seine Unerschrockenheit würdigen zu können. Bezeichnenderweise stand Niemöller auch zur deutschen Politik während der ersten Nachkriegsjahrzehnte wieder in scharfer Opposition.

Aber selbst der Vorsitzende der ersten »Vorläufigen Leitung« der Bekennenden Kirche, der damalige hannoversche Landesbischof, beteuerte in einem Rechenschaftsbericht: »Wir wiederholen es an dieser Stelle ausdrücklich, was wir unzählige Male (!) seit dem Anbruch unseres nationalsozialistischen Staates öffentlich und feierlich erklärt haben: daß wir in Opferbereitschaft und Treue für diesen Staat einzutreten bereit sind«[153].

Dasselbe betonten, wie wir sahen, auch die katholischen Bischöfe Deutschlands, natürlich im engsten Einvernehmen mit dem Papst.

626

68. KAPITEL

Der Vatikan und
der zweite Weltkrieg

> »Wie sehr sich Pius XII. für den Frieden eingesetzt hat und
> mit Recht als einer der großen Friedenspäpste gilt, davon
> wird im weiteren Verlauf unserer Darstellung noch die
> Rede sein.« Gustav Grundlach S. J.[1]

Wie die katholische Kirche Auseinandersetzungen mit Hitler hatte, so gab
es, wenn auch seltener, Meinungsverschiedenheiten mit Mussolini. Doch
ungeachtet all dieser Differenzen, ungeachtet der Klagen der Bischöfe
und selbst des Vatikans, hielten der 11. und der 12. Pius am Bündnis mit
den Faschisten fest, die ja schon mit kurialer Hilfe an die Macht gekommen waren.

Diese außerordentlich bedeutsame Tatsache sei noch einmal betont,
insbesondere die Schrittmacherdienste des Papstes auch für Hitler. Sie
sind durch von Papen bezeugt und bewiesen und erhielten überdies den
sichtbarsten Ausdruck im Konkordat, das fast sogleich nach Hitlers
Machtübernahme geschlossen wurde und dem neuen Staat vor aller Welt
die Legalität verlieh. So triumphierte noch im Sommer 1933 der »Völkische Beobachter«, das Regierungsorgan Hitlers: »Durch die Unterzeichnung des Reichskonkordates ist der Nationalsozialismus in Deutschland
von der katholischen Kirche in der denkbar feierlichsten Weise anerkannt
worden... Diese Tatsache bedeutet eine *ungeheure moralische Stärkung*
der nationalsozialistischen Reichsregierung und ihres Ansehens«[2].

Auch Kardinal Faulhaber bestätigte ausdrücklich den Beistand des
Papstes: »Papst Pius XI.«, bekannte Faulhaber 1936 in einer Predigt, »hat
als erster Souverän des Auslandes mit der neuen Reichsregierung im
Reichskonkordat einen feierlichen Vertrag abgeschlossen, von dem Wun-
sche geleitet, ›die zwischen dem Heiligen Stuhl und dem Deutschen Reich
bestehenden freundschaftlichen Beziehungen zu festigen und zu fördern‹«[3].

Der Kardinal wurde in dieser Predigt aber noch deutlicher. »In Wirk-

627

lichkeit«, sagte er nämlich, »ist Papst Pius XI. *der beste Freund, am Anfang sogar der einzige Freund des neuen Reiches gewesen.* Millionen im Ausland standen zuerst abwartend und mißtrauisch dem neuen Reich gegenüber und haben erst durch den Abschluß des Konkordats Vertrauen zur neuen deutschen Regierung gefaßt«[4].

Genau zehn Jahre später, parenthetisch bemerkt, erscheint allerdings einem Prälaten des Kardinals, dem Münchner Weihbischof Neuhäusler, die Rolle des Papstes und des Konkordates in etwas anderem Licht. Unter den machtvollen Überschriften (mit der bei fast allen katholischen Theologen beliebten und meist extrem übertriebenen exakten Unterteilung, die sozusagen schon äußerlich auf die Zuverlässigkeit des Mitgeteilten schließen lassen soll) »B. Kraftzentren des kirchlichen Widerstandes. 1. Der Fels Petri« verkündet nämlich das Standardwerk über den katholischen Kirchenkampf im Dritten Reich: »Am mächtigsten war katholischerseits die Gegenwehr gegen den antichristlichen Nationalsozialismus an der höchsten Stelle der katholischen Kirche, *am Felsen Petri.* Freilich versuchte der Hl. Stuhl zunächst die schlimmen Geister des Nationalsozialismus mit einer *›feierlichen Übereinkunft‹* zu bändigen«[5].

Aus dem besten und anfangs einzigen ausländischen Freund des Nazireiches, nach dem Sprachgebrauch des Kardinals Faulhaber im Jahre 1936, wurde also nach dem Sprachgebrauch seines Prälaten im Jahre 1946, ein Bändiger der bösen Geister!

Das Konkordat war bereits vor Hitlers Regierungsantritt vereinbart worden, wie Pius XI. ja auch lange vor Abschluß des Lateranvertrages engen Kontakt mit Mussolini hatte, und zwar aus Furcht vor dem Kommunismus. In ihm sah und sieht die Kurie ihren größten Gegner, dessen Vernichtung sie vor allem von Hitler erwartete.

Am 30. April 1937 schrieb Kardinalstaatssekretär Pacelli dem Botschafter Hitlers beim Vatikan, von Bergen, der Heilige Stuhl verkenne »nicht die große Bedeutung, welche die Bildung innerlich gesunder und lebensfähiger politischer Abwehrfronten gegen die Gefahr des atheistischen Bolschewismus besitzt«. Der Heilige Stuhl, gestand Pacelli, bekämpfe den Bolschewismus ebenfalls, doch mit anderen Mitteln. Er billige aber auch die Anwendung »äußerer Machtmittel gegen die bolschewistische Gefahr«[6].

Der deutsche Überfall auf die Tschechoslowakei

Als Kardinal Pacelli im Jahre 1939 den päpstlichen Thron bestieg, fielen Hitlers Truppen in die Tschechoslowakei ein. Pacelli, der schon als Nuntius in Berlin, als Kardinalstaatssekretär 1932/33 und bei der Annexion

Österreichs Hitler in die Hände gearbeitet hatte, ignorierte den neuen Gewaltakt völlig. Vielmehr erklärte er, und dies war eine seiner ersten Äußerungen als Papst, er wünsche allen kundzutun, »wie sehr er Deutschland schätze, und daß er gewillt sei, für Deutschland viel zu tun«[7]. An Hitler selbst sandte Pius XII. zu dessen 50. Geburtstag eine handschriftliche Botschaft, die, wie im Mai 1939 der Korrespondent der »Neuen Zürcher Zeitung« aus Rom meldete, sehr gut aufgenommen wurde[8].

An der Zerstörung der »Hussitenrepublik«, in der von 1918 bis 1930 weit über eine Million Katholiken aus der Kirche austraten, hatte vor Hitler schon der Vatikan gearbeitet, indem er die separatistische Bewegung der slowakischen Katholiken unterstützte, besonders die Slowakische Volkspartei. Es war dies eine konservative und wesensmäßig katholische Partei mit antisemitischen Tendenzen, die zunächst der Prälat Hlinka, und nach dessen Tod im Jahre 1938 der Geistliche Tiso leitete. Bald nach seinem Amtsantritt als Ministerpräsident der Slowakei forderte dieser ehemalige katholische Theologieprofessor die absolute Autonomie, obwohl er kurz zuvor dem Präsidenten der tschechoslowakischen Republik den Treueid geleistet hatte. Nun seines Amtes enthoben, floh Tiso mit einem von dem österreichischen Katholiken Seyß-Inquart zur Verfügung gestellten Flugzeug nach Berlin, machte im Bunde mit Hitler und dem Vatikan im März 1939 die Slowakei selbständig und wurde im Oktober Staatspräsident.

Als einer der ersten erkannte im April 1939 der Papst den neuen slowakischen Staat an und verlieh Tiso den Rang eines päpstlichen Kammerherrn und den Titel Monsignore[9]. Die katholischen Bischöfe des Landes ließen am 24. Oktober in allen Kirchen einen Hirtenbrief verlesen, worin sie das faschistische Tisoregime segneten[10]. Nach dem Vorbild der Hitlerjugend wurde in ihm die Hlinkagarde und Hlinkajugend gegründet, sowie der Arbeitsdienst nach deutschem Muster übernommen. Tisos Stellvertreter, der Ministerpräsident Tuka, äußerte im August 1940, das slowakische Staatssystem werde künftig eine Verbindung von deutschem Nationalsozialismus und römischem Katholizismus sein[11]. So hob man, wie etwa im katholischen Spanien Francos, sofort Meinungs-, Presse- und Redefreiheit auf, verbot alle anderen Parteien und bedrängte hart Orthodoxe, Protestanten und Juden.

Prälat Tiso war erklärter Antisemit. Von einigen Katholiken deswegen zur Rede gestellt, meinte er am 28. August 1942: »Was die Judenfrage betrifft, erkundigen sich manche, ob unser Vorgehen christlich und human sei. Ich frage dagegen: ist es christlich, wenn die Slowaken sich von ihren ewigen Feinden, den Juden, befreien wollen?«[12] Der katholische Bischof Ján Vojtaššák, der führende Repräsentant der hohen kirchlichen Hierarchie in der Slowakei, denunzierte sogar Juden und sagte am 25. März

629

1942 in einer Sitzung des slowakischen Staatsrates, dessen stellvertretender Vorsitzender er war: »Die Ausweisung der Juden haben wir fortgesetzt. Wir haben die Bilanz erhöht«[13]. Ja, der Bischof, der ein jährliches Einkommen von drei bis vier Millionen Kronen bezog, benützte die faschistischen Rassengesetze, um sich noch des jüdischen Besitzes in Betlanovce und Baldovce zu bemächtigen[14].

Nach einer 1941 in London erschienenen Veröffentlichung des tschechoslowakischen Außenministeriums haben 90% aller slowakischen katholischen Geistlichen für Hitler gebetet[15]. Der päpstliche Kammerherr Tiso schickte eine eigene Legion an die Ostfront und besuchte und ermutigte seine Legionäre wiederholt. Bis zuletzt rief er zur Fortsetzung des Krieges auf und versicherte noch am 27. September 1944: »Die Slowakei wird an der Seite der Achsenmächte bis zum Endsieg stehen«[16]. Und die katholischen Bischöfe Ján Vojtaššák und Michael Buzalka segneten die Tisotruppen, ehe sie gegen das katholische Polen und die Sowjetunion ins Feld zogen[17].

Tiso floh 1945 nach Deutschland, doch die Alliierten lieferten ihn aus, er kam in der Tschechoslowakei vor Gericht und wurde als Kriegsverbrecher verurteilt. Der Papst unterließ nichts, um Tiso moralisch zu rehabilitieren. In der mit voller Zustimmung Pius' XII. vom Vatikan veröffentlichten »Katholischen Enzyklopädie« heißt es u. a.: »Tiso war ein vorbildlicher Priester, der ein unbescholtenes Leben führte. Er widmete sich der Politik, weil er sich *durch die Notwendigkeit dazu gezwungen sah;* denn seit Beginn dieses Jahrhunderts verteidigte nur der Klerus die Rechte des slowakischen Volkes. Deshalb wurde er von allen wie ein Vater geliebt. Unter der Regierung Tiso hat die Slowakei große Fortschritte sowohl auf kulturellem und ökonomischem als auch auf sozialem Gebiet gemacht und ihre *nationale Selbständigkeit* bewiesen.« Schließlich wird Tiso selbst zitiert: »Ich sterbe als Märtyrer... Außerdem sterbe ich als Verteidiger der christlichen Zivilisation gegen den Kommunismus«[18].

Außerdem starb Tiso als ein Rebell gegen den tschechoslowakischen Staat, als ein Katholik, der die Slowaken für Hitler verheizte, als ein rabiater Antisemit und überhaupt als ein Mann, der, im Bunde mit dem Papst, ein System unterstützte, in dessen Konzentrationslagern Millionen von Menschen hingeschlachtet wurden.

Auch in der Tschechei kollaborierte der hohe katholische Klerus mit den Nazis. So schrieb der Statthalter von Prag, Frank, noch am 5. Juli 1944 an Hitlers Hauptquartier, er, Frank, stütze sich auf die höheren tschechischen Würdenträger der katholischen Kirche[19].

Bereits zwei Jahre vorher, am 10. Juni 1942, hatte man auf Befehl Franks als »Vergeltung« für die Erschießung des »Reichsprotektors« Heydrich das tschechische Dorf Lidice vollständig niedergebrannt, 184

630

Männer und 7 Frauen an Ort und Stelle erschossen, und 203 Frauen und 104 Kinder in ein Konzentrationslager verschleppt, von denen noch 153 Frauen und 16 Kinder lebend zurückkehrten[20]. Mit dem Initiator dieses Verbrechens also arbeitete noch zwei Jahre später der höhere katholische Klerus in der Tschechei zusammen!

Die Folgen

In der Tschechoslowakei kamen durch die deutsche Besetzung (seit 1938) von rund 13 Millionen Einwohnern schätzungsweise 300 000 ums Leben. Mit dem ersten Tag der Invasion begannen die Hinrichtungen. Allein in der »Kleinen Veste« (Mala pevnost) von Terezin bei Leitmeritz starben Zehntausende durch die Gestapo. In den letzten Wochen der Besetzung warfen die Deutschen hier etwa 25 000 Urnen mit der Asche der Ermordeten in die nahe der Festung vorbeifließende Ohre. 26 000 Leichen fand man nach der Befreiung noch vor[21].

Ungefähr 300 000 Menschen wurden aus der Tschechoslowakei deportiert, wovon viele umkamen[22].

Die jüdische Bevölkerung fiel nach den offiziellen Untersuchungen des angloamerikanischen Untersuchungskomitees von 315 000 im Jahre 1939 auf 60 000 im Jahre 1946. Von den 255 000 Verschwundenen konnte nur ein äußerst geringer Prozentsatz entfliehen[23].

Danzig

Auch vor dem Anschluß Danzigs an Deutschland am 1. September 1939, der den Überfall auf Polen einleitete, kam der Vatikan Hitler entgegen. Auf Drängen der NSDAP entfernte nämlich der Papst im Sommer 1938 den damaligen Bischof von Danzig, O'Rourke, einen irischen Grafen, dem die Nazis »Polonisierung« der Danziger Kirche vorwarfen. Ebenfalls änderte der Papst das vorher von ihm gebilligte Projekt der polnischen Kirchengemeinden Danzigs ab. An Stelle O'Rourkes wurde der Deutsche Splett Bischof in Danzig, der im Beichtstuhl und in den Kirchen den Gebrauch der polnischen Sprache verbot und die Entfernung polnischer Inschriften nicht nur aus den Kirchen, sondern auch von den Grabsteinen anordnete. Während der deutschen Besetzung Polens übertrug der Vatikan Bischof Splett auch die Diözese von Chelm[24].

Der deutsche Überfall auf Polen

Von dem geplanten Überfall auf Polen war nach Mitteilung des langjährigen Korrespondenten der Associated Press beim Vatikan, Morgan, Pius XII. bereits Mitte August 1939 durch seinen Berliner Nuntius Orsenigo unterrichtet worden[25]. Hitler ersuchte damals den Papst, die Invasion in Polen nicht zu verurteilen und die polnischen Katholiken zu einem Kreuzzug gegen die Sowjets zu gewinnen[26].

Nun ersehnte man zwar im Vatikan seit zwanzig Jahren nichts mehr als die Vernichtung des Kommunismus und der Sowjetunion, womit sich als zweiter großer Wunsch der Kurie die Unterwerfung der orthodoxen Kirche unter den römischen Katholizismus verband. Auf der anderen Seite aber war Polen ein rein katholisches, jahrhundertelang dem Vatikan unverbrüchlich ergebenes Land, das zudem ein katholischer Diktator regierte, der enge Verbindung mit dem Papst unterhielt.

Dessen ungeachtet entschied sich Pius XII. für die Opferung Polens. Er stellte jedoch drei Bedingungen[27]. 1. Hitler müsse zuvor alles versuchen, um mit Polen und den Westmächten zu einem Kompromiß zu gelangen. 2. Im Falle einer Invasion dürfe Deutschland Polen nur ein Minimum an physischem und moralischem Schaden zufügen und die polnischen Katholiken wegen ihres Widerstandes nicht verfolgen; alle Interessen der Kirche seien zu wahren. 3. Niemals dürfe die Verhandlung des Vatikans mit Deutschland über eine Invasion in Rußland bekannt werden. Hitler versprach alles.

Als nach dem Angriff auf Polen Frankreich und Großbritannien, ungeachtet aller päpstlichen Bemühungen, in den Krieg eintraten, wurde Pius XII. durch den Beginn des zweiten Weltkrieges so getroffen, daß man tagelang für seine Gesundheit fürchtete. Später, im November, erlitt der Papst sogar einen Nervenzusammenbruch[28]. Doch hielt er sein Versprechen. Wie schon beim Einmarsch der Deutschen in Österreich und in der Tschechoslowakei, so schwieg das Oberhaupt der katholischen Kirche auch jetzt und verurteilte Hitlers Angriff auf Polen mit keinem Wort.

Dafür protestierte Pius XII. gegen den Abschluß des deutsch-sowjetischen Paktes durch seinen Nuntius in Deutschland, durch den »Osservatore Romano« und Radio Vatikan um so energischer. Und als gar die Sowjets am 17. September 1939 in Polen von Osten her einfielen und es besetzten, fanden die vatikanischen Proteste in Funk und Presse kein Ende. Vor allem klagte die Kurie über religiöse Verfolgungen durch die Roten Armeen. Aber selbst der Primas von Polen, Kardinal Hlond, führt in einem Bericht an den Papst zwar viele Fälle von religiöser und sonstiger Verfolgung der polnischen Bevölkerung durch die Deutschen an, aber keine derartigen Ausschreitungen in den von den Sowjets besetzten Ge-

632

bieten. Nur am Ende seines Vorwortes schreibt der Kardinal, der in einer Presseerklärung äußerte, die katholische Kirche Polens sei seit ihrem Bestehen niemals so verfolgt worden wie unter der deutschen Besatzung, die Pogrome in den von den Sowjets okkupierten Teilen Polens seien gleichfalls hart. Belege bietet er allerdings nicht dafür[29].

Indes ließen es die Sowjets nicht an rigorosen Maßnahmen fehlen. Kirchliche Schulen, theologische Seminare und Klöster wurden geschlossen, Kapellen beschlagnahmt, Kirchen hoch besteuert, Geistliche verbannt und christliche Lehrer an den öffentlichen Schulen durch Kommunisten ersetzt[30].

Zuvor hatte es allerdings schon unter Leitung der katholischen Bischöfe gerade in den nach dem ersten Weltkrieg von Rußland an Polen abgetretenen Gebieten umfangreiche religiöse Verfolgungen gegeben. Dort lebten nämlich sieben bis acht Millionen Weißrussen und Ukrainer, von denen etwa die Hälfte der russisch-orthodoxen Kirche angehörte. Ungeachtet des feierlichen Versprechens der Polen an die Großmächte, alle Rechte dieser Minderheiten, auch die religiösen, zu respektieren, machte man sich alsbald an ihre Bekehrung. Im Einverständnis mit dem Vatikan wurden in kurzer Zeit mehr als tausend orthodoxe Priester eingekerkert und ganze Dörfer durch Massaker entvölkert. In einer 1931 in den USA erschienenen Schrift heißt es: »Die meisten orthodoxen Kirchen wurden von polnischen Soldaten geplündert und als Pferdeställe, ja, als Latrinen benutzt«[31]. Unablässig bereisten damals vatikanische Visitatoren das Land und überzeugten sich von dem Fortgang der Mission.

Die Religionsverfolgung in Polen durch Einheiten Hitlers war so offensichtlich, daß selbst der Vatikan wiederholt seine Mißbilligung bekundete. Diese Proteste waren für den Papst, der sich, schon mit Rücksicht auf die katholische Welt, während des ganzen Krieges den Anschein strenger Neutralität gab, unerläßlich. Einerseits dienten sie zur Tarnung seiner profaschistischen Politik, andererseits suchte er damit von der Regierung Hitlers Konzessionen in kirchlichen Fragen zu erlangen. So wenig der Antiklerikalismus der Nazis in Deutschland die Zusammenarbeit von Pius XII. mit Hitler beeinträchtigt hatte, so wenig beeinträchtigten sie die Ausschreitungen in Polen. Nuntius Orsenigo protestierte zwar, beglückwünschte aber zugleich im Auftrag des Papstes Hitler zu seiner Rettung beim Münchner Attentat.

Nach dem Zusammenbruch Polens unter der deutschen und russischen Besetzung erklärte der ins Ausland geflohene langjährige polnische Außenminister Beck: »Einer der Hauptverantwortlichen für die Tragödie meines Landes ist der Vatikan. Zu spät erkannte ich, daß wir eine Außenpolitik im Interesse der katholischen Kirche betrieben«[32].

633

Eine Anordnung Himmlers lautete: Totale Ausrottung der Polen nach einer Übergangsperiode, in der sie im höchsten Grade ausgenutzt werden müssen[33].

Von etwa 35 Millionen polnischen Bürgern kamen in den von den Deutschen besetzten Gebieten durch Kriegshandlungen, Widerstandskämpfe, Vergeltungsmaßnahmen, Deportationen, Internierungen in Konzentrationslagern, Massakern in Ghettos usw. etwa 6 028 000 Menschen um[34]. Von der jüdischen Bevölkerung Polens wurden 98 Prozent ausgerottet, insgesamt 3 150 000[35].

Allein im Lager Stutthof (Sztutowo) haben Deutsche alle 30 Minuten an die 100 Menschen in die Gaskammern getrieben, bis 300 täglich durch Phenoleinspritzungen und andere Mittel umgebracht und gleichzeitig noch Häftlinge erhängt[36].

Im Lager Auschwitz (Oschwiecim) wurden innerhalb eines Jahres, vom 2. Oktober 1943 bis 30. Oktober 1944, 24 688 Männer, Frauen und Kinder vergast[37].

In Sobibor wurden etwa 250 000 (meist Juden aus Ostpolen), in Belzec ungefähr 600 000 (meist Juden aus Zentralpolen, aber auch 1000 bis 1500 Nichtjuden), in Treblinka 731 600 (insbesondere Juden aus Zentralpolen), in Majdanek 1 380 000 Menschen verschiedener Nationalität ermordet[38].

Für jeden getöteten Deutschen tötete man zur Vergeltung 100 Polen, eine Ziffer, die nur noch in Jugoslawien erreicht worden ist[39].

Die »Friedensbemühungen« des Papstes und der Eintritt Italiens in den Krieg

Nach dem Polenfeldzug bemühte sich Pius XII., wie vor allem bei den Nürnberger Prozessen bekannt wurde, intensiv um einen Kompromißfrieden zwischen den Alliierten und Deutschland in der Absicht, den Westen gemeinsam gegen das kommunistische Rußland zu führen. »Beenden wir diesen Bruderkrieg«, äußerte der große Friedenspapst einen Tag nach Verkündigung seiner Weihnachtsbotschaft, am 25. Dezember 1939, auf einem Empfang des Kardinalkollegiums, »und vereinigen wir unsere Kräfte gegen den gemeinsamen Feind, gegen den Atheismus!«[40] Die Verhandlungen mit dem Ziel eines gemeinsamen Kampfes gegen die Sowjetunion, zu dem der Papst auch die USA zu bewegen suchte, fanden Ende 1939 und Anfang 1940 statt. (Bereits bei der Krönung Pacellis weilte ein offizieller Vertreter der Vereinigten Staaten im Vatikan, nämlich der amerikanische Gesandte in England, Kennedy, der Vater des gegenwärtigen amerikanischen Präsidenten.)

Als Italien am 10. Juni 1940 Frankreich und England den Krieg erklärte, sprach der italienische Episkopat sogleich von einem heiligen Krieg und sandte Mussolini und dem König eine Grußbotschaft. Der Korrespondent der »New York Times« beim Vatikan, der sich damals über das Verhältnis der Kurie zu diesen klerikalen Kriegsdemonstrationen erkundigte, erhielt im vatikanischen Staatssekretariat die Antwort, der Heilige Stuhl sei für alle Katholiken verantwortlich; »die italienische Geistlichkeit und die italienischen Katholiken haben aber besondere Pflichten gegenüber Italien und werden diesen wie immer in Ehren nachkommen«[41]. Und die vatikanische Jesuitenzeitschrift »Cività Cattolica« forderte alle Italiener auf, »mit ihrem Blute die treue Pflichterfüllung zu besiegeln«[42]. Der Papst aber bekannte sich weiterhin zur Neutralität und verkündete den Frieden.

Der deutsche Überfall auf Norwegen und die Besetzung der Niederlande, Belgiens und Frankreichs

Als Hitler im April 1940 das schwache Norwegen überfiel und Pius XII. von vielen Seiten gedrängt wurde, diese neue Aggression zu verdammen, hüllte er sich ebenso in Schweigen wie schon früher bei ähnlichen Anlässen. Nur durch den »Osservatore Romano« ließ er andeuten, in Norwegen lebten 2619 Katholiken, in Deutschland aber 30 Millionen[43].

Von rund 3 Millionen Norwegern kamen durch die deutsche Besetzung 10166 Menschen um[44].

Auch die verschiedenen Aggressionsakte Mussolinis, beiläufig bemerkt, hat der Papst niemals verurteilt, weder den italienischen Überfall auf Abessinien, noch den auf Albanien oder den auf Griechenland. Erwartete der Vatikan von diesen Unternehmen doch nicht nur eine Stärkung des mit ihm eng verbündeten faschistischen Italien, sondern auch eine Eröffnung katholischer Missionstätigkeit in diesen Ländern.

Nach der Besetzung der Niederlande, Belgiens und Frankreichs bedauerte der Papst zwar in persönlichen Schreiben an die Königin der Niederlande und den belgischen König in milder Form die Okkupation dieser Staaten gegen den Willen ihrer Souveräne. Zugleich aber wies er den deutschen Episkopat an, in allen Kirchen Dankgottesdienste für den Führer abzuhalten[45]. Und Nuntius Orsenigo übermittelte am 11. Juli 1940 im Auswärtigen Amt Staatssekretär von Weizsäcker begeisterte Glückwünsche, verbunden mit der ausgesprochenen Hoffnung, »daß wir Leute wie Churchill, Duff Cooper, Eden usw. loswerden müßten«[46].

Wie die katholische Hierarchie Hitler nach seinem Einmarsch in Österreich und in der Tschechoslowakei unterstützte, so auch, jedenfalls zunächst, im besetzten Westen. In einem gemeinsamen Hirtenbrief vom 7. Oktober 1940 forderten die belgischen Bischöfe zur Anerkennung der Autorität der deutschen Besatzungsmacht und zum Gehorsam auf[47], widersetzten sich ihr jedoch in den folgenden Jahren.

Von ungefähr achteinhalb Millionen Belgiern kamen durch die deutsche Besetzung 26000 um[48].

Die in Holland durch die deutsche Okkupation entstandenen Verluste betragen (bei einer Bevölkerungszahl von rund 10 Millionen) ungefähr 175000. Von 140000 holländischen Juden fanden dabei 104000 den Tod[49].

Der Pariser Nuntius Valeri erhielt bereits im Juli 1940 aus dem Vatikan die Weisung, der Regierung des mit Hitler liierten französischen Marschalls Pétain beizustehen. Pétain hatte seit längerem Kontakte mit Berlin, besonders mit Göring, und war von 1939 bis 1940 Botschafter in Franco-Spanien. Der Papst erteilte Pétain und seinen Helfern seinen Segen und versicherte dem neuen französischen Botschafter beim Vatikan, die Kirche werde »das Werk der moralischen Wiedergeburt« in Frankreich warmherzig unterstützen[50]. Das offizielle Organ des Vatikans pries am 9. Juli 1940 den Bundesgenossen Hitlers als »den guten Marschall, der mehr als irgend jemand die besten Traditionen seiner Nation verkörpert« und rühmte seine Rettung Frankreichs. Der »Osservatore Romano« schloß mit der Prophezeiung »eines neuen strahlenden Tages, nicht nur für Frankreich, sondern für Europa und die Welt«[51].

Auch als die Behörden Pétains in einer Nacht 7000 vor Franco geflohene Spanier, unter ihnen einige Tausend baskische Katholiken und katholische Geistliche, zusammentrieben und in ein Konzentrationslager steckten, verwendete sich der Vatikan für sie mit keinem Wort[52].

Die führende katholische Zeitung Frankreichs, »La Croix«, die wegen ihrer Kollaborationspolitik nach der Befreiung gerichtlich belangt worden ist, forderte täglich zur Zusammenarbeit mit Pétain und Hitler auf, verlangte die schonungslose Beseitigung der Widerstandsbewegung und schrieb, der Kurs Pétains stimme »erstaunlich mit den Weisungen des Heiligen Stuhles überein«[53]. Hob Pétain doch alle Gesetze auf, die in der Dritten Republik die Macht der Kirche beschränkt hatten und regelte alle sozialen Fragen in Übereinstimmung mit den päpstlichen Enzykliken und der faschistischen Ideologie. Man vergleiche hierzu die Schrift des Katholiken Pieper (S. 612f.).

636

Nach unvollständigen, nicht offiziellen Unterlagen sind von etwa 115000 politischen Deportierten aus Frankreich 75000 nicht mehr zurückgekehrt. Ferner kamen etwa 30000 Widerstandskämpfer in Frankreich um[54].

Laufend fanden Geiselerschießungen statt. Am 2. April 1944 liquidierte die SS nach einem Sabotageakt auf die Eisenbahnlinie in Ascq am Pas-de-Calais 86 Männer des Dorfes durch Genickschuß[55]. In Tulle (Dep. Sud) hingen die Deutschen am 8. Juni 1944 99 Franzosen an Metzgerhaken auf[56]. In Maillé-en-Touraine massakrierten sie am 25. August 1944 124 Einwohner, darunter zwei Neugeborene[57]. Als es durch das Hinabstürzen von Baumstämmen auf eine Autokolonne vier deutsche Verwundete gab, ermordete die SS am 10. Juni 1944 In Oradour-sur-Glane, nachdem der Gemeindevorstand die angeforderten 30 Geiseln nicht ausgeliefert hatte, die ganze Bevölkerung von 634 Personen. Auf die Frauen und Kinder, die in die Kirche geflüchtet waren, wurde mit Maschinengewehren geschossen und darauf die Kirche angezündet[58].

Engerer Anschluß an den siegreichen Führer

Nach der blitzschnellen Niederwerfung Frankreichs hielt man in vielen Kreisen der ganzen Welt den Sieg Hitlerdeutschlands für sicher. Der Papst und sein Staatssekretär führten in Rom im Herbst 1940 lange Unterredungen mit drei deutschen Bischöfen[59], die dann vor der jährlich in Fulda zusammentretenden Bischofskonferenz berichteten. Die Bischöfe versprachen, sich für eine stärkere Unterstützung des siegreichen Deutschland und seines großen Führers durch das katholische Volk zu verwenden[60]. Außerdem beschlossen sie, ihre künftigen Treffen in der Hauptstadt des großdeutschen Reiches, in Berlin, durchzuführen, um dadurch ihre engere Verbundenheit mit ihm zu manifestieren. Ferner vereinbarten sie die Herausgabe eines neuen offiziellen Organs der deutschen Katholiken durch den Feldbischof der Wehrmacht unter dem Titel »Der neue Wille«. Dieses Blatt rief die deutschen Soldaten auf, für Hitler zu kämpfen[61].

Im Januar 1941 versammelten sich die deutschen und österreichischen Bischöfe zum erstenmal in Berlin. In einem gemeinsamen Hirtenwort prophezeiten sie den Endsieg Hitlers, allerdings auch große Opfer von jedermann[62]. Fast zwei Jahre später prophezeite dasselbe noch einmal der katholische Feldbischof der Wehrmacht in einem Weihnachtshirtenbrief des Jahres 1942: »Die Anstrengungen, aus denen der Sieg erwächst, werden von uns viel Kraft und Hingabe verlangen. Unser Führer und Oberster Befehlshaber steht uns hier als leuchtendes Vorbild vor Augen. Er fordert von uns an Anstrengung und Einsatzbereitschaft nicht mehr, als er selbst zu geben bereit war und ist. In unerschütterlichem Vertrauen auf ihn, werden wir das Ziel erreichen, um das gekämpft wird«[63].

Der deutsche Überfall auf Jugoslawien

Jugoslawien in der Zeit vom ersten bis zum zweiten Weltkrieg

»Sono tutti quanti barbari.« Papst Pius X. 1913[64]

Die Geschichte der Beziehungen zwischen dem Vatikan und den Südslawen hat in vortrefflicher Weise der Belgrader Gelehrte Viktor Novak geschrieben[65]. Wir können sie hier nicht verfolgen, wenn auch Jugoslawien etwas ausführlicher behandelt werden muß, weil in seiner jüngsten Vergangenheit die Greuel des katholischen Mittelalters wieder erstanden und dieser Staat sozusagen ein Modellfall ist für das, was etwa im orthodoxen Rußland geschähe, wenn dort der Vatikan eines Tages zu missionieren begänne, selbstverständlich nur nach einem atomaren Krieg.

Quer durch den Balkan verläuft die Scheidelinie zwischen dem katholischen und orthodoxen Christentum. Beide bauten hier gegeneinander ihre Bastionen aus, wobei das Papsttum sich sowohl der österreichisch-ungarischen Monarchie wie der fanatisch katholischen Kroaten bediente.

Als vor dem ersten Weltkrieg der orthodoxe Balkan sich von den Türken befreite, war die Kurie begreiflicherweise bekümmert. Und am Vorabend des Krieges trat Papst Pius X. nicht etwa für den Frieden ein, sondern er bedauerte, daß Österreich-Ungarn nicht schon früher ähnliche ultimative Schritte unternommen habe. Die Gedanken des Papstes fanden ihren Niederschlag in einem historisch wichtigen Dokument, einem Bericht des damaligen österreichischungarischen Gesandten, Graf Pálffy, an seinen Außenminister über ein Gespräch mit Kardinalstaatssekretär Mery del Val am 27. Juli 1914: »Im Laufe der letzten Jahre drückte Seine Heiligkeit mehrmals Ihr Bedauern darüber aus, daß Österreich-Ungarn es versäumt hat, seinen gefährlichen Donau-Nachbarn zum bestrafen... Der Papst und die Kurie sehen in Serbien eine nagende Krankheit, die das Mark der Monarchie langsam zerstört und mit der Zeit deren Auflösung verursachen wird. Die Vernichtung dieses Bollwerks würde für die Kirche den Verlust des festesten Stützpunktes in ihrem Kampf gegen die Orthodoxie und damit auch den Verlust ihres stärksten Vorkämpfers bedeu-

638

ten«. Kardinalstaatssekretär Mery del Val brachte seinerseits die Hoffnung zum Ausdruck, die Monarchie werde »bis zum äußersten gehen«[66]. Nun, von hier aus versteht man wohl den Enthusiasmus der deutschen Jesuiten beim Ausbruch des ersten Weltkrieges (S. 588ff.)!

Nach dem Zusammenbruch der Donaumonarchie nahm die Kurie angesichts des bedrohten katholischen »Bollwerks« auf dem Balkan eine ausgesprochen feindselige Haltung zum neuen südslawischen Staat ein, zum »Königreich der Serben, Kroaten und Slowenen« (seit 1929 »Königreich Jugoslawien«). Erst ein volles Jahr später, am 6. November 1919, erkannte es der Vatikan an, und erst im Sommer 1920 erschien der päpstliche Nuntius, Monsignore Cherubini, in Belgrad[67].

In den zwanziger und dreißiger Jahren entfaltete der Vatikan eine intensive Tätigkeit in Jugoslawien vor allem über die Katholische Aktion. Seine Absichten verstehen sich dabei von selbst. In der einst in Prag führenden katholischen »Deutschen Presse« konnte man im August 1936 u. a. lesen: »Der kroatische Katholizismus kann als der eigentliche Brückenkopf bezeichnet werden, von dem aus *zu einem geeigneten Zeitpunkt (!)* der Abgrund, der zwei Weltanschauungen trennt, überwunden werden könnte.« Es wurde weiter ausgeführt, daß sich die römische Kirche hier in einer »ständigen Offensive gegenüber dem orthodoxen Christentum« befinde und übereinstimmend die religiöse Funktion Kroatiens darin gesehen werde, einen »strategischen Brückenkopf zu bilden, der wohl die Verbindung Roms mit der orthodoxen Kirche, *soweit sie guten Willens* ist, anbahnt, doch andererseits keiner unklaren und gefährlichen ›Verbrüderung‹, die auf Kosten der katholischen Kirche ging, Vorschub leistet«[68].

Im Oktober 1937 veröffentlichten 19 Erzbischöfe und Bischöfe Jugoslawiens in Agram eine Erklärung, worin es heißt: »Der katholische Episkopat wird in jedem Falle die Rechte der katholischen Kirche und der sechs Millionen Katholiken in diesem Staat zu beschützen wissen und er hat zur Gutmachung aller Ungerechtigkeiten die erforderlichen Maßnahmen ergriffen«[69].

Die Drohung Pacellis

Der Vatikan hatte damals in Jugoslawien mit der Ablehnung des 1935 abgeschlossenen vatikanisch-jugoslawischen Konkordats durch das jugoslawische Volk im Jahre 1937 eine Niederlage erlitten. Pius XI. und sein Kardinalstaatssekretär Pacelli, der an der Ausarbeitung des Konkordats beteiligt war, fühlten sich schwer gekränkt. In seiner Rede an das Konsistorium im Dezember 1937 drohte Pacelli geradezu: »Es kommt der Tag (er möchte es nicht gerne sagen, doch sei er seiner Sache sicher) wo die

Zahl jener nicht gering sein wird, die sehr bedauern werden, ein großmütiges und großherziges gutes Werk ausgeschlagen zu haben, das der Statthalter Christi ihrem Lande anbot«[70].

Diese Drohung des damaligen Kardinalstaatssekretärs und späteren Papstes Pius XII. begann sich am 6. April 1941 zu erfüllen, in einem Ausmaße, das hinter den schlimmsten Verbrechen des christlichen Mittelalters nicht zurückbleibt und trotzdem, dies ist vielleicht sogar das Erstaunlichste, bis heute in Deutschland, ja, man darf sagen im weitaus größten Teil Europas, überhaupt nicht bekannt geworden ist. Offensichtlich verstand es die römische Kirche, dem christlichen Abendland alle diesbezüglichen Nachrichten aus Jugoslawien vorzuenthalten.

Ich selbst, und diese persönliche Einschaltung mag vielleicht interessieren, hatte zunächst nur einige Hinweise in dem Buch des sowjetischen Gelehrten Scheinmann gefunden, »Der Vatikan im zweiten Weltkrieg«, einem Werk, das ich, als meines Wissens bisher umfangreichste Arbeit über diesen Gegenstand, für dieses Kapitel gelegentlich zu Rate zog. So oft es mir möglich war, habe ich die von mir benutzten Angaben Scheinmanns nachgeprüft und sie zwar manchmal tendenziös gefärbt, aber immer in Übereinstimmung mit der mir sonst zur Verfügung stehenden kritischen (westlichen) Literatur gefunden. Besondere Skepsis brachte ich Scheinmanns Berichten über Jugoslawien entgegen, und nur meinem weiteren Nachforschen auf Grund des Mißtrauens gegenüber der Arbeit eines sowjetischen Gelehrten verdanke ich es, daß mir das volle Ausmaß der katholischen Greuel in Jugoslawien in der Mitte unseres Jahrhunderts überhaupt bekannt wurde, denn Scheinmann hatte nicht über-, sondern untertrieben[71].

Wem trotzdem bei der Lektüre des folgenden Zweifel aufsteigen, dem sei entgegengehalten, daß auch in der deutschen Bundesrepublik bereits vor vier Jahren ein längerer Artikel über die »christlichen« Massaker in Kroatien von 1941–1945 erschienen ist, ohne daß bis heute auch nur eine einzige Stimme sich erhoben und die Tatsachen dieses Artikels bestritten hätte[72].

Papstsegen für Verbrecher

Nachdem die deutschen Truppen am 6. April 1941 in Jugoslawien einmarschiert waren und auch dieses Land besetzt hatten, arbeiteten sie mit der faschistisch-katholischen Bewegung Kroatiens, den Ustaschis, zusammen. Ihr geistiger Ahnherr, Ante Starcević, vertrat die Ansicht, daß es eigentlich gar keine Serben gebe, daß alles, was serbisch heißt, verschwinden müsse, weshalb, wie Starcević schrieb, »die Serben eine Arbeit für

640

den Schlachthof« seien[73]. Nach dieser Doktrin gingen nun die Ustaschis gegen die Serben, kulturell zwar das höchststehende Volk des Balkans, aber eben nicht katholisch, vor, angeführt von Dr. Ante Pavelić, einem ehemaligen Rechtsanwalt aus Agram. Seit 1928 hatte sich Pavelić meist in Italien aufgehalten und das Attentat auf König Alexander von Jugoslawien organisiert, der am 9. Oktober 1934 in Marseille landete, um den verbündeten Franzosen einen Besuch abzustatten, aber noch im Hafenviertel, zusammen mit dem französischen Außenminister Barthou, von Kroaten ermordet wurde.

Nach dem Einmarsch der Deutschen avancierte Pavelić, den Mussolini mit Waffen und Geld für seine Banden ausgerüstet hatte, zum Staatschef des »Unabhängigen Kroatien«. Im Mai reiste er mit seinen Ministern und einer Anzahl von Geistlichen, darunter der Generalvikar des Erzbischofs Stepinac, der Bischof Salis-Sewis, nach Rom, trat große Teile des Landes an Italien ab und bot die sogenannte Krone Zvonimirs dem König und Kaiser Viktor Emanuel für den Herzog Aimone von Spoleto an, der bereits am 17. Mai als designierter kroatischer König im Vatikan erschien[74].

Einen Tag später, am 18. Mai 1941, wurde auch Pavelić – wegen des Doppelmordes von Marseille zweimal, von Frankreich und Jugoslawien, in Abwesenheit zum Tode verurteilt – nebst seiner zahlreichen Begleitung in besonders feierlicher Privataudienz von Pius XII. empfangen und gesegnet. Der Papst entließ ihn und seine Suite in freundschaftlicher Weise mit den besten Wünschen für die

»...weitere Arbeit«[75].

> »...daß das kroatische Volk alle die ausländischen Elemente, die seine Kräfte schwächten, vernichten muß, diese Elemente sind die Serben und die Juden«. Außenminister Dr. Mladen Lorkowitsch am 27. 7. 1941[76].

> »Wir töten einen Teil der Serben, wir vertreiben einen anderen, und der Rest, der die katholische Religion annehmen muß, wird in das kroatische Volk aufgenommen werden«. Minister für Erziehung Dr. Mile Budak[77].

> »...ist es jedoch leicht, die Hand Gottes in diesem Werk zu erkennen«. Erzbischof Stepinac[78].

Nach seiner Rückkehr arbeitete Pavelić, gestützt auf die Ustaschis, von denen Mile Budak, einer ihrer frömmsten Führer, in einer Ansprache am

641

13. 7. 1941 sagte: »Alle unsere Taten gründen sich auf die Treue zu der Religion und zur katholischen Kirche«[79], eng mit den katholischen Bischöfen zusammen, nicht zuletzt mit dem Primas der römischen Kirche in Jugoslawien, dem Erzbischof Dr. Stepinac von Zagreb, einem ehemaligen Leutnant und glühenden kroatischen Nationalisten[80]. Erzbischof Stepinac, der die Führer der Ustaschis, wie er öffentlich erklärte, alle schon gekannt hatte, begrüßte enthusiastisch ihre Machtergreifung, und seine Haltung lieferte ihnen die denkbar größte Propagandaunterstützung, die sie im In- und Ausland für sich ausspielten[81].

In einem Hirtenbrief vom 28. 4. 1941 schreibt Stepinac: »Wer könnte uns einen Vorwurf daraus machen, daß wir als geistliche Hirten auch die Freude und Begeisterung des Volkes unterstützen, wenn wir *uns in tiefer Dankbarkeit an die göttliche Majestät wenden.* Obwohl die aktuellen Ereignisse, die von so großer Wichtigkeit, sehr verwickelt sind, obwohl die Faktoren, die ihren Lauf beeinflussen, sehr verschieden sind, ist es jedoch leicht, *die Hand Gottes in diesem Werk zu erkennen.* Ab domino factum est istud et est mirabile in oculis nostris (Gott hat dies getan, und unsere Augen sind voller Bewunderung, Psalm 117, 23). Darum werdet ihr unserem Aufruf Folge leisten und dadurch die Erhaltung und Entfaltung des unabhängigen Staates Kroatien unterstützen. *Wir kennen die Menschen,* die heute das Schicksal des kroatischen Volkes in ihren Händen halten, und wir sind fest davon überzeugt, daß die Kirche in dem wiederhergestellten kroatischen Staat die unfehlbaren Grundsätze der Wahrheit und der ewigen Gerechtigkeit in voller Freiheit wird verkündigen können...«[82]

Diese unfehlbaren Grundsätze der Wahrheit und der ewigen Gerechtigkeit verkündete die Catholica nun so sehr in »voller Freiheit«, daß der ehemalige jugoslawische Minister Veceslev Vilder bereits am 16. 2. 1942 im Londoner Rundfunk sagte: »Und jetzt geschehen in der Umgebung von Stepinac die schrecklichsten Verbrechen. Das Blut der Brüder wird in Strömen vergossen. Die Orthodoxen werden gezwungen, zum katholischen Glauben überzutreten, und die Stimme des Erzbischofs Stepinac erhebt sich nicht, um Widerstand zu predigen. Aber wir lesen, daß er an diesen Paraden der Faschisten und Nazis teilnimmt. Und was noch schlimmer ist, der Bischof von Zagreb, Salis-Sewis, hat in seiner Neujahrsansprache Pavelitsch direkt gelobt, und der Erzbischof Saritsch von Sarajewo hat am 24. 12. 1941 eine lange Ode auf Pavelitsch gedichtet«[83].

Vom Anfang bis zum Ende des Regimes bestand eine enge Zusammenarbeit zwischen der Ustaschabewegung und den höchsten Repräsentanten der katholischen Kirche im kroatischen Staat. Erzbischof Stepinac hatte den Episkopat ausdrücklich dazu aufgefordert[84]. Er befahl dem Klerus, den Jahrestag der Proklamation des unabhängigen kroatischen Staa-

642

tes (10. April) mit besonderer Feierlichkeit zu begehen, ebenso den Geburtstag seines Führers Pavelić (13. April)[85]. Stepinac, der von Pavelić die höchste Auszeichnung, den Orden von Zvonimir »für Entlarvung der Verräter im In- und Ausland« erhielt, den er auch bei den Feiern der Ustaschis trug, beteiligte sich u. a. bei der Eröffnung ihres Parlaments am 23. Februar 1943, wozu man ein Tedeum sang, und begrüßte den zweimal zum Tod verurteilten und vom Papst gesegneten Pavelić mit der ganzen Geistlichkeit von Zagreb am Portal der Markuskirche[86].

Was nämlich unter der Herrschaft der deutschen, italienischen und kroatischen Freunde Pius' XII. im »Unabhängigen Kroatien« geschah, lohnte sich für den Vatikan durchaus. Nur die katholische und islamitische Religion waren zugelassen – es gab sogar muselmanische SS-Divisionen mit mohammedanischen Feldgeistlichen –, die jüdischen und insbesondere orthodoxen Gläubigen aber Verfolgungen ausgesetzt, wie sie die Katholiken in ihrer ganzen Geschichte nicht erduldet haben.

Hunderte von orthodoxen Kirchen und Klöstern wurden ausgeraubt und vernichtet, davon 172 Kirchen in den Provinzen Lika, Kordun und Banija. Ungezählte serbische Geistliche wurden grausamen Foltern unterworfen, drei orthodoxe Bischöfe, der Bischof Platon, der Metropolit von Sarajewo, Peter, und der Bischof Sava, mit mehreren hundert orthodoxen Priestern ermordet[87]. Die serbische Bevölkerung sollte unterschreiben, römisch-katholisch zu werden, worauf man sie manchmal nicht mehr behelligte, öfter aber trotzdem massakrierte. Allein im Juli 1941 haben die katholischen Kroaten in Häusern, Schulen, Gefängnissen und orthodoxen Kirchen, auf Straßen und Feldern in wenigen Tagen über 100 000 serbische Frauen und Kinder niedergemetzelt. Die Kirche von Glina beispielsweise wurde nach einem Bericht des beteiligten Ustaschis Hilmia Berberović in einen Schlachthof verwandelt. »Das Blutbad dauerte von abends 10 Uhr bis morgens 4 Uhr und ging acht Tage weiter. Die Uniformen der Schlächter mußten gewechselt werden, weil sie vom Blute durchnäßt waren. Man findet später aufgespießte Kinder mit noch vor Schmerz gekrümmten Gliedern«[88].

Von den Kanzeln herunter forderte man die Katholiken zur Verfolgung der orthodoxen Serben auf, bei deren Ausrottung die Söhne des hl. Franz von Assisi, deren Klöster den Ustaschis schon seit langer Zeit als Waffenlager gedient hatten, sich besonders hervortaten.

Der Franziskanerpater Augustino Cievola erschien »in den Straßen mit einem Revolver unter seiner Kutte und lud das Volk ein, an den Ermordungen der Orthodoxen teilzunehmen«[89].

Der Franziskaner Miroslav Filipović-Majstorović nahm einen Henkersposten in dem Konzentrationslager von Jasenovac an, das berüchtigt war wegen seiner Massenenthauptungen. Rund 120 000 Serben kamen darin um. Allein der Franziskaner-Stipendiat Brzica hat hier in einer Nacht, am 29. 8. 1942, 1360 Menschen mit einem Spezialmesser geköpft[90]. Dabei ist dokumentarisch erwiesen, daß in Jasenovac und in anderen Konzentrationslagern der Ustaschis auch Tausende zum Katholizismus konvertierter Serben getötet worden sind[91].

Nach dem Zusammenbruch des katholischen Regiments wurden bezeichnenderweise gerade ausländische Franziskanerklöster die Zufluchtsstätten der Massenmörder, in Österreich Klagenfurt, in Italien Modena, aber auch in Frankreich. »Alle diese Klöster verbargen die geflüchteten Ustaschis. Überall fanden diese Verbrecher kirchliche Hilfe und Beistand. Das war nur zu verständlich, denn die ›Taten‹ der Ustaschis waren Taten der Kirche«[92].

Aber auch weltliche Kleriker beteiligten sich aktiv am Mord. So reiste der Geistliche Bozidar Bralo, »ein Hauptkomplize des Mörderbischofs Saritsch von Sarajewo..., zum Präfekten ernannt, nur noch mit einem Maschinengewehr durchs Land, dabei immerzu brüllend: ›Nieder mit den Serben!‹ Er nahm an der Niedermetzelung von 180 Serben in Alipasin-Most persönlich teil und machte mit den Ustaschis einen Freudentanz um die Körper der Ermordeten«[93].

Selbstverständlich gab es auch einige, wenn auch nicht öffentliche Proteststimmen auf katholischer Seite. So schrieb ein ehemaliger kroatischer Minister, Dr. Provislav Grizogno, in einem Brief an Erzbischof Stepinac, daß die katholische Kirche keine christliche und menschliche Sympathie für die Opfer dieses illegalen Regimes gezeigt hat, das mit schrecklichen Verbrechen gegen die serbischen Orthodoxen vordringt«[94]. Ja, sogar der französische Kurienkardinal Tisserant bekannte dem kroatischen Botschafter beim Vatikan: »Ich habe aus sicherer Quelle erfahren, daß die Franziskaner von Bosnien und der Herzegowina sich auf bedauerliche Weise aufgeführt haben. Solche Taten sollten nicht von zivilisierten und gebildeten Menschen verübt werden und noch viel weniger von Priestern«[95] – was übrigens zeigt, wie gut man im Vatikan über die Greuel in Kroatien Bescheid wußte.

Papst Pius XII. dachte indes nicht daran, zu intervenieren, hatte er doch diesen Staat sogleich anerkannt und sein Oberhaupt Pavelić persönlich gesegnet. Der katholische Primas von Kroatien, Erzbischof Stepinac, der übrigens in dieser Zeit zweimal nach Rom gereist und von der Kurie zum Militärvikar der Ustaschis ernannt worden war, konnte Pius XII. überdies in einem Memorandum über die Segnungen des unabhängigen kroatischen Staates berichten, in dem man die Seelen von 250000 Konvertiten für den römischen Katholizismus gerettet hatte[96]. Erzbischof Stepinacs Prophezeiung zu Beginn der klerofaschistischen Herrschaft im April 1941, die Kirche würde in diesem Staat »die unfehlbaren Grundsätze der

644

Wahrheit und der ewigen Gerechtigkeit in voller Freiheit« verkündigen können, war eingetroffen.

Außerdem freilich wurden von der zwei Millionen zählenden orthodoxen Bevölkerung Kroatiens ungefähr 600 000 ermordet.

Erzbischof Stepinac selbst hat zwar weder jemanden getötet noch eine einzige Kirche zerstört, aber die ganzen Massaker und Vernichtungsaktionen vier Jahre lang ohne Widerspruch geduldet, weshalb er als der Hauptverantwortliche von Tito zu lebenslänglicher Freiheitsstrafe verurteilt, vom Papst, noch nach seiner Inhaftierung, aber zum Kardinal erhoben worden ist.

Der deutsche Überfall auf die Sowjetunion

Die vielhundertjährige, äußerst lehrreiche Geschichte der Beziehungen zwischen Rußland und dem Vatikan muß hier verständlicherweise übergangen werden. Sie wurde soeben in dem dreibändigen Werk »Rußland und das Papsttum« des Berliner Slawisten Eduard Winter mit wissenschaftlicher Akribie, doch auch dem Nichtfachmann leicht zugänglich, zum erstenmal zusammenfassend dargestellt.

Am 22. Juni 1941 fielen die deutschen Truppen unter Vertragsbruch überraschend in die Sowjetunion ein. Der päpstliche Nuntius in Berlin, Orsenigo, war am Abend des 20. Juni in einer privaten Unterredung durch Hitlers Außenminister von dem geplanten Einmarsch unterrichtet worden. Damit erfüllte sich der sehnlichste Wunsch der katholischen Hierarchie, die seit zwei Jahrzehnten auf der ganzen Welt unermüdlich gegen den Kommunismus gepredigt und geschrieben hatte.

In diesem Zusammenhang sei auch daran erinnert, daß ein Jahr vor Beginn des zweiten Weltkrieges, im Mai 1938, in Budapest der »Eucharistische Kongreß« tagte. Dieser Kongreß war (was nicht nur die gegen die »Gefahr des Bolschewismus« gerichtete Rede des damaligen päpstlichen Legaten Eugenio Pacelli bekundete) ganz offensichtlich eine internationale Demonstration der katholischen Kirche gegen den Kommunismus – wie 1960 der »Eucharistische Kongreß« in München!

Die Begeisterung des katholischen Episkopats für Hitler und die Hetze gegen Rußland waren in den meisten Ländern ungeheuer. In Amerika versuchte der hohe Klerus die Regierung Roosevelts zu beeinflussen, was so weit ging, daß manche Vertreter der katholischen Kirche, darunter der Bischof Duffy von Buffalo, drohten, die Katholiken in der amerikanischen Armee zur Befehlsverweigerung aufzufordern, falls die USA mit Sowjetrußland ein Bündnis schlössen[97]. Schon am 24. Juli 1941 verlangten auch die katholischen Bischöfe Frankreichs Gehorsam gegenüber Pétain, um

645

dadurch Hitler beim Krieg gegen die Russen zu helfen[98]. Erst recht entfaltete natürlich der Klerus in Italien und Spanien eine starke antisowjetische Kampagne, ebenfalls in Südamerika.

Niemand erwartet wohl, daß der Papst den Überfall auf Rußland auch nur zum Schein verurteilte. Gewiß proklamierte er auch keinen Kreuzzug gegen die Sowjets, was er schon unterließ, wie uns der wohlinformierte Jesuit Grundlach, Professor der päpstlichen Gregoriana in Rom, verrät, »auch im Hinblick auf die geistige Mangelhaftigkeit der Einheit im Westen«[99] (was wohl: Mangelhaftigkeit der geistigen Einheit im Westen heißen soll). Da so viele christliche Länder Seite an Seite mit der »atheistischen« Sowjetunion kämpften, konnte Pius XII. den Überfall Nazideutschlands nicht als Kreuzzug deklarieren. Der große Friedenspapst schwieg also. Er schwieg aber auch zu der Zerstörung von fast zweitausend Kirchen, über fünfhundert Synagogen und der Ermordung zahlreicher Geistlicher während des Krieges im Osten. Wollte doch der Vatikan wie in den anderen von Hitlers Armeen besetzten Gebieten, auch im orthodoxen Rußland nun den Katholizismus verbreiten.

In Rom hatte man schon lange an einem besonderen Priesterseminar, dem Collegium Russicum, das Geistliche in Russisch, Ukrainisch und anderen slawischen Sprachen unterrichtete, Kleriker für eine Missionstätigkeit in der Sowjetunion ausgebildet. Mit der Regierung Hitlers wurde darüber vom Vatikan auch ein spezielles Abkommen geschlossen, was selbst im Vorwort zu einem 1945 In Paris erschienenen Sammelband päpstlicher Botschaften offen zugegeben wird[100]. Über eine Zusammenarbeit der Jesuiten mit SS und Gestapo waren vom General der Jesuiten, Graf Ledochowski (1866–1942, Ordensgeneral seit 1915), schon 1940 Besprechungen mit Vertretern des Hitlerschen Geheimdienstes geführt worden[101]. (Tondi über Ledochowski: »Und ich sah Mariotti, den Rektor des Noviziats in Galloro, in Gegenwart der ganzen Bruderschaft zu Füßen Ledochowskis knien und ihm lange und wiederholt die magere Hand küssen, während dieser, ohne ihn auch nur anzusehen, selbstgefällig lächelte«)[102].

Bereits ein Jahr vor Hitlers Überfall auf Rußland haben jesuitische Absolventen des Collegium Russicum, vom katholischen Bischof Dr. Michael Buzalka 1951 »eine Anstalt zur Erziehung von vatikanischen Agenten« genannt, in Verkleidung und unter falschem Namen die sowjetische Grenze überschritten, um dort im vatikanischen Auftrag Spionagetätigkeit zu treiben[103] Die Pläne des Heiligen Stuhles werden auch in einem Rundschreiben des OKW (Oberkommandos der Wehrmacht) vom 14. 8. 1941 erwähnt. Seit 1919, heißt es in dem Dokument, habe der Vatikan versucht, das kommunistische Regime zu stürzen. »Eine Gruppe von Vatikanbeamten, als Viehhändler, Ingenieure usw. verkleidet« sei »beson-

646

ders in der Ukraine« tätig gewesen. Der Vatikan beabsichtige, »so viele Priester wie möglich in die besetzten Gebiete Rußlands zu schicken, um den Boden für weitergehende Pläne der vatikanischen Politik gegenüber Rußland vorzubereiten«[104]. Am 8. 11. 1941 wies das OKW alle Oberbefehlshaber der deutschen Armeen im Osten an, mit »Rücksicht auf das Abkommen mit dem Vatikan... die missionarische Tätigkeit der katholischen Priester in den besetzten Gebieten zu erleichtern«[105]. Im gleichen Jahr kommt der Unterstaatssekretär im Auswärtigen Amt, Luther, in einem längeren Memorandum vom 17. Juni zu dem Schluß: »Seit Anfang des Krieges hat der gegenwärtige Papst seine politischen Pläne auf den Sieg der Achsenmächte gegründet«[106]. Und ein Leiter des deutschen Geheimdienstes, SS-Oberführer Schellenberg, schreibt in einem fünfseitigen Bericht an das Auswärtige Amt über ein Gespräch mit dem Papst: »Der Papst wird sein Möglichstes tun, um einen deutschen Sieg zu sichern. Sein Ziel ist die Zerstörung Rußlands«[107].

Die Folgen

> *»Wenn Marschall Keitel in einem offiziellen Befehl den Grundsatz aussprechen konnte, daß ›das menschliche Lehen in den besetzen Gebieten absolut nichts zählt‹, dann wundert es einen nicht mehr, daß ein deutscher Korporal in seinem Tagebuch 1200 von ihm zum Großteil aus eigener Initiative begangene Morde aufzählt«. Piero Malvezzi und Giovanni Pirelli*[108].

> *»Mit Genugtuung verfolgen wir den Kampf gegen die Macht des Bolschewismus«. Die deutschen katholischen Bischöfe am 10. Dezember 1941*[109].

> *»Ein Sieg über den Bolschewismus wäre gleichbedeutend mit dem Triumph der Lehren Jesu über die der Ungläubigen«. Die deutschen katholischen Bischöfe im Jahre 1942*[110].

Nach der Sowjetischen Enzyklopädie betrug die Zahl der Todesopfer durch Krieg und Deportation in Rußland rund sieben Millionen. Nach der Enciclopedia Italiana kommen zu den Gefallenen und Vermißten der russischen Armee noch zehn Millionen Tote der Zivilbevölkerung[111].

Die hohen Verluste der russischen Zivilbevölkerung entstanden zu einem großen Teil durch das namenlose Elend und die Hungersnot. Allein in Leningrad sollen während der neunhundert Tage dauernden Belagerung 632258 Menschen verhungert sein[112]. Ungefähr ebenso viele Tote hatte Deutschland durch den Bombenkrieg[113].

Im übrigen wurde mit allen Mitteln in Rußland gemordet, am meisten von den sogenannten Einsatzgruppen, deutschen »Spezialabteilungen«, deren Tätigkeit den anderen Truppen, hinter denen sie in die besetzten Gebiete einrückten, geheim bleiben sollte, den höheren Heerführern aber bekannt war. Doch begingen auch die regulären Einheiten viele Verbrechen, besonders auf dem Rückzug. Es gab Massenmorde durch Erschießung mit Schnellfeuerwaffen, durch Vergasungen, durch künstlich erzeugte Epidemien. Hitlers Soldaten banden gelegentlich Russen bei großer Hitze oder bitterer Kälte an Pfähle und ließen sie verhungern, man viertelte Menschen mit Metzgermessern, man benutzte sie als Zielscheiben bei Schießübungen, man verbrannte sie bei lebendigem Leib, wie 300 Bürger von Gracewo im März 1943, man vergiftete sie, wie einen großen Teil der Bevölkerung von Georgiewsk, auf dessen Markt man Methylalkohol und Oxalsäure als Branntwein und Selterwasser verkaufte[114].

In Hunderten, wenn nicht Tausenden von Fällen wurden ganze Dörfer mit ihren Einwohnern vernichtet, weil sie, angeblich oder wirklich, voll von Partisanen waren. Noch viel höher sind die sowjetischen Verluste in den großen Konzentrationslagern: 7000 Leichen wurden im Wald von Liwenitz ausgegraben, 35000 Leichen bei Smolensk, 46500 Leichen im Wald von Birkenek, bei dem Fort Nr. 9 in Kowno, dem Todesfort, 70000, bei Rowno 102000 Leichen[115].

Der Führer einer der berüchtigten deutschen »Einsatzgruppen«, Ohlendorf, machte anläßlich des Nürnberger Kriegsverbrecherprozesses die eidesstattliche Erklärung: »Als die deutsche Armee in Rußland einmarschierte, war ich Führer der Einsatzgruppe D im südlichen Sektor, und im Laufe des Jahres, während dessen ich Führer der Einsatzgruppe D war, liquidierte sie ungefähr 90000 Männer, Frauen und Kinder. Die Mehrzahl der Liquidierten waren Juden, aber es waren unter ihnen auch einige kommunistische Funktionäre«[116].

Der sowjetische Soldat wurde, wenn er in Kriegsgefangenschaft geriet, oft als ein völlig rechtloser Soldat behandelt. Dafür hatten ehrenwerte deutsche Offiziere – keine Kaste der Welt führt so oft wie sie das Wort Ehre im Mund – eindeutige Befehle erteilt. So lautet eine Vorschrift zur Behandlung von Sowjetkriegsgefangenen in allen Kriegsgefangenenlagern, erlassen am 8. September 1941 von General Reinecke, dem Chef der Abteilung Kriegsgefangene des deutschen Oberkommandos: »Dadurch hat der bolschewistische Soldat jeden Anspruch auf Behandlung als ehrenhafter Soldat nach dem Genfer Abkommen verloren... Rücksichts-

648

loses und energisches Durchgreifen bei den geringsten Anzeichen von Widersetzlichkeit insbesondere gegenüber bolschewistischen Hetzern ist daher zu befehlen. Widersetzlichkeit, aktiver oder passiver Widerstand muß sofort mit der Waffe (Bajonett, Kolben und Schußwaffe) restlos beseitigt werden«[117]. Die Gestapo befahl am 17. Juli 1941 die Tötung aller Sowjetkriegsgefangenen, die dem Nationalsozialismus gefährlich werden konnten[118]. Und in einem vom Chef des OKW, Keitel, am 23. Juli 1941 herausgegebenen Befehl, dessen Entwurf von dem bekannten General Jodl stammt, heißt es: »Im Hinblick auf die weite Ausdehnung der besetzten Gebiete im Osten werden die für Sicherheitszwecke vorhandenen Kräfte in diesen Gebieten nur dann genügen, wenn jeder Widerstand bestraft wird, nicht durch gesetzliche Verfolgung des Schuldigen, sondern *durch Verbreitung eines solchen Terrors durch die Wehrmacht,* der geeignet ist, jede Neigung zum Widerstand unter der Bevölkerung auszumerzen... Kommandeure müssen die Mittel finden, um die Ordnung durch drakonische Maßnahmen aufrechtzuerhalten«[119].

So hielten diese deutschen Generäle denn die »Ordnung« aufrecht. Oft systematisch wurden die russischen Kriegsgefangenen und Verwundeten vernichtet. Man verwendete sie zur Zwangsarbeit und erschoß sie, wenn ihre Kraft erschöpft war, man ließ sie verhungern, man jagte sie über Minenfelder, um versteckte Minen zur Explosion zu bringen, man spritzte ihnen Gifte ein zu »wissenschaftlichen Experimenten«[120]. Am 4. Dezember 1943 verlud man in Sebastopol die mit drei Eisenbahnzügen angekommenen russischen Kriegsgefangenen auf Barken, schleppte sie weit hinaus und verbrannte sie darin lebendig. Bei anderer Gelegenheit steckte man in Sebastopol 2000 Verwundete in Barken und ertränkte sie im Meer[121]. In Lemberg töteten die Deutschen im Herbst und Winter 1941/42 10–12 000 Gefangene, im Kriegsgefangenenlager Nr. 126 bei Smolensk töteten sie etwa 60 000, in Litauen im ganzen 327 000[122].

Über das Schicksal der sowjetischen Kriegsgefangenen in Deutschland schrieb selbst der Naziphilosoph Alfred Rosenberg am 28. Februar 1942 an den Chef des OKW, Keitel: »Das Schicksal der sowjetischen Kriegsgefangenen in Deutschland ist im Gegenteil eine Tragödie größten Ausmaßes... Ein großer Teil von ihnen ist verhungert oder durch Unbilden der Witterung umgekommen. Tausende sind auch dem Fleckfieber erlegen. In vielen Fällen, in denen Kriegsgefangene auf dem Marsch vor Hunger und Erschöpfung nicht mehr mitkommen konnten, wurden sie vor den Augen der entsetzten Zivilbevölkerung erschossen und die Leichen liegengelassen«[123].

Selbst Kinder mordeten die Deutschen. So haben sie in Perceje (Trakaj) mit 21 Männern und 97 Frauen 69 Kinder lebendig verbrannt, in Borisowka mit 49 Männern und 97 Frauen 23 Kinder erschossen[124]. Aus dem

Kollegium von Teberda (Stawropol) wurden 54 Kinder auf Kraftwagen verladen und vergast; aus dem Kollegium Domatschew 54 Kinder zwischen drei und sieben Jahren mit ihrer Leiterin in einem Graben erschossen und zum Teil noch lebendig begraben[125]. Im Lager Bobruisk hat man 200 Kinder zur Blutspende für verwundete deutsche Soldaten benutzt und bei nahender Erschöpfung ermordet[126]. 2000 Kinder wurden im Zentralgefängnis von Riga zusammengetrieben und umgebracht, 3000 Kinder im Lager Salaspilsko massakriert[127].

Erfordert es nun die Gerechtigkeit, auch einige Verbrechen der Sowjets anzuführen, woran es nicht mangelt? Der Verfasser hat keinerlei Veranlassung, sie weniger entschieden zu verdammen. Aber abgesehen davon, daß seines Wissens nicht die Sowjets Tausende von deutschen Kindern umgebracht oder Millionen Juden vergast haben, wird man sich in diesem Zusammenhang daran erinnern müssen: Nicht die Russen, sondern die Deutschen haben den am 23. August 1939 in Moskau von Ribbentrop und Molotow unterzeichneten Nichtangriffspakt gebrochen. Nicht die Russen sind zuerst in Deutschland, sondern die Deutschen sind zuerst in Rußland eingefallen. Jenen Nazisten und ehemaligen Hitlergenerälen, nach deren seltsamen Ehrbegriffen derartige Feststellungen ein Beschmutzen des eigenen Nestes bedeuten, sei erwidert: Wir Deutschen befanden uns von 1939 bis 1945 nicht nur im Schmutz, wir befanden uns in der cloaca maxima der Weltgeschichte.

Die deutschen katholischen Bischöfe aber schrieben in ihrer Denkschrift vom 10. Dezember 1941: »Mit Genugtuung verfolgen wir den Kampf gegen die Macht des Bolschewismus«!

Und im Jahre 1942 behaupteten diese Bischöfe: »Ein Sieg über den Bolschewismus wäre gleichbedeutend mit dem Triumph der Lehren Jesu über die der Ungläubigen«!

Die päpstliche Politik im Jahre 1943

Als sich der Zusammenbruch Deutschlands abzuzeichnen begann, richtete der Vatikan mehr und mehr seine Augen auf Amerika. Doch arbeitete Pius XII. auch nach den ersten großen deutschen Niederlagen in Rußland mit den Achsenmächten zusammen, sogar noch intensiver, was vor allem zwei Gründe hatte.

Die Faschisten fürchteten das Fiasko und schlossen sich noch enger an den Papst, wie schon äußerlich die Umbesetzung der Botschafterposten zeigt. Im Februar 1943 machte nämlich Mussolini seinen Schwiegersohn, den ehemaligen Außenminister Graf Ciano, dem Pius XII. im Dezember 1939 einen Orden für seine »Bemühungen um den Frieden« verliehen hatte[128], zum Botschafter Italiens beim Heiligen Stuhl. Und im Juli wurde auch von Bergen, der seit 1920 deutscher Botschafter beim Vatikan war, durch den Staatssekretär im Auswärtigen Amt, Ernst von Weizsäcker, den engsten Mitarbeiter von Ribbentrops, abgelöst.

Wie die Faschisten aber den Zusammenbruch fürchteten, so fürchtete der Papst den ständig vordringenden Kommunismus. Pius XII., der niemals die zahlreichen Aggressionen Hitlers verurteilt hatte, erhob nun unermüdlich seine Stimme, um vor der Gefahr aus dem Osten zu warnen, womit er genau dasselbe tat, wie Joseph Goebbels in Berlin, selbstverständlich aus ganz anderen, aus »seelsorgerlichen Motiven«. Die ganze kuriale Politik war auf eine Trennung der USA und Großbritanniens von den Sowjets und auf den Abschluß eines Kompromißfriedens zwischen Hitlerdeutschland und den Westmächten gerichtet[129]. Der Papst wollte die völlige Vernichtung des Nazireiches um jeden Preis verhindern und den Vormarsch der Sowjettruppen nach Westen stoppen aus Furcht vor der Stärkung des sowjetischen Einflusses im Europa der Nachkriegszeit.

Diese Befürchtungen des Papstes wurden bald von den Regierungen der USA und Großbritanniens geteilt, die sich ja nur unter dem Druck der Not mit der Sowjetunion verbündet hatten, deren soziale und ökonomische Prinzipien sie total verdammten.

Bei dieser Gelegenheit sei wenigstens angedeutet, daß Hitlers Wirtschaft selbst von gewissen Kreisen der USA mit finanziert worden ist. So äußerte im Oktober 1944 der Senator Claude Pepper von Florida, zu denen, die Hitler an die Macht verhalfen, gehörte John Foster Dulles, »denn es waren Dulles' Firma und die Schroeder-Bank, die Hitler das Geld beschafften, das er benötigte, um seine Laufbahn als internationaler Bandit anzutreten«[130]. Auch der ehemalige amerikanische Botschafter in Berlin, Dodd, notiert in seinem Tagebuch, daß die von Dulles vertretenen amerikanischen Banken schon Ende 1933 Deutschland Anleihen im Werte von einer Milliarde Dollar gewährt hatten[131].

Von Ende 1942 bis 1944 fanden im Vatikan laufend Verhandlungen statt. Der amerikanische Präsident Roosevelt schickte nicht nur seinen persönlichen Botschafter, sondern auch Kardinal Spellman, einen besonders rührigen Kirchenfürsten, der ein halbes Jahr in Europa und Afrika herumreiste, vor allem aber lange im Vatikan weilte, wo er u. a. mit dem deutschen Außenminister konferierte. Roosevelt war jedoch zu einem Verhandlungsfrieden nur unter der Bedingung von Hitlers Rücktritt bereit. Auch der Papst ließ Hitler schließlich mitteilen, alle Verhandlungen seien nutzlos, solange er an der Macht bleibe. Er würde eine »große Tat« vollbringen, gäbe er den Weg für eine deutsche Regierung frei, die Frieden mit den Alliierten schlösse und so eine Besetzung Deutschlands durch die bolschewistische Armee verhinderte[132].

651

Man kam jedoch zu keinem Resultat, zumal auch die wiederholten intensiven Bemühungen Roosevelts, die Kluft zwischen Moskau und dem Vatikan zu überbrücken, an der hartnäckigen Weigerung des Papstes scheiterten. Auch viele Verständigungsversuche Stalins in den Jahren 1942 und 1943 und die von ihm zugesicherte Religionsfreiheit in Polen, für die er Garantien bot, wurden vom Vatikan stets zurückgewiesen. Selbst als diese Versuche Washington und London gemeinsam unterstützen und der kommunistische Diktator einen persönlichen Brief an den Papst richtete, weigerte sich Pius XII. mit der Sowjetunion zu verhandeln, obwohl sogar einige Kurienkardinäle dafür eintraten[133].

Der Umschwung der katholischen Kirche nach der Niederlage Deutschlands

Bezeichnend ist nun, daß angesichts der drohenden Katastrophe und der zunehmenden Feindschaft gegen Hitlerdeutschland auch der hohe Klerus in den verschiedenen Ländern seine Haltung änderte, zumindest nach außen. So beklagte der belgische Episkopat 1943 die Entfernung von Kirchenglocken durch die Deutschen und die erzwungene Sonntagsarbeit belgischer Bergarbeiter. Auch die niederländische Kirche nahm gegen nazistische Ausschreitungen Stellung. In Ungarn behauptete Kardinal Seredi sogar, der Faschismus widerspreche dem Christentum. Tatsächlich aber stand der Episkopat mit der Kurie auf Seite der Achsenmächte, während nicht wenige Mitglieder des niederen Klerus in allen besetzten Ländern aktiv am Widerstand gegen die deutschen Okkupanten teilnahmen und oft dafür starben[134].

Nach der Invasion wurden allerdings auch die Bischöfe des Westens entschlossene Anhänger der anglo-amerikanischen Besatzung ihres Landes – während sich die Bischöfe im Osten später den Kommunisten näherten.

Der französische Episkopat, der bis zuletzt Pétain unterstützte, vielfach im Gegensatz zum niederen Klerus, ging sogleich zu de Gaulle über. Im Sommer 1944 zelebrierte der Erzbischof von Paris in der Kathedrale von Notre-Dame einen Gottesdienst in Anwesenheit de Gaulles. Ein paar Monate vorher war hier ein solcher Gottesdienst noch in der Gegenwart von Pétain gefeiert worden[135]. Ja, noch am 16. Juni 1943 hatte Kardinal Gerlier, nach Meinung des Vatikans ein Mitglied des »gemäßigten« Flügels der hohen französischen Geistlichkeit, im Hinblick auf Pétain geäußert, daß »in einer der tragischsten Stunden unserer Geschichte die Vorsehung uns einen Führer schenkte, um den wir uns glücklich und stolz versammeln. Wir bitten Gott, unseren Marschall zu segnen und uns als seine Mitkämpfer anzuerkennen, besonders jene, deren Aufgabe so schwierig ist. Die Kirche vertraut weiterhin dem Marschall und erweist ihm liebevolle Verehrung«[136].

Besonders krass war der Umschwung in Deutschland.

Dieselben Bischöfe, die seit 1933 ihre einflußreiche Stimme wenigstens ein volles Jahrzehnt für einen Mann erhoben, den ein amerikanischer Senator als internationalen Banditen noch mild charakterisierte, dieselben Bischöfe, die, trotz aller Differenzen auf religiösem Gebiet, immer wieder ihre Gläubigen zur Untertanentreue, zum unbeirrten Mitarbeiten und zur bedingungslosen Pflichterfüllung in Hitlers Krieg aufgerufen hatten, beteuerten jetzt Engländern und Amerikanern, sie hätten den Nazismus stets verdammt. Ein eklatantes Beispiel bietet

Der wendige Kardinal Faulhaber
(oder: Wie überlebt man zweitausend Jahre?)

>»Kardinal Faulhaber war sozusagen ein Herzog im großen Heerbann deutscher Katholiken, die immer wieder unerschrocken gegen Hitler und seine Trabanten... zu Felde zogen«. Prälat Johann Neuhäusler[137].

>»Es ist etwas Unheimliches um das kurze Gedächtnis der Menschen. Nach kaum drei Jahren können sie sich ›nicht mehr erinnern‹. Solchen Menschen mit kurzem Gedächtnis mag dieses Buch die Wirklichkeit der vergangenen Jahre wieder ins Gedächtnis rufen«. Kardinal Faulhaber[138].

Der große Kirchenfürst, nach dem heute in Deutschland Straßen und Plätze benannt sind, der 1933 in einem handschriftlichen Brief an Hitler versicherte, es komme ihm aufrichtig aus der Seele: »Gott erhalte unserem Volk unseren Reichskanzler« (S. 611); der 1934 in einem Hirtenbrief die bayerischen Katholiken belehrte: »Die kirchliche Sittenlehre kommt der staatlichen Ordnung zugute, als Erziehung zu Einfachheit und Pflichttreue, zu Gemeinschaftssinn und Opfergeist. Andererseits hat unsere staatliche Obrigkeit grobe Auswüchse im Buch- und Badewesen, in Film und Theater und anderen Gebieten des öffentlichen Lebens ausgeräumt und... auch dem sittlichen Leben des Volkes einen unschätzbaren Dienst erwiesen«[139]; Kardinal Faulhaber, der 1936 mit allen deutschen Bischöfen die Erklärung zur Volksabstimmung am 29. März abgab, um die, wie zugegeben wird, durchaus möglichen Gewissensbedenken der Katholiken zu zerstreuen und »den Weg zu einem entschiedenen ›Ja‹ zu öffnen«:

»Wir geben dem Vaterland unsere Stimme, aber das bedeutet nicht eine Zustimmung zu Dingen, die unser Gewissen nicht würde verantworten können. Diese Erklärung genügt damit nunmehr alle Katholiken ruhigen Gewissens mit ›Ja‹ stimmen können in dem Bewußtsein, so vor aller Welt für die Ehre, Freiheit und Sicherheit unseres deutschen Vaterlandes einzutreten«[140] – worauf, drei Jahre vor Ausbruch des zweiten Weltkrieges, von rund 45 Millionen Stimmen Hitler fast 44,5 Millionen erhielt, gegenüber 17,25 Millionen am 5. März 1933; Kardinal Faulhaber, der nach dem fehlgeschlagenen Attentat auf Hitler im November 1939 einen Dankgottesdienst zelebrierte und noch unmittelbar nach Stauffenbergs Attentat am 20. Juli 1944 (!) Hitler zu seiner Errettung persönlich und im Namen seiner Bischöfe beglückwünschte und in der Münchner Frauenkirche ein Tedeum singen ließ[141]: Dieser Faulhaber beschimpfte sogleich nach Kriegsende am 12. Mai 1945 vor amerikanischen Journalisten in heftigster Weise das Hitlerregime und sagte abschließend: »Der Nazismus darf nicht wieder aufleben«[142]. Ja, er scheute sich nicht, mit allen bayerischen Bischöfen »nach der Beendigung des schrecklichsten aller Kriege« zu behaupten: »*Die deutschen Bischöfe* haben, wie ihr selber wißt, von Anfang an vor den Irrlehren und Irrwegen des Nationalsozialismus ernstlich gewarnt und immer wieder hingewiesen«[143].

Kardinal Faulhaber, der Deutschland schon unter Kaiser Wilhelm von 1914 bis 1917 als stellvertretender Feldprobst und dann als wirklicher Feldprobst der bayerischen Armee diente; der 1936 zu seinem 25. Bischofsjubiläum eine Schrift erscheinen ließ, in der von rund 100 Seiten 24 seiner Soldatenzeit gewidmet sind, wobei nicht nur jede Beförderung vom Gefreiten an sorgfältig registriert, sondern auch mitgeteilt wird, mit welchem Gewehrmuster der spätere Kirchenfürst ausgebildet wurde, der hier u. a. äußert: »Die Dienstzeit im Rock des Königs war doch *eine Schule für das Leben*«[144]; Kardinal Faulhaber, der im Jahre 1941 mit allen seinen Bischöfen in einem Hirtenbrief schrieb: »Wir haben eine ähnliche Zeit schon durchlebt im *Weltkrieg* und wissen daher aus einer harten und bitteren Erfahrung, *wie notwendig und wichtig* es ist, daß in solcher Lage *jedermann ganz und gern und treu seine Pflicht erfüllt...*« (S. 621); Kardinal Faulhaber, der mit den bayerischen Bischöfen am 17. August 1941 zwar, wie üblich, für die Rechte der Kirche eintrat – »Geliebte Diözesanen, betet, daß die Kruzifixe nicht aus den Schulen entfernt werden!« oder, wie es teilweise fast im Stil jener deutschen Schriftstellerin heißt, von dem das Herderlexikon meint, ihre Romane seien dem Durchschnittsgeschmack in der Sehnsucht eines bescheidenen Gemüts nach Glück entgegengekommen: »Im ganzen katholischen Volk zittert schmerzlich verhaltenes Weh, daß die *Bittprozessionen* nicht mehr gehalten werden durften« und dergleichen mehr –, Kardinal Faulhaber dachte auch in diesem Schreiben nicht daran, auch nur eine Silbe gegen den Krieg zu veröffentlichen, zu dem er ja erst so eindringlich aufgerufen hatte. Vielmehr war er begeistert über das Oberkommando der Wehrmacht, weil es über die Bestattung der Kriegsgefallenen »außerordentlich erfreuliche und pietätvolle Anweisungen« gegeben habe, die ihren Höhepunkt erreichten in der Forderung: »Für jeden ein Kreuz mit Namen und näheren Angaben oder ein gemeinsames großes Kreuz...« auf dem Massengrab, dürfen wir ergänzen. »Von ganzem Herzen danken wir und mit uns wohl das ganze deutsche Volk der Wehrmacht für diese feinfühlige christliche Pflege...«[145]; Kardinal Faulhaber, der ebenfalls im Jahre 1941 sein Einverständnis zu der Ablieferung der Kirchenglocken gab, um die Fortsetzung des Krieges und den Sieg der Nazis zu ermöglichen, wie seine »Kanzelerklärung zur Abnahme der Glocken« bezeugt, worin es heißt: »Für das teure Vaterland aber wollen wir auch dieses Opfer bringen, wenn es notwendig geworden ist zu einem glücklichen Ausgang des Krieges«[146]: Dieser Faulhaber sprach nach dem Zusammenbruch mit dem ganzen bayerischen Episkopat von dem »schrecklichsten aller Kriege« und beklagte sich vor den amerikanischen Korrespondenten im Mai 1945 darüber, daß die Nazis unablässig Propaganda für den *Militarismus* getrieben hätten[147]!

Und Faulhabers Prälat Johann Neuhäusler im Jahre 1946 unter den fetten Überschriften: 3. Der einmütige bayerische Episkopat. a) eine deutliche Sprache schon im ersten Jahr. »Kraftvoll ist der Widerstand, der sich auch hier zeigt, bereits im Mai 1933...«[148].

Doch noch nicht genug! In gewisser Hinsicht sogar das Schlimmste nämlich ist jene Affäre, die in breiter Ausführlichkeit die Beilage zum Amtsblatt Nr. 20 der Erzdiözese München und Freising vom 15. November 1934 unter der Überschrift behandelt: »Eine dem Kardinal Faulhaber unterschobene Predigt gegen Juden- und Rassenhaß«.

Was war vorgefallen?

Das Blatt der deutschen sozialdemokratischen Partei in Prag, der »Sozialdemokrat«, hatte im August 1934 eine Predigt Faulhabers *gegen* den Juden- und Rassenhaß veröffentlicht, die von dem Kardinal natürlich niemals gehalten worden war. Wie hätte denn ein Kardinal Faulhaber den Mut aufgebracht, öffentlich gegen Hitlers Judenpogrome zu protestieren, selbst wenn er sie bedauert hätte, was man aber bezweifeln darf. Denn in seinen Adventspredigten von 1933 sagte er ausdrücklich, Abneigung gegen die Juden von heute dürfe nicht auf die Bücher des vorchristlichen Judentums übertragen werden, was ja suggerieren mußte, die Abneigung gegen die zeitgenössischen Juden sei erlaubt. Ließ der Kardinal doch damals, wie schon Paulus, für die Juden erst »am Ende der Zeiten... die Stunde der Gnade schlagen«[149]!

655

Der Kardinal protestierte also und stellte richtig nach allen Seiten. Er telegraphierte oder schrieb an das Reichsministerium des Innern in Berlin, an das Reichsministerium für Volksaufklärung und Propaganda in Berlin, an die Bayerische Politische Polizei, München, an die Bayerische Staatskanzlei, München, an die deutsche Gesandtschaft in Prag, an zahlreiche inländische und ausländische Zeitungen und sogar an Privatpersonen, alle Welt ließ der große Bekenner wissen, daß er niemals gegen den Rassenhaß und gegen den Judenhaß gepredigt habe, auch keinen einzigen Satz[150]. »Predigt Faulhaber gegen Rassenhaß niemals gehalten. Ersuche Falschmeldung widerrufen«, telegraphierte das Erzbischöfliche Sekretariat beispielsweise an die Basler Nationalzeitung[151]. Faulhaber selber schrieb, sinnigerweise am 9. November (1934), an den Naziinnenminister: »Es ist aber dringlich, daß der Verkauf eines so schmachvollen Hetzartikels, der auf einer marxistischen Fälschung beruht, polizeilich verboten und daß die Öffentlichkeit über diese schamlose Lüge baldigst aufgeklärt wird, und darum ersuche ich ebenso ernst als dringend«[152]. Sein vermeintliches Eintreten *für* die Juden und *gegen* den Rassenhaß also nannte Kardinal Faulhaber Ende 1934 eine marxistische Fälschung, eine schamlose Lüge oder, wie er in diesem Zusammenhang auch sagt, »wahnsinnige Behauptungen«.

Noch immer nicht genug. Als sich in ihrer Not die damals in Genf tagende jüdische Weltkonferenz, um in der Sprache des Kardinals zu bleiben, »der angeblichen Predigten für das Judentum bemächtigt« hatte, weil sie offenbar glaubte, ein Kardinal Faulhaber könnte unter Hitler aus Nächstenliebe oder auch nur aus Gerechtigkeit gegen dessen Judenverfolgungen aufgetreten sein, da legte Kardinal Faulhaber in einem Schreiben an die Jüdische Weltkonferenz, wie sein Amtsblatt formuliert, »entschiedene Verwahrung dagegen ein, daß sein Name auf einer Konferenz genannt werde, die gegen Deutschland Handelsboykott fordere«[153].

Faulhabers Predigt *gegen* den Rassenhaß also war gefälscht. Nicht gefälscht aber war jene Predigt, worin der Kardinal im Jahre 1936 Papst Pius XI. als den besten und anfangs sogar einzigen Freund des Nazireiches feierte, eine Predigt, die er uns dankenswerterweise in seinem eigenen Amtsblatt überliefert hat. In dieser Predigt aber findet sich nun auch der folgende, wohl einmalige Ausspruch eines katholischen Kirchenfürsten: »Die persönlich gehässigste Unwahrheit gegen den Heiligen Vater Pius XI.«, verteidigt Faulhaber nämlich den ersten ausländischen Freund Nazideutschlands, »wurde zum ersten Tag dieses Jahres dem deutschen Volk von einer deutschen Zeitung... vorgesetzt: Der Papst sei Halbjude, seine Mutter sei eine holländische Jüdin gewesen. Ich sehe, meine Zuhörer fahren vor Entsetzen empor. Diese Lüge ist besonders geeignet, in Deutschland das Ansehen des Papstes dem Gespött preiszugeben«[154].

656

Nicht doch! Sollte dem Kardinal Faulhaber nicht bewußt gewesen sein, daß das, was seine katholischen Zuhörer so entsetzt emporfahren ließ und ihm selbst Grund schien, den Papst dem Gespött preiszugeben, erst recht auf seinen Herrn Jesus Christus zutrifft, einen Volljuden! Oder doch, geht man vom katholischen Glauben aus, der Jesus ja vom Vater her übernationaler Herkunft sein läßt, einen Halbjuden, so daß demnach Jesus genau das ist, was die »Deutsche Volksschöpfung«, Düsseldorf, am 1. Januar 1936 für den Heiligen Vater in Anspruch nahm: Sohn einer Jüdin. Was für ein schmähliches, was für ein lächerliches Schauspiel!

Hatte Kardinal Faulhaber aber unter Hitler der jüdischen Weltkonferenz in Genf verboten, auch nur seinen Namen zu nennen und ihr empört mitgeteilt, er habe »das altbiblische Schrifttum Israels verteidigt, nicht aber zur Judenfrage von heute Stellung genommen«[155], so konnte man im Frühjahr 1946 in den deutschen Zeitungen von dem Auftreten und der Erklärung Kardinal Faulhabers vor der damals in Rom tagenden englisch-amerikanischen Palästina-Kommission lesen: Weil er seit 1933 für die Juden eingetreten sei, habe man ihn im Dritten Reich so sehr verfolgt!

So überdauerte der Kardinal, hochgeehrt, den Kaiser und Hitler, eine »führende Gestalt im deutschen Episkopat«, wie es im katholischen Herderlexikon heißt, »von großer Zeitaufgeschlossenheit und *starkem Bekennertum*...« In der Tat, niemand kann dies bestreiten, weder die Führerstellung, noch die Zeitaufgeschlossenheit, noch gar das starke Bekennertum: vor Hitler dagegen, unter Hitler dafür, nach Hitler dagegen – und wäre uns der Kardinal noch längere Zeit in der Ära Adenauer erhalten geblieben, so hätte er uns zu seinem 50. Bischofsjubiläum sicher in einer Festschrift wieder mitteilen lassen, mit welchem Gewehrmuster er ausgebildet worden sei...

Selbstverständlich reagierten auch die anderen deutschen Bischöfe ähnlich. Erzbischof Gröber beispielsweise, der vordem die Katholiken zur unbeirrten Mitarbeit im neuen Reich aufgefordert, der den Fahnen und Abzeichen der Nazis eiligst die »Aufstellung im Kirchenschiff« gestattet und 1935 ein Buch veröffentlicht hatte, in dem er Patriotismus und Staatstreue der Katholiken glorifizierte (»Es lebe Christus, der die Franken liebt«!) und den Europäer Nietzsche diffamierte (S. 616 f.), Erzbischof Gröber brachte seine sogleich am 8. Mai 1945 gestellte Frage »Was nun?« nicht in Verlegenheit. In langer Reihe wußte er aufzuzählen, was alles falsch gewesen sei. Dabei scheute er sich nicht einmal zu schreiben: »*Es ist falsch, einem extremen und erbarmungslosen Antisemitismus* zu verfallen«[156], womit er doch ganz offenkundig einen nicht extremen und nicht erbarmungslosen Antisemitismus noch immer erlaubte!

Im übrigen galt im Jahre 1945 wieder, was *noch zu Beginn des Jahres 1933* der Generalvikar von Mainz, Mayer, erklärt hatte: »Die deutschen

657

Bischöfe *verurteilen einmütig den Nationalsozialismus als eine Ketzerei,* weil sein Programm, in Schrift und in Worten, Wendungen enthält, die der katholischen Lehre zuwiderlaufen«[157]. 1945, wie gesagt, vertrat der deutsche Episkopat wieder dieselbe Auffassung wie vor 1933. Das zwölfjährige Reich Hitlers war vergangen, das bald zweitausendjährige der Kirche bestand fort.

Prälat Neuhäuslers Resümee

Und Prälat Johann Neuhäusler entdeckt uns am Ende seines Standardwerkes über den katholischen Kirchenkampf: »Der Kampf ist zu Ende, der Weltkrieg mit seinen tausenderlei Mordwaffen, der Kulturkampf mit seinem Ansturm gegen Gott, Christus und Kirche, mit seiner Menschenvergötterung, Menschenversklavung und Menschenvernichtung. Leichen und Ruinen bedecken das Feld«[158].

Wozu nur zu ergänzen ist: 1. Den »Kulturkampf mit seinem Ansturm gegen Gott, Christus und die Kirche« führte nicht das von der Kurie bekämpfte Sowjetrußland, sondern das mit ihr liierte Nazireich.

2. An der »Menschenvergötterung« nahm der hohe deutsche Klerus immerhin soweit teil, daß, wie bereits früher belegt, Hitler in einem Opus mit dem Imprimatur des Ordinariats Münster 1938 als »Vorbild wahrhaft soldatischen Wesens und soldatischer Treue«, in einem Weihnachtshirtenbrief des katholischen Militärbischofs noch 1942 als »leuchtendes Vorbild« figurierte, während alle katholischen deutschen Bischöfe in einem Hirtenbrief des Jahres 1933 wie in jeder menschlichen Obrigkeit so auch in der Hitlers »einen Abglanz der göttlichen Herrschaft und eine Teilnahme an der ewigen Autorität Gottes« erblickten.

3. Die »Menschenversklavung und Menschenvernichtung« etwa in den Konzentrationslagern, bei den Judenmassakern und im Krieg hat der deutsche katholische Episkopat niemals öffentlich geächtet, vielmehr

4. den »Weltkrieg mit seinen tausenderlei Mordwaffen« nicht nur gebilligt, sondern die Katholiken zur Teilnahme an ihm verpflichtet und selbst die Anwendung der »tausenderlei Mordwaffen« *»mit Genugtuung«* verfolgt.

Diese Beiläufigkeiten enthielt Prälat Neuhäusler seinen Lesern vor. Doch vergaß er nicht, ihnen in der letzten fetten Überschrift das Wichtigste mitzuteilen: »Das Kreuz steht!«[159].

Noch wichtiger freilich war, daß, trotz des unentwegten Ansturms der nazistischen Horden, auch der Fels Petri stand und so Papst Pius XII. vor aller Welt echte Zeugnisse katholischer Feindesliebe geben konnte als

658

Schutz und Schirm der Faschisten bis zuletzt

»Es ist eine Tatsache, daß niemals eine Verurteilung, niemals eine Exkommunizierung gegen das Regime Hitlers ausgesprochen worden ist, nicht einmal, als dieser und seine Partei in den Konzentrationslagern Millionen von Menschen umbrachten«. Alighiero Tondi[160].

Wie man den Kirchenkampf der katholischen Bischöfe Deutschlands heute aufbauscht, um das allein Entscheidende zu unterschlagen, nämlich ihre Aufrufe an die Katholiken zu den Wahlen: Gebt euer Ja für Hitler! und ihre Aufrufe während des Krieges: Tut eure Pflicht – 55 Millionen Tote! –, so benutzt man auch die zahlreichen Beschwerden des 11. und 12. Pius über die Verletzungen des Konkordats zur Verschleierung ihres außenpolitischen Kollaborierens mit Hitler.

Das katholische Paradestück ist besonders Pius' XI. Enzyklika »Mit brennender Sorge« vom 4. März 1937. Tatsächlich aber trat der Papst darin nur für die katholische Kirche ein und für sonst nichts! In seitenlangen Klagen verwandte er sich für den rechten Gottesglauben, den wahren Christusglauben, den Glauben an die alleinseligmachende Kirche, den Primat des römischen Bischofs, für das Recht auf freie Religionsbetätigung (siehe Jugoslawien!), auf katholische Erziehung der Jugend und dergleichen mehr. Aber kein Wort gegen den Terror in den Konzentrationslagern und den Terror der Judenverfolgungen!

So konnte auch der damalige Kardinalstaatssekretär Pacelli, der in einem langen Schreiben an den deutschen Botschafter beim Vatikan, von Bergen, vom 30. April 1937 die Enzyklika gegen die Antwortnote der Naziregierung verteidigte, sie als »bei aller Freimütigkeit wohlwollend« bezeichnen und erklären, dem Heiligen Stuhl würde es ein leichtes sein, aktenmäßig nachzuweisen, wie er seit dem Konkordatsabschluß jede Möglichkeit einer »verantwortbaren Verständigung« genutzt habe, »mit einer Geduld, die von vielen als zu weitgehend empfunden wurde«. Auch Kardinal Pacelli selbst aber verfocht in dem Schreiben einzig und allein die sogenannten Rechte der katholischen Kirche, wobei er auch nicht vergaß, die Liquidierung des Kommunismus durch die Nazis wiederholt zu rühmen.

Auch als Pius XII. hat Eugenio Pacelli zwar wiederholt die Verstöße gegen das Konkordat getadelt, nie aber vor aller Welt die nazistische Terrorpolitik als solche gebrandmarkt, nie die Gewaltakte gegen kleine und große Länder, nie die Vergasung von fast sechs Millionen Juden. Erst am 2. Juni 1945 brachte er es zum erstenmal seit Beginn seines Pontifikates (und seit Beginn des 2. Weltkrieges) fertig, in einer kurzen Ansprache vor dem Kardinalskollegium den »satanischen Nationalsozialismus« zu erwähnen, der in Polen und Deutschland einige tausend katholische Geistliche getötet habe[161].

Tatsächlich aber erwies sich der Papst bis zuletzt als ein Freund der Faschisten. Nicht nur noch im August 1944 hatte er – übrigens unter großer Empörung auch katholischer Kreise Englands – anläßlich der durch die deutschen »V-Geschosse« in London angerichteten Zerstörung über den Erzbischof von Westminster die Londoner aufgefordert, ihren Feinden gegenüber »die christlichen Gefühle der Nachsicht, des Mitleids und der Barmherzigkeit« walten zu lassen[162]. Er trat auch bei dem Nürnberger Prozeß für die deutschen Kriegsverbrecher ein. Und nicht wenige weitere schwer belastete Deutsche erhielten, zusammen mit italienischen, tschechoslowakischen, jugoslawischen und anderen Kriegsverbrechern, im Vatikan ein dauerndes oder vorübergehendes Asyl.

Ante Pavelić, der von Pius XII. gesegnete Anstifter des Doppelmordes von Marseille, der seit dem Einmarsch der Deutschen an der Spitze des kroatischen Staates in enger Zusammenarbeit mit dem katholischen Episkopat eine schrankenlose Schreckensherrschaft ausgeübt hatte, der 600 000 orthodoxe Serben zum Opfer fielen, fand nach dem Zusammenbruch seines Regimes, mit »geraubtem Gold reichlich beladen«, Aufnahme in den Klöstern St. Gilgen bei Salzburg, dann in Bad Ischl. In einem Priestergewand gelangte er nach Italien, wo er als Pater Gomez und Pater Benarez bis 1948 in einem römischen Kloster lebte. Ende dieses Jahres erreichte er mit Hilfe des Klerus auf einem italienischen Schiff als Pablo Aranyoz Buenos Aires, immer noch im Besitz von 250 Kilo Gold und 1100 Karat Edelsteinen. Unbehelligt von jeglicher Justiz starb er Ende 1959 im katholischen Franco-Spanien[163]. Erzbischof Saric von Sarajewo, einer der engsten Mithelfer von Pavelić, soll bis in die 60er in einem Kloster in Madrid gelebt haben, nachdem er zuvor mit dem Bischof von Banjaluka, Jojso Garić, und zahlreichen anderen verbrecherischen Klerikern in Österreich, dann in der Schweiz Aufnahme gefunden hatte und ihm die Ausreise nach den USA nicht gelungen war[164].

Laut Scheinmann verschwand auch der Geistliche Dragonović, der gleichzeitig auf faschistischer Seite Oberstleutnant war und an der Ermordung von sechzigtausend Menschen schuldig sein soll, nach dem Krieg im Vatikan – als Professor am deutschen katholischen Seminar[165].

Auch Überreste der »Blauen Division«, der zuvor an der Ostfront kämpfenden spanischen Faschisten, gelangten vom Vatikan aus nach Südamerika.

Selbst viele SS-Führer entkamen über Rom und den Vatikan, unter ihnen auch Adolf Eichmann. Er floh, wie Joel Brand, einer der Kronzeugen des Eichmannprozesses, bezeugte, mit Hilfe eines gewissen Kurienpaters

Benedetti, der Verbindung zur Odessa, einer SS-Untergrundorganisation hatte. Auf die Frage, ob noch andere hohe Nazis auf diesem Weg aus Deutschland geflohen seien, erklärte Joel Brand: »Ja, sehr viele SS-Generale sind auf diesem Weg nach Ägypten gekommen. Und nicht zu vergessen: Bormann«[166].

Wer nicht nur das Verhältnis des Vatikans zum Faschismus, sondern auch die Geschichte des christlichen Antisemitismus kennt, wundert sich darüber nicht. Es wurde schon bemerkt, daß der Papst die nazistischen Judenpogrome niemals verurteilt hat. Selbst als man sozusagen vor seinen Augen die Juden zusammentreiben und abführen ließ, erhob das Oberhaupt der römischen Kirche seine Stimme nicht zum Protest. Das bezeugt der deutsche Botschafter beim Heiligen Stuhl, Ernst von Weizsäcker, der in einem Kurierbrief an das Auswärtige Amt in Berlin am 28. Oktober 1943 schreibt: »Der Papst hat sich, obwohl dem Vernehmen nach von verschiedenen Seiten bestürmt (!), zu *keiner demonstrativen Äußerung gegen den Abtransport der Juden aus Rom hinreißen lassen.* Obgleich er damit rechnen muß, daß ihm diese Haltung von seiten unserer Gegner nachgetragen und von den protestantischen Kreisen in den angelsächsischen Ländern zu propagandistischen Zwecken gegen den Katholizismus ausgewertet wird, hat er *auch in dieser heiklen Frage alles getan, um das Verhältnis zu der deutschen Regierung und den in Rom befindlichen Stellen nicht zu belasten*«[167].

69. KAPITEL

**Selbst wenn die Welt dabei
zugrunde geht...**

Wer regiert nach Hitler?

>>*Die Kirche flüstert Dr. Adenauer in das Ohr, und Dr. Ade-
nauer lauscht*<<. Londoner »Times«, 7. Nov. 1960.

>>*Was steht hinter diesem Wahnsinn? Die gleiche Politik
wie in den dreißiger Jahren*<<.
Der englische Parlamentarier Frank Allaun[1].

Thomas Dehler, einer der wenigen respektabnötigenden deutschen Politiker im Nachkriegsdeutschland berichtete im westdeutschen Fernsehen
über ein Gespräch mit dem sowjetischen Botschafter in Bonn. Bei einem
diplomatischen Empfang, erzählte Dr. Dehler, habe Smirnow ganz lässig
zu ihm gesagt: »›Herr Dehler, geht jetzt der 30jährige Krieg zu Ende?‹ ›Ja,
Herr Smirnow, wie meinen Sie das? 30jähriger Krieg?‹ ›Ja, Deutschland
führt doch jetzt seit 30 Jahren Krieg gegen uns.‹« Dehler wollte zunächst
lachen, wurde aber hinterher sehr ernst. »Der Reichskanzler Papen hat im
Juni 1932 den antibolschewistischen Kurs zu steuern begonnen. Ich habe
da mal eine Regierungserklärung nachgelesen, er hat schon diese Naziti-
raden übernommen von der Bolschewisierung unseres Lebens und von
der harten Linie, die wir einhalten müssen... seit 30 Jahren führt
Deutschland den heißen und den kalten Krieg gegen Rußland. Das ist
doch die Tatsache«[2].

  Und die andere Tatsache, die selbst ein Politiker wie Dehler nicht erwähnen konnte, ist die, daß dieser dreißigjährige Krieg im Bunde mit
Papst Pius XI. und Papst Pius XII. und dem gesamten deutschen Episkopat geführt wurde über, man kann dies nicht oft genug wiederholen, etwa
sechzig Millionen Leichen hinweg, und mit dem Ergebnis, daß die Sowjets lange Zeit nicht mehr östlich von Polen, sondern hart am Main standen. Die Furcht des Vatikans wurde folglich nicht geringer. Pius XII. sah

662

sich sogleich nach einem neuen Bundesgenossen in Deutschland gegen die Gefahr aus dem Osten um, und er fand ihn in Dr. Adenauer.

Konrad Adenauer, der schon Ende 1932 betonte, daß »eine so große Partei wie die NSDAP unbedingt führend in der Regierung vertreten sein müsse« (S. 607), setzte die antisowjetische Politik Hitlers bald in vollem Umfang fort. Sagte Hitler 1936: »Ich will nicht, daß über das deutsche Volk das Grauen der kommunistischen internationalen Haßdiktatur gesenkt wird«[3], so äußerte Dr. Adenauer zwanzig Jahre später: »Daher stehen wir dieser (östlichen) Welt, die im Grunde genommen unser *Todfeind* ist, mit größter Wachsamkeit gegenüber«[4]. Postulierte Hitler noch einen Tag vor seinem Selbstmord im Jahre 1945: »Die Aufgabe ist und bleibt für das deutsche Volk, Raum im Osten zu gewinnen«[5], so erklärte Dr. Adenauer nur sieben Jahre später: »Aber es geht nicht allein um die Sowjetzone, es geht um die Befreiung von ganz Osteuropa hinter dem Eisernen Vorhang«[6]. Vor der Gemeinschaft katholischer Männer in Bamberg aber drückte sich der Kanzler im Jahre 1961 im Bewußtsein der wachsenden Stärke seines Landes noch uneingeschränkter aus: »Deutschland wird nicht die Beute des atheistischen Kommunismus, *sondern ihn zu Fall bringen*«[7].

Eine Verständigung mit Moskau wird von dem katholischen Kanzler überhaupt nicht gesucht. So wurde eine ganze Reihe wichtiger vermittelnder Vorschläge aus dem Kreml, die sowjetischen Noten vom 15. August 1953, vom 1. und 4. Februar 1954 oder die sowjetische Deutschlanderklärung vom 15. Januar 1955 mit dem auch schon früher gemachten Angebot freier gesamtdeutscher Wahlen *unter internationaler Kontrolle* so gut wie gar nicht beachtet und mit nichtssagenden Erklärungen abgetan, wie etwa mit der Begründung, es sei den Sowjets nicht ernst gewesen. Dabei vermied man es aber, sich in Verhandlungen vom Ernst oder Unernst der Russen zu überzeugen, und zwar obwohl westdeutsche Politiker dafür eintraten. So sagte zwei Tage nach der Note vom 10. März 1952 der Bundesminister für gesamtdeutsche Fragen, Jakob Kaiser, in einer Rundfunkrede: »...niemand wird in Abrede stellen können, daß es sich bei den Vorschlägen der Sowjetunion für einen Friedensvertrag mit Deutschland um ein *gewichtiges politisches Ereignis* der letzten Monate handelt. Das muß auch bei vorsichtiger Zurückhaltung dem Inhalt und der Absicht der Note gegenüber anerkannt werden«[8]. Und auch in einer Rundfunkansprache ein Jahr darauf, am 14. Juni 1953, bekannte Minister Kaiser: »Der Kreml erweckt den Gesamteindruck einer Verhandlungsbereitschaft. Es könnte *kaum verantwortet* werden, wenn man *Bekundungen von Verhandlungswillen von vornherein ignorieren würde*«[9].

Aber genau das tat der katholische Kanzler. Auf der einen Seite hat seine Regierung eine Rüstungsbeschränkung nach der anderen beseitigt

663

und gleichzeitig mit dem stereotypen Menetekel der bolschewistischen Gefahr Angstkomplexe suggeriert, auf der anderen Seite aber jedes Disengagement, jede Veränderung des Status quo in Berlin starrsinnig verweigert, ein Zustand, den selbst Eisenhower »anomal und gefährlich« nannte[10].

Die pragmatischen Anglo-Amerikaner vermögen sich offenbar schwer vorzustellen, welche Rolle in Deutschland das Religiöse spielt. Der englische Publizist Sefton Delmer schreibt sogar, nachdem er seiner »schweren Enttäuschung« über die aggressive, kompromißlose Politik Adenauers Ausdruck verliehen hat: »Ich hatte gehofft, daß Konrad Adenauer, der Katholik..., alles daransetzen würde, die Bereitschaft seines Landes zur Buße für die Untaten gegenüber den östlichen Nachbarn zu demonstrieren«[11].

Welche Verkennung der Situation! Gerade der Katholik Adenauer war es ja, der die einst im Bunde mit Hitler betriebene vatikanische Ostpolitik fortsetzte, der gegenüber den Sowjets dieselbe prinzipielle Intoleranz bekundete, wie die Kurie seit je. Schon Ende der vierziger Jahre sagte Dr. Adenauer, »daß seine Regierung zur Regierung der Sowjetunion keine freundnachbarliche Haltung einnehmen könne«[12]. Vermittlungsangebote waren deshalb für ihn uninteressant a priori. Eine sowjetische Note nach der anderen wurde in den Wind geschlagen. Ja, im April 1953 bekannte der Kanzler in San Franzisko: »Die Bundesregierung wird die Europäische Verteidigungsgemeinschaft auch dann nicht aufgeben, wenn die Sowjets freie Wahlen in der Sowjetzone und eine Wiedervereinigung Deutschlands anbieten sollten«[13]. Und am 14. Juni 1953 meinte Dr. Adenauer in Augsburg: »Ich bin sogar der Ansicht, daß *noch viel weitergehende Angebote* (von den Sowjets) kommen werden. Ich weiß aber auch, daß dadurch die positive Deutschlandpolitik der Westmächte nicht geändert wird«[14].

Es ist also so, wie Dr. Dehler bei seinem Fernsehgespräch im Frühjahr 1962 sagte: »...wir haben nicht gewirkt, sondern haben uns mit einem primitiven Anti-Bolschewismus begnügt, und das war zu wenig«[15].

Aber diese intransigente Ostpolitik entsprach den Wünschen von Papst Pius XII. ebenso wie die Teilung Deutschlands, mit der man bekanntlich weithin in der Welt glücklich war. Wie sehr gerade die Spaltung Deutschlands der politischen Konzeption der Kurie entgegenkam, beweist schlagend ein Bericht, den der französische Botschafter am Vatikan, Graf Wladimir d'Ormesson, nach einem Gespräch mit dem (1961 verstorbenen) Kardinalstaatssekretär Tardini an seinen Außenminister Robert Schumann machte. Graf d'Ormesson betonte nämlich am 19. 11. 1948, »daß man im Vatikan sich bewußt bleibt, *welche verhängnisvolle Gefahr für Deutschland und den Frieden die Wiederherstellung der völligen deut-*

664

schen Einheit bedeuten würde«[16]. Tardini habe, so heißt es in dem Bericht weiter, erklärt, die preußischen Bevölkerungsteile seien Barbaren. »Sie haben«, behauptete der Kardinalstaatssekretär, »nichts gelernt und nichts begriffen. In den Gegenden Westdeutschlands und Süddeutschlands, wo das Christentum tiefer eingedrungen ist, ist jedoch der Geist nicht derselbe. Mit *diesen* Bevölkerungsteilen und mit ihren christlichen Elementen muß man arbeiten«[17].

Diese Arbeit begann mit dem Katholiken Dr. Adenauer bereits im Jahre 1945. Noch ehe er in das politische Leben eintrat, hat er sich damals mit dem hohen katholischen Klerus beraten[18]. So ist ganz selbstverständlich, daß Adenauer von allem Anfang an keinen Ausgleich mit den Sowjets, sondern eine entschiedene Frontbildung anstrebte. Bereits am 21. 8. 1945 schrieb er an den Münchner Oberbürgermeister Scharnagl: »Ich bitte Sie und die anderen Herren, immer wieder bei Ihren Überlegungen sich zu vergegenwärtigen, daß allein diese geplante Zusammenfassung aller auf christlichen und demokratischen Grundlagen stehenden Kräfte uns vor den aus dem Osten drohenden Gefahren schützen kann«[19].

Schon im Sommer 1945 warnte also Dr. Adenauer vor jenen Gefahren, vor denen Hitler unentwegt gewarnt hatte, ehe er schließlich, wohlgerüstet, in Rußland einfiel.

Kardinal Frings von Köln, der bereits in einer Rundfunkansprache am 16. Dezember 1945 ein allein vom Christentum, das heißt natürlich vom römischen Katholizismus geprägtes Abendland begehrte, forderte als erster öffentlich in Deutschland auf dem Katholikentag in Bonn am 23. Juni 1950 die Wiederaufrüstung der Deutschen und einen auf der »Gottesordnung« beruhenden Frieden! »Ein Eintreten für eine uneingeschränkte und absolute Kriegsdienstverweigerung«, sagte damals der Kardinal, »ist mit dem christlichen Gedanken nicht vereinbar. Es ist eine verwerfliche Sentimentalität und ein falsch gerichtetes Humanitätsdenken, wenn man aus Furcht vor den Leiden eines Krieges jegliches Unrecht geschehen ließe...
– Nach den Gedanken des Papstes ist also eine *Kriegführung, die gegen das Unrecht* gerichtet ist, nicht nur ein Recht, sondern sogar *eine Pflicht aller Staaten...* Der echte Frieden kann nur auf der Gottesordnung beruhen. Wo immer aber diese angegriffen wird, müssen die Völker auch *mit Waffengewalt die gestörte Ordnung wiederherstellen*«[20].

So leis klang also das Geflüster der Catholica wenigstens zuletzt gar nicht mehr in Dr. Adenauers Ohr. War er noch am 30. 12. 1946 »einverstanden damit, daß wir völlig abgerüstet werden, daß unsere reine Kriegsindustrie zerstört wird, daß wir nach beiden Richtungen hin einer langen Kontrolle unterworfen werden. Ja, ich will noch weitergehen: Ich glaube, daß die Mehrheit des deutschen Volkes einverstanden wäre, wenn wir, wie die Schweiz, völkerrechtlich neutralisiert würden«[21]; hatte Dr. Ade-

665

nauer noch am 22. November 1949 das Petersberger Abkommen unterzeichnet, das den festen Willen der Bundesregierung bekundet, mit jedem ihr zur Verfügung stehenden Mittel die Wiederaufstellung von bewaffneten Streitkräften jeder Art zu verhindern; hatte Dr. Adenauer noch am 4. Dezember 1949 beteuert: »Die Öffentlichkeit soll ein für allemal wissen, daß ich aus Prinzip gegen eine Wiederaufrüstung der Bundesrepublik bin und folglich auch gegen die Aufstellung einer neuen Wehrmacht«[22], so bot er den Westmächten nur wenige Wochen nach Kardinal Frings' »Friedenspredigt« die Wiederaufrüstung Deutschlands an.

Eine Reorganisierung des deutschen Heeres war durch die Verträge von Jalta, London und Potsdam verboten. Und noch Anfang 1950 sagte der amerikanische Hohe Kommissar in Deutschland, nie wieder dürfe Deutschland in der Lage sein, die anderen Völker und den Frieden der Welt bedrohen zu können. »Deshalb wird es weder ein deutsches Heer, noch eine deutsche Luftwaffe mehr geben«[23].

Bereits Ende der fünfziger Jahre aber hatten wir wieder etwa hundert Generäle und Admiräle in der Bundeswehr. Einundsiebzig waren schon unter Hitler Generalstabsoffiziere bzw. Mitarbeiter des Oberkommandos der Wehrmacht. Fünfundvierzig von ihnen bekleideten bereits unter Hitler den Rang eines Generals. Wenigstens sieben von ihnen sind abgeurteilte Kriegsverbrecher oder werden in den Kriegsverbrecherlisten der Alliierten geführt.

Selbstverständlich plante der Kanzler die Wiederaufrüstung Deutschlands schon, als er nach außen noch die Demilitarisierung vertrat[24]. Aber es ist charakteristisch, daß die römisch-katholische Kirche es war, die in Deutschland öffentlich zuerst wieder nach den Waffen rief, deren Tätigkeit sie schon unter Hitler »mit Genugtuung« verfolgt hatte.

Wenn man die Worte Dr. Adenauers auch nicht auf die Goldwaage legen darf, so ist doch bemerkenswert, daß er seinerzeit sagte: »Unsere Wiederbewaffnung wird nicht aus militärischen Gründen geschehen«[25]. Ein Ausspruch, der noch ergänzt wird durch Adenauers Bekenntnis, die europäische Verteidigungsgemeinschaft sei für ihn »eine Weltanschauungsfrage«[26], mit anderen Worten, sie ist für ihn eine christliche, genauer eine römisch-katholische Angelegenheit.

Wie sehr gerade der Vatikan die deutsche Wiederbewaffnung wünschte, wissen wir ja auch aus dem Munde des gleichfalls katholischen Verteidigungsministers Strauß. Mit erhobenen Händen, berichtete Minister Strauß im Bonner Presseclub, in dem er auch den deutschen Nobelpreisträger Prof. Dr. Otto Hahn »einen alten Trottel« nannte, »der die Tränen nicht halten und nachts nicht schlafen kann, wenn er an Hiroshima denkt«[27], mit erhobenen Händen habe ihn der Papst mehrfach beschworen, seine »Sicherheitspolitik« unverändert weiter zu treiben[28]. Kardinal

666

Wendel reiste eigens nach Rott, um Minister Strauß zu trauen, der 1959 auch gemeinsam mit dem katholischen Militärbischof eine Wallfahrt zur Muttergottes nach Lourdes unternahm.

»Das christliche Sittengesetz ist als Überschrift über die Staatsarbeit zu stellen«, verlangte Minister Strauß[29], dessen zahlreichen Dikta, daß die Stärke unserer Bundesgenossen ausreiche, »das Reich der Sowjetunion von der Landkarte streichen zu können«, wie er 1956 formulierte[30] oder, wie er bereits drei Jahre darauf sagte, »mehrmals zu vernichten«[31], ja ebenso bekannt sind wie seine Bemühungen um Atomwaffen. Man muß sie aber in der richtigen religiösen Perspektive sehen.

In diesem Zusammenhang wird man sich an den Eucharistischen Kongreß 1960 in München erinnern dürfen, der genauso offensichtlich gegen Rußland gerichtet war, wie der 34. Eucharistische Kongreß ein Jahr vor Ausbruch des zweiten Weltkrieges in Budapest (S. 645). Der amerikanische Militärbischof Kardinal Spellman, einer der rührigsten Katholiken der Welt, prophezeite damals in München, die Zeit werde kommen, in der die heutigen kommunistischen Herrscher hinweggefegt würden. Spellman flog seinerzeit auch bereits mit einem Hubschrauber am »Eisernen Vorhang« entlang und zelebrierte auf dem Truppenübungsplatz Grafenwöhr eine feierliche Pontifikalmesse »unter dem Donner der Geschütze«, wobei er nicht vergaß, die Soldaten »seine lieben Freunde« zu nennen[32], denn, wie schon Napoleon sagte, »es gibt keine Menschen, die sich besser verstehen als Priester und Soldaten«[33]. Der katholische Bundesverteidigungsminister Strauß aber bekannte damals: »Wir wissen, daß die Macht hinter dem Eisernen Vorhang in den Händen von Männern ist, für die Verantwortung vor Gott keine Rolle spielt. Dafür sind wir Soldaten, daß diese Macht nicht gegen uns gebraucht werden kann, daß die Macht aus atheistischen Händen wieder in christliche Hände übergeht«[34].

Ein Jahr später belehrte Minister Strauß nach der englischen Zeitung »Tribune« einer »der gefährlichsten Männer in Europa«[35], die Amerikaner in Santa Rose: »Der zweite Weltkrieg ist noch nicht zu Ende«[36]. Und einen Monat darauf dozierte er vor den Deutschen in Landau anläßlich der Berlin-Krise: »Unsere Planung: im Anfang diplomatisch-politische Schritte, in der Mitte ökonomisch-technische und am Ende militärische«[37].

Ist es in den 60er Jahren nun so, wie Sefton Delmer schrieb, »daß einige Illusionisten in Deutschland schon wieder ein gewagtes Spiel treiben und nur darauf warten, ihr Glück ein drittes Mal versuchen zu können – in der Hoffnung, diesmal, unterstützt durch die Amerikaner und uns, bei den Siegern zu sein«[38]?

Die Situation zu dieser Zeit war um so gefährlicher, als nunmehr auch die Oppositionspartei der Regierung in allen entscheidenden außenpolitischen Fragen willig diente. »Der Abfall der führenden SPD-Politiker von ihren vormaligen Zielen«, schreibt der englische Parlamentarier Konni Zilliacus, »läuft auf eine Wiederholung der schmutzigen Tragikomödie in der deutschen Sozialdemokratie nach dem ersten Weltkrieg hinaus – diesmal, nach allem, was geschehen ist, ohne die Entschuldigung, sie wüßten nicht, was sie tun, denn sie haben Erfahrungen gemacht, aus denen sie lernen konnten«[39].

Die politische Tätigkeit der Päpste war so offenkundig, daß sie manche selbst eingestanden, wie etwa der nun heiliggesprochene Pius X., von dem zwar das katholische Herderlexikon anmerkt »War der Politik abgeneigt«, der aber schon in seiner ersten Allokution am 9. 11. 1903 betonte, es sei »Unsere Pflicht, auch die Politik uns angelegen sein zu lassen« (curare nos rem politicam oportere), während freilich ein Papst wie Pius XII., der sich Zeit seines Lebens überhaupt nicht mehr mit Politik hätte befassen können als er es getan hat, es vorzog zu erklären, die Kirche Christi mische sich nicht in rein politische Fragen (S. 486).

Seit Beginn der zwanziger Jahre hatte Eugenio Pacelli gegen den Kommunismus gekämpft, in den dreißiger und frühen vierziger Jahren zusammen mit Hitler, und als Nazideutschland zusammenbrach, wurde wiederum in der Bundesrepublik die katholische Kirche »die stärkste Bastion des Antikommunismus«[40]. Nichts Entscheidendes geschah in Westdeutschland seitdem gegen den Willen des Vatikans.

Nicht zufällig bediente sich Pius XII. vor allem deutscher Ratgeber, nämlich der Jesuiten Robert Leiber und Wilhelm Hentrich[41]. Die sozialen Reden des Papstes verfaßte meist der deutsche Jesuit Gustav Gundlach. Der Beichtvater des Papstes war der deutsche Jesuit August Bea. Doch ist der Einfluß dieser Männer auf die Politik des Heiligen Stuhles kaum zurückgegangen.

Bereits 1946 machte Pius XII. den nordamerikanischen Bischof Joseph Muench zum apostolischen Visitator für Deutschland. Am 4. April 1951 ernannte er ihn offiziell zum Nuntius. Muench, dessen Eltern aus Österreich und Deutschland ausgewandert waren, gehörte zu den nazifreundlichen klerikalen Kreisen Amerikas schon vor 1933. Der ihm befreundete Pater Coughlin war »einer der aktivsten amerikanischen Propagandisten des Nazismus«[42]. So trat Bischof Muench, wie Pius XII., 1945 in einem Hirtenbrief für »Nachsicht« gegenüber den deutschen Kriegsverbrechern ein[43]. 1951 erhielt er vom deutschen Bundespräsidenten das Große Bundesverdienstkreuz und wurde vom Papst Johannes XXIII. zum Kardinal ernannt, der die Politik seines Vorgängers fortsetzt, was schon daraus hervorgeht, daß er so wenig wie jener die heutigen Grenzen im Osten Deutschlands anerkennt.

Dies ist übrigens ein sehr bemerkenswertes und vielsagendes Faktum.

668

Während der damalige Primas von Polen, Kardinal Wyszynski, in schönster Übereinstimmung mit dem Kommunistenführer Gomulka, die Rückkehr Polens in die Westgebiete als einen Akt historischer Gerechtigkeit betrachtet und die Oder-Neiße-Grenze für endgültig und unverletzlich erklärte, während der Kardinal vor seinen Gläubigen die Stimme erhob: »Schaut nur... Es blieb keine Spur von ihnen (den Deutschen), und auf der Erde unserer Vorväter, die uns mit Gewalt entrissen worden war, hat Gott den goldenen Weizen eurer Herzen gesät«, während der Kardinal, im September 1960, in heiligem Zorn gegen »den feinseligen Menschen (Adenauer)«, predigte, »der aus dem fernen Westen Drohungen gegen unsere Heimaterde und unsere Freiheit schleudert«[44], hielt die Kurie noch in den 60er Jahren unverrückbar an den alten Bistumsgrenzen im Osten fest. Sie wurden im »päpstlichen Jahrbuch« stets als Besitz des Deutschen Reiches angeführt. Insbesondere Pius XII. erklärte immer wieder, daß es sich dabei um deutsches Land handle[45]. Selbst als der Papst sich 1956 zur Ernennung von fünf polnischen Weihbischöfen mit dem Sitz in Danzig, Breslau, Allenstein, Oppeln und Landsberg entschloß, betonte er ausdrücklich, es sei dies »nicht als ein Schritt, auch nicht als ein erster Schritt zur Anerkennung der polnischen Souveränität« über die ehemals deutschen Gebiete anzusehen[46].

Ein friedliches Nebeneinander mit den Kommunisten wünschte auf der ganzen Welt niemand weniger als der Vatikan, der sie am längsten und am intensivsten bekämpfte. Papst Pius XII. hat darüber nie einen Zweifel gelassen. »Wozu im übrigen miteinander reden ohne gemeinsame Sprache, oder wie soll es möglich sein, sich zu begegnen, wenn die Wege auseinanderführen, d. h. wenn von der einen der Parteien hartnäckig absolute Werte abgelehnt und geleugnet werden und daher jede ›Koexistenz‹ in der Wahrheit unmöglich ist?«[47]. So verkündete der Papst in seiner Weihnachtsansprache am 23. Dezember 1956, also noch wenige Jahre vor seinem Tod die Politik treibend, nach der er in den zwanziger Jahren angetreten. Plus XII. klagte über die Ostkontakte einiger katholischer Kleriker und Laien, über all jene »unaufrichtigen Umtriebe«, die unter dem Namen »Gespräche« oder »Begegnungen« laufen. »Schon aus Achtung vor dem christlichen Namen muß es aufhören, daß sich Christen zu diesen Taktiken hergeben, weil es, wie der Apostel sagt, unvereinbar ist, sich an den Tisch des Herrn und an den seiner Feinde setzen zu wollen«[48].

Kein Gespräch! Keine Vermittlung! Keinen Ausgleich! Wenigstens den kalten Krieg beibehalten, solange der heiße noch nicht möglich ist! Das ist wohl nicht so sehr im Sinne der Bergpredigt als jener Broschüre des deutschen Bundesverteidigungsministeriums, in der es die Offiziere belehrte, daß der Begriff der Koexistenz »ein scheußliches, dem sowjetischen Jargon entstammendes Schlagwort ist«[49].

669

Auch die Aussicht auf einen Krieg, den die Kirche guthieß, eröffnete der Papst. Denn, so fährt er fort: »Es ist klar, daß sich unter den gegenwärtigen Umständen für eine Nation der Fall ergeben kann, wo nach dem Scheitern aller Bemühungen (man sieht oben, wie intensiv sie sind, K. D.), den Krieg zu vermeiden, dieser zur wirksamen Verteidigung und in der Hoffnung auf glücklichen Ausgang gegenüber ungerechtem Angriff nicht als unerlaubt betrachtet werden könnte«, weshalb der Papst dafür eintritt, »daß ein katholischer Bürger sich nicht auf sein Gewissen berufen kann, um den Kriegsdienst zu verweigern und die vom Gesetz festgelegten Pflichten nicht zu erfüllen«[50]. Keine Gewissensfreiheit also (S. 549), dafür Kriegsdienst. So ist es in der Kirche seit dem 4. Jahrhundert.

Je weiter es aber nun in der katholischen Hierarchie nach unten geht, um so krasser wird die Sprache.

Als im Jahre 1957 wieder einige Ritter vom Heiligen Grab in diesen Orden aufgenommen wurden – u. a. der Generaldirektor des Volkswagenwerkes –, da sagte der Erzbischof von Paderborn, »daß dem Orden die Ideale der Kreuzzüge zugrunde liegen, die in neuzeitlicher Form erfüllt werden müßten«[51].

In der dem Erzbischof von Freiburg nahestehenden »Badischen Volkszeitung« aber konnte man Ende 1954 lesen: »Der Glaube an die friedliche Koexistenz beider Systeme muß sich auf die Dauer als Illusion erweisen. Niemals hat Christus davon gesprochen, daß er uns den irdischen Frieden bringen werde. Was er meint und immer wieder klar ausgedrückt hat, das ist der Friede, ›den die Welt nicht geben kann‹ und der erworben werden muß, indem wir ›bis aufs Blut‹ dem Bösen und der Lüge widerstehen. Es mag sehr schön klingen, wenn man vom Frieden spricht und diesen Frieden durch Verhandlungen zu erreichen sucht. Wer aber solches auch gegenüber Moskau als Ziel und Notwendigkeit betrachtet, der irrt in der Beurteilung des östlichen Systems«[52]. Der Krieg gegen Rußland war das Ziel der Kirche.

Noch unverhüllter spricht die klerikale Reaktion auf die Politik der Kurie aus einem Rundschreiben des flämischen Paters Werenfried van Straaten, jenes »Speckpaters«, der schon vor Jahren den Sieg der Muttergottes von Fatima über Moskau verhieß, wobei er nicht zu prophezeien versäumte: »Ganze Völker Europas werden ausgelöscht werden«[53]. Neuerdings geht er vom Karfreitag aus: »Unzählige Male haben sich die Fürsten dieser Welt gegen Gott und Seinen Gesalbten verschworen, Herodes, Beria, Kaiphas, Hitler, Pilatus, Stalin … wie Spreu im Winde wurden sie hinweggefegt, als das Maß ihrer Bosheit voll war. Aber nach Pilatus kam Nero, und nach Stalin kam Chruschtschow. Deshalb wird es immer wieder Karfreitag, und tausendfach bleibt das Kreuz stehen über Schafotten und Gaskammern und über den Massengräbern derer, die durch einen

670

Genickschuß starben. Nein, nennt sie nicht Marschall oder Exzellenz, wenn sie euch lächelnd und in Handschuhen besuchen. Denn in ihren Handschuhen steckt die Klaue des Würgers, und hinter ihrem Lächeln planen sie Völkermord. Ihre Hände sind mit Jesu Blut besudelt. *Nennt sie Mörder!* Ruft eure Kinder von den Ecken der Straßen zurück, und verriegelt eure Türen, so lange sie in der Stadt weilen. Nennt sie Mörder, und laßt euch nicht täuschen durch den Vorhang...«[54]

Nur der Ton ist anders, die Tendenz ist dieselbe wie in der Weihnachtsansprache des Papstes. Dort hieß es: »Wozu im übrigen miteinander reden...« Hier heißt es: »...verriegelt eure Türen«. Dort wird der Kriegsdienst propagiert, hier mit beziehungsreicher Anspielung gedroht: »Wie Spreu im Winde wurden sie hinweggefegt...«

Das alles entspricht haargenau der Bonner Politik dieser Zeit. So schrieb schon zu Beginn unserer Wiederaufrüstung der westdeutsche Wehrexperte Krauß in der »Wehrwissenschaftlichen Rundschau«: »In der Bibel heißt es: Suchet zuerst das Reich Gottes; alles übrige wird euch hinzugegeben. In der Politik kann man sagen: Ergreift zunächst die Waffen; alles übrige wird euch hinzugegeben, auch die Ehre. – Überlassen wir es den Heiden, die Wiederbewaffnung abzulehnen; *handeln wir selber als Christen*«[55].

Hier sind die Positionen von Christen und modernen Heiden fixiert.

Und wie ehemalige Hitlergeneräle, die einst die nazistischen Rassengesetze verfochten, die Großrazzien auf Juden und Zigeuner veranstalten ließen, die dann in den Vernichtungslagern vergast wurden, wieder die höchsten Positionen eingenommen haben, so sind auch wieder die Theologen am Werke, die ihnen schon damals dienten.

Ein katholischer Geistlicher, der unter Hitler ein Soldatenbrevier verfaßte, »Wir wollen dienen« (mit kirchlicher Erlaubnis selbstverständlich), und u. a. zum besten gab: »Das Christentum... belehrt uns, daß nur die Gewalttätigen das Himmelreich an sich reißen.« »Dein Fahneneid ist ein feierliches Bekenntnis zum Führer.« »Im Fahneneid hast du deinem Herrgott, deinem Volk und deinem Führer etwas zu sagen, was nicht überhört und nicht vergessen werden darf. Und deswegen mußt du mit deinem Herzblut einstehn für diesen Schwur, so wie ihn zwei Millionen deutsche Soldaten im großen Kriege mit ihrem Herzblut besiegelt haben«[56] (Nennen sich Christen, sagt Goethe, und unter ihrem Schafspelz sind sie reißende Wölfe); ein katholischer Geistlicher, der mit einem evangelischen, im Jahre 1941 in einer »Weihnachten« betitelten Broschüre die biblische Botschaft der Engel »Fürchtet euch nicht!« umfälschte in einen aggressiven Antikommunismus, indem er u. a. schrieb: »...die ihr in diesem Jahre, das nunmehr zu Ende geht, die Heimat schütztet vor allen Hassern und Neidern« (hier sind auch die Anglo-Amerikaner gemeint), »vor allem aber vor dem Untermenschentum und dem Vernichtungswillen östlicher Barbarei«; ein katholischer Geistlicher, der schrieb: »›Fürchtet euch nicht!‹ Geht mutig und froh an eure Aufgaben, wenn die Weihnachtskerzen erloschen sind, und haltet euch bereit, jeden Augenblick wieder nach dem Schwerte zu greifen, um hart und unerbittlich zuzuschlagen, wenn es zur Sicherung unseres großen Reiches not tut«[57] – ein solcher Mensch, der derart die deutschen Soldaten für einen der schändlichsten Verbrecher der Menschheitsgeschichte in den Tod trieb, trauerte darüber, daß es nicht mehr »süß und ehrenvoll ist, für das Vaterland zu sterben«[58], und zwar trauerte er in seiner Eigenschaft als katholischer *Generalvikar der deutschen Bundeswehr*: Georg Werthmann.

»Gott mit uns«, stand auf den deutschen Koppelschlössern aus dem ersten Weltkrieg, »Gott mit uns« stand auf den deutschen Koppelschlössern aus dem zweiten Weltkrieg[59].

Unter Hitler verkündete das im Jahre 1940 vom katholischen Feldbischof zusammengestellte katholische Militär-Gebet- und Gesangbuch: »Wehrpflicht ist Ehrpflicht... Halte dich an die Parole: ›Mit Gott für Führer, Volk und Vaterland‹«[60].

So lautete der Vor- und Leitspruch im »Katholischen Gebet- und Gesangbuch für die deutsche Bundeswehr«: »Die Pflicht, die ich erfülle, ist mir von Gott auferlegt. Dienen will ich so, daß ich meinem Gott jeden Augenblick rein und klar ins Auge schauen kann... Denn ich weiß: Gott ist stets an meiner Seite. Als sein Kämpfer muß ich mich bewähren... Ich bin seit meiner Taufe Soldat Christi: Ich muß Gott mehr gehorchen als den Menschen. Ich streite für Gottes Ehre«[61]. »...denn Gott«, wie der General Adolf von Thiele schrieb, »darf bei keinem Krieg vergessen werden«[62].

Und während beispielsweise die höchsten Kirchenfürsten in der Sowjetunion, der Patriarch Alexij, sowie die ständigen Mitglieder der Synode, die Metropoliten Nikolai von Krutiza und Kolomna, Joann (Sokolow) von Kiew und Galitsch und Grigorij (Tschukow) von Leningrad und Nowgorod in einer Sonderdeklaration ein Verbot der Atomwaffen verlangten[63], trat die römisch-katholische Kirche, das ist die letzte Konsequenz ihrer Politik, ausdrücklich für die Erlaubtheit dieser Massenmordwaffen ein.

Auch Atomkrieg ist gestattet

> *»Si omnes, ego non, – das ist doch das Erste und Letzte,*
> *was ein Christ... in der Frage der Teilnahme an dieser ob-*
> *rigkeitlich betriebenen Vorbereitung des widerlichsten*
> *Massenmordes sagen kann«. Der Theologe Gollwitzer*[64].

672

»Ich glaube, daß Gott dem deutschen Volk in diesen stürmischen Zeitläuften eine besondere Aufgabe gegeben hat: Hüter zu sein für den Westen gegen jene mächtigen Einflüsse vom Osten, die auf unser Land einwirken«. Konrad Adenauer bei seinem siebenten Romaufenthalt[65].

Dieses im Januar 1960 anläßlich einer Audienz beim Papst gefallene Wort, das auch im amtlichen Bulletin der Bundesregierung veröffentlicht wurde, kommentierte der ehemalige Bundesinnenminister und heutige Bundestagsabgeordnete Dr. Heinemann treffend mit der Frage: »Wie lange wollen wir uns eine solche Erneuerung einer blanken Nazi-Theologie in unser aller Namen gefallen lassen?«[66]. Aber auch nach dem englischen Parlamentarier Konni Zilliacus »klang das in englischen Ohren ähnlich wie manche Äußerungen Hitlers«[67].

Bundeskanzler Dr. Adenauer hatte noch vor der Bundestagswahl im Herbst 1957, um die Wähler nicht zu schrecken, die Frage einer atomaren Aufrüstung der Bundesrepublik als ein »schlechtes sozialdemokratisches Wahlmanöver« ausdrücklich abgewiesen, und zwar mit der entschiedenen Versicherung, das Problem werde, *wenn überhaupt*, erst in zwei bis drei Jahren akut[68]. Doch schon sechs Monate später, im März 1958, wollte er im Bundestag die atomare Aufrüstung erzwingen.

Und sogleich sprang ihm die römische Kirche bei.

Bald darauf ging nämlich durch die meisten deutschen Zeitungen eine gemeinsame Erklärung von sieben führenden katholischen Theologen, die in dem Satz gipfelte, die Verwendung atomarer Kampfmittel widerspreche »nicht notwendig der sittlichen Ordnung und ist nicht in jedem Fall Sünde«, nämlich dann nicht, wie man ergänzen darf, wenn sie den Feinden der Kirche gilt. »Es ist eine verallgemeinernde und unkritische Sprechweise, jede derartige Kampfmaßnahme, heute von vornherein als ›Selbstmord ganzer Völker‹ oder gar ›der ganzen Menschheit‹ hinzustellen«[69]. Die Bundesregierung versäumte nicht, die Erklärung der katholischen Moraltheologen in ihrem Bulletin vom 7. Mai zu veröffentlichen.

Der jesuitische Moraltheologe Hirschmann brachte es 1958 sogar fertig, den edlen, dem Evangelium Jesu bedingungslos ergebenen Franz von Assisi zum Zeugen für einen Atomkrieg zu machen. Schreibt Hirschmann doch in der deutschen Jesuitenzeitschrift: »Der Mut, unter *Aussicht auf millionenfache Zerstörung menschlichen Lebens* in der heutigen Situation das Opfer atomarer Rüstung zu bejahen, kann der *Haltung des heiligen Franziskus innerlich* näherstehen und mehr Geist vom *Geist der Theologie des Kreuzes atmen* als ein Denken, das naturrechtliche Prinzipien vorschnell einem undurchdachten Theologumenon opfert, wie es heute in breiter Front evangelische Pfarrer und Theologen tun«[70].

Es ist klar, daß die katholischen Theologen keine andere Auffassung vertreten können als der Papst. Mit ausdrücklicher Berufung auf ihn bezeichneten auch deutsche Bischöfe anläßlich der Landtagswahlen von Nordrhein-Westfalen im Jahre 1958 es als »unerläßliche Pflicht«, ein Heer aufzustellen, »dem nichts fehlen darf, was unerläßlich ist für eine mutige, rasche und entschlossene Aktion zur Verteidigung des Vaterlandes, wenn dieses ungerechterweise bedroht und angegriffen wird«[71], was ebenfalls den Ruf nach Atomwaffen bedeutet und die Sanktionierung derselben.

Zudem hat der Jesuit Gundlach, Professor (und zeitweilig Rektor) der päpstlichen Gregoriana in Rom, als Resultat der Lehre Pius' XII. zum Atomkrieg im Februar 1959 festgestellt: »Die Anwendung des atomaren Krieges ist nicht absolut unsittlich«[72]. Sogar ein Angriffskrieg ist nach dieser jesuitischen Interpretation der päpstlichen Lehre vom Krieg durchaus erlaubt. Der Pater, dessen Ordenskollegen wir schon zum ersten Weltkrieg vernommen haben, betont, der Papst sei sich »über die Tragweite und die Tatsachen sehr wohl klar«[73].

Auch Gundlach ist sich darüber natürlich im klaren. Selbst wenn die Welt durch einen Atomkrieg unterginge, würde das wenig bedeuten. »Denn«, wie der Jesuit schreibt, »wir haben erstens sichere Gewißheit, daß die Welt nicht ewig dauert, und zweitens haben wir nicht die Verantwortung für das Ende der Welt. Wir können dann sagen, daß Gott der Herr, der uns durch seine Vorsehung in eine solche Situation hineingeführt hat oder hineinkommen ließ wo wir dieses Treuebekenntnis zu einer Ordnung ablegen müssen, dann auch die Verantwortung übernimmt«[74].

Die katholische Welt hat diesen Vortrag – nach dem der Jesuit Gundlach auf die Frage: »– und die Bergpredigt?« antwortete: »Der Staat hat Träger und Verteidiger des Rechts zu sein – er kann nicht die Bergpredigt üben! Die Frage des Atomkrieges ist keine Frage der Bergpredigt!«[75] – weithin gepriesen. »Die hochbedeutsame Interpretation der Lehre Pius' XII.«, meint beispielsweise die Herderkorrespondenz, »ist geeignet, die notwendige Klarheit in dieser wichtigen Frage zu schaffen«[76].

Einige Katholiken allerdings erregte Gundlachs Rede[77]. Warum eigentlich? Verfügte doch die Kirche in dem Maße, wie Franz J. Bautz sagte, in dem sie über Latifundien, Kunstschätze, Heere und Banknoten gebot, auch zusehends über das Evangelium[78]. Schon Kirchenlehrer Augustinus hatte gegen den Manichäer Faustus geschrieben: »Was hat man denn gegen den Krieg? Etwa daß Menschen, die doch einmal sterben müssen, dabei umkommen?« Gundlach wandelte bei seiner Interpretation der Lehre Pius' XII. zum Atomkrieg und seinem moraltheologischen placet zur globalen Vernichtung dieses zynische Augustinuswort doch nur ab.

Wie sehr man sich auf katholischer Seite auf die Auslöschung der

674

Menschheit vorbereitete, zeigt etwa das Buch »Totaler Untergang?«, das in einem altbekannten katholischen Verlag erschien, der den Inhalt des Werkes in einem Prospekt folgendermaßen charakterisiert: »Mit einer Gründlichkeit und Konsequenz, die zugleich etwas Grauenvolles wie Beglückendes haben, stellt der Verfasser in einem einzigen geschlossenen Gedankengang dar, daß der ›totale Untergang‹ der Menschheit durch Menschenhand, das heißt durch dem Menschen verfügbare Vernichtungsmittel *das Wahrscheinliche, das in absehbarer Zeit zu Erwartende ist...*«[79]

Die Moral der Kirche

In der Tat, wenn der erste Weltkrieg mit zehn Millionen Toten und der zweite Weltkrieg mit fünfundfünfzig Millionen Toten kein sittliches Unrecht waren – und die christlichen Kirchen riefen ja auf allen Seiten, auch auf Seite der Kommunisten, unermüdlich zu diesen Kriegen auf –, warum sollte dann ein Krieg mit hundert oder fünfhundert Millionen oder noch mehr Toten ein sittliches Unrecht sein?

Unsittlich ist für die katholische Kirche *nichts,* was in ihrem Sinne geschieht. Der Bischof Bornewasser von Trier, der 1933 »aufrechten Hauptes und festen Schrittes« ins Nazireich eintrat, um ihm »zu dienen mit dem Einsatz aller Kräfte unseres Leibes und unserer Seele«, forderte auch noch während des Nazikrieges seine Gläubigen auf, alle ihre »inneren und äußeren Kräfte« einzusetzen. »Wir müssen jedes Opfer tun, das die Situation von uns verlangt«[80]. Das hielt der Trierer Bischof ohne Zweifel für moralisch. Als aber die katholische »Trierische Landeszeitung« 1962 ein Bild mit der Schauspielerin Claudia Cardinale veröffentlichte, schloß sie deren tiefes Dekolleté mittels Retusche bis zum Hals[81].

Das ist die Moral der katholischen Kirche.

In dem 1962 in der Bundesrepublik gezeigten, in Cannes preisgekrönten Film »Viridiana« des Regisseurs Bunuel schnitt ein »unbekannter Zensor« eine ganze Reihe von Szenen, u. a. jene, in der ein Melker der Viridiana das Euter einer Kuh zur Selbstbedienung in die Hand drücken will, weil diese Großaufnahme »einen Hinweis auf das membrum virile«, das männliche Glied, nahelege. Diese Interpretation und Zensurrechtfertigung verdanken wir einem freiwillig im Zölibat lebenden Mönch, Pater Anselm Hertz vom Kloster Walberg[82]. Im gleichen Kloster Walberg, das einen entscheidenden Einfluß auf die deutsche Politik ausübte (auch der ehemalige Nazi-Rassespezialist Dr. Globke gelangte von hier aus bis in das Vorzimmer des Bundeskanzlers), lebte Pater Welty, der nicht nur zu den achtzehn Teilnehmern an der Gründungskonferenz der neuen christlichen Partei am 17. Juni 1945 in Köln gehörte, sondern auch zu jenen sie-

675

ben katholischen Theologen, die eine Anwendung atomarer Waffen für erlaubt erklärten.

Das ist die Moral der katholischen Kirche.

Als Pius XII. im November 1939 ein Schreiben an die katholische Hierarchie der USA richtete, sah er die Ursachen für das »heutige Elend« darin, daß die Menschen »Gott vergessen haben«. Dagegen vergaß der Papst selbst begreiflicherweise in diesem Zusammenhang den Faschismus oder den Nationalsozialismus zu nennen, der eben die Welt in einen grauenvollen Krieg gestürzt hatte. Wohl aber zählte der Papst zu den »Übeln« auch die Scheidung und die »extravaganten modernen Kleider«[83].

Das ist die Moral der katholischen Kirche.

Für den Abwurf der Atombomben auf Hiroshima und Nagasaki, sowie für die Schaffung der H-Bombe verwendeten sich in der amerikanischen Führung überzeugte evangelische und katholische Christen[84]. Und vor dem am 5. 8. 1945 von der Südseeinsel Tinian aus erfolgten Start des amerikanischen Flugzeugs, das Hiroshima bombardierte, sprach ein christlicher Geistlicher ein Gebet – zum Schutz der Besatzung des Bombenflugzeugs. »Allmächtiger Vater, der Du die Gebete jener erhörst, die Dich lieben, wir bitten Dich, denen beizustehen, die sich in die Höhen Deines Himmels wagen und den Kampf zu unseren Feinden vortragen... Wir werden im Vertrauen auf Dich weiter unseren Weg gehen...«[85]

Am 6. August 1945 um 8.30 Uhr explodierte die Bombe 66 m über dem Shima-Krankenhaus bei einer Hitzeentwicklung von 50 Millionen Grad. Das Ergebnis sah so aus[86]:

Einwohnerzahl am Katastrophentag: 250 000
                                    150 000 stationierte Soldaten
                                    _____   und Fremde
                                    400 000

Tote (einschl. der Toten bis 1950):   282 000
Nach der niedrigsten Variante: 170 000

»...Wir werden im Vertrauen auf Dich weiter unseren Weg gehen...«

Um die Gunst der amerikanischen Regierung zu gewinnen, hat der Vatikan niemals den Atombombenangriff auf Japan verurteilt, ebensowenig wie die Anwendung der Bakterienbombe[87].

Indes gab sich mancher im Vatikan keinen Illusionen über die Freundschaft Amerikas zum Heiligen Stuhl hin. »Wenn es den Amerikanern mit

676

einem glücklichen Krieg gelänge«, sagte Monsignore Fallani vom vatikanischen Staatssekretariat zu Alighiero Tondi, »die Herren der Welt zu werden, und vor allem Italiens, was sie jetzt schon in Wirklichkeit sind, dann würde die wirtschaftliche Lage des Vatikans und des Katholizismus sehr unsicher und schwierig werden. Jetzt liefert uns Amerika Dollars, soviel wir davon wollen, weil es uns als politische Macht braucht. Morgen jedoch würden die Protestanten alles in Besitz nehmen.« – »Und wie werden wir dann handeln?« fragte ich. »Wir werden jemand suchen, der Amerika bekämpft«, antwortete er, »so wie wir heute Amerika suchen, um den Kommunismus zu bekämpfen«[88].

»... Wir werden im Vertrauen auf Dich weiter unseren Weg gehen...«

Am 17. Februar 1600 bestieg Giordano Bruno nach jahrelangem Kerker auf dem Campo de Fiori in Rom den Scheiterhaufen. Kein Widerruf und kein Schmerzenslaut kam über die Lippen des verketzerten Dominikaners. Als man ihm im letzten Augenblick durch Rauch und Feuer ein Kreuz vorhielt, wandte sich Bruno mit unsäglicher Verachtung davon ab und starb.

Anhang

An dieser Stelle sollte ausführlich ein typischer Zug im Geistesleben der Neuzeit betrachtet werden, der freilich, wenn auch noch schwach, schon in der Antike bei hochgebildeten Christengegnern wie Celsus und Porphyrius erkennbar ist: die oft außerordentliche Achtung vieler bedeutender Dichter, Denker und Theologen vor Jesus und ihre nicht minder starke Verachtung der Kirche und des kirchlichen Christentums, die Haltung von Wieland, Herder, Hebbel, Kant, Schleiermacher, Nietzsche, Dostojewskij, Tolstoi u. a. Um Umfang und Preis des Buches jedoch in erträglichen Grenzen zu halten, fielen, wie zahlreiche andere Partien und, im Fußnotenapparat, die Anführungen der wichtigsten antiken Zitate im Original, auch diese Texte fort. Nur auf Goethe sei abschließend hingewiesen, nicht nur, weil man den Verfasser, der aus Goethes Werken öfter zitierte, einer einseitigen Auswahl beschuldigen könnte (was man ohnedies tun wird), sondern weil man Goethe häufig noch heute als einen Dichter ausgibt, der dem Christentum zumindest nahestand.

Goethe und das Christentum

> »Auch im Alter verurteilt er ebenso wie in der Jugend in radikaler Weise die gesamte Geschichte des Christentums«. Der Theologe Peter Meinhold[1].

Goethe hat nicht nur Zentralgedanken der Bibel tief erfaßt, sondern das Christentum hat sein Werk auch weithin beeinflußt. Er selbst aber steht völlig außerhalb jeder kirchlichen Tradition[2] und bekennt durch den Mund seines Landgeistlichen, »daß die Lehre von Christo nirgends gedrückter war, als in der christlichen Kirche«[3], womit Goethe das Kirchenchristentum als antichristlich betrachtet[4]. Wie er denn im Fragment vom Ewigen Juden schreibt, daß

678

»...man vor lauter Kreuz und Christ
Ihn eben und sein Kreuz vergißt«.

Zwar hat Goethe als Dreißig- und Vierzigjähriger wiederholt auch über
Jesus negativ geurteilt[5], aber seine Meinung später nicht unbeträchtlich
geändert. So sagte er noch ein Jahr vor seinem Tod, Jesus habe an einen
Gott geglaubt, »dem er alle die Eigenschaften beilegte, die er in sich selbst
als Vollkommenheit empfand. Er ward das Wesen seines eigenen schönen
Inneren, voll Güte und Liebe wie er selber, und ganz geeignet, daß gute
Menschen sich ihm vertrauensvoll hingaben und diese Idee als die süßeste
Verknüpfung nach oben in sich aufnahmen«[6].

Über das kirchliche Christentum aber hat Goethe zu allen Lebenszeiten
gleich negativ gedacht, besonders über das katholische.

Bereits auf seiner italienischen Reise, die der Überzeugung seiner Jugend von der totalen Entartung des Christentums neue Nahrung gab und
bis in sein Alter hinein lebendig blieb[7], bezeichnet er das katholische Rom
als »Babel« und »Mutter so vieles Betrugs und Irrtums«[8]. Eine Kerzen-
weihe, der er kurz in der Sixtinischen Kapelle beiwohnte, nennt er »Hok-
kuspockus«[9]. Er vergleicht den kirchlichen Kult mit Theater und Karne-
val, spricht nacheinander von Zeremonien und Oper, Prozessionen und
Balletten[10]. Er meint: »Das Carneval muß man sehen, so wenig Vergnügen es gewährt; eben so ists mit den geistlichen Mummereien«[11]. Er
höhnt: »Vom Theater und den kirchlichen Zeremonien bin ich gleich übel
erbaut, die Schauspieler geben sich viel Mühe um Freude, die Pfaffen um
Andacht zu erregen«, und der Papst ist für ihn »der beste Schauspieler«
Roms[12]. Er schreibt: »Die Bauart der Markuskirche in Venedig ist jeden
Unsinns wert, der damals darinne gelehrt oder getrieben sein mag. Alle
diese Bemühungen, eine Lüge geltend zu machen, kommen mir schal vor,
und die Mummereien, die für Kinder und sinnliche Menschen etwas Im-
posantes haben, erscheinen mir, auch sogar, wenn ich die Sache als
Künstler und Dichter ansehe, abgeschmackt und klein«[13].

Der fünfundsechzigjährige Goethe kommentiert die Konversion des
Zacharias Werner zum Katholizismus mit den Versen:

»Ihn treibt die sündige Natur
Nach Rom zur babylon' schen Hur'...
Da doch der Papst, der Antichrist,
Ärger als Türk' und Franzosen ist«[14].

Mit Babylon, dem Decknamen der Apokalypse für das heidnische Rom[15],
bezeichnet Goethe, im Anschluß an pietistische Kreise, auch sonst öfter
die katholische Kirche, zum Beispiel im Fragment vom Ewigen Juden:

>O weh der großen Babylon!
Herr, tilge sie von deiner Erden,
Laß sie im Pfuhl gebraten werden«.

Aber noch als Fünfundsiebzigjähriger nennt er den Katholizismus eine
»durch Pfaffenwesen verunstaltete Lehre«[16]. (Schiller sprach von ihm als
»dem Wahne, Der die ganze Welt bestach«)[17].
Dem Protestantismus gegenüber verhält sich Goethe nicht ganz so negativ, doch ist der Unterschied nicht allzu wesentlich. Schon der junge
Goethe erklärt, er gehe nicht in die Kirche und zum Abendmahl, da er
»dazu nicht genug Lügner« sei[18]. Tritt er auch später der Reformation etwas freundlicher gegenüber, ist ihm der Protestantismus doch noch im
Jahre 1817 »ein verworrener Quark, der uns noch täglich lästig fällt«[19].
Und noch wenige Jahre vor seinem Tode meint er, von allen seinen Ge-
dichten könnte »keins... im lutherischen Gesangbuch stehen«[20].
Völlig unannehmbar, ja, geradezu widerlich war für Goethe das Kernstück des Kirchenglaubens, die Christologie, die Lehre von der Erbsünde
und Erlösung und der Glaube an die Göttlichkeit Jesu[21] – lauter Dogmen,
die Jesus selbst nicht vertreten hat.
Schreibt Goethe in den Venezianischen Epigrammen:

>Vieles kann ich ertragen. Die meisten beschwerlichen Dinge
Duld ich mit ruhigem Mut, wie es ein Gott mir gebeut.
Wenige sind mir jedoch wie Gift und Schlange zuwider
Viere: Rauch des Tabaks, Wanzen und Knoblauch und Kreuz«;

nennt Goethe das Tragen des Kreuzes als Schmuckstück im »Westöstli-
chen Divan« eine »ganz moderne Narrheit« und ruft:

>Mir willst du zum Gotte machen
Solch ein Jammerbild am Holze!«

so äußert er noch 1824 im Hinblick auf die Kreuzigung: »Die Pfaffen haben aus diesem jammervollsten aller Ereignisse soviel Vorteil zu ziehen
gewußt«[22]. Über das Symbol der christlichen Erlösung, das Kreuz,
schreibt er noch ein Jahr vor seinem Tod: »Das leidige Marterholz, das
Widerwärtigste unter der Sonne, sollte kein vernünftiger Mensch auszu-
graben und aufzupflanzen bemüht sein. Das war ein Werk für eine bigotte
Kaiserin-Mutter; wir sollten uns schämen, ihre Schleppe zu tragen«[23].
Gewiß gibt es über Bilder des Gekreuzigten auch ein paar freundliche Äußerungen Goethes. Doch sind sie, wie ein Theologe konzediert, »seltener
und weniger bedeutsam als die entgegengesetzten«[24].

680

Noch wenige Tage vor seinem Tod, am 11. März 1832, fand Goethe im Gespräch mit Eckermann »viel Dummes in den Satzungen der Kirche« und sagte, sie fürchte *nichts mehr als die Aufklärung der unteren Masse.* »Sie will herrschen, und dazu muß sie eine borniere Masse haben, die sich duckt und die geneigt ist, sich beherrschen zu lassen.«

Es ist also nichts mit einer »verborgenen Christlichkeit« Goethes oder einer Annäherung an das Christentum »in den Jahren der Altersreife«[25]. Der Theologe Peter Meinhold hat erst kürzlich umfassend gezeigt, daß Goethes Urteile über die Kirchengeschichte, so intensiv er sich auch im Alter mit ihr beschäftigte und so sehr er von verschiedenen Seiten beeinflußt worden sein mag, im Grunde stets die gleichen geblieben sind und auf eine totale Verdammung der ganzen Geschichte des Christentums hinauslaufen[26]. Goethe selbst formuliert dies unmißverständlich:

> »Glaubt nicht, daß ich fasele, daß ich dichte;
> Geht hin und findet mir andre Gestalt!
> Es ist die ganze Kirchengeschichte
> Mischmasch von Irrtum und von Gewalt«[27].

Und ein anderes Mal schreibt Goethe:

> »Den deutschen Mannen gereicht' s zum Ruhm,
> Daß sie gehaßt das Christentum,
> Bis Herrn Carolus leidigem Degen
> Die edlen Sachsen unterlegen«[28].

Goethe selbst sagte wiederholt von sich, er sei »ein Heide«, »ein alter Heide«, »ein recht ausgemachter Heide«, ein »dezidierter Nichtchrist«, ein Mann, der sich »fest und fester an die Gottesverehrung des Atheisten« halte, der den Homer »als Brevier« lese und überhaupt die Werke der heidengriechischen Dichter »als urkanonische Bücher« verehre[29] und in der Bibel nichts Einzigartiges sehe. »Du findest«, schreibt er an Lavater, »nichts schöner als das Evangelium, ich finde tausend geschriebene Blätter alter und neuer von Gott begnadeter Menschen ebenso schön und der Menschheit nützlich und unentbehrlich«[30]. Und über seinen gleichfalls nicht zur Kirche gehenden Sohn August bemerkt er einmal mit väterlicher Freude: »Es scheint, das entschiedene Heidentum erbt auf ihn fort«[31].

Allmählich beginnt man selbst auf kirchlicher Seite da und dort einzusehen, wie unmöglich es ist, Goethe für das Christentum in Anspruch zu nehmen. So hofft ein Katholik, Gott habe in seiner Allmacht, Weisheit und Güte wenigstens dafür Sorge getragen, daß auch Goethe »zu Ihm in den Himmel« gekommen sei[32].

681

Nachwort

Ein protestantischer Pastorensohn, der durch die Bemühungen seiner Frau konvertierte, die sich inzwischen von der katholischen Kirche löste, während er nicht noch einmal abfallen möchte, sagte unlängst zu mir: »Man kann alles so und so betrachten«. Ja, das kann man. Man kann aber auch die Quellen lesen und man kann vergleichen, die Argumente der einen mit den Argumenten der anderen Seite.

Dazu fordere ich auf.

Zunächst zum Studium der urchristlichen Literatur, besonders der Bibel, deren Lektüre die Kirche, so sehr sie es auch heute bestreitet, nicht zufällig dem Volk jahrhundertelang verboten hat, während etwa ein Nietzsche von den Evangelien schrieb, man könne sie nicht behutsam genug lesen.

Dann studiere man die Sekundärliteratur, und zwar die Arbeiten sowohl der historisch-kritischen, wie der katholischen oder traditionsfreundlichen protestantischen Theologen. Ich animiere also noch nicht einmal zum Studium der antichristlichen Wissenschaft. Es genügt für den Leser, der meiner Darstellung mißtraut, nur je ein, zwei Bücher von historisch-kritischen *christlichen* Theologen, etwa von Rudolf Bultmann, Martin Dibelius, Martin Werner, Carl Schneider, Hans Conzelmann oder Fritz Buri einzusehen und sie zu vergleichen mit sehr viel mehr Darstellungen konservativer Theologen und Kirchengeschichtsschreiber. *Ich empfehle ganz besonders die Lektüre katholischer Werke, vorausgesetzt eben, daß man sie wenigstens mit einigen Werken ihrer Gegner vergleicht.* Niemals kann man sich besser von der historischen Wahrheit überzeugen, als bei einer solchen Konfrontation.

Meines Wissens verbietet keine freireligiöse oder atheistische Gemeinschaft ihren Mitgliedern das Lesen katholischer oder protestantischer Schriften. Warum aber die Verbote der katholischen Kirche? Warum der Index? Warum der Antimodernisteneid? Warum die kirchliche Druckerlaubnis? Sind ihre Gläubigen und Theologen geistig weniger autark als die Anhänger ihrer Feinde? Nein, die Geschichte, die Logik und das Ethos richten sich zu eindeutig gegen die Lehre und Praxis der Kirche, weshalb sie die Aufklärung scheuen und die Lektüre kritischer Werke verbieten muß, während ihre Gegner es sich sogar leisten können, zum Studium des kirchlichen Schrifttums aufzufordern. Das ist ein Unterschied, den ich abschließend dem Nachdenken des Lesers empfehle.

Anmerkungen

Die vollständigen Titel der wichtigsten antiken Quellenschriften stehen im Anschluß an die Anmerkungen S. 773 ff.; die vollständigen Titel der angeführten Sekundärliteratur stehen im Verzeichnis S. 776 ff. Autoren, von denen nur ein Werk benutzt wurde, werden in den Anmerkungen nur mit ihrem Namen zitiert.

ERSTES BUCH:
DIE EVANGELIEN UND IHR UMKREIS

1. Kapitel

1. Zit. bei Garden, 136
2 Nietzsche, Der Antichrist, 44
3 Das Gespräch bei F. von Müller, 180 ff.
4 So Friedell u. H. Bahr bei Friedell, Der historische Jesus Christus, 6; 13
5 C. F. Volney, Les Ruines ou Méditation sur les Révolutions des Empires, 1791. Ch. F. Dupuis, Origine de tous les cultes ou Religion universelle, 1794. Dazu A. Schweitzer, Leben Jes Forschung, 444 f.
6 Drews, Die Leugnung der Geistlichkeit Jesu, 6
7 Friedrich d. Gr. Gedanken über Religion, 1893, 87; 92. Zit. nach Drews, Christusmythe II. 186
8 G. E Lessing, Die Erziehung des Menschengeschlechts § 77
9 Vgl. C. Schmitt, 176
10 Vgl. Pfannmüller 440 mit Verweis auf F. X. Kiefl. Vgl. auch Pfannmüller, 452 ff.

11 A. Schweitzer, Leben Jesu Forschung, 61
12 B. Bauer, Kritik der evangelischen Geschichte, 4 Bd. 1840 ff. Kritik der Paulinischen Briefe, 1850/52. Kritik der Evangelien u. Geschichte ihres Ursprungs, 1850. Radikal: Christus und die Caesaren. Der Ursprung des Christentums aus dem römischen Griechentum, 1877
13 Allard Pierson, Samuel Adrian Naber u. Abraham Dirk Loman. Diesbezügliche Literaturangaben bei A. Schweitzer, Leben Jesu Forschung, 446 f. Vgl. auch Drews, Die Leugnung, 57 ff.
14 Die maßgeblichen Vertreter dieser Ansicht waren der Italiener Milesbo (Emilio Bossi): Gesù non è mai esistito, 1904. Der schottische Soziologe John M. Robertson: Christianity and Mythology. 1900. A short History of Christianity, 1902, auch deutsch, 1910. Pagan Christs, 1902. The historical Jesus, 1916. The Jesus Problem, 1917. Jesus and Judas, 1927. Der amerikanische Mathematiker u. Philosoph William B. Smith: Der vorchristliche Jesus nebst wei-

teren Vorstudien zur Entstehungsgeschichte des Urchristentums, 1906. Ecce Deus, 1911. Der holländische Philosoph G. I. P. I. Bolland: Gnosis en Evangelie, 1906. Het lijden en sterven van Jezus Christus, 1907. Het Evangelie, 1909. De groote vraag voor de Christenheid onzer dagen, 1911. Der holländische Theologe Van den Bergh von Eysinga: Radical Views about the New Testament, 1912; Voorchristlijk Christendom, 1918. Der polnische Schriftsteller Andrzei Niemojewski: Gott Jesus im Lichte fremder und eigener Forschung, 1909; Warum eilten die Jünger nach Emmaus? 1911; Astrale Geheimnisse des Urchristentums, 1913, der mit seiner Annahme, daß die evangelischen Geschichten in ihren Hauptstücken vom Sternhimmel abgelesen seien, wieder auf die Thesen der Franzosen Dupuis und Volney zurückgreift. Der Schriftsteller Samuel Lublinski: Der urchristliche Erdkreis und sein Mythos. Der Bremer Pastor Fridrich Steudel: Das Christusproblem u. die Zukunft des Protestantismus, 1929. Im Kampf um die Christusmythe, 1910. Der englische Geistliche Gilbert T. Sadler: Has Jesus Christ lived on Earth? 1914. The Inner Meaning of the Four Gospels, 1920. Behind the New Testament, 1921. Der berühmte dänische Literaturhistoriker Georg Brandes: Die Jesus-Sage, 1925; Urchristentum, 1927. Die Franzosen Moutier-Rousset: Le Christ a-t-il existé?, 1922, Paul Louis Couchoud: Le Mystère de Jésus, 1924 u. Edouard Dujardin: Le Dieu Jésus, 1927. Ferner: Thomas Whittaker, Karl Vollers, E. Bossi, B. Kellermann, C. Promus, Christian Paul Fuhrmann, Lepolod Feiler, R. Wipper, Rodzitzyn und der Marburger Orientalist Peter Jensen, der allerdings später eine Art Rückzug angetreten hat: Das Gilgamesch-Epos in der Weltliteratur, 1906. Moses, Jesus, Paulus, 1909. Hat der Jesus der Evangelien wirklich gelebt?

1910. Die Anführung ist unvollständig.

15 A. Kalthoff, Das Christus-Problem, 1902. Die Entstehung des Christentums, 1904. Was wissen wir von Jesus, 1904.

16 Die Christusmythe, 1909, auch englisch, russisch u. französisch. Die Petruslegende, 1910. Das Markusevangelium als Zeugnis gegen die Geschichtlichkeit Jesus, 1921. Der Sternhimmel in der Dichtung der Religion der alten Völker des Christentums, 1923. Die Entstehung des Christentums aus dem Gnostizismus, 1924. Die Leugnung der Geschichtlichkeit Jesu in Vergangenheit und Gegenwart, 1926.

17 1. Kor. 11, 23 ff.

18 Röm. 8,29

19 Heiler, Bremer Nachrichten, 5. April 1955, 9

20 A. Schweitzer, Leben-Jesu-Forschung, 512

21 Pzillas, Die Lebenskräfte, 11. Nennt kurz zuvor, S. 8, Raschke. Vgl. aber die (nicht ganz konsequente) Bemerkung S. 15

22 J. Weiß, Jesus v. Nazareth, 92

23 Vgl. etwa Gibbons dezente Ironie zum silentium saeculi in: Verfall u. Untergang des Römischen Reiches, Kap. 15. Dagegen die überaus schwächlichen Argumente Pascals, Pensées XII. 786 f.

24 Tacit. annal. 15, 44

25 Ausführliche Anzweifelung bei Drews, Christusmythe II., 28 ff.

26 Plut. def. or. 17. Schneider, Geistesgeschichte I. 68

27 Suet. Nero 16. Claudius 25, 4. Dazu Drews, Christusmythe II, 25 ff.

28 Plin. ep. 10, 96 f. Nur von »Christushymnen« der Gemeinden spricht er

29 Schuchert, 15

30 Joseph, ant. jud, 18, 3, 3; ebenfalls 20, 9, 1

31 Orig. Cels. 1, 47. Comm. in Mt. 10, 17

32 E. Peterson, Frühkirche, Judentum und Gnosis, 81, mit der Einschränkung: in der seit Euseb. h. e. 1, 11, 7 bekannten Form

33 Drews, Christusmythe II. 1911, 3
34 France, Der Statthalter von Judäa, nach Leipoldt, Vom Jesusbilde der Gegenwart, 32
35 Euseb. h. e. 1, 13
36 Tert. apol. 21

2. Kapitel

1 Guardini, Das Bild von Jesus dem Christus, 32
2 Jes. 44, 6
3 Zit. bei Mensching, Toleranz u. Wahrheit, 144
4 Phil. 2, 11
5 Zit. bei Mensching, Toleranz u. Wahrheit, 145, dem ich auch den Hinweis auf die beiden Bibelzitate verdanke
6 Schneider, Geistesgeschichte, I. 315ff. Leipoldt-Morenz, 11f; 19ff.; 29f; 40f. u. ö. Lanczkowski, 11ff.
7 Leipoldt-Morenz, 30. Lanczkowski, 11
8 Lanczkowski, 109ff. Vgl. etwa auch Glasenapp. Der Pfad zur Erleuchtung, passim. bes. 7ff. Ringgren/ Ström, 262ff.
9 Leipoldt-Morenz, 38
10 Ebenda
11 Wittmann, 77f.; 147
12 Vgl. Barrett, 91ff.
13 J. J. Griesbach, Synopsis Evangeliorum Matthaei, Marci et Lucae, 1774–76, 2. A. 1797, 3. A. 1809, 4. A. 1822
14 Hebbel als Denker, ed. B. Münz, 1913, 123
15 Vgl. etwa Staerk, II. 158ff.; 231ff.
16 Widengren, I. 48. Vgl. auch II. 50f. Abegg, 203ff. Güntert, 395ff.
17 Nigg, Das ewige Reich, 13. Vgl. auch Ringgren/Ström, 173f.
18 Nigg, ebenda
19 Zit. bei Staerk, II. 238
20 Zit. bei Zehren, 299. Vgl. dazu Mk. 1, 15
21 Jes. 11, 1ff. Greßmann, Der Messias, 195ff.; 272ff. Nestle, Griechische Religiosität, 58ff. Vgl. auch Howlett, 138f. Hyde, 153f.

22 Nyberg, 308ff. Widengren, 44. Vgl. auch Hirsch, Die Auferstehungsgeschichten 55. Glasenapp, Glaube u. Ritus, 92. Bertholet, 50. 161. Zehren, 301
23 Diesbezügl. Zusammenstellungen bei Staufer, Jerusalem und Rom, 74ff. Vgl. auch Bultmann, Geschichte u. Eschatologie, 30ff.
24 Greßmann, Der Messias, 14*; 74ff. Zehren 303
25 Hab. 2, 7; 7, 2; 9, 4ff. Dazu Braun, Spätjüdisch-häretischer I. 32. Anm. 1 u. 51ff. II, 46ff. Elliger, 168f.; 189f.; 278ff. Vgl. auch die Zusammenstellung der Belege bei Schoeps, Zeitschrift für Religion u. Geistesgeschichte, 1951, 326. Wildberger 35. Wibbing, 71ff.
26 Eine Fülle von Belegen bei: Bousset, Religionen des Judentums, 321ff.
27 Judas V. 14 mit Bz. auf Henoch 1, 9
28 So R. Otto, Reich Gottes und Menschensohn, 143ff.; 331ff. Vgl. auch Wechssler, 129ff. A. Schweitzer, Die Mystik des Apostels Paulus, 58. Werner, Der protestantische Weg I. 100; 103; 106
29 Taubes, 50
30 Wellhausen, Evangelium Matthaei, 4
31 Ev. Hebr. fragm. 11. Schneider, Geistesgeschichte I. 38 u. 57. Knopf, Einführung, 254. Dibelius, Jesus, 57. Leipoldt, War Jesus Jude? 60f. u. 63. Ders. Das Gotteserlebnis Jesu, 11f. Goguel, 385ff. Weinel, Biblische Theologie, 42ff.
32 August, civ. Dei 20, 9
33 Vgl. z. B. Schneider, Geistesgeschichte I. 42. Bornkamm, Jesus von Nazareth, 70 zu Lk. 6, 20. Mt. 5, 3. Ders. Studien zur Antike u. Urchristentum, 79. Goguel, 385. Asmussen, 33. Weinel, Die Stellung des Urchristentums, 8ff. Ders. Biblische Theologie, 50f. Knopf, Einführung, 255. 204. Pfleiderer, I. 339. Wetter, »Der Sohn Gottes«, 109
34 Apk. 21, 10. Vgl. auch Apk. 19, 11ff. Dazu Bietenhard, 14
35 Mt. 19, 28; Lk. 22, 30. Vgl. auch Mt. 26, 29

685

36 Mt. 6, 10
37 Mt. 11, 12
38 Vgl. etwa Preisker, Das Ethos des Urchristentums, 22
39 Heiler, Der Katholizismus, 22
40 Bultmann, Das Urchristentum, 22
41 Mk. 9, 1; 1, 15; 13, 30; Mt. 4, 17; 10, 7; 10, 23; 16, 28
42 Mt. 10, 23
43 Lk. 11, 51
44 Mk. 13, 30
45 Grässer, 76 ff.; 157 ff. 169; 178 ff.; 199 u. ö. Vgl. auch die Periodisierung bei Selby, 21 ff.
46 Conzelmann, Die Mitte der Zeit, 80 ff. Haenchen, Die Apostelgeschichte, 87 ff.; 114 f. Bultmann, Geschichte und Eschatologie, 44 f.
47 Winklhofer, 200
48 Zur Würdigung des Reimarus vgl. A. Schweitzer, Von Reimarus zu Wrede, 14 ff. Klausner, Jesus von Nazareth, 99 ff.
49 J. Weiss, Die Predigt Jesu vom Reiche Gottes, 1892. 2. A. 1900. A. Schweitzer, Das Messianitäts- und Leidensgeheimnis, 1901. Ders. Von Reimarus zu Wrede, 1906. Ders. Die Mystik des Apostels Paulus, 1930
50 Vgl. außer den oben dazu gemachten Ausführungen auch noch Dalman, Die Worte Jesu I., 75 ff. Volz, 165 ff.
51 Das Zitat bei Heiler, Der Katholizismus, 3. Eine ausführliche Übersicht bietet Holmström. Vgl. auch Werner, Die Entstehung, 36 ff. Ders. Der protestantische Weg I. 104. Buri, Das Problem der ausgebliebenen Parusie, 98 ff. Cullmann, Parusierverzögerung und Urchristentum, 1 ff. Grässer, 3; 74 f.; 216. Heiler, Urkirche u. Ostkirche, 37. Ders. Der Katholizismus, 21 ff. 3. Knopf, 256 mit Bz. auf Mk. 9, 1; 13, 30; 14, 62; 14, 26; Lk. 10, 17. Hauck, 161. Loewenich, Die Geschichte der Kirche, 22. Bornkamm, Jesus von Nazareth, 185, Anm. 40. Weinel, Biblische Theologie, 42. Bultmann, Das Urchristentum, 102. A. Schweitzer, Die Mystik des Apostels Paulus, 60. Zum eschatologischen Irrtum Jesu vgl. z. B.

auch noch Soden, Urchristentum u. Geschichte I. 63. Braun, Spätjüdischhäretischer II. 19 mit Bz. auf Lk. 11, 20; Mt. 12, 28; Mk. 1, 15. Vgl. auch II. 49. Schoeps, Die großen Religionsstifter, 77. Tillich, II. 143. Jaspers, 22. Schlatter, Das christliche Dogma, 347; 588. Wilamowitz, II. 529. Nestle, Krisis, 517. Blüher, 118. Zbinden, 34
Nach manchen Theologen, wie Schweitzer, Werner, Buri u. a. war die Naherwartung des Weltendes von Anfang an sogar das eigentliche Motiv des öffentlichen Auftretens Jesu. Werner, Die Entstehung, 68 mit Bz. auf Mk. 1, 14. Ders. Der protestantische Weg, I. 104; 110. Buri, Die Bedeutung der neutestamentlichen Eschatologie. Ders. Das Problem der ausgebliebenen Parusie, 97 ff. Vgl. auch Strege, 13 ff.; 146 ff. Apologetische Ausflüchte siehe etwa bei F. v. Hügel in: Essays and Adresses in the Philosophy of Religion, 1926. 21. C. H. Dodd, 53 f. Vgl. auch die vergeblichen apologetischen Bemühungen bei Michaelis, Der Herr verzieht nicht die Verheißung, 36 ff. Oder die Vermittlungsversuche bei Althaus, Die letzten Dinge, 271 ff. Meinertz, I., 61. Siehe dagegen selbst M. Barth, 321, Anm. 209
52 Vgl. bes. Lk. 17, 20 f. Ferner: Mk. 4, 30 ff.; Mt. 13, 31 ff.; Lk. 10, 18 ff.; Mt. 12, 28; 13, 24 ff.; 13, 47 ff. Dazu etwa Werner, Um die Frage der Entstehung des christlichen Dogmas, 63 ff.
53 Lk. 22, 30; Mt. 8, 11; 19, 28; Mk. 9, 43 ff.
54 Vgl. außer den in Anmerkung 51 Genannten auch noch Grässer, 216
55 Erzbischof Gröber, 18
56 Schoeps, Paulus, 121
57 Harnack, Das Wesen des Christentums, 108
58 Vgl. bes. Nigg. Das ewige Reich, 61 ff.
59 Vgl. z. B. Kümmel, Kirchenbegriff und Geschichtsbewußtsein, 15. Ders. Die Eschatologie der Evange-

lien, 239. Werner, Die Entstehung, 75. Ders. Der protestantische Weg. I. 109; 103. Dibelius, Botschaft u. Geschichte I. 142. Hauck, 161. Loewenich, Die Geschichte der Kirche, 22. Hirsch. Die Auferstehungsgeschichten, 40. Schoeps, Paulus, 121 ff.

60 Apk. 1, 3; 22, 10. 12. 17. 20

61 Eph. 11, 1

62 1. Jh. 2, 18

63 Barn. 4, 9; 21, 3. Vgl. auch 10, 11

64 1. Petr. 4, 7. Vgl. auch 1, 20

65 Hebr. 10, 37; 1, 2; 9, 26

66 Apg. 2, 17. Vgl. auch Joel 3, 1 ff. Dazu Werner, Der protestantische Weg I. 136, bes. Anm. 20, S. 926

67 Jk. 5, 7; 5, 9

68 Did. 10, 6

69 Hippol. in Danielem 4, 18, 1 ff.; 19, 1 ff.

70 Jak. 5, 7 ff.; Hebr. 10, 36 ff.; 2. Petr. 3; 1. Clem. 23; 2. Clem. 11 f.; Herm. vis. 3, 8, 9; sim. 10, 4, 4

71 1. Clem. 23, 3

72 2. Petr. 3, 4

73 Ebenda 5, 8 ff.

74 Ebenda; Orig. in Matth. Comm. ser. 111. Vgl. auch 1. Clem. 23, 3 ff.; 2. Clem. 11. 12; Justin, Tryph. 39

75 Jh. 21, 22. Knopf, Das nachapostolische Zeitalter, 399 f. Nigg. Das ewige Reich, 66

76 DSH 7, 7 ff. Dazu Braun, Spätjüdisch-häretischer I. 53 u. II. 50. Vgl. auch Molin, 91 f.; 152 ff. K. Elliger, 191 ff. K. Schubert, 38 ff. bes. 88 ff.

77 DSD 1, 18; DSH 5, 7 f. Dazu K. Schubert, 90 ff.

78 Justin Tryph. 28, 2

79 Justin Apol. 2, 6 (7)

80 Ebenda 1, 28

81 Tert. patient. 2

82 Zit. nach Leipoldt, Geschichte des neutestamentlichen Kanons, I. 47

83 Tert. spect. 30; cultu fem. 2, 9

84 Tert. adv. Marc. 3, 24

85 Cypr. Demetr. 3. Vgl. auch 4. Fortunat. 2

86 Tert. apol. 39

87 Herm. sim. 4, 5

88 Tert. apol. 42

89 Z. B. 2. Clem. 6, 3 ff. Vgl. auch S. 335

90 Tert. adv. Marc. 1, 14; Min. Felix 18; Method symp. 2, 1

91 Tert. apol. 37

92 Cyrill. v. Jerusalem, cat. 15, 4 f.; 18. 21. Vgl. auch Lact. div. inst. 7, 25. Hippolyt. in Danielem 4, 12, 2

93 Euseb. h. e. 3, 39, 11 ff.

94 Vgl. etwa Adam, 90 ff.

95 Mt. 10, 23

96 So Werner, Die Entstehung, 72, Anm. 112. Dort die Belege.

97 Mt. 10, 5 ff. Clem. Al. paed. 3, 39, 1; Euseb. dem. ev. 3, 4, 33; Theoph. 5, 21

98 Euseb. dem. ev. 8, 1, 48

99 Nigg. Das ewige Reich, 74

100 1. Kor. 7, 31

101 Tert. resur. carnis 32. Hilarius, Pictav. de trin. 10, 42

102 Die Belege bei W. Bauer, Das Leben Jesu, 402. Vgl. auch Heiler, Der Katholizismus, 20. Wellhausen, Evangelium Lucae, 55 f. Grässer, 95 ff.

103 August. civ. Dei 20, 9

104 Selby, 36

105 Vgl. Bultmann, Geschichte u. Eschatologie, 60 ff. Taubes, 71 f.

106 Dibelius, Formgeschichte, 9. Vgl. auch Ders. Botschaft u. Geschichte I. 221; 306 f. Ders. Die Botschaft von Jesus Christus 120 f. Ferner Overbeck, 74. Hänchen, Apostelgeschichte, 87. Goodspeed, A History of Early Christian Literature, 1 ff.

3. Kapitel

1 Dibelius, Botschaft u. Geschichte I. 298

2 Werner, Die Entstehung, 65

3 Goguel, 73

4 Papias bei Euseb. h. e. 3, 39, 16. Iren. adv. haer. 3, 1, 1; bei Euseb. h. e. 5, 8, 2

5 Wikenhauser, 133

6 Nietzsche, Der Antichrist, 44

7 Schneider, Geistesgeschichte II. 20, Anm. 1

8 Nietzsche, Der Antichrist, 44

9 Herders Werke, 12. Teil, 38

10 Röm. 3, 7

11 Phil. 1, 15 ff.
12 Röm. 9, 1; 2. Kor. 4, 2 u. a.
13 2. Kor. 9, 1–5. Vgl. auch 2. Thess. 3, 8 – ein Brief, der möglicherweise aber nicht von Paulus stammt – mit Phil. 4, 16. Dazu M. Smith, 111, Anm. 10
14 Munck, Paulus u. die Heilsgeschichte, 76 f. Vgl. dazu etwa die Rezension dieses Buches durch Bultmann, Theologische Literaturzeitung, Juli 1959, 481 ff. Siehe auch den Hinweis auf Paulus u. die ähnliche Einstellung bei Clem. Al. strom. 7, 9
15 Joh. Chrysost. sacerd. 1, 8 f. Vgl. auch hom. 22 in Gen.
16 Orig. Cels. 4, 19
17 Vgl. Orig. hom. 1 in Lk. Hieron. Contra Pelag. 3, 2
18 Wikenhauser, 362
19 Ebenda, 372 f.
20 Haenchen, Die Apostelgeschichte, 95. Vgl. auch Jülicher, 437 ff. Hommel, 152 ff. Wellhausen, Kritische Analyse, 35. Vielhauer, Zum »Paulinismus« der Apostelgeschichte, 2 ff. Zum Ganzen: Dibelius, Die Reden der Apostelgeschichte u. die antike Geschichtsschreibung, 1949. Zum Quellenwert bzw. Unwert der Apostelgeschichte vgl. auch Haenchen, Tradition u. Komposition in der Apostelgeschichte, 205 ff. Wagenmann, 71 ff.
21 Haenchen, Apostelgeschichte, 96 f. Ganz ähnlich Hommel, 154. Vergleiche auch A. Schweitzer, Die Mystik des Apostels Paulus, 6 ff. Norden, Agnostos, Theos, 1 ff.
22 Apg. 1, 19
23 Vgl. z. B. C. Kuhl, Die Entstehung des A. Ts., 53 ff.
24 So z. B. G. Hölscher, 86. Vgl. hierzu bes. Osswald, 132 ff.; 479; 482 ff. Vgl. auch 173 ff. bes. 182. Verfasserin selbst zweifelt nicht an der Geschichtlichkeit der Mose (S. 485). Zur Entstehungszeit der Genesis etwa Eissfeldt, Die Genesis der Genesis, 26 ff.
25 Buber, 21; nennt S. 9, Anm. Sigmund Freuds Moses-Monographie völlig unwissenschaftlich, liefert aber selbst einen mehr als fragwürdigen Versuch.
26 Vgl. z. Folg. Bertholet, 322
27 Hölscher, 129. J. Meinhold, Der Dekalog, 15. Menes, 47 ff.
28 Delitzsch, Die große Täuschung, I. 52 f. Vgl. auch Mensching, Leben u. Legende, 24 f.
29 Vgl. etwa Taylor, 32; 44 f.
30 Bei Euseb. h. e. 3, 39, 15. Die weiteren Zeugen in der alten Kirche für Markus mit den Textbelegen führt an Taylor, 3 ff.
31 Ebenda. Dazu Wikenhauser, 117
32 2. Kor. 5, 16
33 Jülicher, 55. Vgl. zu Vorstehendem bes. Dibelius, Formgeschichte, passim. Ders. Botschaft u. Geschichte I. 99 ff.
34 Wikenhauser, 133
35 Dibelius, Botschaft u. Geschichte I. 306. Vgl. auch ders. Die Botschaft von Jesus Christus, 123 f. Klostermann, Matthäusevangelium, 33
36 Mt. 5, 3–7, 27
37 Nach Klausner, Jesus von Nazareth, 94 f.
38 Dibelius, Die Botschaft von Jesus Christus, 169. Ders. Botschaft u. Geschichte I. 222. Ders. Formgeschichte, 287
39 Goguel, 96
40 Leipoldt, Jesus u. Paulus, 9. Ganz ähnlich Goguel, 115
41 Knopf, Einführungen, 309
42 Pfannmüller, 30
43 Hirsch, Frühgeschichte des Evangeliums II. 293 f.
44 Jülicher, 355
45 E. Wendling, Ur-Markus, 1905. Die Entstehung des Markusevangeliums, 1908. H. v. Soden, Die wichtigsten Fragen im Leben Jesu, 2. A. 1907. W. Bussmann, Synoptische Studien, 1925–1931 u. a. Vgl. die Übersicht u. Kritik bei Taylor, 67 ff.
46 Zur Priorität des Markus etwa Streeter, 151 f.; 157 ff.
47 Aug. De consensu evangelistarum 1, 2
48 Vgl. aber schon Koppe, Marcus non

epitomator Matthaei, 1782 u. Storr, Über den Zweck der evangelischen Geschichten u. der Briefe Johannes, 1786

49 C. G. Wilke, Der Urevangelist, 1838. C. H. Weisse, Die evangelische Geschichte kritisch u. philosophisch bearbeitet, 1838

50 Dibelius, Die Botschaft von Jesus Christus, 120. Vgl. auch Goguel, 137ff. Zur Arbeit der Redaktoren etwa Karnetzki, 175ff.

51 Dibelius, Botschaft u. Geschichte I. 333

52 Das klassische Werk darüber: Wernle, Die synoptische Frage, 1899 ist bes. verpflichtet den Forschungen von H. J. Holtzmann, Die synoptischen Evangelien, 1863, u. B. Weiss, Markus-Evangelium, 1872. Matthäus-Evangelium, 1876

53 Ohne den unechten Schluß Mk. 16, 9ff.

54 So Feine-Behm, 17

55 Dibelius, Botschaft und Geschichte, 313. Vgl. Ders. Formgeschichte 236. Jülicher 337ff. Zu dem Zeichen Qu: Dibelius, Botschaft u. Geschichte I. 96f. Ausführlich: Streeter 182f. bes. 271ff.

56 So Jeremias, Zeitschrift für die neutestamentliche Wissenschaft, 29, 1930, 147ff.

57 Lietzmann, Geschichte der alten Kirche, II. 61

4. Kapitel

1 D. Nielsen, 37

2 Wetter, »Der Sohn Gottes«, 6ff.

3 1. Mos. 6, 2; Hiob. 1, 6; 2, 1; 38, 7 u. ö.

4 W. Bauer, Das Johannesevangelium, 34

5 Mk. 1, 11; 9, 7; 3, 11; 5, 7

6 Mk. 15, 39

7 Fiebig, Jüdische Wundergeschichten, 41ff. Auch Dibelius, Botschaft u. Geschichte, I. 253f.

8 Vgl. Mk. 6, 5 mit Mt. 13, 58

9 Mk. 13, 32. Vgl. auch 13, 30

10 Mt. 24, 36

11 Schlingensicpen, 194f.

12 Athan. c. Arian. 3, 42. Epiph. haer. 69, 44, 1

13 Ambros. de fide 5, 8

14 Basil. ep. 236, 2

15 Vgl. Mk. 5, 9 mit Mt. 8, 29; Mk. 6, 38 mit Mt. 14, 17; Mk. 8, 19 mit Mt. 16, 9f.; Mk. 9, 21 mit Mt. 17, 17 u. a.

16 Mk. 10, 18

17 Mt. 19, 17

18 Ing. Ephes. 18, 2

19 Bieler, I. 134f.

20 Ältester alttestamentlicher Beleg 2. Sam. 7, 16. Sogar die im N. T. öfter begegnende Prädikation »Sohn Davids« für Jesus. (Mk. 10, 47f.; Mt. 1, 1; 9, 27; 12, 23; 15, 22) war schon dem vorchristlichen Judentum für seinen Messias geläufig. Staerk, I. 50ff.

21 Vgl. auch Mich. 5, 1

22 Jh. 7, 41f.

23 Ign. Ephes. 18, 2

24 Klostermann, Das Matthäusevangelium, 3

25 A. Meyer bei Hennecke, 110. Klostermann, Das Matthäusevangelium, 3. Ders. Das Lukasevangelium, 13. Hyde, 130

26 Daniel-Rops, Jesus, 126ff.

27 Vgl. Mt. 1, 16 mit Lk. 3, 24

28 Vgl. Orig. hom. 28 in Lc. Cels. 2, 32. Euseb. h. e. 1, 7, 1

29 So bei Hennecke, 110

30 Grundmann, Geschichte Jesu Christi, 384, Anm. 2. Werner, Das »apostolische Glaubensbekenntnis«, 78. Ders. Die Entstehung, 354. Klostermann, Das Matthäusevangelium, 4ff. Ders. Das Lukasevangelium, 57. Bauer, Das Leben Jesu, 33

31 Klostermann, Das Matthäusevangelium, 3

32 Schelkle, 28

33 Ebenda, 28f. Vgl. auch 32

34 Lk. 1, 40ff.

35 Z. B. von P. Guénin, y-a-t'il un conflit entre Jean-Baptiste et Jésus, 1933, 144ff. Vgl. auch E. Meyer, Ursprung u. Anfänge I. 83f. II. 425

36 Bousset, Kyrios Christos, 264 f. Vgl. auch 44. Bultmann, Synoptische Tradition, 263 ff. Goguel, 165. Andere Theologen erklären den gespaltenen Himmel u. den Niedergang der Taube für eine »Vision« Jesu. So etwa Hauck, 14 ff., der aber auch mit der Möglichkeit einer Legende rechnet.

37 Vgl. Mk. 1, 10 f. mit Jes. 11, 2; 42, 1 f.; 63, 15. 19. Vgl. auch Ps. 2, 7. Hes. 1, 1

38 Gunkel, Das Märchen im Alten Testament, 150. Gressmann, Die Sage von der Taufe Jesu, 86 ff.

39 Drews, Das Markusevangelium, 113 ff. Vgl. auch Klausner, Jesus von Nazareth, 344. Leisegang, Pneuma Hagion, 88, Anm. 1

40 Z. B. bei der Wahl Polykarps in den Acta Pionii oder der des Bischofs Fabian von Rom Euseb. h. e. 6, 29, 2. Vgl. zum offenen Himmel auch Hes. 1, 1 u. Apg. 7, 55 f.

41 Mk. 1, 12

42 Dibelius, Formgeschichte, 270. Gunkel, Die Psalmen, 7. Wetter, »Der Sohn Gottes«, 143. Werner, Der Einfluß der paulinischen Theologie, 46 ff. Bousset, Kyrios Christos, 265 ff. Veit, 2 f.

43 Mt. 3, 14 f. Ev. Hebr. Fr. 3

44 Mt. 11, 18; Lk. 7, 33

45 Bei Pseudo-Cyprian, de rebapt. 17. Bei Iren, adv. haer. 1, 25, 2; 2, 32, 3. Ev. Eb. 5 u. ö.

46 Vgl. Mk. 1, 9 mit Mt. 3, 13 ff. Vgl. auch Lk. 3, 15 ff. Hieron. Contra Pelag. 3, 2

47 Vgl. Mt. 3, 15 ff. mit Mt. 11, 2 f.

48 Orig. Catene 83; hom. in I. Regna. 28 zit. nach Klostermann, Das Matthäusevangelium, 94

49 Lk. 1, 41 ff.

50 Lk. 3, 21

51 Ev. Naz. 1

52 Ev. Hebr. Fr. 3

53 Bei Daniel-Rops, Jesus, 117

54 Jh. 1, 15 ff.

55 Vgl. z. B. Bultmann, Synoptische Tradition, 177 f. W. Bauer, Das Johannesevangelium, 14 ff., 59 ff. Wellhausen, Das Evangelium Matthaei,

54. Schoeps, Die großen Religionsstifter, 69. Braun, Spätjüdisch-häretischer II. 66, Anm. 1. Molin, 168 f. Goguel, 160 ff. Dibelius, Botschaft u. Geschichte, I. 90. Wechssler, 182 ff. Klostermann, Das Matthäusevangelium, 94 f. Weinel, Biblische Theologie, 417 ff. Stauffer, Antike Jesustradition u. Jesuspolemik, Heft 1–2, 10. Erbt, 2 ff. Howlett, 165 ff. Z. Ganzen M. Goguel, Au seuil de l'Evangile Jean-Baptiste, 1928

56 Mk. 1, 7 ff.; Mt. 3, 11 f.; Lk. 3, 15 ff.; Apg. 19, 4

57 Lk. 11, 1; 5, 33; Mk. 2, 18 ff.

58 Mt. 11, 11; Mk. 1, 7; Mt. 3, 11; Lk. 3, 16; Apg. 1, 5; 18, 25; 19, 3 f.; Mk. 1, 8; Mt. 3, 11; Lk. 3, 15 f.

59 Norden, Die Geburt des Kindes, 106 f. Vgl. dazu das »Johannesbuch der Mandaeer« ed. M. Lidzbarski, 1915

60 W. Bauer, Das Johannesevangelium, 15

61 Jh. 1, 8 f.

62 Jh. 1, 19 ff.; 3, 30

63 Vgl. Mk. 6, 14 mit Jh. 10, 41. Dazu Bultmann, Synoptische Tradition, 22

64 Vgl. W. Bauer, Das Johannesevangelium, 15 f.

65 Apg. 18, 25; 19, 1 ff.

66 Vgl. Stauffer, Jerusalem u. Rom, 100 f.

67 Nach Lietzmanns bekannter Berliner Akademieabhandlung oder nach Rudolph, 63 haben allerdings der Täufer u. seine Jünger keine Beziehung zu den Mandäern gehabt. Siehe aber Macuch, 401 ff. Auch Ringgren/ Ström, 184

68 Wagenmann, 61

69 Vgl. Mk. 9, 32 mit. Mt. 17, 23; Mk. 6, 52 mit Mt. 14, 33

70 Vgl. Mk. 8, 21 mit Mt. 16, 12

71 Vgl. Mk. 10, 35 mit Mt. 20, 20

72 Vgl. Mk. 4, 13 mit Mt. 13, 16

73 Vgl. Mk. 8, 33; Mt. 16, 23 mit Lk. 9, 18 ff.

74 Vgl. Mk. 14, 50; Mt. 26, 56 mit Lk. 22, 47 ff.

75 Vgl. Mk. 14, 32 ff.; Mt. 26, 36 ff. mit Lk. 22, 39 ff.

76 Lk. 22, 28

77 Vgl. Mk. 2, 26 mit Mt. 12, 4. Vgl. auch Mk. 6, 14 mit Mt. 14, 1

78 Streeter, 10f.

79 Wikenhauser, 20

5. *Kapitel*

1 Ackermann, Entstehung u. Klärung, 34

2 Vgl. auch schon August, De consensu evangelistarum 3, 4, 13

3 Strauss, Leben Jesu, 1835/36. F. C. Bauer, Theologische Jahrbücher, 3, 1844, 1 ff.; 397 ff.; 615 ff. Kritische Untersuchungen über die kanonischen Evangelien, 1847. Vgl. auch B. Bauer, Kritik der Evangeliumsgeschichten des Johannes, 1840

4 Hirsch, Studien zum vierten Evangelium, 149. Alle historisch-kritischen Theologen sprechen dem Apostel die Verfasserschaft ab. Vgl. z. B. Knopf, Einführung, 123. Harnack, Mission u. Ausbreitung, I. 87. Jülicher, 407. Dibelius, Botschaft u. Geschichte I. 99. Heiler, Der Katholizismus, 20. Eisler, Das Rätsel des Johannesevangeliums, 323 ff. Howard. Zum Folgenden bes. Schneider, Geistesgeschichte I. 135. Goguel, 74 ff. Lietzmann, Geschichte der alten Kirche I. 246 ff. Knopf, Einführung, 121 ff. Windisch, Der vierte Evangelist, 144 ff.

5 K. T. Bretschneider, Probabilia de evangelii et epistolarum Joannis apostoli indole et origine, 1820

6 So Wikenhauser, 205

7 Apg. 12, 2

8 Da nach Gal. 2, 9 zur Zeit des Apostelkonzils noch am Leben.

9 Vgl. schon Schwartz, Über den Tod der Söhne Zebedaei. Bacon, 127 ff. Hirsch, Studien zum vierten Evangelium, 140 ff.

10 Mk. 10, 35 ff. Dazu etwa Klostermann, z. St. Wellhausen, Das Evangelium Marci, 84. Ders. Kritische Analyse, 22. Bertholet, 222

11 W. Bauer, bei Hennecke, 120. W. Bauer, Das Johannesevangelium, 236

12 Iren, adv. haer. 3, 1, 1

13 Ebenda, 3, 3, 4

14 W. Bauer, Das Johannesevangelium, 236. Vgl. auch die Behauptung Iren, adv. haer. 5, 33, 4 mit ihrer Bestreitung durch Euseb. h. e. 3, 39, 1 ff. unter Berufung auf Papias

15 2. Jh. V. 1; 3. Jh. V. 1

16 Hieron. vir. ill. 9. 18. Vgl. auch Euseb. h. e. 3, 25, 3

17 Leipoldt, Geschichte des neutestamentlichen Kanons I. 52, Anm. 6

18 Apg. 6, 5; 8, 5 ff.; 21, 8; Polykrates bei Euseb. h. e. 3, 31, 3; 5, 24, 2; Clem. Al. strom. 3, 6, 52

19 Iren. adv. haer. 3, 12, 15

20 Ign. Eph. 12, 2

21 Mk. 3, 17

22 Vgl. z. B. Rutenborn, Biblische Fremdenführung. Zit. nach dem Auszug in: Evang. Theologie, 5, 1953 ohne Seitenzahl

23 Vgl. Mk. 1, 14 mit Jh. 1, 35 ff.

24 Vgl. Mk. 1, 16–20; Mt. 4, 18–22; Lk. 5, 1–11; Jh. 1, 35–51

25 Ebenda

26 So etwas Sigge, 174 f.

27 So Windisch, Der vierte Evangelist, 145 f. Doch stimmt schon manches bei den Synoptikern nicht. Vgl. Mk. 1, 16 ff.; 2, 13 f.; Mt. 4, 18 ff.; Lk. 5, 1 ff. mit Mk. 3, 13 ff.; Mt. 10, 1 ff.; Lk. 6, 12 ff. Zum legendären Charakter schon der synoptischen Berufungsgeschichten: Bultmann, Synoptische Tradition, 27. Braun. Spätjüdisch-häretischer, II. 14, Anm. 1. Wagenmann, 6. Wellhausen, Das Evangelium Marci, 8 f.; 22 ff.; 44

28 Vgl. Mk. 1, 14 mit Jh. 3, 22 ff.; 4, 1

29 Mk. 11, 15 f.; Mt. 21, 12 f.; Lk. 19, 45 f.; Jh. 2, 14 ff. Dazu Klostermann, Das Markusevangelium, 117. Mendner, 93 ff.

30 Goguel, 273. Mendner, 104. Klausner, Jesus v. Nazareth, 433

31 Vgl. Mk. 14, 3 ff.; Jh. 12, 1 ff.

32 Vgl. Mk. 14, 60 ff.; Jh. 1, 35 ff.

33 Windisch, Die Dauer der öffentlichen Wirksamkeit Jesu, 141 ff. Wer-

ner, Die Entstehung, 65. Ders. Der protestantische Weg, 102f.

34 Jh. 2, 13; 6, 4; 11, 55

35 Goguel, 137f. Loisy, Evangelium u. Kirche, 22ff. Knopf, Einführung, 117f. Wikenhauser, 211. K. D. Schmidt, Chronologische Tabellen, 13

36 Orig. Com. 10, 10 in Joh.

37 Orig. Com. 10, 14ff. in Joh. Origenes folgt z. B. Strahtmann, Das Evangelium nach Johannes, 69. Vgl. 22; 85

38 Schneider, Geistesgeschichte I. 136. Vgl. auch Lietzmann, Geschichte der alten Kirche, I. 236. 246. Hirsch, Studien zum vierten Evangelium, bes. 183ff. Zur kirchlichen Redaktion des 1. Johannesbriefes: Bultmann, Die kirchliche Redaktion des 1. Johannesbriefes 189ff.

39 Jh. 7, 53; 8, 11

40 Eine teilweise Aufzählung der Forscher, die seine Unechtheit vertreten, bei Feine-Behm, 118f. Vgl. auch Goguel, 74. Dagegen Kragerud, 15ff.

41 So Hirsch, Studien zum vierten Evangelium, 174ff.

42 Zu Valentin: Iren. adv. haer. 3, 11, 7. Zu Herakleon: Orig. in Joh. passim

43 Euseb. h. e. 3, 28, 2. W. Bauer, Rechtgläubigkeit, 190 u. bes. 207ff. Werner, Die Entstehung des neutestamentlichen Kanons, I. 144ff. Aland, 114f. Streeter, 436ff.

44 Vgl. Werner, Die Entstehung, 164ff.

45 Jh. 20, 31

46 E. Meyer, Ursprung u. Anfänge, I. 320. Strahtmann, Das Evangelium nach Johannes, 22; 85 u. ö. Schwartz, Aporien im 4. Evangelium, 557. Windisch, Der johanneische Erzählungsstil, 211

47 Knopf, Einführung, 329

48 Vgl. z. B. Jh. 3, 1ff. bes. von V. 16 an

49 Jh. 3, 1ff.

50 Nur Jh. 3, 3–5

51 Orig. Com. ser. 94 in Matth. Neuerdings ganz ähnlich der Katholik Ricciotti, Das Leben Jesu, 149

52 Vgl. Barnikol, Mensch u. Messias, 23ff.

53 Jh. 8, 58; 17, 24; 11, 25f.; 5, 17

54 W. Bauer, Das Johannesevangelium, 37

55 Jh. 5, 22f.; 20, 28

56 Bousset, Kyrios Christos, 161 mit Bz. auf Jh. 11, 42; 12, 30

57 Vgl. Jh. 8, 46 mit Mk. 10, 18

58 Vgl. Jh. 18, 1ff. mit Mk. 14, 32ff.; Mt. 26, 36ff.; Lk. 22, 39ff.

59 Vgl. Jh. 18, 1ff. mit Mk. 14, 43ff.; Mt. 26, 47ff.; Lk. 22, 47ff.

60 Jh. 18, 6

61 Vgl. Mk. 14, 43ff. mit Lk. 22, 47ff.

62 Vgl. Mk. 15, 34 u. Mt. 27, 46 mit Jh. 19, 30

63 Ev. Petr. V. 10

64 Greg. Nyssa, Große Katechese, 13, 2

65 Vgl. dazu etwa auch Marxen, Der Evangelist Markus, 26ff.; 62ff.; 92ff.; 129ff. Goguel, 83ff. Bousset, Kyrios Christos, 37ff. Klostermann, Das Matthäusevangelium, 19ff. Hirsch, Frühgeschichte des Evangeliums, II. 293ff. Dibelius, Formgeschichte, 197ff.

66 Cullmann, Die Pluralität der Evangelien, 30

67 Marxen, Der Evangelist Markus, 144

6. Kapitel

1 Mk. 1, 34; Mt. 8, 16; Vgl. auch Lk. 4, 40

2 Vgl. Mk. 3, 10 mit Mt. 12, 15. Vgl. auch Mk. 6, 54ff. mit Mt. 14, 35f.

3 Als solche wird nach Streeter, 151, das Matthäusevangelium allgemein betrachtet.

4 Vgl. Mk. 10, 46ff. mit Mt. 20, 29ff.

5 Lk. 18, 35ff.

6 Vgl. Mk. 5, 1ff. mit Mt. 8, 28ff. Nach Taylor 278 ist diese Geschichte »petrinischer Herkunft«. Schwierigkeiten macht T. die die Interpretation der Schweine. »The greatest difficulty is the account of the swine.«

7 Lk. 8, 26ff.

8 Vgl. Mk. 1, 32–34 mit Lk. 4, 40. Oder: Mk. 3, 10 mit Lk. 6,19

9 Mk. 5, 21ff.; Mt. 9, 18ff.

10 Lk. 7, 11ff.

11 Vgl. Mk. 8, 9 mit Mt. 15, 38
12 Vgl. Mk. 6, 44 mit Mt. 14, 21, übrigens offensichtlich eine Doublette
13 Mk. 15, 38
14 Mt. 27, 51 ff.
15 Erdbeben bei einem ungewöhnlichen Ereignis waren allerdings ein der Antike wohlbekanntes literarisches Motiv. Vgl. Fiebig, Jüdische Wundergeschichten, 28 f.; 57 ff. Dalman, Jesus-Jeschua, 198. Klostermann, Das Matthäusevangelium, 225. Kroll 6. Zu den weiteren Steigerungen dieser Matthäusstelle in apokryphen Schriften und bei Kirchenvätern vgl. die Belege bei Werner, Die Entstehung, 88 ff. Auch Telfer, 98 ff. Ferner: Anaphora Pilati A, 7 ff. Arnob. adv. gent. 1, 53. Cypr. bono pat. 7; testim. 2, 23
16 Vgl. Mk. 11, 12 ff. u. 11, 20 ff. mit Mt. 21, 18 ff.
17 Vgl. Mt. 14, 14 mit Mk. 6, 31 f.; Mt. 19, 2 mit Mk. 10, 1 f.
18 Mk. 7, 31 ff. u. 8, 22 ff.
19 Vgl. Strack-Billerbeck, II. 15
20 Das betont mit Recht Windisch, Der vierte Evangelist u. Johannes, 146
21 Vgl. Jh. 4, 46 ff.; 6, 1 ff.; 6, 16 ff.
22 Jh. 2, 1 ff.
23 Daniel-Rops, Jesus, 228
24 Vgl. etwa W. Bauer, Das Johannesevangelium z. St.
25 Jh. 5, 1 ff.
26 Vgl. auch Lucian Philops, 11
27 Jh. 9, 1 ff.
28 Jh. 11, 1 ff.
29 Mk. 5, 39
30 Lk. 7, 11 ff.
31 Jh. 11, 17. 39. Dazu Kautsky, Der Ursprung des Christentums, 12
32 Jh. 20, 30 f.
33 Hennecke, 76
34 Leipoldt, Geschichte des neutestamentlichen Kanons, I. 179
35 Trede, 114 mit Bez. auf August. civ. Dei 18, 42; 15, 23
36 Hennecke, 3*. Vgl. auch Goguel, 79
37 Ps. Thomas 2, 1 ff.; 3, 1 ff.; 9, 1 ff.; 17, 1 ff. u. 18, 1 ff. dazu Hennecke, 95
38 Epiphan. haer. 51, 20. Zum Titel »Patriarch d. O.« vgl. Gögler, R., Epiphanios von Salamis, in Lexikon für Theologie u. Kirche, III. 2. A. 944 ff.
39 Act. Joh. 93
40 Hennecke, 83
41 Greg. Nyssa, Große Katechese, 13, 1
42 Daniel-Rops, Jesus, 27
43 Apg. 19, 11
44 4. Mos. 22, 28 ff.
45 Actus Petri cum Simone, 15. 12. 13
46 Michaelis, Die apokryphen Schriften zum N. T., XIX. Vgl. auch S. 469

7. Kapitel

1 Zit. bei Trede, 46; 51
2 Zit. ebenda 40
3 Zit. ebenda
4 Mk. 5, 34
5 Mt. 13, 58; Mk. 6, 5
6 Trede, 89 ff.; Vgl. etwa auch H. D. Betz, Lukian v. Samosata, 33 ff.
7 Wetter, »Der Sohn Gottes«, 83
8 Weinreich, Antikes Gottmenschentum, 649
9 Wetter, »Der Sohn Gottes«, 14 f. Philostr. vita Apoll. 1, 6
10 Philostr. vita Apoll. 3, 41; 4, 19
11 Ebenda 4, 20
12 Ebenda 5, 22
13 Ebenda 1, 19
14 Ebenda 4, 45
15 Ebenda 7, 10
16 Ebenda 8, 30. Vgl. ferner Nestle, Griechische Religiosität, 123 ff. Fiebig, Die Umwelt des Neuen Testaments, 49 f. Geffcken, Das Christentum im Kampf, 20 f.
17 Tacit. Hist. IV, 81. Vgl. Suet. Vesp. 7. Cassius Dio hist. rom. 66, 8
18 Mk. 8, 23; Jh. 9, 6
19 Quellenhinweise bei Klostermann, Das Markusevangelium, 73
20 Vgl. z. B. Suet. Aug. 94 ff.
21 Trede, 57
22 Orig. Cels. 1, 46. Vgl. auch 2, 68
23 Vgl. z. B. Tert. apol. 22 f. Orig. Cels. 3, 25 f.
24 Mk. 3, 22 f.; Mt. 9, 34
25 Mk. 9, 38; Mt. 12, 27. Vgl. auch Apg. 8, 9 ff.
26 Trede, 109

27 Orig. Cels. 8, 45
28 Cic. divin. 1, 19
29 Cic. leg. 2, 14, 36
30 Über das Uneinheitliche seiner diesbezüglichen Aussagen vgl. Andresen, 46 ff.
31 Vgl. dazu Trede, 34 f.
32 Strabon 1, 2. Dazu Mensching, Das Wunder im Glauben u. Aberglauben 27
33 Diog. Laert. 6, 59
34 So bereits 1. Clem. Später mit Bez. darauf Cyrill v. Jerus. cat. 18, 8 u. a.
35 Geffcken, Der Ausgang, 12. Trede, 56 ff.
36 Grundmann, Geschichte Jesu Christi, 23
37 Schneider, Geistesgeschichte II. 274
38 Lk. 11, 29; Mk. 1, 35 ff.; 1, 44. Dazu Bornkamm, Jesus v. Nazareth, 122. Vgl. auch Goguel, 128 f. Weinel Biblische Theologie, 136 f.
39 Mensching, Das Wunder im Glauben u. Aberglauben, 36 f.; 46 ff. Vgl. auch Schweinitz, 32 f.
40 Harnack, Mission u. Ausbreitung I. 224, Anm. 2 u. S. 123 f.
41 Siehe etwa Bultmann, Synoptische Tradition, 334, nach dem der christliche Glaube überwiegend durch »die legendarischen Bestandteile der evangelischen Tradition« zum Ausdruck gebracht wird.
42 Das betont mit Recht Nestle, Krisis, 114. Vgl. z. B. Lortz, Geschichte der Kirche, I. 21 f. Schuchert, 17. Eder, 37; 66 f.; 228
43 Mk. 3, 11 f. Vgl. auch 1, 23; 1, 34, 1, 44; 5, 18 f.
44 Mk. 1, 44; 5, 43; 7, 36; 8, 26. Dazu Bousset, Kyrios Christos, 65 ff. Goguel, 71. Sjöberg, 99 ff. Grundlegend: Wrede, Das Messiasgeheimnis in den Evangelien
45 Wellhausen, Das Evangelium Marci, 10 f. Dazu Mk. 8, 30; 9, 9
46 Mk. 5, 43. Dazu Dibelius, Botschaft und Geschichte I. 309. Drews, Das Markusevangelium, 184
47 1. Kge. 17, 17 ff.; 2. Kge. 4, 8 ff.

8. Kapitel

1 Bousset, Kyrios Christos, 60
2 Dibelius, Formgeschichte, 97 f. Vgl. auch ders.: Botschaft u. Geschichte I. 312; 330
3 Glasenapp, Glaube u. Ritus, 158
4 Klostermann, Das Markusevangelium, 15. Bultmann, Synoptische Tradition, 256. Vgl. auch 246 u. ö. Bousset, Kyrios Christos, 60 ff. Dibelius, Formgesch., 291 f. Ders. Botschaft u. Geschichte I. 312; 330 u. ö. Weinel, Biblische Theologie, 134. Perels, 77 ff. 82 f. Mensching, Das Wunder im Glauben u. Aberglauben, 44
5 Artemidor, 4, 82. Plin. nat. hist. 26, 13. Philostr. vita Apoll. 4, 45 u. a.
6 Herzog, Nr. 3, 4, 9, 36
7 Mk. 5, 41. Strack-Billerbeck, II. 2 f.
8 Belege bei Weinreich, Antike Heilungswunder, 195 ff. Bultmann, Synoptische Tradition, 236 ff.
9 Mk. 3, 11; 5, 7
10 Reitzenstein, Hellenistische Wundererzählungen, 124. Vgl. auch Wetter, »Der Sohn Gottes«, 139 ff. Bauernfeind, 3 ff.
11 Zum Wandel auf dem Wasser vgl. etwa Lucian, Philops. 13. Clemen, 238 ff. Zum Stillen von Stürmen die Beispiele bei Weinreich, Antikes Gottmenschentum, 648 f.
12 Fiebig, Die Umwelt des Neuen Testaments, 49
13 Mk. 6, 45 ff.
14 Ps. 77, 20; Jes. 43, 2; 43, 16
15 Jos. 3, 7 ff.; 2. Kge. 2, 8
16 Mk. 4, 35 ff. Dazu Ps. 65, 8; 18, 17; 89, 10. Bornkamm, Jesus v. Nazareth, Kap. 5, Anm. 40 Hoskyns-Davey 63 ff.
17 Vgl. Jona 1, 4 ff. mit Mk. 4, 37 ff. Dazu Drews, Das Markusevangelium, z. St.
18 Bei Klostermann, Das Markusevangelium, 45. Vgl. auch Strack-Billerbeck I. 489 f. Daß die Geschichte von der Stillung des Sturms durch Jesus wahrscheinlich auf einen Augenzeugen, vermutlich sogar auf St.

Petrus zurückgehe, weiß dagegen Taylor, 272. Vgl. auch 275 zu Mk. 4, 38 a

19 Vgl. Lucian, Philops. 16. 3. Philostr. vita Apoll. 4, 45. Diog. Laert 8, 67; 1. Kge. 17, 17 ff. Zahlreiche Beispiele bei Trede, 83 ff.

20 Kroll, 249 ff.

21 So mit Recht Kautsky, Der Ursprung des Urchristentums, 394 f. mit Bez. auf Mt. 10, 8

22 Bei Herzog, 143

23 Ebenda

24 Zahlreiche Quellenhinweise bei Bultmann, Synoptische Tradition, 251. Vgl. auch Klostermann, Das Markusevangelium, 62

25 Mk. 6, 34 ff.; 8, 1 ff. Mt. 14, 13 ff.; 15, 32 ff.; Lk. 9, 12 ff.

26 2. Kge. 4, 42 ff. Vgl. auch 1. Kge. 17, 11 ff. W. Bauer, Das Johannesevangelium, 88. Vgl. etwa auch Perels, 77 f.

27 Vgl. Anm. 24

28 Zit. nach Fiebig, Die Umwelt des N. Ts. 61

9. Kapitel

1 Schopenhauer, V. 331

2 Vgl. den Text bei Mensching, Leben u. Legende der Religionsstifter, 206 f.

3 Ebenda, 207 ff.

4 Schweinitz, 25. Vgl. auch Fiebig, Die Umwelt des N. Ts. 52 ff.

5 Aufhauser, 10

6 Lk. 2, 25 ff.

7 Nach Schweinitz, 27

8 Zit. bei Bultmann, Synoptische Tradition, 328. Vgl. auch Klostermann, Das Lukasevangelium, 45

9 Diog. Laert. 10, 14

10 Suet. Aug. 8, 1

11 Joseph, Vita 2

12 Vgl. Lk. 2, 41 ff. mit 1. Sam. 3. Zit. 1. Sam. 2, 26

13 Mt. 4, 2 f.

14 Der Text derselben bei Mensching, Leben u. Legende der Religionsstifter, 186 f.

15 Schweinitz, 29. Mk. 1, 16 f.; Mt. 4, 18 ff.; Lk. 5, 1 ff.

16 Schweinitz, 29 f.; 57 ff. Vgl. auch A. Schütze, 63

17 Schweinitz, 30

18 Vgl. z. Folg. Schweinitz, 9 ff.

19 Zit. Ebenda 10

20 Mt. 23, 4 f.

21 Schweinitz, 10

22 Mt. 23, 27

23 Schweinitz, 10

24 Ebenda. Vgl. auch 34

25 Vgl. bes. Schweinitz, 37 ff., ferner Glasenapp, Die nichtchristlichen Religionen, 84. Ders. Glaube u. Ritus, 120 S. auch Mauthner, 45 ff.

26 Schweinitz, 23 ff.

27 Ebenda

28 Ebenda

29 Ebenda 41

30 Jh. 5, 24

31 Mt. 14, 28 ff.

32 Zum Wandel auf dem Wasser: Dibelius, Formgeschichte, 112 f. u. 227, Anm. 2. Garbe, 48 ff. u. 56 ff. Brown, passim.

33 A. David-Neel, 212. Vgl. auch Schweinitz, 32 f. Mensching, Das Wunder im Glauben und Aberglauben, 35 ff.; 86

34 Mk. 12, 41 ff.; Lk. 21, 1 ff. Dazu Haas, »Das Scherflein der Witwe« passim. Vgl. auch Aufhauser, 13 ff.

35 Mk. 12, 41 ff.

36 Vgl. dazu Haas, »Das Scherflein der Witwe«, 20

37 Haas, Ebenda, Zusammenfassung 75 ff. Bultmann, Synoptische Tradition, 32

38 Das Folgende im engen Anschluß an Schweinitz, 12 f. Vgl. auch Glasenapp, Der Pfad zur Erleuchtung, 16. Ders. Die nichtchristlichen Religionen, 71. Ders. Glaube u. Ritus, 131. Ringgren/Ström, 285 ff.

10. Kapitel

1 Raschke, Das Christusmysterium, 117

2 Herzog, W 71 ff.

3 Ebenda, 46 ff. Heilung von Bandwürmern u. Würmern: W. 23. 25. 41.

695

Heilung von Läusen: W. 28. Heilung von Lähmungen: W 3. 15. 16. 35. 37. 38. 57. 64. 70. Heilung von Augenleiden bzw. Blindheit: W 4. 9. 11. 18. 20. 22. 32. 40. 55. 65. 69. 74. Heilung von Sprachstörungen: W 5. 44. 51

4 Dölger, Ichthys, Römische Quartalschrift, Supplem. XVII. 419

5 Belege bei Geffcken, Der Ausgang, 102, Anm. 97

6 Orig. Cels. 3, 24. Vgl. Philostr. Vita Apoll. 1, 7. Liban. ep. 319; 930. Weitere zahlreiche Quellenhinweise bei Lucius, 253 ff.

7 Schneider, Geistesgeschichte I. 55 f. Dort auch Quellenbelege

8 Jh. 19, 30

9 Vergil, Georg. 1, 463 ff. Vgl. auch Trede, 98

10 Livius, Ab urbe cond. 1, 16, 1. Henoch 39, 3. Sie allerdings, wie Herakles, mittels Wolken, Windsbraut u. Wirbelwind, während Christus aus eigener Kraft auffährt. Immerhin. Doch vgl. auch Epistula Apostolorum 51 (62)

11 F. Pfister, Herakles u. Christus, bes. 52 ff. Pauly-Wissowa, Realencyklopädie d. klassischen Altertumswissenschaften, Suppl. Bd. III. 1918, Sp. 1089. Grundmann, Das Problem d. hellenistischen Christentums, 66 ff. Auch Raschke, 191; 243. Vgl. auch Orig. Cels. 2, 55

12 Vgl. Birt, 175 f. Bergh van Eysinga, Voorchristelijk Christendom, 171 ff.

13 F. Pfister, Herakles u. Christus, 42 ff. bes. 58 ff. Ein Theologe von Rang wie Carl Schneider erkannte die Resultate Pfisters ohne Einschränkung an. Zurückhaltender Grundmann, Das Problem des hellenistischen Christentums, 69

14 Schneider, Geistesgeschichte, I. 16

15 Epikt. 2, 16, 44; 3, 24, 13 ff.; 4, 10, 10. Dazu Preisker, Das Ethos des Urchristentums, 27

16 Lk. 23, 46

17 Mk. 15, 40 f.; Mt. 27, 55 f.; Lk. 23, 49. J. Jeremias, Golgotha, 3 postiert sie auf die Stadtmauer

18 Jh. 20, 15 ff.

19 Jh. 19, 30. Dazu Pfister, Herakles u. Christus. Grundmann, Das Problem d. hell. Christentums 67 ff. Schneider, Geistesgeschichte I. 142. Kroll, 375 ff. 395 ff.

20 So Schneider, Geistesgeschichte I. 142

21 Vgl. »Der Einzige«

22 Vgl. bes. »Brot und Wein«, auch »An Christus«

23 Vgl. dazu Raschke, 218; 92 ff. Auch W. F. Otto, 49

24 Leipoldt, Dionysos, 50 f. Leisegang, Pneuma Hagion, 41

25 Plut. Is. e. Os. 35. Tat. or 8

26 W. F. Otto, 51 ff. Leipoldt, Dionysos, 6 ff. Ders. Antisemitismus in der alten Welt, 3 f.

27 A. Loisy, Les Mystères Païnes et le Mystère Chrétien, 1930, 25 ff. F. Cumont, Les Religions Orientales dans le Paganisme Romain, 1929, 195 ff.

28 Kallimachus, Hymnen an Zeus 48. Homer, Hymnen an Hermes, 21

29 Wilamowitz II. 157. Zur Verbreitung des Dionysoskultes vgl. auch Bernhardt, Dionysos u. seine Familie auf Münzen

30 Fiebig, Die Umwelt des N. Ts. 23 f. mit dazu auf Grill

31 Jh. 15, 2; 16, 20 ff.

32 Grill, 107

33 Jh. 15, 1. Vgl. 15, 5. Did. 9, 2

34 Leipoldt, Dionysos, 3

35 Vgl. die Abbildung bei Zehren, 305. Dieselbe bei E. Neumann, Tafel 114

36 Schneider, Geistesgeschichte II. 112

37 Eurip. Bacch. 142. Vgl. auch Pausanias 6, 26, 2. Dazu Wilamowitz, 68, Anm. 5. Dibelius, Formgeschichte, 99. W. F. Otto, 90 ff. Bousset, Kyrios Christos, 62. Gressmann, Tod und Auferstehung des Osiris, 22 ff. Zahlreiche Quellenhinweise auf Berichte von Weinwundern des Dionysos bei W. Bauer, Johannesevangelium, 44

38 Harnack, Mission und Ausbreitung I. 237

39 Zit. nach Leipoldt, Von Epidauros bis Lourdes, 38

40 Bousset, Kyrios Christos, 62, Anm. 1

696

41 Vgl. Leipoldt, Von Epidauros bis Lourdes, 38f.

42 Daniel-Rops, Jesus, 228

43 Jh. 6, 53

44 Eurip. Bacch. 300f.

45 Schneider, Geistesgeschichte II. 172ff. W. Bauer, Das Johannesevangelium, 96. Leipoldt, Sterbende und auferstehende Götter, 41. Vgl. auch ders. Dionysos, 39; 49. Nilsson, I. 144ff. Zehren, 190. Der Philologe Edouard Tièche spricht von einer »wilden Kommunion«: 142

46 Raschke, 95; 97ff.; 190f.; 218f. Vgl. auch die Abbildung bei Zehren, 298: Dionysos-Feier auf einem attischen Vasenbild: Dionysos am Pfahl

47 Hyde, 67. Widengren. II. 107ff. Gressmann, Der Messias, 355ff. bes. 364f. M. Brückner, 30ff.

11. Kapitel

1 Schneider, Geistesgeschichte I. 258

2 Zit. bei A. Schütze, 80

3 Roeder, 65. Vgl. auch Freud, 120

4 Freud, 118ff.

5 Beleg bei Garden, 53f. Vgl. das ganze Kapitel »Abraham, Jesus, Moses und die Sonnenverehrung«, 43ff.

6 Jes. 62, 2f.

7 Zur Sonnenverehrung der römischen Kaiser vgl. H. Kraft, 8, Anm. 3

8 Leo, Serm. 27, 4. Dazu Cumont, Die Mysterien des Mithras, 183, Anm. 1. Vgl. auch Berkhoff, 22ff.

9 Leo Serm. 27, 4

10 Straub, 131, Schneider, Geistesgeschichte I. 258

11 K. Erdmann, 10. Leipoldt, Kapitel »Lichter« in: Von Epidauros bis Lourdes, 202ff.

12 A. Schütze, 112

13 Zit. ebenda 115

14 Ebenda 58f.

15 Cumont, Die Mysterien des Mithras, 116ff. A. Schütze, 36f.

16 A. Schütze, 102. Staerk, II. 272

17 A. Schütze, 34ff. Widengren, I. 45f.; II. 105f. Saxl, 50ff. Vgl. auch 78ff.

18 Just. Tryph. 70, 1ff.; 78, 15

19 1. Kor. 10, 4. Dazu M. Brückner, 30. Vgl. auch Staerk, II. 388ff.

20 Orig. Cels. 8, 22. Dazu Hyde, Exursus II. Sunday Observance 257ff.

21 Clem. Al. strom 1, 21, 147

22 Vgl. Plutarch, Is. et Os. 12. 355 E

23 Vgl. zum Folg. Norden, Die Geburt des Kindes, 24ff. K. Müller, I. 521f. Drews, Marienmythe, 108f.

24 Epiphan. haer. 51, 22, 8ff. Plutarch Is. et Os. 12. 355 E. Dazu Norden, Geburt des Kindes, 28ff.; 91f.

25 Lk. 2, 11

26 Schneider, Geistesgeschichte I. 49f. Vgl. auch Drews, Marienmythe, 102ff.

27 Zit. nach Norden, Geburt des Kindes, 50

28 Vgl. ebenda 33

29 Gal. 4, 4. Auch die bei Paulus beliebte Vorstellung von der »neuen Schöpfung«, der »neuen Menschheit«, 2. Kor. 5, 17, trifft man in ganz verwandter Gedankenführung bereits in dem Vergilschen Gedicht, in seinem 7. Vers vom Kommen des »neuen Geschlechts« (nova progenies) spricht. Vgl. Norden, Geburt des Kindes, 33; 46ff. Zum Ganzen auch Gressmann, Der Messias, 462ff.

30 Mk. 1, 15

31 Cumont, Die Mysterien des Mithras, 161

32 M. Brückner, 25; 32

33 Hyde, 66. Vgl. auch A. Schütze, 64

34 Bertholet, 415

35 Just. Apol. 1, 66. Tert. praescr. haer. 40. Cumont, Die Mysterien des Mithras, 124; 146f. Bammel, 92. Bertholet, 315

36 A. Schütze, 68ff.

37 So Cumont, Die Mysterien des Mithras, 142; 151f.

38 A. Schütze, 67

39 Cumont, Die Mysterien des Mithras, 143ff.; 153

40 Cumont, Ebenda, 152. Vgl. auch Kap. »Lichter« bei Leipoldt, Von Epidauros bis Lourdes, 202ff.

41 A. Schütze, 72 ff.; 82 ff.; 102
42 Just. Apol. 1, 66. Tert. bapt. 5
43 Tert. De praescr. haer. 40. Dazu Cumont, Die Mysterien des Mithras, 130 f. A. Schütze, 53 f.
44 Gressmann, Der Messias, 365. M. Brückner, 32. Cumont, Die Mysterien des Mithras, 126 f.; 133. Preisker, Das Ethos des Urchristentums, 17 f. Hyde, 67
45 Cumont, Die Mysterien des Mithras, 72 ff. Zit. S. 74. Vgl. bes. auch 178 ff.
46 So A. Dieterich, 510 f. Ganz ähnlich M. Brückner, 33
47 Firm. Mat. err. c. 4. 20. 28
48 Vgl. z. B. Zosimus 4, 13. Ammian 29, 1, 2. Hieron. ep. 107 ad Laetam
49 Vgl. z. B. Hyde, 62 mit Verweis auf Cumont
50 Cumont, Die Mysterien des Mithras 47 ff.; 180. A. Schütze, 15
51 Als Titelbild bei Saxl. Vgl. dazu 180 ff.

12. Kapitel

1 Windisch, Paulus u. Christus, 62 f.
2 Iambl., De vita Pythag. 5
3 Ebenda 7
4 Lk. 5, 1 ff. Porph., Vita Pyth. 25. Iambl., De vita Pythag. 36. Windisch, Paulus u. Christus, 59 ff. Erbt, 103 ff.
5 Jh. 20, 30 f.
6 Porph., Vita Pythag. 19 f.; 36; 41 ff. Iambl. 30. Trede, 82. Mensching, Das Wunder im Glauben u. Aberglauben, 25
7 Leipoldt, Die Frau in der antiken Welt, 55. Vgl. auch Nestle, Die Vorsokratiker, 27
8 Weinreich, Antikes Gottmenschentum, 637 f. Vgl. auch J. Burckhardt, III. 312
9 Diog. Laert. 8, 14; 8, 41
10 Mk. 8, 27 f.
11 So Weinreich, Antikes Gottmenschentum, 637. Windisch, Paulus u. Christus, 62 f.
12 Iambl. 186
13 J. Burckhardt, III. 312 ff. Zit. 321,

Vgl. auch Nestle, Die Vorsokratiker, 26 f.
14 Diog. Laert. 8, 67; 8, 60
15 Iambl. 136. Porph. 29
16 Windisch, Paulus u. Christus, 63 ff. Zit. 67. Vgl. auch Weinreich, Antikes Gottmenschentum, 638 ff.
17 Nilsson, II. 132 f.
18 Weinel, Stellung des Urchristentums, 20 f.
19 Pfannmüller, 58
20 Guardini, Religion u. Offenbarung, I. 42
21 M. Haller, Die großen Ritualreligionen, 235. Gressmann, Der Messias, 40. E. Fascher, Gottes Königtum im Urchristentum, 88 f.
22 Staerk, II. 239 f.
23 Zit. ebenda, 226
24 Fascher, Gottes Königtum im Urchristentum, 89. Vgl. auch Gressmann, Der Messias, 39
25 Staerk, II. 226 mit Bez. auf Ps. 45, 7; 2, 7; 45, 17; 2, 8 ff.; 72
26 Windisch, Paulus u. Christus, 81 ff.
27 Cic. imp. Pomp. 14, 41
28 Wetter, »Der Sohn Gottes«, 82 ff.
29 Trede, 98. Vergil, Georg. 1. 463 ff.
30 Stauffer, Jerusalem u. Rom, 20 ff.
31 Vergil, Aen. 6, 791 f. Zit. nach Stauffer, Jerusalem u. Rom, 27
32 Trede, 101 f.
33 Brit. Museum Nr. 994. Vgl. dazu Nilsson, II. 371. Nestle, Griechische Religiosität, 17 f. E. Meyer, Ursprung u. Anfänge III. 392. Norden, Die Geburt des Kindes, 156 f. Wetter, »Der Sohn Gottes«, 18 f. Pfannmüller, 57 ff. Durant, 271 f.
34 Vergil, Aen. 6, 791 f. Zit. nach Stauffer, Jerusalem u. Rom, 27
35 Ovid, trist. 1, 5. Zur Verehrung des Augustus vgl. bes. Suet. Aug. 57 f.; 100 ff.
36 Suet. Aug. 94. Dio Cassius, 45, 1, 2
37 Stauffer, Jerusalem u. Rom, 28
38 Wilamowitz, II. 430. Vgl. auch Berkhoff, 14 ff. Bousset, Kyrios Christos, 91 ff.; 241. Nilsson, II. 371. Nestle, Griechische Religiosität, 17. Hyde, 32 ff. Vittinghoff, 9 f.
39 Seneca, clem. 1, 10, 3

698

40 Bousset, Kyrios Christos, 246; 93; 259. Vgl. bes. auch 77 ff.

41 Homer, Od, 14, 152 f.

42 Feine-Behm, 11 f. Klostermann, Das Markusevangelium, 3 f. Bousset, Kyrios Christos, 244

43 Wechssler, 232 f. Vgl. auch Whitley, 215 ff. bes. 220 ff.

44 Wellhausen, Das Evangelium Marci, 7. Eine Übersicht über das Problem u. die diesbezügliche Literatur bei Friedrich in: Theologisches Wörterbuch z. N. T. ed. Kittel, II. 1935, 705 ff. Vgl. auch Marxen, Der Evangelist Markus, 77 ff. Hauck, 12. Werner, Der Einfluß der paulinischen Theologie, 102 ff.

45 Norden, Die Geburt des Kindes, 53 ff.

46 Staerk, II. 248

47 Lietzmann, Der Weltheiland. Bousset, Kyrios Christos, 240 ff. Weinel, Stellung des Urchristentums, 20 ff. Pfannmüller, 57 ff. Deissmann, Licht vom Osten, 311 f. Staerk, I. 130 ff.

48 Phil. 3, 20. Eph. 5, 23 ist höchstwahrscheinlich unpaulinisch.

49 Phil. 3, 20. Dazu Bornhäuser, 13 f.

50 Lk. 2, 11; Apg. 5, 31; 13, 23; 2. Tim. 1, 10; Tit. 2, 13; 3, 4 ff.; 2. Petr. 1, 1; 1, 11. kyrios: 1. Kor. 1, 2; 12, 3; 2. Kor. 4, 5; 2. Tim. 2, 22; Phil. 2, 11

51 Vgl. auch Weinel, Stellung des Urchristentums, 20 f. Lietzmann, An die Römer, 98. Windisch, Paulus u. Christus, 116; 88

52 Jh. 4, 42; 1. Jh. 4, 14

53 W. Bauer, Das Johannesevangelium, 71

54 Bousset, Kyrios Christos, 93 ff

55 Lietzmann, An die Römer, 97 ff.

56 Suet. Domit. 13

57 Jh. 20, 28

58 Zit. bei Seeck, Entwicklungsgeschichte, 287

59 Zit. bei Trede, 96

60 Suet. Vesp.

61 Trede, 101

62 Ebenda, 104

63 Orig. Cels. 7, 9

13. Kapitel

1 Dupont-Sommer, 399

2 Vgl. Burrows, 65. Zum Ganzen: Wagner

3 C. D. Ginsburg, The Essens, 1864, 24

4 Zit. bei Klausner, Jesus v. Nazareth, 144

5 Philo, quod omnis c. 12, Vgl. ferner Philo bei Euseb. praep. ev. 8, 11

6 Joseph, bell. 2, 8; ant. jud. 18, 1, 5

7 Joseph, ant. jud. 18, 1, 5. Philo, quod omnis, c. 12

8 Plin., nat. hist. 5, 17

9 Bigelmair, 83

10 Marchal, 1933. Zit. bei Dupont-Sommer, 408

11 Zit. nach Wildberger, 41

12 Vgl. etwa Dupont-Sommer, 12 ff. bes. 44 ff. Molin, 206 ff. Wildberger, 40. Kuhn, Über den ursprünglichen Sinn des Abendmahls 509. K. Schubert, 28; 47. Fritsch, 90 ff. Zusammenfassend 110. Einige Ausnahmen führt an M. Burrows, 230 ff.

13 K. Schubert, 33 ff.

14 Philo bei Euseb. praep. ev. 8, 11. Josephus, bell. 2, 8, 4

15 DSD 6, 2

16 Chr. Burchard nennt 1556 Veröffentlichungen.

17 Zur Echtheitsfrage Bardtke, 50 ff.

18 S. A. Birnbaum, 91 ff. Molin, 67 ff. 191 ff. Segal, 131 ff. Bardtke, 43 ff.; Elliger, 226 ff. Schoeps, Urchristentum, Judentum, Gnosis 69 ff. Wildberger, 26 bes. Anm. 5, Bruce, 41 ff. Howlett, 12. K. Schubert, 21 f.

19 Vgl. etwa Molin, 168 ff. K. Schubert, 109 ff. Ders. in Religionswissenschaftliches Wörterbuch ed. König, 1956, 220. Stauffer, Jerusalem u. Rom, 89 f. Grundmann, Geschichte Jesu Christi, 26 ff. Wilson, 103. Allegro, 142 ff. Fritsch, 112 ff.

20 Howlett, 134 ff.; 142

21 Dupont-Sommer, 402

22 Brownlee, 84

23 Teicher, The Dead Sea Scrolls-Documents of the Jewish-Christian Sect of Ebionites, 67 ff. Ders. The Damascus

Fragments and the Origin of the Jewish-Christian Sect, 115 ff. Ders. The Habakkuk Scroll, 48 ff. Zu Teichers Theorie vgl. etwa M. Burrows, 233 ff.

24 DSH 2, 2f.

25 DSH 7, 4f.

26 Elliger, 155. Vgl. auch Schoeps, Urchristentum, Judentum, Gnosis, 77

27 DSH 2, 7

28 DSH 9, 1f.

29 Vgl. etwa Stauffer, Jerusalem u. Rom, 128 ff. Zur hohen Ähnlichkeit zwischen dem Lehrer der Gerechtigkeit u. Jesus vgl. Allegro, 135 ff. Fritsch, bes. 118 ff. Howlett, 145 ff. Cross, 970 f. Ackermann, Entstellung u. Klärung, 303 ff.

30 Vgl. etwa Schoeps, Urchristentum, Judentum, Gnosis, 69 f.

31 CDC 3, 4; 20, 12; DSH 2, 3; DSD 4, 22

32 Allegro, 123. Molin, 138 f.; 178. Howlett, 150 f.; 175. K. Schubert, 73 ff. Schubert, 36; 42

33 DSD 1, 11 f.; 3, 2; 4, 2 f.; 5, 2. Joseph, bell. 2, 8, 3; ant. jud. 18, 1, 5. Braun, Spätjüdisch-häretischer, 1, 35 ff.

34 DSD 8, 1

35 Philo, quod omnis c. 12. DSD 9, 3 ff.

36 DSD 11, 11; 3, 25. Molin, 120 ff.

37 DSD, 3, 20 ff.; 1, 18. Molin, 126 ff. K. Schubert, 58 ff.

38 Joseph. bell., 2, 8, 8

39 Z. B. Tugendkat. 2. Kor. 6, 6; Gal. 5, 22 f.; Eph. 4, 2 f.; 5, 9; Lasterkat. Mk. 7, 21 f.; Rm. 1, 29 ff.; 13, 13; 1. Kor. 5, 10 f.; 6, 9 f. Vollständige Anführung bei Wibbing, 78

40 Vgl. Wibbing, 71 ff.

41 Zahlreiche Hinweise bei Lietzmann, An die Römer, 35 f. Vgl. auch Schneider, Geistesgeschichte I. 492 f.

42 DSD 4, 15 ff. Vgl. auch 1, 4; 3, 25 f. K. Schubert, 55 ff. mit zahlreichen Belegen.

43 DSD 11, 2 f.; 11, 13 ff. Vgl. auch DSH 8, 1 ff. Allegro, 110. Fritsch, 126 f.

44 DSD 6, 4 ff. Vgl. auch Joseph. bell. 2, 8, 5. Kuhn, Über den ursprünglichen

Sinn des Abendmahls, 509 ff. Fritsch, 122 ff. Ploeg, 163 ff. Allegro, 100 f.; 127. Howlett, 147; 182. Cross, 968. Bertholet, 136

45 DSD 6, 16 f.; 3, 3 ff. Wibbing, 68 ff. Lietzmann, Geschichte der antiken Kirche, I. 23 f. Howlett, 180

46 DSH 2, 7. Vgl. etwa K. Schubert, 88 ff. Vgl. auch Anm. 27 u. Kapitel 2, Anm. 76 f.

47 DSH 10, 5; 10, 13

48 DSH 8, 1 f.; DSD 4, 12 ff.; CDC 2, 5 f.

49 Molin, 169 f.; 178. Vgl. zu Vorstehendem noch K. Schubert, 94 ff. Michel, 188 f. Wibbing, 71 ff.

50 Philo, quod omn. c. 12

51 Wilson, 105 f. Fritsch, 109. Vgl. auch Howlett, 171 f.

14. Kapitel

1 Schneider, Geistesgeschichte I. 236

2 Vgl. bereits Friedländer, 1898. Bousset, Kyrios Christos, 133 f. bes. 183 ff. Geffcken, Der Ausgang, 228. Bornkamm, Studien zur Antike u. Urchristentum, II. 39. Heussi, Kompendium, 50

3 Leisegang, Die Gnosis, 4 ff. Jonas, 6 ff. Kretschmar, 354 ff. Vgl. auch die kurze Übersicht über die neuere Forschung bei Schoeps, Urchristentum, Judentum, Gnosis, 30 ff. Ders. Zur Standortbestimmung der Gnosis, 413 ff.

4 Ps. Clem. rec. 2, 58. Zu Paulus vgl. S. 187

5 Koch, Die altchristliche Bilderfrage, 89.

6 Schlier, Christus u. die Kirche im Epheserbrief, 48. Vgl. auch S. 30; 74 f. u. die ganze Arbeit (hält den Brief für paulinisch). Ders. Die Kirche nach dem Brief an die Epheser, 159 ff. bes. 161, Anm. 2. Fiebig, Die Umwelt des N. Ts. 12 ff. Bousset, Kyrios Christos, 190 ff. Leisegang, Denkformen, 88 ff. Käsemann, Leib u. Leib Christi, 113 ff.; 159 ff.

7 Vgl. etwa Bultmann, Urchristentum,

182 ff.; 210 ff. W. Bauer, Das Johannesevangelium, passim, Zusammenfassung, 238

8 Harnack, Dogmengeschichte, 71 ff. Vgl. auch 65, Ferner Heiler, Urkirche u. Ostkirche, 97. Loewenich, Die Geschichte der Kirche, 45

9 Leisegang, Die Gnosis, 83

10 So W. Bauer, Rechtgläubigkeit, 163 ff.

15. Kapitel

1 Orig. Cels. 2, 16

2 Hirsch, Die Auferstehungsgeschichte, 4 f.

3 Leipoldt, Sterbende und auferstehende Götter, 5 ff. Baudissin, passim, M. Brückner, passim, 16 ff. Weinreich, Antikes Gottmenschentum, passim. Ackermann, Jesus, 146 ff. Nilsson, II. 128 ff.

4 Mt. 28, 11 ff.

5 Vgl. Kapitel 36, Anm. 9

6 Staerk, II. 414 f.

7 Reitzenstein, Hellenistische Wundererzählungen, 106

8 M. Brückner, 18 f.

9 Baudissin, 103 ff.; 121 ff.; 203 ff.

10 Zit. bei Zehren, 95

11 Vgl. Lk. 9, 22; 18, 33; Mt. 20, 19; 1. Kor. 15, 4 mit Mk. 8, 31; 9, 31; 10, 34

12 M. Brückner, 36

13 Ebenda, 14. Ringgren/Ström, 60. W. Bauer, Das Johannesevangelium, 139

14 Leipoldt, Sterbende u. auferstehende Götter, 9. Vgl. auch Staerk, II. 412 f. W. Bauer, Das Johannesevangelium, 219 f. Th. Lessing, 99

15 M. Brückner, 14

16 Grass, 85 f.

17 Heiler, Der Katholizismus, 44

18 Vgl. z. B. W. Bauer, Das Leben Jesu, 261 ff. Campenhausen, Der Ablauf der Osterereignisse, 8 ff. Schneider, Geistesgeschichte, I. 82 f. Hirsch, Die Auferstehungsgeschichten, 3. Grass, 94 ff.; 106 f.

19 Lk. 24, 34. Vgl. aber dazu 24, 12

20 1. Kor. 15, 5 ff.

21 Lohmeyer, Galiläa u. Jerusalem, 5

22 Campenhausen, Der Ablauf der Osterereignisse, 19

23 Ebenda 26; 19 f. Vgl. auch 37

24 Vgl. z. B. Knopf, Einführung, 290. Bornkamm, Jesus von Nazareth, 167. Harnack, Mission u. Ausbreitung, I. 124. Werner, Der protestantische Weg, I. 130. Bultmann, Theologie des N. T. 46. Ders. Synoptische Tradition, 260. Dibelius, Formgeschichte, 191. Heiler, Der Katholizismus, 44. Grass, 85 f.

25 Mt. 28, 13 f. Vgl. auch Tert. spect. 30. Vielleicht angedeutet bei Jh. 20, 15

26 Nach Geffcken, Das Christentum im Kampf, 98 f.

27 Vgl. Mk. 15, 42 ff.; Mt. 27, 57 ff.; Lk. 23, 50 ff. mit Agp. 13, 27 ff.

28 Bultmann, Theologie des N. T. 46. Dazu: Synoptische Tradition, 260; 311; 314; Grass, 88

29 So Hauck, 192. Dort weitere Literaturhinweise

30 Mt. 27, 62 ff.; 28, 11 ff.

31 Vgl. Mk. 16, 1 ff. mit Mt. 28, 1 ff.

32 Acta Pilati A. 16, 7. Ev. Petr. 31 u. 33. Dazu Hennecke, 78. Michaelis, Die apokryphen Schriften zum N. T. 49. Zum Folgenden bes. Grass, 23 ff. Campenhausen, Der Ablauf der Osterereignisse, 27 ff.

33 Ev. Petri, 39 ff.

34 Joh. Chrysost. hom. in Mk. 15, 39

35 Vgl. Mk. 16, 1 mit Mt. 28, 1

36 Jh. 19, 39

37 Vgl. Mk. 15, 46 ff. mit 16, 1 ff.

38 Vgl. Mk. 16, 1 mit Lk. 23, 56

39 Schneider, Geistesgeschichte I. 85. Vgl. ferner Mk. 16, 1 mit Mt. 28, 1

40 Mk. 15, 47

41 Vgl. Mk. 16, 1 ff. mit Mt. 28, 1 f. und Lk. 24, 1 f.

42 Mk. 16, 8

43 Vgl. Mk. 16, 7 mit 16, 8

44 Vgl. Mk. 16, 8 mit Mt. 28, 8

45 Lk. 24, 9. Vgl. auch 24, 22 ff.

46 Jh. 20, 2; 20, 18. Zu dem überhaupt fraglichen Aufgebot der Frauen vgl. Bultmann, Synoptische Tradition, 296. Klostermann, Das Markusevan-

gelium, 168. Bousset, Kyrios Christos, 63 ff.

47 Vgl. Mk. 16, 5 mit Mt. 28, 2; Lk. 24, 4; Jh. 20, 12

48 Aristides, Apol. 14. Clem. Al. strom. 6, 5

49 Syn. Laodicae c. 35

50 Mt. 18, 10. Vgl. auch Orig. Cels. 8, 34. In Num. Hom. 11, 4

51 Delitzsch, Mehr Licht, 50 ff. bes. Anm. 26 u. Abb. 46. Vgl. auch Wechssler, 67 f.

52 1. Mos. 28, 12. Bertholet, 128

53 Vgl. Justin. Apol. 2, 4 (5) mit Hermas, vis. 3, 4, 1. Dazu Werner, Die Entstehung, 240 ff.

54 Vgl. dazu Schneider, Geistesgeschichte I 73 f. Reitzenstein, Hellenistische Wundererzählungen, 94. Anm. 3

55 So Windisch, Paulus u. Christus, 75

56 Lucian morte Per. 40. Vgl. auch Orig. Cels. 2, 55

57 Vita Apoll. 8, 10 ff.

58 Trede, 38

59 Mt. 18, 15; Jh. 8, 17; 2. Kor. 13, 1; 1. Tim. 5, 19 u. ö. Dazu 5. Mose 19, 15

60 Mk. 16, 9; Jh. 20, 11 ff.

61 Mt. 28, 1 ff.

62 Lk. 24, 1 ff.; 24, 13 ff.

63 Vgl. Mk. 16, 1 ff. bes. 16, 7. Ferner 14, 28; Mt. 28, 1 ff. bes. 28, 16 mit Lk. 24, 1 ff.

64 Vgl. Lohmeyer, Galiläa u. Jerusalem, 6 f u. 23

65 Verfass. Rud. Hoffmann

66 Verfass. beider Bücher A. Resch

67 So J. Weiß, Das Urchristentum, 11 ff. F. C. Burkitt, Christian Beginnings, 78 ff. u. a.

68 Knopf, Einführung, 289 f. Vgl. auch Marxsen, Der Evangelist Markus, 66 ff. Campenhausen, Der Ablauf der Osterereignisse, 12 ff. Die Darlegung der einzelnen Auffassungen in der Kontroverse Galiläa – Jerusalem bei Fascher, Johannes 16, 32 in Zeitschrift für neutestamentliche Wissenschaft, 1940, 186 ff. Ferner Grass, 113 ff.

69 Jh. 20, 19 ff. u. c. 21

70 Apg. 1, 1 ff.

71 Lk. 24, 49

72 Vgl. auch Haenchen, Apostelgeschichte, 112. Lohmeyer, Galiläa u. Jerusalem, 6. Weinel, Biblische Theologie, 408. Werner, Der protestantische Weg, 130 f.

73 1. Kor. 15, 5 ff.

74 Apg. 10, 40 f.

75 Mk. 16, 4

76 Vgl. z. Folg. Laubscher, bes. 6. Ich folge teilweise fast wörtlich

77 Laubscher, 61

78 Weitere Belege hierzu bei Laubscher, ebenda 58 f.

79 Vgl. das materialreiche Bändchen von Laubscher, passim

80 Mt. 26, 64. Vgl. auch Mk. 14, 62

81 Orig. Cels. 2, 63, 64

82 Kittel, Die Auferstehung Jesu, 150

83 Vgl. Jh. 20, 24 ff. mit Jh. 20, 15 ff. Erst als Jesus sie beim Namen nennt, erkennt sie ihn, u. man debattiert darüber, ob Maria von Magdala Jesus am Klang der Stimme erkannt habe – so Schlatter, Der Evangelist Johannes, 1930 z. St. – oder an einer besonderen Art, ihren Namen zu sprechen. So Heitmüller, Die Schriften des N. Ts. z. St.

84 2. Thess. Tit. Philem. 3. Jh. 2. Petr. Jak. Jud.

85 Mk. 16, 9; Jh. 20, 11 ff.

86 E. Renan, Les Apôtres, 1866, 13

87 So Klausner, Von Jesus zu Paulus, 245. Lk. 8, 2. Mk. 16, 9

88 Orig. Cels. 2, 55

89 Schlingensiepen, 104

90 Ign. Smyrn. 3, 3 Lk. 24, 39 ff. Vgl. auch Apg. 10, 41

91 Rengstorf, Das Evangelium nach Lukas, 269

92 Jh. 21, 4 ff. Zur Zahl 153 vgl. etwa W. Bauer, Das Johannesevangelium, 230 f.

93 Toldo, 338 f.

94 Vgl. Rengstorf, Die Auferstehung Jesu, 9 u. 44 ff. – hier vom orthodoxen Standpunkt aus bekämpft

95 Werner, Die Entstehung, 75. Ders. Glaube u. Aberglaube, 180. Ders. Der Einfluß paulinischer Theologie, 17. Ders. Der protestantische Weg,

702

129f. Bousset, Kyrios Christos, 17. Bultmann, Offenbarung u. Heilsgeschehen, 66f. Grundmann, Geschichte Jesu Christi, 20. Vgl. ferner die Anm. 99 genannten Gelehrten

96 Vgl. dazu auch Hirsch, Die Auferstehungsgeschichten, 38f.

97 So Leipoldt, Vom Jesusbild der Gegenwart, 176. Grass, 189

98 1. Kor. 15, 3ff.

99 Benz, 98. Knopf, Einführung, 291. K. G. Götz, 66ff. Pfannmüller, 14. Weinel, Biblische Theologie, 193. Klausner, Jesus v. Nazareth, 498. Bousset, Kyrios Christos, 106. Bertram, Die Himmelfahrt Jesu, 205. Hirsch, Jesus Christus der Herr, 58. Ders. Die Auferstehungsgeschichten, 33ff.; 37ff. Die sog. objektive Visionshypothese ist eine typische Kompromißlösung der Vermittlungstheologie.

100 Goguel, 127

101 z. B. Spitta

102 Cic. Verrem. 5, 64. Vgl. z. Folg. Klausner, Jesus v. Nazareth, 484f. Staufer, Jerusalem u. Rom, 123ff. Zehren, 78ff.

103 Joseph. ant. jud. 13, 14, 2

104 Jefka, Streffe.

105 Kroll, 58

106 Mt. 12, 40. gelegentlich als einzige Ausnahme angeführt, läßt sich ebenso gut, ja, noch besser aufs Grab beziehen.

107 1. Petr. 3, 19f.; 4, 6. Vgl. Justin, Tryph. 72, 4. Ev. Petr. 41f. Ep. apost. 27. Zum Ganzen, Kroll.

108 Nach Iren, adv. haer. 1, 27, 3

109 Trillhaas, 53ff.

110 So Reitzenstein, Hellenistische Wundererzählungen, 125

111 Kroll, 220

112 Ebenda. Zit. 238; 4f.; 183ff.; 205ff.

113 Ebenda, 423ff. bes. 431

114 Justin, Tryph. 72, 4. Dazu Werner, Die Entstehung, 255f.

115 Iren, adv. haer. 3, 20, 4; 4, 22, 1; 4, 27, 2; 4, 33, 1; 4, 33, 12; 5, 31, 1

116 Kroll, 4f.; 21f. Zum folg. vgl. bes. Kroll, 45ff.; 58ff.; 99ff.; Bousset, Anhang 2. Die Hadesfahrt, in: Kyrios Christos 26ff.

117 Vgl. etwa Tract. Origenis 14; Euseb. vita Const. 1, 28. 32; Epiph. haer. 66, 73, 6. Acta Philippi 138 u. a.

118 Hermas, sim. 9, 16, 5ff. Vgl. auch Clem. Al. strom. 2, 9, 44; 6, 6, 48

119 So Bertram, Die Himmelfahrt Jesu, 202

120 Ebenda, 202

121 Vgl. Ebenda, passim, bes. 215f.

122 Justin Tryph. 36, 5f. Iren epid. 83. Vgl. auch schon 1. Kor. 2, 6ff. Kol. 2, 15. Ferner: Tert. idol. 5; Orig. Comm. 5, 10 in Röm.

123 Eph. 4, 7ff.; 2, 14ff. Dazu Schlier, Christus u. die Kirche, bes. die beiden ersten Kap. »Die Himmelfahrt des Erlösers« u. »Die himmlische Mauer«.

124 Das goldene Katholikenbuch, von F. X. Wetzel, ed. A. Fäh, Impr. 1914 S. 198

125 Apk. 18, 6

126 Vgl. z. B. Apk. 16, 5ff.; 18, 20; Lk. 9, 52ff.

127 2. Clem. 17, 5ff.

128 Apk. Petr. 6ff.

129 Tert. spect. 30. Vgl. auch patient. 8; 10

130 Vgl. z. B. Judasbrief V. 5ff.; 2. Petr. 2, 1ff.; Apk. Petr. 22, 27. 28

131 Cypr. Demetr. 17 u. 24

132 Lact. div. inst. 7, 26, 7

133 Cyrill v. Jerusalem cat. 18, 19. Vgl. auch Methodius, de resurr. 3, 11, 1ff.

134 Der Satz des Thomas, Summa Theologica III. Suppl. q. 94 a. 1 wird von Nietzsche, Zur Genealogie der Moral 1, 15, nicht im Wortlaut zitiert

135 Tondi, Die Jesuiten, 190

136 Ignatius von Loyola, Die Geistlichen Übungen, ed F. Weinhandl, 1921, 94ff.

137 Winklhofer, 72ff.

138 Mk. 9, 43ff. Vgl. auch Mt. 25, 46; 18, 8

139 Apg. 3, 21. Vgl. auch 1. Kol. 1, 19f.; 1. Tim. 2, 4; Mt. 18, 14; 2. Petr. 3, 9; Jh. 12, 47; 3, 17. Zum Ganzen Schuhmacher, Nigg, Buch der Ketzer, 56ff.

140 Orig. princ. 1, 6, 1ff.; 3, 1, 14; 3, 6, 1ff.

141 Die Aufzählung derselben bei Schuhmacher, 15 u. 257, Vgl. auch Heiler, Urkirche u. Ostkirche, 237f.

142 Vgl. Lk. 24, 36ff. bes. 24, 51 (auch 23, 43) mit Apg. 1, 1ff. Dazu Lohmeyer, Galiläa u. Jerusalem, 99. Grundmann, Das Problem des hellenistischen Christentums, 46f. Werner, Die Entstehung, 99. Bertram, Die Himmelfahrt Jesu, 204 f. Benz, 119. Trillhaas, 67f.

143 Lk. 24, 51

144 Barn. 15, 9. Vgl. auch Ev. Petri 13, 56

145 Vgl. Lk. 24, 50 mit Apg. 1, 12. Dazu Conzelmann, Mitte der Zeit, 79

146 Vgl. Benz, 118f.

147 Mk. 16, 9–20

148 Hauck, 195. Jülicher, 309ff.

149 Wikenhauser, 126

150 Hirsch, Die Auferstehungsgeschichten 3. Ausführlich referiert über die verschiedenen diesbezüglichen Erklärungsversuche Grass, 15ff.

151 Zahlreiche Beispiele bei F. Pfister, Der Reliquienkult, II. 480ff. Wetter, »Der Sohn Gottes«, 101ff. Vgl. auch Zehren, 93f.

152 1. Mos. 5. 24. Hebr. 11, 5; 2. Kge. 2, 1ff.

153 Just. Tryph. 36. 85. Iren, adv. haer. 4, 33; Tert. adv. Marc. 5, 17. fuga 12

154 Just. Tryph. 64. Iren, adv. haert. 4, 33

16. Kapitel

1 Faulhaber, Judentum, 18

2 Hirsch, Das Alte Testament u. die Predigt des Evangeliums 1936, 10ff.

3 Orig. Cels. 2, 28; vgl. bes. Just. Tryph. Iren. epid. Tert. adv. Marc. 3, 5ff. Clem. Al. strom. 6, 15, 122, 1. Noch Pascal, Pensées XI, 706 sieht darin den überzeugendsten Beweis für Jesus Christus Cypr. testim.

4 Vgl. etwa Schlingensiepen, 43ff. Just.; apol. 1, 21; Orig. Cels. 8, 9

5 Vgl. etwa Cic., divin. Liv. 39, 13, 12. Herod. 7, 111. Paus. 9, 30, 9

6 Vgl. die zahlreichen Belege bei Bieler, I 90ff.

7 Quellenhinweise bei Leipoldt-Morenz, 34, Anm. 54

8 Zit. bei Miura-Stange, 138, Anm. 2

9 Trede, 71f.

10 Suet. Aug. 31

11 Bousset, Kyrios Christos 72

12 Just. apol. 1, 30f.; 1, 37f.

13 Orig. Cels. 4, 2

14 Schelling, Vorlesung über die Methode des akademischen Studiums, Ausg. 1803, 203

15 Meinertz, I. 142

16 Vgl. dazu Dibelius, Botschaft u. Geschichte, I. 224; 326f.

17 Ebenda, I. 249 u. 255f. Vgl. z. Folg. bes. Lohmeyer, Gottesknecht u. Davidsohn, 60ff. Dibelius, Formgeschichte, 187 u. 195f. Bornkamm, Jesus v. Nazareth 143ff. Bousset, Kyrios Christos, 67ff. Goguel, 92ff. Ungern-Sternberg, passim. bes. 243ff.

18 Mk. 14, 26f.

19 Mt. 26, 64

20 Jes. 50, 6

21 Mk. 15, 27

22 Vgl. Mk. 15, 32 u. Mt. 27, 44 mit Lk. 23, 39ff.

23 A. Meyer bei Hennecke, 79

24 So Klostermann, Markusevangelium, 167

25 Jh. 19, 28

26 Mk. 15, 29

27 Mt. 27, 43

28 Vgl. Lk. 23, 44f. mit Mk. 15, 33 u. Mt. 27, 45

29 Klostermann, Markusevangelium, 166

30 Romulus: Plut., Romul. 27. Caesar: Vergil, Georg. 1, 463ff.

31 Mt. 27, 46

32 pal. Joma 43 c, bab. Joma 39 b, Joseph. bell. 6, 293. Dazu Dibelius, Formgeschichte, 196

33 Iren. epid. 72

34 Just. Tryph. 97. Iren, adv. haer. 4, 33. epid. 73

35 Vgl. Lk. 9, 22; 18, 33; Mt. 20, 19; 1. Kor. 15, 4 mit Mk. 8, 31; 9, 31; 10, 34

36 Tert. adv. Marc. 4, 43. Vgl. dazu etwa Grass, 134ff.

37 Vgl. Jona 2, 1f. Dazu Mt. 12, 40; Just.

Tryph. 107f. Vgl. auch Ps. 16, 10.
Dazu Apg. 2, 25ff.; 13, 35

38 Zit. bei Schepelern, 206, Anm. 565

39 Plut. Is. et. Os. 39. Dazu Gressmann, Tod u. Auferstehung des Osiris, 2f. Leipoldt, Sterbende u. auferstehende Götter, 77f. Bousset, Kyrios Christos, 24f. M. Brückner, 19. Clemen, 100ff.

40 Vgl. z. B. Mk. 14, 27; Lk. 24, 21

41 4. Mos. 21, 6ff.; Jh. 3, 14f.; Barn. 12, 5; Just. apol. 1, 60. Tryph. 91, 4; 94; 112, 1. Iren. adv. haer. 4, 3. 24.; Tert. adv. Marc. 3, 18

42 3. Mos. 16, 7–10; Barn. 7, 4ff.

43 4. Mos. 19, 1ff. Dazu Barn. 8, 1ff.

44 Barn. 12, 2. Just. Tryph. 90, 4; 97, 1; 111, 1 zu 2. Mos. 17, 11

45 Goodspeed, A History of Early Christian Literature, 34

46 Barn. 9, 8f.

47 Tert. adv. Marc. 3, 18 zu 5. Mos. 33, 17

48 Hebr. 9, 13ff.; 9, 18ff.

49 Greg. Nyssa, hom. in Cant. 7. Ders. or. 31

50 Method. 4, 6

51 Bei Hennecke, 292

52 5. Mos. 21, 23

53 Just. Tryph. 71ff.; 120, 5

54 Werner, Die Entstehung, 148. Vgl. auch 156, Anm. 45. Ferner: Weinel, bei Hennecke, 386f. Fascher, Jesaja 53, 20

55 bei Tert. adv. Marc. 3, 18

56 Orig. hom. 17 in Lc. dazu Werner, Die Entstehung, 158ff. v. Ungern-Sternberg, 16

57 Drews, Christusmythe II. 247ff.

58 Zumindest sind u. a. Jes. 56, 2 – 8 u. 66, 16 – 24 auch nicht von »Tritojesaja«, sondern spätere Zutaten.

59 Vgl. u. a. Jh. 1, 29; 1, 36; 12, 38; 1. Petr. 2, 21ff.; Barn. 5, 2; 1. Clem. 16; Just. apol. 1, 50f.; Tryph. 13. Vgl. auch viele Stellen bei den Synoptikern u. bei Paulus.

60 Vgl. Wolff, Jesaja 53

61 Die Gegenüberstellung verdanke ich Hoskyns u. Davey, 51

62 Vgl. dazu die Zusammenstellung bei Eißfeld, Einleitung in das A. T. 402ff.

Auch Kuhl, Israels Propheten, 123ff. Ders. Die Entstehung des A. T., 195f. S. schon bei Orig. Cels. 1, 55. Dazu Fascher, Jesaja 53, 40ff. Ferner: Staerk, I. 36

63 Jes. 49, 3; Jer. 30, 10f.; Hes. 28, 25; 37, 25

64 z. B. Mt. 8, 16f.; 12, 15ff.; 13, 10ff. u. a. Vgl. zum folgenden Goguel, 92ff.

65 z. B. Mt. 1, 22; 2, 15. 17. 23; 4, 14; 8, 17; 12, 17; 13, 35 u. ö.

66 Mk. 14, 10f.

67 Sach. 11, 12

68 Mt. 26, 15

69 Sach. 11, 13

70 Mt. 27, 3ff.

71 Jer. 32, 6

72 Mt. 27, 9f.

73 Vgl. Mt. 27, 5 mit Apg. 1, 18

74 Vgl. Mt. 27, 3–8 mit Apg. 1, 18f.

75 Bei Hennecke, 130

76 So Schneider, Geistesgeschichte I. 69f., der indes auch die Geschichtlichkeit für möglich hält.

77 Mk. 14, 51f.

78 A. Loisy, Les Évangiles synoptiques, 2. 1908, 589ff.

79 Vgl. Surkau, 82ff. Fiebig, Jüdische Wundergeschichten, 41ff. Auch Dibelius, Botschaft u. Geschichte I. 235 f. Schlatter, Der Märtyrer, 50

80 Plutarch, Phokion 36. Dazu Schneider, Geistesgeschichte I. 251

81 rep. 2, 5, 361 E. Vgl. dazu etwa Goguel, 434, Anm. 300

82 Mt. 1, 22f.

83 Mt. 2, 1ff.

84 Mt. 2, 16ff.

85 Mt. 2, 13ff.

86 Lk. 1, 26ff.; vgl. dazu Jes. 9, 7; 2. Sam. 7, 12f.; Micha 4, 7; Dan. 7, 14; Lk. 1, 46ff.; vgl. dazu. 1. Sam. 2, 1ff.; Hab. 3, 18; 1. Sam. 1, 11; 5. Mos. 10, 21; Ps. 111, 9; 113, 17; 89, 11; 147, 6; 107, 9; 34, 11; 98, 3; Hiob. 5, 11; 1. Sam. 2, 5ff.; Jes. 41, 8; Micha 7, 20; 1. Mos. 17, 7; Lk. 2, 25ff.; vgl. dazu Jes. 40, 5; 52, 10; 42, 6; 49, 6

87 Bornkamm, Jesus v. Nazareth, 143. Bousset, Kyrios Christos, 35

705

88 Bultmann, Synoptische Tradition, 297 ff. Dibelius, Formgeschichte, 21; 102

89 Bultmann, Synoptische Tradition, 297 ff.; 333 f. Vgl. auch Dibelius, Formgeschichte, 178 ff.

90 Vgl. etwa Klostermann, Markus-evangelium, 154

91 Bultmann, Synoptische Tradition, 307. Dibelius, Formgeschichte, 21; 102. Bornkamm, Jesus v. Nazareth, 143

92 Bousset, Kyrios Christos, 238. Vgl. auch Schremmer

93 Bornkamm, Jesus v. Nazareth, 142 u. Anm. 3

94 Orig. Cels. 2, 13

95 Mk. 8, 34

96 Lohse, 116

17. Kapitel

1 Conzelmann, Zur Methodik der Le-ben-Jesu-Forschung, 8

2 Andresen, 395. Vgl. ferner 223 f.; 237 u. ö. Miura-Stange, 37

3 Orig. Cels. 2, 15

4 Ebenda 2, 72; 2, 74 (durch den Ju-den)

5 Ausführliche Belege bei Miura-Stange, 125 ff. Vgl. auch Schlingen-siepen, 96 ff.

6 Orig. Cels. 1, 67

7 Vgl. die Stellenhinweise bei Andre-sen, 22, Anm. 29

8 Ebenda 22 ff. Zusammenfassend 31 f.; 393 f.

9 So Miura-Stange, 14

10 Geffcken, Das Christentum im Kampf, 80

11 Poulsen, 274. Vgl. auch das Urteil von Lietzmann, Geschichte der alten Kirche, III. 28

12 Harnack, Mission u. Ausbreitung I. 521. Vgl. auch Geffcken, Das Chri-stentum im Kampf, 97

13 Die Fragmente bei Harnack, Porphy-rius. Vgl. auch Hulen.

14 Wilamowitz, II. 527. Ganz ähnlich Lietzmann, Geschichte der alten Kir-che, III. 28 f.

15 W. Theiler, Porphyrius u. Augustin. Die beiden Zitate: 1. Kor. 4, 7. Ak-kermann, Entstellung u. Klärung, 80

16 Cyrill Al. adv. Jul. Vgl. auch Firm. Mat. err. 13, 4. S. ferner Poulsen 274 u. 276 f.

17 So Tusculum-Lexikon d. griechi-schen und lateinischen Literatur vom Altertum bis zur Neuzeit, 1948, 215 u. Geffcken, Das Christentum im Kampf, 97. Vgl. auch ders. Der Aus-gang, 56 ff. bes. 63 f.

18 Aug. Contra ep. Manich. 5

19 Schopenhauer, II. 300

20 Tondi, Die Jesuiten, 395

21 Ignatius v. Loyola, Die geistlichen Übungen, ed. F. Weinhandl, 1921, 187 f. Vgl. auch 1. Regel S. 185: »Je-des Urteil müssen wir beiseite set-zen.«

22 Vgl. Klein, 51, Anm. 50. Ferner un-sere Darstellung S. 371 f.

23 Scherer, 96

24 Can. 1386 § 1

25 Tondi, Die Jesuiten, 214

26 Ebenda, 218

27 Ebenda, 208 ff. 252 ff.

28 Klein, 81, Anm. 97; 144

29 Tondi, Die Jesuiten, 216

30 Ebenda, 5 f.

30a Kardinal Faulhaber hatte in den er-sten Nachkriegsjahren nicht ver-säumt, dem ehemaligen Dachauer KZ-Häftling Pater Leonhard Roth, der nach seiner Befreiung als einziger Geistlicher zur Betreuung von sie-bentausend Typhuskranken freiwil-lig im Lager blieb und später Seelsor-ger im Dachauer Barackendorf wurde, »höchste Anerkennung für sein Wirken und Schaffen« auszu-sprechen und zu erklären: »ich habe Ihre Lagerberichte dem Heiligen Va-ter vorgelegt.« (Dies und das Fol-gende im Anschluß an R. Seeliger, Die Andere Zeitung, 7. Dez. 1961). Aber als Pater Roth, der seit jenem Schreckenstag des Jahres 1942 im Dachauer KZ saß, an dem die SS auf ihrem dortigen Schießplatz Tau-sende von sowjetischen Kriegsgefan-genen erschoß, auch in den ausge-

henden fünfziger Jahren noch fort-
fuhr mit seiner Beschwörung der
Vergangenheit, seinen Warnungen
vor dem wiedererstehenden Nazismus, vor SS-Treffen und Leuten wie
Oberländer und Globke, da erschien
dies der deutschen katholischen
Hierarchie nicht mehr zeitgemäß.
(Bekämpfte sie nämlich bis 1933 Hitler, unterstützte sie ihn bis 1945, verdammte sie ihn danach, so änderte sie
in den fünfziger Jahren abermals ihre
Haltung.)
Der Münchner Weihbischof Neuhäusler brandmarkte nun Roths Verhalten als »Übereifer und unbe-
herrschte Kritik an Ämtern, Personen und Verhältnissen«. Er behauptete nach dem Besuch einer englischen Wallfahrergruppe im KZ Dachau, sechs Personen dieser Gruppe
hätten sich bei ihm darüber be-
schwert, daß Peter Roth durch seine
Ausführungen »Haß gesät« und dadurch der Sühnewallfahrt »eine sehr
unschöne« Note gegeben habe, was
die englischen Pilger postwendend
und eindeutig als pure Verleumdung
entlarvten. Doch als Pater Roth gegen den am 10. November 1959 ge-
faßten Beschluß des Dachauer Stadt-
rats, die Elendsbaracken, das heißt
einen Massenfriedhof mit wohnungs-
suchenden armen Leuten zu belegen,
protestierte und an Hand der KZ-
Kartei ermittelte, »daß im KZ Dachau – die Vergasungstransporte
nach Auschwitz nicht mitgerechnet –
über 70 000 Häftlinge elend ums Leben gekommen sind«, erteilte das Ordinariat des Erzbistums München
und Freising Pater Roth einen strengen Verweis und entzog ihm am
25. März 1960 seine Kuratie in Dachau. Es wurde ihm nicht einmal gestattet, sich von seiner Gemeinde zu
verabschieden.
Während Roth zunächst in einem
Südtiroler Priesterheim Unterschlupf
fand, erreichten ihn weitere Verleumdungen. Ein hoher Geistlicher
Münchens erklärte ihn für verrückt.

Ja, im Münchner Ordinariat gestand
ein junger Mann, sich mit Pater Roth
sittlich verfehlt zu haben. Pater Roth
verließ nun das Priesterheim und
irrte als Ausgestoßener durch Österreich, wo am 15. August 1960 in einem Bergwald im Vorarlberg zwei
Einwohner des Dorfes Braz seine bereits stark in Verwesung geratene
Leiche fanden. »Unfall«, berichtete
einer der beiden Brazer, »erschien
ausgeschlossen, da der Tote sorgsam
gebettet auf Rock und Pullover lag,
neben sich eine Thermosflasche, einen Schirm und eine aufgeschlagene
Bibel.« Wozu ein Bergwachtmann,
der beim Bergen der Leiche von der
Fundstelle ohne Wissen der Untersuchungsbehörde ein Foto gemacht
hatte, ergänzt, »daß neben dem Toten ein Notizbuch lag mit der Eintra-
gung: ›Falls mir etwas zustoßen
sollte, bitte meine Haushälterin ver-
ständigen. Auch wünsche ich nicht
an einem anderen Ort begraben zu
werden…‹ Der Reisepaß des Toten
und ein Geldbetrag von über 1400
Mark waren sorgsam in einem was-
serdichten Beutel verpackt. Übrigens
entdeckten wir eine Tablette Adalin
und eine weitere Tablette unbekannter Art. Bergunfall? Nein, das glaube
ich keinesfalls.«
Dessenungeachtet wurde als Todes-
ursache »vermutlich Bergunfall« angegeben, allerdings erst »nach einer
Reihe erregter Telefongespräche zwischen dem Münchner Ordinariat und
der Untersuchungsbehörde im Vor-
arlberger Tal.« Dessen nicht genug.
Als der junge Mann, der sich mit Pater Roth sittlich verfehlt haben
wollte, vom tragischen Tod des Paters hörte, gestand er – übrigens kurz
bevor er selbst auf einer Bergwande-
rung an einer »mysteriösen Herz-
schwäche« starb –, daß das, was er
»in München unter dem Siegel des
Beichtgeheimnisses über Kurat P.
Roth aus Dachau Ehrwidriges gesagt
habe…, nicht den Tatsachen« entspreche. »Ich weiß selbst nicht wie

707

ich dazu kam, derartiges über den Herrn zu sagen.« Dessen nicht genug. Weihbischof Neuhäusler, der in einem streng vertraulichen Brief an die »geehrten Schriftleitungen der katholischen Kirchenzeitungen« die Möglichkeit eines Selbstmordes von Pater Roth zugab und sie aufforderte, »ihm«, Pater Roth nämlich, »zu verzeihen und zu schweigen«, schrieb im Hinblick auf dessen KZ-Aufenthalt: »Was hatte er verbrochen? War er ein Krimineller?« Dr. Neuhäusler nahm zu dem Artikel von Rolf Seeliger in »Die Andere Zeitung«, 1. Februar 1962, Stellung. Alle entscheidenden Einwände des Bischofs wurden aber von Seeliger in der gleichen Nummer Punkt für Punkt entkräftet.

31 Tondi, Die Jesuiten, 379
32 Pzillas, Die Lebenskräfte des Christentums, 1960. Zu beziehen durch den Verfasser, Bad Godesberg, Kronprinzenstraße 41
33 Vgl. Gross, Entstehungsgeschichte des Erbsündendogmas, 22, Amn. 12 mit weiteren Literaturhinweisen.
34 Conzelmann, Die formgeschichtliche Methode, 61
35 Percy, 20
36 Dibelius, Jesus, 24. Ders. Formgeschichte, 295. Bornkamm, Jesus v. Nazareth, 11. Bultmann, Jesus, 11 f. Genau so V. Grönbech, Zeitwende 128. Grobel, 65. Knopf, Einführung, 239. Bartsch, 14; 26. Stauffer, Jesus, 7. Vgl. auch Schoeps, Die großen Religionsstifter, 60. Grundmann, Die Geschichte Jesu Christi, 15. Overbeck, 41
37 Vgl. Dibelius, Formgeschichte, 26; 31 f.; 239 ff. Auch Knox, 26 f.
38 Mt. 28, 18 ff.
39 Mk. 8, 31; 9, 9; 9, 31; 10, 33 ff.; 14, 21. 41; Mt. 17, 12; Lk. 17, 25 u. a.
40 Bultmann, Synoptische Tradition, 163; 176
41 Daniel-Rops, Jesus, 21; 38, Anm. 1
42 Bultmann, Synoptische Tradition, 1; 394

43 Ebenda 396
44 Ebenda, 1
45 Ebenda 366 ff. 396
46 Vgl. z. B. Kuhl, Die Entstehung des A. T., 47 ff. Eißfeldt, Die Genesis der Genesis, 44 ff.
47 Fascher, Die formgeschichtliche Methode, 144
48 Vgl. zum Folg. Dibelius, Formgeschichte, 34–129
49 Ebenda, 67 f.
50 Ebenda, 279
51 Dibelius, Botschaft u. Geschichte I. 298. Ders. Die Botschaft Jesu Christ, 147
52 Dibelius, Jesus, 80. Vgl. auch Formgeschichte, 229
53 Bei Ackermann, Jesus, 7. Vgl. auch 116. Ferner, Bultmann, Synoptische Tradition, 396
54 Schneider, Geistesgeschichte I. 29
55 Jülicher, 352
56 Werner, Die Entstehung, 65 mit Bezug auf Markus
57 Grobel, 65
58 Goguel, 73. Mit Bezug auf Markus. Vgl. auch Knopf, Einführung, 63
59 Kümmel, Die Eschatologie der Evangelien, 227
60 Käsemann, Das Problem des historischen Jesus, 144
61 Meinertz, I. 13 f.
62 Guardini, Das Bild von Jesus dem Christus, 124

18. Kapitel

1 A. Schweitzer, Leben-Jesu-Forschung, 525
2 Durant, 644
3 Kautsky, Der Ursprung des Christentums, 342
4 z. B. Grundmann, Geschichte Jesu Christi, 110
5 Schniewind, 27
6 Dazu Weinel, Biblische Theologie, 122 ff. Vgl. auch noch Jeremias, Abba in Theologische Literaturzeitung 4, 1954, 214. Grundmann, Sohn Gottes, 127
7 Mt. 7, 21; 10, 32; 11, 27

8 Die Quellenhinweise bei Braun, Spätjüdisch-häretischer II. 128. Vgl. auch Klostermann, Das Matthäusevangelium, 56. Strack-Billerbeck I. 410f.

9 Zit. bei Schneider, Geistesgeschichte I. 32

10 Sen., ep. 107, 11. Epict. Diss. 1, 9, 6; 3, 24, 15f. Zum Ganzen: Grundmann, Die Gotteskindschaft in der Geschichte Jesu – reiches Material. Ders. Geschichte Jesu Christi, 65ff. Buonaiuti, I. 34ff. Leipoldt, Jesu Verhältnis, 107; 124ff. Bornkamm, Jesus v. Nazareth, 114ff. Schniedwind, 17. Vgl. auch die kurze Bemerkung bei Morenz, 531

11 Vgl. Jeremias, Kennzeichen der ipsissima vox Jesu, 87f. Kittel, Die Religionsgeschichte u. das Urchristentum, 93ff. Voegtle, 14

12 Hom. II. 20, 347. Nach Schneider, Geistesgeschichte I. 32

13 Haas, Idee u. Ideal der Feindesliebe. Vgl. auch Bieler, I. 59

14 Zit. bei Schweinitz, 40

15 Zit. bei Oldenberg, 337

16 Platon, Kriton c. 10 p. 49 Aff.

17 Mt. 5, 44f.

18 Sen. ben. 4, 26, 1. Vgl. auch 1, 11 u. De vit. 20, 5

19 Vgl. Kittel, Das Problem des palästinensischen Spätjudentums u. des Urchristentums, 117ff. Zahlreiche Belege auch bei Drews, Christusmythe II. 361ff.

20 2. Mos. 23, 4f.

21 Jer. Klagelieder 3, 30; Jes. 1, 6

22 Klausner, Jesus v. Nazareth, 534. Hoskyns/Davey, 137. Oepke, 142. Hyde, 148. Drews, Christusmythe, II. 341ff. mit einer Fülle von Belegen.

23 Vgl. zum Folg. Klausner, Jesus v. Nazareth, 534ff. dort die Belege.

24 Mt. 7, 3ff.; 6, 34; 6, 19

25 Mt. 5, 28

26 Quellenhinweise bei Klausner, Jesus v. Nazareth, 535

27 Mt. 5, 29

28 Quellenhinweis bei Klausner, Jesus v. Nazareth, 535

29 Vgl. Mt. 5, 22 mit Quidduschin 28 a

Bar, zit. nach Klostermann, Das Matthäusevangelium, 43. Vgl. auch Fiebig, Jesu Bergpredigt, 38

30 Vgl. Wechsler, 158ff.; 283ff.; 292; 308; 314. M. E. Winkel, Der Sohn. Ders. Das ursprüngliche Evangelium. Leipoldt, Jesu Verhältnis, 41ff.; 71ff.; 103ff. u. ö. Ders. Der soziale Gedanke, 92ff.; 148. Schneider, Geistesgeschichte I. 37f.

31 Zum Folgenden: Preisker, Griechentum u. Evangelium, 93ff. Knopf, Einführung, 185f. Kittel, Die Religionsgeschichte u. das Urchristentum, 50ff. Wechssler, 137ff. Bertram, Der Hellenismus in der Urheimat des Evangeliums, 265ff. Broggi, 57f. Schneider, Geistesgeschichte I. 17ff.; 51. Durant, 604ff. Leipoldt, Jesu Verhältnis, 16ff. Ders. Die Frau in der antiken Welt, 117f. Zu »Galiläa der Heiden«: W. Bauer, Jesus der Galiäer, 18

32 Jeremias, Jerusalem zur Zeit Jesu, I. 89ff.

33 Ausgenommen Mt. 2 u. Lk. 1, 5, wo Bezug auf seinen Vater Herodes d. Gr. genommen wird.

34 Leipoldt, Jesu Verhältnis, 19. Sukenik.

35 Mk. 7, 24; 7, 31; 8, 27; 10, 1. Dazu Wechssler, 169ff.

36 So Oepke, 140

37 Leipoldt, Jesu Verhältnis, 107

38 Vgl. Wechssler, 246. Berührungen mit stoischen Gedanken (»meist nicht eindeutig«) bietet Leipoldt, Das Gotteserlebnis Jesu, 29f. Ders. Jesu Verhältnis, 71ff. u. ö.

39 Lk. 9, 60; Mt. 8, 22. Schneider, Geistesgeschichte I. 38

40 Lk. 9, 62. Schneider, Geistesgeschichte, I. 38; dort die Quellenhinweise. Vgl. auch Wechssler, 260

41 Schneider, Geistesgeschichte I. 37 mit Bez. auf Lk. 9, 3; Mk. 6, 9; Mt. 10, 10

42 Wechssler, 174f. Vgl. auch 246ff.; Leipoldt, Jesu Verhältnis, 48

43 Norden, Jahrbuch für klassische Philologie, Suppl. 19, 1893, 378, Anm. 1. Vgl. Wechssler, 248ff.

44 Bei Wechssler, 252
45 So Windisch, Der Sinn der Bergpredigt, 41. Vgl. auch Hyde, 146 ff. Zum Ganzen das lehrreiche Buch vom Mould.
46 Windisch, Der Sinn der Bergpredigt, 105. Anm. 1
47 Orig. Cels. 6, 15 ff.; 7, 27 ff.
48 Außerbiblische Worte Jesu Nr. 12. Vgl. auch Thomasevangelium, 82. Dazu Leipoldt, Ein neues Evangelium, 481 ff.
49 Ackermann, Jesus, 129. Schneider, Geistesgeschichte I. 453
50 Brief vom 22. Juni 1781. Goethe fand auch, daß etwa Sokrates »im Leben und Tod sich mit Christo vergleichen lasse« (Dichtung u. Wahrheit, 2, 6).

Exkurs I.

1 Jülicher, 591
2 Hoskyns u. Davey, 29 f. Vgl. zum Folg. bes. Streeter, passim. bes. 27 ff.; 131 ff. Feine-Behm, 313 ff. Knopf, Einführung, bes. 1; 15 ff.; 21 ff.; 47 f; 63. Jülicher, 559 ff. Zum Sprachenproblem vor allem Dalman, Worte Jesu. Kittel, Die Probleme des palästinensischen Spätjudentums.
3 Knopf, Einführung, 47 f.
4 Glaue, 91
5 Mt. 26, 73
6 So Dibelius, Formgeschichte, 30
7 Mk. 5, 41
8 Mk. 7, 34
9 Mt. 27, 46; Mk. 15, 34
10 Grundlegend: M. Black. Vgl. auch Taylor, 55 ff.
11 Feine-Behm, 23; 320; 334
12 Hirsch, Frühgeschichte des Evangeliums I. 3; 5; 8; 11; 14 f.; 27; 70 f.; 99 ff.; 107 f.; 113; 123 ff.; 146; 158; 175 f.; 177; 208 f.; II. 358. Vgl. auch Knopf, Einführung, 22 f.
13 Lietzmann, Geschichte der alten Kirche, II. 94
14 Knopf, Einführung, 63
15 Leipoldt-Morenz, 53 ff.
16 Leipoldt, Geschichte des neutesta-

mentlichen Kanons, I. 113 ff. Jülicher, 577 f. Vgl. auch Karnetzki, 170 ff.
17 Vgl. Jülicher, 581. Knopf, Einführung, 63
18 Karnetzki, 180
19 Wikenhauser, 75
20 Ebenda 76 f.
21 Aland, Papyrus Bodmer II, 161
22 Nietzsche, Morgenröte I. 84
23 Vgl. dazu bes. Knox 19 ff.; 26 ff.; 158 ff.; Werner, Die Entstehung, 144 f. Ders. Der Frühkatholizismus, 353
24 Bei Euseb. h. e. 3, 39, 4
25 Knox, 140 ff.
26 Schneider, Geistesgeschichte I. 329 f.
27 Bei Euseb. h. e. 5, 16, 3
28 So Streeter, 439. Vgl. etwa auch Harnack, Über den Verfasser und den literarischen Charakter des Muratorischen Fragments, 1 ff. bes. 15 f. Wikenhauser, 28
29 Iren. 4, 20, 2; Tert. de orat. 16
30 Vgl. Heiler, Urkirche u. Ostkirche, 496
31 Wikenhauser, 31
32 Euseb. h. e. 7, 25, 1 ff. Zur Geschichte des neutestamentlichen Kanons in Mittelalter u. Neuzeit: Leipoldt, Geschichte des neutestamentlichen Kanons, II. 1908. Vgl. ferner ders. Ebenda I. 88 ff.; 95 ff.; 243 ff. Heiler, Urkirche u. Ostkirche, 99 u. 538. Knopf, Einführung, 162 ff.; Hennecke, 25* ff. Nigg, Das ewige Reich, 71 f. Goodspeed, A History of Early Christian Literature, 11; 15 f.
33 Th. Zahn, Athanasius u. der Bibelkanon I. 15 f. Vgl. auch 22. Ähnlich Cyrill catech. 4, 35 (Athanasius' Behauptung im 39. Festbrief!)
34 Leipoldt-Morenz, 44 f.
35 2. Kor. 3, 14: Alter Bund
36 Feine-Behm, 297
37 Apk. 1, 3; 1, 10; 1, 19; 22, 18 f. Dazu Feine-Behm, 296 u. 277. Leipoldt, Geschichte des neutestamentlichen Kanons, I. 108 ff. Jülicher, 455 f.
38 1. Kor. 7, 10; 7, 12; 7, 25; 13, 12
39 Kol. 4, 16
40 Lk. 1, 1 ff.

41 Graf, Der vom Himmel gefallene Brief Christi, 10 ff. Bittner.
42 Knopf, 162. Knox, 140 ff.
43 Vgl. Kap. 22
44 Wikenhauser, 20. Vgl. auch Schneider, Geistesgeschichte II. 16. Leipoldt, Geschichte des neutestamentlichen Kanons, I 182 ff.
45 Leipoldt, Geschichte des neutestamentlichen Kanons I. 113. Vgl. auch 182 ff.; 213 ff.
46 Vgl. Anm. 24
47 Euseb. h. e. 4, 29, 6. Dazu Hennecke, 72 ff. Leipoldt, Geschichte des neutestamentlichen Kanons I. 165 ff.
48 Wikenhauser, 22
49 Dies tut Goodspeed, A History of Early Christian Literature, 151
50 Wikenhauser, 42
51 Hieron. ep. 121, 6 ad Algasiam
52 Leipoldt, Geschichte des neutestamentlichen Kanons, I. 135 ff.
53 R. Friedländer-Prechtl. Man beachte aber das Nachwort
54 Vgl. z. Folg. Goguel, 2 f. u. 407, Anm. 5

ZWEITES BUCH: PAULUS

19. Kapitel

1 Nietzsche, Morgenröte, 1, 68
2 Shaw, 108
3 Ricciotti, Paulus, 570
4 Vgl. etwa Knopf, Einführung, 292 ff.
5 Lk. 24, 21
6 Das läßt sich aus Mk. 14, 28 und 16, 7 mit ziemlicher Sicherheit schließen.
7 Lohmeyer, Galiläa und Jerusalem, 53 ff. Sass, Apostelamt u. Kirche, 135 f. Achelis, 1 ff. M. Goguel, La naissance du Christianisme, 1946, 82 ff.
8 4. Esra 13, 35 f. u. a.
9 Apg. 24, 5. 14. K. L. Schmidt, Die Kirche des Urchristentums, 279. Lohmeyer, Kultus u. Evangelium, 123. Erbt, 21. Heiler, Urkirche u.

Ostkirche, 66 ff. Bultmann, Das Urchristentum, 195. Dibelius-Kümmel, 82. Goppelt, Christentum u. Judentum, 72. B. Le Roy Burkhart, 194. Wenschkewitz, 106 f. Leipoldt, Jesu Verhältnis, 184 f.; 201. Haenchen, Apostelgeschichte, 186
10 Mt. 12, 1 ff.
11 Mt. 24, 20
12 Mk. 13, 18
13 Mk. 10, 11; Lk. 16, 18
14 Mt. 5, 32; 19, 9; dazu etwa Leipoldt, Die Frau in der antiken Welt, 154
15 Vgl. etwa die Belege bei Leipoldt, Jesu Verhältnis, 185 ff.
16 Während man die zur Zeit Jesu in Palästina lebenden Juden auf nicht ganz eine Million geschätzt hat, konnte man die außerhalb Palästinas im römischen Imperium wohnenden Diasporajuden einschließlich der Proselyten auf $3-3^{1}/_{2}$ Millionen berechnen. Vgl. Knopf, Einführung, 184 f. Grundmann, Das Problem des hellenistischen Christentums, 54 ff.
17 Apg. 6, 1 ff.
18 Vgl. Grundmann, Das Problem des hellenistischen Christentums, 58 f. Haenchen, Die Apostelgeschichte, 217 ff. bes. 224 ff. Auch Harnack, Mission u. Ausbreitung, 54, Anm. 5. Wenschkewitz, 109. Wellhausen, Kritische Analyse, 11. Wetter, Das älteste hellenistische Christentum, 411
19 Apg. 6, 1
20 Haenchen, Apostelgeschichte, 224
21 Vgl. z. B. B. Schneider, Geistesgeschichte I. 90 f. Lietzmann, Geschichte der alten Kirche I. 63. Bultmann, Theologie des N. T. 57. Grundmann, Das Problem des hellenistischen Christentums, 56; 63 ff. Ders. Die Apostel zwischen Jerusalem u. Antiochia, 121 ff. Achelis, 11
22 Wellhausen, Kritische Analyse, 11
23 Vgl. Apg. 8, 1 ff.; 9, 1 f.; 11, 19. Auch Gal. 1, 13; 1. Kor. 15, 9
24 Apg. 8, 1 u. 6, 11. Schoeps, Urgemeinde, Judentum, Gnosis, 13 bezweifelt sogar die Geschichtlichkeit des Stephanos u. erklärt ihn als eine

möglicherweise »von Lukas aus tendenziösen Gründen vorgeschobene Ersatzfigur, auf die dem Verfasser unbequeme Lehren abgeladen werden sollten«.

25 Vgl. Apg. 8, 1; 8, 4; 11, 19 mit 9, 31
26 Vgl. auch Lietzmann, Geschichte der alten Kirche, I. 63 f. Wetter, Das älteste hellenistische Christentum, 413. Wechssler, 239
27 Lohmeyer, Galiläa u. Jerusalem, 104. Vgl. auch Grundmann, Das Problem des hellenistischen Christentums, 54
28 Raschke, 174 ff. Drews, Die Petruslegende im Anschluß an Robertson.
29 Kattenbusch, 335. K. G. Goetz, 5 f. Dibelius, Stilkritisches zur Apostelgeschichte, 2 T. 30. Zum Ganzen: Haenchen, Die Apostelgeschichte.
30 Bamm, Welten des Glaubens, 1959, 26
31 Hirsch, Studien zum vierten Evangelium, 129
32 Gal. 2, 9; Apg. 15; 21, 18 ff.
33 1. Kor. 15, 7; Apg. 1, 14
34 Bei Euseb. h. e. 2, 23, 4 ff.
35 Euseb. h. e. 2, 1, 2 ff. Dazu Lohmeyer, Galiläa u. Jerusalem, 56
36 Harnack, Mission u. Ausbreitung, II. 630, Anm. 3 mit Bez. auf Euseb. h. e. 7, 19
37 Lohmeyer, Gottesknecht u. Davidsohn, 153. Stauffer, Die Urkirche, 301
38 Jakobus wird von Paulus vor Petrus genannt: Gal. 2, 9. Vgl. auch Apg. 12, 17; 15, 13 ff. Ferner: E. Meyer, Ursprung u. Anfänge III. 223. Wagenmann, 15 ff. Schoeps, Theologie des Judenchristentums, 125 mit Bez. auf Apg. 12, 17: jüngst von Schoeps, Paulus, 61. Urchristentum, Judentum, Gnosis, 7, Anm. 1 wieder abgeschwächt.
39 Joseph ant. jud. 20, 9 1. Hegesipp verlegt das Martyrium in das Jahr 66: bei Euseb. h. e. 2, 23, 18
40 Euseb. h. e. 4, 22, 4 ff.; 3, 32, 1 ff.
41 Euseb. h. e. 3, 5, 3. Vgl. auch Schoeps, Theologie u. Geschichte des Judenchristentums, 265 ff. Ders. Urchristentum, Judentum, Gnosis, 8

42 Erhard, Urkirche u. Frühkatholizismus, 15
43 Just. apol. 1, 31. Euseb. h. e. 4, 8, 4
44 Schoeps, Theologie u. Geschichte des Judenchristentums, 284 f. Harnack, Mission u. Ausbreitung I. 70 f.
45 Zit. nach Schneider, Geistesgeschichte I. 91. Vgl. auch Schoeps, Theologie u. Geschichte des Judenchristentums, 320 f. Ders. Paulus, 259

20. Kapitel

1 Nietzsche, Morgenröte, 1, 68
2 Bieler, I. 32 f.
3 Mk. 3, 16; Lk. 6, 14
4 Acta Paul. et Thecl. 3. Dazu Baeck 99
5 Apg. 22, 3 steht in einem gewissen Widerspruch zu Gal. 1, 22
6 Apg. 8, 1; Gal. 1, 13 f.
7 Apg. 22, 4; 8, 3; 26, 9 ff.
8 Nach Haenchen, Die Apostelgeschichte, 257 berichtet hier die Apostelgeschichte »die Pauluslegende, die sich später entwickelt hat«.
9 Apg. 9, 2
10 Gal. 1, 15; 1. Kor. 9, 1; 15, 8
11 Apg. 9, 3–9; 22, 6–11; 26, 12–18
12 Ricciotti, Paulus, 236
13 Schuchert, 51
14 Preuschen, 55
15 Apg. 9, 3 ff.
16 Pfleiderer, I. 67. Zur Reise des Paulus: Prentice, 251. Für einen Epileptiker halten Paulus Klausner, Von Jesus zu Paulus, 305 ff. (ausführlich). A. Schweitzer, Die Mystik des Apostels Paulus, 152 f. Jülicher, 47. Nietzsche, Morgenröte, 1, 68. Friedell, Kulturgeschichte der Neuzeit I. 77. Vgl. auch Schrempf, 384. Und Paulus selbst: 2. Kor. 12, 7
17 Eurip. Bacch. 795. Vgl. auch Smend. 41. Klausner, Von Jesus zu Paulus, 306. Schneider, Geistesgeschichte I. 291 f.
18 Pind. Pyth. 2, 95. Aisch. Ag. 1624
19 Weinreich, Türöffnung im Wunder-Prodigien- u. Zauberglauben, 335 ff.

Nestle, Legenden vom Tod der Gottesverächter.

20 Orig. Ccls. 2, 34. Weinreich, Türöffnung, 309 ff. bes. 332 ff. Fiebig. Die Umwelt des N. T. 6 f.

21 2. Mak. 3 bes. Vers. 27. Dazu Windisch, Die Christusepiphanie von Damaskus, 1 ff.

22 Vgl. Apg.. 9, 7 mit 22, 9

23 Daniel-Rops, Die Kirche, 73

24 Vgl. Apg. 9, 3 u. 22, 6 mit 26, 13

25 Vgl. Apg. 9, 7 mit 26, 14

26 Aug. ep. 185, 22

27 Apg. 9, 10 ff.

28 Daniel-Rops, Die Kirche, 75

29 Overbeck, 81

30 Th. Zahn, Die Apostelgeschichte des Lucas, 327. Anm. 15

31 Vgl. Apg. 9, 5 ff. u. 22, 10 ff. mit 26, 15 ff.

32 Wellhausen, Kritische Analyse, 17

21. Kapitel

1 Lietzmann, Geschichte der alten Kirche, I, 109

2 E. Meyer, Ursprung u. Anfänge, III. 459. Vgl. auch 583

3 Gal. 1, 17

4 2. Kor. 11, 5; 12, 11. Von den meisten Gelehrten ironisch angedeutet. Vgl. z. B. Ackermann, Jesus, 152, Klausner, Von Jesus zu Paulus, 344; 535 f. Nestle, Krisis, 50. Delling, 152. Schoeps, Paulus, 68. Käsemann, Die Legitimität des Apostels, 33 ff. Leipoldt, Geschichte des neutestamentlichen Kanons I. 183. Harnack, Mission u. Ausbreitung I. 335. Goguel, 51. Albertz, 150

5 Gal. 1, 1 ff.; 2, 6

6 Gal. 1, 18 ff. Vgl. bes. auch. Gal. 1, 12

7 Vgl. Apg. 9, 26–28 mit Gal. 1, 18–24

8 Ehrhardt, Urkirche u. Frühkatholizismus, 41. E. bemüht sich im übrigen vergeblich um eine Harmonisierung von Gal. 1, 18–24 mit Apg. 9, 26–30, die wie Schneider, Geistesgeschichte I. 105, Anm. 1 mit Recht schreibt, »ausgeschlossen« ist.

9 Overbeck, Ungedruckter Basler Nachlaß

10 Grundmann, Das Problem des hellenistischen Christentums, 73. Vgl. auch Heitmüller, Zum Problem Paulus u. Jesus, 320 ff.

11 Apg. 11, 26

12 Leipoldt, Jesu Verhältnis, 184

13 Gal. 2, 4; Apg. 15, 2

14 Gal. 2, 2; Nock, Paulus 83

15 Gal. 2, 5

16 Gal. 2, 9

17 Vgl. dazu Meyer, Ursprung u. Anfänge III. 453. Käsemann, Leib u. Leib Christi, 175, Anm. 2. Leipoldt, Jesu Verhältnis, 204

18 Vgl. Gal. 2, 10 mit Apg. 15, 28 f.

19 Apg. 15, 28

20 Vgl. 1. Kor. 8!

21 Gal. 2, 13

22 Apg. 11, 2 f.

23 Vgl. dazu Holl, Gesammelte Aufsätze III. 137 ff.

24 Tert. praescr. haer., 23

25 Hieron. Comment. in Gal. 2, 11

26 Aug. ep. 28; ep. 70

27 Thom. Comment. in Gal.

28 Hipp. Gen. fragm. 28 u. in Danielem 1, 15, 1

29 Vgl. Euseb. h. e. 1, 12, 2

30 Iren. adv. haer. 3, 12, 14 f.; 3, 13, 1

31 Gal. 2, 12–14

32 Windisch, Paulus u. Christus, 297

33 Erhard, Urkirche u. Frühkatholizismus, 50. Vgl. auch Lietzmann, Geschichte der alten Kirche, I. 106

34 1. Kor. 9, 1 f.; Gal. 1, 6–10; 1. Thess. 2, 3 f.; 2. Kor. 12, 1–14; 4, 1–5; 12, 16–18; 1. Thess. 2, 5; 2. Kor. 10, 1; 10, 10; 11, 6; 5, 13; 11, 1; 11, 16 f.; 11, 21 ff. Vgl. dazu Feine-Behm, 159 f. Schoeps, Paulus, 72 ff. Geldgier bei Paulus vermutet auch der katholische Theologe Guardini, Das Bild von Jesus dem Christus, 41

35 Ehrhard, Urkirche u. Frühkatholizismus, 51

36 2. Kor. 3, 1. Dazu Pfleiderer, I. 87 f. u. 131

37 1. Kor. 16, 21; Kol. 4, 18; 2. Thess. 2, 2; 3, 17; Dazu Nock, Paulus, 116. Auch Ricciotti, Paulus, 162

38 E. Meyer, Ursprung u. Anfänge, III.
441. Vgl. auch Lietzmann, Geschichte der alten Kirche, I. 110.
Ders. Sitzungsbericht der Berliner
Akademie der Wissenschaften, Phil.
hist. Kl. 1930, 153 ff. Nock, Paulus,
87
39 Koester, 15
40 1. Clem. 47, 4; 46, 5. Eichholz, 52 u.
49
41 Snape, mit Bez. auf 2. Kor. 1, 8. Vgl.
auch 12 f.
42 Gal. 2, 14; 1, 6 f.; 4, 17; 4, 9; 3, 13; 5,
1; 3, 1; 1, 8 f.; 5, 12
43 1. Kor. 3, 3; 11, 18; 1, 10–12
44 2. Kor. 10, 12–18; 11, 4; 2, 17; Phil.
1, 15 f.
45 2. Kor. 11, 20; 2, 5; 7, 12; 2, 1; 12,
21
46 Phil. 3, 2. Daß an dieser Stelle die Judenchristen u. nicht etwa die Juden
gemeint sind, hebt Ehrhard, Urkirche
u. Frühkatholizismus, 55, ausdrücklich hervor.
47 2. Kor. 11, 13 f.
48 Lietzmann, Geschichte der alten Kirche, I 109
49 Nach Schneider, Geistesgeschichte I.
106, Anm. 2, mit Bez. auf E. Barnikol.
50 Meinertz, II. 184
51 Vgl. hierzu bes. E. Meyer, Ursprung
u. Anfänge III. 493. Auch 137 u. 459
52 E. Meyer, Ursprung u. Anfänge, III.
445. Vgl. auch 434 ff.; 478 u. ö.
Lietzmann, Geschichte der alten Kirche, I. 107 f.; 184
53 Phil. 1, 17. Dazu Stauffer, Die Urkirche, 301
54 K. G. Goetz, 58. Vgl. auch Orig. Cels.
5, 65
55 Vgl. Jak. 2, 14 ff. (natürlich unter der
Voraussetzung, daß der Jakobusbrief
nicht, wie einige annehmen, eine rein
jüdische Schrift ist) mit Röm. 4, 3;
dazu 1. Mos. 15, 6. Dazu Diem,
400 ff. Auch Lietzmann, Geschichte
der alten Kirche, I. 213
56 Mt. 7, 6; 10, 5 f. Dazu Schneider,
Geistesgeschichte I. 44 f. Vgl. auch
Bultmann, Synoptische Tradition.
107, der Mt. 7, 6 für kein Jesuswort

hält. Ferner Reickes, 18. Manson, 3.
Zum Verfasser des Matthäusevangeliums: Dobschütz, 343. Schoeps,
Theologie u. Geschichte des Judenchristentums, 64 f. Heiler, Der Katholizismus, 63 ff.
57 Knox, 114 ff. Vgl. auch W. Bauer,
Rechtgläubigkeit, 218 f. Wagenmann, 219. Schoeps, Paulus, 291
58 Tert. adv. Marc. 3, 5; 1, 20
59 Tit. 1, 10 ff.
60 1. Tim. 1, 4 ff.
61 Ps. Clem. rec. 3, 61. Vgl. bes. auch
Ps. Clem. hom. 17, 13 ff.; 18, 6 ff.
Schoeps, Theologie u. Geschichte
des Judenchristentums, 118 ff. Ders.
Paulus, 77 ff.; Ders. Urchristentum,
Judentum, Gnosis, 17 ff.
62 Vgl. Wagenmann, 80. Vgl. auch J.
Klausner, Von Jesus zu Paulus, 222.
E. Meyer, Ursprung u. Anfänge, III,
87. Knopf, Einführung, 135
63 Z. B. Ign. Röm. 4, 3. Iren adv. haer. 3,
1, 1. Polyc. 9, 1, f.; 6, 3. Tert. adv.
Marc. 4, 5. Ausführlich Wagenmann,
85 ff.
64 Vgl. Gal. 2, 7 f.
65 Mirbt, 381
66 Vgl. die berühmte programmatische
Abhandlung von Chr. F. Baur, »Die
Christuspartei in der korinthischen
Gemeinde«, der Gegensatz des paulinischen u. petrinischen Christentums, Tüb. Zeitschr. f. Theol. 1831, 4
67 Vgl. etwa Schoeps, Theologie u. Geschichte des Judenchristentums, 69.
In seinem 1959 erschienenen Paulus-
Buch macht Schoeps einige allerdings
kaum begründete Abstriche,
möchte er die Urapostel nur indirekt
am Kampf beteiligt sehen, was die Situation aber auch nicht sehr verändert. Lietzmann, Geschichte der alten Kirche, 154 ff. Knopf, Einführung, 77. Vgl. auch 135. M. Werner,
Die Entstehung, 176. A. Schweitzer,
Die Mystik des Apostels Paulus,
199 f.; 158. Heiler, Der Katholizismus, 42; 59. Durant, 668. E. Meyer,
Ursprung u. Anfänge III. 459; 583 u.
o. Harnack, Dogmengeschichte, 22.
Schneider, Geistesgeschichte, I. 95.

714

Bock, 120. E. Fuchs, Christus u. der Geist bei Paulus, 73. Holl, Gesammelte Aufsätze II, 57. K. L. Schmidt, Die Kirche des Urchristentums, 309

22. Kapitel

1 Nestle, Krisis, 89
2 Schleiermacher, Über den sogenannten ersten Brief des Paulus an Timotheus, 1807
3 Campenhausen, Polykarp von Smyrna, 8. Vgl. auch Dibelius, Die Pastoralbriefe. Dibelius-Kümmel, 10. Klausner. Von Jesus zu Paulus, 235 ff. Knopf, Einführung, 86 f. Barnikol, Mensch u. Messias, 8. Wagenmann, 97 ff. E. Meyer, Ursprung u. Anfänge, III. 582. Jülicher, 162 ff. Knox, 73 ff. Goodspeed, An introduction to the New Testament, 327 ff. Bertholet, 365
4 Easten, 31
5 Vgl. Clem. Al. 2, 11, 52, Hieron. praef. comm. in ep. ad. Tit.
6 Rist, 39 ff.; bes. 50 ff. Vgl. auch Knox, 73 ff. W. Bauer, Rechtgläubigkeit, 228 ff.
7 Rist, 39 ff. zu 3. Korinther: 46 ff.
8 Belege bei Werner, Die Entstehung, 162 f. Vgl. auch 209 f.; 232. Ferner: Heiler, Der Katholizismus, 61 ff.
9 So W. Bauer, Rechtgläubigkeit, 230 u. Knox, 76
10 M. van Rhyn, 112 ff. Barnikol, Mensch u. Messias, 7. Lietzmann, Geschichte der alten Kirche, I. 226 f. Dibelius-Kümmel, 10 f. Knopf, Einführung, 73; 85 f. Käsemann, Leib u. Leib Christi, 138 ff. Pfannmüller, 46. Goodspeed, The Meaning of Ephesians. Ders. An introduction to the New Testament, 222 ff. Bertholet, 130
11 Z. B. A. Schweitzer, Die Mystik des Apostels Paulus, 42 f. Vgl. auch zu 2. Thess. Wrede, Die Echtheit des 2. Thessalonikerbriefes untersucht. Kautsky, Der Ursprung des Christentums, 18 f. Jülicher, 62 ff. Braun, Zur nachapostolischen Herkunft des

zweiten Thessalonikerbriefes, 152 ff.
12 Leipoldt, Geschichte des neutestamentlichen Kanons, I. 219 ff. Jülicher, 146 ff.
13 Nock, Paulus, 7. Barnikol, Mensch u. Messias, 5. Bornkamm, Studien zur Antike u. Urchristentum, II, 139. Vgl. auch A. Schweitzer, Die Mystik des Apostels Paulus, 49 f. Eine Reihe von Briefen u. größere Sendschreiben an die Gemeinden ging verloren, z. B. an die Laodiceer, sehr wahrscheinlich auch weitere Briefe an die Korinther u. Philipper. Vgl. Kol. 4, 16; 1. Kor. 5, 9. 2. Kor, 2, 3. Phil. 3, 1
14 2. Petr. 3, 16
15 Dazu Campenhausen, Polykarp von Smyrna, passim. bes. 46 ff.
16 Polyc. ad. Phil. 3, 2
17 Aug. civ. Dei 20, 19, 2
18 Zum Ganzen: Althaus, Paulus u. Luther
19 Brief des Pastors zu* an den neuen Pastor zu*
20 Overbeck, 218 f. »Eintagsfliege«: 237
21 Schoeps, Paulus, 1. Vgl. auch Lietzmann, Geschichte der alten Kirche, I. 113
22 Schoeps, Paulus, 278 ff.
23 Phil, 2, 5–11. Ob Paulus hier ein bereits früher entstandenes Christuslied anführt, wie Lohmeyer in Kyrios Christos meint, ist umstritten. Vgl. z. B. gegen ihn Windisch, Paulus u. Christus, 163. In unserem Zusammenhang ist es nicht entscheidend. Vgl. zu Phil. 2, 5 ff. auch Röm. 1, 11 ff.; 8, 3; 1. Kor. 1, 23; 15, 23 ff.; 2. Kor. 8, 9
24 Wendland, 15 f.
25 Harnack, Das Wesen des Christentums, 91 f. Vgl. dazu Faure, 189 f.
26 Mk. 14, 36; 15, 34
27 Ev. Petr. 19
28 Lk. 23, 46. Vgl. dazu Ps. 31, 6
29 Vgl. Kap. 4. Anm. 16 u. 17
30 Mk. 10, 40; 13, 32
31 Vgl. außer den oben genannten Belegen auch noch Mk. 15, 34 u. Kap. 4
32 Mk. 14, 60 ff.
33 C. G. Montefiore, I. 361

715

34 Vgl. z. B. Bultmann, Synoptische Tradition, 267. Bornkamm, Jesus v. Naz., 158. Dibelius, Jesus, 82; 78. Ders. Formgeschichte, 265 ff. Helmbold, 69; 108

35 Kümmel, Der Glaube im N. T., 211. Bousset, Kyrios Christos, 102; 15. Bornkamm, Jesus v. Nazareth, 119; 158 ff. Vgl. auch Wernle, Jesus, 336 ff. Weinel, Biblische Theologie, 188. Ackermann, Jesus, 105 ff. Hirsch, Frühgeschichte des Evangeliums, I. 211. Bultmann, Theologie des N. T. 8; 27 ff. Werner, Der Einfluß der paulinischen Theologie, 106 ff. Otto, Das Heilige, 178 u. a.

36 Die Ausnahme Mt. 18, 6. Mk. 9, 42. Dazu Mt. 18, 10; Lk. 17, 2. Bousset, Jesus, 93

37 Vgl. Mk. 15, 43 mit Mt. 27, 57. Dazu Dibelius, Formgeschichte, 198

38 Vgl. etwa Mk. 9, 1 mit Mt. 16, 28. Weitere Belege nennt Bousset, Kyrios Christos, 52. Vgl. auch Grässer, 201

39 Vgl. Mk. 9, 42 mit Mt. 18, 6

40 Vgl. Mk. 6, 51 f. mit Mt. 14, 33

41 Meinertz, I. 218

42 Apg. 2, 22; 3, 22; 7, 37; 4, 27; 3, 14; 2, 33; 2, 36

43 Schoeps, Paulus, 163. Vgl. auch Klausner, Von Jesus zu Paulus, 254 f. u. 449. Zobel, 9. Gressmann, Der Messias, 1 ff. Wetter, »Der Sohn Gottes« 109

44 Mk. 6, 3

45 Vgl. dazu Werner, Die Entscheidung, 349 ff.

46 Vgl. etwa Bousset, Jesus der Herr, 40 f. Ähnlich Lohmeyer, Gottesknecht u. Davidsohn, 141. Ackermann, Jesus, 146. Schoeps, Paulus, 158. Barnikol, Mensch u. Messias, 19; 21 ff. Werner, Der Einfluß paulinischer Theologie, 46 ff. Ackermann, Entstellung u. Klärung, 24 ff.

47 So McGiffert, 170

48 Trillhaas, 14 ff.; 28 f.

49 Ebenda, 86

50 Lietzmann, Geschichte der alten Kirche, II. 110. Vgl. auch Harnack, Dogmengeschichte, 85 ff. Werner, Glaube u. Aberglaube, 67 f. Knox,

33 f. McGiffert. Cullmann, Die ersten christlichen Glaubensbekenntnisse 12. Trillhaas, 14 ff. (setzt die Entstehung des ältesten Glaubensbekenntnisses schon »um 120« an S. 17).

51 So Lietzmann, Geschichte der alten Kirche, II. 110. Vgl. dazu etwa Iren, adv. haer. 1, 10, 1 ff. mit 4, 33, 7 u. die Behauptung Tertullians praescr. haer. 13

52 Iren. adv. haer. 1, 10, 1; 3, 4, 1. Frühester Beleg für die daraus entstehende Legende: Apostol. Konstitutionen 6, 14

53 Apg. 3, 20. Vgl. auch Kap. 19, Anm. 8 u. 9 u. a.

54 Vgl. Mk. 13

55 Overbeck, 57 ff.

56 Schoeps, Paulus, 37. Vgl. auch 99; 123

57 Vgl. Buonaiuti, I. 44 ff. Dibelius-Kümmel, 56 f. Knopf, Einführung, 346 f. Schoeps, Die großen Religionsstifter, 100. Ders. Paulus, 37; 95 ff.; 123. A. Schweitzer, Die Mystik des Apostels Paulus, 41. Werner, Die Entstehung, 639. Heiler, Der Katholizismus, 50. Grass, 151. Marxsen, Der »Frühkatholizismus«, 62. Nigg. Das ewige Reich, 39 f.

58 1. Thess. 4, 15

59 1. Kor. 7, 29 ff.

60 1. Kor. 15, 51; 16, 22

61 1. Thess. 4, 15

62 1. Kor. 11, 29 ff. Dazu A. Schweitzer, Die Mystik des Apostels Paulus, 93

63 1. Kor. 15, 22 ff. Vgl. auch 1. Thess. 4, 16 f.

64 Buonaiuti, I. 46 ff. Schweitzer, Die Mystik des Apostels Paulus, 98 ff. Schoeps, Paulus, 102 ff. Bultmann, Geschichte u. Eschatologie, 46 ff. Werner, Der protestantische Weg, I. 142 f. Taubes, 67 f.

65 2. Kor. 5, 17

66 2. Kor. 6, 2

67 Schweitzer, Die Mystik des Apostels Paulus, 100. Werner, Der protestantische Weg, I. 144 ff.

68 1. Thess. 4, 15

69 Vgl. 1. Thess. 5, 1 ff. mit 2. Thess. 2, 3 ff.

70 2. Thess. 2, 2

71 Knopf, Einführung, 76. Schweitzer. Die Mystik des Apostels Paulus, 43. Vgl. auch Nigg, Das ewige Reich, 65. Braun, Zur nachapostolischen Herkunft des zweiten Thessalonikerbriefes, 152ff. Zur fast völligen Ausscheidung der Enderwartung im Johannesevangelium, dem die das ferne Endgericht beibehaltende Kirche hierin nicht gefolgt ist vgl. bes. Jh. 3, 18ff.; 3, 36; 5, 24f.; 9, 39; 11, 25f.; 12, 31. Dazu Bultmann, Das Urchristentum, 222f.; 256. Ders. Geschichte u. Eschatologie, 53ff. Bousset, Kyrios Christos, 176f. Heiler, Der Katholizismus, 70f. Schneider, Geistesgeschichte I. 139; 145. Jülicher, 387f. Hirsch, Das vierte Evangelium in seiner ursprünglichen Gestalt, 288f. Einschränkend: Stählin, Zum Problem der johanneischen Eschatologie, 253. Ähnlich Kümmel, Die Eschatologie der Evangelien, 235ff.

72 Heitmüller, Zum Problem Paulus u. Jesus, 320ff. Bousset, Kyrios Christos, 75ff.

73 Vgl. Jh. 14, 6; 17, 3; Did. 9, 3; 10, 3; 2. Clem. 20, 5. Dazu Knopf, Das nachapostolische Zeitalter, 373ff.

74 Vgl. auch Leipoldt, Jesus u. Paulus, 74. Vgl. auch ders. Jesu Verhältnis, 210. Minear, 55ff.

75 Vgl. außer Kap. 7ff. auch noch Mensching, Fragen und Ergebnisse religionsgeschichtlicher Forschung, 4f. Ackermann, Jesus, 147

76 1. Kor. 8, 5f.

77 Schneider, Geistesgeschichte I. 76. Charlesworth, 8ff. Weinreich, Antikes Gottmenschentum, 6; 638. Bieler, I. 135ff.

78 Firm. Mat. err. 7, 6

79 Apg. 14, 8ff.

80 Philost. vita Apoll. 4, 31. Lakt. div. inst. 5, 3, 14

81 Bultmann, Das Urchristentum, 183. W. Bauer, Das Johannesevangelium, 11ff.; 115ff. Wetter, »Der Sohn Gottes« 116. Vgl. auch 124 u. ö.

82 Firm. Mat. err. 22, 1

83 So Leipoldt, Jesus u. Paulus, 69

84 Plutarch, Vita Pompeji c. 24

85 Zum Ganzen: Böhlig, Die Geisteskultur von Tarsus. Vgl. auch Leipoldt, Sterbende u. auferstehende Götter, 75. Durant, 656

86 Vgl. vor allem Kap. 37. Anm. 19ff. Ferner Reitzenstein, Die hellenistischen Mysterienreligionen, 75ff.; 89ff.; 333ff. Deißmann, Paulus, 63

87 Fascher, Das Neue Testament, Sp. 941. Klausner, Von Jesus zu Paulus, 305

88 Pfleiderer, I. 75

89 Meinertz, II. 63

90 Wrede. Zit. nach Drews, Christusmythe, II. 141

91 Die strittige Stelle: 2. Kor. 5, 16; 1. Kor. 9, 1 bezieht sich wohl sicher auf die Damaskusvision. Vgl. auch 1. Kor. 15, 8

92 In diesem Sinne z. B. Karner, 165

93 2. Kor. 5, 16

94 Ricciotti, Das Leben Jesu, 92

95 Die in Frage kommenden Stellen: 1. Kor. 7, 10; 9, 14; 11, 24f.; 1. Thess. 4, 15. Die beiden letzten scheiden aus. Vgl. etwa Bultmann, Theologie des N. T. I. 185. Auch den Abschnitt »Die Herrenworte« bei Drews, Die Christusmythe, II. 134ff.

96 1. Thess. 1, 6; Röm. 15, 7; Kol. 3, 13. Dazu Nock, Paulus, 195. Bultmann, Theologie des N. T. 185

97 Vgl. Brückner, 35; Bousset, Kyrios Christos, 105. Windisch, Paulus u. Christus, 202ff.; 209f. Schrempf, 448. Bornkamm, Jesus v. Nazareth. 14. Nock, Paulus, 194. Wrede, Paulus, 54f. Bultmann, Theologie des N. T., 289; 185f. Dibelius, Formgeschichte, 266ff. Dibelius-Kümmel, 82. Werner, Der Einfluß paulinischer Theologie, 61. Schweitzer, Die Mystik des Apostels Paulus, 171. E. Fuchs, Christus u. der Geist bei paulus, 76ff.

98 Nietzsche, Wille zur Macht, Aph. 101

99 Drews, Christusmythe II. 144

100 1. Kor. 1, 18; 2, 2

101 Phil. 3, 13f.

717

102 Herders Werke, 12. T. 32
103 Quellenhinweise bei Ackermann, Entstehung u. Klärung Anm. 398
104 Brief an Lavater vom 8. 4. 1774. Zit. nach Nestle, Krisis, 265
105 Lessing, Die Religion Christi, 1780, zit. nach Nestle, Krisis, 280
106 Schelling, 9. Vorlesung, 198
107 Hippol. Comm. z. Hohenlied, zit. nach Werner, Die Entstehung, 714

23. *Kapitel*

1 Overbeck, 55
2 Grimm, 180
3 Schopenhauer, Zit. bei Th. Lessing, Europa u. Asien, 138
4 Vgl. etwa Weinel, Biblische Theologie, 187. Grimm, 180. Windisch, Der Sinn der Bergpredigt, 135. Ackermann, Jesus, 157; 148. Nestle, Krisis, 36, Schoeps, Paulus, 108. E. Schweitzer, Die Urchristenheit als ökumenische Gemeinschaft, 276. Ferner die Anm. 8 Genannten.
5 Mt. 6, 12; 6, 14f.; Mk. 11, 25f.
6 Mk. 2, 9ff.
7 Blüher, 282. Vgl. auch Pfleiderer, I. 372
8 Vgl. außer den Anm. 4 Genannten noch Klostermann, Das Markusevangelium, 109. Bultmann, Synoptische Tradition, 2. A. 1931, 154. Bousset, Kyrios Christos, 7f. Bornkamm, Jesus v. Nazareth, Exkurs III. 205. Knopf, Einführung, 282. Jülicher, 300
9 Mt. 20, 28; Mk. 10, 45
10 Vgl. Mt. 26, 28 mit Mk. 14, 24; Lk. 22, 20; 1. Kor. 11, 25
11 Vgl. Kap. 35, Anm. 22
12 Schoeps, Urgemeinde, Judentum, Gnosis, 22ff. bes. 25
13 1. Clem. 55, 1
14 Jh. 11, 50. Vgl. auch 18, 14. Dazu Zehren, 98
15 Tert. Scorpi 7. Vgl. auch Firm. Mat. err. 26, 2. Cicero, in Vatin. 6
16 Orig. Cels. 1, 31. Vgl. auch die lange Aufzählung heidnischer Menschenopfer bei Euseb. praep. ev. 4, 16

17 Brückner, 45
18 1. Kor. 4, 13; Vgl. dazu Schneider, Geistesgeschichte I. 127; 454ff. Leipoldt, Antisemitismus in der Alten Welt, 28f. Weinel, Biblische Theologie, 232. Zehren, 98f. Schöpf, 22ff. Schwenn.
19 Röm. 3, 25; Eph. 1, 7; Kol. 1, 20
20 Vgl. 1. Kor. 15, 3; Röm. 4, 25; Gal. 3, 13 u. ö.
21 Zur Ableitung aus dem Judentum vgl. Lohse, passim. bes. 104ff. Schoeps, Paulus, 129ff.
22 Gedat, 112
23 Glasenapp in Zeitschrift f. Religion u. Geistesgeschichte, 1953 H. 4
24 Süddeutsche Zeitung, 24. 6. 1960, 22
25 Seeberg, I. 189. Vgl. auch Harnack, Marcion, 17
26 B. Pascal, Pensées, III. 194
27 Röm. 3, 9–17; 5, 12–21; 7, 14–25; Eph. 2, 3
28 Meinertz, II. 25. Vgl. auch bes. Röm. c. 5–7
29 Eph. 2, 3; Röm. 6, 17
30 Röm. 1, 29ff.
31 Gross, Entstehungsgeschichte des Erbsündendogmas I. 50. Das grundlegende Werk.
32 Aristides, Apol. 15; Athenag., res. mort. 14. Hermas, sim. 9, 29, 1
33 Gross, Entstehungsgeschichte des Erbsündendogmas I. 66f.
34 Nigg, Buch der Ketzer, 144. Vgl. auch Haller, Das Papstum, I. 109ff. Grundlegend: Gross, Entstehungsgeschichte des Erbsündendogmas, I. 259ff.
35 Gross, Die Entstehung des Erbsündendogmas, I. 375
36 Heiler, Urkirche u. Ostkirche, 496f.
37 So A. Gaudel; nach Gross, Entstehungsgeschichte des Erbsündendogmas, I. 52. Vgl. ebenda auch zum Folgenden.
38 Kuschke, 74
39 Schopenhauer, 318
40 Röm. 9, 16ff. Vgl. auch Röm. 9, 8ff.; 8, 28
41 DSD 4, 15ff. Vgl. auch 1, 4; 3, 25

42 Sure 6, 125
43 Röm. 11, 32
44 Vgl. K. Janssen
45 Nestle, Krisis, 56
46 Mt. 19, 10ff.; 19, 21; Lk. 12, 33
47 Mk. 2, 18; Mt. 9, 14; Lk. 5, 33. Dazu Heussi, Ursprung des Mönchtums, 15ff.
48 Mk. 2, 19f.
49 Dibelius, Jesus, 97. Ders. Formgeschichte, 62. Grundmann, Geschichte Jesu Christi, 42f. Bussmann, I. 1925, 140. Bousset, Kyrios Christos, 40f. Grässer, 45ff. Heussi, Ursprung des Mönchtums, 17
50 Lk. 4, 1ff.; Mt. 4, 1ff.; Mk. 1, 12f.; 2. Mos. 34, 28; 1. Kge. 19, 8
51 Vgl. Schneider, Geistesgeschichte I. 53. Ackermann, Jesus, 70. E. Stauffer, Jesus, 63f. Leipoldt, Der soziale Gedanke, 80f. Schniewind, 12f.
52 Stauffer, Jesus, 22
53 Röm. 7, 18; 7, 24; 8, 6f.
54 1. Kor. 9, 27; Gal. 5, 24; Röm. 8, 13; Kol. 3, 5
55 Leipoldt, Der soziale Gedanke, 119
56 Preisker, Das Ethos des Urchristentums, 180
57 5. Mos. 22, 13ff.; 22, 28f. Dazu Delitzsch, Die große Täuschung, I. 77ff. Leipoldt, Die Frau in der antiken Welt, 72ff. Ders. Der soziale Gedanke, 72ff. Preisker, Christentum u. Ehe, 77
58 Leipoldt, Die Frau in der antiken Welt, 142ff. Zum Schülerkreis: Mk. 15, 40f.; Lk. 8, 2f.; 10, 38ff.
59 Leipoldt, Die Frau in der antiken Welt, 146
60 Lk. 10, 38ff.; 23, 27ff.; 7, 36ff.; Mk. 12, 41ff.; Lk. 8, 1ff. Dazu Leipoldt, Die Frau in der antiken Welt, 119ff. Ders. Der soziale Gedanke, 87. Nielsen, 205
61 Renan, 115f. Leipoldt, Jesus u. die Frauen. Ders. Der soziale Gedanke, bes. 125ff.; 154ff. Greeven, Das Hauptproblem, 129ff. Delling, 2ff.
62 Mk. 1, 29ff.; 10, 29; 1. Petr. 5, 13. Dazu W. Bauer bei Hennecke, 117f.

63 1. Kor. 9, 5; Mk. 1, 30; Mt. 8, 14; Lk. 4, 38
64 Gal. 3, 28
65 1. Kor. 11, 3ff.; 14, 33ff.
66 Delling, 108f. Dazu 1. Kor. 11, 3; 14, 34
67 1. Kor. 11, 3ff.
68 Leipoldt, Jesus u. die Frauen, 109. Zscharnack, 4. Delling, 108
69 1. Kor. 11, 11f.
70 Delling, 48. Leipoldt, Dionysos, 35; 55
71 Fascher, Zeitschrift für neutestamentliche Wissenschaft, 28, 1929, 65
72 Delling, 154. Vgl. auch 78. Ferner Rade, Die Stellung des Christentums zum Geschlechtsleben, 17f.
73 2. Mos. 19, 15; 2. Kor. 6, 17; 1. Kor. 7, 14
74 1. Kor. 7, 1f. Vgl. auch 7, 8f.
75 1. Kor. 7, 28ff. Dazu Delling 62ff.
76 Preisker, Christentum u. Ehe, 126ff. Ders. Das Ethos des Urchristentums, 175. Vgl. auch Weinel, Paulus, 192
77 Kant, Metaphysik der Sitten, I. 24
78 Vgl. Mk. 10, 11; Lk. 16, 18 mit Mt. 5, 32; 19, 9
79 1. Kor. 7, 12ff. bes. V. 15f. Dazu Bornkamm, Die Stellung des N. T. zur Ehescheidung, 283ff.
80 Clem. Al. strom. 3, 6, 53. Für eine Ehe des Paulus: Jeremias, War Paulus Witwer? 310ff.
81 Röm. 3, 27. Dazu Klausner, Von Jesus zu Paulus, 548; 479. Knopf, Einführung, 350. Ackermann, Jesus, 164. Preisker, Das Ethos des Urchristentums, 223
82 Nietzsche, Mission u. Ausbreitung, I. 50. Weinel, Stellung des Urchristentums, 32. Hyde, 159; 161. Klausner, Von Jesus zu Paulus, 543. Schneider, Geistesgeschichte I. 134. Bultmann, Theologie des N. T. 186. W. Köhler, Dogmengeschichte als Geschichte des christlichen Selbstbewußtseins, 35
83 Ehrhard, Urkirche u. Frühkatholizismus, 42f. Meinertz, II. 231
84 Ricciotti, Paulus, 570

1 E. Meyer, Ursprung u. Anfänge, III. 413

2 Durant, 657

3 Greg. Naz. or. 2, 84. Harnack, Marcion, 10

4 Zu Porphyrius etwa Fr. 27 (Harnack). Spengler, Der Untergang des Abendlandes, 2. A. 524. Nietzsche, Antichrist, 42. Vgl. 45

5 Röm. 11, 13; Gal. 2, 15. 1. Kor. 9, 19 ff.

6 Deißmann, Paulus, 55. Vgl. auch Mensching, Toleranz u. Wahrheit, 36

7 So Bock, 14; 287 u. A. Schweitzer, Die Mystik des Apostels Paulus, 311 ff. Vgl. dagegen Nock, Paulus, 57. Deißmann, Paulus, 67. Pfleiderer, 261. Klausner, Von Jesus zu Paulus, 395 f.; 491 u. ö.

8 Gal. 6, 10. Vgl. auch Röm. 12, 18. Dazu Preisker, Das Ethos des Urchristentums, 184 f.

9 Jh. 17, 9. Vgl. auch 1. Jh. 2, 9 ff.; 3, 14 ff.; 4, 20 f. Dazu Preisker, Das Ethos des Urchristentums, 205. Vgl. etwa auch Werner, Jesus Christus – Das Licht der Welt, 29 f.

10 Röm. 12, 17 ff.

11 Vgl. P. Wolff, Friedrich Nietzsche, 160 f.

12 Preisker, Das Ethos des Urchristentums, 184

13 1. Kor. 9, 26

14 2. Kor. 10, 3. Phil. 2, 25

15 Vgl. Gal. 2, 13; 1. Kor. 1, 12; Apg. 15, 37 ff.

16 Apg. 15, 39. Vgl. dazu die Beschönigung bei dem Katholiken Schuchert, 66

17 Ricciotti, Paulus, 574

18 Gal. 1, 8 ff.; 5, 12 ff.

19 1. Kor. 16, 22 ff. Vgl. etwa die Beschönigung bei den Katholiken Daniel-Rops, Die Kirche, 89 oder Schuchert, 75: »kein Mann humanitärer Verwaschenheit!«

20 1. Clem. 5, 7; 8, 4

21 Brun, 107 f. Käsemann, Leib u. Leib Christi, 126. Zur Bekämpfung des Bannes bei Jesus: Mt. 13, 24 ff; 13,

36 ff.; 13, 47 ff. bes. 18, 15 ff. Asmussen, 52 ff.

22 1. Kor. 4, 5; Röm. Vgl. auch Gal. 6, 1; u. den wahrscheinlich unpaulinischen 2. Thes. 3, 15

23 Nietzsche, Der Antichrist, 44

24 1. Kor. 15, 32

25 Ricciotti, Paulus, 578. Vgl. auch 152. Dagegen Meinertz, II. 318

26 1. Thess. 2, 15 f. Leipoldt, Jesus u. Paulus, 13. Schneider, Das Frühchristentum als antisemitische Bewegung, 5. Oepke, 198 f. E. Meyer, Ursprung u. Anfänge III. 85

27 Phil. 3, 3 ff. Schneider, Geistesgeschichte I. 98. Vgl. die Milderungsversuche bei dem Katholiken Ricciotti, Paulus, 307; 154

28 Daechsel, 14; 29. Vgl. auch Stauffer, Theologisches Lehramt in Kirche u. Reich, passim, bes. 14 ff., 38

29 1. Kor. 3, 9. Zur superbia Pauli (Luther), einer Selbstanpreisung u. demütigen Aufgeblasenheit, die nachher in der Kirche Schule machte vgl. etwa 2. Kor. 3, 6 ff.; 11, 22 ff.; 12, 1 ff.; 1. Kor. 3, 10 ff.; 11, 1; 2. Kor. 6, 3 ff.; Thess. 2, 10; 1, 6; Phil. 3, 17. 3, 4. 4, 9; 1. Kor. 2, 6 ff.; 4, 16; 9, 15; 14, 18; 2. Kor. 1, 12; 1, 14; 3, 1; 5, 12; 10, 13. Zur Beschuldigung der Selbstpreisung durch Christen: 2. Kor. 3, 1; 5, 12; 10, 13. Ferner: Fridrichsen, Zum Stil des paulinischen Peristasenkatalogs 2. Kor. 11, 23 ff.; 25 ff. Ders. Peristasenkatalog und Res Gestae, 78 ff. Windisch, Paulus u. Christus, 189. Schneider, Geistesgeschichte I. 107. K. L. Schmidt, Der Jude u. der Christ Paulus, 207

30 E. Meyer, Blüte u. Untergang des Hellenismus in Asien, 38. Kittel, Die Religionsgeschichte u. das Urchristentum, 107

31 Mt. 23, 15

32 Achelis, 54. Deissmann, Paulus, 132 f. Harnack, Mission u. Ausbreitung I. 23 ff. Klausner, Von Jesus zu Paulus, 69. Heichelheim, 438 ff. Loewenich, Die Geschichte der Kirche, 10 ff. Overbeck, 56 f.

33 Harnack, Mission u. Ausbreitung I. 25, Anm. 1

34 Guardini, Das Bild von Jesus dem Christus, 48

Exkurs II

1 1. Tim. 4, 3; 4, 8
2 Vgl. 1. Clem. 38, 2; 48, 5; 2. Clem. 8, 4; 14, 4 f.; 15, 1; Did. 6, 2 f.; 11, 11; Herm. vis. 2, 2, 3; sim. 9, 11; Tert. resur. carn. 61, cultu fem. 2, 9; Orig. Hom. 9 in Levit.; Hom. 13 in Exod.
3 Bas. ep. 11, 1; 2, 6
4 Greg. Nyssa, or. 4, 3
5 Lact. div. inst. 6, 22
6 Zeno Tractat. V. de continentia (Zit. bei Theiner I. 83)
7 Mission u. Ausbreitung I. 233, Anm. 1
8 Leipoldt, Die Frau in der antiken Welt, 160
9 Apg. 9, 36. Leipoldt, Der soziale Gedanke. 155 f.
10 Linton, 115. Leipoldt, Die Frau in der antiken Welt, 201 ff. Schneider, Geistesgeschichte, I. 226
11 Syn. v. Elvira, c. 15. Leipoldt, Der soziale Gedanke, 164
12 Iren. adv. haer. 1, 13, 3, u. a.
13 Tert. cultu fem. 1, 1. Polemik gegen Schmuck im übrigen schon bei den Pythagoräern.
14 Hier. ep. 93
15 Durant, 680
16 Leipoldt, Die Frau in der antiken Welt, 201
17 Ebenda
18 Ep. ad Basilidem 2; zit. bei Schepelern, 137
19 Schepelern, 137
20 Ebenda
21 Jonkers, Einige Bemerkungen über Kirche u. heidnische Reinigungsvorschriften, 158
22 Schepelern, 137
23 Ebenda 213, Anm. 658
24 Meinertz, II. 204. Vgl. auch A. Koch, Der Aufstieg der Frau im Frühchristentum.
25 Schepelern, 128. Leipoldt, Die Frau in der antiken Welt, 195 ff. Ders. Der soziale Gedanke, 127; 164

26 Tert. exh. cast. 9. Vgl. auch monog. 3; exh. cast, 10
27 Hieron. advers. Jovin.
28 Apk. 14, 4. Harnack, Mission u. Ausbreitung, II. 609
29 W. Bauer, bei Hennecke, 117. Thomasevangelium, 112. Dazu Leipoldt, Ein neues Evangelium?, 481 ff.
30 W. Bauer, bei Hennecke, 119
31 1. Clem. 30, 3; 62, 2
32 Nach Theiner, I. 37
33 Cypr. testim. 3, 32; hab. virg. 22
34 Ambr. virg. 1, 6
35 Ambr. virg. 3, 11. Vgl. auch Hieron, ep. 5 ad Heliod.
36 Zeno, Tractat. V. de continentia; nach Theiner, I. 83
37 August. Serm. 354 ad continentes habit. 8. De bono conjugali 10
38 Hieron. ep. 18 ad Eustochium
39 Hieron. adv. Jovin. 1, 4
40 Ebenda und ep. ad Vigilantium
41 Hieron. adv. Jovin zit. nach Theiner, I. 134
42 Basilius, 7. Hom. 5
43 Ign. Polyk. 5, 1
44 Durant, 676 mit Bez. auf Clem. Al. paed. 3, 11. Renan, Marc Aurèle, 520
45 Euseb. h.e. 7, 30
46 Herm. sim. 9, 11
47 Did. 11, 11
48 Nach Theiner, 57
49 Nach Theiner, 58
50 Herder, Ideen zur Philosophie der Geschichte, 19. Buch II, 4
51 Heussi, Kompendium, 110. K. Müller, Kirchengeschichte I. 560. Schepelern, 135. Fehrle, 25 ff.; 76 ff.
52 Theiner, I. 47 f.
53 Ebenda, I. 147
54 3. Konz. v. Tol. can. 5
55 4. Konz. v. Tol. can. 43
56 1. Tim. 3, 2 ff.; 3, 12
57 W. Schubart, Christentum u. Abendland, 79. Vgl. auch Buonaiuti, II. 177
58 Zit. bei Overbeck, 72 mit Bez. auf Ges. Schriften III. 21
59 Beleg bei Theiner, I. 179
60 Ebenda, 248
61 Ebenda, 180
62 Ebenda, 253
63 Ebenda, 257

64 2. Mos. 22, 18; 3. Mos. 18, 23; 20, 15; 5. Mos. 27, 21. Dazu Henry, passim, bes. 28
65 Theiner, I. 268f.
66 Tondi, Die Jesuiten, 183f.
67 Menzel, II. 245ff.
68 Ebenda
69 Ebenda
70 Ebenda
71 Ebenda
72 Ebenda
73 Ebenda
74 Ebenda
75 Ebenda
76 Dazu Theiner, III. passim
77 Gontard, 193ff.
78 Ackermann, Entstellung u. Klärung, 153
79 Gontard, 319
80 Ebenda, 329
81 Bei Theiner, III. 397
82 Beleg ebenda, 355, Anm.
83 Ebenda, 355ff.
84 Beleg ebenda 358f. Anm.
85 Beleg ebenda 354, Anm.
86 J. J. Rousseau, Bekenntnisse, Verlag H. Bühler, 1948, 172
87 Theiner, III. 352ff. Der genannte Fall 361
88 Ebenda I. Vorwort XLI
89 Ebenda XLIf.
90 Heiler, Der Katholizismus, 249
91 Tondi, Die Jesuiten, 323
92 Zit. bei Heiler, Der Katholizismus, 250, Anm. 10
93 Capelmann/Bergmann, 204
94 Ebenda, 209
95 Ebenda, 217
96 Ebenda, 223f.
97 Ebenda, 226
98 Aertnys-Damen, Theologia moralis, 647ff. Ich zitiere nach Tondi, Die Jesuiten, 327ff.
99 Ebenda, 326
100 Ebenda, 329f.
101 Ebenda, 324f.

DRITTES BUCH:
DER FRÜHKATHOLIZISMUS

25. Kapitel

1 Nietzsche, Fröhliche Wissenschaft, I. 29
2 Nestle, Die Vorsokratiker, 102. Vgl. auch 30. Vgl. bes. Diels, Fragmente der Vorsorkratiker. I. 3. A. 54ff.
3 Platon, Epist. VI p. 323 D. Zit. auch bei Orig. Cels. 6, 8
4 Zit. bei Geffcken, Der Ausgang, 26
5 Peterson, Der Monotheismus als politisches Problem, 78. Vgl. auch Nilsson, II. 546ff.
6 Bei Harnack, Mission u. Ausbreitung, I. 20. Vgl. auch Loewenich, Die Geschichte der Kirche, 18
7 Vgl. Knopf, Einführung, 186ff. Ders. Das nachapostolische Zeitalter, 138ff. Gressmann, Jüdische Mission in der Werdezeit des Christentums, 169ff. Schoeps, Paulus, 232ff. Harnack, Mission u. Ausbreitung, I. 5ff. Ders. Dogmengeschichte, 29ff. Jeremias, Jesu Verheißung für die Völker, 9ff. Loewenich, Die Geschichte der Kirche, 18f.
8 1. Kor. 1, 26; 2. Kor. 8, 2. Vgl. auch die dahinlautenden Zeugnisse bei Orig. Cels. 1, 27; 3, 44; 8, 75. Min. Fel. Oc. tav. 5; 8
9 Manchmal, wenn ihre Väter bereits Mitglieder waren, zahlten sie die Hälfte. Sokolowski, 153ff. 160
10 Vgl. z. B. 2. Clem. 13, 3f.
11 So Knopf, Das nachapostolische Zeitalter, 132f.
12 Soden, II. 67f. Harnack, Mission und Ausbreitung I. 378. Holl, III. 119f.; 122
13 Schneider, Geistesgeschichte I. 177f.; II. 1ff.
14 Herders Werke, 12. T. 49

722

26. Kapitel

1 Heiler, Der Katholizismus, 24. Vgl. bes. auch 37 ff.; 284 ff.
2 Weinel, Biblische Theologie, 102
3 Mt. 16, 18
4 Vgl. Mt. 16, 13 ff. mit Mk. 8, 27 ff.; Lk. 9, 18 ff.; Jh. 6, 66 ff.
5 Das folgende nach Marxsen, Der »Frühkatholizismus« im N. T., 40 f.
6 Mt. 16, 18 u. 18, 17
7 Mt. 18, 17
8 Mt. 16, 23
9 Aug. serm. 76, 3
10 Apg. 3, 1
11 Mk. 10, 35 ff.; Mt. 20, 20,; Lk. 22, 24 ff.
12 Mt. 23, 8 f.
13 Mk. 10, 43 f.
14 Heiler, Der Katholizismus, 40. Vgl. auch Kümmel, Kirchenbegriff u. Geschichtsbewußtsein, 40
15 Ign. Smyrn. 8, 2
16 Herm. vis. 2, 4, 1; 2. Clem. 14, 1
17 Schmaus, Katholische Dogmatik, 57 ff.; 548 f.
18 Tert. pud. 21, 9 f.
19 Orig. comm. in Mt. 12, 10 ff.
20 bei Ackermann, Jesus, 119
21 Holtzmann, Lehrbuch der neutestamentlichen Theologie, I. 268, Anm. 3. Schnitzler, 32. Harnack, Mission u. Ausbreitung I. 40; 420, Anm. 1. Leipoldt, Jesus u. Paulus, 44. Weinel, Biblische Theologie, 102. E. Meyer, Ursprung u. Anfänge, I. 445. Hirsch, Frühgeschichte des Evangeliums, II. 308; 359. Haller, Das Papstum, 6. Peterson, Die Kirche, 9. Kümmel, Die Eschatologie der Evangelien, 232 f. Ders. Jesus u. die Anfänge der Kirche, 1 ff. Ders. Kirchenbegriff u. Geschichtsbewußtsein, 26 ff. Campenhausen, Kirchliches Amt u. geistliche Vollmacht, 140 f. Bornkamm, Jesus v. Nazareth, 172. Dibelius, Botschaft u. Geschichte, 132. Ders. Jesus, 81 f. Bultmann, Synoptische Tradition, 147 ff. Ders. Das Urchristentum, 243, Anm. 54. Ders. Theologie des N. T., 8. Ders. Die Frage nach der Echtheit von Mt. 16, 17–19, Sp. 265 ff. Lehmann, »Du bist Petrus...«, 54; 62 f. Ackermann, Jesus, 10; 119 ff. Goetz, 16 ff. Fascher, Petrus, in Pauly-Wissowa, Realencylopädie d. klass. Altertumswissenschaften, Bd. 19. 2. 1938, Sp. 1354. Klausner, Von Jesus zu Paulus, 250; 536. Strathmann, Zeitschr. für syst. Theologie, 20, 1943, 223 ff. K. Müller, Kirchengeschichte, I. 65. Grässer, 64 ff.
22 Völter, 28 ff. Harnack, Tatian's Diatessaron u. Marcion's Commentar, 485. Ders. Der Spruch über Petrus, 637 ff. Vgl. auch Soltau, 233 ff.
23 Goetz, Paulus, 18 f.; 26 ff.; 34 f.; 44. Vgl. auch Dalman, Jesus-Jeschua, 11. Zur möglichen Herkunft des Wortes etwa: Vielhauer, Oikodome, 17 f. 70 ff. Lehmann, »Du bist Petrus...« 52 f.

27. Kapitel

1 Harnack, Das Wesen des Christentums, 165. Vgl. auch Nigg, Der christliche Narr, 22
2 Schneider, Geistesgeschichte II. 237
3 Mt. 5, 17 ff.
4 Bultmann, Das Urchristentum, 241, Anm. 32. Ders. Synoptische Tradition, 146 f. Percy, 120 ff. Leipoldt, Jesu Verhältnis, 188 ff. Wechssler, 225. Mit Einschränkung Knopf, Einführung 265
5 Röm. 10, 4
6 Bultmann, Theologie des N. T. 186. Vgl. auch Deissmann, Paulus, 125
7 Lietzmann, Geschichte der alten Kirche, 130 mit. Bz. auf Röm. 13, 9 f; Gal. 5, 14; Mt. 22, 37 ff.
8 Gal. 3, 24 f. 3, 13
9 Dietrich, Nr. 42
10 Mt. 18, 20. Dazu Seeck, Entwicklungsgeschichte, 378 f. Vgl. auch Harnack, Reden u. Aufsätze, II. 33
11 Loofs, I. 59. E. Meyer, Ursprung u. Anfänge, III. 578. Heussi, Kompendium, 55. Moe, 705 ff.
12 Wellhausen, Kritische Analyse, 7

13 Heiler, Urkirche u. Ostkirche, 30 f. Ders. Der Katholizismus, 25 ff. Vgl. auch Vogelstein, 123. Bousset, Kyrios Christos, 289 ff. Goetz, Petrus 49 ff.

14 Dugmore. Lietzmann, Geschichte der alten Kirche, II. 125; 209. Seeberg, I. 209. Bousset, Kyrios Christos, 298. Oepke, 264 f.; 278, Anm. 4

15 Krüger, 172 ff.

16 Seeberg, I. 152

17 Schneider, Geistesgeschichte II. 241. Vgl. auch I. 638 f.

18 So Fleiner, 8

19 Heiler, Altkirchliche Autonomie, 8

20 Rolffs, Loofs, Dogmengeschichte, 1906, 4. A., 166. Morgan, 366. Heiler, Altkirchliche Autonomie, 11

21 Zit. bei Loewenich, Die Geschichte der Kirche, 67

22 Harnack, Das Leben Cyprians, 68 ff.

23 Vita Cypr. 16, 2

24 Cypr. unit. 6; ep. 55, 24; 73, 21

25 Aug. De bapt. 4, 25

26 Aug. ep. 173, 6

27 Heiler, Altkirchliche Autonomie, 281. Dort Verweis auf weitere Literatur

28 Beleg bei Heiler, Der Katholizismus, 301

29 Ebenda, 316, Anm. 33

28. Kapitel

1 Mt. 19, 28; Lk. 22, 30 werden von der kritischen Theologie nicht als echte Jesusworte betrachtet, sondern als Gemeindebildungen. Zur Bez. auf die zwölf Stämme vgl. auch Apk. 21, 12 ff.; Barn. 8, 3; Epiph. haer. 30, 13. Ferner: J. Weiss, Das Urchristentum, 34. Bultmann, Theologie des N. T., 38. Bornkamm, Jesus v. Nazareth, 135; 138. Linton, 176

2 Vgl. schon Lightfoot, 89 ff. J. Weiss, Das Urchristentum, 34. E. Meyer, Ursprung u. Anfänge, I. 291 ff. Harnack, Mission u. Ausbreitung, I. 332 ff. Sass, Die Apostel in der Didache, 233 ff. Campenhausen, Der urchristliche Apostelbegriff, 105

3 Vgl. Mk. 3, 13 ff.; Mt. 10, 1 ff.; Lk. 6, 12 ff.; vgl. auch Apg. 1, 13

4 Auch Paulus hat andere als die »Zwölf« als »Apostel« bezeichnet. 2. Kor. 8, 23; Phil. 2, 25; 1. Kor. 15, 5 ff. Vgl. auch Sass, Apostelamt u. Kirche, 97 ff. u. Apg. 14, 4; 14, 14

5 R. Schütz, 80. Vogelstein, 99 ff. Harnack, Mission u. Ausbreitung, I. 340 ff. Götz, 36 f. Sass, Apostelamt u. Kirche, 13 ff.; 20 ff. Albertz, 43 ff.

6 Vgl. Holtzmann, War Jesus Ekstatiker? passim. Loisy, Les mystères païens et le mystère Chrétien, 1919. Arvendson. Bousset, Jesus, 11 ff. Schneider, Geistesgeschichte I. 63

7 Mt. 17, 1 ff.; Lk. 10, 18; 22, 43; Mk. 1, 23 ff.; 7, 25 ff.; Lk. 4, 33 ff.; Mt. 12, 28; 15, 22 ff.; Mk. 3, 21. Windisch, Paulus u. Christus, 180

8 Windisch, ebenda, 177 ff.

9 Mk. 3, 28 f.

10 Did. 11, 7. Vgl. auch Did. 10, 7; 11, 3 ff.; 13, 1 ff.; 15, 1

11 Wagenmann, 12. Vgl. auch 194 f. Schneider, Geistesgeschichte, II. 238. J. Weiss, Das Urchristentum, 35. Bultmann, Theologie des N. T. 443; 446 ff. Sass, Die Apostel in der Didache, 236 ff.

12 Apg. 1, 23 ff.

13 1. Kor. 12, 28; Eph. 4, 11; Röm. 12, 7; Apg. 13, 1; Heb. 5, 12; Jak. 3, 1; Did. 4, 1; 13, 2; Barn. 1, 8; 4, 9; 19, 9 u. a.

14 Brosch, 112 ff. Greeven, Propheten, Lehrer, Vorsteher bei Paulus, 16 ff.; 28 f.

15 Hebr. 5, 12; Jak. 3, 1; Did. 10, 7; 15, 1 f.; Barn. 1, 8; 4, 9; Herm. mand. 4, 3, 1

16 Tit, 1, 7; 1. Tim. 3, 5; Cyprian ep. 59, 5

17 Lietzmann, Geschichte der alten Kirche I. 204; 149; mit Bz. auf Did. 15, 2, Vgl. auch Seeberg I. 233

18 Campenhausen, Griechische Kirchenväter, 40

19 Orig. Hom. in Lev. 5, 3

20 Achelis, 59. Weitere Gründe für d. Verschiebung d. Machtverhältnisse zw. Geist u. Amt bei Kragerud, 90 f.

21 Kautsky, Der Ursprung des Christentums, 470, Krüger, 246 ff. Schneider, Geistesgeschichte I. 498
22 Mt. 10, 8 f.
23 Krüger, 251 ff. Dort zahlreiche Belege. Vgl. auch Didasc. 2, 25, 2
24 Polykarp ad. Phil. c. 11
25 Did. 15, 2
26 Vgl. Achelis, 60 f.
27 Albertz, 37 f.
28 1. Pt. 2, 25
29 Quellenbeleg bei Linton, 106, Anm. 2
30 Quellenbeleg bei Knopf, Das nachapostolische Zeitalter, 192 f. Vgl. auch Schneider, Geistesgeschichte II, 242
31 Schneider, Geistesgeschichte II. 244
32 Lietzmann, Geschichte der alten Kirche, II. 50
33 Röm. 12, 7 ff. Knopf, Das nachapostolische Zeitalter, 149. Ders. Einführung, 330. Feine-Behm, 155. Wagenmann, 194 ff. Greeven, Propheten, Lehrer, Vorsteher bei Paulus, 31 ff.
34 Vgl. 1. Tim. 3, 2; Tit. 1, 7
35 Lietzmann, Geschichte der alten Kirche, II. 53 f.
36 1. Clem. 44, 3; 54, 2; 57, 1 f. Apg. 20, 28 u. dazu 20, 17; Herm. sim. 9, 27, 2
37 1. Petr. 5, 2; Apg. 20, 28; Herm. sim. 9, 27, 2; Ign. Philad. 2, 1; Polyk. ad Phil. 6, 1; Dazu Knopf, Das nachapostolische Zeitalter, 186 ff. bes. 194 f.
38 Harnack, Mission u. Ausbreitung. I. 454, Anm. 2
39 Schneider, Geistesgeschichte, II. 247
40 Did. 15, 1. Vgl. auch Achelis, 238 f.
41 Hippolyt. K. O. 31
42 1. Tim. 3, 1 ff. Vgl. auch Schneider, Geistesgeschichte, II. 246
43 Vgl. Harnack, Mission u. Ausbreitung, I. 459 ff. bes. 476 ff. Linton, 204. Troeltsch, 93
44 Greg. Naz. or. 18, 33 ff.
45 Haller, Das Papsttum, I. 67. Gontard. 108 f. Seeck, Entwicklungsgeschichte, 395
46 So Achelis, 182
47 Vgl. Greg. Naz. or. 18, 35. Erbliche

Bischofsstühle gab es nur vorübergehend. Polykrates von Ephesus war der 8. Bischof in seiner Familie. Euseb. h. e. 5, 24
48 Lietzmann, Geschichte der alten Kirche, I. 204

29. Kapitel

1 Vgl. die Einwände bei Haller, Das Papsttum, I. 445 ff.
2 1. Clem. 1, 1; 14, 1; 15, 1; 16, 1; 21, 5; 57, 2
3 1. Clem. 40, 5
4 1. Clem. 44, 3
5 Seeberg, I. 238 f.
6 Heussi, Die römische Petrustradition, 30 ff.
7 Pfleiderer, II. 226 f. Krüger, bei Hennecke, 518. Goodspeed, A History of Early Christian Literature, 28 f.
8 Ephes. 7, 1; Smyrn. 4, 1. Dazu W. Bauer, Rechtgläubigkeit, 69; 72
9 Winderswyl, 10 f.
10 Lietzmann, Geschichte der alten Kirche, I. 264
11 Ign. Smyrn. 8, 2
12 W. Bauer, Rechtgläubigkeit, 65 ff. Knopf, Das nachapostolische Zeitalter, 209. Werner, Die Entstehung 653
13 Ing. Eph. 6, 1. Diese Ermahnung z. B. fortwährend auch in der syrischen Didascalia
14 Vgl. bes. Ign. Trall. 3, 1; Smyrn. 8, 1 f.
15 Ign. Magn. 7, 1; Philad. 7, 2; Smyrn. 9, 1
16 Ign. Eph. 4, 1 f.; 5, 1 ff.; 6, 1 f.; Magn. 6, 1; 7, 1 f.; 13, 1 f.; Trall. 2, 1 f.; 3, 1; 7, 1 f.; Philad. 2, 1; 3, 1 ff.; 7, 1 f.; Smyrn. 8, 1 f.; Polyc. 6, 1
17 Ign. Trall. 6, 1 f.; Philad. 3, 3; 2, 1
18 Vgl. Harnack, Das Leben Cyprians, 73, Anm. 1
19 Wagenmann, 197. Vgl. auch 151 f.
20 K. Müller, Kirchengeschichte I. 206
21 Schneider, Geistesgeschichte II. 244
22 W. Bauer, Rechtgläubigkeit, 49 ff. Lietzmann, Geschichte der alten Kirche, II. 283

23 Heussi. Die römische Petrustradition, 34
24 Heiler, Altkirchliche Autonomie, 9. Stirnimann, 163 f. Vgl. aber auch Iren. adv. haer. 3, 2, 2; 3, 3, 1; 4, 26, 2; Heges. bei Euseb. h. e. 4, 22, 3
25 Tert. praescr. 21
26 B. Pascal, Pensées, III. 224
27 Clem. Al. strom. 7, 17, 106
28 Ebenda
29 ep. ad. Floram 5, 10. Dazu W. Bauer, Rechtgläubigkeit, 123 f. Dort weitere Quellenbelege. Campenhausen, Lehrerweihen u. Bischofsweihen, 240 ff. Werner, Die Entstehung, 171 ff. Wetter, »Der Sohn Gottes«, 46 f.
30 Campenhausen, Lehrerweihen u. Bischofsweihen, 242 ff. das Zit. 246
31 Zit. bei Trede, 106
32 Cic. divin. 39. Zit. bei Trede, 49
33 Zit., ebenda
34 Mensching, Toleranz u. Wahrheit, 117
35 Vgl. den klassischen Traditionssatz bei M. Aboth, 1, 1. Zum Ganzen Ranft. Vgl. auch Seeberg, I. 243; 246. Mensching, Toleranz u. Wahrheit, 116 f.
36 Harnack, Die Entstehung der christl. Theologie, 27. Vgl. auch Raschke, 329
37 Schneider, Geistesgeschichte II. 264
38 Tert. apol. 23
39 Achelis, 193 ff. Lietzmann, Geschichte der alten Kirche II. 256 f. Heussi, Kompendium, 82 ff. Schneider, Geistesgeschichte II. 262 f.

30. Kapitel

1 Hartke, 422. Vgl. auch Schneider, Geistesgeschichte II. 249; 262 f.
2 Haller, Das Papsttum, I. 84
3 Jh. 5, 44. Dazu Weinel, Die Stellung des Urchristentums, 27
4 Vgl. Mk. 9, 33 ff.; 10, 35 ff. mit Mt. 20, 20 ff.; Lk. 22, 24 ff. Dazu S. 42 f.
5 1. Tim. 5, 17. Vgl. auch 1. Clem. 21, 6
6 Feine I. 42 ff.
7 Harnack, Mission u. Ausbreitung I.

419. Schneider, Geistesgeschichte II. 262 f. Achelis, 185
8 Schneider, Geistesgeschichte II. 249
9 Harnack, Das Leben Cyprians, 69 ff. Vgl. bes. vit. Cypr. 1, 1 ff.; 10, 1; 11, 7 f. u. a.
10 Vgl. Syr. Didasc. c. 5 ff.
11 Mt. 23, 6 ff.
12 Just. Tryph. 112
13 Epist. apost. 41
14 Vgl. Basilius an Eusebius, Bischof von Samosata (im Jahre 373) ep. 41 49
15 Greg. Naz. or. 3, 2
16 Hieron. ep. 18 ad. Eustochium
17 Leipoldt, Von Epidauros bis Lourdes, 201
18 Pfliegler, 537
19 Vgl. Diesner in Theol. Literaturzeitung, 1959, Nr. 5, 395
20 Tert. Scorp. 1
21 Sokrat. h. e. 13
22 Hartke, 415 f. Vgl. auch Heiler, Altkirchliche Autonomie, 206
23 Leo ep. 4
24 Hartke, 421
25 Zur ganzen Geschichte des Callixt vgl. Hippol. ref. 9, 11 f.
26 Zum Ganzen: R. Meyer, Der Am ha ares, 169 ff.
27 Seeck, Entwicklungsgeschichte, 376 f.
28 Gespräche mit Eckermann, 11. 3. 1832
29 So Bates, 210
30 Zit. bei Heiler, Altkirchliche Autonomie, 242
31 Zit. bei Hampe, 54
32 Bates, 210
33 Zit. bei Heiler, Altkirchliche Autonomie, 267
34 Zit. bei Buonaiuti, II. 247
35 Beleg bei Heiler, Altkirchliche Autonomie, 267
36 B. Jansen, Offenbarung, Theologie, Profanwissenschaft, 353, von mir kursiv gesetzt
37 Mensching, Toleranz u. Wahrheit, 114
38 Nietzsche, Die fröhliche Wissenschaft, V. 358. Vgl. auch Harnack, Reden u. Aufsätze, II. 249

39 Zit. nach Harnack, Wesen des Christentums, 157 f.
40 Jh. 18, 36
41 Vgl. z. Folg. das ausgezeichnete Kapitel »An papa sit Antichristus?« bei Heiler, Der Katholizismus, 327 ff., dem ich hier verpflichtet bin.
42 Mt. 8, 20
43 Mk. 10, 21
44 Mt. 10, 8
45 Mt. 23, 10
46 Mk. 9, 35
47 Mt. 7, 1
48 Lk. 6, 27

31. Kapitel

1 Zit. bei Trede, 104
2 Theologische Literaturzeitung 1959, 4, 289. Wikenhauser, 285
3 Styger, 11
4 Suet. Claud. 25, 3
5 So Cullmann, Petrus, Jünger, Apostel, Märtyrer, 123
6 Euseb. h. e. 2, 25, 8, der nächste Zeuge um 190 Irenäus adv. haer. 3, 3, 1 f. Zur geringen Glaubwürdigkeit des Bischofs: Leipoldt, Vom Jesusbild, 230, Anm. 1 Vgl. auch Haller, Das Papsttum, I. 11. Heussi, Die römische Petrustradition, 45
7 1. Kor. 3, 10 ff.; 4, 15; Vgl. auch Apg. 18, 1 ff.
8 Tert. praescr. 36. Hieron. adv. Jovin. 1, 26
9 Z. B. von C. Guignebert, La primauté de Pierre et la venue de Pierre à Rome, 1909. Haller, Das Papsttum, I. 8 ff.; 443 ff; Dannenbauer, 239 ff. Heussi, War Petrus in Rom? Ders. Petrus, wirklich römischer Märtyrer? Ders. Neues zur Petrusfrage. A. Bauer, Die Legende von dem Martyrium des Petrus u. Paulus in Rom, 270 ff. Robinson, Where and when did Peter die, 255 ff. Smaltz, 212 ff. Hyde, Exkurs III. Was St. Peter in Rome? 265 ff. Weitere (frühere) Bestreiter des Aufenthaltes Petri in Rom nennt W. Bauer bei Hennecke 118

10 Heussi, Die römische Petrustradition. Ders. in Theol. Literaturzeitung, 1959, Nr. 5 359 ff.
11 Schuchert, 104
12 A. M. Schneider, in Theol. Literaturzeitung, 1951, 745
13 T. Klauser, Die römische Petrustradition, 69 ff.
14 Ebenda, 73 ff.
15 Herder-Korrespondenz, Jan./Febr. 1951, 184
16 Bei Heussi, Die römische Petrustradition, 49. Vgl. auch T. Klauser, Die römische Petrustradition, 35 ff.; bes. 53 ff.
17 T. Klauser, Die römische Petrustradition, 55 f. Vgl. auch Schäfer, 459 ff. Zusammenfassung 479. Altendorf, 731 ff. H. H. Holz
18 A. M. Schneider, Das Petrusgrab am Vatikan, 321 ff.
19 Graber, 37. L. Kösters, 51
20 Vgl. etwa Campenhausen, Lehrerweihen u. Bischofsweihen, 248
21 Catalogus Liberianus, Monum. Germ. hist. Auct. ant. IX. 73; Mirbt, 52; 6 ff. Heiler, Altkirchliche Autonomie, 191, Anm. 10. Haller, Das Papsttum, I. 8 ff.
22 W. Keller, Und die Bibel hat doch recht, 382. Dazu Bornkamm, Die Bibel auf Breitwand, in: Gesammelte Aufsätze, II. 243
23 Goetz, 54 ff. Stuhlfauth, 10
24 Bamm, Welten des Glaubens, 1959, 26
25 Heussi, Die römische Petrustradition, 72. Vgl. ders. Kompendium, 85
26 Heges. bei Euseb. h. e. 4, 22. Heiler, Altkirchliche Autonomie, 195. Harnack, Mission u. Ausbreitung, II. 817 ff.
27 Bardenhewer, 565
28 Haller, Das Papsttum, 17 f.
29 Koch, Cathedra Petri, 82
30 Ebenda, 83 mit Bz. auf Ep. 1. Vgl. auch Haller, Das Papsttum, I. 121 ff.
31 Mirbt, Nr. 606, S. 462. Heiler, Urkirche u. Ostkirche, 55 f.
32 Gal. 2, 9
33 Just. Tryph. 100, 4; 106, 3
34 Tert. pud. 21

35 Heim, 31f. Vgl. dazu auch Jeremias, Golgatha, 68ff.
36 Tert. monog. 8
37 Orig. Comm. in Mt. 12, 10ff. Vgl. etwa auch Gontard, 87f.
38 Vgl. z. B. Feine, 56, Anm. 12 mit Bz. auf auf Cypr. unit. Haller, Das Papsttum, I. 35f.; 458f
39 Zit. bei Koch, Cathedra Petri, 179. Vgl. bes. auch 32ff.; 154ff. Ferner Haller, Das Papsttum, I. 34ff.; 458f. Haendler, Die drei großen nordafrikanischen Kirchenväter über Mt. 16, 18–19, in: Theol. Literaturzeitung 5/6, 1956, 363
40 Dazu Cypr. ep. 69–75 u. Euseb. h. e. 7, 2ff.
41 Bei Cyprian ep. 75. Dazu Haller, Das Papsttum, I. 37f.
42 Erhard, Die Kirche der Märtyrer, 280
43 Vgl. Heiler, Altkirchliche Autonomie, 96ff.
44 Mirbt, Quellen, Nr. 606, S. 462. Heiler, Altkirchliche Autonomie, 41ff. Ders. Urkirche u. Ostkirche, 55f. Ders. Der Katholizismus, 288f. Haendler, Die drei großen nordafrikanischen Kirchenväter über Mt. 16, 18–19 in Theol. Literaturzeitung 5/6, 1956, 363f.
45 So Haller, Das Papsttum, 7
46 Bei Euseb. h. e. 5, 24, 1ff.
47 Ebenda 5, 24, 11
48 Zu Konstantin Euseb. Vita Const. 3, 18. Zum Ganzen: Haller, Das Papsttum, I. 24f.; 453ff.
49 Mirbt, Nr. 191
50 Vgl. zum folg. den Abriß bei Heiler, Altkirchliche Autonomie, 261ff.
51 Gontard, 94
52 Vgl. z. B. Mt. 20, 20ff.; 20, 24ff.; 23, 11f.; Mk. 10, 35ff.; 10, 42ff.
53 Herder, Ideen zur Philosophie der Geschichte, 19. Buch, I.
54 Zit. bei Bates, 688
55 Vgl. zum folg. Heiler, Altkirchliche Autonomie, 336ff. Zur Reaktion im deutschen Katholizismus: Schmidt-Volkmar, 23ff. 66ff.

32. Kapitel

1 Daniel-Rops, Die Kirche, 588
2 Lohmeyer, Galiläa u. Jerusalem, 100ff. Grundmann, Das Problem des hellenistischen Christentums, 54. Vgl. auch Kümmel, Kirchenbegriff u. Geschichtsbewußtsein, 41
3 Ricciotti, Paulus, 406
4 Tert. praescr. haer. 34
5 Loofs, I. 54f.
6 Ebenda, vgl. auch Buonaiuti, i. 63. W. Bauer, Rechtgläubigkeit, 81
7 Ign. Eph. 6, 2. Dazu Werner, Die Entstehung, 126
8 Käsemann, Begründet der neutestamentliche Kanon die Einheit der Kirche? 19. Vgl. auch Bultmann, Theologie des N. T. 486
9 Orig. Cels. 2, 11
10 Ebenda, 3, 12, Vgl. auch. 5, 64
11 Andresen, 218
12 Goppelt, Christentum u. Judentum, 283
13 Clem. Al. strom. 7, 89, 2f.
14 Vgl. Bauer, Rechtgläubigkeit, 206. Leipoldt, Geschichte d. neutestamentlichen Kanons, I. 135ff.
15 Vgl. W. Bauer, Rechtgläubigkeit, 205. Harnack, Marcion, 241. Ders. Mission u. Ausbreitung I. 115. Ders. Dogmengeschichte, 51f. Loofs, I. 54f. Hennecke, 476. Werner, Die Entstehung, 115
16 W. Bauer, Rechtgläubigkeit, 196
17 Orig. Cels. 2, 27
18 Ebenda
19 Belege bei Werner, Die Entstehung, 130f. Vgl. auch Wagenmann, 111ff.
20 Belege bei Werner, Die Entstehung, 130, Anm. 88
21 Beleg ebenda u. 138
22 So Loofs, I. 105ff.
23 Daniel-Rops, Die Kirche, 388, Anm. 26
24 Ebenda, 388
25 Ebenda, 437f.
26 Harnack, Dogmengeschichte, 143f.
27 Daniel-Rops, Die Kirche, 387f.; 453
28 Ign. Smyrn. 8, 2. Koch, Cathedra Petri, 22
29 Leipoldt, Der soziale Gedanke, 34.

Harnack, Marcion, 248. Buonaiuti, 106. Nigg, Das Buch der Ketzer, 17. Vgl. auch E. Meyer, Ursprung u. Anfänge III. 264 f.

30 Vgl. zu folgendem Abschnitt bes. Schneider, Geistesgeschichte I. 12. Preisker, Das Ethos des Urchristentums, 32; 137. Barrett, 102 ff. Werner, Der Frühkatholizismus, 357 f. Bornkamm, Studien zu Antike u. Urchristentum, II. 36 ff. Brückner, 11 f.; 33 f. Weinel, Biblische Theologie, 22 ff.

31 Vgl. etwa Orig. Cels. 4, 10

32 Vgl. Nilsson, II. 290; 526; auch Burckhardt, I. 179 ff. u. 212 ff. Wilamowitz, II. 184 ff.; 251 ff.; 311

33 Latte, 154 f. De Jong, 313 ff. Nilsson, II. 292. Rahner, Griechische Mythen, 42

34 Wilamowitz, II. 478

33. Kapitel

1 Mt. 23, 13 ff. Das Zit. aus Heiler, Urkirche u. Ostkirche, 39

2 Ninck, 193 ff. Vgl. auch Durant, 637 f. Schrempf, 389. Grönbech, Zeitwende, 46. Renan, 126. Nielsen, 198. Preisker, Das Ethos des Urchristentums, 53 ff.

3 Jh. 7, 12; Mk. 3, 22. 30; Mt. 9, 34, 12, 24. Vgl. Schneider, Geistesgeschichte I. 74. Stauffer, Jesus, 19. Ders. Die Urkirche, 308 ff.

4 Windisch, Paulus u. Christus, 120 ff.

5 Vgl. Harnack, Das Wesen des Christentums, 30 f. Bartsch, 39

6 Vgl. Ricciotti, Paulus, 74. Ders. Das Leben Jesu, 66 f.

7 Mt. 7, 29; Mk. 1, 22

8 Hos. 6, 6; Jes. 1, 11 ff.; 29, 13; Jer. 6, 20; Micha 5, 6 ff. Dazu Wenschkewitz, 10 ff.

9 Mk. 7, 6 f. Mt. 9, 13

10 Vgl. etwa Widengren, I. 60; II. 59

11 Zit. bei Ringgren/Ström. 52

12 Lk. 6, 1 ff.; 14, 1 ff.; Mk. 2, 23 ff.; Mt. 12, 1 ff.

13 Mt. 9, 14; 11, 19. Dazu S. 186 f.

14 Mt. 15, 9; Mk. 7, 7

15 Mt. 5, 23 f.; 9, 13; 12, 7; Mk. 11, 25

16 Mk. 7, 9 ff.; Mt. 23, 14

17 Lk. 6, 46; Mt. 7, 21

18 Mk. 7, 15; Mt. 15, 11

19 Mt. 5, 21; 27; 31; 38, 43

20 Mt. 6, 5 ff.

21 Leipoldt, Katholische Volksfrömmigkeit, 56 mit Bz. auf Horaz Oden I., 2, 26 ff.; Seneca ep. 31, 5. S. dazu auch Shaw, 69

22 Lk. 5, 34; Mk. 2, 19; Lk. 11, 37 ff.

23 Schneider, Geistesgeschichte I. 42 f.

24 Lohmeyer, Kultus u. Evangelium, passim, bes. 83. Bultmann, Das Urchristentum, 81. Heiler, Der Katholizismus, 433. Leipoldt, Von Epidauros bis Lourdes, 178. Ders. Das Gotteserlebnis Jesu, 17 ff. Ders. Jesu Verhältnis, 45 ff. Braun, Spätjüdisch-häretischer, II. 43 ff.

25 Italienische Reise 3. 11. 1786

26 Vgl. z. Folg. Heiler, Der Katholizismus, 148 f.; 247. Capellmann, 247 ff.; 278 ff.; 287 ff.; 301 ff.; 345 ff.

27 Capellmann, 288

28 Leipoldt, Jesus u. Paulus, 67. Lohmeyer, vom urchristlichen Abendmahl, 222. Weinel, Biblische Theologie, 67. Heiler, Der Katholizismus, 431. Vgl. auch 278. Schweitzer, Leben-Jesu-Forschung, 51. Bousset, Jesus, 50. Knopf, Einführung, 282. Oepke, 175. Vgl. auch Hyde, 111 f. u. bes. Ackermann, Jesus, 122 ff.

29 Vgl. bes. Schneider, Geistesgeschichte II. 172 ff.; 200 ff.

30 Vgl. Jh. 3, 22 ff. mit 4, 2

31 Mt. 28, 19

32 Vgl. bei Ackermann, Jesus, 121 f.; Dibelius, Formgeschichte, 285. Bultmann, Synoptische Tradition, 310; 333. Lietzmann, Geschichte der alten Kirche, 55. E. Meyer, Ursprung u. Anfänge, I. 15; 92. Bousset, Kyrios Christos, 231. Heitmüller, Taufe u. Abendmahl, 27 f. Werner, Glaube u. Aberglaube, 70. Lohmeyer, »Mir ist gegeben alle Gewalt!« 29. Klostermann, Das Matthäusevangelium, 232 f. Bornkamm, Das Ende des Ge-

setzes, 157 ff. Jeremias, Jesu Verheißung für die Völker. Schweitzer, Die Mystik des Apostels Paulus, 228, Anm. 1. Harnack, Mission u. Ausbreitung, 140. Weinel, Biblische Theologie, 202. Grass, 30 f. E. Schweitzer, Das Herrenmahl im N. T., 585, Anm. 57

33 Mt. 15, 24; 10, 5; 10, 23. Vgl. auch Munck, Paulus und die Heilsgeschichte, 250 ff. Ders. Christus und Israel 22 f.

34 Cypr. ep. 63, 8 f.

35 Vgl. Werner, Die Entstehung 480 ff.

36 Vgl. Just. Tryph. 86; dazu Werner, Die Entstehung 506 ff. Dort weitere Quellenhinweise

37 Bei Tert. bapt. 12, der das selbst verwirft. Zur Deutung der Fußwaschung als Taufe: Campenhausen, Zur Auslegung von Joh. 13, 6–10, 259 ff.

38 Apg. 2, 38; 8, 16; 10, 48; 19, 5; 1. Kor. 1, 13; Gal. 3, 27; Röm. 6, 3. Für das 2. Jahrh.: Herm. vis. 3, 7, 3; sim. 8, 6, 4 u. ö. Dazu Bousset, Kyrios Christos 227 ff.

39 Cypr. ep. 73 ff. Ambr. De spir. sancto 1, 3 u. a.

40 Nilsson, II. 664

41 Bousset, Kyrios Christos 140. Vgl. bes. auch Schneider, Geistesgeschichte I. 123, II. 171. Leipoldt, Sterbende und auferstehende Götter, 54. Heitmüller, Taufe und Abendmahl, 25 f. Dibelius-Kümmel, 85. Schoeps, Paulus, 112 f.

42 Vgl. Apg. 2, 38. 41; 8, 12, 36 ff.; 9, 18; 10, 47 f.

43 Vgl. 1. Kor. 1, 14. 16 mit 1, 17

44 1. Kor. 10, 2

45 Firm. Mat. err. 22, 1

46 Vgl. auch Kol. 2, 12 f.; Röm. 6, 1 ff.

47 Leipoldt, Die urchristliche Taufe, 62. Ders. Jesus u. Paulus, 16, Lietzmann, An die Römer, 68. Ders. Geschichte der alten Kirche, I. 224 f. Dibelius-Kümmel, 85; 110 f. Bultmann, Theologie des N. T. 138 ff. Nilsson, II. 664. K. Müller, Kirchengeschichte, I. 107. Knopf, Das nachapostolische Zeitalter, 285

48 Schneider, Geistesgeschichte I. 210.

W. Bauer, Das Johannesevangelium, 49 f.

49 Ginza 20, 17

50 Gal. 3, 27. Röm. 13, 14

51 Apul. Metam. 11, 24. Vgl. Leipoldt, Jesus u. Paulus, 16 f. u. 68. Ders. Sterbende u. auferstehende Götter, 52 ff. Schneider, Geistesgeschichte I. 211 f. II. 169. Dibelius-Kümmel, 95. Schoeps, Paulus, 111 f. Lietzmann, An die Römer, 67

52 Vgl. Dibelius-Kümmel, 125

53 1. Kor. 15, 29 ff.; dazu Knopf, Einführung, 343. Harnack, Mission u. Ausbreitung, I. 399, Anm. 1

54 Schneider, Geistesgeschichte I. 541

55 Just. Apol. 1, 61. Dazu Knopf, Das nachapostolische Zeitalter, 285. Heitmüller, Taufe u. Abendmahl, 36 f. K. Müller, Kirchengeschichte I. 108

56 2. Kor. 1, 22; Herm. sim. 8, 2, 2; 8, 2, 4; 8, 6, 3; 9, 16, 3 ff.; 2. Clem. 6, 9. Dazu Knopf, Das nachapostolische Zeitalter, 286 ff. Heitmüller, Taufe u. Abendmahl, 32

57 Cullmann, Die ersten christlichen Glaubensbekenntnisse, 14

58 Apg. 8, 26 ff. Vgl. auch Apg. 10, 47; 16, 33; 19, 5

59 Vgl. zum Folg. bes. Schneider, Geistesgeschichte II. 200 ff. u. 105. Auch Heitmüller, Taufe u. Abendmahl, 1. Buch passim

60 Cumont, Die Mysterien des Mithras, 144, Anm. 2

61 Vgl. Schneider, Geistesgeschichte II. 220 ff. u. 105 u. 164

62 Hipp. K. O. 46. 2. Taufe im nackten Zustand fordert noch Cyrill v. Jerus. cat. 20, 2

63 Vgl. hierzu Rosenstock-Huessy, 252 f. Auch Heiler, Der Katholizismus, 230

64 Vgl. Mk. 7, 34. Hippolyt K. O. 45, 4

65 Cyr. v. Jer. cat. 3, 5

66 1. Mos. 1, 2. Bas. hex. 2. hom. 6

67 Tert. bapt. 4 Dazu Werner, Die Entstehung, 444

68 Jh. 5, 4. Dazu Heitmüller, Taufe u. Abendmahl, 7 f.

69 Tert. bapt. 3 f.

730

70 Ebenda 5
71 Ebenda 18
72 Cypr. ep. 64, 6
73 Z. B. Orig. ep. ad Rom. 5, 9
74 Hippol. K. O. 46
75 Greg. Naz. or. 40, 17, 28
76 K. Barth, 34 ff.
77 Schlier, Zur kirchlichen Lehre von der Taufe, 125
78 Heiler, Der Katholizismus, 222
79 Winkelhofer, 68
80 Capellmann, 257. Mit kirchlicher Druckerlaubnis vom 10. 8. 1922
81 Ebenda 258
82 Ebenda
83 Ebenda 259
84 Ebenda 275
85 Ebenda 267 mit Bz. auf Liguori. Für Bergmann selbst indiskutabel.
86 Ebenda 272
87 Ebenda 274
88 Ebenda 265
89 Herm. sim. 9, 12, 4

34. Kapitel

1 Lietzmann, Messe u. Herrenmahl, 180. Vgl. auch 177; 219 ff. bes. 227
2 Heitmüller, Taufe u. Abendmahl, 73
3 Vgl. etwa Bammel, passim
4 Heiler, Urkirche u. Ostkirche, 32. Werner, Glaube u. Aberglaube, 116 f.
5 Werner, Glaube u. Aberglaube, 116 f. Vgl. auch Zehren, 189 f.; 203 f. Zum Kannibalismus auch Bammel, 77; 91
6 Zit. nach Seeck, Entwicklungsgeschichte, 129 f.
7 Greßmann, Der Messias, 412 f. Heitmüller, Taufe u. Abendmahl, 72
8 Zehren, 190
9 Oepke, 175
10 Braun, Spätjüdisch-häretischer, II. 67, Anm. 1
11 1. Kor. 11, 24 ff.
12 Jer. 19, 10 ff.; 27, 2 ff.; Hes. 5, 1 ff.; dazu Heiler, Der Katholizismus, 431. Schneider, Geistesgeschichte I. 71. Vgl. auch Weinel, Biblische Theologie, 68

13 1. Mos. 49, 11; 5. Mos. 32, 14; Jes. 63, 3; 63, 6; Sir. 39, 26; 50, 15; 1. Makk. 6, 34. Dazu Jeremias, Die Abendmahlsworte Jesu, 106
14 Heiler, Der Katholizismus, 431, Anm. 54. Vgl. etwa auch Eisler, Das Letzte Abendmahl, 180 ff.
15 Bultmann, Das Evangelium des Johannes, 360. Ders. Theologie des N. T. 405 f. Vgl. auch Werner, Die Entstehung, 486 f.
16 Werner, Die Entstehung, 480 ff.
17 Vgl. ebenda mit ausführlichen Quellenhinweisen.
18 Der christliche Glaube II. § 139, 3
19 Vgl. die Zusammenstellung derselben bei Jeremias, Die Abendmahlsworte Jesu, 82, Anm. 8 u. 115, Anm. 6
20 Vgl. Mk. 14, 23 mit. Mt. 26, 27
21 1. Kor. 10, 16; 11, 24; Apg. 2, 42; 2, 46; 20, 7; 27, 35
22 Z. B. Did. 9, 1; 9, 5; 14, 1; Ignat. Smyrn. 7, 1; 8, 1; Just. Apol. 1, 65 ff. Tryph. 41 u. 70
23 Apg. 2, 46; 6, 1 f.
24 Jeremias, Die Abendmahlsworte Jesu, 112. Nock, Paulus, 43. Vgl. auch schon Heitmüller, Taufe u. Abendmahl, 58; 61 f.
25 Apg. 2, 42. 46. Vgl. auch 6, 1. Dazu Lohmeyer, Vom urchristlichen Abendmahl, 276 f. Behm, Theologisches Wörterbuch zum N. T. III. 728, Anm. 13; 737, Anm. 69
26 Betz, Der Abendmahlskelch, 109 ff.; 116 ff.
27 Leipoldt, Der soziale Gedanke, 110. Schneider, Geistesgeschichte I. 93. Lohmeyer, Kultus u. Evangelium, 90. Ders. Vom urchristlichen Abendmahl, 277 ff. Bousset, Jesus der Herr, 26. Lietzmann, Messe u. Abendmahl, 249 ff. Bultmann, Theologie des N. T., 59. Ders. Synoptische Tradition, 285. Braun, Spätjüdisch-häretischer, II. 67, Anm. 1. Vgl. auch Benz, 117
28 Leipoldt, Der soziale Gedanke, 186. Lohmeyer, Das urchristliche Abendmahl, 284. Schoeps, Paulus, 115 f.
29 1. Kor. 11, 21 ff. Vgl. dazu Leipoldt,

Der soziale Gedanke, 133. Lohmeyer, Das urchristliche Abendmahl, 285 f.

30 1. Kor. 11, 23 ff. Für die ältere Überlieferung bei Paulus gegenüber Markus: Greßmann, Der Messias, 410 f. Schneider, Geistesgeschichte, II. 172 ff. Hirsch, Frühgeschichte des Evangeliums, I. 153 f.; II. 256. Bornkamm, Gesammelte Aufsätze, II. 150 ff. Weitere Vertreter dieser Ansicht bei Bornkamm, 154, Anm. 23. Dagegen: Werner, Der Einfluß der paulinischen Theologie, 139 ff.

31 1. Kor. 11, 23. Vgl. bes. Benz, 116 ff. Auf katholischer Seite etwa Ricciotti, Paulus, 261; 264 f.

32 1. Kor. 10, 1 ff. Mit Bz. auf 2. Mos. 16, 14 f. u. 17, 6 f.

33 Schneider, Geistesgeschichte I. 70 f.

34 Harnack, Mission u. Ausbreitung I. 247 f. Vgl. auch 139. Ders. Dogmengeschichte, 110 f.

35 Drews, Die Leugnung der Geschichtlichkeit Jesu, 138. Ders. Die Marienmythe, 3; 116 ff.

36 W. Bauer, Das Johannesevangelium, 96

37 Brückner, 24

38 Cumont, Die orientalische Religionen, 138

39 H. D. Betz, Lukian von Samosata, 14

40 Rothes, 400

41 Betz, Lukian von Samosata, 14

42 Zum Ganzen: Dölger, Ichtys, das Fischsymbol in frühchristlicher Zeit als Kürzung des Namen Jesu, 1922 ff.

43 Schneider, Geistesgeschichte II. 121

44 Ebenda, 179

45 Vgl. etwa außer den in den folgenden Anmerkungen gegebenen Hinweisen bes. Schneider, Geistesgeschichte II. 172 ff. Ders. Der Katholizismus, 55; 398 f. Lietzmann, Messe u. Herrenmahl, 180; 177; 219 ff. bes. 227. Heitmüller, Taufe u. Abendmahl, 73. Bultmann, Theologie des N. T. 146; 306 ff. Knopf, Einführung, 376. Bornkamm, Gesammelte Aufsätze, II. 172. Braun, Spätjüdisch-häretischer, 67, Anm. 1. S. auch die beiden Motti dieses Kapitels

46 Greßmann, Der Messias, 414

47 1. Kor. 10, 20 f. Belege für die Mysterienreligionen bei Behm, Theologisches Wörterbuch (z. N. T.), II 34 f.

48 1. Kor. 11, 27 u. 11, 29 A. Schütze, 71

49 Vgl. 1. Kor. 10, 16 f. Bammel, 99 f.; 104 ff.

50 Vgl. Schneider, letzte Anm.

51 1. Kor. 11, 23 f. Vgl. etwa Just. Tryph. 117, 3. Außer den oben genannten Ausführungen Schneiders auch Leipoldt, Jesus u. Paulus, 16 u. 68. Lietzmann, Messe u. Herrenmahl, 251

52 Cumont, Die Mysterien des Mithras, 124; 146 f. Bammel, 92. Bertholet, 315. Vgl. auch Schneider, Geistesgeschichte II. 134 f.

53 Schneider, Geistesgeschichte II. 175

54 1. Kor. 10, 21. Vgl. auch Orgi. Cels. 8, 33, 57

55 Heitmüller, Taufe u. Abendmahl, 71

56 Ign. Eph. 20, 2; Smyrn. 7, 1

57 Schneider, Geistesgeschichte I. 542. II. 175

58 Ebenda I. 542

35. Kapitel

1 Rendtorff, 6 u. 16

2 Heussi, Kompendium, 75

3 Köhler, Dogmengeschichte, 49. Vgl. auch 35

4 1. Kor. 14, 26; Did. 7–10 u. 14. Dazu Bultmann, Theologie des N. T., 120 f. Schneider, Geistesgeschichte II. 238. Leipoldt, Jesus u. Paulus, 63. Koester, 9. Michaelis, Das Urchristentum, 347. Achelis, 55 f. Harnack, Mission u. Ausbreitung II. 589 ff. Oepke, 279

5 Schneider, Geistesgeschichte I. 224 ff. Leipoldt, Jesus u. Paulus, 65 f. Ders. Jesu Verhältnis, 219

6 Ricciotti, Paulus, 196

7 Zit. bei Nigg, Der christliche Narr, 15

8 Seeberg, I. 168. Vgl. auch Berkhof, 116 f.

9 Leipoldt, Der soziale Gedanke, 133

10 1. Kor. 1, 26; 7, 21. Vgl. dazu etwa Ricciotti, Paulus, 368

11 Did. 10, 1. Leipoldt, Der soziale Gedanke, 133f. Ebenso Werner, Die Entstehung, 448. Vgl. auch Lietzmann, Messe u. Herrenmahl, 230ff. Ders. Geschichte der alten Kirche, II. 120. Bultmann, Theologie des N. T. 148f. Knopf, Einführung, 373

12 Just. Apol. 1, 67. Loofs, I. 165. Lietzmann, Geschichte der alten Kirche, II. 121. Zum folg. Knopf, Das nachapostolische Zeitalter, 259

13 Quellenbelege bei Bultmann, Theologie des N. T. 113f.

14 Röm. 12, 1; Phil. 4, 18; 1. Kor. 10, 14ff. Vgl. hierzu bes. Knopf, Das nachapostolische Zeitalter, 260ff.

15 Hebr. 13, 16; Polyk. Phil. 4, 3

16 Did. 14, 1

17 Just. Tryph. 117, 1; 28, 5ff.; 41, 2f.

18 Cypr. ep. 63, 14; 66, 2; 37, 1

19 Frick, 115f.

20 W. Bauer, Das Leben Jesu, 166

21 Acta Pauli et Thecl. 25; dazu Werner, Die Entstehung, 456

22 Ps. Clem. Hom. 14, 1. Schoeps, Urkirche, Judentum, Gnosis, 25, Anm. 1 mit Bz. auf Betz

23 Quellenbelege bei Werner, Die Entstehung, 457. Vgl. auch Schoeps, Aus frühchristlicher Zeit, 261f.

24 Schneider, Geistesgeschichte II. 179 mit Bz. auf Hom. Od. 14, 430f.

25 Schneider, Geistesgeschichte II. 192f.

26 Vgl. z. B. Diekamp, 3. Bd. 13; 171

27 Heiler, Der Katholizismus, 400ff.; auch zum folgenden

28 Irenäus bei Oecumenius, Comm. zu 1. Pt. Dazu Werner, Entstehung, 447ff. bes. 454 u. 464f. Vgl. auch ders. Der Frühkatholizismus, 368f.

29 Vgl. Heiler, Der Katholizismus, 224ff. 405f.

30 Ebenda, 226

31 Nilsson, II. 363f.

32 Tert. adv. Jud. 8, Schneider, Geistesgeschichte II. 178

33 Le Roy Burkhart, passim, bes. 198ff. Vgl. auch Loofs, I. 167

34 Basil. ep. 93. Schneider, Geistesgeschichte II. 178

35 Schneider, Geistesgeschichte II. 180ff. Zit. 183

36 Ebenda, 188; 191

37 Ebenda 191

38 Vgl. Le Roy Burkhart, 197f. mit Bz. auf Iren. adv. haer. 4, 18, 4ff.; 4, 8, 2f. u. a.

39 Harnack, Mission u. Ausbreitung, I. 253. Vgl. auch Heussi, Kompendium, 741; 111f.; Heiler, Der Katholizismus, 430. Schneemelcher, Die Eucharistie in der Zeit der griechischen Väter, 407ff.; bes. 414

40 Schneider, Geistesgeschichte II. 184

41 Lietzmann, Messe u. Herrenmahl, 86 mit Quellenbelegen. Vgl. auch Bertholet, 393

42 Cyr. cat. 19, 8

43 Greg. Nyssa, or. 4, 2f.

44 Leipoldt, Von Epidauros bis Lourdes, 196f.

45 Schneider, Geistesgeschichte II. 168

46 Just. Apol. 1, 67

47 Vgl. 1. Clem. 59ff. Dazu Knopf, Einführung, 373ff.

48 Knopf, Das nachapostolische Zeitalter, 243f.

49 Vgl. Artikel »Messe« in Rel. Wörterbuch, ed. König, 536

50 A. Miller, Informationsdienst zur Zeitgeschichten, Nr. 2, 1962

51 Vgl. Die Welt, 23. 4. 1960, S. 3

52 So Pfarrer Hegele von der Evangelischen Akademie Tutzing nach einem Pressebericht aus Bayreuth vom 19. 2. 1960 in Die Welt. Ich selbst habe dies als fünfzehnjähriger Organist bei der Messe bereits praktiziert.

53 Miller, Informationsdienst zur Zeitgeschichte, 2, 1962 mit Bz. auf Stuttgarter Zeitung v. 9. 1. 1962

54 Ebenda mit Bz. auf Stuttgarter Zeitung v. 10. 1. 1962

36. Kapitel

1 Min. Felix, Dial. Oct.

2 Just. Tryph. 69, 2f. Vgl. auch Apol. 1, 21f.; 62. 66

3 Ebenda 1, 62

4 Leipoldt, Vom Epidauros bis

Lourdes, 186 ff.; 162. Ders. Katholische Volksfrömmigkeit, 46; 162

5 Homer Il. 1., 449. Vgl. dazu B. d. K. ed. Bardenhewer, 12. Bd. 130, Anm. 2. Nilsson, I. 131. Knopf, Einführung, 199. K. Müller, Kirchengeschichte, I. 520. Klostermann, Das Markusevangelium, 15. Zum ganzen Problem des Weihwassers: Wolf, Aqua religiosa. Ferner: Kapitel »Weihwasser« bei Leipoldt, Von Epidauros bis Lourdes, 186 ff.

6 Vgl. Bibl. d. K., 12. Bd. 130, Anm. 2

7 Apostol. Constitut. 8, 28

8 J. Pedersen, 441

9 Just. Apol. 1, 20 ff.

10 Ebenda 1, 23. Zu den von Tertullian genannten Gemeinsamkeiten vgl. etwa apol. 47. praescr. haer. 40

11 Miura-Stange, 13. Vgl. auch 15 f.

12 Orig. Cels. 1, 37; 8, 33, 57

13 Ebenda, 2, 16; 2, 56; 3, 28; 3, 33

14 Andresen, 27 f.

15 Firm. Mat. err. 18, 2 ff.

16 Zit. bei Bousset, Kyrios Christos, 138. Vgl. auch Reitzenstein, Hellenistische Wundererzählungen, 106. Vgl. dazu bes. auch Jh. 11, 25

17 Jh. 4, 14

18 Gressmann, Tod u. Auferstehung des Osiris, 10. Vgl. auch Leipoldt, Katholische Volksfrömmigkeit, 46

19 Jh. 7, 38. Vgl. auch das hermetische Schrifttum, das zum Johannesevangelium bemerkenswerte Parallelen bietet. Vgl. bes. Poimandres 29 u. 32

20 Firm. Mat. err. 18, 8

21 Ebenda, 22, 2 f. u. 24, 1 f.

22 Schneider, Geistesgeschichte I. 252. Vgl. auch Drews, Die Marienmythe, 125 f.

23 Schneider, Geistesgeschichte I. 253, Anm. 4

24 Ebenda, I. 169. Vgl. auch Leipoldt, Sterbende u. auferstehende Götter, 38 f.; 16 ff.

25 Nestle, Griechische Religiosität, 44. Schneider, Geistesgeschichte II. 221 ff. Vgl. auch Leipoldt, Sterbende u. auferstehende Götter, 21 ff. Brückner, 23. Zehren, 167

26 So Gressmann, Tod u. Auferstehung

des Osiris, 4. Leipoldt, Sterbende u. auferstehende Götter, 53. Rusch 16 ff.

27 Firm. Mat. err. 27, 1 ff.

28 Goethe, Venezianische Epigramme, Nachlaß 9. Maximen u. Reflexionen, 818

29 Kroll, 318 ff. Vgl. auch 260

30 Tert. apol. 47

31 Raschke, 344. Vgl. auch Harnack, Mission u. Ausbreitung, I. 254, Anm. 1. Heiler, Urkirche u. Ostkirche, 113

32 Clem. Al. strom. 1, 162, 1 f.

33 Just. Apol. 1, 60

34 Vgl. z. B. Theoph. ad Autol. 1, 14; 3, 17. Tert. apol. 19. 47. Min. Felix Dial. Oct. 34, 5. Firm. mat. err. 18, 1; 21, 1; 22, 1

35 Tert. apol. 19. Vgl. auch Tert. pall. 2. Theoph. ad. Autol. 3, 16 ff. Harnack, Mission u. Ausbreitung, I. 290

36 V. Schultze, 57. Bezeugung bei Euseb. h. e. 4, 24. Zur Kritik W. Bauer, Rechtgläubigkeit u. Ketzerei, 23

37 Aug. serm. 241, 1. Vgl. auch Aug. civ. Dei. 8, 10 ff.; De doctrina christ. 2, 40

38 Just. Apol. 2, 8. 10. 13. Clem. Al. strom. 1, 19. Cohort. 2. Tert. test. 5

39 Schelling, 8. Vorlesung über die Methode des akademischen Studiums, 180

40 Zit. nach Schneider, Geistesgeschichte II. 288

41 Vgl. Kap. 64, Anm. 23

42 Schneider, Geistesgeschichte I. 238 f.; 264 f. Cumont, Die Mysterien des Mithras, 118 f. Vgl. auch unsere Darstellung S. 80

43 Apul. Met. 11, 15. Vgl. dazu Mt. 11, 29 f.

44 Eurip. Bacch. 73 ff. Leipoldt, Dionysos, 57 ff.

45 Aristoph, ran. 886 f. Dazu etwa Scheffer, 54 f.; 64 ff. Wilamowitz 480 ff.; 48, Anm. 2 Schneider, Geistesgeschichte I, 9. Tièche, Die Griechen, 140 f.

46 Suet. Nero 34

47 Cic. leg. 2, 14

48 Bammel, 118 ff.

49 1. Tim. 3, 7

734

50 Kol. 3, 18 ff.; Eph. 5, 22 ff.; 1. Petr. 2, 13 ff.; Tit. 2, 1 ff. Vgl. dazu Weidinger, Die Haustafeln, 1928
51 Barn. 19, 5 ff.; Did. 4, 9 ff.; Ign. Polyk. 4, 2 ff.; Polyc. ad. Phil. 4, 2 ff. 1. Clem. 21, 6 ff.
52 Dibelius, Geschichtliche u. übergeschichtliche Religion, 149
53 Vgl. Weidinger, 78
54 Aug. civ. Dei, 19, 25
55 Rahner, Griechische Mythen, 46 f.
56 Ebenda 47 f.
57 Ebenda 48 f.
58 Ebenda 34

37. Kapitel

1 Schneider, Geistesgeschichte I. 290 f.
2 Nigg, Der christliche Narr, 18
3 Vgl. etwa Mausbach, 50. Lortz, Geschichte der Kirche, I. 2. Zur Kritik glänzend schon Koch, Die altchristliche Bilderfrage, bes. Einltg.
4 Lortz, Geschichte der Kirche, I. 8
5 Tert. cultu. fem. 1, 8. Dazu Koch, Die altchristliche Bilderfrage, 4 ff. Vgl. auch Heussi, Der Ursprung des Mönchtums, 15 f.
6 Mt. 6, 33; Lk. 10, 39 ff.
7 Gressmann, Der Messias, 188 ff. Vgl. auch zu Jesus Bertram, Die Persönlichkeit Jesu, 144. Blüher, 21
8 Lk. 21, 5; Mk. 13, 1 f.; Mt. 24, 1 f.
9 Apg. 7, 48
10 Apg. 17, 24
11 Clem. Al. strom. 7, 5. Vgl. auch protr. 3, 44
12 Harnack, Das Wesen des Christentums, 20 f. Vgl. auch Ackermann, Jesus, 39. Preisker, Griechentum u. Evangelium, 95
13 Schweitzer, Leben-Jesu-Forschung, 261
14 Nielsen, 163. Vgl. auch Buonaiuti, I. 78. Ackermann, Jesus, 140 f.
15 Apg. 4, 13
16 Mk. 10, 15. Vgl. dazu Kümmel, Der Glaube im N. T., 10; 209 ff. Schneider, Geistesgeschichte I 303; 341
17 Mt. 11, 25
18 1. Kor. 1, 17

19 Strab. Geographia 14, 9 ff.
20 Vgl. Kol. 2, 8; 2, 4; Eph. 3, 19, falls diese Briefe echt sind.
21 Apg. 17, 18
22 Klausner, Von Jesus zu Paulus, 429 ff. Geffcken, Das Christentum im Kampf, 38. Belege etwa bei Fiebig, Die Umwelt des N. T., 4 ff. Windisch, Paulus u. Christus, 24 ff. Leipoldt, Jesus u. Paulus, 13 f f.; 17 ff. Gilmour, 119 ff. Bultmann, Theologie des N. T., 71 f. Deißmann, Paulus u. Seneca, 38. Auch Sir Sarvapalli Radhakrishnan findet bei Paulus »viele Anzeichen des Einflusses östlicher Religionen, die zu Paulus' Zeiten in das römische Imperium drangen«, 109
23 Lietzmann, An die Römer, 75 ff. Schneider, Geistesgeschichte I. 444 ff.; 449; 467 f.
24 Vgl. zur Abhängigkeit von Platon bes. Schneider, Geistesgeschichte I. 112 ff. Windisch, Paulus u. Christus, 24 ff.
25 Röm. 2, 15. Dazu Böhlig, Das Gewissen bei Seneca u. Paulus, 1 ff. Stelzenberger, 187 ff. Bornkamm, Studien zur Antike u. Urchristentum, II. 111 ff. dort 112, Anm. 48, weitere Literatur.
26 Vgl. Röm. 1, 3 f.; 8, 3; 9, 5; dazu Leipoldt, Der soziale Gedanke, 31 f.
27 Vgl. Röm. 1, 19 f.; 2, 14 f. Dazu Pohlenz, 69 ff. Bornkamm, Studien zu Antike u. Urchristentum, II. 101 ff. Lietzmann, An die Römer, 40 f.
28 1. Kor. 12, 12 ff.; Röm. 12, 4 ff. Dazu Käsemann, Leib u. Leib Christi, 159 ff. Schlier, Untersuchungen zu Ignatius, 90
29 Vgl. Apg. 17, 28 mit Arat. phaen. 1, 2 ff. Haenchen, Die Apostelgeschichte, 464 f. Norden, Agnostos Theos, 240 ff. Knopf, Einführung, 232. Zu den stoischen Einflüssen bei Paulus: Robinson, Influence leading toward the Conversion of Paul, 111 ff.
30 Hieron. vir. ill. 12. Skeptischer August. ep. 135, 14. Dazu Nilsson, II. 376 ff. Dibelius-Kümmel, 9

31 Zum Ganzen Bonhöffer

32 Vgl. Friedrichsen Epikureisches im N. T., 52ff.

33 Leipoldt, Katholische Volksfrömmigkeit, 60

34 Vgl. etwa Troeltsch, 29. Deissmann, Paulus, 53. Grönbeck, Paulus, Jesu Christi Apostel, 18. Leipoldt, Der soziale Gedanke, 129f.

35 Röm. 1, 22

36 Radhakrishnan, 109

37 Seeberg, 344f.

38 Kuhn, Die in Palästina gefundenen hebräischen Texte, 192ff. K. Schubert, 131ff. Allegro, 111f. Molin, 150ff. Mowry, 78ff. Brownlee, 71ff.

39 Schneider, Geistesgeschichte I 135ff.

40 Ebenda, 137. Vgl. auch 146

41 Euseb. praep. ev. 11, 19, 1

42 De agric. 12; Euseb. praep. ev. 7, 13, 1. Dazu Bauer, Das Johannesevangelium, 7ff.

43 Kirfel, 120f.

44 Schneider, Geistesgeschichte I. 373. Wetter, »Der Sohn Gottes« 35f. W. Bauer, Das Johannesevangelium, 8. Bousset, Kyrios Christos, 309ff. Barrett, 72ff. Raschke, 212; 216; 220. Fiebig, Die Umwelt des N. T., 10ff.

45 Theiler, Die Vorbereitung des Neuplatonismus

46 Tert. apol. 21. Iren adv. haer. 2, 28, 5; 3, 19, 2. Theoph. ad. Autol. 2, 22

47 Vgl. etwa Werner, Die Entstehung, 546; Wetter, »Der Sohn Gottes«, 36. Raschke, 217

48 Vgl. Werner, Die Entstehung, 552ff.

49 Schneider, Geistesgeschichte I. 146, auch 143. Derartige Tendenzen bereits bei Lukas: Bultmann, Synoptische Tradition, 391. Grobel, 119. Hirsch, Frühgeschichte des Evangeliums, II. 26

50 Vgl. etwa Seeberg, I. 484. Harnack, Dogmengeschichte, 82. Schneider, Geistesgeschichte I. 143; 146. Buonaiuti, I. 109. Nestle, Krisis, 89. Jülicher, Einleitung in das N. T. 417f.

51 1. Kor. 6, 10f. Vgl. dazu Deissmann, Paulus, 49. Vgl. auch 144f.

52 Barn. 5, 9

53 Orig. Cels. 3, 59. Vgl. auch Min. Felix Dial. Oct. 8, 3

54 Quellenbelege bei Krüger, 153, Anm. 6

55 Iren adv. haer. 1, 31

56 Harnack, Mission u. Ausbreitung I. 389, Anm. 2

57 Tert. adv. Prax. 3

58 S. Kap. 49, Anm. 24

59 S. Kap. 50, Anm. 3

60 Lortz, Geschichte der Kirche, I. 32

61 Plin. ep. 10, 96 (97) Tacit. annal. 15, 44; Suet. Nero 16

62 Norden, Die antike Kunstprosa, II. 517. Ackermann, Jesus, 19. Die theologische Forschung zählt sie zur »Volksliteratur«, oder »Kleinliteratur«: Dibelius, Jesus, 21. Schneider, Geistesgeschichte I. 717. Feine-Behm, 13. Troeltsch, Soziallehren, 27

63 Orig. Cels. 3, 18; 2, 26

64 Min. Fel. Dial. Oct. 11, 2 u. 9

65 Daniel-Rops, Die Kirche, 450

66 Vgl. Grant, 101. Rapisarda, Influssi Lucreziani in Prudenzio, Vigiliae Christianae, Amsterdam 4, 1950, 46ff.

67 Zit. bei Schneider, Geistesgeschichte II. 25

68 Ebenda I. 320

69 Souverain, Le Platonisme devoilé, 1700. Barbeyrac, Traité de la morale des Pères de l'Eglise, 1728. Mosheim, De turbata per recentiores platonicos ecclesia, 1743

70 Schneider, Geistesgeschichte II. 284

71 Methodius, de resurr. 1, 62, 1ff.

72 Vgl. Theiler, Porphyrius u. Augustin, 1933. Auch Wytzes, 137ff.

73 Schneider, Geistesgeschichte I. 297 u. 412. Vgl. auch Campenhausen, Griechische Kirchenväter, 125ff. Raschke, 237; 106

74 Apg. 17, 34

75 Jansen, Offenbarung, Theologie, Profanwissenschaft. Macht überhaupt bemerkenswerte Konzessionen.

76 P. Barth, Die Stoa, 189ff.

77 Loofs, Leitfaden zum Studium der Dogmengeschichte, 4. A. 1906

78 H. Meyer, Geschichte der abendländischen Weltanschauung, II. 7

79 Schneider, Geistesgeschichte I. 158. Vgl. auch Harnacks bekannte Formulierung in Das Wesen des Christentums, 137. Ders. Dogmengeschichte, 113

80 Daniel-Rops, Die Kirche, 364

38. Kapitel

1 Overbeck, 9

2 Bei Loewenich, Geschichte der Kirche, 37

3 Cyrill. Alex ep. 17, 3

4 Bas. Hex. 7. hom. 5. 8. hom. 6 u. 8

5 Loofs, I. 131; 97. Lortz, Das Christentum als Monotheismus, 303 ff.

6 Frick, 40

7 Lortz, Das Christentum als Monotheismus, 305 f.

8 So Ehrhard, Die Kirche der Märtyrer, 284

9 Goodspeed, A History of Early Christian Literature, 146 f.

10 Just. Tryph. 8, 1; 2, 3 ff.

11 Ebenda 2, 1

12 Just. Apol. 1, 46. Vgl. auch Apol. 1, 10. August. civ. Dei 18, 47. Euseb. h. e. 1, 4, 7

13 Just. Apol. 1, 46

14 Ebenda 1, 44. 23. 59 f. u. ö.

15 Just. Apol. 1, 8. 13

16 Seeberg, I. 355, Anm. 2. Ebenso Harnack siehe ebenda.

17 H. Meyer, Geschichte der abendländischen Weltanschauung, II. 28

18 Clem. Al. strom. 1, 7

19 Orig. Cels. 5, 65. Vgl. auch 6, 1

20 Clem. Al. strom. 1, 5, 28, 3 ff.; 1, 4, 27, 3. 5, 28, 1. 20, 98 f.

21 Ebenda 4, 22, 136, 3 ff.; 1, 9, 44, 4–45, 2. Vgl. schon Barn. 2, 2 f.

22 Clem. Alex. strom. 5, 4, 24, 3. Seeberg, I. 491. Vgl. dazu auch den theologisch sonst so verschiedenen Iren. haer. 1, 10, 3; 4, 20, 2

23 Werner, Die Entstehung, 91

24 Daniel-Rops, Die Kirche, 451

25 Campenhausen, Die griechischen Kirchenväter, 32

26 Vgl. M. S. Enslin, 213 ff.

27 Clem. Al. strom. 1, 7 u. 14. Vgl. bes. 5, 14

28 Clem. Al. Cohort. 6

29 So Bratke, Die Stellung des Clemens Alexandrinus zum antiken Mysterienwesen, zit. nach Heiler, Urkirche u. Ostkirche, 115

30 Heiler, Urkirche u. Ostkirche, 111

31 Antweiler, Origines, Lexikon für Theologie u. Kirche, ed. M. Buchberger, 1930 ff. VII 779

32 Porphyr. bei Euseb. h. e. 6, 19, 5 ff.

33 Schneider, Geistesgeschichte I. 295 f. Vgl. auch Campenhausen, Griechische Kirchenväter, 46

34 Euseb. h. e. 6, 24, 3

35 Schneider, Geistesgeschichte I. 310. Vgl. auch Seeberg, I. 506 ff. Meyer, Ursprung u. Anfänge III. 336

36 Harnack, Mission u. Ausbreitung I. 527 Koetschau in Bibl. d. K., Bd. 48, S. LXV

37 Greg. Naz. or. 43 c. 11

38 Vgl. bes. Tatian, or. 3, 7; 21, 5; 3, 9; 35, 1; 29, 1; 13, 6; 25, 1; 26, 1 f.; 26, 5; 3, 3; 2, 4; 2, 2

39 Hermias 1, 2, 10

40 Theoph. ad Autol. 2, 15; 2, 33; 3, 17

41 Ebenda 3, 16; 3, 29

42 Ebenda 3, 2 f.; 2, 12

43 Ebenda 3, 6; 3, 8. Euseb. h. e. 4, 20

44 Iren. adv. haer. 2, 14

45 Hippol. ref. 1, 26; 5, 6

46 Syr. Didasc. c. 2

47 Ambr. hex. 1, 6, 24. Mesot, 103

48 Ambr. hex. 6, 2, 7. Vgl. off. 1, 26, 122. de Abrah. 2. 11. 80

49 Min. Fel. 38, 5; 1, 5; 38, 7

50 Vgl. Labhardt, Tertullien et la philosophie, Museum Helveticum, Basel 7, 1950, 159 ff. F. W. Schulte

51 Tert. praescr. haer. 7. anima 2. apol. 42

52 Vgl. u. a. Tert. praescr. haer. 7. anima 1. spect. 17. 29. Apol. 46. praescr. haer. 14

53 Ambr. de bono mortis 2, 51

54 Vgl. z. folg. vor allem die Zusammenfassung bei W. Krause, 86 ff.

55 Vgl. etwa Harnack, Mission u. Ausbreitung I. 327. Geffcken, Das Christentum im Kampf, 241. Schubart,

737

Hellenismus u. Weltreligion, 5, 516. Campenhausen, Griechische Kirchenväter, 125. Toynbee, 120. Werner, Die Entstehung, 725. Durant, 672f.

56 Nilsson, II. 365. Vgl. auch 681. Ferner Heussi, Kompendium, 19

57 Milman's Christianity, 1871, II. 231 ff. Abgedruckt bei H. de Lubac, 407 f.

58 Heiler, Der Katholizismus, 599

39. Kapitel

1 Buonaiuti, I. 97. Vgl. 102

2 Wagenmann, 125

3 Harnack, Marcion, 19. Vgl. auch Knox, Preface VII. u. 1. Buonaiuti, I. 95

4 Blackman, Introduction. Vgl. auch Anm. 76 f.

5 Tert. Adv. Marc. 4, 4; praescr. haer. 30. Leisegang, Die Gnosis, 272

6 Nigg, Das Buch der Ketzer, 68

7 Vgl. dazu u. a. Jak. 3, 1 ff.; 5, 9; 4, 11; 1. Tim. 5, 11 ff.; 1. Clem. 30, 1; 3, 2; 2. Clem. 4, 3; Herm. 3, 1, 8 f. sim. 8, 7, 4 ff.; 9, 31, 6

8 Vgl. Harnack, Marcion, 167 f.; 189; 263. Auch Nygren, II. 109; 124 f.

9 So Harnack, Mission u. Ausbreitung, I. 384

10 Harnack, Marcion, bes. 79; 88; 98 f.; 139; 159 f.; 178 f.

11 Anders, Kafka, Pro et Contra, 1951, 88 f.

12 Lietzmann, Geschichte der alten Kirche, I. 267. Loewenich, Geschichte der Kirche, 51

13 Dulk, 174

14 Bates, 202

15 Vgl. etwa Glasenapp, Glaube u. Ritus der Hochreligionen, 58 ff.; 75. Greßmann, Der Messias, 219

16 Das brandmarkt mit Recht Delitzsch, Die große Täuschung I. 83; II 12 ff.

17 Nielen, 10

18 Faulhaber, Judentum, Christentum, Germanentum, 11

19 In diesem Sinne schon E. Meyer, Ursprung u. Anfänge, III. 594. Seeck Entwicklungsgeschichte, 295

20 2. Mos. 22, 18. Dazu Nigg, Das Buch der Ketzer, 317

21 Lasserre, 169

22 Vgl. Jirku, 5 f. Lanczkowski, 20 f.

23 Harnack, Marcion, 238. Werner, Die Entstehung, 144 ff. bes. 160, Anm. 58

24 Iren. adv. haer. 3, 12, 12; 4, 13

25 5. Mos. 20, 13 ff.

26 1. Sam. 27, 9

27 2. Sam. 12, 13

28 T. Hoffmann, 239

29 2. Mos. 11 f.

30 Bei Orig., In Numeros hom. 7, 1. Wenig überzeugend dagegen seine modernen Verteidiger. Vgl. z. B. Bieler, II.

31 Richt. 5, 24 ff.

32 Ebenda 5, 27 ff. Faulhaber, Charakterbilder, 72

33 Faulhaber, Judentum, Germanentum, Christentum, 49; 44

34 4. Mos. 25, 1 ff.

35 1. Mos. 38, 11 f.; 27, 8. 33; 2. Mos. 1, 19 f.; 1. Mos. c. 29 f.; Tob. 5, 7; Jer. 49, 12. Dazu Dulk 172

36 Orig. hom. Lev. 5, 1. Vgl. bes. Schöpf, 37

37 Hieron. adv. Jovin.

38 Wernle, Antimilitarismus und Evangelium, 37

39 Wendland, 270

40 F. Koehler, Die deutschprotestantische Kriegspredigt, 59 f.

41 Knox, 31: »primarily responsible«. Vgl. bes. auch 19 ff. 39 ff. 58 ff.

42 Knopf, Einführung, 160

43 Harnack, Marcion, 230*ff.

44 Iren. adv. haer. 3, 12, 12

45 Tert. adv. Marc. 4, 21 f.

46 Vgl. Heiler, Urkirche und Ostkirche, 92, Anm. 53

47 Vgl. bes. Harnack, Marcion, 68; 189 f.; 242 ff.; 154*, 357*. Knox, 19 ff. 39 ff. 158 ff. Werner, Die Entstehung, 130, Anm. 91. Ders. Der Frühkatholizismus, 353 f. Goodspeed, A History of Early Christian Literature, 153; 157. Knopf, Einführung, 160. Nigg, Buch der Ketzer, 70.

738

Mit leichten Einschränkungen: Heiler, Urkirche und Ostkirche, 98. Selbst konservative Gelehrte wie Blackman gestehen Markion zu: »Er schuf den ersten geschlossenen Kanon; das steht fest« 35.

48 Ausführlich Knox, 77 ff.

49 Harnack, Marcion, 48 ff.; 41 ff. sowie besonders Beilage III.

50 Leisegang, Die Gnosis, 274. Vgl. auch Nigg, Buch der Ketzer, 69

51 Vgl. Harnack, Marcion, 37; 39 f.; 65 f.; 210, 45*

52 Harnack, Marcion, 246

53 Just. Apol. 1, 26 u. 58

54 Tert. adv. Marc. 5, 19

55 W. Bauer, Rechtgläubigkeit, 27 ff. 197. Vgl. auch 34. O. Braun, in Bibl. d. K. 1915, 3, 140

56 Vgl. schon Tert. adv. Marc. 3, 22. H. Meyer, Geschichte der abendländischen Weltanschauung II. 18 f.

57 Vgl. Harnack, Marcion, 242 ff. Barnikol, Die Entstehung der Kirche, 27. Goodspeed, A History of Early Christian Literature, 153: »Marcion was the first man, as far as we know, to attempt these things.« Vgl. auch 157. Ferner Werner, Die Entstehung, 640

58 Tert. anima, 2

59 Harnack, Marcion, 188 ff. Vgl. auch Buonaiuti, I. 104

60 Lk. 17, 7 ff. Vgl. auch Mt. 5, 48; 7, 17; 20, 1 ff.; Mk. 10, 13 ff.; Lk. 15, 11 ff.; 17, 7 ff.; 18, 9 ff. Dazu Knopf, Einführung, 271. Bornkamm, Studien zu Antike u. Urchristentum, II. 69 ff. Braun, Spätjüdisch-häretischer, 2, 41, Anm. 1

61 Greg. Naz. or. 17, 11. Vgl. auch or. 19, 11

62 Eph. 6, 8; 1. Kor. 15, 19. 32. 58; 3, 8; 9, 25; Kol. 3, 24. Aristides, Apol. 15, 6. Athen. res. mort. 19. leg. 12. 28. Ign. Polyk. 1, 3; 2, 3. Mart. Carp. 40. Mart. Apoll. 29. 2. Clem. 1, 1 f.; 11, 5 ff. Did. 4, 7. Orig. Cels. 6, 26. Tert. anima 2. Cyrill. v. Jerus. Cat. 18, 1

63 Vgl. Harnack, Marcion, 191 f. Nigg, Das Buch der Ketzer, 72

64 Tert. praescr. haer. 41

65 So Blackman, 7

66 Just. Apol. 1, 26 u. 58

67 Just. Tryph. 35, 4 f.; 80, 3. Apol. 1, 26

68 Iren. adv. haer. 3, 3, 4

69 Iren. adv. haer. 1, 27; 3, 3, 4. Genau: »Valentinus, Markion und die übrigen Narren.«

70 Vgl. W. Bauer, Rechtgläubigkeit, 30. Dort Quellenbelege

71 Zit. nach Buonaiuti, I. 97

72 Harnack, Marcion 26 u. 28* ff. Ders. Dogmengeschichte, 7.: Auch Buonaiuti, 99 spricht von einer »Fälschung«. Vgl. auch Lietzmann, Geschichte der alten Kirche I. 267. Heussi, Kompendium, 54. Ders. Marcion, 193 ff.

73 So Heiler, Urkirche u. Ostkirche, 98. Ders. ganz ähnlich in: Der Katholizismus, 82. Vgl. auch Seeberg, I. 312 f. Knox, 7 f.; 12 ff. Nigg, Buch der Ketzer, 64. Goodspeed, A History of Early Christian Literature, 157. Wagenmann, 122 ff. bes. 125

74 M. Rist. 39 ff.

75 Ebenda, 50; 62

76 Vgl. Buonaiuti, I. 98. Blackman, Introduction

77 Vgl. Nygren, II. 109; 124 f. Frick, 52. Nigg, Buch der Ketzer, 76

78 Vgl. Harnack, Marcion, 192 ff

40. Kapitel

1 Nigg, Das ewige Reich, 85

2 Kellner in Bibl. d. K. Bd. 24, 704. Schepelern, 25 ff.; 162. Nigg, Das ewige Reich, 87 f.; Loewenich, Geschichte der Kirche, 53

3 Campenhausen, Die griechischen Kirchenväter, 25. Buonaiuti, I. 141. W. Bauer, Rechtgläubigkeit 147

4 Jh. 16, 12 f. Vgl. auch 14, 16

5 Lortz, Geschichte der Kirche, 51. Genauso Schuchert, 189

6 Tert. ieiun. 11. pud. 1, 2

7 Tert. pud. 1

8 Nietzsche, Die fromme Beppa, in: Lieder des Prinzen Vogelfrei

9 Mt. 18, 15 ff. Lk. 15

10 Mt. 5, 21 ff.

11 Hebr. 6, 4 ff. 10, 26 ff. Kein Wunder, wenn die Kirchenväter solche Stellen gerne ignorieren oder, wie Athanasius, nur zur Hälfte zitieren: Athan. ep. ad Serap. 1, 22. 27. Vgl. auch die Ausrede ad Serap. 4, 13

12 1. Kor. 5, 9 ff.; 5, 1 ff.

13 1. Kor. 1, 14 ff.

14 1. Jh. 5, 16. Dazu Werner, Die Entstehung, 663. Vgl. auch 1. Clem. 60, 1. Did. 14, 1

15 Steinleitner, passim. Zusammenfassung 121 ff. Glasenapp, Glaube u. Ritus der Hochreligionen, 122 f.

16 Steinleitner, 70 f. 118

17 Ebenda, 119 f. Schneider, Geistesgeschichte II. 194 f. Leipoldt, Das Gotteserlebnis Jesu, 35

18 Andergassen, 37. Oldenberg, 418 ff. Glasenapp, Glaube u. Ritus der Hochreligionen, 123

19 Steinleitner, 10 ff. Nestle, Griechische Religiosität, 46 f. Wittmann, 110. Le Roy Burkhart, 196

20 Kulischer, II. 246

21 Herm. vis. 2, 2, 4 f. sim. 8, 11. Dazu Harnack, Dogmengeschichte 56, Anm. 1

22 Hippol. ref. 9, 12, 24 f.

23 Ebenda. Vgl. auch die derselben Auffassung entspringende Haltung des römischen Bischofs Stephan gegenüber den großer Vergehen beschuldigten spanischen Bischöfen Basilides u. Martialis bei Cypr. ep. 67

24 1. Kor. 5, 13

25 Hippol. ref. 9, 12. Dazu Mt. 13, 29 f. u. 1. Mos. 6, 19 ff.

26 S. Kap. 43, Anm. 15. Vgl. auch Haller, Das Papsttum, I. 32. 458

27 Harnack, Mission u. Ausbreitung I. 404

28 Im Anschluß an Schneider, Geistesgeschichte I. 561 mit Bz. auf Hipp. ref. 9, 12. Tert. pud. 1 ff.

29 Tert. pud. 1. monog. 1; 2; 12; 14. ieiun. 1

30 Tert. ieiun. 16 f. Vgl. auch pud. 10

31 Tert. ieiun. 11

32 Orig. Cels. 5, 61

33 Achelis, 203. Ganz ähnlich Nigg, Buch der Ketzer, 111

34 Aland, Der Montanismus u. die kleinasiatische Theologie, 113. Wagenmann, 134 f. Buonaiuti, I. 141. Lietzmann, Geschichte der alten Kirche II. 197. Loofs, I. 133. Bauer, Rechtgläubigkeit 141. Vgl. selbst den Katholiken Ehrhard, Kirche der Märtyrer, 237

35 Harnack, Dogmengeschichte, 102 f. Vgl. auch Lietzmann, Geschichte der alten Kirche II. 195

36 W. Bauer, Rechtgläubigkeit, 149

37 Euseb. h. e. 5, 19, 13. Vgl. auch W. Bauer, Rechtgläubigkeit, 138 f.

38 W. Bauer, Rechtgläubigkeit, 142 ff. Dazu Euseb. h. e. 5, 18, 6 ff. Vgl. auch 5, 19, 2; 5, 14. 16

39 Cyrill. cat. 16, 8

40 Aland, Der Montanismus u. die kleinasiatische Theologie, 112

41 Daniel-Rops, Die Kirche, 378

42 Schuchert, 189 f

41. Kapitel

1 Troeltsch, Soziallehren, 176

2 A. Koch, Der Aufstieg der Frau 462

3 Quellenhinweise bei Schneider, Geistesgeschichte I 545, Anm. 1

4 Belege bei Lucius, 362

5 Schneider, Geistesgeschichte I. 665, Anm. 1

6 Leipoldt, Die Frau in der antiken Welt, 216

7 Heussi, Der Ursprung des Mönchtums, 227

8 Ebenda 228

9 Zit. ebenda

10 Mt. 10, 38

11 Zit. bei Heussi, Der Ursprung des Mönchtums, 207

12 Das Folg. im engen Anschluß an Schneider, Geistesgeschichte I. 623 f.

13 Schneider, Geistesgeschichte I. 624

14 Heiler, Altkirchliche Autonomie, 150

15 Nestle, Griechische Religiosität, 38 f.

16 Heussi, Der Ursprung des Mönchtums, 287 ff. bes. 290 f. Vgl. auch ders. Kompendium, 117

17 Bieler, I 124 ff.
18 Zit. bei Heussi, Der Ursprung des Mönchtums, 182, Anm. 1
19 Quellenhinweise bei Schneider, Geistesgeschichte II. 265. Heussi, Der Ursprung des Mönchtums, 184 ff.
20 Theiler, 69 mit Bz. auf Theod. Philoth. c. 13
21 Theiner, 70 mit Bz. auf Epiph. ep. ad Johannem Hieron.
22 K. Müller, Kirchengeschichte I. 489
23 Reitzenstein bei Heussi, Der Ursprung des Mönchtums, 184
24 Bei Tert. adv. Marc. 1, 29; Clem. Al. strom. 3, 12; Epiph. haer. 67, 2
25 Clem. Al. strom. 5, 14. Tert. Scorp. 6. Scap. 4; Cyprian, hab. virg. 23
26 Vgl. dazu Bruck, 70 f.
27 Vgl. Lasserre, 168 ff.

42. Kapitel

1 J. G. Herder, Briefe der Humanität, 46. Br.
2 Livius 39, 8 ff. Vgl. auch Cic. leg. 2, 37. Zum Ganzen: Guterman
3 Vgl. u. a. Jh. 12, 31; Apk. 17, 15; 18, 3; Tit. 3, 3; 1. Petr. 1, 14; 1, 18; 2, 1; 4, 3; Ign. Trall. 3, 2; Herm. vis. 3, 7, 2; 4, 3, 2; 2. Clem. 6, 3 f.
4 Herm. vis. 4, 3, 2 ff.; Gal. 6, 16; 1. Petr. 1, 1; 1, 17; 2, 9; 2, 11. Hebr. 11, 9; 11, 13; 13, 14. 2. Clem. 5, 1; 5, 5. Diogn. 6, 8 u. a. Barn. 5, 7; 13, 6. Arist. Apol. 16 Just. Tryph. 119. Die Bezeichnung tertium genus hominum bei Pseudo-Cypr. de pascha computus c. 17
5 Nilsson, II. 288. Vgl. auch Nock, Conversion, 164 ff. Schneider, Geistesgeschichte I. 460
6 Vgl. Euseb. h. e. 5, 1, 14. Just. Apol. 1, 26; 2, 12. Tryph. 10, 1, 2. Theoph. ad. Autol. 3, 4. Tert. Apol. 7. Orig. Cels. 4, 27 u. a. Die Vorwürfe der Heiden gegen die Christen sind zusammengestellt bei Krause, 46 ff.
7 Vgl. Euseb. h. e. 4, 7, 11 ff.
8 Krüger, 73. Trotzdem kommen sie vielleicht bei manchen gnostischen Sekten vor. Vgl. z. B. Iren. adv. haer. 1, 13, 5 ff. Hippol. ref. 6, 16 f. Dölger, Antike u. Christentum, 4, 1934, 217 ff. Schneider, Geistesgeschichte I. 690. Leipoldt, Dionysos, 48, Anm. 357 a
9 Krüger, 107 ff. Zit. 109
10 Ebenda 123 ff. Vgl. auch Harnack, Mission u. Ausbreitung, 509, Anm. 2
11 Krüger, 231 ff.
12 Geffcken, Das Christentum im Kampf, 114
13 Schneider, Geistesgeschichte II. 293. Ders. Die Christen im römischen Weltreich, 319. Vgl. auch E. Schwarz, Kaiser Constantin, 31
14 Vgl. selbst das Zugeständnis bei dem Katholiken Erhard, Die Kirche der Märtyrer, 8
15 1. Clem. 6
16 Tacit. annal. 15, 44
17 Ehrhard, Kirche der Märtyrer, 21
18 Vgl. Sulp. Sev. chron. 2, 29
19 Tacit. annal. 15, 44. Fuchs, Tacitus über die Christen, 67, Anm. 4. Achelis, 278
20 Suet. Nero 16. Tacit. annal. 15, 44
21 Tacit. annal. 15, 38 ff. Hist. 1, 4. Sueton, Nero 10. 57. Dazu Poulsen, 289 ff. Durant, 336
22 Suet. Domit. 15. Dio Cassius 67, 14. Euseb. h. e. 3, 18, 4
23 Plin. 10, 96 f. Euseb. h. e. 4, 8, 8
24 Überliefert durch Just. Apol. 1, 68
25 Soden, Urchristentum u. Geschichte II. 78
26 Achelis, 290
27 Alföldi, Zu den Christenverfolgungen in der Mitte des 3. Jahrhunderts, 2
28 Schneider, Geistesgeschichte II. 295. Anm. 5. Berkhof, 38, Heussi, Kompendium, 62
29 Vgl. Seeck, Entwicklungsgeschichte 422. Achelis, 287 ff. K. Müller, Kirchengeschichte I. 183
30 Ehrhard, Kirche der Märtyrer, 68
31 Vgl. Acta Codrati 7. Acta Terentii 1. Acta Pionii 20
32 Vgl. Morawitzky, 9 f. Zum Folg. auch 39 ff.
33 Achelis, 301

34 Optat. Milev. de schism. Don. 2, 4
35 Ste. Croix, 75 ff. Vgl. bes. 104
36 Vgl. Hertling, 243 ff. Andere Zahlen nennt Pfister, Der Untergang der antiken Welt, 282
37 Zit. nach E. Schwartz, Kaiser Constantin, 50
38 Haller, Das Papsttum I. 59; 464
39 Ehrhard, Kirche der Märtyrer, 101
40 Achelis, 287
41 Cypr. ep. 59
42 E. Schwartz, Kaiser Constantin, 35
43 Berkhof, 36; Vgl. auch Achelis, 270; 314 f.
44 Mart. Pol. 9 ff.
45 Vgl. z. B. Tert. Scorp. 11
46 Tert. Scap. 5, 1
47 Euseb. De mart. Palaest. 9, 4; 4, 8 ff.
48 Ebenda, 5, 3
49 Vgl. Schneider, Geistesgeschichte II. 293. Durant, 732
50 Schöpf, 195 f

43. Kapitel

1 Herder, Ideen zur Philosophie der Geschichte der Menschheit, 17, 4, 1
2 Seeck, Entwicklungsgeschichte, 347 f.
3 Chrysostomos, Contra Judacos et gentes 15. August. Sermo 1, 8; enarr. in Ps. 90. Vgl. auch das Pathos bei Ambrosius ep. 18, 11
4 Schneider, Die Christen im römischen Weltreich, 319. Knopf, Einführung, 362. Geffcken, Das Christentum im Kampf, 115. Müller, Kirchengeschichte I. 145. Vgl. auch Kap. 42, Anm. 42. u. 43
5 So Lortz, Geschichte der Kirche I. 36. Auch die zehn Hörner des schrecklichen Tieres, das in Apk. 13, 1 ff. Krieg mit den Heiligen führt, scheinen die Zehnzahl der Verfolgungen mit bedingt zu haben.
6 Schneider, Geistesgeschichte II. 294, Anm. 2
7 Ziegler, in Rel. Wörterbuch, 1956, 525
8 Daniel-Rops, Die Kirche, 224; 214

9 Erhard nach Schneider, Geistesgeschichte II. 41, Anm. 1
10 Orig. Cels. 3, 8
11 Vgl. Achelis, 272 f.
12 Vita Cypr. 11, 7; 12, 1 f.
13 Ehrhard, Kirche der Märtyrer, 53
14 Krüger, 223
15 Ehrhard, Kirche der Märtyrer, 72
16 Ebenda, 73. Vgl. auch Haller, Das Papsttum I. 38 f.
17 Z. B. bei Schuchert, 163 »Opfer der Verfolgung«
18 Haller, Das Papsttum I. 18 f.
19 Vita Cypr. 19, 1
20 Vgl. Harnack, Das Leben Cyprians, 74 f.
21 Vita Cypr. 7, 14
22 Cypr. ep. 6
23 Ehrhard, Kirche der Märtyrer, 69
24 Ebenda
25 Achelis, 313
26 Ebenda, 295
27 Mt. 10, 23
28 Vgl. 2. Kap. Anm. 96. Dazu auch noch Harnack, Mission u. Ausbreitung I. 41
29 Clem. Al. strom. 4, 17, 1
30 Cypr. ep. 57, 4. Vgl. auch Orig. Cels. 8, 44. Ders. Comment. in Matth. 10, 23; 16, 1; Comment. in Joh. 28, 23
31 Didasc. 5, 1 ff.
32 Achelis, 293 f.
33 Harnack, Das Leben Cyprians, 81. Anm. 1. Ders. Cyprian als Enthusiast, 177 ff.
34 Die Belege bei Lucius, 61 f.
35 Euseb. h. e. 6, 41, 7; 8, 6, 6; Ambr. virg. 3, 7, 33
36 Vgl. Dionys bei Euseb. h. e. 6, 41
37 Tert. ieiun. 12
38 Tert. resurr. 43; adv. Marc. 4, 34. Apol. 50. Iren. adv. haer. 5, 31. Hermas, simil. 9, 28. Vgl. auch Cypr. ep. 58, 3. Lortz, Geschichte der Kirche, I. 40. Vgl. auch Daniel-Rops, Die Kirche, 248 f.
39 Daniel-Rops, Die Kirche, 385. Vgl. auch Kap. 40, Anm. 38
40 Marcus Anton. In sem. ipsum. 11, 3, 2. Epiktet, Diss. 4, 7, 6
41 Orig. Comm. ser. 19, 20. 24 in Mt.
42 Herders Werke, 12. T., 62 f.

43 Achelis, 312
44 Bei Euseb. h. e. 4, 23
45 Drews, Die Christusmythe, II. 57 mit Berufung auf Hausrath.
46 Delitzsch, Mehr Licht, 42 ff.
47 Cypr. ep. 55, 11
48 Schwartz, Zur Geschichte des Athanasius, Ges. Schriften, 3, 1959, 98 f.
49 Lucius, 80 f. Geffcken, Das Christentum im Kampf, 10

44. Kapitel

1 Lucius, 103. Vgl. auch 101. Zum Titel ebenda: »Die Märtyrerlegende als christliche Heldensage« 75; 83 ff.
2 Schneider, Geistesgeschichte II. 41
3 Lucius, 139
4 Ambr. ep. 22, 12
5 Lucius, 155
6 Ebenda, 156
7 Ebenda 156 ff.
8 Ebenda 162 ff.
9 Trede, 91 f:, 197
10 So Lucius, 83
11 Ehrhard, Kirche der Märtyrer, 73. Vgl. auch Delehaye, Le Légendes hagiographiques, 1905, 62 ff.
12 Surkau, 82 ff. bes. 105 ff. Lucius, 82, Anm. 1. Morawitzky, 80 f.
13 Mart. Pol. 5, 2; 9, 1; 15. Dazu Surkau 126 ff. bes. 131, Anm. 123; 125; 126
14 So Schuchert, 146
15 Schneider, Geistesgeschichte II. 41. Surkau, 7 f.
16 Acta Pauli et Theclae 33; Ign. Rom. 5; Mart. Perpet. 19; Mart. Mironis
17 Acta Perpet. 21
18 Euseb. Mart. Palaest. 4
19 Vgl. Lucius, 93 ff. Reiches Material auch bei H. Günter, Psychologie der Legende, 96; 103; 108; 123; 138 f.; 140 ff. u. o.
20 Die Quellenhinweise bei Lucius, 85, Anm. 3; 92, Anm. 7
21 Alle Quellenhinweise bei Lucius, 94
22 Ebenda, 98; 240
23 Schneider, Geistesgeschichte II. 42, Anm. 2
24 Morawitzky, 61 f.; 69 ff.; 79, dort Belege. Lucius, 101

25 Acta Agathae 8 f.
26 Acta Christophori 11 ff.
27 Passio Calliopii. Mart. Pauli et Julianae
28 Clem. Al. strom. 7, 63 f. Vgl. auch Euseb. h. e. 3, 30
29 Ehrhard, Kirche der Märtyrer, 103
30 Graf, Das Martyrium des hl. Pappus, 209. Weitere große Zahlen bei Günter, Psychologie der Legende, 139 f.
31 Ebenda, 212
32 Tondi, Die geheime Macht der Jesuiten, 31. Von mir kursiv gesetzt.

45. Kapitel

1 Harnack, Mission u. Ausbreitung I. 328
2 Lucius, 252 ff.
3 Drews, Die Marienmythe, 156
4 Aug. civ. Dei 22, 10, Dazu Lucius, 202 ff.
5 Vgl. zum Folg. bes. Lucius, 20 ff.
6 Ebenda 22
7 26 f. Bruck, 35
8 Ebenda
9 Klauser, Vom Heroon zur Märtyrerbasilika
10 Nilsson, I. 1941, 175
11 Lucius, 287 ff.
12 Ebenda
13 Ebenda
14 Schneider, Geistesgeschichte II. 162 f.
15 Bruck, 36. Dort Hinweis auf ausführlichere Literatur
16 Lucius 310
17 Syn. Elvira c. 35
18 Hieron. ep. 107, 9
19 Bei Theodoret hist. rel. 20. Nach Lucius, 323 f.
20 Leipoldt, Von Epidauros bis Lourdes, 232. Vgl. auch Grafiken, Der Ausgang, 234. K. Müller, Kirchengeschichte, I. 512. Lucius, 29, Anm. 1. Siehe auch die Beschönigungen bei dem Katholiken Daniel-Rops, Die Kirche, 517, Anm. 15
21 Aug. conf. 6, 2
22 Widengren, 57

743

23 Vgl. Lucius, 73, Anm. 10
24 Bertholet, 181f.
25 Heiler, Der Katholizismus, 190f.
26 Leipoldt, Katholische Volksfröm-migkeit, 42
27 Burkhardt, Griechische Kulturge-schichte, 2. A. I., 164. Leipoldt, Von Epidauros bis Lourdes, 184. Ders. Katholische Volksfrömmigkeit, 49f. u. 45
28 Mart. Polyk. 13, 2. Vgl. auch Pontius, Vity Capr. 16, 6. Leipoldt, Von Epi-dauros bis Lourdes, 98
29 Vgl. Orig. hom. 24, 1 in Num. hom. 7, 2 in Judic.
30 Bei Euseb. h. e. 5, 18, 6
31 K. Müller, Kirchengeschichte I. 513
32 Glasenapp, Glaube u. Ritus der Hochreligionen, 103
33 Diese bei F. Pfister, Der Reliquien-kult, II. 423ff.
34 So K. Müller, Kirchengeschichte I. 513
35 Vgl. Leipoldt, Von Epidauros bis Lourdes, 95ff. Zit. 112. Ders. in Theol. Literaturzeitung, 1959, 5, S. 356. Pfister, Der Reliquienkult, I. 324. Auch Greßmann, Tod u. Aufer-stehung des Osiris, 10. Hermann, 82ff. Glasenapp, Glaube u. Ritus der Hochreligionen, 103f.
36 Glasenapp, Glaube u. Ritus der Hochreligionsen, 103
37 Pfister, Der Reliquienkult, I. 323 mit Bz. auf Wetzer u. Welte's Kirchenle-xikon X 1039
38 Lucius, 191
39 Cyr. cat. 18, 16 mit Bz. auf Apg. 19, 12
40 Basil. hom. in Psalm. 115
41 Belege bei Lucius, 183. Anm. 2
42 Cyrill cat. 4, 10; 10, 19
43 Heiler, Der Katholizismus, 169
44 Lucius, 165
45 Pfister, Der Reliquienkult I. 326. Menzel II. 248, Anm. 3
46 Die Quellenhinweise bei Lucius, 168; 193
47 Ebenda 168; 193
48 Theiner, I. 215f. Trede, 206
49 Vgl. das Martyrium des hl. Pappus, 209

50 Lucius, 298f.; 303f.
51 August. civ. Dei 22, 8, 16ff. Vgl. Mensching. Das Wunder im Glauben u. Aberglauben, 49. Lucius 135
52 Belege bei Lucius, 304, Anm. 6
53 So Lucius, 195
54 Ebenda, 195
55 Pfliegler, 194ff.
56 Ebenda 233ff.
57 Blinzler, 11ff. Vgl. bes. 36, Anm. 22. Ferner die Rezension des Buches von W. Bulst S. J., Das Grabtuch von Tu-rin durch W. Schneemelcher in: Theol. Literaturzeitung, 2, 1956, 105f.
58 Bertholet, 407
59 Pfister, Der Reliquienkult, II. 618 (Zusammenfassung)

46. Kapitel

1 Goethe, Tagebuch, 8. 10. 1786
2 Zit. bei Gonthard, 114
3 Lk. 2, 7
4 Vgl. z. Ganzen »Jesu Verwandt-schaft« bei Hennecke, 103ff.
5 Mk. 6, 3; 3, 32; Mt. 12, 46; 13, 55; Apg. 1, 14; Gal. 1, 19; 1. Kor. 9, 5
6 Z. B. Hieron. vir. ill. 2. Epiphan, haer. 78, 7. Joh. Chrysost. hom. 5 in Mt.
7 Protevangelium Jacobi 8, 3; 9, 2; wohl auch Petrusevangelium: dazu Michaelis, Die apokryphen Schriften zum N. T. 46
8 Vgl. Kuckhoff, Christliche Vater-schaft, 171f. Der Aufsatz ist im übri-gen ein katholisches Kuriosum.
9 A. Keller, Die neue amerikanische Bi-belübersetzung, 998
10 Mt. 1, 18ff.; Lk. 1, 26ff.
11 Nestle, Novum Testamentum Graece et Germanice, App. zu Mt. 1, 16
12 Vgl. Norden, Geburt des Kindes, 82
13 Vgl. Gal. 4, 4. Dazu etwa Dibelius, Botschaft u. Geschichte I. 29 mit. Tert. de virg. vel. 6; Hippolyt in Da-nielem 4, 39, 4ff.
14 Beleg bei Werner, Die Entstehung, 353, Anm. 16

744

15 Just. Tryph. 48. Dazu W. Bauer, Das Leben Jesu, 30f.

16 Just. Apol. 1, 53

17 Orig. Cels. 5, 61. Vgl. auch Schoeps, Theologie u. Geschichte des Judenchristentums, 73f.

18 Mt. 1, 20ff.; Lk. 1, 26ff.

19 Lk. 1, 46ff.

20 Lk. 2, 8ff.; 2, 19; Mt. 2, 1ff.

21 Lk. 2, 33

22 Lk. 2, 49ff.

23 Vgl. Mk. 3, 21 u. 3, 31ff. mit Mt. 12, 46ff.; Lk. 8, 19ff.

24 Schelkle, 18

25 Belege bei Grillmeier, 101ff.

26 Lk. 11, 27f.

27 Mehl, 175

28 Orig. Cels. 1, 39

29 Lk. 2, 33; 2, 48; 4, 22; Mt. 13, 55; Jh. 1, 45; 6, 42; Lk. 2, 7. Dazu Hennecke, 103ff.

30 Mt. 1, 25. Vgl. dazu H. Koch, Adhuc virgo, 33ff. u. ö.

31 Vgl. 1. Mos. 4, 1

32 Belege bei Koch, Adhuc virgo, 8ff. Ders. Virgo Eva-Virgo Maria, 17ff.

33 Belege bei Koch, Adhuc virgo, 3ff. Ders. Virgo Eva-Virgo Maria, 8ff.; 60f. u. a.

34 Belege bei Koch, Adhuc virgo 5, Anm. 1

35 Ebenda, 22. Ders. Virgo Eva-Virgo Maria, 62ff.

36 Koch, Adhuc virgo, bes. 28 u. 41

37 Vgl. Gontard, 116

38 Basil. 8. hom. 6, (Geflügel u. Wassertiere).

39 Orig. Cels. 1, 37. Siehe auch Motto dieses Kapitels!

40 Quellenhinweise bei Lucius, 427, Anm. 16

41 Ackermann, Entstellung u. Klärung, 97f. mit Bz. auf J. Ernst, Die Lehre des heiligen Radbertus von der Eucharistie, 1896

42 Zit. bei Heiler, Assumptio, 10

43 Bousset, Kyrios Christos, 270

44 Vgl. Clemen, 117ff. Bousset, Kyrios Christos, 268ff. Leisegang, Pneuma Hagion, 14ff. Norden, Geburt des Kindes, 75ff. Lietzmann, Geschichte der alten Kirche, II. 114; bes. ausführlich: Drews, Die Marienmythe, 2ff. Mensching, Das Wunder im Glauben u. Aberglauben, 39ff.

45 Dazu Norden, Die Geburt des Kindes, 75ff.; 79ff.; 91f. Vgl. auch Fascher, Gottes Königtum im Urchristentum, 89; 105

46 Drews, Die Marienmythe, 2

47 Diog. Laertius 3, 2. Olympiod. Vita Plat. 1, 10ff. Orig. Cels. 1, 37

48 Koch, Virgo Eva-Virgo Maria, 90, Anm. 1. Vgl. auch Dibelius, Botschaft u. Geschichte I. 46

49 Plutarch, Alexander, 2, 2ff. Vgl. auch Tert. anima 46. Schneider, Geistesgeschichte I. 241

50 Philostr. vita Apoll. 1, 4

51 Quellenhinweise bei Schneider, Geistesgeschichte I. 240

52 August. civ. Dei 12, 24; 12, 27ff.; 17, 6, 71. Siehe auch Anm. 2

53 1. Mos. 17, 17; 18, 11; 21, 2

54 Philon de Cherubim 45ff.; Zit. De Cherub. 47. Dazu Lietzmann, Geschichte der alten Kirche II. 114; Dibelius, Botschaft u. Geschichte, I. 25f.; 30ff. Leisegang, Pneuma Hagion, 43ff. Fascher, Gottes Königtum im Urchristentum, 105f.

55 Dibelius, Botschaft u. Geschichte I. 35

56 Weber, Die ägyptisch-griechischen Terrakotten, 39

57 Leipoldt, Von Epidauros bis Lourdes, 163f. Vgl. auch Norden, Geburt des Kindes, 113

58 Vgl. Joseph, ant. jud. 18, 3f.; Tac. annal. 2, 85; Suet. Tiber. 36

59 Vgl. W. Wittmann, 77f.; 147. Dibelius, Botschaft u. Geschichte, II. 79

60 Vgl. etwa Apul. Met. 11, 25. Dazu u. auch zum Folgenden Lehmann u. Hass, 213f. Norden, Geburt des Kindes, 76ff.; 112ff. Heiler, Zeitschrift für Theologie u. Kirche, Neue Folge I. 1920, 417ff. Schneider, Geistesgeschichte I. 3, 186; 239ff. Drews, Die Marienmythe, 155ff. Wittmann, bes. 9ff.; 15ff.; 29f.; 94; 130ff. Leipoldt, Von Epidauros bis Lourdes, 157ff. Ders. Der soziale Gedanke, 18f. Nestle, Griechische Religiosität, 39ff.

61 Vgl. auch Trede, 114. Leipoldt, Die Frau in der antiken Welt, 9

62 Diodor, 1, 25. Juvenal, 12, 28. Dazu Wittmann, 74f.; 136

63 Wittmann, 29

64 Leipoldt, Von Epidauros bis Lourdes, 166

65 Drews, Die Marienmythe, 119ff. Vgl. auch Hyde, 54

66 Drews, Die Marienmythe, 48f.

67 Vgl. etwa die Abbildung Isis mit Horus, bei E. Neumann, Tafel 38 (Kupfer, Ägypten, etwa 2040–1700 v.Chr.). S. auch Erdmann, 244f.

68 Leipoldt, Von Epidauros bis Lourdes, 162f.; 188ff. Ders. Katholische Volksfrömmigkeit, 65

69 Spiegelberg, 94ff. bes. 97

70 Schneider, Geistesgeschichte I. 239

71 Ders. II. 116

72 Alföldi, Römisches Kaiserreich, 239

73 So Rothes, 381. Reiches Material bei Schneider, Geistesgeschichte II. 109ff.

74 Vgl. bes. Drews, Die Marienmythe, 38f. Leipoldt, Jesu Verhältnis zu Griechen u. Juden, 11

75 Leipoldt, Vom Jesusbild, 286. Vgl. auch ders. Katholische Volksfrömmigkeit, 60

76 Religionswissenschaftl. Wörterbuch, ed. f. König, 390f.

77 Drews, Die Marienmythe, 181

78 Zahlreiche Quellenbelege bei Lucius, 453f. Vgl. auch Leipoldt, Von Epidauros bis Lourdes, 155

79 Zit. bei Heiler, Der Katholizismus, 154

80 Mk. 6, 3

81 Apg. 1, 14

82 Tert. carne Chr. 7

83 Orig. hom. 17 in Luc. Chrysost. hom. 21, 1 in Joh. hom. 24, 1 in Matth. Chrysost. hom. 4 in Mt. Vgl. auch hom. 44

84 Protevangelium des Jakobus 6, 1; 8, 1; 12, 3; 15, 3; 20, 1ff. Dazu Hennecke, 85

85 Clem. Al. strom. 7, 16: Zeno v. Ver. 2, 8

86 Lucius, 420

87 Schneider, Geistesgeschichte I. 243, Anm. 1

88 Drews, Die Marienmythe, 159

89 Ebenda, 159f.

90 Schneider, Geistesgeschichte II. 226

91 August. De natura et gratia, 36; 42. Ders. peccat. meritis 2, 38

92 Lucius, 467

93 Zit. nach Leipoldt, Von Epidauros bis Lourdes, 169. Zu obigen vgl. auch ebenda 167ff. Lucius, 467

94 Pfliegler, 194

95 Sozomen, h. e. 7, 5

96 Drews, Marienmythe, 160; 162. Meinhold, Goethe, 206

97 Mohrmann, 34 mit. Bz. auf Kirchenzeitung für das Erzbistum Köln vom 1. 3. 1959, S. 6

98 Die Welt, 29. 9. 1959

99 Mohrmann, 36. Vgl. auch Leipoldt, Katholische Volksfrömmigkeit, 9

100 Heiler, Der Katholizismus, 189

101 Leipoldt, Katholische Volksfrömmigkeit, 20

102 Trede, 66f.

103 Mensching, Das Wunder im Glauben u. Aberglauben, 66

104 Ebenda. Vgl. auch Trede 66f. Cic. divin. 1, 34

105 Leipoldt, Katholische Volksfrömmigkeit, 58. Sokolowski, 153ff.

106 Herzog, 132f. Vgl. auch Hoch, 44f

107 Herzog, 130ff. Die Kapitel »Gnadenorte« bei Leipoldt, Von Epidauros bis Lourdes, 9ff. Ders. Katholische Volksfrömmigkeit, 47; 53ff. Nilsson, II. 213. v. Scheffer, 169. Dibelius, Botschaft u. Geschichte, I. 331. Wittmann, 136. Mensching, Das Wunder im Glauben u. Aberglauben, 50

108 Juvenal 12, 28. Vgl. auch Tibull 1, 3, 27

109 Vgl. zum Ganzen das Kapitel: Die »Unbefleckte Empfängnis« bei Drews, Die Marienmythe, 161ff.

110 Ebenda, 174f.

111 Heiler, Altkirchliche Autonomie, 335

112 Heiler, Assumptio, 9

113 Ebenda, 8; 10

114 Epiphan. haer. 78, 11f.; 78, 24

746

115 Bei Heiler, Assumptio, 44. 16f. Vgl. auch Lucius, 450
116 Heiler, 15ff.; 30; 44
117 Vgl. die Anführung derselben ebenda, 25ff.
118 Ebenda, 33
119 Zit. ebenda 3
120 Zit. ebenda
121 Ebenda 6
122 Miegge, 561ff.
123 Feckes, 3
124 Mitterer, 61
125 Congar, 36

VIERTES BUCH:
DIE SIEGENDE KIRCHE

47. Kapitel

1 Schneider, Geistesgeschichte II. 297
2 Schleiermacher, Reden über die Religion IV. 132
3 Zos. 2, 8, 2. 9, 2
4 Lact. mort. pers. 44, 11
5 Ebenda 44, 5f. Euseb. Vita Const. 1, 28. Dazu Lietzmann, Geschichte der alten Kirche, III. 62 Buonaiuti, I. 197 Schoenebeck, 26f.
6 Schoenebeck, 5ff.; 23f. 69f. Schwartz, Kaiser Constantin, 60. Zur damaligen Religionspolitik Konstantins H. P. L'Orange 177ff.
7 Lact. mort. pers. 48, 2; Euseb. h. e. 10, 5: das sogenannte Mailänder Toleranzedikt.
8 Vgl. Vogt, Constantin der Große, 187. Hönn, 119. Schoenebeck 39; 49
9 So Kraft, 67
10 Daniel-Rops, Die Kirche, 559
11 Buonaiuti, I. 251
12 Schwartz, Kaiser Constantin, 130f.
13 Zur christenfreundlichen Haltung des Konstantinus Kraft, 2ff.
14 Vgl. zum Folg. bes. Hönn, 144f.
15 Rostovtzeff, II. 217
16 Vogt, Constantin der Große, 234
17 Hönn, 126f.
18 Rostovtzeff, II. 236. Vgl. auch die beiden Motti Anm. 15 u. 16. Ferner Hönn, 136f. Lietzmann, Geschichte der alten Kirche III. 131

48. Kapitel

1 Goethe zu Eckermann am 4. 1. 1824
2 Harnack, Mission u. Ausbreitung, I. 242
3 Zit. nach Seeck, Entwicklungsgeschichte, 306. Vgl. auch Harnack, Dogmengeschichte, 54
4 Vgl. Schneider, Geistesgeschichte I. 401ff.
5 Martial 5, 24
6 Kirfel, 11ff.; 38ff.; 99ff.; 147ff. Vgl. auch 184f.
7 Schneider, Geistesgeschichte I. 403. Vgl. auch Wechssler, 43 u. schon H. Usener im Rhein. Museum für Phil. 1903, 1; 161
8 An Körner, 25. 12. 1788
9 Vgl. Hen. 6, 2
10 Vgl. Phil. 2, 9ff.; 1. Kor. 15, 28. Dazu M. Werner, Die Entstehung, 302ff. Bousset, Kyrios Christos, 150ff. Klausner, Von Jesus zu Paulus, 435f.
11 2. Kor. 1, 3; 1. Kor. 11, 3
12 Bousset, Kyrios Christos, 150
13 Jh. 14, 28
14 Vgl. u. a. Basil. ep. 8, 5ff.
15 Just. Apol. 1, 13. Vgl. auch Tryph. 56, 4. 11
16 Athan. c. Arian 3, 42; Epiphan. haer. 69, 44, 1
17 Iren. adv. haer. 2, 28, 8
18 Tert. adv. Hermog. 3. adv. Prax. 5. Vgl. auch 3; 9f. Ferner: Tert. adv. Marc. 2, 27
19 Orig. Cels. 8, 15. Weitere Quellenhinweise bei Schneider, Geistesgeschichte I. 351, Anm. 2. Vgl. auch Seeberg, I. 512f. Werner, Die Entstehung, 521f.
20 Orig. orat. 15, 1
21 Bousset, Kyrios Christos, 233
22 Vgl. zu den eben zitierten Tertullian-Stellen adv. Herm. 3 u. adv. Prax. 5 Arius bei Athan. ep. ad episc. Aeg. et Lib. 12
23 Vgl. Athan. c. Arian. 3, 15f.

24 Ehrhard, Kirche der Märtyrer, 296 ff. Viller-Rahner, 74
25 Weinel, bei Hennecke, 330
26 Harnack, Mission u. Ausbreitung I. 117, Anm. 1
27 Wesendonck, 70 ff.
28 Ackermann, Entstellung u. Klärung, 73 mit Bz. auf R. B. Hoyle
29 2. Kor. 3, 17
30 Phil. 1, 19; Gal. 4, 6; Rm. 8, 9–11. 15–17; 2. Kor. 3, 17 f.
31 Jh. 3, 8; Mk. 9, 20; Mt. 27, 50
32 1. Pt. 3, 19; 1. Kor. 2, 11; Röm. 8, 9
33 1. Tim. 5, 21; Lk. 9, 26; Apk. 1, 1 f. Vgl. auch Mk. 8, 38; 1. Tim. 5, 21; 1. Thess. 3, 13; Apk. 3, 5; 14, 10. Zum Judentum: 1. Hen. 39, 5 ff.; 61, 8 ff.
34 Apk. 1, 4 f.
35 Just. Apol. 1, 6
36 1. Jh. 5, 7 f. Dazu Jülicher, 589
37 Zahlreiche Quellenhinweise bei Werner, Die Entstehung, 337, Anm. 81 f. 338, Anm. 84 f. Ev. Hebr. 2. Herm. vis. 1, 2, 4; 3, 8, 9; 3, 13, 2; sim. 9, 14, 3. Vgl. auch die von Origines berichtete Identifikation Paraklet-Paulus Orig. Hom. 25 in Lc. mit Bz. auf Jh. 14, 16 f.
38 Orig. Cels. 5, 11; Clem. Al. strom. 7, 4, 38, 4
39 Orig. Cels. 8, 12; Tert. adv. Prax. 24. Vgl. auch Harnack, Mission u. Ausbreitung I. 117, Anm. 1
40 Hilar. Pictav. lib. ad Constantinum 2, 5
41 Bei Athan. ep. 1 ad. Serap. 15
42 Athan. ep. ad. Serap. 2. Jh. 14, 11
43 Zit. bei Schneider, Geistesgeschichte II. 66
44 Bas. hex. 6 hom. 2 u. 9. hom. 6
45 Greg. Nyssa, Cat. 4, 1
46 Schneider, Geistesgeschichte I. 580

49. Kapitel

1 Buri, Christentum u. Kultur, 131
2 Werner, Die Entstehung, 635. Zu dem bis ins 4. Jahrh. auch in kirchlichen Kreisen weitverbreiteten Glauben, Christus sei ein dem Vater unterstelltes Engelwesen vgl. Werner, Die Entstehung 302 ff.
3 Bei Athan. de synod. 16
4 Ps. Tertullian, adv. omn. haer. 8
5 Harnack, Sitzungsbericht d. Preuss. Akademie d. Wissensch., phil.-hist. Kl. 1923, 51 ff. Ders. Dogmengeschichte, 156 ff. bes. 161 ff.
6 Hippol. ref. 9, 11, 1. Vgl. auch 9, 12
7 Harnack, Dogmengeschichte, 159
8 Nigg, Buch der Ketzer, 139
9 Epiph. haer. 68, 4; 69, 2. Dazu Lietzmann, Geschichte der alten Kirche, 93 ff. Harnack, Dogmengeschichte, 211 ff.
10 Philost. 2, 2
11 Daniel-Rops, Die Kirche, 601
12 Philost. 1, 3
13 So E. Schwartz, Zur Geschichte des Athanasius, 301. Vgl. auch Haller, Das Papsttum I. 50
14 Mt. 12, 28; Mk. 13, 32; Mt. 26, 41; 28, 1; Lk. 2, 52; 18, 19; Jh. 11, 34; 14, 28; 17, 3; Apg. 2, 36; 1. Kor. 1, 24; 15, 28; Kol. 1, 15; Phil. 2, 6 f. Hebr. 1, 4; 3, 2; Jh. 12, 27; 13, 21; Mt. 26, 39; 27, 46 usw. Harnack, Dogmengeschichte, 216
15 Zur klaren Subordination im Lukasevangelium, das auch keine Präexistenz Jesu kennt: Conzelmann, Die Mitte der Zeit, 146 ff. Vgl. auch Werner, Die Entstehung, 371 ff. und die Berufung des Arius auf die Tradition bei Athanasius c. Arian. 1, 5
16 Alex. v. Alexandrien, sermo de anima, 7. Athan., de synod. 16
17 Theodoret 1, 4, 3; dazu E. Schwartz, Zur Geschichte des Athansius, 133, Anm. 1. Ders. Kaiser Constantin, 123
18 Euseb. Vita Const. 2, 61, 5. Lietzmann, Geschichte der alten Kirche, III., 99 f. Schwartz, Kaiser Constantin, 122 f.
19 Ehrhard, Die Kirche der Märtyrer, 308
20 So Daniel-Rops, Die Kirche, 607
21 Schneider, Geistesgeschichte I. 400
22 Vita Const. 2, 64 ff.
23 Kraft, 96 f.
24 Ausg. d. Berliner Akademie, ed. H.

G. Opitz, Bd. 3, Urkunden zur Geschichte des arianischen Streites, 18, 7. Zit. nach Lietzmann, Geschichte der alten Kirche, III. 102

50. Kapitel

1 E. Schwartz, Kaiser Constantin, 141
2 Daniel-Rops, Die Kirche, 612. Zur Zahl der Versammelten Seeck, Untersuchungen zur Geschichte, 60f.
3 Socr. h. e. 1, 8
4 Heussi, Kompendium, 120
5 Jedin, 144
6 Kraft, 100
7 Seeck, Untersuchungen zur Geschichte, 348
8 So K. Müller, Kirchengeschichte I. 383
9 Seeck, Untersuchungen zur Geschichte, 350
10 E. Schwartz, Zur Geschichte des Athanasius, 182
11 Werner, Die Entstehung, 591ff. mit vielen Quellenhinweisen. Ders. Der protestantische Weg, I. 182. Auch Harnack, Dogmengeschichte, 76
12 Werner, Die Entstehung, 598ff.
13 Haller, Das Papsttum, I. 50. Vgl. auch 57
14 Konstantin Brief 18, 8 bei Kraft, 218f. Zum Lavieren der Kirche zwischen dem strengen Monotheismus sabellianischer Observanz und dem Polytheismus der Gnostiker: Werner, Die Entstehung, 591ff.
15 Voigt, 98
16 Athan., Historia Arianorum c. 33
17 Vgl. Voigt, 44ff. Heiler, Altkirchliche Autonomie, 223f.
18 Vgl. Heiler, Altkirchliche Autonomie, 54f.
19 Vgl. ebenda 54f.; 84
20 So Voigt, 73. Vgl. auch 98
21 Opt. De schism. Donat. 3, 3
22 Euseb. Vita Consta. 4, 24
23 Voigt, 99f.
24 Leo ep. 162 u. 165. Dazu Voigt, 76ff. bes. 80f.

51. Kapitel

1 Schneemelcher, Zur Chronologie des arianischen Streites, 393 mit Verweis auf H. G. Opitz
2 Lietzmann, Geschichte der alten Kirche II. 220ff. Vgl. z. B. Athan. c. gent. 45. Zur späten Beteiligung des Athanasius am dogmatischen Streit vgl. auch E. Schwartz, Zur Geschichte des Athansius, Ges. Schr. 3. Bd. 246, Anm. 1
3 Athan. c. Arianos. 1, 53; 2, 17; 2, 32; 2, 39; 2, 43; 3, 2; 3, 16; 3, 28; 3, 50; 3, 67; 1, 1. De decretis synodi Nicaenae 21 (hier d. Zitat); 27; 29. Ep. ad Adelphium 8
4 Zit. bei Daniel-Rops, Die Kirche, 626
5 Heiler, Urkirche u. Ostkirche, 158
6 Vgl. Scheidweiler, 87ff.
7 Athan. c. Arian. 1, 1
8 Seeck, Untersuch. zur Geschichte des Nic. Konzils, 38ff.
9 Socr. 1, 38, 7
10 Athan. ep. ad. Serapion de morte Arii. Dazu Seeck, Unters. zur Geschichte des Nic. Konzils, 33ff.
11 Daniel-Rops, Die Kirche, 621
12 Vgl. Grisar III. 851ff. Dort auch alle Belege für die folg. Zit.
13 Ebenda 854f.
14 Ebenda 853
15 Bates, 687
16 Phil. 3, 19
17 Athan. de decr. Nic. synodi 40. Dazu Kraft, 233ff.
18 Ebenda 39. Dazu Kraft, 230ff.
19 Seeck, Untersuchungen zur Geschichte des Nicänischen Konzils, 41ff.
20 Vgl. Athan. Hist. Arian. 69. Zosim. 2, 40. Sokr. 3, 1, 6f.
21 Euseb. vita Const. 4, 51f.
22 Eutrop. 10, 8. Aur. Vict. 41. Zos. 2, 41
23 Athan. apol. 29, 3; 30, 1
24 Theodoret h. e. 2, 16, 24
25 Liber. ep. 10 pro deifico (Hil. 4, 168); ep. 11, 2 quia scio (Hil. 4, 171); ep. 12 non doceo (Hil. 4, 172)
26 Z. B. von Amman, Dictionnaire de Théologie Catholique IX. 1926, col. 637

27 Ausführlicher Lietzmann, Geschichte der alten Kirche, III. 226 ff.
28 W. Ensslin, Die Religionspolitik des Kaisers Theodosius, 23 f.
29 Vgl. Seeck, Untersuchungen zur Geschichte des Nicänischen Konzils, 12 f. Auch Heiler, Altkirchliche Autonomie, 178 ff.
30 Zit. bei Heiler, Altkirchliche Autonomie, 180

52. *Kapitel*

1 Schneider, Geistesgeschichte I. 530. Vgl. zum folg. bes. auch Lietzmann, Geschichte der alten Kirche, III. 262 ff.
2 Bidez, 34 ff.
3 Ebenda 114 f.
4 Greg. Naz., or. 4, 21
5 Vgl. etwa Liban. or. 18, 21
6 ep. 89 Zit. nach Lietzmann, Geschichte der alten Kirche, III. 281. Vgl. auch Greg. Naz. or. 4, 111 f. Bidez, 280 ff. Geffcken, Der Ausgang, 128 ff.
7 Vogt, Kaiser Julian u. das Judentum, 34 ff.; 46 ff.
8 Hieron. Chron. Rufin. h. e. c. 32. Das Zitat bei Greg. Naz. or. 4, 58
9 Theodoret, 3, 8. Socr. 3, 12. Sozom. 5, 18
10 Julian, ep. 50. Socr. 3, 13, 1 f.
11 Liban. or. 17, 27
12 Ambr. De obitu Valentiniani consolatio 21. Greg. Naz. or. 4, 75
13 Liban. or. 18, 11 ff.
14 Am. Marc. 22, 4, 9; 22, 7, 5. Liban. or. 2, 58; 18, 154
15 Poulsen, 286
16 Bidez, 352
17 Sozomenus, h. e. 6, 2. Vgl. auch Dölger, Zur Einführung in: Bidez, 8. 358 f. Förster, Kaiser Julian, 16 ff.
18 Bidez, 332 mit Bz. auf Liban. or. 18, 194; 15, 43; 12, 84 f.
19 Theodor. h. e. 3, 28. Liban. 11, 300
20 Apotheos. 449 ff.
21 Greg. Naz. or. 4, 85. 68. 111. 79. 52 hier das Zitat

22 Bidez, 358. Dazu Förster, Kaiser Julian, 9 ff.
23 Philip, 41 f. Ausführlich bei Förster, Kaiser Julian, 25 ff.
24 Bidez, 362 f. Vgl. auch Philip, 52 ff. Förster, Kaiser Julian, 39 ff.

53. *Kapitel*

1 Basil. hom. in div. 1
2 Vgl. Mk. 6, 8 f. mit Mt. 10, 10; Lk. 9, 3; 10, 4
3 Nielsen, 198 f.
4 Jirku, 19
5 Vgl. Pöhlmann, II. 465 ff. Taubes, 66 f. mit einer Fülle von Quellenbelegen.
6 DSD 1, 11 f.; 3, 2; 4, 2 f.; 5, 2; 6, 20 ff. Joseph. ant. jud. 18, 20. bell. 2, 8, 3. Dazu Braun, Spätjüdisch-häretischer, II. 73 ff. bes. 77, Anm. 2
7 Bock, 45. Leipoldt, Der soziale Gedanke, 82, der letzteres nur als Vermutung ausspricht.
8 Vgl. Mt. 2, 11 mit Lk. 2, 24. Stauffer, Jesus, 44 u. 154, Amn. 5
9 Vgl. Dalman, Arbeit u. Sitte in Palästina VII. 220
10 Lk. 15, 2
11 Wikenhauser, 160. Zu Abschwächungen des Matthäus etwa Percy, Die Botschaft Jesu, 106 mit Bz. auf Mt. 5, 3; 5, 6 u. a.
12 Lk. 12, 33; 14, 33. Vgl. auch Heussi, Der Ursprung des Mönchtums, 17 f.
13 Mk. 10, 25. Vgl. dazu etwa Fuchs, Christentum u. Sozialismus, 154
14 Lk. 16, 9; 16, 11; 6, 24 ff.; 16, 19 ff.; 1, 52 f.
15 Pöhlmann II. 473. Braun, Spätjüdisch-häretischer II. 74. Percy, 105 f. Heussi, Ursprung des Mönchtums, 25. Lohmeyer, Galiläa u. Jerusalem, 65. Vgl. dagegen die Beschönigung bei dem Katholiken Meinertz I. 107. Und dagegen wiederum den Katholiken Wikenhauser, 159 f.
16 Außerbiblische Worte Jesu, ed. Dietrich Nr. 27. Leipoldt, Der soziale Gedanke, 84. Vgl. auch Lohmeyer, Das Evangelium des Markus, 261

17 Zit. nach Harnack, Das Wesen des Christentums, 63f. Dazu Jeremias, Unbekannte Jesusworte, 36ff. Michaelis, Die apokryphen Schriften, 115ff. Hennecke, 30. Zu dieser Haltung Jesu vgl. auch Harnack, Reden u. Aufsätze I. 30. Dibelius, Jesus, 78

18 Vgl. Buonaiuti, 291. Schneider, Geistesgeschichte I. 36

19 Vgl. Anm. Vgl. auch Troeltsch, 49

20 Cyprian op. et el. 25. Vgl. auch etwa Joh. Chrysost. hom. zur Apg. 7, 2f.

21 Overbeck, 27

22 Lohmeyer, Galiläa u. Jerusalem, 65f. Vgl. auch ders. Gottesknecht u. Davidsohn, 138

23 Troeltsch, 49

24 Apg. 4, 32–35. Vgl. auch 2, 42ff.

25 Vgl. Heussi, Der Ursprung des Mönchtums, 19f. Pöhlmann II. 483. Haenchen, Die Apostelgeschichte, 191ff.

26 Troeltsch, 50. Vgl. auch Kautsky, Der Ursprung des Christentums, 347ff.

27 Leipoldt, Der soziale Gedanke, 111; 115. Heussi, Der Ursprung des Mönchtums, 20ff. Bigelmair, 84. Weinel, Die Stellung des Urchristentums, 28. Greeven, Das Hauptproblem, 101ff.

28 Vgl. etwa Meinertz, I. 227

29 Kautsky, Geschichte des Sozialismus I. 34

30 Schoeps, Theologie u. Geschichte des Judenchristentums, 196ff. Lohmeyer, Galiläa u. Jerusalem, 64f.

31 Vgl. Iren. adv. haer. 1, 25, 3; Clem. Al. strom. 3, 2; Augustin De haer. 7

32 Basil. Predigt, gehalten zur Zeit einer Hungersnot u. Dürre, c. 8

33 Vgl. Anm. 46

34 Jak. 2, 6; 5, 1ff. Dazu Weinel, Stellung des Urchristentums, 14. Kautsky, Der Ursprung des Christentums, 345

35 Did. 4, 8; 2, 7. Vgl. auch Barn. 19, 5; 19, 8; Bas. ep. 65

36 Herm. sim. 1, 6; 1, 8f. Vgl. auch vis. 3, 6, 7 u. ö.

37 Just. Apol. 1, 14

38 Tert. patient. 7, idol. 11

39 Tert. apol. 39

40 Pöhlmann, II. 464ff.; 488ff.

41 Basil. 5. hom. 7; 7. hom. 7

42 Basil. In divites, 1

43 Vgl. Bruck, 6ff.

44 Greg. Nyssa, Von den Seligpreisungen, 1. Rede, I. Bruck, 18ff.

45 Joh. Chrys. hom. in Matth. 64; 66. Vgl. auch hom. 35 u. 57

46 Joh. Chrys. hom. in ep. 1 ad Tim. 12, 3f.

47 Vgl. Pöhlmann, II. 488f.

48 Hieron. In Mich. 6, 10ff. ep. 120, 1, 14

49 Mt. 19, 21; dazu Hieron. ep. 14, 6; weitere Belege bei Bruck, 80, Anm. 8

50 Heussi, Kompendium, 43

51 Buonaiuti I. 63ff.

52 Über Papias Iren. adv. haer. 5, 33. Hieron vir. ill. 18; Hieron. nennt an gleicher Stelle als Chiliasten auch Irenäus, Tertullian, Viktorin u. Laktanz.

53 Justin. Tryph. 80f. Vgl. auch 139, 4f. Dazu Harnack, Judentum u. Judenchristentum, 82f. Nigg, Das ewige Reich, 52

54 Iren. adv. haer. 5, 33, 2f.; 4, 40, 1; 4, 42, 3; 5, 32, 1. Nigg, Das ewige Reich, 54. Leipoldt, Geschichte des neutestamentlichen Kanons, I. 39. Vgl. auch Frick, 61f.

55 Tert. adv. Marc. 3, 24

56 Cypr. Fortunat. 11. Method. symp. 9, 5. Dazu Frick, 107ff. Zu Viktorin vgl. Apokalypsen-Kommentar c. 12, 4; 19; 21. Lakt. div. inst. 7, 22, 8; 7, 24, 3ff. Barn. 15, 5. Hauptbeleg für Montanismus Tert. adv. Marc. 3, 24

57 Harnack, Mission u. Ausbreitung I. 121. Vgl. auch Ders. Dogmengeschichte I. 4. A. 619

58 Vgl. Buonaiuti I. 63ff. Heussi, Kompendium, 43. Leipoldt, Geschichte des neutestamentlichen Kanons, I. 39. Nigg, Das ewige Reich, 50. Lietzmann, Geschichte der alten Kirche, III. 171

59 Aug. civ. Dei 20, 7. Hieronymus Coment. in Jes. 49, 14. Nigg, Das ewige Reich, 57

60 Euseb. dem. ev. 7, 3, 12; Cyrill v. Jerus. cat. 4, 15

751

61 1. Kor. 15, 28. Vgl. auch 1. Thess. 4, 13 ff. Dazu Werner, Die Entstehung, 675. Mit Vorbehalt Bietenhard, 23 f.; 52 Jff.
62 Euseb. h. e. 3, 39, 11 ff.
63 Buonaiuti, I. 69 f. Vgl. auch Nigg, Das ewige Reich, 53 f.
64 Vgl. Harnack, Dogmengeschichte I. 4. A. 616
65 Buonaiuti I. 70. Vgl. auch Nigg, Das ewige Reich, 53 f.
66 E. F. Mueller, Die Bekenntnisschriften, 185

54. Kapitel

1 Schneider, Geistesgeschichte I. 519 f.
2 Apk. 3, 17 Jk. 2, 1 ff.; siehe auch Harnack, Mission u. Ausbreitung II. 560 f.
3 Preisker, Das Ethos des Urchristentums, 174
4 Vgl. Gal. 5, 14. Röm. 13, 8. Eph. 5, 5. 3. Kol. 3, 5 mit 2. Kor. 8, 12 ff.
5 Lk. 12, 33; 14, 33; Mk. 10, 21; Mt. 19, 21; Lk. 18, 22
6 Vgl. Preisker, Das Ethos des Urchristentums, 174. Greeven, Hauptproblem, 108
7 1. Kor. 9, 4 ff.; Gal. 6, 6. Dazu Preisker, Das Ethos des Urchristentums, 103; 174
8 Gal. 5, 15
9 1. Kor. 11, 17 ff. Lietzmann, Geschichte der alten Kirche I. 136. Nock, Paulus, 144; 149. Schrempf, 364. Das Zitat bei Bornkamm, Gesammelte Aufsätze II. 142. Vgl. auch E. Meyer, Ursprung u. Anfänge III. 442. Siehe dagegen den euphemistischen Hymnus bei dem Jesuiten Koester, Die Idee der Kirche, 48
10 Leipoldt, Der soziale Gedanke, 130 f
11 Troeltsch, 116
12 Dignath-Düren, 26
13 Z. B. Hermas, vis. 3, 6, 5 ff.; 3, 9, 6; sim. 1, 1; 2, 5; 4, 5; 8, 9, 1; 9, 20, 1 ff.; 9, 30, 4
14 Did. 1, 6
15 Schneider, Geistesgeschichte I. 520, dort alle Quellenhinweise.

16 Clem. Al. Quis dives salvetur c. 3
17 Vgl. Morton S. Enslin, 213 ff. Vgl. auch Lietzmann, Geschichte der alten Kirche II. 295
18 Vgl. aber auch Clem. Al. paed. 3, 7, 38; 2, 12, 120
19 Bruck, 14 f. Vgl. auch Greg. Naz. or. 17, 10
20 Greg. Naz. De pauperum amore c. 6. »Kavalier« bei Bruck 16 ff.
21 Greg. Naz. or. 19, 11
22 Bruck, 16 ff.
23 Diesner, passim bes. 23 ff.; 92 ff.
24 Aug. sermo 14, 3, 4; 85, 5, 6; 85, 6, 7; 14, 4, 6; ep. 157/23 conf. 7, 6 Zit. nach Diesner, 33
25 Aug. ep. 104, 3. Diesner, 33
26 Diesner, 45, Anm. 1
27 Kautsky, Der Ursprung des Christentums, 481
28 Greg. Naz. or. 12, 3
29 Hieron. Contra Joh. Hieros, c. 7
30 So Schneider, Geistesgeschichte I. 568 mit Bz. auf Hieron, ep. 22; 28; 107; 123; 125; 147
31 Hartke, 422. Haller, Das Papsttum, I. 83
32 Heussi, Kompendium, 110
33 Theiner, I. 146 f.
34 Schneider, Geistesgeschichte II. 269 mit Bz. auf Euseb. h. e. 10, 6 f. Joh. Chrysost. in Act. hom. 18, 4. Vgl. auch Tondi, Die Jesuiten, 50 f.
35 Salv. gub. Dei 5, 6, 24–26. Dazu Schneider, Geistesgeschichte I. 521; 716
36 Belege bei G. Bovini, La proprietà ecclesiastica, 1948. Nach C. Schneider.
37 Harnack, Reden u. Aufsätze II. 43. Vgl. auch Troeltsch, 116. Hartke, 422. Schneider, Geistesgeschichte 327 ff.
38 Zit. bei Gontard, 253
39 Vgl. bes. Haller, Das Papsttum, 388 ff. Heiler, Altkirchliche Autonomie, 235 ff.; 276
40 Heiler, Altkirchliche Autonomie, 239
41 Nach Heiler, Der Katholizismus, 297. Vgl. auch ders. Altkirchliche Autonomie, 236
42 Zit. bei Buonaiuti, II. 242

752

43 Ebenda, 244
44 Ebenda, 252
45 Thomas S. c. Gent, 3, 133. 135. S. theol. 2, 2, 134, 1 ff.
46 Gontard, 309
47 Ebenda, 325. Vgl. zu Eugen IV. auch Morus, 295
48 Morus, 305, Gontard, 326 ff.
49 Morus, 317
50 Tondi, Die Jesuiten, 58. Von mir kursiv gesetzt.
51 Joh. Chrysost. hom. 80 u. 85 in Mt. Dazu Bruck, 73 f.
52 Schaub, 32. Von mir kursiv gesetzt.
53 Scheinmann, 15
54 Chinigo, 173
55 Ebenda, 163. Von mir kursiv gesetzt.
56 Ebenda, 171
57 Ich habe immer noch den Klang jener stark gefühls- und pathosunterströmten, leicht hysterischen Frauenstimme im Ohr, die im deutschen Bundestag, im Bewußtseins, eine halbe Welt hinter sich zu haben, rief (ich zitiere aus dem Gedächtnis): »Oder wollen Sie den Heiligen Vater einer Lüge zeihen?!« Der apostrophierte Politiker wollte das natürlich nicht.
58 Chinigo, 173
59 Ebenda, 186 f.
60 Zit. bei Tondi, Die Jesuiten, 61 f.
61 Ebenda
62 Chinigo, 177
63 Zum A. T. vgl. Hesek. 18, 5 ff. Ps. 15, 5; 2. Mos. 22, 25; 3. Mos. 25, 35 ff. Zum N. T.: Lk. 6, 34 f. Weber, Gesammelte Aufsätze, I. 56 ff. S. aber auch K. Marx, Das Kapitel III. 659 ff. Daran gehalten hat man sich freilich schon in der antiken Kirche nicht. Es gab sogar zahlreiche Kleriker u. Bischöfe, die bedenkenlos Zins nahmen u. Wuchergeschäfte trieben: Cypr. lapsis 6; testim, 3, 48; Euseb. h. e. 5, 21; Konzil v. Elvira can. 20
64 Mohrmann, 20 f.
65 Chinigo, 171
66 Mohrmann, 40, Anm. 87 mit. Bz. auf S. Friedrich, Tagebuch während des Vatikanischen Konzils, 1873, 119
67 Mohrmann, 40 f. mit Bz. auf L'Ex-

press vom Oktober 1958, No. 385 S. 12/13
68 Ebenda 42
69 Mohrmann, 42 mit Bz. auf Handwörterbuch der Sozialwissenschaft, Stuttgart, 1956 V. S. 638 u. Statistisches Jahrbuch, 1958, hrsg. v. Statist. Bundesamt, Wiesbaden.
70 Tondi, Die Jesuiten, 369. Vgl. auch Mohrmann, 45 mit Bz. auf Lawretzki, Der Vatikan, Religion, Finanzen und Politik, 1957, 189
71 Tondi, Der Vatikan u. die Monopole, 17 f. Ders. Die Jesuiten, 369
72 Mohrmann, 45 f. nennt genau 1 145 000 ha. Vgl. Tondi, Die Jesuiten, 369
73 Scheinmann, 9 f.
74 Tondi, Die Jesuiten, 370 ff.
75 Ebenda
76 Ebenda
77 Ebenda
78 Ebenda
79 Ebenda
80 Ebenda
81 Mohrmann, 50 mit Bz. auf C. B. A, Le Finanze del Vaticano, in Vie Nuove, Rom, 12. 2. 1956
82 Mohrmann mit Bz. auf L'Espresso, Rom, 16. 2. 1958, 9
83 Tondi, Die Jesuiten, 375
84 Ebenda, 307 ff.
85 Ebenda
86 Ebenda
87 Ebenda
88 Ebenda
89 Ebenda
90 Ebenda, 339
91 Bernhart, 400
92 Die nachfolgende Tabelle entnehme ich der informativen Untersuchung von Prof. Dr. Heinz Mohrmann, 52 f.
93 Mohrmann, 51, Anm. 119
94 Ebenda, 51
95 A. Miller, Informationsdienst zur Zeitgeschichte, 10, 1961, 8 ff.
96 Längere Auszüge ebenda
97 Ebenda
98 Ebenda

55. Kapitel

1 Weinel, Bibl. Theologie, 493
2 2. Mos. 21, 2; 5. Mos. 15, 12ff. Greeven, Das Hauptproblem, 45ff. Schaub, 22ff.
3 1. Kor. 7, 20f.
4 Leipoldt, Der soziale Gedanke, 122
5 1. Tim. 6, 2
6 1. Petr. 2, 18ff. Dibelius, Botschaft u. Geschichte I. 322f.
7 Tit. 2, 9ff. Vgl. auch Eph. 6, 8. Kol. 3, 24
8 Ign. Polyc. 4, 3
9 Did. 4, 11
10 Apk. Petr. 11. Hennecke, 136; 314
11 Ambr. parad. 14, 72. Vgl. auch ep. 63, 112
12 Chrysost. hom. 22 in ep. ad Eph. Vgl. auch hom. 4 in ep. ad Tit.
13 Aug. In Ps. 124, 7. Vgl. dazu Diesner, 41ff. bes. 44. Troeltsch, 133
14 Aug. Quaest. in Hept. 2, 77
15 Jonkers, Das Verhalten der alten Kirche, 296
16 Gal. 3, 28; 1. Kor. 12, 13; Kol. 3, 11
17 Meinertz, II 209f.
18 Leipoldt, Dionysos, 53ff. Ders. Der soziale Gedanke, 120. Ders. Die Frau in der antiken Welt, 54f. Wilamowitz, II. 60ff. bes. 67 u. 72
19 Epikt. 1, 13, 5; 1. 3, 2; 3, 22, 96; 4, 1, 127; Sen. ben. 3, 20, 1 ep. 44 ep. 47 ep. 95, 33. 52; De ira 2, 31. Vgl. dazu bes. Greeven, Das Hauptproblem, 6ff.; 28ff. Auch Schaub, 12ff.
20 Jonkers, Das Verhalten der alten Kirche, 289, falls der Brief, den Jonkers allerdings als authentisch verwendet, nicht gefälscht ist. Vgl. auch Hartke, 422
21 Vgl. 1. Tim. 6, 1ff. Dazu Greeven, Das Hauptproblem, 57. Auch Weinel, Stellung des Urchristentums, 15, Anm. 44
22 Harnack, Mission u. Ausbreitung I. 194f.
23 Troeltsch, 19; 133f. Diesner, 87. K. Müller, Kirchengeschichte, 565f.
24 Troeltsch, 141
25 Schaub, 49
26 Schneider, Geistesgeschichte I. 742
27 Harnack, Reden u. Aufsätze, II. 40ff.; Zit. 43 K. Müller, Kirchengeschichte I. 566. Troeltsch, 142.
28 9. Konz. v. Tol. can. 10. Zit. bei Theiner, I. 223
29 Harnack, Reden u. Aufsätze II. 47
30 Troeltsch, 19; auch 132ff. Vgl. auch Harnack, Mission u. Ausbreitung, 192. K. Müller, Kirchengeschichte I. 565. Weinel, Bibl. Theologie, 493. Heussi. Kompendium, 121
31 Schaub, 21f.
32 Troeltsch, 356. Anm. 160. Vgl. auch Fuchs, Christliche u. marxistische Ethik, I. 40ff.
33 Troeltsch, 290, Anm. 126.; 300, Anm. 132
34 Ebenda, 316, Anm. 137 u. S. 344. Vgl. auch 327, Anm. 145
35 Ebenda, 355, Anm. 160
36 Vgl. z. B. 4. Synode v. Braga (675) can. 7. S. auch S. 200
37 Vgl. etwa Fuchs, Christliche u. marxistische Ethik, I. 72f. Werner, Glaube u. Aberglaube, 88. Zum Ganzen das Werk von Troeltsch passim
38 Dibelius, Botschaft u. Geschichte, I. 153f

56. Kapitel

1 E. Meyer, Ursprung u. Anfänge, III. 633
2 R. Tschudi bei Bertholet, 486
3 Pascal, Pensées, 295, Aph. 640, von mir kursiv gesetzt.
4 Schneider, Das Frühchristentum als antisemitische Bewegung, 6
5 Leipoldt, Antisemitismus in der alten Welt, passim. Ders. Antisemitismus, in: Reallexikon für Antike u. Christentum I. 1950, 469ff. Hyde, 101f. Allgeier, 319f. Vgl. auch H. Schmidt, Die Judenfrage, 20ff.
6 Belege bei Surkau, 52f. Vgl. auch Lohse, 72, Anm. 3ff.
7 Vgl. Mt. 6, 9ff. mit Lk. 11, 2ff.
8 Did. 8, 1; 8, 3; Knopf, Das nachapostolische Zeitalter, 242f. Klostermann, Das Matthäusevangelium, 55ff.

9 Vgl. 4. Mos. 8, 10; 27, 18; 27, 23 mit Apg. 6, 6; 13, 3; 8, 17; 19, 6; 1. Tim. 4, 14; 2. Tim. 1, 6

10 Gal. 4, 10f. Röm. 14, 5f.

11 Vgl. z. B. Faulhaber, Judentum, Christentum, Germanentum, 19 u. 10f. mit Bz. auf Röm. 11, 26

12 Dibelius, Die Reden der Apostelgeschichte u. die antike Geschichtsschreibung, 17 mit Bz. auf Apg. 13, 46; 18, 6; 28, 25f. Leipoldt, Antisemitismus in der alten Welt, 16 mit Bz. auf Gal, 4, 8f.

13 Röm. 2, 21ff. Dazu Goppelt, Der Missionar des Gesetzes, 199ff.

14 Vgl. Kap. 24, Anm. 27

15 Gal. 4, 21–31. Dazu 1. Mos. 21, 1ff.

16 Belege bei Schoeps, Paulus, 245ff.

17 Röm. 10, 2

18 1. Thess. 2, 15

19 Mt. 23, 30ff.

20 Apg. 7, 52; Vgl. auch Apg. 2, 22f.; 3, 15; 4, 10; 5, 30; 10, 39

21 Hebr. 11, 37

22 Schoeps, Aus frühchristlicher Zeit, Kapitel: Die jüdischen Prophetenmorde, 126ff.

23 Weinel, Bibl. Theologie, 415

24 So Knopf, Einführung, 118 u. Weber, Ges. Aufsätze zur Religionssoziologie, III. 442, Anm. 1. Vgl. dazu Jh. 5, 16ff.; 7, 1; 7, 13; 10, 31f.; 18, 36ff. u. a.

25 Jh. 8. 31ff. bes. 8, 44. Apk. 2, 9; 3, 9. Vgl. auch Jh. 5, 37; 7, 28; 8, 19; 8, 55; 16, 3; 7, 34

26 Vgl. dazu bes. Hirsch, Das vierte Evangelium, 252ff. u. Grundmann, Jesus der Galiläer, 224ff. Zu Jesu Verhältnis zu den Juden: Parkes, 33ff.; 38ff.

27 Meinertz, II. 313. Fast mit demselben Wortlaut Wikenhauser, 221

28 Goodspeed, A History of Early Christian Literature, 34

29 Barn. 13, 1ff.; 14, 1ff. Vgl. auch 4, 6ff. 5, 11; 14, 5

30 Barn. 10, 11f. u. ö.; 2. Kor. 3, 12ff. Vgl. auch Justin, Tryph. 29

31 Barn. 10, 3

32 Barn. 10, 11f. Vgl. auch den Ausdruck christlicher »Bescheidenheit« in Barn. 21, 9

33 Vgl. zu Vorstehendem bes. Just. Tryph. 12ff.; 16f.; 26f.; 30, 32, 34, 39, 41, 46f.; 64, 93, 95, 108, 118, 120, 123, 130, 132f.; 136, 41

34 Zit. nach Sozialkundebriefe f. Jugend u. Schule, hrsg. v. der hessischen Landeszentrale für Heimatdienst, März 1958, 5. 1940 konnte Schneider, Das Frühchristentum als antisemitische Bewegung, S. 13 erklären, daß Justins Schrift »in weiten Teilen ganz modern anmutet«.

35 1. Clem. 31, 2. Vgl. Hebr. 2, 16

36 Jh. 5, 45

37 Tat. or 31 u. 36ff.

38 Lact. div. inst. 4, 10

39 Just. Tryph. 29. Vgl. Barn. 10, 11f.; 2. Kor. 3, 12ff.

40 Zit. bei Schneider, Das Christentum als antisemitische Bewegung, 13

41 Harnack, Judentum u. Judenchristentum, 88

42 Harnack, Mission u. Ausbreitung I. 74, Anm. 3

43 Vgl. die ausführliche Zusammenstellung polemischer Traktate bei Oepke, 282f. Auch das Carmen apologeticum des Commodian hat man, wenn auch nachträglich, mit Recht so betitelt: J. Martin, 1ff.

44 So Oepke, 284

45 Tert. pud. 48. Vgl. auch Tert. adv. Jud. 1 u. 3. praescr. haer. 8

46 Tert. adv. Jud. 3 apol. 21

47 So Schneider, Das Frühchristentum als antisemitische Bewegung, 16 mit Bz. auf Cypr. or. Dom. 10

48 Uhlemann, 127

49 Alle Belege bei Schneider, Das Frühchristentum als antisemitische Bewegung, 17

50 Ebenda

51 Chrysost. or. 1, 3f.; 1, 7

52 Ebenda 1, 6 u. 6, 2f.

53 Murawski, 54

54 Ad. Diognet. 4. Schneider, Das Frühchristentum als antisemitische Bewegung, 13

55 Bas. Hex. 9. Hom. 6

56 Orig. princ. 4, 8; vgl. auch Cels. 2, 34

57 Orig. Cels. 2, 5; 2, 8; 7, 8; 4, 22; 2, 78
58 Vgl. Just. Tryph. 16; Apol. 1, 31; Tert. apol. 21 scorp. 10 (hier das Zitat). Iren. adv. haer. 4, 21, 3; 4, 28, 3. Orig. Explan. in Ps. 36 hom. 1
59 Parkes, 121 ff. Zusammenfassend 148 ff.
60 Schneider, Geistesgeschichte I 587 f. Dort alle Quellenhinweise. Vgl. auch 324
61 Harnack, Mission u. Ausbreitung I. 75. F.
62 Vgl. hier etwa J. Munck, Christus u. Israel, 42 ff. Ders. Paulus u. die Heilsgeschichte, 311 ff. Goppelt, Christentum u. Judentum, 153 ff.; 246 ff. Die Vorwürfe der Juden gegen die Christen bei Krause, 45 f. Auf die »jüdische Christenhetze« ist von deutschen Theologen niemals öfter als in der Hitlerzeit hingewiesen worden. Vgl. z. B. Stauffer, Theologisches Lehramt, 7; 38
63 Parkes, 106 ff. bes. 114 f.
64 Vogt, Kaiser, Julian u. das Judentum, 72. Vgl. auch 26 f. Von mir kursiv gesetzt.
65 Parkes, 189 ff.
66 Syn. v. Elv. can. 16 u. can. 50
67 Euseb. Vita Const. 3, 17 ff.
68 Ebenda, 4, 27 u. 3, 18 hier das Zitat.
69 Cod. Theod. 16, 8, 6 f.; 16, 9, 2
70 Julian ep. 51
71 Cod. Theod. 16, 7, 6 f.; 16, 8, 16. 24
72 Vogt, Kaiser Julian u. das Judentum, 62 ff.; 68 ff. Vgl. auch Parkes, 181 f. Oepke, 289. Bartes, 204. Hyde, 100
73 Quellenhinweise bei Vogt, Kaiser Julian u. das Judentum, 63. Anm. 5. Vgl. zu. Folg. auch Parkes, 187 f.
74 Murawski, 17
75 Ambr. ep. 40
76 Sokrates, h. e. 7, 13. Schneider, Geistesgeschichte I. 588 f. Ders. Das Frühchristentum als antisemitische Bewegung, 15. Campenhausen, Griechische Kirchenväter, 153 ff. Leipoldt, Antisemitismus in der alten Welt, 16
77 Murawski, 54
78 Zit. bei Campenhausen, Griechische Kirchenväter, 153
79 Vgl. Parkes, 263 ff.
80 Leipoldt, Von Epidauros bis Lourdes, 17. Maurer, 25
81 Syn. v. Elv. can. 49
82 Parkes, 189 ff. Zusammenfassung, 372 f.

57. Kapitel

1 Wiegand, 249 mit bes. Bezug auf Agobard
2 Vgl. Schiffmann, 39 ff. Zu Friedrich III. bes. R. Strauss, Die Judengemeinde Regensburg, 3 ff.
3 Ep. 9, 109 f.; 7, 24; 8, 21; 6, 33. Dazu Parkes, 210 ff. bes. 215 f. dort weitere Quellenhinweise. Vgl. auch Wiegand, 236 f.
4 Bates, 203 f. Mensching, Toleranz u. Wahrheit, 50
5 Can. 40. Vgl. auch can. 12 u. 34
6 Can. 30. Vgl. auch can. 13 u. 28
7 Can. 14 f. Vgl. auch can. 2; 15; 16; 17
8 Zit. nach Theiner, I. 214
9 Wiegand, 221
10 Ebenda 232. Vgl. auch 247. Oepke, 292 f.
11 Rahner, Juda u. Rom, 181
12 Vgl. die Zusammenstellung desselben bei Parkes, Appendix I. 382 f.
13 Bates, 219. Parkes, 369 f.
14 Bates, 204
15 Zit. bei Parkes, 360
16 Nach Parkes, 222
17 Bates, 219
18 Ebenda 28 f.
19 Adler, 22 f.
20 Maurer, 76 f.; 79 f.
21 Zit. nach Coudenhove-Kalergi, 168. Vgl. auch Adler, 23
22 Adler, 25 f.
23 Ebenda
24 R. Strauss, Die Judengemeinde Regensburg, 23 ff.
25 Ebenda 28 f.
26 Adler, 32
27 Bates, 217
28 Ebenda
29 F. W. Foerster, 102. Vgl. auch Bates, 243

756

30 F. W. Foerster, 79
31 So Maurer, 28
32 Leo serm. 53, 2 f.; 59, 1 ff. Nach Schneider, Das Frühchristentum als antisemitische Bewegung, 16
33 Bates, 217
34 Decretales Greg. IX., lib. V., tit. VI., c. 13 zit. nach Maurer, 29
35 Bates, 217 f. Buonaiuti, II. 253. Mensching, Toleranz u. Wahrheit, 50
36 Oepke, 312 ff.

58. Kapitel

1 Adler, 27
2 Vgl. F. W. Foerster, 96. Grisar, III. 345
3 Maurer, 103 f.
3a Stöhr, 115
4 Erlanger Ausgabe XXXII. 242
5 Ebenda, 282
6 Ebenda, 298
7 Die evangelische Kirche in Deutschland u. die Judenfrage, 18
8 Erlanger Ausgabe XXXII. 233 ff. Vgl. auch Maurer, 49 f.
9 Maurer, 49
9a Stöhr, 117
10 Maurer, 30 ff. Vgl. auch 78 f.
11 Adler, 24
12 Bates, 243 f.
13 Ebenda
14 F. W. Foerster, 104
15 Lamm, 226 ff.
16 Schnee, 69 f.
17 Ebenda, 70
18 Zit. bei Adler, 57 f
19 Zit. ebenda 101. Zum Antisemitismus Stoeckers vgl. auch Kupisch, 72 ff.
20 Adler, 123
21 Wucher, Eichmanns gab es viele, 269
22 Zit. bei Adler, 145
23 Germania Nr. 306, 6. 11. 1933, von mir kursiv gesetzt.
24 Niemöller, Die Evangelische Kirche im Dritten Reich, 49
25 Rahner, Juda u. Rom, 181
26 Mirgeler, 117 ff. Zit. 124
27 Bogler, 148 ff.
28 H. Schmidt, Die Judenfrage, 33

29 Niemöller, Bekennende Kirche in Westfalen, 259
30 Ebenda
31 Niemöller, Die evangelische Kirche, 379
32 Beckmann, 481. Von mir kursiv gesetzt.
33 Niemöller, Die evangelische Kirche, 380. Vgl. auch 367
34 Ebenda, 380
35 Beckmann, 133. Vgl. auch 178; 275; 298
36 Ebenda, 432 f. Zur Unterstützung verfolgter Juden bes. durch evangelische Pastoren Württembergs vgl. Krakauer, 60 ff.
37 Vgl. die Erklärung der 11. Bekenntnissynode der evangelischen Kirche der altpreußischen Union vom Oktober 1942, abgedr. bei Beckmann, 391
38 Die evangelische Kirche in Deutschland u. die Judenfrage, 10
39 F. W. Foerster, 108 f.
40 Görlitz, 24
41 Wucher, Eichmanns gab es viele, 268
42 Zit. bei Adler, 128
43 Ebenda, 127 f.
44 Ebenda, 153
45 Zit. ebenda 154
46 Zit. bei Garden, 181
47 »Das Kreuz von Golgatha«. Dazu Garden, 183
48 Zit. bei Garden, 181 f.
49 Süddeutsche Zeitung, 30. Juni 1960, S. 8
50 Die Welt, 6. Februar 1960, S. 2

59. Kapitel

1 Schneider, Geistesgeschichte, II. 27
2 Diogn. 5
3 Arist. Apol. 17, 3
4 Athenag. leg. 1; 11; 31
5 Tert. apol. 38 u. 24
6 Orig. Cels. 7, 46; 8, 41; 8, 66
7 Lact. mort. pers. 1, 5 f.
8 Euseb. h. e. 10, 4, 16. Zum tatsächlichen Verhalten Konstantins vgl. etwa A. Heuss, 443 f.
9 Cod. Theod. 15, 1, 3; Euseb. Vita Const. 4, 25; 2, 45

10 Euseb. Vita Const. 3, 54
11 Firm. Mat. err. 16, 4 f. Aufforderung zur Plünderung der Tempel, 28, 6
12 Syr. Didasc. 2; Clem. Al. strom. 2, 9, 41–45
13 5. Mos. 7, 2 ff.
14 Voigt, 37
15 Schneider, Geistesgeschichte II. 300. Ders. Die Christen im römischen Weltreich, 322 f.
16 Cod. Theod. 16, 10, 2. 3. 4
17 A. Müller, in Bibl. der Kirchenväter, Bd. 14, 210
18 Cod. Theod. 16, 10, 4. Vgl. auch 16, 10, 6. Vgl. auch Crysost. Hom. in Juvent. et Mart. c. 1. Sozom. 5, 4. Liban. Mon. in Jul.
19 C. Theod. 16, 10, 7. 11. 12
20 K. Prümm, S. J., Die mythische Religion, 75
21 Euseb. Vita Const. 3, 1; 3, 54. Liban. or. 7, 10; 18, 23; 17, 7. pro templ. 2. Ammian. 22, 4, 3. Socr. h. e. 1, 3. Theodor. h. e. 3, 7, 3; 3, 7, 6
22 Theodoret. h. e. 5, 21, 5 ff.
23 Socrat. h. e. 5, 16 Sozom. h. e, 7, 15
24 V. Schultze, Geschichte des Untergangs des griechisch-römischen Heidentums, I. 267 f. mit Bz. auf Eunap. vita Aedes
25 Liban. Pro templis c. 3. Zit. bei V. Schultze, Geschichte des Untergangs des griechisch-römischen Heidentums, I. 270
26 Deichmann, 105 ff.
27 Zit. bei Leipoldt, Von Epidauros bis Lourdes, 37
28 Schneider, Geistesgeschichte II. 133, Anm. 3
29 Leipoldt, Von Epidauros bis Lourdes, 44
30 Ebenda 38
31 Schneider, Geistesgeschichte II. 301
32 Zit. bei V. Schultze, Geschichte des Untergangs, I. 271 f.
33 Ambr. ep. 1, 18, 2
34 Socr. h. e. 7, 22
35 Cod. Theod. 16, 10, 23.25
36 Ebenda 16, 10, 25
37 August. ep. 91
38 Socr. h. e. 7, 15. Dazu vgl. etwa Schneider, Die Christen im römi-

schen Weltreich, 322 f. Ders. Geistesgeschichte I. 613. Campenhausen, Griechische Kirchenväter, 156
39 Voigt, 50 ff. Bates, 201
40 Schneider, Die Christen im römischen Weltreich, 322

60. Kapitel

1 Schleiermacher, Über die Religion, 4. Rede 118
2 2. Petr. 2, 12 ff.; 2, 22. Fast das ganze Kapitel strotz von solchen Beschimpfungen.
3 Orig. Cels. 5, 63
4 Dionysius Alex. bei Euseb. h. e. 7, 7. Cpyr. laps. 34. Basil., An den Klerus von Neocaesarea, Bibl. d. Kirchenväter Bd. 46, S. 231, Nr. 62, 2 (M. A. Nr. 207)
5 Basl, Hex. 3. Hom. 9
6 Greg. Naz. or. 20, 5 f. Bas. ep. 62, 4. Bibl. d. Kirchenväter, Bd. 46 S. 240 Nr. 63, 5 (M. A. Nr. 210). Bas. An die Wortführer zu Neocaesarea, Bibl. d. Kirchenväter, Bd. 46, S. 238, Nr. 63, 4 (M. A. Nr. 210)
7 Alle Quellenhinweise bei Seeberg, I. 235
8 Iren. adv. haer. 3, 2. Siricius ad omnes episcopos Italiae. Hieron. adv. Jovin
9 Hieron. adv. Jovin.
10 Hippolyt. nach W. Bauer, Rechtgläubigkeit, 180
11 Iren. adv. haer. 2, 31, 2
12 Ebenda 1, 13
13 Tert. ieiun. 16 f.
14 Cyrill. cat. 16, 8
15 Euseb. h. e. 6, 3
16 Viller-Rahner, 74. Koepgen, 323 f.
17 Daniel-Rops, Die Kirche, 438 ff.
18 Greg. Naz. or. 2, 79–86
19 Carm. 2, 1, 11 de vita sua 460 ff. Zit. bei Campenhausen, Griechische Kirchenväter, 107
20 Vgl. P. Haeuser in Bibl. d. Kirchenväter, Bd. 59, S. IX ff. Vgl. auch dazu Greg. Naz., 3. Rede 13 u. 9. Rede
21 Chrysostomos, In 1. ep. ad Timoth. hom. 10, 3

22 Tert. apolog. 24, 38. Cyprian ep. 54, 3. Orig. Cels. 7, 26
23 Chrysost. Matth. Kommentar. 46. Hom.
24 Harnack, Marcion, 196. Kraft, 126 ff.
25 Cod. Theod. 16, 1, 2
26 Ebenda 16, 5, 63
27 Alle Quellenbelege bei Voigt, 40 ff., dem ich hier gefolgt bin. Vgl. auch K. Müller, Kirchengeschichte I. 546 ff. Parkes, 183 f.
28 Haller, Das Papsttum I. 147 ff. bes. 151
29 Caspar I. 432 ff.; 610 f.
30 Ambr. ep. 40, 26. De obitu Theodosii oratio c. 38. Dazu bes. Voigt, 88 ff.
31 Opt. Mil. De schismate Donatistarum, 3, 6 f.
32 Diesner, 64
33 Vgl. Brief 11, 4 bei Kraft, 196
34 Holl, 92
35 Nigg, Buch der Ketzer, 122
36 Aug. ep. 93, 2, 5 mit Bz. auf Lk. 14, 23
37 August. ench. 16, 72 f. ep. 89, 2
38 Athan. hist. Arian. 33, 1 ff. Vgl. auch 67, 2
39 Opt. De schismate Donatistarum 3, 3
40 Athan. hist. Arian. c. 33
41 Opt. De schismate Donatistarum 3, 3 Ambr. Sermo contra Auxentium 36
42 Aug. ep. 93, 19; 185, 35
43 So Holl, III. 90 f. mit Bz. auf ep. 201, 1
44 Berkhof, 122

61. Kapitel

1 W. E. H. Lecky, History of the Rise and Influence of the Spirit of Rationalism in Europe, I. 330; II. 32, 38. Zit. bei Bates, 241
2 Brief an die katholische Historikerin Lady Blennerhasset, in Acton's Correspondence I. 55. Zit. bei Bates, 242
3 Weisweiler, 374
4 Chrysost. Hom. 47 in Mt. c. 13
5 Böhmer, Der junge Luther, 163

6 Böhmer, Luther im Licht der neueren Forschung, 157
7 Syn. v. Toulouse can. 1 ff. Zitate can. 1 u. 14
8 Bates, 215
9 Ebenda, 216
10 Thomas, Summa theol. IIa IIae q. XI, a. 3
11 Mensching, Toleranz u. Wahrheit, 52
12 Ebenda
13 Vgl. Nigg, Buch der Ketzer, 327. Ackermann, Entstellung und Klärung, 154; auch 151
14 Mensching, Toleranz u. Wahrheit, 52
15 Troeltsch, 221 f.
16 Ebenda
17 World Telegram, New York, 24. Juli 1953. Zum Thema vgl. etwa neben d. grundlegenden Werk v. Bates J. Gross, Religionsfreiheit u. kath. Kirche, 1951. Loewenich, Der Katholizismus und wir, o. J.
18 Zit. Gross, Religionsfreiheit in der katholischen Kirche, 857
19 Mirbt, 439. Mensching, Toleranz u. Wahrheit, 12
20 So Bates, 665
21 Mensching, Toleranz u. Wahrheit, 12
22 Acta Sanctae Sedis, IV, Rom 1868, 11
23 Zit. bei Bates, 648
24 Monzel, 190
25 Klein, 11, Anm. 7
26 Bei Heiler, Der Katholizismus, 322. Theodor Haecker zit. nach Nigg, Buch der Ketzer, 245
27 Bates, 676
28 Zit. bei Mensching, Toleranz u. Wahrheit, 162
29 Ebenda 162
30 Ebenda 12
31 World Telegram, New York, 24. Juli 1953
32 Nietzsche, Jenseits von Gut u. Böse, Aph. 104
33 Vgl. etwa Mensching, Toleranz u. Wahrheit, 38 ff. Pfliegler, 279 ff.
34 Luther, Tischreden III. 175. Zit. bei Bates, 234. Von mir kursiv.
35 Ackermann, Entstellung u. Klärung, 192

1 Nigg, Buch der Ketzer, 317 f. Vgl. bes. auch 307

2 Knopf, Einführung, 199

3 Zum Dämonenglauben im Judenchristentum Schoeps, Aus frühchristlicher Zeit, 54 ff.

4 Vgl. Schneider, Geistesgeschichte I. 262 ff.; 531 ff. Stemplinger, 9 ff. Delitzsch, Mehr Licht, 50 ff. Nilsson, II. 516 ff. Nestle, Griechische Religiosität, 72 ff.

5 Euseb. h. e. 6, 43, 11

6 Schneider, Geistesgeschichte, 540 f. Anm. 4 mit Bz. auf Peregr. Aeth. 46

7 Justin Apol. 2, 4 (5). Athenag. leg. 24 f. Vgl. auch Clem. Al. strom. 5, 10, 2; Lactanz div. inst. 2, 14. Zu ihrer angeblichen Ernährung vgl. Tert. apol. 22; Firm. Mat. err. 13, 4; auch 26, 2; dazu A. Müller, in Bibl. der Kirchenväter, Bd. 14, S. 246, Anm. 2. Zu ihren angeblichen Wirkungen vgl. Athenag. leg. 23. Justin Apol. 1, 9; 10; 12; 26; 58. Tert. apol. 22. Orig. princ. 3, 3, 1 ff. August. civ. Dei 2, 24 f.

8 Tert. bapt. 5 u. 3. anima 3

9 Aug. ep. 55, 20 civ. dei 22, 8. Dazu Trede, 177 f.

10 August civ. Dei 15, 23

11 Vgl. etwa auch Aug. civ. Dei 7, 33 ff.; 8, 12 ff.

12 So Bertholet, 189. Vgl. auch Stemplinger, 19

13 Vgl. J. W. R. Schmidt, I. S. XII. Nigg, Buch der Ketzer, 309

14 Vgl. A. Mayer, Erdmutter u. Hexe, 9. Delitzsch, Mehr Licht, 40 ff.

15 Zit. bei W. Schubart, Christentum u. Abendland, 80 f.

16 Belege bei Döllinger, Papsttum, 2. A. 1892, 125 ff.

17 Betschart, in Rel. Wörterbuch, ed. König, 351

18 Zit. bei J. W. R. Schmidt, S. XLI. Vgl. auch Delitzsch, Mehr Licht, 43

19 Delitzsch, Mehr Licht, 44. Zehren, 317

20 Daniel-Rops, Jesus, 29. Weisweiler, 374

21 J. W. R. Schmidt

22 Ebenda XVI

23 Beleg ebenda XXXIII

24 Ebenda XLII. Vgl. auch Nigg, Buch der Ketzer, 310

25 J. W. R. Schmidt, 127

26 Ebenda XIII f.

27 Ebenda 98 ff.

28 Thomas, Summa theologica I. q. 92, a. 1.

29 J. W. R. Schmidt, 100

30 Menzel, II. 674 f.

31 Diel, 87. Vgl. auch 83

32 Nigg, Buch der Ketzer, 317

33 Menzel, II. 677, Anm. 4

34 Ebenda 680

35 Ebenda

36 Ebenda

37 Ebenda

38 Diel, 82

39 Ebenda 71, 73; 78; 110 u. ö.

40 Menzel, II. 679

41 Ebenda

42 Goetze

43 Diel, 65

44 Menzel, II. 679

45 Ebenda 680

46 Werner, Glaube u. Aberglaube, 122; 125

47 Nestle, Krisis, 236

48 Ray-Atkinson, Hexenwahn u. Hexenprozesse, o. J. 178 f.

49 Vgl. Diehl, 21

50 Zit. ebenda 68

51 Ebenda 92

52 Ebenda 95

53 Ebenda 69

54 Ebenda 109

55 Ebenda 116 f.

56 Menzel, II. 682

57 Delitzsch, Mehr Licht, 45

58 P. Schmidt, S. J. Talisman u. Zauberwahn, 315 f.

59 Vgl. zum Folg.: Heiler, Der Katholizismus, 167 ff.; 229; 231 ff.

60 Gemäß Rituale Romanum Tit. II. cap. 2: Ordo baptismi parvulorum

61 J. Gross, Entstehungsgeschichte des Erbsündendogmas, I. 67, Anm. 81

62 Bertholet, 165

1 Lasserre mit Bz. auf Lk. 9, 24; 17, 33
2 Mac Gregor, 15
3 Cadoux, 20
4 Lk. 10, 25 ff. Dazu Rade, Der Nächste, 79. Grundmann, Geschichte Jesu Christi, 89 f. In diesem Sinne selbst der Jesuit Frodl, Gesellschaftslehre, 75
5 Lk. 13, 1 ff.; dazu Jeremias, Jesu Verheißung, 35 ff.
6 Mt. 5, 38 ff.; Lk. 6, 27 f.
7 Mt. 5, 46 f.; Lk. 6, 32 f.
8 Mausbach, 41
9 Mt. 19, 18
10 Mt. 19, 18. Vgl. auch Mt. 5,*21 ff. Dazu Cadoux, 21 f.
11 Vgl. Dibelius, Jesus, 105; 110. Ders. Botschaft u. Geschichte, I. 113 ff. Asmussen, 30. Preisker, Das Ethos u. Urchristentum, 119. Knopf, Einführung, 268. Ragaz, 55. Troeltsch, 40. Weinel, Stellung des Urchristentums, 7. Wendland, 23. Nigg, Buch der Ketzer, 489. Vgl. dazu etwa Mt. 5, 43. Lk. 6, 27; 10, 29 ff.; Mk. 2, 13 ff.
12 So Windisch, Der Sinn der Bergpredigt, 150. Vgl. auch 14; 27; 57 f. Dazu Mac Gregor, 18. Vgl. auch 6. Ähnlich Harnack, Militia Christi, 2
13 Ackermann, Jesus, 104
14 Daniel-Rops, Jesus, 273 f. Vgl. den Widerspruch hierzu bei Staudinger, 130
15 Mk. 3, 23. Krieg u. Blutvergießen: Mt. 22, 7; Mt. 21, 33 ff. Plünderung: Mk. 3, 27
16 Mk. 13, 7 ff.
17 Jh. 2, 15 ff. Dazu Mac Gregor, 23. Cadoux, 35
18 Ackermann, Jesus, 62. Dibelius, Jesus, 83 f. Nestle, Krisis, 39
19 Wird mit Recht von Lasserre, 48 f. betont.
20 Mt. 8, 5–13; Lk. 7, 1 ff.; Jh. 4, 43 f.
21 Wernle, Antimilitarismus u. Evangelium, 37

22 Lk. 7, 36 ff. Dazu Lasserre, 57 f.
23 Mt. 26, 52. Dazu Mac Gregor, 33 f.
24 Mt. 10, 34. Lk. 12, 51. Vgl. auch Hebr. 4, 12
25 Mt. 10, 38
26 Mt. 5, 43 ff. Dazu Mac Gregor, 65 f.
27 Grimm, 127 f. Vgl. auch 290 ff.
28 Wernle, Antimilitarismus u. Evangelium, 37
29 Bultmann, Synoptische Tradition, 155; zu Lk. 3, 10–14
30 Henri Bois. Zit. bei Lasserre, 18
31 Ebenda 21
32 August. Contra Faustum 22, 74
33 Joseph. ant. jud. 18, 1, 1; bel. 2, 8, 1
34 Mk. 12, 17
35 Das Gespräch vom Zinsgroschen Mk. 12, 13 ff.; Mt. 22, 15 ff.; Lk. 20, 20 ff. Zur Ironie des Wortes: Renan, 119; 151; 153. Schweitzer, Die Mystik des Apostels Paulus, 305. Weinel, Die Stellung des Urchristentums, 9. Dibelius, Botschaft u. Geschichte I. 191; II. 178. Ironie war Jesus durchaus nicht fremd. Besonders weist auf diesen gelegentlich hervortretenden Zug Jesu hin V. Grönbeck, Zeitwende I. 32; 43 f.; 74 f. 102; 105; 122 f. u. a. Vgl. auch Nestle, Krisis, 143. Leipoldt, Jesu Verhältnis, 50; Dibelius, Rom u. die Christen im ersten Jahrhundert, 4. Lasserre, 114. Heiler, Der Katholizismus; 30; 34. Deutlich verrät Ironie zum Beispiel Jesu Wort an seine Gegner: »Schön (kalōs) setzt ihr das Gebot Gottes außer Kraft« Mk. 7, 9
36 Harnack, Wesen des Christentums, 67. Dibelius, Jesus, 103. Ders. Botschaft u. Geschichte, I. 171 f. Braun, Spätjüdisch-häretischer II. 83, Anm. 2 Bornkamm, Jesus von Nazareth, 110 ff. Weinel, Stellung des Urchristentums, 8 f. Vgl. auch Ackermann, Jesus, 105. Nestle, Krisis, 36 f.; 143. Behm, 6. Gontard, 30 f.
37 Dibelius, Botschaft u. Geschichte II. 179
38 Mac Gregor, 116. Von mir kursiv.

761

1 Troeltsch, 45
2 Lk. 4, 5ff.; 22, 25ff.; 13, 1ff. Dazu Stauffer, Gott u. Kaiser im N. T. 14f.
3 Lk. 22, 25; Mt. 20, 25
4 Es erscheint im ganzen N. T. nur zweimal: Apg. 22, 28 u. Eph. 2, 12
5 Mt. 5, 39ff. Dazu Asmussen, 22ff.
6 Mt. 6, 31ff.
7 Mt. 6, 25ff.; Lk. 12, 22ff.; 10, 39ff. Dazu Troeltsch, 45
8 Mk. 3, 31ff.; 10, 29f.; Mt. 10, 34ff.; 12, 46ff.; Lk. 12, 51ff.; 14, 26
9 Staerk, Soter I. 14ff.; Stauffer, Jesus, 84f. Bornkamm, Jesus v. Nazareth, 60. Grundmann, Geschichte Jesu Christi, 300f.
10 9, 9f. Vgl. auch Ps. 118, 25f.
11 Vgl. Bultmann, Synoptische Tradition, 281. Ders. Theologie des N. T., 27. Klostermann, Markusevangelium, 112. Vgl. auch Bousset, Kyrios Christos, 35f. Ackermann, Jesus, 24. Hoskyns-Davey, 57f.
12 Weinel, Stellung des Urchristentums, 33
13 Knopf, Das nachapostolische Zeitalter, 105f. Führt im gleichen Zusammenhang aber auch die gegenteilige Haltung der Christen an.
14 Vgl. Voigt, 2ff. H. Fuchs, Der geistige Widerstand, 21ff. Weinel, Stellung des Urchristentums, 24f.
15 Apk. 17, 1. 5 u. ö. Vgl. Rissi, 96ff. Knopf, Das nachapostolische Zeitalter, 112. Feine-Behm, 274; 286. Bousset, Kyrios Christos, 246
16 Knopf, Das nachapostolische Zeitalter, 111ff. Schneider, Geistesgeschichte I. 151f. Troeltsch, 155. Grundsätzliche Vorbehalte gegen den Staat machen auch Hebr. 11, 9ff.; 13, 14; 1. Petr. 1, 1; 1, 17; 2, 11; 2. Clem. 5, 1; 5, 5; Diog. 6, 8 u. a. Dazu Schlier, Die Beurteilung des Staates im N. T., 31ff.
17 Vgl. z. B. das 8. Buch V. 37ff.; V. 139ff. Dazu Geffcken bei Hennecke, 399ff. Fuchs, Der geistige Widerstand, 78ff.
18 Hipp. in Dan. 4, 9, 2. Dazu Peterson,

Der Monotheismus als politisches Problem, 69ff. Fuchs, Der geistige Widerstand, 75ff.
19 Lakt. div. inst. 6, 6, 19ff. Vgl. auch 6, 9, 2ff. Dazu Cicero, publ. 3, 22. off. 3, 28. Fuchs, Der geistige Widerstand, 83ff.
20 Buonaiuti, I. 48. Zu einer ähnlichen Tendenz des Lukasevangeliums gegenüber seiner Vorlage vgl. Conzelmann, Die Mitte der Zeit, 80ff.; 112
21 Vgl. Röm. 1, 29ff.; 1. Kor, 5, 10f.; 2. Kor. 6, 6f.; Gal. 5, 19ff.; Eph. 4, 2f.; 5, 22ff.; Kol. 3, 5ff.; 3, 18ff.
22 Orig. Cels. 1, 4
23 Mt. 5, 33ff.
24 Vgl. Braun, Spätjüdisch-häretischer, II. 80f.; I. 85
25 Vgl. Mt. 5, 39f. mit 1. Kor. 6, 1ff.
26 Vischer, bes. 21ff. Vgl. auch Köhler, Ursprung u. Wesen der Problematik: »Staat u. Kirche«, 4
27 Röm. 13, 1ff.
28 Overbeck, XXIII.
29 Zu den Reden: Cic. publ. 3, 9. Dazu Fuchs, Der geistige Widerstand, 2ff.
30 Sallust, Hist. 4, fr. 69, 5. 17. 20
31 Sen. ep. 95, 30f.
32 Mt. 20, 25
33 1. Kor. 2, 6ff. Daß Paulus hier von irdischen Machthabern spricht, räumt auch der Katholik Meinertz ein, II. 37
34 Vgl. Röm. 13, 6 mit 1. Kor. 6, 1
35 Strobel, 92
36 Zum Gebet für die Obrigkeit u. Gehorsam für die Fürsten vgl. etwa 1. Tim. 2, 1f.; Tit. 3, 1; 1. Clem. 60, 4ff. Vgl. auch 1. Petr. 2, 13ff. Ferner Polyc. Phil. 12, 3. Justin Apol. 1, 17. Zur Steuerehrlichkeit der Christen, wofür man in der Tat eine konkrete Anweisung Jesu hatte: Theoph. ad Autol. 3, 14. Tatian, or. 4, 2. Tert. idol. 15. Zur Devotion der Christen vgl. bes. Athenag., leg. 1; 2; 3; 6; 7; 9; 31; 37 u. a. Auch Tert. Apol. 32. Scap. 2. Zum Theologumenon von der providentiellen Gleichzeitigkeit zwischen Christus u. Augustus: Melito bei Euseb. h. e. 4, 26, 7f. Auch Euseb. selbst dem. ev. 3, 7, 7. Dazu Eger, 107ff. Siehe auch Orig. Cels. 2, 30. Greg. Naz. of. 4, 37

65. *Kapitel*

1 Toynbee, 74f.
2 Cadoux, 245
3 Bainton, 208; 197
4 Vgl. Cadoux, Foreword VII. u. 13
5 Vgl. Kap. 19, Anm. 42. Ferner Weinel, Stellung d. Urchristentums, 10f. Leipoldt, Bibel u. Friedensgedanke, 21
6 Apg. c. 10. Cadoux, 97; 105; 245. Vgl. auch Harnack, Militia Christi, 51ff.
7 So Köhler, Ursprung u. Wesen der Problematik: »Staat u. Kirche«, 5. Vgl. auch Weinel, Stellung des Urchristentums, 25
8 Vgl. vor allem die umfangreichen Belege bei Cadoux, 49ff. Besondere Betonung der Feindesliebe etwa schon Did. 1, 3f. Athenag, leg. 11
9 Just. Tryph. 110, 1
10 Just. Apol. 1, 16
11 Tat. or. 19, 2. Vgl. auch 11, 1. Dazu Schöpf, 209. Harnack, Mission u. Ausbreitung II. 581, Anm. 5
12 Tert. patient. 6; apol. 37
13 Tert. idol. 19. de pat. 7. Vgl. auch corona 12
14 Tert. corona 11
15 Orig. Cels. 8, 73
16 Ebenda 8, 68. 73, 1
17 Ebenda 5, 33. Vgl. auch 7, 26
18 Vgl. z. B. auch Orig. Comm. Ser. 102 in Mt. Orig. Cels. 3, 7. Zahlreiche weitere Belege bei Cadoux, 129ff.
19 Schöpf, 214 mit Bz. auf Cypr. bono patient. 14
20 Cypr. bono pat. 16. Dazu Schöpf, 81
21 Cypr. Donatum, 6, 10. Von mir gesperrt
22 C. 41
23 Ebenda
24 Lact. div. inst. 6, 20, 15ff. Vgl. auch 5, 17, 12f. Weitere Belege bei Cadoux, 55ff.; 158ff.
25 Harnack, Militia Christi, 86f. Schneider, Geistesgeschichte I. 697ff.; 734. Bainton, 194
26 Euseb. Vita Const. 2, 12
27 Ebenda 2, 4; 2, 7ff.

28 Schneider, Geistesgeschichte I. 707f.
29 Prokop. bell. Vand. 1, 18
30 1. Mos. 32, 27. Nach Dignath-Düren, 51
31 Syn. v. Arles can. 3
32 Vgl. Euseb. h. e. 5 prooem. mit Vita Const. 1, 6. Vgl. auch Vita Const. 1, 46
33 Harnack, Mission u. Ausbreitung II. 588, Anm. 1. Vgl. auch Dignath-Düren, 18
34 Werner, Glaube u. Aberglaube, 209. Vgl. auch Harnack, Mission u. Ausbreitung II. 578. Dignath-Düren, 24
35 Dignath-Düren, 17f.
36 So Harnack, Mission u. Ausbreitung II. 589
37 Bas. ep. ad Amphil. can. 55 u. 13
38 Athan. ep. ad. Anm. Dazu Cadoux, 146; 257, Anm. 1
39 Greg. Naz. or. 6, 20
40 Jeznik v. Kolb, contr. philos. 1, 10
41 August. ep. 205 ad Bonif.
42 August. civ. Dei 4, 15
43 Ebenda
44 August. quaest. in Jos. 6
45 August. ep. 205 ad. Bonif.
46 Vgl. dazu Bainton, 200f.
47 Troeltsch, 122f.
48 Schöpf, 75; 242f.
49 Vgl. auch die Zusammenfassung bei Cadoux, 245ff.
50 Althaus, Die Todesstrafe
51 Iren. adv. haer. 4, 24, 2
52 Min. Fel. Octavius 30, 6
53 Tert. idol. 17; Vgl. auch Tert. corona 11
54 Vgl. Anm. 19ff.
55 Arn. adv. gent. 1, 6. Vgl. auch die Belege bei Cadoux, 54f.
56 Syn. v. Elvira can. 73. Schöpf, 165
57 Schöpf, 86
58 Ebenda, 251
59 Vgl. hierzu Kraft, 128ff.
60 Lact. div. inst. Zusatz zu 7, 26
61 Euseb. Vita Const. 5, 2; 5, 4; 10, 7. Vgl. dazu Eger, 110ff.
62 Beleg bei Althaus, Die Todesstrafe, 4
63 Vgl. ebenda 6ff.
64 Ebenda 10ff.

1 Becker, Sag nein zum Krieg, 5
2 Buonaiuti, II. 264
3 Pernoud, 22
4 Ebenda, 29f.
5 Ebenda, 82
6 Ebenda, 100ff.
7 Buonaiuti II. 190ff.
8 Zit. ebenda 196
9 Ebenda 201
10 Zit. bei Gontard, 245
11 Zit. bei Gollwitzer, 14, Anm. 13
12 Süddeutsche Zeitung, 29. 8. 1960, S. 2
13 Zit. bei Leipoldt, Vom Jesusbild der Gegenwart, 62
14 Becker, Sag nein zum Krieg, 95
15 Schöpf, 256
16 Koehler, Die deutsch-protestantische Kriegspredigt, 87f.
17 Becher, Ballade vom Granatendrehen
18 Zurhellen, Kriegspredigt, 29. Zit. b. F. Koehler, 21
19 Goethe, Brief des Pastors zu*** an den neuen Pastor zu***. Einen Teil der nachfolgend zitierten Belege verdanke ich der freundlichen Unterstützung von Herrn Herbert P. Debes, Offenbach
20 Dieterich, Gott mit uns, 71. Zit. bei Koehler, 38
21 Ehrhard, Die Kirche der Märtyrer, 61
22 S. A. Faut, Die Einmütigkeit des deutschen Volkes und die Kirchen, Die Christliche Welt, 10. 9. 1914. Nr. 840
23 Jo Kübel, Kirchenpolitik u. Krieg, Die Christliche Welt, 17. 9. 1914, Nr. 855
24 Wendland, 297. Von mir kursiv.
25 Deissmann, bei Uckeley, Praktische Theologie, in: Theologie der Gegenwart, 9. Jg., H. 2, S. 75
26 Lahusen, Und was tut die Kirche? Die Christliche Welt, 8. 4. 1915, Nr. 274. Von mir kursiv gesetzt.
27 An die evangelischen Christen im Ausland, in: Die Evangelischen Missionen, 1914, 217ff.
28 Rittelmeyer, Luthergeist im Krieg, 8. Zit. bei Koehler, 21
29 G. Mahr, Christentum u. Weltfriede, Die christliche Welt, 12. 11. 1914, Nr. 994
30 Zurhellen, Kriegspredigt, 26. Zit. bei Koehler, 21
31 Kirms, Kriegspredigten 19f. Zit. bei Koehler, 49
32 J. Kessler, Kreuz u. Schwert, 169. Zit. bei Koehler, 8
33 Rump, Berliner Kriegsgebetstunden, III. Zit. bei F. Koehler, 8
34 O. Michaelis, Die Christliche Welt, Evangelisches Gemeindeblatt für Gebildete aller Stände, 3. 9. 1914, Nr. 824
35 A. Rost, Die Christliche Welt, Evangelisches Gemeindeblatt... 15. 10. 1914, Nr. 926
36 Kirms, Kriegspredigten 14. Zit. bei F. Koehler, 44
37 W. Picht, Kreuz u. Krieg, Die Christliche Welt. 25. 2. 1915, Nr. 145. Von mir kursiv gesetzt.
38 Ebenda
39 Geyer, Im Kriegsdienst Gottes 4. Zit. bei F. Koehler, 49
40 König, Neun Kriegspredigten, 45. Zit. bei F. Koehler, 40
41 E. v. Blumenstein, in: Die Christliche Welt, 17. 9. 1914, Nr. 860
42 P. Rohrbach, Nationalistische u. idealistische Weltpolitik, Die Christliche Welt, 15. 6. 1916, Nr. 461
43 H. Lhotzky, Krieg, in: Die Christliche Welt, 17. 9. 1914, Nr. 858
44 Wendland, 300. Vgl. auch Pfeifer, 22. bei F. Koehler, 24
45 P. Fischer, Du sollst nicht töten, Christliche Welt, 1. 7. 1915, Nr. 524
46 Schneller, 3 Kriegspredigten 23. Zit. bei F. Koehler, 32. Vgl. auch Rump, Jesu hilf siegen, 11. Zit. bei F. Koehler, 32
47 S. A. Faust, Die Einmütigkeit des deutschen Volkes u. die Kirchen, Die Christliche Welt, 10. 9. 1914, Nr. 840
48 So Nestle, Die Krisis, 14
49 Leipoldt, Vom Jesusbild der Gegenwart, 284f.
50 Vgl. Pfannmüller, 429f.

51 K. König, Kriegspredigten, Neue Folge, 20. Zit. bei F. Koehler, 56

52 Lippert, Weltkrieg u. religiöses Bekenntnis, Stimmen der Zeit, Bd. 88, 1915, 4 ff.

53 M. Faulhaber, »Die Freiheit der Kirche«, Predigt am 10. 2. 35, in Michael Kardinal Faulhaber, 25 Bischofsjahre, 1936. Ein Viertel des Buches ist der Soldatenzeit des Kardinals gewidmet. Man beachte das Erscheinungsjahr!

54 Lippert, Stimmen aus Maria Laach, 1913/14, 574 f.

55 Ebenda, 88. Bd. 1915, 7. Von mir kursiv gesetzt.

56 Lippert, Weltkrieg u. religiöses Bekenntnis, Stimmen d. Zeit, Okt. 1914, 10

57 C. Noppel, Der große Krieg – die Reifeprüfung des Arbeiterstandes, Stimmen d. Zeit, Bd. 88, 26 ff.

58 O. Zimmermann, Glaubenskünder Krieg, Stimmen d. Zeit, 1915, Bd. 88, 410 ff.

59 J. Kreitmaier, Der Krieg im Spiegel der Kunst, Stimmen d. Zeit, 1915, Bd. 88, 148 ff.

60 Kreitmaier, Kunst u. Volk, Stimmen d. Zeit, 65 Jg., 196

61 C. Noppel, Kriegsbereitschaft u. Friedensarbeit in der Krüppelfürsorge, Stimmen d. Zeit, 1915, 539 f.

62 Vgl. zum folgenden P. Lippert, Zum Beginn des europäischen Krieges, Stimmen aus Maria Laach, Bd. 87, Aug. 1914, 574 ff. Weltkrieg u. religiöses Bekenntnis, Bd. 88, 1915, 4 ff. Die Gefallenen unseres Volkes, ebenda 401 ff.

63 Diese Äußerung und die folgenden Zitate sind dem Buch von Ermenonville, Le collier de Bellone (Vorwort von G. de la Fouchardière), einer Sammlung von Äußerungen verschiedener Persönlichkeiten während des 1. Weltkrieges entnommen. Ich verdanke die Hinweise Herrn Prof. J. Brejaux, Bordeaux.

64 E. Ménégoz in »Evangile et Liberé« vom 30. Januar 1915

65 Lippert, Weltkrieg u. religiöses Bekenntnis, Stimmen d. Zeit, Bd. 88, 1915, 4 ff.

66 Chr. Pesch, Mit dem alten Glauben in die neue Zeit, Stimmen d. Zeit, 1918, Bd. 95, 209 ff.

67 Lippert, S. J. Unseren Toten, ein Gedenken u. Geloben, Stimmen d. Zeit, 1919, 265 ff.

68 M. Rade, Deutsche Nation, in: Die Christliche Welt, 3. 9. 1914, Nr. 817. Vgl. auch Ders. Gottes Wille im Krieg, in: Die Christliche Welt, 15. 8. 1914, Nr. 769

69 Rade, Glaube an Gott und Glaube an dein Volk, in: Die Christliche Welt, 28. 9. 1918, Nr. 462

70 Loewenich, Die Geschichte d. Kirche, 456

71 Informationsdienst zur Zeitgeschichte, Archiv für Zeitgeschichte, A. Miller, 6, 1962, 9 f.

72 Ebenda

73 Ebenda

74 Ebenda

75 Süddeutsche Zeitung

67. Kapitel

1 Manhattan, 117

2 Ebenda, 112 ff.

3 Ebenda

4 Ebenda

5 Ebenda

6 Ebenda

7 Ebenda 115

8 Tondi, Die geheime Macht, 34. Ders. Die Jesuiten, 73. Manhattan, 118

9 Hamburger Fremdenblatt, 12. Febr. 1929

10 Stampa Italiana, 19. u. 24. März 1937, nach Stimmen der Zeit, 67. Jg. 322

11 Vgl. Theol. Blätter, 1937, 10, 243

12 Zit. ebenda Nr. 1, Sp. 31

13 Manhattan, 118

14 Tondi, Die geheime Macht, 34

15 Manhattan, 120. Mit Bz. auf New York Times, 20. Januar 1938 u. T. L. Gardini, Towards the New Italy

16 Nach Stimmen der Zeit, 67. Jg. 132. Bd. 107

17 Manhattan, 121 ff.
18 Ebenda
19 Ebenda
20 Ebenda
21 Abbildung bei Becker, Sag nein zum Krieg, 103
22 Tondi, Die geheime Macht, 36
23 Werner, Glaube u. Aberglaube, 205
24 Manhattan, 123
25 Ebenda, 122 mit Bz. auf Teeling, The Pope in Politics
26 Vgl. dazu Stimmen d. Zeit, 67. Jg. 132, Bd. 107 f.
27 Ebenda, 323
28 Tondi, Die Jesuiten, 73 ff.
29 Zit. bei Bates, 25
30 Troeltsch, 350, Anm. 160
31 Die Welt, 18. Okt. 1956
32 Manhattan, 87
33 Ebenda, 88
34 Ebenda
35 Ebenda
36 Vgl. Stimmen d. Zeit, 68. Jg 134 Bd. 407 f.
37 Zit. bei J. Overmans S. J. in Stimmen d. Zeit, 66. Jg. 261
38 Ebenda, 67. Jg. 131 Bd. 117
39 Zit. ebenda.
40 Vgl. ebenda 108
41 Vgl. Keller, A. 135 f.
42 Manhattan, 91
43 Zit. ebenda
44 Scheinmann, 274 mit Bz. auf Current History, Juni 1942
45 Bates, 24
46 Manhattan, 95 ff.
47 Zit. bei Tondi, Die Jesuiten, 80 f.
48 Ebenda
49 Kirchl. Amtsblatt für d. Diözese München, Nr. 21
50 Ebenda, Nr. 34. Von mir gesperrt.
51 Manhattan, 99
52 J. Overmans, Zwei Kriege im heutigen Spanien, Stimmen d. Zeit 68. Jg. 134 Bd.
53 A. R. Villaplana, Questo è Franco, Rom, 1945, 139 ff. Zit. nach Tondi, Die Jesuiten, 76 f.
54 Manhattan, 99
55 Rankin, 52
56 Bates, 29. Vgl. bes. auch Duff, 106 ff.
57 Manhattan, 100

58 Bates, 28
59 Manhattan, 102
60 F. v. Papen, 5
61 Ausführlich Manhattan, 138 ff., dem ich hier weitgehend folge
62 Der Neue Herder, 1949
63 Papen, 7 f. Von mir kursiv.
64 Vgl. S. Einstein, Herrn von Papens Pension, Die Andere Zeitung, Hamburg, 19. April 1962
65 Ebenda
66 Ebenda
67 Ebenda
68 Theodor Heuß, Hitlers Weg, Eine historisch-politische Studie über den Nationalsozialismus, 4. A. 1932. Die Zitate S.: 25, 3 f.; 5, 18, 121, 123, 119, 130, 14, 108 f., 22, 4, 6, 124, 27.
69 Ebenda, 1, 1962, S. 7 f.
70 Zit. bei Manhattan, 175
71 Vgl. etwa Schmaus, M. Begegnungen zwischen katholischem Christentum, 7. Bates, 39
72 Wucher, Der politische Katholizismus
73 Amtsblatt für die Erzdiözese Bamberg, 56. Jg. 1933, 28. 3. 1933, Nr. 11, 83
74 Hervorhebungen meist von mir
75 Vgl. H. Müller, Zur Behandlung des Kirchenkampfes, 478 ff.
76 Vgl. ebenda 477
77 Ebenda 481
78 Amtsblatt f. d. Erzdiözese Bamberg, 56. Jg. 1933 Nr. 13/5. Mai 1933. S. 99 ff. Von mir kursiv.
79 Ecclesiastica, 13. Jg. 475
80 Zit. bei Schmaus, Begegnungen zwischen katholischem Christentum, 7
81 Ebenda, 43 f.
82 Ecclesiastica, 13 Jg. 477
83 Unser Wille zur Tat, Zeit u. Volk, I. 181
84 A. Kupper, Zur Geschichte d. Reichskonkordates, Stimmen d. Zeit, Bd. 163
85 Zit. Der Spiegel, 7. 3. 62, 54
86 Schmaus, Begegnung zwischen katholischem Christentum, 12 f.; 21
87 Ebenda, 23; 31; 44
88 Lortz, Katholischer Zugang zum Nationalsozialismus, 5 f.

89 Ebenda, 6; 15
90 Ebenda, 4; 9; 15; 26
91 Ebenda, 9f.
92 Ebenda, 5
93 J. Pieper, 3
94 Germania, Nr. 306, 6. 11. 1933
95 Ebenda, Nr. 248
96 Manhattan, 187. Zum folgenden bes. 186
97 Belege ebenda 182ff.
98 The Bishop of Münster and the Nazis. London 1943, 7ff. Katholische Veröffentlichung. Zit. nach Scheinmann, 393
99 H. Mueller, Zur Behandlung des Kirchenkampfes, 474. Von mir kursiv. Ich erblicke allerdings auch einen Widerspruch zwischen der Behauptung »lange Zeit« und deren folgende Begrenzung auf das erste Jahr.
100 Miller, A. Informationsdienst zur Zeitgeschichte, Nr. 9, 1961, 10
101 Faulhaber, Die Sittenlehre der katholischen Kirche, 114
102 Berning, 122f.
103 Ebenda 129
104 Scheinmann, 184 mit Bz. auf F. Thyssen, I paid Hitler, New York 1941, 214
105 Gröber, 17f.
106 Ebenda, 21f.
107 Ebenda, 27
108 Ebenda, 51
109 Ebenda, 120
110 So Mueller, H., Zur Behandlung des Kirchenkampfes, 476
111 Kölner Aktenstücke, 118
112 Manhattan, 250. Vgl. auch Scheinmann, 45
113 Wiener Neueste Nachrichten, 28. 3. 1938, 14. Jg. Nr. 5501
114 Ebenda
115 Scheinmann, 48
116 Amtsblatt für die Erzdiözese Bamberg Nr. 10, 62. Jg. 5. 4. 1939
117 Zit. in Gesamtdeutsche Rundschau, 14. 3. 1958, S. 3. Von mir verstärkt.
118 Vgl. Kirchliches Amtsblatt für die Diözese Münster, Jg. 73, Nr. 25
119 Manhattan, 196
120 Zit. in Münchner Katholische Kirchenzeitung, 7. 1. 1940, 3

121 Ebenda, 25. 2. 1940, 45
122 Zit. in Gesamtdeutsche Rundschau, 14. 3. 1958, S. 3
123 Vgl. Werkhefte, Zeitschrift für Probleme der Gesellschaft und des Katholizismus, 15. Jg. Juli 1961, S. 217
124 Zit. in Gesamtdeutsche Rundschau, 14. 3. 1958, S. 3. Von mir verstärkt.
125 Amtsblatt für die Erzdiözese Bamberg, Nr. 4. 64. Jg., 24. Febr. 1941, S. 21ff. Von mir verstärkt.
126 Zit. in Gesamtdeutsche Rundschau, 14. 3. 1958, S. 3. Von mir kursiv.
127 Vgl. etwa die Belege bei Manhattan, 207 u. Scheinmann, 392
128 Fastenhirtenschreiben über die Vorsehung Gottes und den Ernst der Zeit, 1944, S. 1
129 Amtsblatt für d. Erzdiözese Bamberg Nr. 1, 31. 1. 1944, 5 u. Ebenda, Nr. 29, 22. Sept. 1944, 200f.
130 Zit. nach Miller, A., Informationsdienst zur Zeitgeschichte, 9, 1961, 10
131 Ebenda
132 Zahn, G. C., Die deutsche katholische Presse, 205f: 208
133 Ebenda, 209; 211
134 Ebenda, 209
135 Kupisch, 38
136 Zit. bei W. Niemöller, Die Evangelische Kirche, 70
137 Ebenda, 71f.
138 Ebenda, 79
139 Ebenda, 80
140 Kupisch, 258ff. Ferner unterzeichneten Doerne, Jacobi, Künneth, Karl Ritter, Stählin, Riethmüller, G. Schulz, Schreiner, Heim, Gornandt, Wendland, Dannenbaum, Anna Paulsen
141 W. Niemöller, Die Evangelische Kirche, 87
142 Stauffer, Theologisches Lehramt, 14f.; 54 u. ö.
143 Niemöller, Die Evangelische Kirche, 170. Von mir gesperrt.
144 Ebenda, 197. Von mir kursiv.
145 Ebenda, 198
146 Ebenda, 391f.
147 Ebenda
148 Ebenda

149 Ebenda, 393
150 Ebenda, 367 f.
151 Lilje, 13 f.
152 Spiegel, 13. 9. 1961, 56 f.
153 Zit. bei W. Niemöller, Die Evangelische Kirche, 48

68. Kapitel

1 G. Gundlach, Die Lehre Pius' XII. vom modernen Krieg, in Stimmen der Zeit, 164. Bd. 1958/59, 7. Heft, 1
2 Völkischer Beobachter, 24. 7. 33. Von mir kursiv.
3 Amtsblatt für d. Erzdiözese München u. Freising, Jg. 1936, Nr. 6, Beilage II. Von mir kursiv.
4 Ebenda, Von mir kursiv.
5 Neuhäusler, II. 26
6 Ebenda, 44
7 Scheinmann, 65 mit Bz. auf The New International Year Book, 1939, New York 1940, S. 681
8 Neue Zürcher Zeitung, 2. 6. 1939
9 L. Lehman, Vatican Policy, 28
10 Der Prozeß gegen die drei slowakischen Bischöfe Jan Vojtassák, Dr. Th. Michal Buzalka, Pavol Gojdic, Prag, 1951, 15
11 L. Lehman, Vatican Policy, 28. Vgl. auch W. Hagen, 170 ff. bes. 186 f.
12 Manhattan, 267
13 Der Prozeß gegen die drei slowakischen Bischöfe, 50 f.
14 Ebenda, 30 ff.
15 Two Years of German Oppression in Czechoslovakia, London 1941, 134 f. nach Scheinmann, 251
16 Manhattan, 267
17 Der Prozeß gegen die slowakischen Bischöfe, 15
18 Zit. bei Tondi, Die Jesuiten, 363 f.
19 Scheinmann, 339
20 Malvezzi/Pirelli, 264 f.
21 Ebenda
22 Ebenda
23 Ebenda
24 Scheinmann, 81
25 Quellenhinweis ebenda, 90, Anm. 1
26 Manhattan, 192 ff.
27 Ebenda

28 Ebenda
29 Hlond, VIII. und Titelseite
30 Bates, 11 f.
31 E. Revyuk, Atrocities in the Ukraine, 1931. Nach Manhattan, 274
32 Zit. bei Manhattan, 277
33 Malvezzi/Pirelli, 246 ff.
34 Ebenda
35 Ebenda. Nach einer anderen Schätzung ca. 2,5 Millionen
36 Ebenda
37 Ebenda
38 Ebenda
39 Ebenda
40 Scheinmann, 127 mit Bz. auf R. Garaudy und La Pensée, Paris 1949, Nr. 27
41 Scheinmann 161 mit Bz. auf C. Cianfarra, 238
42 Scheinmann, ebenda mit Bz. auf The New York Times, 2. 7. 1940
43 Manhattan, 199
44 Malvezzi/Pirelli, 206
45 Manhattan, 201
46 Informationsdienst zur Zeitgeschichte, Archiv f. Zeitgeschichte, 4, 1962, 5
47 Manhattan, 289
48 Malvezzi/Pirelli, 22
49 Ebenda, 188
50 Manhattan, 318 f.
51 Zit. ebenda, 319
52 Scheinmann, 180
53 Ebenda, 178; 222
54 Malvezzi/Pirelli, 95 ff.
55 Ebenda. Nach anderer Quelle, 111
56 Ebenda
57 Ebenda
58 Ebenda
59 Basler Nachrichten, 5. 10. 1940
60 Manhattan, 202 f.
61 Ebenda. Vgl. auch Scheinmann 185
62 Manhattan 203
63 Weihnachtshirtenbrief d. kathol. Feldbischofs der Wehrmacht, Franziskus-Justus, Berlin, 1942
64 Zit. Internationale Politik, Belgrad, 16. 7. 1954
65 V. Novak, Die Beziehungen zwischen dem Vatikan u. den Südslawen, Internationale Politik, Belgrad, 16. 5. 1954 ff.

768

66 Ebenda, 16. Juli 1954
67 Ebenda
68 Miller, A., mit Bz. auf das kath. Grazer Volksblatt vom 6. 9. 1936
69 Reichspost Wien, 30. 10. 37
70 Novak, Die Beziehungen zwischen dem Vatikan u. den Südslawen, Belgrad, 16. 7. 1954
71 Ich verdanke die Literatur, die ich für den Abschnitt über Jugoslawien benutzte vor allem der freundlichen Hilfe Frau Katarina Maletins und der Herren Dr. Milan P. Kostič, Prof. Dr. Viktor Novak, Alexander Zvekič, alle Belgrad, sowie dem Archiv f. Zeitgeschichte, Herrn Alfred Miller, Leonberg bei Stuttgart
72 Vgl. A. Miller, Informationsdienst z. Zeitgeschichte, 9/1958. Dazu d. Vorbemerkung in Die Freigeistige Aktion, Hannover, November 1961 vom selben Verfasser
73 Miller, A.
74 Novak, Die Beziehungen zwischen dem Vatikan u. d. Südslawen, Intern. Politik, Belgrad, 16. Juli 1954
75 Ebenda
76 Miller, A.
77 Ebenda
78 Ebenda
79 Ebenda
80 Die intensive Zusammenarbeit zwischen der Ustaschabewegung und Erzbischof Stepinac erwies schlagend V. Novak, Principium et Finis – Veritas
81 Ebenda
82 Miller, A.
83 Ebenda
84 Novak, Principium et Finis – Veritas
85 Ebenda
86 Ebenda
87 Martyrdom of the Serbs, 179, Chicago 1943, nach Scheinmann, 249 Miller, A. Vgl. auch Hagen, 238; 243f.; 253f.
88 Miller, A.
89 Ebenda
90 Ebenda
91 Novak, Principium et Finis – Veritas
92 Miller, A.
93 Ebenda
94 Ebenda
95 Ebenda
96 Novak, Principium et Finis – Veritas
97 Scheinmann, mit Bz. auf Manhattan, Latin America and the Vatican, London, 1946, 27
98 Scheinmann, 221f.
99 Gundlach, Die Lehre Pius' VII. zum Atomkrieg, 14
100 Quellenbelege bei Scheinmann, 256
101 Hagen, Die geheime Front, 453f.
102 Tondi, Die Jesuiten, 102
103 Ausführlich darüber: Der Prozeß gegen die drei slowakischen Bischöfe 105ff.
104 Informationsdienst z. Zeitgeschichte, 4, 1962, 5f.
105 Ebenda
106 Ebenda
107 Ebenda
108 Malvezzi/Pirelli, 301
109 Zit. Gesamtdeutsche Rundschau, 14. 3. 1958. Von mir kursiv.
110 Zit. Manhattan, 207
111 Dies u. das folgende meist im engen Anschluß an Malvezzi/Pirelli, 300ff.
112 Ebenda
113 Rumpf, H. 113f.
114 Malvezzi/Pirelli
115 Ebenda
116 Das Urteil von Nürnberg, 1946, dtv. dokumente 1961, 109
117 Ebenda 100f.
118 Ebenda
119 Ebenda 109. Von mir kursiv.
120 Malvezzi/Pirelli, 303
121 Ebenda
122 Ebenda
123 Das Urteil von Nürnberg, 1946, dtv. dokumente, 1961, 102f.
124 Malvezzi/Pirelli, 301f.
125 Ebenda
126 Ebenda
127 Ebenda
128 Scheinmann, 122
129 Vgl. bes. Manhattan, 208ff. Scheinmann, 281ff.
130 Zit. bei H. D. Meyer, Amerika am Scheideweg, 30f.
131 Ambassador Dodd's Diary, 1941, 74. Vgl. auch 62
132 Manhattan, 212f.

133 Ebenda, 341 ff
134 Scheinmann, 344. Vgl. auch d. Prozeß gegen d. drei slowakischen Bischöfe, 19
135 Scheinmann, 420
136 Zit. bei Manhattan, 324
137 Neuhäusler, II. 149
138 Geleitwort am 21. März 1946 zu Neuhäusler, 4
139 Faulhaber, Die Sittenlehre der kathol. Kirche, 114
140 Vgl. Amtsblatt für d. Erzdiözese München u. Freising, Jg. 1936, Nr. 8 S. 70
141 Manhattan, 219
142 Ebenda, 221
143 Amtsblatt f. d. Erzdiözese Bamberg, Nr. 5. 68 Jg., 4. 7. 1945, 31
144 Michael Kardinal Faulhaber, 25 Bischofsjahre
145 Neuhäusler, II. 118f.
146 Amtsblatt f. d. Erzdiözese München u. Freising, Jg. 1941, Nr. 13, S. 162
147 Manhattan, 221
148 Neuhäusler, II. 100
149 Faulhaber, Judentum, Christentum, Germanentum, 19. u. 10f.
150 Vgl. Beilage z. Amtsblatt Nr. 20 d. Erzdiözese München u. Freising, 15. 11. 1934
151 Ebenda
152 Ebenda
153 Ebenda
154 Amtsblatt d. Erzdiözese München u. Freising, Jg. 1936, Nr. 6, Beil. II
155 Beilage z. Amtsblatt f. d. Erzdiözese München u. Freising, 15. 11. 1934
156 Neuhäusler, II. 405f.
157 Zit. b. Bates, 39
158 Ebenda
159 Ebenda
160 Tondi, Die Jesuiten, 89
161 Scheinmann, 459. Manhattan, 222
162 The Bulletin of International News, 2. 9. 1944, Nr. 18. Nach Scheinmann 407
163 Miller, A. Vgl. auch Hagen, 261f.
164 Miller, A.
165 Scheinmann, 250
166 Konkret, 20. 6. 1961, 8
167 Schoenberner, 108

69. Kapitel

1 Konkret, 20. 7. 61
2 Ebenda, Nr. 4, April 62
3 Völkischer Beobachter, 8. 3. 36
4 Deutsche Volkszeitung, 23. 3. 62
5 Süddeutsche Zeitung, 20. 6. 61
6 Konkret, 20. 8. 61
7 Informationsdienst zur Zeitgeschichte, 3/62
8 Ebenda 12/61
9 Ebenda
10 Vgl. Konni Zilliacus, Nicht alle Deutschen sind Nazis, Konkret 20. 8. 61
11 Der Spiegel, 22. 11. 61, 67
12 Die Neue Zeitung, 16. 9. 49
13 Die Welt, 13. 4. 53
14 Stuttgarter Zeitung, 15. 6. 53. Von mir kursiv.
15 Konkret, 4. 4. 62
16 Informationsdienst zur Zeitgeschichte, 9/61. Von mir kursiv.
17 Ebenda
18 Ebenda 6/62
19 Ebenda
20 Ebenda 4/62
21 Konkret, 6. 6. 62
22 Ebenda 5. 8. 61
23 Ebenda
24 Vgl. hierzu J. Holtkamp, Adenauer Legende 3, Konkret 5. 8. 61
25 Informationsdienst zur Zeitgeschichte 12/61
26 Ebenda
27 Der Spiegel, 5. 4. 61
28 Ebenda
29 Ebenda
30 Nürnberger Nachrichten, 13. 11. 56
31 Deutsche Volkszeitung, 23. 2. 62
32 Süddeutsche Zeitung, 5. 8. 60
33 Vgl. Kap. 66, Anm. 13
34 Süddeutsche Zeitung, 8. 8. 60. Vgl. auch 4. u. 5. 8
35 Zit. Der Spiegel, 5. 4. 61
36 Deutsche Volkszeitung, 23. 3. 62
37 Der Spiegel, Hamburg, 13. 9. 61
38 Ebenda 22. 11. 61, 67
38 Konni, Zilliacus, Konkret 20. 8. 61. Ich füge eine persönliche Erinnerung hier an. 1957, vor der Wahl zum 3. Bundestag, wurde ich von einer in Bonn versammelten Gruppe deut-

770

scher Schriftsteller mit der Ausarbeitung einer Resolution beauftragt, durch die wir auf die deutsche Öffentlichkeit einwirken wollten. Bei meiner Verteidigung des pazifistischen Entwurfes entgegnete mir ein Vertreter der SPD, Herr Erler, meine Gedanken über eine völlige Entmilitarisierung der Bundesrepublik wären allenfalls vor der letzten Bundestagswahl, 1953, diskutabel gewesen. Damals aber habe das deutsche Volk durch die Wahl sein Einverständnis mit der Wiederbewaffnung gezeigt. Jetzt gehe es um die Verhinderung der atomaren Aufrüstung. Ein paar Monate darauf sagte der Oppositionsführer Erich Ollenhauer zu mir: »Wenn es uns nicht gelingt, noch in diesem Jahr die atomare Aufrüstung zu verhindern, dann ist alles umsonst.« Bedauerlicherweise stand Erich Ollenhauer im Schatten des ebenso militanten wie ambitiösen Berliner Bürgermeisters. Die SPD, einst stärkster Träger der Bewegung »Kampf dem Atomtod«, hat auch dieses Programm verraten.

40 F. P. Schneider, in: Geist u. Zeit, Düsseldorf, 3/59, 8
41 Das folgende im Anschluß an Tondi, Die Jesuiten, 357 ff.
42 Ebenda
43 Ebenda
44 Der Spiegel, 22. 11. 61, 63
45 Tondi, Die Jesuiten, 377
46 Der Spiegel, 22. 11. 61, 63
47 Herderkorrespondenz 4/57
48 Ebenda
49 Die Welt, 8. 5. 56
50 Herderkorrespondenz 4/57
51 Die Welt, 3. 5. 57
52 Badische Volkszeitung, 3. 12. 54. Zit. nach Informationsdienst z. Zeitgeschichte, 4/62
53 Informationsdienst z. Zeitgeschichte, 2/62 u. 6/62
54 Ebenda 6/62
55 Nr. 3/52. Zit. Informationsdienst z. Zeitgeschichte, 7/61
56 Die Andere Zeitung, 24. 5. 62
57 Ebenda
58 Ebenda

59 Vgl. die Abbildungen bei Becker, Sag nein zum Krieg, 106
60 Vgl. S. 546, Anm. 122
61 Informationsdienst z. Zeitgeschichte, 1/62
62 Vgl. Kap. 66, Anm. 14
63 Kischkowsky, 113
64 Gollwitzer, 42. Von mir kursiv.
65 Informationsdienst zur Zeitgeschichte, 11/61
66 Zit. Die Andere Zeitung, 4. Märzausgabe 60
67 Konkret, 20. 8. 61
68 Vgl. Informationsdienst z. Zeitgeschichte 1/62 mit Bz. auf »Echo der Zeit« vom 2. 3. 58
69 Das Zitat in der hervorragenden Kritik von F. J. Bautz, Atom-Moral oder der Abgesang einer Theologie, Geist u. Zeit, 1/60, 61 ff.
70 Zit. Informationsdienst z. Zeitgeschichte, 1/62 mit Bz. auf Stimmen d. Zeit, 7/58
71 Ebenda mit Bz. auf Echo der Zeit, 6. 7. 58
72 Gundlach, Die Lehre Pius XII. vom modernen Krieg, 5
73 Ebenda
74 Ebenda 13
75 Geist u. Zeit, 4/59, 33
76 Vgl. Herderkorrespondenz, 5/59
77 Vgl. etwa M. Seidlmayer, Eine Theologie und eine Philosophie der atomaren Selbstvernichtung: P. Gundlach S. J. u. Karl Jaspers, in Blätter für deutsche u. internationale Politik, 25. 8. 59, 623 ff.
78 Geist u. Zeit, 1/60, 74
79 Vgl. Informationsdienst z. Zeitgeschichte, 1/62
80 Vgl. S. 538, Anm. 82 u. S. 545 Anm. 121
81 Vgl. die beiden Abbildungen im Spiegel, 21. 3. 62, 96
82 Informationsdienst z. Zeitgeschichte, 7/62
83 Scheinmann, 133
84 Gollwitzer, 7
85 Ebenda das ganze Gebet
86 Vgl. G. Anders, 79
87 Vgl. Tondi, Die Jesuiten, 84 f.
88 Ebenda

1 Meinhold, Goethe, 181
2 Vgl. etwa auch G. Schaeder, Gott und Welt, Drei Kapitel Goethescher Weltanschauung, 1947, 235; 33 u. ö.
3 Brief des Pastors zu*** an den neuen Pastor***
4 Vgl. P. Meinhold, 27
5 Vgl. u. a. An Frau von Stein, 6. 4. 1782
6 Gespr. mit Eckermann, 28. 2. 1831. Dazu Meinhold, Goethe, 168. Vgl. auch die Gespräche mit Eckermann am 4. 1. 1824 u. 11. 3. 1832
7 Vgl. dazu Meinhold, bes. Kapitel 1 u. 2
8 Italienische Reise, 28. 8. 1787
9 An Charlotte v. Stein am 2./3. 2. 1787
10 An Charlotte v. Stein 6. 1. 1787
11 An C. v. Knebel, 19. 2. 1787
12 An den Herzog Carl August 3. 2. 1787
13 An Charlotte v. Stein, 8. 6. 1787
14 Invectiver Nachlaß 6. 2. 1814
15 Vgl. auch 1. Petr. 5, 13. Hieron. ep. 43. 108, 31

16 Zu Eckermann am 4. 1. 1824
17 Zit. nach Nestle, Krisis, 347
18 Bei Meinhold, 28
19 An Knebel, 22. 8. 1817
20 Zu Eckermann am 4. 1. 1827
21 Vgl. Nestle, Krisis, Kapitel »Goethe« bes. 322 ff. Meinhold, 167 f.
22 An Zelter, 28. 4. 1824
23 An Zelter, 9. 6. 1831
24 Leipoldt, Vom Jesusbild der Gegenwart, 37
25 Kahle, Goethe u. das Christentum, 1949. 16. P. Althaus, Goethe u. das Evangelium, 6. Vgl. auch 13 f.
26 Meinhold, passim. bes. 181
27 Zahme Xenien, 9, Nachl.
28 Ebenda
29 An Herder, 15. 3. 1790. An Jacobi 11. 1. 1808. An v. Reinhard, 2. 12. 1808. Venetianische Epigramme, Nachl. 4. An Lavater 29. 7. 1782. An Jacobi 5. 5. 1786. An Windischmann 20. 4. 1815. An Creuzer 1. 10. 1817
30 An Lavater 9. 8. 1782
31 An C. G. Voigt 2. 9. 1795
32 Kahle, Goethe u. das Christentum, 46

Abkürzungen antiker Literatur

Act. Joh. – Johannesakten
Acta Pauli et Thecl. – Paulus- u. Theklaak-
ten
Act. Perp. – Akten der Perpetua u. Felicitas
Act. Pionii – Pioniusakten
Ambros. – Ambrosius von Mailand
   ep. – Briefe
   hex. – Heaemeron
   off. – de officiis ministrorum
   parad. – de Paradiso
   virg. – de virginibus
Apg. – Apostelgeschichte
Apk. – Johannesapokalypse
Apk. Petr. – Petrusapokalypse
Arnob. – Arnobius von Sicca
   adv. gent. – adversus gentes
Athan. – Athanasius
   c. Arian – orationes contra Arianos
   c. gent – oratio contra gentes
   ep. – Briefe
Athenag. – Athenagoras der Apologet
   leg. – legatio
   res. mort. – de resurrectione mortuorum
August. – Augustinus
   civ. Dei – de civitae Dei
   conf. – Bekenntnisse
   enarr. in Ps. – enarrationes in Psalmos
   ench. – Enchiridion ad Laurentium
   ep. – Briefe
   peccat. meritis – de peccatorum meritis
   et remissione
   serm. – Predigten

Barn. – Barnabasbrief
Basil. – Basilius von Caesarea
   ep. – Briefe
   hex. – Hexamaeron

   hom. – Homilien

CDC – Covenanters of Damaskus Cairo =
   Damaskusschrift
Cic. – Cicero
   divin. – de divinatione
   imp. Pomp. – de imperio Cn. Pompeii
   leg. – de legibus
   off. – de officiis
   Verrem – contra Verrem
1. 2. Clem. – 1. 2. Clemensbrief
Clem. Al. – Clemens von Alexandrien
   paed. – Paidagogos
   protr. – Logos protreptikos
   strom. – Stromateis
Cod. Just. – Codex Justianus
Cod. Theod. – Codex Theodosianus
Cypr. – Cyprian von Karthago
   bono pat. – de bono patientiae
   Demetr. – ad Demetrianum
   ep. – Briefe
   Fortunat. – ad Fortunatumhab. virg. –
   de habitu viginum
   laps. – de lapsis
   op. et el. – de opere et eleemosynis
   testim. – testimonia ad Quirinum
   unit. – de unitate ecclesiae

DSD – Dead Sea Manual of Dicipline =
   Sektenkanon
DSH – Habakukkommentar
Did. – Didache
Didasc. – Didascalia
Diog. Laert. – Diogenes Laertios
Diogn. – Diognetbrief

Ep. apost. – Epistula apostolorum
Eph. – Epheserbrief
Epict. – Epiktet
 diss. – Dissertationen
Epiph. – Epiphanios
 haer. – Panarion
Eurip. – Euripides
 Bacch. – Bakchen
Euseb. – Eusebius von Caesarea
 dem ev. – Demonstratio evangelica
 h. e. – Historia Ecclesiastica
 praep. ev. – Praeparatio evangelica
 vita Const. – Leben Konstantins
Ev. Eb. – Ebionitenevangelium
Ev. Heb. – Hebräerevangelium
Ev. Naz. – Nazarenerevangelium
Ev. Petr. – Petrusevangelium

Firm. Mat. – Firmicus Maternus
 err. – de errore profanorum religionum

Gal. – Galaterbrief
Greg. Naz. – Gregor von Nazianz
 ep. – Brief
 or. – Reden
Greg. Nyssa – Gregor von Nyssa
 ep. – Briefe
 hom. in Cant. – Homilien über das Ho-
 helied
 or. – Reden

Hebr. – Hebräerbrief
Hen. – Henoch
Herm. – Hirt des Hermas
 mand. – mandata
 sim. – similitudines
 vis. – visiones
Hes. – Hesekiel (Ezechiel)
Hieron. – Hieronymus
 ep. – Briefe
 adv. Jovin. – adversus Jovinianum
 vir. ill. – de viris illustribus
Hippol. – Hippolyt
 KO. – Kirchenordnung
 ref. – Philosophoumena
Hom. – Homer
 Il. – Ilias
 Od. – Odyssee
Hos. – Hosea

Ign. – Ignatius von Antiochien
 Ephes. – An die Epheser

Magn. – An die Magnesier
Philad. – An die Philadelphenser
Polyk. – An Polykarp
Röm. – An die Römer
Smryn. – An die Smyrnaer
Trall. – An die Tralleser
Iren. – Irenaeus von Lyon
 epid. armenische Epideixis
 adv. haer. – adversus haereses

Jak. – Jakobusbrief
Jer. – Jeremia
Jes. – Jesaja
Jh. – Johannesevangelium
1. 2. 3. Joh. – 1. 2. 3. Johannesbrief
Joh. Chrysost. – Johannes Chrysostomos
 hom. – Homilien
 sacerd. – de sacerdotio
Joseph – Flavius Josephus
 ant. jud. – Jüdischer Altertümer
 bell. – Jüdischer Krieg
Josua – Josuabuch
Judas – Judasbrief
Julian – Kaiser Julian
 or. – Reden
Just. – Justin der Märtyrer
 Apol. 1. 2. – 1. 2. Apologie
 Tryph – Dialog mit dem Juden Tryphon

Kol. – Kolosserbrief
1. 2. Kor. – 1. 2. Korintherbrief

Lact. – Lactanz
 div. inst. – divinae institutiones
 mort. pers. – de mortibus persecutorum
Leo I. – Papst Leo I.
 ep. – Briefe
Liban. – Libanios
 or. – Reden
Lk. – Lukasevangelium
Lucian – Lukian
 morte Per. – de morte Peregrini
 Philops. – Philopseudes

Method. – Methodios von Olympos
 symp. – Symposion
Mk. – Markusevangelium
Mt. – Matthäusevangelium

Orig. – Origenes
 Cels. – contra Celsum
 com. ser. – Serienkommentare

774

hom. Homilienkommentare
orat. – de oratione
princ. – de principiis

1. 2. Petr. – 1. 2. Petrusbrief
Phil. – Philipperbrief
Philo – Philon von Alexandrien
quod omnis – quod omnis probus liber
Philostr. – Philostratos
vita Apoll. – vita Apollonii
Platon – Platon
leg. – Gesetze
rep. – Staat
Plin. – Plinius der Ältere
nat. hist. – Naturalis historia
Plin. – Plinius der Jüngere
ep. – Briefe
Plut. – Plutarch
Is. et Os. – De Iside et Osiride
Polyc. – Polykarp von Smyrna
ad. Phil. – Philipperbriefe
Ps. – Psalmen
Ps. Clem. – Pseudoclementinen
hom. – Homilien
rec. – Recognitiones

Röm. – Römerbrief

Sach. – Sacharja
1. 2. Sam. – 1. 2. Samuelisbuch
Sen. – Seneca
ben. – de beneficiis
clem. – de clementia
Socr. – Sokrates der Kirchenhistoriker
h. e. – Kirchengeschichte
Sozom. – Sozomenos
h. e. – Kirchengeschichte
Suet. – Sueton
Aug. – Divus Augustus
Claud. – Claudius
Domit – Domitian
Tiber. – Tiberius
Vesp. – Vespasianus

Sulp. Sev. – Sulpicius Severus
chron. – Chronik

Tacit. – Tacitus
annal. – Annalen
Tat. – Tatian
or. Oratio ad Graecos
Tert. – Tertullian
anima – de anima
apol. – Apologeticum
bapt. – de baptismo
carne Chr. – de carne Christi
corona – de corona militis
cultu fem. – de cultu feminarum
exh. cast. – de exhortatione castitatis
fuga – de fuga in persecutione
adv. Hermog. – adversus Hermogenem
idol. – de idololatria
ieiun. – de ieiunio
adv. Iud. – adversus Iudaeos
adv. Marc. – adversus Marcionem
monog. – de monogamia
pall. – de pallio
patient – de patientiae
praescr. haer – de praescriptione haereticorum
adv. Prax. – adversus Praxaen
pud. de pudicitia
resur. carnis – de resurrectione carnis
Scap. – ad Scapulam
Scorp. – Scorpiace
spect. – de spectaculis
test. – de testimonio animae
Theophil. – Theophilus von Antiochien
ad Autol. – ad Autolycum
1. 2. Thess. – 1. 2. Thessalonikerbrief
1. 2. Tim. – 1. 2. Timotheusbrief
Tit. – Titusbrief

Vergil – Vergil
Aen. – Aeneis
Ekl. – Eklogen
Georg. – Georgica

Benutzte Sekundärliteratur

Abegg, E., Der Messiasglaube in Indien und Iran, 1928
Achelis, H., Das Christentum in den ersten drei Jahrhunderten, 2. A. 1925
Ackermann, H., Jesus: Seine Botschaft und deren Aufnahme im Abendland, 1952
– Entstellung und Klärung der Botschaft Jesu, 1961
Adam, K., Das Wesen des Katholizismus, 5. A. 1928
Adler, H. G., Die Juden in Deutschland, von der Aufklärung bis zum Nationalsozialismus, 1960
Aland, K., Der Montanismus und die kleinasiatische Theologie, in: Zeitschrift für die neutestamentliche Wissenschaft, 1955, Heft 1–2
– Papyros Bodmer II., Theol. Lit. Zeitg. 3, 1957
Albertz, M., Die Botschaft des Neuen Testaments, I., 2. Halbbd., 1952
Alföldi, A., Zu den Christenverfolgungen in der Mitte des 3. Jahrhunderts, Klio, Beiträge zur alten Geschichte, 31. Heft, 5, 1938
– Römisches Kaiserreich, in: Historia Mundi, 4. Bd., 1956
Allegro, J. M., Die Botschaft vom Toten Meer, Das Geheimnis der Schriftrollen, 1958
Allgeier, A., Biblische Zeitgeschichte, 1937
Altendorf, N. D., Die römischen Apostelgräber, in: Theologische Literaturzeitung, Okt. 1959
Althaus, P., Goethe und das Evangelium, 1950
– Paulus und Luther über den Menschen, 1951
– Die Todesstrafe als Problem der christlichen Ethik, Sitzungsberichte der Bayerischen Akademie der Wissenschaft, Phil.-hist. Kl. 1955, Heft 2–3
– Die letzten Dinge, Lehrbuch der Eschatologie, 6. A. 1956
Andergassen, A., Christus und Buddha, 1932
Anders, G., Der Mann auf der Brücke. Tagebuch aus Hiroshima und Nagasaki, 1959
Andresen, C., Logos und Nomos, Die Polemik des Kelsos wider das Christentum, 1955
Arvendson, R., Das Mysterium Christi, 1937
Asmussen, H., Die Bergpredigt, 1939
Aufhauser, J., Buddha und Jesus in ihren Paralleltexten, 1926

Bacon, B. W., The four Gospels in Research and Debate, 1909
Baeck, L., The faith of Paul, Journal of Jewish Studies, Cambridge 1952, Nr. 3, 99
Bainton, R. H., The early church and war, in: Harvard Theological Review, 3, 1946
Bakhuizen, J. N. van den Brink/Lindeboon, J., Handboek der Kerkgeschiedenis, I., 1942
Balthasar, H. U. v. Origenes, Geist und Feuer, Ein Aufbau aus seinen Schriften, 1938
Bammel, F., Das Heilige Mahl im Glauben der Völker, Eine religionsphänomenologische Untersuchung, 1950

Bard, P., Luthers Lehre von der Obrigkeit in ihren Grundzügen, in: Evangelische Theologie, 1950, Heft 3

Bardenhewer, O., Patrologie, 3. A., 1910

Bardtke, H., Die Handschriften vom Toten Meer, 1953

Barnikol, E., Mensch und Messias, 1932

– Die Entstehung der Kirche im 2. Jahrhundert und die Zeit Marcions, 2. A. 1933

Barrett, C. G., Die Umwelt des Neuen Testaments, 1959

Barth, K., Die kirchliche Lehre von der Taufe, 2. A., 1943

Barth, M., Der Augenzeuge, Eine Untersuchung über die Wahrnehmung des Menschensohnes durch die Apostel, 1946

Barth, P., Die Stoa, 1922

Bartsch, H. W., Christus ohne Mythos, 1953

Bates, M. S., Glaubensfreiheit, Eine Untersuchung, 1947

Baudissin, W. Graf, Adonis und Esmun, 1911

Bauer, A., Die Legende von dem Martyrium des Petrus und Paulus in Rom, Wiener Studien, 38, 1916

Bauer, W. , Das Leben Jesu im Zeitalter der neutestamentlichen Apokryphen, 1909

– Das Johannesevangelium, 2. A., 1925

– Jesus der Galiläer, in: Festgabe für Adolf Jülicher, 1927

– Rechtsgläubigkeit und Ketzerei im ältesten Christentum, 1934

Bauernfeind, O., Die Worte der Dämonen im Markus-Evangelium, 1927

Beeker, K., Die Religionen und der Krieg, 1952

– Sag nein zum Krieg, 1962

Beckmann, J., Evangelische Kirche im Dritten Reich, 1948

Behm, J., Religion und Recht im Neuen Testament, 1931

Benz, E., Paulus als Visionär, Eine vergleichende Untersuchung der Visionsberichte des Paulus in der Apostelgeschichte und in den paulinischen Briefen in: Akademie der Wissenschaft und Literatur, Abhandlung d. geistes- u. sozialwissenschaftlichen Klassen, Jg. 1952

Bergh van Eysinga, G. A. van den, Indische Einflüsse auf evangelische Erzählungen, 2. A. 1909

– Voorchristelijk Christendom, 1917

Berkhof, H., Kirche und Kaiser, 1947

Bernhardt, M., Dionysos und seine Familie auf Münzen, 1950

Bernhart, J., Der Vatikan als Weltmacht, 5. A., 1951

Berning, W., Glaube, Hoffnung und Liebe sind die Stützen des Staates, in: Hirtenbriefe der deutschen, österreichischen und deutsch-schweizerischen Bischöfe, 1934

Bertholet, A., Wörterbuch der Religionen, 1952

Bertram, G., Die Himmelfahrt Jesu vom Kreuz aus und der Glaube an seine Auferstehung, 1927

– Die Persönlichkeit Jesu, Zeitschr. f. d. evang. Religionsunterricht, Bd. 43, 1932

– Der Hellenismus in der Urheimat des Evangeliums, A. R. W. 32, 1935

Betz, H. D., Lukian von Samosata und das Neue Testament, Religionsgeschichtliche und paränetische Parallelen – ein Beitrag zum Corpus Hellenisticum Novi Testamenti, Diss. 1957

Betz, J., Der Abendmahlskelch im Judenchristentum, in: Abhandlung über Theologie u. Kirche, Festschrift für Karl Adam, 1952

Bidez, J., Julian der Abtrünnige, o. J.

Bieler, L., Das Bild des »göttlichen Menschen« in Spätantike u. Frühchristentum, I., 1935, II 1936

Bietenhard, H., Das tausendjährige Reich, Eine biblisch-theologische Studie, 1955

Bigelmair, A., Zur Frage des Sozialismus u. Kommunismus im Christentum der ersten 3

Jahrhunderte, in: Beiträge zur Geschichte des christlichen Altertums u. der byzantinischen Literatur, Festgabe für A. Ehrhard, 1922
Birnbaum, S. A., How old are the Cave Manuscripts? in: Vetus Testamentum 1, 1951
Birt, Th., Aus dem Leben der Antike, 3. A., 1922
Bittner, M., Der vom Himmel gefallene Brief Christi in seinen morgenländischen Versionen und Rezensionen, 1905
Black, M., An Aramaic Approach to the Gospels and Acts, 2. A., 1954
Blackman, E. C., Marcion and his influence, 1948
Blass, F. – Debrunner, A., Grammatik des neutestamentlichen Griechisch, 8. A. 1949
Blinzler, J., Das Turiner Grablinnen und die Wissenschaft, 1952
Blüher, H., Die Aristie des Jesus von Nazareth, Philosophische Grundlegung der Lehre und der Erscheinung Christi, 1921
Bock, E., Paulus, 1954
Boehlig, H., Die Geisteskultur von Tarsus im augusteischen Zeitalter mit Beurteilung der paulinischen Schriften, 1913
– Das Gewissen bei Seneca und Paulus, Theol. Stud. u. Krit. 87, 1914
Boehmer, H., Luther im Licht der neueren Forschung, 1918
– Der junge Luther, 1925
Bogler, T., Der Glaube von gestern und morgen, Briefe an einen jungen Soldaten, 1941
Bonhöffer, A., Epiktet und das Neue Testament
Bornhäuser, K., Jesus imperator mundi, 1938
Bornkamm, G., Die Stellung des Neuen Testaments zur Ehescheidung, Evangelische Theologie, 1948
– Das Ende des Gesetzes, 1952
– Jesus von Nazareth, 1956
– Studien zur Antike u. Urchristentum, Gesammelte Aufsätze, 1959
Bousset, W., Die Himmelsreise der Seele, Archiv f. Religionswissenschaft, 4, 1901
– Religion des Judentums, 2. A., 1906
– Jesus der Herr, 1913
– Kyrios Christos, 2. A., 1921
– Jesus, 1922
Bousset-Gressmann, Die Religion des Judentums im späthellenistischen Zeitalter, 3. A. 1926
Braun, H., Zur nachapostolischen Herkunft des zweiten Thessalonikerbriefes, in: Zeitschrift für d. neutestamentliche Wissenschaft 1952/53, Heft 112
– Spätjüdisch-häretischer und frühchristlicher Radikalismus, Jesus von Nazareth und die essenische Qumransekte, 1957
Broggi, G., Christus und Aristoteles, 1953
Brosch, Charismen und Ämter, 1951
Brown, W. N., The Indian and Christian Miracles of Walking on the Water, 1928
Brownlee, W. H., John the Baptist in the New Light of Ancient Scrolls, Interpretation IX, 1955
Bruce, F. F., Die Handschriftenfunde am Toten Meer. Nach dem heutigen Stand der Forschung, 1957.
Bruck, E., Kirchenväter und soziales Erbrecht, 1956
Brückner, M., Der sterbende und auferstehende Gottheiland in den orientalischen Religionen und ihr Verhältnis zum Christentum, 1920
Brun, L., Segen und Fluch im Urchristentum, 1932
Brunner, E., Gerechtigkeit, 1943
Buber, M., Moses, 2. A. 1952
Bülck, W., Der Jesus der Geschichte u. der Christus des Glaubens, Greifswalder Studien zur Lutherforschung u. neuzeitlichen Geistesgeschichte, Heft 11,1940

Bultmann, R., Offenbarung und Heilsgeschehen, 1941
– Die Frage nach der Echtheit von Mt. 16,17-19, Theol. Blätter, 20, 1941
– Das Evangelium des Johannes, 1941
– Theologie des Neuen Testaments, 1948
– Das Urchristentum im Rahmen der antiken Religionen, 1949
– Jesus, 1951
– Die kirchliche Redaktion des 1. Johannesbriefes, in: In memoriam Ernst Lohmeyer, hrsg. v. Schmauch 1951
– Die Geschichte der synoptischen Tradition, 3. A. 1957
– Geschichte und Eschatologie, 1958
Buonaiuti, E., Geschichte des Christentums, I. u. II.
Burchard, Chr., Bibliographie zu den Handschriften vom Toten Meer, BZAW 76, Berlin 1957
Burckhardt, J., Griechische Kulturgeschichte, hrsg. v. Oeri, 2. A.
Buri, F., Die Bedeutung der neutestamentlichen Eschatologie für die neuere protestantische Theologie, Diss. 1934
– Christentum und Kultur bei Albert Schweitzer, 1941
– Das Problem der ausgebliebenen Parusie, in: Schweizer Theologische Umschau, Nr. 5/6,1946
Burkitt, F. C., Christian Beginnings, 1924
Burrows, M., Mehr Klarheit über die Schriftrollen. Neue Rollen und neue Deutungen nebst Übersetzung wichtiger jüngst entdeckter Texte, 1958
Bussmann, W., Synoptische Studien, 1925-1931

Cadoux, C. J., The Early Christian Attitude to War, A Contribution to the History of Christian Ethics, 1919
Campenhausen, H. v., Zur Auslegung von Joh. 13, 6-10, in: Zeitschrift f. d. neutestamentliche Wissenschaft 33,1934
– Die Idee des Martyriums in der alten Kirche, 1936
– Der urchristliche Apostelbegriff, Studia theologica I., 1-2, Lund 1947
– Polykarp von Smyrna u. die Pastoralbriefe, Sitzungsbericht d. Heidelberger Akademie d. Wissenschaft, Phil. – hist. Kl., 2. Abh. 1951
– Lehrerweihen und Bischofsweihen im 2. Jahrhundert, in: In memoriam E. Lohmeyer, 1951
– Der Ablauf der Osterereignisse u. das leere Grab, Sitzungsbericht d. Heidelberger Akademie d. Wissenschaft Phil.-hist. Kl. 4. A. 1952
– Kirchliches Amt und geistliche Vollmacht, 1953
– Die griechischen Kirchenväter, 1955
Capellmann, C., u. Bergmann, W., Pastoralmedizin, 19. A., 1923
Caspar, E., Geschichte des Papsttums, 1930 ff.
Charlesworth, M. P., Some Observation on Ruler-Cult, Harvard-Theolog. Review, 28, 1935
Chinigo, M., Pius XII. sagt. Nach den vatikanischen Archiven zusammengestellt, 1958
Clasen, H., Die Arkandisziplin in der Alten Kirche, Maschinenschrift-Diss. Heidelberg 1956
Clemen, C., Religionsgeschichtliche Erklärung des Neuen Testaments, 2. A. 1924
Congar, Y., Christus. Maria. Kirche. 1959
Conzelmann, H., Die Mitte der Zeit, Studien z. Theologie d. Lukas, 1954
– Die formgeschichtliche Methode, in: Schweizerische Theologische Umschau, Nr. 3, 1959
– Zur Methodik der Leben-Jesu-Forschung, Zeitschr. f. Theologie u. Kirche, Beiheft 1, 1959

Corsten, W., Hrsg. Kölner Aktenstücke zur Lage der katholischen Kirche in Deutschland 1933 bis 1945, 8949
Coudenhove-Kalergi, Das Wesen des Antisemitismus, 1932
Croix, G. E. M. de Ste., Aspects of the »Great« Persecution, in: The Harvard Theologieal Review, April 1954, Numb. 2
Cross, F., The Scrolls and the New Testament, in: Christian Century, 24. 8. 1955
Cullmann, O., Die ersten christlichen Glaubensbekenntnisse, 1943
– Die Pluralität der Evangelien als theologisches Problem im Altertum, in: Theologische Literaturzeitung, 1945
– Petrus, Jünger, Apostel, Märtyrer, 1952
– Parusieverzögerung und Urchristentum, Der gegenwärtige Stand der Diskussion, Theologische Literaturzeitung, Jan. 1958
Cumont, F., Die orientalischen Religionen im römischen Heidentum, 1910
– Die Mysterien des Mithras, 3. A. 1923

Daechsler, Th., Der Brief St. Pauli an die Römer, 1934
Dalman, G., Jesus-Jeschua, 2. A. 1922
– Die Worte Jesu, 2. A., 1930
– Arbeit und Sitte in Palästina, VII. 1942
Daniel-Rops, H., Jesus, Der Heiland in seiner Zeit, 1950
– Die Kirche zur Zeit d. Apostel u. Märtyrer, 1951
Dannenbauer, H., Die römische Petruslegende, Hist. Zeitschrift 146, 1932
David-Neel, A., Heilige und Hexer. Glaube und Aberglaube im Lande des Lamaismus, 1931
Deichmann, F. W., Frühchristliche Kirchen in antiken Heiligtümern, in: Jahrbuch d. deutschen archäologischen Instituts, 1939
Deissmann, A., Paulus und Seneca, 1917
– Licht vom Osten, 4. A., 1923
– Paulus, 2. A. 1925
De Jong, Das antike Mysterienwesen, 1909
Delitzsch, F., Mehr Licht, 1907
– Die große Täuschung, Kritische Betrachtungen zu den alttestamentlichen Berichten über Israels Eindringen in Kanaan, Die Gottesordnung von Sinai und die Wirksamkeit der Propheten, 1920
Delling, G., Paulus' Stellung zu Frau und Ehe, 1931
Dibelius, M., Stilkritisches zur Apostelgeschichte, Eucharisterion H. Gunkel darge- bracht, 1923
– Die Pastoralbriefe, 1931
– Die Formgeschichte des Evangeliums, 2. A. 1933
– Die Botschaft von Jesus Christus, 1935
– Rom und die Christen im ersten Jahrhundert, Sitzungsbericht d. Heidelberger Akade- mie d. Wissenschaft, 1942
– Jesus, 2. A., 1947
– Die Reden der Apostelgeschichte u. die antike Geschichtsschreibung, Sitzungsbericht d. Heidelberger Akademie d. Wissenschaft, 1949
– Botschaft und Geschichte, Ges. Aufsätze, 1953
Dibelius-Kümmel, Paulus, 1951
Diel, J., Friedrich Spee, 2. A., 1901
Diem, H., Die Einheit der Schrift, in: Evang. Theol. Heft 9, 1953
Diekamp, F., Katholische Dogmatik, hrsg. v. K. Jüssen, 11.–12. A. 1954
Diesner, H. J., Studien zur Gesellschaftslehre u. sozialen Haltung Augustins, 1954
Dieterich, A., Der Untergang der antiken Religion, 1911

Dietrich, E. L., (Hrsg.), Außerbiblische Worte Jesu, 1950

Dignath-Düren, Kirche – Krieg – Kriegsdienst, Die Wissenschaft zu dem aktuellen Problem in der ganzen Welt, 1955

Dobschütz, E. v., Matthäus als Rabbi und Katechet, Zeitschrift f. d. neutestamentliche Wissenschaft, 1929

Dodd, C. H., The Parables of the Kingdom, 1935

Doelger, F. J., Ichthys, Römische Quartalschrift, Suppl. XVII.

– Ichthys, II, Der heilige Fisch in d. antiken Religion und im Christentum, 1922

– Antike und Christentum, 1934

Drews, A., Die Christusmythe II., 1911

– Die Petruslegende, 3. A. 1924

– Die Entstehung des Christentums, 1924

– Die Leugnung der Geschichtlichkeit Jesu in Vergangenheit und Gegenwart, 1926

– Die Marienmythe, 1928

– Das Markusevangelium als Zeugnis gegen die Geschichtlichkeit Jesu, 2. A. 1928

Duff, C., Spanien, der Stein des Anstoßes, 1949

Dugmore, C. W., The Influence of the Synagogue upon the Divine Office, 1944

Dulk, A., Was ist von der christlichen Kirche zu halten? Die Pforte, 107/8 ff. 1961

Dupont-Sommer, A., Die essenischen Schriften vom Toten Meer, Unter Zugrundelegung der Originaltexte übersetzt von W. W. Müller, 1960

Durant, W., Caesar und Christus, Eine Kulturgeschichte Roms und des Christentums von den Anfängen bis zum Jahre 325 n. Chr., 1949

Easten. B. S., The Pastoral Epistles, 1948

Eder, G., Der göttliche Wundertäter. Ein exegetischer und religionswissenschaftlicher Versuch, 1957

Eger, H., Kaiser und Kirche in der Geschichtstheologie Eusebs von Caesarea, in: Zeitschrift f. neutestamentliche Wissenschaft, 38, 1939

Ehrhard, A., Die Kirche der Märtyrer, 1932

– Urkirche und Frühkatholizismus, 1935

Eichholz, G., Paulus im Umgang mit jungen Kirchen, Exegetische Beobachtungen zu 1. Kor. 1, 18–25, in: Basileia, Walter Freytag zum 60. Geburtstag, 1959

Eisler, R., Das letzte Abendmahl, in: Zeitschrift für neutestamentliche Wissenschaft, Heft 3/4. 1925

– Das Rätsel des Johannesevangeliums, in: Eranos-Jahrbuch 3, 1935

Eissfeldt, O., Einleitung in das Alte Testament, 2. A., 1956

– Die Genesis der Genesis, Vom Werdegang des ersten Buches der Bibel, 1958

Elliger, K., Studien zum Habakuk-Kommentar vom Toten Meer, 1953

Enslin, M. S., A Gentleman among the Fathers, in: Harvard Theological Review, Numb. 4, Oct. 1954

Ensslin, W., Die Religionspolitik des Kaisers Theodosius d. Gr., Sitzungsberichte d. bayerischen Akademie d. Wissenschaft, Philos.-hist. Kl. 1953

Erbt, W., Der Anfänger unseres Glaubens, Eine Untersuchung der Überlieferung der Evangelien; 1930

Erdmann, K., Das iranische Feuerheiligtum, 11. Sendeschrift der deutschen Orient-Gesellschaft, 1941

Erkes, E., Die heutige Stellung der Religion in China, Numen, International Review for the History of Religion, Januar 1956

Erman, A., Die ägyptische Religion, 2. A. 1909

Esking, E., Das Martyrium als theologisch-exegetisches Problem, in: In Memoriam E. Lohmeyer, 1951

Euler, K. F., Die Verkündigung vom leidenden Gottesknecht aus Jes. 53 in der griechischen Bibel, 1934

Fascher, E., Das Neue Testament, Realenzyklopädie der klassischen Altertumswissenschaft, 2. Reihe, 9. Halbbd., 1934
– Gottes Königtum im Urchristentum, in: Numen, International Review for Religion, April 1957
– Jesaja 53 in christlicher und jüdischer Sicht, 1958
Faulhaber, M., Judentum, Christentum, Germanentum, Adventspredigten, 1933
– Die Sittenlehre der katholischen Kirche, in: Hirtenbriefe der deutschen, österreichischen u. deutsch-schweizerischen Bischöfe, 1934
– Charakterbild der biblischen Frauenwelt. 6. A. 1935
– 25 Bischofsjahre, 1936
Faure, A., Der Sohn und das Evangelium, in: Theol. Blätter, 9, 1937
Feckes, C., Zur kommenden Definierung der Himmelfahrt Mariens, 1950
Fehrle, E., Die kultische Keuschheit im Altertum, 1910
Feine, H. E., Kirchliche Rechtsgeschichte 1. Die katholische Kirche, 3. A. 1955
Feine-Behm. Einleitung in das Neue Testament, 9. A., 1950
Fiebig, P., Jüdische Wundergeschichten des neutestamentlichen Zeitalters, 1911
– Jesu Bergpredigt, 1924
– Die Umwelt des Neuen Testaments, 1926
Fleiner, F., Geistliches Weltrecht und weltliches Staatsrecht, Rektoratsrede, Zürich, 1912
Foerster, F. W., Die jüdische Frage, 1959
Foerster, R., Kaiser Julian in der Dichtung alter und neuer Zeit. in: Studien zur vergleichenden Literaturgeschichte, hrsg. v. M. Koch, 1905, 5. Bd. Heft 1
Freud, S., Der Mann Moses und die monotheistische Religion, Ges.-Werke 16. Bd. 1950
Frick, R., Die Geschichte des Reich-Gottes-Gedankens in d. alten Kirche bis zu Origenes und Augustin, 1928
Friedell, E., Der historische Jesus Christus, 1947
– Kulturgeschichte der Neuzeit, 1947
Friedländer, Der vorchristlich-jüdische Gnostizismus, 1898
Friedländer-Prechtl, Die Geschichte des Jesus von Nazareth, List-Bücher, 44, 1954
Friedrich, S., Tagebuch während des Vatikanischen Konzils, 1873
Friedrichsen, A., Zum Stil des paulinischen Peristasenkatalogs, 2. Cor. 11, 23 ff., Symbolae Osloenses 7, 1928
– Peristasenkatalog und Res Gestae, Symbolae Osloenses 8, 1928
– Epikureismus im Neuen Testament, Symbolae Osloenses, 12, 1937
Fritsch, Ch. T., The Qumran Community. Its History and Scrolls, 1956
Fuchs, E., Christus und der Geist bei Paulus, 1932
– Christentum und Sozialismus, in: Blätter f. deutsche u. internationale Politik, 2, 1959
Fuchs, H., Der geistige Widerstand gegen Rom in der antiken Welt, 1938
– Tacitus über die Christen, in Vigilae Christianae, 4, 1950

Garbe, R., Indien und das Christentum. 1914
Garden, E., Sagt die Bibel die Wahrheit? 2. A. 1959
Gedat, G. A., Ein Christ erlebt die Probleme der Welt, 6. A., 1934
Geffken, J., Der Ausgang des griechisch-römischen Heidentums, 1920
– Das Christentum im Kampf und Ausgleich mit der griechisch-römischen Welt, 3. A., 1920
Gilmour, S. M., Paul and the primitive church, Journal of Religion, 1945
Ginsburg, C. D., The Essenes, 1864
Glasenapp, H. v., Der Pfad zur Erleuchtung, Grundtexte der buddhistischen Heilslehre, 1956
– Die nichtchristlichen Religionen, 1957

782

- Glaube und Ritus der Hochreligionen in vergleichender Übersicht, 1960
Glaue, P., Der älteste Text der geschichtlichen Bücher des Neuen Testaments, in: Zeitschrift für d. neutestamentliche Wissenschaft, 1/2, 1954
Goerlitz, W., Adolf Hitler, 1960
Goetz, K. G., Petrus als Gründer und Oberhaupt der Kirche und Schauer von Geschichten nach den altchristlichen Berichten und Legenden, 1927
Goetze, R., Luthers Exkommunikations-Praxis, Diss. 1957
Gogarten, F., Martin Luther Predigten, 1957
Goguel, M., Das Leben Jesu, 1934
Gollwitzer, H., Die Christen und die Atomwaffen, 1957
Gontard, F., Die Päpste, Regenten zwischen Himmel und Hölle, 1959
Goodspeed, E. J., The Meaning of Ephesians, 1933
- An Introduction to the New Testament, 1937
- A History of Early Christian Literature 1942
Goppelt, L., Christentum und Judentum im ersten u. zweiten Jahrhundert, 1954
- Der Missionar des Gesetzes, Zu Röm. 2, 21 f. In: Basileia, Walter Freytag zum 60. Geb., 1959
Graber, R., Petrus der Fels, 1949
Graesser, E., Das Problem der Parusieverzögerung in den synoptischen Evangelien und in der Apostelgeschichte, 1957
Graf, G., Das Martyrium des hl. Pappus und seiner 24 000 Gefährten, in: Beiträge z. Geschichte d. christlichen Altertums u. d. Byzantinischen Literatur, Festgabe f. Albert Ehrhard, hrsg. v. A. M. Koeniger. 1922
- Der vom Himmel gefallene Brief Christi, Zeitschrift für Semitistik, 6, 1928
Graham, R. A., Vatican Diplomacy, A Study of Church and State on the International Plane, 1959
Grant, R. M., Miracle and natural law in Greaco-Roman and early Christian thought. 1952
Grass, H., Ostergeschehen und Osterberichte, 1956
Greeven, H., Das Hauptproblem der Sozialethik in d. neuen Stoa und im Urchristentum, 1935
- Propheten, Lehrer, Vorsteher bei Paulus, in: Zeitschrift f. d. neutestamentliche Wissenschaft, H. 1–2, 1952/53
Greßmann, H., Die Sage von der Taufe Jesu, Zeitschr. f. Missionskunde u. Religionswissenschaft, 1919
- Tod und Auferstehung des Osiris, in: Der alte Orient, 23. Bd., 3. H., 1923
- Jüdische Mission in der Werdezeit des Christentums, Zeitschrift f. Missionskunde u. Religionswissenschaft, 1924
- Der Messias, 1929
Grill, J., Untersuchungen zur Entstehung des 4. Evangeliums, 1923
Grillmeier, A., Maria Prophetin, in: Geist u. Leben, 30, 1957
Grimm, E., Die Ethik Jesu, 1917
Grisar, H., Luther, 3 Bde. 1911
Grobel, K., Formgeschichte u. synoptische Quellenanalyse, 1937
Groeber, C., Kirche, Vaterland u. Vaterlandsliebe, Zeitgemäße Erwägungen u. Erwiderungen, 1935
Groenbech, V., Paulus, Jesu Christi Apostel, 1940
- Zeitwende I., 1. Jesus der Menschensohn, 1941
Groß, J., Religionsfreiheit u. katholische Kirche, in: Die Pforte, H. 23/24, 1950
- Entstehungsgeschichte des Erbsündendogmas, Von der Bibel bis Augustinus, I., 1960
- Der Erlanger Theologenstreit, in: Die Pforte, H. 107/108, 1961
Grundmann, W., Die Gotteskindschaft in der Geschichte Jesu u. ihre religionsgeschichtlichen Voraussetzungen, 1938

– Das Problem des hellenistischen Christentums innerhalb der Jerusalemer Urgemeinde, in: Zeitschr. f. neutestamentl. Wissenschaft, Bd. 38, 1939
– Die Apostel zwischen Jerusalem u. Antiochia, in: Zeitschr. f. neutestamentl. Wissenschaft, 39, 1940
– Sohn Gottes, in: Zeitschr. f. neutestamentl. Wissenschaft, 1956
– Die Geschichte Jesu Christi, 1957
Guardini, R., Das Bild von Jesus dem Christus im Neuen Testament, 1936
– Religion u. Offenbarung, 1958
Gundlach, G., Die Lehre Pius XII. vom modernen Krieg, Stimmen der Zeit, 7. H., 1958/59
– Die Lehre Pius XII. zum Atomkrieg, Stimmen der Zeit, April 1959
Gunkel, Das Märchen im Alten Testament, 1917
– Die Psalmen, 1926
Günter, H., Psychologie der Legende, Studien zu einer wissenschaftl. Heiligengeschichte, 1949
Güntert, H. , Der arische Weltkönig u. Heiland, 1923
Guterman, S. L., Religions toleration and persecution in ancient Rome, 1951

Haacke, R., Rom u. die Caesaren, 1947
Haas, H., »Das Scherflein der Witwe u. seine Entsprechung im Tripitaka, 1922
– Idee u. Ideal der Feindesliebe in der außerchristlichen Welt, 1927
Haenchen, E., Tradition u. Komposition in der Apostelgeschichte, in: Zeitschr. f. Theologie u. Kirche, 1955
– Die Apostelgeschichte, 10. A., 1956
Hagen, W., Die geheime Front
Haller, J., Das Papsttum, Idee u. Wirklichkeit, 2. A., 1936
– Das altdeutsche Kaisertum, 1944
Haller, M., Die großen Ritualreligionen des alten Orients, in: Mensch und Gottheit in den Religionen, 1942
Hampe, K., Deutsche Kaisergeschichte in der Zeit der Salier u. Staufer, 9. A., 1945
Harnack, A., Tatian's Diatessaron u. Marcion's Commentar zum Evangelium bei Ephraem Syrus, Zeitschr. f. Kirchengeschichte, 4, 1881
– Cyprian als Enthusiast, in: Zeitschr. f. neutestamentl. Wissenschaft, 3, 1902
– Das Wesen des Christentums, 1903
– Militia Christi, Die christliche Religion u. der Soldatenstand in den ersten drei Jahrhunderten, 1905
– Reden u. Aufsätze, 2. A., 1906
– Judentum u. Judenchristentum in Justins Dialog mit Trypho, 1913
– Das Leben Cyprians, 1913
– Porphyrius »gegen die Christen«, 1916
– Der Spruch über Petrus als den Fels der Kirche Matth. 16, 17 f. Sitzungsberichte der preußischen Akademie d. Wissenschaft, 1918
– Marcion: Das Evangelium vom fremden Gott, 1921
– Dogmengeschichte, 7. A., 1922
– Mission und Ausbreitung des Christentums in den ersten drei Jahrhunderten, 1924
– Über den Verfasser und den literarischen Charakter des Muratorischen Fragments, in: Zeitschrift für neutestamentliche Wissenschaft, 1925, H. 1/2
– Die Entstehung der christlichen Theologie und des kirchlichen Dogmas, 1929
Hartke, W., Römische Kinderkaiser, 1951
Hauck, F., Das Evangelium des Markus, 1931
Hausrath, Jesus und die neutestamentlichen Schriftsteller, 1908
Hebbel als Denker, hrsg. v. B. Münz, 1913

Heichelheim, F. M., Römische Sozial- und Wirtschaftsgeschichte, in: Historia Mundi IV., 1956

Heiler, F., Der Katholizismus. Seine Idee und seine Erscheinung, 1923
– Urkirche und Ostkirche, 1937
– Altkirchliche Autonomie und päpstlicher Zentralismus, 1941
– Assumptio, Werke zur Dogmatisierung der leiblichen Himmelfahrt Marias, in: Theol. Literaturzeitung 1, 1954
– Die Religionen der Menschheit in Vergangenheit und Gegenwart, 1959

Heim, K., Das Wesen des evangelischen Christentums, 1925

Heitmüller, W., Die Schriften des Neuen Testaments neu übersetzt und für die Gegenwart erklärt, 1907
– Taufe und Abendmahl im Urchristentum, 1911
– Zum Problem Paulus und Jesus, in: Zeitschrift für neutestamentliche Wissenschaft, 13, 1912

Helmbold, H., Vorsynoptische Evangelien, 1953

Hennecke, E., Neutestamentliche Apokryphen, 2. A., 1924

Henry, M. L., Das Tier im religiösen Bewußtsein des alttestamentlichen Menschen, 1958

Herder, J. G., Herder's Werke, ed. H. Düntzer, Berlin o. J.

Hermann, A., Zergliedern und Zusammenfügen, Religionsgeschichtliches zur Mumifizierung, in: NUMEN, April 1956

Hertling, L., Die Zahl der Christen zu Beginn des IV. Jahrhunderts, Zeitschrift für Katholische Rel. 58 (1934)

Herzog, R., Die Wunderheilungen von Epidauros. in Beitrag zur Geschichte der Medizin und der Religion, in: Philologus, Supplementband 22, H. 3,1931

Heuss, A., Römische Geschichte, 1960

Heussi, K., Marcion, Vergangenheit und Gegenwart, Jahrg. XVI., 1926
– Der Ursprung des Mönchtums, 1936
– War Petrus in Rom? 1936
– Petrus, wirklich römischer Märtyrer? 1937
– Neues zur Petrusfrage, 1939
– Die römische Petrustradition in kritischer Sicht, 1955
– Kompendium der Kirchengeschichte, 11. A., 1957

Hirsch, E. ,Jesus Christus der Herr, 1926
– Das vierte Evangelium in seiner ursprünglichen Gestalt, 1936
– Studien zum vierten Evangelium, 1936
– Die Auferstehungsgeschichten und der christliche Glaube, 1940
– Frühgeschichte des Evangeliums, 1941

Hlond, The Persecution of the Catholic Church in German-Occupied Poland, Reports presented by H. E. Cardinal Hlond, Primate of Poland, to pope Pius XII., 1941

Hoch, W., Die Kirche und ihr Geld, Glauben und Rechnen im Leben der Kirche, 1938

Hoelscher, G., Geschichte der israelitschen und jüdischen Religion, 1922

Hoenn, K., Konstantin der Große

Hoffmann, Th., S. J., Gott der Liebe – über beiden Bünden, in: Stimmen der Zeit, 67. Jg., 131 Bd., 1937/38

Holl, K., Gesammelte Aufsätze zur Kirchengeschichte I.–III., 1928

Holmström, F., Das eschatologische Denken in der Theologie der Gegenwart, 1936

Holtzmann, J., Lehrbuch der neutestamentlichen Theologie, 2. A., 1911

Holtzmann, O., War Jesus Ekstatiker? 1903

Holz, H. H., Die neue Legende von Petri Grab und Reliquien, Kritische Bemerkungen zu den Ausgrabungen unter der Peterskirche, in: Deutsche Woche, Nr. 52, S. 13, 1957

Hommel, H., Neue Forschungen zur Areopagrede Acta 17, in: Zeitschrift für neutestamentliche Wissenschaft 3–4, 1955

Hoskyns, E. C. u. Davey, F. N., Das Rätsel des Neuen Testaments, 1938
Howard, W. F., The Fourth Gospel in recent criticism and interpretation, ed. rev. by C. K. Barrett, 1955
Howlett, D., The Essenes and Christianity, An Interpretation of the Dead Sea Scrolls, 1957
Hulen, A. B., Porphyr's work against the Christians, Yale Studies in Religion, 1, 1933
Hyde, W. W., Paganism to Christianity in the Roman Empire, 1946

Jackson, F., Lake, K., The Beginnings of Christianity, 1920–33
Jansen, B., Offenbarung, Theologie, Profanwissenschaft, in: Stimmen der Zeit, 68. Jg., 133 Bd., 1937/31
Janssen, K., Die Entstehung der Gnadenlehre Augustins, 1936
Jaspers, K., Die Atombombe und die Zukunft des Menschen, 1958
Jedin, H., Das Konzil von Trient und der Protestantismus, in: Catholica, 1934
Jefka, Jesus von Nazareth und die Christologie, 1911
Jeremias, J., Jerusalem zur Zeit Jesu, 1923
– Golgatha, 1926
– War Paulus Witwer, in: Zeitschrift f. neutestamentliche Wissenschaft, 25, 1926
– Die Abendmahlsworte Jesu, 1949
– Unbekannte Jesusworte, 1951
– Kennzeichen der ipsissima vox Jesu, Festschrift f. A. Wikenhauser, 1954
– Jesu Verheißung an die Völker, 1956
Jirku, A., Das Alte Testament und die deutsche Gegenwart, 1935
Jonas, J., Gnosis und spätantiker Geist
Jonkers, E. J., Das Verhalten der alten Kirche hinsichtlich der Ernennung zum Priester von Sklaven, Freigelassenen und Curiales, Mnemosyne, 1942
– Einige Bemerkungen über Kirche und heidnische Reinheitsvorschriften in den ersten sechs nachchristlichen Jahrhunderten, in: Mnemosyne, 1943
Jülicher, A., Einleitung in das Neue Testament, 7. A., 1931

Kaesemann, E., Leib und Leib Christi, 1933
– Die Legitimität des Apostels. Eine Untersuchung zu 2. Kor. 10–13, Zeitschrift f. neutestamentliche Wissenschaft, 1942
– Begründet der neutestamentliche Kanon die Einheit der Kirche, in: Evangelische Theologie, 1951
– Das Problem des historischen Jesus, Zeitschrift f. Theologie u. Kirche, 51,1954
Kaniuth, A., Die Beisetzung Konstantins des Großen, Breslauer Hist. Forschung, Bd. 18, 1941
Kant, Metaphysik der Sitten, I.
Karner, K., Die Stellung des Apostels Paulus im Urchristentum, Zeitschrift für systematische Theologie, 1937
Karnetzki, M., Textgeschichten als Überlieferungsgeschichten, in: Zeitschrift f. neutestamentliche Wissenschaft, 1956
Kattenbusch, F., Die Vorzugsstellung des Petrus und der Charakter der Urgemeinde zu Jerusalem, Festgabe f. K. Müller, 1922
Kautsky, K., Geschichte des Sozialismus in Einzeldarstellungen, I. 1895
– Der Ursprung des Christentums. Eine historische Untersuchung, 1910
Keller, A., Church and State on the European Continent, 1936
– Die neue amerikanische Bibelübersetzung, Universitas, Jhg. VII., Heft 9,1953
Kiefl, F. X., Der geschichtliche Christus und die moderne Philosophie, 1911
Kirfel, W., Die dreiköpfige Gottheit, 1948
Kischkowsky, A., Die sowjetische Religionspolitik u. die Russische Orthodoxe Kirche, 1957

Kittel, G., Die Probleme des palästinensischen Spätjudentums und des Urchristentums, 1926

– Die Religionsgeschichte und das Urchristentum, 1931

– Die Auferstehung Jesu, Deutsche Theologie 1937

Klauser, T., Vom Heroon zur Märtyrerbasilika, 1942

– Die römische Petrustradition im Licht d. neuen Ausgrabungen unter d. Peterskirche, 1956

Klausner, J., Von Jesus zu Paulus, 1950

– Jesus von Nazareth, Seine Zeit, sein Leben und seine Lehre, 3. A., 1952

Klein, J., Skandalon, Um das Wesen des Katholizismus, 1958

Klostermann, H., Das Matthäusevangelium, 2. A., 1927

– Das Lukasevangelium, 2. A., 1929

– Das Markusevangelium, 4. A., 1950

Knopf, R., Das nachapostolische Zeitalter, 1905

– Einführung in das Neue Testament, 3. A., 1930

Knox, J., Marcion and the New Testament, An Essay in the Early History of the Canon, 1942

Koch, A. , Der Aufstieg der Frau im Frühchristentum, in: Stimmen der Zeit, 66. Jg. 1935/36

Koch, G., Die Auferstehung Jesu Christi, 1959

Koch, H., Die altchristliche Bilderfrage nach ihren literarischen Quellen, 1917

– Adhuc virgo, Mariens Jungfrauenschaft und Ehe in der altkirchlichen Überlieferung bis zum Ende des 4. Jahrhunderts, 1929

– Cathedra Petri, Neue Untersuchungen über die Anfänge der Primatslehre, 1930

– Virgo Eva-Virgo Maria, Neue Untersuchungen über die Lehre von der Jungfrauschaft u. der Ehe Mariens in der ältesten Kirche, 1937

Koehler, F., Die deutsch-protestantische Kriegspredigt der Gegenwart dargestellt in ihren religiös-sittlichen Problemen und in ihrer homiletischen Eigenart. 1915

Koehler, W., Ursprung und Wesen der Problematik: »Staat und Kirche«, in: Theologische Blätter, Januar 1936, Nr. 1, 4

– Dogmengeschichte als Geschichte des christlichen Selbstbewußtseins, 1938

Koepgen, G., Die Gnosis des Christentums, 1939

Koester, W., Die Idee der Kirche bei Apostel Paulus, 1928

Koesters, L., War Petrus in Rom? in: Stimmen der Zeit. 68. Jg. 133 Bd., 1937/38

Kohlmeyer, E., Staat und Kirche in der deutschen Reformation, 1935

Kraft, H., Kaiser Konstantins religiöse Entwicklung, Beitrag zur Historischen Theologie, 20, 1955

Kragerud, A., Der Lieblingsjünger im Johannesevangelium, 1959

Krakauer, M., Lichter im Dunkel, 1947

Krause, W., Die Stellung der frühchristlichen Autoren zur heidnischen Literatur, 1958

Kretschmar, G., Zur religionsgeschichtlichen Einordnung der Gnosis, in: Evangelische Theologie, Heft 7/8, 1953

Kroll, J., Gott und Hölle, 1932

Krueger, G., Die Rechtsstellung der vorkonstantinischen Kirchen, 1935

Kuckhoff, J., Christliche Vaterschaft. Zu einem landläufigen Heiligenbild, in: Stimmen der Zeit, 67. Jg., 1937/38

Kuemmel, W. G., Die Eschatologie der Evangelien, in: Theologische Blätter 9/10, 1936

– Der Glaube im Neuen Testament, seine katholische und reformatorische Deutung; in: Theologische Blätter, 10, 1937

– Kirchenbegriff und Geschichtsbewußtsein in der Urgemeinde und bei Jesus, 1943

– Jesus und die Anfänge der Kirche, Studia Theologica 7, 1953

Kuhl, B. C., Die Entstehung des Alten Testaments, 1953

– Israels Propheten, 1956

Kuhn, K. G., Die in Palästina gefundenen hebräischen Texte und das Neue Testament, Zeitschr. f. Theologie und Kirche, 47,1950
– Über den ursprünglichen Sinn des Abendmahls und sein Verhältnis zu den Gemeinschaftsmahlen der Sektenschrift, in: Evangelische Theologie, H. 11/12, 1951
Kulischer, J., Allgemeine Wirtschaftsgeschichte, 1928
Kupisch, K., Quellen zur Geschichte des deutschen Protestantismus 1871–1945, 1960
Kuschke, A., Altbabylonische Texte zum Thema »Der leidende Gerechte«, in: Theologische Literaturzeitung 2, 1956

Lamm, H., Bemerkungen zur Entwicklung und Wandlung des Deutsch-Jüdischen Lebensgefühls, in: Lebendiger Geist, H. J. Schoeps zum 50. Geb. von Schülern dargebracht, ed. H. Diwald, 1959
Lanczkowski, G., Heilige Schriften, Inhalt, Textgestalt und Überlieferung 1956
Lasserre, J., Der Krieg und das Evangelium, 1956
Latte, K., Religiöse Strömungen in der Frühzeit des Hellenismus, Die Antike, 1925
Laubscher, E., Phänomene der Zahl in der Bibel mit besonderer Berücksichtigung des Neuen Testaments, vorab der Offenbarung des Johannes, 1955
Lawretzki, I., Der Vatikan, Religion, Finanzen und Politik, 1957
Lehmann E. und H. Hass, Textbuch zur Religionsgeschichte, 1922
Lehmann, H.,»Du bist Petrus...«, Zum Problem von Matthäus 16, 13–26, in: Evangelische Theologie 1/2, 1953
Lehmann, L., Vatican Policy in the Second World War, 1946
Leipoldt, J., Geschichte des neutestamentlichen Kanons, I. 1907. II. 1908
– Jesus und die Frauen, 1921
– War Jesus Jude? 1923
– Sterbende und auferstehende Götter, 1923
– Vom Jesusbild der Gegenwart, 2. A., 1925
– Das Gotteserlebnis Jesu im Lichte der vergleichenden Religionsgeschichte, 1927
– Die urchristliche Taufe im Lichte der Religionsgeschichte, 1928
– Dionysos, 1931
– Antisemitismus in der alten Welt, 1933
– Jesus und Paulus, Jesus oder Paulus, 1936
– Katholische Volksfrömmigkeit, 1939
– Jesu Verhältnis zu Griechen und Juden, 1941
– Der soziale Gedanke in der altchristlichen Kirche, 1952
– Bibel und Friedensgedanke, 1954
– Die Frau in der antiken Welt und im Urchristentum, 2. A., 1955
– Von Epidauros bis Lourdes, 1957
– Ein neues Evangelium? Das koptische Thomasevangelium übersetzt und besprochen, in: Theologische Literaturzeitung 7. 1958
Leipoldt, J. – Morenz, S., Heilige Schriften, Betrachtungen zur Religionsgeschichte der antiken Mittelmeerwelt, 1953
Leisegang, H., Pneuma Hagion, Der Ursprung des Geistbegriffes der synoptischen Evangelien aus der griechischen Mystik, 1922
– Denkformen, 1928
– Die Gnosis, 4. A., 1955
Le Roy Burkhart, B., The Rise of the Christian Priesthood, in: The Journal of Religion, Chicago 22, 1942
Lessing, Th., Europa und Asien oder Der Mensch und das Wandellose. Sechs Bücher wider Geschichte und Zeit, 1923
Lidzbarsky, M., (Hrsg.) Johannesbuch der Mandäer, 1915
Lietzmann, H., Der Weltheiland, 1909

- Messe und Herrenmahl, 1926
- An die Römer, 4. A., 1933
- Geschichte der alten Kirche, 4. A., 1953
Lightfoot, J. B., Saint Paul's epistle to the Galatians, 1865
Lilje, H. , Der Krieg als geistige Leistung, 1941
Lindeboon J. / Bakhuizen, J. N., van den Brink, Handboek der Kerkgeschiedenis, I., 1942
Linton, O., Das Problem der Urkirche in der neueren Forschung, 1932
Loewe, R., Kosmos und Aion, 1935
Loewenich, W. v., Die Geschichte der Kirche, 3. A., 1948
- Die Aufgabe des Protestantismus in der geistigen Situation der Gegenwart, »Die Ernte«, H. 10,1952
- Der moderne Katholizismus, 1955
- Der Katholizismus und wir, o. J.
Lohmeyer, E., Kyrios Jesus, Sitzungsbericht der Heidelberger Akademie der Wissenschaft, Phil.hist. Kl., 4. Abh., 1928
- Galiläa und Jerusalem, 1936
- Das urchristliche Abendmahl, in: Theol. Rundschau, 3/4/5, 1937
- Das Evangelium des Markus, 1937
- Kultus und Evangelium, 1942
- Gottesknecht und Davidsohn, 1945
- »Mir ist gegeben alle Gewalt.« Eine Exegese von Mt. 28, 16–20, in: In memoriam E. Lohmeyer, hrsg. v. W. Schmauch, 1951
Lohse, E., Märtyrer und Gottesknecht, 1955
Loisy, A., Evangelium und Kirche, 1904
Loofs, F., Leitfaden zum Studium der Dogmengeschichte, 5. A., 1951
L'Orange, H. P., Der spätantike Bildschmuck des Konstantinbogens, 1939
Lortz, J., Das Christentum als Monotheismus in den Apologien des zweiten Jahrhunderts, in: Beiträge z. Geschichte d. christlichen Altertums u. d. Byzantinischen Literatur, Festgabe f. Albert Erhard, 1922
- Katholischer Zugang zum Nationalsozialismus, 2. A., 1934
- Geschichte der Kirche in ideengeschichtlicher Betrachtung, 7. u. 8. A., 1940
Lubac, H. de, Katholizismus als Gemeinschaft, 1943
Lucius, E., Die Anfänge des Heiligenkultes in der christlichen Kirche, 1904

MacGiffert, The Apostles' Creed, 1925
MacGregor, H. C., Friede auf Erden? Biblische Grundlegung der Arbeit vom Frieden, 1955
Macuch, R., Alter und Heimat des Mandäismus nach neuerschlossenen Quellen, in: Theologische Literaturzeitung, 6, 1957
Malvezzi, P., / Pirelli, G., Letzte Briefe zum Tode Verurteilter aus dem europäischen Widerstand, dtv. München 1962
Manhattan, A., The Vatican in World Politics, 1949
Manson, T. W., Jesus and the Non-Jews, 1955
Marti, K., Beer, G., 'Abôt, 1927
Martin, J., Studium und Beiträge zur Erklärung und Zeitbestimmung Commodians, 1913
Marx, K., Das Kapital, Kritik der politischen Ökonomie I–III, Berlin 1953
Marxen, W., Der Evangelist Markus, Studien zur Redaktionsgeschichte des Evangeliums, 1956
- Der »Frühkatholizismus« im Neuen Testament, 1958
Maurer, W., Kirche und Synagoge, 1953
Mausbach, J., Christentum und Weltmoral, 2. A., 1905
Mauthner, F., Gottlose Mystik, o. J.

Mayer, A., Erdmutter und Hexe. Eine Untersuchung zur Geschichte des Hexenglaubens und zur Vorgeschichte des Hexenprozesses, 1936

Mehl, I. J., Der revidierte Text des Neuen Testaments von 1956, Theol. Literaturzeitung, Nr. 3, 1959

Meinertz, M., Theologe des Neuen Testaments, 1950

Meinhold, J., Der Dekalog, 1927

Meinhold, P., Goethe zur Geschichte des Christentums, 1958

Mendner, S., Die Tempelreinigung, in: Zeitschrift f. neutestamentliche Wissenschaft, 1956

Menes, A., Die vorexilischen Gesetze Israels im Zusammenhang seiner kulturgeschichtlichen Entwicklung, BZAW. 50, 1928

Mensching, G., Toleranz und Wahrheit in der Religion, 1955
– Leben und Legende der Religionsstifter, 1955
– Das Wunder im Glauben und Aberglauben der Völker, 1957
– Fragen und Ergebnisse religionsgeschichtlicher Forschung, in: Zeitschrift für Religions- und Geistesgeschichte, 1, 1959

Menzel, W., Geschichte der Deutschen, 1872

Meschler, M., Das Leben unseres Herrn Jesu Christi, des Sohnes Gottes, in: Betrachtungen, 7. A., 1910

Mesot, J., Die Heidenbekehrung bei Ambrosius von Mailand, 1958

Mertel, H. R., Italiens faschistische Neugestaltung, in: Stimmen der Zeit, 64. Jg. April 1934

Meyer, E., Ursprung und Anfänge des Christentums, 4. u. 5. A., 1921
– Blüte und Untergang des Hellenismus in Asien, 1925

Meyer, H. D., Amerika am Scheideweg, 1953

Meyer, R., Der Am ha ares, Judaica 3, 1947

Michaelis, W., Der Herr verzieht nicht die Verheißung. Die Aussagen Jesu über die Nähe des Jüngsten Tages, 1942
– Das Urchristentum, in Mensch und Gottheit in den Religionen, 1942
– Die apokryphen Schriften zum Neuen Testament, 1956

Michel, O., Polemik und Scheidung. Eine biblische und religionsgeschichtliche Studie, in: Basileia, Walter Freytag zum 60. Geburtstag, ed. J. Hermelink u. H. J. Margull, 1959

Miegge, G., Die gegenwärtige Situation der katholischen Mariologie, in: Theologische Literaturzeitung, Nr. 8. 1957

Miller, A., Die christlichen« Massaker in Kroatien 1941 bis 1945, in: Die Freigeistige Aktion, Hannover, Nr. 11. Nov. 1961

Minear, P. S., And great shall be your reward, The origins of christian views of salvation, Yale Studies in Religion, Numb. 12

Mirbt, C., Quellen zur Geschichte des Papsttums und des römischen Katholizismus, 4. A., 1924

Mirgeler, A., Der Einbruch des Judentums in die christliche Geschichte, Catholica, 2. Jahrg. 1933

Mitterer, A., Christus und Kirche im Lichte ihrer Analogie zum Menschenleib, in: Abhandlungen über Theologie und Kirche, Festschr. f. Karl Adam, ed. M. Reding, 1952

Miura-Stange, A., Celsus und Origenes. Das Gemeinsame ihrer Weltanschauung nach den acht Büchern des Origenes gegen Celsus. Eine Studie zur Religions- und Geistesgeschichte des 2. und 3. Jahrhunderts, 1926

Moe, O., Urchristentum und Kirche, Theol. Literaturzeitung, 76, 1951

Mohrmann, H., Über Finanzen und Kapital des hohen katholischen Klerus in: Katholische Soziallehre – klerikaler Volksbetrug, 1960

Molin, G., Die Söhne des Lichtes, 1954

Montefiore, C. G., The Synoptic Gospels, 2. A., 1927

Monzel, N., Abhängigkeit und Selbständigkeit im Katholizismus, in: v. Wiese, Abhängigkeit und Selbständigkeit im sozialen Leben, I., 1951

Morawitzky, L. E., Die Kaiseridee in den echten und unechten Märtyrerakten der Christenverfolgung des Decius, Diss. 1909

Morens, S., Um Herkunft und Frühgeschichte des Christentums, in Theol. Lit. Nr. 9, 1955

Morgan, J., The importance of Tertullian in the development of christian Dogma, 1928

Morus, Der ewige Zeus, 1955

Mould, E. W. K., The World View of Jesus, 1941

Mowry, L., The Dead Sea Scrolls and the background for the Gospel of John, in: Biblical Archaeologist, 17. Dec. 1954

Mueller, E. F., Die Bekenntnisschriften der reformierten Kirche, 1903

Mueller, F. v., Erinnerungen aus den Kriegsjahren 1806–1813, 1911

Mueller, H., Zur Behandlung des Kirchenkampfes in der Nachkriegsliteratur, in: Politische Studien, Heft 135, Juli 1961

Mueller, K., Kirchengeschichte, 1929

Munck, J., Paulus und die Heilsgeschichte, 1954

– Christus und Israel. Eine Auslegung von Röm. 9–11, in: Aarsskrift for Aarhus, Universitet, 28, 1956

Murawski, F., Die Juden bei den Kirchenvätern und Scholastikern, 1925

Nestle, W., Griechische Religiosität von Alexander d. Gr. bis auf Proklos, 1934

– Legenden vom Tod der Gottesverächter, in: Archiv für Religion, 1936

– Krisis des Christentums, 1947

– Die Vorsokratiker, deutsch in Auswahl mit Einleitungen, 1956

Neuhäusler, J., Kreuz und Hakenkreuz, 1946

Neumann, E., Die große Mutter. Der Archetyp des großen Weiblichen, 1956

Nielen, J., Die religiöse Bedeutung des Alten Testaments für den katholischen Christen, 2. A., 1935

Nielsen, D., Der geschichtliche Jesus, 1928

Niemöller, M., Kasseler Rede vom 25. 1. 1959, in: Geist und Zeit, H. 3,1959

Niemöller, W., Bekennende Kirche in Westfalen, 1952

– Die evangelische Kirche im Dritten Reich, Handbuch des Kirchenkampfes, 1956

Nietzsche, F., Der Antichrist

– Morgenröte

– Jenseits von Gut und Böse

Nigg, W., Das Buch der Ketzer, 1949

– Das ewige Reich, Geschichte einer Hoffnung, 2. A., 1954

– Der christliche Narr, 1956

Nilsson, M. P., Die Geschichte der griechischen Religion 1950

Ninck, J., Jesus als Charakter, 3. A., 1925

Nock, A. D., Conversion, 1933

– Paulus, 1940

Norden, E., Agnostos Theos, 1913

– Die antike Kunstprosa, 1918

– Die Geburt des Kindes, 1924

Novak, V., Principium et Finis-Veritas, in: Review of International Affairs, Vol. 2 Nr. 26; Belgrad 19. Dez. 1951

– Die Beziehungen zwischen dem Vatikan u. den Südslawen, in: Internationale Politik, Belgrad; 16. Mai 1954 ff.

Nyberg; H. S., Die Religionen des alten Iran, in: Mitteilungen d. vorderasiatisch-ägyptischen Gesellschaft, 1938 Nygren, A., Eros und Agape, 1937

791

Oekumenischer Rat der Kirchen, Hrsg., Die evangelische Kirche in Deutschland und die Judenfrage. Ausgewählte Dokumente aus den Jahren des Kirchenkampfes 1933 bis 1943

Oepke, A., Das Neue Gottesvolk, 1950

Oldenberg; H., Buddha. Sein Leben, seine Lehre, seine Gemeinde, 4. A., 1921

Opitz. H. G., Untersuchungen zur Überlieferung der Schriften des Athanasius, 1935

Oßwald, E. , Das Bild des Mose in der kritischen alttestamentlichen Wissenschaft seit Julius Wellhausen, Habil. Schrift, Jena 1955

Otto, R., Reich Gottes und Menschensohn, 1934

– Das Heilige. Über das Irrationale in der Idee des Göttlichen und sein Verhältnis zum Rationalen; 1947

– Die Welt des Orients, II., 1955

Otto, W. E., Dionysos, 2. A., o. J.

Overbeck, F., Christentum und Kultur, Gedanken und Anmerkungen zur modernen Theologie. Aus dem Nachlaß hrsg. v. C. A. Bernoulli, 1919

Papen, F. v., Der 12. November 1933 und die deutschen Katholiken, Rede gehalten vor der Arbeitsgemeinschaft katholischer Deutscher in der Messehalle zu Köln am 9. November 1933, veröff. in Reich und Kirche, 1934

Parkes, J. ; The Conflict of the Church and the Synagogue, A study in the origins of antisemitism, 1934

Pascal; B., Über die Religion (Pensées); 1948

Pedersen, J., Handwörterbuch des Islam, 1941

Percy, E., Die Botschaft Jesu. Eine traditionskritische und exegetische Untersuchung, 1953

Perels, O., Die Wunderüberlieferung der Synoptiker in ihrem Verhältnis zur Wortüberlieferung, 1934

Pernoud, R., Die Kreuzzüge in Augenzeugenberichten, 1961

Peterson, E., Die Kirche, 1929

– Der Monotheismus als politisches Problem, 1935

– Frühkirche, Judentum und Gnosis, Studien und Untersuchungen, 1959

Pfannmüller, G., Jesus im Urteil der Jahrhunderte, 2. A., 1939

Pfister, F., Der Reliquienkult im Altertum, 1912

– Herakles und Christus, in: Archiv f. Religionswissenschaft, Bd. 34,1937

– Zweigeschlechterwesen und Urmonotheismus, in: Forschungen und Fortschritte, Bd. 31, H. 5, 1957

Pfister, K., Der Untergang der antiken Welt, 1941

Pfister, O., Die Entwicklung des Apostels Paulus, Imago VI., 1920

Pfleiderer, O., Das Urchristentum, 1902

Pfliegler, M., Dokumente zur Geschichte der Kirche, 2. A., 1957

Philip, K., Julianus Apostata in der deutschen Literatur, 1929

Pieper, J., Das Arbeitsrecht des Neuen Reiches und die Enzyklika Quadragesimo anno, 1934

Ploeg, J., van der, The Meals of the Essenes, Journal of Semitic Studies, 2, 1957

Poehlmann, R. v., Geschichte der sozialen Frage und des Sozialismus in der antiken Welt, 3. A., 1925

Pohlenz, M., Paulus und die Stoa, Z. N. W. 42,1949

Poulsen, F., Römische Kulturbilder, 1949

Preisker, H., Christentum und Ehe in den ersten 3 Jahrhunderten, 1927

– Griechentum und Evangelium, Archiv f. Religionswissenschaft, Bd. 35, 1938

– Das Ethos des Urchristentums, 1949

Prentice, W., St. Paul's Journey to Damascus, in: Zeitschrift f. neutestamentliche Wissenschaft, H. 3–4, 1955

Preuschen, E., Die Apostelgeschichte, 1912

Prümm, K., Die mythische Religion der Alten und des Christentums, in: Stimmen der Zeit, 67 Jg., 132 Bd.

Pzillas, F., Die Lebenskräfte des Christentums, 1960

– Ein Skandal in der Papstkirche, in: Die Freigeistige Aktion, August-Heft, 1961

– Ein Pereat für die Universitätstheologie, in: Die Pforte, Heft 107/108, 1961

Rade, M., Die Stellung des Christentums zum Geschlechtsleben, 1910

– Der Nächste, Festgabe für A. Jülicher zum 70. Geb., 1927

Radhakrishnan, S., Erneuerung des Glaubens aus dem Geist, Ullstein-Bücher, 1959

Ragaz, B., Die Bergpredigt Jesu, 1945

Rahner, K., Juda und Rom, Stimmen der Zeit, 65. Jg., 1934

– Griechische Mythen in christlicher Deutung, 1945

Ranft, J., Der Ursprung des katholischen Traditionsprinzips, 1931

Rankin, F., The Pope speaks, 1940

Raschke, H., Das Christusmysterium, 1954

– Aus der Werkstatt des Markusevangelisten, in: Die Pforte, Heft 109/110,1961

Reickes, B., The Jewish Damascus Documents, 1946

Reitzenstein, R., Hellenistische Wundererzählungen, 1906

– Die hellenistischen Mysterienreligionen, 1927

Renan, E., Das Leben Jesu, 5. A., 1893

Rendtorff, F., Die Geschichte des christlichen Gottesdienstes unter dem Gesichtspunkt der liturgischen Erbfolge. Eine Grundlegung der Liturgik, 1914

Rengstorf, K. H., Das Evangelium des Lukas, 1937

– Die Auferstehung Jesu, 2. A., 1954

Rhyn, M. van, Treasures of the Dust, 1929

Ricciotti, G., Das Leben Jesu, 1949

– Paulus, 1950

Ringgren, H. / Ström, A. V., Die Religionen der Völker, Grundriß der allgemeinen Religionsgeschichte, 1959

Rissi, M., Zeit und Geschichte in der Offenbarung des Johannes, 1952

Rist, M., Pseudepigraphic Refutations of Marcionism, in: The Journal of Religion, Chicago 22, 1942

Robinson, B. W., Influences leading towards the Conversion of Paul, A Study in Social Environment, in: Festgabe für Adolf Deissmann, 1927

Robinson, D. F., Where and when did Peter die, in: Journal of Biblical Literature, 1945

Roeder, G., Urkunden zur Religion des alten Ägypten, 1915

Rolffs, E., Tertullian, der Vater des abendländischen Christentums, ein Kämpfer für und gegen Rom, 1930

Rosenstock-Huessy, E., Vivit Deus, in: In memoriam E. Lohmeyer, 1951

Rostovtzeff, Gesellschaft und Wirtschaft im Römischen Kaiserreich

Rothes, W., Heidnisches in altchristlicher Kunst und Symbolik, in: Beiträge zur Geschichte des christlichen Altertums und der Byzantinischen Literatur, 1922

Rudolph, K., Die Mandäer, I. Maschinen-Dissertation, Leipzig, 1956

Rumpf. H., Das war der Bombenkrieg, Deutsche Städte im Feuersturm, 1961

Rusch, A., Die Stellung des Osiris im theologischen System von Heliopolis, in: Der Alte Orient Bd. 24, H. 1,1924

Rutenborn, G., Biblische Fremdenführung, in: Evangelische Theologie, 5, 1953

Sass, G., Apostelamt und Kirche. Eine theologisch-exegetische Untersuchung des paulinischen Apostelbegriffs, 1939

– Die Apostel in der Didache, in: In Memoriam E. Lohmeyer, 1951

Saxl, F., Mithras. Typengeschichtliche Untersuchungen, 1931

Schaefer, E., Das Petrusgrab und die neun Grabungen unter St. Peter in Rom, in: Evangelische Theologie, Heft 10, 1951

Schaub, F., Studien zur Geschichte der Sklaverei im Frühmittelalter, 1913

Scheffer, Th. v., Hellenische Mysterien und Orakel, 1940

Scheidweiler, F., Die Verdoppelung der Synode von Tyros vom Jahre 335, in: Byzantinische Zeitschrift, 51. Bd., 1,1958

Scheinmann (Sejnman), M. M., Der Vatikan im zweiten Weltkrieg, 1954

Schelkle, K. H., Die Mutter des Erlösers, 1958

Schelling, 8. Vorlesung über die Methode des akademischen Studiums, zitiert nach Ausg. 1803

– 9. Vorlesung über die Methode des akademischen Studiums, zitiert nach Ausgabe 1803

Schepelern, W., Der Montanismus und die phrygischen Kulte. Eine religionsgeschichtliche Untersuchung, 1929

Scherer, J. B., Vierhundert Jahre Index Romanus, in: Geist und Zeit, H. 2, 1958

Schiffmann, S., Heinrichs IV. Verhalten zu den Juden zur Zeit des ersten Kreuzzugs, in: Zeitschrift für die Geschichte der Juden in Deutschland, 3, 1931

Schilling, Die Höhlenfunde vom Toten Meer: Ende, Anfang oder Übergang, 1958

Schlatter, A., Das christliche Dogma, 1911

– Der Märtyrer in den Anfängen der Kirche, 1915

– Der Evangelist Johannes, 1930

Schleiermacher, F., Reden über die Religion, Reden an die Gebildeten unter ihren Verächtern, in der Philosophischen Bibliothek, Bd. 139 b, o. J.

– Der christliche Glaube, 3. A., 1836

Schlier, H., Christus und Kirche im Epheserbrief, 1930

– Die Beurteilung des Staates im N. T., in: Zwischen den Zeiten, Nr. 4, 1932

– Die Kirche nach dem Brief an die Epheser, in: Die Zeit der Kirche, 1956

– Zur kirchlichen Lehre von der Taufe, in: Die Zeit der Kirche, 1956

Schlingensiepen, H., Die Wunder des Neuen Testaments, Wege u. Abwege ihrer Deutung bis zur Mitte des 5. Jahrhunderts, 1933

Schmauch, W., (Hrsg.) In memoriam Ernst Lohmeyer, 1951

Schmaus, M., Begegnungen zwischen katholischem Christentum und nationalsozialistischer Weltanschauung, 2. A., 1934

– Katholische Dogmatik, III., 1, 1958

Schmidt, H., Die Judenfrage und die christliche Kirche in Deutschland, 1947

Schmidt, J. W. R., (Hrsg.) Hexenhammer, I., 1906

Schmidt, K. D., Chronologische Tabellen zur Kirchengeschichte, 1959

Schmidt, K. L., Die Kirche des Urchristentums, in: Festgabe für A. Deissmann, 1927

– Jesus Christus, in: Religion in Geschichte und Gegenwart, Bd. III.

– Der Jude und der Christ Paulus, Schweizer Monatshefte, 16, 1936

Schmidt, P., Talisman und Zauberwahn, in: Stimmen der Zeit, 67. Jg., 1937/38

Schmidt-Volkmar, E., Der Kulturkampf in Deutschland 1871–1890, 1962

Schmitt, C., Goethe im Elsaß, 1910

Schnee, H., Rothschild, Geschichte einer Finanzdynastie, 1961

Schneemelcher, W., Die Eucharistie in der Zeit der griechischen Väter, in: Theologische Literaturzeitung, 6,1957

– Zur Chronologie des arianischen Streites, in: Theol. Lit. 7/8, 1954

Schneider, A. M., Das Petrusgrab im Vatikan, Theologische Literatur-Zeitung, 77, 1952

Schneider, C., Das Frühchristentum als antisemitische Bewegung, 1940

– Geistesgeschichte des antiken Christentums, I. u. II. Bd., 1954

– Die Christen im römischen Weltreich, in: Historia Mundi, IV., 1956

Schniewind, J., Das Gleichnis vom verlorenen Sohn, 1940

794

Schnitzer, J., Hat Jesus das Papsttum gestiftet? 1910

Schoenberner, G., Der gelbe Stern. Die Judenverfolgung in Europa, 1933–1945

Schoenebeek, H. v., Beiträge zur Religionspolitik des Maxentius und Constantin, Klio, 30. Beiheft, 1939

Schoepf, B., Das Tötungsrecht bei den frühchristlichen Schriftstellern bis zur Zeit Konstantins, 1958

Schoeps, H. J., Theologie und Geschichte des Judenchristentums, 1949
— Aus frühchristlicher Zeit, Religionsgeschichtliche Untersuchungen, 1950
— Die großen Religionsstifter, 3. A., 1954
— Zur Standortbestimmung der Gnosis, in: Theologische Literatur Ztg. 7/8, 1956
— Paulus, 1959

Schopenhauer, A., Sämtliche Werke, ed. M. Köhler

Schremmer, Labarum und Steinaxt, 1911

Schrempf, Paulus. Der Apostel Jesu Christi, Ges. Werke, 9, 1934

Schubart, W., Hellenismus und Weltreligion, in: Neue Jahrbücher f. Wissenschaft u. Jugendbildung, 5, 1926
— Christentum und Abendland, 1947

Schubert, K., Die Gemeinde vom Toten Meer. Ihre Entstehung und ihre Lehren, 1958

Schuchert, A., Kirchengeschichte, 1958

Schuerer, M., Geschichte des jüdischen Volkes im Zeitalter Jesu Christi, 2. A., 1909

Schuetz, R., Apostel und Jünger, 1921

Schuetze, A., Mithras-Mysterien und Urchristentum, 1937

Schuhmacher, H., Das biblische Zeugnis von der Versöhnung des Alls. Eine Untersuchung der wesentlichen Schriftworte und Einwände mit eingehenden Literaturvergleichen, 1959

Schulte, F. W., Het heidendom bij Tertullianus, 1923

Schultze, V., Geschichte des Untergangs des griechisch-römischen Heidentums, 1887
— Altchristliche Städte und Landschaften III. Antiocheia, 1930

Schwartz, E., Über den Tod der Söhne Zebedaei. Ein Beitrag zur Geschichte des Johannesevangeliums, 1904
— Aporien im 4. Evangelium, in: Nachrichten der Göttinger Gesellschaft der Wissenschaft, 1907 f.
— Kaiser Konstantin und die christliche Kirche, 2. A., 1936
— Geschichte des Athanasius, Ges. Schriften, 1959

Schweinitz, H. v., Buddhismus und Christentum, 1955

Schweitzer, A., Das Messianitäts- und Leidensgeheimnis. Eine Skizze des Lebens Jesu, 1901
— Von Reimarus zu Wrede, 1906
— Die Mystik des Apostels Paulus, 1930
— Geschichte der Leben-Jesu-Forschung, 6. A., 1951

Schweizer, E., Die Urchristenheit als ökumenische Gemeinschaft, in: Evangelische Theologie, H. 6, 1950
— Das Herrenmahl im Neuen Testament, in: Theologische Literaturzeitung, 10, 1954

Schwenn, F., Das Menschenopfer bei Griechen und Römern, 1915

Seeberg, R., Dogmengeschichte

Seeck, O., Untersuchungen zur Geschichte des Nicänischen Konzils, Zeitschrift f. Kirchengeschichte, 17,1897
— Entwicklungsgeschichte des Christentums, 1921

Seeliger, R., Das Rätsel um den Tod des Paters Roth, in: Die Andere Zeitung, 7. Dez. 1961

Segal, M. H., The Habakkuk »Commentary« and the Damascus Fragments, in: Journal of Biblical Literature, 70, 1951

Selby, D. J., Changing Ideas in New Testament Eschatology, in: Harvard Theologieal Review, Number 1, Jan. 1957

Shaw, B., Die Aussichten des Christentums, 1925

Sigge, Th., Das Johannesevangelium und die Synoptiker. Neutestamentliche Abhandlungen, 16, 1935

Sjöberg, E., Der verborgene Menschensohn in den Evangelien, 1955

Smaltz, W. M., Did Peter die in Jerusalem, Journal of Biblical Literature, 1952

Smend, F., Untersuchungen zu den Acta-Darstellungen von der Bekehrung des Paulus, Angelos I., 1925

Smith, M., Pauline Problems, in: Harvard Theological Review, April 1957, Numb. 2

Snape, H. C., The fourth gospel, Ephesus and Alexandria, in: The Harvard Theological Review, 47, Numb. 1, Januar 1947

Soden, H. v., Die wichtigsten Fragen im Leben Jesu, 2. A., 1907

– Urchristentum und Geschichte

Sokolowski, F., Fees and taxes in the Greek Cults, in: Harvard Theological Review, Numb. 3, Juli 1954

Soltau, W., Wann ist Matth. 16, 17–19 eingeschoben? Theologische Studien und Kritiken, 89, 1916

Spengler, O., Der Untergang des Abendlandes, 2. A.

Spiegelberg, W., Eine neue Legende über die Geburt des Horus, in: Zeitschrift f. ägyptische Sprache und Altertumskunde, Bd. 53, 1917

Spitta, F., Die Auferstehung Jesu, 1918

Staehlin G., Zum Problem der johanneischen Eschatologie, in: Zeitschr. f. neutestamentliche Wissenschaft, 33,1934

Staerk, W., Soter, Die biblische Erlösererwartung als religionsgeschichtliches Problem, I., 1933 – Die Erlösererwartung in den östlichen Religionen, Untersuchungen zu den Ausdrucksformen der biblischen Christologie (Soter II), 1938

Staudinger, J., Die Bergpredigt, 1957

Stauffer, E., Gott und Kaiser im Neuen Testament, 1935

– Theologisches Lehramt in Kirche und Reich, 1935

– Antike Jesustradition und Jesuspolemik im mittelalterlichen Orient, in: Zeitschrift f. neutestamentliche Wissenschaft, 1955

– Die Urkirche, in: Historia Mundi IV, 1956

– Jerusalem und Rom im Zeitalter Jesu Christi, 1957

– Jesus, 1957

Steinleitner, F., Die Beichte im Zusammenhang mit der sakralen Rechtspflege in der Antike. Ein Beitrag zur näheren Kenntnis kleinasiatisch-orientalischer Kulte der Kaiserzeit, 1913

Steinmann, J., Johannes der Täufer, 1960

Stelzenberger, J., Die Beziehung der frühchristlichen Sittenlehre zur Ethik der Stoa, 1933

Stemplinger, E., Antiker Volksglaube, 1948

Stirnimann, K. J., Die praescriptio Tertullians, 1949

Stöhr, M., Martin Luther und die Juden, in: Marsch/Thieme, Christen und Juden, 1961

Strack-Billerbeck, Kommentar zum Neuen Testament aus Talmud u. Midrasch, 1922–28

Strathmann, H., Das Evangelium nach Johannes, 1951

Straub, J., Vom Herrscherideal in der Spätantike, Diss. 1939

Straus, R., Die Judengemeinde Regensburg im ausgehenden Mittelalter, 1932

Strauss, D. F., Der alte u. der neue Glaube, 1872

Streeter, B. H., The four Gospels, A Study of Origins, Treating of the Manuscript Tradition, Sources, Authorship and Dates, 1956

Streffe, O., Physiologische Unmöglichkeit des Todes Christi am Kreuz, 1912

Strege, M., Das Reich Gottes als theologisches Problem im Lichte der Eschatologie u. Mystik Albert Schweitzers. 1956

796

Strobel, A., Zum Verständnis von Rm. 13, in: Zeitschrift für neutestamentliche Wissenschaft, 1956

Stuhlfaut, G., Die apokryphen Petrusgeschichten in der altchristlichen Kunst, 1925

Styger, P., Juden u. Christen im alten Rom, 1934

Sukenik. E. L., Ancient synagogues in Palestina and Greece, 1934

Surkau, H. W., Martyrium in Jüdischer u. frühchristlicher Zeit, 1938

Taubes, J., Abendländische Eschatologie, 1947

Taylor, V., The Gospel according to St. Mark, The Greek Text with Introduction, Notes and Indexes, 1953

Teicher, J. L., The Dead Sea Scrolls-Documents of the Jewish-Christian Sect of Ebionites, in: Journal of Jewish Studies, II., 1951

– The Damascus Fragments and the Origins of the Jewish-Christian sect in: Journal of Jewish Studies II., 1951

– The Habakkuk-Scroll, in: Journal of Jewish-Studies II., V., 1954

Telfer, W., The Fourth Century Greek Fathers as exegets, in: Harvard Theological Review, Numb. 2, April 1957

Theiler, W., Die Vorbereitung des Neuplatonismus, 1930

– Porphyrius u. Augustin, 1933

Theiner, J. A. u. A., Die Einführung der erzwungenen Ehelosigkeit bei den christlichen Geistlichen u. ihre Folgen. Ein Beitrag zur Kirchengeschichte, 1893

Tièche, E., Die Griechen, in: Mensch u. Gottheit in den Religionen, Kulturhistorische Vorlesungen, 1942

Tillich, P., Systematische Theologie, II., 1958

Toldo, P., Leben und Wunder der Heiligen im Mittelalter, in: Studien zur vergleichenden Literaturgeschichte 5. Bd., H. 3, 1905

Tondi, A., Vatikan u. Neofaschismus

– Der Vatikan und die Monopole, 1958

– Die geheime Macht der Jesuiten, 1960

– Die Jesuiten, Bekenntnisse u. Erinnerungen, 1961

Toynbee, A. J., Das Christentum u. die Religionen der Welt, 1959

Trede, Th., Wunderglaube im Heidentum u. in der alten Kirche, 1901

Trillhaas, W., Das apostolische Glaubensbekenntnis, Geschichte-Text-Auslegung, 1953

Troeltsch, E., Die Soziallehren der christlichen Kirchen u. Gruppen, I., 1912

Uhlemann, F. G., Ephräms des Syrers Ansichten von dem Paradiese u. dem Fall der ersten Menschen, in: Zeitschrift für historische Theologie, I., 1, 1832

Ungern-Sternberg. A. v., Der traditionelle alttestamentliche Schriftbeweis »De Christo« und »De Evangelico« in der alten Kirche bis zur Zeit Eusebs von Caesarea, 1913

Veit, M., Die Auffassungen von der Person Jesu im Urchristentum nach den neuesten Forschungen, Diss., 1946

Vielhauer, P., Oikodome. Das Bild vom Bau in der christlichen Literatur vom Neuen Testament bis Clemens Alexandrinus, Diss., 1939

– Zum »Paulinismus« der Apostelgeschichte, in: Evangel. Theologie 1950, Heft 1

Viller-Rahner, Askese und Mystik in der Väterzeit, 1939

Vischer, L., Die Auslegungsgeschichte von 8. Kor. 6, 1–11. Rechtsverzicht und Schlichtung, 1955

Vittinghoff, F., Kaiser Augustus, 1959

Voegtle, A., Das öffentliche Wirken Jesu auf dem Hintergrund der Qumranbewegung, 1958

Voelter, D., Die Grundfrage des Lebens Jesu, 1936

Vogelstein, H., The Development of the Apostolate in Judaism and its Transformation in Christianity, Hebrew Union College, 2, 1925

Vogt. J., Kaiser Julian und das Judentum, Studien zum Weltanschauungskampf der Spätantike, 1939
– Constantin der Große und sein Jahrhundert, 1949

Voigt, K., Staat und Kirche, 1936

Volz, P., Die Eschatologie der jüdischen Gemeinde im neutestamentlichen Zeitalter, 1934

Vries, W., Kirche und Staat in der Sowjetunion, 1959

Wagenmann, J., Die Stellung des Apostels Paulus neben den Zwölf in den ersten zwei Jahrhunderten, Zeitschr. f. d. neutestamentl. Wiss., Beiheft 3, 1926

Wagner, S., Die Essenerforschung im 19. Jahrhundert, Diss. 1957

Weber, M., Gesammelte Aufsätze zur Religionssoziologie, 1920 ff.

Weber, W., Die ägyptisch-griechischen Terrakotten, 1914

Wechssler, E., Hellas im Evangelium, 1936

Weidinger, K., Die Haustafeln, 1928

Weinel, H., Die Stellung des Urchristentums zum Staat, 1908
– Paulus, 2. A., 1915
– Biblische Theologie des Neuen Testaments, 4. A., 1928

Weinreich, O., Lyrische Zwölf-Götter-Reliefs, Untersuchungen zur Geschichte des dreizehnten Gottes, Heidelberger S. B., phil.-hist. Kl. 5. Abh., 1913
– Antikes Gottmenschentum, in: Neue Jahrbücher für Wissenschaft u. Jugendbildung, 1926
– Türöffnung im Wunder. Prodigien- und Zauberglauben der Antike, des Judentums und Christentums, in: Tübinger Beiträge zur Altertumswissenschaft, 5, 1929

Weiss, J., Die Predigt Jesu vom Reiche Gottes, 2. A., 1900
– Das älteste Evangelium, 1903
– Das Urchristentum, 1917
– Jesus von Nazareth, Mythus oder Geschichte

Weisweiler, H., Liquidation des Mittelalters, in: Stimmen der Zeit, 67. Jg., 1937/38

Wellhausen, J., Das Evangelium Lucae, 1904
– Das Evangelium Marci, 2. A., 1909
– Einleitung in die drei ersten Evangelien, 2. A., 1911
– Das Evangelium Matthaei, 2. A., 1914
– Kritische Analyse der Apostelgeschichte, 1914

Wendland, J., Handbuch für Sozialethik, 1916

Wendling, E., Ur-Markus, 1905
– Die Entstehung des Markusevangeliums, 1908

Wenschkewitz, H., Die Spiritualisierung der Kultusbegriffe. Tempel, Priester und Opfer im N. T., 1932

Werner, M., Der Einfluß paulinischer Theologie im Markusevangelium. Eine Studie zur neutestamentlichen Theologie, 1923
– Die Entstehung des christlichen Dogmas, problemgeschichtlich dargestellt, 1941
– Der Frühkatholizismus, in: Mensch und Gottheit in den Religionen, 1942
– Der protestantische Weg des Glaubens I., 1955
– Um die Frage der Entstehung des christlichen Dogmas, in: Schweizerische Theologische Umschau, Nr. 3, Juni 1957
– Glaube und Aberglaube, Aufsätze und Vorträge, 1957
– Jesus Christus – Das Licht der Welt, in: Schweizerische Theologische Umschau, 1/2, 1959 Wernle, P., Jesus und Paulus, Zeitschrift f. Theologie und Kirche, 25, 1/2 H., 1915

- Antimilitarismus und Evangelium, 1915
- Jesus, 1917

Wesendonck, O. G. v., Das Weltbild der Iriäner, 8933

Wetter, G. P., »Der Sohn Gottes«. Eine Untersuchung über den Charakter und die Tendenz des Johannes-Evangeliums. Zugleich ein Beitrag zur Kenntnis der Heilandsgestalten der Antike, 1916
- Das älteste hellenistische Christentum nach der Apostelgeschichte, in: Archiv für Religionswissenschaft, 21, 1922

Whitley, C. F., The date and teaching of Zarathustra, in: Numen, Sept. 1957

Wibbing, S., Die Tugend- und Lasterkataloge im Neuen Testament und ihre Traditionsgeschichte unter besonderer Berücksichtigung der Qumran-Texte, 1959

Widengren, G., Stand und Aufgaben der iranischen Religionsgeschichte, 1955

Wiegand, F., Agobard von Lyon und die Judenfrage, in: Festschrift f. Luitpold v. Bayern, I., o. J.

Wikenhauser, A., Einleitung in das Neue Testament, 2. A., 1956

Wilamowitz-Moellendorf, Der Glaube der Hellenen, 1932

Wildberger, H., Die »Sektenrolle« vom Toten Meer, in: Evangelische Theologie, H. 1/2, 1953

Willoughby, H. W., Pagan Regeneration, 1929

Wilson, E., Die Schriftrollen vom Toten Meer, 1956

Winderswyl, L. A., Die Briefe des heiligen Ignatius von Antiochien, 4. A., 1954

Windisch, H., Die Dauer der öffentlichen Wirksamkeit Jesu nach den vier Evangelien, in: Zeitschrift f. d. neutestamentliche Wissenschaft, 1911
- Der johanneische Erzählungsstil, in: Eucharisterion H. Gunkel II., 1923
- Johannes und die Synoptiker, 1926
- Der Sinn der Bergpredigt, 1929
- Die Christusepiphanie von Damaskus und ihre religionsgeschichtlichen Parallelen, in: Zeitschrift f. neutestamentliche Wissenschaft, 31, 1932
- Paulus und Christus, 1934
- Paulus und das Judentum, 1935
- Der vierte Evangelist und Johannes, in: Theologische Blätter, 7/8, 1937

Winkel, E., Der Sohn, 1935
- Das ursprüngliche Evangelium, 1937

Winklhofer, A., Das Kommen seines Reiches. Von den letzten Dingen, 1959

Winter, E., Rußland und die slawischen Völker in der Diplomatie des Vatikan, 1878–1903, 1950 – Rußland und das Papsttum, I. Von der Christianisierung bis zu den Anfängen der Aufklärung, 1960

Wittmann, W., Das Isisbuch des Apuleius, 1938

Wolf, R., Aqua religiosa, Die religiöse Verwendung von Wasser im Frühchristentum und in seiner Umwelt, 1956

Wolff, H., Jesaja 53 im Urchristentum, 3. A., 1952

Wolff, P., Friedrich Nietzsche und das christliche Ethos, 2. A., 1956

Wrede, W., Das Messiasgeheimnis in den Evangelien, 1901
- Die Echtheit des 2. Thessalonikerbriefes untersucht, 1903
- Paulus, 1907

Wucher, A., Eichmanns gab es viele, 1961
- Der politische Katholizismus 1933 vor Hitlers Karren gespannt, Südd. Zeitung, Aug. 1961 Wytzes, J., Bemerkungen zu dem neuplatonischen Einfluß in Augustins »de Genesi ad literam«, in Zeitschrift für neutestamentliche Wissenschaft, 39, 1940

Zahn, G. C., Die deutsche katholische Presse und Hitlers Kriege, in Werkhefte, Zeitschrift für Probleme der Gesellschaft und des Katholizismus, 15. Jg., 1961

799

Zahn. Th., Die Apostelgeschichte des Lucas, 1919/21
- Athanasius und der Bibelkanon, in: Festschrift für Luitpold von Bayern, I., o. J.
Zbinden, E. A., Zum Verhältnis des Arbeiters zur Religion und Kirche, in: Schweizerische Theologische Umschau, Nr. 2, 1946
Zehren, E., Der gehenkte Gott. Zur Archäologie der Kultur, 1959
Zobel, M., Gottes Gesalbter, 1938
Zscharnack, L., Der Dienst der Frau in den ersten Jahrhunderten in der christlichen Kirche, 1902